资治通鉴

全本全注全译

第二册

汉纪

[宋]司马光　编著
张大可　韩兆琦　等　注译

浙江人民出版社

浙江省版权局
著作权合同登记章
图字:11-2023-345号

图书在版编目（CIP）数据

资治通鉴全本全注全译. 第二册 / （宋）司马光编著 ; 张大可等注译. — 杭州 : 浙江人民出版社, 2024. 10.

ISBN 978-7-213-11543-1

Ⅰ. K204. 3

中国国家版本馆CIP数据核字第2024K0E646号

资治通鉴全本全注全译　第二册

ZIZHI TONGJIAN QUANBEN QUANZHU QUANYI

[宋] 司马光　编著　　张大可　韩兆琦　等　注译

出版发行：浙江人民出版社（杭州市环城北路 177 号　邮编　310006）
市场部电话：（0571）85061682　85176516
选题策划：胡俊生
项目统筹：潘海林　魏　力
责任编辑：方　程　王子佳
营销编辑：童　桦
责任校对：陈　春　姚建国　汪景芬
责任印务：程　琳　幸天骄
封面设计：北京之江文化传媒有限公司
电脑制版：北京之江文化传媒有限公司
印　　刷：浙江新华数码印务有限公司
开　　本：710 毫米 ×1000 毫米　1/16　　　印　　张：39.5
字　　数：770 千字
版　　次：2024 年 10 月第 1 版　　　印　　次：2024 年 10 月第 1 次印刷
书　　号：ISBN 978-7-213-11543-1
定　　价：82.50 元

目　录

卷第九　汉纪一

起旃蒙协洽（乙未，公元前二〇六年），尽柔兆涒滩（丙申，公元前二〇五年），凡二年。

【题解】

本篇写了汉高祖元年（公元前二〇六年）至汉高祖二年的全国形势，主要是写刘邦与项羽由联合反秦转为楚汉战争的过程，以及楚汉战争初期的一些重要大事。其一是写刘邦率先入关灭秦，以及项羽入关后与刘邦在鸿门宴上的激烈斗争；其二是写项羽杀子婴、烧咸阳，以及分封各路诸侯；其三是写各路诸侯分别走上封地，韩信脱离项羽投奔刘邦，以及被刘邦任命为大将；其四是写陈馀、田荣、彭越率先起兵反项羽，将项羽的兵力引向齐地；其五是写刘邦依照韩信的谋略由汉中杀出，迅即收复关中；其六是写刘邦引兵东出，率领多国诸侯乘项羽连兵齐地而一举攻入彭城；其七是写项羽由齐地返回突袭刘邦，刘邦惨败，逃回荥阳，重筑工事，与项羽形成对峙；其八是写刘邦派韩信从北路东出，灭魏灭代，解除了刘邦左翼的威胁。

【原文】

太祖高皇帝[①]上之上

元年（乙未，公元前二〇六年）

冬十月[②]，沛公至霸上[③]。秦王子婴[④]素车白马，系颈以组[⑤]，封皇帝玺、符、节[⑥]，降轵道[⑦]旁。诸将或言诛秦王，沛公曰："始怀王遣我，固以能宽容。且人已降，杀之不祥。"乃以属吏[⑧]。

贾谊论曰[⑨]："秦以区区之地[⑩]，致万乘之权[⑪]，招八州[⑫]而朝同列[⑬]，百有余年[⑭]。然后以六合为家，淆、函为宫[⑮]。一夫作

【语译】

太祖高皇帝上之上

元年（乙未，公元前二〇六年）

冬季，十月，沛公刘邦率军抵达霸上。秦王子婴白车白马，脖子上套着绳索，把代表皇帝权力的印玺符节封存起来，在轵道旁边向沛公刘邦投降。刘邦手下的将领有人主张将秦王子婴杀掉，沛公刘邦说："当初楚怀王派遣我西进关中，就是认为我能够宽大容人；再说秦王子婴已经投降，杀掉他恐怕是不吉利的。"于是就把秦王子婴移交给主管官吏看管。

贾谊评论说："秦国凭借小小的一块土地，发展到拥有万辆兵车和至高无上权力的国家，它把普天之下的其他国家都招呼过来朝拜自己，这种局势持续了有一百多年。最后终于统一六国，建立了以天下为一家的国家；它把崤山和函谷关当作自己的宫墙。然而陈胜一人发难，就导致了祖宗七庙被毁坏、国家灭亡，就连皇帝也被人杀死而遭到世人的耻笑，原因是什么呢？就是因为秦国统

难[16]而七庙堕[17]，身死人手[18]，为天下笑者，何也？仁谊不施，而攻守之势异也[19]。”

沛公西入咸阳，诸将皆争走[20]金帛财物之府分之。萧何独先入收秦丞相府图籍[21]藏之，以此沛公得具知天下厄塞[22]、户口多少、强弱[23]之处。沛公见秦宫室、帷帐、狗马、重宝、妇女以千数[24]，意欲留居之。樊哙[25]谏曰：“沛公欲有天下耶，将为富家翁耶？凡此奢丽之物，皆秦所以亡也，沛公何用焉？愿急还霸上，无留宫中[26]。”沛公不听。张良曰：“秦为无道，故沛公得至此。夫为天下除残贼[27]，宜缟素为资[28]。今始入秦，即安其乐，此所谓助桀所虐。且忠言逆耳利于行，毒药苦口利于病[29]，愿沛公听樊哙言。”沛公乃还军霸上[30]。

十一月，沛公悉召诸县父老、豪杰，谓曰：“父老苦秦苛法久矣。吾与诸侯约，先入关者王之。吾当王关中，与父老约，法三章耳[31]：杀人者死，伤人及盗抵罪[32]。余悉除去秦法[33]，诸吏民皆案堵如故[34]。凡吾所以来，为父老除害，非有所侵暴，无恐。且吾所以还军霸上，待诸侯至，而定约束耳[35]。”乃使人与秦吏行县、乡、邑，告谕之[36]。秦民大喜，争持牛、羊、酒食献飨[37]军士。沛公又让不受，曰：“仓粟多，非乏，不欲费民。”民又益喜，唯恐沛公不为秦王[38]。

项羽既定河北，率诸侯兵欲西入关[39]。先是，诸侯吏卒[40]繇使、屯戍[41]过秦中[42]者，秦中吏卒遇之多无状[43]。及章邯以秦军降诸侯，诸侯吏卒乘胜多奴虏使之[44]，轻折辱[45]秦吏卒。秦吏卒多怨，窃言曰：“章将军等诈吾属降诸侯，今能入关破秦，大善；即不能[46]，诸侯虏吾属而东[47]，秦又尽诛吾父母妻子，奈何？”诸将微闻其计[48]，以告

一天下以后，没能顺应民心，施行仁政，没有看到打天下与守天下的形势已经发生了变化，治理国家的手段、策略也应该随之进行相应的改变啊。”

沛公刘邦率领诸将向西进入咸阳，他手下的将领都争先恐后地奔向储藏金银财宝的府库拿财宝。只有萧何抢先进入秦国的丞相府收集山川图册和户籍档案，正因为如此，沛公才能够详细地了解到天下地形的险要之处、人口的多少、经济上的富裕与贫困、军事实力方面强与弱区域的分布等情况。沛公看见秦朝宏伟的宫殿、陈设华丽的帷帐，以及名贵犬马、奇珍异宝和成千的美女，便想留在宫中。樊哙劝阻说：“沛公您是想得到天下呢，还是只想当一个富翁呢？宫中的这些奢华的东西，正是导致秦国灭亡的原因之一，您何必要用它呢？希望您赶紧回到霸上，不要留在宫中。”刘邦不听。张良也劝谏刘邦说：“正是因为秦朝荒淫残暴，沛公您才能够占据咸阳。既然是以替天下铲除残暴为号召，就应该以简朴为本。如今刚刚进入秦朝的都城咸阳，就想过秦朝皇帝那样的享乐生活，这不就是俗话所说的助桀为虐吗？再说，诚恳劝告的话虽然不中听，但有利于行动；治病的良药虽然喝到嘴里很苦，却能医治好人的疾病，希望您还是听从樊哙的意见。”刘邦这才把军队带回霸上。

十一月，沛公刘邦把附近各县的老者、长者和一些有影响力的乡绅召集起来，对他们说：“各位父老乡亲早就痛恨秦朝的残暴统治了。我和各路诸侯有约在先，谁先进入关中，谁就当关中王。如今我首先进入关中，一定会被封为关中王，我现在就和你们讲好，法令只有三条：杀人者要被处以死刑，伤人的和抢夺别人财物的，将根据不同罪行和情节轻重而给予相应的惩罚。所有秦朝颁布的法律一律废除；除此以外，不论是官吏还是百姓，生活一切照常。我进入咸阳，就是为父老乡亲铲除祸害，对你们毫无侵害，请不要害怕。我之所以要回到霸上驻扎，是为了等各路诸侯到来以后，共同制定一个使大家都能遵守的规约而已。”于是派人跟随秦朝的旧官吏到各县、乡、镇，把沛公刘邦的政令广为宣传。秦地的百姓非常高兴，都争着把牛、羊、酒等食物送到刘邦的军中犒赏将士。沛公又推辞不受，说：“仓库里的粮食很多，军中并不缺粮，不想让百姓们破费。”百姓听后，更加欢呼雀跃，唯恐刘邦不当关中王。

项羽平定了河北后，率领各路诸侯准备向西进入函谷关。早先，各路将士中有被征调服徭役或戍守边疆经过关中时，秦朝官吏对待他们非常粗暴无礼。等到章邯率领秦军投降以后，各路将士凭借自己的战胜者身份，把投降的秦兵当作奴隶、俘虏使唤，随意地折磨、凌辱他们。所以投降的秦军对诸路将士充满怨恨，偷偷地商议说：“章邯将军用欺诈的手段诱使我们投降了项羽，以后如果能够进入函谷关，打败秦军是再好不过的了；如果不能打败秦军，各路将士就会裹挟着我们向东撤退，而秦朝廷也会把我们的妻子儿女全部杀光，我们该怎么办呢？”项羽属下的将士有人

项羽。项羽召黥布、蒲将军计曰："秦吏卒尚众，其心不服，至关不听[49]，事必危。不如击杀之，而独与章邯、长史欣、都尉翳[50]入秦。"于是楚军夜击坑秦卒二十余万人新安城南[51]。

或[52]说沛公曰："秦富十倍天下[53]，地形强[54]。闻项羽号章邯为雍王[55]，王关中，今则来[56]，沛公恐不得有此。可急使兵守函谷关，无内诸侯军[57]，稍征关中兵[58]以自益[59]，距之[60]。"沛公然其计，从之[61]。已而项羽至关，关门闭。闻沛公已定关中，大怒，使黥布等攻破函谷关[62]。

十二月，项羽进至戏[63]。沛公左司马曹无伤使人言项羽曰："沛公欲王关中，令子婴为相[64]，珍宝尽有之。"欲以求封[65]。项羽大怒，飨士卒，期旦日[66]击沛公军。当是时，项羽兵四十万，号百万，在新丰鸿门[67]。沛公兵十万，号二十万，在霸上。

范增说项羽曰："沛公居山东[68]时，贪财好色。今入关，财物无所取，妇女无所幸[69]，此其志不在小。吾令人望其气[70]，皆为龙虎，成五采，此天子气也[71]。急击勿失。"

楚左尹[72]项伯[73]者，项羽季父也[74]，素善张良，乃夜驰之沛公军，私见张良，具告以事，欲呼与俱去，曰："毋俱死[75]也。"张良曰："臣为韩王送[76]沛公。沛公今有急，亡去不义，不可不语。"良乃入，具告沛公，沛公大惊。良曰："料公士卒足以当项羽乎？"沛公默然曰："固不如也。且为之奈何？"[77]张良曰："请往谓项伯，言沛公之不敢叛也。"沛公曰："君安与项伯有故[78]？"张良曰："秦时，与臣游，尝杀人，臣活之[79]。今事有急，故幸来告良。"沛公曰："孰与君少长[80]？"良曰："长于臣。"沛公曰："君为我呼入，吾得兄事之。"张良出，固要项伯，项伯即入见沛公。沛公奉卮酒为寿[81]，约为婚姻[82]，曰："吾入关，秋毫[83]不敢有所近，籍吏民[84]、封府库，而待将军。所以遣将守关者，备他盗之出入与非常[85]也。

风闻此事，就报告项羽。项羽召集黥布、蒲将军商议说："秦军投降的人很多，他们虽然已经投降，但心里很不服气；如果进入关中后不服从我们的命令，我们的处境就危险了。不如把这些人全部处死，只留下章邯、长史欣、董翳一起入关。"于是，楚军趁夜把秦朝降卒二十多万人全部活埋在新安城南。

有人劝刘邦说："关中比起天下其他地区要富裕十倍，地势也非常险要。听说项羽把雍王的称号给了章邯，封他为关中王，现在如果他们一来，恐怕沛公您就不能拥有关中了。您应该赶紧派兵去防守函谷关，不要让其他诸侯的人马进来，然后再从关中征调一些兵员来补充自己的兵力，抵抗诸侯的进攻。"沛公认为这个人说得有道理，就采纳了他的意见 。不久，项羽率领诸侯来到函谷关，看见函谷关关门紧闭。又听说刘邦已经占据关中，气得要命，马上派黥布等人领军攻打函谷关。

十二月，项羽抵达戏水。在沛公手下担任左司马的曹无伤暗中派人向项羽报告说："沛公刘邦想要在关中称王，已经任命秦王子婴为丞相，秦朝的珍宝都已经归刘邦所有。"曹无伤是想通过进谗言来求得项羽封赏。这无疑是给项羽火上浇油，他立即下令犒赏全军，约定明天一早向刘邦发起攻击。当时项羽有四十万军队，号称百万，驻扎在新丰鸿门。刘邦只有十万军队，对外号称二十万，驻扎在霸上。

项羽的谋臣范增对项羽说："沛公刘邦在山东的时候，既贪财，又好色。如今进入关中以后，却对财宝丝毫不取，对美女也不再占有，从这里就能看出，刘邦的志向不小。我曾经派人占望刘邦所居之处的云气，上空气流都呈现出龙虎的形状，色分五彩，这是天子才有的气象。必须赶紧击败他，不要坐失良机。"

楚军左尹项伯是项羽的叔父，平素跟张良关系友好，于是就连夜骑马赶到刘邦军中，悄悄地找到张良，把事情的始末告诉张良，想让张良跟自己一起离开刘邦的营地，他说："如果你再不走，恐怕就要与刘邦同归于尽了。"张良说："我奉韩王的命令随同沛公入关。如今沛公遇到危难，我若逃走是不义的行为，我不能不把这事告诉沛公。"于是，张良将事情详细地告诉刘邦。刘邦听说后非常惊慌。张良问："您估计自己的军队能够抵挡得住项羽的军队吗?"沛公沉思了一会儿说："本来就不行嘛，怎么办吧?"张良说："请您随我去见项伯，跟他表明您不敢背叛项王。"沛公问张良说："你怎么会跟项伯有交情呢?"张良回答："在秦朝统治的时候，他就和我有交往，他曾经杀过人，是我救了他。如今事情紧急，所以来告知我。"沛公又问："项伯和你比起来，谁的年岁大?"张良回答："项伯比我年岁大。"沛公刘邦说："请你把项伯请进来，我将用对待兄长的礼节来接待他。"张良从刘邦那里出来，强请项伯随他去见刘邦；项伯就跟着张良来见刘邦。刘邦亲自捧着酒恭恭敬敬地献给项伯，祝他健康长寿，并和他约定做儿女亲家。刘邦对项伯说："我进入关中以后，连一点财物都不敢据为己有，还把秦朝官吏和百姓的户籍整理好，把府库封存起来，等待项羽将军到来。我之所以派兵将防守函谷关，只是为了防备盗贼的攻击和意外事件的发生。

日夜望将军至，岂敢反乎！愿伯具言臣之不敢倍德[86]也。”项伯许诺，谓沛公曰：“旦日不可不蚤[87]自来谢[88]。”沛公曰：“诺。”

于是项伯复夜去，至军中，具以沛公言报项羽，因言曰：“沛公不先破关中，公岂敢入乎！今人有大功而击之，不义也。不如因善遇之。”项羽许诺[89]。

沛公旦日从[90]百余骑来见项羽鸿门，谢曰：“臣与将军戮力[91]而攻秦。将军战河北，臣战河南，不自意[92]能先入关破秦，得复见将军于此。今者有小人之言，令将军与臣有隙[93]。”项羽曰：“此沛公左司马曹无伤言之。不然，籍何以至此[94]！”项羽因留沛公与饮。范增数目[95]项羽，举所佩玉玦以示之者三[96]。项羽默然不应。范增起，出召项庄[97]，谓曰：“君王为人不忍[98]。若[99]入前为寿，寿毕，请以剑舞，因击沛公于坐，杀之。不者，若属皆且为所虏。”庄则入为寿，寿毕，曰：“军中无以为乐，请以剑舞。”项羽曰：“诺。”项庄拔剑起舞，项伯亦拔剑起舞，常以身翼蔽[100]沛公，庄不得击。

于是张良至军门[101]，见樊哙。哙曰：“今日之事何如[102]？”良曰：“今项庄拔剑舞，其意常在沛公也。”哙曰：“此迫[103]矣，臣请入，与之同命[104]。”哙即带剑[105]拥盾[106]入军门。卫士欲止不内[107]，樊哙侧其盾以撞，卫士仆地。遂入，披帷立[108]，瞋目[109]视项羽，头发上指，目眦[110]尽裂。项羽按剑而跽[111]曰：“客何为者？”张良曰：“沛公之参乘[112]樊哙也。”项羽曰：“壮士！赐之卮酒。”则与斗卮[113]酒。哙拜谢，起，立而饮之。项羽曰：“赐之彘肩。”则与一生彘肩[114]。樊哙覆其盾于地，加彘肩其上，拔剑切而啖[115]之。项羽曰：“壮士复能饮乎？”樊哙曰：“臣死且不避，卮酒安足辞？夫秦有虎狼之心。杀人如不能举，刑人如恐不胜[116]，天下皆叛之。怀王与诸将约曰‘先破秦入咸阳者，王之。’今沛公先破秦，入咸阳，

我日日夜夜都在盼望项将军到来，哪里敢背叛项将军呢！希望兄长在项将军面前替我转达我不敢忘恩的初心。”项伯答应了刘邦的要求，对刘邦说：“明天一定要早点到项将军营中道歉。”沛公说：“一定一定。”

于是，项伯连夜赶回楚军营中，把刘邦的话向项羽做了汇报，并趁机替刘邦美言说：“如果不是沛公刘邦打败秦军进入函谷关，你能这么顺利地入关吗？如今刘邦立了大功，你反而要攻打他，这就太不应该了。不如好好地对待他。”项羽答应了项伯的要求。

第二天，沛公刘邦在一百多名骑兵的护卫下来到鸿门晋见项羽，他向项羽道歉说：“我和项将军同心协力攻打秦军。将军您在黄河以北作战，我在黄河以南作战，没想到我先到关中一步，能够在这里再次与将军见面。如今却有小人挑拨离间将军和我之间的关系。”项羽说：“是你沛公手下的左司马曹无伤说的。不然的话，项羽我何至于对你产生怀疑！”项羽挽留沛公和他一起饮酒。酒席宴上，范增几次用眼神示意项羽，又再三地举起身上佩戴的玉玦暗示项羽当机立断杀死刘邦。项羽却装作没看见。范增站起来，走出帐外，把项庄招到跟前，对他说：“项羽将军为人心肠太软，不忍心杀掉刘邦。你可以到帐中给刘邦敬酒，敬完酒，就请求舞剑为大家助兴，趁机刺杀刘邦，一定要把他杀死在酒席宴上。不这样的话，你们这些人都将成为刘邦的俘虏。”于是，项庄进入项羽的营帐为刘邦敬酒，敬完酒之后说：“军队当中也没有什么可以用来取乐助兴的，就请允许我舞一回剑为大家助助兴吧。”项羽说：“好。”于是，项庄拔剑起舞，项伯看出项庄舞剑是不怀好意，也拔剑起舞，常伸展自己的身体，就像鸟张开翅膀一样暗中护卫沛公，因此，项庄的剑一时无法刺向沛公。

张良见形势紧急，赶紧到军营门口来找樊哙。樊哙问：“事情怎么样了？”张良说：“项庄正在舞剑，他的目的就是要刺杀沛公。”樊哙说：“事情太紧急了，请让我进去与项羽拼命。”樊哙说完，立即一手握剑、一手拿着盾牌向军门里闯。守门的卫士想要阻止他，樊哙侧过盾牌，把卫士撞倒在地，便冲进帐中，他撩开门帘面对项羽而立，瞪圆了双眼，直直地盯住项羽，愤怒使他的头发都竖立起来，眼眶也睁得开裂了。项羽看见樊哙这个样子，吃惊地手按宝剑挺直了身子问：“这是什么人？”张良回答说：“这是沛公的随从侍卫樊哙。”项羽说：“真是一位勇猛的好汉！赏给他一杯酒喝。”手下人把一大杯酒递给樊哙。樊哙谢过项羽，站着就把一大杯酒一口气喝光了。项羽又说：“再赏给他一条猪腿。”手下人把一条生猪腿递给樊哙。樊哙把手里的盾牌扣在地上，把那条生猪腿放在盾牌上，用手中的宝剑一边切一边吃。项羽问：“好汉，还能再喝酒吗？”樊哙说：“我连死都不怕，还怕一杯酒吗？秦朝的统治者有着虎狼一样的心肠。他们杀人像只怕杀不尽似的，处决人就像怕完不成任务似的；所以天下的人都背叛了秦朝。楚怀王芈心与诸位将军有约在先，说‘谁先打败秦军进入咸阳，就封谁为关中王’。如今是沛公首先打败秦军进入关中；但自进入咸阳以来，

毫毛不敢有所近，还军霸上，以待将军。劳苦而功高如此，未有封爵之赏，而听细人[117]之说，欲诛有功之人，此亡秦之续耳，窃为将军不取也[118]。”项羽未有以应[119]，曰：“坐。”樊哙从良坐[120]。

坐须臾，沛公起如厕[121]，因招樊哙出。沛公曰：“今者出，未辞也，为之奈何？”樊哙曰：“如今人方为刀俎[122]，我方为鱼肉，何辞为[123]！”于是遂去。鸿门去[124]霸上四十里，沛公则置车骑[125]，脱身独骑。樊哙、夏侯婴、靳强、纪信[126]等四人持剑、盾步走。从骊山[127]下道芷阳间行[128]，趣霸上[129]。留张良使谢项羽[130]，以白璧献羽，玉斗与亚父[131]。沛公谓良曰：“从此道至吾军，不过二十里耳。度[132]我至军中，公乃入。”

沛公已去，间至军中[133]。张良入谢曰：“沛公不胜杯杓[134]，不能辞，谨使臣良奉白璧一双，再拜献将军足下；玉斗一双，再拜奉亚父足下。”项羽曰：“沛公安在？”良曰：“闻将军有意督过[135]之，脱身独去，已至军矣。”项羽则受璧，置之坐上。亚父受玉斗，置之地，拔剑撞而破之，曰：“唉，竖子不足与谋[136]！夺将军天下者，必沛公也。吾属今为之虏矣[137]。”沛公至军[138]，立诛杀曹无伤[139]。

居数日，项羽引兵西屠咸阳[140]，杀秦降王子婴[141]，烧秦宫室。火三月不灭[142]。收其货宝、妇女而东[143]。秦民大失望。

韩生说项羽曰[144]：“关中阻山带河[145]，四塞之地[146]，地肥饶，可都以霸[147]。”项羽见秦宫室皆已烧残破，又心思东归，曰：“富贵不归故乡，如衣绣夜行，谁知之者[148]！”韩生退，曰：“人言楚人沐猴而冠[149]耳，果然。”项羽闻之，烹韩生。

项羽使人致命[150]怀王，怀王曰：“如约[151]。”项羽怒曰：“怀王者，吾家所立耳。非有功伐[152]，何以得专主约[153]？天下初发难时，假立诸侯后

沛公对财宝一无所取，也不敢住在秦宫之内，而是回到霸上驻扎，以等待项将军的到来。像沛公这样劳苦功高，项将军不仅没有给予其封王的奖赏，反而听信小人的谗言，想要诛杀有功之人，这是在走秦朝灭亡的老路。我认为将军您的做法是不可取的。”项羽无言以对，只是说：“入座吧。”樊哙紧挨着张良坐下。

坐了一会儿，沛公起身上厕所，趁机把樊哙叫出来。沛公对樊哙说：“现在我们出来并没有跟项羽告辞，怎么办呢？”樊哙说：“如今人家是切肉用的快刀和案板，我们是被切割的鱼肉，不赶紧离开这里，还提什么告辞！”于是二人悄悄地离开项羽的营帐返回霸上。鸿门离霸上有四十多里路，沛公怕惊动楚军，不敢招呼自己带来的车马，只是自己一个人骑着马。樊哙、夏侯婴、靳强、纪信四个人都手拿宝剑、盾牌，步行保护着沛公从骊山下来，穿过芷阳，抄小路直奔霸上。只留下张良在鸿门向项羽说明情况，刘邦让张良把一对白璧敬献给项羽，把一对玉斗赠送给范增。沛公临走时对张良说：“从这里抄小路到达我们军中，不超过二十里路。你估计我回到军中再进去。”

沛公走后，张良估计沛公已经回到霸上，这才进入项羽的营帐。张良向项羽道歉说：“沛公不胜酒力，已经喝醉了，不能亲自向您辞行，他让我替他把一双白璧敬献给项将军，把一双玉斗敬献给亚父。”项羽问：“沛公现在在哪里呢？”张良回答说：“沛公听说将军有意要找他的岔子，心中害怕，就独自脱身走了，估计现在已经回到军中。”项羽接过一双白璧放在座位上。亚父接过玉斗，扔在地上，又拔出佩剑将玉斗击碎，恨恨地说：“唉，这小子，不能和他共谋大事！将来夺取项王天下的一定是沛公刘邦。我们这些人都要成为刘邦的俘虏了。”沛公回到霸上，立即诛杀了曹无伤。

过了几天，项羽率军向西进入咸阳，把咸阳城内的人屠杀殆尽，秦王子婴也未能幸免，楚军还一把火烧毁了秦王宫室。大火整整烧了三个月都不熄灭。项羽下令楚军将秦朝的金银财宝和美女尽情抢掠一番之后，便满载着战利品向东而去。秦地的百姓对项羽非常失望。

有一个姓韩的人对项羽说：“关中之地，以山岭为屏障，以黄河为襟带，四面都有要塞可守，土地肥沃，建都于此可以称霸于天下。”项羽看见秦朝的宫室已经被烧毁，打心眼里想回东方故土，于是就说：“如果富贵了而不回故乡，就如同穿着锦绣的衣服在黑夜里行走，有谁能知道呢！”这位姓韩的回去后，对人说：“人们都说楚国人就像是沐猴，纵然戴上人的帽子，也始终办不成人事，今天一看，果然如此。”这话传到项羽的耳朵里，他就把那位姓韩的抓来煮杀了。

项羽派人向楚怀王芈心请示封王之事，是不想让刘邦在关中称王；不料楚怀王回复说：“按照原来的约定办。”项羽恼羞成怒，说：“楚怀王，是我们项家抬举他，让他当上楚王的，不是因为他有什么功勋，分封的问题凭什么由他说了算？天下人开始反抗秦国的时候，权且立诸侯的后人为王，只是为了号召人民起来讨伐

以伐秦[154]，然身被坚执锐[1]首事[155]，暴露[156]于野，三年灭秦，定天下者，皆将相诸君与籍之力也。怀王虽无功，固当分其地而王之[157]。”诸将皆曰：“善。”

春正月，羽阳尊怀王为义帝[158]，曰：“古之帝者，地方千里，必居上游。”乃徙义帝于江南，都郴[159]。

二月，羽分天下，王诸将。羽自立为西楚霸王[160]，王梁、楚地九郡[161]，都彭城[162]。

羽与范增疑沛公[163]，而业已讲解，又恶负约[164]，乃阴谋[165]曰：“巴、蜀[166]道险，秦之迁人皆居之[167]。”乃曰[168]：“巴、蜀亦关中地[169]也。”故立沛公为汉王，王巴、蜀、汉中[170]，都南郑[171]。

而三分关中[172]，王秦降将，以距塞汉路[173]。章邯为雍王，王咸阳以西[174]，都废丘[175]。长史欣[176]者，故为栎阳狱掾[177]，尝有德于项梁[178]。都尉董翳者，本劝章邯降楚。故立欣为塞王，王咸阳以东，至河[179]，都栎阳[180]。立翳为翟王，王上郡[181]，都高奴[182]。

项羽欲自取梁地，乃徙魏王豹为西魏王，王河东[183]，都平阳[184]。

瑕丘申阳[185]者，张耳嬖臣[186]也，先下河南郡[187]，迎楚河上[188]，故立申阳为河南王，都洛阳。韩王成因故都，都阳翟[189]。

赵将[190]司马卬定河内[191]，数有功，故立卬为殷王，王河内，都朝歌[192]。徙赵王歇为代王[193]。赵相张耳素贤，又从入关，故立耳为常山王[194]，王赵地[195]，治襄国[196]。

当阳君黥布为楚将，常冠军，故立布为九江王[197]，都六[198]。番君吴芮[199]率百越[200]佐诸侯，又从入关[201]，故立芮为衡山王[202]，都邾[203]。义帝柱国共敖[204]将兵击南郡[205]，功多，因立敖为临江王[206]，都江陵。

徙燕王韩广[207]为辽东王[208]，都无终。燕将臧荼从楚救赵，因从入关，故立荼为燕王[209]，都蓟[210]。

徙齐王田市为胶东王[211]，都即墨[212]。齐将田都从楚救赵，因从入关，故立都为齐王，都临淄[213]。项羽方渡河救赵，田安下济北数城，引其兵降项羽，故立安为济北[214]王，都博阳[215]。田荣数负项梁[216]，又不肯将兵

秦朝，然而亲自身披铠甲，手执锐利的武器，率先发难，日晒雨淋、风餐露宿，三年以来终于灭掉秦国平定天下的，是诸位将士和我项羽的功劳。楚怀王虽然没立什么功劳，但还是应该分给他一块地方，封他一个王爵。”诸位将领都说：“对。”

春天，正月，项羽假意尊奉楚怀王芈心为义帝，说：“古代称帝的人都拥有方圆一千里的土地，并且居住在河水的上游。”于是就把义帝芈心迁移到长江以南，把郴州作为他的都城。

二月，项羽开始分封天下诸将。项羽首先封自己为西楚霸王，领土包括故魏国、楚国的九个郡，建都于彭城。

项羽和范增一向担心沛公刘邦会与自己争夺天下，但是，经过鸿门宴已经和解，不好再节外生枝，又怕承担毁约的恶名，于是密谋说：“巴、蜀道路险阻，不容易与外界沟通，秦国都把罪犯流放到那里。”就向人们解释说：“巴、蜀也属于关中。”于是就封刘邦为汉王，辖区包括巴、蜀、汉中，首府设在南郑。

而后把关中一分为三，分别分封给秦国的三个降将，想利用他们来堵住巴、蜀、汉中北出的通道，以免刘邦出来：封章邯为雍王，统领咸阳以西的地区，首府设在废丘；长史欣过去在做栎阳狱掾时曾经对项梁有恩。都尉董翳，原本是他劝说章邯投降楚国，所以封长史欣为塞王，统辖咸阳以东，一直到黄河边，建都于栎阳；封董翳为翟王，统辖上郡，首府设在高奴。

项羽想自己占有梁地，于是改封魏王豹为西魏王，统辖河东，首府设在平阳。

瑕丘申阳，是张耳的宠臣，他首先攻下河南郡，在黄河边上迎接项羽，所以项羽封申阳为河南王，首府建在洛阳。韩王成仍然将都城设在阳翟。

赵王武臣手下的将领司马卬平定河内郡，多次建立功勋，所以封司马卬为殷王，拥有河内地区，以朝歌作为首府。项羽又将赵王歇改封到代地，封为代王。赵王歇的宰相张耳素有贤能之名，又追随项羽进入关中，所以封张耳为常山王，管辖原来赵国的领土，将首府建在襄国。

当阳君黥布是楚军将领，而且勇冠三军，所以封黥布为九江王，首府设在六邑。番君吴芮率领南方各地的越国遗族参加作战，有力地支持了诸侯消灭秦军，又跟随楚军入关，所以封吴芮为衡山王，首府设在邾邑。义帝芈心的柱国共敖率领军队攻打南郡，建立了不少功勋，因而封共敖为临江王，首府设在江陵。

将燕王韩广改封为辽东王，首府在无终。燕将臧荼跟随楚军援救赵国，因而得以跟随楚军入关，所以封臧荼为燕王，首府设在蓟城。

齐王田市被改封为胶东王，以即墨为首府。齐将田都跟随楚军救赵，也随从楚军入关，所以封田都为齐王，以临淄为首府。当初项羽刚刚渡过黄河救援赵国的时候，田安攻下了济北的数座城邑，然后率领属下投降了项羽，所以项羽封田安为济北王，以博阳为首府。田荣多次背叛项羽，又没有跟随楚军入关攻打秦军，所以项

从楚击秦，以故不封[217]。

成安君陈馀弃将印去，不从入关[218]，亦不封。客多说项羽曰："张耳、陈馀，一体有功于赵，今耳为王，馀不可以不封。"羽不得已，闻其在南皮[219]，因环封之三县[220]。番君将梅鋗[221]功多，封十万户侯。

汉王怒，欲攻项羽，周勃、灌婴[222]、樊哙皆劝之。萧何谏曰："虽王汉中之恶[223]，不犹愈于死乎[224]？"汉王曰："何为乃死[225]也？"何曰："今众弗如[226]，百战百败，不死何为！夫能诎于一人之下，而信于万乘之上者，汤、武是也[227]。臣愿大王王汉中[228]，养其民，以致[229]贤人，收用巴、蜀[230]，还定三秦[231]，天下可图也。"汉王曰："善。"乃遂就国[232]，以何为丞相。

汉王赐张良金百镒[233]，珠二斗，良具[234]以献项伯。汉王亦因令良厚遗[235]项伯，使尽请汉中地[236]，项王许之。

【段旨】

以上为第一段，写汉元年（公元前二〇六年）上半年刘邦、项羽等各路大军相继到达关中，先是有项羽、刘邦的一场鸿门宴，由于刘邦巧于应付，终使矛盾缓解；而后是项羽大封各路诸侯为王的情形。在这里，作者突出了刘邦、项羽进关后施行的方针政策不同，从而预示了日后楚汉战争中楚败汉胜的结局。

【注释】

①太祖高皇帝：刘邦。太祖，刘邦的庙号。庙号是古代帝王死后，在太庙立灵牌祭祀时追尊的名号。高皇帝，刘邦的谥号。古代的帝王、诸侯、卿大夫等具有一定地位的人死后，由朝廷和后人根据他们生前的事迹和品德修养，给他们所加的一种带有评判性质的名号。②冬十月：西汉初年仍用秦历，故仍以"十月"为岁首。③霸上：地名，在今陕西西安东南，亦当时秦都咸阳之东南。为古代咸阳、长安附近的军事要地，因其地

羽没有封田荣为王。

成安君陈馀主动交出将印后离开抗秦队伍，也没有跟随楚军入关，所以也没有得到封赏。项羽手下的门客有人劝说项羽："张耳、陈馀都有功于赵国，如今张耳封王，陈馀就不能不封王。"项羽不得已，这才寻求陈馀，当得知陈馀在南皮时，就把南皮周围的三个县封给了陈馀。番君吴芮手下的将领梅鋗也屡建功劳，被封为十万户侯。

汉王刘邦得知自己被封在汉中，非常愤怒，就想要去攻打项羽；周勃、灌婴、樊哙都劝阻他。萧何劝谏说："虽然被项羽封到汉中称王不好，但这比起被人杀死不是好多了吗？"汉王说："为什么就一定是死呢？"萧何说："如今您的军队不如项羽多，与项羽打一百次仗就得失败一百次，不是死路一条又是什么呢！能够屈服于一个人之下，却能在万民之上伸展自己的志向，古代只有商汤、周武王做得到。我希望大王您接受汉王这一封号，到汉中去称王，让那里的人民休养生息，招纳、延揽人才，搜集、利用巴、蜀的物力、人力，寻找机会再从巴、蜀打回来，收复被章邯、董翳、司马欣所占据的关中地区，天下就在您的控制之中了。"汉王刘邦说："说得好。"于是刘邦率领部下到自己的封国上任；汉王刘邦任命萧何为汉国丞相。

汉王刘邦赏赐给张良黄金一百镒，珍珠二斗；张良把得到的赏赐全都转赠给了项伯。刘邦也通过张良赠送给项伯许多礼物，让项伯替自己请求项羽把汉中的土地划归自己管辖，项羽答应了刘邦的请求。

处于霸水西侧的高原上而得名。④ 秦王子婴：《史记·秦始皇本纪》说他是始皇之孙，《李斯列传》又说他是始皇之弟。据《秦始皇本纪》，秦二世三年八月，赵高弑秦二世，改立子婴。子婴即位后，诛灭赵高。再过四十六日，刘邦军遂至霸上。⑤ 素车白马二句：这是古代帝王向人投降时表示自己认罪服罪的样子。《史记集解》曰："系颈者，言欲自杀也；素车白马，丧人之服也。"组，丝绦。与此类似的姿态，居于子婴之前的有春秋时的郑襄公，他向楚庄王投降时有所谓"肉袒牵羊以逆"；在子婴之后曾做类似姿态的则有蜀主刘禅与吴主孙皓，他们分别向魏国、晋朝投降时都是"舆榇自缚"，从此成为国君向人投降的常用仪式。⑥ 封皇帝玺、符、节：将天子使用的玺、符、节封存起来献予刘邦。《史记索隐》引韦昭曰："天子印称玺，又独以玉。符，发兵符也。节，使者所拥也。"引《说文》曰："符，信也，汉制以竹，长六寸，分而相合。"引《释名》曰："节，为号令赏罚之节也，又节毛上下相重，取象竹节。"师古引应劭曰："玺，信也，古者尊卑共之，秦汉尊者以为信，群下乃避之。"⑦ 轵道：轵道亭，在今陕西西安东北，当时都城咸阳的东

南。⑧属吏：交由主管人员看管。属，交付；委托。凌稚隆曰："沛公不杀子婴，与约法三章、为义帝发丧三事，最系得天下根本，若项羽则一切反是矣。"⑨贾谊论曰：贾谊在《过秦论》中说。贾谊，河南洛阳人，西汉初期的政论家、辞赋家，作有《过秦论》三篇，以分析论证秦王朝失败的原因。以下所自变量句见《过秦论上》。⑩区区之地：指当年的秦国本土，大体为今陕西中部与其西部邻近的甘肃东部及宁夏一带地区。区区，形容狭小、微小的样子。⑪致万乘之权：谓使自己发展成了一个强大的诸侯国。万乘，指万辆兵车，战国时代用以称强大的诸侯国。⑫招八州：意即将普天下的其他国家都招呼过来，宾从于自己。古代称中国有九州，秦国居于雍州，故统称秦国以外的其他区域为"八州"。⑬朝同列：使与之同列的东方诸侯都来朝拜于秦。⑭百有余年：从秦孝公实行变法（公元前三五六年）到秦始皇统一六国（公元前二二一年），共一百三十多年。⑮以六合为家二句：使整个天下成为一家，以崤山、函谷关为秦朝的宫墙，指秦国统一天下，秦王称帝。六合，天、地、东、西、南、北之间，犹言"宇内""四海之内"，即整个天下。⑯一夫作难：指陈涉以一个"匹夫"的身份首先发难反秦。⑰七庙堕：指政权毁灭，国家灭亡。七庙，皇帝的宗庙，因其庙内供奉着七代先祖，故云。《礼记·王制》："天子七庙，三昭三穆与太祖之庙而七。"堕，同"毁"。宗庙毁也就意味着王朝灭亡。⑱身死人手：指秦二世被赵高杀死，子婴被项羽杀死。⑲仁谊不施二句：攻守之势异，打天下与守天下的形势发生了变化。〖按〗贾生此意，可与《史记》之《郦生陆贾列传》《刘敬叔孙通列传》同看。凌稚隆引真德秀曰："贾生论秦成败千有余言，而断之曰'仁义不施，而攻守之势异也'，文字甚妙，但非至当之论，盖儒者以攻尚谲诈，而守尚仁义故耳。"⑳争走：抢先奔入。㉑图籍：梁玉绳曰，"方回《续古今考》云：'图谓绘画山川形势、器物制度、族姓原委、星辰度数，籍谓官吏版簿、户口生齿，百凡之数'"。㉒厄塞：地形险要之处。㉓强弱：指各地区的富庶程度与军事实力的不同而言。郭嵩焘曰："于此表何之功，与《留侯世家》'此三人力也'，及'留侯本招此四人力也'皆特揭其功之显著者。"㉔宫室帷帐句：〖按〗此处行文有语病，似应作"宫室、帷帐、狗马、重宝不可胜计，妇女以千数"，视下注引樊哙语可知。㉕樊哙：刘邦的部将，以军功封舞阳侯。事迹详见《史记·樊郦滕灌列传》。㉖愿急还霸上二句：胡三省曰，"樊哙起于狗屠，识见如此！余谓哙之功当以谏秦宫为上，鸿门诮让项羽次之"。㉗残贼：指残虐害民的暴君。《孟子·梁惠王下》云："贼仁者谓之贼，贼义者谓之残。残贼之人，谓之一夫。""一夫"即所谓"独夫民贼"。㉘缟素为资：犹言"俭朴为本"。缟素，服饰不用文绣，以言其俭。资，本、本钱。《史记集解》引晋灼曰："资，藉也。欲沛公反秦奢泰，服俭素以为藉也。"胡三省曰："缟素，有丧之服，谓吊民也。"〖按〗胡氏说亦通。㉙忠言逆耳利于行二句：二语见《孔子家语·六本》与《说苑·正谏》。先是《韩非子·外储说左上》云："夫良药苦于口，而智者劝而饮之，知其人而已己之疾也；忠言拂于耳，而明王听之，知其可以致功也。"意思皆同。毒药，性质猛烈的药物。㉚还军霸上：霸上，古地名，在今陕西西安市临潼区东北，当地人称之为项王营。倪思曰：“兵入人国都，重宝财物满前，委而去之，还军霸上，极是难事，此则可谓节制之兵也。”刘辰翁曰：“还军霸上本非初意，然谋臣之谋是，基帝王之业，息奸雄之心者，独借此耳。”茅坤曰：“汉之收人心处。”㉛与父老约二句：与大家说好，法令只有三条，指下述以惩杀人、伤人及偷盗者。有谓“约法”乃与前后文之“苛法”相对为文，中间不当读断，意思亦可通。㉜伤人及盗抵罪：谓随其伤人及偷盗的情节轻重，而处以相应之罪。抵，当；判处。《史记集解》引张晏曰：“秦法一人犯罪，举家及邻伍坐之。今但当其身坐，合于《康诰》‘父子兄弟，罪不相及’也。”刘辰翁曰：“高祖始终得关中之力，关中人心所以不忘者，约法三章之力也。”㉝余悉除去秦法：梁玉绳曰，“《汉书·刑法志》曰：‘汉兴，约法三章，网漏吞舟之鱼，然其大辟尚有夷三族之令’；又考惠帝四年始除挟书律，吕后元年始除三族罪、妖言令；文帝元年始除收孥、相坐令；二年始除诽谤律；十三年除肉刑，然则秦法未尝悉除，‘三章’徒为虚语。《续古今考》所谓‘一时姑为大言以慰民’也。盖三章不足以禁奸，萧何为相，采摭秦法作律九章，疑此等皆在九章之内，史公只载入关初约耳”。㉞案堵如故：犹言“各就各位，一切照常”。案堵，也作“安堵”，师古曰：“言不迁动也。”㉟所以还军霸上三句：泷川曰，“《孟子》云：‘武王之伐殷也，曰：无畏，宁尔也，非敌百姓也。’高祖词气与此相类”。凌稚隆引真德秀曰：“告谕之语才百余言，而暴秦之弊为之一洗，此所谓‘时雨降，民大悦’者也。”〖按〗刘邦真可谓善于“顺水推船”“幡然改悟”者，不然，其开始“欲止宫休舍”，则又何说！㊱使人与秦吏二句：派自己的人跟着已经“安堵”的各县各乡的官吏去四处巡行，发布安民告示。㊲献飨：即今所谓“犒劳”。飨，以酒食招待人。㊳唯恐沛公不为秦王：凌稚隆引张之象曰，“先言‘秦人喜’，后言‘秦人大喜’，又言‘秦人益喜’，连用‘喜’字，斯可以观人心矣”。凌稚隆曰：“不受牛酒虽小节耳，亦见沛公秋毫无犯处。然曰‘仓廪多，非乏’，则萧何转输之功亦因可见。”㊴入关：进入旧时秦国的本土，即今陕西地面。关，函谷关，在今河南灵宝东北，是旧时秦国与东方国家的分界处。《史记正义》引师古曰：“今桃林县（今河南灵宝东北）南有洪溜涧，古函谷也。其水北流入河，西岸犹有旧关余迹。”又引《西征记》云：“道形如函也，其水山原壁立数十仞，谷中容一车。”㊵诸侯吏卒：谓东方起义军的将士，此处即指项羽之所统领者。㊶繇使屯戍：被征调服徭役或屯守边地。㊷秦中：汉时人们对关中地区的习惯称呼。㊸遇之多无状：对待他们常常不像话，盖关中人以自己是秦朝故地的旧子民而盛气凌人。无状，不礼貌、不像样子。㊹奴虏使之：把他们当作奴隶使唤。㊺轻折辱：随随便便地加以侮辱。轻，随意、不当一回事。㊻即不能：如果不能推翻、消灭秦王朝。即，若、如果。㊼诸侯虏吾属而东：谓这些东方人定将裹挟我们一齐逃向东方。吾属，我们这些人。㊽微闻其计：隐隐约约地听到了他们的这些议论。计，计议、议论。㊾不听：不听指挥，意即叛变。㊿都尉翳：即董翳，此时在章邯部下任都尉。都尉，军职名，其地位低于将军，略同于校尉。51夜击坑秦卒句：新安，秦县名，县治在今河南渑池县东

南。据《史记·秦楚之际月表》，此事在汉元年（公元前二〇六年）十一月，刘邦已在一个月前进驻秦都咸阳。茅坤曰："秦吏卒之'窃言'者，特恐不能入关破秦耳，使羽能因其危惧厚为金钱以与之，以非望之恩结其心；又以诸侯兵之力战所始破秦军于赵者以壮其气，则二十万众皆吾助也，何必坑哉?"〖按〗新安故城在今河南义马千秋镇石河村，在今千秋乡之二十里铺村西，故新安县城南有所谓"楚坑"，面积约一点五万平方米，曾出土铜镞，发现一批人骨，即当年项羽坑秦卒之处。㊾ 或：有人。据《楚汉春秋》，说沛公者为解先生。㊿ 秦富十倍天下：关中比天下其他地区要富裕十倍。(51) 地形强：地势险要。形，形势。(52) 号章邯为雍王：给章邯雍王的封号。秦二世三年七月，章邯降项羽，项羽遂划今陕西西部以封章邯为雍王，都废丘（今陕西兴平东南）。(53) 今则来：现在他们如果一来。则，若。(54) 无内诸侯军：不要让项羽等其他路兵马进来。内，同"纳"。(55) 稍征关中兵：再从关中征调一些兵员。(56) 以自益：以补充自己的兵力。(57) 距之：距，通"拒"。(58) 沛公然其计二句：《史记索隐》曰，"《楚汉春秋》云：'解先生云：遣守函谷关，无内项王。'而《张良世家》云'鲰生说我'，则鲰生是'小生'，即解生"。(59) 使黥布等攻破函谷关：《艺文类聚》引《楚汉春秋》曰，"大将亚父至关，不得入，怒曰：'沛公欲反耶?'即令家发薪一束，欲烧关门，关门乃开"。(60) 进至戏：前进至今临潼东的戏水。其方位在今西安东北，当时的咸阳城东。(61) 沛公欲王关中二句："令子婴为相"事，唯《史记》之《高祖本纪》与《项羽本纪》两次出于曹无伤之口，不知刘邦是否果有此意。(62) 欲以求封：欲以此求得项羽封赏。(63) 期旦日：定好明日一早。期，约好；定好。旦日，太阳出来的时候。(64) 鸿门：古地名，在今西安市临潼区东五公里，其地东接戏水，南靠高原，北临渭河，是当时通往新丰的大道。由于雨水冲刷形似鸿沟，其北端出口形状似门，故称"鸿门"。(65) 山东：崤山以东，泛指旧时的东方六国之地。(66) 幸：狎近；占有。(67) 望其气：占望刘邦所居之处的云气。〖按〗古时有所谓观测云气可以预知人世的祸福，此种迷信行为当兴自战国，秦汉时期甚为盛行。(68) 皆为龙虎三句：王叔岷曰，"《御览》十五引《楚汉春秋》云：'亚父谋曰：吾望沛公，其气冲天，五色相缭，或似龙，或似蛇，或似虎，或似云，或似人，此非人臣之气也。'即史公所本"。(69) 左尹：职同左相，楚称丞相为令尹。(70) 项伯：《史记索隐》曰："名缠，字伯。"(71) 项羽季父也：文章前文已曰"其季父项梁"，则此"项伯"最近亦只可能是项羽的堂叔。泷川引中井曰："'季'而字'伯'，不知何缘故。"陈直曰："在同父兄弟中为'伯'，在共祖兄弟中为'季'，故名'季'字'伯'，至今江南各地风气犹然。"(72) 毋俱死：不要跟着刘邦一起被杀。(73) 送：这里是"跟从"的意思。泷川曰："是假托之辞，非事实也。"〖按〗有假托之意，非皆假托。(74) 沛公默然曰三句：于此见刘邦内心明知不足以敌项羽，而口中又不愿明显示弱的愠怒烦躁之情。《史记·淮阴侯列传》："（韩信）曰：'大王自料勇悍仁强孰与项王?'汉王默然良久，曰：'不如也。'"情景与此相同。"固不如也。且为之奈何"，犹言"当然是不如啦，你就先说咱怎么办吧！"姚苎田曰："一笔夹写两人，一则窘迫绝人，一则从容自知，性情须眉，跃跃纸上。史公独绝之文，《左》《国》中无此文字。”⑱有故：有旧交。⑲尝杀人二句：项伯犯了杀人的死罪，是我掩护了他。⑳孰与君少长：紧急中忽出此语，见刘邦收买、利用项伯的一套计划已经全然想出。㉑奉卮酒为寿：举杯敬酒，祝其健康长寿。卮，酒杯。寿，祝福长寿。㉒约为婚姻：约做儿女亲家。〖按〗日后未见惠帝娶项伯女为妃，鲁元亦未为项氏之妇，此“约为婚姻”者不知究系何云。㉓秋毫：秋天动物身上新长出的茸毛，用以比喻事物的极端微末细小。㉔籍吏民：登记所有人口。籍，登记。㉕非常：意外的变故。㉖倍德：忘恩。倍，同“背”。㉗蚤：通“早”。㉘谢：谢罪；赔礼。㉙项羽许诺：梁玉绳曰，“项伯之招子房，非奉羽之命也，何以言‘报’？且私良会沛，伯负漏师之重罪，尚敢告羽乎？使羽诘曰‘公安与沛公语’，则伯将奚对？史果可尽信哉？”⑩从：使之跟从，意即带领。⑪戮力：合力。⑫不自意：自己没有料想到。〖按〗从来未见刘邦如此谦卑。⑬令将军与臣有隙：吴见思曰，“一件惊天动地事，数语说得雪淡，若无意于此者，故项羽死心塌地。辞令之妙！”杨慎曰：“将飞者翼伏，将奋者足局，将噬者爪缩，将文者且朴，夫惟鸿门之不争，故垓下莫能与之争。”史珥曰：“虽只是寒温语，而婉约凄咽，却有无限精神，项王一片雄心自涣然冰释矣。是谓天下之至柔，驰骋天下之至刚。”姚苎田曰：“此一段，千古处危难现成榜样，未可以文字视之。”〖按〗刘邦生性好大言，好侮人，今说话用此等腔口，盖一生中仅此一次。⑭此沛公左司马三句：为分辩、洗白自己，而将归附、投靠者道出，见羽之粗豪少谋。⑮数目：频频地使眼色。⑯举所佩玉玦以示之者三：胡三省曰，“玦如环而有缺，增举以示羽，盖欲其决意杀沛公也”。玦，有缺口的玉环。⑰项庄：《史记正义》曰，“项羽从弟”。“从弟”即堂兄弟。⑱君王为人不忍：〖按〗《史记·淮阴侯列传》中韩信云，“项王见人恭敬慈爱，言语呕呕，人有疾病，泣涕分饮食”；《高祖本纪》中王陵、高起云，“项羽仁而敬人”，皆可与此处相对应，知项羽性格除粗豪暴戾外，尚有如此慈厚的一面。⑲若：尔；你。下文“若属”，犹言“尔等”。⑩⓪翼蔽：遮挡、掩护。“翼”字用得极其形象。⑩①军门：军营的大门。⑩②今日之事何如：吴见思曰，“哙先问，妙，写得颙望急切”。⑩③迫：紧急。⑩④与之同命：与项羽等拼命。同命，并命；拼命。一说指与刘邦同生死，亦通。⑩⑤带剑：与《史记·平原君虞卿列传》交代毛遂“按剑”历阶而上的意思相同，盖樊哙乃刘邦卫士，自宜“带剑”；然又非如后文刘邦逃走时樊哙之“持剑”，故可闯过交戟卫士之拦阻。⑩⑥拥盾：持盾于身前。拥，前持。⑩⑦不内：不准其入。内，通“纳”。⑩⑧披帷立：打开门帘面对项羽一站。披，用手背猛地一拨。⑩⑨瞋目：圆瞪着眼睛，怒目视人。⑪⓪目眦：眼角。⑪①跽：跪起。古人席地而坐，其姿势是两膝着地，臀部压在小腿上。如果臀部离开小腿，身子挺直，这就叫作长跪，也就是跽。“按剑而跽”是一种准备行动的警戒姿势。⑪②参乘：《左传》中称为“右”，是与君主同车，站在君主右侧为之充当警卫的人。⑪③斗卮：大酒杯。李笠曰：“《汉书·樊哙传》‘与’下无‘斗’字，‘斗’盖衍字。上云‘赐之卮酒’，下云‘卮酒安足辞’，此非泛言可知。”可供参考。⑪④则与一生彘肩：

彘肩，猪腿。梁玉绳曰："'生'字疑误，彘肩不可生食；且此物非进自庖人，即撤自席上，何以'生'耶？"〖按〗先言"斗卮酒"，后云"生彘肩"，正史公为突出勇士性格所增饰，不得随意删削。王叔岷曰："彘肩固不可生食，与之生彘肩，正欲其难食也。梁说迂甚。"⑮ 啖：吃。⑯ 杀人如不能举二句：如不能举，像是只怕杀不尽似的。举，克、尽。如恐不胜，就像只怕完不成任务似的。胜，胜任。《史记·齐太公世家》有云："赋敛如弗得，刑罚恐弗胜"，与此相同，皆谓极尽其力而犹恐不够。⑰ 细人：小人；好搬弄是非的人。⑱ 窃为将军不取也：史珥曰，"发端之妙全在鲁莽，所谓先人有夺人之志也，然非子长笔力岂能写出！"锺惺曰："樊哙所云'臣请入，与之同命'一语，感动幽明，鬼神为泣，岂寻常武人可到？其'拥盾带剑'，裂眦怒发，气固足以制人矣；饮酒啖肉之后徐折项王，节次之妙，莽莽中左师公缓步迂语气象。其一段正议，妙从樊哙吐之。尤妙在'劳苦而功高如此，未有封侯之赏'二语，盖'封侯之赏'四字明明以盟主推尊项王，项王得此意满而心解矣，其立言之妙如此。"姚苎田曰："樊哙谏还军霸上，及定天下后排闼问疾数语，俱有大臣作用。此段忠诚勇决，亦岂等闲可同！"凌稚隆引康海曰："哙语即沛公语项羽者，又即项伯语项羽者，皆张良教之也。"⑲ 项羽未有以应：凌约言曰，"以伯言先入，而哙适投之也"。⑳ 从良坐：挨着张良坐下。郭嵩焘曰："鸿门之宴写得子房如龙，樊哙如虎，是史公极得意文字。巨鹿之战写得精彩，鸿门之会却写得处处奇绝、陡绝，读之使人目眩心摇。"㉑ 如厕：上厕所。㉒ 刀俎：刀子、板子，都是切鱼切肉的用具。俎，切东西用的砧板。㉓ 何辞为：还辞别什么。㉔ 去：距离。㉕ 置车骑：抛下来时所带的车骑不管，为了不惊动里面的项羽、范增。置，抛弃；留下。㉖ 樊哙、夏侯婴、靳强、纪信：皆刘邦部将。夏侯婴，姓夏侯名婴，因其曾被刘邦任为藤县县令，故而也称"滕婴""滕公"，刘邦的车夫，事迹见《史记·樊郦滕灌列传》。靳强，事见《史记·高祖功臣侯者年表》。纪信，事迹详见后文。㉗ 骊山：在今西安市临潼区南，西距西安二十五公里，地处当时的鸿门之西南，霸上之东北。㉘ 道芷阳间行：经芷阳抄小路而走。芷阳，秦县名，在骊山西侧，今西安东北。间行，胡三省曰："间，空也，投空隙而行。"㉙ 趣霸上：直奔霸上。趣，通"趋"，向。㉚ 谢项羽：向项羽说明情况。㉛ 亚父：指范增。项羽尊称范增为"亚父"，与齐桓公尊称管仲为"仲父"的意思相同，即礼数仅次于父。㉜ 度：估计；揣度。㉝ 间至军中：估计刘邦等已经回到军中。间，刘盼遂曰："犹言'估计'，《廉蔺列传》'间至赵矣'，与此同。"㉞ 不胜杯杓：犹言"喝得过多，已经受不了啦"。杯、杓，都是酒器。㉟ 督过：责备；怪罪。过，用如动词，责其过失。"督""过"二字连用。王叔岷曰："'督过'犹言'督责'。"㊱ 竖子不足与谋：泷川曰，"竖子，斥项庄辈，而暗讥羽也，若以为直斥项羽，则下文'项王'二字不可解"。㊲ 吾属今为之虏矣：我们都将被他俘虏啦。吾属，我们这些人。今，将。㊳ 沛公至军：吴裕垂曰，"惟步行出鸿门，故羽不及觉。其疾行至军者，岂沛公来时，良于郦山道中预伏精兵良骏以为脱身之计欤？而沛公、良、哙三人甫出，羽固使陈平出召矣，而卒得脱归者，抑沛公此时已有私交于平欤?”(《史案》)⑬⑨ 立诛杀曹无伤：史珥曰，“无伤见诛，而羽不悟项伯之奸，亦楚、汉成败之机也”。⑭⓪ 西屠咸阳：向西杀光了整个咸阳城的人。⑭① 杀秦降王子婴：子婴墓在今西安市临潼区刘家村，封土呈圆丘形，墓前有清代毕沅所书“秦子婴墓”碑一座。⑭② 火三月不灭:〖按〗此处所烧乃咸阳城内的宫殿，似乎并未焚烧上林苑中的建筑。通常所说的焚烧阿房宫，似乎更无其事。详情见韩兆琦《史记笺证·秦始皇本纪》。⑭③ 收其货宝妇女而东：史珥曰，“范增于沛公之‘财物无所取，妇女无所幸’决‘其志不在小’，则亦似知兴亡之规模，何不以此力匡项羽，乃坐视其‘收货宝美人妇女而东’耶?羽积数世之恨，而性本好杀，增又不劝以务德，徒拳拳杀刘邦，真所谓‘生平奇计无他事’矣”。⑭④ 韩生说项羽曰:〖按〗《史记·项羽本纪》但云“人或说项羽曰”，而未称姓氏。《楚汉春秋》、扬子《法言》则谓说者是“蔡生”,《汉书》说是“韩生”。⑭⑤ 阻山带河：以山岭为屏障，以黄河为襟带。⑭⑥ 四塞之地:《史记集解》引徐广曰，“东函谷，南武关，西散关，北萧关”。⑭⑦ 可都以霸：建都于此可以称霸于天下。泷川曰:“言关中可都者，不始于娄敬，盖当时定论。”〖按〗《史记·淮阴侯列传》中韩信责项羽之失亦有所谓“不都关中而都彭城”之语。⑭⑧ 富贵不归故乡三句：泷川曰，“《高祖纪》云:‘高祖过沛，置酒起舞，慷慨伤怀，泣数行下，谓沛父兄曰:“游子悲故乡，吾虽都关中，万岁后吾魂魄犹乐思沛。”此与项羽心事全同，世与彼而不与是，何哉?’”〖按〗人之常情皆然，能不以常情影响决定大事者，此刘邦、项羽之所由分。⑭⑨ 沐猴而冠：言沐猴纵使戴上人的帽子，也始终办不成人事。沐猴，猕猴。叶玉麟引吴汝纶曰:“鸿门之失，就范增口中见之；背关怀楚之失，就说者口中见之；分王不平，就陈馀说齐见之，此史公常法。”⑮⓪ 致命：禀命；请示。⑮① 如约：按照原来的约定办，即“先入关者王之”。赵翼曰:“(怀王)非碌碌不足数者，因项梁败于定陶，即并项羽、吕臣军自将之；因宋义识项梁之将败，即拜为上将军；因项羽残暴，即令汉高扶义而西；及汉高入关，羽以强兵继至，心仍守‘先入关者王之’之旧约，而略不瞻徇，是其智略信义，亦有足称者，非刘圣公辈所可及也。”〖按〗刘圣公即刘玄，西汉末年的起义军领袖。事见《后汉书》。⑮② 功伐：即指功勋。《史记·高祖功臣侯者年表》曰:“古者人臣功有五品，以德立宗庙、定社稷曰勋，以言曰劳，用力曰功，明其等曰伐，积日曰阅。”⑮③ 何以得专主约：意即在分封的问题上怎能由他说了算。⑮④ 假立诸侯后以伐秦：意思是当初为了反秦，固然也立了一些六国诸侯的后代。楚怀王是其一，韩成、田假、赵歇等皆是。假立，姑且设立，谓临时拥立一些徒有虚名的傀儡人物。⑮⑤ 被坚执锐首事：意即冲锋陷阵首先发难反秦。⑮⑥ 暴露：顶着太阳、冒着风雨。⑮⑦ 固当分其地而王之：理应分一块地盘使之称王。固，本来。⑮⑧ 阳尊怀王为义帝：王叔岷曰，“《御览》八十六‘义帝’下引《尚书中候》云:‘空受之帝位’”。谢肇淛《文海披沙》曰:“今谓假父曰义父，假子曰义子、义女，故项羽尊怀王为义帝，犹假帝也。”〖按〗二说自然可以，但似过于穿凿。窃意以为但就“义”字之原意理解即可，反正不过是虚名而已。阳尊，假意抬高。⑮⑨ 郴：秦县名，即今湖南郴州，当时属长沙郡，处湘水

之上游。⑯西楚霸王:《史记正义》引孟康曰,“旧名江陵为南楚,吴为东楚,彭城为西楚”。项羽建都于彭城,故称“西楚霸王”。所谓“霸王”,略同于春秋时期的霸主,即“诸侯盟主”的意思。⑯王梁楚地九郡:“九郡”的具体说法不一,大致相当于战国时梁国和楚国的部分地区,即今河南东部、山东西南部,以及邻近的安徽、江苏两省的大部分地区。全祖望以为是:东海、泗水、会稽、东郡、砀郡、薛郡、楚郡、南阳、黔中;周振鹤以为应是:东海、泗水、会稽、东郡、砀郡、薛郡、陈郡、南阳、鄣郡。其他说法不录。⑯都彭城:今徐州户部山上有戏马台,相传项羽当年曾在此观看戏马。山上有系马柱,相传为项羽系马之处。台上建有双层飞檐六角亭,两侧尚有许多其他明清建筑与历代人士的题咏。戏马台自古以来是徐州城内的重要风景点。⑯疑沛公:担心刘邦会与他们争夺天下。疑,疑心、担心。⑯业已讲解二句:由于已经讲和了,(现在如果还对刘邦不好,)害怕会承担一个违背条约的罪名。讲解,和解。恶,讨厌、担心。⑯阴谋:暗中商量。⑯巴蜀:皆秦郡名,巴郡辖今重庆市一带地区,郡治江州(今重庆市东北);蜀郡辖今四川西部地区,郡治成都(今成都)。⑯迁人皆居之:常把人流放到这一带。〖按〗可参见《史记·吕不韦列传》《货殖列传》。迁,流放;发配。⑯乃曰:于是向人们解释说。⑯巴、蜀亦关中地:自东方而言,巴蜀亦处于函谷关以西,且又自战国时属秦,故项羽等可以强词曰“巴、蜀亦关中地”。⑰王巴、蜀、汉中:据《史记·留侯世家》,项羽最初封给刘邦的地盘只有巴、蜀二郡,后刘邦贿赂项伯,项伯劝说项羽,乃又将汉中给了刘邦。汉中,秦郡名,辖今陕西秦岭以南地区,郡治南郑(今汉中)。⑰南郑:古邑名,在今陕西汉中。⑰三分关中:将关中地区分成三份。⑰距塞汉路:堵着巴、蜀、汉中北出的通路,不使刘邦出来。⑰王咸阳以西:周振鹤《西汉政区地理》曰,“章邯封地为秦内史西部与陇西、北地两郡”。⑰废丘:秦县名,县治在今陕西兴平东南。⑰长史欣:章邯的长史名欣。⑰栎阳狱掾:栎阳县主管刑狱的小吏。⑰尝有德于项梁:项梁杀人下于栎阳狱,家中请曹咎给司马欣写信,司马欣遂将项梁开释。⑰咸阳以东二句:咸阳以东,直至黄河边。周振鹤曰:“塞国有秦内史东部地,于高帝末年为渭南、河上两郡,相当于《汉志》之京兆尹及左冯翊二郡。”⑱都栎阳:〖按〗司马欣曾在栎阳为狱掾,今为塞王,亦可谓“富贵归故乡,衣锦昼行”。⑱上郡:秦郡名,辖今陕西北部和临近的内蒙古部分地区,郡治肤施(今陕西榆林东南)。⑱高奴:秦县名,县治在今陕西延安东北。⑱河东:秦郡名,辖今山西西南部地区,郡治安邑(今夏县西北)。周振鹤以为西魏的领地有河东、上党二郡。⑱平阳:秦县名,县治在今山西临汾西南。⑱瑕丘申阳:申阳是人名,曾任瑕丘县(在今山东济宁市兖州区东北)县令,《史记集解》引臣瓒曰:“瑕丘公申阳,瑕丘是县名。”〖按〗也有人认为“瑕丘”是姓,“申阳”是名。⑱嬖臣:受宠幸的男仆。〖按〗张耳在秦时家族豪富,门前多客,刘邦也曾从之游,故可有所谓“嬖臣”。⑱河南郡:汉郡名,秦时称三川郡,辖今河南西部的黄河以南地区,郡治洛阳(今洛阳东北)。⑱迎楚河上:在黄河边上迎接了项羽。〖按〗据《史记·秦楚之际月表》,申阳之迎项羽于河上在秦二世三年七月，章邯率部投降项羽，项羽进兵关中之前。⑱⑨阳翟：今河南禹州，战国初期曾是韩国都城。⑲⓪赵将：赵王武臣的部将。⑲①定河内："河内"是秦郡名，辖今河南黄河以北地区，郡治怀县（今河南武陟西南），《史记·太史公自序》有所谓"蒯聩玄孙卬为武信君将而徇朝歌"，可与此佐证。⑲②朝歌：殷代故都，即今河南淇县。⑲③代王：封地在今山西北部和与之相邻的河北西北部，国都代县即今河北蔚县东北之代王城。周振鹤曰："广义的代地包括云中、雁门、代郡、太原四郡，秦楚之际匈奴南侵，燕、代，云中、雁门、代郡地多没入匈奴，代地中心实移至太原。"⑲④常山王：封地在常山郡，约当今河北石家庄一带地区。⑲⑤王赵地：周振鹤以为常山国领有秦代的常山、巨鹿、邯郸三个郡，"相当于《汉志》之赵国、魏郡、常山、中山、真定、巨鹿、广平、清河、河间、信都十郡国，及鄚县以南之涿郡、东平郡至大河之间的勃海郡地"。⑲⑥襄国：秦县名，也称"信都"，即今河北邢台。⑲⑦九江王：封地即秦九江郡，约当今安徽淮南、江北一带地区。⑲⑧六：秦县名，县治在今安徽六安北。⑲⑨番君吴芮：在秦时曾任过鄱县（今江西鄱阳东）县令的吴芮。⑳⓪百越：杨宽曰："战国时已有'百越'之称，用以指东南沿海地区之原始部族，因其种类繁多，故统称之曰'百越'。闽越或称东越，分布于今福建北部与浙江南部；瓯越或称东瓯，分布于今浙江南部瓯江、灵江流域。闽越与瓯越乃百越中较进步之地区，其君长原为越王勾践分封之封君。"⑳①又从入关：〖按〗从项羽入关者乃吴芮所派的将领梅鋗，而非吴芮本人。⑳②衡山王：封地即秦之衡山郡，约当今湖北之东部地区。⑳③邾：在今湖北黄冈北，当时为衡山郡的郡治。⑳④柱国共敖："柱国"是战国时的楚官名，大略相当于其他诸国的宰相。"共敖"是战国时楚国贵族的后代，为楚怀王柱国。⑳⑤南郡：秦郡名，辖今湖北西部地区，郡治江陵（今荆州江陵西北之纪南城）。⑳⑥临江王：封地即秦之南郡。周振鹤以为"实以秦之南郡、长沙、黔中三郡置"。徐孚远曰："项羽封三秦王，以拒汉也；封九江、衡山、临江三王，皆近楚以自蕃援也，又以内制义帝，其深心可见。"⑳⑦燕王韩广：韩广原是陈涉部将武臣的部下，武臣在赵地称王后，派韩广率兵北定燕地。韩广攻占燕地后，遂也在燕地自称燕王。事见《史记·陈涉世家》。⑳⑧辽东王：顾名思义，其封地应即秦之辽东郡，约当今辽宁之东部地区，但《史记·秦楚之际月表》称其"都无终"，"无终"即今天津市蓟州区，当时为右北平郡的郡治所在地。周振鹤以为韩广的辽东国实际领有辽东、辽西、右北平三个郡。⑳⑨立荼为燕王：封地即秦之广阳郡，约当今之北京市与河北之大清河北一带地区。周振鹤以为臧荼的燕国领有秦代的广阳、上谷、渔阳三个郡。㉑⓪蓟：秦县名，县治即今北京市城区之西南部。㉑①胶东王：封地即秦之胶东郡，今山东潍河以东地区。㉑②即墨：秦县名，县治在今山东平度东南。㉑③临淄：今山东淄博市临淄区。周振鹤以为田都的齐国领有秦末的临淄、琅邪两个郡。㉑④济北：秦郡名，约当今山东之济南、泰安与其周围地区。㉑⑤博阳：即今山东泰安东南的博县故城，当时为济北郡的郡治所在地。㉑⑥数负项梁：田荣被章邯困于东阿，项梁打败章邯将其救出；项梁招呼田荣西进反秦，田荣不听，回山东经营割据，致使项梁兵败被杀，前文已见。负，背叛、对不起。㉑⑦以故不封：泷川曰，“一田荣不封，竟败霸王大事”。㉑⑧弃将印去二句：章邯围困赵歇、张耳于巨鹿时，陈馀驻兵于巨鹿北，张耳请陈馀救巨鹿，陈馀以为力弱无济于事。项羽解巨鹿之围后，张耳责备陈馀坐视不救，且怀疑陈馀杀害了张耳所派的求救将领。陈馀一怒，抛所佩将印而去。后来张耳随项羽西行入关，陈馀气愤张耳，也恨项羽偏袒张耳，遂留在赵地，游离于项羽的统辖之外。详见《史记·张耳陈馀列传》。㉑⑨南皮：秦县名，即今河北南皮。㉒⓪环封之三县：将南皮县周围的三个县封给陈馀。洪亮吉曰：“张耳嬖臣申阳皆封王，而陈馀只侯，是馀尤不平者。”㉒①番君将梅锅：番君派出的将领梅锅。番君，即吴芮。㉒②周勃、灌婴：都是刘邦的部将，周勃以军功封绛侯，事迹详见《史记·绛侯周勃世家》；灌婴是刘邦的骑将，以军功封颍阴侯，事迹详见《史记·樊郦滕灌列传》。㉒③虽王汉中之恶：被封到汉中称王固然不好。恶，不好。㉒④不犹愈于死乎：不是比被人杀死还好得多吗。愈，胜。㉒⑤何为乃死：怎么就会一下子说到死呢。㉒⑥众弗如：军队的数量不如人家。㉒⑦诎于一人之下三句：指当年商汤、周武王都曾一度在夏桀、殷纣的统治下忍气吞

【原文】

夏四月，诸侯罢戏下兵[237]，各就国。项王使卒三万人从汉王之国[238]。楚与诸侯之慕从者[239]数万人，从杜南入蚀中[240]。张良送至褒中[241]，汉王遣良归韩[242]。良因说汉王烧绝所过栈道[243]，以备诸侯盗兵[244]，且示项羽无东意[245]。

田荣闻项羽徙齐王市于胶东，而以田都为齐王，大怒。五月，荣发兵距击[246]田都，都亡走楚[247]。荣留齐王市，不令之胶东[248]。市畏项羽，窃亡之国[249]。荣怒，六月，追击杀市于即墨[250]，自立为齐王。是时，彭越在巨野[251]，有众万余人，无所属。荣与越将军印，使击济北[252]。秋七月，越击杀济北王安[253]，荣遂并王三齐[254]之地。又使越击楚。项王命萧公角[255]将兵击越，越大破楚军。

张耳之国[256]，陈馀益怒曰：“张耳与馀，功等也[257]。今张耳王，馀独侯，此项羽不平。”乃阴使张同、夏说[258]说齐王荣曰：“项羽为天下宰[259]，

声，后来终于推翻他们的暴政，成为一统国家的帝王。诎，同“屈”，受气。信，通“伸”，指后来自己成为新朝的帝王。㉘ 王汉中：接受封号，到汉中去称王。㉙ 致：招纳；延揽。㉚ 收用巴、蜀：搜集、利用巴蜀一带的人力、物力。㉛ 还定三秦：寻找机会再从巴蜀打回来，重新收复关中地区。三秦，即指关中地区，因为项羽分封诸侯时，封秦降将章邯为雍王、司马欣为塞王、董翳为翟王，三国都在当年秦国本土的地面上，故合称三秦。㉜ 就国：到自己封地上任。㉝ 镒：重量单位，一镒为二十四两。有曰二十两。㉞ 具：通“俱”，全部。㉟ 厚遗：厚赠；重金收买。㊱ 使尽请汉中地：汉中，秦郡名，郡治南郑，即今之陕西汉中。〖按〗项羽起初只以巴、蜀封刘邦，刘邦欲兼有汉中之地，故托项伯代为请求。

【校记】

［1］被坚执锐：“被”，原作“披”。据章钰校，乙十一行本、孔天胤本皆作“被”。今从诸本及《史记·项羽本纪》《通鉴纪事本末》改。

【语译】

夏天，四月，诸侯全部从戏下撤兵，回自己的封国。项羽只留三万军队跟随汉王刘邦回封地。项羽以及其他诸侯的部下因为仰慕刘邦，志愿跟随他到汉中的也有数万人，汉王刘邦从杜邑南部进入蚀中。张良把汉王刘邦送到褒中后，刘邦就让张良返回韩王成的身边。临走时，张良劝说刘邦把沿途经过的栈道全部烧毁，一方面可以防备其他诸侯兵以及盗贼兵，一方面向项羽表示自己的志向仅此而已，使项羽相信汉王不会再出来与项羽争夺天下，以解除项羽对汉军的戒备。

田荣听说项羽把齐王田市改封为胶东王，而封田都为齐王，非常愤怒。当年五月，田荣发兵攻打田都，田都被打败后投奔了项羽。田荣扣留了田市，不让他到胶东去。田市惧怕项羽，便偷偷地逃到自己的封国。田荣更加愤怒，六月，即率兵追到即墨，杀死田市，自己做了齐王。与此同时，彭越在巨野，手下虽然拥有一万多人，却无所归属。田荣颁发给彭越将军印绶，派他去攻打济北王田安；秋季，七月，彭越杀死了济北王田安。于是，田荣兼并了田市、田都、田安三国的土地。之后，又派彭越去攻打楚王项羽。楚王项羽派萧公角率军迎击彭越，被彭越打得大败。

张耳回到自己的封国就任常山王，陈馀更加恼怒，他说：“张耳和我功劳相当。如今张耳为常山王，而我陈馀却只封了一个侯爵，项羽做事太不公平。”于是暗中派张同、夏说去游说齐王田荣：“项羽为天下主宰，分封之事做得太不公平。他把

不平。尽王诸将[260]善地，徙故王于丑地[261]。今赵王乃北居代[262]，余以为不可。闻大王起兵，不听不义[263]。愿大王资[264]余兵击常山[265]，复赵王[266]，请以赵为捍蔽[267]。”齐王许之，遣兵从陈馀。

项王以张良从汉王，韩王成又无功，故不遣之国[268]，与俱至彭城，废以为穰侯[269]。已[270]又杀之。

初，淮阴[271]人韩信[272]家贫无行[273]，不得推择为吏[274]，又不能治生商贾[275]，常从人寄食饮[276]，人多厌之[277]。信钓于城下[278]，有漂母[279]见信饥，饭信[280]。信喜，谓漂母曰：“吾必有以重报母。”母怒曰：“大丈夫不能自食[281]，吾哀王孙而进食，岂望报乎[282]？”淮阴屠中[283]少年有侮信者，曰：“若虽长大[284]，好带刀剑，中情怯[285]耳。”因众辱之[286]，曰：“信能死，刺我；不能死，出我袴下[287]。”于是信孰视[288]之，俯出袴下，蒲伏[289]。一市人皆笑信，以为怯。

及项梁渡淮[290]，信杖剑[291]从之，居麾下[292]，无所知名。项梁败，又属项羽，羽以为郎中[293]。数以策干羽[294]，羽不用。汉王之入蜀，信亡楚归汉[295]，未知名。为连敖[296]，坐当斩[297]，其辈[298]十三人皆已斩，次至信[299]。信乃仰视，适见滕公[300]，曰：“上不欲就天下乎[301]？何为斩壮士！”滕公奇其言，壮其貌，释而不斩。与语，大说[302]之。言于王，王拜以为治粟都尉[303]，亦未之奇也。

信数与萧何语[304]，何奇之。汉王至南郑[305]，诸将及士卒皆歌讴思东归[306]，多道亡者[307]。信度何等已数言王，王不我用，即亡去[308]。何闻信亡，不及以闻[309]，自追之。人有言王曰：“丞相何亡。”王大怒，如失左右手[310]。居一二日[311]，何来谒[312]王。王且怒且喜，骂何曰：“若亡，何

自己部下的各路将领都封为王，而且还都分的是好地方；却把那些没有跟随项羽入关的旧有的诸侯王迁移到其他贫瘠的地方。如今赵王歇竟然被赶到北部的代地为王，我认为这是不应该的。我听说大王您最近起兵反抗项羽不合理的任命。我希望大王您能资助我一些兵力，让我去击败常山王张耳，恢复赵王歇原有的领地，使赵国成为齐国的屏障。”齐王田荣答应了陈馀的要求，派遣一部分兵力给陈馀。

项羽因为张良曾经跟随汉王刘邦入关，韩王成又没有什么功劳，所以就留住韩王成，不让他回自己的封国，让他和自己一道回到彭城，到彭城以后，先是贬韩成为穰侯，过后不久又将他杀死。

当初，淮阴人韩信因为家中贫穷没有善行，不能被推举担任官吏，又没有本事做买卖谋生，就经常到别人家里混饭吃，许多人因此都很讨厌他。韩信在城下钓鱼，有一个漂洗衣被的老妈妈看见韩信饥饿的样子，就把自己带的饭拿给韩信吃。韩信很高兴，他对老妈妈说：“我将来必定会重重地报答老妈妈。”老妈妈非常生气地说：“男子汉连自己都不能养活；我是可怜你才给你饭吃，难道还指望你报答吗?”淮阴城中卖肉的屠夫中有一个年轻人欺辱韩信，说：“你虽然长得高高大大，又喜欢佩带刀剑，但你的内心是怯懦的。”于是就当着众人的面侮辱他，说：“韩信，你如果不怕死，就刺我一刀；如果怕死不敢刺我，那就从我的胯下爬过去。”韩信盯住他看了好一会儿，便俯下身来，匍匐着从那人的裤裆下爬过。整个集市的人都哄然大笑，认为韩信是一个懦夫。

当初项梁渡过淮水的时候，韩信带着他的宝剑，一路追随项梁；在项梁的部下，没有获得什么名声。项梁失败后，韩信又归属项羽，项羽任命他做身边负责警卫的郎中。韩信多次为项羽献计献策，都不被采用。汉王刘邦进入汉中的时候，韩信逃离项羽投奔了汉王刘邦，仍然不为人所知。他曾经担任掌管仓库粮饷的小官连敖，因为犯法要被处死；与他同时被执行的十三个人都已经被处斩，按次序该轮到韩信。韩信抬头仰视，正好看见滕公夏侯婴，于是就对滕公说：“汉王难道不想成就统一天下的大业吗?为什么要杀死意气豪壮而勇敢的人呢!”夏侯婴对他说的话感到很惊奇，又见他相貌堂堂、仪表不俗，就给他松开绑绳，开释了他的罪行。滕公夏侯婴和韩信谈话后，非常高兴。向汉王刘邦推荐了他，汉王刘邦任用韩信为管理仓库的中级官吏治粟都尉，还是没有特别看重他。

韩信多次与萧何接触，萧何认为韩信是个奇才。汉王自从来到南郑以后，属下诸将和士卒都唱着家乡小调表达他们思念家乡的痛苦，还有许多人干脆就在途中逃走了。韩信估计萧何已经多次向汉王举荐过自己，而汉王却不能重用，于是也弃职逃走。萧何听到韩信逃走的消息后，来不及向汉王刘邦请示，就亲自去追赶。有人告诉汉王刘邦说：“丞相萧何逃走了。”汉王一听，气得火冒三丈，就好像失去了左右手一样。过了一两天，萧何来拜见汉王刘邦。汉王又恼又喜，责骂

也[313]？”何曰：“臣不敢亡也，臣追亡者耳。”王曰：“若所追者谁？”何曰：“韩信也。”王复骂曰[314]：“诸将亡者以十数，公无所追[315]。追信，诈也。”何曰：“诸将易得耳，至如信者，国士[316]无双。王必欲长王汉中[317]，无所事信[318]；必欲争天下，非信无可与计事者。顾王策安所决耳[319]。”王曰：“吾亦欲东耳，安能郁郁久居此乎！”何曰：“计必欲东，能用信，信即留；不能用信，终亡耳。”王曰：“吾为公以为将[320]。”何曰：“虽为将，信不留。”王曰：“以为大将。”何曰：“幸甚。”于是王欲召信拜[321]之。何曰：“王素慢无礼[322]，今拜大将，如呼小儿，此乃信所以去也。王必欲拜之，择良日，斋戒，设坛场[323]，具礼[324]，乃可耳。”王许之。诸将皆喜，人人各自以为得大将[325]。至拜大将，乃韩信也，一军皆惊[326]。

信拜礼毕，上坐[327]。王曰：“丞相数言将军，将军何以教寡人计策？”信辞谢，因问王曰：“今东乡争权天下[328]，岂非项王耶？”汉王曰：“然。”曰：“大王自料，勇悍仁强，孰与项王？”汉王默然良久，曰：“不如也。”[329]信再拜贺[330]曰：“惟信亦以为大王不如也[331]。然臣尝事之，请言项王之为人也。项王喑噁叱咤[332]，千人皆废[333]，然不能任属[334]贤将。此特[335]匹夫之勇耳。项王见人，恭敬慈爱，言语呕呕，人有疾病，涕泣分食饮[336]。至使人有功当封爵者，印刓敝，忍不能予[337]。此所谓妇人之仁也[338]。项王虽霸天下而臣诸侯，不居关中而都彭城[339]。背义帝之约[340]，而以亲爱王，诸侯不平[341]。逐其故主而王其将相[342]，又迁逐义帝置江南[343]。所过无不残灭，百姓不亲附，特劫于威强耳[344]。名虽为

萧何说："你为什么逃走？"萧何说："我哪里敢逃走，我是追赶逃走的人去了。"汉王问："你追的是谁？"萧何说："我追的是韩信。"汉王又骂他说："诸将当中逃走的有好几十个，你谁也不去追，却去追韩信，分明是在撒谎。"萧何分辩说："一般的将领很容易得到，而像韩信这样的人在全国之内也没有第二个。大王您如果满足于长期做一个汉中王，那就没有什么事情可以用到韩信；如果想要争夺天下，除去韩信，没有可以商量大事的人。这就要看您究竟打什么主意了。"汉王说："我当然想挥兵东进统一天下，怎么能窝窝囊囊地永远待在这里呢！"萧何说："如果您决计要向东与项羽争夺天下，能够重用韩信，韩信就会留下来；如果不能重用韩信，韩信终究要逃走。"汉王说："我就看在你极力推举的情面上任命韩信为将。"萧何说："即使您任用韩信为将，也留不住韩信。"汉王说："那就任命他为大将。"萧何说："那就太好了。"汉王刘邦就想把韩信传来，当面任命他为大将。萧何说："大王您一向待人傲慢，不讲礼节；如今任命大将，就如同是呼唤小孩儿，这正是韩信要离开的原因。大王如果真心要重用韩信，拜他为大将，就应该选择一个好日子，然后沐浴更衣，不饮酒，不吃荤，表示您的诚意；再建造一个高台，举行一个隆重的拜将仪式，才可以啊。"汉王刘邦同意按照萧何说的来做。诸将听到汉王要拜将的消息，都很高兴，人人心里都以为自己就是要拜的大将。到了拜将的时候，却是韩信，全军上下无不感到震惊。

拜将典礼结束以后，汉王刘邦让韩信坐在上首的座位上，对韩信说："萧何丞相多次向我举荐将军；现在将军有什么计策可以使我实现统一全国的大业呢？"韩信谦让了一下后，问汉王说："如今与大王争夺东方霸权的，是不是项羽呢？"汉王回答说："是的。"韩信又问："大王您自己估计一下，在个人的勇敢、兵势的精强方面，您与项羽比起来，谁更胜一筹呢？"汉王刘邦沉思了好久，然后说："我不如项羽。"韩信两度赞许地说："就连我韩信也认为大王您比不上项羽。我曾经是项羽的部下，我向您介绍一下项羽的为人。项王这人，怒喝一声，就是有一千个人，也会被吓得瘫倒在地，虽然如此，却不能放手任用贤能。所以项羽即使再勇猛，也不过是匹夫之勇。项羽对待人恭敬慈爱，言语温和亲切，如果谁生了病，他会心痛得痛哭流涕，把自己的饮食分给病人吃。但在用人方面，别人立了大功，应当重赏封爵的时候，他就舍不得了，直到把印的棱角都摆弄圆了仍然舍不得授予别人。所以项羽的仁慈，只不过是婆婆妈妈一样的小恩小惠。项王目前虽然称霸天下统辖诸侯，但他不肯把都城建在关中，而是设在彭城。他不遵守义帝立下的'谁先进入关中就封谁为王'的约定，而是把自己的亲信和自己所偏爱的人都封了王，所以诸侯心中不服。他把旧有国王从他们的领地上驱逐出去，把被驱逐国王的属将封到此地为王，又把义帝强制迁移到江南。他所经过的地方没有一处不被他摧毁的；百姓并不拥护他，只不过处在他的淫威之下不敢反抗罢了。项羽名义上虽

霸，实失天下心，故其强易弱。今大王诚能反其道，任天下武勇[345]，何所不诛[346]；以天下城邑封功臣[347]，何所不服[348]；以义兵从思东归之士[349]，何所不散[350]！且三秦王[351]为秦将，将秦子弟数岁矣。所杀亡[352]不可胜计，又欺其众，降诸侯。至新安，项王诈坑秦降卒二十余万，唯独邯、欣、翳得脱[353]。秦父兄怨此三人，痛入骨髓。今楚强以威，王此三人[354]，秦民莫爱也。大王之入武关[355]，秋毫无所害。除秦苛法，与秦民约法三章，秦民无不欲得大王王秦者。于诸侯之约，大王当王关中，关中民咸知之。大王失职[356]入汉中，秦民无不恨者[357]。今大王举而东[358]，三秦可传檄而定[359]也。"于是汉王大喜，自以为得信晚，遂听信计，部署诸将所击[360]。留萧何[361]收巴、蜀租，给军粮食[362]。

八月，汉王引兵从故道[363]出，袭雍[364]。雍王章邯迎击汉陈仓[365]。雍兵[366]败，还走。止，战好畤[367]，又败，走废丘[368]。汉王遂定雍地，东至咸阳[369]，引兵围雍王于废丘[370]，而遣诸将略地。塞王欣[371]、翟王翳[372]皆降，以其地为渭南[373]、河上[374]、上郡[375]。令将军薛欧、王吸[376]出武关，因王陵兵[377]以迎太公、吕后[378]。项王闻之，发兵距之阳夏[379]，不得前。

王陵者，沛人也，先聚党数千人，居南阳，至是始以兵属汉[380]。项王取陵母置军中，陵使至，则东乡坐陵母[381]，欲以招陵。陵母私送使者，泣曰："愿为老妾语陵：善事汉王[382]。汉王长者，终得天下。毋以老妾故，持二心[383]。妾以死送使者。"遂伏剑[384]而死。项王怒，烹[385]陵母。

项王以故吴令郑昌[386]为韩王[387]，以距汉[388]。

张良遗项王书曰："汉王失职[389]，欲得关中。如约，即止[390]，不敢

称为西楚霸王，而实际上早已失去民心，所以他目前虽然强大，但很容易走向衰微。假使大王您的所作所为与项羽相反，能够重用天下的英雄豪杰，还有什么敌人不能被消灭；把天下的城邑分封给有功之臣，还有什么人不能被征服；率领着您的正义之师，以思念家乡一心想要回到老家去的战士为先锋，出师东进，还有什么军队不能被打垮！再说，雍王章邯、塞王司马欣、翟王董翳原本是秦朝的将领，他们率领秦地的子弟已经有好几年了。这些秦人子弟战死和逃亡的数不胜数，后来他们又欺骗部下投降了项羽。在新安被项羽以欺诈的手段活埋了投降的兵士二十多万，只剩下章邯、司马欣、董翳三个人活在世上。秦地的父老怨恨这三个人的程度，真可以说得上是深入骨髓。如今项王勉强靠着兵威，让秦地的百姓接受这三个人为王，而秦地的百姓是绝对不会拥护他们的。而大王您自从进入武关以来，对人民秋毫无犯，又废除了秦朝苛刻的法律，还与秦地的人民约法三章，秦地的人民没有一个不盼望由您来任关中王。按照义帝与诸侯的约定，本来应该由您做关中王，这是秦地的人民全都知道的事情。然而您却没有得到应得的职位，而是来到南郑，秦地的人民无不为此感到遗憾。大王如果发兵东进，三秦之地，只要您发布一道声讨他们的文告就可以平定。”汉王刘邦听了后非常高兴，深恨与韩信相见太晚了，于是就采用韩信的计策，部署诸将所要攻打的目标。只留下萧何负责收取巴、蜀两地的赋税，为前方提供粮饷。

八月，汉王刘邦率领汉军取故道袭击雍王章邯。雍王章邯在陈仓迎击汉军。章邯被打得大败，被迫向东撤退。章邯驻扎在好畤，又与汉军交战，再次吃了败仗，于是逃到了自己的首府废丘。汉王占领了雍王所有的地盘，率军向东抵达咸阳，将雍王章邯包围在废丘，同时派出诸将夺取其他城邑。塞王司马欣、翟王董翳全都向汉王刘邦投降，汉王将其地设置为渭南郡、河上郡和上郡。汉王派薛欧将军和王吸将军出武关，利用驻扎在南阳的王陵的人马去迎接太公、吕后。项羽听到消息，派兵在阳夏县境内拦截，薛欧等人不能前进。

王陵是沛县人，先前曾经聚集党徒数千人，活动在南阳一带，到现在才率领手下归属汉王刘邦。项羽将王陵的母亲捉去，软禁在军营之中，王陵的使者来了之后，项羽让王陵的母亲东向坐，以示尊敬，想以此来招降王陵。王陵的母亲在送出使者的时候，私下里哭着对使者说：“希望你替我转告王陵，让他好好地为汉王效力。汉王是一位待人宽厚、有道德的人，最终一定能够夺取天下。让他不要因为我而心存动摇。我今大就死在你的面前以坚定我儿的决心。”说完就拔剑自刎而死。项羽对王陵母亲的做法非常恼火，于是下令将王陵母亲的尸体扔到沸水中煮了。

项王封曾经担任过吴县县令的郑昌为韩王，让他阻挡汉王刘邦出函谷关东下。

张良派人送信给项羽说：“汉王刘邦失去了本应属于他的关中王的职位和关中的土地，此次出兵就是要收复关中的土地。得到约定所说的职位就满足了，绝不

东[391]。"又以齐、梁反书[392]遗项王曰："齐欲与赵并灭楚。"项王以此故无西意，而北击齐。

燕王广[393]不肯之辽东[394]，臧荼击杀之，并其地[395]。

是岁，以内史[396]沛周苛为御史大夫[397]。

项王使趣义帝行[398]，其群臣、左右稍稍叛之[399]。

【段旨】

以上为第二段，写汉元年（公元前二〇六年）下半年的全国形势，主要写了齐地田荣、赵地陈馀、梁地彭越相继起兵，相互联合反项羽，以及刘邦拜韩信为大将，迅即由汉中杀回并很快收复关中地区的情景。

【注释】

㉓⑦罢戏下兵：从戏下各自撤兵。戏下，戏水之滨。戏水流经项羽驻军之鸿门东侧，北流入渭水。有人以此"戏"字同"麾"，罢"戏下"即从项羽麾下撤去者，非也。㉓⑧项王使卒三万人句：〖按〗刘邦居霸上时有卒十万，今使"三万人从"，是项羽已夺去刘邦之兵。㉓⑨楚与诸侯之慕从者：项羽以及其他诸侯部下志愿跟从刘邦去汉中的人。㉔⓪从杜南入蚀中：从杜县南进入"蚀中"山路。杜，秦县名，县治在今西安西南。蚀中，山间谷道名。胡三省引程大昌曰："关中南面，背碍南山，其有微径可达汉中者，唯子午谷在长安正南；其次向西则骆谷，此'蚀中'若非骆谷，即是子午谷。"〖按〗子午谷，也称"子午道"，是当时咸阳、长安翻越秦岭直通汉中的最近通道，北口为杜县，南口在今安康附近。㉔①褒中：古邑名，盖古之褒国都城，在今陕西省汉中西北部之宗营镇，距当时的南郑已经很近。〖按〗《史记·高祖本纪》称刘邦由咸阳去南郑的路线是"从杜南入蚀中"，走的是"子午道"。其北口在今西安东南，其南口在今汉中以东、安康西北的石泉附近。而本文据《史记·留侯世家》则曰"良送至褒中"，又似乎是走的"褒斜道"。其北口在今陕西眉县西、宝鸡市区东南，其南口在今汉中西北。二者相互歧异。又，据此文，是张良未至南郑即辞刘邦而回，《汉书·张良传》与此同；而《汉书·高帝纪》乃曰："张良辞汉归韩，汉王送至褒中"，则是张良已至南郑，而后始辞刘邦由南郑北返。两处说法亦异。㉔②遣良归韩：与前文之"为韩王送沛公"语相应。㉔③栈道：亦称"阁道"，山间构木而成的空中通道。㉔④诸侯盗兵：其他诸侯兵以及匪盗之兵。㉔⑤且示项羽无东意：意即迷惑项羽，使之相信刘邦再无意东出与之争天下。㉔⑥距击：迎击。㉔⑦都亡走楚：据《史

敢再向东进兵。”又把齐地田荣、梁地彭越造反的檄文送给项羽，说：“齐军要与赵军联合起来共同灭掉楚国。”因为这个原因，项羽打消了向西攻击汉王刘邦的念头，转而向北攻打齐王田荣。

故燕王韩广虽然被项羽封为辽东王，但他滞留在燕地不肯去封国辽东，新受封为燕王的臧荼于是杀死韩广，同时连同辽东郡的地盘也一并据为己有。

这一年，汉王刘邦任命内史沛县的周苛为御史大夫。

项羽派人催促义帝芈心迅速动身前往郴州，义帝的臣属和身边的侍从都渐渐地离开了义帝，另谋出路。

记·秦楚之际月表》，田都败投项羽事在汉元年五月，从此田都遂不知所终。㉔⑧不令之胶东：不让他到胶东国上任，拉着他一道对抗项羽。之，往。㉔⑨窃亡之国：偷着跑到胶东去上任。㉕⓪即墨：当时为胶东国的都城，在今山东平度东南。㉕①巨野：古薮泽名，在今山东巨野北，当时水域辽阔，后来小说所写的梁山泊就是其中的一部分。㉕②济北：秦郡名，郡治博阳，在今山东泰安东南。㉕③击杀济北王安：迎击杀死了项羽所封的济北王田安，事在汉元年七月。㉕④三齐：指项羽所封的田市之胶东、田安之济北、田都之临淄，三国均在旧齐国的地面，故称“三齐”。㉕⑤萧公角：曾任萧县县令，名角，史失其姓，楚国称县令为公。㉕⑥之国：到其所封的国家上任。之，到；前往。㉕⑦功等也：功劳是一样的，指协助武臣开辟河北地区，后又一同拥立赵王歇。㉕⑧张同、夏说：陈馀的部将。说，通“悦”。㉕⑨天下宰：全国政务的主持者。宰，主管。㉖⓪诸将：指项羽自己部下的将领如黥布、章邯、司马欣以及其他诸侯之将而随项羽入关者如田都、臧荼等。㉖①徙故王于丑地：把那些没随项羽入关的诸侯都改到自然条件恶劣的地方，如韩广被改封辽东王，田市被改封胶东王，等等。㉖②乃北居代：竟然被赶到了代国。㉖③不听不义：如果不响应您的号召，那是不合时宜的。㉖④资：助；给。㉖⑤常山：秦郡名，郡治在今河北石家庄东北，项羽封张耳于此地为王。㉖⑥复赵王：还把原来的赵王赵歇请回来。㉖⑦以赵为捍蔽：以我们赵国为您做屏藩，意即我愿成为您治下的一个追随者与捍卫者。捍蔽，犹言“屏障”“藩篱”。㉖⑧不遣之国：不允许韩成到韩国上任。㉖⑨穰侯：封地穰县，即今河南邓州。㉗⓪已：过后不久。㉗①淮阴：秦县名，即今江苏淮安市淮阴区。㉗②韩信：刘邦的开国功臣。事迹详见《史记·淮阴侯列传》。李慈铭《越缦堂读史记》记曰：“韩信，史不言其所出，盖亦韩后也。《潜夫论》言：‘韩亡，子孙散处江淮间……此信所以为淮阴人，盖以国为氏者。’故漂母称之曰‘王孙’，以其为王者后也。”㉗③无行：《史记集解》引李奇曰，“无善行”。泷川引中井曰：“放纵不检之谓。”㉗④不得推择为吏：战国以来，乡官有向国家推举本乡人才使之为吏的制度。王先谦引沈钦韩曰：“《管子·小匡篇》：‘乡长修德进

贤，名之曰三选。’《庄子·达生》：‘孙休宾（摈）于乡里，逐于州部。’此战国以来选举之法，信以无行，故不得推为吏也。”㉗⑤治生商贾：以从事商业活动谋生。治生，即谋生。师古曰：“行卖曰商，坐贩曰贾。”㉗⑥从人寄食饮：到别人家里蹭饭吃。寄，即北京话之所谓“蹭”，王先谦引沈钦韩曰：“方言，寄食为糊。”㉗⑦人多厌之：姚苎田曰，“淮阴侯乃史公所痛惜者，观其起处详写贫时落魄景象，遂与孟子‘将降大任’一节一样摇曳其意中，固以汉初第一人目之”。㉗⑧信钓于城下：《史记正义》曰，“淮阴城北临淮水，信钓于此”。王先谦引沈钦韩曰：“《一统志》，韩信钓台在淮安府山阳县（即今江苏淮安市淮阴区）北。”㉗⑨漂母：漂洗衣被的年长妇女。《史记集解》引韦昭曰：“以水击絮为漂。”㉘⓪饭信：拿饭给韩信吃。㉘①自食：自己养活自己。食，同“饲”。㉘②吾哀王孙而进食二句：《史记集解》引苏林曰，“王孙，犹言‘公子’也”。《史记索隐》引刘德曰：“秦末多失国，言王孙、公子，尊之也。”王先谦引何焯曰：“《博物志》云，‘王孙、公子，皆相推致之词’。”㉘③屠中：杀猪、杀狗的作坊。㉘④若虽长大：你虽然长得高高大大。若，你。㉘⑤中情怯：内心是个软蛋。中情，内心、骨子里。㉘⑥众辱之：《正义佚文》曰，“于众中辱之”。即当众侮辱他。㉘⑦信能死四句：意即你如果不怕死，就刺我一刀；如果你怕死，不敢刺我，你就从我胯下钻过去。能死，敢死；能豁得出死。袴下，即胯下。袴，这里通“胯”。即使直接作“裤下”讲，亦无不可。㉘⑧孰视：盯着他看了半天。孰，通“熟”。泷川引尤瑛曰：“‘孰视之’三字可玩，有忍意。”㉘⑨俯出袴下二句：俯，弯腰；低身。蒲伏，同“匍匐”，爬行。斋藤正谦曰：“‘蒲伏’二字，状态如见，所以反衬他日荣达。”姚苎田曰：“一片沉毅在‘孰视’二字，非复向日为一饥一饱轻喜轻怒故态矣。”㉙⓪项梁渡淮：事在秦二世二年（公元前二〇八年）二月。项梁于秦二世元年九月起兵于吴（今江苏苏州），与其相继的渡江、渡淮北上事，见《史记·项羽本纪》。㉙①杖剑：持剑。师古曰：“直（只）带一剑，更无余资。”言除一剑外，更无其他进见之资。㉙②麾下：部下。麾是大将的指挥旗。㉙③郎中：帝王的侍从人员，有郎中、中郎、侍郎等名目。㉙④数以策干羽：多次为项羽出谋划策。干，求见、进说。㉙⑤亡楚归汉：韩信“亡楚归汉”的时间大约在汉元年四月，刘邦正由关中去南郑的途中。亡，潜逃、逃离。㉙⑥连敖：管仓库粮饷的小官。王骏图曰：“考‘敖’与‘廒’同。连廒者，必主仓廒之官，其职甚微。及滕公言于上，乃拜以为治粟都尉，则犹据资格而推升之耳。故知连敖亦治粟之官也。”㉙⑦坐当斩：因为犯法要被杀头。㉙⑧其辈：与之同类的人。辈，伦、类。㉙⑨次至信：下一个就轮到了韩信。次，依次。㉚⓪滕公：藤县县令，即夏侯婴，因刘邦起义破滕后，曾一度任之为藤县县令，故时人称之为“滕公”，也称“滕婴”。事迹见《史记·樊郦滕灌列传》。㉚①上不欲就天下乎：泷川曰，“‘上’字当作‘王’，下同”。就，取得、完成。㉚②说：同“悦”。㉚③治粟都尉：管理粮饷的中级军官。梁玉绳引沈作哲曰：“秦官有治粟内史，高帝因之。”㉚④数与萧何语：多次与萧何交谈。萧何，刘邦的开国元勋，此时为刘邦的丞相。事迹详见《史记·萧相国世家》。㉚⑤至南郑：谓刘邦等由咸阳到南郑的一路之上。㉚⑥歌讴思东归：唱着家乡的小调，希望能够回老家。㉚7 多道亡者：一路上开小差的人很多。亡，逃跑。㉚8 信度何等已数言王三句：锺惺曰，“观信（后文）论高祖一段，可见信舍高祖亦无可事之君矣，其亡也亦知萧何之必追，追而必荐，以亡激之耳”。凌稚隆引董份曰：“何屡言信而不用，虽何不能为力，故予尝疑信亡，何之谋也。信亡而身追之，要为奇以耸动上耳。”㉚9 不及以闻：来不及向刘邦报告。㉛0 如失左右手：以此见萧何在刘邦心目中的地位之重要。㉛1 居一二日：过了一两天。居，待、等。㉛2 谒：拜见；参见。㉛3 若亡二句：你逃跑，为什么。若，你。㉛4 王复骂曰：〖按〗数句连用“大怒”“且怒且喜”“骂曰”“复骂曰”，汉王之习性、神情活现。㉛5 公无所追：泷川曰，“改‘若’称‘公’，见汉王心稍定”。㉛6 国士：师古曰，“国家之奇士”。㉛7 长王汉中：永远满足于当汉王。㉛8 无所事信：没有必要任用韩信。王骏图曰：“‘事’犹‘用’也，‘无所事’者，犹言‘用不着’也。”㉛9 顾王策安所决耳：这就看您究竟是打什么主意了。顾，转折语词，相当于今之“就在于”“关键在于”。㉜0 吾为公以为将：见刘邦之勉强。此欲用以为将，非为知韩信之才，乃欲不伤萧何的情面，担心萧何逃跑。吴见思曰：“‘为公’是面情之语，正写汉王尚未识信。”㉜1 拜：此处指任命。古时王者之任命将、相，要举行一定的典礼，王者在此仪式上要对被任命者表示一定的礼数，故称这种任命叫作“封拜”，也单称“拜”。㉜2 王素慢无礼：指刘邦好骂人、好侮辱人，如接见郦食其、黥布时令女人为之洗脚；见儒生则解其冠向其冠中撒尿；以及骑周昌的脖子，张口骂人自称“乃公”（“你老子”“你爸爸”），《史记·魏豹彭越列传》中豹曰“汉王慢而侮人，骂詈诸侯群臣如奴耳”等皆是。㉜3 设坛场：意即要找一块开阔地，搭一个台子。筑土高之曰坛，除地曰场。㉜4 具礼：安排一定的礼节仪式。㉜5 人人各自以为得大将：人人都估计此大将之位非己莫属。㉜6 一军皆惊：诸将皆已随刘邦征战三年，而韩信乃是刚从项羽阵营逃过来的一个小军吏，诸将自然无法想到。《史记·陈丞相世家》写陈平新归刘邦，刘邦任以为都尉，使为参乘，典护军时，“诸将尽喧，曰：‘大王一日得楚之亡卒，未知其高下，而即与同载，反使监护军长者！’”情形与此相同，亦先抑后扬之法。㉜7 上坐：谓韩信被刘邦推居于上位。泷川引中井曰：“‘上坐’，以汉王宫殿言也，非坛上。言坛上拜将之礼已毕，汉王乃延入见之与坐也。”〖按〗中井之说也可能符合常情，但未必合史公原意，而且有些煞风景。㉜8 东乡争权天下：与东方的项羽争夺号令天下之权。乡，通“向”。㉜9 汉王默然良久三句：〖按〗明知不如，而嘴里不愿承认，见刘邦之习性神情。《史记·项羽本纪》：“（张）良曰：‘料大王士卒足以当项王乎？’沛公默然，曰：‘固不如也，且为之奈何？’”与此同。㉝0 贺：嘉许；称赞。称赞他有这种自知之明，能承认自己不如人家。这是以下整段议论的基础。㉝1 惟信亦以为大王不如也：意即非独大王以为不如，连韩信我也以为您不如项羽。惟，犹如今之所谓“连”“即使是”。㉝2 喑噁叱咤：怒喝声。㉝3 废：即今所谓“瘫”。《史记·刺客列传》写荆轲腿部中剑后，曰“荆轲废”，亦即“瘫”，而非“仆”与“偃”也。㉝4 任属：即“任用”。属，托付。㉝5 特：只是；不过是。㉝6 恭敬慈爱四句：呕呕，语气温和的样子。〖按〗

《史记·项羽本纪》范增曰："君王为人不忍"；《高祖本纪》王陵、高起曰："项羽仁而敬人"，皆可与此相发明，知项羽性格除粗豪暴戾外，尚有如此慈厚的一面。㉝㊲印刓敝二句：印的棱角都被磨弄圆了，还拿在手里舍不得给出去。刓，磨去棱角。忍，吝啬、舍不得。㉝㊳此所谓妇人之仁也：乾隆曰，"韩信登坛数语，刘兴项蹶已若指掌。以项羽为'匹夫之勇'，人人能言之；以为'妇人之仁'，则信所独见也"。㉝㊴不居关中而都彭城：彭城，今江苏徐州，项羽称西楚霸王，建都于此。〖按〗关于项羽不都关中而都彭城之失，自韩信说过此话后，汉初遂有多人言之，一似项羽之蠢，人皆可以嗤之者，然恽敬氏却另有他说，详见篇后之"研析"。㉞⓪背义帝之约：指不按"先入关者王之"的约定办事。㉞①以亲爱王二句：封自己亲近的人为王，诸侯们都对此不平。㉞②逐其故主而王其将相：如封臧荼为燕王，而逐其故主韩广王辽东；封张耳为常山王，逐其故主赵歇王代，等等。㉞③迁逐义帝置江南：项羽分封诸侯后，自称西楚霸王，尊怀王为徒有其名的"义帝"，使之迁居长沙郴县，中途又令黥布等将其杀害。事见《史记·项羽本纪》。㉞④特劫于威强耳：只是被他的强大兵威所挟制，不敢反抗罢了。特，只、只不过。"威强"二字连读。㉞⑤任天下武勇：前云项王"不能任属贤将"，今刘邦若能"任天下武勇"，即"反其道"也。㉞⑥何所不诛：还有什么人不能被您诛灭。㉞⑦以天下城邑封功臣：前云项羽"至使人有功当封爵者，印刓敝，忍不能予"，今刘邦若能"以天下城邑封功臣"，则又"反其道"而行也。㉞⑧何所不服：还有什么人不能被你征服。㉞⑨以义兵从思东归之士：意即以那部分来自沛县一带的老兵为中坚、为前锋，让您现有的全部人马跟在后面。义兵，指刘邦现有的全部士卒。思东归之士，指家在沛县周围，最早跟从刘邦起事反秦的、如今一心要打回老家去的那些老兵。㉟⓪何所不散：还有什么人不能被您打散。㉟①三秦王：指章邯、董翳、司马欣。三人皆秦将，后降项羽。项羽入关后，封章邯为雍王，董翳为翟王，司马欣为塞王。三国皆在故秦地，故称三人为"三秦王"。㉟②杀亡：指战死的和逃散的。㉟③唯独邯、欣、翳得脱：岂止是"得脱"，而是得以封王。㉟④强以威二句：勉强地靠着兵威，让秦地百姓接受这三个人为王。㉟⑤大王之入武关：指刘邦占领关中地区。武关，在今陕西丹凤东南，是河南南部进入关中地区的重要通道。㉟⑥失职：没有得到应得的职位，即没有被封为关中王。㉟⑦无不恨者：没有一个人不为此感到遗憾。恨，憾。㉟⑧举而东：举兵向东方杀出。㉟⑨三秦可传檄而定：传檄而定，意即用不着使用兵戈，就能将关中地区收复回来。檄，檄文，声讨敌人罪行，号召人们归附于己的一种军用文章。凌稚隆曰："何之劝帝，则曰'还定三秦而天下可图'；信之告帝则曰'举兵而东，三秦可传檄而定'，二人之论不相谋而相合，皆有见于天下之大势者，此何所以奇信而数言于上也。"〖按〗今汉中城南尚有"拜将台"，为南北列置的两座方形高台，各高丈余，南台上竖"韩信拜将台"石碑，北台建有台亭阁，两台各周长百余步。㊱⓪部署诸将所击：划分任务，委派各项任务的负责人。部署，布置、安排。《史记正义》曰："部分而署置之也。"凌约言曰："铺叙萧何奇信、追信、拜信始末不遗余力，所谓功第一者为此。方信归汉，一亡卒耳，相国何所见而奇之？盖何所以察天下之势者甚熟，而信适与之孚，故数与语而遂以国士奇之耳。向使无定画于中，而骤闻其说，安能力荐而大用之哉！"董份曰："韩信以一亡命徒，因何立谈，不更召见而即超拜大将，且殊礼，盖其用人如此，三代以后，千载帝王之冠也。"㊐ 留萧何：将丞相萧何留在汉中。㊑ 给军粮食：供应前方军队所需的粮食。㊒ 故道：即陈仓道，自汉中入褒谷，经凤县、散关，而北出陈仓（今陕西宝鸡东）。泷川引中井曰："'故道'原非地名，盖是处旧有秦蜀相通之道，而张良所烧栈道者为今道。今道已烧残不通，故从故道而往也。后世因为县名耳。"㊓ 雍：秦县名，县治在今陕西宝鸡市凤翔区城南，是秦国旧日的都城。㊔ 陈仓：秦县名，县治在今陕西宝鸡东。㊕ 雍兵：章邯雍国的军队。㊖ 好畤：秦县名，故城在今陕西乾县好畤东村北。㊗ 废丘：章邯的都城，在今陕西兴平东南。㊘ 咸阳：秦王朝的都城，在今陕西咸阳东北。㊙ 围雍王于废丘：《史记·樊郦滕灌列传》谓樊哙"灌废丘，最"。㊚ 塞王欣：塞王司马欣，都栎阳（在今西安市阎良区）。㊛ 翟王翳：翟王董翳，都高奴（在今陕西延长东北）。㊜ 渭南：汉郡名，后来改称京兆尹，指今西安一带。㊝ 河上：汉郡名，后来改称左冯翊。㊞ 上郡：秦郡名，郡治肤施（今陕西榆林东南）。㊟ 薛欧、王吸：都是刘邦的部将，后来薛欧以功封广平侯，王吸封清阳侯，皆见《史记·高祖功臣侯者年表》。㊠ 因王陵兵：就近使用王陵的人马。王陵前在南阳以西的丹水归附刘邦后，仍在当地据守，未随刘邦入武关。㊡ 迎太公、吕后：据此，知刘邦入汉中时尚未迎接家属同往。㊢ 阳夏：秦县名，县治即今河南太康。㊣ 至是始以兵属汉：据《史记·高祖本纪》，王陵归附刘邦是在刘邦收服南阳后、进入武关前，与此说法不同。㊤ 东乡坐陵母：让王陵之母东向坐。在秦汉时期多人共坐时，以东向坐为上位。㊥ 善事汉王：好好地为汉王效力。㊦ 持二心：心存动摇、犹豫。㊧ 伏剑：以剑自杀。伏，通"服"。㊨ 烹：以开水将人煮死。㊩ 故吴令郑昌：曾任吴县县令的郑昌，此时为项羽部将。㊪ 为韩王：项羽原封张良的故主韩成为韩王，由于张良跟随刘邦，故项羽不使韩成就国，后又将韩成杀死。为阻击刘邦东进，乃以郑昌为韩王。㊫ 以距汉：阻挡刘邦出函谷关东下。韩国的都城为阳翟（今河南禹州），其西境即挨近函谷关。㊬ 失职：指项羽分封时刘邦未能得到关中王的职位。㊭ 如约二句：能取得约言所说的职位就满足了。㊮ 不敢东：不敢再向东方进兵。㊯ 齐、梁反书：齐地田荣、梁地彭越造反的檄文。㊰ 燕王广：韩广。㊱ 不肯之辽东：不肯接受项羽的命令到辽东国上任。㊲ 并其地：连同辽东郡的地盘也一并据为己有。㊳ 内史：国家京城地区的行政长官。此国家京城应指刘邦的汉国都城南郑，即今陕西汉中。㊴ 御史大夫：国家的最高监察长官，职同副宰相，秦汉时期的"三公"之一。㊵ 趣义帝行：催促义帝迅速迁到郴州去。趣，同"促"，催促。㊶ 稍稍叛之：渐渐离开义帝而去。

【原文】

二年（丙申，公元前二〇五年）

冬十月，项王密使九江、衡山、临江王[400]击义帝，杀之江中[401]。

陈馀悉三县[402]兵，与齐兵[403]共袭常山[404]。常山王张耳败，走汉，谒汉王[405]于废丘。汉王厚遇[406]之。陈馀迎赵王于代，复为赵王。赵王德[407]陈馀，立以为代王[408]。陈馀为赵王弱，国初定，不之国[409]，留傅[410]赵王，而使夏说以相国守代[411]。

张良自韩间行归汉[412]，汉王以为成信侯[413]。良多病，未尝特将[414]，常为画策[415]臣，时时从汉王[416]。

汉王如陕[417]，镇抚[418]关外[419]父老。

河南王申阳[420]降，置河南郡[421]。

汉王以韩襄王孙信[422]为韩太尉[423]，将兵略韩地。信急击韩王昌[424]于阳城[425]，昌降。十一月，立信为韩王，常将韩兵从汉王。

汉王还都栎阳[426]。

诸将拔陇西[427]。

春正月，项王北至城阳[428]。齐王荣将兵会战，败走平原[429]，平原民杀之。项王复立田假为齐王[430]。遂北至北海[431]，烧夷城郭室屋，坑田荣降卒，系虏其老弱妇女。所过多所残灭[432]，齐民相聚叛之。

汉将拔北地[433]，虏雍王弟平[434]。

三月，汉王自临晋[435]渡河。魏王豹[436]降，将兵从，下河内[437]，虏殷王卬[438]，置河内郡[439]。

初，阳武[440]人陈平[441]家贫，好读书。里中社[442]，平为宰[443]，分肉食甚均[2]。父老曰："善，陈孺子[444]之为宰。"平曰："嗟乎，使平得宰天下，亦如是肉矣[445]！"及诸侯叛秦，平事魏王咎[446]于临济[447]，为太仆[448]，说魏王[449]，不听。人或谗[450]之，平亡去。后事项羽，赐爵为卿[451]。殷王反

【语译】

二年（丙申，公元前二〇五年）

冬天，十月，项王秘密地派遣九江王黥布、衡山王吴芮、临江王共敖攻打义帝，把义帝芈心杀死在长江上。

陈馀发动所属三县的兵力，联合齐王田荣共同袭击常山王张耳。张耳败走，逃到汉中投奔汉王，在废丘拜见了汉王刘邦。刘邦给张耳以优厚的待遇。陈馀到代地将赵王歇迎回邯郸，复立为赵王，恢复了赵国。赵王歇感激陈馀，就立陈馀为代王。陈馀因为赵王歇势力孤弱，赵国又刚刚恢复，所以就没有回自己的封地代国上任，而是留在邯郸辅佐赵王歇；陈馀派夏说以代国相国的身份驻守代国。

张良从韩国抄小路秘密地回到汉王刘邦身边，刘邦封他为成信侯。张良体弱多病，从来没有单独统率过军队作战，只为汉王出谋划策，经常陪侍在刘邦身边。

汉王刘邦出函谷关来到陕县，安抚函谷关以东的父老子弟。

河南王申阳投降了汉王刘邦，汉将河南设置为河南郡。

汉王刘邦任命战国时的韩襄王韩仓的孙子韩信为韩国太尉，让他率领军队去夺取故韩国的土地。韩信领命向韩王郑昌发动攻击，在阳城打败郑昌，郑昌向汉军投降。十一月，汉王封韩信为韩王，此后，韩王信经常率军随同汉王作战。

汉王刘邦将战时都城设在栎阳。

汉军将领攻取了陇西郡。

春天，正月，项王项羽率军向北抵达城阳，准备攻打齐王田荣。齐王田荣迎战楚军，被楚军打得大败而逃往平原，平原人将田荣杀死。项王项羽又立田假为齐王。项王向北来到北海郡，沿途看见城郭就烧毁，见民房就烧光，把投降过来的田荣士卒全部坑杀，又将老弱和妇女囚禁起来。凡是楚军经过的地方，大多建筑被摧毁，百姓被杀光，所以齐地的人民全都背叛项王，聚集起来抗击楚军。

汉军趁机攻取了北地郡，俘虏了雍王章邯的弟弟章平。

三月，汉王从临晋渡过黄河。魏王豹投降了汉王刘邦，率领属下的军队随从汉王作战，汉军占领了河内，俘虏了殷王司马卬，将河内设置为河内郡。

当初，阳武人陈平家中贫穷，但喜好读书。同里巷的居民一道祭祀土地神，陈平负责切割祭肉分给大家，他分得非常公平。父老们都称赞他说："陈家这小伙子做祭祀宰做得真好。"陈平说："唉，要是让我主宰天下，我也会像切割祭肉一样做得很好！"等到天下人都反秦朝的时候，陈平到魏国的临济为魏王咎做事，魏王咎任命他为管理王室车马的官员太仆，陈平向魏王咎献计，魏王咎不能用。又有人在魏王咎面前诋毁陈平，陈平于是逃离了魏国。后来陈平又投奔项羽，项羽封他为卿。殷王司马卬投降汉王，项王就派陈平去讨伐司马卬，陈平打败了司马卬，迫使他再次归

楚[452][3]，项羽使平击降之。还拜为都尉[453]，赐金二十镒[454]。

居无何[455]，汉王攻下殷[456]。项王怒，将诛定殷将吏。平惧，乃封[457]其金与印，使使归项王[458]。而挺身间行[459]，杖剑亡，渡河，归汉王于修武[460]，因[461]魏无知[462]求见汉王。汉王召入，赐食，遣罢就舍[463]。平曰："臣为事来，所言不可以过今日。"于是汉王与语而说[464]之。问曰："子之居楚，何官？"曰："为都尉。"是日，即拜平为都尉，使为参乘[465]，典护军[466]。诸将尽讙[467]曰："大王一日得楚之亡卒，未知其高下，而即与同载[468]，反使监护长者[469]。"汉王闻之，愈益幸[470]平。

汉王南渡平阴津[471]，至洛阳新城[472]。三老董公[473]遮[474]说王曰："臣闻'顺德者昌，逆德者亡'，'兵出无名，事故不成'，故曰'明其为贼，敌乃可服[475]'。项羽为无道，放杀其主[476]，天下之贼也。夫仁不以勇，义不以力[477]。大王宜率三军之众为之素服[478]，以告诸侯而伐之[479]，则四海之内莫不仰德[480]，此三王之举[481]也！"

于是汉王为义帝发丧，袒而大哭[482]，哀临[483]三日，发使告诸侯曰："天下共立义帝，北面事之[484]。今项羽放杀义帝江南[485]，大逆无道。寡人悉发关中兵，收三河[486]士，南浮江、汉以下[487]，愿从诸侯王击楚之杀义帝者[488]。"

使者至赵，陈馀曰："汉杀张耳，乃从。"于是汉王求人类张耳者[489]斩之，持其头遗[490]陈馀。馀乃遣兵助汉。

田荣弟横收散卒得数万人，起城阳[491]。

夏四月，立荣子广[492]为齐王，以拒楚。项王因留，连战未能下。虽闻汉东[493]，既击齐，欲遂破之，而后击汉。汉王以故得率诸侯兵[494]凡

服项王。陈平回来后，项王提拔他做了都尉，并赏赐黄金二十镒。

过了没多久，汉王刘邦攻占了殷的都城朝歌。项王大怒，就要诛杀前次讨伐殷王司马卬的将领。陈平害怕被杀，就将项王奖赏的黄金和印绶封存好，派人送还项王，独自一人抄小路逃亡，手中只有一把宝剑。他渡过黄河，投奔驻扎在修武的汉王刘邦，他通过魏无知的引荐得以见到汉王刘邦。汉王召见了他，将食物赏赐给他吃，吃完以后就打发他到客舍去休息。陈平说："我来投奔大王，是因为有话要跟您说，而且所说的话不能超过今天。"汉王这才与陈平交谈起来，而且越谈越高兴，就问陈平说："你在项王那里做什么官？"陈平回答说："任都尉。"当天，汉王就任命陈平为都尉，并让他与自己同车，立在右侧充当警卫，同时兼任负责监督、检察军中将士的军容、军纪等的监察官典护军。诸将全都喧哗不服，说："大王您偶然得到一个从楚军中逃亡来的人，又不知道他是不是真有本事，就马上让他与您同乘一辆车，还让他来监护我们这些老部属。"汉王听了这些议论，反而更加宠信陈平。

汉王率军向南从平阴渡口渡过黄河，到达洛阳新城。新城主管教育的三老董公拦住汉王，向汉王进言说："我听说'顺应民心的就昌盛，违背民心的就灭亡'，'大军出动要是没有正当的理由，就不可能取得胜利'，所以说'要布告天下，揭穿他乱臣贼子的真面目，最后才能将他征服'。项羽为人残暴，他把义帝迁逐到郴州，最后又将义帝杀死，这是天下共同的贼人。施行仁政，天下归心，用不着动用武力去征服，诚信守义，人民就会拥戴他，不靠武力而天下自定。大王您应该下令全军将士为义帝穿上孝服，将项羽杀死义帝的事情昭告天下，号召天下诸侯全都来讨伐项羽。如此的话，四海之内没有人不敬慕您的崇高美德，这是夏、商、周三代创业君王一样的正义举动啊！"

汉王采纳了三老的意见，于是为义帝发丧。汉王以最虔诚的礼节袒露出臂膀，大声痛哭，全军哀悼三天，又派使者去通报各诸侯："义帝是大家所共同拥戴的，诸侯全都北面而立，像臣子侍奉国君那样侍奉他。而今项羽却将其放逐到江南，又将他杀害，实属大逆不道。我把关中的兵力全部调动出来，并将河内、河东、河南三个地区的勇士召集起来，向南沿着长江、汉水，顺流而下，愿意跟随诸侯王一起去攻打楚国那个杀死义帝的人。"

汉王的使者来到赵国，陈馀说："如果汉王杀掉张耳，我就跟随汉王去攻打项羽。"汉王刘邦就找到一个相貌类似张耳的人，并把此人杀死，然后派人把"张耳"的首级送给陈馀。陈馀于是派兵援助汉王攻打项羽。

田荣的弟弟田横招集田荣溃散的士卒，得到几万人，在城阳起兵。

夏季，四月，田横立田荣的儿子田广为齐王，以对抗项羽所立的齐王田假。项羽因此滞留齐地，连续作战却始终未能征服齐地。虽然知道汉王向东杀来，但既然已经来到齐地攻打齐国，就想先平定齐国，而后再去攻打汉王。汉王得此机会，率

五十六万人伐楚。到外黄[495]，彭越将其兵三万余人归汉。汉王曰："彭将军收魏地，得十余城，欲急立魏后。今西魏王豹，真魏后[496]。"乃拜彭越为魏相国，擅将[497]其兵，略定梁地[498]。汉王遂入彭城，收其货宝美人，日置酒高会[499]。

项王闻之，令诸将击齐，而自以精兵三万人南，从鲁[500]出胡陵[501]，至萧[502]。晨，击汉军而东至彭城[503]。日中，大破汉军。汉军皆走，相随入谷、泗水[504]，死者十余万人。汉卒皆南走山[505]，楚又追击至灵壁[506]东睢水[507]上。汉军却，为楚所挤。卒十余万人皆入睢水，水为之不流[508]。围汉王三匝[509]。会大风从西北起，折木发屋，扬沙石，窈冥昼晦[510]，逢迎楚军[511]，大乱坏散。而汉王乃得与数十骑遁去。欲过沛收家室[512]，而楚亦使人之沛取汉王家。家皆亡[513]，不与汉王相见。

汉王道逢孝惠、鲁元公主[514]，载以行。楚骑追之，汉王急，推堕二子车下。滕公[515]为太仆，常下收载之[516]，如是者三，曰："今虽急，不可以驱[517]，奈何弃之[518]？"故徐行[519]。汉王怒，欲斩之者十余[520]。滕公卒[521]保护，脱二子[522]。

审食其[523]从太公、吕后[524]间行求[525]汉王，不相遇，反遇楚军。楚军与归[526]，项王常置军中为质[527]。

是时，吕后兄周吕侯[528]为汉将兵，居下邑[529]。汉王间往从之[530]，稍稍[531]收其士卒[532]。诸侯皆背汉，复与楚[533]。塞王欣、翟王翳亡降楚[534]。

田横进攻田假，假走楚，楚杀之[535]。横遂复定三齐[536]之地。

汉王问群臣曰："吾欲捐关以东等弃之[537]，谁可与共功[538]者？"张良曰："九江王布[539]，楚枭将[540]，与项王有隙[541]。彭越与齐反梁地。此两人可急使[542]。而汉王之将，独韩信可属大事[543]，当一面[544]。即[545]欲捐之，捐之此三人，则楚可破也。"

领各路兵将总计五十六万去攻打楚国。汉王到达外黄时，彭越又率领手下的三万多人归附汉王。汉王说："彭将军已经平定了魏地，得到十多个城，自己不做魏王，而是急着要立故魏国王室的后裔为王。现在的西魏王魏豹，确实是魏国王室的后代。"于是任命彭越为魏国相国，统领着手下的兵将前去收复魏国原有的土地。汉王攻下了西楚的都城彭城，接收了项羽府库中全部的金银财宝和宫中美女，然后天天大摆宴席，饮酒作乐。

项羽听到汉王刘邦攻破都城的消息后，下令其他将领继续平定齐国，自己则亲率三万精兵南下救援彭城。他从鲁地出发，穿越胡陵，抵达萧县。天刚拂晓，就向汉军发起总攻并向东逼近彭城。中午时分，便将汉军打得大败。汉军全部溃散，逃亡的士卒都先后被追赶到谷水、泗水之中，被淹死的有十多万人。汉军全都逃入彭城南部的山地，楚军一直追到灵璧东边的睢水岸边。汉军进退无路，被楚军冲击推挤。有十多万汉军士卒落入睢水，尸体堆积，河床受堵，河水为之不流。项羽的军队把汉军里里外外包围了好几重。突然从西北刮起了大风，大风刮断了树木，掀翻了屋顶，飞沙走石，昏暗得如同黑夜，黑风沙石冲着楚军扑面刮去，楚军立时散乱，士卒四散奔逃。汉王趁机带领几十个骑兵冲出包围逃走。汉王经过沛县时想要接取家眷，而项王也派了楚军到沛县抓捕汉王家小。汉王家人全都躲藏得不知去向，所以没能与汉王相见。

汉王在逃跑的路上遇见自己的儿子惠帝刘盈和女儿鲁元公主，于是把他们拉到自己的车上一起逃亡。楚军的骑兵越追越近，汉王害怕被追上，就把自己的一双儿女三番五次地从车上推下去。太仆滕公夏侯婴当时为汉王赶车，他总是跳下车把两个孩子抱上车，夏侯婴说："现在虽然情况紧急，车子跑不快，但怎么能扔掉孩子呢？"所以车子只能慢慢地跑。汉王生气了，先后十几次想要杀掉两个孩子。滕公始终保护着他们，终于使他们脱离了险境。

审食其随着刘太公和吕后走小路寻找汉王，没有找到，反而遇上楚军，被楚军捉去带回大营交与项王，项王则把他们放在营中充当人质。

当时，吕后的哥哥周吕侯为汉将，率领军队屯扎在下邑。汉王从小路前往依附周吕侯，又渐渐地招集起那些被项羽打散了的军队。此时，那些有封国的诸侯全都背叛了汉王，而归附项羽。塞王司马欣、翟王董翳二人重新投降了项羽。

田横进攻田假，田假逃到楚国项羽那里，被项羽杀死。田横重新统一了齐国。

汉王刘邦问他手下的大臣说："我打算放弃函谷关以东的土地，把它作为对有功者的封赏，你们看谁能与我共同建立功业呢？"张良说："九江王黥布是西楚的猛将，与项羽又有过节；彭越与齐国田荣在魏国共同反叛西楚。应该对这两个人抓紧利用。在汉王您的将领中，只有韩信可以托付重任，独当一面。假如您想放弃关东，就请把关东赏给这三个人，如此的话，肯定能够打败西楚。"

初，项王击齐[546]，征兵九江，九江王布称病不往，遣将将军数千人行[547]。汉之破楚彭城，布又称病不佐楚[548]。楚王由此怨布，数使使者诮让、召布[549]。布愈恐，不敢往。项王方北忧齐、赵，西患[550]汉。所与者[551]，独九江王。又多布材[552]，欲亲用之，以故未之击。

汉王自下邑徙军砀[553]，遂至虞[554]，谓左右曰："如彼等[555]者，无足[556]与计天下事。"谒者[557]随何[558]进曰："不审[559]陛下[560]所谓。"汉王曰："孰能为我使九江[561]？令之发兵倍楚[562]，留项王[563]数月，我之取天下可以百全[564]。"随何曰："臣请使之。"汉王使与二十人俱[565]。

五月，汉王至荥阳[566]，诸败军皆会。萧何亦发关中老弱未傅[567]者，悉诣[568]荥阳，汉军复大振[4]。楚起于彭城，常乘胜逐北[569]，与汉战荥阳南京、索[570]间。楚骑来众，汉王择军中可为骑将者，皆推故秦骑士[571]重泉[572]人李必、骆甲[573]。汉王欲拜[574]之，必、甲曰："臣故秦民，恐军不信臣，愿得大王左右善骑者傅之[575]。"乃拜灌婴为中大夫[576]，令李必、骆甲为左右校尉，将骑兵击楚骑于荥阳东，大破之。楚以故不能过荥阳而西。汉王军荥阳，筑甬道[577]属之河[578]，以取敖仓[579]粟。

周勃、灌婴等言于汉王曰[580]："陈平虽美如冠玉[581]，其中未必有[582]也。臣闻平居家时盗其嫂[583]。事魏不容，亡归楚。不中[584]，又亡归汉。今日大王尊官之[585]，令护军[586]。臣闻平受诸将金。金多者得善处，金少者得恶处[587]。平，反覆乱臣也，愿王察之。"

汉王疑之，召让[588]魏无知。无知曰："臣所言者，能也；陛下所问者，行[589]也。今有尾生[590]、孝己[591]之行，而无益胜负之数，陛下何暇用之乎！楚、汉相距[592]，臣进奇谋之士。顾其计，诚足以利国家不耳[593]，盗嫂、受金，又何足疑乎[594]！"

当初，项王出兵攻打齐国田荣时，向九江王黥布征调军队，九江王黥布推说有病不去，只派遣了一位将军率领着几千人马去了。汉王在彭城打败楚军，黥布又推说有病没有帮助楚军防守彭城。项王因此而怨恨黥布，多次派使者前去九江责备黥布，并要求黥布前往彭城。黥布更加恐惧，不敢去彭城。项王正在担忧北方的齐国与赵国，西边又有汉国作对。只有九江王黥布还与自己维持着联盟关系。再加上又很赏识黥布的才能，总想亲近和利用他，所以才没有去攻打黥布。

汉王刘邦从下邑移军砀郡，中途经过虞县，他对身边的人说："像你们这些人，没有一个是可以商讨天下大事的。"负责接待宾客的谒者随何说："我不明白大王您所说的是什么意思。"汉王说："你们谁能为我出使九江？说服九江王黥布背叛楚王项羽，让他发兵拖住项羽，只要几个月的时间，我就有百分之百的把握夺取天下。"随何说："我愿意去完成这个任务。"于是，汉王刘邦派了二十个人跟随随何前往九江。

五月，汉王抵达荥阳，各路溃败的军队也逐渐汇集到了一起。此时，萧何又把从关中征调的没有载入服役簿籍的老弱男子，全部送到荥阳，汉军的声势又重新振作起来。楚军从彭城征调兵力，经常是乘胜追击败军，与汉军在荥阳以南的京城和索城之间不断展开激战。楚军调动了很多骑兵来攻打汉军，汉王刘邦在军队当中选择可以统率骑兵的将领，大家都举荐曾经在秦军中当过骑兵的重泉人李必、骆甲二人。汉王刘邦准备任命这两个人为骑兵将领，李必、骆甲说："我们原本是秦国军队中的人，如果任命我们二人统领骑兵，恐怕军队不肯听命；我们想还是从大王身边选择两个善于骑马的人为骑兵将领，我们两个人可以做他们的助手。"汉王便任命灌婴为中大夫，让李必、骆甲为左右校尉，率领骑兵在荥阳以东向楚军发起进攻，把楚军打得大败。因此，楚国的军队不能越过荥阳向西攻打汉军。汉王把军队驻扎在荥阳，修筑甬道，从荥阳一直通到黄河岸边，用来运送敖仓的粮食。

周勃、灌婴等人在汉王面前诋毁陈平说："陈平虽然长得像帽子上装饰的美玉一样漂亮，但肚子里未必有真才实学。我们听说他在家居住的时候就和自己的嫂子私通。他曾经在魏国供职，待不下去了，就逃跑到了楚国。楚王项羽看不上他，这才逃到我们这里来。如今大王您既尊崇他又给他高官做，让他担任护军。我听说陈平利用职权收受诸将的贿赂。贿赂他的金子多，就得到好的位置；贿赂他的金子少，就给不好的位置。在我们看来，陈平简直就是一个反复无常的乱臣，希望大王认真地调查调查。"

汉王刘邦因此对陈平产生怀疑，就把举荐他的魏无知找来责备。魏无知辩解说："我向您举荐的，是他的才能；而您所责备我的，是他的品行。假如他有着尾生、孝己那样高尚的品行，但对于战争的胜负毫无用处，这样的人您有功夫去用他吗？目前楚、汉相争，我向您举荐有奇谋妙计之人。关键是看他的计谋，对国家是否有利，至于与嫂子私通、接受贿赂，这些缺点哪里值得引起您对他的怀疑呢！"

汉王召让平曰："先生事魏不中，事楚而去[595]，今又从吾游[596]，信者固多心乎[597]？"平曰："臣事魏王，魏王不能用臣说，故去事项王[598]。项王不能信人，其所任爱，非诸项[599]，即妻之昆弟[600]。虽有奇士不能用。闻汉王能用人，故归大王。臣裸身来，不受金，无以为资[601]。诚臣计划有可采者，愿大王用之；使无可用者，金具在[602]，请封输官[603]，得请骸骨[604]。"汉王乃谢[605]，厚赐，拜为护军中尉，尽护诸将[606]。诸将乃不敢复言。

魏王豹谒归[607]，视亲疾，至则绝河津[608]，反为楚[609]。

六月，汉王还栎阳[610]。

壬午[611]，立子盈[612]为太子，赦罪人[613]。

汉兵引水灌废丘。废丘降[614]，章邯自杀。尽定雍地[615]，以为中地、北地、陇西郡[616]。

关中大饥，米斛[617]万钱，人相食。令民就食蜀、汉[618]。

初，秦之亡也，豪杰争取[619]金玉，宣曲任氏[620]独窖仓粟[621]。及楚、汉相距荥阳[622]，民不得耕种，而豪杰金玉尽归任氏，任氏以此起，富者数世[623]。

秋，八月，汉王如荥阳，命萧何守关中，侍太子[624]，为法令约束[625]，立宗庙、社稷、宫室、县邑[626]。事有不及奏决[627]者，辄以便宜施行，上来以闻[628]。计关中户口[629]，转漕调兵以给军[630]，未尝乏绝。

汉王使郦食其往说魏王豹，且召之[631]。豹不听，曰："汉王慢而侮人，骂詈诸侯、群臣如骂奴耳，吾不忍[632]复见也。"于是汉王以韩信为左丞相[633]，与灌婴、曹参[634]俱击魏。

汉王问食其："魏大将谁也？"对曰："柏直。"王曰："是口尚乳臭[635]，安能当韩信！骑将谁也？"曰："冯敬。"曰："是秦将冯无择[636]子也。虽

汉王就把陈平叫来当面责备他说："先生您在魏国任职，不满意而离开；在楚国干了一回，您又离开楚国；如今又来跟随我，守信约的人难道就是这么三心二意的吗？"陈平说："我在魏王那里任职，魏王不能采用我的建议，所以我离开他去侍奉楚王项羽。楚王项羽对外人不信用，他所信用的人，不是他们姓项的本家，就是他妻子的兄弟。其余的人即使有卓越的才能他也不能信用。我听说汉王能够重用人才，所以才投奔您这里来。我来的时候，只身一人，我不收受贿赂就没有生活来源。如果我的建议确实有可采用的地方，希望大王能够采用它；如果没有可用之处，我收受的财物全都在这里，请您把它封存起来充实国库，我现在就向您请求辞职。"汉王听陈平一说，就赶紧向陈平道歉，还重重地赏赐了他，又任命他为护军中尉，让他负责监护全军。诸将领这才不敢再说他的坏话。

魏王豹请假回国，探视患病的父母，回到魏国后，就切断了蒲津关的黄河渡口，以阻止汉军东渡，随即就背叛了汉王刘邦而归顺了楚王项羽。

六月，汉王从荥阳回到栎阳。

六月初五日壬午，汉王立长子刘盈为太子，颁布大赦令。

汉兵掘开河水淹灌废丘城。城内被淹无法防守，被迫投降，守将章邯自杀。汉军占有了章邯雍国的全部地盘，将其设置为中地郡、北地郡和陇西郡。

关中发生严重饥荒，一斛米卖到一万钱，百姓饿得人吃人。汉朝廷下令关中的饥民可以到蜀郡、汉中郡去谋生。

当初，秦国灭亡的时候，那些英雄豪杰全都拼命地争抢金银财宝，只有宣曲姓任一家深挖地窖作为仓库储存粮食。等到楚、汉在荥阳一带展开拉锯战，百姓无法耕种，那些英雄豪杰所得到的金银财宝全都用来向任姓购买粮食，任姓因此发家致富，家中富有，一直延续了好几代。

秋季，八月，汉王前往荥阳，留萧何辅佐太子刘盈镇守关中，同时负责制定各种法律条文、规章制度，建设宗庙，修筑祭祀用的社稷坛以及宫室，建立县、邑的行政区划。有些事情来不及等待汉王批准，就根据实际需要先付诸实施，等到汉王回关中后再向汉王禀报。萧何在关中按照地区的户口征粮征丁，运送粮草，调集兵勇源源不断地供给前方，使前方兵力、物力从未匮乏。

汉王派郦食其前往魏王豹军中劝说魏豹，召请他前往荥阳。魏王豹不肯听从，他说："汉王待人傲慢无礼还爱侮辱人，辱骂诸侯和手下的臣属就像骂那些奴隶一样，我无法忍受，不愿意再见到他。"汉王任命韩信为左丞相，与曹参、灌婴一起攻打魏王豹。

汉王问郦食其："魏国的大将是谁？"郦食其回答说："是柏直。"汉王说："这是个乳臭未干的小儿，怎么能够抵挡得住韩信！骑兵的将领是谁？"郦食其回答："是冯敬。"汉王说："这是秦将冯无择的儿子。虽然很有才干，却不能抵挡灌婴。步

贤，不能当灌婴。步卒将谁也?”曰:“项它[637]。”曰:“不能当曹参。吾无患[638]矣。”韩信亦问郦生:“魏得无[639]用周叔为大将乎?”郦生曰:“柏直也。”信曰:“竖子[640]耳。”遂进兵。

魏王盛兵蒲坂[641]以塞临晋[642]。信乃益为疑兵，陈船欲渡临晋[643]，而伏兵[644]从夏阳[645]以木罂渡军[646]，袭安邑[647]。魏王豹惊，引兵迎信[648]。九月，信击虏豹，传诣荥阳[649]。悉定魏地，置河东、上党、太原郡[650]。

汉之败于彭城而西[651]也，陈馀亦觉[652]张耳不死[653]，即背汉。韩信既定魏，使人请兵[654]三万人，愿以北举燕、赵[655]，东击齐[656]，南绝楚粮道[657]。汉王许之，乃遣张耳与俱[658]，引兵东北击赵、代[659]。后九月[660]，信破代兵，禽[661]夏说于阏与[662]。信之下魏破代，汉辄使人收其精兵，诣荥阳以距楚[663]。

【段旨】

以上为第三段，写汉二年（公元前二〇五年）的全国形势，主要写了刘邦收复关中后，统兵东出，许多诸侯纷纷归依，刘邦被胜利冲昏头脑，遂乘项羽北伐田荣之机攻入彭城，结果被项羽突然反击，打得惨败，西逃到荥阳，构筑防线，与项羽形成对峙，而派韩信由北路进军，破魏破代，解除了刘邦左翼威胁的情景。

【注释】

⑩九江、衡山、临江王：九江王黥布、衡山王吴芮、临江王共敖。⑪杀之江中：将义帝杀死长江上。之，义帝，即楚怀王。⑫三县：环绕南皮的三个县。⑬齐兵：齐王田荣之兵。⑭常山：项羽所封的常山王张耳。⑮谒汉王：求见汉王。谒，求见，这里指归附。〖按〗张耳的常山王原是项羽所封，陈馀等将其赶走，张耳理应投奔项羽；之所以改投刘邦者，因张耳与刘邦早在反秦起义前就是老相识。⑯遇：对待；待遇。⑰德：感激……的好处。⑱立以为代王：立陈馀为代王。⑲不之国：不去自己的代国上任。⑳傅：辅佐。㉑以相国守代：以代相国的身份驻守代国。㉒间行归汉：抄小道悄悄地回到刘邦身边。㉓成信侯：封号名，只有封号，没有领地。㉔特将：独当一面地统领军队。特，

兵的将领是谁?”郦食其回答说:“是项它。”汉王说:“这个人不能抵挡曹参。我不用担忧了!”韩信也问郦食其:“魏王难道没有用周叔为大将吗?”郦食其说:“没有用周叔,用的是柏直。”韩信说:“柏直是个愚弱无能的小子。”于是下令向魏军进攻。

魏王豹在蒲坂集结重兵封锁临晋关。韩信采用疑兵战术,把船只部署在渡口,摆出一副要在临晋渡河的架势,而暗中出兵潜往夏阳,从夏阳用木罂渡过黄河偷袭了魏国的重镇安邑。魏王豹知道消息后大惊失色,赶紧率领军队从蒲坂赶往安邑来迎战韩信。九月,韩信彻底打败了魏军,俘虏了魏王豹,把魏王豹用驿车押送到荥阳。魏地全部平定,汉把魏地设置为河东郡、上党郡和太原郡。

汉王在彭城被项王打败后向西逃走,赵国相陈馀发现汉王欺骗了自己,张耳并没有被汉王杀死,于是立即背叛了汉王。韩信平定魏国后,派人向汉王请求增派三万人马,希望率领军队向北去扫平燕国、赵国,向东征服齐国,向南切断楚国都城彭城与其前线的联络,断绝楚军的粮草供应。汉王同意了韩信的请求,派张耳和韩信一同前往,率军向东、向北去攻打赵王歇和代王陈馀。闰九月,韩信打败了代王陈馀,又在阏与擒获了夏说。韩信攻取了魏地和代地的时候,汉王马上派人接收韩信手下的精兵,征调到荥阳去与楚军作战。

独。⑮画策:筹谋划策。⑯从汉王:跟在汉王身边。⑰如陕:出函谷关来到陕县。陕县在今河南三门峡市西。⑱镇抚:安定、安抚。抚,慰问。⑲关外:函谷关以东。⑳河南王申阳:即前文报说的“瑕丘申阳”,项羽的部将,被项羽封为河南王,国都洛阳,在今洛阳的东北部。㉑河南郡:汉郡名,郡治即洛阳。㉒韩襄王孙信:战国时韩襄王(公元前三一一至前二九六年在位)之孙,其名曰信。此人与军事家淮阴侯韩信同名,为了与淮阴侯韩信相区别,史书一般称之为“韩王信”。㉓韩太尉:韩国的太尉。太尉是一个国家的最高武官,与丞相、御史大夫合称“三公”。㉔韩王昌:项羽所封的韩王郑昌。㉕阳城:秦县名,县治在今河南登封东南。㉖还都栎阳:由河南回军陕西,并将战时都城设在栎阳。栎阳,秦县名,在今西安市阎良区。㉗陇西:秦郡名,郡治狄道,在今甘肃临洮东北。㉘北至城阳:北讨田荣,来到城阳。城阳,秦县名,也写作“成阳”,在今山东鄄城东南。㉙走平原:向北败退到平原。平原,秦县名,县治在今山东平原县西南。㉚复立田假为齐王:当初齐王田儋被秦将章邯破杀时,齐人就曾拥立六国时齐国末代之君的齐王建之弟田假为齐王。不久被田荣所驱逐。㉛北海:即渤海,这里是指山东潍坊、昌乐、寿光、昌邑等一带地区,这一带北临渤海,后来汉代设为北海郡。㉜烧夷城郭室屋四句:这是项羽于楚汉战争开始后第一次残暴不仁的行为,刘邦评论其“为渊驱鱼,为薮驱雀”。㉝北地:秦郡名,郡治义渠,在今甘肃庆阳西南。㉞雍王弟平:章邯之弟章

平。㊱临晋：即临晋关，在今陕西大荔县东，面对黄河，对岸即山西境内的蒲津关。㊱魏王豹：六国时魏国王室的后裔，其兄魏咎响应陈涉起兵，被章邯破杀后，其弟魏豹继起坚持反秦。豹被项羽封为西魏王，国都平阳，在今山西临汾西南。㊲河内：秦郡名，郡治怀县，在今河南武陟西南。㊳殷王卬：司马卬，原是赵王武臣的部将，后归项羽，被项羽封为殷王，其封地实即河内郡，都城朝歌，即今河南淇县。㊴置河内郡：改设汉朝的河内郡，郡治仍为怀县。㊵阳武：秦县名，县治在今河南原阳东南。㊶陈平：刘邦的开国功臣，以谋略闻名。事迹详见《史记·陈丞相世家》。㊷里中社：同里巷的居民一道祭祀土神。社，祭祀土神的场所，往往选择当地的一棵树以象征土神。古代祭祀土神的活动，分春、秋两次，在春者曰“春社”，祭祀以求年丰；在秋者曰“秋社”，祭祀以谢丰年。㊸平为宰：师古曰，“主切割肉也”。《荆楚岁时记》云：“社日，四邻并结宗会社，宰牲牢，为屋于树下，先祭神，然后分享其胙（祭肉）。”㊹孺子：老人对年轻人的称呼，犹今之所言“小子”“小伙子”。㊺使平得宰天下二句：〖按〗其语气与陈涉“辍耕之垄上”之叹，及项羽、刘邦观始皇之语相同，皆用以预示其来日不凡。㊻魏王咎：魏咎，战国时魏国王室的公子，响应陈涉起义后，被拥立为魏王。不久，被秦将章邯所围困，自杀。㊼临济：秦县名，在今河南封丘东。㊽太仆：给帝王管理车马的官。㊾魏王：即魏咎。㊿谗：在权势者跟前说别人的坏话。51赐爵为卿：以卿礼接待陈平。卿是高级官员的通称。陈平只享有卿的尊名，而无实职。52殷王反楚：指殷王司马卬脱离项羽。53都尉：中级军官名，与校尉大体相同。为都尉者大都独当一面。不同于将军手下的校尉。54镒：也写作“溢”，重量单位名。一镒等于二十两，或说二十四两。55居无何：没过多久。56攻下殷：即上文所说的殷王司马卬被刘邦俘虏。57封：封存。58使使归项王：派人把“金与印”送还给项羽。59挺身间行：独自一人抄小路而行。60修武：秦县名，即今河南获嘉。61因：通过……的引见。62魏无知：刘邦的谋士，事迹主要见于此篇。63遣罢就舍：意即打发他下去休息。64说：通“悦”。65参乘：帝王的保镖。与帝王同车，立于帝王右侧以充当警卫之职。有时王者亦临时让某人参乘，以表示对其亲敬尊信之意，此处取后者。66典护军：主管监督、检察军中将士军容、军纪等。典，主管。护，监护；监察。67谨：通“哗”，意为喧哗不服。68同载：同乘一辆车。69反使监护长者：反倒让他来监护我们这些老部属。长者，厚道人，此处指有资历、有地位的人。70幸：亲近；宠用。史珥曰：“用人若此，宜其有‘豁达’之目。”71平阴津：渡口名，在今河南洛阳市孟津区东北。72洛阳新城：洛阳附近的新城。新城是秦县名，在今河南伊川县西南。73三老董公：身为三老的董姓某人，史失其名。三老是古代掌教化的官。秦朝乡有三老，汉代县有三老，东汉以后郡里也有三老。74遮：拦路。75明其为贼二句：只有宣告对方是“贼”，才能号召天下打败他。76放杀其主：放，指先是迁义帝于郴。杀，指后又杀之于江中。77仁不以勇二句：意思是，仁义者的军队不是靠多么勇敢，战斗力多么强。78为之素服：为义帝穿起孝服。79以告诸侯而伐之：把项羽的罪行昭告天下，号召普天下的各路诸侯都来讨伐他。⑱ 仰德：仰慕您的崇高道德。仰，敬慕。⑱ 三王之举：是夏禹、商汤、周武王一样的正义行动。举，行动。⑱ 袒而大哭：这是古代儿女哭父母、群臣哭其君主的哭法。袒，脱衣袖露出臂膀。⑱ 临：哭吊。⑱ 北面事之：面向北立，为其做臣仆。⑱ 放杀义帝江南：项羽究竟杀义帝于何处，《史记》自身说法不一，一说杀义帝于郴县，一说杀义帝于江中，一说杀义帝于江南。⑱ 三河：指河内、河东、河南三个地区，这三个地区都已被刘邦占领。⑱ 南浮江、汉以下：南路军沿着汉水、长江顺流而下。浮，顺水漂流。⑱ 击楚之杀义帝者：真德秀曰，“不曰‘率诸侯王’，而曰‘愿从诸侯王’；不曰‘击项羽’，而曰‘击楚之杀义帝者’，词不迫切而意已独至，犹有古词命气象”。吴见思曰：“词雄浑而不劲，刻入而不深，简净而不佻，字字精湛，是汉人第一篇文字。”⑱ 求人类张耳者：找了一个和张耳长相相似的人。求，找。⑲ 遗：给。⑲ 城阳：秦县名，县治在山东鄄城东南。⑲ 荣子广：田荣的独生子田广。⑲ 汉东：汉军向东方杀来。⑲ 诸侯兵：指常山王张耳、韩王信、河南王申阳、魏王魏豹、殷王司马卬、塞王司马欣、翟王董翳等国之兵。⑲ 外黄：秦县名，在今河南民权西北。⑲ 真魏后：真正是六国时魏国的后代。据《史记·魏豹彭越列传》，魏豹是“故魏诸公子”。⑲ 擅将：专门统领。⑲ 略定梁地：平定今河南东部一带地区。⑲ 收其货宝美人二句：张文虎《舒艺室随笔》曰，“沛公一入秦宫，即欲留居；今入彭城，又复如此，亦无异于淫昏之主，此范增所谓‘贪财好美姬’者也，宜其为羽所破，几至灭亡哉！”日，每日。高会，犹言“盛会”。⑳ 鲁：即今山东曲阜。⑳ 出胡陵：经由胡陵。胡陵是秦县名，在今山东鱼台东南。⑳ 萧：秦县名，在今安徽萧县西北，当时的彭城之西六十里，断绝了刘邦等的西退之路。⑳ 东至彭城：由萧县向东打，一直打到彭城。⑳ 相随入谷、泗水：先后都被赶到了谷水与泗水中。谷水是泗水的支流，西从砀山、萧县流来，在彭城东北入泗水。泗水源于今山东泗水县东，流经曲阜、沛县，经彭城东，南流入淮水。⑳ 南走山：逃入彭城以南的山地。⑳ 灵壁：秦县名，在今安徽淮北市西。⑳ 睢水：古代鸿沟的支流之一，自今河南开封东由鸿沟分出，流经商丘南、夏邑北、灵壁东，东南入泗水。⑳ 水为之不流：史珥曰，“酷摹《左氏》‘舟中之指可掬’，造语极奇，范蔚宗‘积甲与熊耳山齐’亦原于此”。姚苎田曰：“汉兵五十六万，羽以三万人大破之，此段极写项王善战，为传末‘天亡我’数语伏案。”⑳ 三匝：三层。匝，周遭。⑳ 窈冥昼晦：昏暗得有如黑夜。窈冥，幽黑的样子。屈原《九歌》：“日窈冥兮羌昼晦”，史公盖用其语。⑳ 逢迎楚军：指黑风沙石冲着楚军吹去。逢迎，冲着；迎着。〖按〗对于当时流行的这种神化刘邦的捏造，史公姑妄言之，以为刘邦之获免实出侥幸。⑳ 欲过沛收家室：观此语，竟似四年多来太公与吕后等一直居于沛县家中。⑳ 家皆亡：家人俱逃亡而去，不知下落。乾隆曰：“彭城去沛不过二百里，汉王既入，即当迎取太公，乃亟亟于‘货宝美人，置酒高会’，此与项羽入秦何异？卒至室家俱亡，几陷其亲于鼎俎，分羹之语虽出于权变，实非君子所忍闻也。”⑳ 孝惠、鲁元公主：刘邦的一对儿女。孝惠即未来的汉惠帝，刘邦的嫡子，名盈。鲁元公主是孝惠之姐，后嫁与张耳之子张敖，生子张偃，封为鲁王，于是遂为鲁太后，谥曰“元”。这里是史官用后来的称号追述当时的事件。⑮滕公：即夏侯婴，因其曾为滕县令，故称“滕公”“滕婴”。夏侯婴是刘邦的太仆官，终生为刘邦赶车；刘邦死后又接着为吕后、为文帝赶车。⑯常下收载之：《史记·樊郦滕灌列传》叙此事云，“汉王急，马罢，虏在后，常蹶两儿欲弃之。婴常收，竟载之，徐行面雍树乃驰。汉王怒，行欲斩婴者十余”。写刘邦的无情似更突出，是时孝惠年六岁，鲁元年十四。⑰不可以驱：指车上人多，马跑不快。驱，马跑。⑱奈何弃之：又怎么可以扔掉两个孩子。⑲故徐行：故而车子只能慢慢地跑。⑳欲斩之者十余：前后有十多次想杀掉两个孩子。㉑卒：终于。㉒脱二子：保护两个孩子脱离危险。㉓审食其：出身不详，此为初见。从此遂为吕后幸臣，日后封辟阳侯，官左丞相。见《史记·吕太后本纪》。㉔从太公、吕后：跟着刘太公与吕后走小路逃难。从，跟随。㉕间行求：抄小路奔走寻找。㉖楚军与归：楚军把他们带回大营交与项羽。㉗项王常置军中为质：为质，做人质。太公、吕后从此一直在俘虏营中，直到二年后之鸿沟结盟始被放回。㉘周吕侯：吕泽，吕后之兄，“周吕”是其后来的封号。事迹参见《史记·吕太后本纪》。㉙下邑：秦县名，县治在今安徽砀山县东。㉚间往从之：悄悄地投奔去。㉛稍稍：渐渐。㉜收其士卒：招集那些被项羽打散了的军队。㉝复与楚：又都回到了项羽一方。与，联合、结交。㉞亡降楚：那些还有自己封国的诸侯都回到自己封地，而司马欣、董翳两人的封地已被刘邦所占，故而只有孤身一人重新投降了项羽。㉟楚杀之：以其无用，厌弃而杀之。㊱复定三齐：重新统一了三齐地盘。项羽分封诸侯时曾把旧时齐国的地盘分别封给了田市为胶东王，田都为齐王，田安为济北王，后人遂称齐地为“三齐”。㊲捐关以东等弃之：豁出函谷关以东的地区不要了，用以作为对有功者的封赏之资。关以东，犹言关东诸地。㊳谁可与共功：谁可以（接受此赏）与我共同建立功业呢。㊴九江王布：原名黥布，因受过黥刑，故时人称之为“黥布”，项羽的猛将，号当阳君。入关后，被封为九江王，都六（今安徽六安北）。事迹详见《史记·黥布列传》。㊵枭将：猛将。㊶与项王有隙：与项羽有冲突，具体情节见下文。㊷可急使：应赶紧加以利用。㊸可属大事：可以托付干大事。属，通“嘱”，委托。㊹当一面：即今所谓“独当一面”，独立自主地处理某一方面的事情。㊺即：如果。㊻项王击齐：指最初项羽出兵讨伐田荣的时候。㊼遣将将军数千人行：只是派了一位将军领着几千人去了。㊽不佐楚：不帮着楚军防守彭城。㊾诮让、召布：一方面谴责黥布，同时叫他到彭城来。㊿患：忧虑。551所与者：还和自己保持联盟的。552多布材：欣赏黥布的才干。553徙军砀：准备转移到砀郡郡城（今河南商丘城南）。刘邦此前曾任砀郡长。554遂至虞：中途经过虞县。秦时的虞县县治在今河南虞城北。555彼等：犹言“尔等”。556无足：不配；不值得。557谒者：官名，帝王的侍从官员，负责导引、赞礼及收发传达等事。558随何：刘邦的谋士与说客。《史记》无传，其一生仅见于此事。559不审：不明白。560陛下：泷川曰，“当作‘大王’”。561使九江：到九江王黥布那儿去。562倍楚：背叛项羽。倍，通

"背"。563留项王：拖住项羽。锺惺曰："取天下要着定自汉王，随何特承行之耳。"（《史怀》）564百全：极言其肯定无疑。565俱：一道；跟随前往。566荥阳：秦县名，即今河南荥阳东北的古荥镇。567未傅：没有载入服役簿籍。古时二十三岁入簿，五十六岁免除。傅，着、登记。568悉诣：全部送到。569逐北：追击败军。北，同"背"，败逃。570京、索：二城名。京，在今河南荥阳东南。索，即今荥阳。571故秦骑士：过去曾在秦朝军中服过役的骑兵士官。572重泉：秦县名，县治在今陕西蒲城东南。573李必、骆甲：张照曰，"李必后封戚侯，见《功臣表》，作'季必'"。骆甲事迹不详。574拜：任命。575愿得大王左右句：意即请找一个您的亲信当骑将，我们给他当助手。傅，辅助。576中大夫：郎中令的属官，在帝王身边掌议论，此则以"中大夫"之身份为骑将。577甬道：两侧筑有防御工事的通道。578属之河：一直通到黄河边。属，连接。之，到。579敖仓：秦王朝在荥阳北敖山上修建的大粮仓，下临黄河。580周勃、灌婴等言于汉王曰：《史记·屈原贾生列传》有"天子议以为贾生任公卿之位，绛、灌、东阳侯、冯敬之属尽害之"，盖周勃、灌婴之善"谗"非一事。581冠玉：冠上的玉饰，谓只能做点缀，而无实用价值。582其中未必有：肚子里头未必真有学问。583盗其嫂：师古曰，"盗犹私也"。谓与其嫂私通。凌稚隆引王韦曰："始言'伯逐其妇'，继言'事嫂如母'，'盗嫂'之事何自来哉？绛侯、灌婴等所闻，未必非妄言，太史公并载之，用意深矣。"郭嵩焘以为"盗嫂受金是同一类事"，谓盗窃其嫂之资财。584不中：指不被项羽看上。585尊官之：尊宠之使之为官，二动词连用。586护军：意同"监军"，监督军队。587金多者得善处二句："善处""恶处"即今之所谓"好的待遇""坏的待遇"。588召让：召而责之，亦二动词连用。让，责备。589行：操行；品行。590尾生：古代传说为最讲信义的人。据说尾生曾与一女子相约于桥下，女子未来而洪水至，尾生守地不移，遂抱桥柱而死。事见《战国策·燕策》之苏秦语。591孝己：殷高宗武丁的儿子，为其后母所谗，孝己为不伤其父，终不言其冤，而被流放致死。与《左传》所写之申生大体相似。592相距：相对抗。距，通"拒"。593顾其计二句：关键是看他的计谋是否真正能对国家有利。顾，转折词，犹今所谓"关键是""问题在于"。不，通"否"。594盗嫂、受金二句：汉武帝《求贤诏》有所谓"马或奔踶而致千里，士或有负俗之累而立功名"；曹操《举贤勿拘品行令》有所谓"负污辱之名，见笑之行，或不仁不孝而有治国用兵之术，其各举所知，勿有所遗"，皆与无知此言一脉相通。595事楚而去：在楚国干了一回又离开楚国。去，离开。596今又从吾游：现在又来投奔我。游，如同今之所谓"混"。597信者固多心乎：守信义的人能这样三心二意吗。多心，不专一。598去事项王：谓离魏王而去，改事项王。599诸项：项羽的同族。王先谦引周寿昌曰："诸项，伯、庄外，唯声、他、悍、冠见各传，桃侯刘襄为项氏亲，降汉封侯，见《表》。"600昆弟：兄弟。昆，兄。601不受金二句：乾隆曰，"此实不可为训，臣节尚廉，古今通义，而在行军御众时所关尤重。彼后胜相齐、郭开用赵，非皆'受金'者乎？厥后汉高论相以平'智有余而难独任'，或亦早见于此矣"。602金具在：中井曰，"'金具在'，所受于诸将之金。时平已闻无知之语，故汉王不诘金事，而平直以金事为对”。〖按〗中井说与上下文意相合，《汉书》增“大王所赐”四字，似非。⑥⓪③输官：送交国库。官，官府，这里即指国库。⑥⓪④得请骸骨：请把人身归我自己所有，即请求辞职的客气说法。⑥⓪⑤谢：道歉。⑥⓪⑥拜为护军中尉二句：护军中尉，秦官有“护军都尉”，此宜似之，盖军中之监察官。〖按〗刘邦始命陈平为“都尉，典护军”，尚非固定职名，今委之“护军中尉”，其监护全军之职名乃定。⑥⓪⑦谒归：请假回国。⑥⓪⑧绝河津：切断蒲津关的黄河渡口，阻止汉军东渡。⑥⓪⑨反为楚：背叛刘邦，又为项羽守地。⑥①⓪栎阳：刘邦的战时都城，在今西安市阎良区。⑥①①壬午：六月初五。⑥①②子盈：刘邦的儿子刘盈，即日后的汉惠帝，吕后所生。⑥①③赦罪人：帝王确立接班人或新君即位通常多有类似举措，用以收买人心。⑥①④引水灌废丘二句：刘邦自元年八月围废丘，至二年六月废丘被攻下，前后围困废丘十个月。⑥①⑤尽定雍地：全部平定章邯雍国的地盘。⑥①⑥中地、北地、陇西郡：刘邦属下的三个郡名，中地郡即日后的右扶风，郡治在长安。北地郡的郡治在今甘肃庆阳西北。陇西郡的郡治狄道，即今甘肃临洮。⑥①⑦斛：一斛十斗。秦汉时期的一斗相当于今天一斗的三分之一略多。⑥①⑧就食蜀、汉：到蜀郡、汉中郡去找饭吃。⑥①⑨争取：争相储存。⑥②⓪宣曲任氏：宣曲的任姓某人。宣曲，地名，具体方位不详，大致在长安的昆明池故址之西。司马相如《上林赋》中有“西驰宣曲”之语；《史记正义》引张揖云：“宣曲，宫名，在昆明池西也。”⑥②①窖仓粟：挖地窖将仓库之粟贮藏起来。⑥②②楚、汉相距荥阳：事在高祖二年至四年（公元前二〇五至前二〇三年）。⑥②③富者数世：有关宣曲任氏的事迹详见《史记·货殖列传》。⑥②④守关中二句：意即辅佐太子，留守关中。《史记·高祖本纪》于此作“败后乃独得孝惠，六月，立为太子，大赦罪人，令太子守荥阳，诸侯子在关中者皆集栎阳为卫”云云。⑥②⑤为法令约束：制定各种法律条文、规章制度。〖按〗《史记·太史公自序》有所谓“汉兴，萧何次律令”云云，杨树达曰：“盖于此时已肇其端矣。”⑥②⑥立宗庙、社稷、宫室、县邑：宗庙，帝王的祖庙。社稷，帝王祭祀土神、谷神的坛台。县邑，县城与县下的城镇，这里是指建立行政区划。唐顺之曰：“萧何相业，只此数句尽之。”〖按〗以上数句见刘邦、萧何等之雄才大略，于惨败的形势下高瞻远瞩，指挥若定。⑥②⑦不及奏决：来不及等待批准。⑥②⑧辄以便宜施行二句：总是根据情况需要，先付诸实行，等刘邦来了，再向他禀告。辄，总是。于此可见萧何之忠实能干，亦见刘邦对其信任之专。⑥②⑨计关中户口：意即按照关中地区的户口征粮征丁。⑥③⓪转漕调兵以给军：运送粮草、调集兵勇以供应前线。陆运曰“转”，水运曰“漕”。⑥③①召之：叫他到荥阳来。⑥③②不忍：无法忍受。这里即不能。⑥③③左丞相：这里只是虚衔，以表示其地位之崇重。⑥③④曹参：刘邦的部将，以军功封平阳侯，萧何卒，继为汉相。事迹详见《史记·曹相国世家》。⑥③⑤口尚乳臭：嘴里还有奶味，极言其幼稚无知无能。臭，气味。⑥③⑥冯无择：秦国丞相，最后被秦二世所杀。⑥③⑦项它：也作“项他”，项羽的同族。⑹無患：不必担心。患，忧虑。⑹得无：会不会；难道不。⑹竖子：小奴才；愚昧无能的小子。⑹盛兵蒲坂：设重兵于蒲坂以待之。蒲坂，渡口名，在今山西永济城西的黄河东岸，隔河与临晋关相对。⑹塞临晋：堵着迎面的临晋关。临晋关在今陕西大荔城东。⑹信乃益为疑兵二句：韩信越发做出一种要在临晋强渡的样子。益，越发。疑兵，师古曰：“多张兵形，令敌人疑也。”⑹伏兵：谓暗中出兵。⑹夏阳：秦县名，县治在今陕西韩城西南，即司马迁的故乡。⑹以木罂渡军：意即利用一切可用的条件令军队渡过黄河，进入魏地。木罂，木盆、木桶之类。郭嵩焘曰：“河流湍急，岂木罂缻所能渡者？当是造为浮桥，施木板于罂缻之上，以其轻而能浮，又易于牵引以通两岸也。”⑹安邑：当时魏国的重镇，在今山西夏县西北，战国时曾为魏国都城。⑹引兵迎信：谓魏豹引兵还救安邑。⑹传诣荥阳：用驿车将魏豹押解到刘邦处。传，驿车。诣，到；送到。⑹置河东、上党、太原郡：在刚平定的魏国地面设立了河东、上党、太原三个郡。河东郡的郡治安邑，上党郡的郡治长子（今山西长子城西北），太原郡的郡治晋阳（今太原西南）。⑹汉之败于彭城而西：西，西逃。此追叙四个月以前事。⑹觉：发觉；发现。⑹不死：没被刘邦所杀。⑹请兵：请求刘邦为之增兵。〖按〗依《史记·淮阴侯列传》，是刘邦将韩信的精兵全部抽调到荥阳，使其另组织新兵东伐赵；此所谓“请兵”乃依据《汉书》。⑹燕、赵：当时的两个诸侯国名，燕王臧荼是项羽所封，都城蓟县（今北京市城区的西南部）；赵王名歇，是陈馀拥立，都城信都（今河北邢台）。⑹齐：齐王田广，被其叔田横所拥立，都城临淄。⑹绝楚粮道：切断项羽的国都彭城与其前线的联络，断绝其粮草供应。⑹遣张耳与俱：张耳是刘邦的亲信，儿女亲家，可以监督韩信。⑹代：代王陈馀，赵王歇所立。但陈馀留赵辅佐赵王，在代者实乃相国夏说。⑹后九月：即汉二年的闰九月。当时的历法都将闰月放在一年的最后。⑹禽：通“擒”。⑹阏与：秦县名，县治在今山西和顺西北。⑹信之下魏破代三句：此乃《史记·淮阴侯列传》原文，本卷《通鉴》前文既用《汉书》称韩信向刘邦“请兵”，此又依《史记》称刘邦收韩信之兵，两相矛盾。

【校记】

［2］分肉食甚均：“食”字原无。据章钰校，乙十一行本、孔天胤本皆有此字。今从乙十一行本及《史记·陈丞相世家》《通鉴总类》补。［3］殷王反楚：“楚”字原无。据章钰校，乙十一行本、孔天胤本皆有此字，张敦仁《通鉴刊本识误》、张瑛《通鉴校勘记》同。今从乙十一行本及《史记·陈丞相世家》《通鉴纪事本末》补。［4］复大振：“振”，原讹为“孤”，今从《四部丛刊》影宋本（乙十一行本）《史记·项羽本纪》《通鉴纪事本末》改。

【研析】

本卷是政治斗争最激烈、历史经验最丰富，同时也是故事最生动、文学气氛最浓烈的篇章之一，其中最值得思考、研究的问题有以下几方面。

第一，有关刘邦、项羽入关以及鸿门宴的问题。鸿门宴的故事是《史记·项羽本纪》中的名段，历来被选为大、中、小学的教材，同时改编为小说、戏剧，可以说是家喻户晓。这段故事的历史感很强，它是由秦末诸侯反秦向楚汉战争过渡的转折点。凡是两支同盟军共同反对一个敌人，当这个共同的敌人被打倒，两支友军即将转为彼此决战的时候，必然都有这样一场“鸿门宴”或类似的过程，古今中外莫不如是。但这段故事显然带有许多传说色彩，带有许多艺术想象、艺术加工的。其本质的事实是，项羽确实比刘邦强大，但刘邦也不是差得不堪一击。而且，刘邦入关后实行了一系列安民政策，在关中已经有了良好的群众基础；相反地，项羽还未入关，首先就活埋了二十万归降的秦兵，关中的家家户户都是项羽不共戴天的仇敌。此外，刘邦不仅破秦有功，而且按事先约定，本来应当关中王，这是天下皆知的，项羽如果一意孤行，即使勉强杀了刘邦，也定然难以善其后。这些从后来田荣、陈馀、彭越等依然起兵反项羽，其口实就是项羽分封天下“不公”。古人对此有过很好的说法，明代的丘浚诗云：“公莫舞，公莫舞，不必区区听亚父。霸王百行扫地空，不杀一端差可取。天命由来归有德，不在沛公生与死。”（《公莫舞》）清代郑燮诗云：“新安何苦坑秦卒，霸上焉能杀汉王。”（《项羽》）现代历史家范文澜写《通史简编》竟只字不提鸿门宴事，盖皆窥破其好奇夸大，可做故事看，难当信史读。司马迁之所以这么写，就因为他同情项羽。但他写得很全面，我们在看过热闹的故事后，自然可以做出正确结论的。

第二，关于项羽不都关中而都彭城的问题。此事历代被看作项羽的重大失误，首先提出的是韩信，见于《史记·淮阴侯列传》所写的韩信拜将的演说，从此人云亦云，遂成定论。而清代恽敬则说：“自淮阴斥项王不居关中而都彭城，史家亦持此说，后之言地利者祖之，以为项王失计无有大于此者。余谓项王之失计在不救雍、塞、翟三王而东击齐也。项王都彭城盖以通三川之险也；通三川盖以救秦之祸也。以彭城控三川，即以三川控三秦。九郡者，项王所手定也，军于手定之地，不患其不安；民于手定之地，不患其不习；国于手定之地，则诸侯不得以地大而指为不均。关中者，固汉王所手定也，舍己所手定之九郡，而夺他人所手定之关中，天下之人安乎？不安乎？不意四月诸侯就封，五月而田荣反齐，是月而陈馀反赵，六月而彭越反梁，西楚之势不能即日西兵，而汉王乃于五月破章邯，八月降司马欣、董翳矣。盖项王止策汉王，而田荣、陈馀、彭越三人非其所忌，故有此意外之变，此则项王之失计也。”恽敬的说法我以为很有道理。

第三，韩信的拜将演说，高屋建瓴，历来受人称道。元代杨维桢说："韩信登坛之日，毕陈平生之画略，论楚之所以失，汉之所以得，此三秦还定之谋所以卒定于韩信之手也。"明代董份说："观信智略如此，真有掀揭天下之心，不但兵谋而已也，所以谓之'人杰'。"唐顺之说："孔明之初见昭烈论三国，亦不能过。予故曰淮阴者非特将略也。"王世贞说："淮阴之初说高帝也，高密（邓禹）之初说光武也，武乡（诸葛亮）之初说昭烈也，若悬券而责之，又若合券焉！噫，可谓才也已矣！"〖按〗韩信分析项羽的弱点，以及预见刘、项未来的斗争形势，皆至为明晰，诸人所说诚是。唯其所谓"以天下城邑封功臣"语，则与其日后之请求为齐王事相应，皆见其政治理想之落后，确有取死之道。

第四，刘邦乘田荣反项羽之机，一举收复关中，随后东出收服了中原地区的许多诸侯，率领五十六万人长驱东下，迅即攻克了项羽的国都彭城，其势力之大可谓不可一世。项羽闻讯后率三万骑兵返回，首先掐断了刘邦的退路，由西向东打，竟打得五十六万人落花流水、抱头鼠窜，其战略战术之卓绝真是千古罕见，令人心旷神怡。台湾地区三军大学《中国历代战争史》曰："项羽军事上之英卓，与西方拿破仑颇为相类，彼常采内线作战，驱其精锐之楼烦骑兵，进行突击战法，故所当者无不破灭，经常在战斗上收速战速决之功。至其所追求打击之目标，亦唯指向敌人之重心，故其在荥阳对峙及刘邦行机动作战时，彼即始终采取此种作战思想，以求汉之重心而粉碎之。此种思想在纯军事上，颇有其重要价值。"

第五，刘邦的彭城之败，可以说是惨极了，父亲、妻子被俘，路上遇到自己的一子一女，但为了自己逃脱追兵，多次把两个孩子从自己的车上踢下去。一直溃逃到荥阳，才在韩信诸人的援助下重新建立防线，拦住了项羽。对于刘邦的这次惨败，一般人都为之感到泄气。但陈梧桐等《中国军事史》曰："彭城之战虽然楚胜汉败，但综观楚汉战争开始以来双方的得失，刘邦之得大于失，而项羽之失大于得。刘邦虽然在彭城惨败，损失严重，功败垂成，但他夺得了关中及关东部分极为重要的战略地区，人力、物力和领土都成倍地扩张，处于进可攻、退可守的有利地位，完全摆脱了在鸿门宴前后有可能随时被项羽消灭的危险境地。项羽虽然取得彭城会战的巨大胜利，但他的所得仅仅是收复了自己失去的西楚领土，失去的则是关中和关东部分地区的大量与国；北方出现齐、赵等独立的割据势力；其最重要的盟友九江王黥布已离心离德，居然在刘邦进占彭城时未能助项羽一臂之力；加上长期以来项羽缺少对汉作战的思想准备，兵力明显不足，彭城大捷后无力发展成全局性的胜利，不能越荥阳而西，更不能把战争引向关中和巴蜀。因此，项羽的战略优势，已较战争开始前大大减弱。"这个分析可以说是非常准确、非常精彩。

卷第十　汉纪二

起强圉作噩（丁酉，公元前二〇四年），尽著雍阉茂（戊戌，公元前二〇三年），凡二年。

【题解】

本卷写了高祖三年（公元前二〇四年）至高祖四年共两年间的楚汉斗争形势，一方面写了刘、项双方在荥阳、成皋主战场上此起彼伏、反复拉锯的艰难斗争历程：项羽多次局部获胜，但东西奔命、四顾不暇，难以为继；刘邦多次局部惨败，但他多方出击、处处主动，越战越强。另一方面则写了汉将韩信在北路继上卷的灭魏、灭代后，又灭赵、收燕、平齐，并对项羽国都彭城的背后进行扫荡，从而对项羽构成战略包围，项羽的失败已成定局，就剩下最后一场会战了。

【原文】

太祖高皇帝上之下

三年（丁酉，公元前二〇四年）

冬，十月，韩信、张耳以兵数万东击赵。赵王及成安君[①]陈馀闻之，聚兵井陉口[②]，号二十万。广武君[③]李左车说成安君曰："韩信、张耳乘胜而去国[④]远斗，其锋不可当[⑤]。臣闻'千里馈粮，士有饥色。樵苏后爨，师不宿饱[⑥]'。今井陉之道，车不得方轨，骑不得成列[⑦]。行数百里，其势，粮食必在其后。愿足下假臣奇兵三万人[⑧]，从间路[⑨]绝其辎重[⑩]。足下深沟高垒[⑪]，勿与战。彼前不得斗，退不得还，野无所掠[⑫]，不至十日，而两将之头可致于麾下[⑬]。否则，必为二子所禽[⑭]矣。"

【语译】

太祖高皇帝上之下

三年（丁酉，公元前二〇四年）

冬季，十月，韩信、张耳率领数万兵马向东攻打赵国。赵王歇和成安君陈馀听到消息后，就将全国的主要兵力聚集到井陉口，对外宣称是二十万军队。广武君李左车向成安君陈馀献计说："韩信、张耳乘胜而来，他们离开自己的国土远征赵国，来势汹汹，锐不可当。我听说，'要从一千里之外运送粮食供应前方，则前方将士必然经常处于饥饿状态。靠现打柴然后点火做饭，军队不可能有饱饭吃'。如今井陉道路狭窄，两辆车不能并排通过，骑兵不能排成行列前进。韩信、张耳的队伍就要前后拉开数百里，在这种情况下，汉军的粮秣必然安排在最后。希望将军调拨给我三万人马用于出奇制胜的部队，让我抄小路截断汉军运送衣食等后勤物资的车队。而您深挖战壕、筑起坚固的工事，不要与汉军交战。如此的话，汉军向前不能厮杀，后退又没有了退路，在田野之中又找不到任何东西吃，用不了十天，韩信、张耳二人的首级就会送到您的面前了。不然的话，您必将被韩信、张耳二人所擒获。"成安

成安君尝自称“义兵”，不用诈谋奇计[15]，曰：“韩信兵少而疲，如此避而不击，则诸侯[16]谓吾怯，而轻来伐我[17]矣。”

韩信使人间视[18]，知其不用广武君策，则大喜，乃敢引兵遂下[19]。未至井陉口三十里，止舍[20]。夜半，传发[21]。选轻骑二千人，人[22]持一赤帜，从间道萆山[23]而望赵军。诫[24]曰：“赵见我走[25]，必空壁逐我。若[26]疾入赵壁，拔赵帜，立汉赤帜。”令其裨将[27]传餐[28]，曰：“今日破赵会食[29]。”诸将皆莫信，佯应曰：“诺。”信曰：“赵已先据便地为壁[30]，且彼未见吾大将旗鼓，未肯击前行[31]，恐吾至阻险而还也[32]。”乃使万人先行，出，背水陈[33]。赵军望见而大笑[34]。

平旦，信建大将旗鼓[35]，鼓行[36]出井陉口。赵开壁击之，大战良久。于是信与张耳佯弃鼓旗，走水上军[37]。水上军开入之[38]，复疾战[39]。赵果空壁争汉旗鼓，逐信、耳。信、耳已入水上军，军皆殊死战，不可败。信所出奇兵二千骑共候赵空壁逐利，则驰入赵壁，皆拔赵旗，立汉赤帜二千。赵军已不能得信等，欲还归壁，壁皆汉赤帜，见而大惊，以为汉皆已得赵王将矣[40]。兵遂乱，遁走，赵将虽斩之，不能禁也。于是汉兵夹击，大破赵军，斩成安君泜水上，禽赵王歇[41]。

诸将效首虏[42]，毕贺[43]，因问信曰：“兵法：‘右倍山陵，前左水泽[44]。’今者将军令臣等反背水陈，曰‘破赵会食’，臣等不服，然竟以胜[45]。此何术也？”信曰：“此在兵法，顾诸君不察耳。兵法不曰：‘陷之死地而后生，置之亡地而后存[46]。’且信非得素拊循士大夫[47]也，此所谓

君陈馀经常标榜“正义之师”，不用阴谋诡计去获取胜利，他听了广武君李左车的话之后说：“韩信所率领的军队不仅很少，而且远道而来已是疲惫不堪，对待这样的军队如果再躲避起来不给他一个迎头痛击，其他诸侯必定会以为我们怯懦而轻视赵国，今后恐怕都要随随便便地就来攻打我们了。”

韩信暗中派人到赵国刺探军情，当得知陈馀不肯采用李左车的建议后，非常高兴，这才敢于率领军队进入井陉险道，在距离井陉口三十里的地方停下来休息。半夜时分，传令出发。韩信首先选派了两千名骑兵，让他们每人手里拿着一面红旗，从小道爬上山去隐蔽起来，居高临下地观察赵军的动静。韩信告诫他们说：“赵军看见我军撤退，必定会全军出动前来追赶。你们看见赵军离开营寨后，就赶紧冲入赵军营寨，拔掉赵军的旗帜，换上汉军的红旗。”韩信又命令他的副将给军队发放一点食物，说：“等今天消灭赵军后再好好地吃上一顿。”诸位将领都将信将疑，嘴里假意答应着：“是。”韩信说：“赵军已经抢先占据了有利地形扎下营寨；赵军没有看见我军的帅旗和仪仗鼓吹的情况下，肯定不会攻击我们的先头部队，他们担心我军遭遇险阻会立即撤军。”于是就派出了一支万人的军队率先走出井陉口，背靠河水摆开阵势。赵军望见汉军背水布阵，不禁哄然大笑。

第二天天刚亮，韩信竖起帅旗，架起战鼓，大吹大擂地出了井陉口。赵军打开营寨迎击汉军，两军激战了很久。韩信与张耳这才假装抵挡不住，下令士卒抛弃军旗战鼓，向着水边的营寨狼狈而逃；驻扎在水边的军队赶紧打开营门，将岸上的军队接进营中，再次与赵军展开激战。赵军果然全军出动来争抢汉军的军旗和战鼓，追逐韩信和张耳。韩信和张耳早已进入水边的营寨，汉军拼死抵抗，赵军根本无法击败汉军。这时，韩信派出的二千骑兵早就等候在那里，他们一见赵军全部出动去追逐战利品，立刻冲进赵军的营寨，拔掉赵军的旗帜，插上二千杆汉军的红旗。赵军看着无法捉到韩信、张耳二人，就想要撤回营寨；不料，营寨中已经插满了汉军的红旗，赵军无不大惊失色，以为汉军已经擒获了赵王歇与赵将。于是军心大乱，再也无心恋战，全都夺路而逃，虽然有赵军将领压阵，并当场杀死了几名逃跑的军士，也无法阻止。汉军抓住这个时机里外夹击，大败赵军，把成安君陈馀杀死在泜水之上，活捉了赵王歇。

诸位将领都带着自己斩获赵军的首级和抓获的俘虏来向统帅禀报战功，并就取得的胜利向韩信、张耳祝贺。诸将借机向韩信请教说：“兵法上说，‘行军布阵应该选取右面背后靠山，左面和前面有水的地方’。今天您却让我们背水布阵，还说‘等击破赵军后再好好地吃上一顿’，我们心里都不服气，结果却真的以此取得了胜利，不知这是什么道理？”韩信说：“这也是兵法里有的，只是诸位将军没有注意到就是了。兵法上不是有这样的话吗：‘必须把军队置于危窘的境地，士兵才能发挥出最大的战斗力；把军队安置在死亡之地，士兵只有拼死作战才有生存的可能。’再说，我韩信所率领的并不是一支训练有素、肯于服从指挥的老军队，而是赶着一群乌合之众去

‘驱市人而战之[48]’，其势非置之死地，使人人自为战。今[49]予之生地，皆走，宁尚可得而用之乎[50]！”诸将皆服，曰：“善。非臣所及也[51]。”

信募[52]生得广武君者，予千金。有缚致麾下者，信解其缚，东乡坐，师事之[53]。问曰：“仆欲北伐燕[54]，东伐齐[55]，何若而有功[56]？”广武君辞谢曰：“臣败亡之虏[57]，何足以权[58]大事乎！”信曰：“仆闻之，百里奚[59]居虞而虞亡，在秦而秦霸[60]。非愚于虞而智于秦也，用与不用，听与不听也。诚令成安君听足下计，若信者，亦已为禽矣[61]。以不用足下，故信得侍[62]耳。今仆委心归计[63]，愿足下勿辞！”

广武君曰：“今将军涉西河[64]，虏魏王，禽夏说。东下井陉，不终朝[65]而破赵二十万众，诛成安君。名闻海内，威震天下，农夫莫不辍耕释耒，褕衣甘食[66]，倾耳以待命[67]者，此将军之所长也。然而众劳卒罢[68]，其实难用。今将军欲举倦敝[69]之兵，顿[70]之燕坚城之下。欲战不得，攻之不拔，情见势屈[71]。旷日持久，粮食单竭[72]。燕既不服，齐必距境以自强[73]。燕、齐相持而不下，则刘、项之权[74]未有所分[75]也，此将军所短也。善用兵者，不以短击长，而以长击短。”

韩信曰：“然则何由？”广武君对曰：“方今为将军计，莫如按甲休兵[76]，镇抚[77]赵民。百里之内，牛酒日至，以飨士大夫[78]。北首燕路[79]，而后遣辩士奉咫尺之书[80]，暴其所长于燕[81]，燕必不敢不听从。燕已从，而东临齐，虽有智者，亦不知为齐计[82]矣。如是，则天下事皆可图也。兵固有先声而后实者，此之谓也[83]。”韩信曰：“善。”从其

打仗，这种形势之下，非得把他们安置在一个死亡之地，使他们各自为求生存而主动作战，才有取胜的可能。如果把他们放在一个可以逃生的地方，恐怕早就四处逃散了，还能够用他们去冲锋陷阵吗？”诸将都很佩服，说：“您分析得非常对。这是我们无论如何也预料不到的。”

韩信悬赏千金，捉拿广武君李左车。命令一下，果然有人把广武君李左车捆绑了送到韩信的面前。韩信亲自为李左车解开捆绑的绳索，并安排他东向而坐，像尊奉老师那样尊奉他。韩信向李左车请教说：“我想向北去攻打燕国、向东去攻打齐国，怎么办才能保证成功呢？”广武君推辞说：“我只不过是一个败军亡国的俘虏，哪里有资格谈论军国大事呢！”韩信说：“我听说，百里奚住在虞国的时候，虞国灭亡了，他到了秦国后，秦国因为重用他而成就了霸业。这并不是百里奚在虞国的时候愚昧，而到了秦国就变得聪明了，关键是国君重用不重用，肯不肯听取他的意见。假如当初成安君陈馀听从了您的建议，像我韩信这样，早就被你们擒获了。正是因为成安君没有听从您的建议，我今天才有机会来请教先生。如今我是诚心诚意地向您请教，希望您不要再推辞了！”

广武君说：“如今将军率领汉军渡过西河，俘虏了魏王豹，活捉了夏说。向东攻下井陉，在不到一个上午的时间就打败了赵国二十万军队，诛杀了成安君。您的威名传遍海内，声威震动了天下，那些种地的农夫全都放下手里的农具停止劳作，穿上他们最好的衣服，吃他们最好的食物，竖起耳朵打探消息，等候死期的降临，这是将军您的长处。然而目前的形势是民众劳苦，士卒疲惫，其实很难再把他们投入战场。如今将军却准备率领这样一支疲惫不堪的军队，去攻打燕国防守坚固的城垣，势必陷于一种想战不能战、想攻又攻不下的两难境地，到那时就把自己的军事实情完全暴露给对方，使自己陷于被动。如果再拖延时日，军队的粮饷必定供应不上。既然征服不了燕国，东边的齐国又聚集重兵，严守边境，以对付汉军的进攻。您在这里与燕国、齐国僵持不下，那么汉王与项羽就很难决出谁胜谁负，这是您的弱点。善于用兵打仗的人，绝不用自己的短处去攻击别人的长处，而是用自己的长处去攻击对方的短处。”

韩信问：“既然这样，那我该怎么办呢？”广武君回答说：“如今我为将军考虑，不如停止战事，休养士卒，安抚赵地的百姓。如此，则百里之内的父老乡亲，每天都会有人抬着猪羊牛肉和美酒前来犒赏全军将士。您再把军队摆出一副要向北进攻燕国的架势，然后派遣一位能言善辩的人携带着您一尺长短的书信，用汉军的优势威胁燕国，在您的声威面前，燕国不敢不听从您的命令。燕国已经屈服，您再把大军东移，直指齐国，到了这种时候，就是再有智谋的人士也不知道该如何为齐国出谋划策了。做到这样，天下的大事就都好办了。用兵之道本来就有先采取宣传攻势，首先从气势上压倒对方，然后再采取军事行动的做法，说的就是这种现象。”韩信说：“好。”于是

策，发使使燕。燕从风而靡[84]，遣使报汉，且请以张耳王赵[85]。汉王许之。楚数使奇兵渡河击赵。张耳、韩信往来救赵，因行定赵城邑[86]，发兵诣汉[87]。

甲戌晦[88]，日有食之[89]。

十一月癸卯晦[90]，日有食之[91]。

随何至九江[92]，九江太宰[93]主之[94]，三日不得见[95]。随何说太宰曰："王之不见何，必以楚为强，以汉为弱也[1]。此臣之所以为使[96]。使何得见，言之而是，大王所欲闻也；言之而非，使何等二十人伏斧质九江市[97]，足以明王倍汉而与楚[98]也。"太宰乃言之王。王见之。

随何曰："汉王使臣敬进书大王御者[99]，窃怪大王与楚何亲[100]也？"九江王曰："寡人北乡而臣事之[101]。"随何曰："大王与项王俱列为诸侯[102]，北乡而臣事之者，必以楚为强，可以托国[103]也。项王伐齐，身负版筑[104]，为士卒先。大王宜悉九江之众[105]，身自将之[106]，为楚前锋[107]。今乃发四千人以助楚，夫北面而臣事人者，固若是乎[108]？汉王入彭城，项王未出齐[109]也，大王宜悉九江之兵渡淮[110]，日夜会战彭城下。大王乃抚[111]万人之众，无一人渡淮者，垂拱[112]而观其孰胜，夫托国于人者，固若是乎？大王提空名以乡楚[113]，而欲厚自托[114]，臣窃为大王不取也[115]。然而大王不背楚者，以汉为弱也。夫楚兵虽强，天下负之以不义之名[116]，以其背盟约[117]而杀义帝也。汉王收诸侯[118]，还守成皋、荥阳[119]，下蜀、汉之粟[120]，深沟壁垒[121]，分卒守徼乘塞[122]。楚人深入敌国八九百里[123]，老弱转粮[124]千里之外。汉坚守而不动，楚进则不得攻[125]，退则不能解[126]，故曰楚兵不足恃[127]也。使楚胜汉，则诸侯自危惧[128]而相救，夫楚之强，适足以致天下之兵[129]耳。故楚不如汉，其势易见也。今大王不与万全之汉，而自托于危亡之楚，臣窃为大王惑之。臣非以[130]九江之兵

采用李左车的意见，派遣使者出使燕国。燕国果然立马投降，韩信派遣使者向汉王报捷，并请求汉王封张耳为赵王。汉王答应了韩信的请求，封张耳为赵王。楚国多次派出奇兵渡过黄河攻击赵国。张耳、韩信也就不断派出兵力往来救援赵国，顺便把军队所经过的赵国各地城邑占领下来，同时不断地把兵员送往荥阳前线增援汉王刘邦。

十月最后一天三十日甲戌，发生了日食。

十一月最后一天二十九日癸卯，又发生日食。

随何接受了刘邦交给的策反九江王黥布的任务来到九江，九江王府掌管膳食的太宰负责接待随何，随何已经到三天了，却一直不能见到九江王黥布。随何对太宰说："九江王不肯见我，必定是认为楚国强大，汉王刘邦势力弱小。我就是为这才来出使九江。如果让我见到九江王，我说得有道理，恐怕我说的也正是九江王所希望听到的；如果我说得不对，就请把我和我的随从总共二十多人绑缚到九江的闹市中处死，用以表明九江王不接受汉王的诱惑而亲近楚王的心迹。"太宰将随何的话报告给九江王黥布。黥布这才接见随何。

随何说："汉王派我前来把书信敬献给大王，汉王十分奇怪，不知道大王您和项王为什么会如此亲近？"九江王说："项王是君主，我是他的臣子，我是以臣子的身份侍奉他。"随何说："大王和项王都是同一级别的诸侯，如今您以臣子的地位侍奉项王，必定是因为惧怕项王的强大，想得到他的庇护。可是，项王攻打齐国的时候，亲自背负着构筑工事的版筑，身先士卒，亲冒矢石。大王就应该调集九江的全部兵力，亲自率领前往齐国，担任楚国攻打齐国的先锋。而大王却只派遣了四千人去援助，难道说臣子侍奉君主就是这个样子吗？汉王率军攻入楚国的都城彭城，项王远在齐地，大王就应该出动九江的全部兵力渡过淮河，日夜兼程赶往彭城与汉军作战。大王您虽然拥有一万多的兵力，却没有派一人渡过淮河增援彭城，而是垂衣拱手，在旁边观看谁胜谁负，希望别人庇护自己，难道就是这种做法吗？大王空留一个与楚国亲近的名声，而实际上是为了保存自己的实力。我私下里认为大王这样做是不行的。大王不肯背叛楚国，是因为您认为西楚强大而汉王太弱小。其实楚军虽然强大，但在天下人面前，楚王却背负着一个不义的罪名，因为他背弃了盟约，杀死了义帝。现在汉王聚合各路军队，退守成皋、荥阳，顺流而下源源不断地运来蜀郡、汉中的粮草，使得军中粮食供应充足；又壕沟深广，壁垒坚固，分兵把守住边境亭障、关口要塞。而楚军深入敌国八九百里，依靠老弱残兵从千里以外为大军转运粮草。汉军坚守不战，楚军想战不能，想退又不能脱身，所以说楚军的强大是靠不住的。假使战争的结果是楚军战胜了汉军，到那时诸侯就会人人自危而相互救援，楚国的强大恰好为他招致诸侯的进攻。所以楚不如汉，从这种形势的对比看是显而易见的。现在，大王不归附万无一失的汉，而把自己托付给陷于危亡困境的楚，我对您的行为感到迷惑不解。我并不是认为光靠

足以亡楚也。大王发兵而倍楚，项王必留[131]。留数月，汉之取天下可以万全。臣请与大王提剑而归汉[132]，汉王必裂地[133]而封大王，又况九江，必大王有[134]也。”九江王曰：“请奉命。”阴许畔楚与汉[135]，未敢泄也。

楚使者在九江[136]，舍传舍[137]，方急责布发兵[138]。随何直入，坐楚使者上[139]，曰：“九江王已归汉，楚何以得发兵[140]？”布愕然。楚使者起。何因说布曰：“事已构[141]，可遂杀楚使者，无使归，而疾走汉并力[142]。”布曰：“如使者教[143]。”于是杀楚使者[144]，因起兵而攻楚。

楚使项声、龙且[145]攻九江。数月，龙且破九江军。布欲引兵走汉，恐楚兵杀之，乃间行，与何俱归汉[146]。

十二月，九江王至汉[147]。汉王方踞床洗足[148]，召布入见。布大怒，悔来，欲自杀。及出就舍，帐御[149]、饮食、从官，皆如汉王居[150]，布又大喜过望[151]。于是乃使人入九江[152]，楚已使项伯收九江兵，尽杀布妻子。布使者颇得[153]故人、幸臣，将众数千人归汉。汉益[154]九江王兵，与俱屯成皋。

楚数侵夺汉甬道[155]，汉军乏食[156]。汉王与郦食其谋桡楚权[157]。食其曰：“昔汤伐桀，封其后于杞[158]。武王伐纣，封其后于宋[159]。今秦[160]失德弃义，侵伐诸侯，灭其社稷，使无立锥之地[161]。陛下诚能复立六国之后，此其君臣、百姓必皆戴陛下之德[162]，莫不向风慕义[163]，愿为臣妾[164]。德义已行，陛下南乡称霸，楚必敛衽而朝[165]。”汉王曰：“善。趣刻印[166]，先生因行佩之矣[167]。”

食其未行，张良从外来谒[168]。汉王方食，曰：“子房前[169]，客有为我计[170]桡楚权者。”具以郦生语告良，曰：“何如？”良曰：“谁为陛下画此

九江的兵力就能够灭亡楚国。如果大王发兵背叛楚国，楚王项羽必定被您拖住。把项羽拖住几个月，汉王夺取天下就可以万无一失。到那时，我请求与大王一起手提宝剑归附汉王，汉王一定会另外割地分封大王，九江本来就属于大王所有，必然还是大王的。”九江王说：“遵命。”秘密地向随何承诺背叛西楚归附汉王，但还不敢对外泄露。

楚王项羽派遣的使者当时也在九江，住在宾馆中，正在急切地督促黥布发兵。随何径直进入楚国使者的住所，并坐在上首的位置上，说：“九江王已经归附汉王，你们楚国哪里有权力命令他发兵?”黥布没有料到随何会有这一手，一时惊得不知所措。楚国的使者看到事情有变，立刻起身。随何趁势怂恿黥布说：“事态已经如此，可以马上杀掉楚国的使者，不要让他回到楚国去报信，请马上投奔荥阳和汉王合兵一处，同心协力对付项王。”黥布说：“就照你说的办。”于是杀掉了楚国的使者，发兵攻打楚军。

楚王项羽派项声、龙且攻打九江。攻打了好几个月，才将黥布的九江兵打败。黥布想要率领军队投奔汉王，又惧怕楚军追上将自己杀死，于是就与随何一起走小路，投奔汉王。

十二月，九江王来到荥阳。汉王正坐在床边让人给他洗脚，一面传黥布进见。黥布看见汉王如此傲慢无礼，非常生气，后悔前来投奔汉王，就想自杀。等到回到寓所，发现室内帏帐、饮食、随从的官员，都与汉王一模一样，黥布又大喜过望。这才派人到九江去接取家眷，招集旧部。而楚王已经派项伯接管了九江的军队，黥布的妻子儿女全被杀死。黥布的使者只召集到一些宿将旧部，总计几千人回到汉王这里。汉王又给九江王增派了一些军队，让他和自己一起驻扎在成皋。

楚王的军队不断地袭击汉军的运粮通道，抢夺粮草，汉军因此出现粮食危机。汉王与郦食其共同商讨削弱楚军力量的办法，郦食其说：“古代的商汤打败夏桀、灭掉了夏，后来把夏的后裔分封到杞以祭祀夏的祖先。周武王讨伐商纣王、灭掉了商，就把商纣王的庶兄微子启封到宋以祭祀商的祖先。如今秦王道德败坏，仁义沦丧，他吞并诸侯，毁灭了诸侯祭祀祖先的祭坛，使诸侯的后裔没有立锥之地。陛下您如果能够把土地分封给齐、楚、燕、韩、赵、魏六国的后裔，使他们恢复旧有的国土，这几个国家的君臣、百姓一定会感激您的恩德，钦佩景仰您的道义，到那时男人心甘情愿地做您的臣属，女人心甘情愿地做您的奴婢。天下人已经感受到您的恩德和道义，您就可以面南而坐、称霸天下，楚国也会整肃衣服，恭恭敬敬地朝拜汉王您了。”汉王说：“这个办法好。赶快去刻六国的玺印，先生可以带着印章去封六国的后裔。”

郦食其还没有起行，张良从外面进来拜见汉王。汉王当时正在吃饭，他对张良说：“子房，你过来，有人为我出了一个削弱楚军的主意。”就把郦食其所说的话详细地告诉了张良，而后问张良说：“你觉得这个主意怎么样?”张良问：“是谁给陛下

计者？陛下事去矣[171]。”汉王曰：“何哉？”对曰：“臣请借前箸为大王筹之[172]。昔汤、武封桀、纣之后者，度能制其死生之命[173]也。今陛下能制项籍之死命乎？其不可一也[174]。武王入殷[175]，表商容之闾[176]，释箕子[177]之囚，封比干之墓[178]。今陛下能乎？其不可二也。发巨桥之粟，散鹿台之钱，以赐贫穷[179]。今陛下能乎？其不可三也。殷事已毕[180]，偃革为轩[181]，倒载干戈[182]，示天下不复用兵。今陛下能乎？其不可四也。休马[183]华山之阳[184]，示以无为[185]。今陛下能乎？其不可五也。放牛[186]桃林之阴[187]，以示不复输积[188]。今陛下能乎？其不可六也。天下游士[189]，离其亲戚，弃坟墓[190]，去故旧[191]，从陛下游者，徒欲[192]日夜望咫尺之地[193]。今复立六国之后，天下游士各归事其主[194]，从其亲戚[195]，反其故旧、坟墓，陛下谁与[196]取天下乎？其不可七也。且夫楚唯无强[197]，六国立者复桡而从之[198]，陛下焉得[199]而臣之？其不可八也。诚用客之谋，陛下事去矣！”汉王辍食[200]吐哺[201]，骂曰：“竖儒[202]几败而公事[203]！”令趣销印[204]。

荀悦论曰[205]：“夫立策决胜之术，其要有三：一曰形[206]，二曰势[207]，三曰情[208]。形者，言其大体得失之数[209]也；势者，言其临时之宜、进退之机[210]也；情者，言其心志可否之实[211]也。故策同事等，而功殊[212]者，三术不同也。

“初，张耳、陈馀说陈涉以复六国，自为树党[213]，郦生亦说汉王。所以说者同，而得失异[214]者，陈涉之起，天下皆欲亡秦[215]，而楚、汉之分[216]未有所定，今[217]天下未必欲亡项也。故立六国于陈涉[218]，所谓多己之党[219]，而益秦之敌[220]也。且陈涉未能专天下之

出的主意？如此的话，大王您统一天下的大事可就完了。”汉王说：“怎么见得？”张良说：“请让我借用一下您面前的筷子，来给您分析一下形势。过去商汤灭掉了夏朝，周武王灭掉了商朝后，分封了夏朝和商朝的后裔，是因为商汤、周武王估计自己有能力控制他们的生死。如今您能把项羽置于死地吗？这是不可行的第一个原因。周武王进入殷的都城以后，为了表彰商容的美德，就把商容住过的街巷用特殊的标志标识出来；又把箕子从监狱中释放出来，还为比干的坟墓加土。如今大王您能做到这些吗？这是第二个不可行。打开巨桥的粮仓和鹿台的钱币分发给贫穷的百姓。您能做到吗？这是第三个不可行。周武王灭掉殷商后，就把兵车改造成平时载人的车子，把天下的兵器全部收藏起来，以昭告天下此后不会再有战争。如今陛下能够做到吗？这是第四个不可行。把战马改作耕马、赶到华山的南面去放牧，以表示不再使用。如今您能做到吗？这是第五个不可行。把牛赶散到桃林的北面，让它们任意活动，以表示不再用它们给军队运输粮草。如今大王您能做到吗？这是第六个不可行。天下的英雄豪杰，远离了他们的父母妻子，抛弃了祖先的坟墓，告别了亲朋故友，追随陛下，就是盼望着能够得到一块土地的封赏。假如您把土地重新分封给六国的后裔，天下的豪杰之士全都回到故国侍奉他们原来的君主，或是回家与亲人团聚，或返回到亲朋故友身边、祭守祖先的坟墓，陛下和谁一道去夺取天下呢？这是第七个不可行。再说，如果楚国强大无比，您所立的六国之后还是会屈从于楚国，您又如何去臣服六国的后裔呢？这是第八个不可行。如果真的采用了那个人的计策，陛下夺取天下的大事可就彻底告吹了！”汉王立即停止吃饭，吐出了嘴里正在咀嚼的食物，大骂郦食其说：“这小子几乎把你老子的大事给毁了！”立即下令把刻好的印全部销毁。

荀悦评论说：“战争方略的制定、获取胜利的办法主要看三个方面：一是形，二是势，三是情。具体地说：形，就是军形，主要是指能否把握战争中总体胜败的规律；势，就是兵势，主要是指战争中随机应变，根据不同情况做出不同处理的能力；情，就是军队的士气、意志，主要是指将士的思想情绪，是否愿意作战，有没有必胜的信心。所以在采用的方略相同且任务一样的情况下，结果和功效有时会完全不同，究其原因，就是上述三个方面不一样所致。

“当初，张耳、陈馀劝说陈涉分封六国后裔为王，是为了给自己扩大同盟军、培植反抗秦朝的力量，郦食其也用这个办法来劝说汉王。事情完全相同，但前者合时宜，对反秦有利；后者不合时宜，对刘邦战胜项羽不利。因为在陈涉发难的时候，全天下的人都想推翻秦王朝，而现在楚王项羽与汉王刘邦谁胜谁负还没有见分晓，天下的人也未必都希望灭亡楚国。所以分封六国之后，对陈涉来说，是扩大了自己的同盟军，而给秦王朝树立了更多的敌人。再说，当

地㉑也，所谓取非其有以与于人㉒，行虚惠㉓而获实福㉔也。立六国于汉王㉕，所谓割己之有而以资敌㉖，设虚名㉗而受实祸㉘也。此同事而异形㉙者也。

“及宋义待秦、赵之毙㉚，与昔卞庄刺虎㉛同说者也。施之战国之时㉜，邻国相攻，无临时之急㉝，则可也。战国之立，其日久矣，一战胜败，未必以存亡也㉞，其势非能急于亡敌国㉟也。进乘利，退自保㊱，故累力待时㊲，乘敌[2]之毙㊳，其势然也。今楚、赵㊴所起，其与秦㊵势不并立，安危之机，呼吸成变㊶。进则定功，退则受祸。此同事而异势者也㊷。

“伐赵之役，韩信军于泜水之上㊸，而赵不能败。彭城之难，汉王战于睢水之上，士卒皆赴入睢水㊹，而楚兵大胜，何则？赵兵出国迎战，见可而进，知难而退，怀内顾之心㊺，无出死之计㊻。韩信军孤在水上㊼，士卒必死㊽，无有二心，此信之所以胜也。汉王深入敌国，置酒高会，士卒逸豫㊾，战心不固。楚以强大之威，而丧其国都，士卒皆有愤激之气，救败赴亡之急㊿，以决一旦之命[251]，此汉之所以败也。且韩信选精兵以守，而赵以内顾之士攻之。项羽选精兵以攻，而汉以怠惰[252]之卒应之。此同事而异情[253]者也。

“故曰：权不可豫设[254]，变不可先图[255]。与时迁移[256]，应物变化[257]，设策之机[258]也。”

汉王谓陈平曰：“天下纷纷[259]，何时定[260]乎？”陈平曰：“项王骨鲠之臣[261]，亚父[262]、钟离昧、龙且[263]、周殷[264]之属，不过数人耳。大王诚能出捐[265][3]数万斤金行反间[266]，间[267]其君臣，以疑其心，项王为人意忌信

时全国的土地也不归陈涉所有，他只不过是把原本不属于自己的东西分给了别人，也就是说，是给别人一种口头的恩惠，而自己却赢得了多方的支持与拥护。分封六国之后，对汉王刘邦来说，等于是割去属于自己的土地去资助敌人，虽然落得一个分封诸侯的名声，却要受到实际上的祸害。事情虽然一样，因客观形势不同，效果也就不一样了。

“卿子冠军宋义对于秦、赵双方采取了坐山观虎斗的态度，这与过去卞庄刺虎的做法完全相同。但应用在战国时代，两个相邻的国家相互攻击，对于第三国来说只有好处而没有亡国的顾虑，是可行的。战国时期，列国林立，时间已经持续了很久，一次战争的胜负，未必能决定一个国家的存亡。在那种形势下，要想通过一场战斗就灭掉某个国家是不可能的，如果进攻有利就进攻，如果进攻不利就退守自保，所以需要积蓄自己的力量、等待时机，抓住敌方衰败的机会再进攻将其消灭，这是由形势决定的。而楚怀王芈心与所派出的宋义和赵王歇与张耳、陈馀，他们与秦国的关系势不两立，安危存亡就决定于瞬息之间。进攻就能成功，退缩就会遭祸。这也是事情相同而情势不同的例证。

“在攻打赵国的战役中，韩信在泜水边背水列阵，而赵国不能将他打败。彭城战役，汉王刘邦与楚军战于睢水，汉军士卒被赶入睢水淹死，而楚军获得全面胜利，这是为什么呢？这是因为赵国的军队离开都城，在国境以内与韩信的军队作战，估计可以取胜就进攻，感到取胜有困难就后退，心中顾念着家乡、妻子儿女，没有抱定必死的决心与敌人拼死作战的意愿；而韩信的军队背水为阵，孤立无援，士卒只有拼死求生存的决心，没有其他杂念，这是韩信获胜的原因。而汉王刘邦深入楚国都城彭城，举行盛大的宴会，饮酒作乐，士卒只顾贪图安逸享乐而斗志全失。楚国在有着强大威势的情况下，突然失陷了都城，必定是全军激愤、斗志昂扬，都有一种挽救危亡的急迫感，都把此日之战看作是决定生死存亡之战，这是汉军所以失败的原因。况且，韩信挑选精锐的军队固守营垒，而赵国用顾念家乡、顾念妻子儿女的军队去进攻。项羽挑选精兵攻打汉军，而汉王却用怠惰的军队去应敌。这也是事情相同而双方的情绪、意志不同，所以胜败的结果也不同的例证。

“所以说，权谋不可能在事发之前就预先制定好，应变措施不可能在变故发生前就考虑妥当。要随着时代的发展变化，随着客观事物的发展变化，而在战略战术上也采取相应的改变，这才是获胜的关键。”

汉王对陈平说：“天下混乱，什么时候才能安定呢？”陈平回答说：“项王手下对他最忠诚、最坚持原则、起主心骨作用的大臣，像亚父范增、钟离昧、龙且、周殷这样的，才不过几个人。大王您如果舍得拿出几万斤黄金，去行使反间计，离间楚国君臣

谗[268]，必内相诛。汉因举兵而攻之，破楚必矣。”汉王曰：“善。”乃出黄金四万斤与平，恣所为[269]，不问其出入[270]。平多以金纵反间于楚军[271]，宣言[272]：诸将钟离昧等为项王将，功多矣，然而终不得裂地而王，欲与汉为一，以灭项氏，而分王其地。项羽果意不信[273]钟离昧等。

【段旨】

以上为第一段，写高祖三年（公元前二〇四年）上半年楚汉战争的基本形势，主要写了韩信的灭赵、平燕，以及刘邦派随何策反项羽的大将黥布背楚归汉，与张良驳斥郦食其劝刘邦封立六国后代的馊主意三件大事。

【注释】

①成安君：陈馀的封号。②井陉口：太行山的险隘之一，是山西与河北之间的交通要道，在今河北井陉西北，其西口即今娘子关，其东口称“井陉口”，亦称“土门关”。③广武君：李左车的封号，李左车是赵王歇的部将。④去国：远离自己的国土。⑤其锋不可当：意即我们不应该采取速战速决的硬拼。⑥千里馈粮四句：见《黄石公·上略》。意谓远距离地运送粮食供应前方，则前方将士将经常处于饥饿状态；靠现打柴而后烧饭，则军队不可能有饱饭吃。馈，运送。樵苏，打柴。樵，取薪。苏，取草。爨，烧火做饭。宿饱，常饱。⑦车不得方轨二句：言其道路之窄，不能容两辆车并行。方轨，两车并行。方，双舟并行，引申为“并”的意思。骑，骑兵。⑧假臣奇兵三万人：请调拨给我三万用于出奇制胜的士兵。假，借，请求“拨给”的婉转说法。⑨间路：小道；侧面之道。⑩辎重：指运送衣食等后勤物资的车队。师古曰：“辎，衣车也；重，载重物车也，故行者之资总曰辎重。”⑪深沟高垒：深挖沟，高筑墙，泛指加强防御工事。⑫野无所掠：在田野上抢不到可吃的东西。⑬两将之头可致于麾下：张耳、韩信的人头可以提到您的帐下来。麾，大将的指挥旗。⑭禽：同“擒”。⑮尝自称义兵二句：尝，通“常”。义兵，正义之师。此所谓“义兵不用诈谋奇计”，盖亦宋襄公之流。⑯诸侯：此指其他国家的军队。⑰轻来伐我：都可以随随便便地来打我。轻，轻易，随便，不以为难。⑱间视：暗中窥视。⑲乃敢引兵遂下：乃敢决心挥兵经井陉口东下。⑳止舍：停下来休息。师古曰：“舍，息也。”㉑传发：传令出发。㉒人：每人。㉓从间道萆山：从小路上山，隐蔽到（临近赵营的）山上。萆，同“蔽”。方苞曰：“用草木自蔽。”㉔诫：告诫；嘱咐。㉕见我走：见到我们的军队逃跑时。走，逃跑。㉖若：你；你们。㉗裨将：副将，主将的副官、助手之类。裨，辅助。㉘传餐：传令用一些早点。㉙会食：聚餐；好好地吃一顿。㉚先

之间的关系，使他们互相猜忌，项羽这个人天性多疑，容易相信谗言，在他们内部，必定会进行诛杀。汉军趁机发兵攻打，一定能将楚军打败。”汉王说：“好。”于是毫不吝啬地拿出四万斤黄金交给陈平，随他任意使用，从不过问他开支的情况。陈平派了很多间谍带着重金到楚军之中进行间谍活动，到处散布流言说：以钟离昧等人为首的诸位将领，为楚王攻城略地，建立的功劳多了，但始终没有分地封王，他们准备投降汉王，与汉军一起消灭项氏，而瓜分他的土地。这话传到项羽的耳中，他果然对钟离昧等人不再信任。

据便地为壁：已经抢占了有利的地势扎营结阵。壁，营垒。㉛前行：先头部队。㉜恐吾至阻险而还也：中井曰，“赵必不击先行者，恐韩信中途而还，不可擒杀也”。㉝出二句：谓使此万人渡河后背靠着河水列阵。《史记正义》曰：“绵曼水，一名‘阜将’，一名‘洄星’，自并州流入井陉界，即信背水列阵，陷之死地，即此水也。”王先谦曰：“今所谓桃河者也。”陈，同“阵”，这里用作动词，列阵。㉞赵军望见而大笑：沈钦韩曰，“《尉缭子·天官篇》：‘背水阵为绝地，向坂阵为废军。’陈馀知兵法，故赵军笑其陈也”。㉟建大将旗鼓：竖起将旗，架起战鼓。㊱鼓行：擂鼓高歌而行，一切都为了吸引赵军出击。㊲佯弃鼓旗二句：董份曰，“‘前左水泽’，必成安君所知也，而韩信背水以诱敌；‘百里蹶将’，庞涓所知也，而孙子减灶以速功，此皆致人之术也。盖知兵法者久则其思熟，恐其畏而不战，故佯为败形，使之卒然而趋耳”。㊳开入之：让开通道，让岸上的士兵退入水上之阵。㊴复疾战：王先谦引刘奉世曰，“三字衍文”。〖按〗三字确与下文之“军皆殊死战”重复。㊵以为汉皆已得赵王将矣：以为全都擒获了赵王与赵将。㊶斩成安君泜水上二句：泜水，源出于河北临城西，经隆尧北，东入釜阳河，在井陉东南近二百里。〖按〗《史记·张耳陈馀列传》于此作“斩陈馀泜水上，追杀赵王歇襄国”。襄国即今河北邢台，在当时的泜水以南百余里，时为赵国都城。㊷效首虏：交验自己所斩获的人头与所捉的俘虏，即向统帅禀报自己的功绩。效，呈交，使主管者验收。㊸毕贺：都向韩信祝贺。毕，皆。㊹右倍山陵二句：《孙子·行军》，“丘陵堤防，必处其阳而右背之”。右背，谓右倚背靠。倍，同“背”。㊺然竟以胜：结果却以此获胜。㊻陷之死地而后生二句：《孙子·九地》，“投之亡地然后存，陷之死地然后生。夫众陷于害，然后能为胜败”。又曰：“疾战则存，不疾战则亡者，为死地。”郭嵩焘曰：“‘信乃使万人先行，出，背水阵’，所以诱致成安君也，是信本旨。此云‘陷之死地而后生，置之亡地而后存’，又别出一义，是信托辞。韩信用兵最为神奇，未有能及之者。”㊼非得素拊循士大夫：并不是我平素一向抚爱士兵，顺适其心意，对士兵有恩德。意即这并不是我长期统领的一支老部队。士大夫，指部下将士。㊽驱市人而战之：赶着一群乌合之众去打仗。市人，集市

上的人，以喻彼此间素不相知，毫无关系。㊾今：若；假如。㊿宁尚可得而用之乎：宁，岂，与“尚”字意同，重叠使用，以加强语气，其实可削其一。51非臣所及也：王鸣盛曰，“信平日学问，本原寄食受辱时揣摩已久，其连百万之众，战必胜，攻必取，皆本于平日学问，非以危事尝试者。信书虽不传，就本传所载战事考之，可见其纯用权谋，所谓出奇设伏，变诈之兵也”。52募：悬赏以求得到。53东乡坐二句：谓使李左车东向而坐，韩信奉之为师。乡，同“向”。〖按〗战国秦汉时期除帝王、官长之升殿、升堂会见群臣、百僚仍以南向为尊外，其他一般场合如宴会、闲谈等，皆以东向坐者为尊，试参看《史记》之《项羽本纪》《廉颇蔺相如列传》《魏其武安侯列传》等可知。54北伐燕：燕是臧荼受项羽分封建立的国家，国都蓟（今北京市城区的西南部）。55东伐齐：齐是战国时的齐国后裔在齐地建立的国家，国都在今山东淄博市临淄区。现时的齐王为田广，真正主事的是田横。56何若而有功：如何才能取得功效。何若，师古曰：“犹言‘何如’。”57败亡之虏：败军亡国的俘虏。58权：谋划；出主意。59百里奚：姓百里，名奚，春秋时虞国大夫。60居虞而虞亡二句：百里奚原为虞臣，晋献公欲灭虢，假道于虞君。百里奚谏，虞君不听，结果，虢被晋灭后虞亦被晋所灭。百里奚被虏为奴，给晋女做陪嫁送往秦国。百里奚中途潜逃，被楚人捕获，秦穆公以五张羊皮将其换至秦国，予以重用，结果百里奚辅佐秦穆公称霸西戎。事见《左传》与《史记·秦本纪》。虞，春秋前期的诸侯国名，国都虞（今山西平陆北），地处于晋国（都绛，今山西襄汾西南）与虢国（今河南三门峡市东南）之间。61诚令成安君听足下三句：陈亮《酌古论》曰，“左车亦足为军中谋主，信欲就以决疑，所以虚心委己而问之，岂真以为向者之计足以擒我哉?”〖按〗这是一种客气的说话方式。62故信得侍：所以我今天才有向您求教的机会。侍，侍候。63委心归计：委心，犹言“倾心”，诚心诚意地想听您的教导。归计，犹言“求教”，求计于人。郭嵩焘曰：“韩信间谍之精，于‘知广武君策不用’见之；取益之广，于西乡师事广武君见之，史公文法之神奇，足与韩信兵法相勒。”64涉西河：指韩信由黄河以西渡水东来。西河，即今山西、陕西交界的那段黄河。65不终朝：不到一个早晨。66辍耕释耒二句：意即不再从事生产，整天穿好的、吃好的，活一天算一天。耒，耕田用的农具。褕，美。67倾耳以待命：竖起耳朵以听消息，等候死期的降临。待命，即等死。师古曰：“言为靡丽之衣，苟且而食，恐惧之甚，不为久计也。”以上三句极言韩信的兵威之强，吓得敌国之人朝不保夕。68众劳卒罢：士众劳苦疲惫。罢，通“疲”。69倦敝：疲惫、残破。70顿：置；投放。71情见势屈：自己的短处就要暴露，就将陷于被动。情，真实情况。见，同“现”。胡三省曰：“见，显露；屈，尽也。吾之情现则敌知所备，势屈则敌得乘吾之敝矣。”72单竭：用完；用尽。单，通“殚”，尽。73距境以自强：牢固地守住边境线而坚不可摧。距境，拒敌于国境之外。距，同“拒”。74刘、项之权：刘邦、项羽之间谁胜谁负的局势。权，势、形势。亦可谓号令天下之权。75未有所分：看不出谁高谁低。76按甲休兵：停止进攻，休养士卒。77镇抚：安顿、抚慰。镇，安。78以飨士大夫：

以酒食犒赏全营将士。⑲ 北首燕路：意谓将部队摆成一种即将北上攻燕的架势。首，向。⑳ 奉咫尺之书：极言其办事之容易。师古曰："八寸曰咫，'咫尺'者，言其简牍或长咫，或长尺，喻轻率也。"㉑ 暴其所长于燕：用我们的长处以威胁燕人。暴，显示、张扬。㉒ 不知为齐计：无法再为齐国出谋划策。㉓ 兵固有先声二句：王先谦引周寿昌曰，"广武君自此遂不知所终"。汤谐曰："信之始求李左车也何等隆重，意气何等投合，看来左车识量高信一等，使其始终佐信，当有深益。而乃私心一动，背弃其言，至使左车灭迹扫影而去，岂不重可惜哉！史公此后亦若忘却左车，无复煞者，所以深责信之听蒯通而失左车也。"㉔ 从风而靡：以喻听从顺服的样子。㉕ 以张耳王赵：中井曰，"信之请立赵王，是自为封王之地也"。㉖ 因行定赵城邑：连上句是说，由于往来救赵，就把所经过的赵国各地城邑占领镇抚下来。㉗ 发兵诣汉：将自己部下的士兵派到荥阳刘邦的帐下。㉘ 甲戌晦：高祖三年十月的最后一天是甲戌日。晦，每个月的最后一天。㉙ 日有食之：即这一天发生日食。㉚ 十一月癸卯晦：十一月的最后一天是癸卯日。㉛ 日有食之：这一天又发生日食。〖按〗古人视日食为最严重的自然变化，以为这预示将有重大不祥，故照例皆书之于史。如今两个月连续发生日食，其灾变程度显然就更为严重了。㉜ 随何至九江：接受刘邦指令，到九江国对九江王黥布进行策反。九江国的都城即今安徽六安。㉝ 九江太宰：九江国的太宰。太宰，为帝王主管膳食之官。㉞ 主之：为之做主人，意即负责接待了他。㉟ 不得见：得不到黥布的接见。㊱ 此臣之所以为使：意谓我之所以来此，正是要向你的主子谈谈这个问题。㊲ 伏斧质九江市：将我们正法于九江王首都的街市。伏斧质，伏于砧板被斧砍。㊳ 倍汉而与楚：不接受刘邦之诱惑而亲近项羽。倍，通"背"，背离。与，合作、靠拢。㊴ 敬进书大王御者：即"敬致书于大王"的客气说法。御者，侍应人员。⑽ 何亲：为何如此亲近。⑾ 北乡而臣事之：意谓"我本来就是他的臣子嘛"。北乡，面向北朝拜。乡，通"向"。⑿ 俱列为诸侯：都是同一级别的诸侯。列，居。⒀ 托国：把国家依托于人，以求得庇佑。⒁ 身负版筑：亲自背着筑墙夯土所用的工具。版，用以夹土。筑，杵。⒂ 悉九江之众：倾国出动九江之兵。⒃ 身自将之：亲自率领他们前往。⒄ 为楚前锋：为项羽去打头阵。⒅ 固若是乎：难道就是这个样子吗。⒆ 未出齐：尚未从齐国返回之前。⒇ 渡淮：渡淮河北上。项羽的国都彭城在淮水北，黥布的国都寿春在淮水南。⑪ 抚：驾驭；统领。⑫ 垂拱：垂衣拱手，清闲不动的样子。⑬ 提空名以乡楚：空留着一个与楚亲近的名声。⑭ 欲厚自托：意即保存自己的实力，拥兵自重。⑮ 臣窃为大王不取也：我认为您这样是不行的。⑯ 天下负之以不义之名：意即普天下之人都说项羽不讲信义。负，加、使之背上。《史记·廉颇蔺相如列传》有所谓"宁许以负秦曲"，"负"字用法与此相同。⑰ 背盟约：指违背"谁先入关谁当关中王"的约定。⑱ 收诸侯：指彭城之败后重新聚合被项羽打散的各盟国之兵。⑲ 成皋、荥阳：二城名，当时刘邦与项羽对峙的主战场。成皋在今河南荥阳西北的大伾山上，荥阳即荥阳东北的古荥镇。两城相距七十里。⑳ 下蜀、汉之粟：大批的粮食源源不断从蜀、汉运来。

蜀、汉，指今四川与陕西南部的汉中地区，这是项羽最初封给刘邦的地盘。⑫深沟壁垒：犹言“深沟高垒”，深挖沟，高筑墙。⑫守徼乘塞：意即登上塞堡，守好各方的边境。徼，边境上的亭堡工事。乘，登；登高而守。《史记·高祖本纪》写刘邦败于彭城后，曾有所谓“令太子守栎阳，诸侯子在关中者皆集栎阳为卫”，以及“兴关内卒乘塞”云云。⑫深入敌国八九百里：指从项羽的彭城到荥阳、成皋，中间隔着旧日梁国、韩国的辽阔地区。刘奉世曰：“方是时，彭越反梁地，故随何言项羽深入敌国，乃至荥阳、成皋耳。”（《汉书补注》引）⑫转粮：用车运送粮草。⑫楚进则不得攻：因刘邦深沟高垒，以逸待劳。⑫退则不能解：想退也退不了。解，解脱；脱身。因项羽一退，则刘邦必蹑其后。⑫不足恃：没法依靠。⑫自危惧：害怕项羽也像攻刘邦一样来攻自己。⑫致天下之兵：招引各国诸侯来攻。致，招引。⑬非以：并不认为。⑬项王必留：必然被黥布拖住。⑬提剑而归汉：指黥布抛下封地士民而单身投靠刘邦。⑬裂地：指再割出一块地盘。⑬必大王有：必然还是您的。⑬畔楚与汉：叛离项羽，与刘邦联合。畔，通“叛”。与，助、联合。⑬楚使者在九江：项羽派来说服黥布归楚的使者这时也在九江。⑬舍传舍：泷川引中井积德曰，“据下文‘布愕然’句，是事在布之前也，不于传舍。《汉书》削‘舍传舍’三字，为是”。〖按〗中井说是，三字应削。传舍，犹今之所谓“宾馆”“招待所”。⑬方急责布发兵：正在急着催促黥布发兵助项羽。⑬坐楚使者上：坐在项羽使者的上座。⑭九江王已归汉二句：故意挑明，使黥布无法再迟疑。史珥曰：“急着，尤妙。”⑭事已构：事情已经形成，犹今之所谓“生米已做成熟饭”。构，成。⑭疾走汉并力：此话不合情理。随何说黥布叛楚的目的，据前文是令其留住项羽，不使项羽即刻西进，给刘邦以集结、部署兵力之时机；今则曰令其率兵走汉，与汉并力，前后矛盾。⑭如使者教：就按你的意思办。如，依。⑭于是杀楚使者：凌稚隆曰，“何之使淮南，本为留羽计耳。然布不背楚，则羽不留，汉非万全。布不背楚，故何以强弱别之，分王许之，又令杀使以决之，何亦深于谋哉”！〖按〗东汉时班超出使西域，于鄯善国攻杀匈奴使者，与此事略同。见《后汉书·班超传》。⑭项声、龙且：都是项羽的部将。⑭间行二句：郭嵩焘曰，“黥布以引兵走汉，楚军若闻必追击之，故先脱身归汉，而后使使收取九江兵，盖急为自全之计耳”。（《史记札记》）⑭至汉：至刘邦处，刘邦当时在荥阳。⑭踞床洗足：坐在床边让人给他洗脚。泷川曰：“《郦生传》云：‘沛公方踞床，使两女子洗足，而见郦生。’盖是汉皇见人惯用手段。”⑭帐御：室内帷帐及一切用具。御，使用。⑮皆如汉王居：都和刘邦所住的地方规格一样。⑮又大喜过望：《史记正义》曰，“高祖以布先封为王，恐其自尊大，故峻礼令布折服；已而美其帷帐，厚其饮食，多其从官，以悦其心，权道也”。《汉书评林》引李德裕曰：“帝王之任英雄，若不以其气折之而宠以姑息，则骄不可任使；若不以恩爱结之而肃以礼貌，则怨不为用，驾御之术惟高祖于布见之。”凌稚隆曰：“初大怒，既又大喜，布在高祖术中而不觉耳。”⑮乃使人入九江：前往寻找自己的军队。⑮颇得：稍稍得到了一些。“颇”字在汉时表示数量不多，王充《论衡》中多有其例。⑮益：增派。⑮汉甬道：刘邦所构筑的由荥阳北通黄河南岸之敖山粮仓的两侧筑有防御工事的通道。⑯汉军乏食：此甬道之所以修筑，即为了取敖山粮仓之粮以给军用，今甬道屡被楚军攻断，故汉军乏食。⑰谋桡楚权：研究如何削弱项氏的势力。桡，通“挠”，这里指削弱、限制。⑱汤伐桀二句：《史记·陈杞世家》云：“杞东楼公者，夏后禹之苗裔也。殷时或封或绝。周武王克殷纣，求禹之后，得东楼公，封之于杞。”《夏本纪》云：“汤封夏之后，至周封于杞也。”皆谓封夏朝之后于杞者乃周也，非殷。郦食其所谓“汤伐桀，封其后于杞”者，盖妄。杞，古国名，国都即今河南杞县。⑲武王伐纣二句：武王灭殷后，先封纣王之子武庚禄父于朝歌（今河南淇县），以主殷遗民。后武庚禄父发动叛乱被周公诛灭，于是乃改封纣兄微子启于宋，事见《史记·宋微子世家》。宋，古国名，国都商丘（今河南商丘城南）。郦食其所谓“武王伐纣，封其后于宋”者，亦大略言之。⑳秦：指始皇帝而言。㉑灭其社稷二句：谓秦灭齐、楚、燕、韩、赵、魏六国，使其后无立锥之地。㉒戴陛下之德：戴，顶戴；感念。梁玉绳曰：“天子称‘陛下’，自秦始也。然是时汉王未即天子位，而郦食其、张良凡称‘陛下’者十五，非也。”㉓向风慕义：向风，犹言“望风”。向，通“向”，下文“南乡称霸”之“乡”字，与此同义。慕义，钦仰其德义。㉔臣妾：仆婢，这里即指臣下、子民。㉕楚必敛衽而朝：衽，衣袖。“敛衽而朝”是表示恭敬、服从，愿为臣下的意思。杨树达曰：“《食其传》云‘食其好读书’；又骑士谓食其云‘沛公不好儒，未可以儒生说’，则食其所读乃儒家书，故有此等迂阔之论也。”㉖趣刻印：犹言“赶紧刻印章”。趣，通“促”，迅速。陈直曰：“汉官印，文职多铸印，武职在军旅仓猝中多用刻印。”㉗因行佩之矣：师古曰：“‘佩’谓授与六国使带也。”盖谓因食其之行，即携此印以授六国之后使佩之。㉘来谒：来见。谒，拜见。㉙子房前：犹言“子房，请你过来”。子房，张良的字。泷川曰：“汉高呼诸臣常称其名，独于张良则否，盖以宾待之也。”㉚计：设谋；献计。㉛陛下事去矣：意谓如果照他说的做，则陛下事去矣。㉜臣请借前箸为大王筹之：请让我借用您面前的筷子来为您筹算一下。借，借用。箸，筷子。筹，古代运算使用的筹码，这里用如动词。算筹在我国使用了大约两千年，直到十五世纪算盘（珠算）逐渐推广后，算筹才退出历史舞台。㉝度能制其死生之命：估计一定能灭夏、商两朝。〖按〗殷、周之封桀、纣之后，乃殷、周建国以后事，今张良将其移于未灭殷、周之前，于事实不合。泷川引中井曰：“此以封杞、宋为桀、纣未灭时事，故有‘制命’之说，宜从文而观其条贯。”㉞其不可一也：说罢，在刘邦面前放下一根筷子。㉟武王入殷：指攻入殷都朝歌（今河南淇县）。㊱表商容之间：在商容所住的里巷口立表以彰显之。表，标也，如匾额桩柱之类，用以彰显有善行者。商容，纣时贤人，谏纣不听，去而隐于太行山。闾，里巷。㊲箕子：纣王之叔，为殷太师，谏纣不听，因佯狂为奴，被纣所囚。㊳封比干之墓：给比干的坟上加土，以示崇敬。封，加土。比干，纣时贤臣，有说是纣王之兄或纣王之叔，因力谏纣王，被剖心而死。㊴发巨桥之粟三句：《史记·周本纪》记武王灭商后，曾经“命南宫括散鹿台之财，发巨桥之粟，以振贫弱萌隶”。巨桥，指巨桥仓，商朝的粮仓名，在今河北曲周东北。鹿台，殷纣王的台观名，在今河南汤阴境，纣王生前曾将大量财宝储藏于此。武王破商后，纣王逃上鹿台，自焚而死。⑱殷事已毕：指周朝彻底灭商以后。⑱偃革为轩：《史记索隐》引苏林云，“革者，兵车也；轩者，朱轩、皮轩也。谓废兵车而用乘车也”。偃，废、放置不用。轩，有篷的车，即所谓“乘车”，与兵车相对而言。⑱倒载干戈：意即将武器收藏起来。⑱休马：放马休息。马，指战马。⑱华山之阳：华山的南面。华山是五岳之一，即所谓“西岳”，在今陕西华阴南。⑱无为：不再使用。⑱放牛：让牛休息。牛，指战时供运输所用者。⑱桃林之阴：桃林塞的北面。桃林塞约在今河南灵宝以西、陕西潼关县以东地区。⑱输积：运送粮草。凌稚隆引王世贞曰：“‘纵马’‘放牛’云者，盖官不复录为兵车用，置之民间，听其耕牧耳。”方苞曰：“马、牛皆征之井甸者，事毕纵放，使有司授而还之也。必于野外者，车徒至众，非城邑所能容也。”⑱游士：奔走以求名图利的人。⑲弃坟墓：远离先人之坟墓。⑲去故旧：离开朋友熟人。⑲徒欲：就是为了。⑲望咫尺之地：企图得一块封地，即称王称侯。咫尺，谦言其小，一咫为八寸。⑲归事其主：都回到自己国家去侍奉他们的老主子。⑲从其亲戚：指回到家乡、回到自己的亲人身边。从，往就；往投。⑲谁与：与谁；和谁一道。⑲楚唯无强：如今楚国强大无比。无强，犹言“无敌”，无有比之更强者。⑲桡而从之：犹言“屈而服之”。李笠曰：“言天下唯楚最强，若果立六国者，是复令其折挠而赴楚也。”⑲焉得：焉能；怎么能够。⑳辍食：中断吃饭。辍，停止、中断。⑳吐哺：吐出口中正在咀嚼的食物。⑳竖儒：犹言“这个儒家小子”。⑳几败而公事：差点把你老子的大事给弄砸了。而公，他篇亦称“乃公”，犹言“你老子（我）”，这是刘邦几乎对任何人都使用过的骂人语。⑳令趣销印：让人赶紧把刚才下令制作的印章销毁。杨树达曰：“良之起本为韩报仇，故尝说项梁立韩成为韩王。而此时则力阻高祖立六国者，知六国已无可为也。此良之所以为智也。”凌稚隆引苏轼曰：“‘刻印’‘销印’，何尝累高祖之知人？适足明圣人之无我。”又引王维桢曰：“方次刻印，即次销印，才见汉王从谏如转丸处。”⑳荀悦论曰：荀悦是东汉后期颍阴人，字仲豫，献帝时曾任秘书监、侍中，著有《申鉴》《汉纪》，《后汉书》有传。此所谓“论曰”云云，即见于其所著《汉纪》。⑳形：军形，《孙子兵法》有《军形》，讲究军队自身的各种问题。⑳势：兵势，《孙子兵法》有《兵势》，讲究客观形势的种种问题。法家人物讲究“法”“术”“势”，“势”的意思与此相通。⑳情：指军队的士气、意志等。⑳大体得失之数：总体的优劣长短。得失，长短。㉑临时之宜、进退之机：即对客观形势的巧妙利用。亦即随机应变，根据不同情况做不同处理。㉑心志可否之实：即将士的思想情绪，是否愿战、有无信心等。㉑策同事等二句：方略相同、任务一样而结果功效相反。㉑张耳、陈馀说陈涉二句：事见本书卷第七之二世元年七月与《史记·张耳陈馀列传》。㉑得失异：谓前者合时宜，对反秦事业有利；后者不合时宜，对刘邦打败项羽不利。㉑皆欲亡秦：都是想推翻秦王朝。㉑楚、汉之分：刘邦、项羽究竟谁能胜利。㉑今：指当时。㉑立六国于陈涉：分封六国之后对陈涉来说。㉑多己之党：使与己一样的人越来越多。㉐益秦之敌：给秦王朝树立更多的敌人。益，多。㉑未能专天下之地：意谓当时天下的广大地盘还不是陈涉的。专，独有。㉒取非其有以与于人：把原本不属于自己的东西分给别人。㉓虚惠：口头上的恩惠。㉔获实福：指赢得多方的支持、拥护。㉕立六国于汉王：分封六国之后对刘邦来说。㉖资敌：帮助敌人。资，助。㉗设虚名：虽落一个分封诸侯之名，实际却是肉包子打狗一去不回，故曰“虚名”。㉘受实祸：因当时项羽强大，受封的人很可能转身即投靠项羽，跟着项羽来打刘邦。㉙同事而异形：事情虽然一样，但因客观的军形不同，效果也就不一样了。㉚宋义待秦、赵之毙：事见本书卷第七之二世三年与《史记·项羽本纪》：“宋义曰：‘今秦攻赵，战胜则兵疲，我承其敝；不胜，则我引兵鼓行而西，必举秦矣。故不如先斗秦、赵。’”㉛卞庄刺虎：《战国策·秦策二》，“有两虎争人而斗者，卞庄子将刺之，管与止之曰：‘虎者戾虫，人者甘饵也。今两虎争人而斗，小者必死，大者必伤，子待伤虎而刺之，则是一举而兼两虎也。无刺一虎之劳，而有刺两虎名’”。㉜施之战国之时：放在战国时代。施，放。㉝无临时之急：指对于第三国只有好处而不构成危害。㉞未必以存亡也：未必就有存亡的危险。㉟其势非能急于亡敌国：意即想通过一场战斗灭掉某国那是不可能的。㊱进乘利二句：如进攻有利就采取进攻，如进攻不利就退守自保。㊲累力待时：积蓄力量等待时机。㊳乘敌之毙：等敌人精疲力尽时再进攻消灭它。毙，通“弊”，败亡、失败。㊴楚、赵：楚指楚怀王与其所派出的宋义，赵指赵王歇与张耳、陈馀。㊵秦：指秦二世与其所派出的大将章邯。㊶呼吸成变：犹言“瞬息万变”，极言赵国形势之紧急。㊷此同事而异势者也：这也是事情相同但兵势却是完全不同的。㊸军于泜水之上：即所谓列背水之阵。㊹皆赴入睢水：被项羽军队赶入睢水而淹死。㊺怀内顾之心：都想着个人的安危，不愿冒险。㊻无出死之计：谁也没有把命豁出去的打算。㊼孤在水上：孤立无援地被放在河边。㊽士卒必死：人人都想通过死战以求生存。㊾逸豫：安于享乐。㊿救败赴亡之急：都有一种挽救危亡的急迫感。(251)决一旦之命：都把此日之战看作是决定生死存亡之战。(252)怠惰：松懈懒散。(253)此同事而异情：事情相同而双方的情绪、意志不同。(254)权不可豫设：权谋不可能在事发之前就预先订好。豫，同“预”。(255)变不可先图：应变措施不可能在变故发生前就考虑妥当。(256)与时迁移：随着时代的变迁。(257)应物变化：随着客观事物的变化而变化。(258)机：关键；诀窍。(259)纷纷：混乱的样子。(260)定：安定；平定。(261)骨鲠之臣：能坚持原则、起主心骨作用的大臣。(262)亚父：指范增，项羽的谋臣。所谓“亚父”是指项羽对他的尊敬仅次于父。(263)钟离眛、龙且：都是项羽的部将。(264)周殷：项羽的部将，时任大司马。(265)出捐：毫不吝惜地拿出。(266)反间：迷惑敌方的人员使其无意中为我所用，从而造成敌方的相互猜疑、形成内讧等。(267)间：离间。(268)意忌信谗：好猜疑，易受人挑拨。意，猜疑。谗，在权势者跟前说人坏话。(269)恣所为：随他任意使用。恣，任意。(270)不问其出入：不过问他的开支情况。(271)纵反间于楚军：对楚军施行大规模的间谍活动，包括派进去、拉出来等。纵，派出。反间，这里即指进行间谍活动的人员。(272)宣言：散布流言、谣言。(273)果意不信：果然怀疑，不再信任。

【校记】

［1］以汉为弱也："以"字原无。据章钰校，乙十一行本、孔天胤本皆有此字，傅增湘校北宋本同。今从乙十一行本及《史记·黥布列传》《通鉴纪事本末》补。［2］乘敌：

【原文】

夏，四月，楚围汉王于荥阳，急，汉王请和，割荥阳以西者为汉。亚父劝羽急攻荥阳，汉王患之。项王[4]使使至汉，陈平使为大牢具[274]。举进[275]，见楚使，即佯惊[276]曰："吾以为亚父使，乃项王使。"复持去，更以恶草具进楚使[277]。楚使归，具[278]以报项王。项王果大疑亚父。亚父欲急攻下荥阳城，项王不信，不肯听。亚父闻项王疑之，乃怒曰："天下事大定[279]矣，君王自为之，愿请[5]骸骨归[280]。"未至彭城[281]，疽发背而死[282]。

五月，将军纪信言于汉王曰："事急矣！臣请诳楚[283]。王可以间出[284]。"于是陈平夜出女子东门二千余人[285]，楚因四面击之。纪信乃乘王车[286]，黄屋左纛[287]，曰："食尽，汉王降楚。"楚皆呼[6]万岁[288]，之城东观[289]。以故汉王得与数十骑出西门遁去，令韩王信与周苛[290]、魏豹[291]、枞公[292]守荥阳。羽见纪信，问："汉王安在？"曰："已出去[293]矣。"羽烧杀信。周苛、枞公相谓曰："反国之王，难与守城[294]。"因杀魏豹。

汉王出荥阳，至成皋，入关[295]，收兵欲复东[296]。辕生[297]说汉王曰："汉与楚相距荥阳数岁[298]，汉常困[299]。愿君王出武关[300]，项王必引兵南走[301]。王深壁勿战[302]，令荥阳、成皋间且得休息，使韩信等得安辑[303]河

据章钰校，乙十一行本、孔天胤本“乘”皆作“承”，傅增湘校北宋本同。〖按〗《通鉴纪事本末》作“承”。[3]出捐：“出”字原无。据章钰校，乙十一行本、孔天胤本皆有此字。今从乙十一行本及《史记·陈丞相世家》《通鉴纪事本末》补。

【语译】

夏季，四月，楚军把汉王包围在荥阳，情况十分紧急，汉王请求与项羽讲和，将荥阳以西地区划归汉王所有。范增劝项羽不要接受刘邦的讲和，抓住机会加紧对荥阳展开攻势；刘邦很是忧惧。项王派使者来到汉军大营，陈平派人准备了牛、羊、猪等最高级的酒饭。当侍者把这些食品端上去的时候，陈平看着使者故作吃惊地说：“我以为是亚父派来的使者，谁知道却是项王派来的使者。”于是让侍者把那些精美的食品端了下去，换上粗劣的食物，端到使者的面前。项王的使者回到楚军以后，把在汉军中遇到的情形详细地汇报给项王。项王果然对范增产生了怀疑。范增希望赶紧攻下荥阳，项王因为不相信范增，所以不肯听从他的建议。范增得知项王对自己产生了怀疑，便怒气冲冲地说：“天下已经基本平定，大王您自己好自为之，请您准许我告老回乡。”范增在返回彭城的路上，由于背上恶疮发作而死。

五月，将军纪信对汉王说：“事情已经非常危急了！我请求装扮成您的模样去骗过楚军。大王可以趁机从小道逃出去。”于是，陈平就在夜间让两千多名女子从东门出城，楚军看见有人出城，就从四面围攻上来。此时纪信装扮成汉王的样子，乘坐着汉王的车子驶出荥阳东门，车子上面用黄缯做的顶篷，左面插着用牦牛尾做装饰的御旗，命人向楚军喊话说：“汉军之中，粮秣已尽，汉王向楚军投降。”楚军一听汉王出城投降，都高兴得欢呼“万岁”，纷纷地跑到城东门来观看。汉王趁这机会带领几十个骑兵从城西门逃了出去，临行，下令韩王信与周苛、魏豹、枞公留守荥阳。项羽看见出来投降的“汉王”不是刘邦，而是纪信，就问：“刘邦在哪里？”纪信从容地回答说：“已经出荥阳城了。”项羽下令烧死了纪信。周苛、枞公互相商议说：“魏豹是一个反复无常的国王，很难和我们同心协力守卫荥阳。”于是杀死了魏豹。

汉王刘邦逃出荥阳，到达成皋，然后进入关中；在关中聚集军队，准备再次东进。辕生向汉王建议说：“汉与楚在荥阳的拉锯战已经持续了好几年，而汉经常处于困境。希望大王这次从武关向南进兵，项王必定率军向南迎战汉军。大王您深沟高垒，坚守不战，只是拖住楚军，让荥阳、成皋得到一段时间进行休整，让韩信有时

北赵地，连燕、齐[304]，君王乃复走荥阳。如此，则楚所备者多，力分。汉得休息，复与之战，破之必矣[305]。”汉王从其计，出军宛、叶[306]间。与黥布行收兵[307]。羽闻汉王在宛，果引兵南，汉王坚壁不与战。

汉王之败彭城，解而西[308]也，彭越皆亡其所下城[309]，独将其兵北居河上[310]。常往来为汉游兵[311]，击楚，绝其后粮[312]。是月，彭越渡睢[313]，与项声、薛公[314]战下邳[315]，破杀薛公。羽乃使终公[316]守成皋，而自东击彭越[317]。汉王引兵北，击破终公，复军成皋。

六月，羽已破走彭越，闻汉复军成皋，乃引兵西，拔荥阳城[318]，生得周苛[319]。羽谓苛：“为我将，以公为上将军，封三万户。”周苛骂曰：“若不趋降汉，今为虏矣[320]。若非汉王敌也！”羽烹周苛，并杀枞公，而虏韩王信[321]，遂围成皋。汉王逃，独与滕公[322]共车，出成皋玉门[323]，北渡河，宿小修武传舍[324]。晨，自称汉使，驰入赵壁[325]。张耳、韩信未起，即其卧内夺其印符[326]，以麾召诸将，易置之[327]。信、耳起，乃知汉王来，大惊[328]。汉王既夺两人军，即令张耳循行[329]，备守赵地，拜韩信为相国[330],收赵兵未发者击齐[331]。诸将稍稍[332]得出成皋从汉王[333]。楚遂拔成皋，欲西[334]。汉使兵距之巩[335]，令其不得西。

秋，七月，有星孛于大角[336]。

临江王敖[337]薨，子尉嗣[338]。

汉王得韩信军，复大振。八月，引兵临河南乡[339]，军小修武，欲复与楚战。郎中[340]郑忠说止汉王，使高垒深堑[341]，勿与战。汉王听其计，使将军刘贾、卢绾[342]将卒二万人，骑数百，度白马津[343]，入楚地，佐彭越烧楚积聚[344]，以破其业[345]，无以给[346]项王军食而已。楚兵击刘贾，贾辄坚壁[347]不肯与战，而与彭越相保[348]。

彭越攻徇梁地[349]，下睢阳[350]、外黄[351]等十七城。

九月，项王谓大司马[352]曹咎曰：“谨守成皋，即[353]汉王欲挑战，慎

间安抚河北的赵国，再向北、向东扩展地盘，将燕、齐连成一片；那时大王您再出兵荥阳。这样的话，楚国就要分散他的兵力，多处设防。而汉军得到休整，再与楚军决战，必定能够打败楚军。”汉王听从辕生的计策，率领军队从武关出发，抵达宛城、叶县之间。途中与黥布一面行进，一面收编、扩充军队。项羽得知汉王在宛城一带，果然率军南下；汉王坚守营垒，不与楚军交战。

早先，汉王兵败彭城后，军队溃散西逃，彭越所攻占的城邑也跟着全部丢失了，他就独自一人率领军队在黄河一带，经常进行游击战，以声援汉军，截断楚军粮秣。就在这个月，他渡过睢水，与楚军的项声、薛公在下邳展开激战，大败楚军，杀死了薛公。项羽派终公据守成皋，自己则率领军队向东攻打彭越。汉王向北打败终公，再次把军队驻扎在成皋。

六月，项羽将彭越打败赶走，得知汉王又将军队驻扎在成皋，于是率领军队攻克了荥阳城，擒获了周苛。项羽对周苛说：“你如果愿意做我军的将领，我就任命你为上将军，封你三万户。”周苛大骂项羽说：“你如果不赶快投降汉王，就将要被汉王俘虏了。你不是汉王的对手！”项羽将周苛烹煮而死。这一次战斗，项羽杀死了枞公，俘虏了韩王信，顺势将成皋包围。汉王夺路逃走，逃走时，车上只有滕公夏侯婴和汉王两人，他们从成皋玉门逃出，向北渡过黄河，悄悄住进韩信、张耳所在的小修武的驿站里。第二天清早，汉王冒充汉王的使者，飞马驰入赵军的营垒。当时张耳、韩信还没有起床，汉王直接闯入他们的卧室，夺取了他们的帅印和兵符，并用指挥旗召集军中将领，改变了韩信、张耳安排给他们的职位，使他们不再接受韩信、张耳的统领。韩信、张耳起床后，才知道是汉王亲自到来，两人非常震惊。汉王已经夺取了两个人的军权，当即命令张耳巡察各地，加强防守赵地，任命韩信为赵国相国，征调赵地尚未调往荥阳的兵力去攻取齐国。成皋的汉军此时也相继逃出成皋投奔汉王。楚王项羽攻占成皋后，想继续西进攻汉。汉王派兵在巩县设防抵御，阻止楚军西进。

秋季，七月，在大角星座附近有彗星出现。

临江王共敖去世，他的儿子共尉继位。

汉王夺得韩信的军队后，军威再振。八月，汉王率领军队靠近黄河，向南，驻扎在小修武，想再次与楚军交战。郎中郑忠劝阻汉王，建议他深沟高垒，不要与楚军交战。汉王听从了郑忠的计策，就派将军刘贾、卢绾率领两万名士兵、数百名骑兵，从白马津渡过黄河，进入楚国腹地，协助彭越烧毁楚军的储备物资，破坏楚军的粮草运输，目的是使楚国的后方无法供给楚军粮饷。楚兵攻打刘贾，刘贾固守营垒不与楚军接战，而与彭越的军队形成相互声援的态势以求保全。

彭越的军队占领了原来魏国的土地，又攻下睢阳、外黄等十七个城邑。

九月，项王对大司马曹咎说：“你要小心谨慎地把守住成皋，即使汉王百般挑

勿与战，勿令得东而已[354]。我十五日必定梁地，复从将军[355]。”羽引兵东，行击[356]陈留[357]、外黄、睢阳等城，皆下之。

汉王欲捐成皋以东[358]，屯巩、洛[359]以距楚。郦生[360]曰：“臣闻‘知天之天者[361]，王事可成’。王者以民为天，而民以食为天[362]。夫敖仓[363]，天下转输[364]久矣，臣闻其下[365]乃有藏粟甚多。楚人拔荥阳，不坚守敖仓，乃引而东，令适卒分守成皋[366]，此乃天所以资汉也[367]。方今楚易取，而汉反却[368]，自夺其便[369]，臣窃以为过矣。且两雄不俱立[370]，楚、汉久相持不决，海内摇荡，农夫释耒，红女[7]下机[371]，天下之心未有所定[372]也。愿足下急复进兵，收取荥阳，据敖仓之粟，塞成皋之险[373]，杜太行之道[374]，距蜚狐之口[375]，守白马之津[376]。以示诸侯形制之势[377]，则天下知所归[378]矣。”王从之，乃复谋取敖仓。

食其又说王曰：“方今燕、赵已定[379]，唯齐未下。诸田宗强[380]，负海岱[381]，阻河、济[382]，南近于楚[383]，人多变诈。足下虽遣数万师，未可以岁月破[384]也。臣请得奉明诏[385]，说齐王，使为汉而称东藩[386]。”上曰：“善。”

乃使郦生说齐王[387]曰：“王知天下之所归乎？”王曰：“不知也。天下何所归？”郦生曰：“归汉。”曰：“先生何以[388]言之？”曰：“汉王先入咸阳，项王负约[389]，王之汉中。项王迁杀义帝[390]，汉王闻之，起蜀、汉之兵，击三秦[391]，出关[392]而责义帝之处[393]。收天下之兵，立诸侯之后[394]。降城即以侯其将，得赂即以分其士[395]，与天下同其利。豪英贤才皆乐为之用。项王有倍约[396]之名，杀义帝之负[397][8]。于人之功无所记[398]，于人之罪无所忘。战胜而不得其赏，拔城而不得其封[399]。非项氏，莫得用事[400]，天下畔[401]之，贤才怨之，而莫为之用。故天下之事[402]归于汉王，可坐而策[403]也。夫汉王发蜀、汉，定三秦；涉西河，破北魏[404]；出井陉[405]，诛成安君[406]。此非人之力也，天之福[407]也。今已据敖仓之

战，你一定要记住不与他交战，只要牵制住汉军，不让汉军东进就行了。我在十五天之内必定能够平定梁地，再回到你们这里来。”项羽率军向东挺进，去攻打陈留、外黄、睢阳等城邑，这些城邑都先后被项羽攻克。

汉王刘邦想放弃成皋以东，将军队撤退到巩县、洛阳一带防守，以抗拒楚军。郦食其说：“我听说‘懂得粮食的重要性的人，才能够成就统一天下的大业’。作为君王，赖以生存、不可或缺的是人民，而人民赖以生存、不可或缺的是食物。敖仓中的粮食，虽然已经从全国各地运送到这里很久了，但我听说，敖仓里面仍然藏有很多的粮食。楚人占领荥阳以后，不知道坚守敖仓，反而率军东进，只留下那些因犯罪被征来的士兵守卫成皋，这是上天有意在帮助汉啊。如今正是最容易打败楚军的时机，而汉军反而撤退，自己放弃最有利的时机，我认为这样做是很不妥当的。再说，两强不能同时存在，楚与汉相持不下已经很久了，天下因此而动荡不安，农夫放下他们手中的农具不再去耕种，织布的女子离开了织布机不再织布，人心惶惧，看不出胜败的苗头，不知道该倾向谁为好。希望大王您赶紧进兵，收复荥阳，占有敖仓的粮食，扼守成皋要塞，阻断太行山的道路，占据要隘蜚狐口，坚守住黄河渡口白马津。向天下显示汉军已经控制住有利地形、能够制服楚军的大好形势，那么天下民心就都知道应该归附汉王了。”汉王听从了郦生的意见，于是设谋夺取敖仓。

郦食其又向汉王建议说：“如今燕、赵已经平定，只剩下齐地还没有归顺。那些田姓王族的势力还很强大，依靠大海、泰山，又有黄河、济水作为天险，南部临近楚国边境，民众性情狡诈。大王您即使派遣几万大军，也不可能在一年半载的时间内攻破。我请求秉承您的旨意，前去说服齐王，使齐国成为汉的东部属国。”汉王说：“好。”

汉王于是派郦食其出使齐国，郦食其问齐王田广：“大王您知道天下将归于谁吗？”齐王回答说：“不知道。天下将归谁呢？”郦食其说：“将归于汉。”齐王问：“先生根据什么这样说呢？”郦食其说：“汉王最先进入咸阳，按照约定应该为关中王；项王项羽违背盟约，把他封在汉中，又将义帝迁逐到郴县并将其杀害；汉王得知义帝被害，调集蜀、汉的兵力，攻打三秦，东出函谷关讨伐项羽杀害义帝的罪行。聚集天下的军队，封立六国的后代。每攻下城池，就将城池分封给有功的将领，得到财物就分给手下的军士，有了利益就与天下的人共同享有。英雄豪杰都愿意为汉王效力。而项王恰好相反，他有背叛盟约的恶名，又有背恩忘德、杀害义帝的罪过。别人有了功劳他从来记不住，而有了过错他却永远忘不掉。作战取得胜利，将士们得不到奖赏，攻下城邑，也得不到封爵。不是项氏家族成员或亲属，就掌不了权，所以天下人都背叛了他，贤能的人都怨恨他，没有人愿意为他尽忠效力。所以最后夺取天下的必定是汉王，这是坐在屋子里就能推算出来的。汉王调集蜀、汉的军队，平定了三秦；渡过黄河，击败了魏王豹；又兵出井陉口，诛灭了成安君陈馀。这一切的胜利，不仅是靠人力，更是靠了上天的保佑。如今，汉王已经占有了敖仓的粮

粟，塞成皋之险，守白马之津，杜太行之阪，距蜚狐之口，天下后服者先亡⑱矣。王疾先下汉王⑲，齐国可得而保也。不然，危亡可立而待⑩也。”先是，齐闻韩信且东兵⑪，使华无伤、田解⑫将重兵屯历下⑬，以距汉⑭[9]。及纳郦生之言，遣使与汉平⑮。乃罢历下守战备⑯，与郦生日⑰纵酒为乐。

韩信引兵东，未度平原⑱，闻郦食其已说下齐⑲，欲止⑳。辨士蒯彻㉑说信曰：“将军受诏击齐，而汉独发间使㉒下齐，宁有诏止将军乎㉓，何以得毋行也㉔？且郦生一士㉕，伏轼㉖掉三寸之舌㉗，下齐七十余城。将军以数万众，岁余乃下赵五十余城。为将数岁，反不如一竖儒㉘之功乎？”于是信然之，遂渡河。

【段旨】

以上为第二段，写高祖三年（公元前二〇四年）下半年的楚汉战争形势，主要写了刘邦、项羽在中原主战场上的激烈斗争，一方面是写了刘邦多次被项羽打得惨败，狼狈而逃；同时也写了陈平为刘邦施行反间计，挑起项羽阵营内部的相互猜疑，离心离德；辕生、郑忠、郦食其为刘邦出谋划策，使项羽“备多力分”；以及刘贾、卢绾与彭越相互配合，在项羽后方开展游击战、运动战，使项羽疲于奔命，预示了项羽日后必败、刘邦日后必胜的前景。而这时于北线作战的韩信在灭魏、破赵、收燕后，经过整顿正进兵齐国，一场更不利于项羽的巨大变化正在酝酿中。

【注释】

㉗④为大牢具：提供最高级的酒饭招待。大牢具，牛羊豕三牲皆备的饭食，待客的最高礼数。大，通“太”。具，原指盛食品的器具，后即用以指饭食、筵席。㉗⑤举进：端着酒饭至前。㉗⑥佯惊：假作吃惊。佯，假装。㉗⑦更以恶草具进楚使：又换了一种粗劣饭食给项羽的使者端上来。恶草具，粗劣的饭食。乾隆《通鉴辑览》曰：“陈平此计乃欺三尺童未可保其必信者，史乃以为奇而世传之，可发一笑。”史珥曰：“曲逆（陈平）间范增号称‘奇计’，然其术甚浅，岂羽本无机智，以浅中之乃所以为奇欤？”㉗⑧具：一五一十地；详细地。㉗⑨大定：基本平定。㉘⑩愿请骸骨归：意即请允许我回家为民。㉘①未至彭城：还

食，扼守了成皋的要塞，坚守住白马津渡口，堵塞了太行山的羊肠坂道，据守住蜚狐口；谁不及早归附谁必定最先灭亡。大王您赶快归顺汉王，齐国就可以得到保全；不然的话，灭国的灾祸马上就会降临。”早先，齐国人听说韩信将要发兵东下攻打齐国，已经派遣华无伤、田解率领重兵前往历城，以待韩信。等到齐王采纳了郦食其的意见，就派遣使者与汉王讲和。和议达成后，齐王于是下令解除了历城的战备，每天与郦食其饮酒欢宴。

韩信率领大军向东抵达平原津，正准备渡过黄河，听到郦食其已经说服齐王归顺了汉王，便要停止进军。韩信手下一个名叫蒯彻的谋士对他说：“将军您接受了汉王的命令攻打齐国，而汉王只不过派遣了一个密使就说服了齐王，难道汉王有诏书给您，命令您停止进兵吗？不然的话，您怎么能擅自主张停止进军呢？再说，郦食其只不过是一个读书人，他乘坐着一辆车子摇动着三寸不烂之舌，就拿下齐国的七十多座城邑；而将军您率领着几万大军，经过一年多的时间才攻下赵国的五十多座城邑。您当了好几年的统帅，而功劳反倒赶不上一个儒生吗？”韩信认为蒯彻说得有道理，于是渡过黄河，准备继续攻打齐国。

没有走到彭城。㉘疽发背而死：疽，痈疮，多发于项部、背部和臀部，治疗不及时有生命危险。㉘臣请诳楚：请让我使用欺骗项羽的办法。诳，骗。㉘间出：乘隙而出。㉘夜出女子东门二千余人：《史记·项羽本纪》于此作“汉王夜出女子荥阳东门被甲二千人”，令其伪装士兵以吸引楚兵来攻。㉘乘王车：意即假扮刘邦。㉘黄屋左纛：黄屋，是以黄缯为篷盖的车，古代王者所乘。左纛，是将以牦牛尾做缨子的饰物装在左侧边马的头顶上，也是帝王车驾特有的制度。今始皇陵出土的铜车马上即有此物。泷川曰：“汉王未为天子，何以‘黄屋左纛’？盖纪信用引耳目，楚人遂为其所诳。”㉘皆呼万岁：赵翼曰，“‘万岁’本古人庆贺之辞，后乃为至尊之专称”。〖按〗《史记·田单列传》田单约降于燕，燕军亦“皆呼万岁”。㉘之城东观：都跑到城东面观看。之，往。㉙周苛：刘邦的部将，时为刘邦王国的御史大夫，位同副丞相，掌监察、弹劾。㉙魏豹：原为魏王，被韩信俘获后，刘邦将其释放，用以为将。㉙枞公：姓枞，史失其名。或许曾为枞阳（今安徽内）县令，故以官职称之，亦如称夏侯婴为“滕公”也。㉙出去：出城逃去。㉙反国之王二句：盖周苛等以与魏豹合作为羞。㉙入关：进入函谷关，回到其战时都城栎阳。㉙复东：仍回荥阳前线。㉙辕生：辕先生，刘邦部下的谋士，史失其名。《史记·高祖本纪》作“袁生”。《汉书》作“辕生”。㉙汉与楚相距荥阳数岁：梁玉绳曰，“连闰月计之，首尾才十四月，何言‘数岁’乎？当作‘岁余’为是”。㉙常困：经常处于被动状态。困，窘

迫。㉚武关：关塞名，在今陕西丹凤东南，是陕西南部通往河南、湖北的门户。㉛项王必引兵南走：意谓刘邦倘南出武关，则项羽亦必引兵南下，至南阳一带以截击之。师古曰："走，谓趋向也。"㉜王深壁勿战：谓在武关以东深沟高垒，不与项羽开战，目的只在拖住项羽。㉝安辑：安抚、稳定。〖按〗此时韩信已稳定赵地，收服燕国，但尚未向齐地进军。㉞连燕、齐：再向北、向东扩展，将燕地、齐地连成一片。㉟楚所备者多五句：锺惺曰，"袁生此策亦汉得天下要着，楚虽胜汉，力疲而神乱矣。'所备者多'一语尤为居要，可悟兵家分合劳逸之故"。㊱宛、叶：宛城、叶县。宛城即今河南南阳，叶县旧城在今河南叶县之旧县街西。㊲行收兵：一面前进，一面收编、扩充军队。㊳解而西：溃散西逃。刘邦之五十六万人被项羽三万人所击破，狼狈西逃事，在高祖二年四月。㊴亡其所下城：将其原已攻下的属于项羽的城邑又丢掉了。㊵北居河上：《史记正义》曰，"滑州河上也"。即今河南滑县一带的古黄河边上。㊶为汉游兵：作为刘邦的游击兵团。㊷绝其后粮：断绝项羽后方对前方的粮食供应。㊸渡睢：渡过睢水，睢水自西北流来，经睢阳（今河南商丘）城南，东流汇入泗水。㊹项声、薛公：都是项羽的部将。薛公，曾为薛县县令，史失其姓名。㊺下邳：秦县名，县治在今江苏邳州西南。㊻终公：项羽的部将，名字事迹不详。㊼自东击彭越：凌稚隆引苏洵曰，"虎方捕鹿，罴据其穴捕其子，虎安得不置鹿而返？返则毙于罴明矣，军志所谓'攻其必救'也"。凌稚隆引董份曰："善战者致人，项羽每为汉致，其败也固宜。"㊽乃引兵西二句：史珥曰，"连用三'引兵'字，写出项羽疲于奔命光景"。㊾生得周苛：此次项羽攻破荥阳，生擒了周苛、枞公、韩王信。㊿若不趋降汉二句：你如不赶紧降汉，你就将被俘虏啦。若，你。趋，通"趣"，促、赶紧。今，即将。(321)而虏韩王信：据《史记·项羽本纪》与《韩信卢绾列传》，韩王信与周苛、枞公共守荥阳，城破后，周苛、枞公皆死，韩王信降楚。后项羽失败，韩王信又逃归刘邦。(322)滕公：夏侯婴，刘邦的部将。因其曾被刘邦任为滕县县令，故人称"滕公"，一直为刘邦赶车。(323)成皋玉门：成皋城的北门。(324)小修武传舍：修武是秦县名，即今河南获嘉，韩信、张耳破赵后驻兵于此。小修武是修武县的乡邑名，在修武县城东。传舍，即今之旅馆、招待所。(325)赵壁：韩信、张耳灭赵后驻扎在修武的军营。(326)印符：信印、兵符，帝王授予将军统兵的信物。(327)以麾召诸将二句：用韩信、张耳的指挥旗把诸将招来，改变了韩信、张耳原先对他们的安排，使之不再受韩信、张耳统领。麾，大将的指挥旗。(328)信、耳起三句：凌稚隆引杨时曰，"信、耳勇略盖世，窃怪汉王入卧内夺其印符，召诸将易置之而未之知，此其禁防阔疏，与棘门、霸上之军何异耶？使敌人投间窃发，则二人者可得而虏也"。梁玉绳曰："此事余疑史笔增饰，非其实也。"(329)循行：带兵周回巡视，以维持安定。(330)拜韩信为相国：韩信前已为"左丞相"，今又号之为"相国"，"相国"的权位在"左、右丞相"之上。但此"相国"仍仅是虚衔，亦犹唐代常把"御史大夫"的虚衔加给镇边诸将一样。(331)收赵兵未发者击齐：郭嵩焘曰，"高祖尽收韩信军以临河南，是所用以击齐者，新发之赵兵耳。惟所用皆成精锐之师，此之谓神奇"。(332)稍稍：

渐渐。㉝出成皋从汉王：相继逃出成皋，投奔刘邦。因刘邦先逃时只有滕公跟随，诸守将当时皆不知也。㉞欲西：想继续向西方进攻。㉟巩：秦县名，县治在今河南巩义市西南，西距洛阳不远。㊱有星孛于大角：有彗星出现在大角星座的附近。孛，彗星光芒四射的样子，古人以彗星出现为不祥，故史官书之于史。大角，星名，属亢宿。《史记·天官书》之《史记正义》曰："大角一星在两摄提间，人君之象也。"㊲临江王敖：共敖，被项羽封为临江王，国都郢，即今湖北荆州西北之纪南城。㊳子尉嗣：其子共尉继任为临江王。㊴临河南乡：面对黄河，向南扎下营盘。乡，通"向"。㊵郎中：帝王的低级侍从官，上属郎中令。㊶高垒深堑：高筑墙、深挖沟，意即严密防守。㊷刘贾、卢绾：都是刘邦的部将，刘贾是刘邦的同族。事迹见《史记·荆燕世家》。卢绾是刘邦儿时的亲密伙伴。事迹见《史记·韩信卢绾列传》。㊸白马津：黄河上的渡口名，在今河南滑县东北。㊹积聚：指军中的储备物资，衣服、器械、粮草等。㊺以破其业：专门破坏敌人后方所干的事情。㊻给：供给；供应。㊼辄坚壁：总是坚守营垒，不肯出战。辄，就、往往。坚壁，坚守营垒。㊽与彭越相保：与彭越相互支援，相互依靠。㊾攻徇梁地：在旧日梁国的地面上巡行攻击楚军。徇，巡行。梁地，指今河南东部一带地区。㊿睢阳：秦县名，县治在今河南商丘城南。351外黄：秦县名，县治在今河南杞县东北、民权西北。352大司马：官名，掌管全国军事的最高长官。353即：若。354勿令得东而已：只要牵制住他们，别让他们向东方开进就够了。355复从将军：再回到你们这里来。356行击：犹今之所谓"攻击前进"。357陈留：秦县名，县治即今河南开封东南的陈留镇。358欲捐成皋以东：意即放弃荥阳、成皋一带的旧有防线。359巩、洛：巩县、洛阳。360郦生：郦食其。361知天之天者：意即明白粮食之重要性的人。362王者以民为天二句：《史记索隐》引《管子》云，"王者以民为天，民以食为天，能知天之天者，斯可矣"。363敖仓：秦朝的大粮仓，在荥阳城北的黄河边上。因其地处敖山，故称敖仓。364转输：指各地向敖仓运送粮食。365其下：谓窖藏。何焯曰："闻之中州人云，秦人因土山窖粟其下，不与今他处仓廪等，故曰'闻其下乃有藏粟'。"366乃引而东二句：此即前文所述项羽自引兵东击彭越，令曹咎等镇守成皋事。适卒，即指士卒，因秦时多发罪人征戍，故曰谪卒。适，同"谪"。367此乃天所以资汉也：这是老天爷把敖仓的粮食赐给我们汉王国。资，助；给。李晚芳《读史管见》曰："此策实关天下大计，足以补三杰所未备。"368反却：指欲退守巩、洛而言。369自夺其便：自己放弃有利的时机。夺，失掉，这里指"放弃"。370不俱立：不能同时并立。371农夫释耒二句：皆言由于战争动乱，朝不保夕，人皆无心生产，苟且待命之状。耒，一种木制的犁地农具，也有说是一种类似木叉的农具。红，通"工"，指纺织、刺绣等女性生产作业。下机，离开织布机。372未有所定：指看不出谁胜谁败的苗头，不知倾向谁为好。373塞成皋之险：成皋以东是平原，成皋以西是险要的丘陵地，成皋是西进的门户，故守此曰"塞"。374杜太行之道：占领今河南沁阳、博爱与山西晋城等一带地区，这里有南北通道即羊肠坂。杜，断绝、堵塞。太行，山名，在今河北、河南、山西三省交界处。当时山口以北的山西、河北都已是刘邦的地盘，故要扼守山口不使项羽北进。㉟距蜚狐之口：距，通“拒”。亦“杜”“塞”之意。蜚狐之口，即飞狐口，关隘名，在今河北蔚县东南。蜚，同“飞”。〖按〗飞狐口偏于北方边地区，似与荥阳主战场不沾边。㊱守白马之津：白马津为黄河渡口名，在今河南滑县东北，守住这里可以威胁项羽前后方的联络。㊲形制之势：谓占据有利地形，以制服敌人。㊳知所归：知道该倾向谁、拥护谁。㊴燕、赵已定：燕是臧荼的封国，都于蓟（今北京市城区的西南部）。汉三年十月韩信破赵后，用广武君李左车之策，示燕以形势，燕人遂从风而靡，归附于汉。㊵诸田宗强：诸田，指由战国时齐王宗室传下来的各个支派。宗强，宗族人多而势大。㊶负海岱：靠着东海、泰山。岱，泰山。㊷阻河、济：有黄河、济水的险要可凭。阻，据、凭借。河、济，黄河、济水，流经齐国西北境，为齐国的天然屏障。㊸南近于楚：南境与项羽的领土相连。㊹未可以岁月破：不是一年半载可以攻克的。㊺奉明诏：秉承您的旨意。㊻使为汉而称东藩：意即使之成为汉的东方属国。藩，藩篱，古代用以称诸侯国，诸侯国是宗主国的藩篱屏障。㊼齐王：此时的齐王是田荣之子田广，但国家大权都掌握在其叔田横之手。㊽何以：以何；根据什么。㊾负约：违背“谁先入关谁就当关中王”的约定。㊿迁杀义帝：先是将义帝迁往郴县，后又在半路上将其杀死。(391)三秦：分立在关中地区的章邯的雍国、司马欣的塞国、董翳的翟国。(392)出关：东出函谷关。(393)责义帝之处：责问项羽义帝现在哪里，即讨伐项羽杀害义帝的罪行。(394)立诸侯之后：受过刘邦封立的六国后代有魏豹、韩王信，其他未闻。又，郦生的确向刘邦提过广立六国之后的建议，但刘邦没有采纳。(395)降城即以侯其将二句：此即韩信登台拜将之所谓“以天下城邑封功臣，何所不服”，与《史记·高祖本纪》高起、王陵之所谓“使人攻城略地，所降下者因以予之”。降城，攻下城池。得赂，获得钱财。(396)倍约：背叛盟约。倍，通“背”。(397)负：亏缺；罪过。泷川曰：“枫、三本‘负’作‘罪’。”(398)无所记：扔在脑后。(399)战胜而不得其赏二句：《史记·高祖本纪》高起、王陵有所谓“战胜而不予人功，得地而不予人利”，意思与此相同。(400)用事：掌权。(401)畔：通“叛”，背叛。(402)天下之事：意即天下的一切。(403)可坐而策：极言其形势易见，不用费事就可以算清楚。策，推算、运算。(404)破北魏：破虏魏豹。王先谦曰：“北魏，豹在河北故也。亦谓之西魏，以大梁于安邑为东也。”(405)井陉：即井陉口，在今河北井陉西北，亦称“土门关”，是山西与河北

【原文】

四年（戊戌，公元前二〇三年）

冬，十月，信袭破齐历下军(429)，遂至临淄(430)。齐王以郦生为卖己(431)，

交界穿越太行山的山口名。⑯诛成安君：即破杀陈馀。⑰天之福：上天之保佑。福，保佑。⑱后服者先亡：谁不及早归服谁就先被消灭。⑲疾先下汉王：赶紧投降汉王。疾，迅速、赶紧。下，归顺、投降。⑳可立而待：意即马上就要降临。㉑且东兵：将要发兵东下伐齐。且，将要。㉒华无伤、田解：齐国的二将名。㉓历下：历山之下，在今山东济南西南，故济南亦曾称为历城。是自古以来的军事要地。㉔以距汉：以待韩信。㉕与汉平：与刘邦讲和结盟。平，结约。㉖罢历下守战备：解除了防止历城被进攻的战备。㉗日：每日。㉘平原：平原津，当时黄河上的渡口名，在今山东平原县西南。㉙已说下齐：已经说服齐王归顺刘邦。㉚欲止：想要停止进攻。㉛蒯彻：后来因避汉武帝刘彻讳，被人改称"蒯通"，齐国范县人，当时有名的谋士，前文已载其劝说陈涉的部将武臣在平定赵地时接受范阳县令投降事。㉜独发间使：只不过是派了一个秘密使节。独，只不过。发，派。间使，密使。㉝宁有诏止将军乎：莫非有命令让你停止进兵了吗。宁，难道；莫非。㉞何以得毋行也：你怎么就能停止不前了呢。毋行，停止进军。㉟郦生一士：郦食其只不过是一个书呆子。㊱伏轼：伏身靠在车前的横木上，这里即指乘车。㊲掉三寸之舌：掉，摇动。这句话是极言其不费力气。㊳竖儒：骂人语，奴才儒，满口"之乎者也"的奴才。

【校记】

[4]项王："王"，原作"羽"。据章钰校，乙十一行本、孔天胤本皆作"王"。今从乙十一行本及《史记·陈丞相世家》《通鉴纪事本末》改。[5]愿请："请"，原作"赐"。据章钰校，乙十一行本、孔天胤本皆作"请"。今从乙十一行本及《史记·陈丞相世家》《通鉴纪事本末》改。[6]降楚楚皆呼：原本"楚"字不重。据章钰校，乙十一行本、孔天胤本皆重"楚"字，傅增湘校北宋本同。今从乙十一行本及《汉书·高帝纪》《通鉴纪事本末》补。[7]红女："红"，原作"工"。据章钰校，乙十一行本作"红"。今从乙十一行本及《汉书·郦陆朱刘叔孙传》改。[8]之负：据章钰校，乙十一行本"负"作"实"。[9]屯历下以距汉：原本"以"上有"军"字。据章钰校，乙十一行本、孔天胤本皆无此字，张瑛《通鉴校勘记》、傅增湘校北宋本同，熊罗宿《胡刻资治通鉴校字记》云：元本"军"作"下"，"下"字衍，胡刻改作"军"，非。今从诸本及《通鉴纪事本末》删。

【语译】

四年（戊戌，公元前二〇三年）

冬季，十月，韩信率领大军打败了齐国驻扎在历下的守军，然后长驱直入，抵

乃烹[432]之。引兵东走高密[433]，使使之楚请救。田横走博阳[434]，守相[435]田光走城阳[436]，将军田既军于胶东[437]。

楚大司马咎守成皋，汉数[438]挑战，楚军不出。使人辱之，数日，咎怒，渡兵汜水[439]。士卒半渡，汉击之，大破楚军，尽得楚国金玉货赂[440]。咎及司马欣[441]皆自刭[442]汜水上。汉王引兵渡河，复取成皋，军广武[443]，就敖仓食[444]。

项羽下梁地十余城，闻成皋破，乃引兵还。汉军方围钟离昧[445]于荥阳东，闻羽至，尽走险阻[446]。羽亦军广武[447]，与汉相守[448]数月。楚军食少，项王患之。乃为高俎[449][10]，置太公[450]其上，告汉王曰："今不急下[451]，吾烹太公。"汉王曰："吾与羽俱北面受命怀王[452]，约为兄弟。吾翁即若翁[453]，必欲烹而翁，幸分我一杯羹[454]。"项王怒，欲杀之。项伯[455]曰："天下事未可知。且为天下者不顾家，虽杀之无益，只益祸耳[456]。"项王从之。

项王谓汉王曰："天下匈匈[457]数岁者，徒[458]以吾两人耳。愿与汉王挑战[459]，决雌雄。毋徒苦天下之民父子为[460]也。"汉王笑谢曰："吾宁斗智，不能斗力[461]。"项王三令壮士出挑战，汉有善骑射者楼烦[462]，辄射杀之[463]。项王大怒，乃自被甲[464]持戟挑战。楼烦欲射之，项王瞋目叱之。楼烦目不敢视，手不敢发，遂走还入壁，不敢复出[465]。汉王使人间问[466]之，乃项王也，汉王大惊。

于是项王乃即[467]汉王，相与临广武间而语[468]。羽欲与汉王独身挑战。汉王数[469]羽曰："羽负约，王我于蜀、汉，罪一；矫杀[470]卿子冠军[471]，罪二；救赵不还报[472]，而擅劫[473]诸侯兵入关，罪三；烧秦宫室，掘始皇帝冢，收私其财[474]，罪四；杀秦降王子婴[475]，罪五；诈坑秦子弟新安二十万[476]，罪六；王诸将善地[477]而徙逐故主[478][11]，罪七；出逐义帝彭

达齐国的都城临淄。齐王田广认为是郦食其欺骗了自己，就下令把郦生煮死。齐王田广带领着一些人马逃亡到了高密，然后派使者到项王那里求救。宰相田横逃往博阳，代理相国田光逃往城阳，将军田既率领一部分军队驻扎在胶东。

楚国大司马曹咎驻守成皋，汉军多次前来挑战，楚军就是坚守不肯出战。汉军派人辱骂他，几天之后，终于激怒了曹咎，他率军渡过汜水来迎战汉军。在楚军刚渡过一半的时候，汉军发起了猛攻，把楚军打得大败，缴获了楚军所有的金银财宝。曹咎和司马欣在汜水岸边自刎而死。汉军率军渡过黄河，再次占领了成皋，军队驻扎在广武，就近取用敖仓的粮食。

项羽一连攻下了梁地十几个城邑，当听到成皋失守后，赶紧从梁地撤军来救。汉军正在荥阳以东围攻钟离昧，听说项羽率领大军到来，赶紧把军队全部撤到险要地带。项羽也把军队驻扎在广武，与汉军对峙几个月。楚军的粮食逐渐接济不上，项羽很忧虑。于是就制作了一个大型案板，把汉王刘邦的父亲刘太公放在案板上，派人告诉刘邦说："如果你不赶快投降，我就烹杀你的父亲。"汉王说："我和项羽同时作为楚怀王的臣子，接受楚怀王的命令，约定结为兄弟。我的父亲就是你的父亲；如果你一定要把你的父亲烹了，请别忘了分给我一杯肉汤。"项王气得不得了，就想要杀死刘太公。项伯劝阻说："天下大事如何，现在还不可预料。再说，争夺天下的人，根本就不会把他的家人放在心上，你即使杀死刘太公也于事无补，只会增加汉王对你的仇恨。"项羽接受了项伯的意见，这才没有杀死刘太公。

项王对汉王说："天下动荡不安已经有好几年了，只是因为我们两个人在这里争斗不休。我希望与你决斗，一定要分出谁胜谁负。不要使天下的老老少少白白地受此煎熬。"汉王笑着拒绝说："我宁愿和你斗智谋，而不能与你斗力气。"项王曾经三次派出勇猛的将领到汉军阵前挑战，汉军当中有一个楼烦的神射手，把楚军三名挑战的将领全都给射死了。项羽大怒，亲自披甲上阵，手持铁戟到阵前挑战。楼烦的神射手还想射项羽，项羽把眼睛一瞪，大声地呵斥。神射手被吓得不敢与项羽对视，双手颤抖得连弓也拉不开，赶紧逃入营寨，再也不敢出来。汉王派人暗中探听，这才知道是项羽亲自挑战，对项羽的威势，汉王也感到非常吃惊。

于是项羽靠近汉王，两个人隔着广武涧相互对话。项羽想与汉王单独决斗。汉王一条一条地列举项羽的罪状，说："项羽背叛盟约，只把蜀、汉中封给我，这是第一条；假传楚怀王的命令杀死了'卿子冠军'宋义，这是第二条；完成救援赵国的任务后，不回去向怀王复命，却擅自率领诸侯军进入关中，这是第三条；烧毁了秦朝的宫室，挖掘秦始皇陵墓，收取了秦朝的财物归为己有，这是第四条；秦王子婴已经投降，你却把他杀掉，这是第五条；用欺诈的手段，在新安坑杀了秦朝投降的二十万军队，这是第六条；把富庶的地方分封给手下的将领，却把故主放逐到贫瘠僻远的地方去，这是第七条；把义帝从彭城驱逐出去，而你却把彭城作为自己的都

城[479]，自都之，夺韩王地[480]，并王梁、楚，多自与[481]，罪八；使人阴杀义帝江南，罪九；为政[482]不平，主约不信[483]，天下所不容，大逆无道，罪十[484]也。吾以义兵从诸侯诛残贼[485]，使刑余罪人击公，何苦乃与公挑战[486]！”羽大怒，伏弩射中汉王。汉王伤胸，乃扪足曰：“虏中吾指。”[487]汉王病创卧[488]，张良强请汉王起行劳军[489]，以安士卒，毋令楚乘胜[490]。汉王出行军[491]，疾甚[492]，因驰入成皋。

韩信已定临淄，遂东追齐王。项王使龙且将兵，号二十万以救齐，与齐王合军高密[493]。客或说龙且曰：“汉兵远斗穷战，其锋不可当[494]。齐、楚自居其地，兵易败散[495]。不如深壁[496]，令齐王使其信臣[497]招所亡城[498]。亡城闻王在，楚来救，必反汉。汉兵二千里客居齐地[499]，齐城皆反之，其势无所得食，可无战而降也[500]。”龙且曰：“吾平生知韩信为人，易与[501]耳。寄食于漂母，无资身[502]之策；受辱于袴下[503]，无兼人[504]之勇。不足畏也。且夫救齐，不战而降之，吾何功！今战而胜之，齐之半可得[505]也。”

十一月，齐、楚与汉夹潍水而陈[506]。韩信夜令人为万余囊，满盛沙，壅水上流[507]，引军半渡击龙且[508]，佯不胜，还走[509]。龙且果喜曰：“固[510]知信怯也。”遂追信。信使人决壅囊，水大至。龙且军太半[511]不得渡[512]，即急击杀龙且，水东军[513]散走，齐王广亡去[514]。信遂追北至城阳[515]，虏齐王广。汉将灌婴[516]追得[517]齐守相田光，进至博阳。田横闻齐王死，自立为齐王，还击婴，婴败横军于嬴下[518]。田横亡走梁，归彭越。婴进击齐将田吸于千乘[519]。曹参[520]击田既于胶东。皆杀之，尽定齐地。

立张耳为赵王[521]。

城，夺取了韩王成的国土，吞并了梁王魏豹、楚王芈心的地盘，把这些地方全都归为己有，这是第八条；你又派人到江南杀死了义帝，这是第九条；主持分封不公平，主持盟约不守信义，为天下所不容，属于大逆不道，这是你的第十条。我统领正义之师跟随各路诸侯来诛灭你这个残暴的逆贼，我只需用一些犯罪的囚徒讨伐你就够了，你何苦跟你的老子挑战！”项羽大怒，开弓射中汉王。汉王受伤的是胸部，但他捂住自己的脚说：“敌人射中了我的脚趾。”汉王伤势很重，躺在床上起不来；张良强行要汉王起来去慰问军队，以稳定军心，以免楚军趁机前来攻打。汉王出来巡视，由于伤势很重，就趁巡视之机回到成皋养伤。

韩信已经平定了临淄，于是乘胜向东追击齐王田广。项王派龙且率领二十万军队前往齐国救援，在高密与齐王田广的军队会合。有人向龙且建议说：“韩信领导的汉军远行千里，必定拼死作战，其凌厉攻势无法阻挡。而齐国和楚国的士兵是在自己的国土上作战，因为顾念家眷而容易溃散。不如深沟高垒，坚守不战，让齐王派遣那些有威望、有信义的大臣向被汉军占领的城邑发出号召，要那里的齐人举义来归；被占领城邑中的齐国人知道齐王还在，又有楚军前来救援，必然要起来反抗汉军。汉军离开本土两千里来到齐国，如果齐国所有的城邑都反抗他，势必造成汉军粮饷供应不上，在齐地又弄不到粮食，到那时，可以不用作战就迫使汉军投降了。”龙且说：“我向来知道韩信的为人，很容易对付。他曾经在一个漂洗衣服的老妇那里讨饭吃，连养活自己的办法都没有；他还曾经受过钻人胯下的侮辱，证明他没有战胜别人的勇气。这个人没什么可以让人害怕的。再说，我奉命前来救援齐国，如果不经过作战，汉军就投降了，那我还有什么功劳呢！如果能够一战就打败了汉军，救了齐国，齐国的一半就属于我的了。”

十一月，齐军、楚军与汉军在潍河两岸摆开阵势。韩信派人在夜间用一万多个布袋装满沙土，在潍水的上游将河水拦住；韩信率领一半汉军渡河去偷袭龙且的军队，又假装打了败仗，向后撤退。龙且看见汉军败走，非常高兴地说：“我就知道韩信很怯懦。”于是下令追赶汉军。韩信见龙且的军队已经渡河，就命令上游赶快撤掉沙袋，于是河水暴涨。楚军有一大半没有渡过潍河，汉军便向楚军发起猛烈攻击，混战中龙且被汉军杀死；潍河东边没有渡河的楚军见龙且被杀，也就一哄逃散了，只有齐王田广逃得性命。韩信率领汉军追击败兵，一直追到城阳，活捉了齐王田广。汉军的另一名将领灌婴俘获了齐国留守宰相田光后，率军抵达博阳。田横得知齐王田广已死，就自己做了齐王，率领齐军来攻打灌婴，被灌婴在嬴下击败。田横逃往梁地投靠彭越。灌婴继续进兵，在千乘打败了齐将田吸。曹参在胶东打败了田既。这些齐将全部被汉军杀死，齐国疆土全部被汉军占领。

汉王立张耳为赵王。

汉王疾愈，西入关。至栎阳[522]，枭[523]故塞王欣[524]头栎阳市。留四日，复如军[525]，军广武。

韩信使人言汉王曰："齐伪诈多变、反覆之国也，南边楚[526]。请为假王[527]以镇之。"汉王发书[528]，大怒，骂曰："吾困于此，旦暮望若[529]来佐我，乃欲自立为王[530]！"张良、陈平蹑汉王足[531]，因附耳语曰："汉方不利，宁能[532]禁信之自王[533]乎！不如因而立之[534]，善遇[535]，使自为守[536]。不然，变生[537]。"汉王亦悟，因复骂曰："大丈夫定诸侯，即为真王耳，何以假为！"[538]

春，二月，遣张良操印立韩信为齐王[539]，征其兵击楚。

项王闻龙且死，大惧，使盱台人武涉[540]往说齐王信曰："天下共苦秦久矣，相与勠力[541]击秦。秦已破，计功割地，分土而王之，以休士卒。今汉王复兴兵而东，侵人之分[542]，夺人之地。已破三秦，引兵出关，收诸侯之兵，以东击楚。其意非尽吞天下者不休，其不知厌足[543]如是甚也！且汉王不可必[544]，身居项王掌握中数矣[545]，项王怜而活之[546]。然得脱，辄倍约复击项王，其不可亲信如此。今足下虽自以与汉王[12]为厚交，为之尽力用兵，必终为所禽矣。足下所以得须臾至今[547]者，以项王尚存也。当今二王之事，权[548]在足下。足下右投[549]则汉王胜，左投则项王胜。项王今日亡，则次取足下[550]。足下与项王有故，何不反汉与楚连和，参分天下王之！今释此时[551]，而自必于汉[552]以击楚，且为智者固若此乎[553]？"

韩信谢曰："臣事项王，官不过郎中，位不过执戟[554]。言不听，画不用，故倍楚而归汉。汉王授我上将军印，予我数万众，解衣衣我，推食食我[555]，言听计用，故吾得以至于此。夫人深亲信我，我倍之不祥[556]，虽死不易[557]。幸为信谢[558]项王。"

武涉已去，蒯彻知天下权在信，乃以相人之术[559]说信曰："仆相君之面，不过封侯，又危不安；相君之背[560]，贵乃不可言。"韩信曰：

汉王在成皋养好了伤，便向西进入关中。到达栎阳时，下令把故塞王司马欣的首级割下来拿到栎阳街市上示众。停留了四天，返回军中，仍旧驻扎在广武。

韩信派使者向汉王请求说："齐国是个狡诈虚伪、反复无常的国家，南边又与楚国接壤。请求大王允许我以代理齐王的身份镇抚齐地。"汉王看完来信，立刻大怒，开口就骂韩信说："我被困在此地，日夜盼你来援助，你竟然想在齐地自立为王！"张良、陈平立即用脚踩了汉王的脚一下，并附在汉王的耳边小声地对汉王说："眼下汉军正被困在这里，难道您有办法禁止韩信称王吗？不如顺水推舟，就封他为齐王，好好地对待他，让他为您守住齐地，不然的话，恐怕要发生变乱。"汉王也立即明白过来，趁机又骂韩信说："大丈夫平定了诸侯，就应该当名副其实的王，当代理王干什么！"

春季，二月，汉王派张良带着齐王印绶到齐国宣布封韩信为齐王，同时征调他的军队到广武前线对抗西楚军。

项王听到龙且战死的消息，感到非常恐惧，就派盱眙人武涉前往齐地游说韩信："天下的百姓对秦朝的暴政痛恨已久，所以同心合力反抗秦朝。秦朝灭亡后，立即根据功劳的大小，分割了土地，分封了诸侯王，就是要使士卒得到休息。如今汉王又起兵东进，侵犯别人的职权，抢夺别人的土地。他攻占了三秦后，又率军东出函谷关，召集各路军队，向东攻打楚国。看样子不彻底征服天下，誓不罢休，他的贪得无厌也太过分了！再说，汉王也实在是不可信任，他被项王掌控好几次了，每次都是项王怜悯才使他活了下来。然而一旦逃脱，他就马上违背誓约，重新集结军队攻打项王，他的不守信用就是这个样子。现在，韩将军虽然自己认为与汉王交情深厚，因此竭尽全力为他打仗，但最终一定会被他擒获。将军现在之所以还能被容忍、能存活到现在，是因为项王还存在的缘故。现在，项王与汉王两人之间谁胜谁负，关键在于将军。将军如果依附西边，那汉王就胜利，如果将军依附东边，那项王就胜利。如果现在项王灭亡了，下一个就轮到将军了。将军与项王原本有交情，为什么不离开汉王与项王联合，将来三分天下，使项、刘、韩能够各自为王？现在失去这个机会，而自认为汉王可以依赖，甘心帮助汉王攻打项王，难道智谋高超的人就是这样的吗？"

韩信拒绝说："当初我在项王手下的时候，官位不过是个郎中，职位不过是双手握戟的侍卫。我说的话项王不能听，我献的计策项王不能用，所以我才背叛了项王投靠汉王。汉王亲手把上将军的印绶交给我，交付给我几万人的军队，他把自己身上穿的衣服脱下来给我穿上，把他吃的饭菜让给我吃，言听计从，所以我才能有今天。汉王亲近我、信任我，我如果背叛了汉王，那是不吉祥的；我对汉王的忠心，至死也不会改变。请你代我转达对项王的感谢。"

武涉离开齐国后，韩信手下的智囊蒯彻也明白韩信在项、刘之间所起的举足轻重的作用，就假借给韩信看相的办法，鼓动韩信背叛汉王刘邦。他对韩信说："我看将军的面相，最多也就是封侯，而且是危机四伏；看将军的背相，其尊贵的程度是不好明

“何谓也?”蒯彻曰:“天下初发难也,忧在亡秦[561]而已。今楚、汉分争,使天下之人肝胆涂地,父子暴骸骨于中野[562],不可胜数。楚人起彭城[563][13],转斗逐北[564],乘利席卷,威震天下[565]。然兵困于京、索[566]之间,迫西山而不能进[567]者,三年于此矣[568]。汉王将数十万[14]之众,距巩、雒[569],阻山河之险[570],一日数战,无尺寸之功,折北不救[571]。此所谓智勇俱困者也。百姓罢极怨望[572],无所归倚[573]。以臣料之,其势非天下之贤圣[574],固不能息天下之祸。当今两主之命县于足下[575],足下为汉则汉胜,与楚则楚胜。诚能听臣之计,莫若两利而俱存之[576],参分天下,鼎足而居,其势莫敢先动[577]。夫以足下之贤圣,有甲兵之众,据强齐[578],从赵、燕[579]。出空虚之地,而制其后[580];因民之欲[581],西乡为百姓请命[582]。则天下风走而响应矣,孰敢不听!割大弱强[583]以立诸侯;诸侯已立,天下服听,而归德于齐[584]。案齐之故[585],有胶、泗之地[586],深拱揖让[587],则天下之君王,相率而朝于齐矣。盖闻‘天与弗取,反受其咎;时至不行,反受其殃[588]。’愿足下熟虑之!”

韩信曰:“汉王遇我甚厚,吾岂可乡利而倍义[589]乎!”蒯生曰:“始常山王、成安君[590]为布衣时,相与为刎颈之交[591]。后争张黡、陈泽之事[592],常山王杀成安君泜水之南[593],头足异处。此二人相与,天下至欢[594]也;然而卒相禽[595]者,何也?患生于多欲[596],而人心难测也。今足下欲行忠信以交于汉王,必不能固于二君之相与[597]也,而事多大于张黡、陈泽[598]者。故臣以为足下必汉王之不危己,亦误矣。大夫种[599]存亡越[600]、霸勾践[601],立功成名而身死亡,野兽已尽[15]而猎狗烹[602]。夫以交友言之,则不如张耳之与成安君者也;以忠信言之,则不过[603]大夫种之于勾践也:此二者[604]足以观矣,愿足下深虑之。且

说的。”韩信问：“你说的是什么意思？”蒯彻说：“当初天下纷纷起事的时候，大家担心的只有一件事，就是能不能推翻秦朝的统治。而现在因为项王与汉王争夺天下，造成生灵涂炭，父子的骸骨暴露在荒野之中，多得数也数不清。西楚项王起兵于彭城转战追杀，乘胜席卷天下，威震海内；然而被困于京县与索城之间，眼巴巴地望着西面的群山而无法前进，这种局面已经持续三年了。汉王率领着数十万大军，据守在巩县、洛邑一带以抵抗楚军，依靠山河要塞和险阻，每天都要有几次战斗，不仅没有一点进展，反而是屡遭失败，不能自救。这就是所说的不论勇敢的还是有智谋的已经是两败俱伤了。百姓疲惫到了极点，已是怨声载道，却又无所归附。按照我的分析，天下的这种局面，如果不是具有绝世的威望和能力的人，是无法平息这场天大的灾祸的。现在项王和汉王两个人的命运就掌握在将军的手中，将军偏向汉，就是汉王得天下，将军偏向楚，就是项王得天下。您如果能听取我的意见，不如使项、刘两家都不受损伤，让他们同时共存，把天下分成三份，形成汉、楚、齐三足鼎立的局面，这样的话，就谁也不敢轻举妄动。以将军的贤能和德望，拥有庞大的武装部队，据有强大的齐国，率领赵国、燕国。出奇兵穿过刘、项双方防守空虚的地带，从后方牵制他们；顺从人民要求结束战争的愿望，制止楚、汉战争，使百姓免受战争之苦。天下必定望风响应，谁敢不听从将军！然后分割大国、削弱强国，重新分封诸侯；诸侯分封完毕，天下之人全都归附、听从于将军，全都感激齐王您的恩德。您据守住齐国固有的土地，进一步占有胶水、泗水流域的广大区域，您就可以端坐在深宫之中，过着从容悠闲的生活，那时，天下的诸侯，就会互相招呼着到齐国来朝拜您。我听说‘上天赐予你的，你如果不接受，就一定会受到上天的责罚；机会到了，你不能把握住机会，就有可能使机会转化成灾难’。我希望将军能够认真地考虑！”

韩信说：“汉王待我恩重如山，我怎么能见利忘义呢！”蒯彻说：“当初，常山王张耳与成安君陈馀都是平民百姓的时候，曾经是誓同生死的朋友。后来为了张黡、陈泽的事情反目成仇，最后常山王张耳将成安君陈馀杀死在泜水南岸，使陈馀身首异处。这两个人当初的交情，是天下最要好的朋友了；但最后却互相擒杀，是什么原因呢？是因为人的本性就是贪欲无穷，而心理动向又难以预料啊。如今，将军您想坚守信义，效忠于汉王刘邦，但我敢断定，将军与汉王之间的情谊肯定比不上张耳、陈馀两人之间的深厚，而你们之间的矛盾，有许多要比张黡、陈泽的事情大得多。所以，我以为将军您深信汉王一定不会伤害您，这是错误的。大夫文种使已经灭亡了的越国又得以存活，使越王勾践成为诸侯霸主，算得上是立了大功，成就了大名，但结果被勾践逼迫而自杀。这就是野兽已经被猎尽了，猎狗也就该烹杀了。论交情，将军与汉王之间比不上张耳与陈馀；论您对汉王的忠诚，比不上文种之于越王勾践；陈馀和文种的下场，完全可以作为您的借鉴，我希望将军认真考虑我的话。还有我

臣闻‘勇略震主者身危，功盖天下者不赏[605]’。今足下戴[606]震主之威，挟[607]不赏之功。归楚，楚人不信；归汉，汉人震恐。足下欲持是安归乎[608]？”

韩信谢曰：“先生且休矣，吾将念之。”后数日，蒯彻复说曰：“夫听者，事之候也；计者，事之机也[609]。听过计失[610]，而能久安者鲜[611]矣。故知者，决之断也；疑者，事之害也[612]。审豪氂之小计[613]，遗天下之大数[614]，智诚知之，决弗敢行[615]者，百事之祸也。夫功者，难成而易败；时者，难得而易失也。时乎时，不再来[616]！”韩信犹豫，不忍倍汉。又自以为功多，汉终不夺我齐[617]，遂谢蒯彻[618]。因去，佯狂为巫[619]。

秋，七月，立黥布为淮南王[620]。

八月，北貉燕人[621]来致枭骑[622]助汉。

汉王下令：军士不幸死者，吏为衣衾棺敛[623]，转送其家[624]。四方归心[625]焉。

是岁，以中尉[626]周昌为御史大夫[627]。昌，苛从弟[628]也。

项羽自知少助，食尽。韩信又进兵击楚，羽患之。汉遣侯公[629]说羽，请太公[630]。羽乃与汉约，中分天下，割洪沟[631]以西为汉，以东为楚。

九月，楚归太公、吕后，引兵解[632]而东归。汉王欲西归，张良、陈平说曰：“汉有天下太半[633]，而诸侯皆附。楚兵疲食尽，此天亡之时也。今释弗击[634]，此所谓养虎自遗患也。”汉王从之[635]。

【段旨】

以上为第三段，写高祖四年（公元前二〇三年）的楚汉战争形势，主要写了韩信通过历下、潍水两个战役而彻底平定齐地，并对项羽都城的背后进行扫荡；

听说，‘勇武和谋略使国君感受到威压的人就很危险了，功劳超过天下所有人的时候，就赏无可赏了’。现在，将军具有勇略震主的威望，立下了功高不赏的功勋。归附于楚，楚人不敢信用您；归附于汉，汉人感到惊恐害怕。将军凭着这么大的功绩和威势，您还能给谁去做臣子呢？”

韩信说：“先生不要再说下去了，我将记住你说的话。”过了几天，蒯彻又对韩信说：“能够听取好的意见，就是事情成功的征兆；能反复谋划，就是把握成败的关键。未能听取好意见，未能反复谋虑做出正确的决断，而能够长久的实在是很少有的。做事坚定不移，是智者的表现；犹豫不决，事情就不会获得成功。在一丝一毫的小事上精打细算，而忘记了在天下大事上的大谋略、大决断，心里想得很明白，就是不敢付诸行动，各种祸事无不起源于此。事业成功很难，失败却很容易；机会很难遇到，却又容易失去。机会呀机会，失去了就再也没有了！”韩信犹豫不决，不忍心背叛汉王。又以为自己建立的功劳很大，汉王一定不会夺去自己的齐国，于是便拒绝了蒯彻的建议。蒯彻见韩信听不进自己的意见，便离开韩信，假装疯癫，做了巫祝。

秋天，七月，汉王封黥布为淮南王。

八月，北方的燕国派人给汉王送来一支勇猛的骑兵，以帮助汉王夺取天下。

汉王下令：军士不幸阵亡的，官吏要亲自为死者制备衣服被褥，将死者尸体装殓入棺，通过驿站将死者遗体转送给他的亲属。这项措施深得民心，因此天下人都心向刘邦。

这一年，汉王封中尉周昌为御史大夫。周昌是周苛的堂兄弟。

项羽知道帮助自己的人很少，而粮食又快吃完了。韩信再次率领军队前来攻打，为此，项羽心里很是担忧。恰好此时汉王派侯公到项羽那里，请求放还刘太公。项羽同意放还刘太公，并利用这个机会与汉王约定，将天下一分为二，划洪沟为界，洪沟以西属于汉王所有，洪沟以东属于项羽的楚国所有。

九月，项羽将刘太公、吕后放归，便解除战争状态，撤离前线东还彭城。汉王也想要罢兵撤回关中，张良、陈平劝说汉王：“目前天下一大半的土地都属于汉王所有，而且诸侯全都归附汉王。楚兵疲惫不堪，加之粮食已尽，这正是上天灭亡项羽的时候。如果失去了这次机会不消灭他，那就叫作豢养老虎，结果反被老虎吃掉啊。”汉王听从二人的意见，决定要趁项羽毫无防备的时候消灭项羽。

以及中原主战场项羽的形势变得更加被动；再加武涉、蒯彻劝说韩信脱离刘邦自立，韩信坚持紧跟刘邦不移，遂使项羽的败局不可避免。

【注释】

㊼㊾ 袭破齐历下军：历下距平原津一百五十里。据《史记·田儋列传》，齐国历下守军的将领为华无伤、田解。汤谐曰："(信之)听通举兵袭齐者，为郦生非信所自遣，而无以收下齐之功也。其必欲收下齐之功何也？当请王张耳于赵时早自蓄王齐之志也。"㊽ 临淄：齐国的都城，在今山东淄博市临淄区。㊾ 以郦生为卖己：以为郦生是故意来为韩信施行缓军计。卖，哄；欺骗。㊿ 烹：用开水煮人。433 高密：秦县名，县治在今山东高密西南，潍水之东岸。王叔岷曰："'高密'一本作'假密'，'高''假'古通。"〖按〗《史记·曹相国世家》《汉书·曹参传》皆作"假密"。434 博阳：秦县名，汉时改称博县，县治在今山东泰安东南。435 守相：师古《汉书注》曰，"言为相而专主居守之事"。436 城阳：汉郡名，郡治即今山东莒县。437 胶东：秦郡名，郡治即墨，故城在今山东平度东南。438 数：屡屡。439 渡兵汜水：谓渡汜水而东，以击汉军。汜水，源于今河南嵩山北麓，流经荥阳城西、成皋城东，北入黄河。440 货赂：财宝。441 司马欣：项羽的旧相识，被项羽封为塞王，刘邦收复三秦时，司马欣投降刘邦；刘邦彭城之败后，司马欣又投靠项羽，今乃为之守成皋。442 自刭：自刎。443 广武：山名，也是城邑名，在当时荥阳城北的广武山上。444 就敖仓食：就近取敖仓之粮而食。敖仓是秦朝修筑的大粮仓，在广武之北的敖山上，下临黄河，现已被黄河水冲刷掉了。445 钟离昧：项羽的猛将。446 险阻：险要易守难攻之处。447 亦军广武：也驻兵于广武山上。〖按〗广武山分东、西两部分，中间隔着鸿沟。东部为项羽驻兵处，其城曰项王城；西部为刘邦驻兵处，其城曰汉王城。448 相守：相持；相对立。449 俎：切鱼肉的案板。450 太公：刘邦之父，刘邦彭城之败时被项羽所俘虏。451 今不急下：你如果还不迅速投降。今，若、假如。452 北面受命怀王：同时作为怀王的臣子，接受怀王的命令。453 吾翁即若翁：我的父亲也就是你的父亲。若，你、你的。454 必欲烹而翁二句：而翁，乃翁；你的父亲。幸，调侃语，这里的意思是"请"。羹，肉粥。吴见思曰："兵钝粮绝，项王为此，乃急着也。已为汉王窥破，必不敢没太公，故为大言。"洪亮吉曰："烹则烹矣，必高其俎而置之，无非欲愚弄汉王，冀得讲解耳。汉王深悉其计，矫情漫语，分羹一言，虽因料敌太清，然逞才太过，未免贻口实于来世。"455 项伯：项羽的堂叔，被刘邦收买的内奸。事迹已见于本书卷第九。456 虽杀之无益二句：益祸，使双方的仇恨越发加深。〖按〗项伯之言固亦在理，然其为刘邦收买之情实，事事可见。王维桢曰："项伯全沛公于鸿门，则以与张良善故；乃今复活太公，则以沛公'约为婚姻'故。"457 匈匈：烦苦劳扰的样子。458 徒：就是。459 挑战：《史记集解》引李奇曰，"挑身独战，不须众也"。即今所谓"决斗"。460 毋徒苦天下之民父子为：不要再白白地给普天下的大人小孩添麻烦。461 吾宁斗智二句：相比之下，显得项羽既粗鲁又幼稚。462 楼烦：原为少数民族名，汉时在其所居之地设楼烦县，即今山西之宁武。这里即指善于射箭的少数民族骑士。463 辄射杀之：出来一个射死一个。辄，就、即。464 被甲：披甲。被，

通“披”。⑯465遂走还入壁二句：凌稚隆曰，“连用三‘不敢’字，模写羽威猛如画”。⑯466间问：暗中打听。⑯467即：凑近。⑯468临广武间而语：隔着广武涧相互对话。广武间，即广武涧，也称“鸿沟”，东、西广武之间所隔着的河水名。⑯469数：列举罪状而斥之。⑯470矫杀：假借名义而杀之。⑯471卿子冠军：即宋义，怀王命其统兵救赵时，号为“卿子冠军”。《史记·项羽本纪》之《史记集解》引文颖曰：“卿子，时人相褒尊之辞，犹言‘公子’也；上将，故言‘冠军’。”⑯472不还报：不回去向怀王复命。⑯473劫：劫持；强迫跟从。⑯474掘始皇帝冢二句：据刘邦此语，则始皇陵当时已为项羽所发掘，而今之考古学者皆谓始皇陵未经发掘，岂项氏所掘者仅为陪葬坑耶？⑯475杀秦降王子婴：据《史记·项羽本纪》，鸿门宴后数日，项羽遂“西屠咸阳，杀秦降王子婴，烧秦宫室，火三月不灭”。⑯476诈坑秦子弟新安二十万：项羽破秦兵于巨鹿后，章邯、董翳、司马欣率部投降项羽，并跟随项羽一道入关。行至新安（今河南渑池县城东），秦兵因不满楚兵的虐待而有所埋怨，于是项羽遂坑杀秦兵二十万于新安城南。事见前文与《史记·项羽本纪》。⑯477王诸将善地：谓燕将臧荼、齐将田都、赵相张耳之属皆因随项羽入关被王于善地。⑯478徙逐故主：谓项羽徙田市于胶东、徙赵歇于代、徙韩广于辽东。⑯479出逐义帝彭城：将楚怀王逐出彭城。⑯480夺韩王地：韩成原被项梁封为韩王，后又被项羽封为韩王，但项羽不令其就国，后又杀之，将其地改封郑昌。⑯481并王梁、楚二句：言项羽自己占据旧时梁、楚两国之地，多达九郡。⑯482为政：指主持分封诸侯事。⑯483主约不信：主持盟约不守信义。⑯484罪十：泷川引中井曰，“羽唯九罪矣，‘夫为人臣’一条是总计之语，其事皆在前条，难别为一罪，窃疑‘罪十也’三字为衍文”。〖按〗中国人讲某景、论某事之多，好用十条、八条，即使不够，也千方百计地凑成之，刘邦如此，《史记·留侯世家》中的张良驳斥郦食其之建议更是如此。⑯485从诸侯诛残贼：不说“率诸侯”而曰“从诸侯”，与前文之“愿从诸侯王击楚之杀义帝者”词气相同，颇具委婉谦和之致。⑯486何苦乃与公挑战：“乃与公”似应作“与乃公”。前文说“羽欲与汉王独身挑战”，故刘邦答云：“使刑余罪人击公，何苦与乃公挑战！”乃公，犹言“你老子”，正为刘邦习用的骂人语。若作“乃与公”，则“公”字称呼项羽，则答话榫卯不接，更不如“与乃公”之神气毕现。⑯487汉王伤胸三句：指，通“趾”。《史记正义》曰：“恐士卒坏散，故言中吾足指。”刘辰翁曰：“伤胸要害，仓卒扪足，极未易矫，毋令楚乘胜于汉，语极有力。”泷川曰：“变起仓促，而举止泰然如此，汉皇非徒木强人也。”⑯488病创卧：由于中箭受伤躺在床上起不来。⑯489起行劳军：起身前去慰问军队。⑯490毋令楚乘胜：不要让楚军趁我方领袖受伤之际进攻我们。⑯491行军：巡视军队。行，巡视。⑯492疾甚：实在坚持不住了。⑯493合军高密：合军驻扎在高密，也就是在潍水东岸。⑯494远斗穷战二句：远离根据地的战斗，必是勇猛顽强，因为失败则无处奔逃。与前文李左车对陈馀说韩信“去国远斗，其锋不可当”意思相同。《孙子·九地》：“凡为客之道，深入则专，主人不克。”⑯495自居其地二句：《孙子·九地》，“诸侯自战其地为散地”。曹操注：“士卒恋土，道近易散。”杜牧注：“士卒近家，进无必死之心，退有归投之处。”

㊾⑥深壁：深挖沟而高筑壁，即加强防守而不出战。㊾⑦信臣：有威望、有信义的大臣。㊾⑧招所亡城：向沦陷于敌的城镇发出号召，招其举义来归。㊾⑨二千里客居齐地：谓远离根据地两千里客居齐国。⑤⓪⓪可无战而降也：此“客或说龙且”一段，即八十年前田单破燕复齐之遗策，亦与李左车为陈馀所划者相同。⑤⓪①易与：容易对付。与，相与；打交道。盖因韩信曾为淮阴恶少年所辱，龙且亦以韩信为怯。⑤⓪②资身：养活自身。资，养。⑤⓪③袴下：意同“胯下”。袴，此处通“胯”。⑤⓪④兼人：一个顶两个。⑤⓪⑤战而胜之二句：意即齐人必将以其地之半给我做酬劳。⑤⓪⑥夹潍水而陈：谓韩信军在潍水西，齐、楚联军在潍水东。潍水，源于诸城西，北流，经当时的高密城西，注入莱州湾。陈，同“阵”。⑤⓪⑦壅水上流：为使夹水阵处的河水变浅。⑤⓪⑧引军半渡击龙且：领着一半汉军涉河进攻龙且。⑤⓪⑨佯不胜二句：佯，假装。〖按〗此与前文井陉之战方法相同，皆先示人以弱形，引敌入圈套。⑤①⓪固：本来；早就。⑤①①太半：一大半；四分之三。⑤①②不得渡：不能涉水逃回。⑤①③水东军：追韩信涉水上了东岸的齐、楚军。⑤①④齐王广亡去：《史记》之《田儋列传》《秦楚之际月表》皆云田广于此役中被杀，而《高祖本纪》与《淮阴侯列传》则云“亡去”，疑前者近是，或此役亡去，亦旋即被捕杀。⑤①⑤追北至城阳：追击南逃败兵，一直追到城阳。城阳，即今山东莒县，汉时为城阳郡的郡治。⑤①⑥灌婴：刘邦的骑兵将领，此时属于韩信的部下。事迹见《史记·樊郦滕灌列传》。⑤①⑦追得：追上活捉。⑤①⑧嬴下：秦县名，县治在今山东莱芜西北。⑤①⑨千乘：秦县名，县治在今山东博兴东北。⑤②⓪曹参：刘邦的部将，此时在韩信部下。事迹详见《史记·曹相国世家》。⑤②①立张耳为赵王：据《史记·淮阴侯列传》，事在韩信进兵齐地之前。韩信推荐张耳为赵王，乃为自己日后破齐即为齐王做铺垫。⑤②②栎阳：刘邦的战时都城，在今西安市阎良区。⑤②③枭：悬人头于高竿以示众。⑤②④塞王欣：司马欣，曾被项羽封为塞王，都栎阳。刘邦收复三秦，司马欣降刘邦；刘邦败于彭城，司马欣又投奔项羽。最后在成皋被刘邦打败，自杀。⑤②⑤复如军：又回到荥阳前线。⑤②⑥南边楚：南侧靠近楚国。⑤②⑦假王：假，权摄其职，犹今之所谓“代理”。〖按〗请为“假王”，乃韩信故作恭顺之词，其实在其为张耳请封赵王之时即已看准了下一步的齐国，而且在破齐后，韩信也已经自立为齐王。见《史记·樊郦滕灌列传》。司马迁同情韩信，于《史记·淮阴侯列传》故意写得较模糊。⑤②⑧发书：打开韩信的请求报告。⑤②⑨若：你。⑤③⓪乃欲自立为王：此刘邦未了语，其下尚欲说我将对你如何如何，未等说出，便被张良、陈平阻止了。⑤③①蹑汉王足：谓张良等以己之脚碰了一下刘邦的脚。因古人都是跪坐，后面脚动可以不被前面的人发现。⑤③②宁能：岂能。⑤③③自王：自己做主称王。⑤③④因而立之：就着他的请求而立他为王。⑤③⑤善遇：好好地对待他。⑤③⑥使自为守：让他为王镇守齐地。⑤③⑦不然二句：否则，韩信会闹乱子。⑤③⑧因复骂曰四句：定诸侯，指平定了诸侯之国。何以假为，还要“代理”做什么。何焯曰：“人见汉王转换之捷，不知太史公用笔入神也。他人不过曰‘汉王怒，良、平谏，乃许之’。”⑤③⑨遣张良操印句：汉初封某人为王，有派朝廷重臣持印往封之礼。见《史记·齐悼惠王世家》刘襄语。罗大经曰：“虽王信以

真王，而征兵击楚，是持大阿而执其柄也，信盖岌岌矣。然则淮阴诛族之祸，贻于良、平之蹑足附耳也哉！”㊵㊵〇 盱台人武涉：据其下文所言，此人应是项羽一党，《史记》中仅于此事一见。盱台，也写作“盱眙”，秦县名，县治在今江苏盱眙东北。541 勠力：并力；合力。542 侵人之分：侵夺别国诸侯所分的地盘。543 不知厌足：不会有个满足。厌，同“餍”，饱，与“足”意同。544 不可必：不可担保；不能确信。师古曰：“必，谓必信之。”545 身居项王掌握中数矣：曾多次处于项王的卵翼护持之下。掌握，犹今所谓“手心”。546 项王怜而活之：如雍齿据丰邑以叛刘邦，刘邦攻之不能下，即往投项氏，得项氏之助，始得稳定根基，即一例也。见《史记·高祖本纪》。547 得须臾至今：能存留到今天。须臾，片刻，原指时间之短暂，这里用如动词，意即多活了一会儿。548 权：这里是“关键”的意思。549 右投：向右一投足，指帮助刘邦。所谓“右投”“左投”，是指人面南而立，右在西，左在东。550 次取足下：下一个就是收拾你。551 释此时：错过这个三分天下而鼎立的大好时机。552 自必于汉：意即把赌注都下在刘邦一方。553 为智者固若此乎：难道聪明人就这样做事吗？554 官不过郎中二句：郎中，帝王的侍卫人员。二句一意，即位不过执戟郎。555 解衣衣我二句：脱下自己的衣服给我穿，拿出自己的饭食给我吃。556 倍之不祥：背叛人家是不对的。倍，通“背”。不祥，不好；不对。557 虽死不易：宁死不变。易，改变。558 谢：告；转告。559 以相人之术：用给人相面的办法。560 背：双关语，表面指“脊背”，暗里指“背叛”。561 亡秦：推翻秦朝。562 中野：原野；大地。563 起彭城：由彭城开始，追击刘邦。564 转斗逐北：辗转战斗，追击刘邦的败兵。565 乘利席卷二句：此指项羽大破刘邦于彭城后的开始一段形势而言。566 京、索：即指荥阳、成皋一带。京，秦县名，县治在今荥阳东南；索，古城名，即今荥阳。567 迫西山而不能进：眼巴巴地望着西面的群山就是不能前进一步。迫，逼近。西山，泛指京、索西面的山地。568 三年于此矣：自汉二年（公元前二〇五年）五月刘、项于荥阳一带形成对峙，至汉四年（公元前二〇三年）二月韩信称齐王，共二十一个月，跨过三个年头。569 距巩、雒：依据巩、洛以抗阻楚兵西进。距，通“据”。巩，秦县名，县治在今河南巩义市西南。雒，洛阳，在今洛阳东北部。570 阻山河之险：倚仗着山河的险要形势以抗拒楚军。571 折北不救：师古曰，“折，挫也；北，奔也；不救，谓无援助也”。572 罢极怨望：疲劳怨恨，诅咒战乱不止。极，也是疲倦的意思。573 无所归倚：找不到一个可投奔、可倚靠的主子。574 天下之贤圣：天下独一无二的贤人圣人。575 县于足下：都掌握在你的手里。县，同“悬”。576 两利而俱存之：对刘、项双方都不得罪，都让他们存在下去。577 其势莫敢先动：意即刘、项双方谁不老实，你就帮着另一方打他。578 据强齐：以强齐为自己的根基。579 从赵、燕：率领赵、燕。从，使之随从。580 出空虚之地二句：再出兵控制住楚、汉双方兵力空虚的地方，使其有后顾之忧。581 因民之欲：顺应黎民百姓要求结束战争的愿望。582 西乡为百姓请命：即要求刘邦、项羽停止战争。西乡，向西。乡，同“向”。当时楚、汉相距于荥阳，荥阳在齐国之西方，故曰“西向”。583 割大弱强：意即削弱那些强大的国家，广泛地封立一些小诸侯。弱，这里用作动词。584归德于齐：都称颂你们齐国的好处。585案齐之故：安定好齐国固有的地盘。案，同“按”，安定、安抚。586有胶、泗之地：进一步占有胶河和泗水两河流域。胶河是今山东东部的河流，源于青岛市黄岛区西，流经今胶州、平度西，北入莱州湾。泗水是今山东西南部的河流，流经今泗水、曲阜、鱼台，南至江苏入淮水。587深拱揖让：从容有礼的样子。深拱，师古曰：“犹高拱”，从容轻闲貌。588天与弗取四句：当时流行的押韵俗语，《国语·越语》记范蠡有云：“得时不成，反受其殃。”又云：“得时无怠，时不再来；天与不取，反为之灾。”皆与此略同。589乡利而倍义：即见利忘义。乡，同“向”。倍，同“背”。590常山王、成安君：即张耳、陈馀。张耳曾被项羽封为常山王，陈馀生前号称成安君。591相与为刎颈之交：张耳、陈馀在起义前为百姓时，曾是誓同生死的好朋友。刎颈之交，意即生死之交。592后争张黡、陈泽之事：秦将章邯围赵王歇于巨鹿时，张耳在城内，陈馀在城外。张耳派张黡、陈泽出城向陈馀求救，陈馀给了二将五千人，结果被秦兵消灭。巨鹿战后，张耳怀疑二将被陈馀杀害，二人从此结怨。事见前文，详见《史记·张耳陈馀列传》。593杀成安君泜水之南：后来张耳跟着韩信讨伐赵国，遂杀陈馀于泜水。594此二人相与二句：按朋友交情来说，这两个人可以说是再好不过的了。595卒相禽：最后竟至于彼此势不两立。596患生于多欲：沈钦韩引《韩诗外传》曰，“福生于无为，而患生于多欲”。盖当时俗语。又，《史记·张耳陈馀列传》有云：“张耳、陈馀始居约时，相然信以死，岂顾问哉？及据国争权，卒相灭亡，何乡者相慕用之诚，后相倍之戾也？岂非以势利交哉！”可与此互相佐证，然史公此论缺乏公正，盖陈馀、张耳之怨仇乃出于张耳对陈馀的猜疑。597必不能固于二君之相与：你与刘邦的交情怎么着也不可能超过张耳与陈馀的交情。598而事多大于张黡、陈泽：而你与刘邦之间的矛盾，则要比张黡、陈泽那一类的事情要尖锐复杂得多。599大夫种：即文种，春秋末期越王勾践的大臣，辅佐越王勾践重振越国后，又灭了吴国，使勾践称霸于一时。600存亡越：使已灭亡的越国又得以存活。601霸勾践：使勾践成为诸侯霸主。602野兽已尽而猎狗烹：当时俗语。《汉书·蒯通传》作“野禽殚，走犬亨；敌国破，谋臣亡”；《韩非子·内储说下》有“狡兔尽则良犬烹；敌国破则谋臣亡”，《史记·越王勾践世家》有“蜚鸟尽，良弓藏；敌国破，谋臣亡”，皆大同小异。603不过：不能超过。604此二者：指陈馀、张耳之朋友交，文种、勾践之君臣交二事。605不赏：得不到奖赏，反而有杀身之险。606戴：顶着，这里指“具有”。607挟：夹带，这里也是“具有”的意思。608欲持是安归乎：像具备你这种条件的人还能去给谁做臣子呢？意为只有自己独立称帝。609听者四句：当时俗语，大意谓能听取好意见，就是事情成功的征兆；能反复计虑，就能把握成败的关键。《国策·秦策二》陈轸语有所谓“计者，事之本也；听者，存亡之机”，与此意思相同。师古曰：“‘听’谓能听善谋也。”候，征兆。610听过计失：即未能听取好意见，未能反复谋虑做出决断。过，错。“听过”与“计失”对文。611鲜：稀少。612知者四句：王念孙曰，“‘知者决之断’，当作‘决者知之断’，下句‘疑者事之害’，正与此相反也。有智而不能决，适足以害事，故下文又申之曰‘智诚知之，决弗敢行者，百事之祸也’”。〖按〗王说诚是，四句意谓，办事坚决，是智者的表现，而犹豫不决，便将坏事。⑬ 审豪氂之小计：专在小事情上用功夫。审，仔细。豪，通“毫”。⑭ 大数：大谋略；大决断。⑮ 智诚知之二句：心里想得很明白，就是不敢付诸行动。⑯ 时乎时二句：当时俗语。《史记·齐太公世家》有所谓“时难得而易失”;《国语·越语》有所谓“得时无怠，时不再来”;《史记·李斯列传》亦有所谓“得时无怠”“胥人者，去其几也”云云，意思皆同。⑰ 汉终不夺我齐：刘邦无论如何也不至于剥夺我的齐国。⑱ 遂谢蒯彻：遂拒绝了蒯通的建议。谢，拒绝。⑲ 佯狂为巫：装疯当了巫祝。⑳ 淮南王：与项羽当初所封的“九江王”领地相同，国都六县，即今安徽六安。㉑ 北貉燕人：北方的燕国人。貉，原指今东北地区的少数民族名，这里即指臧荼的燕国。㉒ 来致枭骑：给刘邦送来一支勇敢的骑兵。㉓ 吏为衣衾棺敛：所在官吏都要为死者制作衣被、棺木予以收殓。敛，通“殓”。㉔ 转送其家：通过驿站将死者遗体送回其家。㉕ 四方归心：天下人都心向刘邦。㉖ 中尉：维持国家首都治安的长官。㉗ 御史大夫：朝官名，“三公”之一，掌管监察纠弹，位同副丞相。㉘ 从弟：堂弟。因其堂兄守荥阳，被项羽所杀，故刘邦提拔其弟，以示对其兄的体恤。㉙ 侯公：姓侯，史失其名。㉚ 请太公：请求项羽放回被项羽俘虏的刘邦之父刘太公。刘太公与吕后于刘邦彭城之败时被项羽所俘，至今已是第三个年头。㉛ 洪沟：也写作“鸿沟”，西北自荥阳北引黄河水东南行，经今河南开封，复东南行经陈县入颍水，再东南入淮水。㉜ 解：因解除战争状态而撤离前线。㉝ 太半：一大半；四分之三。㉞ 释弗击：放走不打。㉟ 从之：即接受其建议而挥兵进攻项羽。

【校记】

［10］为高祖:“高”字原无。据章钰校，乙十一行本、孔天胤本皆有此字，张敦仁《通鉴刊本识误》、张瑛《通鉴校勘记》、傅增湘校北宋本同。今从诸本及《史记·项羽本纪》《通鉴纪事本末》补。［11］故主:“主”，原作“王”。据章钰校，乙十一行本、傅增湘校北宋本皆作“主”。今从乙十一行本及《史记·高祖本纪》《通鉴纪事本末》改。［12］自以与汉王:“与”字原无。据章钰校，乙十一行本、孔天胤本皆有此字，张敦仁《通鉴刊本识误》、傅增湘校北宋本同。今从乙十一行本及《史记·淮阴侯列传》《通鉴纪事本末》补。［13］起彭城:“起”，原作“走”。据章钰校，乙十一行本、孔天胤本皆作“起”，张瑛《通鉴校勘记》、傅增湘校北宋本同。今从乙十一行本及《史记·淮阴侯列传》《通鉴纪事本末》改。［14］数十万:“数”字原无。据章钰校，乙十一行本有此字。今从乙十一行本及《史记·淮阴侯列传》《通鉴纪事本末》补。［15］野兽已尽:“已”字原无。据章钰校，乙十一行本、孔天胤本、傅增湘校北宋本皆有此字。今从诸本及《史记·淮阴侯列传》《通鉴纪事本末》补。

【研析】

本卷写了高祖三年（公元前二〇四年）到高祖四年两年间的楚汉战争形势，项羽屡战屡胜，但处处被动，奔命不暇，最后兵少食尽，濒临失败；刘邦屡战屡败，但多方出击，机动灵活，最后地广兵强，胜利在望。这里的历史经验、斗争艺术是极其丰富、极其生动的。

陈梧桐等《中国军事通史》说："楚汉战争是我国历史上第二次大规模的统一战争。它与秦始皇的统一战争具有显著不同的特点：前者是在一百多年的长期准备、艰苦奋斗、奠定了坚实基础上进行的，是'奋六世之余烈，振长策而御宇内'，以强灭弱，水到渠成；后者则完全不同，项羽占有极大的优势，刘邦的势力非常弱小，战争全过程基本上都是以弱胜强，历经艰难曲折的道路，屡战屡败而最后取得胜利。优势的项羽所以失败，劣势的刘邦所以胜利，归根到底是双方对决定战争胜负的诸因素认识不同，对战争全局的指导艺术不同，进而导致优劣易势，成败异变。主要表现有以下七点：第一，项羽忽视政治对战争的影响和作用，刘邦则完全相反，他处处注意争取人心，采取了一系列积极的措施。第二，项羽忽视军事地理对战争的影响和作用，刘邦则与项羽相反，他把军事地理看作是影响战争胜负的重大因素。第三，项羽忽视战争初期的作战对战争全过程的作用和影响，刘邦则把战争初期的作战视为极端重要的问题。第四，项羽忽视外交对战争的作用和影响，刘邦则相反，他把争取盟友看作是制服项羽的一个根本条件。第五，项羽忽视后方建设对战争的作用和影响，刘邦则从战争一开始，就从政治、经济、军事等各方面加强后方根据地的建设。第六，项羽忽视侧面战场同正面战场的配合，刘邦则在楚汉战争中首次创立了多战场互相配合的指导艺术。正是通过这多种战场、多种手段、多种力量的配合，才取得了战争全局上的优势和胜利。这一战争指导艺术，实为我国战争史上的空前创举，也是人类战争史上的空前创举。第七，项羽忽视人才对战争的作用和影响，而刘邦则极为重视人才。楚汉战争的全过程，实际上也是人才流动和转移的过程，充分反映了人心向背和人存事兴、人亡事废的道理。""战争是军事、政治、经济、外交、智力等各个方面实力的全面竞赛，每一个方面都会在不同情况下给战争的胜负带来巨大的影响。就上述七个问题而言，项羽能避免其中任何一个错误，都不会导致全局的失败；相反，刘邦如有一个问题处理不当，都无法取得全局的胜利。综观战争全过程，项羽的基本指导思想是以力取胜，他确实英勇善战，所向无敌，有一套独特的战术，在战场上屡战屡胜，但他的胜利是局部的，最后终因全局的失败而失败。刘邦则坚持以智取胜的指导思想，深入研究决定战争胜负的各个因素，不放过一个有利条件，千方百计争取全局上的优势，不怕局部战场的屡战屡败，最终以全局的优势而夺得战争的胜利。"

刘邦能够战胜项羽，和韩信的作用分不开。《史记》中展开描写韩信的克敌制胜主要有四回，而最精彩的是写井陉之战破陈馀和潍水之战破齐楚联军，这两个战役司马光都写在了本卷里。清代姚苎田《史记菁华录》称道井陉之战说："出井陉以决一日之雌雄，必无一战不克而需再举之理。成安君固非韩信敌手，而兵之懈与奋亦诚有天渊相去者。盖赵空壁逐利，前有幸功之乐，后无致死之忧，则见利而进，知难而退而已。汉兵则不然，力战则容救其生，一退则俱无噍类，所以一曰'大战良久'，再曰'复疾战'，三曰'皆殊死战'，彼懈我奋，一以当十，此左车所以早有成禽之虑也。"明代茅坤《史记钞》说："非为背水战，不可以致赵人之空壁而逐利；非拔赵帜而立汉帜，则成安君失利而还壁，信与赵相持之势成，而其事未可知也。故信之此举，谋定而后动，诚入虎口一举而毙之矣。"又说："予览观古兵家流，当以韩信为最，破魏以木罂，破赵以立汉赤帜，破齐以囊沙，彼皆从天而下，而未尝与敌人血战者。予故曰：古今来，太史公，文仙也；李白，诗仙也；屈原，辞赋仙也；刘阮，酒仙也；而韩信，兵仙也，然哉!"

本卷在人物描写方面有很高的成就，这也是司马光移录《史记》原文的结果。《史记》描写人物最活灵活现的是刘邦，刘邦最突出的性格特征之一是随机应变来得极快，简直就像是条件反射，这在本卷中有极好的表现：当韩信平定齐地，派人要求当"假王"时，"汉王发书，大怒，骂曰：'吾困于此，旦暮望若来佐我，乃欲自立为王!'张良、陈平蹑汉王足，因附耳语曰：'汉方不利，宁能禁信之自王乎！不如因而立之，善遇，使自为守。不然，变生。'汉王亦悟，因复骂曰：'大丈夫定诸侯，即为真王耳，何以假为!'"这"骂曰""复骂曰"两句，写得心理神情如画。当刘邦与项羽相峙荥阳，项羽伏弩射中刘邦时，"汉王伤胸，乃扪足曰：'虏中吾指。'"《史记正义》说："恐士卒坏散，故言中吾足指。"泷川资言《史记会注考证》说："变起仓促，而举止泰然如此，汉皇非徒木强人也。""虏"，犹言"奴才"。胸口中了致命伤，不但条件反射般地弯腰抚足，以掩真情；而且仍如素日时嬉笑怒骂，不当一回事。真是妙极了。

《史记·淮阴侯列传》写韩信平齐后，有武涉为项羽劝韩信脱离刘邦归顺项羽；蒯彻站在韩信立场为韩信分析形势，劝韩信脱离刘邦独立，与刘邦、项羽鼎足而三两段说辞。前者浅陋无理不值一说，后者却是深刻透彻，语重心长，饱含着惨痛的历史经验，令人听了心寒。蒯彻可以说是设身处地为韩信着想，忠心耿耿地为韩信谋划日后的安危。韩信如果真的闹起独立，是否就能成功，那是另一回事，但蒯彻的确是卓有预见地为韩信把一切都考虑到了。司马迁在《史记》中所以要这样写，是因为他同情韩信，他想以此来反证日后刘邦杀韩信的强加罪名。司马光写《通鉴》也照样长长地移录了一大段，说明在这个问题上他们有同样的感情。此外，在韩信平定齐地后，原是他自己先当了齐王，而后才派人去向刘邦请示。但在《史记·淮

阴侯列传》里司马迁故意不写，好像韩信是先向刘邦请示，而后才受命称王。司马光也照这样写《通鉴》，更表明了他们对韩信的偏袒与同情。凌稚隆《史记评林》引杨维桢说:“蒯彻，韩信之客也，言多补于信，乃不能脱信于走狗之烹，而佯狂为巫。吁，箕子佯狂为奴，闵宗国也；蒯通佯狂为巫，闵知己也。言不行，计不听，而不忍坐视其后祸，付于无可奈何，亦足悲矣。”台湾地区三军大学《中国历代战争史》说:“蒯彻对韩信之说辞，充分表现其具有战国纵横家之器识且又过之，其观察之精密，其分析之透辟，其瞻瞩之高远，其定策之卓迈，实鲜人能与之比俦。韩信特以不用其谋，致终死于妇人之手，此乃韩信对现实之政治缺乏认识欤!”

卷第十一　汉纪三

起屠维大渊献（己亥，公元前二〇二年），尽重光赤奋若（辛丑，公元前二〇〇年），凡三年。

【题解】

本卷写了高祖五年（公元前二〇二年）至高祖七年共三年间的全国大事，写了楚汉战争在垓下之战后，以刘邦的胜利而全部结束；写了刘邦在群臣拥立下做了皇帝，并分封刘姓的兄弟子侄为王、封功臣为侯，其中特别突出了封萧何、张良、陈平的情景；写了娄敬劝刘邦迁都关中与叔孙通为刘邦制定“尊君卑臣”的朝仪；写了齐王田横不愿受辱而慷慨自杀；写了韩信在垓下破杀项羽后立即被夺去齐王，改封楚王，又被人诬告谋反而被刘邦袭捕，降为淮阴侯；写了韩王信被移封马邑，因匈奴入侵，韩王信降匈奴，刘邦讨伐韩王信，被匈奴围困于白登，从此边境战斗连年不断；写了刘邦对赵王傲慢自大，致使赵臣贯高、赵午欲谋杀刘邦；等等。

【原文】

太祖高皇帝中

五年（己亥，公元前二〇二年）

冬，十月，汉王追项羽至固陵①，与齐王信、魏相国越期会②击楚。信、越不至，楚击汉军，大破之。汉王复坚壁自守，谓张良曰：“诸侯不从③，奈何？”对曰：“楚兵且破，二人未有分地④，其不至固宜。君王能与共天下⑤，可立致⑥也。齐王信之立，非君王意，信亦不自坚⑦。彭越本定梁地，始，君王以魏豹故⑧，拜越为相国。今豹死，越亦望王⑨，而君王不早定。今能⑩取睢阳以北至谷城⑪，皆以王彭越。从陈以东傅海⑫，与齐王[1]信。信家在楚⑬，其意欲复得故邑⑭。能出捐此地⑮，以许两人，使各自为战⑯，则楚易破也。”汉王

【语译】

太祖高皇帝中

五年（己亥，公元前二〇二年）

冬季，十月，汉王刘邦追逐项羽到达固陵，与齐王韩信、魏相国彭越约定好日期共同攻打项羽。到了约定时间，韩信、彭越都没有来，楚军攻击汉军，将汉军打得大败。汉王刘邦只好再次坚守营寨，不与项羽交战。汉王对张良说："诸将不听从调遣，怎么办？"张良说："楚军即将被消灭，而韩信、彭越两人还没有确定应得的封地，他们不来也在情理之中。大王如果舍得把天下的地盘分给他们每人一块，可以使他们立即前来。齐王韩信为齐王，并非出自您的本意，韩信心里也不放心。梁地原本是彭越平定的，开始时因为魏王豹的缘故，所以只任命彭越做了相国。如今魏王豹已死，彭越当然也希望封王，而您一直没有决定。如果您能把睢阳以北一直到谷城，都划分给彭越，封他为王；把陈地以东一直到海边的地，都划给齐王韩信，那么合兵攻打项羽就能成功。韩信原本是楚国人，他的本意当然是想使领土能够包括自己的故乡。您如果舍得把这些地方许给韩、彭两个人，使他们各自为自己而战，击败楚国就是很容易

从之。于是韩信、彭越皆引兵来。

十一月，刘贾南渡淮[17]，围寿春[18]，遣人诱[19]楚大司马周殷[20]。殷畔楚，以舒屠六[21]，举九江兵[22]迎黥布[23]，并行屠城父[24]，随刘贾皆会[25]。

十二月，项王至垓下[26]，兵少食尽，与汉战不胜，入壁[27]。汉军及诸侯兵围之数重。项王夜闻汉军四面皆楚歌[28]，乃大惊曰："汉皆已得楚乎？是何楚人之多也！"则夜起，饮帐中，悲歌慷慨[29]，泣数行下。左右皆泣，莫能仰视。于是项王乘其骏马名骓[30]，麾下[31]壮士骑从者八百余人，直夜[32]溃围南出驰走。平明，汉军乃觉之，令骑将灌婴以五千骑追之。项王渡淮[33]，骑能属者[34]才百余人。至阴陵[35]，迷失道。问一田父，田父绐曰"左"[36]。左，乃陷大泽中，以故汉追及之[37]。

项王乃复引兵而东，至东城[38]，乃有二十八骑。汉骑追者数千人。项王自度[39]不得脱，谓其骑曰："吾起兵至今八岁矣，身七十余战，未尝败北，遂霸有天下。然今卒困于此，此天之亡我，非战之罪也！今日固决死[40]，愿为诸君快战[41]，必溃围、斩将、刈旗[42]，三胜之[43]，令诸君知天亡我，非战之罪也[44]。"乃分其骑以为四队，四乡[45]。汉军围之数重。项王谓其骑曰："吾为公取彼一将。"令四面骑驰下，期山东为三处[46]。于是项王大呼驰下，汉军皆披靡[47]，遂斩汉一将。是时，郎中骑[48]杨喜追项王，项王瞋目而叱[49]之，喜人马俱惊，辟易[50]数里。项王与其骑会为三处，汉军不知项王所在，乃分军为三，复围之。项王乃驰，复斩汉一都尉[51]，杀数十百人。复聚其骑，亡其两骑耳。乃谓其骑曰："何如？"骑皆伏曰："如大王言！"[52]

的事情了。”汉王按照张良的建议分封了韩、彭二人。韩信、彭越果然率领大军前来与汉王会合。

十一月，刘贾向南渡过淮河，包围了寿春，并派人引诱楚王项羽手下的大司马周殷。周殷于是背叛了楚王，他率领着舒县的兵众对六邑进行了血腥的屠杀，然后集结起九江的军队迎接黥布，在行进途中顺势屠灭了城父县，跟随刘贾一道与汉王、韩信等会合于垓下。

十二月，项王率领残军败将来到垓下，由于兵员锐减，粮草枯竭，与汉军交战又不能取胜，项羽只好退入营垒坚守。汉军和各诸侯的军队把他里里外外包围了好几重。夜间，项羽在军中听到四周的汉军中到处唱的都是楚地的歌谣，于是大惊失色地说：“难道汉军已经把楚地全部征服了吗？不然，汉军中怎么会有那么多的楚国人！”项羽再也无法入睡，穿好衣服，在军帐中一边饮酒，一边慷慨悲歌，眼泪也潸潸流了下来。随侍在左右的人也都跟着掉泪，没有人敢抬头看项羽一眼。项羽歌舞一阵之后，骑上他心爱的乌骓马，此时聚拢在他指挥旗下的还有八百多名骑兵将士。当天深夜，趁着月色，他们突破重围向南方飞奔而逃。天亮时，汉军才发觉，韩信赶紧命令灌婴率领五千骑兵追赶。项羽渡过淮河，能够跟上来的只有一百多名骑兵了。项羽来到阴陵，不料迷失了道路。派人去向一个老农问路，那个老农骗他们说“向左边走”。而左边是一大片沼泽地，项羽进退两难，因此，汉军很快追了上来。

项王率领手下这一百多名骑兵向东逃去，来到东城时，跟随他的只剩下二十八员骑士了。而后面追赶的汉军骑兵有好几千人。项王估计自己已经无法逃脱，就对跟随他的人员说：“我从开始起兵反秦到现在已经八年了，亲身经历的战斗就有七十多次，从来没有失败过，所以才能独霸天下。如今却突然被围困在这里，这是上天要灭亡我，不是我不会打仗所致啊！今天肯定要拼个你死我活，我愿意为你们痛痛快快地打一仗，一定能够突破重围，斩杀汉军的将领，砍倒汉军的旗帜，一定要连续地打败他们几次；让你们大家明白，是上天要灭亡我，而不是我不会打仗的过错。”说完，就把这二十八个骑兵分成四队，分别朝向四个方向。汉军早已将项羽重重包围。项羽对他手下的骑兵说：“你们看我去取汉军一个将领的脑袋。”于是下令四支队伍从山头分别向四个方向突围，并约定冲下山后在山的东边分三处会合。布置好后，项羽大喊一声冲下山去，汉军见项羽如此英勇，吓得四处逃避，就像是草被大风刮倒一样，项羽果然杀死一员汉将。这时汉军中以郎中身份为骑兵的杨喜眼看就要追上项羽，项羽圆睁二目，大喝一声，杨喜连人带马被吓得倒退好几里。项羽冲下山以后，与其他骑兵分作三处会合，汉军不清楚项羽到底在哪里，所以汉军也分成三队，分别把项羽和他的二十八个骑兵包围起来。项羽又冲入汉军，杀死一个都尉，杀死数百名军士，又把手下的骑兵召集在一处。这一番冲杀，项羽只损失了二员骑兵。项羽对这二十几员骑兵说：“我说得怎么样？”骑兵们都佩服得五体投地，说：“确实像大王说的那样！”

于是项王欲东渡乌江⑤③。乌江亭长⑤④檥船⑤⑤待，谓项王曰："江东虽小，地方千里，众数十万人，亦足王⑤⑥也。愿大王急渡！今独臣有船，汉军至，无以渡。"项王笑曰："天之亡我，我何渡为！且籍与江东子弟八千人渡江而西，今无一人还，纵江东父兄怜而王我⑤⑦，我何面目见之！纵彼不言，籍独不愧于心乎！"乃以所乘骓马赐亭长⑤⑧，令骑皆下马步行，持短兵接战。独籍所杀汉军数百人，身亦被十余创。顾见汉骑司马吕马童⑤⑨，曰："若非吾故人乎？"马童面之⑥⓪，指示中郎骑王翳曰⑥①："此项王也。"项王乃曰："吾闻汉购我头千金，邑万户⑥②，吾为若德⑥③。"乃自[2]刎而死。王翳取其头。余骑相蹂践，争项王，相杀者数十人。最其后⑥④，杨喜、吕马童及郎中吕胜、杨武各得其一体⑥⑤。五人共会其体，皆是，故分其户⑥⑥[3]，封五人皆为列侯⑥⑦。

楚地悉定，独鲁不下⑥⑧。汉王引天下兵欲屠之。至其城下，犹闻弦诵之声⑥⑨。为其守礼义之国⑦⓪，为主死节⑦①，乃持项王头以示鲁父兄⑦②，鲁乃降⑦③。汉王以鲁公礼葬项王于谷城⑦④，亲为发哀，哭之而去。诸项氏枝属皆不诛，封项伯等四人皆为列侯⑦⑤，赐姓刘氏⑦⑥。诸民略在楚者，皆归之。

太史公曰："羽起陇亩之中⑦⑦，三年遂将五诸侯⑦⑧灭秦，分裂天下，而封王侯，政由羽出⑦⑨。位虽不终，近古以来，未尝有也⑧⓪。及羽背关怀楚⑧①，放逐义帝而自立，怨王侯叛己，难矣。自矜功伐⑧②，奋其私智而不师古⑧③，谓霸王之业，欲以力征经营天下。五年卒亡其国，身死东城⑧④，尚不觉寤[4]而不自责，乃引'天亡我，非用兵之罪也'⑧⑤，岂不谬哉！"

此时，项羽想要向东渡过乌江。乌江亭长把船停在岸边等候，他对项羽说："江东虽然很小，但方圆也有一千里，人口数十万，也足可以称王。希望大王赶紧渡江！现在只有我有船，汉军即使来了也找不到船只。"项王笑了笑说："上天要灭亡我，我渡江又有什么用！再说我项籍带领江东八千子弟渡江西来，现在却没有一个人能活着回去；纵然是江东的父老乡亲同情我，仍然拥戴我为王，而我又有什么颜面去见他们！即使他们不责备我，难道我心里就不感到愧疚吗？"于是就把自己所乘坐的宝马乌骓赏赐给那个亭长，又命令手下的骑兵都下马步行，手拿短剑与汉军拼杀。仅项羽一人就杀死汉军数百人，自己身上也有十几处受伤。他回头看见汉军骑将吕马童，就招呼他说："你不是我的老朋友吕马童吗？"吕马童面对项羽，仔细地打量了一番，然后指着项羽对中郎骑王翳说："这人就是项王。"项羽说："我听说汉王刘邦悬赏一千斤黄金购买我的人头，还封为万户侯；我就把这个人情送给你吧。"说完拔剑自刎而死。王翳割下了项羽的人头。其余将领为争夺项羽尸体，竟然互相争斗起来，杀死了数十人。最后是杨喜、吕马童，以及郎中吕胜、杨武每人抢得一个肢体。为了验证是否真是项羽，五个人把这五部分拼在一起，确实是项羽，于是就把赏赐的一万户平均分为五等份，这五个人都被封为侯爵。

楚地全部平定，只有鲁县还在为项羽坚持守城。汉王刘邦想要率领大军前去屠城。到了鲁县城下，听到城里传出弹琴和诵读诗书的声音；汉王认为这里是礼仪之邦，这里的人们甘愿为他们的君主项羽效忠而死，于是就拿着项羽的首级给鲁地的父老们看，当他们确信项羽已死，这才开城投降。汉王用公爵的礼仪把项羽埋葬在鲁地的谷城，亲自参加项王的葬礼，十分悲哀地哭泣了一阵之后才离去。项羽的族人都没有遭到诛杀，刘邦还把项伯等四人封为列侯，又恩赐他们姓刘。又将被楚军掳掠的各地百姓，一律遣送回家。

太史公司马迁说："项羽由一个普通百姓揭竿而起，三年时间就率领齐、赵、韩、魏、燕五国的起义军灭掉了秦国，分割天下的土地，将诸侯及将领或封王或封侯，一切政令全都出自项羽。他所建立的政权虽然时间不长，最后也不得善终，但他所创造的这种声势浩大的局面是从来没有过的。到项羽舍弃关中形胜之地，因怀恋故乡而将都城设在彭城，又放逐了义帝芈心而自己做了西楚霸王；他怨恨诸侯先后背叛了自己，再想成就大事就太难了。夸耀自己的战功，想逞自己的聪明才智而不学习古人成功的经验，不接受古人失败的教训，认为霸王的事业全靠武力，想凭借武力来征服天下。结果，五年的时间，终于导致国家灭亡，自己也被杀死在东城，死到临头还不觉悟、不责备自己，竟然找借口说是'上天要灭亡我，不是我仗打得不好'，这不是太荒谬了吗？"

扬子《法言》[86]："或问：'楚败垓下，方死[87]，曰"天也[88]"！谅乎[89]？'曰：'汉屈群策[90]，群策屈群力[91]。楚憞群策[92]，而自屈其力[93]。屈人者克[94]，自屈者负[95]。天曷故焉[96]！'"

汉王还，至定陶[97]，驰入齐王信壁，夺其军[98]。

临江王共尉[99]不降，遣卢绾、刘贾击虏之。

春，正月，更立[100]齐王信为楚王，王淮北[101]，都下邳[102]。封魏相国建城侯彭越为梁王，王魏故地[103]，都定陶。

令曰[104]："兵不得休八年[105]，万民与[106]苦甚。今天下事毕，其赦天下殊死[107]以下。"

诸侯王[108]皆上疏[109]，请尊汉王为皇帝。二月甲午[110]，王即皇帝位于泛水之阳[111]。更王后曰皇后[112]，太子曰皇太子[113]，追尊先媪[114]曰昭灵夫人。

诏曰[115]："故衡山王[116]吴芮，从[117]百粤[118]之兵，佐诸侯，诛暴秦，有大功。诸侯立以为王[119]，项羽侵夺之地[120]，谓之番君[121]。其[122]以芮为长沙王[123]。"又曰："故粤王无诸[124]，世奉粤祀[125]。秦侵夺其地，使其社稷不得血食[126]。诸侯伐秦，无诸身率闽中[127]兵以佐灭秦，项羽废而弗立。今以为闽粤王[128]，王闽中地。"

帝西都洛阳[129]。

夏，五月，兵皆罢归家。

诏："民前或相聚保山泽[130]，不书名数[131]。今天下已定，令各归其县，复故爵田宅[132]。吏以文法教训辨告[133]，勿笞辱[134]军吏卒。爵及七大夫[135]以上，皆令食邑[136]。非七大夫已下[137]，皆复其身及户，勿事[138]。"

帝置酒洛阳南宫[139]，上曰："彻侯[140]、诸将毋敢[141]隐朕，皆言其情[142]。吾所以有天下者何，项氏之所以失天下者何？"高起、王陵[143]对曰："陛下使人攻城略地，因以与之，与天下同其利。项羽不然，有功者害之[144]，贤者疑之。此其所以失天下也。"上曰："公知其一，

扬雄在《法言》一书中说："有人问：'楚霸王项羽兵败垓下，临死的时候还说："天亡我，非战之罪！"真是这样的吗？'回答说：'汉王善于集中众人的智慧和策略，善于发挥众人的作用和力量。项羽厌恶众人的策略和建议，只依靠自己个人的智慧和力量。能充分发挥众人的谋略与众人力量的人就能胜利，只靠自己而不懂得发挥众人作用的人就要失败。这和上天有什么关系呢！'"

汉王刘邦得胜而回，经过定陶的时候，他飞马奔入齐王韩信的军营，夺取了韩信的兵权。

临江王共尉不肯投降汉王，汉王派卢绾、刘贾前去攻打，共尉战败被俘。

春天，正月，汉王改封齐王韩信为楚王，淮河以北地区归属他的管辖之下，首府设在下邳。封魏相国建城侯彭越为梁王，故魏国的土地归他管辖，首府设在定陶。

汉王下令说："八年以来，军队不得休息，人民更是痛苦已极。如今天下已经统一，除去死罪以外，其他一概赦免。"

各诸侯王全都给汉王上奏章，请求汉王即皇帝位。二月初三日甲午，汉王刘邦在泛水北岸即皇帝位。改王后的称号为皇后；改太子为皇太子；追尊自己已故的母亲为昭灵夫人。

汉高祖下诏说："原来的衡山王吴芮，率领百越人组成的部队协助诸侯，讨伐残暴的秦朝，建立了很大的功劳。诸侯都尊奉他为王，而项羽不仅侵夺了他的领地，还剥夺了他的王号，称他为'番君'。现在封吴芮为长沙王。"诏令又说："原越王无诸，世世代代主持闽越国的祭祀。秦国侵占了闽越国的土地，灭亡了越国，使闽越国的社稷得不到祭祀。诸侯群起讨伐秦朝的时候，无诸亲自率领闽中军队随从出征，共同灭亡了秦朝，项羽却将其废黜，不予封赏。现在封无诸为闽越王，闽中的土地归他所有。"

汉高祖刘邦把都城设在西边的洛阳。

夏季，五月，士兵都复员回家。

汉高祖下诏说："以前有许多人聚集在草泽山林之中以求保全身家性命，没有登记户籍。如今天下已经安定，应该让他们返回自己的故乡，恢复他们原来的爵级，归还他们的土地和房产；官吏要按照法律规定布告天下，不许责打、辱骂退役的士兵；爵位达到七大夫的人，都要让他们拥有一定的领地，不够七大夫爵位的人，对每一个成年人以及他们的家庭，都免去服役和缴纳赋税，不要役使他们。"

汉高祖在洛阳南宫摆设酒宴，他说："各位诸侯王、各位将军，今天对我不许有所隐瞒，都要说自己的心里话：你们说，我最后能够平定天下的原因是什么，项羽最后失去天下的原因是什么？"高起和王陵都回答说："陛下派人去行军打仗，夺得土地以后，就把土地分封给这个有功之人，是与大家共同享有。而项羽就不同了，谁有功就嫉恨谁，谁能干就怀疑谁。这就是项羽丢失天下的原因。"高祖说："你们只知道原

未知其二。夫运筹帷幄之中[145]，决胜千里之外，吾不如子房[146]；填国家[147]，抚百姓，给饷馈[148]，不绝粮道，吾不如萧何；连百万之众，战必胜，攻必取，吾不如韩信：三者皆人杰，吾能用之，此吾所以取天下者也。项羽有一范增而不能用，此所以为我禽也[149]。”群臣说服。

韩信至楚[150]，召漂母，赐千金[151]。召辱己少年令出跨下者，以为中尉[152]。告诸将相曰：“此壮士也。方辱我时，我宁[153]不能杀之邪？杀之无名[154]，故忍而就此[155]。”

彭越既受汉封[156]，田横惧诛，与其徒属[157]五百余人入海，居岛中[158]。帝以田横兄弟本定齐地[159]，齐贤者多附焉。今在海中，不取[160]，后恐为乱。乃使使赦横罪，召之。横谢[161]曰：“臣烹陛下之使郦生，今闻其弟商[162]为汉将，臣恐惧，不敢奉诏[163]。请为庶人[164]，守海岛中[165]。”使还报，帝乃诏卫尉[166]郦商曰：“齐王田横即至，人马从者敢动摇者，致族夷[167]。”乃复使使持节[168]具告以诏商状[169]，曰：“田横来，大者王，小者乃侯耳[170]；不来，且[171]举兵加诛焉。”

横乃与其客二人乘传[172]诣[173]洛阳。未至三十里[174]，至尸乡厩置[175]。横谢使者曰：“人臣见天子，当洗沐[176]。”因止留[177]，谓其客曰：“横始与汉王俱南面称孤[178]，今汉王为天子，而横乃为亡虏[179]，北面事之，其耻固已甚矣。且吾烹人之兄，与其弟并肩而事主，纵彼畏天子之诏不敢动，我独不愧于心乎！且陛下所以欲见我者，不过欲一见吾面貌耳。今斩吾头，驰三十里间，形容尚未能败，犹可观也。”遂自刭，令客奉其头[180]，从使者驰奏之[181]。

帝曰：“嗟乎！起自布衣，兄弟三人更王[182]，岂不贤哉！”为之流涕，而拜其二客为都尉。发卒二千人[183]，以王者礼葬之[184]。既葬，二客穿其冢傍孔，皆自刭，下从之。帝闻之大惊。以横客皆贤，余五百人

因之一，而不知道还有其二。在主将的营帐中运筹谋划，就能够使千里之外的军队打胜仗，在这方面我比不上张良；镇守后方，安抚人民，源源不断地供给前方粮饷，使军队从不匮乏，在这方面我比不上萧何；率领百万军队，战必胜，攻必克，在这方面我比不上韩信：这三个人都是人中最杰出的人物，我能够信任他们、重用他们，这才是我能夺取天下的根本原因。项羽只有一个智囊人物范增，却不能任用，这就是项羽最终被我打败的原因。”群臣对高祖的分析都感到心悦诚服。

韩信回到自己的封地楚国后，马上把那个漂洗衣被的老妈妈找来，酬谢她一千斤黄金。又把曾经侮辱过自己，让自己从他裤裆下爬过去的那个人找来，让他担任中尉。韩信告诉他的属下说：“这也是一条好汉。在他侮辱我的时候，我难道不能杀死他吗？但杀死他，毫无意义，因为当初我能够忍辱，所以才成就了今天的威名。”

彭越被汉高祖封为梁王，齐王田横惧怕自己遭到诛杀，就率领五百多名党徒逃入大海中，居住在一个海岛上。汉高祖觉得，本来是田横兄弟最早平定了齐国，齐地许多贤能的人士都归附了他们。如今居住在海岛上，如果现在不加以招纳，将来恐怕会发生变乱。于是就派人前去赦免田横等人的罪过，并召他们回洛阳。田横谢绝说：“我烹杀了陛下的使臣郦食其，我听说郦食其的弟弟郦商正担任汉朝的大将，我害怕他会为他的哥哥报仇杀掉我，所以我不能接受陛下的命令。请把我当成一个黎民老百姓，让我老死在这个海岛上。”使者回来向高祖做了汇报，高祖就把担任卫尉的郦商召来，对他说：“齐王田横如果来的话，谁敢对齐王田横以及他的随从人员轻举妄动，就把谁满门抄斩。”然后又派使者手持符节到田横那里，把高祖警告郦商的话详细地告诉了田横，然后转达高祖的口信说：“田横如果来，最大会封他为王，最小也要封他为侯；如果不来，就要发兵征讨了。”

田横于是带着两位随从乘驿站的马车前往洛阳。在离洛阳还有将近三十里的地方，就是尸乡的驿站，田横告诉使者说：“人臣拜见皇帝，应当先洗个澡。”于是就在尸乡驿站住下来。田横对他的两个随从说：“早先，我和汉王刘邦全都南面称王；现在汉王做了皇帝，而我田横却成为逃亡的罪人，要面向北对他称臣，这种耻辱本来就够大的了。再说，我烹杀了郦商的哥哥郦食其，现在却要和郦食其的弟弟同朝侍奉汉朝皇帝；纵然郦商惧怕皇帝不敢把我怎么样，难道我自己心中就不感到愧疚吗？而且，皇帝想见我的原因，只不过是想看看我长得什么样子。现在砍下我的头来，骑马飞奔三十里送到洛阳，估计我的相貌还能保持原样，还可以看清楚。”说完就拔剑自杀了，让他的随从捧着田横的人头，跟随使者飞奔洛阳奏报给汉高祖。

汉高祖说：“唉！崛起于平民百姓，兄弟三人相继称王，难道不是天下的贤能之士吗？”对于田横的死，刘邦不仅伤感落泪，还封他的两个随从为都尉。又派两千名军士，按照诸侯王的礼仪埋葬了田横。安葬完毕，田横的两个随从就在田横墓的旁边挖了一个洞穴，然后自刎而死，追随田横于地下。高祖听到这个消息大吃一惊，因此认为，田横的宾客个个都是贤能之士，而其余的五百多人还在海岛之中，就又

尚在海中，使使召之。至则闻田横死，亦皆自杀[185]。

初，楚人季布[186]为项籍将，数窘辱帝[187]。项籍灭，帝购求[188]布千金，敢有舍匿[189]，罪三族[190]。布乃髡钳为奴[191]，自卖于鲁朱家[192]。朱家心知其季布也，买置田舍[193]。身之[194]洛阳，见滕公[195]，说曰："季布何罪？臣各为其主用，职耳[196]。项氏臣[197]岂可尽诛邪？今上始得天下，而以私怨求一人[198]，何示不广也[199]！且以季布之贤[200]，汉求之急[201]，此不北走胡，南走越耳[202]？夫忌壮士以资敌国[203]，此伍子胥所以鞭荆平之墓[204]也。君何不从容为上言[205]之！"滕公待间[206]，言于上如朱家指[207]。上乃赦布，召拜郎中[208]，朱家遂不复见之[209]。

布母弟丁公[210]，亦为项羽将，逐窘[211]帝彭城西。短兵接，帝急，顾[212]谓丁公曰："两贤岂相厄哉[213]！"丁公引兵而还。及项王灭，丁公谒见[214]。帝以丁公徇[215]军中，曰："丁公为项王臣不忠，使项王失天下者也。"遂斩之，曰："使后为人臣无效丁公也[216]！"

臣光曰："高祖起丰、沛以来，罔罗[217]豪桀，招亡纳叛，亦已多矣。及即帝位，而丁公独以不忠受戮，何哉？夫进取[218]之与守成[219]，其势[220]不同。当群雄角逐[221]之际，民无定主[222]，来者受之[223]，固其宜也。及贵为天子，四海之内，无不为臣。苟不明礼义以示之[224]，使为臣者，人怀贰心以徼大利[225]，则国家其能久安乎[226]！是故断以大义[227]，使天下晓然皆知为臣不忠者，无所自容[228]。而怀私结恩[229]者，虽至于活己[230]，犹以义不与[231]也。戮一人而千万人惧，其虑事岂不深且远哉！子孙享有天禄[232]四百余年，宜矣！"

派使者前去征召。使者到了海岛，那五百人听到田横已死的消息，也都自杀而死。

当初，楚国人季布在项羽手下为将，曾经多次追击、困辱过刘邦。项羽被消灭后，刘邦悬赏千金捉拿季布，并下令说：有谁敢藏匿季布，就诛灭谁的三族。季布为了躲避追捕，就剃光了头发，脖子套上锁链，把自己打扮成一个被卖奴隶的样子，将自己卖给鲁城的朱家当奴隶。朱家心里知道他是季布，就把他买来安置在田间的小屋子里。朱家到洛阳，见滕公夏侯婴，对滕公说："季布有什么罪呢？当年也不过是各为其主，做了他分内应该做的事情罢了。项氏的臣属难道非得要赶尽杀绝吗？当今的皇帝刚刚平定天下，就因为私人的仇怨而用重金悬赏捉拿一个亡国之将，为什么要向天下人显示自己心胸是如此的狭窄呢！况且，凭借季布的贤能，如果皇帝追捕他太急，恐怕他不是向北跑到匈奴那里去，就是向南投奔到南越那里去吧？因为怨恨一个豪杰之士，就把他逼得去投靠、帮助自己的敌人，这正是伍子胥之所以对楚平王挖坟掘墓鞭尸三百的原因啊。您何不找个机会跟皇帝把这个道理讲清楚呢！"滕公果然找个机会，按照朱家的意思跟汉高祖说了一遍。刘邦于是赦免了季布，并召他到洛阳，任命他为郎中，而朱家从此再也没有与季布见面。

季布的舅父丁公也是项羽手下的将领，曾经在彭城以西把刘邦追得无处逃避。眼看就要追到，汉王情急之下，回头看着丁公说："两个好汉，难道就非得这么互不放过吗？"丁公听了就不再追赶，领兵回去了。等到项羽被刘邦消灭后，丁公来拜见刘邦。刘邦就把丁公拉到军中游行示众，说："丁公身为项羽的部下，却对项羽不忠，使项羽失掉天下的就是他这种人。"于是就把丁公斩首。刘邦解释说："我之所以要这样做，是想让那些做人臣子的不要仿效他！"

司马光说："汉高祖从丰、沛起兵以来，延揽天下豪杰，招亡纳叛的事情很多。等他即位当了皇帝，却只有丁公以不忠于项羽的罪名被杀头，这是什么原因呢？这是因为争夺天下时的创业与夺取政权后的守成，主客观形势发生了根本变化的缘故。在群雄转战疆场不分胜负的情况下，大家都没有固定的主子，所以凡是来投奔的就接受，这是理所当然的。等到做了至高无上的皇帝时，情况就不一样了，四海之内，都是自己的臣民。这时再不让所有臣民懂得礼义，使那些做臣子的，人人都对自己的君主怀有二心以谋取更大的私利，那么国家还能够长治久安吗？所以就以大义来作为评判是非的标准，让天下所有的人都明白：如果做臣子的不忠于自己的君主，就没有他的容身之所。而那些以私情结恩于人的，即使他饶了自己一命，最终还是要按照忠孝礼义的原则行事，而不肯定为徇私情而饶过自己的人。杀死一个人而使千万人恐惧，刘邦在谋划事情上难道不是很深远吗？他的子孙享有天下四百多年，是理所当然的了！"

齐人娄敬[233]戍陇西[234]，过洛阳，脱挽辂[235]，衣羊裘[236]，因[237]齐人虞将军[238]求见上。虞将军欲与之鲜衣[239]，娄敬曰："臣衣帛，衣帛见[240]；衣褐[241]，衣褐见。终不敢易衣[242]。"于是虞将军入言上，上召见，问之。娄敬曰："陛下都洛阳，岂欲与周室比隆哉[243]？"上曰："然。"娄敬曰："陛下取天下[244]与周异。周之先，自后稷封邰[245]，积德累善，十有余世[246]。至于太王[247]、王季[248]、文王[249]、武王[250]，而诸侯自归之[251]。遂灭殷，为天子[252]。及成王[253]即位，周公[254]相焉。乃营洛邑[255]，以为此天下之中也，诸侯四方纳贡职[256]，道里均[257]矣。有德则易以王，无德则易以亡[258]。故周之盛时，天下和洽[259]。诸侯四夷，莫不宾服[260]，效[261]其贡职。及其衰也，天下莫朝，周不能制也。非唯其德薄也，形势弱[262]也。今陛下起丰、沛，卷蜀、汉，定三秦，与项羽战荥阳、成皋之间。大战七十，小战四十，使天下之民肝脑涂地[263]，父子暴骨中野[264]，不可胜数。哭泣之声未绝，伤夷者[265]未起[266]。而欲比隆于成、康[267]之时，臣窃以为不侔[268]也。且夫秦地[269]被山带河[270]，四塞以为固[271]。卒然[272]有急，百万之众可立具[273]也。因秦之故[274]，资甚美膏腴之地[275]，此所谓天府[276]者也。陛下入关而都之，山东虽乱，秦之故地可全而有也[277]。夫与人斗，不搤其亢，拊其背[278]，未能全其胜也。今陛下案[279]秦之故地，此亦搤天下之亢，而拊其背也。"

帝问群臣。群臣皆山东[280]人，争言："周王数百年[281]，秦二世即亡[282]。洛阳东有成皋[283]，西有殽、渑[284]，倍河[285]，乡伊、洛[286]，其固亦足恃[287]也。"上问张良，良曰："洛阳虽有此固，其中小[288]，不过数百里，田地薄，四面受敌，此非用武之国[289]也。关中左殽、函[290]，右陇、蜀[291]，沃野千里。南有巴、蜀[292]之饶，北有胡苑之利[293]。阻[294]三面而

齐国人娄敬被征调去陇西戍守边疆，他经过洛阳的时候，摘下身上的拉车绳索，穿着羊皮短袄，通过老乡虞将军的引见求见皇帝。虞将军想给他换上一件新衣服，娄敬说："我现在身上穿的是丝绸的衣服，就穿丝绸衣服见皇帝；现在穿的是粗布衣服，就穿着粗布衣服见皇帝。我不敢更换衣服。"于是虞将军进宫奏请高祖；高祖召见娄敬，问他为何求见。娄敬回答说："陛下您把都城设在洛阳，难道是想和周王朝比谁更兴盛吗?"高祖说："是的。"娄敬说："陛下夺取天下与周王朝夺取天下的方式是不同的。周朝的祖先，从后稷被封于邰开始，积德积善，有十几代。到了太王、王季、文王、武王的时候，天下的诸侯全都归附于周。于是，周武王率领诸侯灭掉了商朝，做了天子。等到周成王即位，周公做宰相。开始在洛邑营造都城，认为这是天下的中心，四方诸侯来给朝廷纳贡，进京的路程远近都差不多。国君有德就容易成就王业、统治天下，国君无德就容易失掉天下。所以在周朝兴旺强大的时候，四海之内能够和谐相处。各国诸侯和周边的少数民族没有不心悦诚服、按时向周王朝交纳贡品的。等到周王朝势力衰微之时，天下的诸侯谁也不来朝见、纳贡，周王朝对他们也无可奈何；这不仅是因为国君的道德有欠缺，也是因为洛阳一带的山川形势不险要、不便于控制全国局势造成的。如今陛下崛起于丰邑、沛县之间，像用席子卷起来一样控制着蜀郡、汉中郡，接着又平定了三秦，之后与项羽转战于荥阳、成皋之间。大的战斗经过了七十次，小的战斗经过了四十次，造成天下生灵涂炭，父与子的骸骨暴露在原野之中的，多得数不胜数。这些哭泣的声音还没有断绝，受伤兵士们的创伤还没有平复。在这种情势之下，您却要和周朝至治之世的周成王和周康王时期相比较，我私下里认为，这是无法相比的。况且，秦地的地理形势是左有高山作为屏障，右有黄河作为天堑，四周边境全是要塞。突然发生紧急情况，马上就可以组织起百万大军。凭借秦地旧有的种种有利地理形势，再加上这里肥沃的土地资源，真可称得上是一个天然的大仓库。陛下进入关中就应该把这里作为国都，即使山东大乱，秦国故有的土地还可以保全。与别人争斗，如果不能用力掐住对方的咽喉，击中对方的脊背，就不能取得完全的胜利。现在陛下牢牢地据守住秦国故地，这也是扼住天下的咽喉，而控制了天下的要害呀。"

高祖去征求群臣的意见。群臣大多是崤山以东的人，所以都争先恐后地说："周王朝把都城建在洛阳，历时好几百年；秦朝建都关中，只经历了两代就灭亡了。洛阳东部有成皋，西部有崤山、渑池，背靠黄河，面对伊水、洛水，其坚固程度是完全可以依靠的。"高祖又去征求张良的意见，张良说："洛阳虽然有其坚固险要的一面，但范围狭小，洛阳城周围的平原不超过几百里方圆，土地贫瘠，物产不丰，四面八方随时都有可能遭到敌人的攻击，这里不是用武力可以防守的地方。而关中左有崤山、函谷关之险阻，右有陇山与蜀地相连，其中沃野千里，物产丰富。南边巴、蜀之地，十分富饶，北部与胡人部落接壤，有牧养禽兽的便利。关中北面、西面、南面三面都有天

守，独以一面东制诸侯[295]。诸侯安定，河、渭漕挽天下[296]，西给[297]京师；诸侯有变，顺流而下[298]，足以委输[299]。此所谓金城千里[300]，天府之国也。娄敬说是也。”上即日车驾西，都长安[301]。拜娄敬为郎中，号曰奉春君[302]，赐姓刘氏。

张良素[303]多病，从上入关[304]，即道引[305]，不食谷[306]，杜门[307]不出。曰：“家世相韩[308]，及韩灭，不爱[309]万金之资，为韩报仇强秦[310]，天下振动[311]。今以三寸舌[312]为帝者师，封万户侯[313]，此布衣之极，于良足矣。愿弃人间事，欲从赤松子游[314]耳。”

臣光曰：“夫生之有死，譬犹夜旦[315]之必然，自古及今，固未有[5]超然而独存[316]者也。以子房之明辨达理[317]，足以知神仙之为虚诡[318]矣。然其欲从赤松子游者，其智可知也。夫功名之际，人臣之所难处[319]。如高帝所称[320]者，三杰[321]而已。淮阴诛夷[322]，萧何系狱[323]，非以履盛满而不止耶[324]？故子房托于神仙[325]，遗弃人间[326]。等功名于外物[327]，置荣利[328]而不顾。所谓明哲保身者，子房有焉。”

六月壬辰[329]，大赦天下。

秋，七月，燕王臧荼反[330]，上自将征之。

赵景王耳[331]、长沙文王芮[332]皆薨。

九月，虏臧荼。壬子[333]，立太尉长安侯卢绾[334]为燕王。绾家与上同里闬[335]，绾生又与上同日。上宠幸绾，群臣莫敢望[336]，故特王之。

项王故将利几反[337]，上自击破之。

后九月[338]，治长乐宫[339]。

项王将钟离昧[340]素与楚王信善，项王死后，亡归信[341]。汉王怨昧，闻其在楚，诏楚捕昧。信初之国[342]，行县邑[343]，陈兵出入[344]。

然险阻可以防守，只有东面一面用来控制诸侯。东面的诸侯相安无事，就可以利用黄河、渭河进行漕运，把物资源源不断地运往京师；一旦诸侯情况发生变化，大军可以顺流而下，粮秣转运便利，军用不会匮乏。这些说明，关中就如同是用金属铸就的城墙，就像是一个天然的大仓库。我觉得娄敬说得对。”于是，高祖当天就动身，迁都长安。任命娄敬为郎中，封他为“奉春君”，赐他“刘”姓。

张良一向体弱多病，自从跟随高祖刘邦进入关中以后，就开始修炼导气引体，不吃粮食，闭门不出，也不接待宾客。他说：“我家连续几代都担任韩国的宰相，韩国灭亡后，我不吝惜万贯家产，为替韩国向强大的秦国报仇，曾经引起天下震动。现在，我凭借着三寸长的舌头为皇帝出谋划策，被封为万户侯，这是一个平民百姓所能达到的最高境地，对我来说，已经是相当满足了。我希望抛弃世间一切俗务，想追随仙人赤松子遨游世界。”

司马光说：“有生就有死，这就如同有黑夜就有白昼一样，从古到今，本来就没有超出这个生死范围而能够独立存在的。以张良那样的真知灼见，他完全知道所谓的神仙只不过是虚假骗人的。然而从他想追随仙人赤松子遨游这点看来，他的智谋是无人可比的。作为一个臣子，当他的功劳太大、名望太高的时候，他的处境是非常艰难的。正如刘邦所评价的那样：韩信、萧何、张良是汉朝开创基业时三个最杰出的人物。后来韩信被杀，萧何被下狱，难道不就是因为他们二人功名地位已经达到顶峰却仍然不知道收敛造成的吗？所以张良假托追求长生不老，抛弃人世间的一切功名利禄不闻不问。把功名利禄看作是身外之物，把名誉富贵抛到脑后。所谓的明哲保身，张良就是一个最好的例子。”

六月初三日壬辰，大赦天下。

秋季，七月，燕王臧荼谋反；汉高祖刘邦亲自率兵前去征剿。

赵景王张耳、长沙文王吴芮都先后去世。

九月，高祖俘虏了臧荼。壬子这天，封太尉长安侯卢绾为燕王。卢绾的家与高祖的家在同一条街巷里，两个人的生日又在同一天。汉高祖刘邦对卢绾的宠爱，没有人能比得上，所以特例封他为王。

项羽属下旧将利几叛变，高祖刘邦亲自领军前去将利几击败。

闰九月，修建长乐宫。

项羽的部将钟离昧平素与楚王韩信交情深厚，项羽死后，钟离昧潜逃到了楚王韩信那里。高祖刘邦深恨钟离昧，听说钟离昧投奔了楚王韩信，就下诏楚国抓捕钟离昧。韩信初到自己的封地楚国时，每次出去视察封国内的各个郡县、乡邑，都带着军队，戒备森严。

【段旨】

以上为第一段，写高祖五年（公元前二〇二年）一年间的天下大事，主要写了刘邦依靠韩信等人大破项羽于垓下，项羽败逃至乌江浦自刎而死；刘邦于同年二月即皇帝位，并自言之所以能战胜项羽是由于自己能用人，尤其是重用了韩信、萧何、张良；此外还写了齐王田横不愿受辱而自杀、娄敬劝刘邦改都关中，以及张良见天下大定，内部冲突将上升首位，从而提前装傻求仙以图自保；等等。

【注释】

①固陵：秦县名，县治在今河南太康南。②期会：约好时间共同出兵。③不从：不遵守约束。④未有分地：《史记集解》引韦昭曰，"信等虽名为王，未有所画经界"。即没有确定应得的地盘。⑤能与共天下：舍得把天下的地盘给他们每人分一块。⑥可立致：可使之立刻前来。⑦不自坚：不放心；心怀疑虑。⑧以魏豹故：因为当时有魏豹当魏王。⑨望王：希望当魏王。⑩今能：现在如果能够。今，如果。⑪睢阳以北至谷城：大体包括今河南东北部和山东西部一带地区。睢阳，秦县名，县治在今河南商丘城南。谷城，秦县名，县治在今山东平阴西南。⑫从陈以东傅海：自陈县一直东到海边，大体包括今河南东部，山东西南部，和安徽、江苏两省的北部地区。陈，秦县名，即今河南淮阳。傅海，直到海边。傅，贴近。⑬信家在楚：韩信的家在淮阴，地属西楚。⑭故邑：故乡所居之地。⑮此地：这些地区。⑯使各自为战：使其各为自己获取分地而战。凌稚隆引屠隆曰："子房此语，亦是祸此二人之基。"张文虎曰："此事不书于《高纪》，不书于《留侯世家》，信、越列传，而书之于《羽纪》者，明非此不能破羽，然信、越死机已伏于此。"⑰南渡淮：向南渡过淮河。⑱寿春：即今安徽寿县，当时为九江郡的郡治所在地，战国末年为楚国的都城。⑲诱：诱之降汉。⑳楚大司马周殷：项羽部下的最高将领，当时为项羽镇守寿春。大司马是一个国家的最高武官。㉑以舒屠六：领着舒县的兵众屠灭了六县全城。舒，秦县名，即今安徽舒城。六，秦县名，即今安徽六安，黥布为九江王时的都城。㉒举九江兵：集合起整个九江国地区的军队。㉓迎黥布：迎黥布回淮南地区统领部众。㉔行屠城父：黥布等前进中顺势屠灭了城父县（今安徽亳州东南）。㉕随刘贾皆会：跟随刘贾一道与刘邦、韩信等会合于垓下。㉖垓下：古邑名，在今安徽固镇东的沱河北岸。㉗入壁：退入防御工事内。壁，营垒。㉘皆楚歌：唱的都是楚地的民间歌谣。㉙悲歌慷慨：据《史记·项羽本纪》，项羽所作之歌为，"力拔山兮气盖世，时不利兮骓不逝。骓不逝兮可奈何，虞兮虞兮奈若何！"㉚骓：毛色黑白相间的马。师古曰："苍白杂毛曰骓，盖以其色名之。"㉛麾下：犹言"部下"。麾，大将的指挥旗。㉜直夜：趁着夜色。也有解释为"中夜""半夜"。㉝渡淮：向南渡过淮水。㉞骑能属者：能够跟着

他的骑兵。骑，骑兵。属，跟随。㉟阴陵：秦县名，县治在今安徽定远西北。㊱田父绐曰左：农夫骗他说“向左拐”。绐，欺骗。㊲以故汉追及之：史公极力突出项羽被汉兵追及的偶然性，以寄托其无限同情。㊳东城：秦县名，县治在今安徽定远东南。㊴自度：自己揣度。度，估量、揣度。㊵固决死：肯定要拼个你死我活。㊶快战：痛痛快快、漂漂亮亮地打一仗。㊷溃围、斩将、刈旗：突破重围，斩敌之将，砍敌之旗。刈，砍。㊸三胜之：一定要连续地打败他们几次。三，指多次。有人说“三胜之”即指上述之“溃围、斩将、刈旗”者，非；“溃围、斩将、刈旗”只是一个过程中同时做的几件事，而不是“三胜之”。㊹令诸君知天亡我二句：钱锺书曰，“马迁行文，深得累叠之妙，如本篇末写项羽‘自度不得脱’，一则曰：‘此天之亡我，非战之罪也’；再则曰：‘令诸君知天亡我，非战之罪也’；三则曰：‘天之亡我，我何渡为！’心已死而意犹未平，认输而不服气，故言之不足，再三言之也”。㊺四乡：朝着四个方向，盖围作一个圆阵。《汉书》作“为圆阵，外向”。㊻令四面骑驰下二句：向着四个方向突围，约定好突围后在山东面的三个地点集合。期，约定。所以要分为三处，是为了不让汉军知道项羽在哪一伙中。㊼披靡：倒伏、避散的样子。㊽郎中骑：以郎中的身份为骑兵，此时为灌婴部下。郎中，帝王的侍从，上属郎中令。㊾瞋目而叱：瞪眼大声呵斥。㊿辟易：因畏惧而退避。辟，同“避”。易，易地、挪动了地方。《史记评林》引凌约言曰：“羽叱楼烦，楼烦‘目不能视，手不能发’；羽叱杨喜，杨喜‘人马俱惊，辟易数里’，羽之威猛可想象于千百世之下。”51都尉：军官名，级别相当于校尉。52骑皆伏曰二句：伏，通“服”。郭嵩焘曰：“项王自叙七十余战，史公所记独巨鹿、垓下两战为详。巨鹿之战全用烘托法，不一及战事；而于垓下显出项羽兵法及其斩将搴旗之功。项羽英雄，史公自是心折，亦由其好奇，于势穷力尽处自显神通。巨鹿、鸿门、垓下三段，自是史公《项羽纪》中聚精会神，极得意文字。”53乌江：即乌江浦长江上的渡口名，在今安徽和县东北的长江西岸。54乌江亭长：泷川曰，“秦法，十里一亭，亭长者，主亭之吏，犹今里正也”。〖按〗亦犹刘邦之为泗上亭长然。55檥船：拢船靠岸。檥，通“舣”。56亦足王：也足够您称王的。57怜而王我：同情我，拥立我为王。58乃以所乘骓马赐亭长：刘子翚曰，“羽所以去垓下者，犹冀得脱也，乃为田父所绐，陷于大泽；亭长之言甚甘，安知不出田父之计耶？羽意谓丈夫途穷宁战死，不忍为亭长所执，故托以江东父老所言为解耳。使羽果无东渡意，岂引兵至此哉！”姚苎田曰：“项王之意必不欲以七尺躯随他手坑斩，观其溃围奔逐，岂不欲脱？迨闻亭长言，而又不肯上其一叶之舟，既又赐以爱马而慰遣之，粗糙爽直，良可爱也。”59汉骑司马吕马童：骑司马，骑兵中主管法纪的官。王伯祥曰：“吕马童当系项王旧部反楚投汉者，故下以‘故人’称之。”60马童面之：吕马童闻声对项羽定睛一看。面，正面相对。王先谦引刘攽曰：“面之，直面向之。”61指示中郎骑王翳曰：指着项王对中郎骑王翳说。王翳，此时为灌婴的部下。62汉购我头千金二句：千金，千斤黄金。汉称黄金一斤曰“一金”。邑万户，封之以具有万户人家的领地，即为万户侯。63吾为若德：我为你做点好事，即给你提供这个获赏的机会。⑭最其后：过后汇总起来。最，同“聚”。《汉书》作“最后”，无“其”字，则可解如今日之“最后”。⑮一体：四肢中的一肢，通常以四肢加头称为“五体”。⑯分其户：将“邑万户”分为五份，以赏五人。⑰封五人皆为列侯：封吕马童为中水侯、王翳为杜衍侯、杨喜为赤泉侯、杨武为吴防侯、吕胜为涅阳侯。列侯，也称“彻侯”“通侯”，有封地、封号的侯爵，较之有封号而无封地的关内侯高一级。⑱独鲁不下：只有鲁县（今山东曲阜）还在为项羽坚持守城。⑲弦诵之声：弹琴、念书的声音。⑳为其守礼义之国：此地为孔子的故国故乡，有知书达礼的传统，故虽处围城，犹有弦诵之声。㉑为主死节：因当年楚怀王曾封项羽为“鲁公”，故鲁人对项羽忠心耿耿，坚持抵抗不投降。㉒示鲁父兄：让鲁城的居民看。㉓鲁乃降：史珥《四史剿说》曰，“鲁不急下，动汉王‘守礼义，为主死节’之褒，羽得此颇不寂寞”。〖按〗此亦史公因同情项羽，而于篇终极力为之周旋处。㉔葬项王于谷城：《史记正义》引《述征记》曰，“项羽墓在谷城（今山东平阴西南）西北三里半许，毁坏，有碣石‘项王之墓’”。㉕封项伯等四人皆为列侯：项伯助刘邦倾项，可谓尽其力矣，不知其于项羽之死内心安否？项伯被封为射阳侯、项襄被封为桃侯、项他被封为平皋侯，还有一人被封为玄武侯，姓字不详。㉖赐姓刘氏：谓项伯、项襄、项他等从此皆蒙恩改姓刘。㉗起陇亩之中：即由一个平头百姓揭竿而起。㉘五诸侯：《史记集解》曰，“此时山东六国，而齐、赵、韩、魏、燕并起，从伐秦，故曰‘五诸侯’”。〖按〗此指除楚以外的其他东方的各路义军，说已见前。㉙政由羽出：天下的一切大事都由项羽说了算。㉚近古以来二句：泷川曰，“数句可以见史公列项羽于本纪之意”。㉛背关怀楚：背关，舍弃关中形胜之地，而东都彭城。怀楚，怀恋故乡，即其“富贵不归故乡，如衣绣夜行”之想。㉜自矜功伐：夸耀自己的战功，如前项羽所谓“身被坚执锐首事，暴露中野三年，灭秦定天下者，皆将相诸君与籍之力也”；以及“身七十余战，所当者破，所击者服，未尝败北”云云。功伐，犹言“功勋”。伐，也是“功”的意思。㉝不师古：不学习古人成功的经验，不接受古人失败的教训。师古，以古为师。㉞身死东城：项羽败走至东城，以二十八骑大力冲杀汉军后，始南逃至乌江浦，自刎而死。乌江浦当时属历阳县，离东城百余里。㉟乃引天亡我二句：项氏此语的确是在东城大战时对部下所讲，也正因此史公遂连类而说他“身死东城，尚不觉寤”，但实际项羽并非死于东城。㊱扬子《法言》：扬雄著的《法言》其书。扬雄是西汉末期人，著名的辞赋家与经学家，著有《长杨赋》《羽猎赋》与《法言》《太玄》等学术著作。《法言》是一部模仿《论语》的评论古人、古事与论述学术、学问的书。下面的引文见《法言·重黎》。㊲方死：临死的时候。㊳天也：即前所谓“天亡我，非战之罪也”云云。㊴谅乎：果真是这样吗。㊵汉屈群策：刘邦能够尽量发挥众人的谋略。屈，尽、全部。㊶屈群力：尽量发挥众人的作用，集中众人的力量。㊷楚憞群策：项羽厌恶众人的谋略。憞，厌恶、憎恨。㊸自屈其力：就只依靠自己一个人。㊹屈人者克：能充分发挥众人的谋略与众人力量的人就能胜利。克，胜。㊺自屈者负：只靠自己不懂发挥众人作用的人就要失败。负，失败。⑯天曷故焉：这和天有什么关系呢？曷，意思同“何”。⑰定陶：秦县名，县治在今山东菏泽市定陶区西北。⑱夺其军：据《史记·淮阴侯列传》，韩信每一次大战胜利后，总是被刘邦“夺其军”，这是韩信被“夺其军”的最后一回。⑲临江王共尉：被项羽所封的临江王共敖的儿子，继其父为临江王，都城郢，即今湖北荆州西北之纪南城。⑳更立：改封。㉑王淮北：在今江苏的淮河以北地区称王。㉒下邳：秦县名，县治在今江苏邳州东。㉓魏故地：战国末期魏国的故地，约当今之河南东部与相邻的山东西部地区。㉔令曰：刘邦颁布命令说。㉕八年：自公元前二〇九年陈涉起兵反秦至公元前二〇二年刘邦灭项羽，共跨越八个年头。㉖与：略同于“啊”，语助词，无实义。㉗殊死：死罪。全句的意思是，除了犯死罪的犯人其他一概赦免。〖按〗凡是新皇帝即位，或是有重大的喜庆事，统治者照例总是下这种赦令以收买人心。㉘诸侯王：据《汉书·高帝纪》，这些上疏的诸侯王是韩信、彭越、黥布、韩王信等。㉙上疏：给皇帝上奏章。疏，文体名，群臣上给皇帝的奏章。㉚二月甲午：二月初三。㉛泛水之阳：泛水的北岸。泛水，从南济水分出，流经当时的定陶城南，东北入菏泽。〖按〗刘邦在接到群臣的上疏劝进时也按着官场的旧套“谦让”了三回，而后即皇帝位。㉜更王后曰皇后：吕后原称汉王王后，今则改称曰皇后。㉝太子曰皇太子：刘盈原为汉王太子，今则改称皇太子。㉞先媪：先母，刘邦已故的母亲。㉟诏曰：前者颁布大赦是在称帝前，故书“令曰”；现在封吴芮等为王是在称帝后，故书为“诏曰”。自秦始皇开始，皇帝的命令一律称“诏”或称“制”。㊱衡山王：吴芮的封号，都城在邾，今湖北黄冈城北。㊲从：率领；使之跟从。㊳百粤：也写作“百越”，古代称今广东、广西、福建以及浙江南部的各个少数民族，因其种类繁多，故统称“百越”。㊴诸侯立以为王：于汉元年初被项羽封为衡山王。㊵侵夺之地：犹言“侵夺其地”。之，此处的用法同“其”。㊶谓之番君：《史记》中没有项羽“侵夺”吴芮之地，将其降为“番君”事。吴芮之所以称为“番君”是由于他在反秦前是番县（今江西鄱阳）的县令。㊷其：发语词，表示指令。㊸长沙王：都城临湘，即今湖南长沙。㊹无诸：闽越小国的国王，都城东冶，旧址在今福建福州。事迹详见《史记·东越列传》。㊺世奉粤祀：世世代代主持闽越小国的祭祀，亦即世代为闽越王。㊻社稷不得血食：国家的社稷得不到祭祀，即指亡国。社稷，代指国家政权。血食，即指享受祭祀。㊼闽中：秦郡名，郡治东冶。㊽今以为闽粤王：刘邦之所以封无诸为闽越王，是因为刘邦与项羽作战时，无诸曾率领今福建、浙江一带的人帮着刘邦打过项羽。㊾帝西都洛阳：刘邦称帝是在“泛水之阳”的定陶，定陶当然不能作为都城，但刘邦的功臣们又都不愿离故乡太远，故而选在洛阳。古时的洛阳在现今洛阳城的东北部。㊿相聚保山泽：成群结伙地逃到偏僻险要的山水之处居住，这是百姓躲避战乱的通常做法。保，依靠、凭借。(131)不书名数：不上户籍，为逃避征丁征粮。名数，户口。(132)复故爵田宅：把他们家庭原有的爵级和土地房产都归还他们。复，归还。故爵，原有的爵位级别。从商鞅变法直至汉初，实行二十级的爵位制。这些爵位可以通过杀敌立功，以及为国家做各种贡献而获得。有了爵级就可以享受不同的优待，到一定级别就可以不再服徭役兵役。这些爵级还可以卖钱花或用以冲抵刑罚。⑬吏以文法教训辨告：官吏们要按照法律规章对百姓们进行教导告谕。辨告，布告。⑭笞辱：责打辱骂。笞，用竹板木棍打人。⑮爵及七大夫：达到七大夫爵位的人。七大夫，也称“公大夫”，二十级爵位的第七级。⑯皆令食邑：都让他们有一定的领地。按照秦制，只有到二十级的“列侯”才能有领地，现在刘邦让“七大夫”以上都有领地，这就把整个国家分得很碎。这一条是否真的实行过还在两可之中。大概就像“约法三章”一样，说说而已。⑰非七大夫已下：享受六级及以下待遇的人。已，通“以”。⑱复其身及户二句：对每一个成年人以及他们的家庭，都免去服役、纳赋等诸项事务。复，免除劳役赋税。〖按〗各种徭役赋税都免了，国家用的人力物力哪里来？大概就是靠着动用罪犯、赘婿，以及向工商业者征收。⑲洛阳南宫：在当时的洛阳城内，秦时洛阳已有南宫、北宫。⑳彻侯：爵位名，也称“通侯”或“列侯”，秦代二十级军功爵中最高级，汉初因袭使用，多授予有功的大臣和诸侯王的儿子。㉑毋敢：不能；不要。㉒皆言其情：都要说自己的心里话。情，实。㉓高起、王陵：都是刘邦的开国功臣。高起事迹不详，王陵的事迹见《史记·陈丞相世家》。㉔有功者害之：谁有功就嫉恨谁。害，嫉恨。㉕运筹帷幄之中：在主将的军帐中筹谋划策。运筹，用筹码算账，后用为“谋划”之义。筹，古代计算数目时所用的筹码。帷幄，大将的军帐。㉖吾不如子房：有井范平引金隐星曰，“‘吾不如’三字，项羽便宁死不出口矣，况既为天子之日哉”？锺惺曰：“此自负驾御豪杰之语，非谦逊语。”㉗填国家：镇守后方。填，同“镇”，镇守。㉘给饷馈：供应前方粮食。饷馈，粮饷。㉙此所以为我禽也：禽，通“擒”。锺惺曰：“二语殊占地步，非谦逊归功臣下之言，正自明其能驱策，智勇出三人上耳。”㉚韩信至楚：到达楚国都城下邳。㉛千金：千斤黄金。汉代称黄金一斤曰“一金”，汉代的一斤约当今之半斤。㉜中尉：汉初诸侯国里的武官，相当于郡里的郡尉。〖按〗韩信非忘旧恶者，视其待下乡亭长的态度可知。韩信令辱己之恶少年以为中尉，实乃韩信的一种“高级”报复形式，自然也是一种权术。㉝宁：难道。㉞无名：无意义；无必要。〖按〗此亦史公之极快心、极会意之处。㉟忍而就此：忍辱而成就了今天的威名。㊱受汉封：被刘邦封为梁王。㊲徒属：党徒、亲信。㊳居岛中：即所谓田横岛，在今青岛附近的大海中。㊴本定齐地：最早平定齐地。本，初始。㊵不取：如不加以招纳。取，招纳。㊶谢：推辞。㊷其弟商：郦商，刘邦的开国功臣，以功封曲周侯。事迹见《史记·樊郦滕灌列传》。㊸奉诏：听从您的招呼前来。㊹庶人：平民百姓。㊺守海岛中：就在海岛上住一辈子。㊻卫尉：当时的“九卿”之一，负责护卫宫廷，当时有未央宫卫尉、长乐宫卫尉各一人。㊼人马从者敢动摇者二句：谁敢动一动田横的人马随从，就把谁满门抄斩。致，招致、招来。族夷，即夷族，灭其满门。㊽持节：手执旌节。节，帝王使者外出所持的信物，以竹为之，以旄牛尾为饰。㊾诏商状：嘱咐郦商的样子。㊿大者王二句：最大可能封王，最小也不会小于封侯。(171)且：

将。⑰乘传：乘坐着驿站提供的传车。传，驿车。⑰诣：到。⑰未至三十里：离着洛阳还有将近三十里。⑰尸乡厩置：尸乡的驿站。尸乡，偃师县内的乡名，在今河南洛阳市偃师区西。厩置，养着驿马以备使用的所在，即驿站。厩，马棚。置，驿站。⑰洗沐：沐，洗头，通常也用作洗浴之意。⑰因止留：于是在尸乡停留下来。⑰俱南面称孤：都一样是称王的人。师古曰："王者自称曰'孤'，盖为谦也。《老子·德经》曰：'贵以贱为本，高以下为基，是以侯王自称孤、寡、不谷。'"⑰亡虏：逃亡的囚徒。⑱奉其头：捧着田横的人头。奉，捧。⑱驰奏之：飞马将人头送呈洛阳。奏，进呈。⑱更王：依次称王。更，轮流；交替。⑱发卒二千人：用以为挖墓穴及充当送葬仪仗队等各项事务。⑱以王者礼葬之：《史记正义》曰，"齐田横墓在偃师西四十五里。崔豹《古今注》云：'《薤露》《蒿里》，送哀歌也，出田横门人。田横自杀，门人伤之而作此歌'"。〖按〗今青岛附近之田横岛上亦修有田横墓及田横像等。⑱至则闻田横死二句：意谓刘邦的使者到达海岛，田横的五百人方从使者的口中得知田横自杀的消息，遂亦皆自杀。今田横岛上有"五百义士墓"，北侧有田横碑亭。⑱楚人季布：郭嵩焘《史记札记》曰，"季布之从项羽在都彭城以后，当为彭城人也"。⑱数窘辱帝：曾多次使刘邦处于困境。窘辱，困迫。⑱购求：悬赏捉拿。⑱舍匿：窝藏。⑲三族：即灭三族。三族的说法不一，有曰父族、母族、妻族；有曰指父母、兄弟、妻子。〖按〗此云购求季布，后文又杀丁公，《史记·淮阴侯列传》又缉捕钟离昧，刘邦于其有怨隙者都不肯放过。⑲髡钳为奴：剃去头发，披上锁链，打扮成一个被卖奴隶的样子。髡，原指给犯人剃去头发。钳，箍住脖子的刑具。⑲鲁朱家：鲁地的朱家。鲁，汉代的诸侯国名，国都即今山东曲阜。朱家，当时有名的侠客。事迹见《史记·游侠列传》。⑲田舍：长工、短工居住的小屋。⑲身之：亲身前往。⑲滕公：姓夏侯，名婴。因其跟从刘邦起义后，曾被刘邦任为滕县县令，故时人称其为"滕公""滕婴"。事迹详见《史记·樊郦滕灌列传》。⑲职耳：犹言"理当如此"。职，职分。⑲项氏臣：为项羽工作过的人。⑲以私怨求一人：为了个人的私仇而悬赏捉拿人。⑲何示不广也：为什么表现得这么心胸狭窄。⑳贤：指本领、才干。⑳汉求之急：如果汉朝将他逼得太紧。求，指捉拿。⑳此不北走胡二句：那么他不是向北逃入匈奴之地就是向南逃入南越之境。胡，指匈奴，是战国以来兴起于北方的少数民族，活动在今中国内蒙古与蒙古国一带，汉代初期成为北方的严重边患。详情见《史记·匈奴列传》。越，指南越，秦楚之际赵氏建立的小国名，国都即今广州。详情见《史记·南越列传》。⑳忌壮士以资敌国：为了恨一个人，而将他逼到敌国，帮着敌国增加实力。忌，痛恨。资，帮助。李斯《谏逐客书》有所谓"弃黔首以资敌国，却宾客以业诸侯"，此处化用其语。⑳伍子胥所以鞭荆平之墓：伍子胥，春秋末期楚国人，其父、其兄被楚平王所杀，伍子胥逃到吴国，后来率吴兵攻破郢都，掘楚平王之墓以鞭其尸。事见《史记·伍子胥列传》。荆平，即楚平王，楚国也称荆国。⑳从容为上言：找合适机会向皇上好好说说。从容，自然地、好好地。⑳待间：等到有了合适的机会。间，间隙、机会。⑳如朱家指：按着朱家的意思。指，通“旨”，意思。㉘郎中：帝王的侍从人员，秩三百石。品级虽不高，但受人重视，汉代有以“列侯”的爵位而跻身郎中之列者。㉙不复见之：意思是不居功、不图报。㉚布母弟丁公：季布的舅父丁姓某人。母弟，一指同胞弟弟，一指同母异父之弟，一指母亲之弟。《史记索隐》以为此处指后者。丁公，据《楚汉春秋》此人名“固”。㉛逐窘：追得无处逃避。㉜顾：回头看着。㉝两贤岂相厄哉：两个好汉就非得这么互不放过么。相厄，互不放过。㉞谒见：求见；告见。㉟徇：押着游行示众。㊱使后为人臣无效丁公也：姚苎田曰，“高祖名为大度，而恩仇之际实不能忘。如季布、雍齿初实欲诛之，以屈于公议而止；又如戛羹小怨，而终不忘情于丘嫂，他可知矣。丁公短兵急接之时，窘迫可知，虽以漫辞幸免，而怒之者实深，故因其来谒而斩之，其本心未必果责其不忠于项王也，不然何以不并诛项伯乎？”㊲罔罗：延揽；招纳。罔，同“网”。㊳进取：进攻夺取，指在打天下的过程中。㊴守成：把守已经取得的国家政权，即已成功保守基业。㊵势：形势，主客观的形势与条件。㊶角逐：武力争夺。㊷民无定主：大家都没有固定的主子。㊸来者受之：有来归者一律接纳。㊹明礼义以示之：要让所有臣民懂得礼义。㊺人怀贰心以徼大利：每个人都想背主跳槽以谋求更大的富贵权力。怀贰心，对主子不一心一意。徼，寻求。㊻其能久安乎：还能够保持稳定吗。其，表示推断的发语词。㊼断以大义：指以“不忠”为名处死丁公。㊽无所自容：无处容身；走到哪里也没人要。㊾怀私结恩：用私情施恩于人。㊿活己：饶了自己的命。(231)以义不与：按照忠孝礼义的原则行事，而不肯定为徇私情而饶过自己的人。(232)天禄：上天赋予的禄命。(233)齐人娄敬：“齐”是汉初诸侯国，在楚汉战争时期，先是刘邦功臣韩信被封为齐王，都临淄（今山东淄博市临淄区西北部）。项羽被灭（公元前二〇二年）后，韩信被改封楚王（都下邳），刘邦封其私生子刘肥为齐王，为当时诸侯国之最大者。娄敬，因进言获刘邦喜欢而被赐姓“刘”，故也称“刘敬”。(234)戍陇西：被征调去陇西戍守边疆。陇西，汉郡名，郡治狄道，即今甘肃临洮。(235)脱挽辂：摘下身上的拉车绳套。《史记索隐》：“挽者，牵也；辂者，鹿车前横木。二人前挽，一人后推之。”(236)衣羊裘：身穿羊皮短袄，当时劳动者的衣着。(237)因：通过；借助于……的引见。(238)虞将军：史失其名，事迹不详。(239)鲜衣：新衣。(240)臣衣帛二句：我平常要是个衣帛的富贵人，我就穿着帛衣去见皇帝。帛，丝绸，这里指丝绸做的衣服，当时为富贵者的衣着。(241)褐：粗毛短袄，古时贫者之所服。(242)易衣：更换服装。(243)岂欲与周室比隆哉：比隆，较量道德与武力的高低。相传周朝灭商后，武王与成王都曾一度想建都于洛阳，现在刘邦也都于洛阳，故娄敬问他是不是觉得自己有周朝统治者那样的道德与武力。(244)取天下：指取得天下的基础与取得天下的方法、过程。(245)后稷封邰：后稷是周王朝的始祖，尧、舜时代的人，因发展农业有功，被封于邰。事迹详见《史记·五帝本纪》《周本纪》与《诗经·生民》等。邰，古地名，在今陕西武功西南。(246)积德累善二句：后稷与大禹同时，自大禹至夏桀（公元前二〇七〇至前一六〇〇年）约四百七十年；又历商朝数百年，岂止“十有余世”？此《通鉴》删节《史记》文字不慎处。㉔⑦太王：即古公亶父，周文王的祖父，后来被周武王追尊为“太王”。㉔⑧王季：文王的父亲。㉔⑨文王：名昌，王季之子，对周部族的发展壮大有突出贡献，为其子武王的灭殷奠定了坚实基础。事迹见《诗经》之《文王》《皇矣》，《尚书》之《西伯勘黎》与《史记·周本纪》。㉕⓪武王：名发，文王之子，公元前一〇四六年灭殷建立周王朝。㉕①诸侯自归之：相传武王举兵东出伐纣至孟津时，不期而引兵来会的诸侯有八百多个，足见天下归心于周之情状。㉕②遂灭殷二句：事在公元前一〇四六年。过程详见《史记·周本纪》。㉕③成王：武王之子，名诵，公元前一〇四二至前一〇二一年在位。初即位时年甚幼，国家的一切大政都由周公主持。㉕④周公：名旦，文王之子，武王之弟，先是与吕尚等共同佐助武王灭殷；武王去世后，又辅佐年幼的成王统治天下。事迹详见《史记·周本纪》与《鲁周公世家》。㉕⑤乃营洛邑：遂开始在洛邑建造周王朝的都城。〖按〗周公当时在今洛阳洛水北岸建筑了两座城，在瀍水以西的叫王城，在瀍水以东的叫成周。王城即今天的洛阳市区，成周在今洛阳之东北郊。其经营成周洛邑的目的有二，一个是将殷朝之遗民迁居于此，监督看管；另一个是以此作为周王朝的东部都城，以之为朝见天下诸侯之场所。㉕⑥纳贡职：意即给朝廷进贡。贡职，也称“职贡”，都是“进贡”的意思。有人分别解释作“进贡述职”，恐非。㉕⑦道里均：进京路程的远近差不多。㉕⑧有德则易以王二句：杨树达引《说苑·至公》云，“昔周成王之卜居成周也，其命龟曰：‘予一人兼有天下，辟就百姓，敢无中土乎？使予有罪，则四方伐之，无难得也’”。又引《吕氏春秋·长利》云：“成王之定成周，其辞曰：‘惟余一人营居成周，惟余一人有善，易得而见也；有不善，易得而诛也。’”㉕⑨和洽：和睦；融洽。㉖⓪宾服：服从。㉖①效：进；交纳。㉖②形势弱：指洛阳一带的山川形势不险要，不便于控制全国局势。㉖③涂地：流在地上。㉖④暴骨中野：暴，露、抛弃。中野，原野上。㉖⑤伤夷者：受伤的人。夷，伤、创伤。㉖⑥未起：至今未好，未痊愈。㉖⑦成、康：西周的成王、康王。康王是成王之子，名钊，公元前一〇二〇至前九九六年在位。成王与康王的统治时期在古代传说为“盛世”。㉖⑧不侔：不配；不能相比。㉖⑨秦地：战国时代的秦国地区，通常即指关中一带。㉗⓪被山带河：谓关中地区四周有群山环绕，东侧有黄河通过。被，通“披”，包裹、环绕。㉗①四塞以为固：四周都有屏障、关塞。〖按〗贾谊《过秦论下》：“秦地被山带河以为固，四塞之国也。”盖史公用《过秦论》语以为刘敬说辞。㉗②卒然：突然。卒，通“猝”。㉗③百万之众可立具：很快就能组织起上百万的军队。㉗④因秦之故：凭借着旧日秦国所修的种种防守工事。㉗⑤资甚美膏腴之地：利用关中地区美好的土地资源。资，凭借、借用。膏腴，以喻农田之肥沃。㉗⑥天府：上帝的大仓库。府，仓库。《战国策·秦策》中苏秦说惠王曰：“大王之国，地势形便，此所谓‘天府’。”盖战国以来之套语。㉗⑦山东虽乱二句：贾谊《过秦论下》有所谓“藉使子婴有庸主之材，仅得中佐，山东虽乱，秦之地可全而有，宗庙之祀未当绝也”，此即娄敬之所本。㉗⑧搤其亢二句：一手掐脖子，一手击其背。亢，喉咙。㉗⑨案：巡察；清点。亦即“防守好”的意思。㉘⓪山东：崤山以东，泛指战国时的东方六国之地。㉘㉛周王数百年：周在洛阳称王数百年。〖按〗自平王东迁（公元前七七〇年）至周赧王死二周灭亡（公元前二五六年），共历时五百多年。㉘㉜秦二世即亡：秦朝建都关中只传了两代，到胡亥时就亡国了。㉘㉝东有成皋：古时的成皋城在今河南荥阳西北的大伾山上，以东是平原，以西是山地，故娄敬视以为是东部的屏障。㉘㉞殽、渑：亦作“崤、渑”，崤山、渑池。崤山在今河南灵宝东南，渑池是洛阳西部的古县名。㉘㉟倍河：背靠黄河。黄河在洛阳城北流过。㉘㊱乡伊洛：面对伊水、洛水。㉘㊲亦足恃：也完全可以依靠。㉘㊳其中小：意谓洛阳城周围的平原狭小。㉘㊴非用武之国：不是可以用武力防守的地方。㉙〇左殽、函：东边有殽山、函谷关。㉙①右陇、蜀：西侧有陇山、岷山。陇山在今甘肃、陕西交界处，岷山在四川与甘肃交界处。㉙②巴、蜀：二郡名，巴郡的首府江安，在今重庆市北。蜀郡的首府即今成都。二郡在四川境内，古有“天府之国”的美称。㉙③胡苑之利：胡，指匈奴等北部边境上的少数民族。苑，牧场。《史记正义》曰：“上郡（约当今之陕西北部）、北地（约当今之陕、甘、宁交界地区），北与胡接，可以牧养禽兽，又多致胡马，故谓胡苑之利也。”李笠曰：“‘苑’当从中统本作‘宛’，谓大宛也。‘胡宛’字并与上‘巴蜀’作对也。”㉙④阻：凭借；倚靠。㉙⑤东制诸侯：控制东方的诸侯国。㉙⑥河、渭漕挽天下：谓通过黄河、渭水运来天下各地的粮食。漕挽，指挽船运输。㉙⑦给：供应。㉙⑧顺流而下：指征讨大兵顺渭水、黄河乘舟而下。㉙⑨足以委输：指便于运输粮草供应前线。委输，运输。㉚〇金城千里：极言其险要、巩固。㉚①即日车驾西二句：当天就动身，迁都长安，极度夸张，以言刘邦对张良意见的重视。〖按〗此所谓“西都长安”者，乃西都栎阳（在今西安市阎良区），至七年（公元前二〇〇年），始徙居长安。㉚②号曰奉春君：较“列侯”低一等。陈直曰：“封‘奉春君’，并未言及封户，殆与叔孙通号‘稷嗣君’相比。”㉚③素：平素；一向。㉚④从上入关：跟着刘邦从洛阳迁都关中后。㉚⑤道引：也作“导引”，古人修炼养生的一种行为方式，即学习某种动物的呼吸以益寿延年。《史记·龟策列传》有所谓“江傍人家常畜龟饮食之，以为能导引致气，有益于助衰养老”；又谓“南方老人用龟支床足，行二十余岁，老人死，移床，龟尚不死，龟能行气导引”云云。㉚⑥不食谷：也称“辟谷”，古人修炼养生的一种行为方式。即不吃饭，服用某种药物，配合以“导引”“致气”等，都是方士们造出的骗人之术。㉚⑦杜门：闭门。㉚⑧家世相韩：家之先人世代为韩国之相。㉚⑨不爱：不吝惜。㉛〇为韩报仇强秦：指携刺客椎秦始皇于博浪沙事。㉛①振动：同“震动”。㉛②三寸舌：《史记索隐》引《春秋纬》曰：“舌在口，长三寸。”通常指耍嘴皮子，伶牙俐齿，巧言善辩。此处指出谋划策，以言语服人。㉛③封万户侯：张良以筹谋划策功被刘邦封为留侯。㉛④从赤松子游：意即要去学神仙。赤松子，古代传说为仙人的名字。凌稚隆引刘子翚曰：“良从赤松子游，盖婉其辞以脱世网，所谓‘鸿飞冥冥，弋人何慕’焉。”又引邵宝曰：“志欲退以辟祸也，辟谷其术耳。”袁黄曰：“张良辟谷，曹参湎于酒，陈平淫于酒与妇人，其皆有不得已乎？其忧思深，其道周，其当吕氏之际乎?”㉛⑮夜旦：黑夜与白昼。㉛⑯超然而独存：超出自然规律而长生不死。㉛⑰明辨达理：聪明，看透自然与人类社会的一切道理。㉛⑱虚诡：虚妄、骗人。㉛⑲功名之际二句：作为一个臣子，当他的功劳太大、名望太高的时候，他的处境是非常艰难的。㉜⓪高帝所称：最受刘邦称赞的人。㉜①三杰：指淮阴侯韩信、相国萧何、留侯张良。刘邦曾说“此三者，皆人杰也”。㉜②诛夷：诛灭；灭族。韩信被灭族事见下文，详情见《史记·淮阴侯列传》。㉜③萧何系狱：事在高祖十二年，因萧何请求拿出皇家猎场的废弃地让百姓们耕种而触怒刘邦，被刘邦下狱。事见《史记·萧相国世家》。㉜④非以履盛满而不止耶：不就是因为当其功大位高的时候而不知道收敛吗。履，处于。盛满，以喻功大位高。㉜⑤托于神仙：假说追求长生不死。㉜⑥遗弃人间：抛开人世间的功名富贵不闻不问。㉜⑦等功名于外物：把功名富贵看作身外之物。㉜⑧荣利：名誉、财利。㉜⑨六月壬辰：六月初三。㉝⓪燕王臧荼反：臧荼最初被项羽封为燕王；韩信破赵后，臧荼投降刘邦，继续为燕王；今不知缘何而“反”，《史记》《汉书》皆无详载。㉝①赵景王耳：张耳，刘邦的儿女亲家，随韩信破赵后被封为赵王，景字是谥。事迹详见《史记·张耳陈馀列传》。㉝②长沙文王芮：吴芮，最初被项羽封为衡山王，因在楚汉战争中帮着刘邦打项羽，故被刘邦封为长沙王。文字是谥。事迹详见《汉书·韩彭英卢吴传》。㉝③壬子：此年之九月没有“壬子”日，此年的闰九月二十五是“壬子”，疑《通鉴》记载有误。㉝④太尉长安侯卢绾：卢绾是刘邦的儿时伙伴，后又为刘邦部将，故受刘邦特殊宠爱，楚汉战争时就被刘邦封为长安侯，任太尉之职。太尉，国家的最高军事长官，与丞相同级。事迹详见《史记·韩信卢绾列传》。㉝⑤同里闬：住在同一条里巷。㉝⑥莫敢望：无法指望；无法与之相比。㉝⑦利几反：在代郡（今山西北部、河北的西北部）一带造反。㉝⑧后九月：即闰九月，当时的闰月都放在一年的最后，刘邦仍用秦历，故闰九月在此年的最后。㉝⑨治长乐宫：兴建长乐宫。长乐宫是汉初最早兴建的宫殿之一，在长安城内的东部，故亦称“东宫”。㉞⓪钟离眛：项羽的骨干将领之一，已见于前文。㉞①亡归信：潜逃到韩信处。㉞②信初之国：韩信刚到楚国封地的时候。楚国都城为下邳，今江苏邳州西南。㉞③行县邑：视察楚国所管辖的县城与县下的乡邑。㉞④陈兵出入：出入都带着军队，戒备森严。

【校记】

［1］齐王：原作“韩王”。据章钰校，甲十五行本、乙十一行本、孔天胤本皆作“齐王”。今从诸本及《史记·魏豹彭越列传》《通鉴纪事本末》改。［2］自：据章钰校，甲十五行本、乙十一行本、孔天胤本皆无此字。［3］户：原作“尸”。今从《四部丛刊》影宋刊本（乙十一行本）改。［4］寤：原作“悟”。据章钰校，甲十五行本、乙十一行本、孔天胤本皆作“寤”。今从诸本及《史记·项羽本纪》《通鉴纪事本末》改。［5］未有：据章钰校，甲十五行本、乙十一行本、孔天胤本皆作“未当有”。

【原文】

六年（庚子，公元前二〇一年）

冬，十月，人有上书告楚王信反[345]者。帝以问诸将，皆曰："亟[346]发兵，坑竖子[347]耳！"帝默然。又问陈平，陈平曰："人上书言信反，信知之乎？"曰："不知。"陈平曰："陛下精兵，孰与楚[348]？"上曰："不能过。"[349]平曰："陛下诸将，用兵有能过韩信者乎？"上曰："莫及也。"平曰："今兵不如楚精，而将不能及，举兵攻之，是趣之战[350]也。窃为陛下危之！"上曰："为之奈何？"平曰："古者天子有巡狩会诸侯[351]，陛下第出[352]，伪游云梦[353]，会诸侯于陈[354]。陈，楚之西界[355]。信闻天子以好出游[356]，其势必无事而郊迎谒[357]。谒而陛下因禽之，此特一力士之事[358]耳。"帝以为然，乃发使告诸侯："会陈，吾将南游云梦[359]。"上因随以行[360]。楚王信闻之，自疑惧，不知所为。或说信曰："斩钟离昧以谒[361]上，上必喜，无患。"信从之。

十二月，上会诸侯于陈。信持昧首谒上，上令武士缚信，载后车。信曰："果若人言[362]，'狡兔死，走狗烹；高鸟尽，良弓藏；敌国破，谋臣亡'。天下已定，我固当烹。"上曰："人告公反。"遂械系信[363]以归，因赦天下[364]。

田肯[365]贺上曰："陛下得韩信，又治秦中[366]。秦，形胜之国也[367]，带河阻山[368]，地势便利，其以[369]下兵于诸侯[370]，譬犹居高屋之上建瓴水[371]也。夫齐，东有琅邪[372]、即墨[373]之饶，南有泰山[374]之固，西有浊河[375]之限[376]，北有勃海之利[377]。地方二千里，持戟百万，此东西秦也[378]。非亲子弟，莫可使王齐者[379]。"上曰："善。"赐金五百斤。

上还，至洛阳，赦韩信，封为淮阴侯[380]。信知汉王畏恶[381]其能，多

【语译】

六年（庚子，公元前二〇一年）

冬季，十月，有人给高祖写信，告发韩信谋反。高祖就这件事向诸将询问该怎么办。诸将都说："赶紧发兵，活埋了这小子就是了！"高祖沉默着没有表态。高祖又去问陈平，陈平说："有人给陛下写信告发韩信谋反这件事，韩信本人知道吗？"高祖说："不知道。"陈平又问："陛下的精兵和韩信的精兵比较起来，谁的更精良？"高祖说："比不过韩信。"陈平接着问："陛下的将领中在用兵打仗方面有比韩信更强的吗？"高祖说："没有人能比得过韩信。"陈平说："现在陛下的兵士不如韩信的兵士精，陛下的将领又没有韩信能打，如果发兵前去攻打，是逼韩信与我们决战。我很为陛下担忧！"高祖问："那该怎么办？"陈平说："古代天子经常到各地巡视，顺便会晤诸侯。陛下尽管出巡，假说是到云梦巡游视察，通知诸侯到陈地会晤。陈地紧邻楚国的西部边界。韩信听说天子是来楚地巡视游玩，必定不做任何戒备，而且一定亲自到陈县郊外来迎谒陛下。在韩信前来谒见的时候，趁机将他抓起来，只需安排一个大力士就足够了。"高祖认为陈平的办法好，于是就派使者通知各诸侯王说："到陈地会晤，我要到云梦巡游。"使者出发后，高祖刘邦也随即前往云梦。楚王韩信听到高祖巡视云梦的消息后，很怀疑高祖来意不善，不知如何是好。有人劝韩信说："您先把钟离昧杀了，然后再去谒见皇帝，皇帝必定很高兴，就不会有事了。"韩信听从了那个人的意见，于是杀死了钟离昧。

十二月，汉高祖刘邦在陈地接见诸侯，韩信捧着钟离昧的首级前来拜见。高祖当即下令将韩信捆了，押在一辆囚车里。韩信对刘邦说："果然像有人说的那样，'狡兔死光了，捉拿兔子的猎狗就被煮来吃了；高空的飞鸟没有了，射鸟的弓箭也就收藏起来了；敌对的势力被消灭了，替主子出谋划策的人死期也就到了'。如今天下已经平定，我本来就该死了。"高祖说："有人告发你谋反。"于是给韩信戴上刑具囚禁起来，回到京师，下令大赦天下。

田肯向高祖祝贺说："陛下既擒获了韩信，又将都城建在关中。关中是个地理形势最为险要的地方，有黄河的环绕，有崤山的阻隔，地理条件极为优越便利；如果从这里发兵去讨伐东方诸侯的叛乱，就如同在高高的屋脊上把水往下倒一样，势不可当。而齐国，东部有富饶的琅邪、即墨；南部有泰山作为屏障，西有黄河作为天堑，北有渤海鱼盐之利。面积方圆两千多里，全副武装的战士有百万之多；那是东方的一个秦国呀。如果不是皇室宗亲，就不能把那里分封给他称王。"高祖说："你说得对。"于是赏赐给田肯五百斤黄金。

汉高祖刘邦从云梦返回，到达洛阳时赦免了楚王韩信，将他改封为淮阴侯。韩信知道自己获罪的原因是皇帝对自己的军事才能感到恐惧，所以就经常称说有病，

称病，不朝从[382]，居常鞅鞅[383]，羞与绛、灌等列[384]。尝过樊将军哙[385]。哙跪拜送迎，言称臣[386]，曰："大王乃肯临臣[387]。"信出门，笑曰："生乃与哙等为伍[388]。"

上尝从容[389]与信言诸将能将兵多少。上问曰："如我能将几何[390]？"信曰："陛下不过能将十万。"上曰："于君何如[391]？"曰："臣多多而益善耳。"上笑曰："多多益善，何为为我禽？"信曰："陛下不能将兵，而善将将[392]，此乃信之所以为陛下禽也。且陛下所谓'天授'，非人力也[393]。"

甲申[394]，始剖符[395]，封诸功臣为彻侯[396]。萧何封酂侯[397]，所食邑[398]独多。功臣皆曰："臣等身被坚执锐[399]，多者百余战，小者数十合[400]。今萧何未尝有汗马之劳，徒持文墨议论，顾反[401]居臣等上，何也？"帝曰："诸君知猎乎？夫猎，追杀兽兔者，狗也；而发纵[402]指示兽处[403]者，人也。今诸君徒能得走兽耳，功狗[404]也；至如萧何，发纵指示，功人[405]也。"群臣皆莫[6]敢言。

张良为谋臣，亦无战斗功，帝使自择齐三万户[406]。良曰："臣始[7]起下邳[407]，与上会留[408]，此天以臣授陛下。陛下用臣计，幸而时中[409]。臣愿封留[410]足矣，不敢当三万户[411]。"乃封张良为留侯。

封陈平为户牖侯[412]，平辞曰："此非臣之功也。"上曰："吾用先生谋计[413][8]，战胜克敌，非功而何？"平曰："非魏无知[414]，臣安得进？"上曰："若子，可谓不背本矣[415]。"乃复赏魏无知。

帝以天下初定，子幼[416]，昆弟少[417]，惩秦孤立而亡[418]，欲大封同姓，以填抚[419]天下。春，正月丙午[420]，分楚王信地为二国：以淮东五十三县[421]，立从兄将军贾[422]为荆王[423]；以薛郡[424]、东海[425]、彭城[426]三十六县，立弟文信君交[427]为楚王[428]。壬子[429]，以云中[430]、雁门[431]、代郡[432]五十三县，立兄宜信侯喜[433]为代王[434]。以胶东[435]、胶西[436]、临淄[437]、济北[438]、博阳[439]、城阳郡[440]七十三县，立微时[441]外妇之子肥[442]为齐王[443]，诸民能齐言者，皆以与齐[444]。

既不去朝见高祖，也不跟随高祖出行；平常家居的时候，也是怏怏不乐，对自己与绛侯周勃、灌婴等人站在同一等级的行列中感到羞耻。他曾经到樊哙将军家中走访。樊哙接待他用跪拜礼迎接，跪拜礼相送，在他面前称自己为臣，说："大王竟然肯光临我们家。"韩信从樊哙家中出来，自我嘲笑地说："没想到我这一辈子竟然跟樊哙这样的人混在一起。"

高祖曾经跟韩信在一起随便地谈论起诸将能够指挥多少军队。高祖问韩信说："你看我能指挥多少人？"韩信回答说："陛下能指挥的军队不超过十万。"高祖问："那你能指挥多少呢？"韩信回答："我是越多越好。"高祖笑着说："既然是越多越好，为什么会被我擒获？"韩信说："陛下虽然不能够指挥军队，但能够统御将领，这就是我韩信被陛下擒获的原因。再说，陛下的才能'是上天所授予的'，不是人力所能比得上的呀。"

十二月二十八日甲申，高祖开始分封有功劳的大臣为侯爵。萧何被封为酂侯，他的采邑户数最多。其他功臣都不服气，说："我们这些人身穿坚甲，手执利器，冲锋陷阵，多的参加过一百多次战斗，少的也参加了几十次。而萧何没有参加过一次战斗，未曾体验过征战的劳苦，只是靠弄弄笔杆子，发表发表议论，但他的采邑户数反而比我们的还多，这是为什么呢？"高祖说："诸位将军知道打猎吗？在打猎的过程中，追杀猎物狡兔的，是狗；发现野兽踪迹、指示猎物所在的是人。如今你们只能猎得野兽，是狗一样的功劳；至于萧何，他能指出猎物所在，他的功劳是猎人一样的功劳。"诸将都不敢再言语。

张良是出谋划策的人，也没有在战场上驰骋拼杀的功劳，高祖让他在齐地选择三万户作为食邑。张良推辞说："我当初在下邳起事，而后在留县与陛下相会，这是上天有意把我授予陛下。陛下采纳我的建议，有时侥幸成功。我希望把留县封给我，我就很满足了，我确实不敢接受三万户的封赏。"高祖于是封张良为留侯。

又封陈平为户牖侯，陈平也推辞说："我没有那么大的功劳，不应该把户牖封给我。"高祖说："我采用先生的计策，战胜了敌人取得了胜利，这不是功劳是什么？"陈平说："如果不是魏无知举荐我，我怎么能有机会为陛下效劳呢？"刘邦说："像先生这样，可以说是不忘本了。"于是高祖再次奖赏了魏无知。

高祖刘邦认为天下刚刚平定，自己的儿子年纪还小，弟兄又少，鉴于秦朝没有同姓藩国致使孤立无援而灭亡的教训，就想把与自己有血缘关系的同姓分封到全国各地去镇守。春天，正月二十一日丙午，高祖把原来属于楚王韩信的土地一分为二：将其中淮河以东的五十三个县，分封给堂兄刘贾将军，为荆王；把其余的薛郡、东海、彭城三十六个县，分封给自己的弟弟文信君刘交，封他为楚王。二十七日壬子，把云中、雁门、代郡共计五十三个县，分封给哥哥宜信侯刘喜，为代王。又把胶东、胶西、临淄、济北、博阳、城阳郡总计七十三县，分封给自己平民时与他人所生的儿子刘肥，为齐王，凡是讲齐地语言的地区以及百姓，都划归齐王所有。

上以韩王信[445]材武[446]，所王北近巩、洛[447]，南迫宛、叶[448]，东有淮阳[449]：皆天下劲兵处[450]。乃以太原郡[451]三十一县为韩国，徙韩王信王太原以北[452]，备御胡[453]，都晋阳。信上书曰："国被边[454]，匈奴数入寇[455]。晋阳去塞远[456]，请治马邑[457]。"上许之。

上已封大功臣二十余人[458]，其余日夜争功不决，未得行封。上在洛阳南宫，从复道[459]望见诸将往往相与[460]坐沙中语。上曰："此何语[461]？"留侯曰："陛下不知乎？此谋反[462]耳。"上曰："天下属[463]安定，何故反乎？"留侯曰："陛下起布衣[464]，以此属[465]取天下。今陛下为天子，而所封[466]皆故人所亲爱，所诛皆生平所仇怨。今军吏计功[467]，以天下不足遍封[468]。此属畏陛下不能尽封，恐又见疑平生过失[469]及诛[470]，故即相聚谋反耳[471]。"上乃忧曰："为之奈何？"留侯曰："上平生所憎，群臣所共知，谁最甚者？"上曰："雍齿与我有故怨，数尝窘辱我[472]。我欲杀之，为其功多，故不忍。"留侯曰："今急先封雍齿，则群臣人人自坚[473]矣。"于是上乃置酒，封雍齿为什方侯[474]，而急趣[475][9]丞相、御史定功[476]行封。群臣罢酒，皆喜曰："雍齿尚为侯，我属无患矣[477]！"

臣光曰："张良为高帝谋臣，委以心腹[478]，宜其知无不言。安有闻诸将谋反，必待高帝目见偶语，然后乃言之邪？盖以高帝初得天下，数用[479]爱憎行诛赏，或时害至公[480]，群臣往往有觖望[481]自危之心，故良因事纳忠[482]，以变移帝意[483]。使上无阿私[484]之失，下无猜惧[485]之谋，国家无虞[486]，利及后世。若良者，可谓善谏矣。"

列侯毕已受封[487]，诏定[488]元功十八人[489]位次[490]。皆曰："平阳侯曹参[491]身被七十创[492]，攻城略地，功最多，宜第一。"谒者[493]、关内侯[494]鄂

高祖刘邦认为韩王信不仅很有才能，而且勇武过人，他的领土北边靠近巩邑、洛邑，南部逼近宛邑、叶邑，东部有淮阳，都是兵家必争之地，需要国家设重兵把守的地方。于是把太原郡的三十一个县区划为韩国，把韩王信迁移到太原，让他防备北部的胡人，首府设在晋阳。韩王信上书给高祖说："韩国位于北部边陲，匈奴屡次入侵。首府晋阳离边界太远，请将首府设在马邑。"高祖批准了他的请求。

高祖刘邦已经分封了二十多位功臣，其余没有得到封赏的功臣每天都在为谁的功劳大谁的功劳小而争论不休，所以刘邦一时未做决定，没有继续进行封赏。当时高祖住在洛阳南宫，他站在复道上，远远地看见诸多将领三五成群地坐在沙堆上议论，就问身边的留侯张良："他们在谈论什么呢？"留侯张良说："陛下难道不知道吗？他们是在密谋造反呢。"高祖说："天下刚刚平定，为什么要谋反呢？"留侯回答："陛下出身于平民百姓，依靠这些人夺取了天下。如今您做了皇帝，所封赏的都是您过去的老朋友和您的亲属，所诛杀的都是您平常所憎恶怨恨的。现在那些负责统计诸将功劳的官吏认为，就是把天下的土地都分割成封国，也分封不过来。这些人既担心自己得不到封赏，又惧怕自己平时得罪了陛下而遭到诛杀，所以就聚集到一起密谋造反了。"高祖担忧地说："这该如何是好呢？"留侯说："陛下平时最憎恶的，而且是所有将领们都知道的是谁？"高祖说："雍齿，他过去跟我就有积怨，曾经多次困辱我。我早就想杀了他，只是因为他功劳大，所以一时还不忍心。"留侯建议说："陛下赶紧先封雍齿，其他将领们心里就踏实了。"于是，高祖大摆酒宴，封雍齿为什方侯；催促丞相、御史赶紧核定出诸位将领功劳的大小多少，以此为依据进行封赏。分封雍齿的酒宴结束后，诸位将领都兴奋地说："就连雍齿都被封为侯，我们这些人还有什么可担忧的呢！"

司马光说："张良作为汉高祖的重要谋臣，高祖对他推心置腹，信任有加，张良就该知无不言，怎么可能在已经料到诸将密谋叛乱，还要等到汉高祖亲眼看见诸将密谋的时候，才向高祖透露消息呢？这是因为汉高祖刚刚平定天下，却屡次以自己的好恶为标准进行奖赏或诛杀，有时又以私害公，诸将领都不免产生不满和忧惧的情绪。张良借机发挥，向高祖进献忠言，以改变高祖固有的主意，希望高祖不要犯因徇私而误国的过失，使在下位的诸多将领也不要因此而对高祖产生猜忌。这样的话，国家政局稳固，没有忧患，子孙后代都会享受到他的好处。所以说，像张良这样的人，才可以称得上是善于规劝的人。"

列侯全部封赏完毕，汉高祖下诏让群臣排定功劳最大的十八个功臣的名次。大家都说："平阳侯曹参身上受伤七十处，攻打城邑、夺取土地，他的功劳最多，应该排在

千秋进曰:“群臣议皆误。夫曹参，虽有野战略地之功，此特一时之事[495]耳。上与楚相距五岁[496]，失军亡众，跳身遁[497]者数矣[498]。然萧何常从关中遣军补其处[499]。非上所诏令召[500],而数万众会上之乏绝[501]者数矣。又军无见粮[502],萧何转漕关中,给食不乏[503]。陛下虽数亡山东[504],萧何常全关中[505]以待陛下。此[506]万世之功也。今虽无曹参等百数[507]，何缺于汉[508]？汉得之，不必待以全[509]。奈何[510]欲以一旦之功，而加[511]万世之功哉！萧何第一，曹参次之。”上曰:“善!”于是乃赐萧何带剑履上殿[512]，入朝不趋[513]。上曰:“吾闻‘进贤受上赏[514]’，萧何功虽高，得鄂君乃益明。”于是因鄂千秋所[10]食邑，封为安平侯[515]。是日，悉封何父子兄弟十余人[516]，皆有食邑。益封何二千户[517]。

上归栎阳[518]。

夏，五月丙午[519]，尊太公[520]为太上皇。

初，匈奴畏秦，北徙[521]十余年。及秦灭[522]，匈奴复稍[523]南度河[524]。

单于头曼[525]有太子曰冒顿[526]。后有所爱阏氏[527]，生少子，头曼欲立之。是时，东胡[528]强，而月氏[529]盛，乃使冒顿质[530]于月氏。既而头曼急击月氏，月氏欲杀冒顿。冒顿盗其善马，骑之亡归[531]。头曼以为壮，令将[532]万骑。

冒顿乃作鸣镝[533]，习勒其骑射[534]。令曰:“鸣镝所射，而不悉射[535]者，斩之。”冒顿乃以鸣镝自射其善马，既又射其爱妻。左右或[536]不敢射者，皆斩之。最后以鸣镝射单于善马[537]，左右皆射之。于是冒顿知其可用。从头曼猎[538]，以鸣镝射头曼，其左右亦皆随鸣镝而射，遂杀头曼，尽诛其后母与弟及大臣不听从者。冒顿自立为单于[539]。

东胡闻冒顿立，乃使使谓冒顿:“欲得头曼时千里马。”冒顿问群

第一位。”担任谒者、关内侯的鄂千秋上前说：“你们大家的意见都是错误的。曹参虽然有攻城略地的功劳，但那只是一段时间之内发生的事情。皇帝与项羽进行了五年的拉锯战，损失的兵员很多，就连皇帝单身一人逃走的事情都有好多次。在那时，萧何经常从关中派遣军队为前方补充兵员。这些兵员并不是皇帝下诏让萧何去招募的，又往往是在皇帝正为兵员匮乏、形势危急而发愁的情况下，萧何派遣的几万人大军恰好赶到。还有，军队中没有现成的粮秣，萧何从关中筹集粮秣源源不断地送往前方，使军中粮秣从无匮乏。陛下虽然几次丢失了崤山以东的土地，而萧何镇守关中，使关中始终安然无恙地等待着陛下。这是永垂不朽的功劳啊。如果没有曹参，甚至没有一百个像曹参这样的人，汉朝仍然还是汉朝；汉朝得到了曹参，也不是靠着他才保全了汉朝。怎么能够把一时的功劳，凌驾于不朽功劳之上呢！萧何的功劳应该第一，曹参第二。”汉高祖说：“说得好！”于是特许萧何可以佩带宝剑、穿着鞋子上殿朝见，而且在进殿的时候不必小跑着往前走。高祖又说：“我听说‘举荐贤能的人应该受到最高的奖赏’，萧何功劳虽然最大，但因为有了鄂千秋的解释才更加明确。”于是就在鄂千秋原有食邑的基础上，晋封他为安平侯。这一天，对萧何父子兄弟十几个人全都进行了封赏，每个人都有食邑。给萧何又增加了二千户的封地。

汉高祖回到栎阳。

夏季，五月二十二日丙午，汉高祖给他父亲上尊号为“太上皇”。

当初，匈奴惧怕秦国的强大，所以举族向北迁移。十余年后，秦朝灭亡，匈奴又逐渐南下渡过黄河。

匈奴单于头曼的太子叫作冒顿。后来，匈奴头曼单于所宠爱的一个阏氏为他生了一个小儿子，头曼单于就想要废掉冒顿而改立小儿子为太子。当时，东胡部落和月氏国都很强盛，头曼单于就送冒顿到月氏国去做人质；随后，头曼派兵对月氏国发动猛烈进攻，月氏想要杀死冒顿。冒顿偷了他们一匹好马，骑着逃回了匈奴；头曼单于觉得冒顿很勇敢，就将一万骑兵交给他率领。

冒顿特制了一种响箭，训练他的骑兵练习骑射。他下令说：“我的响箭射什么目标，你们必须跟着射什么目标，不射的，就杀死他。”冒顿用响箭射自己那匹心爱的善马，之后又用响箭射自己的爱妻。他的手下有人不敢跟着射，冒顿就毫不犹豫地将其杀死。最后，冒顿用响箭射向自己父亲头曼单于最喜爱的善马，他手下的人也就跟着射头曼单于的善马。于是，冒顿知道手下这些人可以为自己所用了。一次，冒顿跟随头曼单于出去打猎，他用响箭射中他的父亲头曼单于，他的手下也毫不迟疑地随着响箭的指示射向头曼单于。头曼单于被冒顿射杀后，冒顿又把后母，即头曼单于宠爱的那个阏氏，以及他的小弟弟和那些不肯听从他的大臣全都杀死。之后，冒顿自行继位做了匈奴单于。

东胡部落听到冒顿继位为匈奴单于后，就派使者来对冒顿说：“想要头曼单于的那

臣，群臣皆曰："此匈奴宝马也，勿与。"冒顿曰："奈何与人邻国而爱[540]一马乎！"遂与之。居顷之，东胡又使使谓冒顿："欲得单于一阏氏。"冒顿复问左右，左右皆怒曰："东胡无道，乃求阏氏，请击之！"冒顿曰："奈何与人邻国，爱一女子乎！"遂取所爱阏氏予东胡。东胡王愈益骄。东胡与匈奴中间有弃地莫居[541]，千余里。各居其边，为瓯脱[542]。东胡使使谓冒顿："此弃地，欲有之[543]。"冒顿问群臣，群臣或曰："此弃地，予之亦可，勿与亦可。"于是冒顿大怒曰："地者，国之本也，奈何予之！"诸言予之者，皆斩之。冒顿上马，令国中有后出者斩，遂袭击东胡。东胡初轻冒顿，不为备，冒顿遂灭东胡[544]。

既归，又西击走月氏[545]，南并楼烦、白羊河南王[546]。遂侵燕、代[547]，悉复收蒙恬所夺匈奴故地[548]与汉关故河南塞[549]，至朝那、肤施[550]。是时，汉兵方与项羽相距[551]，中国罢于兵革[552]，以故冒顿得自强。控弦之士[553]三十余万，威服诸国。

秋，匈奴围韩王信于马邑[554]，信数使使胡求和解[555]。汉发兵救之，疑信数间使[556]，有二心，使人责让[557]信。信恐诛，九月，以马邑降匈奴。匈奴冒顿因引兵南逾句注[558]，攻太原，至晋阳[559]。

帝悉去秦苛仪法[560]，为简易。群臣饮酒争功，醉或妄呼[561]，拔剑击柱，帝益厌[562]之。叔孙通说上曰："夫儒者，难与进取，可与守成[563]。臣愿征鲁诸生[564]，与臣弟子共起朝仪[565]。"帝曰："得无难乎[566]？"叔孙通曰："五帝[567]异乐，三王[568]不同礼。礼者，因时世人情为之节文[569]者也。臣愿颇采[570]古礼，与秦仪杂就之。"上曰："可试为之。令易知，度吾所能行[571]者为之。"

于是叔孙通使征鲁诸生三十余人。鲁有两生不肯行，曰："公所事

匹千里马。”冒顿征求大臣们的意见，大臣们说：“那是我们匈奴的宝马，不能送给东胡。”冒顿说：“既然与东胡为邻国，怎么能因为吝惜一匹马而破坏了与邻国的睦邻友好关系呢！”于是就把那匹千里马送给了东胡。过了不久，东胡又派人来对冒顿单于说：“想要得到匈奴单于的一位阏氏。”冒顿又问他手下的大臣，大臣非常愤怒地说：“东胡太不讲道理了，竟然来讨要阏氏，不如派兵去攻打它！”冒顿又说：“既然与东胡为邻国，怎么能因为舍不得一个女子，而破坏了与邻国的睦邻友好关系呢！”冒顿单于就把自己最宠爱的阏氏送给了东胡。东胡王看到匈奴如此惧怕自己，就愈加骄傲起来。东胡与匈奴之间有一块无人居住的地方，有一千多里。双方各自在自己一方的边境上修建防御工事，中间自然形成了一个缓冲区。东胡派来使者对匈奴单于冒顿说：“中间的这块废弃的土地，我们东胡想要占为己有。”冒顿又征求大臣们的意见，大臣们有的说：“这本是一块废弃无用的地方，给东胡也行，不给也行。”冒顿单于非常生气地说：“土地，是国家的根本，怎么能给别人呢！”就把那些主张把土地给东胡的人全杀了。冒顿单于骑上战马，下令谁不奋勇当先就杀掉谁，于是率领匈奴人去攻打东胡。东胡当初小看了冒顿，根本没有设防，所以冒顿得以长驱直入，一战就灭亡了东胡。

冒顿单于得胜回国后，又向西进兵赶走了月氏，向南吞并了楼烦、白羊等部落。进而侵略燕、代等地，逐渐地又把秦朝时蒙恬所占领的匈奴故地全部收复，与汉朝的边界从河南塞到朝那、肤施相接壤。在那个时候，由于汉军正与项王作战，中原地区连年征战，已经疲惫不堪，无暇顾及北方，冒顿因此得以发展壮大、扩充疆土。他手下能够拉弓射箭的骑士就有三十多万，北方各部落无不被他所折服。

秋季，匈奴军队将韩王信包围在马邑。韩王信多次派遣使者出使匈奴，请求和解。汉朝发兵援助韩王信；对韩王信多次暗中向匈奴派遣使者产生怀疑，认为他对汉朝已有二心，于是派人前去责问。韩王信惧怕被高祖所杀，便在九月，连同马邑一起投降了匈奴。匈奴单于冒顿趁机率领军队向南越过句注山攻打太原，大军直抵晋阳。

汉高祖刘邦全部废除了秦朝那套苛刻烦琐的礼仪法规，力求简便易行。于是君臣在一起饮酒时，群臣无拘无束，互相夸耀自己的功劳，喝醉之后有人就大呼小叫，甚至拔出宝剑，乱砍殿柱，刘邦对此越来越感到厌烦。儒生叔孙通向刘邦建议说：“那些读孔孟之书的人，很难与他们一起夺取天下，却可以用他们来帮助您巩固政权。我愿意到东鲁去征召那些有名望的儒生，让他们和我一起制定一套朝会的礼仪。”高祖问：“该不会很繁难吧？”叔孙通说：“五帝所听的音乐是不一样的，三王采用的礼仪也不相同；礼仪这种事，要根据不同时代、不同的社会观念来制定，是用来约束、规范人们言行的。我想略微采用一些古代的礼仪，再参照秦朝的做法，制定出一套汉礼来。”汉高祖说：“你可以尝试着去做。要让这套礼仪简便易行，要考虑我能够接受。”

于是，叔孙通奉命到鲁地征召了三十多名儒生。有两名儒生不肯应召，他们对

者[572]且十主[573]，皆面谀[574]以得亲贵。今天下初定，死者未葬，伤者未起[575]，又欲起礼乐。礼乐所由起，积德百年而后可兴[576]也。吾不忍为公所为。公去矣，无污我[577]！”

叔孙通笑曰：“若[578]真鄙儒[579]也，不知时变[580]。”遂与所征三十人西[581]，及上左右为学者[582]与其弟子百余人，为绵蕞，野外习之[583]。月余，言于上曰：“可试观矣。”上使行礼[584]，曰：“吾能为此[585]。”乃令群臣习肄[586]。

【段旨】

以上为第二段，写高祖六年（公元前二〇一年）的全国大事，主要写了刘邦袭捕韩信，废为淮阴侯；写了刘邦封其兄弟子侄为王、封其开国功臣为侯，特别写了他优宠萧何的情景；写了叔孙通的为人与其迎合刘邦、为刘邦制定朝仪的过程；写了刘邦迁就韩王信改都马邑，并追述了匈奴兴起、壮大，韩王信投降匈奴，从此北部边境战争开始。

【注释】

㉟人有上书告楚王信反：据《史记·高祖功臣侯者年表》，此告信反者为韩信之舍人栾说，栾说因此告发韩信的功劳，被刘邦封为“慎阳侯”。栾说因何告韩信，史无明载，而《史记·魏豹彭越列传》则明书“吕后乃令其舍人告越谋反”，则栾说之告韩信亦可类比。㊻亟：赶紧。㊼坑竖子：活埋这小子。坑，活埋。㊽陛下精兵二句：此处似应作“陛下兵孰与楚精”，以与后文“今兵不如楚精”语相呼应。㊾上曰二句：去年垓下之战始罢，韩信之兵即被刘邦所夺；今韩信至楚未久，而云刘邦之兵“不能过”，似夸张太过。㊿趣之战：逼着他与我们决战。趣，通“促”，逼使。(351)巡狩会诸侯：天子到外地视察，顺便在某地与众诸侯会晤。巡狩，同“巡守”。古称诸侯为天子守土，天子到诸侯之地视察叫“巡守”。(352)第出：尽管出行。第，但；尽管。(353)伪游云梦：假说要到云梦泽视察。云梦，古薮泽名，在今湖北监利南。(354)会诸侯于陈：召集各国诸侯在陈县会晤。陈，汉县名，亦郡名，县治即今河南周口市淮阳区。(355)陈二句：陈县与韩信楚国的西部边境相邻。(356)以好出游：以美好的说法外出巡游。好，无恶意。(357)其势必无事而郊迎谒：

叔孙通说："你侍奉过的主人大概有十几个了，你总是靠着阿谀奉承而赢得亲近主人、获取尊贵地位的机会。如今天下刚刚平定，死去的人还没有来得及安葬，受伤的人伤势还没有痊愈，你就又要制定礼乐。礼乐的产生必须经过长达百年的德化教育才能产生。我们不愿意去做你那样的事情。你走吧，请不要玷污了我们！"

叔孙通笑了笑说："你们真是迂腐的儒生，一点也不懂得时世的变化。"于是就与应召的三十多名儒生一起向西来到长安。再加上高祖身边那些有学术素养的近臣和叔孙通的弟子，总共一百多人。他们就在野外僻静处，拉上绳子圈好地界，把茅草捆绑成人的形状，演练朝仪。演练了一个多月，叔孙通奏请高祖说："陛下可以先看看行不行。"汉高祖让他把整个上朝行礼的过程演示了一遍后，说："我觉得可以。"于是下令大臣们都去演练。

无事，不作任何戒备。郊迎谒，到陈县郊外迎谒刘邦。㊳此特一力士之事：这样我们只要安排一个大力士就足够了。㊴会陈二句：句首应加一"曰"字读。㊵上因随以行：刘邦也就随即出发了。刘辰翁曰："随以行，谓即日行，使其不测。"㊶谒：进见；拜见。㊷果若人言：沈钦韩曰，"蒯通曾以（下列数语）风韩信，故云'果若人言'也"。㊸械系信：给韩信戴上刑具，囚禁起来。械，刑具。㊹因赦天下：为安定全国人心故有此举。㊺田肯：《汉书》作"田宵"，其人之身世、事迹不详，盖仅此一见。㊻治秦中：即建都关中。治，政府机关所在地，如"县治""郡治"是也。这里用作动词，即以某某城市为首府、首都。秦中，《史记集解》引如淳曰："时山东人谓关中为秦中。"㊼秦二句：意即秦地可是个形势险要的地方。《史记集解》引张晏曰："秦地带山河，得形势之胜便者。"《史记索隐》引韦昭曰："地形险固，故能胜人也。"㊽带河阻山：以黄河为襟带，以四周的群山为屏障。㊾其以：若从此地。㊿下兵于诸侯：出兵讨伐东方的诸侯国。(371)居高屋之上建瓴水：《史记集解》引如淳曰，"瓴，盛水瓶也。居高屋之上而翻瓴水，言其向下之势易也"。(372)琅邪：汉县名，也是汉郡名，县治、郡治在今山东青岛市黄岛区西南。(373)即墨：汉县名，县治在今山东平度东南，为战国以来的齐地名城。(374)泰山：在今山东泰安北，山上有古长城，是旧时齐国的南界。(375)浊河：即指黄河，当时的黄河流经今山东之聊城、平原、德州，北至今河北之沧州东北入海，这一带是旧时齐国的西北部边界。(376)限：隔断；分开。(377)勃海之利：指鱼盐的出产。(378)此东西秦也：意谓齐国就如同一个东方的关中。胡三省曰："言齐地形胜与秦抗衡也。"(379)非亲子弟二句：意思是齐国再也不能封给异姓人。泷川曰："信以兵取齐，虽移其国，守令多其故将，余威尚在，所以有田肯之'贺'。"(380)赦韩信二句：韩信以"谋反"的罪名被袭捕，今又封之为淮阴侯，则韩信之无

罪明矣，岂有“谋反”者尚得为侯哉！韩信为齐王一年，为楚王一年，从此废为淮阴侯。淮阴，汉县名，县治即今江苏淮安市淮阴区。㊳㊲畏恶：恐惧、憎恶。㊳㊷不朝从：不朝见、不跟从出行。㊳㊸居常鞅鞅：时常内心不平。居，平居、日常。鞅鞅，师古曰：“志不满也。”㊳㊹羞与绛、灌等列：羞与绛、灌为伍。绛，指绛侯周勃。事迹见《史记·绛侯周勃世家》。灌，指颍阴侯灌婴。事迹见《史记·樊郦滕灌列传》。二人都是刘邦的元老功臣。等列，同一个级别，指皆封为侯。㊳㊺尝过樊将军哙：曾到过樊哙家。樊哙是刘邦的元老功臣，吕后的妹夫。事迹见《史记·樊郦滕灌列传》。㊳㊻言称臣：汉初之列侯、百官对皇帝、对诸侯说话皆可自称“臣”，以表谦敬。㊳㊼乃肯临臣：居然能光临我们家，极写其对韩信的敬服。㊳㊽生乃与哙等为伍：与上文“羞与绛、灌等列”同意。生，竟；到头来。为伍，为伴，指地位、身份相同。㊳㊾从容：自然、漫不经心的样子。㊴⓪能将几何：能统领多少军队。㊴①于君何如：你又怎么样呢。㊴②陛下不能将兵二句：前言高帝只能将十万，而言自己多多益善，见韩信之得意忘形，不自觉而口出。至高帝笑之曰“多多益善，何为为我禽”，其内心之懊怒已形于色时，韩信方猛然发觉失言，于是顺势改口曰“陛下不能将兵，而善将将”，既平服刘邦的忌心，亦掩饰自己的伤痛。然而，这一来无疑又进一步加强了刘邦必杀韩信之心。㊴③陛下所谓二句：当时人称道刘邦的常用语，《史记·留侯世家》中张良曰“沛公殆天授”；《史记·郦生陆贾列传》中郦生曰“此非人力也，天之福也”，意思皆同。韩信引他人所常说，故云“所谓”。㊴④甲申：十二月二十八。㊴⑤剖符：将信物一分为二，帝王与受封者各持其一以示信。符，用金、玉或竹、木制作的信物。㊴⑥彻侯：也称“通侯”“列侯”。汉初的封爵只有“王”“侯”两等，因刘邦规定了“非刘氏者不得王”，于是异姓功臣的最高封爵就是“列侯”。㊴⑦酂侯：封爵名，封地酂县，县治即今河南永城西之酂城镇。王先谦曰：“何先封沛郡之酂，而后封南阳之酂。音‘嵯’者沛郡县，音‘赞’者南阳县。”㊴⑧食邑：享有的领地。㊴⑨被坚执锐：披坚甲，执利兵。㊵⓪数十合：数十战。合，与上句“战”字意思相同，变换对举。㊵①顾反：转折语词，二字同义，犹今之所谓“反”“反而”。㊵②发纵：发现野兽踪迹。㊵③指示兽处：告诉鹰、狗野兽在哪里。㊵④功狗：猎狗一样的功劳。㊵⑤功人：猎人一样的功劳。㊵⑥自择齐三万户：垓下之战后，项羽败死，韩信之兵权遂亦被刘邦所夺，并将韩信由齐王改封楚王，故此时刘邦可以令张良“自择齐三万户”。㊵⑦起下邳：由下邳率众起义。下邳，秦县名，县治在今江苏邳州南。㊵⑧会留：相会于留县。秦时的留县在今江苏沛县东南。㊵⑨幸而时中：碰巧让我说对了几回。㊶⓪封留：以留县做我的封地。㊶①不敢当三万户：张良深明形势，亦深知刘邦、吕后其人，故处处谦退，此老子之教也，故下场与韩、彭不同。㊶②户牖侯：封地在户牖乡。户牖乡上属阳武县。秦时的阳武县在今河南原阳东南，是陈平的故乡。㊶③吾用先生谋计：凌稚隆曰，“君而‘先生’其臣者，见此”。㊶④魏无知：陈平脱离项羽改投刘邦时，最先将陈平引荐给刘邦的人。㊶⑤若子二句：泷川曰，“初称‘先生’，敬之也；后称‘子’，亲之也”。㊶⑥子幼：太子刘盈年幼。㊶⑦昆弟少：昆弟，兄弟。刘邦之长兄刘伯早年已死，现存者有次兄刘仲、少弟刘交。刘仲没有出息，刘交也未见有多大才干。见《史记·楚元王世家》。⑱ 惩秦孤立而亡：接受秦朝没有同姓藩国致使孤立灭亡的教训。惩，接受教训。⑲ 填抚：镇抚。填，同“镇”。⑳ 正月丙午：正月二十一。㉑ 淮东五十三县：指今淮水东南直至长江下游的苏州以及浙江北部的湖州一带。㉒ 将军贾：刘贾，刘邦的远房同族。事迹详见《史记·荆燕世家》。㉓ 荆王：都城广陵，即今江苏扬州。〖按〗《汉书·高帝纪》作“以故东阳郡（郡治在今江苏盱眙东南）、鄣郡（郡治在今浙江湖州西南）、吴郡（郡治即今苏州）五十三县立刘贾为荆王”。㉔ 薛郡：郡治即今山东曲阜。㉕ 东海：郡治郯县，在今山东郯城西北。㉖ 彭城：即今江苏徐州。㉗ 文信君交：刘交，刘邦的同父异母弟。事迹详见《史记·楚元王世家》。“文信君”是其先有的封号名。㉘ 楚王：都城即今徐州。㉙ 壬子：正月二十七。㉚ 云中：汉郡名，郡治在今内蒙古呼和浩特西南。㉛ 雁门：汉郡名，郡治善无，在今山西左云西。㉜ 代郡：汉郡名，郡治即今河北蔚县东北的代王城。㉝ 宜信侯喜：刘喜，刘邦的次兄。㉞ 代王：都城即今蔚县东北的代王城。㉟ 胶东：汉郡名，郡治即墨，在今山东平度东南。㊱ 胶西：汉郡名，郡治高密，在今山东高密西北。㊲ 临淄：汉郡名，郡治即今山东淄博市临淄区。㊳ 济北：汉郡名，郡治卢县，在今山东济南市长清区西南。㊴ 博阳：汉郡名，郡治博县，在今山东泰安东南。㊵ 城阳郡：汉郡名，郡治即今山东莒县。㊶ 微时：指刘邦起义前的低贱时期。㊷ 外妇之子肥：刘邦与他人的媳妇私通所生的孩子刘肥。㊸ 齐王：都城即今淄博市临淄区。㊹ 诸民能齐言者二句：王骏图曰：“此谓近齐城邑，凡语言与齐一类者，皆割属齐王，言其疆域之大也。”㊺ 韩王信：名信，战国韩国王室的后代，起兵反秦以来一直追随刘邦，故被刘邦封为韩王，都城阳翟，即今河南禹州市。事迹详见《史记·韩信卢绾列传》。为与淮阴侯韩信相区别，故历史上称之为“韩王信”。㊻ 材武：有人才、有武略。㊼ 所王北近巩、洛：所王，意即韩国所处的地理形势。巩、洛，即巩县、洛阳。洛阳（今洛阳东北）是刘邦刚建国时的都城，巩县（今河南巩义市西）历来是洛阳的郊畿。㊽ 南迫宛、叶：迫，逼近。宛、叶，即宛城（今河南南阳）、叶县（今河南叶县西南）。㊾ 淮阳：即今河南周口市淮阳区，当时为陈郡的郡治，故也称作“陈”。㊿ 天下劲兵处：意即兵家必争之地，国家要驻重兵把守的地方。451 太原郡：汉郡名，郡治晋阳，在今山西太原西南。452 王太原以北：把韩国的地盘由颍川郡换到晋阳以北的山西北部。453 备御胡：防守边地，抵抗匈奴入侵。胡，秦汉时对匈奴的称呼。454 国被边：新改的韩国紧靠边境，北与匈奴相接。被，披，紧挨。455 匈奴数入寇：匈奴屡屡入侵这一带地区。数，屡屡。456 晋阳去塞远：国都离北部边界太远，有情况难以及时做出反应。塞，边塞，北界之长城。457 请治马邑：请以马邑为韩国都城。马邑，汉县名，即今山西朔州，原属于雁门郡。〖按〗韩王信开始之考虑未尝不为国家，亦非无为之主。郭嵩焘则以为“信去晋阳而都马邑，预为亡归匈奴地耳”。茅坤《史记钞》曰：“以韩王信王太原备胡可也，治马邑，是弃之于胡也。信失着，而汉亦失着矣。”458 上已封大功臣二十余人：据

《史记·高祖功臣侯者年表》，在雍齿前受封者共二十九人。㊾复道：亦称“阁道”，楼阁之间的空中通道。460相与：彼此三个一群、两个一伙地。461此何语：这些人都在说什么。462谋反：商量造反。463属：刚刚。师古曰：“属，近也。”464起布衣：由平民百姓起家。465以此属：靠着这些人。466所封：指已经受封的二十多个人。467计功：计算因立功应该受封的人数。468以天下不足遍封：把整个国家的地盘都拿出来，也不够给他们分封的。469平生过失：犹言“过去的错误”。平生，平素。470及诛：遭到杀害。471故即相聚谋反耳：王维桢曰，“沙中之人，怏怏不平见于词色，未必谋反，但留侯为弭乱计，故权辞以对耳”。472数尝窘辱我：曾多次让我吃苦头。〖按〗雍齿原为刘邦部将，刘邦令其守丰，魏人招之，雍齿遂叛刘归魏。刘邦还军攻丰，数攻不下。后刘邦破丰，雍齿奔魏（最后雍齿又归服了刘邦）。所谓“有故怨”及“数尝窘辱我”，即指此事。473自坚：自信；自安。474什方侯：封地什方县。〖按〗“什方”也作“汁方”“汁邡”，秦县名，在今四川什邡南。475急趣：赶紧催促。趣，通“促”。476定功：核定、议定众人的功绩。477雍齿尚为侯二句：凌稚隆引何孟春曰，“晋文公之赦头须，与高帝之先侯雍齿，其事最相类，二君皆置怨以安人心，非诚然也”。478委以心腹：有心腹话对他说；有心腹事交给他去做。委，托。479用：凭；按着。480或时害至公：有时伤害到最大的公平正直。481觖望：不满；埋怨。482因事纳忠：借着某事进献忠言。483变移帝意：改变最高统治者的固有主意。484阿私：依照私心办事。阿，顺、曲从。485猜惧：怀疑、恐惧。486无虞：无忧。487毕已受封：全部封赏完毕。毕，完、尽。488诏定：下令让群臣评定。489元功十八人：功劳最大的十八个人。元，首、最大的。490位次：列侯们的高低顺序。见《史记·高祖功臣侯者年表》。491曹参：刘邦的开国功臣，被封为平阳侯，封地平阳县，县治在今山西临汾西侧。事迹详见《史记·曹相国世家》。492身被七十创：受伤七十多处。创，兵器造成的伤害。493谒者：帝王的侍从官，负责收发传达以及赞礼等事。494关内侯：比“列侯”低一等，只有封号而无封地，只在关中享受某些特权，故称“关内侯”。495一时之事：短时间内的贡献。一时，短时间。496相距五岁：自高祖元年八月杀回关中到五年十二月破杀项羽，前后跨越五个年头。497跳身遁：单身一人逃出，极言其失败之惨。跳，意思同“逃”。498数矣：已经有多次啦。数，屡屡。499遣军补其处：萧何为保证刘邦前线的兵员，曾将十四岁孩子也都送上战场。500非上所诏令召：用不着皇上发命令征调。501数万众会上之乏绝：当皇上正愁没人的时候，萧何的几万人正好送到。502军无见粮：军中没有下锅的粮食。见，通“现”。503转漕关中二句：从关中运粮草供应前线，使前线无所缺乏。转漕，车运曰转，船运曰漕。504数亡山东：对不少东方地区得而复失。山东，崤山（在今河南灵宝东南）以东，泛指秦时的东方六国之地。505常全关中：总是把关中地区守得好好的。506此：这些，指运兵、运粮、保住关中诸事。507虽无曹参等百数：即使缺少一百个曹参这样的人。508何缺于汉：对汉王国有何损失。509汉得之二句：汉王国有一个曹参，也不是靠着他国家才能保全。510奈何：怎么能够。511加：即今所谓“凌驾”。〖按〗

鄂千秋之言并非无理，然如此说法，则是一副十足的阿谀谄媚之态。⑫带剑履上殿："带"字似应削，剑可曰"带"，履岂可言"带"？汉承秦法，规定群臣上殿不准穿鞋子，不准带兵器，今特许萧何"剑履上殿"，是对他的特殊优宠。泷川引朱锦绶语，以为先秦时之礼节场合，群臣侍立，礼应佩剑。"自秦法群臣侍殿上者不得持尺寸之兵，适与古制相反。汉沿秦法，故特赐萧何以宠之。"⑬入朝不趋：趋，小步疾行，这是古人在君长面前走路时的一种礼节性姿势。现因萧何功大，特免去此礼，以示优宠。〖按〗自萧何开始，后代皇帝凡欲宠异某臣，则必赐其"剑履上殿，入朝不趋，赞拜不名"；而某臣爵位至此，则往往距离篡位已经不远。⑭进贤受上赏：古时习用语。《汉书》武帝元朔元年诏书有所谓"进贤受上赏，蔽贤蒙显戮，古之道也"云云，即其一例。⑮因鄂千秋所食邑二句：意谓鄂千秋原来已经是关内侯，再加上推扬萧何使刘邦满意，于是二者累积，遂封以为安平侯。因，就着、就着原有的基础。安平侯，封地安平县，县治在今山东青州西北。⑯悉封何父子兄弟十余人：《汉书》作"封何父母兄弟十余人"，梁玉绳曰："作'父母'是。"⑰益封何二千户：在原有的封爵上再追加封地二千户。益，追加。⑱栎阳：刘邦战时的都城，在今西安市阎良区。⑲五月丙午：五月二十二。⑳太公：刘邦之父。㉑北徙：向北方迁移。㉒秦灭：事在秦二世三年，公元前二〇七年。㉓稍：渐；逐渐。㉔南度河：向南渡过黄河。此指内蒙古包头、呼和浩特一线的黄河。㉕单于头曼：匈奴君主名头曼。"单于"是匈奴君主的称号，是匈奴语"撑犁孤涂单于"的省称。"撑犁孤涂"的意思是"天子"，"单于"的意思是"广大"。㉖冒顿：使匈奴族强大起来的关键人物，事迹详见后文。㉗阏氏：匈奴贵族姬妾的统称。㉘东胡：当时活动在内蒙古东部、辽宁西部一带的少数民族名。㉙月氏：当时活动在今甘肃之祁连山一带的少数民族名。㉚质：作人质。㉛亡归：逃回。亡，潜逃。㉜将：统领。㉝鸣镝：响箭。㉞习勒其骑射：训练他部下的骑兵射箭。习勒，即今所谓训练。㉟不悉射：意即敢于不跟着射的。㊱或：有的人。㊲单于善马：其父头曼单于的善马。㊳从头曼猎：跟随其父头曼一起打猎。㊴冒顿自立为单于：事在秦二世元年（公元前二〇九年），正是中原地区各路义军起兵反秦之时。㊵爱：吝啬；舍不得。㊶莫居：无人居住。㊷各居其边二句：各自在己方的边境上建筑防御工事。瓯脱，也写作"区脱"。《史记集解》引服虔曰："界上屯守处。"《史记正义》曰："境上斥候之室。"即边界线的岗棚、哨所以及防御工事之类。〖按〗林干《匈奴史》以为"'瓯脱'即匈奴语'边界'的意思"，也指当时匈奴与汉王朝或与其他民族部落之间"作为缓冲的'中间地带'"。杨宽亦同意此说，又引丁谦《汉书匈奴传地理考证》曰："欧脱指弃地而言，原极明析。"又曰："'欧脱'二字为当时方言，今难确解，然大意不过为不毛之地，不足以居人。"若依此解则句中"为"字即"称作"。㊸欲有之：想将其取为己有。㊹冒顿遂灭东胡：谢孝苹曰，"冒顿破东胡，约在楚汉相拒之初，姑系其年于汉高元年，冒顿单于四年，公元前二〇六年"。㊺西击走月氏：使月氏人不能再在今甘肃祁连山一带落脚，只好向西方迁移。㊻南并楼烦、白羊河南王：师古曰，"二王之居在河南”。中井曰：“‘河南王’三字疑衍。”楼烦、白羊，当时居住在今内蒙古河套以南的两个匈奴部落名。据顾颉刚《中国历史地图集》，当时楼烦所居约当今内蒙古鄂尔多斯市之东部和与之邻近的山西西北部、陕西东北部一带地区；白羊所居在今鄂尔多斯市之西部。[547]遂侵燕、代：当时的燕王为臧荼，项羽所封。代，代王陈馀，赵王赵歇之所立。疑冒顿的此次行动应在韩信破代、赵，破燕之前，即公元前二〇五年闰九月之前，若在此以后，则代、赵、燕已依次入汉。[548]蒙恬所夺匈奴故地：即今内蒙古之河套地区，也称“河南地”。[549]与汉关故河南塞：意谓河南地区的南部边境就是与刘邦汉朝的交界之处。关，连界；接壤。[550]至朝那、肤施：谓冒顿的势力一直向南达到朝那与肤施一线。朝那，汉县名，县治在今宁夏固原东南。肤施，汉县名，在今陕西榆林市横山区东，当时为上郡的郡治所在地。[551]汉兵方与项羽相距：事在公元前二〇五年四月至公元前二〇三年九月。[552]中国罢于兵革：中国，指中原地区。罢，通“疲”。[553]控弦之士：能拉弓射箭的骑士。控弦，犹言“拉弓”。[554]马邑：韩王信的都城，即今山西朔州。[555]使使胡求和解：能否请求和解乃国家之政策，藩国自行派人入胡乃超越权限之事。[556]数间使：屡屡暗中派使臣往来。[557]责让：即责备。让，也是“责”的意思。据《汉书》本传云：“上赐书责让之曰：‘专死不勇，专生不任。寇攻马邑，君王力不足以坚守乎？安危存亡之地，此二者，朕所以责于君王。’”王先谦曰：“言处安危存亡之地，‘专死’‘专生’二者，皆非朕所望。责其竭智勇以御敌，不可轻生，亦不宜惜死也。”[558]南逾句注：向南越过了句注山。句注山，即雁门山，在今山西代县、宁武之北侧。[559]晋阳：太原郡的首府，在今太原西南。[560]秦苛仪法：秦朝使用的极其烦琐苛细的礼仪规章。[561]妄呼：肆意呼叫。[562]益厌：越来越讨厌。益，渐、越来越。[563]儒者三句：盖当时许多人的通识。《史记·郦生陆贾列传》有所谓“居马上得之，宁可以马上治之乎？且汤、武逆取而顺守之，文武并用，长久之术也”。贾谊《过秦论》：“夫并兼者高诈力，安定者贵顺权，此言取与守不同术也。秦离战国而王天下，其道不易，其政不改，是其所以取之、守之者无异也。”意思皆与此相同。[564]征鲁诸生：抽调一些曲阜一带的儒生。征，聘、调。[565]朝仪：群臣朝见皇帝的仪式。[566]得无难乎：会不会很难呢。意即能否搞一套别太复杂的。得无，也写作“得毋”，约相当于今之所谓“能不能”“会不会”。难，不是怕叔孙通难搞，而是刘邦怕自己难以忍

【原文】

七年（辛丑，公元前二〇〇年）

冬，十月，长乐宫[587]成，诸侯群臣皆朝贺[588]。先平明[589]，谒者治礼[590]，

受。567 五帝：远古的五个帝王，依司马迁的说法是黄帝、颛顼、帝喾、尧、舜。568 三王：夏、商、周三朝的开国帝王，即夏禹、商汤、周文王与周武王。569 因时世人情为之节文：按照社会发展与人们思想认识的变化，而制定一套礼节来规范、约束他们。570 颇采：也略采用。颇，略。571 度吾所能行：要考虑能够让我接受。与上文"得无难乎"相应，凡此等皆见刘邦之性格，即《史记·高祖本纪》所谓"意豁如也，常有大度""廷中吏无所不侮"云云。572 公所事者：你所侍候过的。573 且十主：几乎快有十个主子。〖按〗叔孙通所侍候过的主子有秦始皇、秦二世、陈涉、项梁、楚怀王、项羽、刘邦，共七个。574 面谀：当面奉承人、讨好人。575 未起：未痊愈。576 积德百年而后可兴：《史记·孝文本纪》有所谓"善人之治国百年，亦可以胜残去杀矣"，两生的意思与此相近。577 公去矣二句：凌稚隆引王维桢曰，"叙两生不行语，亦因以著叔孙人品耳"。吴见思曰："借两生以形容叔孙，一边迂拙，一边通脱；一边持正，一边希世，两两对照，逼出神情。而后人聚讼，未免错认华胥矣。"578 若：汝；你。579 鄙儒：浅陋、固执的小儒。580 不知时变：鲁二儒固然"不知时变"，而叔孙通希世取宠，旋转如风车，更令人鄙视，此史公令叔孙通为自己画像语。581 西：谓西上长安。582 上左右为学者：刘邦身边那些讲究学问的人。583 为绵蕞二句：于野外僻静处，拉绳索以圈地界，束茅草以像人形，演习朝仪。韦昭曰："引绳为绵，立表为蕞。"《史记索隐》引如淳曰："剪茅树地，为纂位尊卑之次。"584 上使行礼：刘邦让他把整个上朝行礼的过程演示了一遍。585 吾能为此：我可以完成我所扮演的角色。586 习肄：演习；演练。肄，习。

【校记】

［6］莫：原作"不"。据章钰校，甲十五行本、乙十一行本、孔天胤本皆作"莫"。今从诸本及《史记·萧相国世家》改。［7］臣始：原作"始臣"。据章钰校，甲十五行本、乙十一行本、孔天胤本二字皆互乙。今从诸本及《史记·留侯世家》改。［8］计：原无此字。据章钰校，甲十五行本、乙十一行本、孔天胤本皆有此字。今从诸本及《史记·陈丞相世家》补。［9］趣：原作"趋"。据章钰校，甲十五行本作"趣"。今从甲十五行本及《史记·留侯世家》改。［10］所：据章钰校，甲十五行本、乙十一行本、孔天胤本"所"上有"故"字。

【语译】

七年（辛丑，公元前二〇〇年）

冬季，十月，长乐宫落成，各地封国的诸侯王和朝中文武百官全都前来朝贺。在天色大亮之前，掌管赞礼的谒者便开始对参加朝会的各类人员进行安排，他引导

以次引入殿门[591]，陈东西乡[592]。卫官侠陛[593]及罗立廷中[594]，皆执兵，张旗帜。于是皇帝传警[595]，辇出房[596]，引诸侯王[597]以下至吏六百石[598]，以次奉贺[599]。莫不振恐肃敬。至礼毕[600]，复置法酒[601]。诸侍坐殿上[602]，皆伏抑首[603]，以尊卑次起上寿[604]。觞九行[605]，谒者言"罢酒"。御史[606]执法，举不如仪[607]者，辄引去[608]。竟朝置酒，无敢谨哗失礼者[609]。于是帝曰："吾乃今日知为皇帝之贵[610]也！"乃拜叔孙通为太常[611]，赐金五百斤。

初，秦有天下，悉内[612]六国礼仪，采择其尊君抑臣者存之[613]。及通制礼，颇[614]有所增损。大抵皆袭秦故[615]，自天子称号，下至佐僚[616]及宫室、官名，少所变改。其书[617]后与律令同录[618]，藏于理官[619]。法家又复不传[620]，民臣莫有言者[621]焉。

臣光曰："礼之为物大矣[622]。用之于身，则动静有法，而百行备[623]焉；用之于家，则内外有别，而九族睦[624]焉；用之于乡，则长幼有伦[625]，而俗化美[626]焉；用之于国，则君臣有叙[627]，而政治成[628]焉；用之于天下，则诸侯顺服，而纪纲正[629]焉。岂直几席之上、户庭之间，得之而不乱哉[630]！夫以高祖之明达[631]，闻陆贾之言[632]而称善，睹叔孙之仪[633]而叹息[634]。然所以不能肩于三代之王[635]者，病于不学[636]而已。当是之时，得大儒[637]而佐之，与之以礼为天下[638]。其功烈[639]，岂若是而止哉！惜夫[640]叔孙生之为[11]器小[641]也！徒窃礼之糠秕[642]，以依世谐俗取宠[643]而已。遂使先王之礼沦没而不振[644]，以迄于今[645]，岂不痛甚矣哉！是以扬子[646]讥之曰：'昔者鲁有大臣[647]，史失其名。曰："何如其大也[648]？"曰："叔孙通欲制君臣之仪，召先生于鲁，所不能致者二人[649]。"曰："若是[650]，则仲尼之开迹诸侯[651]也，非邪？"曰："仲尼开迹，将以自用[652]也。

仪仗队与各类人员按照次序进入殿门，在东、西两侧排好队列。侍卫们有的站立在殿阶两侧，有的排列在庭院里，那些侍卫手里都拿着兵器，院子里旗帜招展。这时侍卫传出“皇帝驾到”的警告，而后就看见汉高祖刘邦乘坐着辇车从后宫缓缓出来，谒者引导着诸侯王以及俸禄在六百石以上的官员，按照尊卑次序依次向前行礼朝贺。在场所有的人没有一个不感到震惊惶恐。朝贺典礼完毕，又摆上庆贺的酒宴。那些坐在大殿之上陪侍的宗室、元勋等，全都弯着腰、低着头，规规矩矩地按照尊卑次序依次向皇帝刘邦敬酒祝寿。经过多次敬酒、赐酒之后，谒者宣布“宴会结束”。整个过程由御史负责监督，凡是举止不符合要求的，就把他拉出席位。整整一个上午的宴饮，没有一个人敢高声说话和违反礼仪。这时，汉高祖高兴地说：“我直到现在才知道当皇帝有多么尊贵！”于是任命叔孙通为掌管宗庙礼仪的太常，赏赐他黄金五百斤。

当初，秦国统一天下之后，参照东方六国的礼仪，专门吸收、采纳了那些抬高君权、压抑群臣的礼节。叔孙通所制定的礼仪，只是在秦朝礼仪的基础上稍微做了些修改，大体上还是沿袭了秦朝的那一套。上从天子的称号，下到副职和辅助性质官室、官员名称，很少改变。制定这套礼仪的书面文字，后来和法律条文、诏令等抄写在一起，保存在司法官员那里。司法官员又从不往外流传，所以没有人能说清它的具体内容。

司马光说：“礼仪作为一种制度，它的作用简直是太大了！用到个人身上，则言谈举止，都有一定的法度，各种好的品行就都齐全了；用在家庭当中，就能使内外有区别、整个家族和睦；用之于乡里，就会使长幼辈分分明，风俗美好；运用到国家，会使国君和臣属的等级分明、高低有序，国家政权稳固、政治昌明；用于普天之下，可以使诸侯顺从臣服，治理国家的大纲大法得到维护。又岂止是能使一个人的生活起居、一个家庭的上下井然有序呢！就凭汉高祖的聪明睿达，听了陆贾的意见后就称赞他说得好，看了叔孙通为之制定的礼仪，就赞叹不已。即使如此，也不能与古代三王居于同等地位的原因，就因为汉高祖学识不足。在那个时候，如果有大儒家、大学者辅佐他，引导他用礼仪治理国家。那汉高祖的功勋和业绩，就不仅如此而已了！可惜啊，叔孙通的抱负太小了！他只是拾取了礼乐当中的一点糟粕，以适应时代和世俗的要求、谋求个人得到君主的宠信罢了，竟然使得先王制定的礼仪因此而被淹没，再也不能振兴，一直延续到现在，岂不是太让人感到痛心了吗？所以扬雄讽刺叔孙通说：‘过去鲁国有一个大臣，史书上没有记载他的名字。问：“怎么样才算是大呀？”回答说：“叔孙通想要制定朝廷礼仪，到鲁地来招聘先生，只有两位他请不动。”又问：“如果这样的话，那当初孔子周游列国以求用于诸侯，难道错了不成？”回答说：“孔子寻求聘用的目的，是为了推行自己的政治主张。

如委己而从人[653]，虽有规矩准绳，焉得而用之[654]！”’善乎扬子之言也！夫大儒者，恶肯[655]毁其规矩准绳，以趋[656]一时之功[657]哉！”

上自将击韩王信，破其军于铜鞮[658]，斩其将王喜。信亡走匈奴。白土[659]人曼丘臣[660]、王黄等立赵苗裔[661]赵利为王，复收信败散兵，与信及匈奴谋攻汉。匈奴使左、右贤王[662]将万余骑，与王黄等屯广武[663]以南，至晋阳。汉兵击之，匈奴辄[664]败走，已复屯聚[665]。汉兵乘胜追之，会[666]天大寒，雨雪，士卒堕指者什二三[667]。

上居晋阳，闻冒顿居代谷[668]，欲击之。使人觇[669]匈奴，冒顿匿[670]其壮士、肥牛马，但见[671]老弱及羸畜[672]。使者十辈来[673]，皆言匈奴可击。上复使刘敬往使匈奴，未还，汉悉兵[674]三十二万北逐之，逾句注[675]。刘敬还报曰：“两国相击，此宜夸矜[676]，见所长[677]。今臣往，徒见[678]羸瘠老弱，此必欲见短[679]，伏奇兵[680]以争利。愚以为匈奴不可击也。”是时，汉兵已业行[681]，上怒，骂刘敬曰：“齐虏[682]以口舌得官[683]，今乃妄言[684]沮[685]吾军！”械系[686]敬广武。

帝先至平城[687]，兵未尽到，冒顿纵精兵四十万骑围帝于白登[688]。七日，汉兵中外不得相救饷[689]。帝用陈平秘计，使使间厚遗阏氏[690]。阏氏谓冒顿曰：“两主不相困[691]。今得汉地，而单于终非能居之也。且汉主亦有神灵[692]，单于察之。”冒顿与王黄、赵利期[693]，而黄、利兵不来，疑其与汉有谋[694]，乃解围之一角。会天大雾，汉使人往来，匈奴不觉。陈平请令强弩傅两矢，外乡[695]，从解角直出。帝出围，欲驱[696]，太仆滕公[697]固徐行[698]。至平城，汉大军亦到，胡骑遂解去。汉亦罢兵归，令樊哙[699]止定代地[700]。

如果放弃了自己的立场而顺从别人，即使有礼教、有法则，又有什么用呢！”’扬雄的话说得真是太好了！作为儒家学派中的著名学者，怎么会去做那些有损于礼法、制度的事情，而去追求一时的成功呢！”

汉高祖刘邦亲自率军北上攻打韩王信，在铜鞮打败了韩王信，韩王信手下的将领王喜被汉军杀死。韩王信逃入匈奴所在的地盘。白土人曼丘臣、王黄等人又拥立战国时赵国王室的后裔赵利为赵王，他们将韩王信的散兵游勇召集起来，然后联合韩王信和匈奴，一起合谋攻打刘邦。匈奴派遣左贤王和右贤王率领一万多名骑兵，与王黄等人驻扎在广武以南到晋阳一带，汉军出兵攻打，匈奴就向后败退，随即又集结起来。汉军乘胜追击，当时正是隆冬季节，天气特别寒冷，又遇上雨雪天气，汉军士卒被冻掉手指的十个人当中就有两三个人。

汉高祖刘邦率军驻扎在晋阳，听说匈奴单于冒顿驻扎在代谷，就准备前去攻打冒顿，他先派使者去侦察，哪知冒顿已经预先把精锐的部队、肥壮的牛马都隐藏起来，能够看到的只有老弱兵卒和羸瘦的牲畜。刘邦先后派出十几批使者，回来后都向高祖汇报说匈奴不堪一击。高祖又派刘敬出使匈奴，在没有等到刘敬回来复命的时候，高祖已经调动了全部三十二万大军对匈奴展开了攻势，向北越过了句注山。刘敬回来向高祖报告说：“两国交战之际，应该向敌方炫耀自己的实力，展示自己的优势。而我观察匈奴，只看见那里的老弱病残，这一定是冒顿单于有意向我们显示他的短处，而把精锐部队埋伏起来，以便对我们发动突然袭击。我认为不能轻易对匈奴发动攻击。”此时汉军已经出发，高祖非常生气，大骂刘敬说：“你这个齐国的奴才，靠耍嘴皮子得了官，现在竟敢用胡言乱语瓦解我军的士气，扰乱军心！”就把刘敬捆绑起来囚禁在广武。

高祖刘邦率军率先抵达平城，后续部队还没有赶到；匈奴单于冒顿抓住时机出动四十万精锐骑兵把刘邦团团包围在白登山。七天七夜之中，汉军完全被匈奴隔断，包围圈内外既不能取得联系，更不能以粮草相互支援。高祖采纳了陈平的秘计，派出秘密使节用厚礼买通了单于阏氏。单于阏氏于是对冒顿单于说：“两国之君不应该互相为难。即使我们夺取了汉朝的土地，单于您也不能长久占有。再说，汉朝皇帝也是有神灵保佑的。请单于考虑我的意见。”冒顿单于与王黄、赵利约定好了合击刘邦的日期，而王黄和赵利在约定的时间内都没有来，单于怀疑他们与汉军有勾结，所以就为刘邦解开一角之围。正好那天大雾弥漫，汉朝使者的往来没有被匈奴人发觉。陈平请求让士兵在每张强弓上搭两支箭，箭头朝向匈奴，保卫高祖从解围的一角溜出重围。高祖逃出包围后，就要纵马疾驰；而为高祖赶车的太仆滕公却故意缓缓而行。一行人到达平城时，汉军的大队人马才全部赶到，匈奴见汉军人多势众，便率军撤回本国。汉军也就此罢兵而回，只留下樊哙继续平定代地的叛乱。

上至广武，赦刘敬，曰：“吾不用公言，以困平城[701]。吾皆已斩前使十辈[702]矣。”乃封敬二千户，为关内侯[703]，号为建信侯[704]。

帝南过曲逆[705]，曰：“壮哉县[706]！吾行天下，独见洛阳与是耳[707]。”乃更封[708]陈平为曲逆侯，尽食之[709]。平从帝征伐，凡六出奇计[710]，辄益封邑[711]焉。

十二月，上还，过赵[712]。赵王敖[713]执子婿礼[714]甚卑，上箕倨慢骂[715]之。赵相贯高、赵午[716]等皆怒曰：“吾王，孱王[717]也！”乃说王曰：“天下豪杰并起，能者先立[718]。今王事帝甚恭，而帝无礼，请为王杀之。”张敖啮其指出血[719]，曰：“君何言之误！先人亡国[720]，赖帝得复国[721]，德流子孙[722]。秋豪[723]皆帝力也，愿君无复出口[724]！”贯高、赵午等皆相谓曰：“乃吾等非也。吾王长者[725]，不倍德[726]。且吾等义不辱[727]。今帝辱我王，故欲杀之，何洿王为[728]！事成归王[729]，事败独身坐[730]耳。”

匈奴攻代[731]，代王喜[732]弃国自归[733]，赦为郃阳侯[734]。

辛卯[735]，立皇子如意[736]为代王。

春，二月，上至长安。萧何治未央宫[737]。上见其壮丽，甚怒，谓何曰：“天下匈匈[738]，劳苦数岁，成败未可知，是何[739]治宫室过度也！”何曰：“天下方未定[740]，故可因以就宫室[741]。且夫天子以四海为家[742]，非壮丽无以重威[743]，且无令后世有以加[744]也。”上说[745]。

臣光曰：“王者以仁义为丽，道德为威，未闻其以宫室填服[746]天下也。天下未定，当克己节用，以趋民之急[747]。而顾[748]以宫室为先，岂可谓之知所务[749]哉！昔禹卑宫室[750]，而桀为倾宫[751]。创业垂统之君[752]，躬行节俭以训[12]示子孙[753]。其末流[754]犹入于淫

高祖回到广武，立即释放了刘敬，他愧疚地对刘敬说："我因为没听你的忠告，以致被围困在平城。我已经把先前谎报军情的十几批使者全处决了。"于是封刘敬为关内侯、食邑两千户，号称建信君。

高祖南行途中经过曲逆县，看了之后称赞说："好壮观的一个县！我走遍天下，只见过洛阳城与曲逆县有如此壮观的规模。"于是改封陈平为曲逆侯，把曲逆全县都作为陈平的食邑。陈平跟随刘邦南征北战，曾经为刘邦六出奇计，每出一奇计就得到刘邦一次增加封邑的奖赏。

十二月，汉高祖返回，途中经过赵地。赵王张敖恭恭敬敬地按照女婿对待岳父的礼节接待刘邦；刘邦却叉开两腿像簸箕一样坐在那里，态度极其轻慢，动不动就破口大骂。赵国宰相贯高、赵午等人不能忍受这种羞辱，非常气愤地互相议论说："我们大王太懦弱了！"于是怂恿赵王张敖说："当今天下豪杰蜂拥而起，谁有能力谁就抢先当皇帝。如今您侍奉皇帝态度特别恭敬，而皇帝对您却傲慢无礼，请允许我们替您杀了他。"张敖自己咬破手指，发誓说："你们的话说得太不对了！我的父亲丧失了自己的国家，是靠了当今皇帝才使赵得以复国，皇帝的恩德，施及我的子孙后代。我现在的一草一木都是皇帝恩赐的，希望你们以后不要再说这样的话！"贯高、赵午等人私下里商量说："是我们的不对了。我们大王是一个为人忠厚的人，誓死不忘皇帝的恩德。而我们这些人却没有忍受侮辱的道理。现在皇帝侮辱了我们大王，所以我们想要杀死他，我们何必要陷大王于不义呢！事情成功了就请大王做皇帝，万一失败，一切后果由我们承担。"

匈奴攻打代地，代王刘喜抛弃了代国逃回长安，高祖赦免了他抛弃国土之罪，贬他为郃阳侯。

正月十一日辛卯，封皇子刘如意为代王。

春天，二月，高祖刘邦回到都城长安。丞相萧何正在修建未央宫。刘邦看见未央宫建筑壮观、装饰豪华，非常生气，他对萧何说："如今天下仍然动荡不安，我们虽然东征西讨，劳苦了好几年，但最后的成败还很难预料，有什么必要建造这么豪华壮观的宫殿呢？"萧何回答说："正是因为天下还没有最后平定，所以正可以趁这个乱劲把宫殿修建起来。再说，天子以四海为家，宫殿不壮观，就不能显示天子的威仪；还可以使后世感到没有再增加的必要。"刘邦听了萧何的这一番话，就又高兴起来。

司马光说："贤明的君主以仁义为美，把高尚的道德当作威严，从来没有听说过用高大壮丽的宫殿来震慑天下的。天下没有平定，就应该克制自己的欲望、节约用度，解救百姓的急难。反而把修建高大的宫殿放在第一位，这能说是懂得事物的轻重缓急吗？过去，夏禹住的宫室很简陋，但被称作圣王，夏桀修筑了华丽高大的宫殿，却灭亡了自己的国家。能开创基业并能把基业长久流传下去的国君，他们全都厉行节俭为子孙后代做出榜样。即使这样，后

靡⑮，况示之以侈⑯乎？乃云'无令后世有以加'，岂不谬哉！至于孝武⑰，卒⑱以宫室罢敝天下⑲，未必不由酂侯⑳启㉑之也！"

上自栎阳徙都长安㉒。

初置宗正㉓官，以序九族㉔。

夏，四月，帝行如洛阳㉕。

【段旨】

以上为第三段，写高祖七年（公元前二〇〇年）的全国大事，主要写了叔孙通为刘邦制定的朝仪付诸实施，由于其宗旨在于尊君卑臣，遂使最高统治者从此更加独裁专制，更加视群臣如奴，影响恶劣而深远；写了刘邦讨伐韩王信，冒进深入，被匈奴围困于白登，从此转为忍让和亲，几十年来边患不断；还写了刘邦对赵王傲慢狂妄，致使贯高、赵午欲谋杀刘邦；等等。

【注释】

⑤87长乐宫：也称"东宫"，在当时长安城的东部，未央宫之东。⑤88诸侯群臣皆朝贺：谓皆以岁首之时，入京朝拜皇帝。诸侯，指各诸侯王与各列侯。⑤89先平明：在天色大亮之前。⑤90谒者治礼：谒者便开始对参加朝会的各种人员进行安排、调动。谒者，官名，上属郎中令，为帝王主管收发传达，举行典礼时任司仪。王先谦曰："此谓谒者掌治赞引之礼。《后汉书·礼仪志》：'钟鸣，谒者治礼引客，群臣就位如仪。'"⑤91以次引入殿门：引导仪仗队与各类参加朝会的人员按次序进入殿门。⑤92陈东西乡：让人们都在东、西两侧站好。陈，列；列队。⑤93卫官侠陛：那些侍卫有的站立在台阶两侧。侠，通"夹"。⑤94罗立廷中：有的排列在院子里。⑤95传警：在皇帝车驾出来之前，先有人传报圣驾将到。⑤96辇出房：而后皇帝的车子从宫中出来。辇，皇帝乘坐的车，有用马拉，有用人挽，也有以人抬行者。⑤97诸侯王：是汉初群臣中爵位最高的一级，他们小者辖地一郡，大者数郡，可以控制该地区的军政大权，是一种很强的割据势力。刘邦在其称帝前后，对功臣、亲属封之为"王"者有齐王韩信、梁王彭越、淮南王黥布，以及齐王刘肥、楚王刘交等。至汉七年诸侯功臣"朝十月"时，除韩信已被袭捕降为淮阴侯，软禁于长安外，其他都在。⑤98吏六百石：官阶名，如朝官中的太子门大夫、水衡都尉的属下诸丞，以及地方官的县令、郡丞等皆为六百石。⑤99奉贺：朝贺。⑥00礼毕：指朝见皇帝之礼进行完毕。⑥01复

代子孙还会变得荒淫靡费、挥霍无度，更何况一开始就拿奢侈浪费给他们看呢！还说什么‘让后代子孙再也不用修建什么了’，这岂不是太荒谬了吗？到了汉武帝时期，终于因为建造宫殿而使天下人困苦不堪，其原因未必不是因为萧何带了这么一个头！”

刘邦把都城从栎阳迁往长安。

开始设置掌管皇室亲族事务的宗正官，使宗族内部和睦有序。

夏季，四月，高祖刘邦前往洛阳。

置法酒：礼节性地赐大家饮酒。师古曰：“犹言礼酌，谓不饮之至醉也。”中井曰：“此酒所以行礼，非食味也，故曰法酒。”⑥⓪② 诸侍坐殿上：应为年高望重的宗室、外戚以及元勋、旧臣等。沈钦韩曰：“《御览》一百七十五引挚虞《决疑要注》曰：‘殿堂之上，唯天子居床，其余皆铺幅，席前设筵。’”⑥⓪③ 皆伏抑首：都低着头。师古曰：“抑，屈也。谓依礼法，不敢平坐而视。”⑥⓪④ 上寿：为皇帝敬酒。古代为人敬酒即祝颂毕自饮一杯。⑥⓪⑤ 觞九行：谓多次赐酒、敬酒之后。⑥⓪⑥ 御史：御史大夫的属官，主管监察、纠弹。⑥⓪⑦ 不如仪：不按规矩行动。⑥⓪⑧ 辄引去：立即将其拉出。⑥⓪⑨ 竟朝置酒二句：竟朝，整整一个上午。吴见思曰：“一篇汉仪注，百余字耳，而事体详尽，句法劲峭。”⑥①⓪ 吾乃今日知为皇帝之贵：吴见思曰，“写高祖得意，与未央上寿时同一洒落”。茅坤曰：“此仪直行至今日，大略皆秦故尊君抑臣之旧也。而三代以前其上下同体处消歇矣。”⑥①① 太常：官名，也称“奉常”，九卿之一，主管朝廷、宗庙的礼仪。⑥①② 内：同“纳”，采纳。⑥①③ 采择其尊君抑臣者存之：专门吸收、采纳了那些抬高君权、压抑群臣的部分。⑥①④ 颇：略；稍微。⑥①⑤ 秦故：秦朝旧有的那一套。⑥①⑥ 佐僚：副职和辅助性质的官员。⑥①⑦ 其书：指叔孙通制定的这些朝廷仪法的书面文字。⑥①⑧ 与律令同录：和法律条文抄写在一起。⑥①⑨ 藏于理官：保存在司法官员那里。理官，法官，司法系统的官员。⑥②⓪ 法家又复不传：法家的书又不让百姓念。不传，不许流传其书，若有欲学者则“以吏为师”。⑥②① 莫有言者：谁也说不清。⑥②② 礼之为物大矣：礼作为一种制度，其作用可是大得很哪。〖按〗《荀子·礼论》有所谓“礼，上事天，下事地，尊先祖而隆君师”。⑥②③ 百行备：各种好的品行都会齐全。⑥②④ 九族睦：整个家族上下和睦。九族，九代，指高祖、曾祖、祖、父、本人、子、孙、曾孙、玄孙。⑥②⑤ 有伦：有次序；有秩序。⑥②⑥ 俗化美：风俗风化美好。⑥②⑦ 有叙：有等级；有次序。⑥②⑧ 政治成：统治稳固、教化昌明。⑥②⑨ 纪纲正：治理国家的大纲大法都正确无误。⑥③⓪ 岂直几席之上二句：意即礼的作用大得很，岂止是能使一个人的生活起居、一个家庭的上下井然有序呢。岂直，岂止。几席，古人休息倚靠的小几和坐卧的席子，指个人起居。户庭，门户之间、

庭院之内，指家庭范围。㉛明达：英明伟大。㉜陆贾之言：陆贾为之讲说治理天下的方略之言，即后来写成的《新语》。事情详见《史记·郦生陆贾列传》。㉝叔孙之仪：叔孙通为之制定的礼仪。㉞叹息：称赞；赞美。㉟不能肩于三代之王：不能与夏、商、周三代开国之王相比美。比肩，并肩、并列。㊱病于不学：问题就出在没有好好地学习古代。㊲大儒：指像孔丘、孟轲、荀况那样的大儒生、大学者。㊳以礼为天下：以礼乐治理天下。为，治理。㊴功烈：功勋业绩。㊵惜夫：可惜啊。惜，遗憾。夫，叹词。㊶叔孙生之为器小：叔孙通不是个成大气候的人。器，器度、才略。㊷徒窃礼之糠秕：只是偷来一些礼乐的皮毛糟粕。糠秕，糟粕。㊸以依世谐俗取宠：以求得迎合世俗、讨好刘邦。依世谐俗，迎合世俗。取宠，博取刘邦的恩宠。㊹不振：不兴；不能为世所用。㊺以迄于今：直到今天，指北宋神宗时期。㊻扬子：扬雄，西汉末年的儒生与辞赋家，作有《法言》《太玄》《长扬赋》《羽猎赋》等。㊼鲁有大臣：指前述不应叔孙通所聘的两个鲁地儒生。㊽何如其大也：他们是怎么一种伟大法。㊾所不能致者二人：他请不来的只有两个人。㊿若是：照你这么说。651仲尼之开迹诸侯：孔子当年的奔走求用于诸侯。开迹，追求出头，希望被用。652自用：推行自己的主张。653如委己而从人：指当初如果两个儒生跟着叔孙通去了。654虽有规矩准绳二句：意即那两个儒生也不可能实现他们的理想。规矩准绳，指儒家所倡导的古圣先贤所讲的那一套规章制度。以上扬雄之言见《法言·五百》。655恶肯：怎肯。恶，何、怎么。656趋：追求。657一时之功：背离先王之道、苟合于当前世俗的短暂之功。658铜鞮：汉县名，县治在今山西沁县西南。659白土：汉县名，县治在今陕西神木西。660曼丘臣：姓曼丘，名臣。661赵苗裔：战国时赵国王室的后代。662左、右贤王：匈奴单于下面的最高君长，通常由单于的兄弟与儿子担任。左贤王负责统辖匈奴的东部地区，右贤王负责统辖匈奴的西部地区。663广武：汉县名，县治在今山西代县西。664辄：总是；随即。665已复屯聚：过后很快又集合起来。666会：正赶上。667什二三：十分之二三。什，同“十”。668代谷：地名，在句注山北，今山西代县西北。669觇：侦察。670匿：藏起；不令人见。671但见：只是显露。但，只。672老弱及羸畜：老弱的士兵与疲瘦的牲畜。羸，瘦弱。673十辈来：十多批出使匈奴的使者回来。辈，批、伙。674悉兵：尽其所有兵力。675逾句注：向北越过了句注山。句注山在今山西代县、宁武西北。一名雁门山，又名西陉山，是古代北部的九塞之一。676宜夸矜：通常都会炫耀自己的兵力强大。677见所长：显示自己的长处。678徒见：只看到了一些。679见短：显示自己的短处。680伏奇兵：埋伏好了出奇制胜的人马。681已业行：大部队已经出发。682齐虏：齐地的奴才。虏，奴才，骂人语。683以口舌得官：指因劝说刘邦改都关中而被封赏事。以，凭。684妄言：胡说八道。685沮：瓦解；败坏。686械系：戴上刑具，拘禁起来。687平城：汉县名，县治在今山西大同东北。688白登：古地名，在当时的平城县城之东北。689中外不得相救饷：指包围圈外的人无法救援被包围的人，也无法为之供应饮食。690间厚遗阏氏：偷偷地买通单于的姬妾。间，暗中、私下。遗，给、进献财物。691不相困：不应相互为难。㊾亦有神灵：也是有神灵保佑的，如《史记·高祖本纪》所述诸怪异是也。693期：约定，约定时间合击刘邦。694有谋：有阴谋；有勾结。695强弩傅两矢二句：每张强弓搭上两支箭，拉满弓向着敌人。傅，意思同“附”，此处指搭箭。乡，通“向”。696欲驱：想要纵马快跑。697太仆滕公：车夫夏侯婴。太仆，帝王的车夫，当时的九卿之一。夏侯婴曾被刘邦任为滕县县令，故时人亦称之“滕公”“滕婴”。698固徐行：故意示敌以闲暇，使其莫辨虚实。699樊哙：刘邦的部将，吕后的妹夫，因军功被封为舞阳侯。事迹详见《史记·樊郦滕灌列传》。700止定代地：留下来继续平定代郡一带的叛乱。701以困平城：以至于在平城被敌所困。702前使十辈：说匈奴可击的十来批使者。703关内侯：比“列侯”低一等，没有封地，只在关中地区划给一些采邑，故称“关内侯”。704号为建信侯：〖按〗刘敬的封邑多达二千户，“建信侯”的“建信”又是汉县名，所以梁玉绳《史记志疑》认为刘敬是被封为“列侯”，而非“关内侯”。705曲逆：汉县名，县治在今河北顺平东南。706壮哉县：好壮观的一个县。707独见洛阳与是耳：只见到洛阳城与曲逆县有如此壮观的规模。708更封：改封。陈平原为户牖侯，今则改封为曲逆侯。709尽食之：把整个曲逆县都给陈平做食邑。710六出奇计：王先谦引钱大昭曰，“间疏楚君臣，一奇计也；夜出女子二千人荥阳东门，二奇计也；蹑汉王立信为齐王，三奇计也；伪游云梦缚信，四奇计也；解平城围，五奇计也；其六当在从击臧荼、陈豨、黥布时，史传无文”。凌稚隆曰：“平出奇计不只六也，嗣后囚哙致上，使上自诛，一；帝崩，驰至宫，哭甚哀，二；佯不治宰相事，饮酒戏妇女，三；吕后欲王诸吕，平伪听之，四；吕后崩，平与勃合谋卒诛诸吕，立文帝，五；既诛诸吕，以右丞相让勃，不居功，六。前六计者佐高帝定天下，而后六计则事太后以自全耳。总之了结魏无知称‘奇谋之士’一句案。”711辄益封邑：每进一次奇计就得一回增邑，共增邑六回。712上还二句：刘邦从平城回洛阳，绕路经过赵都邯郸。713赵王敖：赵王张敖，刘邦的老友张耳之子，娶刘邦之女鲁元公主为妻，继其父爵为赵王。714执子婿礼：恭行女婿对岳父的礼节。715箕倨慢骂：极写刘邦的自大无礼。箕倨，叉着双腿，这是一种极其放肆无礼的坐相。倨，通“踞”。慢骂，同“漫骂”。716贯高、赵午：都是张耳一辈的老人。717孱王：犹今骂人“软蛋”“软骨头”。孱，软弱。何焯曰：“高祖尝从张耳游，贯高、赵午故等夷之客，故怒。”718能者先立：谁有能耐谁就做皇帝。719啮其指出血：着急表示诚心、决心的一种情态。啮，咬。720先人亡国：指张耳被项羽封为赵王，而陈馀不令张耳进入赵地，将其打回，故曰“亡国”。721赖帝得复国：张耳被陈馀打跑后，张耳往投刘邦。韩信取得赵地后，刘邦重又封张耳为赵王。过程详见《史记·张耳陈馀列传》。722德流子孙：意谓刘邦不仅恩及张耳一人，还让他的子孙相继在赵国为王，连绵不绝。723秋豪：同“秋毫”。自己的所有一切。724无复出口：不要再说这种话。725长者：忠厚人；厚道人。726不倍德：不忘旧恩。倍，通“背”。德，此处指恩情。727义不辱：即“绝不受辱”“定无受辱之理”。“义”字的用法与通常所谓“义无反顾”“义无再辱”者同。728何洿王为：怎么能玷污了大王的清白呢。

洿，同“污”。⑫事成归王：如果谋杀刘邦成功，就请我们大王做皇帝。⑬事败独身坐：如果谋杀刘邦失败，一切罪责由我们自己承担。坐，因犯罪而被惩处。⑭代：汉代诸侯国名，辖境约当今之河北西北部与山西北部地区。首府为今河北蔚县东北之代王城。⑮代王喜：刘喜，刘邦的二哥，也称“刘仲”。⑯弃国自归：抛弃国土逃回京城。⑰赦为郃阳侯：赦其弃土之罪，降以为郃阳侯。郃阳，汉县名，即今陕西合阳。⑱辛卯：正月十一。⑲皇子如意：刘如意，刘邦的宠姬戚夫人所生，时年龄甚幼。⑳治未央宫：正在建造未央宫。未央宫在长安城之西南隅，因在长乐宫之西，故也称“西宫”。738 匈匈：劳苦烦扰的样子。739 是何：为何。740 方未定：尚未安定。741 因以就宫室：趁着乱劲把宫殿建造起来。742 以四海为家：即“普天之下，莫非王土；率土之滨，莫非王臣”之意。743 重威：提高皇帝的威严。744 无令后世有以加：让后代子孙再也用不着另建筑什么。745 说：同“悦”。746 填服：镇压、威慑。填，通“镇”。747 趋民之急：犹言急百姓之所急，为解救百姓之难而奔走不息。748 顾：反而。749 知所务：知道应该做什么和不做什么。750 禹卑宫室：大禹住的房子很低矮、很简陋。《史记·夏本纪》说他“薄衣食，致孝于鬼神；卑宫室，致费于沟淢”。751 桀为倾宫：夏桀修筑华丽高大的宫殿。倾宫，望之似欲倾坠，故名。752 创业垂统之君：能创业而且能把基业流传下去的君主。753 以训示子孙：给子孙做榜样。754 末流：后代。755 淫靡：荒淫靡费，指追求享乐，挥霍无度。756 示之以侈：拿挥霍奢侈给后世子孙看。757 孝武：即武帝刘彻。武字是他的谥，孝字加在每个皇帝的谥号前，以表示汉代尊崇儒术、讲究孝道。758 卒：终于。759 以宫室罢敝天下：为了大造宫室而使天下人痛苦不堪。罢，通“疲”。敝，残破。760 酂侯：即萧何。萧何以辅佐刘邦开国之功被封为酂侯。761 启：引导；带头。762 自栎阳徙都长安：栎阳，秦县名，曾是秦国的都城，楚汉战争时期又是刘邦的留守都城。汉朝统一天下后，开始时建都洛阳，后接受刘敬建议将都城迁到关中，仍是在栎阳。现在长安的未央宫建成，遂“自栎阳徙都长安”。汉时的长安在今西安市未央区。763 宗正：官名，九卿之一，掌管皇室宗族的事务，由刘姓大臣担任。764 以序九族：使宗族内部和睦有序。九族，九代，指高祖、曾祖、祖、父、本人、子、孙、曾孙、玄孙。765 行如洛阳：行如，前往。如，往。此时的刘邦王朝虽然定都长安，但洛阳仍有陪都的性质，刘邦仍经常在洛阳处理政务。

【校记】

［11］为：原无此字。据章钰校，甲十五行本、乙十一行本皆有此字，今据补。［12］训：此字原无。据章钰校，甲十五行本、乙十一行本、孔天胤本皆有此字，今据补。

【研析】

本卷记载了高祖五年（公元前二〇二年）至高祖七年共三年间的全国大事，其中可讨论的问题主要有四点。

第一，文章在写刘邦最后大破项羽的垓下之战时，先是说:“十一月，刘贾南渡淮，围寿春，遣人诱楚大司马周殷。殷畔楚，以舒屠六，举九江兵迎黥布，并行屠城父，随刘贾皆会。”紧接着便是“十二月，项王至垓下，兵少食尽，与汉战不胜，入壁”，而后便是“汉军及诸侯兵围之数重。项王夜闻汉军四面皆楚歌”云云。那么，大名鼎鼎的“垓下之战”究竟发生在哪里呢？本来在《史记》的《高祖本纪》还有一段文字，这段文字是:“五年，高祖与诸侯兵共击楚军，与项羽决胜垓下。淮阴将三十万自当之，孔将军居左，费将军居右，皇帝在后，绛侯、柴将军在皇帝后。项羽之卒可十万。淮阴先合，不利，却；孔将军、费将军纵，楚兵不利，淮阴复乘之，大败垓下。”而后才是项羽“兵少食尽，汉军及诸侯兵围之数重”。关于这段描写“垓下之战”的文字，明代杨慎说:“叙高祖与项羽决胜垓下，仅六十字，而阵法、战法之奇皆具。曰‘不利’，用奇也，既却而左右兵纵，因其不利而乘之，此战法奇正相生也。”陈仁锡说:“淮阴侯极得意之阵，太史公极用意之文。曰‘孔将军居左，费将军居右’，张左右翼也；‘淮阴侯小却’，诱兵也；‘复乘之’，合战也。所谓‘以正合，以奇胜，奇正还相生’也。”清代郭嵩焘说:“韩信与项羽始终未一交战，独垓下一战收楚汉兴亡之全局。”这场刘邦与项羽的最后关键一战，写在《高祖本纪》中固然可以，写在《项羽本纪》或《淮阴侯列传》中也未为不可。但《汉书》与《通鉴》竟完全舍弃这段关键性文字，不知是何用心，真令人百思不得其解。

第二，本文写项羽被围于垓下时，写了他“夜闻汉军四面皆楚歌”，也写了他“夜起，饮帐中，悲歌慷慨，泣数行下。左右皆泣，莫能仰视”，独独删掉了项羽悲歌的内容，即“力拔山兮气盖世，时不利兮骓不逝。骓不逝兮可奈何？虞兮虞兮奈若何”四句。这大概是司马光先生想表现他尊重“历史”，因为这段作歌太小说气。清代周亮工就说过:“垓下是何等时？虞姬死而子弟散，匹马逃亡，身迷大泽，亦何暇更作歌诗？即有作，亦谁闻之，而谁记之欤？吾谓此数语者，无论事之有无，应是太史公‘笔补造化’，代为传神。”然而《史记》的伟大成功往往就在于司马迁的这种“笔补造化，代为传神”。宋代朱熹对这四句称道说:“慷慨激烈，有千载不平之余愤。”清代吴见思称道说:“‘可奈何’‘奈若何’，若无意义，乃一腔怒愤，万种低回，地厚天高，托身无所，写英雄失路之悲，至此极矣。”有这四句与没这四句，很影响项羽作为一个悲剧英雄性格的塑造是否完美、是否成功的大学问，岂可漠然置之！

第三，刘邦本来是悬了“千金、万户侯”的重赏来捉拿项羽或求得项羽之尸的，殆至项羽自杀后，“王翳取其头。余骑相蹂践，争项王，相杀者数十人”。等到众人将项羽的碎块拼合无误后，刘邦“封五人皆为列侯”。可见刘邦对项羽畏惧、憎恨到了何等程度！离“食肉寝皮”还远吗？可是当他把项羽以鲁公礼葬于谷城后，“亲为发哀，哭之而去”。清代王鸣盛说：刘邦“为义帝发丧，‘袒而大哭’，此犹自可；杀项羽，‘以鲁公礼葬，为发哀，哭之而去’，天下岂有我杀之即我哭之者？不知何处办此一副急泪！”又说：“《郑当时传》‘诏项籍故臣皆名籍’，怨毒如许，哭之何为？”刘盼遂读《史记》至刘邦哭项羽时下批语说：“此种心理，与十三妹闻年大将军死欲拔剑自杀同，老安猜透其理矣。”泷川资言说：“《田儋列传》云：‘田横自刭，高帝曰：夫起布衣，兄弟三人更王，岂不贤乎哉？为之流涕，发卒二千人以王者礼葬田。’高祖盖喜泣耳。”〖按〗《三国志·魏武帝纪》写曹操打败袁绍后，亦有所谓“公临祀绍墓，哭之流涕”云云。盖大敌已死，既绝不再妨碍我的清云飞升，则又何不表现出一副高姿态，不做出一种恢宏大气的仁者风范呢？千古皆然。

第四，季布的母弟丁公原为项羽的部将，刘邦惨败于彭城时，被丁公所追赶。刘邦眼看着无法逃脱，就回身转向丁公求情，丁公心软就将刘邦放走了。殆至刘邦做了皇帝，丁公想向刘邦讨个一官半职时，刘邦突然翻脸说：“丁公为项王臣不忠，使项王失天下者也。”遂斩之，曰：“使后为人臣无效丁公也！”司马光就此为刘邦大唱赞歌说：“贵为天子，四海之内，无不为臣。苟不明礼义以示之，使为臣者，人怀贰心以徼大利，则国家其能久安乎！……戮一人而千万人惧，其虑事岂不深且远哉！子孙享有天禄四百余年，宜矣！”〖按〗司马光这段评论，可以说是只看到了一点，不计其余。身在项羽身边而为刘邦当奸细，“使项王失天下”，最起关键作用的莫过于项伯，刘邦是怎么报答项伯的呢？“封项伯等四人皆为列侯，赐姓刘氏”。看来刘邦之杀丁公绝不是什么“断以大义”，是在假借伸张“忠孝节义”的美名诛灭不利于自己存在的人。试想，刘邦已被丁公追到了不能再跑的地步，刘邦为了求得丁公放他一条命，他都向丁公说了些什么话呢？做了些什么举动呢？答应了些什么条件呢？只有丁公知道。书上所写的“两贤岂相厄哉”，是司马迁给刘邦虚拟的，司马光又借了过来。实际情况肯定不会这么简单。现在刘邦是皇帝了，天下臣民都拜伏在刘邦脚下，而刘邦偏偏在丁公面前直不起腰、抬不起头。这样的人不杀，留着他做什么？清代姚苎田曰：“高祖名为大度，而恩仇之际实不能忘。如季布、雍齿初实欲诛之，以屈于公议而止；又如戛羹小怨，而终不忘情于丘嫂，他可知矣。丁公短兵急接之时，窘迫可知，虽以漫辞幸免，而怒之者实深，故因其来谒而斩之，其本心未必果责其不忠于项王也，不然何以不并诛项伯乎？”这是接近事实的说法。

卷第十二　汉纪四

起玄黓摄提格（壬寅，公元前一九九年），尽昭阳赤奋若（癸丑，公元前一八八年），凡十二年。

【题解】

本卷写了高祖八年（公元前一九九年）至惠帝七年（公元前一八八年）共十二年间的全国大事。其中最主要的事件有刘邦、吕后杀韩信、彭越，以及黥布因恐惧而“反”和刘邦讨灭黥布的过程；有陈豨为代相、卢绾为燕王，因刘邦、吕后大杀功臣而怀疑恐惧被杀而背汉投降匈奴，以及刘邦讨平陈豨、卢绾的过程；有贯高为愤恨刘邦侮辱赵王而企图谋杀刘邦，事发后为洗白赵王不反而情愿自己受种种惩罚的义烈表现；有陆贾出使南越劝说赵佗归附汉王朝，与娄敬建议刘邦与匈奴实行和亲政策，以及萧何、曹参相继为相，连年实行有利于休养生息的措施；有刘邦为宠爱戚夫人而欲废掉太子刘盈，与刘邦死后吕后惨杀戚夫人，并杀掉刘邦数子的室内相煎，以及惠帝因受制近亲联姻，婚后无子，从而吕后为自己执政铺平了道路。

【原文】

太祖高皇帝下

八年（壬寅，公元前一九九年）

冬，上东[1]击韩王信余寇于东垣①，过柏人②。贯高等壁人③于厕④中，欲以要⑤上。上欲宿⑥，心动⑦，问曰：“县名为何？”曰：“柏人。”上曰：“柏人者，迫于人也。⑧”遂不宿而去。十二月，帝行自东垣至⑨。

春，三月，行如洛阳。

令贾人⑩毋得⑪衣锦、绣、绮、縠、絺、纻、罽⑫，操兵，乘、骑马⑬。

秋，九月，行自洛阳至⑭。淮南王⑮、梁王⑯、赵王⑰、楚王⑱皆从。

【语译】

太祖高皇帝下

八年（壬寅，公元前一九九年）

冬季，汉高祖刘邦亲自率领大军向东去东垣剿灭韩王信的残余，途中经过柏人县。贯高、赵午等人已经事先在隐蔽处的夹墙中埋伏下刺客准备截杀刘邦。刘邦当晚准备留宿柏人县，忽然感到一阵心惊肉跳，于是问手下的人说："这里的县名叫什么？"手下人回答说："叫作柏人县。"高祖听了后说："'柏人'的发音同于'迫人'，就是被人所逼迫，这名字不好。"于是决定不在这里留宿，当时就离开了柏人县。十二月，汉高祖从东垣回到都城长安。

春天，三月，汉高祖刘邦前往洛阳。

下令所有经商的人都不准穿锦绣、绸缎、绉纱类、细葛布以及皮毛类的衣服，也不准佩带兵器，不准驾车、骑马。

秋天，九月，汉高祖从洛阳回到长安。淮南王黥布、梁王彭越、赵王张敖、楚王刘交都跟随汉高祖回到长安。

匈奴冒顿数苦[19]北边。上患[20]之，问刘敬。刘敬曰："天下初定，士卒罢于兵[21]，未可以武服也。冒顿杀父代立，妻群母[22]，以力为威[23]，未可以仁义说[24]也。独可以计久远子孙为臣[25]耳，然恐陛下不能为[26]。"上曰："奈何？"对曰："陛下诚能以适长公主妻之[27]，厚奉遗之[28]，彼必慕以为阏氏[29]，生子，必为太子。陛下以岁时[30]汉所余、彼所鲜[31]数问遗[32]，因使辨士风谕以礼节[33]。冒顿在，固为子婿[34]；死，则外孙为单于[2]。岂尝闻外孙敢与大父[35]抗礼[36]者哉？可无战以渐臣[37]也。若陛下不能遣长公主，而令宗室及后宫诈称公主，彼知，不肯贵近[38]，无益也。"帝曰："善！"欲遣长公主[39]。吕后日夜泣曰："妾唯太子、一女，奈何弃之匈奴[40]！"上竟不能遣。

九年（癸卯，公元前一九八年）

冬，上取家人子[41]名为[42]长公主，以妻单于，使刘敬往结和亲约[43]。

臣光曰："建信侯[44]谓冒顿残贼[45]，不可以仁义说[46]，而欲与为婚姻，何前后之相违[47]也！夫骨肉之恩[48]，尊卑之叙[49]，唯仁义之人为[50]能知之，奈何欲以此服[51]冒顿哉！盖上世帝王之御夷狄[52]也，服[53]则怀之以德[54]，叛则震之以威[55]。未闻与为婚姻也。且冒顿视其父如禽兽而猎之，奚有于妇翁[56]！建信侯之术，固已疏[57]矣，况鲁元已为赵后[58]，又可夺[59]乎！"

刘敬从匈奴来，因言："匈奴河南白羊、楼烦王[60]去长安近者七百里，轻骑一日一夜可以至秦中[61]。秦中新破[62]，少民，地肥饶，可益实[63]。夫诸侯初起时[64]，非齐诸田[65]，楚昭、屈、景[66]莫能兴。

匈奴单于冒顿屡次侵犯汉朝的北部边境。汉高祖对此事很忧虑，就向刘敬征求意见。刘敬说："天下刚刚平定，士卒由于连年战争，都很疲惫，所以眼下不适合使用武力去征服匈奴。匈奴单于冒顿是杀死了亲生父亲后继承单于之位的，他把父亲的姬妾霸占为自己的妻子，凭借武力逞自己的威风，对这样的人没法用仁义道德那一套道理去说服。唯一的办法就只有从长远考虑，让他的后代子孙向汉朝称臣；然而我担心陛下做不到。"汉帝问："为什么？"刘敬说："陛下如果能把您亲生的长公主嫁给冒顿为妻，再送给他一大宗财物，冒顿必定会对长公主心存爱慕而立长公主为阏氏，阏氏生的儿子必定被立为太子。陛下在逢年过节的时候把汉朝所多余的，却是匈奴所缺少的东西经常不断地赏赐给他，同时派能言善辩而又有才学的人利用合适的机会教导他们讲究礼节。冒顿在世的时候，原本就是汉朝的女婿；冒顿死了，您的外孙继位为单于。哪里听说过有外孙敢与外祖父分庭抗礼的？这样的话，可以不必动用武力而逐渐使匈奴向汉朝臣服。如果陛下舍不得将长公主嫁给冒顿单于，而让宗室的其他女儿或是后宫的某个女人冒充公主，一旦被冒顿单于察觉，冒顿肯定不会亲近她、尊崇她，那可是什么作用也起不了。"汉高祖说："你说得对！"就要把长公主嫁给冒顿单于。吕后知道后，日夜哭哭啼啼地在高祖面前哀求，说："我只生了一个儿子和一个女儿，怎么忍心把她扔到匈奴去！"刘邦只得作罢。

九年（癸卯，公元前一九八年）

冬季，汉高祖刘邦从后宫中挑选了一名宫女冒称长公主嫁给冒顿单于；派刘敬前往匈奴缔结两族和亲的条约。

司马光说："建信侯刘敬说冒顿单于残忍暴虐，不能用仁义道德的理论说服和感化，而主张用婚姻关系使他臣服，为什么会前后如此矛盾！亲人之间的恩情，君臣上下之间的等级次序，只有讲求仁义的人才能懂得；怎么能用这种和亲的办法去征服不知道仁义为何物的冒顿呢！前代帝王对付那些少数民族的方法是：顺服了就用恩德来安抚他，反叛了就用兵威来震慑他。却从来没有听说用和亲作为手段的。再说，冒顿把亲生父亲都当作禽兽一样活活地射死，这样的人怎么会把岳父放在眼里！建信侯刘敬的办法本来就很离谱；更何况鲁元公主早已嫁给赵王张敖做了王后，又怎么可能再去嫁给匈奴单于呢！"

刘敬从匈奴出使回来，向高祖报告说："匈奴人居住在河套以南一带地区的白羊部落和楼烦部落离长安最近的只有七百里，骑着快马只需要一天一夜就能到达关中。关中刚刚经历了连续几年的战乱，还没有完全恢复过来，这里的居民很少，土地却很肥沃，可以从其他地方移民过来充实关中。当初，诸侯起兵反抗秦国暴政的时候，如果不是齐国的田姓家族，楚国的昭姓、屈姓、景姓家族起来号召，就很难发动起来。

今陛下虽都关中，实少民。东有六国之强族[67]，一日有变[68]，陛下亦未得高枕而卧也。臣愿陛下徙[69]六国后及豪桀、名家居关中。无事可以备胡[70]，诸侯有变，亦足率以东伐。此强本弱末[71]之术也。”上曰：“善。”十一月，徙齐、楚大族昭氏、屈氏、景氏、怀氏、田氏五族及豪桀于关中，与利田宅[72]，凡十余万口[73]。

十二月，上行如洛阳。

贯高怨家[74]知其谋，上变[75]告之，于是上逮捕赵王及诸反者。赵午[76]等十余人皆争自刭[77]，贯高独怒骂曰：“谁令公为之？今王实无谋[78]而并捕王[79]。公等皆死，谁白王不反者[80]？”乃轞车胶致[81]，与王诣[82]长安。高对狱[83]曰：“独吾属为之[84]，王实不知。”吏治[85]，搒笞[86]数千，刺剟[87]，身无可击者[88]，终不复言。吕后数言：“张王以公主故，不宜有此。”上怒曰：“使张敖据天下[89]，岂少而女乎[90]！”不听。

廷尉以贯高事辞闻[91]。上曰：“壮士！谁知者，以私问之[92]。”中大夫泄公[93]曰：“臣之邑子[94]，素知之[95]，此固赵国立义不侵[96]为然诺[97]者也。”上使泄公持节[98]往问之。箯舆前[99]，泄公与相劳苦[100]如生平欢[101]，因问：“张王果有[102]计谋不？”高曰：“人情宁[103]不各爱其父母、妻子乎？今吾三族皆以论死[104]，岂爱王过于吾亲哉[105]？顾为王实不反[106]，独吾等为之。”具道本指所以为者[107]、王不知状。于是泄公入，具以报上。

春，正月，上赦赵王敖，废为宣平侯[108]，徙代王如意[109]为赵王。上贤贯高为人，使泄公具告[110]之曰：“张王已出。”因赦贯高[111]。贯高喜曰：“吾王审[112]出乎？”泄公曰：“然。”泄公曰：“上多足下[113]，故赦足下。”贯高曰：“所以不死，一身无余者，白张王不反也[114]。今王已出，

如今陛下虽然将都城建在关中，关中的人民却很少。而东方各地都有当年各国诸侯的后代子孙，这些旧贵族的势力都还很强大，说不定哪一天有个风吹草动，陛下恐怕就不能高枕无忧地睡大觉了。我希望陛下把六国的后裔以及地方豪强和知名人士都迁徙到关中来。这样的话，在没有叛乱发生的太平时期，就用他们来防备北方匈奴的入侵，一旦有诸侯王发生叛乱，完全可以率领他们去东方讨伐。这就是加强皇帝的直辖区，削弱各郡与诸侯国的政治、经济实力的办法。”汉帝说：“你说的办法好极了。”十一月，将齐、楚两地的豪门大族如昭氏、屈氏、景氏、怀氏、田氏五族以及地方豪强迁到关中，分给他们肥沃的土地、住宅，总共迁居了有十几万人口到关中。

十二月，汉高祖前往洛阳。

贯高的仇家知道贯高谋杀汉高祖的阴谋，便向朝廷写信告发，于是汉高祖派人逮捕了赵王张敖及参与此事的人。赵午等十几个人都争着要自杀，只有贯高气愤地责骂他们说：“谁让你们自杀？赵王明明没有参与此项谋划，如今连赵王也一起逮捕了。你们这些人都自杀死了，由谁去替赵王洗白冤屈？”于是十几个人都被关押在密闭的囚车里，和赵王张敖一起解往长安。贯高在接受审讯的时候说：“是我们这些人自己要干的，赵王确实不知情。”法官用酷刑拷问贯高，用皮鞭、棍棒抽打了有几千下，还用带刺的东西在他的身上乱扎，贯高的身体被折磨得遍体鳞伤，找不到一点可以下手的地方；但贯高始终不改口。吕后也多次对刘邦说：“张敖娶了咱们的女儿为妻，就凭这点，也不会参与谋反。”高祖怒气冲冲地说：“如果张敖夺取了天下，难道还会缺少像你闺女这样的女人吗！”不肯听从吕后的劝告。

负责审案的廷尉把贯高的口供上报给高祖刘邦。高祖听了后说：“真是一条好汉！谁和他是朋友，让他以私人的关系去找他谈谈。”担任中大夫的泄公对高祖说：“贯高是我的老乡，我平常就知道他的为人，他是赵国有名的为人仗义、信守承诺的人。”汉高祖派泄公手持符节到贯高趴伏的竹躺椅跟前。泄公对贯高进行了一番安慰，就像是平时老朋友见面一样，泄公趁机问贯高说：“赵王张敖到底有没有参与截杀皇帝的事情？”贯高说：“人的本性，难道还有不爱惜自己的父母、妻子、儿女的吗？如今我的三族都要被判处死刑，难道我爱赵王会胜过爱我的亲人吗？因为赵王确实不曾参与谋反，只是我们这些人要谋反。”贯高于是便从头到尾地把之所以要这么做的缘由，以及赵王确实不知情的情况告诉了泄公。泄公又将贯高所说的奏报给汉高祖。

春天，正月，汉高祖释放了赵王张敖，但废掉了他的王爵，贬为宣平侯；改封代王如意为赵王。汉高祖很欣赏贯高一人做事一人当的为人，就派泄公去告诉贯高说：“皇帝已经释放了赵王张敖。”汉高祖又下令赦免了贯高谋反之罪。贯高非常高兴地问：“我们赵王真的出狱了吗？”泄公说：“确实是出狱了。”泄公又对贯高说：“皇帝很赞赏你的为人，所以特别赦免了你。”贯高说：“我之所以不肯去死，宁愿被打得体无完肤，就是为了洗白赵王不曾参与谋反。如今赵王已经被释放出狱，我已经尽到

吾责已塞[115]，死不恨矣[116]。且人臣有篡弑之名，何面目复事上[117]哉！纵上不杀我，我不愧于心乎[118]！”乃仰绝亢[119]，遂死。

荀悦论曰：“贯高首为乱谋[120]，杀主之贼。虽能证明其王，小亮不塞大逆[121]，私行不赎公罪[122]。《春秋》之义[123]大居正[124]，罪无赦[125]可也。”

臣光曰：“高祖骄以失臣[126]，贯高狠以亡君[127]。使贯高谋逆者，高祖之过也；使张敖亡国[128]者，贯高之罪也。”

诏[129]：“丙寅前有罪[130]，殊死已下[131]，皆赦之。”

二月，行自洛阳至。

初[132]，上诏：“赵群臣宾客敢从张王者[133]，皆族。”郎中田叔、孟舒皆自髡钳[134]为王家奴[135]以从。及张敖既免，上贤田叔、孟舒等，召见与语，汉廷臣无能出其右[136]者。上尽拜为郡守、诸侯相[137]。

夏，六月乙未[3]晦，日有食之[138]。

是岁[4]，更以丞相何为相国[139]。

十年（甲辰，公元前一九七年）

夏，五月，太上皇[140]崩于栎阳宫[141]。秋，七月癸卯[142]，葬太上皇于万年[143]，楚王、梁王皆来送葬。赦栎阳囚[144]。

定陶戚姬[145]有宠于上，生赵王如意[146]。上以太子[147]仁弱，谓如意类己[148]，虽封为赵王，常留之长安[149]。上之关东，戚姬常从，日夜啼泣，欲立其子[150]。吕后年长，常留守，益疏[151]。上欲废太子而立赵王，大臣争[152]之，皆莫能得。御史大夫[153]周昌[154]廷争之强[155]，上问其说，昌为人

了责任，死也没有什么遗憾了。况且身为人臣，背上一个弑杀皇帝的恶名，还有什么面目再去侍奉皇帝呢！就是皇帝不肯杀我，难道我内心就不感到愧疚吗！”于是就自己割断喉咙而死。

荀悦评论说：“贯高是策划谋反的主谋，是叛国弑君的贼子。虽然能够誓死证明他的君王没有参与谋反，但这点小诚信掩盖不了他弑君叛国的大恶，个人的品德操守抵消不了法律上的罪恶。孔子《春秋》所昭示的道德原则是以恪守正道为贵，贯高的罪行是不可饶恕的。”

司马光说：“汉高祖因为傲慢狂且而失去了臣子的拥护，而贯高因为任性蛮干而导致他的主子张敖失去了王位。促使贯高谋反的，是汉高祖待人的傲慢无礼；导致张敖灭亡了国家的，是贯高所犯的欺君之罪。”

高祖下诏说：“正月二十八日丙寅以前犯下的罪行，除去死刑犯以外，全部赦免。”

二月，汉高祖从洛阳回到长安。

当初，汉高祖在逮捕赵王张敖的时候曾经下令说：“赵国的臣僚、宾客有敢跟随赵王张敖前来长安的，就灭他的族。”但是，赵王手下的郎中田叔、孟舒等人全都剃去头发，用铁链锁住自己的脖子，冒充赵王张敖的家奴跟随着赵王来到长安。等到赵王张敖被赦免后，高祖对田叔、孟舒的行为很是赞赏，就亲自接见了他们，和他们座谈，认为在汉朝的所有官员中没有人能超过他们。于是把他们全都封了官，或是郡守或是诸侯的宰相。

夏季，六月的最后一天二十九日乙未，发生日食。

这一年，改封丞相萧何为相国。

十年（甲辰，公元前一九七年）

夏季，五月，刘邦的父亲太上皇死于栎阳宫。秋季，七月十三日癸卯，将太上皇埋葬在万年陵，楚王刘交、梁王彭越都来为太上皇送葬。汉高祖特别下令赦免栎阳县的所有囚犯。

定陶人戚姬很得汉高祖的宠幸，她为高祖生了赵王如意。汉高祖认为太子刘盈秉性虽然仁慈，但性格懦弱，觉得如意更像自己；虽然已经封如意为赵王，却经常把他留在长安。在高祖前往关东的时候，戚姬经常随侍在左右，她想让高祖立她的儿子如意为皇位继承人，为了此事日夜啼泣。而此时吕后年纪已经很大，又经常在长安留守，与高祖的关系显得越来越疏远。汉高祖还真是想废掉太子刘盈而立赵王如意为太子，大臣们全都进行规劝，但都没有成功。御史大夫周昌在朝廷上抗争得最强烈，汉高祖问他不可行的原因，周昌本来有些口吃，再加上盛怒之下，只是说：

吃[156]，又盛怒，曰："臣口不能言，然臣期期[157]知其不可。陛下欲废太子，臣期期不奉诏[158]！"上欣然而笑。吕后侧耳于东厢[159]听，既罢，见昌，为跪谢，曰："微君，太子几废[160]。"

时赵王年十岁，上忧万岁之后[161]不全[162]也，符玺御史[163]赵尧请为赵王置贵强相[164]，及吕后、太子、群臣素所敬惮者[165]。上曰："谁可者？"尧曰："御史大夫昌，其人也[166]。"上乃以昌相赵[167]，而以尧代昌为御史大夫。

初，上以阳夏侯陈豨[168]为相国[169]，监赵、代边兵[170]。豨过辞[171]淮阴侯，淮阴侯挈[172]其手，辟左右[173]，与之步于庭，仰天叹曰："子可与言乎[174]？"豨曰："唯将军令之[175]！"淮阴侯曰："公之所居，天下精兵处[176]也。而公，陛下之信幸[177]臣也。人言公之畔[178]，陛下必不信；再至[179]，陛下乃疑矣；三至，必怒而自将[180]。吾为公从中起[181]，天下可图也。"陈豨素知其能也，信之，曰："谨奉教[182]。"

豨常慕魏无忌[183]之养士，及为相守边，告归[184]，过赵[185]，宾客随之者[5]千余乘[186]，邯郸官舍[187]皆满。赵相周昌求入[188]见上，具言豨宾客甚盛，擅兵[189]于外数岁，恐有变[190]。上令人覆案[191]豨客居代者诸不法事，多连引豨[192]。豨恐，韩王信[193]因使王黄、曼丘臣[194]等说诱[195]之。

太上皇崩，上使人召豨[196]，豨称病不至。九月，遂与王黄等反，自立为代王，劫略赵、代[197]。上自[198]东击之，至邯郸，喜曰："豨不南[6]据邯郸而阻漳水[199]，吾知其无能为[200]矣！"

周昌奏："常山[201]二十五城，亡[202]其二十城，请诛守、尉[203]。"上曰："守、尉反乎？"对曰："不[204]。"上曰："是力不足，亡罪[205]。"

上令周昌选赵壮士可令将[206]者，白见四人[207]。上嫚骂[208]曰："竖子

“我的嘴不好使，但我知道这是极极极其其其不可行的。陛下如果真的废掉太子，那我就坚坚决决地不接受诏令！”汉王忍不住笑起来。吕后此时就躲在金銮殿旁边的屋子里偷听，当朝会结束后，她见到周昌就跪下向他表示感谢，说：“如果不是您据理力争，太子险些被废掉。”

当时赵王如意只有十岁，高祖担心自己百年之后，如意不能保全；负责掌管皇帝玺印的御史赵尧建议汉高祖为赵王如意选派出身尊贵、有能力而且是吕后、太子和群臣都很敬畏的人担任丞相。汉高祖说：“谁是这样的人呢？”赵尧说：“御史大夫周昌最合适。”于是汉高祖任命周昌为赵王相，又任命赵尧接替周昌为御史大夫。

当初，汉高祖用阳夏侯陈豨为相国，同时监管赵国和代国两国的军队。临行前，陈豨到淮阴侯韩信那里辞行，淮阴侯韩信拉着陈豨的手，把身边的侍从支使开，当只有陈豨和韩信两个人在庭院中漫步的时候，韩信仰天长叹一声说：“我有句话可以和你说吗？”陈豨说：“一切听从将军的吩咐！”淮阴侯韩信说：“陈将军所管辖的地方，是需要驻扎精兵进行防守的要害之地。将军又是皇上最宠信的大臣。如果有人在皇帝面前说将军造反，皇帝一定不会相信；如果第二次有人说你造反，皇帝对你就会产生怀疑；如果第三次有人说你造反，皇帝必定大怒，会亲自率军消灭你。到那时我一定从京师起事与你配合，天下大事就在你我的掌握之中了。”陈豨平素就很了解和佩服韩信的才能，所以对韩信的话深信不疑，说：“敬遵指教。”

陈豨平时对战国时魏国公子信陵君魏无忌豢养许多门客的做法很羡慕，当他受命担任了相国和监护赵、代两国军队后，有一次请假回家探亲，经过赵地的时候，随行的宾客车队有一千多辆，邯郸所有的驿站都住满了。赵王宰相周昌请求进京拜见高祖，他把陈豨豢养了许多宾客，又在外领兵多年，恐怕会背叛朝廷等情况向汉高祖做了汇报。汉高祖于是派人到陈豨所管辖的代地去查证陈豨的宾客有无违法乱纪的事实，发现有许多案件都牵涉陈豨。陈豨对此感到很害怕；叛逃到匈奴多年的韩王信趁机派亲信王黄、曼丘臣等人来劝说陈豨叛变。

太上皇去世的时候，汉高祖派人征召陈豨入朝；陈豨推说有病不来；九月，陈豨便与王黄等人联合，公开谋反，封自己为代王；同时劫持赵、代两国的臣僚，抄掠赵、代两地的人丁与财物。汉高祖刘邦亲率大军前去征讨，汉高祖到邯郸一看，高兴地说：“陈豨不知道向南占据邯郸却凭借漳水阻击汉军，就凭这一点我就知道他成不了大事！”

周昌向汉高祖奏报说：“常山郡有二十五座城，如今已经有二十座城失守；应该把这里的郡守和郡尉杀掉。”汉高祖问：“这些郡守和郡尉参与谋反了吗？”周昌回答说：“没有。”高祖说：“是他们没有能力阻止陈豨谋反，他们没有过错。”

汉高祖命令周昌在赵地挑选几名可以领兵的勇士，周昌挑选了四个人，禀报后就把他们带到汉高祖面前。汉高祖在接见这四个人的时候，开口就以谩骂的口气对他们

能为将乎?”四人惭，皆伏地。上封各千户，以为将[209]。左右谏曰:“从入蜀汉伐楚，赏未遍行[210]。今封此，何功?”上曰:“非汝所知[211]。陈豨反，赵、代地皆豨有[212]。吾以羽檄[213]征天下兵，未有至者，今计唯独邯郸中兵[214]耳。吾何爱四千户，不以慰赵子弟[215]!”皆曰:“善。”

又闻豨将皆故贾人，上曰:“吾知所以与之[216]矣。”乃多以金购[217]豨将，豨将多降。

【段旨】

以上为第一段，写高祖八年（公元前一九九年）至高祖十年共三年间的全国大事。主要写了赵相贯高等谋杀刘邦不成，事发后赵王被捕，贯高为洗白赵王而自甘受罪的义烈表现；写了娄敬建议刘邦与匈奴实行和亲政策，并建言刘邦将各郡、国的豪门大户迁入关中；写了陈豨为代相国，监代、赵边兵，因喜宾客而被周昌进谗，致使陈豨叛汉降匈奴，以及刘邦统兵击破陈豨的过程。

【注释】

①东垣：汉县名，后来改称真定，县治在今河北石家庄东北。②柏人：汉县名，县治在今河北隆尧西。③壁人：把人藏在夹墙中。壁，墙，这里用作动词。④厕：通“侧”，隐蔽的地方。⑤要：狙击；截杀。⑥欲宿：打算留住。⑦心动：忽然心有所动，预感有事发生。⑧柏人者二句：因为“柏”字与“迫”字声音相近，故而刘邦有此联想。⑨行自东垣至：自东垣回到长安。⑩贾人：商人，古有所谓行商曰“商”，坐商曰“贾”。⑪毋得：不允许。⑫衣锦、绣、绮、縠、絺、纻、罽：穿戴下列各种贵重丝料的衣服。衣，用如动词，穿。锦，用彩色丝线织成图案的面料。绣，用彩色丝线绣成的织物。绮，平纹而有图案的丝织品。縠，绉纱一类的薄丝织品。絺，细葛布。纻，用苎麻织成的细布。罽，毛织品的毡类物。⑬操兵二句：操兵，手持武器。乘，乘车。〖按〗秦汉时期视工商业者为二等罪犯，以上禁令尚只是诸项法禁中的一部分。⑭行自洛阳至：自洛阳回到长安。⑮淮南王：黥布。⑯梁王：彭越。⑰赵王：张敖。⑱楚王：刘邦之同父异母弟刘交。⑲数苦：意即屡次进行侵袭杀掠。苦，用如动词，给人造成苦难。⑳恚：伤脑筋。㉑罢于兵：被连年战争弄得筋疲力尽。罢，通“疲”。㉒妻群母：以其父之诸姬妾为妻。“妻”字在这里

说："你们这几个小子能当将军吗？"这四个人全都感到很惭愧，跪伏在地上不敢抬头。汉高祖各封他们一千户，任命他们做了将军。汉高祖左右的人全都劝阻说："跟随您进入蜀地、汉中，后来又跟随您与楚军作战的人，并不是每个人都得到了您的奖赏。现在这四个人，您一见面就封给他们官做，他们有什么功劳？"汉高祖说："这你们就不知道了。陈豨谋反，赵地、代地都被陈豨占领。我用羽檄征召天下各国前来讨伐，却没有一个人肯来，如今只能考虑用邯郸城中的军队来对付陈豨了。我怎么能因为吝惜四千户而舍不得赏赐给赵地的子弟呢！"左右的人齐声说："好。"

汉高祖又听说陈豨手下的将领很多都是商贾出身，就说："我知道用什么办法对付他们了。"于是就用重金收买陈豨手下的将领，陈豨手下的将领，许多都投降了汉高祖刘邦。

用作动词。㉓以力为威：靠着武力逞强。㉔未可以仁义说：不可理喻，没法和他们讲道理。㉕独可以计久远句：只有想长远办法让他的后代儿孙向我们称臣。㉖不能为：不肯做。㉗以适长公主妻之：把您亲生的大女儿嫁给他为妻。适，通"嫡"。㉘厚奉遗之：将大宗的钱财送给他。奉，通"俸"，钱财。遗，给、赠送。㉙彼必慕以为阏氏：他必然会敬慕此女，使之成为匈奴单于的正妻。阏氏，犹如中原官僚贵族之姬妾，参见《史记·匈奴列传》注，但在本文中似指单于正妻，有如中原之皇后。㉚以岁时：按年关、按季度。岁，年。时，季度。㉛汉所余彼所鲜：挑那些我们所多余的、他们所缺少的东西。鲜，少、稀罕。㉜数问遗：屡屡地加以慰问、赏赐。㉝风谕以礼节：教导他们讲究礼节。风谕，自然地、像是漫不经心地使其明白。㉞固为子婿：本来就是您的女婿。子婿，即通常所谓"女婿"。古代称"子"兼有儿子、女儿两端。㉟大父：祖父，这里指"外祖父"。㊱抗礼：平起平坐，这里即指对抗。㊲渐臣：逐渐地使其臣服。凌稚隆引闵如霖曰："敬既知冒顿'杀父、妻群母，不可以仁义说'，而曰'不敢与大父抗礼'，亦谬矣。"又引董份曰："其言似善策，然据敬所言'杀父，妻群母'，则又何有于'大父'哉？使当时即是而论，则不待折以辞而自穷矣。"㊳不肯贵近：不娇贵、不亲近该女。㊴欲遣长公主：此刘邦所欲遣者即孝惠帝之姐，所谓"鲁元公主"，吕后之所生。梁玉绳曰："按《张耳传》，鲁元公主于高帝五年适赵王敖，至是时已三年矣，而云'以妻单于'，岂将夺而嫁之乎？娄敬之言悖也。乃帝善其言，即欲遣公主，有是理哉？必非事实。"㊵奈何弃之匈奴：怎么能把她扔到匈奴去。㊶家人子：平民人家的女子。据《史记·匈奴列传》《汉书·匈奴传》及荀悦《前汉纪》的记载，此次所选者实为皇族女子。㊷名为：冒称。㊸结和亲约：订立两族和亲的条约。"和亲"的含义与"通亲"不同，"通亲"可能是双方平等的，而"和亲"则是把婚姻作为一种求和的条件，一般指汉族帝王将汉方的女子以公主之名嫁与少数民族头领，并按

时送以大量金币财物等以换取对方不向汉方进攻的做法。㊹建信侯：指刘敬。刘敬因劝刘邦勿中匈奴之计，被封为建信侯。㊺残贼：残忍暴虐。贼，害。㊻说：劝说；讲道理。㊼相违：互相矛盾；彼此顶牛。㊽骨肉之恩：亲人之间的恩情。㊾尊卑之叙：君臣上下之间等级次序。叙，次序。㊿为：乃；才。51服：说服；收服。52御夷狄：驾驭少数民族的做法。御，驾驭、控制。53服：归顺。54怀之以德：对之施恩，使其感激。怀，使之感戴。55叛则震之以威：反叛时就要以兵威使之惊惧。56奚有于妇翁：对您这老丈人又能有什么顾惜。奚有，能有什么。妇翁，妻子的父亲，即岳丈。57疏：不着边际；离谱。58鲁元已为赵后：鲁元公主已经嫁与赵王张敖为王后。59夺：改变；改嫁。60河南白羊、楼烦王：居住在河南（今内蒙古河套地区）一带的白羊、楼烦两个部落君长。白羊部落约住在今内蒙古东胜地区的西部，楼烦部落居住在今内蒙古、山西、陕西三省交界一带的地区。61秦中：即关中，指今陕西中部渭水流域的平原地区。62新破：指刚刚遭受过诸侯破秦与楚汉战争的刀兵之苦。63可益实：可以从其他地区向渭水流域移民。实，充实、填满。64诸侯初起时：指秦二世元年（公元前二〇九年）秋，陈涉首先发动起义，随后项羽、刘邦以及山东、河北等各路义军皆起的时候。65齐诸田：指田儋、田荣、田横、田间、田角等一群战国时的齐国诸侯的后代，其活动见《史记·田儋列传》。66楚昭、屈、景：指战国时楚国诸侯的后代，如楚怀王芈心及《史记·陈涉世家》中的景驹等。〖按〗由于这些人是世代贵族，故而在天下大乱时都在不同地区各有其相当的号召力。67东有六国之强族：东方各地都有当年各国诸侯的后代子孙。68一日有变：说不定哪一天突然有个风吹草动。变，变乱。69徙：强制搬迁。70备胡：防御匈奴入侵。71强本弱末：加强皇帝的直辖区，削弱各郡与诸侯国的政治、经济实力。72与利田宅：给予他们好的土地与房屋。73凡十余万口：将娄敬所说的齐诸田，楚昭、屈、景，以及燕、赵、韩、魏等国的强宗大族共十多万人强制搬迁到了关中地区。师古曰："今高陵、栎阳诸田，华阴、好畤诸景，及三辅诸屈、诸怀尚多，皆此时所移。"陈直曰："汉初屈姓在关中，多以治陶为业，现出土有'咸里屈骄''咸里屈昌'诸陶器可证。"凌稚隆曰："传内迁都、使虏、和亲、徙大姓，皆汉初大事也，太史公只叙此四事，而敬之功业自见矣。"74怨家：与之有仇的人。75变：也叫"变事"，告人谋反的上书。76赵午：时与贯高同为赵相。77自刭：自刎；自杀。78王实无谋：赵王确实没有参与此项阴谋。79而并捕王：赵王也连带被捕。80谁白王不反者：谁来替赵王洗白冤屈。白，洗白；证明。81轞车胶致：轞车，囚车。师古曰："以板四周之，无所通见。"胶致，用胶将木板粘牢，以防犯人逃逸。82诣：到；达。83对狱：回答法官审问。84独吾属为之：都是我们自己要干的。85吏治：法官拷问贯高。治，审判；拷问。86榜笞：用皮鞭、棍棒抽打。87刺爇：用锥子扎。88身无可击者：吴见思曰，"只五字，写尽惨毒不堪"。89据天下：指占有天下而称帝。90岂少而女乎：难道还会缺少像你闺女这样的女子吗。而，你、你的。91廷尉以贯高事辞闻：廷尉将贯高的"口供"上报给刘邦。廷尉，"九卿"之一，秩中二千石。辞，指贯高的言辞、口供。92谁知者二句：谁和他是朋友，让他以个人的身份找他谈谈。知，了解、相知。私，以私情相问。㊈中大夫泄公：中大夫，皇帝的侍从官名，秩比二千石，上属郎中令，掌谏纳。泄公，姓泄，史失其名。㊉臣之邑子：我们县里的人。㊊素知之：早就了解他。㊋立义不侵：重义气，不改初衷。《韩非子·显学》有所谓“立节参名，执操不侵”。㊌为然诺：说话一定兑现。然诺，实践诺言。㊍持节：手持旌节，“节”是帝王给予派出人员所持的信物。㊎箯舆前：当吏卒将贯高用担架抬至泄公跟前。箯舆，有似今之所谓“藤床”“担架”，用以移动伤病者。⑩劳苦：安慰；慰问。⑩如生平欢：像平时老朋友见面那样。凌稚隆引董份曰：“箯舆与劳苦问答，历历如目前。”⑩有：参与。⑩宁：岂；难道。⑩吾三族皆以论死：“皆”前应增“将”字读，盖贯高推测之言也。有人欲读“以”为“已”，当时贯高尚未定案，岂有先“三族”贯高家之理乎？三族，说法不一，有说指“父族”“母族”“妻族”；有说指“父母”“兄弟”“妻子”，其他不录。⑩岂爱王过于吾亲哉：难道我亲近赵王超过了我自己的父母吗。⑩顾为王实不反：问题在于赵王实在是没有反心。顾，转折语词，犹今之所谓“问题是”“关键是”。为，因为。⑩本指所以为者：所以这么干的本来缘由。指，通“旨”。⑩废为宣平侯：废其王爵，降之为宣平侯。⑩代王如意：刘如意，刘邦之子，戚夫人所生。前此被封为代王。⑩具告：一五一十地转告。⑪因赦贯高：史珥曰，“赦贯高、封田横客，高祖此等处真有君人之度”。⑪审：确实。⑪上多足下：皇帝很赞美你。多，这里用如动词，意即看重、赞赏。足下，恭称对方，意同“阁下”“尊前”等。⑪所以不死三句：我当初之所以不死，以至于后来被打得体无完肤，就是为了留着性命以洗白张王的没有反心。⑪吾责已塞：我的责任已经尽到。责，责任。塞，完成、尽到。或曰，“责”通“债”，亦可。⑪死不恨矣：死而无憾。恨，憾、遗憾。⑪复事上：再为皇上服务。事，做事、侍候。⑪纵上不杀我二句：泷川曰，“田横曰‘吾烹人之兄，与其弟并肩而事其主，纵彼畏天子之语不敢动我，我独不愧于心乎’；项羽曰‘籍与江东子弟八千人渡江而西，今无一人还，纵江东父老怜而王我，我何面目见之？纵彼不言，籍独不愧于心乎’，当时英雄壮士皆知愧，可尚也”。⑪绝亢：《史记》作“绝肮”。割断脖子动脉。《史记集解》引韦昭曰：“肮，咽也。”《史记索隐》引苏林曰：“肮，颈大脉也。”师古引《尔雅》以为即指喉咙。⑫首为乱谋：带头策划叛乱。⑫小亮不塞大逆：小节上的诚信不能压过弑君犯上的大罪。亮，公正、诚信。大逆，危害国家社稷、君亲人伦的大罪。⑫私行不赎公罪：个人的道德操行不能抵消国家应判的大罪。⑫《春秋》之义：孔子《春秋》所表现的道德原则，亦即封建主义的法则。⑫大居正：以恪守正道为贵。大，尊尚。《公羊传》隐公三年有所谓“君子大居正”。⑫罪无赦：贯高之罪是万难宽赦的。以上荀悦语见《前汉纪》。〖按〗荀悦之言，纯粹为封建卫道者的声口，但与充满民主色彩的《史记》格调不同。在司马迁笔下，贯高自是一种令人敬佩的仁人义士，与《史记·刺客列传》所写的豫让颇同，情采激扬，感慨遥深。姚苎田曰：“贯高固叛人，然身为张耳故客，其视高祖，等夷耳。天下初定，逐鹿未忘；老骥雄心，不能忍辱，与他人作逆者殊科。况其立节张敖，亦是跖犬吠尧常理，不当概以‘叛’目之。”⑫骄以失臣：因傲慢狂且失去臣子的拥护。⑫⑦ 狠以亡君：由于任性蛮干使其主子丢了王爵。狠，任性、执拗。⑫⑧ 亡国：丢掉赵国。⑫⑨ 诏：此诏应是正月二十九日所颁布。⑬⓪ 丙寅前有罪：丙寅日以前犯下的罪行。丙寅，正月二十八。⑬① 殊死已下：死罪以下的犯人。殊死，斩首的刑罚。已，通“以”。⑬② 初：前者，写史常用作追述往事的前置语。⑬③ 敢从张王者：敢跟从张敖一道进京者。⑬④ 郎中田叔、孟舒皆自髡钳：郎中，此指赵王张敖身边的侍从官员。汉初诸侯国与汉王朝中央的官制一样，故而赵国也有丞相、郎中等。髡钳，剃去头发，脖子套上铁箍。髡是古代的刑罚名，指剃去头发。钳是古代的刑具，套在脖子上的铁箍。⑬⑤ 为王家奴：假扮作张敖私家的奴隶。因为当时只宣布不准群臣、宾客跟随，并未说不准家奴跟随。⑬⑥ 无能出其右：没有任何人曾受过刘邦如此另眼相看。出其右，意即居其上、超过他们。⑬⑦ 尽拜为郡守、诸侯相：拜，任命。郡守、诸侯相，最高品级的地方官，秩二千石。⑬⑧ 六月乙未晦二句：六月的最后一天乙未日，发生了日食。古人视日食为最大的天变，以为这是将有重大变故的征兆，故书之于史。乙未，六月二十九日。⑬⑨ 更以丞相何为相国：也就是将萧何所任的“丞相”改称为“相国”。“丞相”与“相国”的职责相同，但“相国”只设一人，位尊而权专；“丞相”则设两人或多人，权宠相对分散。⑭⓪ 太上皇：刘邦之父刘太公。⑭① 栎阳宫：栎阳城的宫殿，刘邦迁长安前曾居于此，后来则只有刘太公居此。⑭② 七月癸卯：七月十三。⑭③ 万年：陵邑名，因刘太公的陵墓称作“万年陵”，故称此陵墓所在的区域亦作“万年邑”，其行政级别相当于一个县，故此邑亦可称“万年县”。在栎阳城北，乃分栎阳县旧地而置。⑭④ 赦栎阳囚：因万年陵设在原来的栎阳县内，故施恩特赦栎阳县囚。⑭⑤ 定陶戚姬：戚姬是定陶县人。汉时的定陶县在今山东菏泽市定陶区西北。姬，众妾的统称。⑭⑥ 赵王如意：刘如意，先被刘邦封为代王，后又改封为赵王。⑭⑦ 太子：刘盈，吕后所生，即日后的汉惠帝。⑭⑧ 类己：行为做派像自己。⑭⑨ 常留之长安：当时凡被封王封侯者，通常都要到自己的封地上去，由于刘如意特别受宠，故而留住在长安。⑮⓪ 欲立其子：请求刘邦改立如意为太子。⑮① 益疏：和刘邦的关系越来越疏远。⑮② 争：通“诤”，规劝。⑮③ 御史大夫：朝官名，与丞相、太尉合称“三公”，执掌监察纠弹。⑮④ 周昌：刘邦的同乡，跟从刘邦起事，以功封汾阴侯，以“刚强直谏”著名，此时为御史大夫。⑮⑤ 廷争之强：在朝堂上坚持劝阻最强硬。廷，朝廷。强，态度强硬。⑮⑥ 吃：口吃。⑮⑦ 期期：说话口吃的样子。⑮⑧ 不奉诏：不接受您的这个命令。⑮⑨ 东厢：正厅东边的侧室。⑯⓪ 微君二句：如果没有您，太子差点儿就被废掉了。⑯① 万岁之后：婉称自己“死”后。⑯② 不全：赵王如意不能保证安全。⑯③ 符玺御史：御史大夫的属官，掌管皇帝符节、印章。⑯④ 置贵强相：给他配备一个尊贵而又敢于坚持己见的丞相。⑯⑤ 素所敬惮者：平素就对之敬畏的人。⑯⑥ 其人也：就是那个最合适的人选。⑯⑦ 以昌相赵：让周昌往任赵国丞相。⑯⑧ 阳夏侯陈豨：刘邦的开国功臣，以军功封阳夏侯。事迹详见《史记·韩信卢绾列传》。⑯⑨ 为相国：此处应作“为代相国”，“代”字不可无。不然则为汉王朝之“相国”矣，汉相国自是萧何。⑰⓪ 监赵代边兵：谓陈豨以代相国的身份同时监管赵、代两国的军队。⑰过辞：临行前往告辞。⑰挈：拉；握。⑰辟左右：让身边的侍从离开。辟，同"避"，使之避开。⑰子可与言乎：有句话我可以和你说吗。⑰唯将军令之：意即但凭将军吩咐。唯，任凭。⑰天下精兵处：需要驻扎精兵防守的要害之地。⑰信幸：受信任、受宠幸。⑰人言公之畔：有人说你造反。畔，同"叛"。⑰再至：第二次再有人说你造反。⑱必怒而自将：谓刘邦必然发怒，亲自带兵出讨。⑱从中起：从京城起事与你配合。⑱谨奉教：谨遵你的教导。王先谦引周寿昌曰："豨此时无反意，信因其来辞突教之反，不惧豨之言于上乎？此等情事不合，所谓'微辞'也。"凌稚隆引邓以瓒曰："此段是吕后文致信反谋以对高祖者，史承之以著书耳。"郭嵩焘曰："陈豨反事，或当时爰书之辞，史公叙当时事但能仍而载之，下文'舍人弟上变'，即此也。"⑱魏无忌：魏公子信陵君，名无忌，以养士闻名。事迹详见《史记·魏公子列传》。⑱告归：请假回家。⑱过赵：陈豨的家属在长安，陈豨从代国回长安，须南行经过赵都邯郸。⑱千余乘：有千余辆车。乘，一车四马曰乘。⑱官舍：官办的客舍，即驿站。⑱求入：请求进京。⑱擅兵：独掌兵权。⑲恐有变：陈仁锡《史记评林》曰，"豨之反，赵相激之也"。郭嵩焘《史记札记》曰："高祖之猜忌至矣，周昌又益导之，乃以成豨之反谋，此可叹也。"⑲覆案：盘查；查办。⑲多连引豨：许多事情都牵连到陈豨头上。⑲韩王信：原是刘邦的开国功臣，被封为韩王，此时已投降匈奴。⑲王黄、曼丘臣：韩王信的旧部，韩王信逃入匈奴后，二人仍在代地活动。⑲说诱：劝说、诱导。⑲使人召豨：召陈豨入京参加陪祭。⑲劫略赵代：劫持代、赵两国的臣僚，抄掠代、赵两地的人丁与财物。⑲自：自己统兵。⑲阻漳水：凭借漳水以阻击汉兵。漳水，河水名，流经今河北魏县南，是赵国南侧的天然屏障。⑳无能为：干不成事。⑳常山：汉郡名，郡治元氏，在今河北元氏西北。⑳亡：丢失；被叛军所占。⑳守尉：守，郡守，郡里的最高行政长官。尉，郡尉，郡守的副职，协助郡守管理军事。⑳不：通"否"。⑳亡罪：无罪。《史记》于此下明书刘邦"复以为常山守、尉"。前人深赞刘邦于此等处皆有人君之度。周昌前进谗激反陈豨，此又怂恿刘邦妄杀，诚败事有余者。⑳可令将：可令为将。⑳白见四人：周昌向刘邦禀告、推荐了四个人。白，禀告。⑳嫚骂：同"漫骂"。⑳上封各千户二句：皆封之为千户侯，任以为将军。㉑赏未遍行：该赏的还没有全部赏到。㉑非汝所知：这不是你们所能理解的。㉑皆豨有：都被陈豨所占领。㉑羽檄：以鸟羽插檄书，谓之"羽檄"，取其急速若飞鸟也。㉑今计唯独邯郸中兵：现在考虑只有依靠邯郸城地区的这点兵力。㉑吾何爱四千户二句：何爱，为什么要吝啬。爱，吝啬。慰，安慰、鼓励。陈仁锡曰："安反侧心，雄略大度。"董份曰："当豨反时，郡邑不知者皆有危志，豪杰子弟尚持胜负而坐观之，未见有响应者，故赦守、尉以安诸郡邑之心，使感激而奋；又封四人以慰子弟，使鼓舞而乐从。高帝经略大度，于此可见其概矣。然封四人之意易知，而舍守、尉之指难识。"㉑所以与之：如何对付。与，打交道。㉑购：重金收买。

【校记】

［1］东：原无此字。据章钰校，甲十五行本、乙十一行本、孔天胤本皆有此字。今从诸本及《通鉴总类》卷十六上补。［2］于："于"下原空八字。据章钰校，甲十五行本、乙十一行本皆无空格，今据删。［3］乙未：原无此二字。据章钰校，甲十五行本、乙十一行本、孔天胤本皆有此二字，张敦仁《通鉴刊本识误》、张瑛《通鉴校勘记》同。今从诸

【原文】

十一年（乙巳，公元前一九六年）

冬，上在邯郸。陈豨将侯敞将万余人游行[218]，王黄将骑[219]千余军曲逆[220]，张春[221]将卒万余人渡河[222]攻聊城[223]。汉将军郭蒙[224]与齐将[225]击，大破之。太尉周勃[226]道太原[227]，入定代地[228]，至马邑[229]，不下，攻残之。赵利[230]守东垣[231]，帝攻拔之，更命曰真定。帝购王黄、曼丘臣以千金，其麾下[232]皆生致之[233]。于是陈豨军遂败。

淮阴侯信称病[234]，不从击豨，阴使人至豨所，与通谋。信谋与家臣[235]夜诈诏赦诸官徒奴[236]，欲发以袭吕后、太子。部署已定，待豨报[237]。其舍人[238]得罪于信，信囚欲杀之。春，正月，舍人弟上变[239]告信欲反状于吕后。吕后欲召，恐其傥不就[240]，乃与萧相国谋，诈令人从上所来[241]，言豨已得，死[242]，列侯、群臣皆贺[243]。相国绐[244]信曰："虽疾，强入贺[245]。"信入，吕后使武士缚信，斩之长乐钟室[246]。信方斩[247]，曰："吾悔不用蒯彻之计，乃为儿女子所诈[248]，岂非天哉！"遂夷[249]信三族。

臣光曰："世或以[250]韩信为[7]首建大策[251]，与高祖起汉中，定三秦，遂分兵以北禽魏、取代、仆赵[252]、胁燕，东击齐而有之，南灭楚垓下。汉之所以得天下者，大抵[253]皆信之功也。观其距[254]蒯

本及《汉书·高帝纪》补。[4]是岁：此二字原无。据章钰校，甲十五行本、乙十一行本、孔天胤本皆有此二字，今据补。[5]者：原无此字。据章钰校，甲十五行本、乙十一行本、孔天胤本皆有此字。今从诸本及《通鉴纪事本末》补。[6]南：原无此字。据章钰校，甲十五行本、乙十一行本、孔天胤本皆有此字，张敦仁《通鉴刊本识误》同。今从诸本及《史记·高祖本纪》《通鉴纪事本末》补。

【语译】

十一年（乙巳，公元前一九六年）

冬天，汉高祖刘邦仍然在邯郸。陈豨手下的将领侯敞率领着一万多人的军队往来流动作战，王黄率领一千多名骑兵驻扎在曲逆，张春率领一万多名军队渡过黄河攻取聊城。朝廷将领郭蒙联合齐国将领向叛军发起猛攻，将叛军打得大败。太尉周勃率军经过太原，进入代地平定叛乱，进攻马邑，一时攻打不下；在攻占了马邑之后，周勃一怒之下，就将马邑的人全部杀光，就连马邑城也给摧毁了。赵利守卫东垣，汉高祖将东垣攻下后，改东垣为真定。汉高祖用千两黄金悬赏王黄、曼丘臣的人头，他们的部下把他们生擒活捉后送到汉高祖面前。陈豨叛乱很快被彻底平息。

淮阴侯韩信假装有病，没有跟随汉高祖去讨伐陈豨叛乱，他秘密地派人到陈豨那里通风报信。韩信与自己的家臣密谋，准备假传圣旨赦免那些在各衙门服劳役的囚犯和因罪被判处充当官府奴隶的官奴，想依靠这些人去袭击吕后和太子。一切部署就绪，只等陈豨那边的消息。韩信手下的一名侍从得罪了韩信，韩信就把他囚禁起来，想杀掉他。春天，正月，那个得罪韩信的侍从的弟弟上书告密，把韩信准备谋反事情告诉了吕后。吕后想要召见韩信，又怕他万一不肯来，于是就与相国萧何密谋，命人假装从汉高祖那里来，向吕后报告说陈豨已经被汉高祖擒获，处死，让列侯和百官都到朝廷祝贺。相国萧何骗韩信说："你虽然有病在身，也应该勉强起来到朝中祝贺。"韩信只得进宫祝贺。韩信刚一进宫，就被吕后预先埋伏的武士捆绑起来，并在长乐钟室将其斩首。在即将行刑的时候，韩信说："我真后悔没有听从蒯彻的计谋，如今却被一个女流之辈所欺骗，这难道不是天意吗！"吕后将韩信灭三族。

司马光说："世上有人认为韩信首先向汉高祖刘邦建议'举而东，三秦可传檄而定'，又与汉高祖起兵汉中，平定了三秦，于是率领部分军队北进，擒获了魏王豹，占领了代地，征服了赵国，威胁燕国，向东占有了齐国，又率军南下将项羽消灭在垓下，汉高祖所以能够夺取天下，主要都是韩信的功劳。从他

彻之说，迎高祖于陈[255]，岂有反心哉！良由[256]失职怏怏[257]，遂陷悖逆[258]。夫以卢绾里闬旧恩[259]，犹南面王燕[260]，信乃以列侯奉朝请[261]，岂非高祖亦有负于信[262]哉？臣以为高祖用诈谋禽信于陈，言负[263]则有之。虽然[264]，信亦有以取之[265]也。始，汉与楚相距荥阳，信灭齐，不还报而自王[266]。其后汉追楚至固陵[267]，与信期[268]共攻楚，而信不至。当是之时，高祖固有取信[269]之心矣，顾[270]力不能耳。及天下已定，则[8]信复何恃[271]哉！夫乘时以徼利[272]者，市井之志[273]也；酬功而报德[274]者，士君子[275]之心也。信以市井之志利其身[276]，而以士君子之心望于人[277]，不亦难哉！是故太史公论之曰[278]：'假令韩信学道，谦让[279]不伐[280]己功，不矜[281]其能，则庶几[282]哉。于汉家，勋可以比周、召、太公之徒[283]，后世血食[284]矣。不务出此[285]，而天下已集[286]，乃谋畔逆，夷灭宗族，不亦宜乎[287]！'"

将军柴武[288]斩韩王信于参合[289]。

上还洛阳，闻淮阴侯之死，且喜且怜之[290]。问吕后曰："信死亦何言？"吕后曰："信言恨不用蒯彻[291]计。"上曰："是齐辩士蒯彻也。"乃诏齐捕蒯彻[292]。蒯彻至，上曰："若[293]教淮阴侯反乎？"对曰："然，臣固教之。竖子不用臣之策，故令自夷[294]于此。如用臣之计，陛下安得而夷之乎？"上怒曰："烹之！"彻曰："嗟乎，冤哉烹也！"上曰："若教韩信反，何冤？"对曰："秦失其鹿[295]，天下共逐[296]之，高材疾足者[297]先得焉。跖[298]之狗吠尧[299]，尧非不仁，狗固吠非其主[300]。当是时，臣唯独知韩信，非知陛下也。且天下锐精[301]持锋，欲为陛下所为[302]者甚众，顾[303]力不能耳，又可尽烹之邪？"上曰："置之[304]。"

立子恒[305]为代王，都晋阳[306]。

拒绝蒯彻的煽动，到斩钟离眛之头前往陈县迎谒刘邦，韩信哪里有谋反之心呢！实在是韩信因为不得其位而失意不平，遂滑进了叛乱之路。卢绾只是靠着与汉高祖在同一条胡同里共同长大的旧交情，就被封为燕王，南面称孤，而韩信只得到了诸侯的身份，不担任任何职务，仅仅按照规定时间上朝拜见皇帝；这难道不是汉高祖有负于韩信吗？我以为，高祖运用欺诈的手段在陈地擒获韩信，要说高祖对不起韩信是有的。虽然如此，韩信也有自找倒霉的一面。当初，汉王与项王在荥阳对峙，韩信灭掉了齐国，不赶紧回来向汉高祖报到，却擅自在齐地称王。后来，汉高祖率军追击楚军到达固陵，与韩信约定好日期共同攻打楚军，而到了约定的时间，韩信失期不到。在那个时候，高祖其实就有杀掉韩信的念头了，只是力量不足罢了。等到天下已经平定，韩信还有什么可以仗恃的！抓住有利时机向人讨价还价的，是商人的意识；按照功劳大小给予应得的赏赐，是有学问、有操守的君子的处世态度。韩信用商人的意识为自己谋利，却期望别人以君子的处事态度来回报自己，不是也太难了吗！所以太史公司马迁评论韩信说：'假使韩信能够懂得为人处世的道理，谦让不夸耀自己的功劳，不卖弄自己的才能，那么他的功勋差不多可以和周朝的周公、召公、太公等人相媲美。后世将荣华不绝，永远受到子孙的祭祀。韩信不能这样去做，反而在天下已经安定的时候，竟然想要起兵叛乱，最后导致全族被诛灭，不也是罪有应得吗！'"

汉朝将军柴武在参合的一次战斗中，将韩王信杀死。

汉高祖回到洛阳，听说淮阴侯韩信已经被杀，心里既高兴，又对韩信落得如此下场有些于心不忍。他问吕后说："韩信临死时说了些什么？"吕后说："韩信说他后悔当初没有接受蒯彻的意见。"汉高祖说："他说的是齐地那个能言善辩的蒯彻。"于是下令齐地官员将蒯彻抓捕押送长安。蒯彻被押到长安后，高祖问他说："你曾经教唆淮阴侯韩信谋反吗？"蒯彻回答说："是的，我是教他谋反。但那小子不肯用我的计策，所以才自寻死路招致灭门之祸。如果他听从我的计策，陛下又怎么能灭他满门呢？"汉帝大怒，下令说："把蒯彻给我烹杀了！"蒯彻说："哎呀，把我烹杀了，真是天大的冤枉啊！"汉帝说："你教唆韩信谋反，有什么冤枉？"蒯彻回答说："当初，秦国灭亡后，天下所有的人都想要夺取天下，能力强的、脚步快的就抢先得到了机会。盗跖养的狗冲着尧也汪汪乱叫，并不是因为尧不贤明仁慈，而是因为尧不是它的主人。在那个时候，我的心里只知道有韩信，而不知道有陛下。再说了，当时天下人当中磨砺刀枪、手拿利剑，想和陛下一样夺取天下的人很多，只是他们的能力有限罢了，难道陛下准备把他们全都烹杀了不成？"汉帝说："把蒯彻放了。"

刘邦封自己的儿子刘恒为代王，首府设在晋阳。

大赦天下[307]。

上之击陈豨也，征兵于梁[308]。梁王称病，使将将兵诣邯郸[309]。上怒，使人让[310]之。梁王恐，欲自往谢[311]。其将扈辄曰："王始不往，见让而往，往则为禽矣。不如遂发兵反。"梁王不听。梁太仆[312]得罪，亡走汉，告梁王与扈辄谋反。于是上使使掩[313]梁王，梁王不觉，遂囚之洛阳[314]。有司治[315]："反形已具[316]，请论如法[317]。"上赦以为庶人[318]，传处蜀青衣[319]。西至郑[320]，逢吕后从长安来。彭王为吕后泣涕，自言无罪，愿处故昌邑[321]。吕后许诺，与俱东。至洛阳，吕后白上曰："彭王壮士[322]，今徙之蜀，此自遗患[323]，不如遂诛之。妾谨与俱来。"于是吕后乃令其舍人告彭越复谋反[324]。廷尉[325]王恬开奏请族之[326]，上可其奏。三月，夷越三族，枭越首洛阳[327]。下诏："有收视[328]者，辄[329]捕之。"

梁大夫[330]栾布使于齐，还，奏事[331]越头下，祠[332]而哭之。吏捕以闻[333]，上召布，骂，欲烹之。方提趋汤[334]，布顾[335]曰："愿一言而死。"上曰："何言？"布曰："方[336]上之困于彭城[337]，败荥阳、成皋间[338]，项王所以遂不能西[339]者，徒以彭王居梁地[340]，与汉合从苦楚[341]也。当是之时，王一顾[342]，与[343]楚则汉破，与汉而[9]楚破。且垓下之会[344]，微彭王，项氏不亡[345]。天下已定，彭王剖符[346]受封，亦欲传之万世[347]。今陛下一征兵于梁，彭王病不行，而陛下疑以为反。反形未具[348]，以苛小案诛灭之[349]。臣恐功臣人人自危也[350]。今彭王已死，臣生不如死，请就烹。"于是上乃释布罪，拜为都尉[351]。

丙午[352]，立皇子恢[353]为梁王[354]。丙寅[355]，立皇子友[356]为淮阳王[357]。罢东郡，颇益梁[358]；罢颍川郡[359]，颇益淮阳。

大赦天下。

汉高祖在征讨陈豨的时候，调梁王彭越亲自率军前往。彭越推说有病，只是派了一员将领率领一支军队前往邯郸。高祖非常生气，派人去责备彭越。彭越心里害怕，想要亲自到汉高祖那里请罪。他手下的将领扈辄劝阻说："大王在开始的时候不亲自前去，受到责备后又想要亲自去请罪，去了肯定被皇帝捉起来。不如借机发兵谋反。"彭越没有听从扈辄的意见。梁王手下负责掌管车马等职务的太仆犯了罪，就逃到汉高祖那里，告发梁王与扈辄准备谋反。于是汉高祖派人突然袭捕梁王，梁王在毫无察觉的情况下就被抓捕起来，囚禁在洛阳。负责审理彭越谋反一案的官员向汉高祖奏报说："梁王彭越谋反的罪证确凿，请按照法律惩处。"汉高祖将他贬为庶民，用传车将他押往蜀地的青衣县安置。彭越由洛阳西行到达郑县，正巧遇上吕后从长安来。彭越就向吕后哭诉，说自己没有犯谋反之罪，希望回自己老家山东昌邑。吕后答应了彭越的请求，就把他带回洛阳。吕后对汉高祖说："梁王彭越是一条好汉，把他流放到蜀地，是给自己留下后患；不如干脆把他杀掉。我已经很小心地把他带回来了。"于是，吕后命令彭越的一个家臣再次告发彭越谋反。掌管刑狱的廷尉王恬开奏请汉高祖，将彭越处以灭族之刑，高祖批准。三月，将彭越夷灭三族，将彭越的首级悬挂在洛阳示众。汉帝下诏说："谁敢收殓和照看彭越的尸体，就立刻把谁抓起来。"

梁国大夫栾布接受梁王彭越之命出使齐国，回来的时候，彭越已经被斩首示众，栾布就在彭越的头颅之下，向梁王汇报他的出使经过，并对着首级祭祀哭拜。负责看守的官吏立即将栾布抓起来报告给汉高祖，汉高祖召见栾布时，大骂栾布，还要将栾布烹杀。刚把他举起来准备扔到开水锅里的时候，栾布回过头来对汉高祖说："我请求让我说一句话再死。"高祖问："你想要说什么？"栾布说："当陛下受困于彭城，失败于荥阳、成皋之间的时候，项王仍然不敢向西对陛下穷追猛打的原因，就是因为有彭越占据着梁地，与汉军联合对付项羽啊。在那个时候，彭越一念之间，偏向楚国，汉国就会被打败；偏向汉王，楚国就要被灭亡。而且，垓下之战，如果没有彭越参与，项王就不可能灭亡。如今天下已经安定，陛下分封诸侯，彭越受封王爵，他也想要永远地传给子孙后代。没有想到只是因为陛下向梁国的一次征兵，梁王彭越因为有病不能前去，陛下就怀疑他谋反。在没有谋反证据的情况下，陛下就以一些鸡毛蒜皮的小过失灭了他的族。我担心那些有功之臣会因此而人人自危。现在梁王彭越已死，我活着还不如死了好，就请把我烹杀了吧。"汉高祖听了栾布的一番话后，下令将栾布释放，并任命他担任都尉。

丙午日这天，汉高祖封自己的儿子刘恢为梁王。三月十一日丙寅，封皇子刘友为淮阳王。同时从东郡划分出一部分，归并到梁国；从颍川郡划分出一部分，归并到淮阳国。

夏，四月，行自洛阳至。

五月，诏立秦南海尉赵佗[360]为南粤王[361]，使陆贾[362]即授玺绶[363]，与剖符通使，使和集百越[364]，无为南边患害。

初，秦二世时，南海尉任嚣[365]病且死，召龙川令[366]赵佗，语曰："秦为无道，天下苦之。闻陈胜等作乱，天下未知所安[367]。南海僻远，吾恐盗兵侵地至此，欲兴兵绝新道[368]自备，待诸侯变[369]。会病甚[370]，且番禺负山险[371]，阻南海[372]，东西数千里，颇有中国人相辅[373]，此亦一州之主也，可以立国。郡中长吏[374]无足与言者，故召公告之。"即被佗书[375]，行南海尉事[376]。嚣死，佗即移檄[377]告横浦[378]、阳山[379]、湟溪关[380]曰："盗兵且至，急绝道，聚兵自守[381]。"因稍[382]以法诛[383]秦所置长吏，以其党为假守[384]。秦已破灭，佗即击并桂林、象郡[385]，自立为南越武王[386]。

陆生至，尉佗魋结、箕[387]倨[388]见陆生。陆生说佗曰："足下中国[389]人，亲戚、昆弟[390]、坟墓[391]在真定[392]。今足下反天性，弃冠带[393]，欲以区区之越，与天子抗衡[394]为敌国[395]，祸且及身矣！且夫秦失其政，诸侯豪杰并起，唯汉王先入关[396]，据咸阳。项羽倍约，自立为西楚霸王。诸侯皆属，可谓至强。然汉王起巴、蜀，鞭笞[397]天下，遂诛项羽灭之。五年之间[398]，海内平定。此非人力，天之所建也。天子闻君王王南越，不助天下诛暴逆[399]，将相欲移兵而诛王。天子怜百姓新劳苦，故且休之[400]，遣臣授君王印，剖符[401]通使[402]。君王宜郊迎[403]，北面称臣，乃欲以新造未集[404]之越，屈强[405]于此。汉诚闻之，掘烧王先人冢，夷灭[406]宗族，使一偏将将十万众临越，则越杀王降汉[407]，如反覆手[408]耳。"于是尉佗乃蹶然起坐[409]，谢[410]陆生曰："居蛮夷中久，殊失礼义。"因问陆生

夏季，四月，汉高祖刘邦从洛阳回到长安。

五月，汉高祖下诏确认秦时的南海尉赵佗为南越王，派陆贾到南越代表汉朝皇帝将印绶授予赵佗，封他为南越王，从此与南越互通使节，让南越王安抚南方的蛮夷部落，不要让他们侵扰汉朝的南部边境。

当初，秦二世在位的时候，担任南海尉的任嚣病得快要死了，他把担任龙川令的赵佗找来，对赵佗说："秦国实行残暴的统治，天下的人都恨透了它。听说陈胜等人已经起兵反抗秦国的暴政，不知天下什么时候才能获得安定。南海郡偏僻荒远，我担心会有盗贼前来侵扰，本来准备调动军队封锁住新开辟的内地通往南越的道路，用以自保，等待中原地区局势的变化，不想病成这个样子。再说，番禺背靠五岭，有山险可以依靠，南有大海作为屏障，东西全长几千里，又有许多中原人辅佐；这也是一州之主，可以在这里建立国家。南海郡中的官员没有一个人可以跟他们交换意见，所以才把你召来，把这一切告诉你。"当时任嚣就委任赵佗接替自己担任南海尉。任嚣死后，赵佗马上传递文书告诉横浦、阳山、湟溪关等地的官员说："盗匪就要来了，赶紧断绝新道，聚集起军队加强防守。"此后就逐渐找借口除掉了秦朝所设置的那些官吏，换上自己的亲信担任各级政府的代理长官。秦朝灭亡后，赵佗就出兵吞并了桂林郡、象郡，自封为南越武王。

陆贾到了南海以后，南海尉赵佗梳着锥形发髻，态度傲慢，叉开两腿，像簸箕一样坐在那里接见陆贾。陆贾劝赵佗说："先生原本是中原人，您的亲戚朋友、兄弟姐妹、祖先的坟墓都在真定。如今先生违背了人的天性，改变了中原地区顶冠系带的装束，却想要依靠南越这块弹丸之地，与天子抗衡，与中国为敌，恐怕您的大祸就要临头了！再说，秦朝的政权已经失掉了民心，那些诸侯以及英雄豪杰纷纷起来反抗秦国的统治，只有汉王最先进入函谷关，占据了咸阳。项羽违背楚怀王与诸侯的约定，自封为西楚霸王。诸侯全都成了他的臣属，可以说，项王是最强大的了。然而汉王刘邦从巴、蜀起兵，征服了天下，诛杀了项王，灭掉了西楚国。只用了五年的时间，就平定了天下。这绝不是靠人力所能做得到的，这是上天的旨意。汉天子听说您做了南越王，却不帮助天下诛灭暴逆，所以，汉军中的将领和宰相都想要率领军队前来诛灭您这南越王。天子可怜天下的百姓刚刚经历了连年战乱的痛苦，所以才暂且休兵，派遣我来代表汉天子封您为南越王，授予您南越王印绶，以及互通联系的符节。君王就应该亲自到郊外迎接，面向北对汉天子称臣，可您却想凭借着刚刚建立起来、基础还不稳固的南越国负隅顽抗。这事如果被汉朝知道，派人挖掘并烧毁了您家的祖坟，灭亡了您的族人，然后派遣一员副将率领着一支十几万人的军队进逼南越。到那时，恐怕越人杀死大王投降汉朝，就如同把手掌翻过来一样容易。"这时，南越尉赵佗猛然醒悟，赶紧跳起身来，规规矩矩坐好后，向陆贾道歉说："我在荒蛮之地待的时间长了，几乎忘记了中原的礼仪。"又向陆贾询问说："你

曰："我孰与萧何、曹参、韩信贤[411]？"陆生曰："王似贤[412]也。"复曰："我孰与皇帝贤[413]？"陆生曰："皇帝继五帝三皇[414]之业，统理[415]中国，中国之人以亿计，地方万里，万物殷富，政由一家。自天地剖判[416]，未始有也。今王众不过数十万，皆蛮夷，崎岖山海间[417]，譬若汉一郡耳，何乃比于汉！"尉佗大笑曰："吾不起中国，故王此；使我居中国，何遽不若汉[418]！"乃留陆生与饮数月，曰："越中无足与语，至生来，令我日闻所不闻。"赐陆生橐中装[419]，直千金[420]，他送[421]亦千金。陆生卒拜尉佗为南越王，令称臣，奉汉约[422]。归报，帝大悦，拜贾为太中大夫[423]。

陆生时时前[424]说称《诗》《书》[425]，帝骂之曰："乃公[426]居马上而得之，安事《诗》《书》[427]！"陆生曰："居马上得之，宁可以马上治之乎[428]？且汤、武[429]逆取[430]而以顺守之[431]，文武并用，长久之术也。昔者吴王夫差[432]、智伯[433]、秦始皇，皆以极武[434]而亡。乡使[435]秦已并天下，行仁义，法先圣[436]，陛下安得而有之！"帝有惭色，曰："试为我著秦所以失天下、吾所以得之者，及古成败之国[437]。"陆生乃粗述存亡之征[438]，凡著十二篇。每奏[439]一篇，帝未尝不称善，左右呼万岁[440]，号其书曰《新语》[441]。

帝有疾，恶见人[442]，卧禁中[443]，诏户者[444]无得入群臣[445]。群臣绛、灌[446]等莫敢入十余日。舞阳侯樊哙排闼[447]直入，大臣随之。上独枕一宦者卧[448]。哙等见上，流涕曰："始[449]，陛下与臣等起丰、沛，定天下，何其壮也！今天下已定，又何惫也[450]！且陛下病甚，大臣震恐。不见臣等计事，顾独与一宦者绝乎[451]！且陛下独不见赵高之事[452]乎？"帝笑而起。

秋，七月，淮南王布反。

初，淮阴侯死[453]，布已心恐。及彭越诛，醢其肉以赐诸侯[454]。使者[455]至淮南[456]，淮南王方猎，见醢，因大恐，阴令人部聚兵[457]，候伺旁

觉得我和萧何、曹参、韩信比起来，谁更贤明？”陆贾说：“似乎您更贤明一些。”赵佗又问：“那我和大汉皇帝比起来谁更贤明？”陆贾说：“汉朝皇帝继承了五帝、三皇的伟大勋业，统治着中国；中国的人口以亿为单位来计数，地方上万里，各种物产无不应有尽有，政府号令统一。是开天辟地以来，从未有过的。现在大王管辖下的人口不过几十万，又都是蛮夷之人，而且地理位置处在崎岖的山陵与潮湿的大海之间，仅相当于汉朝的一个郡罢了，这怎么能跟汉朝相比呢！”赵佗听了后大笑起来，说：“我只是没有在中国起事，所以才在此地称王，假使我居住在中原，怎么就会比不上汉朝呢！”于是就挽留陆贾和他一起饮宴，过了数月以后，赵佗说：“越地的人没有能和我说话的。你来了以后，让我每天都能听到我以前没有听到过的事情。”于是赵佗就把价值一千金的珠宝装在口袋里，赠送给陆贾，另外还有其他的礼物，也价值千金。陆贾终于使赵佗接受了汉朝“南越王”的封爵，向汉朝称臣，接受汉朝的法律约束。陆贾回国复命，汉高祖刘邦非常高兴，任命陆贾为太中大夫。

陆贾经常在汉高祖刘邦面前谈论《诗经》《书经》，汉高祖骂他说：“你老子我是骑在马上打下的天下，哪里用得着读这些个《诗经》《书经》！”陆贾说：“骑在马上得天下，难道还可以骑着马治理天下吗？过去商汤、周武王，他们全是用武力夺取的天下，却是以仁义之道治理天下。文武之道同时使用，才是使国家长治久安的好办法。过去吴王夫差、智伯、秦始皇，都是因为穷兵黩武而导致国家灭亡。假使当初秦国统一天下后，施行仁义的政治，效法先朝圣贤，陛下您又怎么能够取得天下呢！”刘邦脸上露出了羞愧的神色，说：“你尝试着为我把秦朝为什么失掉了天下、我为什么能够夺取天下，以及古代国家兴盛衰亡的经验教训写出来给我看。”陆贾就把古代存亡的征兆粗略地进行了整理，共编写了十二篇。每写完一篇，就先上奏给汉高祖。汉高祖对每一篇都大加称赞，汉高祖左右的侍从们也跟着欢呼“万岁”，称陆贾的书为《新语》。

汉高祖刘邦生了病，不愿意见人，他躺在寝宫里，下令门卫不要放群臣进来。绛侯周勃、灌婴等大臣有十多天都不敢入内。后来舞阳侯樊哙推开门卫，直接闯进刘邦的寝宫，其他大臣全都跟了进去。汉高祖正枕着一个宦官躺着。樊哙等见到汉高祖，不禁泪流满面地说：“当初，陛下与我等在丰、沛起兵，南征北战，终于夺取了天下，那时是多么豪壮啊！如今天下已经安定，陛下却如此疲惫不堪！陛下病重，满朝大臣都很惊恐。陛下拒绝与我们见面商量大事，难道就这样让一个宦官陪着您离开人世吗！再说，陛下难道不知道赵高在秦始皇死后杀太子扶苏立胡亥的事情吗？”汉高祖听了大笑，翻身坐起。

秋天，七月，淮南王黥布谋反。

当初，淮阴侯韩信被杀的时候，黥布已经感到很恐惧。等到彭越被杀，高祖竟然把彭越的尸体剁成肉酱赏赐给诸侯。送肉酱给诸侯的使者到达淮南的时候，淮南王黥布正在打猎，看见彭越的肉酱，就更加地恐惧，于是秘密地派人将部队集结起来，并

郡警急[458]。布所幸姬[459]病就医[460]，医家与中大夫[461]贲赫[462]对门。赫乃厚馈遗[463]，从姬[464]饮医家。王疑其与乱[465]，欲捕赫。赫乘传[466]诣长安上变[467]，言："布谋反有端[468]，可先未发诛[469]也。"上读其书，语萧相国，相国曰："布不宜有此，恐仇怨妄诬之。请系赫[470]，使人微验[471]淮南王。"淮南王见赫以罪亡上变，固已疑其言国阴事[472]。汉使又来，颇有所验[473]，遂族赫家[474]，发兵反。反书闻[475]，上乃赦贲赫，以为将军。

上召诸将问计，皆曰："发兵击之，坑竖子耳，何能为乎[476]？"汝阴侯滕公[477]召故楚令尹薛公[478]问之。令尹曰："是固当反。"滕公曰："上裂地而封之，疏爵[479]而王之，其反何也？"令尹曰："往年杀彭越，前年杀韩信[480]。此三人者，同功一体[481]之人也。自疑祸及身[482]，故反耳。"滕公言之上，上乃召见，问薛公，薛公对曰："布反不足怪也。使布出于上计，山东[483]非汉之有也；出于中计，胜败之数未可知也；出于下计，陛下安枕而卧矣。"上曰："何谓上计？"对曰："东取吴，西取楚[484]，并齐、取鲁[485]，传檄燕、赵[486]，固守其所[487]，山东非汉之有也[488]。""何谓中计？""东取吴，西取楚，并韩、取魏[489]，据敖仓之粟[490]，塞成皋之口[491]，胜败之数未可知也[492]。""何谓下计？""东取吴，西取下蔡[493]，归重于越[494]，身归长沙[495]，陛下安枕而卧，汉无事矣[496]。"上曰："是计将安出[497]？"对曰："出下计。"上曰："何为废上、中计而出下计？"对曰："布，故丽山之徒[498]也，自致万乘之主[499]，此皆为身不顾后为百姓万世虑者也[500]，故曰出下计。"上曰："善！"封薛公千户[501]。乃立皇子长[502]为淮南王[503]。

是时，上有疾，欲使太子往击黥布。太子客东园公、绮里季、夏

派人去刺探旁边郡县有没有紧急情况，以便采取行动。黥布的一个宠姬，因为有病去找大夫看病，看病的医生与中大夫贲赫住对门。贲赫用重金贿赂医生，准许他在医生家里陪黥布的宠姬饮酒。淮南王怀疑贲赫与宠姬私通，就要抓捕贲赫。贲赫得到消息，就乘坐着驿站的传车跑到长安告发黥布谋反，他在检举书中说："黥布反形已露，可以在他没有起兵叛乱之前灭掉他。"汉高祖刘邦看了这份检举书，就告诉了相国萧何，萧何说："黥布不应该这样，恐怕是与他有仇的人在故意陷害他。请先把贲赫抓起来，再派人去淮南暗中调查有没有此事。"淮南王看见贲赫已经逃往长安，心里本来就担心贲赫告发自己谋反之事，现在汉高祖派人来调查，又调查出许多证据，黥布就将贲赫的家族全部抄斩，然后起兵造反。汉高祖得到黥布谋反的消息后，就赦免了贲赫，并任命他为将军。

汉高祖刘邦把诸位将军召集起来商讨对付黥布的计策。将军们都说："率领军队去消灭他，活埋了这小子，还能有什么别的办法?"汝阴侯滕公夏侯婴把曾经在项羽手下当过令尹的薛公找来询问。薛公说："黥布本来就应该造反。"滕公说："皇帝把土地分割了给他，把王的爵位封给他；他为什么还要谋反呢?"薛公说："皇帝先是杀了彭越，后来又杀了韩信。黥布、韩信与彭越三人本来功劳相当、休戚与共，彭越看见那两个人先后被杀，必定担心大祸落到自己的头上，所以才会谋反。"滕公夏侯婴把令尹的话告诉汉高祖刘邦，刘邦召见薛公，向薛公请教。薛公说："黥布谋反没有什么可奇怪的。假使黥布采用上等计策，那么山东就不再属于汉朝所有；如果他采用中等计策，那么是成功还是失败很难预料；如果采用下等计策，陛下可以安枕无忧了。"汉高祖问："什么是上等计策?"薛公回答说："黥布向东攻取吴王刘贾的封地，向西夺取楚元王刘交的封地，吞并齐王刘肥以及鲁县的土地，然后以一纸文书号召燕国、赵国归顺自己，而后固守自己的领土，这样的话，崤山以东就不属于陛下所有了。"汉高祖又问："什么是中等计策?"薛公回答："中等计策就是向东攻取吴王刘贾的封地，向西夺取楚元王刘交的封地，进而吞并韩、魏，占据敖仓的粮食，占据成皋这一东西交通的要冲，那么谁胜谁败就很难说了。"汉高祖接着问："那么下策又怎么样呢?"回答是："向东占领吴国的土地，向西攻取下蔡县，把所有辎重都转移到越地，而后投奔长沙王吴臣，如此的话，陛下就可以高枕无忧，汉朝的江山将会平安无事。"汉高祖问："黥布将会采用哪种计策呢?"薛公说："采用下等计策。"汉高祖又问："他为什么会废止上等计策和中等计策不用，反而要采用下等计策呢?"薛公说："黥布，只不过是一个在骊山服劳役的囚徒，他靠自己的闯荡与拼搏得到封王，看问题只顾眼前的一点私利，而从来不懂得为子孙后代、为百姓的长远利益考虑；所以断定他必定采用下策。"汉高祖说："你分析得好!"于是将一万户封给薛公作为奖赏。刘邦封自己的儿子刘长为淮南王。

当时，汉高祖已经有病在身，本来想派太子领兵去征讨黥布。太子的宾客东园

黄公、甪里先生[504]说建成侯吕释之[505]曰："太子将兵，有功则位不益[506]，无功则从此受祸矣[507]。君何不急请吕后承间[508]为上泣言：'黥布，天下猛将也，善用兵。今诸将皆陛下故等夷[509]，乃令太子将此属[510]，无异使羊将狼，莫肯为用[511]。且使布闻之，则鼓行而西[512]耳。上虽病，强载辎车[513]，卧而护之[514]，诸将不敢不尽力。上虽苦，为妻子自强[515]！'"于是吕释之立夜见吕后。吕后承间为上泣涕而言如四人意[516]。上曰："吾惟竖子固不足遣[517]，而公自行耳[518]。"

于是上自将兵而东，群臣居守[519]皆送至霸上[520]。留侯病，自强起至曲邮[521]，见上曰："臣宜从，病甚。楚人剽疾[522]，愿上无与争锋[523]。"因说上令太子为将军，监关中兵[524]。上曰："子房虽病，强卧而傅太子[525]。"是时，叔孙通[526]为太傅[527]，留侯行少傅事[528]。发[529]上郡、北地、陇西[530]车骑[531]，巴、蜀材官[532]及中尉卒[533]三万人为皇太子卫[534]，军[535]霸上。

布之初反，谓其将曰："上老矣，厌兵[536]，必不能来。使诸将[537]，诸将独患淮阴、彭越，今皆已死，余不足畏也。"故遂反。果如薛公之言，东击荆[538]，荆王贾走死富陵[539]。尽劫其兵[540]，渡淮击楚。楚发兵与战徐、僮[541]间，为三军，欲以相救为奇[542]。或说楚将曰："布善用兵，民素畏之[543]。且兵法'诸侯自战其地，为散地[544]'，今别为三，彼败吾一军，余皆走，安能相救！"不听。布果破其一军，其二军散走，布遂引兵而西[545]。

十二年（丙午，公元前一九五年）

冬，十月，上与布兵[10]遇于蕲[11]西[546]。布兵精甚，上壁庸城[547]，望布军置陈[548]如项籍军，上恶[549]之。与布相望见，遥谓布曰："何苦而反？"布曰："欲为帝耳[550]。"上怒骂之，遂大战。布军败走[551]，渡淮，数止战[552]，不利，与百余人走江南[553]，上令别将[554]追之。

公、绮里季、夏黄公和甪里先生对建成侯吕释之说："如果让太子带兵，立了大功，地位也不能再提高，如果无功而返，灾难就要降落到太子的头上。先生何不赶紧向吕后请示，让吕后找个机会哭求皇帝，就说：'黥布是当今天下有名的猛将，很善于用兵。那些将领过去都是陛下平辈的人，让太子统领这些人，就如同是让羊统率狼，他们肯定不会听从太子指挥。如果让黥布知道，就会畅行无阻地杀向长安来。陛下虽然有病，还应该强打精神躺在辎车里监督诸将，诸将就不敢不尽力。陛下虽然辛苦，但为了老婆、儿子，还得强打起精神来！'"于是，吕释之连夜求见吕后。吕后找了个机会在汉高祖面前哭哭啼啼，按照东园公、绮里季、夏黄公和甪里四个人的意思说了一遍。汉高祖说："我本来就觉得那小子不能担当此任，还是让他老子自己走一趟吧。"

于是，汉高祖自率领大军向东征讨黥布，在长安留守的文武大臣全都送到霸上。留侯张良身体有病，也勉强起来，送汉高祖刘邦到曲邮，他对汉高祖说："我本来应该陪同陛下前去，但病体沉重，不能如愿。楚国人勇猛强悍、行动迅捷，希望陛下不要与他面对面地硬拼。"并趁机劝说汉高祖，让太子担任监军，监护关中的兵马。汉高祖说："子房虽然有病，但还得勉强支撑着辅佐太子。"当时，叔孙通担任太子太傅，留侯张良担任太子少傅。于是调集上郡、北地、陇西的兵车战马，以及巴、蜀等地力大、善骑射的特种兵，以及担任京师治安的军队总共三万人，充当太子刘盈的警卫部队，驻扎在霸上。

黥布开始谋反时，对他手下的将领说："皇帝已经衰老了，厌恶打仗，一定不会亲自前来。肯定派其他的将领，诸将当中，我只服淮阴侯韩信和彭越，如今两人都已经死了，其他的将领都用不着畏惧。"于是起兵造反。而且不出薛公所料，黥布出兵向东攻打荆王刘贾，刘贾逃跑途中被杀死在富陵；黥布控制了楚国的军队，然后渡过淮河攻打楚国。楚国发兵在徐县与僮县之间与黥布的军队作战，楚国把军队分成三路，便于相互救援出奇制胜。有人对楚军将领说："黥布很善于用兵，人们对他一向感到畏惧。兵法上说'诸侯在自己家乡的土地作战，士兵容易逃散，所以其地被称为散地'，现在把楚军分作三路，假如有一路军队被黥布打败，其他两路军队也就跟着崩溃了，又怎么能够互相救援呢！"楚军将领不肯听从那个人的建议。黥布果然先击败楚军的一路人马，其他两路人马立时全部逃散了；黥布率领大军向西进发。

十二年（丙午，公元前一九五年）

冬季，十月，汉高祖在蕲县以西与黥布相遇。黥布军队精锐，汉高祖在庸城坚守不出，看见黥布布阵的方法与项羽很相似，心中感到有些厌恶。汉高祖远远地看见黥布，就向着黥布大声地喊道："你为什么要谋反？"黥布说："我想做皇帝。"汉高祖大怒，一边骂，一边指挥军队出击。黥布的军队抵挡不住汉军的猛烈攻势，大败而逃，渡过淮水，又多次停下来回身与汉军交战，但都无法取胜，最后黥布只带着一百多人逃往江南；汉高祖另外派一支军队的将领随后追击。

上还，过沛，留，置酒沛宫[555]，悉召故人、父老、诸母、子弟佐酒[556]，道旧故为笑乐。酒酣[557]，上自为歌[558]起舞，慷慨伤怀，泣数行下。谓沛父兄曰："游子悲故乡[559]。朕自沛公以诛暴逆，遂有天下，其以沛为朕汤沐邑[560]，复其民[561]，世世无有所与[562]。"乐饮十余日乃去。

汉别将击英布军洮水南北[563]，皆大破之。布故与番君婚[564]，以故长沙成王臣[565]使人诱布，伪欲与亡走越[566]，布信而随之。番阳[567]人杀布兹乡[568]民田舍[569]。

周勃悉定代郡、雁门、云中地，斩陈豨于当城[570]。

上以荆王贾无后，更[571]以荆为吴国[572]。辛丑[573]，立兄仲之子濞[574]为吴王，王三郡[575]五十三城。

十一月，上过鲁[576]，以太牢[577]祠[578]孔子。

上从破黥布归，疾益甚[579]，愈欲易[580]太子。张良谏不听，因疾不视事[581]。叔孙通谏曰："昔者晋献公[582]以骊姬之故废太子，立奚齐[583]，晋国乱者数十年[584]，为天下笑。秦以不蚤定扶苏[585]，令赵高得以诈立胡亥[586]，自使灭祀[587]，此陛下所亲见。今太子仁孝，天下皆闻之。吕后与陛下攻苦食啖[588]，其可背哉[589]！陛下必欲废嫡而立少[590]，臣愿先伏诛，以颈血污地[591]！"帝曰："公罢矣，吾直戏耳[592]！"叔孙通曰："太子，天下本，本一摇，天下振动，奈何以天下为戏乎！"时大臣固争[593]者多，上知群臣心皆不附赵王，乃止不立。

相国何以长安地狭[594]，上林[595]中多空地弃[596]，愿令民得入田[597]，毋收稿[598]，为禽兽食。上大怒曰："相国多受贾人[599]财物，乃为请吾苑！"下相国廷尉[600]，械系[601]之。数日，王卫尉侍[602]，前问曰："相国何大罪，陛下系之暴[603]也？"上曰："吾闻李斯[604]相秦皇帝，有善归主[605]，有恶自

汉高祖率军返回长安途中，经过自己的家乡沛县时，便停留下来，在沛县的行宫中摆设酒宴，把当年的朋友、父老乡亲、婶子大娘以及子侄辈全都请来陪同饮酒，谈谈往事，叙叙旧情，充满欢声笑语。在酒喝得最畅快的时候，汉高祖站起身来边歌边舞，感慨伤怀，不禁流下泪来。他对沛县的父老们说："在外漂泊的人思念故乡。我自从做沛公起便东征西讨，诛灭暴逆，夺取了天下；就把沛县作为我自己的汤沐邑，从今以后免除沛县人的一切赋税和劳役，世世代代都与赋税、劳役不相关。"在沛县高兴地畅饮了十多天才离开。

汉军别将率军将溃逃的黥布追赶到洮水南北两岸，把黥布打得溃不成军，再也无法集结。黥布过去与番君吴芮交情深厚，又有联姻关系，所以吴芮的儿子长沙成王吴臣派人诱骗黥布，假说与黥布一起逃往南越国；黥布深信不疑，就随同前往。在兹乡农舍里被番阳人杀死。

周勃把代郡、雁门、云中等地的叛军全部消灭，在当城将陈豨斩首。

汉高祖因为荆王刘贾没有后代，就把荆国改称为吴国。十月十九日辛丑，封自己哥哥的儿子刘濞为吴王，统辖三个郡、五十三个城。

十一月，汉高祖经过鲁地，亲自用太牢祭祀孔子。

汉高祖自从征讨黥布回来后，病势加重，就更想改立太子。留侯张良苦谏不听，于是就称说有病不再过问自己所负责的职事。叔孙通劝谏汉高祖说："过去晋献公因为宠爱郦姬，废掉了太子申生，立奚齐为太子，晋国因此内乱了几十年，遭到天下人的耻笑。秦始皇因为没有早点把扶苏继承人的身份确定下来，所以才使赵高有机可乘，假传秦始皇遗命，立胡亥为皇帝，导致秦朝灭亡，断绝了宗庙的祭祀，这是陛下亲眼所见的事情。如今太子刘盈仁慈孝敬的品德，天下人都知道。吕后与陛下同过甘苦，共过患难，怎么能够背弃他们呢！如果陛下一定要废掉长子而立幼子，我愿意先受死刑，用我脖子上的鲜血玷污了脚下的这块土地！"汉高祖说："算了吧，我只不过说了一句玩笑话！"叔孙通说："太子是天下的根本，根本一动摇，就会引起天下震动；怎么能把天下的大事当作儿戏呢！"当时大臣们直言谏诤的很多；汉高祖知道大臣们心里都不归附赵王如意，这才把废长立幼的心思收敛起来。

相国萧何认为长安土地狭窄，而上林苑中有许多空地，白白地闲置在那里，他希望高祖能够允许人们进入苑中开荒种地，只是收获以后必须把秸秆留在地里，作为禽兽的食物。汉高祖非常生气地说："萧相国接受了商人的多少贿赂，竟然为他们来讨要我的御花园！"将萧何逮捕交付给廷尉审理，还给他戴上镣铐，投入监狱。过了几天，汉高祖身边的侍卫官王卫尉在汉高祖身边侍奉，他向前小心地问汉高祖说："萧相国犯了什么大罪，陛下突然之间对他那么严厉，还把他关了起来？"汉高祖说："我听说李斯在秦始皇时期担任丞相，有人称颂、感恩的事情就说是皇帝做的，有了让人痛恨、厌恶的事情就都揽到自己的头上。而现在的丞相萧何，他接受了商人的

与[606]。今相国多受贾竖[607]金，而为之请吾苑，以自媚[608]于民，故系治之。”王卫尉曰：“夫职事[609]苟有便于民而请[610]之，真宰相事[611]，陛下奈何乃疑相国受贾人钱乎？且陛下距楚[612]数岁，陈豨、黥布反，陛下自将而往。当是时，相国守关中，关中摇足[613]，则关以西[614]非陛下有也。相国不以此时为利[615]，今乃利[616]贾人之金乎？且秦以不闻其过亡天下，李斯之分过[617]，又何足法[618]哉！陛下何疑宰相之浅也[619]！”帝不怿[620]。是日，使使持节[621]赦出相国。相国年老，素恭谨，入徒跣谢[622]。帝曰：“相国休矣[623]！相国为民请苑，吾不许，我不过为桀、纣主，而相国为贤相。吾故[624]系相国，欲令百姓闻吾过也[625]。”

陈豨之反[626]也，燕王绾发兵击其东北[627]。当是时，陈豨使王黄求救匈奴，燕王绾亦使其臣张胜于匈奴，言豨等军破[628]。张胜至胡，故燕王臧荼子衍[629]出亡在胡，见张胜曰：“公所以重于燕[630]者，以习胡事[631]也。燕所以久存[632]者，以诸侯数反[633]，兵连不决[634]也。今公为燕，欲急灭豨等，豨等已尽，次亦至燕[635]，公等亦且为虏[636]矣。公何不令燕且缓陈豨[637]，而与胡和[638]。事宽[639]，得长王燕；即有汉急[640]，可以安国[641]。”张胜以为然，乃私令匈奴助豨等击燕[642]。燕王绾疑张胜与胡反，上书请族张胜[643]。胜还，具道所以为[644]者，燕王乃诈论他人[645]，脱胜家属，使得为匈奴间[646]。而阴使范齐[647]之陈豨所[648]，欲令久亡[649]，连兵勿决[650]。

汉击黥布，豨常将兵居代。汉击斩豨，其裨将[651]降，言：“燕王绾使范齐通计谋于豨所。”帝使使召卢绾，绾称病。上[12]又使辟阳侯审食其[652]、御史大夫赵尧[653]往迎燕王[654]，因验问左右[655]。绾愈恐，闭匿[656]，谓其幸臣曰：“非刘氏而王，独我与长沙[657]耳。往年春，汉族淮阴[658]，夏，诛彭越[659]，皆吕氏计[660]。今上病，属任[661]吕后，吕后妇人，专欲以事诛

许多贿赂，就为了这些商人的利益向我讨要御花园，向百姓讨好，所以我就把他铐起来治治他。”王卫尉说：“在自己的职责范围内，认为对百姓有好处而请求皇帝批准，这是丞相的职责；陛下怎么会怀疑丞相接受了商人的贿赂呢？再说陛下与西楚互相对峙了好几年，后来又有陈豨、黥布谋反，陛下都是亲自率军前去征讨。在那时，萧相国留守关中，关中稍有动摇，则函谷关以西就不属于陛下所有了。萧相国不在那个时候为自己谋取私利，现在却贪图起商人的贿赂吗？况且，秦朝因为听不到自己的过错所以失掉了天下，李斯替皇帝分担罪责又哪里值得效法的呢！陛下怎么把萧相国估计成那样见识浅薄的人！”汉高祖听了王卫尉的一番话，心里很不高兴。但还是于当天派使者拿着符节到狱中赦免了萧何。萧相国已经年纪很大了，平素为人恭敬谨慎，出狱后就赤着双脚前来向高祖谢罪。汉高祖说：“算了算了！相国为老百姓向我请求开放上林苑，我没有答应；我不过是夏桀、商纣那样的君主，而相国却是一个贤明的丞相。我是故意将你囚禁起来，好让天下的百姓知道我的过失。”

陈豨谋反的时候，燕王卢绾出兵从陈豨军队的东北方向攻打陈豨。当时，陈豨派王黄到匈奴求取救兵；燕王卢绾也派使者张胜出使匈奴，是想告诉匈奴单于陈豨谋反，已经被击败。张胜到达匈奴的时候，已故燕王臧荼的儿子臧衍正流亡匈奴；臧衍看见张胜，对张胜说：“先生您之所以在燕王卢绾那里受到重用，是因为您对匈奴的情况很熟悉。而燕国所以能够较长时间存在，是诸侯屡次谋反，战争连年不断，胜负未定的缘故。现在先生您为了燕国，就想要赶紧灭掉陈豨等人，却没有考虑到，陈豨等被灭掉以后，按照次序，下一个就该轮到灭你们燕国了，你们这些人也会成为汉朝皇帝的俘虏。先生为什么不回去让燕王不要急着进攻陈豨，让燕国也与匈奴交好。燕国不被刘邦猜忌、攻打的时候，可以长久地称王于燕；假如刘邦对燕国征讨得紧急，也可以利用和匈奴的关系，使燕国得以保全。”张胜认为臧衍说得有道理，就私下里告诉匈奴帮助陈豨攻打燕国。燕王卢绾怀疑张胜联合匈奴谋反，就上书给汉高祖，请求族灭张胜。张胜回来后，向燕王做了详细的汇报，燕王就用另外一个人顶替张胜，而把张胜及其家属全部开脱了，让张胜往来于匈奴传递消息、充当间谍。又暗中派范齐到陈豨那里，动员陈豨长久地流亡匈奴，与汉朝长期处于战争状态，而不要急于决战。

汉高祖率军征讨黥布期间，陈豨经常率军驻扎在代郡一带。汉军将陈豨杀死后，陈豨的副将投降了高祖，说：“燕王卢绾曾经派范齐联络陈豨。”汉高祖派使者召见卢绾，卢绾称说有病不肯前往。汉高祖又派辟阳侯审食其、御史大夫赵尧到燕国迎接燕王，暗中对燕王卢绾身边的人进行盘查审问。卢绾更加恐惧，就找了一个隐秘处躲藏起来，他对自己的亲信说：“不姓刘而被封王的，只有我和长沙王吴臣两个人。去年春天，吕后族灭了淮阴侯韩信；夏天，又诛灭了彭越，这些都是吕后的计策。如今皇帝有病在身，把政事都交与吕后；吕后是一个女人，她专门找茬诛杀异姓诸

异姓王者及大功臣。”乃遂称病不行，其左右皆亡匿，语颇泄。辟阳侯闻之，归具[662]报上，上益怒。又得匈奴降者，言张胜亡在匈奴，为燕使。于是上曰：“卢绾果反矣！”春，二月，使樊哙以相国[663]将兵击绾，立皇子建[664]为燕王[665]。

诏曰：“南武侯织[666]，亦粤之世[667]也，立以为南海王[668]。”

上击布时，为流矢所中，行道疾甚[669]。吕后迎良医。医入见，曰：“疾可治[670]。”上嫚骂[671]之曰：“吾以布衣，提三尺[672]取天下，此非天命乎！命乃在天，虽扁鹊何益[673]！”遂不使治疾，赐黄金五十斤，罢之。吕后问曰：“陛下百岁后，萧相国既[674]死，谁令代之[675]？”上曰：“曹参[676]可。”问其次，曰：“王陵[677]可，然少戆[678]，陈平[679]可以助之[680]。陈平知有余[681]，然难独任。周勃[682]重厚少文[683]，然安刘氏者，必勃也，可令为太尉[684]。”吕后复问其次，上曰：“此后[685]亦非乃所知也[686]。”

夏，四月甲辰[687]，帝崩于长乐宫[688]。丁未[689]，发丧，大赦天下。

卢绾与数千人居塞下[690]候伺[691]，幸上疾愈[692]，自入谢[693]。闻帝崩，遂亡入匈奴[694]。

五月丙寅[695]，葬高帝于长陵[696]。

初，高祖不修文学[697]，而性明达[698]，好谋能听[699]。自监门戍卒[700]，见之如旧[701]。初顺民心，作三章之约[702]。天下既定，命萧何次律令[703]，韩信申军法[704]，张苍[705]定章程[706]，叔孙通制礼仪[707]。又与功臣剖符作誓[708]，丹书铁契[709]，金匮石室[710]，藏之宗庙。虽日不暇给[711]，规摹弘远[712]矣。

己巳[713]，太子[714]即皇帝位，尊皇后曰皇太后。

初，高帝病甚，人有恶[715]樊哙，云[716]：“党于吕氏[717]，即一日上晏驾[718]，欲以兵诛赵王如意之属[719]。”帝大怒，用陈平谋，召绛侯周勃受诏床下，曰：“陈平亟驰传[720]载勃代哙将[721]。平至军中，即斩哙头。”二人既受诏，驰传未至军[722]，行计之曰[723]：“樊哙，帝之故人也，功多，且又吕后弟[724]吕媭之夫，有亲且贵。帝以忿怒故欲斩之，则恐后悔。

侯王和有功的大臣。”于是燕王卢绾仍然称病不肯前往长安，他左右的人也都躲藏起来，而燕王卢绾的话却逐渐泄露出来。辟阳侯审食其听到，回到长安奏报了高祖刘邦，高祖刘邦就更加生气。后来又有匈奴人投降汉朝，说张胜逃亡到匈奴，充当燕王的使者。于是，刘邦断言说：“卢绾果真是谋反了！”春天，二月，刘邦派樊哙以相国的身份率领军队讨伐燕王卢绾，同时封皇子刘建为燕王。

刘邦下诏说：“南越族的首领武侯织，是南越贵族的后裔，封武侯织为南海王。”

高祖刘邦在讨伐黥布的时候，被流矢射中，途中，病势沉重。吕后为他请来最好的医生。医生入见高祖后，说：“可以治疗。”高祖口中不干不净地说：“我只是一个平民百姓，靠着手中三尺长的宝剑竟然夺取了天下，这难道不是上天的旨意吗！我的命运掌握在老天的手里，即使是神医扁鹊在世又有什么用处！”竟不准医生治病，让人赏赐了医生五十斤黄金，就打发他走了。吕后问刘邦说：“陛下百岁以后，萧相国如果死了，让谁接替他任相国？”高祖说：“曹参可以。”吕后又问曹参以后谁可以接任，刘邦说：“王陵可以；但王陵稍微显得憨直认死理，可以让陈平帮助他。陈平智谋有余，但很难独当一面。周勃稳重厚道，不善于言辞，但最终安定刘氏的必定是周勃，可以任命周勃担任太尉。”吕后还想继续问下去，高祖说：“再以后的事情，就不是你能知道的了。”

夏季，四月二十五日甲辰，汉高祖刘邦死于长乐宫。二十八日丁未，发丧，大赦天下。

卢绾率领数千人停留在边塞等候消息，希望汉高祖刘邦能够病体痊愈，自己亲自到刘邦面前请罪。后来听到刘邦驾崩的消息，就逃亡到匈奴去了。

五月十七日丙寅，将汉高祖刘邦葬于长陵。

当初，汉高祖不喜欢读书，但天性聪明，长于谋略又能广泛地听取意见。从看门的小吏到守边的士卒，见了面就跟老朋友似的。初入关中就能顺应民意，约法三章。天下平定后，任用萧何编订律令条文，任命韩信编写军事著作，任命张苍制定各种规章制度，命叔孙通编订各种礼仪。又与功臣共剖符信，立下誓言，并用朱砂将誓言书写在铁券上，装入金匮石室，藏在宗庙中。事务繁忙，日不暇给，所创立的各项规章制度等规模宏大、影响深远。

五月二十日己巳，太子刘盈继皇帝位，给吕皇后上尊号，称为皇太后。

当初，高祖病重的时候，有人在高祖面前诽谤樊哙，说：“他是皇后吕氏的同党，假使皇帝一旦驾崩，他就要杀死赵王如意。”高祖当时非常生气，于是采纳陈平的意见，将周勃叫到病床前接受诏命，说：“陈平马上用驿站的马车送周勃去接替樊哙领兵。陈平你们到了军中，就立刻砍下樊哙的人头。”陈平、周勃接受了高祖的命令，乘坐驿站的马车赶往樊哙军营，途中，两人边走边商量说：“樊哙是皇帝儿时的朋友，又有很大的功劳，还是吕后妹妹吕媭的丈夫，他与皇帝既是亲戚关系，身份又如此尊贵。皇帝因为一时的愤怒就想要杀掉他，恐怕过后会后悔。

宁囚而致上，上[13]自诛之㉕。”未至军，为坛㉖，以节㉗召樊哙。哙受诏，即反接㉘，载槛车㉙传诣长安㉚。而令绛侯勃代将㉛，将兵定燕反县㉜。

平行㉝，闻帝崩，畏吕媭谗㉞之于太后，乃驰传先去㉟。逢使者诏平与灌婴屯荥阳㊱。平受诏，立复驰至宫㊲，哭殊悲，因固请得宿卫中㊳。太后乃以为郎中令㊴，使傅教惠帝㊵。是后吕媭谗，乃不得行㊶。樊哙至，则赦复爵邑㊷。

太后令永巷㊸囚戚夫人，髡钳㊹，衣赭衣㊺，令舂㊻。遣使召赵王如意㊼。使者三反㊽，赵相周昌谓使者曰:“高帝属臣赵王㊾，赵王[14]年少，窃闻太后怨戚夫人，欲召赵王并诛之，臣不敢遣王。王且亦病，不能奉诏㊿。”太后怒，先使人召昌。昌至长安，乃使人复召赵王。王来，未到(751)，帝知太后怒，自迎赵王霸上(752)，与入宫，自挟(753)与起居饮食。太后欲杀之，不得间(754)。

【段旨】

以上为第二段，写高祖十一年（公元前一九六年）、十二年两年间的全国大事，最主要的是写了刘邦杀韩信、彭越，以及黥布因恐惧“造反”而被刘邦消灭的过程。此外，还写了赵佗于秦乱时在岭南建国称王，与陆贾出使劝说赵佗归附汉王朝；写了刘邦因宠爱戚夫人而欲废太子刘盈，在大臣们的劝阻下打消念头；写了燕王卢绾因受人诖误，又恐惧朝廷而在动摇不舍中逃入匈奴；写刘邦末年因疑心将萧何下狱、听谗言欲杀樊哙的种种荒悖，以及围绕刘邦逝世前后朝里、宫里所发生的一些事情。

我们宁可把樊哙押解进长安，让皇帝自己去处理。”两人在靠近樊哙大营的地方，建筑了一个高台，用皇帝的符节召见樊哙。樊哙接受了诏书后，就被捆绑起来，装入囚车中，通过驿站送往长安。之后，留下周勃接替樊哙统领军队，平定燕地参与谋反的各县。

陈平在返回途中，听到了高祖驾崩的消息；他畏惧吕媭会在吕后面前进谗言，就加快行程，自己抢先乘坐驿站的马车赶回长安。路上遇到使者传达皇帝的命令，让陈平和灌婴屯守荥阳。陈平虽然接受了诏命，还是立刻驱车赶往皇宫，在高祖灵前哭得特别悲伤；并趁机请求留在宫中为高祖守灵。吕太后就任命他担任郎中令，让他负责教导惠帝刘盈。因此，吕媭的谗言才没有奏效。樊哙回到长安就被赦免释放，并恢复了他原有的封爵和食邑。

吕太后下令永巷令将戚夫人囚禁起来，命人给戚夫人剃光了头发，脖子上束着铁箍，穿着赭色的囚衣，罚她用杵臼捣米。吕太后又派人到赵国邯郸召赵王如意回京师。使者一连去了三次，赵王相周昌对使者说：“高皇帝把赵王如意托付给我，赵王年纪还小，我私下里听说，太后因为怨恨戚夫人，就想把赵王召回长安与戚夫人一起杀掉，我不敢让赵王回长安。再说，赵王目前正在生病，所以不能按照你的命令行事。”吕太后非常生气，就先把周昌召回长安。周昌回到长安后，吕太后又派人去召赵王如意，赵王不敢不来。赵王在路上的时候，皇帝刘盈才知道消息；刘盈知道太后很生气，为了保护如意，就亲自到霸上迎接，让如意和自己一同入宫，并随时把赵王如意带在自己身边，包括吃饭、睡觉都和自己在一起。吕太后虽然想杀掉如意，但总是找不到机会。

【注释】

㉘游行：流动作战。㉙骑：骑兵。㉚军曲逆：驻扎在曲逆县。汉代的曲逆县治在今河北顺平东南。㉛张春：陈豨的部将。㉜河：指黄河。㉝聊城：汉县名，县治在今山东聊城西北，当时属于齐王刘肥的封国。㉞郭蒙：刘邦的开国功臣，曾以都尉为汉守敖仓，以军功封东武侯。㉟齐将：齐王刘肥的部将，史失其名。㊱太尉周勃：周勃是刘邦的开国功臣，以军功封为绛侯，此时任太尉之职。太尉是国家最高的武官名，与丞相、御史大夫合称为“三公”。㊲道太原：经由太原郡。道，经由。㊳代地：当时的代国辖有代郡、雁门、云中三个郡。㊴马邑：当时韩王信的都城，即今山西朔州。㊵赵利：曾被叛军拥立为赵王，现为陈豨的部将。㊶东垣：赵县名，在今河北石家庄东北之正定城南。㊷麾下：部下。麾，大将的指挥旗。㊸生致之：被生擒送来。㊹称病：推说有

病。㉟家臣：家奴。㊱诈诏赦诸官徒奴：假传圣旨赦免在各衙门服劳役的囚犯。徒，苦役犯。奴，因犯罪被没入官府为奴的人。㊲待豨报：等待陈豨的回音。㊳舍人：一种半宾客、半仆役性质的身边用人。据《史记·高祖功臣侯者年表》，此舍人名叫栾说，因告密有功被封为慎阳侯。㊴上变：上书告发韩信造反。变，也称“变事”，告发造反的奏章。㊵恐其傥不就：担心他万一不来。傥，同“倘”，万一。㊶从上所来：从刘邦处回来。所，处。㊷言豨已得二句：向吕后报告说陈豨已被俘获、处死。㊸列侯群臣皆贺：让列侯、百官都入宫向吕后祝贺。㊹绐：欺骗。㊺虽疾二句：即使你有病，还是强打精神去祝贺一回吧。㊻长乐钟室：长乐宫的悬钟之室。㊼信方斩：韩信将要被杀的时候。方，将。㊽乃为儿女子所诈：竟然被老娘儿们小孩子所欺骗。乃，竟然。儿女子，老娘儿们小孩子。极度轻蔑语。㊾夷：平；灭掉。㊿世或以：社会上有人认为。251首建大策：指韩信拜将时最先建议刘邦举兵收复三秦的主张。252仆赵：打倒赵国。仆，趴下，这里是使动用法。253大抵：大体；基本是。254距：通“拒”，拒绝。255迎高祖于陈：斩钟离眛之头到陈县迎谒刘邦。256良由：实在是因为。257失职怏怏：因不得其位而失意不平。怏怏，失意不平的样子。258遂陷悖逆：遂滑进了叛乱之路。悖逆，犯上作乱。259里闬旧恩：同一条胡同里长大的旧交情。闬，胡同口的大门。260犹南面王燕：尚且被封为燕王。261奉朝请：不担任任何职务，只是按照一定时间上朝拜见皇帝。古代诸侯春季朝见天子叫朝，秋季朝见叫请。262亦有负于信：也有对不起韩信的地方。263言负：要说对不起。264虽然：尽管如此。265亦有以取之：也有他自己自找倒霉的一面。266不还报而自王：不回荥阳向刘邦交令，而自己擅自称为齐王。267固陵：秦县名，县治在今河南太康南。268期：约定。269取信：杀韩信。270顾：只；只不过。271复何恃：还能倚仗什么呢。272乘时以徼利：抓住时机向人讨价还价。徼，求取、讨要。273市井之志：商人的意识。274酬功而报德：根据你的功劳给你以应得的赏赐。275士君子：有学问、有操守的人。276利其身：先以市井之心要求满足自己。277望于人：再以“酬功报德”的常例要求别人。278太史公论之曰：司马迁在《史记·淮阴侯列传》的“太史公曰”里说。279学道二句：学习老子学说，显得谦退。《老子·二十二》有所谓“不自伐，故有功；不自矜，故长”。280伐：夸耀。281矜：卖弄。282庶几：差不多。283周召太公之徒：周公姬旦、召公姬奭、太公姜子牙一流的人物。他们都是辅佐周武王灭商建周的开国元勋。284血食：享受祭祀。以上几句的意思是说如果韩信不伐己功，不矜其能，那么他在汉王朝的功勋就差不多可以和周初的周公、召公、太公等人相比，可以世世代代地称王称侯，可以永远享受后代子孙的祭祀了。285不务出此：不努力追求这样的前途。286集：安定。287不亦宜乎：李慈铭《越缦堂日记》曰，“‘天下已集，乃谋畔逆’，此史公微文。谓淮阴之愚，必不至此也”。288柴武：刘邦的开国功臣，也称“陈武”，以军功封棘蒲侯。289参合：汉县名，在今山西阳高东北。290且喜且怜之：吴见思曰，“五字写尽汉王心事”。291蒯彻：汉人为避武帝讳改称之曰“蒯通”，其劝韩信脱离刘邦自立事，见前文与《史记·淮阴侯列传》。㉒乃诏齐捕蒯彻：王先谦曰，“诏齐王肥捕之也”。齐王肥是刘邦之子，高祖六年被封为齐王。㉓若：尔；你。㉔自夷：自己招致灭门。夷，平、杀光。㉕秦失其鹿：“鹿”为“禄”字的谐音，“秦失其鹿”以喻秦王朝失去了它的国家政权。㉖逐：追捕。㉗高材疾足者：以喻本事高、腿脚快的人。㉘跖：古代著名的大盗，事见《庄子·盗跖》，后世用以喻指最恶的人。㉙尧：传说中的五帝之一，后世用以喻指最好的人。㉚狗固吠非其主：对于狗来说，只要不是它的主人，它就一律对之狂叫。㉛锐精：即磨砺刀枪。精，指精铁。“锐”字用如动词，意即磨尖磨快。㉜欲为陛下所为：想和您一样抢着当皇上。㉝顾：转折语词，犹今所谓“问题是”“关键是”。㉞置之：放了他。置，舍，赦也。㉟恒：刘邦之子，薄夫人所生，即后来的汉文帝。㊱晋阳：汉县名，即今山西太原西南之古城营。〖按〗在此以前的代国，辖代郡、雁门、云中三郡，今刘邦又将太原郡划归代国，故代王都于太原郡的首府晋阳。㊲大赦天下：因韩王信、陈豨等人的叛乱已告平定故。㊳征兵于梁：意即让梁王亲自带兵随往。㊴梁王称病二句：此种怠慢主子的情景与黥布当年之对项羽同。《史记·黥布列传》云：“项王往击齐，征兵九江，九江王布称病不往，遣将将数千人行。”项羽自此与黥布生隙。诣，到。㊵让：责备。㊶谢：请罪。㊷梁太仆：彭越的车夫。太仆为帝王赶车，兼为帝王管理车马，为“九卿”之一。汉初的诸侯国与中央朝廷的官制一样，故梁国亦有“太仆”。㊸掩：袭捕。㊹囚之洛阳：当时刘邦虽已移都长安，但仍有许多时间住在洛阳。㊺有司治：主管该项事务的官员审理彭越。有司，主管该项事务的人。治，审理、推问。㊻反形已具：造反迹象已经很清楚。具，齐全。㊼请论如法：请依法将其治罪。论，定罪、判处。㊽庶人：平民。㊾传处蜀青衣：以传车将其押往蜀地的青衣县安置。传，传车、驿车。青衣，汉县名，县治在今四川雅安市名山区北。㊿西至郑：由洛阳西行至郑县。此郑县的县治即今陕西渭南市华州区，是西周时代的郑国都城。(321)愿处故昌邑：意即希望回昌邑老家。西汉时的昌邑在今山东巨野南。(322)壮士：犹今之所谓“好汉”，有才气、志气，并敢作敢为的人。(323)遗患：留着祸害。(324)吕后乃令其舍人句：舍人，半宾客半仆役的身边用人。史珥《四史剿说》曰：“此子长怜越无罪，而代之申冤也。”吴见思《史记论文》曰：“信、越、布三人之死也，越最无罪，故史公直书不讳。”(325)廷尉：国家最高的司法官，“九卿”之一。(326)奏请族之：请求将彭越灭族。〖按〗此廷尉亦善解帝、后之意者，史公笔下无限感慨。(327)枭越首洛阳：将彭越的人头在洛阳悬挂示众。(328)收视：收殓看望。(329)辄：随即；立刻。(330)梁大夫：彭越部下的中级官吏。(331)奏事：汇报工作。(332)祠：祭奠。(333)吏捕以闻：看守的官吏立刻将栾布逮捕起来向刘邦报告。(334)方提趋汤：正举着栾布走向开水锅。方，正当。(335)顾：回望。(336)方：当初。(337)困于彭城：在彭城被项羽打败时。(338)败荥阳成皋间：在荥阳、成皋多次被项羽打败的时候。(339)遂不能西：《史记》作“不能遂西”，不能趁势一直地向西穷追猛打。《史记》义长。(340)徒以彭王居梁地：就是因为有彭越当时在梁地打游击。徒，只、就是。(341)与汉合从苦楚：与汉王您联合，让项羽吃苦头。合从，通“合纵”，这里即指联合。〖按〗彭越当时在项羽后方开展游击战、运动战，掐断项羽前后方联络，使项羽疲于奔命，是造成项羽失败的重要因素之一。事见《史记·项羽本纪》《史记·魏豹彭越列传》。㉜一顾：只要他一回头、一转念。㉝与：助。㉞垓下之会：指刘邦各路大军共同围击项羽的最后一战。垓下，古地名，在今安徽固镇城东五十里。㉟微彭王二句：如果没有彭越，项羽是不会失败的。微，没有。㊱剖符：将铜制或竹制之符一分为二，皇帝和受封者各执一半以为信。㊲亦欲传之万世：也是想老老实实地将梁国给儿孙们世世代代传下去。㊳反形未具：造反的证据没有发现。㊴以苛小案诛灭之：《汉书》作“以苛细诛之”，较此明洁，意即凭着一些鸡毛蒜皮的事情就把一个大功臣杀掉了。苛小，琐细。案，查办。㊵臣恐功臣人人自危也：倪思曰，“布明越无罪，无一语不肯綮，足以折帝之气而服其心，遂不果杀”。姚苎田曰：“蒯通以韩信之党被责，但以‘桀犬吠尧’自明其心；栾布以彭越之党就刑，独畅言越之功烈，深明越之心事。及其自言，则又不过‘君亡与亡’，绝无规避。一则辩士之雄，一则忠臣之义。通志在于免戮，故其词逊；布本不欲求生，故其语激，不可同日而论也。”㊶都尉：武官名，级别略同于校尉。㊷丙午：是年三月无丙午。《史记·汉兴以来诸侯王年表》作“二月丙午”，即二月二十。㊸皇子恢：刘恢，刘邦之子，未详其母姓氏。㊹为梁王：接替彭越在梁国为王，国都定陶。㊺丙寅：三月十一。㊻皇子友：刘友，刘邦之子，未详其母姓氏。㊼淮阳王：都城即今河南周口市淮阳区。㊽罢东郡二句：从东郡分出一些县以加大梁国。〖按〗此处“罢”字意思欠明，钱大昕曰：“谓分东郡、颍川之支县以益二国，非废此二郡也。”东郡的郡治在今河南濮阳西南。颇，略。益，加大。㊾颍川郡：郡治阳翟，即今河南禹州市。㊿赵佗：原河北真定人，秦二世时为南海郡尉，随后自立为南越王。事迹详见《史记·南越列传》。南海郡的郡治即今广州。㉛南粤王：也写作“南越王”，辖境约当今之我国广东、广西和越南北部的一些地区，都城番禺，即今广州。㉜陆贾：刘邦部下的谋臣与外事活动家。事迹详见《史记·郦生陆贾列传》。㉝即授玺绶：到南越国去就地授予赵佗“南越王”印信。玺绶，古代的印玺与玺上所系的丝带。㉞和集百越：安抚、团聚两广一带的各少数民族。集，团聚。百越，泛指两广地区的少数民族，因其种类繁多，故称“百越”。㉟任嚣：秦时平定岭南的将领之一，事定后为南海郡尉。㊱龙川令：龙川县的县令，秦时的龙川县治在今广东龙川县西北。㊲未知所安：不知道什么时候才能安定。㊳绝新道：断绝秦时所开的中原与越地相通的道路。据《南越国史》，秦时所修的“新道”有四条：其一为“从江西南安（今江西赣州市南康区）经过大庾岭，经横浦关（今广东南雄小梅关），复沿浈水西行，取北江顺江可抵番禺”；其二为“从湖南郴州跨骑田岭，出阳山关（今广东阳山县西北）沿湟水（今连江）东南行，经湟溪关、洭口，取北江南下可抵番禺”；其三为“从湖南湘江南下，再西南行，经过广西全州，再过秦城、严关，走湖桂走廊而至桂林，再由桂林南行到达郡治布山及象郡”；其四为“从福建进入广东揭阳一路”。赵佗所绝者主要在前两条。㊴待诸侯变：等候中原地区形势的变化，再确定自己的主意。⑳会病甚：会，恰值。〖按〗任嚣因自己病甚，故托事于赵佗，否则任嚣将不知做成何等事业，任嚣之雄心胆略，盖不低于陈胜与刘、项。㉑负山险：有山险可凭借。负，背靠。㉒阻南海：有南海为屏障。阻，凭借。㉓颇有中国人相辅：有某些中原地区来的人可为我们做帮手。这些中原地区来的人有的是官吏，有的是被迁谪的"犯人"。颇有，略有、有某些。㉔郡中长吏：南海郡中的大吏。㉕被佗书：发给赵佗委任状。被，加、给予。㉖行南海尉事：行，代理，代行任嚣的职权。锺惺曰："任嚣何人，识时、识地，又识人，俊杰哉！"㉗移檄：发布文告。檄，檄文，古时用于晓谕、告诫、声讨的一种文体。㉘横浦：关塞名，在今广东南雄西北，江西南康通往广东南雄的大庾岭上，今称小梅关，《读史方舆纪要》称之"岭南第一关"。㉙阳山：关塞名，在今广东阳山县西北的铜锣寨岭，是当地水陆交通的要冲。㉚湟溪关：在今广东英德西南，连江与北江的汇口处。㉛急绝道二句：绝道，断绝与中原地区的交通。王先谦引沈钦韩曰："粤东要害，首在西北，故秦所置三关，皆在连州之境。而赵佗分兵绝秦新道，亦在焉。佗既绝新道，于任化北筑城，以壮横浦；于乐昌西南筑城以壮湟溪。当时东岭未开，入粤者多由此二道，此佗设险之意也。"㉜稍：逐渐。㉝以法诛：找借口将其杀掉。㉞以其党为假守：二句盖谓杀一个秦朝委派的官吏，随即以自己之党羽代理其职。"假""守"都是代理的意思。㉟桂林、象郡：秦之二郡名，桂林郡的郡治在今广西桂平西南。象郡的郡治临尘，在今广西崇左境。㊱自立为南越武王：生时自号"武王"，与中原帝王之谥不同。楚汉时黥布之称"武王"盖亦类此。㊲魋结、箕：指蛮夷打扮，傲慢而不讲礼节的样子。魋结，挽发于顶，其状如椎。魋，通"锥"。箕，师古曰："伸其两脚而坐，其状如箕。盖古人无交椅，席地危坐（跪坐），以伸其足为不敬也。"㊳倨：傲慢。㊴中国：中原地区。㊵昆弟：兄弟。昆，兄。㊶坟墓：谓其祖先之坟墓。㊷真定：汉县名，秦时称"东垣"，在今河北石家庄东北。㊸弃冠带：改变了中原地区顶冠系带的服饰。㊹抗衡：《史记索隐》引崔浩曰，"抗，对也；衡，车前横木也，言两衡相对抗，不相避下"。㊺敌国：相互对等之国。㊻汉王先入关：刘邦自河南经武关抵咸阳，事在汉元年十月；项羽自河北经函谷关入咸阳，事在汉元年十二月，较刘邦晚两个月。㊼鞭笞：这里意即驱赶、号令。㊽五年之间：刘邦由汉中重新杀出，在汉元年八月；刘邦破项羽于垓下，项羽灭亡，在汉五年十二月，首尾共跨着五个年头。㊾不助天下诛暴逆：指不帮着刘邦打项羽。㊿休之：令百姓休息。401剖符：指封以为南越王。古代天子分封王、侯，都要给被封者一种符信，用金、铁制成，中分为二，天子与受封者各执其一，故曰剖符。402通使：互通使节。403郊迎：到郊外迎接，以示尊重。404新造未集：刚刚建立，尚未稳定。集，安定、稳定。405屈强：同"倔强"。横暴而不驯服的样子。406夷灭：诛灭。夷，铲平。407越杀王降汉：意即您的部下必有起而杀您以邀汉封者。408如反覆手：极言其不用费力。凌稚隆引杨慎曰："从亲戚、兄弟、坟墓说至掘烧及夷族，情已迫切，至言'越杀王降汉''新造未集'二句，利害甚明，语不多而感动至矣。"409蹶然起坐：师古曰，

"蹶然，惊起之貌也"。顾炎武曰："坐者，跪也。"谓其由伸着两腿迅速地改为郑重的跪坐。⑩谢：表示歉意。⑪我孰与萧何、曹参、韩信贤：我与你们国家的萧何、曹参、韩信相比，谁更强一些。贤，这里主要指本事高、能力强。⑫王似贤：大王像是强一些。能敷衍处尽量敷衍。⑬我孰与皇帝贤：写赵佗粗豪、得寸进尺之状如画。⑭五帝三皇：应作"五帝三王"，五帝指黄帝、颛顼、帝喾、尧、舜；三王指夏禹、商汤、周文王与周武王。⑮统理："统治"，唐人为避高宗讳而改"治"为"理"。⑯天地剖判：开天辟地。剖、判，都是"分开"的意思。古人认为最早时天地是合为一体的，后来才中分为二，上者为天，下者为地。⑰崎岖山海间：国土崎岖不平，且又多山多水。⑱使我居中国二句：如果我在中原建了国，怎见得就不如汉王朝。何遽，《史记》作"何渠"。渠，意思同"遽"。何渠、何遽，相当于今时之"怎么就"。"渠"亦写作"距""巨""讵""巨"。凌稚隆引陈沂曰："尉佗意折，而语犹倔强。"⑲橐中装：口袋里所装的东西，指金玉珠宝之类。橐，大口袋。⑳直千金：价值千金之贵。直，通"值"。秦时以一镒（二十两或二十四两）为一金。《史记正义》曰："汉制，一金值千贯。"㉑他送：橐中装以外的其他赠品。㉒奉汉约：遵行汉王朝的规定。㉓太中大夫：郎中令的属官，秩千石，在皇帝左右掌议论。㉔前：谓在高帝面前。㉕《诗》《书》：《诗经》《尚书》，这里用以代指儒门的典籍。㉖乃公：骂人自称语，"你老子""你爸爸"。㉗安事诗书：要《诗》《书》做什么。㉘居马上得之二句：宁，岂；难道。〖按〗此汉初儒生所习言，如叔孙通有所谓"儒者难与进取，可与守成"；贾谊《过秦论》之所谓"仁义不施，攻守之势异也"，大旨皆同。一若是总结了秦朝灭亡的历史经验，而不知此语本身亦带有绝对、片面的弊病。㉙汤武：商汤、周武王，商、周两代的开国帝王。㉚逆取：指动用武力以下伐上，甚至是耍阴谋、搞政变取得帝位。因为这些做法不合"圣人"之道，所以叫作"逆取"。㉛以顺守之：指以仁义之道治理国家。古代之以"逆取顺守"获称于后世者如唐太宗、明成祖等皆是。㉜吴王夫差：春秋末期的吴国国君，阖闾之子，公元前四九五至前四七三年在位，曾打败越国，耀兵中原，与齐、晋争霸，后被越王勾践所灭。详见《史记·吴太伯世家》。㉝智伯：春秋末期的晋国大夫，名瑶，为当时所谓晋国的"六卿"之一。先曾与赵氏、韩氏、魏氏合力灭范氏、中行氏，为晋国四家中之最强者。后又欲灭赵氏，未果，反被赵氏所灭。事见《史记·赵世家》。㉞极武：逞强用武到极点。㉟乡使：当初假如。乡，通"向"。㊱法先圣：以古代的圣帝明王如尧、舜、禹、汤等为楷模。㊲古成败之国：古代成功之国的经验与失败之国的教训。㊳粗述存亡之征："粗述"二字极妙，太详细则刘邦必不读，陆贾可谓善看对象。存亡之征，成与败、兴与亡的诀窍。征，征兆、诀窍。㊴奏：进读。㊵左右呼万岁：见左右承欢之情态，亦借此烘染陆书之投合于当时。㊶号其书曰《新语》：姚苎田曰，"即闻所未闻意"。今"四部丛刊"有《新语》二卷，共十二篇。明人以为是原本，余嘉锡《四库提要辨正》以为是后人依托。㊷恶见人：不想见人。恶，厌烦。㊸禁中：宫中。㊹户者：守门人。㊺无得入群臣：不准放大臣们进来。446 绛、灌：绛侯周勃、颍阴侯灌婴，都是刘邦的元老、功臣。447 排闼：推门（闯入）。448 枕一宦者卧：此情景应与《史记·佞幸列传》所记的“籍孺”一并思考，此人是刘邦的男宠。449 始：当初。450 又何惫也：又表现得多么乏呀。惫，疲惫、乏软。451 顾独与一宦者绝乎：难道就这样让一个宦者陪着您离开人世吗。王先谦曰：“绝，长诀也。”凌稚隆引王慎中曰：“排闼直入，正见比诸将最亲处。”王维桢曰：“排闼一节，见哙直而勇，忠而义。”452 赵高之事：指宦官赵高等先是趁秦始皇死篡改诏书，杀扶苏，立胡亥；后来又想自己为帝，杀胡亥于望夷宫事。见《史记·秦始皇本纪》。453 淮阴侯死：淮阴侯被吕后所杀，事在本年的正月。454 醢其肉以赐诸侯：事在本年之三月。醢，将人剁成肉酱。455 使者：给黥布送彭越之醢的使者。456 淮南：淮南国的都城六县，即今安徽六安。457 部聚兵：集合部队。458 候伺旁郡警急：打探周围直属中央的诸郡有无紧急动向。候伺，暗中打探、窥伺。459 布所幸姬：受黥布宠爱的一个姬妾。460 就医：到医生家去看病。461 中大夫：在黥布宫内服务的官员，上属郎中令，掌参谋议论。462 贲赫：姓贲名赫。463 厚馈遗：给医生送厚礼，以讨好黥布之幸姬。464 从姬：跟着黥布的宠姬一道。465 疑其与乱：怀疑贲赫与自己的宠姬私通。466 乘传：乘坐驿车。467 上变：向朝廷呈上揭发谋反的文书。468 有端：有苗头；有迹象。469 先未发诛：趁其未发动，先诛灭之。470 系赫：将贲赫拘押起来。471 微验：暗中调查。472 言国阴事：向朝廷报告了淮南国不可告人的事情。473 颇有所验：也查到了一些迹象。颇，略。474 族赫家：将贲赫的家属全部抄斩。475 反书闻：黥布“造反”的消息传到朝廷。476 何能为乎：还能有什么别的办法。477 滕公：即夏侯婴，因其曾被刘邦任为滕县县令，故时人多以“滕公”称之。长期为刘邦赶车，官为太仆，以功被封为汝阴侯。事迹见《史记·樊郦滕灌列传》。478 故楚令尹薛公：曾在项羽处当过令尹的薛县县令，其人的姓字不详。令尹，楚官名，职同宰相。479 疏爵：分封之以爵位。疏，分。“疏爵”与上句“裂地”对文。480 往年杀彭越二句：梁玉绳曰，“杀信、越并在十一年春，此语误”。中井积德曰：“杀信、越皆在布反之时，不当称‘往年’‘前年’，盖记者之误。”481 同功一体：功劳相同，休戚与共。482 自疑祸及身：凌约言曰，“布先因信诛而恐，后因越醢而大恐，故令尹曰‘自疑祸及身’，深知布之心者。太史公叙事，前后脉络自贯”。〖按〗似此等，皆史公借以为功臣辩冤。483 山东：崤山（今河南灵宝东南）以东，泛指关中以外的东方地区。484 东取吴二句：吴，当时为荆王刘贾的封国，首都即今苏州。刘贾为刘邦的开国功臣，事迹见《史记·荆燕世家》。楚，当时为楚元王刘交的封国，首都彭城（今江苏徐州）。刘交是刘邦之弟，事迹见《史记·楚元王世家》。485 并齐取鲁：齐，当时为刘邦的儿子刘肥的封国，都城在今山东淄博市临淄区北。刘肥的事迹见《史记·齐悼惠王世家》。鲁，汉县名，县治即今山东曲阜。486 传檄燕赵：发布文告以号召燕、赵两国归顺。传檄，发布号召天下的文告。檄，檄文，为某种军事行动而发的文告，以谴责敌人的罪状，号召天下归顺自己等。燕，当时为刘邦功臣卢绾的封国，首都蓟县（即今北京）。卢绾的事迹见《史记·韩信卢绾列传》。赵，当时为刘邦的儿子刘如意的封国，首都即今河北邯郸。⑷⑻⑺ 固守其所：稳固地守好本土，主语为黥布。⑷⑻⑻ 山东非汉之有也：以上之所以称为“上计”，乃在于高瞻远瞩，以逸待劳，屈人以不战之兵，上之上者也。不过也就是说说而已，当时的实际情形并不如此简单。茅坤《史记钞》曰：“当是时，卢绾王燕，张敖（应作如意）王赵，汉方定天下，而同姓诸侯王之属，齐济以北，殆犬牙交错也，布岂能为功乎？”⑷⑻⑼ 并韩取魏：指攻占今河南中部东部一带地区。韩，指今河南新郑、郑州一带地区，这一带旧属韩国。魏，指今河南开封一带地区，这一带旧属魏国。⑷⑼⓪ 据敖仓之粟：敖仓是秦代所建的贮粮之所，在当时荥阳县（今河南荥阳东北）北的敖山上，旧址已被黄河冲蚀掉。⑷⑼⑴ 塞成皋之口：意即占据成皋这一控制东西交通的要冲。⑷⑼⑵ 胜败之数未可知也：以上之所以称为“中计”，乃在于这是采取主动进攻，有与刘邦争天下的态势。⑷⑼⑶ 下蔡：汉县名，县治即今安徽凤台。⑷⑼⑷ 归重于越：把所有辎重都转移到今浙江绍兴一带。绍兴古称会稽，是旧时越国的首都。师古曰：“重，辎重也。”⑷⑼⑸ 身归长沙：自己领着人去投奔长沙王。当时的长沙王吴臣，是曾当过番县县令后被刘邦封为长沙王的吴芮的儿子。吴芮是黥布的岳父。⑷⑼⑹ 汉无事矣：以上之所以称为“下计”，乃在于这是一种完全消极的防守，时间一长，必败无疑。⑷⑼⑺ 是计将安出：黥布可能怎么办。是，此、此人，指黥布。出，采取、选择。⑷⑼⑻ 故丽山之徒：原是丽山工地的苦役犯。丽山，也写作“郦山”，指秦始皇的陵墓工地。⑷⑼⑼ 自致万乘之主：靠着自己的闯荡获得称王。万乘之主，具有万辆兵车的大国之王。⑸⓪⓪ 此皆为身句：语略不顺，大意谓其平生宗旨就是只顾个人的眼前，从没有为子孙后代，更没有为黎民百姓的任何考虑。《史记·魏其武安侯列传》有所谓“侯自我得之，自我捐之，无所恨”，大意如此。⑸⓪⑴ 千户：千户侯，即关内侯，有侯爵而无封地。《史记索隐》引刘氏曰：“薛公得封千户，盖关内侯也。”⑸⓪⑵ 皇子长：刘长，刘邦之子。事迹见《史记·淮南衡山列传》。⑸⓪⑶ 淮南王：此时乃望地而封，须待灭黥布后才能到位。淮南王日后的都城寿春，即今安徽寿县。⑸⓪⑷ 东园公、绮里季句：此四人即所谓“商山四皓”。⑸⓪⑸ 吕释之：吕后的次兄，刘邦的开国功臣，以军功封建成侯。⑸⓪⑹ 位不益：权位不可能再有提高。师古曰：“太子嗣君，贵已极矣，虽更立功，位无加益矣。”⑸⓪⑺ 无功则从此受祸矣：意即必将有损于“太子”的身份、形象。〖按〗《左传》闵公二年晋献公命其太子申生为将，里克曾对此有深刻论述，其事亦见于《史记·晋世家》。⑸⓪⑻ 承间：趁机；找空隙。⑸⓪⑼ 故等夷：旧日的同类人。等夷，指身份地位相同。夷，平。⑸⑴⓪ 将此属：统率这些人。⑸⑴⑴ 莫肯为用：不会听太子指挥。⑸⑴⑵ 鼓行而西：谓公行无阻地杀向京师。《史记集解》引晋灼曰：“鼓行而西，言无所畏惧也。”⑸⑴⑶ 强载辎车：强打精神地躺在辎车里。辎车，有篷帷，可供伤病者坐卧的车。⑸⑴⑷ 卧而护之：躺在车里监督着他们。护，监督、监管。⑸⑴⑸ 为妻子自强：为了老婆孩子而勉为其难吧。自强，强制自己、勉强坚持。⑸⑴⑹ 如四人意：按着四个人所说的意思。⑸⑴⑺ 吾惟竖子固不足遣：我也想这小子不配担当此任。惟，思、考虑。竖子，指太子刘盈。⑸⑴⑻ 而公自行耳：还是让你老子自己去吧。而公，你老子。而，尔。⑸⑴⑼ 群臣居守：

在京留守的群臣。520 霸上：霸水边上，当时的霸水自蓝田流来，经长安城东，北流入渭水。521 曲邮：古村落名，在今陕西西安市临潼区东北，当时的新丰邑西南。522 剽疾：勇猛迅捷。剽，迅捷。523 争锋：面对面地硬拼。524 监关中兵：徐孚远曰，“太子监关中兵，一以固根本，亦以安太子，解不击黥布之事也”。525 强卧而傅太子：尽管有病卧床，也仍请多关心辅导太子。傅，辅导、护持。526 叔孙通：当时有名的儒生，先曾为秦朝博士，后归依刘邦。汉朝建国后，为刘邦制定了一套朝廷的礼仪。事见《史记·刘敬叔孙通列传》。527 太傅：指太子太傅，与太子少傅皆为太子的辅导官，秩二千石。叔孙通为太子太傅在高祖九年。528 行少傅事：代理太子少傅。行，代理。529 发：征调；调集。530 上郡北地陇西：皆汉郡名，上郡的郡治肤施，在今陕西榆林东南。北地郡的郡治马岭，在今甘肃庆阳西北。陇西郡的郡治狄道，即今甘肃临洮。531 车骑：车兵与骑兵。532 巴、蜀材官：巴、蜀二郡的材官。材官，是一种力大善射的特种兵。533 中尉卒：中尉部下的士兵。中尉，武官名，掌管京师治安。534 为皇太子卫：作为太子刘盈的警卫部队。535 军：驻扎。536 厌兵：讨厌战争。537 使诸将：假使派其他将领前来。使，假若。538 东击荆：即上文薛公所预测之“东取吴”。“荆”是刘贾的国名，“吴”是荆国所处的地理方位。539 走死富陵：逃跑被杀在富陵。富陵是汉县名，在今江苏盱眙东北，当时属于荆国。540 尽劫其兵：全部控制了荆国的军队。劫，挟制以供我用。这句的主语是黥布。541 徐僮：皆汉县名，徐县县治在今江苏泗洪县南，当时为临淮郡的郡治所在地。僮县县治在今江苏泗洪县西北，当时上属临淮郡。542 为三军二句：《正义佚文》曰，“楚军分为三处，欲互相救为奇策”。〖按〗其意盖谓欲通过轮番出击，相互配合，以消耗敌人而争取最终取胜。543 民素畏之：民，人；人们。指刘邦部下的将领与士兵，非谓黎民百姓。544 诸侯自战其地二句：在自己家乡的地面上作战，士兵容易逃散。《孙子兵法·九地》云：“诸侯自战其地者为散地。”曹操注：“卒恋土地，道近而易败散。”545 引兵而西：率兵向西方（长安的方向）杀来。546 蕲西：蕲县城西。蕲，汉县名，县治在今安徽宿州东南，当时上属沛郡。547 壁庸城：屯兵于庸城。壁，修筑营垒，这里意即驻扎。庸城，古邑名，应距蕲县不远。548 置陈：列阵。陈，通“阵”。549 恶：畏恶；讨厌。550 欲为帝耳：泷川引中井积德曰，“布之反，苟自救死也已。其言‘欲为帝’，是愤言而夸张，非其情”。吴见思曰：“此时布诉功诉冤，俱属孱弱，只作倔强一语，不特时事固尔，而黥布身份俱现。”551 布军败走：徐孚远曰，“淮南诸将以汉祖不自将也，故决反计。及高祖自来，则心已慑，故阵虽精而易败”。552 数止战：多次停下来，回身作战。553 走江南：逃到长江以南，此指逃到今湖南之长沙一带。554 别将：别领一支军队的将军。555 沛宫：在沛县为刘邦建造的行宫。556 佐酒：陪同饮酒。557 酒酣：《史记索隐》引应劭曰，“不醒不醉曰酣”。师古曰：“酣，洽也。”意即正喝得起劲。558 上自为歌：《史记·高祖本纪》载其歌辞曰，“大风起兮云飞扬，威加海内兮归故乡，安得猛士兮守四方”。司马光今又将其删掉，不知此老究是一种何等心态！559 游子悲故乡：古人习用语。《古诗十九首》有所谓“浮云蔽白日，游子不顾反”；

李陵诗有所谓“携手上河梁，游子暮何之”。师古曰：“游子，行客也。悲，谓顾念也。”⑯其以沛为朕汤沐邑：其，表示命令的语气。汤沐邑，古代诸侯往朝天子，天子从自己的领地中划出一小块赐予诸侯，以供其住宿及斋戒沐浴之费用，后世遂用以称帝王、后妃、公主等人的额外特赐封地。师古曰：“凡言汤沐邑者，谓以其赋税供汤沐之具也。”561复其民：免除该地居民的一切赋税、劳役。562无有所与：指与赋税、劳役诸事不相关。563洮水南北：洮水两岸。有关洮水的说法不一，比较接近的是今湖南境内的洮水，源出于洮阳县（今广西全州北）西南，东流入湘江。564故与番君婚：黥布是当年番君吴芮的女婿，吴芮后被刘邦封为长沙王。565长沙成王臣：老长沙王吴芮之子吴臣，公元前二〇一至前一九四年在位，死后谥曰成，是黥布之妻的兄弟。566伪欲与亡走越：假说与他一道逃向南越。567番阳：汉县名，县治在今江西鄱阳东北。568兹乡：番阳县里的乡名，应在番阳城北，其地有黥布冢。569民田舍：老百姓的田头小屋里。570当城：古邑名，在今河北蔚县东。〖按〗关于斩陈豨之人，与斩陈豨之地点皆说法不一。571更：改。572以荆为吴国：仍是当年刘贾的地盘，但都城改在广陵，即今江苏扬州。573辛丑：十月十九。574兄仲之子濞：刘仲的儿子刘濞。刘仲也叫刘喜，是刘邦的二哥。575三郡：吴国所辖的三郡是吴郡、鄣郡、东阳郡。576鲁：汉县名，县治即今山东曲阜。577太牢：古时祭祀或宴会规格的称呼，凡用牛、羊、猪各一头称太牢。578祠：祭祀。579疾益甚：据《史记·高祖本纪》，“高祖击布时，为流矢所中，行道病，病甚”。580易：更换。581因疾不视事：因而推说有病，不再过问自己所负的职事。582晋献公：春秋前期的晋国国君，公元前六七六至前六五一年在位。583以骊姬之故废太子二句：晋献公因宠爱骊姬而杀太子申生，改立骊姬子奚齐为太子事，见《左传》僖公四年与《史记·晋世家》。584晋国乱者数十年：晋献公死后，奚齐继立为君。反对派杀奚齐与奚齐之弟，拥立献公之他子夷吾为君。夷吾在位十四年，中曾大败于秦。夷吾死，其子怀公立，时献公之他子重耳自外入，杀怀公自立为君，是为文公。自献公之死至文公入立，中间乱者十五年。585不蚤定扶苏：不及早确定扶苏的太子地位。蚤，通“早”。扶苏，秦始皇的长子。586赵高得以诈立胡亥：赵高是秦始皇宠用的宦官，秦始皇在外出巡游途中身死，遗诏立扶苏为皇帝，赵高封锁消息，拉拢李斯一道篡改诏书，杀扶苏，立秦始皇的第十八子胡亥为皇帝，从而招致天下大乱，秦朝灭亡。详情见《史记》之《秦始皇本纪》《李斯列传》。587灭祀：使秦国的宗庙断绝祭祀，意即亡国。588攻苦食啖：攻苦，即今之所谓“艰苦奋斗”。食啖，即今所谓“粗茶淡饭”。师古曰：“‘啖’当作‘淡’。‘淡’谓无味之食也。言共攻击勤苦之事，而食无味之食也。”589其可背哉：难道可以背叛吗。其，通“岂”。590废嫡而立少：适是正妻所生的儿子，指太子刘盈。少，指赵王如意。591臣愿先伏诛二句：黄震曰，“叔孙通所事且十主，皆面谀取亲贵。既起朝仪，得高帝心，然后出直言谏易太子。然向使高帝未老，吕后不强，度如意可攘太子位，又安知不反其说以阿意耶？随时上下，阿意取容，名虽为儒，非刘敬比矣”。592直戏耳：只不过是开玩笑罢了。直，只。593固争：坚决反

对。594地狭：土地狭窄，意思是指可耕种的土地稀少。狭，同“狭”。595上林：即上林苑，秦汉时期的皇家猎场，在当时的长安西南，纵横有数县之广。596弃：弃置无用。597入田：进去耕种。598毋收稿：不要收割庄稼的秸秆。599贾人：泛指商人。旧有所谓“行商曰商，坐商曰贾”。600下相国廷尉：将萧何交由廷尉查办。廷尉，国家的最高司法长官，“九卿”之一。601械系：戴上枷锁，投入监牢。602王卫尉侍：王卫尉陪立在刘邦身边。王卫尉，史失其名。卫尉，九卿之一，负责警卫宫廷的武官。当时有未央卫尉、长乐卫尉。603系之暴：突然将其下狱。暴，突然。604李斯：秦朝丞相。事迹见《史记·李斯列传》。605有善归主：有让人称颂、感恩的事情，就说这是皇帝做的。606有恶自与：有让人痛恨、厌恶的事情，就揽过来说是自己做的。607贾竖：对商人的骂詈之词。竖，犹今所谓“奴才”“小子”。刘邦常骂书生曰“竖儒”，“竖”字意思与此处相同。608媚：讨好。609职事：公务；应该办的事情。610请：请求皇帝批准。611真宰相事：这正是宰相应负的责任。612距楚：指当年和项羽作战。距，通“拒”。613关中摇足：意谓如果萧何当时在关中稍微有点动作。摇足，犹今之所谓“顿足”“跺脚”，以喻办事之容易。614关以西：函谷关以西，指关中，楚汉战争时期的刘邦的根据地。615不以此时为利：不在那个时候谋大利，意即篡国、造反。姚苎田曰：“一语刺中帝之隐微，妙在仍引向‘利’字，说得雪淡。若云‘此时为变’，则痕迹显然，难为听者矣，词令妙品。”616利：贪图。617分过：分担罪责，即上文之“有善归主，有恶自与”。〖按〗《史记·李斯列传》中无所谓“分过”事。618何足法：有什么值得学习的。法，仿效。619何疑宰相之浅也：怎么把人估计得这么低，犹今所谓以小人之心度君子之腹。620不怿：不高兴，因理屈词穷，显示了自己的短处。王先谦曰：“帝不欲何布德于民，故系治之；而卫尉之言，正不能不勉从，故不怿，非感言而惭愧也。”621持节：手执旌节。节，帝王的信物，派人传达旨意时，令使者持之以为信。622徒跣谢：光着脚请罪，这是古人表示请罪的一种谦恭姿态。623休矣：犹言“算了吧”“别这个样子啦”。624故：故意。625欲令百姓闻吾过也：刘邦可谓善自解嘲，文过饰非。626陈豨之反：事在高祖十年九月。627击其东北：陈豨反于代地，代在燕之西南，故卢绾击其东北。628言豨等军破：告知匈奴人陈豨军已被朝廷打败，令匈奴人不要再与陈豨等相勾结。629臧荼子衍：臧荼在高祖五年因“谋反”被刘邦所破杀，故臧衍逃往匈奴。630重于燕：被燕王卢绾所亲幸。631习胡事：熟悉匈奴事务。632燕所以久存：卢绾所以未被刘邦所灭。633诸侯数反：各诸侯连续造反，如臧荼、韩王信、陈豨等。634兵连不决；故而刘邦腾不出时间。635次亦至燕：下面也就该轮到你们燕国。636且为虏：将为刘邦所俘获。且，将。637且缓陈豨：不要急着进攻陈豨。638而与胡和：让燕国也与匈奴交好。639事宽：指不被刘邦所猜疑、攻击。640即有汉急：假如被汉王朝所猜疑攻击。即，若、假如。641可以安国：指可以与匈奴联合，以保全燕国不被刘邦所灭。642助豨等击燕：因燕国当时尚助汉击陈豨，故张胜令匈奴先助陈豨以抗燕。643请族张胜：请刘邦允许将张胜的家属全部杀掉。644具道所以为：详细地说清了他为什么这样做。645诈论他人：处决了一些别的人假说是处决了张胜的家属。论，治罪、处决。⑯使得为匈奴间：让他们为自己与匈奴传递消息。间，间谍。⑰范齐：卢绾的部下。⑱之陈豨所：到陈豨处。⑲久亡：长期地躲在匈奴。⑳连兵勿决：长期处于战争状态。㉑裨将：偏将；副将。㉒审食其：吕后的亲幸，封辟阳侯。事见《史记·吕太后本纪》。㉓赵尧：原为刘邦的符玺御史，后为御史大夫。事迹见《史记·张丞相列传》。㉔往迎燕王：必欲将其带回长安。㉕因验问左右：顺便对卢绾的左右盘查拷问。㉖闭匿：躲藏起来，不见审食其与赵尧。㉗长沙：指长沙王吴臣。吴臣是吴芮之子，汉五年吴芮死，吴臣继其父位为王。长沙国的国都临湘，即今长沙。㉘往年春二句：吕后杀韩信在高祖十一年一月。㉙夏二句：刘邦、吕后杀彭越在高祖十一年三月。㉚皆吕氏计：实皆吕后秉承着刘邦的意旨所为。㉛属任：委托、信任。㉜具：逐次地；一五一十地。㉝以相国：以相国的名号为将军。“相国”在这里是给所派将军的一种“加官”，以表示朝廷对他的宠任。㉞皇子建：刘建，刘邦之子，其母的姓字不详。㉟为燕王：此时还只是望地而封。㊱南武侯织：南越族的首领名织，活动在南海郡（今广东一带）的北部地区，号为南武侯。㊲粤之世：越人的后代。粤，也作“越”。世，后代。㊳立以为南海王：遥夺南越王赵佗之一郡而封之，其实徒有虚名，只是在岭南地区给赵佗树立一个反对派。㊴行道疾甚：在归途中伤势严重起来。㊵疾可治：不治之症的委婉说法。㊶嫚骂：辱骂。嫚，通“漫”。因得知其病不可治，而医生又委婉称说，故遂骂起。㊷三尺：指三尺剑。㊸虽扁鹊何益：即使是扁鹊，又怎么能违天命。虽，即使。扁鹊，春秋后期的良医，名秦越人，时人以黄帝时的神医“扁鹊”为其绰号。事迹详见《史记·扁鹊仓公列传》。㊹既：应作“即”，假若。㊺谁令代之：令谁继任。㊻曹参：刘邦的开国功臣，以军功封平阳侯。事迹详见《史记·曹相国世家》。㊼王陵：刘邦的开国功臣，以军世封安国侯。事迹详见《史记·陈丞相世家》。㊽少戆：稍微有些憨直认死理。戆，粗直。㊾陈平：刘邦的开国谋臣。事迹详见《史记·陈丞相世家》。㊿可以助之：可以给他当副手。(681)知有余：智谋有余，言外之意是原则性不够，容易动摇，看风使舵。(682)周勃：刘邦的开国功臣。事迹详见《史记·绛侯周勃世家》。(683)重厚少文：稳重厚道，但缺少文才。(684)太尉：国家的最高军事长官，“三公”之一。(685)此后：这以后的事情。(686)亦非乃所知也：乃，你。〖按〗以上刘邦与吕后的对话，也许有其原来的影子，但后人的加工一定不少。(687)四月甲辰：四月二十五。(688)帝崩于长乐宫：时年五十三岁。也有说六十三岁者。(689)丁未：四月二十八日。(690)塞下：长城边上。(691)候伺：刺探；窥视。(692)幸上疾愈：希望刘邦病好。(693)入谢：进京请罪。(694)闻帝崩二句：茅坤曰，“亲爱如绾，犹为臧衍、张胜所诖误，至于亡入匈奴；亦由汉待功臣太薄，数以猜忌诛之，故反者十而七八耳，悲夫”。《史记评林》引杨循吉曰：“次卢绾疑惧欲反不反状，如两人手指而语，而汉待功臣之薄，亦可以互见矣。”〖按〗此与韩王信之所谓“痿人不忘起，盲者不忘视”云云相照应。(695)五月丙寅：五月十七日。(696)长陵：刘邦的陵墓名，在今陕西咸阳市渭城区毛庞村西。(697)不修文学：没有

读过什么书本。⑱明达：对事情有明确透彻的认识。⑲好谋能听：长于谋略而又能广泛听取意见。⑳监门戍卒：以喻地位低贱的人。监门，守门的小吏。戍卒，守卫边防的士兵。㉑如旧：如同老朋友。㉒三章之约：即初入关中时所宣布的“法三章”——“杀人者死，伤人与盗抵罪”。㉓次律令：编订法律条文。次，编订。《汉书·刑法志》有所谓“相国萧何作律九章”。㉔申军法：这里即指编写军事著作。申，申明、讲清。《汉书·艺文志·兵法略》有《韩信》三篇，今已不存。㉕张苍：刘邦的开国功臣，以功封北平侯。事迹详见《史记·张丞相列传》。㉖章程：指各种规章制度。㉗礼仪：包括朝廷礼仪、宗庙礼仪等。㉘作誓：立下誓词。《史记·高祖功臣侯者年表序》记封爵之誓曰：“使河如带，泰山如厉，国以永宁，爰及苗裔。”㉙丹书铁契：古代帝王赐给功臣享有免罪特权的证件。以铁为契，以丹书之。㉚金匮石室：古代保存重要书契的场所。金匮，金属制作的柜子。石室，以石头盖成，不怕水火的藏室。㉛日不暇给：事务繁多，整天忙都完不成。㉜规摹弘远：计划宏阔、规模远大。规摹，同“规模”。㉝己巳：五月二十。㉞太子：刘盈，即日后的汉惠帝。㉟恶：诽谤；说人坏话。㊱云：说，说他。㊲党于吕氏：与吕后结党。因樊哙之妻即吕后之妹，故时人就此编造。㊳即一日上晏驾：如果某一天皇帝一死。即，如。晏驾，皇帝的车子到时出不来，即“死”的避讳说法。㊴诛赵王如意之属：杀死刘邦宠爱、想立的儿子。㊵亟驰传：立即乘驿车。㊶载勃代哙将：带着周勃一同前往，让周勃去代替樊哙为将军。㊷未至军：在到达樊哙军营之前的道上。㊸行计之曰：二人边走边商量。㊹吕后弟：即吕后之妹。弟，女弟，即妹。㊺宁囚而致上二句：意即宁可把他活着押解回来交给皇上，叫皇上自己杀他。㊻未至军二句：意即在不到樊哙军营的地方搭起一个台子，为了宣读皇帝诏书并更换军队统帅。㊼节：这里指旌节，皇帝使者所持的凭证。㊽反接：反缚双手。㊾槛车：囚车。㊿传诣长安：通过驿站发送到长安。731代将：代替樊哙统兵。732定燕反县：平定燕地参与反叛的各县。733平行：陈平在返京途中。734谗：毁谤；中伤。735驰传先去：谓陈平加快行程，自己先乘驿车进京。736诏平与灌婴屯荥阳：帝王交替之际，形势紧急，屯兵要地以备变也。灌婴，刘邦的部将，以军功封颍阴侯。事迹见《史记·樊郦滕灌列传》。737平受诏二句：陈平虽然受诏，但并未立即去荥阳，而是依然跑进了正在办丧事的宫廷。738得宿卫中：能在宫廷任警卫之职。中，指宫廷。739郎中令：九卿之一，主管宫廷门户及帝王的一切警卫事宜，权甚切要。〖按〗陈平之所以能受吕后倚任，自是因其能违背高祖命令而保全樊哙。740傅教惠帝：辅导、教育刚即位的小皇帝。741吕媭谗二句：陈平途中受诏后不去荥阳，“复驰至宫，哭殊悲”，盖为在吕后前表现其不斩樊哙之功。苦表心迹，固请宿卫，真可谓善于谋身矣。742复爵邑：恢复了其原有的爵位与封地。743永巷：宫廷中的牢狱。这里是指“永巷令”，主管宫廷监狱的官员。744髡钳：古代刑罚名，剃去头发叫髡，用铁箍套着脖子叫钳。745赭衣：古代囚衣，用红土染成赭色。746舂：捣米。747召赵王如意：据《汉书·外戚传》，“吕后令永巷囚戚夫人，髡钳，衣赭衣，令舂。戚夫人舂且歌曰：‘子为王，母为虏，终日舂薄暮，常与死为伍。相离三千里，当谁使告汝！’太后闻之，大怒，曰：‘乃欲倚汝子耶？’乃召赵王诛之”。⑱使者三反：一连去了三次，都没能把人叫来。⑲属臣赵王：将赵王托付于我。属，委托、托付。⑳不能奉诏：不能按您的命令行事。锺惺曰：“周昌当高祖时不阿高祖意废太子立赵王，所以当吕后时能不阿吕后意保持赵王，此高祖托赵王于周昌意也，在‘期期不奉诏’时已定矣。”〖按〗也正是由于从前周昌对吕后有恩，故此时才敢于对吕后强项，而吕后竟也终未惩治之。⑤王来二句：已经动身，还没有到达长安。⑤霸上：古地名，在今陕西西安东南，因其地处霸水西侧高原上而得名，是从东方进长安的必经之地。⑤自挟：将其带在自己身边。挟，携带、令其跟随。⑤不得间：找不到机会。间，空隙、机会。

【校记】

［7］为：原无此字。据章钰校，甲十五行本、乙十一行本、孔天胤本皆有此字，今据

【原文】

孝惠皇帝

元年（丁未，公元前一九四年）

冬，十二月，帝晨出射。赵王少[15]，不能蚤⑤起，太后使人持鸩⑤饮之。犁明，帝还⑤，赵王已死⑤。太后遂断戚夫人手足，去眼辉耳⑤，饮喑药⑥，使居厕中，命曰“人彘”⑥。居数日，乃召帝观人彘。帝见，问，知其戚夫人，乃大哭，因病，岁余不能起。使人请太后⑥曰：“此非人所为。臣为太后子，终不能治天下⑥。”帝以此日饮为淫乐，不听政。

臣光曰：“为人子者，父母有过则谏。谏而不听，则号泣而随之。安有守高祖之业，为天下之主，不忍母之残酷，遂弃国家而不恤⑥，纵酒色以伤生！若孝惠者，可谓笃⑥于小仁而未知大谊⑥也。”

补。[8]则：此字原无。据章钰校，甲十五行本、乙十一行本、孔天胤本皆有此字，今据补。[9]而：原作“则”。据章钰校，甲十五行本、乙十一行本皆作“而”，张敦仁《通鉴刊本识误》同，今据改。[10]兵：原作“军”。据章钰校，甲十五行本、乙十一行本、孔天胤本皆作“兵”。今从诸本及《通鉴纪事本末》改。[11]蕲：原作“鄿”。据章钰校，甲十五行本、乙十一行本、孔天胤本皆作“蕲”。今从诸本及《史记·黥布列传》《通鉴纪事本末》改。[12]上：原无此字。据章钰校，甲十五行本、乙十一行本、孔天胤本皆有此字。今从诸本及《史记·韩王信卢绾列传》《通鉴纪事本末》补。[13]上上："上"字原不重。据章钰校，甲十五行本、乙十一行本、孔天胤本皆重“上”字，张瑛《通鉴校勘记》同。今据诸本及《史记·陈丞相世家》补。[14]赵王：原无“赵”字。据章钰校，甲十五行本、乙十一行本、孔天胤本皆有“赵”字。今从诸本及《史记·吕太后本纪》《通鉴纪事本末》补。

【语译】

孝惠皇帝

元年（丁未，公元前一九四年）

冬季，十二月，惠帝早晨外出打猎。赵王如意因为年纪太小，起不了那么早，所以没有同去；吕太后抓住这个机会，派人用鸩酒强行给赵王如意灌下。黎明时，惠帝回到宫中，赵王如意已经死了。吕太后又把戚夫人的手脚全部砍去，还挖掉了戚夫人的双眼，用火灼烧，熏聋了戚夫人的耳朵，又给戚夫人灌了哑药，使她说不出话来，然后把她放到厕所中，起名为“人彘”。过了几天，吕太后派人把惠帝请来观看“人彘”。惠帝看见后，一问，才知道这就是戚夫人，于是放声大哭，竟因此病倒，有一年多卧床不起。惠帝对太后说："这根本就不是人干的事情，而您竟然做出来了。我作为您的儿子，却阻止不了您干这样的事，我无论如何也没有颜面做皇帝治理天下。”因此，惠帝每天在后宫饮酒淫乐，不理朝政。

司马光说："作为子女，父母有了过错就应该规劝。规劝了还不改正，只能哭泣着任由父母所为。哪有继承了汉高祖的基业，已经是一国之主，因为忍受不了母亲的残暴，就将国家的利益抛弃到一边而不顾惜，整日纵情酒色、自伤身体呢！像孝惠帝这样的人，可以说是只知道坚守小仁小义，而不懂得什么是大仁大义。”

徙[767]淮阳王友为赵王。

春，正月，始作长安城西北方[768]。

二年（戊申，公元前一九三年）

冬，十月，齐悼惠王[769]来朝，饮于太后前。帝以齐王，兄也，置之上坐[770]。太后怒，酌鸩酒置前，赐齐王为寿[771]。齐王起，帝亦起取卮[772]。太后恐，自起泛帝卮[773]。齐王怪之，因不敢饮，佯醉去。问，知其鸩[774]，大恐。齐内史士[775]说王，使献城阳郡[776]为鲁元公主汤沐邑[777]。太后喜，乃罢归齐王[778]。

春，正月癸酉[779]，有两龙见[780]兰陵家人[781]井中。

陇西[782]地震。

夏，旱。

郃阳侯仲[783]薨。

酂文终侯萧何[784]病。上亲自临视[785]，因问曰："君即百岁[786]后，谁可代君者？"对曰："知臣莫如主[787]。"帝曰："曹参何如？"何顿首[788]曰："帝得之矣，臣死不恨[789]。"

秋，七月辛未[790]，何薨。何置田宅，必居穷僻处，为家[791]不治垣屋[792]。曰："后世贤，师吾俭[793]；不贤，毋为势家所夺[794]。"

癸巳[795]，以曹参为相国。参闻何薨，告舍人[796]："趣治行[797]！吾将入相[798]。"居无何[799]，使者果召参。始，参微时[800]，与萧何善[801]，及为将相，有隙[802]。至何且死，所推贤惟参。参代何为相，举事无所变更[803]，一遵何约束[804]。择郡国吏[805]，木讷于文辞[806]，重厚长者[807]，即召除[808]为丞相史[809]。吏之言文刻深[810]、欲务声名[811]者，辄斥去[812]之。日夜饮醇酒，卿大夫以下吏[813]及宾客[814]见参不事事[815]，来者皆欲有言[816]，参辄饮以醇酒[817]。间[818]，欲有所言，复饮之。醉而后去，终莫得开说[819]以为常。见人有细过，专掩匿覆盖之，府中无事。

将淮阳王赵友改封为赵王。

春天，正月，开始修建长安城城墙的西部和北部。

二年（戊申，公元前一九三年）

冬季，十月，齐悼惠王刘肥来长安朝见皇帝，惠帝和齐王刘肥在吕太后面前饮酒。惠帝因为齐王刘肥是兄长，就安排他坐在上首的位置上。吕太后一见，怒不可遏，就把一杯鸩酒放在齐悼惠王刘肥面前让他起来敬酒。齐王站起来，惠帝也站起来先端起了那杯酒。太后见惠帝端的是那杯鸩酒，心里害怕，赶紧站起来亲手打翻了那杯酒。齐王感到有些蹊跷，于是不敢再饮酒，假装已经喝醉的样子告辞而去。回头一打听，才知道那是一杯毒酒，心里非常恐惧。齐王内史士向齐王献计，让齐王把自己辖下的城阳郡献给鲁元公主做汤沐邑。吕太后这才转怒为喜，允许齐王刘肥返回齐国。

春天，正月初四日癸酉，有两条龙出现在兰陵一户平民家的井中。

陇西发生地震。

夏季，大旱。

郃阳侯刘仲去世。

酂文终侯萧何病重。惠帝亲自到他家中探视，并向萧何询问说："如果不幸您去世了，朝中谁可以接替您为相国呢?"酂文终侯萧何推辞说："没有人比皇帝更了解大臣了。"惠帝又问："您认为曹参怎么样?"萧何在病床上连连磕头说："皇帝找对人了，我死也没有遗憾了。"

秋天，七月初五日辛未，酂文终侯萧何去世。萧何置办的农田房舍，全都挑选在穷乡僻壤，修建的房舍也没有院墙。他说："后代子孙贤明，就会效法我的勤俭；不成器，家产也不至于被有权势之家所侵夺。"

七月二十七日癸巳，任命曹参为相国。曹参听到萧何去世的消息后，就告诉他的门客说："赶紧收拾行装！我就要到朝廷担任国相了。"没过多久，朝廷果然派使者来召见曹参。当初，曹参还没有显达之时，与萧何最为友善，等到两人分别为将为相的时候却有了隔阂。但萧何临死时，所推荐的只有曹参。曹参接替萧何为相国，一切事务的处理办法没有任何变更，完全遵循萧何制定的规章制度办。选用官吏的时候，不论是郡县，还是封国中，凡是为人质朴、不善言辞、端庄敦厚的就选拔上来，任命为丞相的属官。官吏当中，凡是长于言辞、处理事情严酷苛刻，刻意追求声誉的，就将其罢免。曹参每日里就是喝味道醇厚的美酒，却不干事；那些卿大夫、各级大小官员，甚至是曹参的宾客看见曹参不理政事，都想来规劝他，来了以后，曹参总是拿美酒让他们喝。有些人抓个机会就想说，曹参就劝他继续喝酒。一直喝到酩酊大醉辞去，却始终没有说出自己想要说的话，这已经是习以为常的事情。看见人犯了一些小的过失，他也一定会设法掩饰，不予追究，因此相国府中相安无事。

参子窋为中大夫[821]，帝怪相国不治事，以为“岂少朕与[821]？”使窋归，以其私[822]问参。参怒笞[823]窋二百，曰：“趣入侍[824]！天下事非若所当言[825]也！”至朝时，帝让[826]参曰：“乃者[827]我使谏君也。”参免冠[828]谢曰：“陛下自察圣武[829]孰与高帝？”上曰：“朕乃安敢望[830]先帝！”又曰：“陛下观臣能孰与萧何贤[831]？”上曰：“君似不及也。”参曰：“陛下言之是也。高帝与萧何定天下，法令既明。今陛下垂拱[832]，参等守职[833]，遵而勿失，不亦可乎[834]？”帝曰：“善。”

参为相国，出入三年[835]，百姓歌之曰：“萧何为法，较若画一[836]。曹参代之，守而勿失；载其清净[837]，民以宁壹[838]。”

三年（己酉，公元前一九二年）

春，发长安六百里内男女十四万六千人城长安[839]，三十日罢[840]。

以宗室女[841]为公主[842]，嫁匈奴冒顿单于。是时，冒顿方强，为书[843]使使遗高后，辞极亵嫚[844]。高后大怒，召将相大臣，议斩其使者，发兵击之。樊哙曰：“臣愿得十万众，横行[845]匈奴中！”中郎将[846]季布[847]曰：“哙可斩也。前匈奴围高帝于平城[848]，汉兵三十二万，哙为上将军，不能解围。今歌吟[849]之声未绝，伤夷者[850]甫起[851]，而哙欲摇动天下[852]，妄言以十万众横行，是面谩[853]也。且夷狄譬如禽兽，得其善言不足喜，恶言不足怒也。”高后曰：“善。”令大谒者[854]张释[855]报书，深自谦逊以谢之[856]，并遗以车二乘[857]，马二驷[858]。冒顿复使使来谢，曰：“未尝闻中国礼义，陛下幸而赦之。”因献马，遂和亲。

夏，五月，立闽越君摇为东海王[859]。摇与无诸[860]，皆越王勾践[861]之后也，从诸侯灭秦，功多，其民便附[862]，故立之。都东瓯[863]，世号东瓯王[864]。

六月，发诸侯王、列侯徒隶[865]二万人城长安。

秋，七月，都厩灾[866]。

曹参的儿子曹窋担任中大夫，皇帝对曹参相国不处理政事的行为很不理解，认为“难道因为我年轻而轻视我吗?”就派曹窋回家，装作是曹窋自己的意思询问曹参。曹参大怒用藤条抽了他二百下，说:“还不赶紧回去侍奉皇帝！国家大事不是你应该过问的!”到上朝议事的时候，惠帝责备曹参说:“那天是我派曹窋去规劝你的。”曹参赶紧摘下自己的乌纱帽，向皇帝谢罪说:“陛下您与高皇帝比，谁更圣明英武呢?”惠帝说:“我怎么敢与先帝比呢!”曹参又问:“陛下把我跟萧何相比，谁的能力更强呢?”惠帝说:“先生好像比不上萧何。”曹参说:“陛下说得对极了。高皇帝与萧何平定天下，各项法令法规，已经制定得十分完善。现在陛下只需垂衣拱手，我等谨守职分，只要一切遵循萧何的法律制度而不走样，不是就可以了吗?”惠帝说:“对。”

曹参担任相国，前后一共当了三年的时间，百姓歌颂他说:“萧何制定法律，清楚明白、整齐划一。曹参接任，谨慎遵循而不走样；推行政务、清静无为，思想专一、百姓安宁。”

三年（己酉，公元前一九二年）

春天，发动长安周围六百里范围内的男女总计十四万六千人修筑长安城，修了三十天即告暂停。

挑选刘氏族人的女子假说是皇帝的女儿，嫁给匈奴冒顿单于。当时冒顿统治下的匈奴正处在国力强盛时期，冒顿写了一封书信，派使者来到汉朝送给吕太后，信中言辞猥亵无礼。吕太后看过后非常愤怒，就召集诸位大臣商议，想要杀死匈奴使者，然后发兵攻打匈奴。樊哙说:“我愿意率领十万军队，扫平匈奴!”中郎将季布说:“就凭这话，就应该将樊哙斩首。以前，匈奴将高皇帝围困在平城，当时汉朝的军队有三十二万，樊哙身为上将军，却无法为高皇帝解围。如今，百姓呻吟的声音还没有消失，士卒的伤口才刚刚养好，而樊哙就想要动摇国本，使国家重新卷入战争，竟然大言不惭地说率领十万之众横行匈奴，这是当面撒谎。再说，像匈奴这样的野蛮民族，和禽兽没什么两样，听到他说您的好话不值得高兴，口出恶言伤害您也用不着生气。”吕太后说:“说得有道理。”于是下令主管替皇帝接收文件、传达诏命、接待宾客等事宜的大谒者张释用太后的口气给匈奴冒顿单于写了一封回书，言辞自抑谦逊，对单于来书表示谢意，并赠送给匈奴冒顿单于两辆车、八匹马。冒顿又派遣使者前来表示感谢，说:“因为从来没有听说过中国的礼仪而得罪了太后，幸而得到了太后陛下的宽恕。”同时赠送马匹给太后，遂与中国和亲。

夏季，五月，惠帝封闽越君摇为东海王。摇与无诸都是越王勾践的后代，在跟随诸侯灭亡秦朝的过程中，建立了许多功劳，当地的百姓全都归顺、依附于他，所以朝廷封他为东海王。因为摇建都于东瓯，所以称他为东瓯王。

六月，征调各诸侯王和各列侯所监管的服劳役囚犯二万人修筑长安城。

秋天，七月，都城中的大马棚发生火灾。

是岁，蜀湔氐反[867]，击平之。

四年（庚戌，公元前一九一年）

冬，十月，立皇后张氏[868]。后，帝姊鲁元公主女也，太后欲为重亲，故以配帝[869]。

春，正月，举民孝弟力田[870]者，复其身[871]。

三月甲子[872]，皇帝冠[873]，赦天下。

省[874]法令妨吏民[875]者，除挟书律[876]。

帝以朝太后于长乐宫[877]及间往[878]，数跸烦民[879]，乃筑复道[880]于武库[881]南。奉常叔孙通[882]谏曰："此高帝[16]月出游衣冠[883]之道也，子孙奈何乘宗庙道上行[884]哉！"帝惧曰："急坏之[885]！"通曰："人主无过举[886]。今已作，百姓皆知之矣。愿陛下为原庙渭北[887]，衣冠月出游之[888]。益广宗庙，大孝之本[889]。"上乃诏有司立原庙[890]。

臣光曰："过者，人之所必不免也，惟圣贤为能知而改之。古之圣王，患[891]其有过而不自知也，故设诽谤之木，置敢谏之鼓[892]，岂畏百姓之闻其过哉！是以仲虺[893]美成汤[894]曰'改过不吝[895]'，傅说[896]戒高宗[897]曰'无耻过作非[898]'。由是观之，则为人君者，固不以无过为贤，而以改过为美也。今叔孙通谏孝惠，乃云'人主无过举'，是教人君以文过遂非[899]也，岂不缪[900]哉！"

长乐宫鸿台灾[901]。

秋，七月乙亥[902]，未央宫凌室[903]灾。丙子[904]，织室[905]灾。

五年（辛亥，公元前一九〇年）

冬，雷。桃李华，枣实[906]。

春，正月，复发长安六百里内男女十四万五千人城长安，三十日罢。

夏，大旱，江河水少，溪谷[907]水绝。

当年，蜀郡湔氐部落发动叛乱，朝廷派军队平定了湔氐叛乱。

四年（庚戌，公元前一九一年）

冬天，十月，惠帝立赵王张敖之女为皇后。张皇后是惠帝姐姐鲁元公主的女儿，吕太后想要亲上做亲，所以把她嫁给惠帝。

春天，正月，挑选那些孝敬父母、与兄弟亲密友爱、努力耕种的人，免除他们本人的劳役和赋税。

三月初七日甲子，为惠帝举行加冠典礼，大赦天下。

废除那些对百姓、官吏生活不方便的法令法规，废除秦朝所颁布的禁止民间私藏《诗》《书》和百家著作的“挟书律”。

惠帝因为要按时到长乐宫朝见太后，政事闲暇时也经常去探望，屡屡清道戒严给百姓造成了很大的不便。就在国家的武器库南边修建了一条复道。掌管宗庙礼仪的叔孙通劝谏惠帝说：“这是每月高皇帝衣冠出巡必经的道路，子孙的车马怎么能在这条道路的上方通行呢！”汉惠帝慌忙说：“赶快将它拆除！”叔孙通又说：“皇帝是永远没有过失的。现在复道已经修好了，百姓也都知道了这件事。请陛下在渭水北岸另外修建一座高帝庙，每月高帝衣冠出游仪式就在那里举行，而且扩建了宗庙，就说这是出于皇帝的孝心。”惠帝马上下令在渭水北岸又修建了一座原庙。

司马光说：“过失，是任何人都不可避免的；但只有圣明贤德之人能够知错改过。古代圣明的君主，担心有了过错自己不知道，所以就设立诽谤木、摆设敢谏鼓让人们提意见，怎么会担心百姓知道自己犯错误呢！仲虺赞美商朝的开国之君成汤说‘勇于改过，毫不犹豫’，商朝的另一位贤臣傅说警告商高宗武丁说‘不要把犯有小的过失当成耻辱而加以掩饰’。从这些事例来看，作为君主，不要认为没有过错就是贤明，而应认为有了过错能马上改正才是最值得赞美的。如今叔孙通劝谏孝惠帝，竟然说‘人主永远没有过失’，这是在教惠帝文饰错误，在错误的道路上继续走下去，这岂不是太荒谬了吗！”

长乐宫中的鸿台发生火灾。

秋天，七月二十日乙亥，未央宫中储藏冰的凌室发生火灾。二十一日丙子，皇宫中的纺织作坊发生火灾。

五年（辛亥，公元前一九〇年）

冬季，天上打雷。桃树、李树开花，枣树结果。

春天，正月，再次征调长安周围六百里范围内的男女共十四万五千人修建长安城，修了三十天就又停止了。

夏季，发生了大面积的旱情，长江、黄河的水量很少，山间溪谷已经断流。

秋，八月己丑⑱[17]，平阳懿侯曹参⑲薨。

六年（壬子，公元前一八九年）

冬，十月，以王陵为右丞相，陈平为左丞相。

齐悼惠王肥⑩薨。

夏，留文成侯张良⑪薨。

以周勃为太尉。

七年（癸丑，公元前一八八年）

冬，发车骑⑫、材官⑬诣荥阳⑭，太尉灌婴将⑮。

春，正月辛丑朔⑯，日有食之⑰。

夏，五月丁卯⑱，日有食之，既⑲。

秋，八月戊寅⑳，帝崩㉑于未央宫。大赦天下。九月辛丑㉒，葬安陵㉓。

初，吕太后命张皇后取他人子养之㉔，而杀其母，以为太子㉕。既葬㉖，太子即皇帝位。年幼，太后临朝称制㉗。

【段旨】

以上为第三段，写惠帝在位七年（公元前一九四至前一八八年）间的全国大事，主要写了吕后乘刘邦之死惨杀戚夫人，杀赵王如意，又欲杀刘肥而未果的一连串罪恶行径；写了萧何去世，曹参继任为相，曹参谨依萧何章程行事，以利国家经济恢复发展的情形；写了匈奴挑衅，吕后忍让，继续奉行和亲政策；写了叔孙通谄媚讨好、逢君之过的可鄙可恶；写吕后为满足私欲而令惠帝娶其胞姐之女，致使后嗣不昌，驯致吕后专政，为其欲成为中国第一个女皇帝准备了条件。

【注释】

⑮蚤：通“早”。⑯鸩：通“鸩”。传说中的一种毒鸟，据说以其羽毛蘸过的酒，使人饮之，立死。这里指毒酒。《史记集解》引应劭曰：“鸩鸟食蝮，以其羽画酒中，饮之立死。”⑰犁明二句：当作“犁帝还”，“明”字衍。犁，及、等到。王念孙曰：“帝晨出射，则天将明矣。及既射而还，则在日出之后，不得言‘犁明帝还’也。言比及帝还，而赵

秋天，八月己丑日，平阳懿侯曹参去世。

六年（壬子，公元前一八九年）

冬季，十月，任命王陵为右丞相，陈平为左丞相。

齐悼惠王刘肥去世。

夏季，留文成侯张良去世。

惠帝任命周勃为太尉。

七年（癸丑，公元前一八八年）

冬天，将车兵、骑兵和力大善于射箭的特种兵派往荥阳屯驻，由太尉灌婴统领。

春季，正月初一日辛丑，发生日食。

夏季，五月二十九日丁卯，发生日全食。

秋季，八月十一日戊寅，汉孝惠皇帝刘盈在未央宫病逝。大赦天下。九月初五日辛丑，将孝惠皇帝刘盈安葬于安陵。

当初，吕太后让张皇后抱养别人所生的儿子刘恭作为己子，并把刘恭的生母杀掉，刘恭被立为太子。孝惠皇帝刘盈下葬后，太子刘恭继位做了皇帝。由于刘恭年纪幼小，由吕太后以皇帝的身份发号施令。

王已死也。《汉书》作‘迟帝还’，与‘犁帝还’同义。”⑱赵王已死：梁玉绳曰，“《史》《汉》皆以吕后鸩杀赵王，而《西京杂记》言吕后命力士缢杀之。力士是东郭门外官奴，惠帝后知腰斩之。与《史》《汉》异。惠帝护赵王甚挚，宁有不究其死者？若果得实，则惠帝此举甚快，可谓能用刑矣”。⑲去眼辉耳：挖去眼睛，熏聋耳朵。辉，通“熏”。郭嵩焘曰：“此当为‘辉眼去耳’，谓薰灼其目使瞽也。耳则可以割而去之，无薰耳之法也。”⑳饮喑药：饮，灌。喑药，喝了使人变哑的药。㉑命曰人彘：给戚夫人取名为“人彘”。㉒请太后：对太后讲。㉓终不能治天下：胡三省曰，“惠帝之意盖自谓身为太后子，而不能容父之宠姬，是终不能治天下也”。〖按〗胡氏之说过狭，此语盖谓母氏之残虐如此，为其子者亦惶愧而无颜复居人上也。终，犹今之所谓“无论如何”。㉔恤：虑；关心。㉕笃：厚；坚守。㉖大谊：同“大义”，最应该做好的事情。㉗徙：移；改封。㉘始作长安城西北方：开始修筑长安城城墙的西北部。据《三辅黄图》：长安城墙高三丈五尺，下阔一丈五尺，上阔九尺，周回六十五里。㉙齐悼惠王：刘肥，刘邦的私生子，悼惠二字是谥。事迹见《史记·齐悼惠王世家》。㉚坐：通“座”。㉛赐齐王为寿：意即让齐王起来敬酒。古代向人敬酒是致罢祝酒辞而自饮一杯。㉜亦起取卮：也直起身端过一杯酒。卮，古代盛酒器皿。㉝泛帝卮：夺过惠帝的酒杯，将酒泼在地上。泛，翻、倒

掉。⑦⁴知其鸩：知道那是毒酒。⑦⁵内史士：内史名士。诸侯的内史是治理该国民政的官员。⑦⁶城阳郡：齐国国内的郡名，郡治即今山东莒县。齐国是当时最大的诸侯封国，辖有七个郡。⑦⁷汤沐邑：特别拨给某个帝王、诸侯、王后、公主等用以贴补其日常生活开销的领地。⑦⁸罢归齐王：允许齐王返回齐国。⑦⁹正月癸酉：正月初四。⑧⁰见：出现。⑧¹兰陵家人：兰陵县的百姓。兰陵，汉县名，县治即今山东临沂兰陵县的兰陵镇。家人，平民百姓。⑧²陇西：汉郡名，郡治狄道，即今甘肃临洮。⑧³郃阳侯仲：刘仲，名喜，仲是排行，为刘邦的次兄，吴王濞之父。原曾被封为代王，因在匈奴进攻时弃城逃跑，被降为郃阳侯。⑧⁴酂文终侯萧何：萧何以佐刘邦开国功被封为酂侯，封地酂县，即今河南永城西之酂城镇。文终是萧何死后的谥号。⑧⁵临视：前往探望。临，有自上而下意。⑧⁶百岁："死"的委婉说法。⑧⁷知臣莫如主：意即不用我说，您自己知道。⑧⁸顿首：头叩地而拜。⑧⁹臣死不恨：犹言死而无憾。恨，憾。⑨⁰七月辛未：七月初五。⑨¹为家：修建家庭住宅。⑨²不治垣屋：不盖有围墙的房子。垣，围墙。⑨³师吾俭：学习我的俭朴。师，学习。⑨⁴毋为势家所夺：不至于被权势之家所夺走。毋为，不会被。⑨⁵癸巳：七月二十七。⑨⁶舍人：半仆役、半宾客的亲信人员。⑨⁷趣治行：赶紧收拾行装。趣，通"促"，赶快。⑨⁸入相：入朝为相。⑨⁹居无何：没过多久。⑧⁰⁰微时：贫贱的时候。微，与"显贵"相对而言。⑧⁰¹与萧何善：盖谓二人在沛县为小吏时也。⑧⁰²及为将相二句：隙，隔阂、矛盾。师古曰："参自以战斗功多，而封赏每在何后，故怨何也。"〖按〗司马迁对于贫时为友，富贵则产生怨隙的人情世态多所不满。《史记·张耳陈馀列传》的论赞即阐发此旨。⑧⁰³举事无所变更：师古曰，"举，皆也，言凡事皆无变改"。杨树达曰："'举事'言'行事'。《李陵传》'举事一不幸'；《匈奴传》'举事随月'，皆可证。"⑧⁰⁴一遵何约束：一切都按照萧何的旧有章程办。⑧⁰⁵择郡国吏：指从各郡、各诸侯国的行政官员中物色可以调进中央的人选。⑧⁰⁶木讷于文辞：意即拙于言辞。《正义佚存》曰："若击木，质朴无余音也。"⑧⁰⁷重厚长者：朴实厚道的人。⑧⁰⁸除：授；任命。⑧⁰⁹丞相史：丞相手下的办事人员。其最高者曰"长史"，犹如今之"秘书长"，其下有"掾史""令史"等。⑧¹⁰言文刻深：指严格执法，严格以规章制度律人。言文，指法律条文与规章制度。⑧¹¹欲务声名：追求"办事严格"的好名声。⑧¹²斥去：罢免。⑧¹³卿大夫以下吏：九卿与大夫级以下的官吏。⑧¹⁴宾客：指曹参身边的幕僚。⑧¹⁵不事事：不干事；不管事。⑧¹⁶皆欲有言：都想给曹参提出建议。⑧¹⁷参辄饮以醇酒：曹参总是拿醇酒让他喝。⑧¹⁸间：过了一会儿。⑧¹⁹莫得开说：没有机会张嘴说话。开说，犹言"关说"，即今所谓"建言"。⑧²⁰中大夫：郎中令的属官，秩比二千石，在皇帝身边掌议论。⑧²¹岂少朕与：莫非对我有什么不满意吗。少，小瞧、看不起。《史记索隐》曰："不足之词，故胡亥亦云：'丞相岂少我哉？'"〖按〗胡亥语见《史记·李斯列传》。⑧²²以其私：假作他自己的意思。⑧²³笞：用竹板、木棍打人。⑧²⁴趣入侍：赶紧入宫侍候皇帝。趣，通"促"，赶紧。其实这里的意思是，你只管侍候好皇帝就行了。⑧²⁵非若所当言：不是你该过问的。⑧²⁶让：责备。⑧²⁷乃者：师古曰，"犹言曩者"。指前边发生的事情，即曹窋之谏父。㉘免冠：古人请罪时所做的一种姿态。㉙圣武：圣明英武。㉚安敢望：“岂敢比”的客气说法。㉛臣能孰与萧何贤：我的能力与萧何比哪个更强？㉜垂拱：垂衣拱手，这里指垂拱而治，形容清闲无事的样子。㉝守职：谨守职分，指不多生事。史珥曰：“‘守职’二字宜味，正是法令既明后善政，彼盖鉴于秦之深核，不欲务赫赫名，非是一味废弛。”㉞不亦可乎：这不是很好吗。㉟出入三年：就这样一直当了三年。梁玉绳曰：“‘三年”乃‘四年’之误。参自惠帝二年为相，至五年（公元前一九〇年）卒也。”㊱较若画一：意即清楚明白。较若，较然、明确的样子。画一，统一。师古曰：“言整齐也。”㊲载其清净：推行其清静之政务。载，行也。清净，同“清静”，意即“无为”。㊳民以宁壹：生活安宁，思想专一。㊴城长安：修筑长安城。㊵三十日罢：修筑了三十日停止下来。㊶宗室女：刘氏族人的女子。㊷为公主：假说是皇帝的女儿。㊸为书：写了一封信。㊹亵嫚：猥亵而无礼。据《汉书·匈奴传》，其言有所谓“陛下独立，孤偾独居。两主不乐，无以自虞，愿以所有，易其所无”云云。㊺横行：所向无敌的样子。㊻中郎将：帝王的侍卫武官，上属郎中令。㊼季布：原是项羽的将领，项羽死后，经过一些曲折归顺了刘邦，此时为刘邦的侍卫长官。事迹见《史记·季布栾布列传》。㊽围高帝于平城：事在高祖七年，韩王信勾结匈奴在太原一带作乱，刘邦率军往击，曾被冒顿所率之匈奴兵围困于平城七日。事情已见于前文。㊾歌吟：描写那次痛苦经历的歌谣。㊿伤夷者：在那次战争中受伤的士兵。夷，同“痍”，创伤。851甫起：刚刚养好伤。852摇动天下：指挑起战争，造成动乱，使天下动乱不安。853面谩：当面吹牛。谩，欺骗。854大谒者：官名，诸谒者之长，为皇帝掌管接收文件、传达诏令、接待宾客等事宜。855张释：此人也作“张卿”“张泽”“张择”。见《史记·荆燕世家》。856深自谦逊以谢之：据《汉书·匈奴传》，其报书有所谓“年老气衰，发齿堕落，行步失度，单于过听，不足以自污。敝邑无罪，宜在见赦”云云。857车二乘：车两辆。一车四马为一乘。858马二驷：马八匹。古称四匹马为驷。859立闽越君摇为东海王：今浙江东南部沿海地区的闽越族首领其名曰摇，因在楚汉战争时期曾帮着刘邦打击项羽，故而今天被惠帝找补加封为东海王。860无诸：今福建沿海地区的闽越族首领其名曰无诸，因在楚汉战争时期曾帮着刘邦打击项羽，高祖五年已被刘邦封为闽越王，国都东冶，即今福建武夷山市之城村旧址。861越王勾践：春秋末期生活在今浙江绍兴一带的越族首领，曾灭掉强吴，成为一时的诸侯霸主。事迹详见《史记·越王勾践世家》。862便附：对其统治感到方便有利故而归附之。863东瓯：即今浙江之温州。864东瓯王：有关东瓯的兴衰始末，详见《史记·东越列传》。865诸侯王列侯徒隶：各诸侯王与各列侯所管的奴隶与苦役犯。866都厩灾：国家都城的大马棚发生火灾。厩，马棚。867蜀湔氐反：蜀郡湔氐道的少数民族发生叛乱。湔氐，少数民族名，也是该少数民族所居的县名，在今四川松潘西北。当时将含有少数民族聚居的县称作“道”。868张氏：赵王张敖之女。869欲为重亲二句：为了亲上加亲，而使舅舅娶自己的外甥女，吕后行事之荒悖无过于此者。870孝弟力田：汉代选拔官吏的科目名。孝，指善事父母。弟，同“悌”，敬爱兄长。力田，指勤于农业劳动。⑱复其身：免去其本人应出劳役与赋税。⑫三月甲子：三月初七。⑬冠：加冠，男子二十岁行加冠礼。⑭省：取消；废除。⑮妨吏民：对吏、民的生活不便。⑯除挟书律：废除秦始皇三十四年所颁布的禁止民间私藏《诗》《书》和百家著作的禁令。⑰朝太后于长乐宫：当时皇帝住在未央宫，太后住在长乐宫，故皇帝要经常去长乐宫朝拜太后。⑱间往：非正式地私下前往。⑲数跸烦民：屡屡清道戒严，给行人带来不便。跸，戒严。⑳复道：空中通道。王先谦曰：“自未央宫而东，越武库，南过鼎路门，取道高庙，南达长乐宫也。”㉑武库：国家的兵器仓库，在长乐宫之西，未央宫之东。㉒奉常叔孙通：任奉常之职的叔孙通。奉常，也称“太常”，是主管朝廷与宗庙礼仪的官，“九卿”之一。叔孙通为刘邦制定朝仪的事情已见前文。㉓高帝月出游衣冠：师古曰，“谓从高帝陵寝出衣冠游于高庙，每月一为之，汉制则然”。此指每个月的初一都要把刘邦生前穿过的衣服，从咸阳东北的高帝陵园的寝庙中请出来，抬着到长安城里的“高庙”中巡游一回。㉔乘宗庙道上行：在“高帝月出游衣冠”所经由的道路上空横过。乘，登、凌驾。宗庙道，王先谦曰：“谓神道也，即衣冠往来所由。”因为孝惠帝所修的空中通道正好跨过了从高帝陵园通往长安城内“高庙”的“游衣冠”的通道，故叔孙通说这是“令后世子孙乘宗庙道上行”。㉕急坏之：赶紧将它拆掉。㉖人主无过举：过举，失误的举措。凌稚隆引董份曰：“叔孙通所谓逢君之过者，使人主恶闻惮改，通实启之。”㉗为原庙渭北：在渭河以北另修一座高帝庙。师古曰：“原，重也，先已有庙，今更立之，故曰重也。”㉘月出游之：高帝陵园（长陵）在渭河北，长安城在渭河南，故“游衣冠”必须渡河进城；现如果在渭河北另建一座“原庙”，那就可以让刘邦的幽灵只在渭河以北游荡，用不着再进城给其“后世子孙”添乱了。王先谦曰：“高祖长陵在渭水北，去长安三十五里。原庙既成，则陵寝衣冠但月游原庙，不至城中高帝庙，故复道无妨也。”㉙益广宗庙二句：对人说是出于皇帝的“孝心”，实际上是为了减少麻烦，为皇帝文过饰非，这就是叔孙通所奉行的儒家的“礼”。㉚诏有司立原庙：《史记·刘敬叔孙通列传》于此作“原庙起，以复道故”，史公重出此语，以著叔孙通之阿谀生事。吴见思曰：“微词妙，希世处于此等照出。”史珥曰：“子长琐屑记之，备原庙缘起，且著通之阿谀耳。”㉛患：担心；防止。㉜设诽谤之木二句：《邓析子·转辞》有所谓“尧置敢谏之鼓，舜立诽谤之木”。诽谤之木是一种十字形的立木，后代演变成宫殿前的华表，据说谁要是对朝廷的举措有意见，即可站在诽谤之木下加以陈述。敢谏之鼓立于宫殿门外，臣民有欲进谏者，即可敲鼓求见。㉝仲虺：商汤时的丞相。㉞成汤：即商汤，商朝的开国之君。事迹详见《史记·殷本纪》。㉟改过不吝：语见《尚书·仲虺之诰》，意即毫无保留地改正错误。㊱傅说：商王武丁的大臣。㊲高宗：即武丁，商代的第二十三代帝王，以其使商朝兴盛，故尊谥曰“高宗”。㊳无耻过作非：不要以小过为耻进而酿成大错误。语见《尚书·说命中》。⑻ 文过遂非：文饰错误，在错误的道路上继续走下去。遂，成。⑼ 缪：通“谬”，荒谬。⑼ 鸿台灾：鸿台发生火灾。鸿台，长乐宫中的台观名，《三辅黄图》有所谓“秦始皇二十七年筑”云云，与情理不合，疑非。⑼ 七月乙亥：七月二十。⑼ 凌室：藏冰的房子。⑼ 丙子：七月二十一。⑼ 织室：织帛染色的部门。当时的未央宫里有东、西织室。⑼ 冬四句：冬天打雷、桃李开花、枣树结果，都是自然界的反常现象，疑将有大变，故书于史。⑼ 溪谷：山间的河沟、洼地。⑼ 八月己丑：八月己酉朔，无己丑，疑记载有误。⑼ 平阳懿侯曹参：曹参是刘邦的开国功臣，以军功被封为平阳侯，死后谥为懿。⑼ 齐悼惠王肥：刘肥，刘邦的私生子，被封为齐王，死后谥为惠。事迹详见《史记·齐悼惠王世家》。⑼ 留文成侯张良：张良是刘邦的开国谋臣，以开国功被封为留侯，文成是死后的谥。⑼ 车骑：车兵与骑兵。⑼ 材官：力大而善射的特种兵。⑼ 诣荥阳：增派到荥阳以加强守卫。荥阳，汉县名，即今河南荥阳东北之古荥镇，是防卫长安的前沿要地。⑼ 太尉灌婴将：让太尉灌婴统兵，负责荥阳的驻守。⑼ 正月辛丑朔：这年的正月初一是辛丑日。朔，指每个月的初一。⑼ 日有食之：意即这年的正月初一发生了日食。⑼ 五月丁卯：五月二十九。⑼ 日有食之二句：这天发生日食，接着就成了日全食。既，日全食。〖按〗古人视日食为最严重的天变，故逢日食必书于史。这里连书日食之“天变”，为下文“帝崩”做铺垫。⑼ 八月戊寅：八月十一。⑼ 帝崩：惠帝卒年二十四岁。⑼ 九月辛丑：九月初五。⑼ 安陵：汉惠帝的陵墓名，在今陕西咸阳东北，距高祖长陵十里余。⑼ 取他人子养之：因张皇后是汉惠帝的外甥女，近亲结婚，不能生育，遂抱养了其他姬妾所生的孩子假说是自己所生。⑼ 以为太子：将其立为太子。⑼ 既葬：谓汉惠帝的灵柩下葬之后。⑼ 太后临朝称制：惠帝死后太子即位，“太后临朝称制”，按理说此时的“太后”应指张皇后，而《史记》《汉书》与《通鉴》都不加处理地直以此“太后”指吕后；这是事实，但作为史书的行文，不能说没有毛病。临朝，上朝处理国事。称制，以皇帝的身份发号施令。制，皇帝的命令。

【校记】

［15］少：原作“年少”。据章钰校，甲十五行本、乙十一行本、孔天胤本皆无“年”字。今从诸本及《史记·吕太后本纪》《通鉴纪事本末》删。［16］帝：据章钰校，甲十五行本、乙十一行本、孔天胤本“帝”下有“衣冠”二字，张敦仁《通鉴刊本识误》同。［17］己丑：原无此二字。据章钰校，甲十五行本、乙十一行本、孔天胤本皆有此二字，今据补。

【研析】

本卷记载了高祖八年（公元前一九九年）至惠帝七年（公元前一八八年）共十二年间的全国大事，其中值得注意、值得讨论的问题有以下几点。

第一，关于刘邦杀韩信、彭越、黥布的历史公案。这是个大家看法不同的问题，已经争论两千多年了。有些人谈论这个问题是为了影射他们自身所处的现实政治，如宋朝初年用以影射赵匡胤，明朝初年用以影射朱元璋等，这些我们无须讨论。我们应该弄清的是汉朝当时的历史。司马迁出于他自身的惨痛经历，对汉代最高统治者一般都没有好感。司马迁为了同情韩信，把武涉、蒯通两人劝说韩信痛离刘邦的言论大段地放在《史记·淮阴侯列传》里，占到整篇作品的六分之一；最后又让蒯通在刘邦面前斥责韩信不听他的话，这些都是用以证明韩信不想造反的。而《史记·魏豹彭越列传》更明确地写出是吕后支使彭越的舍人告发彭越造反，司马迁的感情倾向是非常明确的。从司马迁所描写的具体情况看，韩信、彭越、黥布都没想推翻刘邦，自立门户。但司马迁也明确地写出了韩信、彭越的取死之道。正如司马光所说："高祖用诈谋禽信于陈，言负则有之。虽然，信亦有以取之也。始，汉与楚相距荥阳，信灭齐，不还报而自王。其后汉追楚至固陵，与信期共攻楚，而信不至。当是之时，高祖固有取信之心矣，顾力不能耳。"固陵之役，由于韩信、彭越诸路军队的不到，致使刘邦又大败于项羽，这岂是一般的问题？刘邦除掉这几个人是早晚的事，从刘邦稳定政权的角度考虑，他绝不能留着这些大祸害。

第二，关于贯高谋杀刘邦的问题。贯高是老赵王张耳的宾客，张耳死后又辅佐张耳之子张敖。刘邦是张敖的老丈人，他要在女婿面前摆谱，做出一些让张敖难堪的举动，这本是他们之间的事情，贯高可以不管。但贯高是个有血性、重义气的汉子，他看不惯，于是想惩治刘邦，替他的主子出气，最终把事情闹大了。结果不仅自己陷入罗网，还连带张敖也背上了"谋反"的罪名。贯高在这时表现出了令人敬佩的高尚气节。他不惜个人的吃苦受罪，而尽一切力量洗刷张敖的清白。这些地方表现了司马迁的民主精神，和重义气、为伸张正义而不惜牺牲个人一切的侠义风尚。史公写贯高之死，颇与《史记·刺客列传》写豫让之死相同，情采激扬，感慨遥深。他一者引泄公语说贯高是"此固赵国立义不侵、为然诺者也"，再者又说刘邦"贤贯高为人"，甚至破格降旨要赦免贯高之死，相反地倒是贯高觉得自己应该服罪，因而"绝亢"自杀了。司马光引东汉的荀悦对此评论说："贯高首为乱谋，杀主之贼。虽能证明其王，小亮不塞大逆，私行不赎公罪。《春秋》之义大居正，罪无赦可也。"一副维护封建礼教的奴才声调，其思想水平不仅无法与司马迁相比，而且也无法与当事人之一的刘邦相比。

第三，关于陆贾出使南越，劝说赵佗归服于汉的问题。在这里我们不仅应该给予赵佗的人品与其功业以高度评价，而且应该对本卷文字所依据的《史记》原文对赵佗的生动描写以高度评价。就赵佗的气质雄心而论，其标格原不在陈涉等人之下，其功业成就则又俨然过之。当他问陆生："我孰与萧何、曹参、韩信贤？"陆生曰："王似贤。"当他进一步又问："我孰与皇帝贤？"陆生曰："皇帝起丰沛，讨暴秦，诛强楚，为天下兴利除害，继五帝三王之业，统理中国。中国之人以亿计，地方万里，居天下之膏腴，人众车舆，万物殷富，政由一家，自天地剖泮未始有也。今王众不过数十万，皆蛮夷，崎岖山海间，譬若汉一郡，王何乃比于汉！"尉佗大笑曰："吾不起中国，故王此；使我居中国，何渠不若汉？"这段对话有开玩笑的成分，也有反映现实的一面，表现了赵佗粗豪的性格与凛凛动人的才气。

第四，本卷写萧何临终荐举曹参，与曹参谨遵萧何规矩，都真情感人；写叔孙通之"逢君之过"以向最高统治者谄媚讨好的可鄙面孔，历历在目；写樊哙排闼见刘邦一节，杨慎曰："流涕数语，粗粗卤卤，有布衣之忧，有骨肉之悲，不独似哙口语，而三反四复，情辞俱竭，直是子长笔力。"

第五，本卷写了陈豨、卢绾等人叛汉的过程与其叛汉之后的心理活动。陈豨是被周昌进谗，而后在刘邦大杀功臣的背景下因害怕被杀而叛汉的；卢绾是刘邦自幼的伙伴，起义以来一直受刘邦特殊宠爱，他的叛汉实在找不出更多原因。他所担心的就是异姓王已经被刘邦杀得只剩下他与长沙王，现在大概就要轮到他了。他不担心刘邦杀他，他所怕的是吕后。所以当刘邦生病时他还一直守在长城边，不想往外跑，他一直盼着刘邦康复；直到刘邦去世的消息传来，他才死心塌地地逃进了匈奴。这与韩王信在匈奴中所说的"今仆亡匿山谷间，旦暮乞贷蛮夷，仆之思归，如痿人不忘起，盲者不忘视也，势不可耳"，心情相同。这些都表现了司马迁对由于刘邦的处置失当，致使这些原本并不想远逃他乡的汉初功臣的同情。

第六，司马光在上一卷写到项羽垓下之败时，说他听到四面汉军皆楚歌，又说项羽自己也"悲歌慷慨，泣数行下"，但偏偏删掉了《史记·项羽本纪》中的"力拔山兮气盖世"等四句歌词。如果说他是出于重视历史性，不愿录取过于带小说性的东西；那么更使人不可理解的是本卷在写到刘邦打败黥布返程经过沛县的时候，"悉召故人、父老、诸母、子弟佐酒，道旧故为笑乐。酒酣，上自为歌起舞，慷慨伤怀，泣数行下"时，竟又删去了《史记·高祖本纪》中的"大风起兮云飞扬"云云三句。本朝皇帝作歌，汉代两位史官都已书之于史的材料，难道还不可信吗？司马光又删去这三句，究竟是为什么呢？难道就这么疾文学性、生动性如仇吗？

卷第十三　汉纪五

起阏逢摄提格（甲寅，公元前一八七年），尽昭阳大渊献（癸亥，公元前一七八年），凡十年。

【题解】

本卷写了高后元年（公元前一八七年）至文帝二年（公元前一七八年）共十年间的全国大事。其中最主要的是写了惠帝死后吕后亲自临朝执政，继之前报复性地杀死戚夫人与赵王如意后，又杀了刘邦的其他儿子刘友、刘恢；与此同时大量分封诸吕为王为侯，将朝廷的一切军政大权集中于吕产、吕禄等人之手，连已经极力投靠吕氏的陈平、周勃等元老功臣的权力也被架空，将其驱入反吕阵营。至吕后一死，齐王刘襄首先起兵发难，朝廷派出抵抗的灌婴中途倒戈与齐王结盟，乘此机会周勃、陈平倚仗朱虚侯刘章与其他功臣共同发动政变，一举消灭了诸吕，拥立代王刘恒为皇帝的惊险过程。并接着写了刘恒上台后逐步裁抑周勃、陈平，压抑刘襄、刘章兄弟；较妥善地处理了南越王称帝；以及招纳善言、减少田赋、拒绝臣民进贡，不搞“改正朔、易服色”等时髦活动的若干善政。

【原文】

高皇后[①]

元年（甲寅，公元前一八七年）

冬，太后[②]议欲立诸吕[③]为王，问右丞相陵[④]，陵曰：“高帝刑白马盟[⑤]曰‘非刘氏而王，天下共击之[⑥]’。今王吕氏，非约也[⑦]。”太后不说[⑧]，问左丞相平[⑨]、太尉勃[⑩]，对曰：“高帝定天下，王子弟[⑪]；今太后称制[⑫]，王诸吕[⑬]，无所不可[⑭]。”太后喜。罢朝，王陵让[⑮]陈平、绛侯曰：“始与高帝啑血盟[⑯]，诸君不在邪！今高帝崩，太后女主，欲王吕氏，诸君纵欲阿意背约[⑰]，何面目见高帝于地下乎？”陈平、绛侯曰：“于今面折廷争[⑱]，臣不如君；全社稷[⑲]、定刘氏之后[⑳]，君亦不如臣[㉑]。”陵无以应之。

【语译】

高皇后

元年（甲寅，公元前一八七年）

冬季，吕太后想封自己娘家吕姓的兄弟们为王，便去征求右丞相王陵的意见，王陵说："高帝刘邦曾经杀白马歃血，与群臣订立盟约说'不是刘姓的封王，天下的人就共同讨伐他'。如果封吕姓兄弟子侄为王，就违背了盟约。"吕太后很不高兴，又去问左丞相陈平和太尉周勃，两人都说："高帝刘邦平定了天下，所以把刘姓的子弟都封了王；如今是太后行使皇帝职权，封吕氏的兄弟子侄为王，也没有什么不可以。"吕太后一听就很高兴。当日罢朝之后，王陵责问陈平和绛侯周勃，他说："当初高帝与大臣杀白马歃血订立盟约的时候，你们难道没有在场吗！现在高皇帝死了，吕太后成了女君主，她想要封那些姓吕的为王，你们即使是为了逢迎太后而违背盟约，将来死了之后，有什么脸面见高皇帝于地下呢？"陈平、周勃说："现在，在朝堂之上当面驳回太后的意见、公开坚持自己的主张，我们比不上你；但是在维护国家稳定、使高皇帝的后代能继续守国称帝方面你也比不上我们。"王陵听了以后，不知道该如何反驳他们。

十一月甲子㉒，太后以王陵为帝太傅㉓，实夺之相权。陵遂病免归㉔。乃以左丞相平为右丞相㉕，以辟阳侯审食其㉖为左丞相，不治事㉗，令监宫中㉘，如郎中令㉙。食其故㉚得幸于太后，公卿皆因而决事㉛。

太后怨赵尧为赵隐王谋㉜，乃抵尧罪㉝。

上党守任敖㉞尝为沛狱吏㉟，有德于太后㊱，乃以为御史大夫。

太后又追尊其父临泗侯吕公㊲为宣王，兄周吕令武侯泽㊳为悼武王，欲以王诸吕为渐㊴。

春，正月，除三族罪、妖言令㊵。

夏，四月，鲁元公主薨。封公主子张偃㊶为鲁王㊷，谥公主曰鲁元太后㊸。

辛卯㊹，封所名孝惠子山㊺为襄城侯㊻，朝为轵侯㊼，武为壶关侯㊽。

太后欲王吕氏，乃先立所名孝惠子强㊾为淮阳王㊿，不疑[51]为恒山王[52]。使大谒者张释[53]风[54]大臣，大臣乃请立悼武王长子郦侯台[55]为吕王。割齐之济南郡为吕国[56]。

五月丙申[57]，赵王宫丛台[58]灾。

秋，桃李华[59]。

二年（乙卯，公元前一八六年）

冬，十一月，吕肃王台薨[60]。

春，正月乙卯[61]，地震。羌道、武都道[62]山崩。

夏，五月丙申[63]，封楚元王子郢客[64]为上邳侯[65]，齐悼惠王子章[66]为朱虚侯[67]，令入宿卫[68]，又以吕禄女妻章[69]。

六月丙戌晦[70]，日有食之[71]。

秋，七月，恒山哀王不疑[72]薨。

行八铢钱[73]。

癸丑[74]，立襄成侯山为恒山王，更名义。

三年（丙辰，公元前一八五年）

夏，江水、汉水溢[75]，流[76]四千余家。

十一月二十九日甲子，吕太后任命王陵为小皇帝的太傅，实际上是夺去了他丞相的实权。王陵称说自己年老有病请求告老还乡。吕太后任命左丞相陈平为右丞相，任命辟阳侯审食其为左丞相，但不负责处理左丞相职务之内的事务，只是负责管理宫廷内的事务，和郎中令管理的事务差不多。审食其一向受到太后的宠幸，所以朝中大臣都通过他或借助他来裁决政事。

吕太后怨恨赵尧为了赵隐王如意而给高皇帝刘邦出谋划策，因而罢免了他的职务，以惩治他过去的罪过。

上党太守任敖曾经担任过沛县的监狱官，对吕太后有恩，于是吕太后就任命任敖为御史大夫。

太后又追尊自己的父亲、临泗侯吕公为宣王，追封亡兄周吕令武侯泽为悼武王，想以此作为下一步大肆封赏吕姓为王的铺垫。

春季，正月，下令废除秦朝的灭三族以及过误之语即为妖言的律令条款。

夏季，四月，鲁元公主去世。封鲁元公主的儿子张偃为鲁王，尊鲁元公主为鲁元太后。

四月二十八日辛卯，封孝惠帝名义上的儿子刘山为襄城侯，刘朝为轵侯，刘武为壶关侯。

太后想封吕姓的人为王，于是便先将孝惠帝的儿子刘强封为淮阳王，刘不疑封为恒山王。又让担任大谒者的张释去暗示诸位大臣，大臣们于是奏请吕太后封悼武王的长子郦侯吕台为吕王。将齐国的济南郡划分出来设立为吕国。

五月初四日丙申，赵王都城中的丛台发生火灾。

秋天，桃树、李树不合时令地开花。

二年（乙卯，公元前一八六年）

冬天，十一月，吕肃王吕台去世。

春季，正月二十六日乙卯，发生地震。羌道、武都道发生山崩。

夏季，五月初九日丙申，封楚元王刘交的儿子刘郢客为上邳侯，封齐悼惠王刘肥的儿子刘章为朱虚侯，同时让他到宫中担任警卫，又把吕禄的女儿许给刘章为妻。

六月最后一天丙戌，发生日食。

秋季，七月，恒山哀王刘不疑去世。

开始流通使用八铢钱。

七月二十七日癸丑，封襄成侯刘山为恒山王，刘山更名为刘义。

三年（丙辰，公元前一八五年）

夏季，长江、汉水泛滥成灾，被洪水冲走的有四千多户。

秋，星昼见[77]。

伊水、洛水[78]溢，流千六百余家。汝水[79]溢，流八百余家。

四年（丁巳，公元前一八四年）

春，二月癸未[80]，立所名孝惠子太[81]为昌平侯[82]。

夏，四月丙申[83]，太后封女弟媭[84]为临光侯[85]。

少帝浸长[86]，自知非皇后[87]子，乃出言曰："后安能杀吾母而名我[88]！我壮，即为变[89]。"太后闻之，幽[90]之永巷[91]中，言帝病，左右莫得见。太后语群臣曰："今皇帝病，久不已[92]，失惑昏乱[93]，不能继嗣[94]治天下，其代之[95]。"群臣皆顿首言："皇太后为天下齐民计[96]，所以安宗庙、社稷甚深，群臣顿首奉诏[97]。"遂废帝，幽杀之[98]。

五月丙辰[99]，立恒山王义为帝，更名曰弘。不称元年，以太后制天下事故也。以轵侯朝为恒山王。

是岁，以平阳侯曹窋[100]为御史大夫[101]。

有司[102]请禁南越关市铁器[103]。南越王佗[104]曰："高帝立我[105]，通使物[106]。今高后听谗臣，别异蛮夷[107]，隔绝器物[108]。此必长沙王计[109]，欲倚中国击灭南越，而并王之[110]，自为功也。"

五年（戊午，公元前一八三年）

春，佗自称南越武帝[111]，发兵攻长沙[112]，败数县[113]而去。

秋，八月，淮阳怀王强[114]薨，以壶关侯武[115]为淮阳王。

九月，发河东、上党骑[116]屯北地[117]。

初令戍卒岁更[118]。

六年（己未，公元前一八二年）

冬，十月，太后以吕王嘉[119]居处骄恣[120]，废之。十一月，立肃王弟产[121]为吕王。

春，星昼见。

夏，四月丁酉[122]，赦天下。

封朱虚侯章弟兴居[123]为东牟侯[124]，亦入宿卫。

秋季，大白天能看到星辰。

伊水、洛水泛滥，因遭受水灾而四处漂泊的有一千六百多户。汝水泛滥，遭受水灾而四处漂泊的有八百多户。

四年（丁巳，公元前一八四年）

春季，二月初七日癸未，封孝惠帝刘盈的儿子刘太为昌平侯。

夏天，四月二十日丙申，吕太后封自己的妹妹吕媭为临光侯。

少帝刘恭逐渐长大，知道自己不是张皇后所生，于是说："张皇后怎么能杀死我的母亲，而把我说成是她的儿子！等我长大了，我就发动政变为我的母亲报仇。"吕太后听说之后，就把少帝刘恭囚禁在永巷中，对外声称小皇帝有病，就连小皇帝身边侍奉的人也不能见到他。吕太后又对大臣们说："如今皇帝生病很久了，一直不见痊愈，目前他已经是神志不清、精神错乱，不能再让他继续治理天下了；我准备撤换他，你们商量一下。"大臣们都连连磕头说："太后为天下的黎民百姓着想，为了国家社稷，考虑得非常深远，我们一定遵从您的诏命。"于是将少帝刘恭废掉，并将他暗中杀死。

五月十一日丙辰，立恒山王刘义为皇帝，刘义改名为刘弘。这年不称元年，因为是太后掌管国家大事。封轵侯刘朝为恒山王。

这年，任命平阳侯曹窋为御史大夫。

有关部门的官员奏请禁止向南越国出售铁器。南越王赵佗说："汉高帝承认并加封我为南越王，准许南越国与中国互通贸易。如今吕太后听信大臣的谗言，把我们当作蛮夷而加以歧视，禁止将铁器卖给我们。这一定是长沙王吴右的主意，他想借助中国的力量兼并我们南越，然后由他称王于这片土地，因为他把这当作他自己的功劳。"

五年（戊午，公元前一八三年）

春天，赵佗自称南越武帝，发兵攻打长沙国，连续攻破数县之后才退去。

秋天，八月，淮阳怀王刘强去世，封孝惠帝之子壶关侯刘武为淮阳王。

九月，征调河东郡、上党郡的骑兵去戍守北地郡。

开始实行守边士兵每年更替的制度。

六年（己未，公元前一八二年）

冬天，十月，吕太后因为吕王嘉为王之后行为骄横放纵，就废掉了吕嘉的王号。十一月，改封吕肃王吕台的弟弟吕产为吕王。

春季，白天能够看到星辰。

夏天，四月初三日丁酉，赦免天下罪犯。

封朱虚侯刘章的弟弟刘兴居为东牟侯，也让他进入皇宫担任警卫。

匈奴寇狄道[125]，攻阿阳[126]。

行五分钱[127]。

宣平侯张敖[128]卒，赐谥曰鲁元王[129]。

七年（庚申，公元前一八一年）

冬，十二月，匈奴寇狄道，略[130]二千余人。

春，正月，太后召赵幽王友[131]。友以诸吕女[132]为后，弗爱，爱他姬。诸吕女怒，去[133]，谗之于太后曰："王言'吕氏安得王[134]！太后百岁后，吾必击之'。"太后以故召赵王。赵王至，置邸[135]，不得见[136]。令卫围守之[137]，弗与食。其群臣或窃馈[138]，辄捕论之[139]。丁丑[140]，赵王饿死[141]，以民礼葬之长安民冢次[142]。

己丑[143]，日食，昼晦[144]。太后恶之，谓左右曰："此为我也[145]！"

二月，徙梁王恢[146]为赵王，吕王产[147]为梁王。梁王不之国[148]，为帝太傅[149]。

秋，七月丁巳[150]，立平昌侯太[151]为济川王[152]。

吕媭女为将军、营陵侯刘泽[153]妻。泽者，高祖从祖昆弟[154]也。齐人田生[155]为之说大谒者张卿曰："诸吕之王也，诸大臣未大服。今营陵侯泽，诸刘最长[156]，今卿言太后王之，吕氏王益固[157]矣。"张卿入言太后，太后然之。乃割齐之琅邪郡[158]封泽为琅邪王[159]。

赵王恢之徙赵，心怀不乐。太后以吕产女为王后[160]，王后从官皆诸吕，擅权[161]，微伺赵王[162]，赵王不得自恣[163]。王有所爱姬，王后使人鸩杀之。六月[164]，王不胜悲愤[165]，自杀[166]。太后闻之，以为王用妇人弃宗庙礼[167]，废其嗣[168]。

是时，诸吕擅权用事[169]，朱虚侯章[170]，年二十，有气力[171]，忿刘氏不得职[172]。尝入侍太后燕饮[173]，太后令章为酒吏[174]。章自请曰："臣将种[175]也，请得以军法行酒[176]。"太后曰："可。"酒酣，章请为耕田歌[177]，太后许之。章曰："深耕穊种[178]，立苗欲疏[179]。非其种者[180]，锄而去之！"太后默

匈奴的军队侵入狄道县，攻打阿阳县。

发行五分钱货币。

宣平侯张敖去世，赐谥号为“鲁元王”。

七年（庚申，公元前一八一年）

冬季，十二月，匈奴进犯狄道县，劫掠二千余人。

春天，正月，吕太后召见赵幽王刘友。刘友娶吕姓女子为王后，但并不喜欢，而喜欢其他的姬妾。吕姓王后很生气，就离开幽王府，到太后面前诬毁刘友说：“赵王刘友说‘姓吕的人怎么能封为王！太后死了之后，我一定发兵消灭他们’。”吕太后因此而召见赵王刘友。赵王刘友到了长安之后，被软禁在自家的府邸中，吕太后不召见他，派卫兵将他的府邸包围起来，不许他随便出入，又断绝了他的饮食。赵国的官员有人偷偷地给他送些吃的东西，马上就被抓起来予以治罪。十七日丁丑，赵王刘友被饿死在京师的府邸，以平民的身份被埋葬在民间的坟场中。

正月二十九日己丑，日食，白天如同黑夜。吕太后心里感到很不舒服，她对身边的人说：“这种天象是针对我的！”

二月，改封梁王刘恢为赵王，改封吕王吕产为梁王。梁王吕产并不到自己的封国去，而是留在长安担任皇帝的太傅。

秋季，七月丁巳日，封平昌侯刘太为济川王。

吕太后的妹妹吕媭的女儿是将军、营陵侯刘泽的妻子。刘泽，是高帝的堂兄弟。齐人田生为了刘泽的利益去游说大谒者张卿，他对张卿说：“太后封吕姓人为王，许多大臣都不服气。现在的营陵侯刘泽，在姓刘的人中年纪最大；如果您劝太后封他为王，吕姓王的地位就会更加巩固。”张卿果真告诉了太后，太后认为有道理。于是把齐国的琅邪郡划分出来，封刘泽为琅邪王。

赵王刘恢被改封为赵王后，心中闷闷不乐。太后把吕媭的女儿指配给赵王做王后，赵王后的随从官员都是吕姓的心腹之人，他们在赵王府中不仅专擅国政，而且处处监视赵王的一举一动，赵王感到行动很不自由。赵王所宠爱的一个姬妾也被王后指使人用鸩酒毒死了。刘恢在赵国为王六个月，因为无法克制自己的悲哀和愤怒，就自杀身亡了。太后知道以后，反而认为赵王是因为一个女人而抛弃了祭祀宗庙的责任，所以就不准许他的后代继任为赵王。

在那个时候，吕姓家族掌握着国家大权，朱虚侯刘章，二十岁，很有勇力，对刘姓皇族失掉权力感到非常愤恨。他曾经入宫侍奉太后宴饮，吕太后命他充当酒令官。刘章请求说：“我是将门之后，请允许我按照军法监督酒席上的一切活动。”吕太后说：“可以。”当大家喝酒喝得正在兴头上的时候，刘章请求为大家演唱一首《耕田歌》，太后也答应了。刘章开始唱起来，歌词是：“深耕密种，等到定苗时留苗要稀。不是自己种下的作物，务必锄去！”太后听了没有说话。过了一会儿，有

然。顷之[181]，诸吕有一人醉，亡酒[182]，章追，拔剑斩之，而还报曰："有亡酒一人，臣谨行法斩之。"太后左右皆大惊，业已许其军法，无以罪[183]也，因罢[184]。自是之后，诸吕惮[185]朱虚侯。虽大臣皆依朱虚侯[186]，刘氏为益强[187]。

陈平患诸吕，力不能制，恐祸及己，尝燕居[188]深念。陆贾往，直入坐，而陈丞相不见[189]。陆生曰："何念之深也[190]！"陈平曰："生[191]揣我何念[192]？"陆生曰："足下极富贵，无欲矣[193]，然有忧念，不过患诸吕、少主耳[194]。"陈平曰："然。为之奈何?"陆生曰："天下安，注意相；天下危，注意将[195]。将相和调，则士豫附[196]。天下虽有变，权不分[197]。为社稷计，在两君[1]掌握[198]耳。臣尝欲谓太尉绛侯[199]，绛侯与我戏，易吾言[200]。君何不交欢太尉，深相结[201]？"因为陈平画吕氏数事[202]。陈平用其计，乃以五百金为绛侯寿[203]，厚具乐饮[204]。太尉报亦如之[205]。两人深相结，吕氏谋益衰[206]。陈平以奴婢百人、车马五十乘、钱五百万，遗[207]陆生为饮食费。

太后使使告代王[208]，欲徙王赵。代王谢[209]之，愿守代边[210]。太后乃立兄子吕禄[211]为赵王，追尊禄父建成康侯释之[212]为赵昭王[213]。

九月，燕灵王建[214]薨，有美人子[215]，太后使人杀之，国除[216]。

遣隆虑侯周灶[217]将兵击南越。

【段旨】

以上为第一段，写吕后执政元年（公元前一八七年）至七年间的全国大事。主要写了吕后杀刘邦和孝惠诸子，封诸吕为王，架空陈平、周勃诸元功大臣，将

一个姓吕的喝醉了，因为不胜酒力而逃走。刘章追了出去，拔出宝剑就把那个姓吕的斩首了，他回来后向太后报告说："有一人逃酒，我按照军法，已经把他斩首。"太后以及左右的人都大吃一惊，但因为已经同意他按照军法行事，也找不到理由怪罪他，就这样一直到酒筵结束。从此以后，诸吕姓之人都很惧怕朱虚侯刘章。即使是朝中大臣也都依附于朱虚侯，刘姓皇族的势力逐渐得到加强。

右丞相陈平对吕姓专权感到很忧虑，但又没有能力阻止，常常担心大祸临头，所以就是在家闲居而不任事时也在思考着对策。一天，陆贾前去拜访，没等通报就直接进到客厅坐下，而陈平竟然没有看见陆贾进来。陆贾说："您在想什么事情，想得这样专注！"陈平说："你猜我在想什么？"陆贾说："先生已经富贵到极点，不会再有什么欲望了，然而值得您忧虑的事情，不过是诸吕专权、皇帝年龄太小而已。"陈平说："是这样。该怎么办呢？"陆贾说："天下安定的时候，应该注意选择丞相；天下危急的时候，应该注意选择武将。将、相能够协调一致，人们就乐于听从；即使国家遭遇突变，朝廷的权力也不会分裂。为国家命运考虑，就在您和周勃两个人了。我常想跟担任太尉的绛侯周勃讲此道理，但绛侯周勃经常与我开玩笑，不将我说的话放在心上。您为什么不去与绛侯搞好关系，加深两人的友谊？"于是又为陈平谋划了几个对付吕氏的办法。陈平采纳了陆贾的意见，于是拿出五百斤黄金为绛侯周勃祝寿，又盛设歌舞、酒筵招待周勃。太尉也以同等厚薄的礼数回敬陈平。从此，周、陈两人的情谊越来越深厚，而吕氏的势力则越来越衰弱。陈平把一百个奴婢和五十辆车马、五百万钱，赠送给陆贾作为生活补贴。

吕太后派使者告诉代王刘恒，想把他改封为赵王。代王刘恒谢绝了，表示自己愿意驻守在边塞。吕太后于是封自己哥哥的儿子吕禄为赵王，追封吕禄的父亲建成康侯吕释之为赵昭王。

九月，燕灵王刘建去世，他只有美人所生的儿子，被吕太后派人杀死。由于没有继承人，于是将其封国废除。

派遣隆虑侯周灶率军去攻打南越国。

朝廷主要权力都集中于吕氏集团之手，以及周勃、陈平彼此联络，刘章为维护刘氏权益勇敢斗争并逐渐形成气候，为最后决战积蓄了力量。

【注释】

①高皇后：刘邦的皇后，姓吕名雉，字娥姁。惠帝死后，临朝执政，在位共八年（公元前一八七至前一八〇年）。事迹详见《史记·吕太后本纪》与《汉书·高后纪》。②太后：即指吕后。当时在位的皇帝是惠帝之子，吕氏理应被称为太皇太后，但《史记》《汉书》相沿如此，故《通鉴》亦仍其旧。③诸吕：指吕后的娘家人，如其长兄吕泽、次兄吕释之等人，都是刘邦的开国功臣。④右丞相陵：王陵，刘邦的开国功臣，以军功被封为安国侯。事迹详见《史记·陈丞相世家》。刘邦称帝时设"相国"一人，萧何、曹参相继为之。惠帝时曹参死，从此改"相国"为"丞相"，设为右左二人，右丞相居上。⑤刑白马盟：古代订立盟约或宣誓时，往往宰杀牲畜以血涂口，是之谓"歃血"，以表其盟誓之庄重。〖按〗刘邦与群臣刑白马定盟事，本纪不载。⑥非刘氏而王二句：《史记·汉兴以来诸侯王年表序》有云："高祖末年，非刘氏而王者，若（或）无功上所不置而侯者，天下共诛之。"⑦非约也：不合刘邦当年的规定。⑧不说：同"不悦"。⑨左丞相平：陈平，刘邦的开国谋臣，以功封曲逆侯，时任左丞相。事迹详见《史记·陈丞相世家》。⑩太尉勃：刘邦的开国功臣，以军功封绛侯，高祖末年曾任太尉，后来"太尉"之职取消，至吕后四年又任周勃为太尉。⑪高帝定天下二句：意谓刘邦做了皇帝，就封其刘姓子弟为王。⑫称制：行使皇帝职权。制，皇帝的命令。⑬王诸吕：意即封吕氏兄弟子侄为王。⑭无所不可：凌稚隆曰，"陈平、周勃不以此时极谏而顾阿谀曲从，乃致酿成其祸，他日虽有安刘之功，仅足以赎今之罪耳"。〖按〗凌氏所云乃从维持封建宗法而言；若从实际情况而论，吕后封其兄弟有何不可？况吕氏兄弟皆战功累累，不比刘邦封其襁褓中儿更有理由？陈平、周勃之令人讨厌，乃在于其看风使舵、投机取巧。⑮让：责备。⑯喋血盟：歃血定盟。喋，通"歃"。⑰纵欲阿意背约：即使想顺从吕后的欲望，背叛高帝的盟约。纵，即使。阿意，曲意迎合他人的意愿。阿，曲顺以求媚于人。⑱面折廷争：当面驳回皇帝的意见，在朝廷上公开坚持自己的主张。⑲全社稷：意即维护国家的稳定。社稷，指社稷坛，古代帝王祭祀土神和谷神的场所，后人遂习惯地用以代指国家政权。⑳定刘氏之后：使刘邦的后代继续守国称帝。㉑君亦不如臣：此话恐是陈平等日后编造的自我粉饰之辞。如果吕氏从此篡取了天下，陈平、周勃岂不遂安享其拥立之功？㉒十一月甲子：十一月二十九。㉓帝太傅：小傀儡皇帝的太傅。太傅是皇帝或太子的辅导官，为周初的三公（太师、太傅、太保）之一，位极尊贵。东周以来，此职久废。今吕氏任王陵为太傅，名似提高，实为夺其相权。㉔遂病免归：遂称病辞职归乡。㉕乃以左丞相平为右丞相：由此可知汉时以"右"为上。〖按〗以"左"为上，还是以"右"为上，各个时期、各个地区的习惯不一，如《史记·魏公子列传》魏公子迎侯生有所谓"虚左"，乃以"左"为上；而《史记·廉颇蔺相如列传》又有所谓"以蔺相如为上卿，位在廉颇之右"云云，则又以"右"为上。《史记》叙入汉以后诸事，以"右"为上者居

多。故师古有曰："右职，高职也；其有得罪下迁者，则曰'左迁'。"㉖辟阳侯审食其：审食其因曾与太公、吕后一道被项羽所俘虏，所以后来深为吕后所亲幸，封辟阳侯，今又任以为左丞相。辟阳，汉县名，在今河北衡水市冀州区。㉗不治事：谓不管理其左丞相职内的事务。㉘令监宫中：令其管理宫廷内的事务，以便于接近吕后。监，监督、管理。㉙如郎中令：和郎中令管的事务差不多。郎中令，官名，九卿之一，负责守卫宫门、统领帝王侍从，及管理内廷事务。㉚故：本来；早就。㉛公卿皆因而决事：朝廷大臣都通过他、借助他来决断大事。公卿，三公九卿，这里泛指朝廷大臣。㉜赵尧为赵隐王谋：赵尧原为符玺御史，曾为刘邦出主意派御史大夫周昌往任赵国丞相，以保护赵王如意。也正因此，赵尧被刘邦提升为御史大夫。赵隐王，即指赵王如意，死后谥曰隐。㉝抵尧罪：找借口而加之以罪，撤职下狱。㉞任敖：刘邦的开国功臣，此时任上党郡的郡守。上党郡的郡治长子，在今山西长治西南。㉟沛狱吏：秦时沛县的监狱小吏。㊱有德于太后：时刘邦有罪逃走，吕后被下狱，有人侮辱吕后，任敖曾挺身维护之。有德，有恩。有关任敖诸事，详见《史记·张丞相列传》。㊲临泗侯吕公：吕后之父，史失其名。曾在刘邦微贱时对其大加赏识，并以其女许配之。刘邦建国后，封以为临泗侯，早死；后吕后执政，乃追尊之为"宣王"。㊳周吕令武侯泽：吕泽，吕后的长兄，刘邦的开国功臣，于楚汉战争中死事，被刘邦封为"周吕侯"，令武二字是谥。今则更追尊之曰"悼武王"。㊴以王诸吕为渐：为下一步封吕氏诸人为王做铺垫。渐，如水之逐步浸润，意即今之"做铺垫""打基础"。㊵除三族罪妖言令：师古曰，"罪之重者，戮及三族，过误之语，以为妖言，今谓重酷，皆除之"。㊶张偃：张敖之子，鲁元公主所生。㊷为鲁王：张敖因贯高谋刺刘邦事被降为侯，今公主又死，吕后为心痛外甥，故特封之为鲁王，都城即今山东曲阜。㊸谥公主曰鲁元太后：刘邦此女原来只称"公主"，并无封邑。所以被称为"鲁元公主"，即因其子此时受封为鲁王故。㊹辛卯：四月二十八。㊺所名孝惠子山：孝惠张皇后因自己不能生子，故而抱取其他妃嫔所生的孩子假说是自己所生，其最长者已即位为傀儡皇帝，其次者名字曰"山"，又名"义"，又名"弘"。㊻襄城侯：封地襄城即今河南襄城。㊼朝为轵侯：又有名"朝"者被封为轵侯，封地轵县（今河南济源东南）。㊽武为壶关侯：又有名"武"者，封地壶关（今山西长治西北）。㊾所名孝惠子强：刘强。㊿淮阳王：国都陈县（今河南周口市淮阳区）。51不疑：刘不疑。52恒山王：国都真定（今河北石家庄东北）。梁玉绳曰："孝惠后宫子凡六人，而所谓'太子为帝'者不与焉。'强'与'不疑'之薨皆无嗣，即以襄城侯为常山王，壶关侯为淮阳王。其后常山王立为帝，又以轵侯朝为常山王。此五人纪、表所书并同，而纪独不及'平昌侯大'何哉？'大'封于四年二月，比五人为后，想以其甚幼耳。"53大谒者张释：大谒者，诸谒者之长，为帝王主管收发、传达以及赞礼等，上属郎中令。张释，也作"张泽""张卿"，任"大谒者"之职。54风：用含蓄的语言暗示。55郦侯台：吕台，吕泽之子，因其父死事，故吕台被刘邦封为郦侯。56割齐之济南郡为吕国：此吕后一箭双雕之法，既壮大吕氏，又削弱刘氏。从此齐国的济南郡改称“吕国”，国都东平陵（在今山东济南市章丘区）。齐王刘肥原来辖有七个郡，为逃避吕后迫害而献给鲁元公主一个城阳郡，后又让吕台占去一个郡，还有五个郡。㊼ 五月丙申：五月初四。㊽ 丛台：赵国都城的名胜，原为战国时赵武灵王所建。㊾ 秋二句：秋天非桃李开花之时，今开花不时，古人视以为灾变，故书于史。㊿ 吕肃王台薨：吕肃王台即吕台，肃字是谥。〖按〗公元一九九九年在山东济南之洛庄发现巨大豪华汉墓，出土大批珍贵文物，经考察，此墓的墓主即吕台。61 正月乙卯：正月二十六。62 羌道武都道：西汉时的二县名，羌道在今甘肃岷县东南，武都道在今甘肃武都东北。当时凡县内有少数民族聚居者则称“道”。63 五月丙申：五月初九。64 楚元王子郢客：刘郢客，刘邦弟楚元王刘交之子。楚国的都城即今江苏徐州。65 上邳侯：封地上邳县，县治在今山东滕州市南。66 齐悼惠王子章：刘章，刘邦子齐悼惠王刘肥之子，齐哀王刘襄之弟。事迹详见《史记·齐悼惠王世家》。67 朱虚侯：封地朱虚县，在今山东临朐东南。68 宿卫：在宫中担任警卫。〖按〗吕后调刘章进京，实有监督，并用以为人质之意。69 以吕禄女妻章：同时又想通过联姻以拉拢收买之。吕禄是吕后之侄，吕后次兄吕释之之子。被封为胡陵侯。70 六月丙戌晦：六月的最末一天是丙戌日。晦，阴历每月的最后一天。71 日有食之：这天日食。古人视日食为最大天变，故例皆书之于史。72 恒山哀王不疑：刘不疑，哀字是谥。73 行八铢钱：流通、使用八铢钱。行，流通。八铢钱，实际重半两。74 癸丑：七月二十七。75 江水汉水溢：长江、汉水泛滥。江水，即今之长江。汉水，长江的支流，流经陕西南部，至湖北入长江。溢，泛滥。76 流：冲；冲走。77 星昼见：星辰白天出现，古人视为天变，故书于史。见，通“现”。78 伊水、洛水：流经今河南西部，伊水汇入洛水，洛水汇入黄河。79 汝水：流经今河南南部，东流入淮水。80 二月癸未：二月初七。81 孝惠子太：刘太。82 昌平侯：封地昌平县。〖按〗钱穆以为此“昌平”应作“平昌”，在今山东诸城东南。83 四月丙申：四月二十。84 女弟媭：吕媭，吕后之妹，樊哙之妻。85 临光侯：梁玉绳《史记志疑》曰，“此及哙传并作‘临光’，《汉书》亦然；而如淳《文帝纪》注作‘林光’，疑古通假字。盖媭以女人封侯，且为吕氏谋主，未必远封他所，亦不闻有地名‘临光’者。《三辅黄图》云：‘林光宫在云阳县界’，得无以媭主林光宫而食邑云阳邪?” 86 少帝浸长：现时在位的小傀儡皇帝越长越大。少帝，即后宫妃嫔之子，吕后杀其母，张皇后假说是自己所生，当时在位为帝者。浸，逐渐。87 皇后：此指张皇后，鲁元公主与张敖之女。〖按〗此处用语混乱，不可为训。所谓“皇后”自应称皇帝之妻，岂能仍称皇帝之母曰“皇后”？ 88 名我：把我说成她的儿子。89 即为变：意即要发动政变为母报仇，也有人以为是要把名分变过来。90 幽：囚禁。91 永巷：宫中囚禁犯人的场所。92 不已：不完；不痊愈。93 失惑昏乱：精神错乱，神志不清。94 继嗣：这里犹言“继续”。95 其代之:《汉书》作“其议代之”，意谓“我想撤换他，你们大家讨论一下”。96 为天下齐民计：为普天下的黎民百姓考虑。齐民，犹言“平民”。计，计虑、谋划。97 奉诏：意即按您的命令行事。98 遂废帝二句：郭嵩焘曰，“惠帝崩，太子即位，年三岁耳。立四年而太后废之，其年不过六七岁”。⑲ 五月丙辰：五月十一。⑩ 曹窋：曹参之子，袭父爵为平阳侯。⑩ 御史大夫：“三公”之一，掌监察纠弹，职同副丞相。丞相有缺，照例以御史大夫增补。⑩ 有司：主管该项事务的官员。⑩ 请禁南越关市铁器：请求禁止向南越国出售铁器。关市，原指边境贸易市场，这里用如动词，即指交易。⑭ 南越王佗：赵佗，因其曾为南海尉，故又称“尉佗”。乘秦末农民起义与楚汉战争之际，以兵力统一岭南诸郡，自立为南越王，都城番禺，即今广州。刘邦称帝后，派陆贾劝其称臣于汉。事迹详见《史记·南越列传》。⑮ 高帝立我：意即承认、加封我为南越王。⑯ 通使物：互通使节，相互贸易。⑰ 别异蛮夷：对我们少数民族另眼相看。别异，视为另类。⑱ 隔绝器物：禁止把某些东西卖给我们。⑲ 此必长沙王计：这一定是长沙王吴右的主意。吴右是长沙王吴芮的后代。⑩ 灭南越二句：兼并南越，而称王于两片国土。⑪ 南越武帝：此生时自称，与中原之称谥不同，盖亦犹黥布之自称“武王”也。以此向汉王朝示威。⑫ 长沙：此指长沙王国，都城临湘即今湖南长沙。⑬ 败数县：打败了几个县的防御守军。⑭ 淮阳怀王强：淮阳王刘强，惠帝之子，怀字是死后的谥。⑮ 壶关侯武：刘武，惠帝之子。⑯ 河东上党骑：河东、上党两郡的骑兵。河东郡的郡治安邑，在今山西夏县西北。上党郡的郡治长子，在今山西长治西南。⑰ 北地：汉郡名，郡治马领，在今甘肃庆阳西北。⑱ 岁更：每年更替一回，比以往的秦朝更为人性化。⑲ 吕王嘉：吕台之子，继其父位为吕王。⑳ 骄恣：骄横；放纵。㉑ 肃王弟产：吕台之弟吕产，乃吕嘉之叔，吕后之侄。㉒ 四月丁酉：四月初三。㉓ 朱虚侯章弟兴居：刘兴居，齐悼惠王刘肥之子，哀王刘襄与朱虚侯刘章之弟。㉔ 东牟侯：封地东牟县，在今山东威海市文登区西北。㉕ 狄道：汉县名，即今甘肃临洮，当时为陇西郡的郡治所在地。㉖ 阿阳：汉县名，县治即今甘肃静宁。㉗ 五分钱：汉代钱币名，为当时“荚钱”的一种。㉘ 张敖：张耳之子，继其父位为赵王，娶刘邦女鲁元公主为妻，后因贯高事被贬为宣平侯。㉙ 赐谥曰鲁元王：鲁元公主本无封号，乃因其子为鲁王，故得谥为鲁元公主。今张敖死，又因其妻曰“鲁元公主”而被谥为鲁元王。㉚ 略：通“掠”，劫掳。㉛ 召赵幽王友：召赵幽王友进京。赵幽王友，刘友，刘邦之子，先被封为淮阳王，又被改封为赵王。此时刘友已居赵十四年。幽字是其死后的谥。㉜ 诸吕女：吕氏家族的女儿，吕后指配与刘友为王后。㉝ 去：生气地离开赵国，回到长安。㉞ 吕氏安得王：姓吕的怎能称王。㉟ 置邸：将刘友软禁于赵国在长安所盖的官邸中。㊱ 不得见：不得见皇帝，也不准见朝廷的百官群臣。㊲ 令卫围守之：派卫兵将刘友单独禁闭起来。卫，指吕后派去的侍卫。㊳ 其群臣或窃馈：刘友带来的臣僚有人偷偷送一些食物。窃馈，偷偷送给。㊴ 辄捕论之：立即抓起来予以治罪。论，判罪，这里指处死。㊵ 丁丑：正月十七。㊶ 赵王饿死：据《史记·吕太后本纪》，刘友饿时作歌曰：“诸吕用事兮刘氏危，迫胁王侯兮强授我妃。我妃既妒兮诬我以恶，谗女乱国兮上曾不寤。我无忠臣兮何故弃国？自决中野兮苍天举直。于嗟不可悔兮宁蚤自财，为王而饿死兮谁者怜之？吕氏绝理兮托天报仇。”司马光又删弃不取。㊷ 民冢次：平民百姓的坟墓旁。次，侧、旁。㊸ 己丑：正月二十九。㊹ 昼晦：白天暗得像黑夜。㊺ 此为我也：古人认为自然界的灾变都与人类社会紧密相关，这就是汉代人所说的“天人感应”。吕后知道自己作恶多端，故而以为日食现象是朝她而来。⑯梁王恢：刘恢，刘邦之子。⑰吕王产：吕产，吕台之弟，吕后之侄。⑱不之国：不到自己的封地上去，留在京城充当吕后的左膀右臂。⑲帝太傅：皇帝的辅导官名，本无实权，但当时陈平的丞相之权已被架空，吕产实际成了吕后的丞相。⑳七月丁巳：七月无丁巳日，此处记事有误。⑴平昌侯太：刘太，惠帝之子，前此被封为平昌侯。⑵济川王：封地济南郡，也就是此前以东平陵（在今山东济南市章丘区西北）为都城的“吕国”。因吕产已由吕王改封为梁王，故遂将吕国改称“济川国”，以封惠帝子刘太。⑶将军营陵侯刘泽：刘邦的远房兄弟与开国功臣，以军功被封为营陵侯，娶吕媭之女为妻。事迹详见《史记·荆燕世家》。⑷从祖昆弟：《史记》称之为“诸刘远属”。从祖，堂祖父。昆弟，兄弟。⑸田生：一个寄食权门以筹谋划策获取私利的人，类似战国时代的纵横家。⑹诸刘最长：在刘姓诸臣中，年龄最大。⑺吕氏王益固：诸吕之封王者也就更踏实了。⑻齐之琅邪郡：齐王刘肥属下的琅邪郡，郡治即今山东诸城。⑼封泽为琅邪王：《史记·吕太后本纪》云，“太后女弟吕媭有女，为营陵侯刘泽妻，泽为大将军。太后王诸吕，恐即崩后刘将军为害，乃以刘泽为琅邪王，以慰其心”。此吕后之本意，田生、张卿所为适逢其时机。吕后从齐国割出一个郡以封刘泽，既收买了刘泽，又削弱了齐国，可谓一举两得。至此，齐国已被削去三个郡。⑽以吕产女为王后：指令吕产之女为刘恢王后。⑾擅权：专权；专赵国之权。⑿微伺赵王：暗中监视赵王的活动。微伺，暗中监视。⒀赵王不得自恣：赵王不能按自己意愿想干什么就干什么。〖按〗吕后强制刘氏宗室必须娶吕氏女为妻，盖皆用以“微伺”。⒁六月：在赵国为王六个月。⒂不胜悲愤：无法克制自己的悲哀愤怒。⒃自杀：此刘邦的第三个儿子被吕后杀害。徐孚远曰：“赵王自杀非但为悲哀爱姬也，惧有前幽王之祸耳。”⒄用妇人弃宗庙礼：因为一个女人而抛弃了祭祀宗庙的为王的责任，指其自杀。用，因。⒅废其嗣：废掉了他的继位人，不允许其后代再继任为赵王。⒆擅权用事：专权管事。⒇朱虚侯章：刘章，齐王刘肥之子，齐哀王刘襄之弟，被封为朱虚侯，现时住在京城，名义上是“宿卫”宫廷。⑴有气力：慷慨任气，且又勇武多力。⑵不得职：不被任用；不能在位掌权。⑶燕饮：和乐而不拘礼节的欢宴。⑷酒吏：酒筵上的令官，以监督不守规矩者。⑸将种：将门之后，《史记·曹相国世家》载有刘肥率军随刘邦讨伐黥布事。⑹行酒：监督酒席上的一切活动。⑺请为耕田歌：请允许演唱一首《耕田歌》。⑻概种：犹言“密植”。概，密。⑼立苗欲疏：等到定苗时，就要注意分布得是否合理。师古曰：“概种者，言多生子孙也；疏立者，四散置之，令为藩辅也。”⑽非其种者：凡不是自己种下的作物，即一切野生的东西，这里隐指吕氏。或者“种”字指物种、血统。吴见思曰：“有意无意，若近若远，绝妙比兴。”⑴顷之：过了不久。⑵亡酒：因躲避喝酒而逃亡。⑶无以罪：没有理由怪罪他。⑷因罢：就这样一直到酒筵结束。凌稚隆引董份曰：“章志奇矣，然犯人所深忌，而轻言之，幸得脱虎口，甚岌岌矣。”郭嵩焘曰：“朱虚侯所以得免者，由娶吕禄女故也，亦吕后深惜吕氏之意。”⑱⑤惮：畏惧。⑱⑥虽大臣皆依朱虚侯：虽，即使。大臣，如周勃、陈平之流。周勃当时为太尉，陈平当时为丞相，只是皆被吕后所架空，留有空名而已。周勃、陈平在平时如何依附刘章，史无明载；但在政变发动后，周勃等之所以能够获胜，在很大程度上还是依靠了刘章。详见《史记·吕太后本纪》。⑱⑦刘氏为益强：谓刘氏势力因此而渐强。益，渐。⑱⑧燕居：安居；闲居。即韬晦而不任事。⑱⑨不见：没有看见陆生进来，可见其思虑问题之专且深。⑲⓪何念之深也：在想什么事，想得这么专注。⑲①生：犹今之言“先生”。⑲②揣我何念：你猜我在想什么。⑲③极富贵二句：富贵已达顶点，不可能再有别的欲望了。⑲④不过患诸吕少主耳：此文美化陈平，似其一切皆出自公心者，岂其然哉？⑲⑤天下安四句：注意，人们的眼睛盯着。《史记·孙子吴起列传》：“主少国疑，大臣未附，百姓不信，方是之时，属之于子乎？属之于我乎？”彼“属”字即此处之“注意”也。将，指太尉周勃。⑲⑥将相和调二句：和调，谓齐心一力。豫，乐也。士豫附，即满朝士大夫乐于归附。⑲⑦权不分：朝廷的大权不致分裂。⑲⑧在两君掌握：在你们两个人的手掌之中，极言其容易控制。⑲⑨臣尝欲谓太尉绛侯：我常想和太尉绛侯讲此道理。尝，通“常”。太尉绛侯，即周勃，刘邦的开国功臣，以灭秦、灭项功封为绛侯，此时虽名为太尉，但已被吕后架空，其实权已归吕禄。事迹详见《史记·绛侯周勃世家》。⑳⓪易吾言：不重视我的话。易，轻视。《史记正义》曰：“绛侯与生常戏狎，轻易其言也。”姚苎田曰：“盖勃少文，而陆生时时称说《诗》《书》，勃之易贾，即高祖‘马上得之’之见耳。”⑳①深相结：加深二人之间的联系。⑳②画吕氏数事：策划了几个对付吕氏的方法。⑳③为绛侯寿：祝周勃健康长寿，这里即指“献礼”。⑳④厚具乐饮：盛设歌舞、酒宴以招待周勃。⑳⑤报亦如之：也以同等厚薄的礼数回敬陈平。⑳⑥两人深相结二句：益衰，越来越不行。郭嵩焘曰：“陆生数语，足以定天下大计。其时绛侯木强无智计，曲逆（陈平）专务自全而已。陆生彬彬，固一时佳士。”〖按〗陆贾弥合周勃、陈平之关系，有助于日后之平诸吕，当属事实；若谓“两人深相结，则吕氏之谋益衰”，恐未必有此巨效，试看《史记·吕太后本纪》可知。⑳⑦遗：送给。⑳⑧代王：指刘恒，刘邦之子，即日后的汉文帝，薄太后所生。代国的都城中都，在今山西平遥西南。⑳⑨谢：谢绝；推辞。㉑⓪代边：当时的代国辖代郡、雁门、云中、太原四个郡，前三个郡都与匈奴为邻。㉑①吕禄：吕后之侄、吕后次兄吕释之之子，在此之前为胡陵侯，与吕产同为吕氏集团的首领。㉑②建成康侯释之：吕释之，刘邦的开国功臣，以军功被封为建成侯，康字是其死后的谥。㉑③赵昭王：昭字是给吕释之追尊的谥。㉑④燕灵王建：刘建，刘邦之子。灵字是其死后的谥。㉑⑤美人子：美人所生的儿子。美人，帝王姬妾的名号之一。据《汉书·外戚传》，汉初皇帝的姬妾有“美人”“良人”“八子”“七子”“长使”“少使”等，亦可统称曰“夫人”。㉑⑥国除：刘建封国的称号被撤销。〖按〗刘建无罪病死，又有美人之子可以继承父业，照理是不能废除这个封国的。但因为吕后仇视刘邦的儿子，又急于腾出一些大国以封她的吕氏党羽，故而公然杀死了刘建的庶子，将其封国除掉了。㉑⑦隆虑侯周灶：刘邦的开国功臣，以军功封隆虑侯，封地即今河南林州。

【校记】

［1］君：原作“军”。据章钰校，甲十五行本、乙十一行本、孔天胤本皆作“君”，张瑛《通鉴校勘记》同。今从诸本及《史记·郦生陆贾列传》《通鉴纪事本末》改。

【原文】

八年（辛酉，公元前一八〇年）

冬，十月辛丑[218]，立吕肃王[219]子东平侯通[220]为燕王，封通弟庄为东平侯[221]。

三月，太后祓[222]，还过轵道[223]，见物如苍犬[224]，撠太后掖[225]，忽不复见。卜之[226]，云“赵王如意为祟”[227]。太后遂病掖伤[228]。

太后为外孙鲁王偃[229]年少孤弱，夏，四月丁酉[230]，封张敖前姬两子[231]侈为新都侯[232]，寿为乐昌侯[233]，以辅[234]鲁王。又封中大谒者[235]张释为建陵侯[236]，以其劝王诸吕[237]，赏之也。

江、汉水溢，流万余家。

秋，七月，太后病甚，乃令赵王禄为上将军[238]，居北军[239]，吕王产居南军[240]。太后诫产、禄曰：“吕氏之王，大臣弗平。我即崩，帝年少，大臣恐为变。必据兵卫宫[241]，慎毋送丧，为人所制！”辛巳[242]，太后崩，遗诏大赦天下，以吕王产为相国[243]，以吕禄女为帝后[244]。高后已葬[245]，以左丞相审食其为帝太傅[246]。

诸吕欲为乱[247]，畏大臣绛、灌[248]等，未敢发。朱虚侯以吕禄女为妇，故知其谋[249]，乃阴令人告其兄齐王[250]，欲令发兵西。朱虚侯、东牟侯为内应，以诛诸吕，立齐王为帝。齐王乃与其舅驷钧、郎中令祝午[251]、中尉魏勃[252]阴谋发兵。齐相召平弗听[253]。八月丙午[254]，齐王欲使人诛相。相闻之，乃发卒卫王宫[255]。魏勃绐[256]召平［2］曰：“王欲发兵，非

【语译】

八年（辛酉，公元前一八〇年）

冬季，十月十六日辛丑，封吕肃王吕台的儿子东平侯吕通为燕王，封吕通的弟弟吕庄为东平侯。

三月，吕太后到霸上主持祈福驱灾的祭祀典礼，回宫途中经过轵道亭，看见一只动物，样子就像一只青毛狗，向着太后的腋下就撞击，转眼间就不见了。太后命人占卜吉凶，占卜的人说是赵王如意作祟。从那以后，太后的腋下因被撞伤而患病。

吕太后因为自己的外孙鲁元王张偃年纪幼小，又失去父母的呵护，于是，就在夏季，四月十四日丁酉，封张敖在娶鲁元公主之前与其姬妾所生的两个儿子为侯爵：张侈为新都侯，张寿为乐昌侯，让他们辅佐鲁王张偃。又封中大谒者张释为建陵侯，因为张释曾经劝说太后封诸吕姓为王，所以特别赏赐他。

长江、汉水流域发生洪涝灾害，造成一万多户人家流离失所。

秋季，七月，太后病重，于是命令赵王吕禄为上将军，统领北军驻扎在未央宫、长乐宫以北，命令吕王产率领守卫皇宫的禁卫军驻守在城南。太后告诫吕禄、吕产说："我们吕氏封王，许多大臣都心中不服。我如果死了，皇帝年纪又小，要小心大臣政变。你们一定要握紧兵权、严密地守卫皇宫，千万不要离开军营为我送葬，否则的话，就要受制于人！"三十日辛巳，吕太后驾崩，太后留有遗诏：大赦天下，任命吕王产为相国，封吕禄的女儿为少帝刘弘的皇后。太后下葬后，改任左丞相审食其为皇帝太傅。

诸吕想要发动政变，只是因为畏惧大臣绛侯周勃、灌婴等，才没敢发作。朱虚侯刘章因为自己的妻子是吕禄的女儿，所以知道他们的阴谋，于是就秘密地派人告诉自己的哥哥齐王刘襄，想让刘襄发兵西进。朱虚侯与东牟侯刘兴居为内应，共同诛杀诸吕氏，然后拥立齐王刘襄为皇帝。齐王跟自己的舅舅驷钧、郎中令祝午、中尉魏勃密谋发兵西进长安。只有齐国的相国召平不肯听命。八月二十五日丙午，齐王刘襄准备派人去杀死相国召平。召平得到消息，就调动士兵守住王宫，不让齐王出来。魏勃欺骗召平说："齐王要想发兵西进，必须有朝廷的虎符作为凭证，而现在

有汉虎符验[257]也。而相君围王固善[258]，勃请为君将兵卫王[259]。”召平信之。勃既将兵，遂围相府，召平自杀。于是齐王以驷钧为相，魏勃为将军，祝午为内史[260]，悉发国中兵。

使祝午东诈[261]琅邪王[262]曰：“吕氏作乱，齐王发兵，欲西诛[263]之。齐王自以年少[264]，不习兵革之事，愿举国委大王[265]。大王，自高帝将[266]也，请大王幸之临淄[267]，见齐王计事。”琅邪王信之，西驰见齐王。齐王因留[268]琅邪王，而使祝午尽发琅邪国兵[269]，并将之[270]。琅邪王说齐王曰：“大王，高皇帝适长孙[271]也，当立[272]。今诸大臣狐疑，未有所定，而泽于刘氏最为长年[273]，大臣固待泽决计[274]。今大王留臣无为也[275]，不如使我入关[276]计事。”齐王以为然，乃益具车送琅邪王[277]。琅邪王既行，齐遂举兵西攻济南[278]，遗诸侯王书，陈诸吕之罪[279]，欲举兵诛之。

相国吕产等闻之，乃遣颍阴侯灌婴将兵击之[280]。灌婴至荥阳[281]，谋曰：“诸吕拥兵关中，欲危刘氏而自立。今我破齐还报，此益吕氏之资[282]也。”乃留屯荥阳，使使谕齐王及诸侯，与连和[283]，以待吕氏变，共诛之[284]。齐王闻之，乃还兵西界[285]待约。

吕禄、吕产欲作乱，内惮[286]绛侯、朱虚等，外畏齐、楚兵[287]，又恐灌婴畔之。欲待灌婴兵与齐合[288]而发，犹豫未决。

当是时，济川王太、淮阳王武、常山王朝[289]及鲁王张偃[290]皆年少，未之国[291]，居长安，赵王禄、梁王产各将兵居南、北军，皆吕氏之人[292]也。列侯群臣莫自坚其命[293]。

太尉绛侯勃[294]不得主兵。曲周侯郦商[295]老病，其子寄[296]与吕禄善。绛侯乃与丞相陈平谋，使人劫[297]郦商，令其子寄往绐说[298]吕禄曰：“高帝与吕后共定天下，刘氏所立九王[299]，吕氏所立三王[300]，皆大臣之议。事已布告诸侯，诸侯[3]皆以为宜。今太后崩，帝少。而足下佩赵王印，不急之国守藩[301]，乃为上将，将兵留此，为大臣诸侯所疑。

齐王没有接到朝廷送来的那一半虎符，因此他就无权调动部队。相国您把齐王围困在王宫以阻止他发兵，这个办法很好，请让我来接替您领兵护卫王宫。”召平信以为真，就把兵权交给了魏勃。魏勃取得兵权以后，马上包围了相府，召平被逼自杀。于是，齐王任命驷钧为相国，魏勃为将军，祝午为内史，征调齐国全部的兵力西进。

齐王刘襄又派祝午向东去哄骗琅邪王刘泽说：“吕氏正准备发动叛乱，齐王想要率兵西进，平定吕氏的叛乱。齐王觉得自己太年轻，不懂得军事，愿意把齐国所有的军队都交付给您指挥。大王您从高帝的时候起，就已经是将军了，就请大王亲自到齐国的临淄与齐王商议灭吕之事。”琅邪王刘泽信以为真，立即骑着快马前往临淄。齐王扣留了琅邪王刘泽，又派祝午以琅邪王刘泽的名义将琅邪国的全部军队统统调集起来，由齐王刘襄统一指挥。琅邪王刘泽劝齐王说：“大王您是高皇帝的嫡长孙，应当继位为皇帝。如今各位大臣对拥立谁为皇帝，还在犹豫不决，而我刘泽在刘氏子孙中年纪最大，大臣都在等我做出决定。如今大王扣留我，已经没有任何意义，不如放我前往长安与朝中大臣商议计策。”齐王认为有道理，就准备好了车马护送琅邪王刘泽前往长安。琅邪王刘泽走了之后，齐王就率领军队向西攻打济南，并将檄文分别发送给各诸侯王，列举了吕氏的诸多罪状，动员共同起兵诛讨诸吕。

相国吕产等知道齐王刘襄起兵的消息后，就派颍阴侯灌婴率兵迎击齐兵。灌婴抵达荥阳，与亲信商议说：“诸吕氏在关中拥有重兵，他们是想推翻刘氏而自己做皇帝。如果我打败齐王的军队向吕氏献功，这就更为吕氏增加了篡国的政治资本。”于是停止前进，把军队驻扎在荥阳，同时派使者告诉齐王刘襄联合其他诸侯，等待吕氏篡国为乱，再名正言顺地共同讨伐他们。齐王听从了灌婴，就将军队撤回齐国的西部边界驻扎，等待时机。

吕禄、吕产想要发动政变，在朝中畏惧绛侯周勃、朱虚侯刘章等人，外部惧怕齐国、楚国的军队，又担心灌婴背叛自己。想等待灌婴的军队与齐王刘襄的军队打起来再采取行动，所以一直举棋不定。

与此同时，济川王刘太、淮阳王刘武、常山王刘朝以及鲁王张偃都因为年纪尚小，还留在长安没有到自己的封国去。赵王吕禄、梁王吕产分别统率南北两军：军队中都是吕氏的党羽，列侯和群臣对自己的死活都心中无数。

绛侯周勃虽然位为太尉却没有兵权。曲周侯郦商年老多病，他的儿子郦寄与吕禄关系密切。绛侯周勃与丞相陈平密谋，派人劫持了郦商，然后让郦商的儿子郦寄去哄骗吕禄说：“高皇帝刘邦与吕后共同打下的天下，刘氏封了九个王，吕氏封了三个王，这都是大臣们共同商议决定的。事情已经知会各诸侯，各诸侯也都认可。如今太后驾崩，皇帝年纪尚小。而您佩戴着赵王的印绶，却不急于回到自己的封国去守住自己的领地，反而担任了上将军，率领军队留守在这里，所以才引起各位大臣与诸侯的猜疑。

足下何不归将印，以兵属太尉[302]，请梁王归相国印，与大臣盟而之国[303]。齐兵必罢，大臣得安，足下高枕而王千里，此万世之利也。”吕禄信然其计[304]，欲以兵属太尉，使人报吕产及诸吕老人。或以为便，或曰不便，计犹豫未有所决。

吕禄信郦寄，时与出游猎，过其姑吕媭。媭大怒曰：“若[305]为将而弃军[306]，吕氏今无处[307]矣！”乃悉出珠玉、宝器，散堂下，曰：“毋为他人守也[308]！”

九月庚申旦[309]，平阳侯窋[310]行御史大夫事[311]，见相国产计事。郎中令贾寿[312]使从齐来[313]，因数产[314]曰：“王不早之国[315]，今虽欲行，尚可得耶！”具以灌婴与齐、楚合从[316]，欲诛诸吕告产，且趣产急入宫[317]。平阳侯颇闻其语，驰告丞相、太尉[318]。

太尉欲入北军[319]，不得入。襄平侯纪通[320]尚符节[321]，乃令持节矫内太尉北军[322]。太尉复令郦寄与典客[323]刘揭先说吕禄曰：“帝使太尉守北军[324]，欲足下之国。急归将印辞去；不然，祸且起。”吕禄以为郦况不欺己[325]，遂解印属典客[326]，而以兵授太尉。太尉至军，吕禄已去。太尉入军门，行令军中曰：“为吕氏右袒，为刘氏左袒[327]！”军中皆左袒。太尉遂将北军[328]。然尚有南军。丞相平乃召朱虚侯章佐太尉。太尉令朱虚侯监军门[329]，令平阳侯告卫尉[330]：“毋入相国产殿门[331]。”

吕产不知吕禄已去北军[332]，乃入未央宫，欲为乱[333]。至殿门，弗得入，徘徊往来。平阳侯恐弗胜，驰语太尉[334]。太尉尚恐不胜诸吕，未敢公言诛之[335]，乃谓朱虚侯曰：“急入宫卫帝[336]！”朱虚侯请卒，太尉予卒千余人。入未央宫门，见产廷中。日晡时[337]，遂击产，产走。天风大起，以故其从官乱，莫敢斗。逐产，杀之郎中府[338]吏厕中。

您何不归还将军印，把兵权交给太尉，再请梁王吕产归还相国印，与大臣订立盟约，然后回到自己的封国。这样的话，齐国必定罢兵休战，大臣也可心安，而您也可以高枕无忧，在您那一千里方圆的国土上称王称霸，这对您的子孙后代都是有益无害的。”吕禄相信并且同意了郦寄的计策，就准备把兵权交给太尉周勃，又派人告诉吕产以及吕氏家族中年长的老人。有的人同意吕禄的意见，有的人表示反对，犹犹豫豫不能决定。

吕禄信任郦寄，经常和他一起出去巡游打猎，一天，吕禄去拜访他的姑姑吕媭。吕媭非常生气地责备他说：“你作为将军却扔掉了兵权，吕氏恐怕是死无葬身之地了！”于是，吕媭将自己的所有珠玉、宝器，拿到堂下散发给家中的侍从和仆人，说：“已经没有必要再为别人看守它们了！”

九月初十日庚申凌晨，平阳侯曹窋代行御史大夫事务，他去觐见相国吕产商议国事。郎中令贾寿从齐国出使回来，责备吕产说：“大王不早点回到自己的封国去，现在即使您想回去，恐怕也是回不去了！”于是就把灌婴已经与齐国、楚国联合，准备诛杀吕氏的情况告诉了吕产，并催促吕产赶紧入宫。平阳侯曹窋稍微听到了一点消息，就赶紧报告给了丞相陈平和太尉周勃。

太尉周勃担心发生变故，就立即驰向北军，结果却不得进入。襄平侯纪通负责为皇帝掌管兵符印信，太尉周勃就让纪通手持符节假传圣旨让守卫军门者放周勃进入北军。太尉周勃又派郦寄与典客刘揭先进去对吕禄说：“皇帝派太尉周勃前来接管北军，让您回到自己的封国去。您赶紧把将军印归还太尉，离开这里；不然的话，就要大祸临头了。”吕禄认为郦寄不会欺骗自己，于是，就把自己身上所佩戴的掌管北军的印信摘下来交给典客刘揭，由典客刘揭把兵权转交给太尉周勃。太尉周勃到达北军时，吕禄已经离开。太尉一进入军门，就下令军中说：“愿意归属吕氏的就袒露出你们的右胳膊，愿意归属刘氏的就袒露出你们的左胳膊！”军中所有的人都袒露出左胳膊。太尉于是接管了北军。然而还有南军掌握在吕氏手中。丞相陈平将朱虚侯刘章召来协助太尉周勃。太尉周勃让刘章监守北军的军门，派平阳侯曹窋通知守卫皇宫的卫尉说：“不要让相国吕产进入未央宫的殿门。”

吕产不知道吕禄已经离开了北军，他就进入未央宫，准备作乱。他来到未央宫的殿门口，却无法进入，急得他在门前往来徘徊却又无计可施。平阳侯曹窋担心没有获胜的把握，就飞快地跑来请示太尉周勃。太尉周勃也担心不能战胜诸吕，所以没敢明确地表示要将吕产杀死，于是对朱虚侯刘章说：“你赶紧入宫去保护皇帝！”朱虚侯请求增加兵力，太尉周勃就拨给了他一千多名士兵。朱虚侯进入未央宫，看见吕产正站在庭院中。下午三四点钟的时候，朱虚侯刘章下令诛杀吕产，吕产逃走。因为突然刮起大风，所以吕产的随从官员乱作一团，不敢与刘章的军队对抗。朱虚侯率军追杀吕产，将吕产杀死在郎中令官府的厕所中。

朱虚侯已杀产，帝命谒者持节劳朱虚侯[339]。朱虚侯欲夺其节，谒者不肯。朱虚侯则从与载[340]，因节信驰走[341]，斩长乐卫尉吕更始[342]。还，驰入北军报太尉。太尉起拜贺，朱虚侯曰："所患独吕产，今已诛，天下定矣[343]！"遂遣人分部[344]悉捕诸吕男女，无少长皆斩之[345]。辛酉[346]，捕斩吕禄而笞杀[347]吕媭。使人诛燕王吕通，而废鲁王张偃。戊辰[348]，徙济川王王梁[349]。遣朱虚侯章以诛诸吕事告齐王，令罢兵。

灌婴在荥阳，闻魏勃本教齐王举兵[350]，使使召魏勃至，责问之[351]。勃曰："失火之家，岂暇先言丈人，而后救火乎[352]？"因退立，股战而栗，恐不能言者，终无他语[353]。灌将军熟视笑曰："人谓魏勃勇，妄庸[354]人耳，何能为乎！"乃罢魏勃[355]。灌婴兵亦罢荥阳归。

班固赞曰[356]："孝文时，天下以郦寄为卖友[357]。夫[358]卖友者，谓见利而忘义[359]也。若寄父为功臣，而又执劫[360]。虽[361]摧吕禄以安社稷[362]，谊存君亲[363]可也。"

诸大臣相与阴谋[364]曰："少帝及梁、淮阳、恒山王，皆非真孝惠子也[365]，吕后以计诈名他人子[366]，杀其母，养后宫，令孝惠子之，立以为后及诸王[367]，以强吕氏[368]。今皆已夷灭诸吕，而所立即长[369]，用事[370]，吾属无类矣[371]！不如视诸王[372]最贤者立之。"或言[373]："齐王[374]，高帝长孙，可立也。"大臣皆曰："吕氏以外家恶[375]，而几危宗庙、乱功臣[376]。今齐王舅驷钧，虎而冠[377]。即立齐王[378]，复为吕氏[379]矣。代王[380]方今高帝见子最长[381]，仁孝宽厚。太后家薄氏谨良[382]。且立长固顺，况以仁孝闻天下乎！"乃相与共阴使人召代王[383]。

代王问左右，郎中令张武等曰："汉大臣皆故高帝时大将，习兵，多谋诈。此其属意[384]非止此[385]也，特畏高帝、吕太后威耳[386]。今已诛诸

朱虚侯已经杀死了吕产，皇帝派谒者手持符节前来慰劳朱虚侯刘章。朱虚侯就想夺取谒者手中的符节，谒者不肯将符节交给他。朱虚侯就登上谒者的车子，与他同车共载，利用谒者手中的符节在宫廷中驰走，杀死了长乐宫的卫尉吕更始。然后出宫后，飞快地赶往北军报告给太尉周勃。周勃站起来向朱虚侯刘章祝贺胜利，朱虚侯刘章说："最担心的只有吕产，如今吕产已经被除掉，天下大势已成定局了！"于是派人分别去捉拿诸吕氏，不论男女老少，全部杀掉。九月十一日辛酉，抓获了吕禄并将他杀死，吕媭也被乱棍打死。又派人杀死了燕王吕通，废掉了鲁王张偃。十八日戊辰，将济川王刘太改封为梁王。派朱虚侯刘章将已经诛灭诸吕的情况通报给齐王刘襄，让他罢兵。

灌婴驻军于荥阳，听说是魏勃劝说齐王刘襄起兵诛杀诸吕，就派使者将魏勃召来责问。魏勃回答说："家里失了火，哪里还顾得上先请示家长，然后再去救火呢？"说完就退后站立，两腿发抖，显示出一副因恐惧而不能言辞的样子，始终没有再说别的话。灌婴盯住他看了半天，最后笑着说："人们都说魏勃勇敢，今天看来不过是个庸才罢了，能有什么作为！"于是便将魏勃放回齐国。灌婴也从荥阳罢兵返回长安。

班固称赞说："孝文帝的时候，天下人都认为郦寄出卖了朋友。所谓的出卖朋友，是指那些见利忘义的人。像郦寄，他的父亲郦商是开国功臣，又被人劫持，即使是因为他才摧毁了吕禄，但安定了国家，从出于救君、救父的大节来看，郦寄这样做也是可以的。"

诸大臣暗中商议说："少帝和梁王刘太、淮阳王刘武、恒山王刘朝，都不是孝惠帝的亲儿子，是吕后将别人的孩子抱入宫中，又将孩子的生母杀死，然后冒充孝惠帝的儿子进行抚养，并将这些孩子或是立为皇帝或是封为诸侯王，以加强吕氏的势力。现在诸吕已经被全部灭掉，而吕氏所立的皇帝、所封的诸侯王将来长大后掌握了权力，我们这些人就都将被他们灭门！不如在诸侯王中选择一个最贤能的人立为皇帝。"有人说："齐王是高帝的长孙，可以立为皇帝。"其他大臣都说："吕氏就因为是皇家的外戚，心性险恶，几乎颠覆了刘氏建立起来的国家政权，扰乱了功臣。如今齐王的舅舅驷钧，就像是一个戴着帽子的老虎，如果立齐王做了皇帝，就等于是又出了一个吕氏。代王刘恒，在高皇帝现存儿子中年纪最大，而且为人仁慈孝敬、待人宽厚。他的母家薄氏一向谨慎善良。而且立长子也名正言顺，更何况他是以仁慈、孝敬而闻名天下呢！"大家全都赞同立代王刘恒为帝，于是秘密派人前往代地迎接代王刘恒进京。

代王就进京之事征求身边人的意见，郎中令张武等人都说："现在朝中的大臣都是已故高皇帝手下的大将，他们熟习兵法，又长于谋略。他们这些人的志向绝不止满足于现在的为将、为相，只是因为惧怕高皇帝和吕后的威势才不敢有所行动。如

吕，新喋血[387]京师，此以迎大王为名，实不可信。愿大王称疾毋往，以观其变。”中尉宋昌进曰：“群臣之议皆非也。夫秦失其政，诸侯、豪杰并起，人人自以为得之[388]者，以万数，然卒践天子之位者，刘氏也，天下绝望[389]，一矣。高帝封王子弟，地犬牙相制[390]，此所谓磐石之宗[391]也，天下服其强，二矣。汉兴，除秦苛政，约法令[392]，施德惠，人人自安，难动摇，三矣。夫以吕太后之严[393]，立诸吕为三王[394]，擅权专制。然而太尉以一节[395]入北军，一呼，士皆左袒为刘氏，叛诸吕，卒以灭之。此乃天授，非人力也[396]。今大臣虽欲为变，百姓弗为使[397]，其党宁能专一邪[398]？方今内有朱虚、东牟[399]之亲，外畏吴、楚、淮阳、琅邪、齐、代[400]之强。方今高帝子独淮南王与大王。大王又长，贤圣仁孝闻于天下，故大臣因[401]天下之心，而欲迎立大王。大王勿疑也[402]！”

代王报太后[403]计之，犹豫未定。卜之，兆得大横[404]，占[405]曰：“大横庚庚[406]，余为天王，夏启以光[407]。”代王曰：“寡人固已为王矣，又何王？”卜人[408]曰：“所谓天王者，乃天子也。”于是代王遣太后弟薄昭往见绛侯[409]，绛侯等具为昭言所以迎立王意。薄昭还报曰：“信矣，毋可疑者[410]。”代王乃笑谓宋昌曰：“果如公言。”

乃命宋昌参乘[411]，张武等六人乘传[412]，从诣长安。至高陵[413]休止，而使宋昌先驰之长安观变[414]。昌至渭桥[415]，丞相[416]以下皆迎。昌还报。代王驰至渭桥，群臣拜谒称臣，代王下车答拜。太尉勃进曰：“愿请间[417]。”宋昌曰：“所言公，公言之；所言私，王者无私[418]。”太尉乃跪上天子玺符。代王谢曰：“至代邸而议之[419]。”

后九月[420]己酉晦[421]，代王至长安，舍代邸，群臣从至邸。丞相陈

今已经诛灭诸吕，京城已经是鲜血遍地，现在只是以迎接大王回京为借口，其实是居心叵测不可相信。希望大王您假装有病不要前往，就在这里静观事态的发展变化。”中尉宋昌近前说：“他们这些人的意见都是不对的。秦国失掉了它的政权，各路英雄豪杰纷纷举事，人人都以为自己可以夺取天下，有这种想法的人成千上万，然而最终登上皇帝宝座的人只有刘氏，其他人因此而不再抱有这种幻想，这是第一点。汉高帝将子弟大量封王，这些封国与直接属于朝廷的郡县之间像犬牙一样交错，互相牵制，大臣们想造反也是造不成的，所以整个国家政权就像磐石一样稳固，天下之人无不佩服汉朝的强大，这是第二点。汉朝建国以后，废除了秦朝的暴政，精简法令条文，广施恩惠，因此人心稳定，政权很难动摇，这是第三点。吕后凭借自己的威势，封了三个吕姓诸侯王，吕氏于是专擅国柄，独断专行。然而太尉周勃仅凭一个符节就得以进入北军，他振臂一呼，将士们就全都袒露左臂归附刘氏，背叛了吕氏，最终灭掉吕氏。这都是上天的安排，不是靠人力能够做到的。现在即使大臣想要叛乱，百姓也不会被他们所利用，再说，他们内部就能铁板一块吗？如今在朝中有朱虚侯刘章、东牟侯刘兴居这样的亲属，外部他们畏惧吴国、楚国、淮阳国、琅邪国、齐国、代国的强大。如今高皇帝的儿子中只有淮南王与大王两个人在世。大王又年长，您的贤能圣明、仁慈孝敬早就闻名于天下，所以朝中大臣顺应民意，而来迎接大王即皇帝位。大王不要心存疑虑！”

代王刘恒请自己的母亲薄太后拿主意，薄太后也是犹豫不决。于是请人烧龟甲占卜吉凶，龟甲上显示了一个很大的横纹，爻辞是：“大横鲜明，预示我将要继位做天王，能像夏启那样光大先帝的事业。”代王刘恒说：“我已经是代王了，还做什么王？”占卜的人说：“这里所说的天王，是指皇帝啊。”于是代王刘恒就派薄太后的弟弟、自己的舅父薄昭到长安去见绛侯周勃，绛侯周勃等人就把迎立代王的意思详细地对薄昭讲了一遍。薄昭回来向代王刘恒报告说：“果然是请您入朝为帝，没有什么可怀疑的。”代王刘恒这才高兴地对宋昌说：“果然像你所说的那样。”

代王刘恒便命宋昌陪同自己乘坐同一辆车子，张武等六个人乘坐驿站的马车，跟随自己前往长安。一行人走到高陵县的时候停了下来，代王刘恒派宋昌先到长安观察事态的变化。宋昌到达渭水桥，丞相以下的大小官员全都前来迎接。宋昌赶紧回到高陵向代王刘恒报告。代王刘恒这才放心大胆地驱车来到渭水桥边，群臣全都上前跪拜，向他称臣，代王刘恒赶紧下车还礼。太尉周勃上前对代王说：“希望单独和您谈谈。”宋昌说：“如果您所说的是公事，就请当着众人明说；如果是私事，行王道者没有什么见不得人的事。”太尉周勃赶紧跪下，把天子玉玺、符节呈献给代王刘恒。代王刘恒推辞说：“等我回到代国在京师的府邸再商议这件事。”

闰九月最后一天二十九日己酉，代王刘恒进入长安，住在代国的府邸，群臣也

平等皆再拜言曰："子弘等⁽⁴²²⁾皆非孝惠帝[4]子⁽⁴²³⁾，不当奉宗庙⁽⁴²⁴⁾。大王，高帝长子⁽⁴²⁵⁾，宜为嗣⁽⁴²⁶⁾。愿大王即天子位。"代王西乡让者三，南乡让者再⁽⁴²⁷⁾，遂即天子位。群臣以礼次侍⁽⁴²⁸⁾。

东牟侯兴居⁽⁴²⁹⁾曰："诛吕氏，臣无功，请得除宫⁽⁴³⁰⁾。"乃与太仆汝阴侯滕公⁽⁴³¹⁾入宫。前谓少帝曰："足下非刘氏子，不当立⁽⁴³²⁾。"乃顾麾⁽⁴³³⁾左右执戟者掊兵罢去⁽⁴³⁴⁾。有数人不肯去兵，宦者令张释⁽⁴³⁵⁾谕告，亦去兵。滕公乃召乘舆⁽⁴³⁶⁾，车载少帝出。少帝曰："欲将我安之⁽⁴³⁷⁾乎?"滕公曰："出就舍⁽⁴³⁸⁾。"舍少府⁽⁴³⁹⁾。

乃奉天子法驾⁽⁴⁴⁰⁾，迎代王于邸，报曰："宫谨除⁽⁴⁴¹⁾。"代王即夕⁽⁴⁴²⁾入未央宫⁽⁴⁴³⁾。有谒者⁽⁴⁴⁴⁾十人持戟卫端门⁽⁴⁴⁵⁾，曰："天子在也，足下何为者而入⁽⁴⁴⁶⁾!"代王乃谓太尉，太尉往谕，谒者十人皆掊兵而去，代王遂入。夜拜宋昌为卫将军⁽⁴⁴⁷⁾，镇抚南、北军⁽⁴⁴⁸⁾。以张武为郎中令⁽⁴⁴⁹⁾，行殿中⁽⁴⁵⁰⁾。有司⁽⁴⁵¹⁾分部诛灭梁、淮阳、恒山王及少帝于邸⁽⁴⁵²⁾。文帝还坐前殿，夜下诏书赦天下⁽⁴⁵³⁾。

【段旨】

以上为第二段，写吕后于其在位的第八年（公元前一八〇年）病死，尽管她生前极力安排，以防刘氏与大臣生变，但由于诸吕无能，结果还是因刘襄起兵于外，灌婴于荥阳倒戈，周勃、陈平借助刘章之力趁机发动政变，遂一举消灭诸吕，迎立刘恒为帝事。

【注释】

⁽²¹⁸⁾十月辛丑：十月十六。⁽²¹⁹⁾吕肃王：即吕台，肃字是谥。⁽²²⁰⁾东平侯通：吕通，吕台之子，前此被封为东平侯。⁽²²¹⁾东平侯：封地东平县，县治在今山东东平。⁽²²²⁾祓：祈求免祸去灾的祭祀。⁽²²³⁾还过轵道：回来时经过轵道亭。泷川曰："《汉书·五行志》作'祓霸上还'。"轵道，古亭名，在当时长安城的东面，在长安与霸上之间。⁽²²⁴⁾见物如苍犬：见到一个类似"苍犬"的精灵。物，汉人用以称人所难以认知的怪物。⁽²²⁵⁾撖太后掖：向着

都跟随着来到代王府邸。丞相陈平等大臣再次跪倒在地请求说："现在的皇帝刘弘等人都不是孝惠帝的亲生儿子，不应当继承皇位、奉祀宗庙。大王您是高皇帝现存儿子中年龄最大的，理应由您继承帝位。就请大王即天子位。"代王面向西推让再三，又面向南谦让了两次，这才答应下来，正式登上天子宝座，成为大汉天子，就是汉文帝。群臣也都按照君臣之礼依次站立。

东牟侯刘兴居说："诛灭吕氏，我没有什么功劳，就让我来为您去清理一下皇宫吧。"便与担任太仆的汝阴侯滕公夏侯婴一同入宫。他走到少帝面前说："你不是刘氏子孙，不应当做皇帝。"说完，就回过头来挥手示意旁边持戟的皇宫卫士放下手中的兵器离开皇宫。有几个人不肯放下兵器，宦者令张释劝说他们服从，这几个人也放下了兵器。滕公招呼人用乘舆把少帝送出皇宫。少帝问："想要把我送到哪里去呀？"滕公说："到皇宫外头去住。"于是把少帝安置在少府的官署中暂住。

这才排出天子仪仗，到代王府邸迎接代王，并报告说："皇宫已经认真清理过了。"当天晚上，代王进入未央宫。当时还有十几个谒者持戟守卫着端门，看见代王，说："天子在宫中，你是干什么的竟敢入宫！"代王刘恒将此事告诉太尉周勃，太尉周勃上前吩咐，这十几个谒者才放下手中的兵器离去，代王于是进入皇宫。当天夜里就封宋昌为卫将军，负责统领南北两军。任命张武为郎中令，负责在宫中巡视。有关部门分别派人到梁王刘太、淮阳王刘武、恒山王刘朝以及少帝刘弘所住的官邸将他们全部杀死。汉文帝从后宫来到金銮殿上，当夜就颁布诏书，大赦天下。

吕后的腋下撞击。撠，撞击。掖，通"腋"。㉖卜之：请人予以占卜，看是何等吉凶。㉗云赵王如意为祟：祟，古称神鬼作怪以害人。〖按〗吕后多行不义，亦如《红楼梦》中凤姐之人生最后阶段，畏神畏鬼，整日陷于栖栖惶惶之中。㉘遂病掖伤：意即遂因腋部受伤而患病。吴见思曰："写得与彭生一样，冥报之说自古有之，不必辨其果否。"〖按〗彭生的鬼魂报仇齐襄公事，见《左传》庄公八年。㉙鲁王偃：张偃，张敖与鲁元公主之子，此时为鲁王。㉚四月丁酉：四月十四。㉛张敖前姬两子：张敖在娶鲁元公主之前与其姬妾所生的两个儿子。㉜侈为新都侯：张侈为新都侯。梁玉绳曰："《史》《汉》表并作'信都'，此作'新都'，误也。"信都，汉县名，即今河北衡水市冀州区。㉝寿为乐昌侯：封地乐昌，在今河南南乐。㉞辅：辅佐；辅助。㉟中大谒者：即大谒者，为帝王主管收发传达及赞礼等。这里加一"中"字，更表明此人是宦者。㊱建陵侯：封地建陵县，县治在今江苏新沂城南。㊲劝王诸吕：劝吕后封诸吕为王。㊳上将军：汉初以来无此固定官职，此亦特加任命，令其居诸将之上而已。㊴居北军：居于北军而统领之。居，统

领。㉔⓪吕王产居南军：梁玉绳曰，“吕产之将南军当在七年封刘泽琅邪王时，盖泽将南军者也，泽就国琅邪，必以产代将矣。吕禄之将北军当在二年吕台死后，盖台将北军者也，台死而禄必继之矣。《汉书·外戚传》与此同误。《高后纪》又书禄为上将军于七年，亦误”。㉔①据兵卫宫：以便挟天子以令诸侯。㉔②辛巳：七月三十日。㉔③以吕王产为相国：汉初设相国一人，萧何任之；萧何死，曹参任之；曹参死，乃命王陵为右丞相，陈平为左丞相，于是一人任相国之制始改。今已有陈平为右丞相，审食其为左丞相，乃忽又遗诏以吕产为“相国”，则吕后抛开陈平等，独任吕产之意甚明。㉔④以吕禄女为帝后：为第二个小傀儡皇帝做皇后，以加强控制。梁玉绳曰：“禄女为后当在四年少帝宏即位之时，《汉书·外戚传》可证，此叙于高后死后，亦误也。”㉔⑤高后已葬：吕后墓在今陕西咸阳城东二十多公里处，在刘邦墓长陵的东南侧。正所谓“山各一所”，或者称作“同茔不同墓”。㉔⑥以左丞相审食其为帝太傅：据此益知左、右丞相已被废除，审食其是吕氏亲信，故特意将其重加安置；陈平尽管极意讨好，但仍不受信任，此其日后转而反吕的关键原因。㉔⑦诸吕欲为乱：此周勃、陈平等所强加罪名，无事实。郭嵩焘曰：“吕后以南、北军属之吕产、吕禄，使据兵自固，以无为人所制而已，产、禄庸才，并所将兵亦解以属之太尉，是岂欲为乱者？史公以周勃除诸吕，特重吕氏之罪，以疑似被之名耳。”㉔⑧绛、灌：绛侯周勃与颍阴侯灌婴，皆刘邦的开国功臣。事迹详见《史记·绛侯周勃世家》《樊郦滕灌列传》。泷川曰：“绛侯周勃，其不称姓者，以汉初功臣多周姓也。”〖按〗如周昌、周灶、周定等。㉔⑨故知其谋：谓刘章阴知诸吕欲“为乱”之谋。㉕⓪齐王：齐哀王刘襄，刘邦的私生子刘肥之子，继其父位为齐王。㉕①郎中令祝午：齐国的郎中令姓祝名午。郎中令是为帝王掌管宫中诸事、统领帝王侍卫、看守宫廷门户的官员，照例为帝王亲信。㉕②中尉魏勃：齐国的中尉魏勃。诸侯国的中尉是主管该国军事的官员。㉕③齐相召平弗听：齐国的丞相召平不同意、不答应。当时各诸侯国的丞相都由朝廷委派，代表朝廷利益，对朝廷负责。召平，秦汉之际名“召平”者有三人，其一见于《史记·陈涉世家》，为起义军将领；其二见于《史记·萧相国世家》，乃秦朝的东陵侯，秦亡后曾给萧何筹谋划策；其三即此齐国之相。㉕④八月丙午：八月二十五。㉕⑤乃发卒卫王宫：名为“保卫”，实乃将其围困。㉕⑥绐：哄骗。㉕⑦非有汉虎符验：没有汉王朝中央的虎符作为凭证，意即他根本调不了兵，造不成反。虎符，朝廷调兵的印信，用铜做成虎形，中分为二，一半存于朝廷，一半在统兵的将领之手。没有朝廷的使者持那一半兵符前来，统兵的将领无权调动军队。验，凭证。㉕⑧相君围王固善：您现在把他围困起来，的确是很好的。㉕⑨勃请为君将兵卫王：我愿意替您领兵围困着他。㉖⓪内史：诸侯国的内史主管该国民政，秩二千石。㉖①诈：哄骗。㉖②琅邪王：刘泽，其所封王之地原乃齐国的一个郡，故齐王发兵伊始，即欲将其夺回。㉖③诛：讨；讨伐。㉖④自以年少：刘襄与刘泽按辈分说，是孙子辈，故以“小孩子”自称。㉖⑤愿举国委大王：愿把整个国家的军队都交给您指挥。委，托付。㉖⑥自高帝将：自高帝时已为将军。㉖⑦幸之临淄：希望您前往临淄。之，往。临淄，当时齐国的都城，即今山东淄博市临淄区。268 留：扣留。269 尽发琅邪国兵：将琅邪国的全部兵员通通调集出来。270 并将之：将齐国与琅邪国的军队一并统领起来。此三字的主语是“齐王”。271 适长孙：嫡子所生的长孙。〖按〗此刘泽故意哄着刘襄高兴才这么说，其实刘襄之父刘肥顶多只能说是刘邦的庶子。272 当立：理应继位为皇帝。273 于刘氏最为长年：在刘氏家族现存的男人中最为年长。274 待泽决计：等着我去一道商量拥立谁。275 大王留臣无为也：您把我留在这里没有用处。276 入关：入函谷关，这里指入朝。277 乃益具车送琅邪王：吴见思曰，“齐王诈琅邪王，只‘高帝将也’一句；琅邪诈齐王，只‘高帝嫡长孙’一句，投入其心，安得不听。两边权术相照”。史珥曰：“齐王使祝午诈琅邪王，与成祖诈大宁同，然成祖能挟大宁制其死命，而齐王惑于‘当立’之言，使琅邪入长安，诈人者复诈于人矣。”益具车，更多地安排了一些车马。278 西攻济南：济南地区原是齐国的一个郡，吕后将其改为济川国，故刘襄起兵伊始也要将其夺回。279 遗诸侯王书二句：遗，给；分送。〖按〗此“遗诸侯王书”即通常之所谓檄文。其原文见于《史记》之《吕太后本纪》与《齐悼惠王世家》。凌稚隆称“此书词严义正，与高祖约诸侯‘击楚之杀义帝者’同例”。280 遣颍阴侯灌婴将兵击之：此时灌婴必亦伪装效忠于吕氏者。伪装忠于吕氏，而无助诸吕擅权，日后又能为诛诸吕建大功者，唯灌婴其人，陈平、周勃不足数。281 荥阳：汉县名，历来为军事要地，即今河南荥阳东北之古荥镇。282 益吕氏之资：为吕氏增添篡国的资本。益，增添。283 使使谕齐王及诸侯二句：朝廷诸臣最先脱离吕氏而转向诸侯者为灌婴。284 待吕氏变二句：等待吕氏篡国为乱，再名正言顺地讨伐之。锺惺曰：“此最是诛吕安刘先着，其得力在平、勃、朱虚之前，吕氏之败，败于灌婴牵制耳。文帝即位行赏先论灌婴合谋功，而后及平、勃、朱虚等，得之矣。”285 还兵西界：回兵驻扎于齐国的西部边界。286 惮：畏惧。287 齐楚兵：齐哀王刘襄与楚元王刘交的兵马。楚，刘邦之同父异母弟刘交的封国，都彭城（今江苏徐州）。288 合：谓合战、交兵，盖此时诸吕尚不知灌婴已与齐兵联合。289 济川王太、淮阳王武、常山王朝：皆惠帝后宫子。290 鲁王张偃：张敖之子，鲁元公主所生。291 未之国：未到封国上任。之，到、前往。凡被封王、封侯者照例都应到自己的封地上去。292 皆吕氏之人：此句的意思欠明晰，谓朝廷之上乎？谓南北军中乎？就下文看，此句上似应增“朝廷握权者”五字读。293 莫自坚其命：对自己的死活都心中无数。自坚，自保、自信。294 太尉绛侯勃：绛侯周勃，时为太尉之职，但已被吕后架空。太尉是“三公”之一，执掌全国军事。295 曲周侯郦商：刘邦的开国功臣，郦食其之弟，以功封曲周侯。事见《史记·樊郦滕灌列传》。296 其子寄：郦寄，字况（同“况”）。297 劫：挟持以为人质。298 绐说：用假话劝说人。绐，骗。299 刘氏所立九王：似应曰“所立刘氏九王”，即吴王刘濞、楚王刘交、齐王刘肥、淮南王刘长、琅邪王刘泽、代王刘恒、常山王刘朝、淮阳王刘武、济川王刘太。300 吕氏所立三王：似应曰“所立吕氏三王”，即梁王吕产、赵王吕禄、燕王吕通。301 之国守藩：离开京城到自己的封地上去，为朝廷做屏障。藩，指诸侯封国，古称诸侯之国为天子的藩篱屏障。302 以兵属太尉：把兵权交给周勃。属，给。⑳请梁王归相国印二句：意即让吕产辞去相国之职，以取得大臣信任，而后也离开京城到自己的封地上去。盟，盟誓以取信。㉔信然其计：相信并赞同郦寄的说法。郭嵩焘曰："史公于此写尽吕氏庸才，意在容身保位而已，岂能为乱者？"㉕若：尔；汝。㉖弃军：离开军队。㉗吕氏今无处：我们吕家将永无存身之处。今，将；立刻就要。无处，无地可居，实即被消灭、被杀光。㉘毋为他人守也：没必要再为别人保管这些东西。锺惺曰："吕后部署后事如此，虽百郦寄何为哉？及寄给禄归将印，吕媭闻之大怒曰：'若为将而弃军，吕氏无处矣'，与吕后意正合。吕氏独有两女子，禄、产辈奴耳。吕雉死后，诸吕中有一人如媭者，汉危矣哉。媭之雄略，胜吕氏数王耳。"㉙九月庚申旦：九月初十的清晨。㉚平阳侯窋：曹窋，曹参的儿子，袭其父爵为平阳侯。㉛行御史大夫事：正在代理御史大夫的职位。行，代理。御史大夫，官名，汉代的"三公"之一，主管监察、弹劾。㉜贾寿：据下文看应是吕氏一党。㉝使从齐来：刚从齐国出使回来。使，出使、出差。㉞数产：责备吕产。数，埋怨、责备。㉟不早之国：当初不及早离开京城前往封地。㊱合从：这里指联合。从，通"纵"。㊲趣产急入宫：催促吕产赶紧入宫拥兵自卫，及控制皇帝以发号施令。趣，通"促"。㊳驰告丞相太尉：赶紧报告给了丞相陈平与太尉周勃。㊴太尉欲入北军：北军较南军势大，控制北军即可控制京城局面，因此太尉首先谋入北军。吴仁杰曰："汉之兵制，常以北军为重，周勃一入北军，而吕产辈束手被戮；戾太子不得北军之助，而卒败于丞相之兵，两军之势大略可睹。"㊵襄平侯纪通：刘邦功臣纪成之子。纪成死事于收复三秦之役，故封其子通为襄平侯。事见《史记·高祖功臣侯者年表》。㊶尚符节：为皇帝掌管兵符印信。尚，主管。符节，古代用竹、木或金属制成的用以为信验的器物。胡三省曰："汉之节，即古之旌节也。以竹为之，柄长八尺，以牦牛尾为之毦，三重。此汉制也。"㊷矫内太尉北军：假传皇帝的命令使守卫军门者放周勃进入北军。〖按〗这是纪通为周勃预备的一个"通行证"。㊸典客：官名，主管诸侯及少数民族事务，后来改称"大鸿胪"。㊹守北军：掌管北军。守，临时掌管。㊺以为郦况不欺己：以为郦寄不会欺骗自己。欺，哄骗。㊻解印属典客：摘下自己所佩的掌管北军的印信，交给了典客刘揭。㊼为吕氏右袒二句：袒，露出臂膀。〖按〗此处所云"左袒""右袒"者，乃一种激励、鼓舞军心的手段，有人引证古礼详辨"左""右"之分，恐亦过于穿凿。㊽太尉遂将北军：陈子龙曰，"凡定内变必须得禁军，观唐太子重俊之所以败，玄宗之所以胜，皆在此，甘露之败亦如是也"。㊾监军门：监守北军的军门。㊿卫尉：官名，主管防卫宫廷，为汉代的"九卿"之一。〖按〗汉初卫尉有二，一为长乐宫卫尉，一为未央宫卫尉，品级相同。此处乃指未央宫卫尉。㉛毋入相国产殿门：不要让相国吕产进入未央宫殿门。茅坤曰："恐其从中矫制为乱也，须安宫中而后可以制外。"㉜已去北军：已离北军而去。㉝乃入未央宫二句：郭嵩焘曰，"吕禄已去北军，吕产又去南军而入未央宫，一卫尉拒之有余，而云'入未央宫欲为乱'，则所欲为乱者何也？其实'为乱'之形迹，初无可征也"。㉞平阳侯恐弗胜二句：泷川曰，"'恐弗胜'三个字疑衍,《汉书》无"。〖按〗泷川说是。㉟未敢公言诛之:没敢明确地说要将吕产杀掉。公言,公开、明确说。㊱急入宫卫帝:凌稚隆引余有丁曰:"本以诛产,而曰'卫帝',是'未敢公言诛之'也。"史珥曰:"太尉遣朱虚侯'急入宫卫帝',仓卒中见识力,观东汉之季及唐甘露之变,乃知绛侯此着为高。"㊲日餔时:犹言下午时分。餔,《汉书》作"晡"。晡,日申时也,相当于今之下午三点至五点。餔,申时食也,汉时每天吃两顿饭。㊳郎中府:郎中令的官府。郎中令掌管宫殿门户,故殿门外有其官府。㊴帝命谒者持节劳朱虚侯:此时宫外都发生了什么事情,宫中尚未得知。谒者,帝王的侍从官员,为帝王主管收发传达以及赞礼等。劳,慰问,盖小皇帝亦畏惧刘章。㊵从与载:谓登上谒者之车,与之同车共载。㊶因节信驰走:借着谒者手中的旌节,故可于宫廷禁地间驰走无阻。因节信,师古曰:"因谒者所持之节,用为信也,章与谒者同车,故为门者所信,得入长乐宫。"吴见思曰:"写朱虚灵变迅捷,大是妙人。"㊷斩长乐卫尉吕更始:刘章适才斩吕产于未央宫,现又驰至长乐宫斩了卫尉吕更始,其气力才干的确惊人,周勃、陈平之所以获得成功,关键在于刘章。㊸所患独吕产三句:因其身为相国,且又掌握南军,关系至巨,故云。〖按〗据《史记·吕太后本纪》,此三句乃是周勃向刘章致谢时所说,今司马光乃改为刘章所说,于情理、身份都不合适。㊹分部:分块;分片。㊺无少长皆斩之:足见两派的仇恨之深,与周勃、陈平诸人的手段之绝。㊻辛酉:九月十一,杀掉吕产的第二天。㊼笞杀:用棍棒竹板将人打死。㊽戊辰:九月十八。㊾徙济川王王梁:济川国原名"吕国",乃吕后割齐国的济南郡而设立,今吕氏已败,故须将其归还齐国。㊿本教齐王举兵:"本"字的意思是最早、最坚决。〖按〗《史记》于此句称"本教齐王反",用字甚谬。(351)责问之:责问其为何擅自起兵。(352)岂暇先言丈人二句:丈人,家长;一家之主。《史记索隐》曰:"谓救火之急,不暇先启家长也。亦犹国家有难,不暇待诏命也。"(353)因退立四句:史珥曰,"批隙导窾,一言已足,是岂'股战而栗'者所能?勃盖知婴忌己之勇,故饰诈以脱祸耳"。吴见思曰:"'终无他语'更妙。"(354)妄庸:荒唐、平庸。(355)乃罢魏勃:《史记索隐》曰,"谓不罪而放遣之"。中井曰:"魏勃亦宜言:'非刘氏而王者,天下共击之',是高皇帝之约,臣劝齐王,谨奉高皇帝之约也,非教反矣。然勃之免死,以怯也。即直对不屈,或速罪也。"(356)班固赞曰:以下班固赞语见《汉书·樊郦滕灌傅靳周传》。(357)卖友:出卖朋友,指利用吕禄对他的信任,劝诱吕禄交出兵权,致使吕禄被周勃等所杀事。〖按〗此语原见于《史记·樊郦滕灌列传》,有所谓"天下称郦寄卖交也"。(358)夫:语气词。(359)见利而忘义:即见利忘义。(360)执劫:被周勃等所劫持。意即郦寄之"卖交"乃为了救父,是出于不得已。(361)虽:即使。(362)安社稷:稳定国家政权。(363)谊存君亲:为了救君救父的大节。谊,同"义",大义。君亲,皇帝、父亲。(364)相与阴谋:暗中商量。(365)少帝及梁淮阳恒山王二句:何焯曰:"'少帝非刘氏',乃大臣既诛诸吕,从而为之辞。"王先谦引周寿昌曰:"前后有两'少帝',前之'少帝'即后宫美人子,于高后四年幽死;后之'少帝'为恒山王弘也,亦明前幽死之'少帝'实为孝惠帝子也。"〖按〗周勃、陈平对凡与吕氏有亲缘者，诛之唯恐不尽，故连惠帝子亦不放过。㊱诈名他人子：抱取他人子假说以为己子。㊲立以为后及诸王：有的被立为皇帝，有的被封为诸侯王。㊳以强吕氏：目的就是为了加强吕氏一党的势力。㊴所立即长：吕氏所立的小皇帝一旦长大。即，若。㊵用事：掌管实权。㊶吾属无类矣：我们这些人就都将被他们灭门了。无类，绝种、全族被杀光。㊷诸王：刘氏家族现有的诸侯王。㊸或言：有人说。㊹齐王：齐哀王刘襄。㊺吕氏以外家恶：诸吕作为皇家的外戚，心性险恶。外家，外戚之家。㊻而几危宗庙乱功臣：所谓"乱功臣"才是周勃、陈平等所最痛心疾首的事。㊼虎而冠：是一只戴着人帽子的老虎。㊽即立齐王：如果立齐王为皇帝。即，若。㊾复为吕氏：意谓驷钧家族将又成为一伙新的"吕氏"。㊿代王：刘恒，刘邦之子，薄后所生。(381)高帝见子最长：在高帝现存的儿子中年龄最长。见，同"现"。(382)太后家薄氏谨良：徐孚远曰，"薄昭后杀汉使者，亦不为'谨良'也。大臣以齐王起兵，英气难测，又刘泽怨之，故申代屈齐也"。(383)乃相与共阴使人召代王：阴使，暗中派遣。恐他人闻之生变，故一切都是暗箱操作。又，周勃、陈平等灭诸吕后，故意不立刘襄为帝，企图立一个生性软弱的，以便他们控制，结果误挑了正在"韬晦"中的代王刘恒。(384)此其属意：这些人的用心。属意，用心所在。(385)非止此：指不满足于为列侯、为将相，都还有更大的阴谋，即图谋称帝。(386)特畏高帝、吕太后威耳：意谓他们当初之所以不敢造反，是因为害怕高皇帝与吕后的威严。(387)喋血：践血而行，极言流血之多。喋，同"蹀"。师古曰："本字当作'蹀'，谓履涉之耳。"(388)自以为得之：谁都认为自己可以做皇帝。(389)天下绝望：指起义群雄都对刘邦心服，自己不再存有奢想。(390)地犬牙相制：指高祖子弟的封国与中央直属的郡县犬牙交错，紧相控制，大臣们想造反是造不成的。(391)磐石之宗：像磐石一样稳固的宗法统治。〖按〗刘邦建国初期广建子弟，是为了用以对付功臣异姓；几十年后，刘氏诸王遂又成了让贾谊"痛哭"的问题，直至吴、楚七国造反，竟都是刘邦子侄的后代，真是十年河东，十年河西。(392)约法令：精减法律条文。约，减、省。刘邦刚入咸阳时有所谓"约法三章"，即此类。(393)严：威风；威望。(394)立诸吕为三王：时吕产为梁王、吕禄为赵王、吕通为燕王，三人皆吕后之侄。(395)以一节：就凭着纪通所给他的那个旌节。(396)此乃天授二句：《史记》之《留侯世家》中张良称刘邦有所谓"沛公殆天授"，《淮阴侯列传》韩信谓刘邦有所谓"陛下所谓天授，非人力也"，盖当时即有此语，今宋昌又引之以称刘氏。(397)弗为使：不会听他们的使唤。(398)其党宁能专一邪：他们的内部就能铁板一块吗。或谓，凭他们就能把天下人聚集在一起吗。(399)朱虚、东牟：朱虚侯刘章、东牟侯刘兴居，二人皆刘恒之侄，当时都在长安。(400)吴、楚、淮阳、琅邪、齐、代：都是刘邦的兄弟子侄所占据的诸侯国。吴，吴王刘濞，刘邦之侄，都广陵（今江苏扬州）。楚，楚王刘交，刘邦之弟，都彭城（今江苏徐州）。淮阳，淮阳王刘长，刘邦之子，都寿春（今安徽寿县）。琅邪，琅邪王刘泽，刘邦之同族，都东武（今山东诸城）。齐，齐王刘襄，刘邦长男刘肥之子，刘章之兄，都临淄。代，刘恒的封国，都中都（今山西平遥西南）。(401)因：

顺从。㊷ 大王勿疑也：凌稚隆曰，“诸吕既诛，人心已定，安可毋往？张武其过虑哉。宋昌三说灼见时事，亦有识之士矣”。吴见思曰：“前列三段，后用四转，事理明透，笔墨干净。”㊸ 太后：刘恒之母薄氏。事迹详见《史记·外戚世家》。㊹ 兆得大横：师古引应劭曰：“龟曰兆，筮曰卦，卜以荆灼龟，文正横也。”兆，指龟壳上显示的征象。中井曰：“大横是卜兆之名，犹筮之卦名。”㊺ 占：爻辞。㊻ 庚庚：鲜明、显豁的样子，以形容龟壳上的横文。㊼ 夏启以光：夏启继父之位，能光大禹之事业。师古引张晏曰：“夏启能光先君之业，文帝亦袭父迹，言似启也。”㊽ 卜人：陈直曰，“当即太常属官之太卜令，汉初王国设官皆如汉朝，非一般占卜之人”。㊾ 遣太后弟薄昭往见绛侯：徐孚远曰，“遣薄昭往见太尉，非但察迎立之情，亦以自托于大臣也”。㊿ 信矣二句：果然是请您入朝为帝，没有什么可怀疑的。信，果然、的确如此。⑪ 参乘：陪刘恒同乘一辆车，充当警卫之职。⑫ 乘传：乘坐驿站上的驿车。〖按〗据《史记·吕太后本纪》，文帝等进京乃“乘六乘传”。尽管何谓“六乘传”，众人说法不一，但文帝等绝对是乘坐“传车”，可谓无疑。因此对本文的理解，首先是大家都乘“传车”，宋昌之与张武等所不同的，仅在于他是和文帝同乘一辆，为文帝“参乘”而已。⑬ 高陵：即今陕西高陵，在当时的长安城东北。⑭ 使宋昌先驰之长安观变：郭嵩焘曰，“遣薄昭见绛侯，所以观大臣将相之心；又复使宋昌观变，以少帝尚在，虑其事或中变也。写得文帝周详慎重”。⑮ 渭桥：在当时的长安城北三里。长安旧址在今西安西北。⑯ 丞相：指陈平。⑰ 请间：请求个别交谈。间，空隙，即支开众人而谈。⑱ 王者无私：行王道者没有什么见不得人。锺惺曰：“不学之过，惹出宋昌正论。”⑲ 至代邸而议之：谓关于为帝的事情至代邸再议，不必似周勃在此渭桥即献“天子玺符”。代邸，代王在京的官邸。师古曰：“郡国朝宿之舍，在京师者率名邸。邸，至也，言所归至也。”⑳ 后九月：即该年的闰九月，当时的历法凡置闰都在该年的年末。㉑ 己酉晦：后九月的最后一天是己酉日。㉒ 子弘等：现任的小傀儡皇帝刘弘与其他几位被封王的弟兄。子弘，刘弘，惠帝之子，吕后执政时期的第二个小傀儡皇帝。㉓ 皆非孝惠帝子：惠帝的皇后张氏，是惠帝的亲外甥女，鲁元公主所生。张皇后不能生子，抱养过其他妃嫔所生的孩子，谎称自己所生。于是群臣借故诬陷，遂说惠帝后宫的儿子全都不姓刘，从而将其全部诛除。于此可见周勃、陈平等“剪草除根”之狠毒。㉔ 不当奉宗庙：即不能在位称帝，因为只有皇帝才能主持宗庙的祭祀。㉕ 高帝长子：在刘邦现存的两个儿子里刘恒为长。㉖ 宜为嗣：理应做接班人。嗣，继承人、接班人。㉗ 西乡让者三句：乡，通“向”，面向。胡三省曰：“盖王入代邸，而汉廷群臣继至，王以宾主礼接之，故‘西乡’。群臣劝进，王凡三让；群臣遂扶王正南面之位，王又让者再。则‘南乡’，非王之得已也。”王骏图曰：“西乡让三，示不敢居正位也；南向让再，让楚王交及吴王濞也，盖吴、楚地在南。有司劝立太子时，文帝犹以‘楚王季父也，吴王于朕兄也’为辞，可见此时南乡让之意矣。”〖按〗有史以来许多统治者都惯于演戏，文帝如真不想干，则“六乘传”飞速来京又为何事？㉘ 以礼次侍：按照礼仪次序站立。〖按〗《汉书》

无“礼”字，师古曰：“各依职位。”[429] 东牟侯兴居：刘兴居，齐悼惠王之子，齐哀王刘襄与朱虚侯刘章之弟，被封为东牟侯，与其兄刘章同在京城。[430] 请得除宫：请让我替您前去打扫一下宫廷，意即先进宫把在位的小傀儡皇帝赶出宫廷。[431] 汝阴侯滕公：夏侯婴，刘邦的开国功臣，因其曾为滕县县令，故号“滕公”。长期以来任太仆之职，连续为几任皇帝赶车。[432] 足下非刘氏子二句：为除诸吕，而连带惠帝子亦必除尽；为除惠帝子又必须称其为“非刘氏子”，周勃、陈平等亦可谓狠毒之极。[433] 顾麾：回头挥手示意。麾，意思同“挥”。[434] 掊兵罢去：放下武器退下。掊，通“踣”，放下。[435] 宦者令张释：有说即前文出现过的“中大谒者张释”。宦者令，宫廷宦官的头目，上属郎中令。[436] 乘舆：皇帝所乘的车驾。犹言“车驾”。[437] 安之：到哪里去。[438] 出就舍：到外头去住。[439] 舍少府：住在少府的官署里。少府，“九卿”之一，为皇帝私家理财及主管一切为皇家服务的制造业等。[440] 天子法驾：皇帝举行典礼时所乘坐的车驾。《史记集解》引蔡邕曰：“天子有大驾、小驾、法驾。法驾上所乘曰金根车，驾六马。有五时副车，皆驾四马。侍中参乘，属车三十六乘。”吴见思曰：“前诛诸吕一段，雄壮飞动；后又叙此两段，安详容与，以终此篇。”[441] 宫谨除：宫廷已经打扫好了。[442] 即夕：闰九月二十九的当天晚上。[443] 未央宫：也称“西宫”，因其处于长安城的西部而言，是皇帝居住的地方。[444] 谒者：帝王的侍从官员，主管收发传达及赞礼等等。[445] 端门：宫殿的正门。[446] 天子在也二句：梁玉绳曰，“宫既除矣，少帝出矣，而犹曰‘天子在’乎？大臣奉玺立天子矣，又奉天子法驾即位入宫矣，而犹曰‘足下者何为’乎？事不应有，理所必无，此史公载笔之失”。[447] 卫将军：统领帝王的警卫部队，主管帝王的警卫。[448] 镇抚南北军：镇抚，

【原文】

太宗孝文皇帝[454]上

元年（壬戌，公元前一七九年）

冬，十月庚戌[455]，徙琅邪王泽为燕王[456]。封赵幽王子遂[457]为赵王。

陈平谢病[458]，上问之，平曰：“高祖时，勃功不如臣；及诛诸吕，臣功亦不如勃。愿以右丞相让勃[459]。”十一月辛巳[460]，上徙平为左丞相，太尉勃为右丞相，大将军灌婴为太尉[461]。诸吕所夺齐、楚故地[462]，皆复与之[463]。

论[464]诛诸吕功，右丞相勃以下益户[465]、赐金各有差[466]。绛侯朝罢趋

这里指监管、统领。南北军，自古理解不一，有说，北军管护卫京城，南军管护卫宫廷，其他说法参看韩兆琦《史记笺证》之《吕后本纪》注。〖按〗令宋昌镇抚南、北军，既委任自己之亲信，又分去绛侯之权。㊾以张武为郎中令：张武原为代国之郎中令，今乃任为朝廷之郎中令，九卿之一，主管宫殿门户。㊿行殿中：在宫殿中巡逻。泷川曰："入宫即令'抚军''行殿'，疾雷不及掩耳，亦是汉皇驰入夺军之术矣。"董份曰："前'驰至渭桥'，'驰入代邸'，用二'驰'字。此又云'即日夕'，又用二'夜'字，盖变起仓卒，机不容间，事须如此；亦见文帝应变神速，知大计也。"[451]有司：主管该项事务的官员。设官分职，各有所司，故曰有司。司，主管。[452]分部诛灭梁淮阳恒山王及少帝于邸：分部，分片、分批。〖按〗惠帝的儿子遂被统统杀光。郭嵩焘曰："谓太子非皇后子可也，谓非惠帝子则不可。当时以吕后所立，废之可也；分部诛灭之，亦已过矣。少帝诸王之死，史公据事直书，其情事固自显然。"[453]夜下诏书赦天下：〖按〗当夜下诏，此收买人心事也断不可少。

【校记】

［2］召平：原作"邵平"。据章钰校，甲十五行本、乙十一行本、孔天胤本皆作"召平"，今据改。［3］诸侯：此二字原不重。据章钰校，甲十五行本、乙十一行本、孔天胤本二字皆重，张敦仁《通鉴刊本识误》同。今从诸本及《史记·吕太后本纪》《通鉴纪事本末》补。［4］帝：原无此字。据章钰校，甲十五行本、乙十一行本、孔天胤本皆有此字。今从诸本及《史记·孝文本纪》《通鉴纪事本末》补。

【语译】

太宗孝文皇帝上

元年（壬戌，公元前一七九年）

冬季，十月初一日庚戌，改封琅邪王刘泽为燕王。封赵幽王刘友的儿子刘遂为赵王。

陈平借口有病而不任职，文帝问他原因，陈平说："高祖时，周勃的功劳不如我；但在诛除诸吕时，我的功劳不如周勃。我希望将右丞相之职让给周勃。"十一月初二日辛巳，汉文帝改任陈平为左丞相，任命太尉周勃为右丞相，大将军灌婴为太尉。被吕氏所夺取的齐、楚之地，现在又都返还给齐、楚二国。

评定大臣们在诛灭诸吕时的功劳，右丞相周勃以下根据他们功劳的大小，所增加的食邑户数、赏赐的金钱数量也各不相同。绛侯周勃散朝之后往外走的时候显得

出[467]，意得[468]甚。上礼之恭，常目送之。郎中安陵袁盎[469]谏曰："诸吕悖逆，大臣相与共诛之。是时丞相为太尉，本兵柄[470]，适会其成功[471]。今丞相如有骄主色[472]，陛下谦让[473]，臣主失礼[474]，窃为陛下弗取也[475]。"后朝[476]，上益庄[477]，丞相益畏[478]。

十二月，诏曰："法者，治之正也[479]。今犯法已论[480]，而使无罪之父母、妻子、同产[481]坐[482]之，及为收帑[483]，朕甚不取[484]。其除收帑诸相坐律令[485]！"

春，正月，有司请蚤建太子[486]。上曰："朕既不德[487]，纵不能博求天下贤圣有德之人而禅天下[488]焉，而曰豫建[489]太子，是重吾不德[490]也。其安之[491]！"有司曰："豫建太子，所以重宗庙、社稷，不忘天下也。"上曰："楚王[492]，季父也；吴王[493]，兄也；淮南王[494]，弟也。岂不豫哉[495]？今不选举焉，而曰'必子'，人其[496]以朕为忘贤有德者而专于子，非所以忧[5]天下[497]也！"有司固请曰："古者殷、周有国，治安[498]皆千余岁[499]，用此道也[500]。立嗣必子，所从来远矣。高帝平天下，为太祖[501]，子孙继嗣世世不绝。今释宜建[502]，而更选于诸侯及宗室，非高帝之志也。更议不宜[503]。子启[504]最长，纯厚慈仁，请建以为太子。"上乃许之[505]。

三月，立太子母窦氏为皇后。皇后，清河观津[506]人。有弟广国，字少君，幼为人所略卖[507]，传十余家[508]。闻窦后立，乃上书自陈。召见，验问得实[509]，乃厚赐田宅、金钱，与兄长君[510]家于长安。绛侯、灌将军[511]等曰："吾属[512]不死，命乃且县此两人[513]。两人所出微[514]，不可不为择师傅、宾客[515]，又复效吕氏大事也[516]！"于是乃选士之有节行者与居[517]。窦长君、少君由此为退让君子，不敢以尊贵骄人[518]。

诏振贷[519]鳏、寡[520]、孤、独、穷困之人。又令："八十已上，月赐米、肉、酒；九十已上，加赐帛、絮[521]。赐物当禀鬻米者[522]，长吏阅

非常得意。皇帝待他也非常恭敬，经常用目光将他送出去很远。担任郎中的安陵人袁盎劝谏文帝说：“诸吕行为狂悖忤逆，所以大臣们才联合起来将吕氏诛灭。当时丞相周勃担任太尉，本来手中就掌握军权，又正巧遇到机会，所以才使他获得成功。现在丞相周勃对陛下表现出傲慢的神色，陛下却对他很谦逊；臣骄而君谦，是君臣都于礼有失，我私下里觉得这是很不合适的。”后来再上朝，文帝就逐渐地严肃起来，对周勃就不像以往那么客气了，丞相周勃对文帝也越来越感到敬畏。

十二月，汉文帝下诏说：“法律是审判、定罪的原则和依据。如今犯法的人已经按照法律受到惩处，他们没有犯法的父、母、妻、子，以及同父母的兄、弟却要受到牵连而被判罪，被没入官府充当奴婢，我很不赞同。从此以后，要把这些株连九族的刑法废除掉！”

春天，正月，有关人员请求文帝早点确立太子。文帝说：“我本身品行不高，即使我不能广泛地求取天下圣明、贤德的人而把皇位让给他，而建议我早早地确立接班人，这是在加重我的不贤德啊。还是缓缓再说吧！”有关官员又说：“早点确立太子，是尊重宗庙，安定国家，不忘记天下重托的重要举措。”文帝说：“楚王刘交是我的叔父，吴王刘濞是我的兄长，淮南王刘长是我的兄弟。难道不应该列入考虑的范围吗？现在不从这些人中进行选择，而说‘一定要从自己的儿子中挑选’，那么别人会认为我忘记了那些贤明、有才德的人，而专注于自己的儿子，这不是以天下为己忧的做法！”有关人员坚持请求说：“古代的殷朝和周朝建立国家政权以后，都是国泰民安、传国一千多年，都是采用将皇位传给儿子的办法。继承人一定要是自己的儿子，这是由来已久的。高皇帝平定了天下，为汉代历朝皇帝的始祖，后世就子孙相继为皇帝，世世不绝。如果舍弃当立的嫡长子不立，却从诸侯或是皇室中另外挑选接班人，这不是高皇帝的本意。所以，做其他考虑是不妥当的。皇子刘启是陛下的长子，而且他的为人宽厚仁慈，请陛下将其立为太子。”文帝这才表示同意。

三月，封太子的生母窦氏为皇后。窦皇后是清河观津人。窦皇后有个弟弟叫窦广国，字少君，幼年时被人拐卖，先后被转卖了十多家。后来听说姐姐被封为皇后，就给窦皇后写信陈述自己的不幸经历。窦皇后召见了他，经过观察、盘问证明确实是自己的亲弟弟，于是赏赐给他很多的田地、房舍、金钱，让他与哥哥窦长君一起住在长安。绛侯周勃与灌婴等都说：“我们这些人如果不死，性命恐怕就掌握在这两个人的手中了。这两个人出身寒微，必须慎重地给他们选择师傅和宾客，如果他们又像吕氏那样，那可是关系到国家命运的大事！”于是，就选择了一些品行好、有节操的人与他们一起生活。窦长君、窦少君兄弟二人因此而成为懂得谦恭、退让的谦谦君子，不敢以自己的地位尊贵而傲慢放纵、盛气凌人。

文帝下诏，对没有娶妻的男子、失去丈夫的妇女、年幼而失去父母的孩子、年老而没有子女的老人以及特别穷困的人家给以救济。又下令说：“年纪在八十岁以上，

视[523]，丞若尉致[524]；不满九十[525]，啬夫令史致[526]。二千石遣都吏循行[527]，不称者督之[528]。”

楚元王交[529]薨。

夏，四月，齐、楚地震，二十九山同日崩，大水溃出[530]。

时有献千里马者。帝曰：“鸾旗[531]在前，属车[532]在后，吉行[533]日五十里，师行[534]三十里。朕乘千里马，独先安之[535]？”于是还其马，与道里费[536]，而下诏曰：“朕不受献[537]也，其令四方毋求来献[538]。”

帝既施惠[539]天下，诸侯四夷[540]远近欢洽[541]，乃修[542]代来功[543]，封宋昌为壮武侯[544]。

帝益[545]明习国家事。朝而问右丞相勃曰：“天下一岁决狱[546]几何？”勃谢[547]不知。又问：“一岁钱谷出[6]入[548]几何？”勃又谢不知，惶愧，汗出沾背[549]。上问左丞相平。平曰：“有主者[550]。”上曰：“主者谓[551]谁？”曰：“陛下即[552]问决狱，责廷尉[553]；问钱谷，责治粟内史[554]。”上曰：“苟各有主者，而君所主者何事也？”平谢曰：“陛下不知其驽下[555]，使待罪宰相[556]。宰相者，上佐天子，理阴阳[557]，顺四时[558]，下遂万物之宜[559]；外镇抚[560]四夷诸侯，内亲附百姓，使卿大夫[561]各得任其职焉。”帝乃称善。右丞相大惭，出而让[562]陈平曰：“君独不素教我对[563]！”陈平笑曰：“君居其位，不知其任邪？且陛下即问长安中盗贼数，君欲强对邪[564]？”于是绛侯自知其能不如平远矣[565]。

居顷之，人或说勃曰：“君既诛诸吕、立代王，威震天下，而君受厚赏、处尊位，久之即祸及身矣。”勃亦自危，乃谢病请归相印，上许之。秋，八月辛未[566]，右丞相勃免，左丞相平专为丞相[567]。

每月赏赐米、肉、酒；九十岁以上的老人，另外再多赏赐一些丝织品、粗丝绵。馈赠九十岁以上老人的东西如果是粥米的，要由县令亲自检验过目，由县丞或县尉亲自送达；年纪在八十岁以上、不满九十岁的，赏赐的东西由啬夫或令史亲自送达。享受两千石俸禄的郡守要派督邮到各县进行巡视，凡是没有按照诏书办好事情的要督促他们办好。”

楚元王刘交去世。

夏季，四月，齐国、楚国境内发生地震，二十九座山同时崩塌，大水冲破堤岸而出。

当时有人献千里马给文帝。文帝说：“我在出行的时候，前面有鸾旗引路，后面有侍从的车队跟随，太平无事的时候出行每天走五十里，有军情时出行每天行三十里。我骑着千里马独自一人跑到前面去干什么呢？”就将千里马退还给那个献马人，同时还将往返的路费送给他，并颁布诏令说：“我不接受臣民的进贡，通令四方，不要请求来京贡献物品。”

文帝普遍地施恩惠于天下的百姓，因此，不论是各个诸侯国，还是国境四周的少数民族部落，不分远近都很欢悦融洽，于是封赏那些从代国扈从进京大臣的功劳，其中就属宋昌的功劳最大，于是封宋昌为壮武侯。

文帝对处理国家政务越来越明晰。在一次早朝上，他向右丞相周勃询问说：“国家一年判决多少案件？”周勃抱歉地说自己不知道。文帝又问他：“一年之中国家的钱粮收支与人口增减的数目是多少？”周勃又说不知道，此时的周勃已经因为惶恐惭愧而汗流浃背了。文帝又将此问题去问左丞相陈平。陈平回答说：“有主管这方面事务的人。”文帝问：“主管的人是谁？”陈平说：“陛下如果是问刑事案件有多少，可以问廷尉；如果是问钱粮收入有多少，可以去问治粟内史。”文帝说：“如果各有主持者，那么先生你主管的是什么事呢？”陈平谢罪说：“陛下不知道我的才能低下，让我担任宰相。宰相的职责是：对上辅佐皇帝处理国家大事，使阴阳调和，使四时变化有序，对下使万物自然生长；对外安抚诸侯，使其安定臣服，对内使百姓亲附，使大小官员各尽其职。”文帝对陈平的回答很满意。右丞相周勃很惭愧，走出朝门后责备陈平说：“你平时为什么不教我如何应对皇上的问话呢！”陈平笑着回答说：“先生居其位，难道不知道自己的职责吗？如果皇帝问长安城中有多少盗贼，难道你也要逞强回答吗？”从此之后，周勃知道自己的才能比陈平差远了。

过了不久，有人对周勃说：“您已经灭掉了诸吕，拥立代王做了皇帝，威震天下，而您已经得到了优厚的奖赏，处在尊贵的位置上，如果时间久了，恐怕就要招致灾祸了。”周勃自己也感到了这种危机，于是称病谢罪，请求归还右丞相印信，辞去右丞相职务，文帝批准了他的请求。秋季，八月二十六日辛未，免去周勃右丞相的职务，由左丞相陈平专任丞相。

初[568]，隆虑侯灶[569]击南越[570]，会暑湿[571]，士卒大疫，兵不能隃领[572]。岁余，高后崩[573]，即罢兵。赵佗因此以兵威财物赂遗[574]闽越[575]、西瓯[576]、骆[577]，役属[578]焉。东西万余里，乘黄屋左纛[579]，称制[580]与中国侔[581]。

帝乃为佗亲冢[582]在真定[583]者置守邑[584]，岁时奉祀[585]。召其昆弟[586]，尊官厚赐宠之[587]。复使陆贾使南越[588]，赐佗书曰："朕，高皇帝侧室之子[589]也，弃外[590]，奉北藩于代[591]。道里辽远[592]，壅蔽朴愚[593]，未尝致书[594]。高皇帝弃群臣[595]，孝惠皇帝即世[596]，高后自临事[597]，不幸有疾[598]，诸吕为变。赖功臣之力，诛之已毕。朕以王侯吏不释[599]之故，不得不立[600]，今即位[601]。乃者[602]闻王遗[603]将军隆虑侯书，求亲昆弟[604]，请罢长沙两将军[605]。朕以王书[606]罢将军博阳侯[607]。亲昆弟在真定者，已遣人存问[608]，修治先人冢[609]。前日闻王发兵于边[610]，为寇灾[611]不止。当其时，长沙苦之[612]，南郡尤甚[613]。虽[614]王之国，庸独利乎[615]！必多杀士卒[616]，伤良将吏，寡人之妻[617]，孤人之子[618]，独人父母[619]。得一亡十[620]，朕不忍为也。朕欲定地犬牙相入者[621]，以问吏，吏曰：'高皇帝所以介长沙土也。'[622]朕不得擅变[623]焉。今得王之地，不足以为大；得王之财，不足以为富。服领以南[624]，王自治之[625]。虽然，王之号为帝[626]，两帝并立[627]，亡一乘之使以通其道[628]，是争也。争而不让，仁者不为也[629]。愿与王分弃前恶[630]，终今以来[631]，通使如故[632]。"

贾至南越，南越王恐，顿首谢罪，愿奉[633]明诏，长为藩臣，奉贡职[634]。于是下令国中曰："吾闻两雄不俱立[635]，两贤不并世[636]。汉皇帝，贤天子。自今以来，去帝制、黄屋左纛。"因为书称："蛮夷大长[637]、老

当初，隆虑侯周灶率领军队攻打南越国的时候，正值暑天，天气炎热潮湿，军中瘟疫流行，军队无法翻越南岭去与越国人作战。一年后，高皇后吕雉去世，周灶则撤兵而回。南越王赵佗趁此机会以武力相威胁、用钱财贿赂等手段迫使闽越、西瓯、骆越等小国归属于自己，为自己效力。南越国的领土东西长一万余里，南越王赵佗出行时乘坐的车驾以黄缯为篷顶、左侧的边马头上插着用牦牛尾做装饰的大旗，发布命令使用皇帝的口气，与中原地区的皇帝不相上下。

文帝于是派人将南越王赵佗在原籍真定的祖坟重加修整，还设置官员予以护理，逢年过节按时洒扫祭祀。又把他的兄弟召来，以高官厚禄封赏他们。又派陆贾第二次出使南越国，并带去皇帝的亲笔书信，文帝在信上说："我是高皇帝侧室所生的儿子，被封到北部边陲的代地为王，那里离南越国路途遥远，我又生性鲁钝愚笨，所以从未修书以示问候。高皇帝辞世之后，孝惠帝也不久人世，后来高后临朝称制，不幸身染重病，诸吕氏趁机谋乱。幸亏靠诸多功臣的努力，才平息了吕氏之乱。我因为诸位侯王、朝中大臣以及大小官吏的再三劝进，才不得已而继承大统，如今我做了大汉的皇帝。前些时候，听说大王曾经派人给将军隆虑侯周灶写信，请求让你的亲兄弟们到南越去，同时请求汉朝撤回派到长沙王国、帮助长沙国进攻越南的两位将军。我根据大王书信上的意愿，已经将驻扎在长沙国的汉朝将军、博阳侯陈濞撤回。大王的亲兄弟中凡是在真定居住的，已经派人前去慰问，并为你的先人重新修建了陵墓。前些时，听说大王率军侵略我朝的边境，不断在我朝边境制造灾难。在那个时候，不仅长沙国的人民深受其害，邻近南越的边郡受害更为深重。就是大王的南越国难道就真的享受到战争带来的好处了吗！必定是牺牲了许多士兵，损伤了许多优秀的将吏，使许多人的妻子变成了寡妇，使许多人的孩子变成了孤儿，使许多人的父母因为失去了爱子而变得孤苦伶仃、无依无靠。对这种为得一分利益而付出十倍牺牲的事情，我实在不忍心去做。我本来想把两国边界上犬牙交错的地方调整过来，我去征询主管官员的意见，他们说：'这是高皇帝给长沙王国设定的界线。'所以，我不敢擅自变更。如果我得到了大王你的全部土地，对于汉朝来说也大不了多少；得到大王你的全部财富，汉朝也不会因此而显得富有。所以从五岭以南属于南越国，任凭你去治理。不过，你又称自己为皇帝，这就同时有了两个皇帝，你也没有派一名使者来向我说说你的理由，这就要引起争端。有了争端而相互不肯让步，具有仁爱之心的人是不会这样做的。我希望与大王相互抛弃前嫌，从今以后，还像从前那样互通使节。"

陆贾来到南越国，南越王赵佗心里很惶恐，在汉朝使节面前磕头谢罪，愿意接受执行汉朝皇帝的诏令，永远做汉朝的藩臣属国，履行向汉朝按时贡献方物的职责。并向全国发布命令说："我听说：两个英雄不能同时存在，两个圣明贤能的人也不会在同一个时代出现。大汉皇帝，是一个圣明的天子。从现在起，我要去掉皇帝的称号，仍旧称南越王，不再乘坐用黄绫做车篷和左侧插有牦牛尾做装饰的车子。"于是

夫臣佗，昧死再拜上书皇帝陛下[7]：老夫，故越吏[638]也。高皇帝幸赐臣佗玺，以为南越王[639]。孝惠皇帝即位，义不忍绝，所以赐老夫者厚甚。高后用事，别异蛮夷[640]，出令曰：‘毋与蛮夷越金铁田器、马牛羊。即予[641]，予牡，毋予牝[642]。’老夫处僻[643]，马、牛、羊齿已长[644]，自以祭祀不修[645]，有死罪。使内史藩[646]、中尉高[647]、御史平[648]，凡三辈[649]上书谢过[650]，皆不反[651]。又风闻老夫父母坟墓已坏削，兄弟宗族已诛论[652]。吏相与议[653]曰：‘今内不得振[654]于汉，外亡以自高异[655]。’故更号为帝，自帝其国[656]，非敢有害于天下[657]。高皇后闻之，大怒，削去南越之籍[658]，使使不通。老夫窃疑长沙王谗臣[659]，故发兵以伐其边。老夫处越四十九年，于今抱孙焉。然夙兴夜寐[660]，寝不安席[661]，食不甘味[662]，目不视靡曼之色[663]，耳不听钟鼓之音者，以不得事汉[664]也。今陛下幸哀怜，复故号，通使汉如故。老夫死，骨不腐[665]。改号不敢为帝矣[666]！”

齐哀王襄[667]薨。

上闻河南守吴公[668]治平[669]为天下第一，召以为廷尉[670]。吴公荐洛阳人贾谊[671]，帝召以为博士[672]。是时贾生年二十余，帝爱其辞博[673]，一岁中，超迁[674]至太中大夫[675]。贾生请改正朔[676]、易服色[677]、定官名[678]、兴礼乐[679]，以立汉制、更[680]秦法，帝谦让未遑[681]也。

【段旨】

以上为第三段，写文帝元年（公元前一七九年）的全国大事。主要写了周勃的居功自满、文帝对周勃的裁抑；写了文帝下令优抚鳏寡孤独、拒绝臣民向朝廷进贡、不接受“改正朔、易服色”建议的种种善政；以及处理南越王赵佗“称帝”问题的妥善措施。

上书给汉朝皇帝，说："蛮夷人的大头领、一介老夫臣赵佗，冒昧地上书给汉朝皇帝陛下：我，原本是南越地区的一名官吏。高皇帝赐给我印绶，封我为南越王。孝惠皇帝在位的时候，也不忍心抛弃我，赏赐给我的礼物特别厚重。高帝皇后吕后当权，把我们当成蛮夷之人加以歧视，下令说：'不准把金、铁、耕田的器具、马、牛、羊等卖给蛮夷一样的南越。即使卖给他们一些，也只能把那些雄性的马、牛、羊卖给他们，而不允许卖给他们母的。'我们南越地理位置十分偏僻，现有的马、牛、羊都已经很老而无法繁衍，我们因为没有合适的牲畜做祭品而无法祭祀祖先神灵，犯了不可饶恕的罪过。所以就派内史藩、中尉高和御史平，先后三次到汉朝去上书承认错误、说明原委，但这三个人都是有去无回。又传闻我父母的坟墓也已经被毁坏削平，我的兄弟以及赵氏家族全都被诛灭。我属下的官吏议论说：'如果我们得不到汉朝的鼓励，又没有别的办法表示自己比周围的那些蛮夷头领地位更高。'所以就把南越王改称为皇帝，于是便在国内称起皇帝来，并不是有意要与中国皇帝争高下。高皇后得知消息后，大发雷霆，就将南越国从属国中除名，使得使者不能往来。我心里怀疑是长沙王在高后面前进谗言，所以才派军队侵入长沙王国的边境。我在南越已经四十九年，现在已经抱上了孙子。然而每天起早贪黑，睡也睡不安稳，吃也吃不出什么滋味，眼睛对美色视而不见，耳朵对钟鼓之音充耳不闻，原因就是不能侍奉汉朝。现在有幸得到陛下的哀怜，使我恢复了原来的称号，又允许我像从前一样与汉朝互通使者。即使我死了，也将永垂不朽。我已经改换称号再不敢称帝了！"

齐哀王刘襄去世。

汉文帝听说河南郡太守吴公治理政事的能力和效果堪称天下第一，就把他调到京师担任掌管司法的廷尉。吴公将洛阳人贾谊举荐给汉文帝，汉文帝召见了贾谊，并任命贾谊为博士。当时贾谊只有二十多岁，文帝很欣赏他的文辞优雅、知识渊博，一年当中，破格提升贾谊为太中大夫。贾谊请求文帝更用历法，改换秦朝时所规定的朝会及各种典礼所用的舆马服饰的颜色，改换新的职官名称，按照儒家的说法制礼作乐，建立起汉朝自己的制度，废掉秦朝制度，文帝推辞说现在还不是时候。

【注释】

⑭孝文皇帝：刘恒，刘邦之子，薄后所生。为帝前被封为代王，都中都（今山西平遥）。周勃、陈平等诛灭诸吕后，拥立刘恒为皇帝，"文"字是他死后的谥号。⑮十月庚戌：十月初一。⑯徙琅邪王泽为燕王：徙，移、调动。琅邪王泽，刘泽，刘邦的开国功臣，被刘邦封为营陵侯。吕后在封诸吕为王时，为拉拢刘泽，乃从齐国割出琅邪郡，封

刘泽为琅邪王。齐王刘襄起兵讨吕时，已将琅邪收归齐国，而刘泽对文帝又有拥立之功，故此将其改封为燕王。都城蓟县，在今北京西南。㊺⑦赵幽王子遂：刘遂，赵幽王刘友之子，因刘友前被吕后所杀，故文帝复封其子刘遂为赵王。都城邯郸，即今河北邯郸。㊺⑧谢病：推说有病而不任职。㊺⑨以右丞相让勃：〖按〗陈平在吕后时曾为右丞相，但随着吕后任吕产为相国，陈平之右丞相已被架空，只有虚名。当吕产等在政变中被杀，陈平理所当然地又成了右丞相。但陈平觉得自己在政变当中的表现不如周勃，故愿将右丞相之职让与周勃。其实这是黄老权谋的"欲取之，先予之"。㊻⓪十一月辛巳：十一月初二。㊻①太尉："三公"之一，主管全国军事。㊻②诸吕所夺齐楚故地：胡三省曰，"吕后封吕台为吕王，得梁地，夺齐楚之地以附益之"。㊻③皆复与之：现在都返回齐、楚二国。㊻④论：评定。㊻⑤益户：增加食邑的户数。㊻⑥各有差：增邑、赐金的数目多少各有不同。差，等级。㊻⑦趋出：小步疾行地走出殿门。趋，小步疾行，这是臣子在君父面前走路的一种礼节性姿势。㊻⑧意得：意满；傲然自足。㊻⑨郎中安陵袁盎：皇帝的侍从安陵人袁盎。郎中，帝王的侍从，秩三百石，上属郎中令。安陵，汉惠帝的陵墓名，其陵邑的级别相同于县，在今陕西咸阳东北。㊼⓪本兵柄：掌握兵权。㊼①适会其成功：周勃、陈平等人的功勋，只不过是碰巧赶上机会而已。㊼②如有骄主色：似乎对您有一种傲慢的意思。骄主，对君主表现傲慢。㊼③陛下谦让：而您反而对他表示谦让。㊼④臣主失礼：为臣与为君者皆于礼有失。㊼⑤窃为陛下弗取也：我觉得这样是不合适的。杨树达曰："文帝后遣勃就国，盖由盎此语启之。"㊼⑥后朝：后来再上朝。㊼⑦上益庄：文帝就渐渐严肃起来，不再像以往那么客气、敬重周勃了。益，渐渐。㊼⑧丞相益畏：周勃对文帝也越来越敬畏。泷川引中井曰："据两'益'字，非一日之事。"㊼⑨法者二句：法律是审判、定罪的原则、标准。㊽⓪犯法已论：犯法者已经受到惩处。论，判决、惩处。㊽①同产：犹言"同胞"，指兄弟。㊽②坐：连坐；因受牵连被判罪。㊽③及为收帑：李笠曰："'及'，疑应作'乃'。"收帑，没入官府为奴。收，逮捕、没入。帑，此处通"孥""奴"。㊽④不取：不同意；不赞成。㊽⑤其除收帑诸相坐律令：要把这些株连九族的刑法废除掉。其，表示祈请、指令的发语词。王鸣盛曰："车裂、腰斩、具五刑、夷三族，皆秦之酷法，汉初沿袭行之，韩信、黥布皆受此。文帝元年冬十二月，尽除收帑相坐律令；十三年夏五月，除肉刑法矣，然景帝于晁错，武帝于郭解、主父偃、公孙贺、李陵、李广利、公孙敖、任安、田仁、刘屈氂，犹皆腰斩夷族，《文帝纪》云云，徒虚语耳。"泷川曰："《汉书·刑法志》云：'后新垣平谋逆，复行三族之诛。'王说未确。"〖按〗新垣平妖言欺诈被诛事，见本书后文十七年。㊽⑥蚤建太子：早日确立接班人。蚤，通"早"。㊽⑦不德：品德不高。自谦语。㊽⑧禅天下：把国家政权让给他。㊽⑨豫建：及早建立。豫，通"预"。㊾⓪重吾不德：更加重我的不贤德。㊾①其安之：还是放放再说吧。吕祖谦曰："文帝之元年，景帝方十岁耳，平、勃所以亟请建太子者，惩惠帝继嗣不明之祸；文帝所以固让者，盖践阼之始，惧不克胜。所言者皆发于中心，非好名也。"〖按〗吕氏似巧为之辩。㊾②楚王：楚元王刘交，刘邦之弟，文帝之叔。㊾③吴王：刘濞，刘邦次兄之子，文帝的堂兄。㊾④淮南王：刘长，文帝之弟。㊾⑤岂不豫哉：难道不该列入应考虑的范围吗。意思说这几个人都是我准备禅让的对象。豫，通“预”。㊾⑥其：将，表示推测的发语词。㊾⑦非所以忧天下：这不是以天下为己忧的做法。㊾⑧治安：国治而民安。㊾⑨皆千余岁：通常皆说商朝传国六百年，周朝传国八百年。㊿⓪用此道也：都是采用传子的办法。㊿①为太祖：为汉代历朝皇帝的始祖。太，大；至高无上。㊿②宜建：应该确立的，指嫡长子。㊿③更议不宜：师古曰：“不当更议。”㊿④子启：刘启，文帝之子，即日后的汉景帝。㊿⑤上乃许之：如此几推几让的虚应故事，武帝于封诸子为王时亦用之，见《史记·三王世家》。㊿⑥清河观津：清河郡的观津县。清河，汉郡名，郡治清阳，在今河北清河县东南。观津，汉县名，县治在今河北武邑东南。〖按〗观津县乃属信都郡（郡治今河北衡水市冀州区），不属清河郡，此谓“清河观津”者，误。㊿⑦略卖：被劫走转卖。略，意思通“掠”。㊿⑧传十余家：辗转被卖了十多家。传，义同“转”，辗转。㊿⑨验问得实：检验盘问，考查其是不是真的，结果弄清是真的。⑤①⓪长君：以其弟“字少君”例之，此“长君”宜为其兄之字。⑤①①绛侯、灌将军：绛侯指周勃，时为丞相。灌将军指灌婴，时为太尉。⑤①②吾属：犹言“我等”。⑤①③命乃且县此两人：我们的性命将被他们攥在手心。县，通“悬”，这里是“掌握”的意思。师古曰：“恐其后擅权，则将相大臣当被害。”⑤①④所出微：出身寒微。⑤①⑤师傅、宾客：指成天与他们相伴的人。师傅，官僚贵族的辅导老师，负责教育、教学之职。宾客，半朋友、半仆役的陪侍人员。⑤①⑥又复效吕氏大事也：〖按〗句上应增“不者”二字读。《史记》中类似句式甚多，《太史公自序》：“故有国者不可以不知《春秋》，（不者）前有谗而不见，后有贼而不知；为人臣者不可以不知《春秋》，（不者）守经事而不知宜，遭变事而不知权。”《平原君虞卿列传》：“虞卿能尽秦力之所至乎？诚能知秦力之所不能进，（则可矣，不者）此弹丸之地弗与，令秦明复来攻，王得无割其内以媾乎？”吕氏大事，指外戚专权，图谋叛逆。⑤①⑦与居：和他们生活在一起。⑤①⑧以尊贵骄人：倚仗自己的地位高贵而傲慢放纵，盛气凌人。⑤①⑨振贷：救济。振，通“赈”。⑤②⓪鳏、寡：男人无妻曰鳏，妇人无夫曰寡。⑤②①帛絮：帛是丝织品的总称。絮指粗丝绵。⑤②②赐物当禀鬻米者：馈赠九十岁以上的老人，凡是要赠送粥米者。禀，通“廪”，发给。鬻米，做粥用的米。⑤②③长吏阅视：县长、县令要亲自检查过目。长吏，这里指县令、县长。当时规定万户以上的大县长官称“县令”，万户以下的小县长官称“县长”。⑤②④丞若尉致：由县丞或县尉亲自给九十岁以上的老人送去。丞，县丞，县令、县长的助手。若，或。尉，县尉，掌管武事与缉捕盗贼、征兵征粮的武官。致，送。⑤②⑤不满九十：指给不足九十岁的老人送粥米。⑤②⑥啬夫、令史致：由啬夫、令史给那些老人们送去。啬夫，乡一级的小吏名。令史，县里的低级文办人员。⑤②⑦二千石遣都吏循行：各郡国的长官要派员巡视检查。二千石，指各郡的郡守与各诸侯国的丞相，这些人的官秩为二千石。都吏，即督邮，郡国派出巡视各县事务的小吏。循行，巡视。⑤②⑧不称者督之：凡是没按诏书办好的，都要督促他们办好。不称，不合格、不相称。㉙楚元王交：刘交，字游，刘邦的同父异母弟，被封为楚王，国都彭城，即今江苏徐州。“元”字是其死后的谥。㉚溃出：冲破堤岸而出。㉛鸾旗：绣有鸾鸟、编有羽毛的旌旗，此指皇帝驾前的仪仗。㉜属车：也称“副车”，跟从帝王出行的车驾。㉝吉行：太平无事的出行。因太平无事，故可以行走得快。㉞师行：有军情的出行。因形势不定，故帝王车驾不可贸然疾行。㉟独先安之：独自领先跑到哪里去。㊱与道里费：给了他一些为送马所花的盘缠。㊲不受献：不接受臣民的进贡。献，贡献、进贡。㊳毋求来献：不要请求来京献物。㊴施惠：施恩布惠。㊵诸侯四夷：各诸侯王国与四方周边的少数民族。㊶欢洽：欢悦融洽。㊷修：行，这里指封赏。㊸代来功：由代国扈从进京的功勋。凌稚隆引董份曰：“先叙治化已成，然后论封，见帝不私代邸臣耳。”㊹封宋昌为壮武侯：封地壮武县，在今山东胶州东北。㊺益：渐；越来越。㊻决狱：判处案件。㊼谢：道歉；抱歉地说。㊽钱谷出入：钱、粮的出入与人口的增减数目。㊾惶愧二句：方孝孺曰，“周勃挟诛诸吕之权，常有德色，帝待之益庄。夫不责其德色之不恭，而引职事以问之。文帝岂不知其不能答哉？出其不意问其所当知，使其不对而自惭，惭而不敢怒，其骄慢之虚气至是索然销铄而无余，天下之大权不待发于声色而尽归于己，此其得御权臣之道者也”。㊿有主者：有主管这方面事务的人。551谓：此处同“为”。552即：若。553责廷尉：可以问廷尉。责，问。廷尉，九卿之一，主管刑狱。554治粟内史：九卿之一，后改称“大司农”，主管全国钱粮。555不知其驽下：不嫌我拙笨，这里是谦辞。驽下，犹言“拙笨”。驽，劣马。556待罪宰相：“官居丞相”的客气说法。意谓身居此职而心常惴惴，不知何日将因官事不办而受谴。557理阴阳：使阴阳调和。558顺四时：使四时变化有序。559遂万物之宜：使万物自然生长。泷川曰：“周官三公之职，以论道经邦，燮理阴阳为务，汉初犹守此说，观陈平对文帝，丙吉问牛喘，可以见焉。”560镇抚：镇压、安抚，使其安定、臣服。561卿大夫：泛指朝廷上的各级官僚。562让：责怪。563君独不素教我对：你平常为何不教给我如何回答问题。素，平时。564君欲强对邪：难道你也一定要逞强回答吗。565绛侯自知其能不如平远矣：杨维桢曰，“宰相于天下事无不知，况于狱数系民命，钱谷系国命！廷尉、内史其主职也，而一岁生杀、出纳之数上计冢宰者，独可不知乎？平所学黄老术，战国之纵横说耳。其陈相职于帝者，平果能之否乎？亦不过剿言以妄帝耳。帝善其言，而勃又惭其言而去，遂专相以为德也，君子哂之”。史珥曰：“平对孝文‘所主何事’之问，虽非渠所能及而漫为大言，然不可谓非知相职者。‘使卿大夫各得任其职’，尤为扼要之言。”566八月辛未：八月二十六。567平专为丞相：陈平独自为丞相之职。郭嵩焘曰：“吕后之阴私，王陵不能容，而陈平居相如故；文帝之明习国事，周勃不能容，而陈平之居相亦如故。此风一开，延至于今垂二千年，祖述陈平以保全禄位皆居之以为‘奇计’矣。”568初：追叙往事的前置语。569隆虑侯灶：周灶，刘邦的开国功臣，封地隆虑县（即今河南林州）。570击南越：事在吕后七年九月。571会暑湿：正赶上炎热潮湿。572隃领：越过南岭。隃，通“逾”，翻越。领，通“岭”，即南岭，此处指今“五岭”中的骑田岭，在今江西与广东的交界处。⑤⑦③高后崩：事在高后八年（公元前一八〇年）七月。⑤⑦④赂遗：馈赠；收买。⑤⑦⑤闽越：越王勾践的后人“无诸”，因率越人佐刘邦建国有功，被刘邦封为闽越王，都城东冶（今福建福州），详情见《史记·东越列传》。⑤⑦⑥西瓯：小国名，据蒙文通《越史丛考》，其全盛时占地约当“汉之郁林、苍梧、合浦三郡”，亦即秦之桂林、象郡，今之广西大部地区。后被秦朝攻破，在其地设桂林、象郡，西瓯之余部始退缩至今广西玉林、贵港一带。⑤⑦⑦骆：“骆越”的简称，据蒙文通《越史丛考》，其地略当“汉交趾、九真二郡”，即今越南北部地区。⑤⑦⑧役属：使其归属，为己效力。⑤⑦⑨黄屋左纛：帝王的车驾。黄屋，用黄缯为顶的篷车，帝者所乘。左纛，左侧边马的头上插有牦牛尾制的饰物，也是帝者车驾的特有装饰。⑤⑧⓪称制：发布命令使用皇帝的口气。制，皇帝的命令，或称“制”，或称“诏”。⑤⑧①与中国侔：与中原地区的皇帝不相上下。侔，相当、相等。⑤⑧②佗亲冢：赵佗父母的坟墓。⑤⑧③真定：赵佗的故乡，在今石家庄城东北。⑤⑧④置守邑：围绕坟墓划出一块领地，派官员予以护理。⑤⑧⑤岁时奉祀：逢年过节，按时祭祀。岁，年关。时，四时。⑤⑧⑥昆弟：兄弟。⑤⑧⑦尊官厚赐宠之：以高官厚赏尊宠之。⑤⑧⑧复使陆贾使南越：又第二次派陆贾出使南越国。详情见《史记·南越列传》。⑤⑧⑨侧室之子：文帝之母薄氏乃刘邦的普通嫔妃，故文帝自称“侧室之子”。⑤⑨⓪弃外：指被封王于外地。⑤⑨①奉北藩于代：在代国称王。北藩，北部的藩篱。古称诸侯为天子的屏障藩篱。⑤⑨②道里辽远：言代国距离南越相隔遥远。道里，道路里程。⑤⑨③壅蔽朴愚：本性拙笨，又受蒙蔽。此文帝谦言自己。⑤⑨④未尝致书：没有主动致书慰问。⑤⑨⑤弃群臣：离开群臣而去，谦言刘邦之死。⑤⑨⑥即世：辞世，也指死。⑤⑨⑦自临事：自己临朝执政。⑤⑨⑧不幸有疾：不欲指斥吕后为政之失，故讳曰“有疾”。⑤⑨⑨以王侯吏不释：由于各诸侯王、各列侯，以及百官群臣对我劝进不已。不释，没完没了、不放过。⑥⓪⓪不得不立：不得已而做了皇上。⑥⓪①今即位：如今已经登基了。⑥⓪②乃者：前者；前些时候。⑥⓪③遗：给；致。⑥⓪④求亲昆弟：请求能让你的兄弟们到南越去。⑥⓪⑤请罢长沙两将军：请求撤回汉王朝派到长沙国，帮着长沙国进攻南越的两位将领。长沙，汉初封立的诸侯国名，国都即今长沙。国王吴芮，是刘邦的开国功臣。⑥⓪⑥朕以王书：现在我就依着你的书信。⑥⓪⑦罢将军博阳侯：将驻扎长沙国的汉朝将军博阳侯陈濞撤回。罢，撤销、撤回。博阳侯，指陈濞，刘邦的开国功臣。⑥⓪⑧存问：慰问。⑥⓪⑨修治先人冢：并为你重新修建了你先人的陵墓。⑥①⓪发兵于边：派兵到汉朝边境。⑥①①寇灾：侵袭抄掠，杀人、抢东西。⑥①②长沙苦之：长沙国深受其害。⑥①③南郡尤甚：临近南越的边郡尤其受害严重。南郡，南部边郡。颜师古以为指首府江陵的南郡，似过于遥远，非南越势力之所及。⑥①④虽：即使。⑥①⑤庸独利乎：难道就有好处了吗。⑥①⑥多杀士卒：使士卒大量牺牲。⑥①⑦寡人之妻：使人妻成为寡妇。⑥①⑧孤人之子：使人子成为孤儿。⑥①⑨独人父母：使人之父母变得孤独无依。⑥②⓪得一亡十：为得一分利益而付出十倍的牺牲。⑥②①欲定地犬牙相入者：我本来想把长沙国与南越交界那些犬牙相错的地方重新划定一下，以免老闹摩擦。⑥②②吏曰二句：官吏们说，“这是当年高皇帝给长沙国限定的地界”。介，限。623 擅变：随意改变。624 服领以南：五岭以南。服领，荒服以外的南岭。领，通“岭”。625 王自治之：任凭你自己去管理。626 虽然二句：尽管如此，而你竟自称“南越武帝”这还是不好的。627 两帝并立：你和我并立，彼此都称皇帝。628 亡一乘之使以通其道：你也没有派一名使者来向我说说你的理由。亡，无。一乘之使，一辆车的使臣，极言礼数之简。通其道，说明一下理由。629 争而不让二句：言外之意就是希望你自觉地取消帝号。630 分弃前恶：双方都捐弃前嫌。631 终今以来：从今以后。632 通使如故：还像从前一样互通使节。633 奉：接受；执行。634 奉贡职：履行向汉朝进贡。贡职，即进贡。“职”也是贡的意思。635 不俱立：不相互对立。636 不并世：不在同一个时代相互对抗。637 大长：大君长；大头领。638 故越吏：原是南越地区的一名官吏。指其在秦时曾为龙川县令，后乘中原之乱遂据南越称王。639 幸赐臣佗玺二句：原是赵佗自立为王，今乃说是高帝“幸赐臣佗玺，以为南越王”，老他亦可谓善为文辞。640 别异蛮夷：对我们少数民族另眼相看。别异，即歧视。641 马牛羊二句：如果给他们马牛羊。即，如果。642 予牡二句：只给他们公的，不给母的，不能让其自行繁殖，越来越多。643 处僻：生活在一个偏僻的地方。644 马牛羊齿已长：我们地区的马牛羊都已经老了。因为近年来无法繁殖小的。645 祭祀不修：无法祭祀祖先神灵，因为没有合适的牲畜做祭品。不修，无法进行。646 内史藩：南越国的内史，其名曰藩。内史是在诸侯国主管民政的官。647 中尉高：南越国的中尉，其名曰高。中尉是在诸侯国主管军事的官。648 御史平：南越国的御史，其名曰平。御史是在诸侯国主管监察、弹劾的官。649 凡三辈：前后共三次。凡，共。辈，次。650 上书谢过：一方面承认错误，一方面说明原因。651 皆不反：都一去无回，指被汉王朝所扣留。652 诛论：被诛灭。论，治罪，通常即指杀死。653 吏相与议：我手下的官员们都说。654 振：意即鼓励、表扬。655 亡以自高异：没法表现自己比周围的那些蛮夷头领地位高。《史记·南越列传》有所谓“其东闽越千人众号称王，其西瓯骆裸国亦称王”，故老佗发动机会而称“帝”。656 自帝其国：只在自己国内以此相称。657 非敢有害于天下：不是想跟汉朝皇帝争高低。658 籍：名籍，指相互往来的通行证。659 谗臣：说我的坏话，挑拨我与汉朝天子的关系。660 夙兴夜寐：犹今所谓起早贪黑，极言其辛苦、勤劳之状。661 寝不安席：辗转反侧，睡不好觉。662 食不甘味：吃东西不觉香甜，极言其心思沉

【原文】

二年（癸亥，公元前一七八年）

冬，十月，曲逆献侯陈平[682]薨。

诏列侯各之国[683]，为吏[684]及诏所止[685]者，遣太子[686]。

重。㊸靡曼之色：华丽的颜色，指美女的舞蹈。664事汉：侍奉汉朝，为汉王朝服务。665骨不腐：犹今所谓“永垂不朽”。666不敢为帝矣：陈仁锡曰，“赐书诚，答书亦诚。非孝文莫服其心，非陆贾莫通其意”。吴见思曰：“写老佗逊处极逊，豪处极豪，读之如见其人，是史公笔力。”667齐哀王襄：刘襄，哀字是谥。刘襄首举讨吕之兵，给周勃、陈平提供了发动政变的机会，其功甚大。但文帝对之嫉恨入骨，对刘襄兄弟百般打压，故刘襄抑郁而死。668河南守吴公：河南郡的郡守吴姓某人，史失其名。河南郡的郡治洛阳，在今河南洛阳城东北。669治平：师古曰，“言其政治和平也”。〖按〗“治平”二字似应读如动词，意即孟子之所谓“治国平天下”，这里指治理政事的能力与效果。670廷尉：掌管全国刑狱的长官，“九卿”之一。671贾谊：西汉时期的著名政论家与辞赋家，著有《过秦论》《治安策》等。事迹详见《史记·屈原贾生列传》。672博士：帝王的侍从官员，以备参谋顾问，上属太常。当时“太学”的教官亦称博士，主管讲授某种课程。贾谊所从事的是前一种。673辞博：赡于文辞，博学多识。674超迁：越级提升。675太中大夫：帝王的侍从官员，秩比千石，掌参谋议论，上属郎中令。676改正朔：即指改用新的历法。正朔，正月初一。夏、商、周以来，每换一个朝代，也就相应地变更一次历法，即用不同的月份作“正月”，故有所谓“夏历”“殷历”“周历”“秦历”之称。刘邦建汉以来，各项制度大体仍是袭用秦朝的一套，历法亦然。故贾谊有此“改正朔”之说。677易服色：改变秦朝规定的朝会与各种典礼所用的舆马服饰的颜色，秦朝是以黑色为上。678定官名：改换新的职官名称。679兴礼乐：按照儒家的说法制礼作乐。680更：改；改变。681谦让未遑：推辞说现在还不是时候。未遑，顾不上。文帝自谦德薄，但欲维持高祖旧序，不欲更事制作，此深受史公赞赏者。

【校记】

［5］忧：原误作“优”。据章钰校，甲十五行本、乙十一行本、孔天胤本皆作“忧”，张瑛《通鉴校勘记》同，今据改。［6］出：原无此字。据章钰校，乙十一行本有此字。今从乙十一行本及《史记·陈丞相世家》补。［7］下：原作“下曰”。据章钰校，甲十五行本、乙十一行本、孔天胤本皆无“曰”字。今从诸本及《通鉴纪事本末》删。

【语译】

二年（癸亥，公元前一七八年）

冬季，十月，曲逆献侯陈平逝世。

汉文帝下诏让各诸侯王回到自己的封国去，凡是在朝廷担任职务或朝廷有命令让他留在京师者，就先派自己的太子到封地去。

十一月乙亥[687]，周勃复为丞相[688]。

癸卯晦[689]，日有食之[690]。诏："群臣悉思朕之过失，及知见之所不及[691]，丐以启告朕[692]。及举贤良方正[693]、能直言极谏者，以匡[694]朕之不逮[695]。"因各敕以职任[696]，务省繇费[697]以便民，罢卫将军[698]。太仆见马遗财足[699]，余皆以给传置[700]。

颍阴侯骑贾山[701]上书言治乱之道[702]曰："臣闻雷霆[703]之所击，无不摧折者；万钧[704]之所压，无不糜灭[705]者。今人主之威，非特[706]雷霆也；势重[707]，非特万钧也。开道而求谏[708]，和颜色[709]而受之，用其言而显其身[710]。士犹恐惧而不敢自尽[711]，又况于纵欲恣暴[712]，恶闻其过乎！震之以威，压之以重，虽有尧、舜[713]之智，孟贲[714]之勇，岂有不摧折者哉！如此，则人主不得闻其过，社稷[715]危矣。

"昔者周盖千八百国[716]，以九州[717]之民，养千八百国之君。君有余财，民有余力，而颂声作[718]。秦皇帝以千八百国之民[719]自养[720]，力罢[721]不能胜其役[722]，财尽不能胜其求[723]。一君之身耳，所自养者，驰骋弋猎[724]之娱，天下弗能供也。秦皇帝计其功德，度[725]其后嗣世世无穷[726]，然身死才数月[727]耳，天下四面而攻之，宗庙灭绝[728]矣。秦皇帝居灭绝之中而不自知者，何也？天下莫敢告也。其所以莫敢告者，何也？亡养老之义[729]，亡辅弼之臣[730]；退诽谤[731]之人，杀直谏之士。是以道谀[732]媮合苟容[733]。比其德[734]，则贤于尧、舜；课其功[735]，则贤于汤、武[736]。天下已溃，而莫之告[737]也。

"今陛下使天下举贤良方正之士，天下皆䜣䜣[738]焉，曰：'将兴尧舜之道、三王[739]之功矣。'天下之士，莫不精白[740]以承休德[741]。今方正之士皆在朝廷矣，又选其贤者，使为常侍、诸吏[742]，与之驰驱射猎，一日再三出[743]。臣恐朝廷之解弛[744]，百官之堕于事[745]也。陛下即位，亲自

十一月初二日乙亥，再次任命周勃为丞相。

十一月最后一天三十日癸卯，发生日食。汉文帝下诏说："所有大臣都要认真思考我自即位以来所犯的过失，以及知道或是看到我有什么该做而没有做到的，请你们禀报给我。还要向朝廷举荐贤良方正、能直言敢谏的人，以纠正我的缺失。"于是下令各级官员要严格要求、恪尽职守，务必减少各种徭役及与之相关的费用，以保证人民的生产生活，取消"卫将军"之职。替皇帝掌管车马的太仆手下只需保留够用的马匹就可以了，多余的马匹全部补充到驿站使用。

颍阴侯灌婴的骑兵随从贾山给汉文帝上书，陈述他自己对国家太平与战乱的一些看法，他说："我听说：凡是被疾雷击中的，无不彻底被摧毁；遭受万钧之力重压的，没有不被压得粉碎的。现在皇上的威力，比雷霆还要大；权势之重，超过万钧。皇帝广开言路，征求意见，并和颜悦色地听取别人的意见，一旦他的意见被采纳就让他升官发财，使他显贵。就是这样，那些士人还是心怀恐惧而不敢有什么说什么，更何况是纵欲妄为、残暴任性而厌恶听到自己的过失呢！以威严震慑，用权势压制，即使有尧、舜那样的智谋，有孟贲那样的勇力，难道有不被推翻的吗？这样的话，皇帝就再也听不到自己的过失，国家就危险了。

"过去周朝有一千八百个封国，用九州的百姓去养活这一千八百个国君。仍然是国君有余财，百姓有余力，而称颂周朝盛德的声音四起。秦朝的皇帝用一千八百个封国的民力财力来供养他一个人，而人民累得筋疲力尽，也完成不了他所兴办的那些工程徭役，财富满足不了他的要求。只是皇帝一个人，供养他驰骋游猎的娱乐，用全国的财力也供养不起。秦始皇统计自己的功德，预测自己的后代会世世代代没有穷尽，然而他去世才几个月的时间，天下人便纷纷揭竿而起，很快地秦国的宗庙就断绝祭祀、国家就灭亡了。秦始皇生活在国家即将灭亡的危险之中而不自知，为什么呢？天下没有人敢告诉他。为什么没人敢告诉他呢？因为朝廷没有尊养贤人的做法，朝廷之中缺乏能坚持原则、公而忘私以辅助皇帝的贤臣良将；他辞退了那些能够指出他的缺点错误的人，杀戮了那些直言敢谏的臣子。所以有人阿谀奉承、出卖原则、出卖灵魂、迎合权势以达到个人目的。把秦始皇的道德与前人相比，说他胜过尧、舜；评价秦始皇的功劳，说他超过商汤、周武，国家已经崩溃，却没有人敢将实情告诉秦国的皇帝。

"如今陛下下诏让天下举荐贤良方正之士，天下人全都欣喜，说：'皇上将要推行尧、舜那样的治国方法，建立夏禹、商汤、周文王、周武王那样的功业了。'天下的士人无不努力修炼自己，以响应、遵循您的美意。如今的方正之士已经都在朝廷了，又从中选择那些最优秀的，有的任命为常侍，有的使他们担任各级官吏，陛下与他们一起驰骋射猎，有时一天出去两次，有时一天出去三次。我担心陛下受此影响而懒于朝政，各级官员工作马虎而贻误了政事。陛下即位以来，对自己严格要求，

勉⑯以厚天下⑰，节用爱民，平狱⑱缓刑，天下莫不说喜。臣闻山东吏⑲布诏令⑳，民虽老羸癃疾㉑，扶杖而往听之。愿少须臾毋死㉒，思见德化之成㉓也。今功业方就㉔，名闻方昭㉕，四方乡风而从㉖。豪俊之臣、方正之士，直㉗与之日日射猎，击兔伐狐，以伤大业㉘，绝天下之望。臣窃悼之！古者大臣不得与宴游㉙，使皆务其方㉚以[8]高其节㉛，则群臣莫敢不正身修行，尽心以称大礼㉜。夫士㉝，修之于家，而坏之于天子之廷㉞，臣窃愍㉟之。陛下与众臣宴游㊱，与大臣㊲、方正朝廷论议㊳。游不失乐㊴，朝不失礼㊵，议不失计[9]，轨事之大者㊶也。”上嘉纳㊷其言。

上每朝㊸，郎、从官上书疏，未尝不止辇㊹受其言。言不可用，置之㊺；言可用，采之。未尝不称善。

帝从霸陵㊻上欲西驰下峻阪㊼。中郎将㊽袁盎㊾骑并车揽辔㊿。上曰：“将军怯邪(781)？”盎曰：“臣闻‘千金之子(782)，坐不垂堂(783)’。圣主不乘危(784)，不徼幸(785)。今陛下骋六飞(786)驰下峻山，有如马惊车败(787)，陛下纵自轻(788)，奈高庙、太后何(789)！”上乃止。

上所幸慎夫人(790)，在禁中(791)常与皇后同席坐(792)。及坐郎署(793)，袁盎引却慎夫人坐(794)。慎夫人怒，不肯坐。上亦怒，起，入禁中(795)。盎因前说曰：“臣闻‘尊卑有序，则上下和’。今陛下既已立后(796)，慎夫人乃妾，妾主(797)岂可与同坐哉！且陛下幸之，即厚赐之(798)。陛下所以为慎夫人(799)，适所以祸之(800)也。陛下独不见‘人彘’乎(801)！”于是上乃说，召语慎夫人(802)。慎夫人赐盎金五十斤。

贾谊说上曰(803)：“《管子》(804)曰：‘仓廪实而知礼节，衣食足而知荣辱(805)。’民不足(806)而可治者，自古及今，未之尝闻(807)。古之人曰：‘一夫不耕，或受之饥(808)；一女不织，或受之寒。’生之有时(809)，而用之无

对天下之人、之事则竭尽厚待，节省开支、爱护人民，平定冤案、减轻刑法，天下之人无不兴高采烈。我听说山东官吏在宣布皇帝的诏命时，就连那些老弱病残都拄着拐杖赶着去听。祈求上天让自己能够再多活几天，希望能够目睹太平盛世的来临。如今在功业上才刚刚见到一些成效，贤明的赞誉声刚刚响起，四面八方就已经闻风效法。而经过朝廷选拔的那些豪杰之人、品行端正之士，竟然与陛下天天射猎，追击野兔，捕捉狐狸，荒废了治理国家的大业，断绝了天下人的希望。我心里感到十分难过！古代的大臣不得参与皇上的宴饮游猎，使他们都能提高自己的业务能力和道德节操，那么文武百官就没有人敢不廉洁自律、修养自己的品行节操，竭尽心力把所有心思都用到帮助皇帝治理天下的大事情上来。这些士大夫在家居的时候无不修养自己的品德，而到了朝廷之上没有干成什么好事，我从心里同情他们。陛下只应该与那些侍从小臣宴饮游乐，而与朝廷重臣、贤良方正之士在朝廷上商讨国家大事。这样，游玩时能尽情欢乐，在朝廷上又不至于有失礼仪，议论国家大事也不至于失策，这是处理一切事务的大原则。”汉文帝非常赞赏他的见解并采纳了他的意见。

汉文帝在上朝的路上，无论遇到负责禁卫的郎官，还是遇到其他随从官员上书言事，每次都会停下车辇接受奏章。对于所提的建议认为没有采纳价值的，就搁置起来；有用的，就采纳，而且给予表扬。

汉文帝想从霸陵顶上向西纵马驰车冲下陡坡。担任中郎将的袁盎驱马向前，傍着文帝的车子，紧紧地拉住文帝车马的缰绳。文帝说：“将军胆怯了吗？”袁盎回答说：“我听说‘豪富人家的子弟，不坐在屋檐下，以防檐瓦坠落砸伤’。圣明的皇帝不到危险的地方去，不追求意外的侥幸。现在陛下乘坐着六匹快马拉的车子驰下陡坡，如果马惊车坏，陛下纵然不爱惜自己的身体，万一有什么意外，怎么向死去的高皇帝和堂上的薄太后交代呢！”文帝于是停止了驱车奔驰。

汉文帝所宠爱的慎夫人，在皇宫之中经常与皇后同坐一张席子。等到这次在郎官府署就座时，袁盎就将慎夫人的座席向后拉了一点，使她与皇后分出等级。慎夫人非常恼怒，不肯入座。汉文帝也很生气，立即站起身回宫去了。袁盎趁机上前对文帝说：“我听说‘地位尊卑之间要有一定的秩序，才能上下和睦相处’。现在陛下既然已经确立了皇后，慎夫人的地位就是妾，妾和皇后怎么能并排而坐呢！如果陛下宠爱她，就厚厚地赏赐她。陛下现在如此对待慎夫人，恰恰是给慎夫人招灾致祸呀。陛下难道不记得‘人彘’的事情了吗！”文帝这才转怒为喜，他把慎夫人叫到跟前并告诉她这个道理。慎夫人赏赐给袁盎五十斤黄金。

贾谊对汉文帝说：“《管子》上说：‘仓廪实而知礼节，衣食足而知荣辱。’百姓穷得连温饱都无法保证而能使国家稳定的事情，从古到今，没听说过。古人说：‘一个男人不种地，就要有人挨饿；一个女人不织布，就要有人受冻。’作物生长都有一定的

度[810]，则物力必屈[811]。古之治天下，至纤至悉[812]，故其畜积足恃[813]。今背本而趋末[814]者甚众，是天下之大残[815]也；淫侈之俗[816]，日日以长，是天下之大贼[817]也。残贼公行，莫之或止[818]。大命将泛[819]，莫之振救[820]。生[821]之者甚少而靡[822]之者甚多，天下财产何得不蹶[823]！

"汉之为汉[824]，几[825]四十年矣，公私之积，犹可哀痛。失时[826]不雨，民且狼顾[827]。岁恶不入[828]，请卖爵子[829]。既闻耳[830]矣，安有为天下[831]阽危者若是[832]而上不惊者！

"世之有饥穰[833]，天之行[834]也，禹、汤被之矣[835]。即[836]不幸有方二三千里之旱，国胡以相恤[837]；卒然[838]边境有急，数十百万之众，国胡以馈之[839]？兵旱相乘[840]，天下大屈[841]。有勇力者，聚徒而衡击[842]；罢夫羸老[843]，易子咬其骨[844]。政治未毕通[845]也，远方之能僭拟者[846]并举而争起矣。乃骇而图之[847]，岂将有及乎？夫积贮[848]者，天下之大命[849]也。苟[850]粟多而财有余，何为而不成！以攻则取[851]，以守则固[852]，以战则胜。怀敌附远[853]，何招而不至[854]！

"今驱民而归之农，皆着于本[855]。使天下各食其力[856]，末技游食之民[857]转而缘南亩[858]，则畜积足而人乐其所[859]矣。可以为富安天下[860]，而直为此廪廪也[861]，窃为陛下惜之[862]！"

上感谊言，春，正月丁亥[863]，诏开藉田[864]，上亲耕以率[865]天下之民。

三月，有司请立皇子[866]为诸侯王。诏先立赵幽王少子辟强[867]为河间王[868]，朱虚侯章[869]为城阳王[870]，东牟侯兴居[871]为济北王[872]。然后立皇子武[873]为代王[874]，参为太原王，揖为梁王。

五月，诏曰："古之治天下，朝有进善之旌[875]，诽谤之木[876]，所以通治道[877]而来谏者[878]也。今法有'诽谤''妖言'之罪[879]，是使众臣不敢尽情，而上无由闻过失也，将何以来远方之贤良？其[880]除之！"

九月，诏曰："农，天下之大本也，民所恃以生也。而民或[881]不务本而事末，故生不遂[882]。朕忧其然[883]，故今兹[884]亲率群臣农以劝

周期，而用起来没有限度，则物力必然枯竭。古代的人治理天下，考虑得非常细致、周到，所以他们蓄积的东西够吃够用。现在放弃农业而从事工商业的人很多，这是国家的大祸害；奢侈浪费的风俗，日渐增长，这是国家的大祸害。这种弃农经商、奢侈浪费的现象，没有人加以禁止。整个国家、民族的命运就要完蛋，谁也无法挽救它。生产的东西很少而消耗它的人很多，国家的财产怎么能不枯竭呢！

“汉朝的建立差不多已有四十年了，国家和私人的积蓄，仍然少得可怜，实在让人感到痛心。风雨不调、错过时令，就会人心惶惶。遇到灾年没有收成，人们就要卖爵位、卖子女。这样的事情已经有所耳闻，国家已经危险到这种程度而作为皇帝还不感到惊恐吗？

“国家有灾年、有丰年，这是受天气影响，属于正常现象，夏禹、商汤时全都遇到过。假设国家不幸遇到两三千里范围的大旱，国家拿什么去抚恤灾民；国家边境突然发生战争，数十百万军队，国家怎么供养他们？如果战争与旱灾一起到来，国家财力极度匮乏。到那时，年富力强的，就要聚众造反；而年老体弱的，就要易子而食。国家的政治法令失去效力而无法执行，远方势力强大的就要起来争夺天下了。到了那时才感到惊慌失措、图谋挽救，难道还来得及吗？所以，搞好国家的财物储备，是关系国家生死存亡的大问题。如果国家储备的粮食和财物非常充足，想干什么不能成功呢！用来进攻，必然能够攻取，用来守城，必然牢不可破，用来作战，则攻无不克。用怀柔政策安抚远方，想招谁来归附谁能不来归附吗！

“如果驱赶所有的人都回归农业、扎根于农业生产。让所有的人都通过自己的劳动来养活自己，让那些从事商业和各种手工业者都改行回到田里从事农业劳动，那么就会使国家的粮食储备充足而人民安居乐业了。本来可以使国家富强人民安定的，结果却弄成现在这种栖栖惶惶的样子，我深为陛下感到惋惜！”

汉文帝被贾谊的话所打动，春季，正月十五日丁亥，汉文帝下诏开辟藉田，皇帝要亲自到耕田耕种，为天下百姓做出表率。

三月，有关部门请求皇帝封诸位皇子为诸侯王。汉文帝于是下诏，先封赵幽王的小儿子刘辟强为河间王，封朱虚侯刘章为城阳王，封东牟侯刘兴居为济北王。然后封自己的儿子刘武为代王、刘参为太原王、刘揖为梁王。

五月，汉文帝下诏说：“古代的贤君治理国家，在朝廷门口立有让人献计献策的旌旗和批评朝政的诽谤木，目的是建立朝廷与百姓之间相互沟通的渠道和鼓励人民对治理国家进言献策。而现在的法律设有诽谤罪、妖言惑众罪，这使得众臣不敢畅所欲言，而皇帝无法知道自己的过失，将用什么招徕远方那些贤良之士呢？将诽谤罪、妖言罪的条款彻底删除！”

九月，汉文帝下诏说：“农业，是国家的根本，人民赖以农业而生存。有人不从事农业生产而去从事工商业，所以人民生活得很不顺心。我很为他们的处境而忧虑，

之[685]，其赐天下民今年田租之半[686]。”

燕敬王泽[687]薨。

【段旨】

以上为第四段，写文帝二年（公元前一七八年）的全国大事。一方面继续写了文帝实行的一些善政，诸如引导全国重视、发展农业，减免全国农民田税之半；招纳臣民进言；以身作则节省开支；等等。另一方面连续记述了贾山、袁盎、贾谊的进言，著录了贾山《至言》与贾谊《论积贮》的一些段落，贾山主要是劝告文帝开言路、省游猎；贾谊主要是劝导文帝重农抑商、广积粮食，以备灾患；至于袁盎的言论，固然有其正确一面，但谄媚投机，为个人谋私利的色彩甚浓，应结合其日后的表现一并思考。

【注释】

⑥82 曲逆献侯陈平：陈平的封号为曲逆侯，封地为曲逆县，死后谥曰献。⑥83 各之国：都到自己的封地上去居住。当时列侯的封地也叫“国”。之，去、往。⑥84 为吏：在朝廷为吏。如陈平原在朝为丞相。⑥85 诏所止：朝廷有命令让他留在京城。如梁孝王特别受其母宠爱，常在京城留住。⑥86 遣太子：先派自己的儿子到封地去。汉初，诸侯王或列侯的嫡长子也称“太子”。⑥87 十一月乙亥：十一月初二。⑥88 周勃复为丞相：因陈平死，故又让周勃接任之。⑥89 癸卯晦：十一月的最末一天是癸卯日。⑥90 日有食之：日食。古人视日食为最大的天变，以为将有重大变故发生，故例书于史。⑥91 知见之所不及：知道或是看到我有什么该做而没有做到的。⑥92 丐以启告朕：希望你们能够禀告我。丐，请求。启告，禀告。⑥93 贤良方正：汉代选拔人才的科目名，顾名可知其主要是从“道德”上着眼。由郡国选出，向朝廷上报，朝廷再经过考试，而后量情任用。⑥94 匡：扶正；纠正。⑥95 不逮：不到位，这里即指缺失。泷川引胡三省曰：“贤良、方正之举，昉此。”凌稚隆引丘濬曰：“此后世人主因灾异求言之始。”泷川曰：“自是其后，宣帝五凤四年，元帝永元二年、四年，成帝河平元年、永始二年、三年，哀帝元寿元年，亦日食下诏自责，其他天变地变莫不皆然，盖以为天象与人事相关也。”⑥96 各敕以职任：语略不顺，《史记》作“各饬其任职”，亦颇晦涩。大意为严格要求各个在职的官吏。敕，命令。饬，严管。⑥97 繇费：徭役及与之相关的费用。繇，通“徭”，兵役、劳役。⑥98 罢卫将军：撤除“卫将军”之职。罢，取消其建置。卫将军，皇帝禁卫军的统帅。〖按〗《史记》原文作“罢卫将军军”，意

所以今年我亲自率领群臣进行耕作来劝导那些经商者回到农田中去从事耕种，免除全国从事农业生产的农户今年应交田租的一半。”

燕敬王刘泽逝世。

即撤掉宋昌统领的禁卫军。㊈ 太仆见马遗财足：太仆所管理的皇帝的现有马匹只保留够用的就行了。太仆，给皇帝赶车并为皇帝管理车马的官，九卿之一。见，通“现”。遗财足，留到够用即可。财，通“才”。700 给传置：补充到各个驿站上去。传、置，都是驿站的别称。701 颍阴侯骑贾山：为颍阴侯当骑兵侍从的贾山。颍阴侯，灌婴，时任太尉之职。贾山，西汉初期的政论家，著有《至言》。702 治乱之道：国家太平与战乱的有关道理。以下言论即见于《至言》。703 雷霆：霆指暴雷。704 万钧：以喻重量之极大。一钧等于三十斤。705 糜灭：糜烂、粉碎。706 非特：不止。707 势重：势力之大。708 开道而求谏：广开言路，征求意见。709 和颜色：和颜悦色。710 用其言而显其身：一旦采纳了他的意见，就要让他升官发财。711 不敢自尽：不敢有什么说什么。712 纵欲恣暴：纵欲妄为、残暴任性。713 尧舜：古代传说中的圣君，这里即指最聪明、最有智慧的人。714 孟贲：古代传说中的大勇士。715 社稷：社稷坛，古代帝王祭祀土神、谷神的地方，通常用以代指国家政权。716 周盖千八百国：通常多说周朝分封的诸侯有八百多个，现在贾山又说有“一千八百多个”，极言其多而已。盖，表示约略、揣摩的意思。717 九州：古代用以泛指中华全国。相传大禹治水后划定的九州为扬、荆、豫、青、兖、雍、梁、冀、徐。718 颂声作：歌颂周朝盛德的声音四起。作，兴、起。719 千八百国之民：整个华夏地区的黎民百姓。720 自养：供养他一个人。721 罢：通“疲”，精疲力尽。722 不能胜其役：完成不了他所兴办的那些工程徭役。胜，胜任、完成。723 不能胜其求：满足不了他的要求。724 驰骋弋猎：即指游猎。弋，射鸟。秦汉时期的帝王特别迷恋游猎，故当时的辞赋亦多描写此类内容。725 度：估计；预测。726 后嗣世世无穷：故而他自称“始皇”，其后依次为“二世”“三世”，害怕上万的汉字不够给他子孙的帝号命名。727 身死才数月：秦始皇死于公元前二一〇年七月，至秦二世元年（公元前二〇九年）七月陈涉起义爆发，中间相隔十一个月。728 宗庙灭绝：帝王的宗庙断绝祭祀，即代指亡国。729 亡养老之义：朝廷没有尊养贤人的做法。亡，通“无”。老，这里指年老而正直的贤人。《史记·伯夷列传》有所谓“西伯善养老”，故伯夷、叔齐兄弟前往投之。730 辅弼之臣：能坚持原则、公而忘私以辅佐帝王的贤良之臣。弼，扶之使直。731 诽谤：指出缺点错误。与今之纯乎贬义的“诽谤”含义不同。732 道谀：曲意迎合，引导帝王做坏事。道，通“导”，引导。733 媮合苟容：出卖原则、出卖灵魂地顺从、迎合权势者，以求达到个人目的。媮、苟，二字意思

相同，都是“苟且”“不讲是非”“不讲原则”的意思。㉞比其德：要把秦始皇的道德与前人比。㉟课其功：要计算秦始皇的功勋。课，计算、考量。㊱贤于汤武：秦人吹捧始皇帝功高三皇、德盖五帝的谄媚言辞，大量见于李斯所作的刻石铭文。可参看《史记·秦始皇本纪》。㊲天下已溃二句：反秦的烈火已烧遍全国，起义的军队已逼近咸阳，秦二世尚不知具体情况。详见《史记·秦始皇本纪》。溃，崩溃。㊳䜣䜣：喜悦的样子。㊴三王：夏、商、周三代的开国帝王，指夏禹、商汤、周文王、周武王。㊵精白：既精且白，这里用如动词，指努力修炼自己。㊶以承休德：以响应、追寻您的美意。㊷使为常侍诸吏：有的令其为常侍，有的使其为各部门的官吏。常侍，帝王的侍从官员，如郎中、中郎、侍郎等。㊸一日再三出：有时一天出去两次，有时一天出去三次。㊹解弛：稀松；松散。解，通“懈”。㊺堕于事：工作马虎，不负责任。堕，同“隳”，毁。㊻自勉：自励；自己要求严格。㊼厚天下：对待天下人、天下事都尽量优厚，如减赋税、抚恤老人等。㊽平狱：平反冤案。㊾山东吏：崤山以东的各郡、各诸侯国的官吏。㊿布诏令：向百姓们宣布朝廷的命令。㉛老羸癃疾：泛指一切老弱病残的人。羸，瘦弱。癃疾，难以治愈的老病。㉜愿少须臾毋死：盼望老天爷让自己再多活一些时候。少，稍微。须臾，一会儿。㉝思见德化之成：希望能够亲眼看到太平盛世的来临。德化之成，仁义政治的实现。㉞方就：刚刚获得成功。㉟名闻方昭：名声刚刚响起来。昭，显著。㊱乡风而从：望风而动，顺着已有的大好形势继续发展。乡，同“向”。㊲直：竟然。㊳大业：治国治民的大事。㊴大臣不得与宴游：大臣不能参与帝王的欢宴与游猎。与，参与。宴游，宴饮与游乐。《晏子春秋》载有齐景公邀请大司马穰苴一起游宴，穰苴加以拒绝事，即以此为说。㊵务其方：提高自己的业务能力。方，技、本领。㊶高其节：提高自己的品德节操。㊷尽心以称大礼：把一切心思都用到帮您治国平天下的大事情上来。大礼，大体、大局。㊸夫士：作为一个士大夫。夫，发语词。㊹坏之于天子之廷：到了朝廷上不干好事，指整天陪着皇帝吃喝打猎等等。㊺愍：通“悯”，惋惜。㊻陛下与众臣宴游：您应该只和那些小臣、宠臣一起吃喝玩乐。众臣，指太监、俳优、侍从等。㊼大臣：指三公、九卿等管理国家大政的人。㊽朝廷论议：在朝廷上讨论国家大事。㊾游不失乐：游宴时不至于没有乐趣。㊿朝不失礼：在朝廷上又不至于有失体统。㉛轨事之大者：这是处理一切事务的大原则。轨，法度，这里用如动词，即“规划”“处置”的意思。〖按〗以上文字见于《至言》。㉜嘉纳：称赞、采纳。㉝上每朝：这里实指文帝每次上下朝的路上。㉞止辇：停下车来。辇，帝王乘坐的车，有的用人拉，有的用人抬。㉟置之：搁下；放在一边。㊱霸陵：汉文帝为自己预修的陵墓，在今陕西西安市灞桥区之毛窑院村，位于灞河西岸白鹿原北坡形似方锥的凤凰嘴。㊲欲西驰下峻阪：想从陵墓顶处的高坡上驰车而下。〖按〗文帝的霸陵不是由平地堆土而成，而是凿洞于一个山坡上，所以其陵墓顶处可以很高。㊳中郎将：帝王的卫队长官名，上属郎中令。㊴袁盎：字丝。事迹详见《史记·袁盎晁错列传》。㊵并车揽辔：傍着文帝的车子，紧紧拉住文帝诸马的缰绳。并，通“傍”，靠着。辔，勒马的嚼子与缰绳。⑱将军怯邪：袁将军你怕了吗。因袁盎当时为中郎将，故文帝称之为“将军”。怯，胆小、害怕。⑫千金之子：豪富人家的孩子。千金，汉代称黄金一斤曰“一金”，“一金”可抵铜钱一万枚。⑬坐不垂堂：不坐在屋檐下。《史记索隐》引张揖曰：“恐檐瓦坠，中人。”也有称“垂堂”为殿边者，《说文》云：“堂，殿也。”师古曰：“谓坐殿外边，恐坠堕也。”⑭不乘危：不到危险的地方去。乘，登。⑮不徼幸：不追求意外的幸运。徼，求。⑯六飞：六匹快马拉着的车子，皇帝的车子用六马。⑰车败：车翻；车坏。⑱自轻：指不爱护身体、生命。⑲奈高庙太后何：意谓倘若有个好歹，怎么向死去的父亲和堂上的老母交代呢。高庙，刘邦的寝庙，这里指刘邦。太后，指文帝的母亲薄太后。泷川曰：“司马相如《谏猎书》，盖敷衍此数语。”⑳慎夫人：文帝的宠妃。皇帝的姬妾可以统称曰“夫人”，其中细分有“美人”“长使”“少使”“八子”“七子”等名目。㉑禁中：宫廷内。㉒同席坐：同坐一张席子。汉时的习惯不坐椅子，都坐在垫子上，今日本之习惯与之同。㉓及坐郎署：及至这次在郎署就座时。郎署，上林苑中警卫部门的官衙。师古引苏林曰：“上林中直卫之署。”㉔引却慎夫人坐：将慎夫人的座席向后拉了一点，使其与皇后分出等级。㉕上亦怒三句：文帝也生气地站起身来，回宫了。〖按〗《汉书》无“入禁中”三字，似乎更合情理，因为这是在上林苑。㉖立后：确立皇后。㉗妾主：小老婆与正妻之间。旧时小老婆称正妻为“家主”，二者之间的地位悬殊。㉘陛下幸之二句：如果您喜欢她，可以赏赐东西给她。㉙陛下所以为慎夫人：您现在对待慎夫人的这些做法，指妻妾无别。㉚适所以祸之：恰好是害了她。适，恰好。㉛独不见“人彘”乎：您难道不记得“人彘”那回事了吗。人彘，指刘邦的宠妃戚夫人，因受宠，几乎危及吕后与太子的地位。故刘邦死后，戚夫人被吕后断去四肢，抛入厕所，称为“人彘”。详见《史记·吕太后本纪》。㉜召语慎夫人：把慎夫人叫来，把袁盎的话说给她听。语，告诉。㉝说上曰：以下说辞见贾谊文章《论积贮》。㉞《管子》：相传是春秋时代管仲所著的一部讲经济问题的书，实际上可能产生于战国后期或秦汉之交，有人称之为黄老哲学的代表作。㉟仓廪实而知礼节二句：二语见《管子·牧民》。仓廪，这里即泛指仓库。实，满。㊱不足：不得温饱。㊲未之尝闻：没有听说过。㊳或受之饥：就要有人为此而挨饿了。㊴生之有时：作物生长都得有一定周期。㊵无度：没有限度，指极力消耗浪费。㊶屈：竭尽。㊷至纤至悉：指在发展生产、节约开支方面都考虑得非常细致，非常周密。㊸畜积足恃：贮存的东西够吃够用。畜，通“蓄”。足恃，不担心突发事件。㊹背本而趋末：指弃农经商。古代称农业为本业，称工商业为末业。㊺大残：大祸害。㊻淫侈之俗：肆意挥霍、奢侈浪费的风俗。㊼大贼：大祸害。上述“残”“贼”二字的意思相同。㊽莫之或止：没有办法禁止它。㊾大命将泛：整个国家民族的命运将要完蛋。泛，颠覆、灭亡。㊿莫之振救：谁也无法拯救它。(821)生：生产。(822)靡：此处通“糜”，消耗。(823)何得不蹶：怎么能够不枯竭。蹶，减、枯竭。(824)汉之为汉：从汉王朝建立。(825)几：差不多；近乎。(826)失时：错过节令，该下而未下。㉗狼顾：东张西望，惶恐害怕的样子。㉘岁恶不入：年景不好，颗粒不收。岁，年景。㉙请卖爵子：只好卖爵、卖子。当时许多平民也有爵级，这些爵级可以是通过战场立功，或是交纳粮食而换得，遇有需要也可以转卖。㉚闻耳：已经有所耳闻。㉛为天下：治理国家。㉜阽危者若是：危险到了这种程度。阽危，面临危险。若是，如此、像这种样子。㉝世之有饥穰：世上之有荒年、有丰收。穰，丰收。㉞天之行：大自然的规律。㉟禹、汤被之矣：夏禹、商汤全都遇上过。被，遭遇。据说大禹时曾有多年洪水，商汤时曾有多年干旱。㊱即：假如。㊲国胡以相恤：国家拿什么来救济他们。胡，如何。㊳卒然：突然。卒，通"猝"。㊴胡以馈之：如何供应粮饷。馈，给、供应。㊵兵旱相乘：战争与旱灾一齐来到。㊶大屈：大劫难。㊷聚徒而衡击：指群起造反。衡击，四处攻击抢夺。衡，通"横"，横行。㊸罢夫羸老：没有力气的病弱老人。罢，通"疲"。羸，瘦弱。㊹易子咬其骨：相互交换着吃小孩。易，交换。㊺政治未毕通：统治者的恩德威望还没有受到普天下的拥戴信任。㊻僭拟者：即也想起来称帝称王的人。僭拟，越分、与皇帝平起平坐。㊼乃骇而图之：到那时才慌忙地想来解决它。㊽积贮：储存物资，这里主要指储存粮食。㊾天下之大命：关系国家生死存亡的大问题。㊿苟：只要；假如。51以攻则取：以此攻城，就能攻下。52以守则固：以此守城，就谁也攻不下。53怀敌附远：让敌对之人感恩，让远方之人归附。54何招而不至：想招任何人没有招不来的。55皆着于本：都在农业上扎下根来。本，指农业。56各食其力：自己养活自己，即男耕女织，自给自足。57末技游食之民：指从事工商业以及其他各行各业的游民，诸如医卜星相、侏儒乞丐等。58缘南亩：指回归农业。南亩，农田，《诗经·七月》有"馌彼南亩"，后世遂以"南亩"指农田。59乐其所：愿意生活在这块土地上。60可以为富安天下：本来是可以使国家富强安定的。61而直为此廪廪也：结果竟弄成了这种栖栖惶惶的样子。廪廪，担惊受怕的样子。62窃为陛下惜之：我真为您感到遗憾。窃，谦辞。惜，惋惜、遗憾。63正月丁亥：正月十五。64藉田：也作"籍田"。帝王为引导民众从事农业而特别开辟的"样板田"，亲自耕种，以其收成奉祀宗庙。65率：引导；示范。66皇子：现行皇帝的太子以外的其他儿子。67赵幽王少子辟强：刘辟强，赵幽王刘友之少子、赵王刘遂之弟。68河间王：国都乐城，在今河北献县东南。69朱虚侯章：刘章，齐悼惠王之子，原被封为朱虚侯。70城阳王：封地城阳郡，原属齐国，今从齐国分出以封刘章，都城即今山东莒县。71东牟侯兴居：刘兴居，刘章之弟，原被封为东牟侯。72济北王：封地济北郡，原属齐国，今从齐国挖出以封刘兴居。都城卢县，在今山东长清西南。73皇子武：刘武，文帝之子，窦皇后所生。74代王：都城晋阳，在今山西太原西南。75进善之旌：相传尧时曾立有"进谏之旗"，让人们站在此旗下给尧进言。进善，进善言。76诽谤之木：相传尧时曾立有"诽谤之木"，让人们在此木上书写对尧的意见。〖按〗诽谤之木是一种十字形的立木，今故宫前面的"华表"即其遗制。77通治道：使统治者的想法能与吏民的想法沟通。78来谏者：招纳人们前来提意见。来，招使前来。79妖言之罪：

高后元年曾有诏除妖言令。今又有妖言罪，可见其间又曾重设此条。⑧⑧⓪其：表示命令的发语词。⑧⑧①或：有的人。⑧⑧②生不遂：生活得不顺心，指饥饿贫困等。⑧⑧③怜其然：可怜他们成了这种样子。⑧⑧④今兹：今此；现在。⑧⑧⑤农以劝之：通过我们君臣亲自从事农业劳动来劝勉他们。⑧⑧⑥其赐天下民今年田租之半：免除全国农民应交农业赋税的一半。⑧⑧⑦燕敬王泽：刘泽，刘邦的开国功臣，先被吕后封为琅邪王，后被文帝改封为燕王。事迹详见《史记·荆燕世家》。“敬”字是其死后的谥。

【校记】

［8］以：原作“而”。据章钰校，甲十五行本、乙十一行本、孔天胤本皆作“以”。今从诸本及《汉书·贾邹枚路传》改。［9］议不失计：此四字原无。据章钰校，甲十五行本、乙十一行本、孔天胤本皆有此四字，张瑛《通鉴校勘记》同。今从诸本及《汉书·贾邹枚路传》补。

【研析】

本卷所写的中心问题是惠帝死后吕后专权，因报复性地杀害刘邦诸子，架空以周勃、陈平为代表的功臣元老，大封诸吕为王为侯，集中一切军政大权于吕氏之手，致使刘氏与功臣元老结合起来，一举灭掉诸吕一党的艰险过程。其材料主要是依据《史记》的《吕太后本纪》。围绕这个事件令人思考的事情有以下几点。

第一，从今天的观点来看，刘邦做了皇帝就立一条“非刘氏者而王，天下共击之”，那么等吕后做了皇帝怎么就不能也立一条“非吕氏者不得王”呢？况且吕后也没有这么绝对，她也就是立了吕氏的几个兄弟子侄而已。应该知道吕家和刘家一样，都是在反秦、反项的过程中浴血奋战过来的。吕泽、吕释之的军功绝非刘邦的兄弟如刘仲、刘交之流所能及。因此那种莫名地敌视吕氏诸人的情绪压根就没有道理，或者说只是一种顽固的宗法思想在作怪。

第二，《史记》的《吕太后本纪》在写到吕后去世时，先是说“当是时，诸吕擅权，欲为乱”；接着写到齐王刘襄起兵时，又说“吕禄、吕产欲发乱关中”。这是强加罪名，没有事实根据的。清代郭嵩焘说：“吕后以南、北军属之吕产、吕禄，使据兵自固，以无为人所制而已。产、禄庸才，并所将兵亦解以属之太尉，是岂欲‘为乱’者？史公以周勃除诸吕，特重吕氏之罪，以疑似被之名耳。”这种理解是恰当的，但凡两个政治派别对立、火并时，总是尽量把对方说得罪大恶极。而罪恶之巅峰，没有比“造反”更可恨的了。

第三，关于周勃、陈平等人的“历史功勋”。从现有的资料看来，当吕后专权，气焰隆盛之时，周勃与陈平都是趋附吕后的，尤其是陈平，表现得异常明显。当惠帝刚死，张良之子张辟强为讨得吕后欢心而劝陈平等“请拜吕台、吕产、吕禄为将，将兵居南北军，及诸吕皆入宫，居中用事”，陈平等“乃如辟强计，太后悦”时，司马迁在此下写道：“吕氏权由此起。”这句史断是相当严厉的。接着当王陵引刘邦当年的盟誓“非刘氏而王，天下共击之”明确反对吕后封王诸吕时，周勃、陈平则说“高帝定天下，王子弟；今太后称制，王诸吕，无所不可”，于是封王诸吕之事遂畅行无阻。前面说过，如果周勃、陈平真是如此认识，就是从心眼里拥护吕后，那也没有什么不好。当他们受到王陵的质问时，却又说“于今面折廷争，臣不如君；全社稷、定刘氏之后，君亦不如臣”；特别在《陈丞相世家》写到此事，还特别有一句“吕太后立诸吕为王，陈平伪听之”。俨然周勃、陈平是早就准备了日后的反戈一击。这些话可信吗？多数读史者都认为那是诸吕被灭后周勃、陈平为自己的涂脂抹粉、文过饰非。生在当时的袁盎就曾说“方吕后时诸吕用事，擅相王，刘氏不绝如带，是时绛侯为太尉，主兵柄，弗能正”；说他们日后的“伟业”是“适会其成功”，是赶上了机会。清代史珥说陈平前一半的表现是“去长乐老（冯道）不远”；明代凌稚隆说“周勃、陈平不以此时极谏，而顾阿意曲从，乃致酿成其祸，他日虽有安刘之功，仅足以赎今之罪耳”。而且他们日后所以加入反吕联盟乃是出于吕后对他们仍不信任，她夺了周勃的兵权交给吕禄，架空了陈平的“丞相”，另立吕产为相国。至此两个投机分子眼看着自己的资本已被剥得精光，于是当刘襄的讨吕大兵在东方兴起，灌婴的倒戈消息传进长安，两个变色龙立即改与刘章结合，凭着他们昔日的崇高职位，轻而易举地夺取了政变的领导权。但社会上历来也有些人称道周勃、陈平，如清代郭嵩焘说：“是时吕后决意王诸吕，非王陵、平、勃所能争也，争则相与俱罢，而吕氏之祸益烈，无有能制其后者矣。诸吕之王无当吕氏之安危，而止益诸吕之祸。平、勃之不争，固自有见，非王陵所能及也。”真是成者王侯败者贼，胜利者怎么解释历史都可以了。

第四，刘恒之所以被拥立为帝。刘恒与其母薄氏都以黄老思想为安身立命之基，当刘邦晚年，戚夫人与吕后相互较量时，刘恒与其母都尽力装出一种胸无大志、与世无争的样子。刘邦封王诸子，大家都抢着挑齐国、赵国，唯有刘恒愿意长留穷边的代国。其母见吕后凶恶，心知日后难缠，故而自请跟着儿子去穷边，远远地离开吕后。周勃、陈平消灭诸吕后，大权在握，要挑选一个软弱无为的皇室子弟做皇帝，以利于他们控制。齐王刘襄是绝对不能立的，因为他根子既硬又英武无双。那么谁最软弱呢？于是挑来挑去，看中了长期处于韬晦之中的刘恒。《老子》说：“欲取之，先与之。”等到皇帝大权一旦到手，看他在对付周勃、陈平，对付刘襄、刘章兄弟是如何不念旧恩、不讲情面，人们就该想周勃、陈平这两个家伙看走了眼，简直是挑了一个刺猬、一个炸弹，挑了一个置他们于死地的大克星。历代凡行废立的大臣，他们虽于新主有大恩，然也最使新主所畏忌，春秋晋国之里克，南朝刘宋之徐羡之、傅亮所以有大功而被杀，就是这个原因。陈平死得早，免却了许多麻烦；周勃死得略晚，后半生的种种难熬就全让他摊上了。难哪！

第五，诬蔑吕后执政时的两个小傀儡皇帝与其他孝惠帝的儿子“皆非刘氏子”。周勃、陈平以及新上台的刘恒为将凡与吕氏有关的人员通通杀光，甚至连孝惠帝的几个儿子都不放过，其根本原因就是要斩草除根，留下来害怕日后有麻烦，因为这涉及刘恒的继位是否合理合法的问题。而要杀这些孩子，最有力量的借口就是诬说他们不姓刘。这就如同汉初人所常说、所痛骂的秦始皇不姓嬴而是姓吕一样的可恶。但谎言掩盖不住事实，清醒的历史家们是绝不想念这种诬蔑的。清代何焯说：“‘少帝非刘氏’，乃大臣既诛诸吕，从而为之辞。”王先谦引周寿昌曰：“前后有两‘少帝’，前之‘少帝’即后宫美人子，于高后四年幽死；后之‘少帝’为恒山王弘也，亦明前幽死之‘少帝’实为孝惠帝子也。”梁玉绳曰：“上文一曰‘孝惠后宫子’，再则曰‘孝惠皇后无子，取美人名之’，则但非张后子，不得言‘非孝惠子’也。乃此言‘诈他人子以为子’，后又云‘足下非刘氏’，何欤?《史记考要》谓‘诸大臣阴谋而假之辞，以绝吕氏之党，不容不诛’，其信然矣；史公于纪两书之，而年表亦云‘以孝惠子封’，又云‘以非子诛’，皆有微意存焉，非歧说也。”俞正燮《癸巳存稿》有“汉少帝本孝惠子考”，亦发此意。

卷第十四　汉纪六

起阏逢困敦（甲子，公元前一七七年），尽重光协洽（辛未，公元前一七〇年），凡八年。

【题解】

本卷写了文帝三年（公元前一七七年）至文帝十年（公元前一七〇年）共八年间的全国大事。主要写了绛侯周勃因功高权大被文帝找借口逐出朝廷，又以莫须有罪名将其下狱，后因无罪只好将其释放事；写了淮南王因其母受害致死，为报仇锤杀大臣审食其，又因骄纵谋反而被发配并自杀于途中，文帝不安，封其四子为侯事；写了济北王因恨文帝对己不公而谋反被讨平事；写了匈奴与文帝相互致书，重行和亲，以及中行说被迫入匈奴，为汉王朝带来巨大麻烦事；写了张释之为官公正，敢于直言极谏事；写了贾谊连续上书，谏立淮南王诸子为侯，谏令私人铸造钱币，还在《治安策》中提出了亟须解决的国内诸侯割据、国外与匈奴的形势倒挂，以及太子的教育、重法排儒的风气、对大臣人格尊严的保护；等等。

【原文】

太宗孝文皇帝中

前三年（甲子，公元前一七七年）

冬，十月丁酉晦[①]，日有食之。

十一月丁卯晦，日有食之[②]。

诏曰："前[③]遣列侯之国[④]，或辞未行[⑤]。丞相，朕之所重，其为朕率[⑥]列侯之国！"十二月，免丞相勃，遣就国[⑦]。乙亥[⑧]，以太尉灌婴为丞相，罢太尉官，属丞相[⑨]。

夏，四月，城阳景王章薨[⑩]。

初，赵王敖献美人于高祖[⑪]，得幸，有娠[⑫]。及贯高事发[⑬]，美人亦坐系河内[⑭]。美人母弟[⑮]赵兼因辟阳侯审食其言吕后[⑯]，吕后妒，弗肯白[⑰]。美人已生子[⑱]，恚[⑲]，即自杀。吏奉其子诣上[⑳]，上悔，名之

【语译】

太宗孝文皇帝中

前三年（甲子，公元前一七七年）

冬季，十月最后一天二十九日丁酉，发生日食。

十一月最后一天三十日丁卯，发生日食。

汉文帝下诏说："在去年的诏书中曾命令各诸侯王回到自己的封国去，有人寻找各种理由拒绝回去。丞相是我所倚重的大臣，就请丞相做出表率，与诸侯王一起回自己的封国去！"十二月，免去周勃的丞相职务，命他回自己的封国。初八日乙亥，任命太尉灌婴为丞相，取消太尉 职，其职责归属于丞相。

夏季，四月，城阳王刘章逝世，死后追谥为景王。

当初，赵王张敖献美人给刘邦，这个美人很受刘邦的宠爱，且怀了身孕。等到贯高事件被揭发出来以后，张敖所送的美人也因此受到牵连而被囚禁在河内郡。美人的胞弟赵兼想通过辟阳侯审食其向吕后求情，而审食其知道吕后早就对美人心怀妒忌，因此不肯替美人说情。美人生子后因怨恨而自杀。有关人员捧着美人所生的孩子送给

曰长，令吕后母之㉑，而葬其母真定㉒。后封长为淮南王㉓。

淮南王蚤㉔失母，常附㉕吕后，故孝惠、吕后时㉖得无患㉗，而常心怨辟阳侯，以为不强争㉘之于吕后，使其母恨而死也。及帝即位㉙，淮南王自以最亲㉚，骄蹇㉛，数不奉法㉜，上常宽假㉝之。是岁，入朝㉞，从上入苑囿㉟猎，与上同车，常谓上"大兄"㊱。王有材力㊲，能扛鼎㊳。乃往见辟阳侯，自袖铁椎㊴，椎辟阳侯㊵，令从者魏敬刭之㊶，驰走阙下㊷，肉袒㊸谢罪。帝伤其志为亲㊹故，赦弗治㊺。当是时，薄太后及太子、诸大臣皆惮㊻淮南王。淮南王以此，归国益骄恣，出入称警跸㊼，称制㊽拟于天子㊾。袁盎谏曰："诸侯太骄，必生患㊿。"上不听。

五月，匈奴右贤王(51)入居河南地(52)，侵盗上郡(53)保塞蛮夷(54)，杀略[1]人民。上幸甘泉(55)。遣丞相灌婴发车骑(56)八万五千诣高奴(57)击右贤王，发中尉材官(58)属卫将军(59)，军长安(60)。右贤王走出塞(61)。

上自甘泉之高奴，因幸太原(62)，见故群臣，皆赐之，复晋阳、中都民三岁租(63)。留游太原十余日。

初，大臣之诛诸吕也，朱虚侯功尤大。大臣许尽以赵地王朱虚侯(64)，尽以梁地(65)王东牟侯(66)。及帝立，闻朱虚、东牟之初欲立齐王(67)，故绌其功(68)。及王诸子(69)，乃割齐二郡以王之(70)。兴居自以失职(71)夺功(72)，颇怏怏(73)。闻帝幸太原，以为天子且(74)自击胡，遂发兵反。帝闻之，罢丞相及行兵(75)皆归长安，以棘蒲侯柴武(76)为大将军(77)，将(78)四将军、十万众击之，祁侯缯贺(79)为将军，军荥阳(80)。秋，七月，上自太原至长安。诏："济北(81)吏民，兵未至先自定(82)及以军城邑降(83)者，皆赦之，复官爵。与王兴居去来(84)者，赦之。"八月，济北王兴居兵败，自杀。

刘邦，刘邦很后悔，给孩子起名叫刘长，责令吕后抚养，而将美人葬在真定。后来封刘长为淮南王。

淮南王刘长由于幼年丧母，经常依附于吕后，所以在孝惠帝和吕后当政时期，并没有遭受迫害。然而，刘长心里常常怨恨辟阳侯审食其，认为辟阳侯不在吕后面前力争，致使其母含恨而死。等到汉文帝即位当了皇帝，淮南王刘长认为自己和汉文帝的关系最亲，因而逐渐桀骜不驯起来，屡屡地违法乱纪，文帝常常宽容他而不予追究。当年，淮南王刘长来京朝见文帝刘恒，跟着文帝到苑中打猎，就和刘恒同坐在一辆车上，他常呼文帝为大哥。淮南王刘长身高体壮，力能举鼎。他假装去拜访辟阳侯审食其，预先在袖中暗藏了铁锤，击杀了辟阳侯审食其，并命令随从魏敬将辟阳侯审食其的头割下来，然后跑到皇宫，袒露出臂膀向文帝请罪。文帝怜他是为母报仇而击杀辟阳侯，所以就赦免了他，没有给他任何处罚。当时，薄太后、太子及各大臣都畏惧淮南王刘长。因此，淮南王刘长回国以后更加骄横，出入时也模仿皇帝，在所经过的地方命令洒扫街道，禁止通行，在其封国之内把自己下的命令称作“制”，与皇帝的排场相同。袁盎规劝文帝说：“侯王如果太骄横，必然会生出乱子。”文帝不听。

五月，匈奴右贤王占领了河套以南地区，掠夺居住在上郡边境之外的少数民族的财产，杀害百姓。汉文帝亲自来到甘泉。命令丞相灌婴率领战车、骑兵总计八万五千人到高奴县迎击右贤王，调拨中尉管辖下的以力大闻名的特种兵归属于卫将军指挥，驻扎在长安。右贤王闻讯率领军队撤出边塞。

汉文帝从甘泉前往高奴，顺便回到太原，他召见旧时的臣属，每个人都有奖赏，并下诏免除晋阳、中都两县百姓的三年田租。汉文帝在太原逗留游览了十多天。

当初，消灭吕氏集团时，朱虚侯刘章功劳最大。大臣们允诺把赵地全部给刘章，封他为赵王，而把梁国之地全部给东牟侯刘兴居，封他为梁王。当汉文帝刘恒即位后听说朱虚侯、东牟侯当初曾经要立其兄齐王刘襄为皇帝时，心里便对二人产生不满，所以故意贬低他们的功劳，迟迟不给他们封王，一直到为自己的儿子封王时，才把齐王刘襄管辖下的城阳郡分割出来封朱虚侯刘章为城阳王；把济北郡分割出来封东牟侯刘兴居为济北王。刘兴居因为自己既没有得到应该得到的东西，功劳又被埋没，很不满意。听说汉文帝巡幸太原，就以为汉文帝要亲率大军迎击匈奴，遂趁机发兵造反。汉文帝听到消息后，立即下令率军出征的丞相灌婴及其所率领的军队停止前进，返回长安，任命棘蒲侯柴武为大将军，率领着四位将军、十万大军去平定东牟侯刘兴居的叛乱，任命祁侯缯贺为将军，率军驻扎在荥阳。秋天，七月，汉文帝从太原回到长安。下诏说：“济北国的官员百姓，凡是在朝廷平叛大军未到之前能够自行稳定地方秩序、不支持叛乱，以及虽然参加叛乱，但能率军或率领本地、本乡向朝廷大军投降的，一律既往不咎，官复原职。曾经与济北王刘兴居有过往来的，也不予追究。”八月，济北王刘兴居兵败自杀。

初，南阳[85]张释之[86]为骑郎[87]，十年不得调[88]，欲免归[89]。袁盎[90]知其贤，而荐之为谒者仆射[91]。

释之从行[92]，登虎圈，上问上林尉[93]诸禽兽簿[94]。十余问，尉左右视，尽不能对。虎圈啬夫[95]从旁代尉对上所问禽兽簿甚悉[96]，欲以观其能[97]，口对响应无穷[98]者。帝曰："吏不当若是邪！尉无赖[99]。"乃诏释之拜啬夫为上林令[100]。释之久之[101]，前曰："陛下以绛侯周勃何如人也？"上曰："长者[102]也。"又复问："东阳侯张相如[103]何如人也？"上复曰："长者。"释之曰："夫绛侯、东阳侯称为长者，此两人言事曾不能出口[104]，岂效此啬夫喋喋利口捷给哉[105]！且秦以任刀笔之吏[106]，争以亟疾苛察相高[107]，其敝，徒文具而无实[108]，不闻其过[109]，陵迟[110]至于土崩[111]。今陛下以啬夫口辩[112][2]而超迁[113]之，臣恐天下随风而靡[114]，争为口辩[115]而无其实。夫下之化上[116]，疾于景响[117]，举错[118]不可不审[119]也。"帝曰："善。"乃不拜啬夫。上就车，召释之参乘[120]。徐行，问释之秦之敝，具以质言[121]。至宫，上拜释之为公交车令[122]。

顷之，太子[123]与梁王[124]共车入朝，不下司马门[125]。于是释之追止[126]太子、梁王，无得入殿门，遂劾[127]："不下公门[128]，不敬[129]。"奏之[130]。薄太后[131]闻之，帝免冠谢[132]教儿子不谨[133]。薄太后乃使使承诏[134]赦太子、梁王，然后得入。帝由是奇释之，拜为中大夫[135]。

顷之，至中郎将[136]。从行至霸陵[137]，上谓群臣曰："嗟乎！以北山石为椁[138]，用纻絮斫陈漆其间[139]，岂可动哉[140]！"左右皆曰："善。"释之曰："使其中有可欲者，虽锢南山，犹有隙[141]；使其中无可欲者，虽无石椁，又何戚焉[142]！"帝称善[143]。

是岁，释之为廷尉[144]。上行出中渭桥[145]，有一人从桥下走[146]，乘

当初，南阳人张释之为骑郎时，十年没有得到提升，他想辞职回家。袁盎知道张释之有才能，便极力向汉文帝推荐，于是汉文帝任命张释之为谒者仆射。

张释之跟随汉文帝到上林苑的虎圈观看老虎，汉文帝向上林尉询问上林苑中各种禽兽的数目，一连提了十多个问题，上林尉都显得局促不安、左右环顾，一个也回答不上来。虎圈啬夫便在旁边代替上林尉回答汉文帝的问话，汉文帝于是就向啬夫询问有关上林苑中各种禽兽的情况，问得很详细，想借此观察他的才能；啬夫对答之快就像回响之应声，不带一点迟疑，而且没有回答不上来的。汉文帝称赞啬夫说："难道当官的不应该如此吗！尉官不足任使。"于是命令张释之去宣布任命啬夫为上林令。张释之没有马上执行皇帝的命令，过了好大一会，他问文帝说："陛下认为绛侯周勃是怎么样的一个人？"文帝说："是一个谨慎忠厚的人。"张释之又问："东阳侯张相如是什么样的人？"文帝又说："张相如也是一个谨慎忠厚的人。"释之说："绛侯、东阳侯都是谨慎忠厚的人，可是他们两人说起话来结结巴巴，连一件事情也说不清楚，哪里像这个啬夫伶牙俐齿说得如此流利呢！秦朝因为重用刀笔吏，都争着看谁办案更严厉、更琐细，其弊端就是只做表面的官样文章而没有实质内容，在上位的因为听不到臣民对自己过失的批评而无法改过，以至于国家局势越来越坏，终于彻底崩溃、国家灭亡。现在陛下因为啬夫口齿伶俐而越级提升，我担心天下华而不实之风会从此兴起，争学啬夫能言善辩而不求实际。上行下效，比影之随形、响之应声还要快，处理事情不能不审慎。"汉文帝说："说得好。"于是，不再提提升啬夫的事情。回来的时候，文帝坐上车，招呼张释之和自己坐在同一辆车子上。车子缓缓而行，文帝向张释之询问秦朝的弊端，张释之于是老老实实、详详细细地为汉文帝做了分析。回宫之后，汉文帝立即任命张释之为公交车令。

过了不久，太子刘启和梁王刘武同车入朝，他们到了司马门没有下车。张释之立即追上去将他们拦住，不允许他们进入殿门，并向文帝奏报说："太子、梁王到司马门前不下车，犯了不尊敬皇帝之罪。"薄太后也知道了此事，文帝赶紧摘掉帽子，向薄太后道歉，承认自己教子不严。薄太后派人以皇帝的名义前去赦免太子、梁王，太子、梁王这才得以入宫。文帝从此对张释之更加另眼相看，任命他为中大夫。

不久，又升任他为中郎将。张释之跟随汉文帝来到霸陵，汉文帝对群臣说："哎呀！如果能以北山之石为椁，再把苎麻等剪碎和漆调和在一起填塞在石缝中，将会多么坚固，还有哪个盗墓者能打开它呢！"群臣随声附和说："陛下说得很对。"张释之却说："假设棺椁之中有很多令人垂涎的宝物，即使把整个终南山灌铸起来当作棺椁，也会有隙可乘；假如其中没有值钱的东西，即使没有石椁，又有什么可担心的呢！"文帝认为张释之说的话很有道理。

这一年，张释之担任廷尉。一次，汉文帝出行经过中渭桥，有一人从桥下经过，舆[147]马惊。于是使骑[148]捕之，属廷尉[149]。释之奏当[150]："此人犯跸[151]，当罚金。"上怒曰："此人亲惊吾马，马赖和柔；令他马，固不败伤[152]我乎！而廷尉乃当之罚金！"释之曰："法者，天下公共也。今法如是，更重之[153]，是法不信于民[154]也。且方其时[155]，上使使诛之则已[156]。今已下廷尉，廷尉，天下之平[157]也。壹倾[158]，天下用法皆为之轻重[159]，民安所错其手足[160]！唯[161]陛下察之！"上良久曰："廷尉当是也。"

其后人有盗高庙[162]坐前玉环[163]，得[164]。帝怒，下廷尉治[165]。释之案"盗宗庙服御物者"为奏[166]当弃市[167]。上大怒曰："人无道，乃盗先帝器！吾属廷尉者[168]，欲致之族[169]。而君以法奏之[170]，非吾所以共承宗庙[171]意也。"释之免冠顿首谢曰："法如是，足也。且罪等，然以逆顺为差[172]。今盗宗庙器而族之，有如万分一，假令愚民取长陵一抔土[173]，陛下且何以加其法乎？"帝乃白太后许之。

【段旨】

以上为第一段，写文帝三年（公元前一七七年）的全国大事。主要写了周勃被排挤出朝廷、城阳王刘章死、济北王刘兴居谋反被灭，皆上卷讨灭诸吕事件之余波；写了淮南王刘长的身世与其为母报仇，椎杀审食其，为其日后谋反埋下伏笔；写了张释之公正执法、仗义执言，以及文帝从谏如流的一系列事迹。

【注释】

①十月丁酉晦：十月的最后一天是丁酉日。晦，阴历每个月的月末。②十一月丁卯晦二句：两个月的月末连续出现日食，古人视为极其严惩的天变。③前：指上次下诏书。见本书卷十三文帝前二年。④遣列侯之国：让各位列侯都到自己的封地上去。⑤或辞未行：有的人推说原因拒而未去。⑥率：带头，给人做榜样。⑦免丞相勃二句：说是因日食而发，说是给他人做榜样，其实是文帝畏惧、讨厌周勃，寻借口将其逐出朝廷。⑧乙亥：十二月初八。⑨属丞相：将太尉的权力一并交予丞相，从此丞相的权力极大，既管政府，又管军队。其所以如此，是文帝喜欢灌婴。灌婴既有拥立文帝之大功，又没有周勃那种出尔

文帝的车驾受了惊。汉文帝立即下令骑兵将从桥下经过的那个人逮捕起来送交廷尉张释之去处置。张释之将判处意见向汉文帝奏报说："此人违犯戒严令，按照法律规定应当判处罚款。"文帝一听就很生气地说："此人惊了我的马，幸亏马驯服；若是别的马，我岂不是要受伤了吗！廷尉却怎么只判他交纳罚金！"张释之解释说："法律，对天下所有的人都应该一样公平。按照现在的法律量刑，惊了陛下的马也就是判处交纳一些罚金；如果随意加重处罚，法律就得不到百姓的信任。如果在御马受惊时，皇上立即派人杀了他也就罢了。现在既然把他交给廷尉处置，廷尉代表天下公平执法，稍微有所偏向，下面的执法者就会随意地加重或减轻执法力度，老百姓就会不知所措！希望陛下考虑！"文帝考虑了很久，说："还是廷尉量刑正确。"

后来有人偷盗了高祖刘邦庙座前的玉环，被逮捕。文帝对此非常愤怒，就又将盗贼交给廷尉张释之处置。释之按"盗宗庙服御物者"的法律条文向汉文帝奏报，认为此人应该被判处死刑。汉文帝大怒，说："此人如此行径，竟敢盗窃先帝寝庙的器物！我将他交给你处置，是想诛灭他的三族，而你竟依照法律条文只判处他弃市，这不符合我恭敬宗庙的本意。"张释之脱下帽子磕头谢罪说："法律就是这样规定的，这样的处置已经足够了。而且罪分等次，应该按照顺逆的不同程度来区别罪行的差别。现在盗了宗庙器物就灭三族，假设万一，有愚民盗掘了长陵，陛下还怎么再加重处罚呢？"文帝将此事禀告给太后，最后还是同意了张释之的判决。

反尔，权势逼人。⑩城阳景王章薨：城阳景王章即刘章，景字是谥。刘章在消灭诸吕中功勋盖世，但由于开始他是想立其兄刘襄，于是被文帝所忌恨，因此迟迟不封，最后乃从刘章之兄刘襄那里割出一个郡，封刘章为城阳王，刘章被气死。⑪赵王敖献美人于高祖：事在高祖八年，刘邦率军往讨韩王信叛军余党回来，路经赵都邯郸时，赵王张敖献出自己身边的一个妃嫔侍候刘邦。美人，是妃嫔中的诸多称号之一。⑫有娠：怀了身孕。⑬贯高事发：赵相贯高为气愤刘邦对待赵王敖无礼，而图谋杀害刘邦的事情被发现。⑭美人亦坐系河内：贯高事发，不仅贯高被杀，赵王敖也牵连被捕，曾受刘邦宠幸的女人也被下狱，关押在河内郡。河内，汉郡名，郡治怀县（今河南武陟西南）。⑮母弟：胞弟。⑯因辟阳侯审食其言吕后：通过辟阳侯审食其转告吕后，意思是请吕后代向刘邦说情。因，通过。辟阳侯审食其，楚汉战争时期曾与吕后一起被项羽所捕获关押二年多。⑰弗肯白：不愿为厉王母向刘邦说情。⑱已生子：生下孩子之后。⑲恚：恼怒。⑳吏奉其子诣上：有关人员捧着孩子送给刘邦。奉，捧、抱着。诣，到、送给。㉑令吕后母之：让吕后养育这个孩子。㉒真定：原称东垣，后改称真定，在今石家庄城东北。㉓封长为淮南王：事在高祖十一年，当时刘长两岁。㉔蚤：通"早"。㉕附：依附；依靠。㉖孝惠吕后时：指刘邦死后惠

帝与吕后当权的那段时间。孝惠，名盈，刘邦之子，吕后所生，公元前一九四至前一八八年在位。孝惠死后，吕后继其子执政，公元前一八七至前一八〇年在位。㉗得无患：指刘邦的其他儿子多被吕后所杀（如刘如意、刘友、刘恢），而刘长独得以幸免而言。㉘不强争：不努力争取，不认真催着吕后办此事。㉙及帝即位：待至刘恒当了皇帝。㉚自以最亲：刘邦现存的儿子只有这两个。㉛骄蹇：纵恣；不驯服。㉜数不奉法：屡屡地违法乱纪。奉，守、遵行。㉝宽假：宽大；宽容。㉞入朝：时刘长年二十一岁。〖按〗汉朝的诸侯王何时进京朝见皇帝，隔多少年进京一回，与在京停留多长时间都有明确规定。详情参见韩兆琦《史记笺证·梁孝王世家》注。㉟苑囿：指上林苑，秦汉时期的皇家猎场，旧址在今陕西西安西南，广达数县。㊱谓上大兄：皇帝哥哥。梁玉绳曰："文帝行非第一，而称'大'者，盖'大'乃天子之谓也。"㊲有材力：指身高力大。㊳扛鼎：举鼎。扛，举。㊴自袖铁椎：自己的袖子里藏着铁椎。椎，通"锤"。㊵椎辟阳侯：击杀审食其。㊶刭之：割断了他的脖子。《史记正义》曰："刭谓刺颈。"㊷阙下：指宫门，因帝王的宫门前有双阙，故云。㊸肉袒：袒露出膀子，古人在请罪时常做出这种姿态。㊹其志为亲：他的动机是为母亲报仇。亲，指父母。㊺弗治：不予查办。〖按〗审食其为吕后宠臣，周勃等灭诸吕，不知缘何使审食其得以幸免。今刘长杀之，文帝所以不罪，或以刘长之为正顺应了当时之人心。㊻惮：畏惧。㊼警跸：清道戒严。跸，清道。这是皇帝才有的排场。㊽称制：把自己下的命令称作"制"。按当时的规定，只有皇帝的命令才能称作"制"。㊾拟于天子：与皇帝的排场相同。拟，等同。㊿生患：闹乱子。(51)右贤王：仅次于匈奴单于的两个头领之一，左贤王居东方，右贤王居西方，协助单于分管匈奴的大片地区。(52)入居河南地：向南占据了今内蒙古河套一带地区。河南，指今内蒙古黄河以南的鄂尔多斯市一带。秦时蒙恬曾将匈奴人逐至河套以北，并在黄河以北修筑长城，派兵驻守。秦末以来中原战乱不已，匈奴人遂乘机南下，又占据了黄河以南的大片地区。(53)上郡：汉郡名，郡治肤施，在今陕西榆林东南。(54)保塞蛮夷：归附汉王朝，集中居住在汉朝边境之外的少数民族。(55)上幸甘泉：汉文帝出行到甘泉宫。甘泉，山名，在今陕西淳化西北，秦汉时期那里有皇帝的离宫。《史记集解》引蔡邕曰："天子车驾所至，民臣以为侥幸，故曰'幸'。"〖按〗文帝之"幸"甘泉，有巡北边以御匈奴之意，故史文连及之。(56)车骑：车兵与骑兵。(57)诣高奴：到高奴县。诣，到。高奴县的县治在今陕西延安东北。(58)中尉材官：中尉属下的以力大闻名的特种兵。中尉，主管首都治安的军事长官。材官，军中由力大善射者组成的特种兵。(59)卫将军：皇帝禁卫军的统帅。(60)军长安：驻扎京城附近，以备匈奴。(61)走出塞：迅速逃出汉朝边境。(62)因幸太原：顺便到达了太原郡。太原郡的郡治晋阳，在今山西太原西南。太原郡是文帝为代王时的属郡之一，今又故地重游。(63)复晋阳中都民三岁租：免除晋阳、中都两县居民的三年田租。复，免除劳役赋税。中都，汉县名，县治在今山西平遥西南，当年代国的都城。(64)尽以赵地王朱虚侯：封刘章为赵王。王，用如动词，意思即封之为王。(65)梁地：梁国之地，梁国的都城在今山东菏泽市定陶区西北。(66)东牟侯：刘兴居，刘章之弟。㊼齐王：齐哀王刘襄，刘襄是刘章与刘兴居之兄。㊽绌其功：不承认人家的功勋。绌，通“黜”，罢黜。㊾及王诸子：等到文帝要封自己的儿子为王的时候。㊿割齐二郡以王之：从刘襄的齐国划出了城阳郡，以封刘章为城阳王；划出了济北郡以封刘兴居为济北王。71失职：没有得到自己应得的东西。72夺功：功勋不被承认。73怏怏：失意不满的样子。74且：将。75罢丞相及行兵：命令率军出征的丞相灌婴与其所率领的全部军队停止北进。罢，这里即指停止讨伐匈奴之役，并非要罢免丞相。行兵，正在北进的军队。76棘蒲侯柴武：刘邦的开国功臣，以军功封棘蒲侯。77大将军：此时尚非固定官名，意思有如后世之所谓大元帅、总指挥。78将：率领。79祁侯缯贺：刘邦的开国功臣，以军功封祁侯。80军荥阳：作为柴武的后方接应，且备前言之不虞。荥阳，汉县名，县治在今河南荥阳东北，秦汉时期的军事要地。81济北：刘兴居的封国名，都城卢县在今山东长清南。82兵未至先自定：在朝廷的讨伐大军到达之前，能自己稳定地面秩序，不支持叛乱。83以军城邑降：（虽已参加叛乱，但）能率领军队或是率领本城、本乡投降朝廷。84去来：指原先有过往来。85南阳：汉郡名，郡治即今河南南阳。86张释之：南阳郡的堵阳县（今河南方城东）人，字季。事迹详见《史记·张释之冯唐列传》。87骑郎：帝王的侍从官员，上属郎中令。88调：提升。89欲免归：想要辞职回家。因为当时为郎官的人有的需要自备服装鞍马，张释之就属于这一类，他不想再给家里添麻烦。90袁盎：此时为中郎将，是张释之的上司。91谒者仆射：官名，众谒者的头目。谒者也是帝王的侍从官名，为帝王主管收发传达以及赞礼等。92从行：跟着文帝外出，此处指随文帝往游上林苑。93上林尉：上林令的僚属。上林令是上林苑的长官，主管苑中的禽兽和住在该区域内的居民。其下属有丞、尉各一人。上林苑是秦汉时期皇家的猎场，旧址在今陕西西安西南，东起蓝田，西至周至、兴平，南依秦岭，北临渭河，周围约三百里。94诸禽兽簿：这里指各种禽兽的数目。95啬夫：小吏名，执掌各项杂役。96甚悉：很清楚；很详细。97观其能：显示其才能。98口对响应无穷：对答之快如同响之应声，不带一点迟疑、留难。99无赖：靠不住；不足任使。泷川曰：“文帝尝问周勃、陈平以一岁决狱、钱谷之数，与此相似，盖帝试人惯用手段。”100诏释之拜啬夫为上林令：文帝让张释之往传此封拜之令，此正谒者之职。101久之：故意地迟延了好半天。102长者：厚道人。103东阳侯张相如：高帝时为中大夫，后为河间守，以击陈豨功封侯，文帝时为太子太傅。其事迹散见于《史记·孝文本纪》《史记·高祖功臣侯者年表》《史记·万石张叔列传》等篇。104言事曾不能出口：连一件事情都说不出来。〖按〗周勃被人称为“木强敦厚”，又有文帝问其决狱、钱谷，周勃不能对等等，见《史记·陈丞相世家》。张相如事不详。105岂效此啬夫喋喋利口捷给哉：哪像这个啬夫伶牙俐齿说得这么流利呢。喋喋，说话流利、快速的样子。利口捷给，口才好，来得快。捷给，供给得及时。106刀笔之吏：掌管公文案牍的书吏，因为这些人可以舞文弄法，随心轻重，故多被世人所畏惧、厌恶。刀笔，古代的书写工具，笔用以写字于竹简木牍，发现错误即用刀刮削而改之。107争以亟疾苛察相高：争着看谁办案更严厉、更琐细。亟疾，快速、严厉。108其敝二句：到头来只搞了一套表面的官样文章。⑩⑨不闻其过：统治者听不到臣民对其过失的批评。⑪⓪陵迟：局势越来越坏。⑪①土崩：彻底崩溃，指爆发全国农民大起义。⑪②口辩：口齿伶俐。⑪③超迁：越级提拔，因“上林令”犹在“上林尉”之上。⑪④靡：随风倒伏的样子。⑪⑤争为口辩：都争着夸夸其谈。⑪⑥下之化上：臣民随着统治者的样子变化。⑪⑦疾于景响：比影之随形、响之应声还要快。景，同“影”。⑪⑧举错：办什么和不办什么。举，兴办。错，同“措”，停置、停办。⑪⑨审：仔细；慎重。⑫⓪参乘：陪侍帝王乘车，兼充护卫之职。此处即召之同车，以示优遇，且可一道说话。⑫①以质言：按实情相告。质，实。⑫②公交车令：也称“公交车司马令”，上属卫尉，掌管殿门、司马门，夜则巡逻宫中。天下上书及四方贡献品物，一概由公车令接收上达。⑫③太子：刘启，即日后的汉景帝。⑫④梁王：刘武，刘启的胞弟，同为窦皇后所生，受窦皇后特殊宠爱。事迹详见《史记·梁孝王世家》。梁国的都城睢阳，在今河南商丘城南。⑫⑤不下司马门：谓乘车至司马门不下车。司马门是皇宫的外门。《三辅黄图》：“凡言司马者，宫垣之内，兵卫所在，司马主武事，故设宫之外门为司马门。”据《宫卫令》规定：诸出入殿门、公交车司马门者，皆下车，否则，要受处罚。⑫⑥追止：追过去将其拦住。⑫⑦劾：弹劾；举报违法。⑫⑧公门：犹言“君门”。《论语·乡党》：“入公门，鞠躬如也，如不容。”⑫⑨不敬：对皇帝表示不恭敬。⑬⓪奏之：将弹劾文书送呈皇帝。⑬①薄太后：文帝之母，太子与梁王之祖母。⑬②帝免冠谢：向其母免冠谢罪，给老人家添了麻烦。姚苎田曰：“细书此节，见西京家法之严如此，而释之风力借此益显。”⑬③不谨：不严格。⑬④承诏：以皇帝的名义。⑬⑤中大夫：郎中令的属官，在帝王跟前掌议论。⑬⑥中郎将：帝王侍卫的统领，上属郎中令。⑬⑦霸陵：汉文帝为自己预修的陵墓，在今陕西西安灞桥区毛窑院村，位于灞河西岸白鹿原北坡形似方锥的凤凰嘴。秦汉时期的皇帝都在生前即为自己修建陵墓，文帝此行即视察自己的陵墓工地。⑬⑧椁：外棺。⑬⑨用纻絮斫陈漆其间：把丝纻绵絮之类切碎，填塞其缝隙，而后再用漆把塞了纻絮的棺椁缝隙灌注。斫，切、斩。陈，塞。⑭⓪岂可动哉：还有哪个盗墓者能打开它呢。⑭①虽锢南山二句：即使把整座终南山灌铸起来（当棺椁），那它也还是会有缝隙（还会被人打开）。锢，熔化金属以灌缝隙。⑭②虽无石椁二句：戚，忧虑、担心。姚苎田曰：“数语大得黄老之精，透极，达极。”⑭③帝称善：凌稚隆引余有丁曰：“他日文帝治陵，才令流水，盖有感于是言。”⑭④廷尉：国家的最高司法官，“九卿”之一。⑭⑤上行出中渭桥：文帝出行，经由中渭桥。出，行经。中渭桥，《史

【原文】

四年（乙丑，公元前一七六年）

冬，十二月，颍阴懿侯灌婴[174]薨。

记索隐》曰："渭桥有三所，一所在城西北咸阳路，曰西渭桥；一所在东北高陵道，曰东渭桥；其中渭桥，在古城之北也。"⑭⑹走：跑。⑭⑺乘舆：皇帝的车驾。⑭⑻骑：骑马侍从。⑭⑼属廷尉：交由廷尉审理。属，托、交给。⑮⑽奏当：奏上判处结果。当，判处。《史记索隐》引崔浩曰："当，谓处其罪也。"⑮⑴犯跸：违犯戒严令。跸，清道戒严。⑮⑵败伤：翻车伤人。败，这里指车坏。⑮⑶今法如是二句：法律条文规定如此，如果故意重判。⑮⑷是法不信于民：那将使法律不被臣民所信任。⑮⑸方其时：当问题刚刚发生的时候。⑮⑹上使使诛之则已：如果您当时派人将其处死，那也就算了。凌稚隆引余有丁曰："法不可重，独可立诛乎？启人主妄杀之心者，必是言也。"吴见思曰："此是宽一句，借作说词耳，乃后人认客为主，议论纷纷，岂为善读书者哉！"⑮⑺天下之平：主持全国的法律公平。⑮⑻壹倾：廷尉的执法一旦有偏颇。⑮⑼皆为之轻重：都跟着宽严不一。⑯⑽民安所错其手足：黎民百姓将不知自己的手足该向哪里放，意即不知如何是好。错，通"措"。⑯⑴唯：表示祈请的发语词。⑯⑵高庙：高祖刘邦的庙。陈直曰："汉代京师及各郡国皆有高庙。"⑯⑶玉环：陈直曰，"为'璧环'之环，非装饰品"。⑯⑷得：犯罪分子被捉到。⑯⑸下廷尉治：交由廷尉审理。⑯⑹案盗宗庙服御物者为奏：按照偷盗宗庙供奉用品的法律条文向上报告。服御，使用。⑯⑺当弃市：判为处死。弃市，刑人于市，以示与众共弃之。⑯⑻吾属廷尉者：我之所以交给你审理。属，交给。⑯⑼欲致之族：想将其定为灭族。⑰⑽以法奏之：仍按通常的法律条文向上报告。⑰⑴共承宗庙：恭敬地对待先人。共，同"恭"。⑰⑵且罪等二句：即使两人的罪过相同，其中还有个具体情节的差别。《史记集解》引如淳曰："俱死罪也，盗玉环不若盗长陵土之逆也。"⑰⑶取长陵一抔土：隐言如果有人偷掘了刘邦的坟墓。长陵，高祖陵墓。一抔土，一捧土。钱锺书曰："盗掘本朝先帝陵墓，大逆不道，罪恶弥天，为臣子者心不敢想而亦口不忍宣也，然而臣姑妄言之，君其姑妄听之。故'有如'上而累以'万分之一'，犹恐冒昧，复益以'假令'。似设之词几如屋上加屋，心之犹豫，口之嗫嚅，即于语气征之，而无待摹状矣。"

【校记】

［1］略：原作"掠"。据章钰校，甲十五行本、乙十一行本、孔天胤本皆作"略"。今从诸本及《通鉴纪事本末》改。［2］辩：原作"辨"。据章钰校，甲十五行本、乙十一行本、孔天胤本皆作"辩"。今从诸本及《史记·张释之冯唐列传》改。

【语译】

四年（乙丑，公元前一七六年）

冬季，十二月，颍阴懿侯灌婴逝世。

春，正月甲午[175]，以御史大夫[176]阳武张苍[177]为丞相。苍好书博闻，尤邃律历[178]。

上召河东守季布[179]，欲以为御史大夫。有言其勇、使酒、难近[180]者。至[181]，留邸一月[182]，见罢[183]。季布因进曰："臣无功窃宠，待罪河东[184]。陛下无故召臣，此人必有以臣欺陛下[185]者。今臣至，无所受事，罢去[186]，此人必有毁臣者[187]。夫陛下以一人之誉[188]而召臣，以一人之毁而去臣。臣恐天下有识[189]闻之，有以窥陛下之浅深[190]也。"上默然惭，良久曰："河东，吾股肱郡[191]，故特召君耳[192]。"

上议[193]以贾谊任公卿[194]之位。大臣[195]多短之曰："洛阳之人[196]，年少初学，专欲擅权，纷乱诸事[197]。"于是天子后亦疏之，不用其议，以为长沙王太傅[198]。

绛侯周勃既就国[199]，每河东守、尉[200]行县[201]至绛，勃自畏恐诛[202]，常被甲[203]，令家人持兵以见之。其后人有上书告勃欲反，下廷尉[204]。廷尉逮捕勃，治[205]之。勃恐，不知置辞。吏稍侵辱之[206]，勃以千金与狱吏，狱[3]吏乃书牍背[207]示之曰："以公主为证[208]。"公主者，帝女也，勃太子胜之[209]尚之[210]。薄太后亦以为勃无反事。帝朝太后，太后以冒絮[211]提[212]帝曰："绛侯始诛诸吕，绾皇帝玺[213]，将兵于北军[214]，不以此时反，今居一小县，顾欲反邪[215]！"帝既见[216]绛侯狱辞[217]，乃谢[218]曰："吏方验而出之[219]。"于是使使持节[220]赦绛侯，复爵邑[221]。绛侯既出，曰："吾尝将百万军，然安知狱吏之贵乎！"

作顾成庙[222]。

五年（丙寅，公元前一七五年）

春，二月，地震。

初，秦用半两钱[223]，高祖嫌其重，难用，更铸荚钱[224]。于是物价腾

春季，正月初三日甲午，任命御史大夫阳武人张苍为丞相。张苍喜好读书，博学多闻，尤其精通律令历法。

汉文帝召见河东郡守季布，准备任命季布为御史大夫。有人对文帝说：季布虽然勇敢，却嗜酒如命好发脾气，很难让人接近。季布到京之后，在官邸中逗留了一个多月汉文帝也没有召见他，就打发他回去，任命他为御史大夫的事当然也就没有了下文。季布于是向汉文帝奏报说："我本来没有什么功劳却得到陛下的信任，让我担任了河东郡的郡守。如今陛下无缘无故地召我来到京师，一定是有人妄言不实，在陛下面前举荐我，从而欺瞒了陛下。现在我来到京师又没有给我新的派遣，就让我离去，这一定是有人在陛下面前说我的坏话。陛下因为一人的称赞、举荐就想召见我，又因为有人说我的坏话、诋毁我就疏远我。我担心从此以后天下的有识之士，会由此而妄断陛下城府的深浅和决断能力的高低。"汉文帝默默无语，深感惭愧，过了好一会儿才说："河东郡，是京师的邻近之郡，从地理位置上说就如同京师的左膀右臂，所以才特别召见你。"

汉文帝提议让贾谊担任公卿职务。就有许多大臣揭露他的短处说："贾谊是洛阳人，年纪很轻，学识短浅，却专爱揽权，将朝廷上的许多事情搅得乱七八糟。"于是文帝开始逐渐疏远贾谊，对贾谊所提的建议也不再采纳，只任命他去做了长沙王吴著的太傅。

绛侯周勃回到封地绛县后，每遇河东郡的郡守、尉等到所属各县巡察而来到绛县时，都担心是来诛杀自己的，所以总是穿好铠甲，命令家人手持兵器，然后才与他们相见。后来就有人向文帝奏报说周勃要造反，文帝下令让廷尉查办。廷尉逮捕了周勃，对他进行审讯。周勃越是恐惧，越不知道如何为自己辩解。狱吏也越加对他进行伤害和侮辱。周勃的家人用千金贿赂狱吏，狱吏在一块木简的背后写上："请公主出面为你做证。"这里所说的公主，指的是文帝的次女，周勃长子周胜之娶她为妻。薄太后也坚持认为周勃绝不会造反。文帝朝见太后时，太后将头巾摔到文帝的身上，愤怒地说："绛侯周勃当初诛杀吕氏的时候，身上揣着皇帝玉玺，又控制着北军，他不在那时候造反，现在居住在一个小县里，反而要造反了吗！"文帝已经看过周勃在狱中所写的申诉材料，于是向薄太后谢罪说："主管此事的官吏很快就能对证清楚，放他出来。"于是派使者捧着皇帝旌节去宣布赦免绛侯周勃，并恢复了他的爵位、还给他的封地。绛侯出狱后说："我曾经率领过百万大军，哪里想到狱吏会有那么大的权威啊！"

文帝亲自规划自己的顾成庙。

五年（丙寅，公元前一七五年）

春季，二月，发生地震。

当初，秦朝使用的钱币每文重半两，高祖称帝后嫌秦朝的钱币太重，不方便使

踊[225]，米至石万钱[226]。夏，四月，更造四铢钱[227]。除盗铸钱令[228]，使民得自铸。

贾谊谏曰："法[229]使天下公得[230]雇租[231]铸铜、锡为钱，敢杂以铅、铁为他巧[232]者，其罪黥[233]。然铸钱之情，非淆杂为巧[234]，则不可得赢[235]。而淆之甚微，为利甚厚。夫事有召祸而法有起奸[236]，今令细民[237]人操造币之势[238]，各隐屏而铸作[239]。因欲禁其厚利微奸[240]，虽黥罪日报，其势不止[241]。乃者[242]，民人抵罪[243]多者一县百数，及吏之所疑[244]，搒笞奔走[245]者甚众。夫县法以诱民，使入陷阱[246]，孰多于此[247]？又民用钱[248]，郡县不同[249]。或用轻钱，百加若干[250]；或用重钱，平称不受[251]。法钱不立[252]，吏急而壹之乎[253]，则大为烦苛[254]，而力不能胜；纵而弗呵[255]乎，则市肆异用[256]，钱文大乱[257]。苟非其术[258]，何乡而可哉[259]！今农事弃捐，而采铜者日蕃[260]。释其耒耨[261]，冶镕炊炭[262]，奸钱[263]日多，五谷不为多。善人怵[264]而为奸邪，愿民[265]陷而之刑戮，刑戮将甚不详[266]，奈何而忽[267]！国知患此，吏议必曰'禁之[268]'。禁之不得其术，其伤必大。令[269]禁铸钱，则钱必重[270]。重则其利深，盗铸如云而起，弃市[271]之罪又不足以禁矣。奸数不胜[272]而法禁数溃[273]，铜使之然也。铜布于天下，其为祸博矣，故不如收之[274]。"贾山亦上书谏，以为："钱者，亡用器[275]也，而可以易[276]富贵。富贵者，人主之操柄[277]也，令民为之，是与人主共操柄，不可长[278]也。"上不听。

是时，太中大夫邓通[279]方宠幸，上欲其富，赐之蜀严道铜山[280]，使铸钱。吴王濞[281]有豫章铜山[282]，招致天下亡命者[283]以铸钱；东煮海水为盐，以故无赋[284]而国用饶足[285]。于是吴、邓钱布天下[286]。

初，帝分代为二国，立皇子武为代王[287]，参为太原王[288]。是岁，徙代王武为淮阳王[289]，以太原王参为代王，尽得故地[290]。

用，改铸榆荚钱。于是物价飞涨，一石米价值一万钱。夏季，四月，另造四铢钱。同时解除过去规定的不准私人铸造钱币的禁令，允许民间私铸钱币。

贾谊向文帝建议说："国家的法律准许天下人可以雇用劳力、租借资本、用铜锡铸造钱币，如果在铜、锡中掺杂廉价的铅、铁或以其他巧妙手段非法牟利的，处以黥面的刑罚。然而铸钱这种事，非掺杂使假，不能赢利。稍微掺点假，就能获取很丰厚的利润。有些行业本身就容易产生问题招致灾祸，有些法令本来就容易引起坏人动心，现在允许小民百姓铸造钱币，大家都在隐蔽的场所铸造钱币。若要禁止他们为获取丰厚的利润而采用细微的作弊行为，即使日日判决，天天黥面定罪，铸钱作弊的现象也无法禁止。过去犯罪的人很多，一县多达百起，还有因为被官吏怀疑有犯罪嫌疑，而被逮捕起来进行拷打的，再加上因畏罪而潜逃的人就更多了。现在公布法令允许小民铸造钱币，就等于是设置陷阱，引诱小民犯罪，使他们自投罗网，还有哪一个法律比这项更严重呢？还有，各地百姓所用的钱，各郡各县不尽相同。有的用轻钱，然后再加上若干枚补足；有的用重钱，平秤后须找零钱而对方又不接受。国家没有规定出钱币的标准，如果官府急于要求货币统一，由于币种繁杂，难度很大，很难奏效；如果放任不管，市场上各种货币同时流通，那么货币的使用必然混乱。如果没有这方面的本事，是怎么弄也不行的！现在抛弃农耕，开采铜矿，放下犁耙，烧炭冶炼用来铸钱的人日益增多，劣质钱也就越来越多，而粮食并没增加。善良的人受此风气的引诱就会去干那些罪恶的勾当，朴实的人陷入罪恶的泥坑而遭受刑戮，因此而被刑戮是很不公平的，怎么能疏忽呢！国家一旦意识到它的危害，那些官吏必然建议'禁止私铸钱币'。禁止如果不得其法，对国家的危害必定会更大。法令一旦禁止私铸钱币，那么钱币就会显得更贵重。钱币贵重，铸钱的获利就更大，盗铸钱币的一定会蜂拥而起，即使判处死罪也不能完全禁止啊！不法之徒屡禁不止而法令屡屡失败，这是因为铜可以铸造钱币获取巨大利润而造成的。铜矿遍布天下，它的危害简直是太大了，所以不如把铜矿收归国有。"贾山也向文帝进言，认为："钱是没用的东西，然而却可以换取富贵。让人富贵，这应该是皇帝所掌握的权力；让人民随意制造钱币，这就如同使百姓和皇帝共同掌握这个权柄，所以不可任其发展。"文帝不听。

此时，太中大夫邓通正受到文帝的宠爱，文帝想使他富贵，所以就把蜀郡严道县的铜山赏赐给他，让他铸钱。吴王刘濞封国之内的鄣郡有铜山，他把天下逃亡之人全部招引到这里来开矿冶铜铸钱；同时在封国东边的沿海地区煮海水制盐，所以虽不收赋税而国用富足。当时，吴王刘濞和邓通所铸的钱币在全国流通。

当初，汉文帝刘恒把代国一分为二，立皇子刘武为代王，立刘参为太原王。这一年，改封代王刘武为淮阳王，改封太原王刘参为代王，这样刘参得到了原来代国所辖的全部土地。

【段旨】

以上为第二段，写文帝四年（公元前一七六年）、五年两年间的全国大事。主要写了贾谊因受谗毁外调长沙，周勃因受诬告而被下狱，以及文帝开放铸钱禁令，而贾谊、贾山上书反对，等等。

【注释】

⑰④颍阴懿侯灌婴：灌婴是刘邦的开国功臣，以军功封颍阴侯，懿字是谥。因参与灭诸吕之功升任太尉，周勃被挤出朝廷后，灌婴继为丞相。⑰⑤正月甲午：正月初三。⑰⑥御史大夫：三公之一，主管监察弹劾，位同副丞相。丞相出缺，例由御史大夫递补。⑰⑦张苍：阳武（今河南原阳东南）人，刘邦的开国功臣，以功封北平侯，任御史大夫。事迹详见《史记·张丞相列传》。⑰⑧尤邃律历：尤其对律令历法深有研究。邃，深。⑰⑨河东守季布：季布原是项羽的部将，项羽死后辗转归刘邦，为河东郡守。事迹详见《史记·季布栾布列传》。河东郡的郡治安邑，在今山西夏县西北。⑱⓪使酒、难近：好喝酒发脾气，令人不好接近。⑱①至：到达京师长安。⑱②留邸一月：在招待所里等候召见待了一个月。邸，河东郡的驻京办事处。⑱③见罢：被打发回去。⑱④无功窃宠二句：我无功无劳而能受任为河东郡守。窃宠、待罪都是谦辞，得到宠幸的谦辞。⑱⑤以臣欺陛下：即“有人赞美我、举荐我”的客气说法。⑱⑥无所受事二句：没有新的派遣，就打发回去了。⑱⑦此人必有毁臣者：这一定是有人说我的坏话。⑱⑧誉：赞美。⑱⑨有识：指有识之士。⑲⓪窥陛下之浅深：“由此看出您的判断力是否正确”的委婉说法。⑲①股肱郡：左膀右臂一样的邻近地区。⑲②故特召君耳：所以特别请你进京见一面。⑲③议：考虑；打算。⑲④公卿：三公、九卿。三公指丞相、太尉、御史大夫。九卿包括太常、郎中令、卫尉、太仆、廷尉、典客、宗正、大司农、少府。这里即泛指朝廷大臣。⑲⑤大臣：《史记·屈原贾生列传》直言是绛侯周勃、颍阴侯灌婴等说贾谊的坏话。⑲⑥洛阳之人：即指贾谊，贾谊是今河南洛阳人。⑲⑦纷乱诸事：故意把朝廷上的许多事情闹得沸沸扬扬，指建议“改正朔、易服色”等。⑲⑧长沙王太傅：长沙王吴著的太傅。吴著是老长沙王吴芮的后代，继其先人之位为长沙王，都城临湘，即今湖南长沙。太傅是帝王的辅导官，秩二千石。⑲⑨既就国：回到自己的封地绛县（在今山西侯马东北）。⑳⓪河东守尉：河东郡的郡守或郡尉。河东郡的郡治在安邑（今山西夏县西北）。⑳①行县：到所属各县视察。周勃的封地绛县上属河东郡，故河东郡的郡守、郡尉有时要来视察。⑳②勃自畏恐诛：汉朝初年大肆诛杀功臣，使得人人自危，周勃有拥立文帝之大功，尚畏惧如此，他人可知。泷川曰：“以此等事推之，文帝未必宽仁之人。”⑳③被甲：披甲。被，通“披”。⑳④下廷尉：皇帝把事情交由廷尉办理。⑳⑤治：审理；拷问。⑳⑥吏稍侵辱之：狱吏们越来越欺侮周勃。稍，渐、越来越厉害。⑳⑦书牍背：写在木简的背面。牍，古人写字用的木板。⑳⑧以公主为证：让公主出

来给你做证。⑳⑨ 勃太子胜之：周勃的嫡长子周胜之。〖按〗汉初时皇帝、诸王以及列侯的嫡长子都称“太子”，景帝以后方改为只用以称皇太子。⑳⑩ 尚之：娶以为妻。皇帝之女地位至高，不可谓娶，尊之曰“尚”。尚，上配。㉑① 冒絮：犹今妇女所戴之头巾。师古曰：“冒，覆也，老人所以覆其头。”㉑② 提：掷击。《史记》之《刺客列传》“夏无且以药囊提荆轲”，《吴王濞列传》“皇太子引博局提吴太子”，皆与此意同。㉑③ 绾皇帝玺：绾，系，这里即指“掌握”“把持”。㉑④ 将兵于北军：指掌握着驻扎京城的主要兵力，因为周勃诛灭诸吕时首先是夺得了北军，故云。汉代初期驻扎长安城的军队有北军、南军两支，北军比南军更为强大。两军都由帝王与其心腹将帅直接统领。㉑⑤ 顾欲反邪：反而要造反吗。顾，反而，转折语词。㉑⑥ 既见：已经看到。㉑⑦ 绛侯狱辞：周勃在狱中所写申诉材料。㉑⑧ 谢：抱歉地禀告。㉑⑨ 吏方验而出之：主管此事的官吏很快就能对证清楚，放他出来。方，即将。㉒⓪ 持节：手持旌节。节，旌节，以竹为之，以旄牛尾为之饰，天子派出的使者持之以为信验。㉒① 复爵邑：恢复了他的爵位与封地。㉒② 顾成庙：应劭曰，“文帝自为庙，制度卑狭，若顾望而成，犹文王灵台不日成之，故曰顾成”。㉒③ 半两钱：每文钱重半两。㉒④ 荚钱：也称“榆荚钱”，铜质，形如榆荚，面值“半两”，重三铢（十铢等于一两），文曰“汉兴”。㉒⑤ 腾踊：飞涨，因为钱的本身变薄了。㉒⑥ 米至石万钱：一石米价值荚钱一万。㉒⑦ 四铢钱：重四铢，文曰“半两”。㉒⑧ 除盗铸钱令：解除过去规定的不准私人铸造钱币的禁令。盗铸，不顾禁令地私铸。㉒⑨ 法：国家的法律规定。㉓⓪ 公得：公然、公开地允许。㉓① 雇租：雇用劳动力。㉓② 杂以铅铁为他巧：在铜、锡之中掺入廉价的铅、铁以非法牟利。杂，掺杂。他巧，违法手段。㉓③ 黥：在脸上刺字的一种刑罚。用针刺字，以墨涂之。㉓④ 非淆杂为巧：如果不用掺杂廉价金属的手段。㉓⑤ 赢：赚钱。㉓⑥ 事有召祸而法有起奸：有些行业本身就容易产生问题，有些法令本来就易于让坏人动心。起奸，让坏人动心。㉓⑦ 细民：小民；黎民百姓。㉓⑧ 人操造币之势：每个人都有通过铸钱获得发财的机会。㉓⑨ 各隐屏而铸作：都躲到一个角落去铸钱。隐屏，隐蔽、隐退。㉔⓪ 因欲禁其厚利微奸：国家为了惩办他们的犯小罪赚大钱。㉔① 虽黥罪日报二句：即使你每天都把一些人判为黥刑，也是禁止不了。报，判处、执行。㉔② 乃者：从前；往日。㉔③ 抵罪：犯罪。㉔④ 吏之所疑：吏疑其犯罪而尚未落实。㉔⑤ 榜笞奔走：有的受过官吏的责打，有的望风而逃。榜笞，被棍棒所打。㉔⑥ 县法以诱民二句：这就如同用法令引着人们往陷阱里跳。因为惩罚太轻，而利润太厚。县，通“悬”。悬法即指公布允许私自铸钱的法令。㉔⑦ 孰多于此：还有比这个更多的吗。㉔⑧ 民用钱：各地区的百姓所使用的钱币。㉔⑨ 郡县不同：各郡各县都不一样。㉕⓪ 百加若干：一百钱外还要再加上若干枚，才能成交易。㉕① 平称不受：你想一百当一百，则持钱者定不接受。㉕② 法钱不立：国家没有法定的标准钱。法钱，标准钱。㉕③ 吏急而壹之乎：如果某个官吏想急于统一它。壹，统一。㉕④ 烦苛：繁难琐碎。㉕⑤ 纵而弗呵：放任不管。纵，放任。呵，盘问、管理。㉕⑥ 市肆异用：一个市场上使用不同的钱币。市肆，意即市场。肆，市场上的商户行列。㉕⑦ 钱文大乱：货币的使用就要乱套。[258]苟非其术：如果没有那方面的本事。[259]何乡而可哉：是怎么弄也不行的。乡，通“向”。[260]日蕃：日益增多。蕃，盛。[261]释其耒耨：扔下他们的农具。耒耨，古代的两种农具。[262]冶镕炊炭：燃烧炭火熔铜铸钱。[263]奸钱：不合格的钱币。[264]怵：动心；受利诱。[265]愿民：老实厚道的百姓。[266]不详：有凶险；有问题。详，通“祥”。[267]奈何而忽：怎么能对之掉以轻心呢。忽，不经意。[268]禁之：禁止私人铸钱。[269]令：国家下命令。[270]则钱必重：因国家一旦形成垄断，必定是铸钱的花费小而单位的面值贵。重，即贵。[271]弃市：即指处死、杀头。[272]奸数不胜：坏人屡禁不止。[273]法禁数溃：国家法令屡屡失败。[274]不如收之：将开铜矿以及铸钱的事业，全部收归国有。[275]亡用器：没有用处的东西。[276]易：换；换来。[277]人主之操柄：是应该由帝王来掌握的。[278]不可长：不能提倡；不能让其继续发展。[279]太中大夫邓通：邓通是汉文帝的宠臣，官为太中大夫之职。事迹见《史记·佞幸列传》。太中大夫是帝王的侍从官员，在帝王的身边掌议论，上属郎中令。[280]蜀严道铜山：蜀郡严道的铜山。蜀郡的郡治成都，严道是蜀郡的一个县，县治即今四川荥经。当时凡县内有少数民族聚居的即称“道”。据《史记·佞幸列传》，有人

【原文】

六年（丁卯，公元前一七四年）

冬，十月，桃、李华[291]。

淮南厉王长[292]自作法令[293]行于其国，逐[294]汉所置吏，请自置相、二千石[295]，帝曲意从之[296]。又擅刑杀不辜，及爵人至关内侯[297]，数上书不逊顺[298]。帝重[299]自切责[300]之，乃令薄昭[301]与书风谕[302]之，引管、蔡[303]及代顷王[304]、济北王兴居[305]以为儆戒[306]。

王不说[307]，令大夫但[308]、士伍开章[309]等七十人与棘蒲侯柴武太子奇[310]谋以辇车[311]四十乘[312]反谷口[313]，令人使闽越[314]、匈奴[315]。事觉，有司治[316]之，使使召淮南王。王至长安，丞相张苍、典客[317]冯敬行御史大夫事[318]，与宗正[319]、廷尉[320]奏：“长罪当弃市。”制曰[321]：“其[322]赦长死罪，废勿王[323]，徙处[324]蜀郡严道邛邮[325]。”尽诛所与谋者。载长以辎车[326]，令县以次传[327]之。

相面说邓通必当饿死，而汉文帝偏想让他富，于是赐给他一座铜山。㉘① 吴王濞：刘濞，刘邦二哥刘仲之子，被封为吴王，都城广陵（今江苏扬州）。事迹详见《史记·吴王濞列传》。㉘② 豫章铜山：此依《史记》为说，其文有误。此“豫章”应作“鄣郡”。鄣郡是吴国的一个郡，境内产铜。至于郡治南昌的“豫章郡”，根本不属吴国。㉘③ 天下亡命者：来自各郡各诸侯国的潜逃犯。㉘④ 无赋：不用再征收其他赋税。㉘⑤ 国用饶足：吴国的一切开支都很富裕。㉘⑥ 布天下：流通到全国各地。㉘⑦ 代王：都城在今河北蔚县东北之代王城。㉘⑧ 太原王：都城晋阳，在今山西太原东南。太原王的封地太原郡在文帝为代王时也属代国。㉘⑨ 淮阳王：封地陈郡，都城即今河南淮阳。㉙⓪ 故地：文帝当初为代王时的全部封地，辖有代、太原、云中、雁门四个郡。

【校记】

［3］狱：原无此字。据章钰校，甲十五行本、乙十一行本、孔天胤本皆有此字。今从诸本及《史记·绛侯周勃世家》补。

【语译】

六年（丁卯，公元前一七四年）

冬季，十月，桃树、李树开花。

淮南厉王刘长擅自在封国颁布法令，驱逐朝廷所派的官吏，还向朝廷请求赋予设置相，以及俸禄在二千石官吏的权力，汉文帝虽然很不情愿，但还是违心地答应了他。淮南厉王刘长在自己的封国之内滥杀无辜，又擅自封赏爵位，最高的封至关内侯，并屡次给文帝上书，书中言辞多有不敬。汉文帝不好亲自责备他，于是请舅父薄昭出面给刘长写信，信中对他婉言相劝，并引用西周的管叔、蔡叔因犯上被杀的故事以及本朝代顷王、济北王刘兴居的故事作为警告。

厉王刘长接到信后很不高兴，命令大夫但、士兵开章等七十人与棘蒲侯柴武的太子柴奇暗中谋划，准备动用四十辆用马拉的大车运送军队到谷口发动叛乱，同时派人到闽越、匈奴等处进行联络。事情被发觉后，汉文帝一面下令有司严加查办，一面派使者召见淮南厉王。淮南厉王刘长来到长安，丞相张苍、典客冯敬行使御史大夫之权对他进行审讯，并与宗正、廷尉一起向汉文帝奏报说：“根据刘长所犯之罪应当判处死刑。”文帝下诏说：“赦免刘长的死罪，撤除他的封国，取消他的王位，将他流放到蜀郡严道县的邛邮。”那些参与谋乱的一律诛杀。然后把刘长囚在有厢篷的大车里由人押送着前往蜀郡严道县的邛邮，并命令沿途各县依次传递着往下押送。

袁盎谏曰："上素骄㉘淮南王，弗为置严傅、相㉙，以故至[4]此。淮南王为人刚，今暴摧折之㉚，臣恐卒逢雾露㉛病死。陛下有杀弟之名，奈何㉜？"上曰："吾特苦之㉝耳，今复之㉞。"

淮南王果愤恚㉟不食死。县传至雍㊱，雍令发封㊲，以死闻㊳。上哭甚悲，谓袁盎曰："吾不听公言，卒亡淮南王㊴。今为奈何㊵？"盎曰："独斩丞相、御史以谢天下㊶乃可。"上即令丞相、御史逮考㊷诸县传送淮南王不发封馈侍㊸者，皆弃市㊹，以列侯㊺葬淮南王于雍，置守冢三十户㊻。

匈奴单于遗汉书曰："前时皇帝言和亲事㊼，称书意，合欢㊽。汉边吏侵侮右贤王㊾，右贤王不请㊿，听后义卢侯难支[351]等计，与汉吏相距[352]，绝二主之约，离兄弟之亲，故罚右贤王，使之西求月氏[353]击之。以天之福，吏卒良，马力强，以夷灭[354]月氏，尽斩杀，降下，定之。楼兰[355]、乌孙[356]、呼揭[357]及其旁二十六国，皆已为匈奴[358]。诸引弓之民，并为一家，北州以定[359]。愿寝兵[360]，休士卒，养马，除前事[361]，复故约，以安边民。皇帝即[362]不欲匈奴近塞[363]，则且诏吏民远舍[364]。"

帝报书曰："单于欲除前事，复故约，朕甚嘉之！此古圣王之志也。汉与匈奴约为兄弟，所以遗单于甚厚。倍约、离兄弟之亲者，常在匈奴。然右贤王事已在赦前[365]，单于勿深诛[366]！单于若称书意[367]，明告诸吏，使无负约，有信[368]，敬如单于书[369]。"

后顷之[370]，冒顿死[371]，子稽粥立[372]，号曰老上单于。老上单于初立，帝复遣宗室女翁主[373]为单于阏氏[374]，使宦者燕人中行说[375]傅翁主[376]。说不欲行，汉强使之。说曰："必我也，为汉患者[377]！"中行说既至，因降单于，单于甚亲幸之。

袁盎提醒汉文帝说："陛下平常一向娇惯淮南王，又没有给他配备严明的辅佐之臣，以至于此。淮南王为人刚烈，今天突然遭到这样的严厉处罚，我担心他最终会因气候恶劣而病死途中。陛下将背上杀弟的恶名，那时将如何是好？"汉文帝说："我只不过是想让他吃些苦头，既然如此，就赶紧派人把他追回来吧。"

淮南王果然因为愤怒，路上绝食而死。当装载刘长的囚车依次被传送到雍县，雍县令揭开囚车上的封条时，发现刘长已经死在囚车里，所以立即派人报告汉文帝。汉文帝悲痛欲绝，对袁盎说："我没有及时听从你的建议，以致淮南王死亡。现在该怎么处理善后呢？"袁盎说："只有杀掉丞相、御史向天下人谢罪。"汉文帝没有采纳袁盎的意见，而是命令丞相、御史逮捕、审讯沿途各县负责传送淮南王而又不打开囚车封条馈送食物的人员，将他们全部杀掉。又以列侯之礼把淮南王刘长葬在雍县，安置三十户人家为他守护坟墓。

匈奴冒顿单于派使者给汉朝送来书信说："以前，皇帝曾谈到过双方约定结亲的事情，我写信表示愿意约定结亲，双方永结欢好。前时汉朝边官侵侮右贤王，右贤王没经过请示，听从了后义卢侯难支等人的计策与汉朝的官兵相对抗，因而不仅中断了两国君主间约定和亲的大事，又离间了我们的兄弟情义，所以我处罚了右贤王，派他到西边去和月氏决战。靠了上天的保佑，加上匈奴兵士的勇敢、战马的强壮，我们终于灭掉了月氏国；月氏的将士不是被我们匈奴消灭，就是向我们匈奴投降，月氏被彻底平定。楼兰、乌孙、呼揭以及周围的二十六国，也已经全部并入匈奴。目前，各游牧狩猎民族合并为一家，北方地区已经全部平定。现在，我们希望和汉朝停止战争，让士兵得到休息，马匹得到繁衍，以此消除两国以往的矛盾，履行两国原来的结亲约定，使靠近汉朝边境地区的人民安居乐业。皇帝如果不希望匈奴人靠近汉朝的边境，也应下令让汉朝的官兵和百姓远离边境一些。"

汉文帝在给匈奴单于的回信中说："单于不愿意重提以前不愉快的事，恢复原来的结亲约定，我对此很是赞赏！这是古代贤王的理想。汉王希望与匈奴单于结为兄弟，所以汉王总是赠给单于很丰厚的礼品。而背叛盟约、造成兄弟反目常常是由于匈奴挑起。然而关于右贤王的事情是在大赦之前，单于就不要再深加苛责！如果单于心里真像信中所写的那样想，就请你明确告诉你的官员，使他们谨守信义，不要再背弃盟约，我们也会很好地按照你信中所写的那样办。"

过后不久，匈奴冒顿单于去世，冒顿单于的儿子稽粥即位，称号为老上单于。老上单于稽粥刚执政，汉朝就派遣宗室的女儿并由她的父亲主婚嫁给老上单于稽粥做阏氏，同时指派宦官燕地人中行说前去照顾公主的生活。中行说不愿意前往匈奴，汉朝却非要强迫他去。中行说临行时说："如果一定要让我去匈奴，我到了那里就要给汉朝制造祸患！"中行说到了匈奴以后，马上投靠了老上单于稽粥，老上单于非常宠信他。

初，匈奴好汉缯絮、食物。中行说曰："匈奴人众不能当汉之一郡，然所以强者，以衣食异，无仰于汉[378]也。今单于变俗[379]，好汉物。汉物不过什二[380]，则匈奴尽归于汉[381]矣。"其得汉缯絮，以驰草棘中[382]，衣袴皆裂敝[383]，以示不如旃裘[384]之完善也。得汉食物，皆去之[385]，以示不如湩酪[386]之便美也。于是说教单于左右疏记[387]，以计课[388]其人众、畜牧。其遗汉书牍及印封[389]，皆令长大，倨傲其辞[390]，自称"天地所生日月所置匈奴大单于"。

汉使或訾笑[391]匈奴俗无礼义者，中行说辄穷[392]汉使曰："匈奴约束径[393]，易行；君臣简[394]，可久。一国之政，犹一体也[395]。故匈奴虽乱，必立宗种[396]。今中国虽云有礼义，及亲属益疏[397]，则相杀夺，以至易姓[398]，皆从此类[399]也。嗟！土室之人[400]，顾无多辞[401]，喋喋占占[402]！顾汉所输匈奴缯絮、米糵，令其量中、必善美而已矣[403]，何以言为乎[404]？且所给备、善[405]则已；不备、苦恶[406]，则候秋熟[407]，以骑驰蹂而稼穑[408]耳！"

梁太傅贾谊[409]上疏[410]曰："臣窃惟[411]今之事势[412]，可为痛哭者一，可为流涕者二，可为长太息者六。若其他背理而伤道者，难遍以疏举[413]。进言者皆曰'天下已安已治[414]矣'，臣独以为未也。曰安且治者，非愚则谀[415]，皆非事实、知治乱之体[416]者也。夫抱火厝[417]之积薪[418]之下，而寝其上[419]，火未及然[420]，因谓之安。方今之势，何以异此！陛下何不壹令[421]臣得孰数[422]之于前，因陈'治安之策[423]'，试详择焉！

"使为治[424]，劳智[5]虑[425]，苦身体，乏钟鼓之乐，勿为可也。乐与今同[426]，而加之诸侯轨道[427]，兵革不动，匈奴宾服[428]，百姓素朴。生为明

本来匈奴人是非常喜欢汉朝的丝绵、食物的。中行说对稽粥单于说："匈奴全国的民众加起来也抵不上汉朝一个郡的人口多，然而匈奴依然很强大的原因，是因为匈奴在吃、穿、用方面与汉朝风俗不同，不必仰仗汉朝的供应。现在匈奴人改变风俗，喜欢上了汉朝的物品。汉人用不着拿出他们十分之二的物品就可以使匈奴人同化于汉人了。"中行说得到汉朝丝绵做的衣裳之后，就马上穿上在乱草荆棘丛中骑马飞奔，用丝绵做的衣裤马上就全被撕破挂烂了，他就用这样的办法显示汉朝的丝绵衣服不如匈奴的毡靴皮衣完美。他得到汉朝的食物、用品以后也立即扔掉，说那些食物用品不如匈奴的马奶、奶酪易得而且饮用方便好吃。中行说还教单于左右的人学习用文字记事，并用这种方法稽查、考核各部落的人口及牲畜数目。他让老上单于稽粥写给汉朝的书信以及所钤的印章故意很大，在书信中故意使用一些傲慢的言辞，自称"天地所生日月所置匈奴大单于"。

汉朝派去的使者中有人耻笑匈奴的风俗不讲礼仪，中行说总是揭汉人的短处，他对汉朝的使者说："匈奴的规矩少，法令简明，容易实行；君臣之间的礼数也没有那么烦琐，所以情谊长久。全国上下，犹如一体。匈奴内部即使发生战乱，但所拥立的必然是其同一家族的人。现在中国虽然自称讲究礼仪，但是等到血缘关系逐渐疏远之后，就会为了权力而互相残杀，以至于王位被异姓人所篡夺，这都是由于上述原因所造成的。哼！你们这些住在房屋中的汉人没有必要在此多嘴多舌，喋喋不休，私下议论！只要你们送给匈奴的丝绵、美酒、米蘖数量充足、质量优良就可以了，哪里用得着多费口舌？再者，送给匈奴的物品数量充足，质量优良便罢；若所给物品数量不够，质量粗劣，那么等到秋天庄稼成熟的时候，匈奴就要率领骑兵去践踏、抢夺你们的粮食去了！"

梁太傅贾谊向皇帝提议说："我私下里认为当前国家的形势，让我痛哭流涕的有一件事，令我伤心落泪的有两件事，使我长吁短叹的有六件事。至于其他那些违背道理有伤风化的事情，很难把它们一条一条地列举出来。可那些向陛下进言的人却说'天下已经安定下来，已经治理得很好了'，只有我不这样认为。说国家安定而且治理得很好的人，不是生性愚笨就是阿谀奉承，故意讨好您，都不是实事求是、真正懂得怎样治理国家的人。这就如同把火放在柴草堆的下面，而人睡在柴草堆的上面，在柴草还没有燃烧起来的时候，就认为很安全。现在天下的形势，跟这有什么不同呢！陛下为什么不给我一个机会，使我能够在陛下面前详细陈述我的看法，并把我的治国安邦之策贡献给陛下，陛下再加以斟酌而仔细选择呢！

"假若所提治国方法，需要耗费陛下的智慧和思虑，摧残身体，影响声、色的享受，可以不加采纳。我们的治国之策，能保证陛下享乐还和现在一样，却能够使诸侯遵纪守法服从中央，国家不用动用军队，而能使匈奴臣服，百姓生活安定，民风淳朴。让陛下活着的时候被人称颂是英明的皇帝，死后能被颂为是圣明的神灵，美

帝[429]，没为明神[430]，名誉之美，垂于无穷，使顾成之庙[431]称为太宗[432]，上配太祖[433]，与汉亡极[434]。立经陈纪[435]，为万世法[436]。虽有愚幼不肖之嗣[437]，犹得蒙业而安[438]。以陛下之明达[439]，因使少知治体[440]者得佐下风[441]，致此[442]非难也。

“夫树国固，必相疑之势[443]，下数被其殃[444]，上数爽其忧[445]，甚非所以安上而全下[446]也。今或亲弟[447]谋为东帝，亲兄之子[448]西乡而击[449]。今吴[450]又见告[451]矣。天子春秋鼎盛[452]，行义未过[453]，德泽有加[454]焉，犹尚如是[455]，况莫大诸侯[456]，权力[457]且十此[458]者乎！

“然而天下少安[459]，何也？大国[460]之王，幼弱未壮；汉之所置傅、相[461]，方握其事。数年之后，诸侯之王大抵皆冠[462]，血气方刚；汉之傅、相称病而赐罢[463]，彼自丞、尉以上遍置私人[464]。如此[465]，有异淮南、济北之为邪[466]？此时而欲为治安[467]，虽尧、舜不治[468]。

“黄帝[469]曰：‘日中必熭，操刀必割[470]。’今令此道顺而全安[471]甚易，不肯蚤为，已乃[472]堕骨肉之属[473]而抗刭[474]之，岂有异秦之季世乎？其异姓负强而动[475]者，汉已幸而胜之[476]矣。又不易其所以然[477]，同姓袭是迹[478]而动，既有征[479]矣，其势尽又复然[480]。殃祸之变，未知所移[481]。明帝[482]处之，尚不能以安，后世[483]将如之何？

“臣窃迹前事[484]，大抵强者先反。长沙[485]乃二万五千户耳，功少而最完[486]，势疏而最忠[487]。非独性异人[488]也，亦形势然[489]也。曩[490]令樊、郦、绛、灌[491]据数十城而王，今虽以残亡[492]可也；令信、越之伦[493]列为彻侯而居[494]，虽至今存[495]可也。然则天下之大计可知已：欲诸王[496]之皆忠附[497]，则莫若令如长沙王；欲臣子[498]勿菹醢[499]，则莫若令如樊、郦等[500]；欲天下之治安，莫若众建诸侯[501]而少其力[502]。力少则

名将永垂青史，您的顾成庙将因为陛下的道德功业达到辉煌的成就而被尊称为太宗庙，与开国的太祖庙一道，永远享受后代子孙的祭祀。所制定的治国纲纪，将成为后代永远遵循的法则。即使将来遇到愚笨、年幼的子孙继承皇位，也仍然可以靠着您的威望、影响而能保持国家的长治久安。凭借陛下的英明贤达，如果有稍微懂点治理国家方法的人在下面辅佐，就不难做到这些。

“所封诸侯国的势力太大，必定造成与朝廷之间相互猜忌的形势，下面屡次遭受灾祸，而皇帝也为此而多次伤透了脑筋，这实在不是使上下相安的好办法。如今，有同胞弟弟淮南王刘长阴谋要当东帝，有亲哥哥的儿子率领军队向西进攻都城长安。现在又有人告发吴王刘濞图谋造反。天子正当年富力强，行为道义都没有过错，对诸侯王的恩惠比以往更是有增无减，尚且是如此，更何况那些权势和力量是这些诸侯国十倍的强大诸侯呢！

“然而，当今天下还显得比较安定，没有什么大的叛乱，原因是什么呢？是因为较大诸侯国的国王，都还年纪幼小，未到成年、壮年；朝廷为他们派遣的太傅、宰相，都还在各国掌握政权。几年之后，这些诸侯王逐渐长大成人，血气方刚；朝廷为他们设置的太傅和宰相或被迫称病退休或被诸侯王所罢免，而他们在丞、尉这样的中层官吏中到处安插自己的亲信。如此的话，他们的所作所为与淮南王、济北王还有什么不同吗？到了那时再想要使国家安定，即使是尧、舜在世恐怕也无能为力了。

“黄帝说：‘太阳当头的时候赶快晒，拿刀在手的时候赶快宰割。’如今要按照这个道理引导诸侯顺从朝廷，以保证他们日后的安全很容易，如果陛下不能早点下定决心，等到以后诸侯王不再顾及骨肉之情发兵造反而朝廷不得不出兵镇压致使其身首异处的时候，与秦朝末年又有什么两样呢？过去那些异姓诸侯依仗强大的势力背叛朝廷，都被朝廷幸运地战胜了。但没有改变造成这种局面的分封制度，同姓诸侯重蹈异姓诸侯的轨迹，已经得到了验证，目前的形势和过去的异姓王时一样。不知道什么时候，就会有变乱发生。贤明的皇帝在位时，还不能解决这个问题而使国家安定，后代的君主又能怎么办呢？

“我私下里对前代的事情进行了分析研究，大体上是势力强大的先反。长沙王吴芮只有二万五千户的人口，与韩信、彭越等人比起来他的功劳最少、封地最小，而最终只有他得到保全，他的势力最小，却始终对朝廷忠心耿耿。这不仅是长沙王个人的品行与其他人不同，也是由于客观形势决定了他只能是这个样子。假使当初樊哙、郦商、周勃、灌婴等人都占据着数十座城邑而称王，现在这些人早已被诛灭也是很可能的；假使韩信、彭越这类人只封一个侯爵，那么到现在还存在也是可能的。通过这些例证，如何制定使国家长治久安的大计就非常清楚了：要想使诸侯都对朝廷保持忠贞不贰，就不如让他们像长沙王那样；如果想使臣下不遭受被剁成肉酱的惨祸，就不如使他们像樊哙、郦商那样封爵；要想使国家长治久安，就不如多分封一些诸侯王，而不让他们的势力太大。势力小，就容易使他们遵守礼仪，

易使以义[503]，国小则亡邪心[504]。令海内之势，如身之使臂，臂之使指，莫不制从[505]。诸侯之君不敢有异心，辐凑并进[506]，而归命[507]天子。割地定制[508]，令齐、赵、楚各为若干国，使悼惠王[509]、幽王[510]、元王[511]之子孙毕[512]以次各受祖之分地[513]，地尽而止。其分地众[514]而子孙少者，建以为国[515]，空而置之，须[516]其子孙生者举使君之[517]。一寸之地，一人之众，天子亡所利[518]焉，诚以定治[519]而已。如此，则卧赤子天下之上而安[520]，植遗腹[521]，朝委裘[522]，而天下不乱。当时大治[523]，后世诵圣[524]。陛下谁惮[525]而久不为此[526]？

“天下之势方病大瘇[527]，一胫[528]之大，几如要[529]；一指[530]之大，几如股[531]，平居[532]不可屈伸，一二指慉[533]，身虑无聊[534]。失今不治，必为锢疾[535]，后虽有扁鹊[536]，不能为已。病非徒瘇也，又苦蹠盭[537]。元王之子[538]，帝之从弟[539]也；今之王者[540]，从弟之子[541]也。惠王之子[542]，亲兄子也；今之王者，兄子之子[543]也。亲者或亡分地[544]以安天下，疏者或制大权[545]以偪[546]天子。臣故曰非徒病瘇也，又苦蹠盭。可痛哭者，此病是也[547]。

“天下之势方倒县[548]。凡天子者，天下之首。何也？上也。蛮夷者，天下之足。何也？下也。今匈奴嫚侮[549]侵掠，至不敬也，而汉岁致[550]金絮采缯以奉之[551]。足反居上，首顾[552]居下，倒县如此，莫之能解[553]，犹为国有人乎[554]？可为流涕者此也。

“今不猎猛敌而猎田彘[555]，不搏反寇而搏畜兔[556]，玩细娱[557]而不图大患[558]，德可远加[559]，而直数百里外，威令不伸[560][6]。可为流涕者此也[561]。

“今庶人[562]屋壁[563]，得为帝服[564]；倡优[565]下贱，得为后饰[566]。且帝之身自衣皂绨[567]，而富民墙屋被文绣[568]；天子之后[569]以缘其领[570]，庶人孽妾[571]以缘其履[572]。此臣所谓舛[573]也。夫百人作之[574]，不能衣一人[575]，欲天

国家小就不会产生反叛的邪念。让天下各个诸侯国与朝廷的关系，就像是身体驱使胳膊，胳膊驱使手指一样，没有不听从指令的。诸侯王不敢对朝廷有二心，就像车轮上的辐条全都归向于轴心那样，听命于天子。分割土地订立制度，像齐、赵、楚这样的大国都要分成若干个小国，使悼惠王、幽王、元王的子孙按照次序都能分到祖先的土地，一直分到不能再分为止。那些土地多子孙少的，就预先划分出若干个国家，闲置在那里，等到生了子孙再封这些子孙为诸侯王，派到封国去。这些诸侯国中的一寸土地、一个人民，朝廷都不占有，确实只是为了安定太平罢了。这样的话，就是把一个刚出生的婴儿放到皇帝的宝座上国家也会是太平的，即使是皇帝尚未出生的遗腹子，只要把老皇帝生前的皇袍挂在金銮殿上，天下也不会混乱。不但皇帝在世时被称作太平盛世，就是后世也会称颂他为圣人。陛下担心什么而不肯这样去做呢？

“天下的形势就像是一个人得了浮肿病，一条小腿肿得比腰还要粗，一个脚趾粗得像大腿，平时既不能屈又不能伸，一旦有一两个指头抽搐，全身都会痛苦不堪。失去现在的机会不赶紧治疗，必定发展成为无法治愈的顽症，以后就是神医扁鹊出现，也无能为力。而且还不只是浮肿，又加上脚掌扭伤。楚元王的儿子，是陛下的堂弟；现在的楚王又是陛下堂弟的儿子。齐悼惠王的儿子是陛下同胞哥哥的儿子；现在的齐王是陛下哥哥儿子的儿子。关系亲近的人得不到封地以安定天下，而关系逐渐疏远的人却掌握着大权对天子形成威胁。所以我说不仅是得了浮肿病，而且还被脚掌扭伤的痛苦所折磨。使人痛哭的就是这种病啊。

“当今天下的局势就如同把人倒挂起来一样。而天子，就是人的脑袋。为什么这样说呢？因为天子高高在上。蛮夷之人，就如同是人的双脚。为什么呢？因为蛮夷一向地位低下。如今，却是匈奴屡次对汉朝进行欺辱、侵扰、掠夺，对汉朝的轻慢、不尊重达到了极点，反过来看，汉朝却每年将大量的金银财宝、棉絮丝绸奉送给匈奴。脚反而在上面，脑袋反而在下面，颠倒悬挂如此，却没有人能解救他，还能说是国家有贤能之人吗？这是应该让人流泪的原因之一。

“如今，国家的军队不是用来攻击强大凶猛的敌人，而是用来去猎杀野猪，不是去搏杀叛逆之臣而是去扑杀饲养的家兔，国家的大小臣僚都在追求精致细腻的娱乐享受而没有人去考虑随时可能发生的灾祸，皇帝的德泽本来可以远布四裔，而现在仅数百里之外，威令就行不通。这是应该让人流泪的另一个原因。

“如今平民百姓居室墙壁上，装饰着的是只有皇帝才能穿的衣服；供人消遣娱乐的戏子以及操低贱职业的娼妓，打扮得就像后宫的嫔妃。皇帝陛下提倡节俭，自己身上只穿着黑色粗糙的丝绸衣服，而那些富人就连墙壁上都装饰着绣有花纹的绸缎；天子的皇后只是在领口上镶上一圈花边做装饰，平民的婢妾却用花边镶鞋口。这就是我所说的荒谬。用一百个人的劳动，不能满足一个人的穿戴，想要让天下没有人

下亡寒[576]，胡可得也[577]？一人耕之[578]，十人聚而食之[579]，欲天下亡饥[580]，不可得也。饥寒切于民之肌肤[581]，欲其亡为奸邪[582]，不可得也。可为长太息者此也[583]。

“商君[584]遗礼义[585]，弃仁恩[586]，并心[587]于进取[588]。行之二岁，秦俗日败[589]。故秦人家富，子壮则出分[590]；家贫，子壮则出赘[591]。借父耰锄[592]，虑有德色[593]；母取箕帚[594]，立而谇语[595]；抱哺其子[596]，与公并倨[597]；妇姑[598]不相说[599]，则反唇[600]而相稽[601]。其慈子[602]耆利[603]，不同禽兽者亡几[604]耳。今其遗风余俗，犹尚未改，弃礼义、捐廉耻日甚，可谓月异而岁不同[605]矣。逐利不耳[606]，虑非顾行[607]也，今其甚者，杀父兄矣。而大臣特以簿书不报、期会之间以为大故[608]，至于俗流失[609]，世坏败[610]，因恬而不知怪[611]，虑不动于耳目[612]，以为是适然[613]耳。夫移风易俗，使天下回心而乡道[614]，类[615]非俗吏之所能为也。俗吏之所务，在于刀笔、筐箧[616]，而不知大体。陛下又不自忧[617]，窃为陛下惜[618]之！岂如今定经制[619]，令君君臣臣[620]，上下有差，父子六亲[621]，各得其宜？此业[622]壹定，世世常安，而后有所持循[623]矣。若夫经制不定，是犹度江河亡维楫[624]，中流而遇风波，船必覆矣。可为长太息者此也[625]。

“夏、殷、周为天子，皆数十世[626]；秦为天子，二世而亡[627]。人性不甚相远也，何三代之君有道之长[628]，而秦无道之暴[629]也？其故可知也。古之王者，太子乃生[630]，固举以礼[631]，有司[632]齐肃端冕[633]，见之南郊[634]，过阙则下[635]，过庙则趋[636]，故自为赤子，而教固已行[637]矣。孩提有识[638]，三公三少[639]明孝仁礼义[640]以道习[641]之。逐去邪人，不使见恶行，于是皆选天下之端士[642]、孝悌博闻有道术者以卫翼[643]之，使与太子居处[644]出入。故太子乃生而见正事，闻正言，行正道，左右前后皆正人也。夫习与正

遭受寒冷，有可能吗？一个人耕作，却有十个人来抢食这点粮食，想要让天下没有人挨饿是不可能的。穷苦之人饥寒交迫，痛彻肌肤，想让他们不作奸犯法，同样是不可能的。这就是使人长叹的原因啊。

“战国时期，秦国的商鞅遗弃了儒家以礼仪治国，废除了儒家以仁爱道德治理天下的主张，只是倡导人们杀敌立功。执行了两年，秦国的风俗就日渐败坏。所以秦国富人家的子弟，一旦长大成人，就分出一部分家产另立门户；穷人家的子弟，长大以后就到富人家去当上门女婿。儿子将农具借给父亲使用，脸上就会流露出有恩于人的神色；母亲动用一下簸箕，立刻会招来一顿责骂；儿媳妇抱着孩子喂奶，竟然与公公并列而坐；婆婆儿媳合不来，儿媳妇就敢于向婆婆口出恶言。人人只知道疼爱自己的儿女、追求功利，这与禽兽比起来有多少差别呢。如今秦时的遗风余俗仍然存在，抛弃礼仪，丢掉廉耻日甚一日，正可谓一月一个变化，岁岁不相同啊。只顾计较是不是获利，而不顾及行为好坏，现在最为严重的，已经有杀父杀兄的事情发生。而当朝大臣只把公文能不能及时批复、按规定征收的钱粮能不能按时征收当作头等大事，至于好的风俗逐渐失去，社会道德越来越坏却安然处之，见怪不怪，大都是视而不见、充耳不闻，认为这是理所当然。至于移风易俗，使天下人能够回心转意向着讲道德的方向发展，这绝不是一般庸碌无为的官吏所能做到的。庸碌的官吏只适合做那些上传下达、整理文件案牍等事务，而不懂得关系全局的道理。陛下对这些事一点也不感到忧虑，我真为陛下感到痛惜！陛下何不趁现在制定出可以传之久远的规章制度，使君像君、臣像臣，有上下尊卑的法定等级，使父、子、兄、弟、夫、妇在家庭之中各有各的位置？这项制度一旦建立起来，就会世世代代安享太平，而后世也可以把它作为行为准则加以遵循。如果没有这项规章制度，就如同乘船渡河而没有绳索和船桨，到了河心一遇到风浪，必定会翻船。这是应该让人叹息的原因啊。

“夏朝、商朝、周朝的王位，都传承了几十代；而秦朝的皇帝，只传到二世就灭亡了。人的本性相差并不是很大，为什么夏、商、周三代的君主治国有道，国运长久，而秦朝的皇帝荒淫无道而国运短促？原因是明摆着的。古代夏、商、周的君王，当嫡长子一出生，就按照礼仪来教养，主管部门的官员神情严肃衣冠整齐，抱着小太子到南郊祭拜天地神灵，嫡长子即使是在襁褓之中，经过殿门的时候也要下车，经过祖先祭庙的时候也得低头小快步赶紧通过，所以从婴孩时期，就开始接受教育了。等到稍微有些见识，就为他设置三公、三少，负责他的教育，为他讲解孝敬、仁爱、礼仪等道理来引导他学习。驱逐他身边行为不端的侍从，使他看不到邪恶的行为，认真为他挑选那些品行端庄、孝敬尊长、友爱兄弟、学识渊博的人士护卫他辅佐他，时时刻刻陪伴在他的左右。所以太子从一出生，所见的是公正的事情，听到的是正直的言论，走的是正道，在他的前后左右都是正人君子。平时接触的都

人居之不能毋正，犹生长于齐不能不齐言[645]也；习与不正人居之不能毋不正，犹生长于楚之地不能不楚言也。孔子曰：‘少成若天性，习贯如自然[646]。’习与智长[647]，故切而不愧[648]；化与心成[649]，故中道若性[650]。夫三代之所以长久者，以其辅翼太子有此具[651]也。及秦而不然，使赵高傅[652]胡亥而教之狱[653]，所习者非斩劓[654]人，则夷[655]人之三族[656]也。胡亥今日即位，而明日射人，忠谏者谓之诽谤，深计[657]者谓之妖言，其视杀人，若艾草菅[658]然。岂惟胡亥之性恶[659]哉？彼其所以道之者[660]，非其理[661]故也。鄙谚[662]曰：‘前车覆，后车诫[663]。’秦世之所以亟绝[664]者，其辙迹可见[665]也，然而不避[666]，是后车又将覆也。天下之命，县于太子[667]，太子之善，在于早谕教[668]与选左右。夫心未滥[669]而先谕教，则化[670]易成也；开于道术智谊之指[671]，则教之力也；若其服习积贯[672]，则左右而已[673]。夫胡、粤[674]之人，生而同声，嗜欲不异[675]；及其长而成俗，累数译而不能相通[676]，有虽死而不相为[677]者，则教习[678]然也。臣故曰选左右、早谕教最急。夫教得[679]而左右正[680]，则太子正矣，太子正而天下定矣。《书》曰：‘一人有庆，兆民赖之[681]。’此时务[682]也。

“凡人之智，能见已然[683]，不能见将然[684]。夫礼者禁于将然之前[685]，而法者禁于已然之后[686]，是故法之所为用[687]易见，而礼之所为生[688]难知也。若夫庆赏[689]以劝善[690]，刑罚以惩恶，先王执此之政，坚如金石[691]；行此之令，信如四时[692]；据此之公[693]，无私如天地[694]，岂顾不用哉[695]？然而曰‘礼云礼云’者[696]，贵[697]绝恶于未萌[698]，而起教于微眇[699]，使民日迁善远罪[700]而不自知[701]也。孔子曰：‘听讼，吾犹人也，必也使毋讼乎[702]。’为人主计[703]者，莫如先审取舍[704]，取舍之极[705]定于内，而安危

是正人君子，他自己就不可能不正，这就如同是生长在齐国，说的必然是齐国话；平时所接触的都是奸邪之人，他的品行肯定不会端正，就如同生长在楚国，不能不讲楚国话。孔子说：‘少年成长是一种天性，习惯养成之后，就如同自然。’习惯与智慧同时增长，所以言论和行为就会切合正道而无过错；所接受的教育已经融入内心，所以符合正道的言行就像是出于天性。夏、商、周三代所以国运长久，就是因为从太子出生以后就运用这样的方法进行教育和辅佐。到了秦朝的时候就不是这样了，秦始皇派赵高做皇子胡亥的老师，让胡亥向赵高学习律令、断狱等知识，学习的内容不是斩首、割鼻子，就是诛灭三族。胡亥今天即位做了皇帝，明天就开始杀人，忠言劝谏的被认为是诽谤，为国家利益而深谋远虑的话被认为是妖言惑众，他把杀人看作像割野草一样轻易。难道是胡亥天生就是本性邪恶吗？当然不是，而是由于为他选择的那些辅导他的人不合适。俗话说：‘前面的车翻覆了，后面的车就应该引为借鉴。’秦朝很快灭亡的教训，其轨迹是清晰可见的，然而如果不引以为戒，跟在后面的车子也会像秦朝那样翻覆，使国家很快灭亡。国家的命运取决于太子，而太子的好坏，在于及早进行教育和精心挑选身边的侍从。在太子年幼没有养成不良习惯的时候就提前进行教育，就容易被接受，教育就能成功；使太子明白道德仁义的要领，是老师的职责；至于其他好习惯的养成，应该是左右亲随的责任。像北方的胡人、南方的粤人，刚出生的时候，第一声啼哭的声音没有什么不同，兴趣与爱好也没有什么差别；等到长大以后，胡人说胡语，粤人说粤语，胡语与粤语之间，有时经过几道翻译，仍然无法沟通，有的人一直到死都不肯做对方所做的事情，这是后天所受的教育和养成的习惯所造成的。所以我认为，为太子选择老师和侍从，及早进行教育，是当前最紧要的事情。选择的老师得当，太子左右的侍从行为端正，太子必然品行端正，太子品行端正，天下也就安定了。《尚书》中说：‘庆幸有个好天子，亿万民众仰赖他。’这就是当务之急。

“一般人的智慧，大多能知道已经发生的事情，而不能预见到还没有发生的事情。礼的作用是将非礼的事情制止在发生之前，而法律的作用是在事情发生以后进行惩罚；所以法律的作用显而易见，而礼的预防作用就难于察觉。运用庆贺奖赏的方式可以鼓励好的行为，运用刑罚是为了惩处罪恶，古代的君主对于运用奖善惩恶的手段治理国家，坚信不疑；按照这种原则对该赏的赏该罚的罚，就像是四季的更替一样准确无误；按照这种原则公平处理各种事物，就像天覆地载一样公正无私，难道我们反而不能用这些办法来治理国家吗？然而总是一再称道礼教，所看重的正是因为礼能在人们没有产生罪恶的念头以前就把它消灭掉，从人在很小的时候就开始对他进行教育，使人在潜移默化中，一天一天地趋向良善、远离罪恶而不自知。孔子说：‘审理诉讼，我同别人差不多，我所做的是使国家没有诉讼。’作为一个帝王考虑问题，最重要的是先考虑好该做什么与不该做什么，取舍的标准首先要在思想

之萌[706]应于外[707]矣。秦王之欲尊宗庙而安子孙，与汤、武同；然而汤、武广大其德行，六七百岁而弗失[708]，秦王治天下十余岁[709]则大败。此亡他故矣，汤、武之定取舍审[710]，而秦王之定取舍不审矣。夫天下，大器[711]也。今人之置器[712]，置诸安处则安，置诸危处则危。天下之情，与器无以异[713]，在天子之所置之。汤、武置天下于仁、义、礼、乐，累子孙数十世，此天下所共闻也；秦王置天下于法令、刑罚，祸几及身[714]，子孙诛绝，此天下之所共见也，是非其明效大验邪[715]！人之言曰：'听言之道[716]，必以其事观之[717]，则言者莫敢妄言。'今或言礼谊[718]之不如法令，教化[719]之不如刑罚，人主胡不[720]引殷、周、秦事以观之也？人主之尊譬如堂[721]，群臣如陛[722]，众庶如地。故陛九级上[723]，廉远地[724]，则堂高；陛无级，廉近地，则堂卑[725]。高者难攀，卑者易陵[726]，理势然也。故古者圣王制为等列[727]，内[728]有公、卿、大夫、士[729]，外[730]有公、侯、伯、子、男[731]，然后有官师[732]、小吏，延及庶人，等级分明而天子加焉[733]，故其尊不可及也[734]。

"里谚[735]曰'欲投鼠而忌器[736]'，此善谕也。鼠近于器，尚惮[737]不投，恐伤其器，况于贵臣之近主[738]乎？廉耻节礼以治君子[739]，故有赐死而无戮辱[740]。是以黥、劓[741]之罪，不及大夫[742]，以其离主上不远也。礼[743]不敢齿君之路马[744]，蹴其刍[745]者有罚，所以为主上豫远不敬[746]也。今自王、侯、三公[747]之贵，皆天子之所改容而礼之[748]也，古天子之所谓伯父、伯舅[749]也，而令与众庶同黥、劓、髡、刖、笞[750]、傌、弃市之法，然则堂不无陛乎[751]？被戮辱者[752]不泰迫[753]乎？廉耻不行，大臣无乃握重权、大官而有徒隶无耻之心乎[754]？夫望夷之事[755]，二世见当以重

上确定下来，实行的结果是成功还是失败，从国家的政治上、社会的风俗上很快就会反映出来。秦始皇想要社稷永存，子孙万世永远做皇帝，在这点上，他和商汤王、周武王是一样的；然而商汤王、周武王发扬光大他们的道德行为，六七百年而不丧失他们的国家，秦王治理天下才十余年国家就灭亡了。这没有其他的原因，商汤王、周武王做出决策时已深思熟虑，比较再三；而秦王做出决策时没有审时度势而是恣意妄行。国家，好比一个大的器物。现在人们安置它，把它安放在安全的地方它就安全，把它安放在危险的地方它就危险。治理一个国家的情形与安置一个器物没什么两样，在于皇帝把它安置在什么地方。商汤王、周武王把它安置在仁、义、礼、乐之上，以仁义道德治理天下，所以子孙相袭几十代，这是天下人所共知的；秦始皇把天下放置在严格的法令、刑罚的基础上，所以在秦始皇本身就差一点遭到灾祸而其子孙全被杀戮，这是天下人有目共睹的，这难道不是最明显的证据吗！人们这样说：'听别人讲道理，一定要结合具体事实进行考察，说话的人才不敢信口开河、不负责任。'现在有人说用礼仪治理国家不如用法律治理国家，实行教化不如重视刑罚，国君为什么不结合殷商、周朝所以兴盛而秦朝所以灭亡来进行比较研究呢？君主地位之尊贵就像是殿堂，群臣就像是殿堂的台阶，平民百姓就像是大地。所以台阶必须有九级以上，堂基才能远离地面，整个殿堂才显得高大；如果台阶没有层次，堂基就接近地面，整个殿堂就会显得卑矮。殿堂高大所以很难攀附，殿堂卑矮就容易遭到践踏，没有别的原因，是地势高矮不同造成的。所以古代圣明的君主制定出严格的等级制度，在朝廷之内，官阶分为公、卿、大夫、士，朝廷之外的爵位分为公、侯、伯、子、男；最后才是官师、小吏，一直到平民百姓，等级分明，而天子高高在上，所以天子的尊贵是没有人能比得上的。

"乡里有句俗语说'想要打死老鼠，却又担心碰坏器皿'，这是一个很好的比喻。老鼠挨近器皿，人们尚且忌惮而不敢打老鼠，唯恐伤坏器皿，更何况是地位尊贵而接近皇帝的大臣呢！礼义廉耻是用来维护君子的尊严的，所以可以命令他自杀，却不可以用刑戮来使他受辱。所以，用墨在脸上刺字的'黥刑'、将鼻子割掉的'劓刑'，都不用在大夫的身上，因为他们距离君主很近的缘故。古礼规定不能随便谈论君主御马的年龄，践踏了喂养御马的草料要受到惩罚，目的是预防臣对君主的不敬行为。现在从王侯到三公，都是天子理应郑重地以礼相待的人物，相当于古代天子所称的同姓为伯父、异姓的为伯舅，而使这些王侯也跟平民百姓一样接受'黥刑'，'劓刑'，剃光头发的'髡刑'，砍去双脚的'刖刑'，用鞭子、荆条等抽打的'笞刑'，辱骂的'傌刑'以及在街头斩首的'弃市'等刑罚，这样一来岂不是等于殿堂没有台阶吗？被杀戮侮辱的人不是太接近皇帝了吗？丝毫不顾及大臣的尊严，岂不是认为握有重权的大臣、高级官员也与低级差役一样毫无廉耻之心吗？秦朝赵高派

法[756]者，投鼠而不忌器之习[757]也。臣闻之：'履虽鲜，不加于枕[758]；冠虽敝，不以苴履[759]。'夫尝已在贵宠之位，天子改容而体[7]貌之矣，吏民尝俯伏以敬畏之矣，今而有过，帝令废之[760]可也，退之[761]可也，赐之死可也，灭之可也。若夫束缚之、系緤[762]之，输之司寇[763]，编之徒官[764]，司寇小吏[765]詈骂[766]而榜[8]笞[767]之，殆非所以令众庶见[768]也。夫卑贱者习知尊贵者之一旦[769]吾亦乃可以加此[770]也，非所以尊尊、贵贵之化也[771]。古者大臣有坐不廉[772]而废者，不谓'不廉'，曰'簠簋[773]不饰'；坐污秽淫乱、男女无别者，不曰'污秽'，曰'帷薄[774]不修'；坐罢软[775]不胜任者，不谓'罢软'，曰'下官不职[776]'。故贵大臣定有其罪[777]矣，犹未斥然正以呼之[778]也，尚迁就[779]而为之讳也。故其在大谴、大何[780]之域者，闻谴、何[781]则白冠牦缨[782]，盘水加剑[783]，造请室[784]而请罪耳，上不执缚系引[785]而行也。其有中罪者，闻命而自弛[786]，上不使人颈盭而加[787]也。其有大罪者，闻命则北面再拜，跪而自裁[788]，上不使人捽抑[789]而刑之也。曰：'子大夫[790]自有过耳，吾遇[791]子有礼矣。'遇之有礼，故群臣自憙[792]；婴以廉耻[793]，故人矜节行[794]。上设廉耻礼义以遇其臣，而臣不以节行报其上者，则非人类也。故化成俗定[795]，则为人臣者，皆顾行[796]而忘利，守节而伏义[797]，故可以托不御之权[798]，可以寄六尺之孤[799]，此厉廉耻[800]、行礼义之所致也，主上何丧[801]焉？此[802]之不为而顾彼[803]之久行，故曰可为长太息者此也[804]。"

谊以绛侯前逮系狱[805]，卒无事[806]，故以此讥上。上深纳其言，养臣下有节[807]，是后大臣有罪皆自杀，不受刑。

阎乐杀秦二世于望夷宫之事，足以说明秦二世时对待皇族大臣全部判处重刑，已经养成投鼠而不知道忌器的习惯。我听说：'鞋子虽然很新，但绝不能放在枕头上；帽子再破旧，也不能用来做鞋垫。' 因为那些大臣曾经处在尊贵的地位之上，天子曾经对他们恭敬相待，下级官吏以及平民百姓也曾经俯伏在地，对他们敬畏有加，如今犯了罪，皇帝将他们罢免也行，辞退也行，让他们自杀也行，灭其三族也行。如果把他们捆绑起来，用绳子拴起来送到法官那里，然后把他们编入苦役犯的行列去服各种苦役，被司寇衙门里的小吏辱骂抽打，这似乎都是不应该让百姓看到的。地位低贱的人如果知道曾经尊贵的大臣一旦犯罪，我也可以居他之上，这不利于尊敬尊者、礼敬贵者的风俗的形成。古代大臣有不廉洁而被撤职的，不说他们'不廉洁'，而说'簠簋不饰'；犯有污秽淫乱、男女无别之罪的，不说他们'行为污秽'，而说是'帷薄不修'；因为软弱无能而不能胜任的，不说是'软弱无能'，而说他们是'下属官员办事不力'。所以对尊贵的大臣即使已经定罪判刑，尚且不公然宣布他的罪行，还要留有地步而为他进行遮盖掩饰。所以一旦犯有小罪过而处于被上级谴责、怒斥的境地，只要听到一声谴责、怒斥，就立即戴上白色的帽子，上面插上牦牛尾做的毛缨，自己端着一盆水，盆上平放一把剑，主动到监狱去请求处罚，不需要皇帝派人将他拘捕捆绑起来进行押送。其中罪行中等的，一听到裁决，就自毁仪容前往服刑之所，而不需皇帝派人将刑具套在他的脖子上。那些罪大恶极的，听到裁决之后，就面向北遥拜皇帝，然后跪在地上自杀，也不须皇帝派人抓住头发按住脑袋将其处死。只是告诉他说：'是你自己犯了罪，我对你依然是很尊重的。' 你以礼貌对待大臣，所以大臣也因此而自重自爱；用廉耻之心来约束他们，所以每个人才会注重自己的品行节操。君主用礼仪对待大臣、鼓励他们的廉耻之心，而大臣不能用节操品行来报答他的君主的，就不属于人类了。所以教化成、风俗定，为人臣的，都会重视自己的品德修养而轻视个人私利，坚守节操而谨守大义，所以可以把难以驾驭的大权托付给他，可以将不能自立而又失去父亲的小皇帝托付给他辅佐，这就是砥砺廉耻、实施礼仪教化的结果，这样做对皇帝您又有什么损失呢？不以礼义廉耻来对待大臣反而对大臣随意侮辱，所以说值得叹息的就是因为这个原因啊。"

这是贾谊因为先前绛侯周勃被逮捕下狱，终于因为无罪释放，所以说了上面这些话来奉劝汉文帝。汉文帝采纳了他的意见，注重以礼对待大臣和培养臣下的节操，从此以后，大臣犯罪都自杀，而不接受审讯和刑罚。

【段旨】

以上为第三段，写文帝六年（公元前一七四年）的全国大事。主要写了淮南王刘长因图谋造反被发配，死于途中；写了匈奴单于与文帝相互通信，重约汉匈和亲，而中行说入匈奴为以后埋下祸根事；并大篇幅地载入了贾谊的《陈政事疏》，表明了作者对此文的分外喜爱与重视。

【注释】

㉑ 华：开花。冬天桃、李开花，古人视为怪异，以为不祥，故书于史。㉒ 淮南厉王长：刘长，刘邦的少子，厉字是谥。㉓ 自作法令：不遵行中央王朝的法令。㉔ 逐：驱逐。㉕ 请自置相二千石：依汉法，诸侯王国的相、内史、中尉等二千石吏，皆由汉王朝为之选任，其余官吏由王国自置。㉖ 曲意从之：违心地答应了他。曲意，违心、委曲己意。㉗ 爵人至关内侯：给人加封到关内侯的爵位。爵，用如动词，加封爵位。关内侯，秦汉时期二十级爵位的第十九级。㉘ 不逊顺：说话无君臣礼。㉙ 重：不好意思；不愿意。㉚ 切责：严厉批评。㉛ 薄昭：薄太后之弟，文帝之舅。㉜ 风谕：委婉示意。㉝ 管、蔡：武王之弟管叔、蔡叔，因勾结殷朝余孽公开造反被周公讨杀。㉞ 代顷王：刘邦之兄刘仲，在敌人的进攻下弃城而逃，被废为侯。㉟ 济北王兴居：刘兴居，文帝之侄，因不满朝廷的封赏而造反，被消灭。㊱ 儆戒：教训。告诫他即使是至亲，犯了罪也要受惩罚。㊲ 说：通"悦"。㊳ 大夫但：淮南王手下的大夫名但，史失其姓。㊴ 士伍开章：淮南王手下的士兵名开章，其姓不详。士伍，没有爵位职务的士兵。㊵ 棘蒲侯柴武太子奇：棘蒲侯柴武的嫡长子名奇。柴武，也称"陈武"，刘邦的开国功臣，以功封棘蒲侯。太子奇，柴奇。汉初时各王、侯的嫡长子都称作"太子"。㊶ 辇车：马拉的大车。㊷ 四十乘：即四十辆。一车四马曰"乘"。㊸ 谷口：汉县名，县治在今陕西礼泉东北。陈子龙曰："七十人何能反，或遣刺汉阴事及焚积聚，惊动众也，如李师道、王承宗所为耳。"㊹ 闽越：当时东南沿海的小国名，都城东冶（今福建武夷山市之城村遗址）。㊺ 匈奴：战国后期以来活动在今中国内蒙古与蒙古国一带的游牧民族名,汉朝初期成为北部的严重边患。㊻ 治：办；查办。㊼ 典客：也叫"大行令"，主管少数民族事务。㊽ 行御史大夫事：代理御史大夫。行，代理。御史大夫，三公之一，主管监察，位同副丞相。㊾ 宗正：九卿之一，主管皇族事务。㊿ 廷尉：全国最高的司法长官，九卿之一。(321) 制曰：文帝下令说。(322) 其：表示命令的发语词。(323) 废勿王：废其爵位，不令其再为王，意即不置之死地。(324) 徙处：勒令搬迁；流放；发配。(325) 蜀郡严道邛邮：蜀郡严道县的邛邮。严道即今四川荥经。当时凡有少数民族杂居之县则称"道"。邛邮，地名，在今荥经城西南。(326) 辎车：有厢篷的大车。(327) 县以次传：沿途各县依次传递着向下押送。(328) 骄：宠；惯。(329) 弗为置严傅、相：不给他配备严厉的太傅与丞相。(330) 今暴摧折之：如果突然对他打击得过于厉害。今，如

果。暴，突然。摧折，打击、折辱。㉛卒逢雾露：婉指遇有各种突然事故。卒，通“猝”，突然。㉜奈何：那时将如何是好。㉝特苦之：只不过是暂时让他尝点苦头。特，只、只不过。㉞今复之：很快就会让他回来。今，将、即。㉟愤恚：气愤；恼怒。㊱县传至雍：路上各县依次向下押解到雍县。雍县的县治在今陕西宝鸡市凤翔区南。㊲雍令发封：雍县县令打开了辎车上的封条。㊳以死闻：向上报告，说发现淮南王已死。㊴卒亡淮南王：卒，终于、果然。亡，失去。㊵今为奈何：今天将如何是好。㊶独斩丞相、御史以谢天下：独，只有、只好。御史，实即御史大夫。凌约言曰：“丞相、御史执法，而盎欲斩之，幸而文帝不用。盎之刻恶险邪大抵如此，不独私仇一晁错也。”㊷逮考：逮捕、拷问。㊸发封馈侍：打开封条，进献饮食，侍候起居。馈，以食物送人。㊹皆弃市：史珥曰，“斩丞相、御史者，盎或欲借以去所逼耳，已非情理；至诸县不敢发封，只是不能法外行事，乌得以守法弃市？”㊺以列侯：以列侯之礼。㊻守冢三十户：这些人家的职守即看护并祭祀陵墓，而不再向政府缴纳赋税。㊼前时皇帝言和亲事：刘邦、吕后皆行和亲，文帝即位后，亦行和亲。㊽称书意二句：行动与所遗书意相符，双方都很高兴。㊾汉边吏侵侮右贤王：边境纠纷，历来都是强词夺理，推过于对方，古今皆然。㊿不请：未向单于请示。(351)后义卢侯难支：“后义卢侯”应是匈奴官爵名，“难支”应是人名。(352)相距：相对抗。(353)月氏：当时居住在今甘肃河西走廊的少数民族名。(354)以夷灭：已经消灭、平定。以，通“已”。〖按〗实际情况是一部分月氏人向西迁移到了今新疆以西，一部分躲到甘肃南境的祁连山中。此文帝三年（冒顿三十三年，公元前一七七年）事。(355)楼兰：西域小国名，国都在今新疆罗布泊西北岸。(356)乌孙：西域小国名，国都赤谷城，在今新疆西部境外的吉尔吉斯斯坦境内。(357)呼揭：西北地区民族名，当时活动在今新疆北部与其邻近的俄罗斯境内。(358)皆已为匈奴：全都并入了匈奴国。《史记评林》引罗洪先曰：“匈奴述西伐之威，是欲以畏汉，若曰‘北州悉下，惟容汉耳’。”(359)北州以定：北部地区都已平定。以，通“已”。(360)寝兵：放倒武器不用。(361)除前事：犹言“释前嫌”。前事指以前的双方对抗、相互攻杀之事。(362)即：倘若。(363)近塞：靠近汉朝边境。(364)远舍：离开边境远点。(365)已在赦前：新近发布的大赦令之前。〖按〗文帝三年济北王谋反后，文帝为孤立谋反者曾下过地区性的赦令。(366)勿深诛：不必过于严厉地惩罚。诛，罚。〖按〗文帝先提出“倍约、离兄弟之亲者，常在匈奴”，此驳斥来信中所谓“汉边吏侵侮右贤王”语；接着说“右贤王事已在赦前，单于勿深诛”，为对方留地步，辞令绝妙。(367)若称书意：如果心里真如信上写的那样想。称，合、一致。(368)有信：要让他们谨守信义。(369)敬如单于书：我们也会很好地按你信上写的那样办。(370)后顷之：后来不久。(371)冒顿死：冒顿为单于共三十六年，死于文帝六年。(372)稽粥立：稽粥继位后，称老上单于，公元前一七四至前一六一年在位。(373)翁主：诸侯王之女。由其父为之主婚，故曰“翁主”。翁，对父亲的称呼。(374)阏氏：匈奴贵族的姬妾统称。(375)中行说：姓中行，名说。(376)傅翁主：为翁主的师傅官，以照顾公主的生活。(377)必我也二句：意谓如果你们一定要逼着我去，那我就将成为汉朝的祸患。㊲⑧无仰于汉：不仰仗汉朝的供应。㊲⑨变俗：改变匈奴固有的习俗。㊳⓪汉物不过什二：汉人用不着拿出他们十分之二的财物。什二，十分之二。㊳①匈奴尽归于汉：匈奴人也就都成了汉人。“归”字在这里应理解为被汉所同化。〖按〗当时贾谊给文帝上书，讲对待匈奴应实行“五饵”之法，即以“车服以坏其目，饮食以坏其口，音声以坏其耳，宫室以坏其腹，荣宠以坏其心”。意思也是“同化”“柔化”。中行说盖早已看到这种“同化”对削弱匈奴的危险。㊳②以驰草棘中：意即穿着汉人所赠的绸缎衣服在草树荆棘中奔驰。㊳③裂敝：指被扯破、挂烂。㊳④旃裘：毛毡制作的袍子。旃，通“毡”。㊳⑤皆去之：都把它扔掉。㊳⑥湩酪：动物的奶制品。湩，乳汁。㊳⑦疏记：以文字记事。㊳⑧计课：计算、统计。㊳⑨遗汉书牍及印封：写给汉朝皇帝的书信与所加盖的印章。遗，给、致。印封，印章与封泥。秦汉时期的印章不是加盖在文件上，而是盖在装盒或者打包之后的封泥上。㊴⓪倨傲其辞：故意使用一些傲慢的词语。㊴①訾笑：讥笑；耻笑。㊴②辄穷：总是揭汉人之短，使其难堪。穷，使人困窘。㊴③约束径：规矩少，法令简明。径，直接、简单。㊴④君臣简：君臣之间的礼数简便易行。㊴⑤一国之政二句：《史记·秦本纪》戎人由余即有所谓“一国之治，犹一身之治”，盖与此相同。㊴⑥必立宗种：所立者必然是其同一家族的人。宗种，犹言宗族、家族。㊴⑦益疏：渐渐疏远之后。㊴⑧易姓：指王位被异姓人所篡夺。㊴⑨皆从此类：都是由上述原因造成的。〖按〗《史记·秦本纪》由余说中国“上下交争怨，而相篡弑，至于灭宗，皆以此类”，二者亦语同。㊵⓪土室之人：盖房子居住的人们，以称汉人。㊵①顾无多辞：没必要再多费口舌。顾，通“固”，本来。㊵②喋喋占占：伶牙俐齿，说个不休的样子。㊵③顾汉所输匈奴缯絮、米蘖二句：你们就只管把给匈奴进贡的缯絮、米蘖准备得分量足足的、质量好好的就行了。蘖，指曲蘖，供酿酒之用。量中，量足、分量够数。㊵④何以言为乎：还费这么多口舌做什么。〖按〗中行说为虎作伥，肆虐甚烈，故贾谊《治安策》中有所谓“伏中行说以笞其背”云云。㊵⑤备、善：即上句所说的“量中、善美”。㊵⑥不备、苦恶：如果品种数量不够、质量不好。苦，粗也。㊵⑦秋熟：秋天的庄稼成熟。㊵⑧以骑驰蹂而稼穑：骑，骑兵。驰蹂，践踏。而，你、你们的。㊵⑨梁太傅贾谊：贾谊先被放出朝廷为长沙王太傅，后被调回朝任梁怀王太傅。梁怀王是汉文帝的小儿子。㊶⓪疏：文体名，也叫“章”“表”，是群臣上奏帝王的奏文，因其要逐条陈述，故曰“疏”。以下所载的奏文即有名的《陈政事疏》，也叫《治安策》。㊶①窃惟：犹言“暗想”，这里是谦辞，意即我想、我认为。㊶②事势：当前国家的形势。㊶③难遍以疏举：不能一一述说，极言问题之多。㊶④已安已治：已经太平、已经治理得很好。㊶⑤非愚则谀：如果不是傻瓜，那就是故意向您讨好。谀，以好听的话取悦于人。㊶⑥治乱之体：什么是真正的“乱”与“治”。㊶⑦厝：通“措”，放置。㊶⑧积薪：柴火垛。㊶⑨寝其上：躺在上面睡大觉。㊷⓪火未及然：火还没有烧起来。然，通“燃”。㊷①壹令：就让我。壹，加强语气的修饰词。令，让、允许。㊷②孰数：详细地说说。孰，通“熟”。㊷③治安之策：有关国家长治久安的奏章。㊷④使为治：假如一个帝王要把天下治理好，就得……。〖按〗此句开头似有脱讹。有本此上有“夫射猎之娱，与安危之机孰急”十二字，即使加上，整段仍是欠通顺。今只好就原文勉强疏通。㉕劳智虑：费心思。㉖乐与今同：其乐趣与您现在所进行的游猎完全相同。〖按〗说“治天下”与“游猎”的乐趣相同，似乎不合常理。㉗而加之诸侯轨道：在享有如同射猎的乐趣外，还能外加上让诸侯们有秩序地服从中央。轨道，上轨道，意即有秩序，服从中央。㉘宾服：臣服，对汉朝皇帝行宾客、臣子之礼。㉙生为明帝：活着的时候就能被人称为英明的皇帝。㉚没为明神：死了之后能被人颂为圣明的神灵。㉛顾成之庙：文帝为自己所修的庙宇。㉜称为太宗：历朝历代只有创业开国的帝王，死后才能被称为“高祖”或“太祖”；只有道德功业达到辉煌成就的帝王，死后才能被尊为“太宗”。㉝上配太祖：与开国帝王一道。㉞与汉亡极：与开国帝王一样永远享受后代子孙的祭祀。亡极，没有尽头、永远。㉟立经陈纪：指所创立的各项规章制度。经、纪，都是纲领、准绳的意思。㊱为万世法：成为后代永远遵循的法则。㊲虽有愚幼不肖之嗣：即使您日后有个呆傻、幼弱的子孙接班做了皇帝。㊳犹得蒙业而安：仍可以靠着您的威望、影响而得以太平无事。蒙业，靠着您伟大功业的影响。㊴明达：英明、达理。㊵少知治体：稍微明白一点治理国家的方法。少，通“稍”。㊶佐下风：在下面帮着您做点事。㊷致此：实现上述太平盛世。㊸树国固必相疑之势：固字欠顺，疑有讹误。全句的意思是，所封诸侯国的势力太大，就必然造成上下彼此猜疑的形势。㊹被其殃：指屡屡被消灭，如韩信、彭越、刘长、刘兴居等。㊺爽其忧：为其事所忧虑。爽，这里是“蒙受”的意思。㊻安上而全下：使皇帝心安，让诸侯得安全。㊼亲弟：淮南王刘长，为文帝之弟。㊽亲兄之子：指济北王刘兴居。刘兴居是文帝兄齐王刘肥之子。㊾西乡而击：引兵向西方杀来。乡，通“向”。㊿吴：指吴王刘濞，刘邦次兄之子，文帝的堂兄弟。㊿见告：被告发图谋造反。㊿春秋鼎盛：犹言风华正茂，正当盛年。㊿行义未过：办事没有错误。行义，办事。㊿德泽有加：经常给诸侯们施加恩惠。有加，有所施加。㊿犹尚如是：尚且如此屡屡造反。㊿况莫大诸侯：更何况那些最强大的诸侯。莫大，最强大。㊿权力：权势兵力。㊿十此：十倍于此。㊿然而天下少安：但今天国家才勉强安定。少，通“稍”。㊿大国：如齐国、楚国、赵国。㊿汉之所置傅、相：朝廷为各诸侯国所派遣的太傅与丞相，这些人都在各王国掌权，对朝廷负责。㊿皆冠：都到了成年。古代男子到二十岁或二十二岁举行加冠仪式。㊿赐罢：允许其退休免职。㊿彼自丞、尉以上遍置私人：“丞尉以上”似应作“丞尉以下”。如谓“丞尉以上”则自然包括“太傅、丞相”，但汉王朝从不允许诸侯国自任“太傅、丞相”之例。实则若果“丞尉以下遍置私人”，则其朝廷所置之“傅、相”也将难行使其职权。丞、尉，应指诸侯国内的县丞、县尉、郡丞、郡尉等中级官员。㊿如此：到那时。㊿有异淮南济北之为邪：他们的行为还会与淮南王、济北王有区别吗。㊿为治安：想使国家安定。㊿不治：办不了；做不到。㊿黄帝：传说中的远古帝王，相传中国古代的许多章程、技术都是黄帝所制定、发明的。㊿日中必彗二句：二语见《六韬》，比喻时机到了就要迅速采取行动。蔓，晒。⑪令此道顺而全安：现在就引导诸侯王顺从朝廷，以保证他们日后的安全。道，通“导”。⑫已乃：日后。⑬堕骨肉之属：意即六亲不认，不再顾及骨肉之亲，发兵造反。堕，毁。⑭抗刭：割脖子，这里指出兵镇压。⑮异姓负强而动：指韩信、黥布、彭越等人。⑯幸而胜之：指韩信、彭越、黥布等被消灭。⑰不易其所以然：不改变他们那种国大势强的样子。⑱袭是迹：按照异姓诸侯的老样子。⑲有征：有征兆、有迹象。如淮南王、济北王等。⑳复然：和过去的异姓王一样。㉑未知所移：不设法改变它。㉒明帝：英明的皇帝，指文帝本人。㉓后世：后世遇有比较无能的帝王。㉔窃迹前事：暗中盘算过去的规律。㉕长沙：长沙王吴芮的封国，地处荒僻，人烟稀少。㉖功少而最完：与韩信、彭越等人相比，功劳少而封国小，但也正因此而至今完好存在。㉗势疏而最忠：他的势力最小但对汉王朝忠心耿耿。㉘性异人：性情与别人不同。㉙形势然：客观形势造成如此局面。㉚曩：当初。㉛樊、郦、绛、灌：樊哙、郦商、周勃、灌婴。㉜残亡：指被灭。㉝信、越之伦：韩信、彭越那些人。伦，辈、类。㉞列为彻侯而居：将之置于列侯的地位。彻侯，也称“列侯”。刘邦最初分封功臣时，功大者为王，其次者为侯，就是两级。㉟至今存：至今仍存在称列侯。㊱诸王：此主要指现今存在刘姓诸王。㊲忠附：忠实地靠拢中央。㊳臣子：此主要指当初的异姓功臣韩信、彭越等人。㊴勿菹醢：不被消灭。菹醢，将人剁成肉酱，当初彭越就是被剁成肉酱。㊵如樊、郦等：和樊哙、郦商封爵势力差不多。㊶众建诸侯：多封建一些诸侯国。㊷少其力：都不让他们的势力太大，意即化整为零。㊸易使以义：容易使之遵守礼义。㊹亡邪心：无造反之心。亡，通“无”。㊺制从：服从。㊻辐凑并进：如同车轮上的辐条之归向轴心。㊼归命：听命。㊽割地定制：将一个大国分成若干个，并形成制度。㊾悼惠王：刘肥，刘邦之子，现时齐国的首封之君。㊿幽王：刘友，刘邦之子，现时赵国的首封之君。(511)元王：刘交，刘邦之弟，现时楚国的首封之君。(512)毕：完全；全部。(513)以次各受祖之分地：各个儿子都有资格分得其父之封地，其孙子又依次分得其父之封地。越分越碎，越分越小。(514)分地众：意即封国大。(515)建以为国：也要预先分出若干国家。(516)须：等待。(517)举使君之：将其立为君主。(518)天子亡所利：朝廷一点也不要，都分给那个国家的老国王的诸子诸孙。(519)诚以定治：就是为了要建立这样一种制度。(520)卧赤子天下之上而安：意即让一个小孩子躺在皇帝的宝座上，这个国家也是太平的。(521)植遗腹：孩子尚未生出，父亲就死了，于是就指着皇后的肚子称皇帝。(522)朝委裘：皇帝死了，又无儿子可立，就把老皇帝的一件袍子放在御座上，假称皇帝临朝。(523)当时大治：皇帝在世时，被称作是盛世。大治，太平盛世。(524)后世诵圣：被后代臣民称为圣人。(525)谁惮：怕什么。(526)久不为此：这么长时间了还不着手办这件事。(527)大瘇：腿脚肿大。(528)胫：小腿。(529)几如要：几乎有腰那么粗。要，通“腰”。(530)指：脚趾。(531)股：大腿。(532)平居：平时。(533)一二指慉：当有一两个脚趾抽搐起来。(534)身虑无聊：全身都无法忍受。无聊，无法解决。(535)锢疾：无法医治之病。(536)扁鹊：战国时代的神医，姓秦名越人，“扁鹊”是其绰号。事迹详见《史记·扁鹊仓公列传》。⑤37 跦盭：脚掌扭伤。跦，通“跖”，脚掌。盭，通“戾”。这里用以比喻诸侯分封得不合情理。⑤38 元王之子：刘郢客，前已死。⑤39 从弟：堂兄弟。⑤40 今之王者：现任的楚国之王。⑤41 从弟之子：现任的楚王刘戊是刘郢客之子。⑤42 惠王之子：刘肥之子齐哀王刘襄。⑤43 兄子之子：现任的齐王刘则乃刘襄之子。⑤44 亲者或亡分地：血缘关系近的没有得到分封，如楚元王的次子、三子，齐悼惠王的次子、三子、四子，都与文帝的血缘关系近，但他们都未得到分封。因为刘邦当时规定只有嫡长子才有继承权。⑤45 疏者或制大权：等到各诸侯王向下传到四辈、五辈时，他们与朝廷皇帝的血缘已经很远了，但他们还握有管理一个国家的大权。⑤46 偪：对……构成威胁。⑤47 可痛哭者二句：以上所讲的汉初诸侯王割据，贾谊认为是国家所面临的最严重的问题。⑤48 方倒县：正处于倒挂之势。县，通“悬”。⑤49 嫚侮：傲慢、欺侮。⑤50 岁致：每年都要送上。⑤51 奉之：送给他。奉，送。⑤52 顾：反。⑤53 莫之能解：没人能够解开它。解，放下来。⑤54 犹为国有人乎：这样的国家还能算是有人吗。⑤55 田彘：野猪。⑤56 畜兔：家养的兔子。⑤57 玩细娱：寻找小的乐子。⑤58 不图大患：不想解决大危机。图，谋、设法解决。⑤59 德可远加：皇帝的威德本来可以远布四裔。⑤60 直数百里外二句：而现在闹得竟然几百里外诏令就行不通。从首都长安到内蒙古河套前线，路程大约只有六七百里。直，只。不伸，不能施行。⑤61 可为流涕者此也：以上所说汉人与匈奴人的关系，贾谊认为是第二个须要认真对付的大问题。⑤62 庶人：平民。⑤63 屋壁：屋里墙上悬挂的丝料装饰。⑤64 得为帝服：可以用来给皇帝做衣服，极言当时平民有钱人的奢华。⑤65 倡优：歌女优伶。⑤66 得为后饰：可以梳妆穿戴得像皇后。⑤67 自衣皂绨：自己穿的是黑色的粗缯。皂绨，黑色的粗丝织品。⑤68 被文绣：蒙挂的是绣着花纹的锦缎。被，通“披”。⑤69 天子之后：皇后。⑤70 以缘其领：用来装饰衣领的东西。缘，镶边。⑤71 庶人孽妾：平民之家的婢妾。⑤72 以缘其履：用来装饰她们的鞋子。⑤73 舛：错乱；乱套。⑤74 百人作之：上百人纺织做成的衣物。⑤75 不能衣一人：不够用来装扮一个人。⑤76 亡寒：没有穿不上衣服的人。⑤77 胡可得也：怎么能做到呢。⑤78 一人耕之：一个农民种田。⑤79 十人聚而食之：十个人抢着来吃这点粮食。⑤80 亡饥：没有人挨饿。⑤81 切于民之肌肤：轮到某个人的头上。⑤82 亡为奸邪：不为非作歹。⑤83 可为长太息者此也：以上说当时的社会风气多弃农经商，而有钱人奢侈豪华，潜藏社会危机，也是贾谊关切的重要问题。太息，叹气。⑤84 商君：商鞅，战国时秦国的大改革家，协助秦孝公变法强国。事迹详见《史记·商君列传》。⑤85 遗礼义：不讲儒家倡导的礼义治国。⑤86 弃仁恩：抛弃儒家倡导的仁爱恩情。⑤87 并心：一心；集中力量。⑤88 进取：指追求杀敌立功与种田获奖。⑤89 秦俗日败：秦国的风俗越来越坏。〖按〗说秦国的风俗坏，这是观点、立场问题，表现了司马光的尊儒。⑤90 出分：分家另立门户。⑤91 出赘：到富人家去做上门女婿。秦汉时期的赘婿社会地位很低，有如二等罪犯。⑤92 借父耰锄：借给父亲一件农具用。耰锄，这里即指锄，耰是锄柄。⑤93 虑有德色：心里就有一种有恩于人的想法。⑤94 母取箕帚：做母亲的拿了他一个簸箕、一把笤帚。⑤95 立而谇语：立刻就骂起来。谇，骂詈。⑯抱哺其子：媳妇抱着小孩喂奶。⑰与公并倨：与其公公并列而坐。并倨，并列而坐。倨，通“踞”，坐。⑱妇姑：媳妇与婆婆。⑲不相说：彼此闹矛盾。说，通“悦”。⑳反唇：顶嘴。㉑相稽：相互责问，计较是非。稽，拷问。㉒慈子：只知道心疼儿子。㉓耆利：贪图利益。耆，通“嗜”。㉔亡几：没有多少。亡，通“无”。㉕月异而岁不同：意即一天比一天更坏。㉖逐利不耳：所关注的就在于有利还是无利。逐，追求、关注。不，通“否”。㉗虑非顾行：大都是不考虑行为的好坏。虑，大体、大概。㉘特以簿书不报、期会之间以为大故：只是把文书未能及时批复、征收东西未能按时收齐作为首要大事。特，只。簿书，泛指公文。不报，未批复。期会，按规定时间征收钱物。大故，大事。㉙俗流失：好的风俗逐渐失去。㉚世坏败：社会道德越来越坏。㉛恬而不知怪：习以为常，见怪不怪。恬，安、习惯。㉜虑不动于耳目：大都是视而不见、充耳不闻。㉝适然：理所当然。㉞乡道：向着讲道德的局面发展。乡，通“向”。㉟类：大概。㊱在于刀笔筐箧：意即只管些上行下达的公文案牍。刀笔，古代的书写工具。筐箧，盛文书或财币的器具。㊲自忧：自己考虑这些事。㊳惜：惋惜；遗憾。㊴定经制：制定可以传之久远的规章制度。㊵君君臣臣：君要像君，臣要像臣，严守等级界限。㊶父子六亲：指家庭内部的各种关系。六亲，指父、子、兄、弟、夫、妇。㊷此业：这项章程、制度。㊸持循：意即遵循。㊹亡维楫：没有绳索与船桨。亡，通“无”。维，大绳。㊺可为长太息者此也：以上讲汉朝建国以来，没有改变秦朝重法轻儒的弊病，贾谊认为这也是一个严重问题。㊻数十世：传承了几十代。㊼二世而亡：秦二世元年即爆发陈胜起义，至秦二世三年，赵高杀秦二世，刘邦旋即率起义军入关，秦王子婴投降，秦朝灭亡。㊽有道之长：治国有道，国运绵长。夏朝历四百余年，商朝历六百余年，周朝历八百余年。㊾暴：突然；短暂。㊿乃生：初生；刚刚降世。631固举以礼：就要对之进行洗沐之礼。举，新生儿的洗沐礼。632有司：主管该项事务的官员。633齐肃端冕：神情严肃衣帽整齐。有释“齐”为“斋”者，疑非。“齐”字训为“疾”“严肃”，见《史记·五帝本纪》。端，礼服。冕，礼帽。634见之南郊：抱此小太子拜见天地神灵。南郊，古代帝王的祭天之处。635过阙则下：经过皇宫正门时要抱着小太子下车。阙，古代宫殿前门两旁的建筑物，通常即以阙代指宫殿的前门。636过庙则趋：路过太庙时就要改为小步疾行。庙，指太庙，供奉皇室列祖列宗的庙。趋，俯身小步疾行，这是古人在尊者长者跟前行走的一种特殊姿态。637教固已行：教育已经开始进行。638孩提有识：当太子长到有认识能力。639三公三少：指太师、太傅、太保，少师、少傅、少保。640明孝仁礼义：开始给小皇子讲解孝仁礼义。641道习：引导他学习。道，通“导”。642端士：行为端正的人。643卫翼：卫护、辅佐。644居处：犹言日常生活。645齐言：说齐国的方言。646少成若天性二句：二语见《大戴礼·保傅》。贯，通“惯”。647习与智长：习惯与智慧同时发展。648切而不愧：贴近正直而无过错。切，贴近。649化与心成：道德与心灵同时成长。650中道若性：其合乎正道的行为如同与生俱来。651此具：这样一套做法。㊷傅：辅导。⑥53教之狱：教给他如何断案。⑥54斩劓：斩指斩首、腰斩，皆将人处死。劓是削去人的鼻子，也是古代刑法的一种。⑥55夷：平；杀光。⑥56三族：指父族、母族、妻族。也有说指父亲一辈、自己一辈、儿子一辈。⑥57深计：为国家考虑长远。⑥58艾草菅：割草。艾，通“刈”，割。菅，草的一种。⑥59性恶：生来就险恶。⑥60所以道之者：那些辅导他的人。⑥61非其理：不合正理。⑥62鄙谚：俗话。⑥63前车覆二句：前面的车子一翻，后面的车子就要提高警惕。⑥64亟绝：快速灭亡。⑥65其辙迹可见：意即其失败教训是很清楚的。⑥66然而不避：看清楚了而又不想改变。⑥67县于太子：掌握在太子手里。县，通“悬”，掌握在、取决于。⑥68谕教：教导。谕，开导。⑥69未滥：未放纵、未变坏之前。滥，放纵。⑥70化：这里指道德习惯。⑥71开于道术智谊之指：能让人明白道德仁义的要领。开，领悟、明白。谊，通“义”。指，要领。⑥72服习积贯：逐渐适应，形成习惯。贯，通“惯”。⑥73左右而已：全在于身边之人的影响。⑥74胡、粤：胡指北方的少数民族。粤指南方的少数民族。⑥75嗜欲不异：兴趣爱好也没有不同。⑥76累数译而不能相通：经过几道翻译还不能相互沟通。数译，几道翻译。不能相通，不明白对方说话的意思。⑥77虽死而不相为：宁死也不肯做对方所做的事情。⑥78教习：后天所受的教育与形成的习惯。⑥79教得：教育进行得好。⑥80左右正：身边陪侍的又都是正人君子。⑥81一人有庆二句：二语见《尚书·吕刑》。一人，指天子。庆，幸福。⑥82时务：当前必须解决的问题。⑥83已然：已经形成的事物。⑥84将然：将要出现的事物。⑥85礼者禁于将然之前：礼的作用是能够让非礼的、不正当的事情不发生。⑥86法者禁于已然之后：法律只能是对已发生的不正当行为进行惩罚。⑥87所为用：所起的作用。⑥88所为生：所以要成为一种必需。⑥89庆赏：赐福行赏。庆，福。⑥90劝善：鼓励人们行善。⑥91坚如金石：坚信这些手段的必要，毫不怀疑。⑥92信如四时：该赏该罚一定兑现，像春夏秋冬的四时替代绝对无疑。⑥93据此之公：这样赏罚分明的公平性。⑥94无私如天地：的确如天覆地载一样没有任何偏私。⑥95岂顾不用哉：难道我们反而不用吗。岂，难道。顾，反。⑥96然而曰“礼云礼云”者：我们之所以总是礼呀礼地说个不停。⑥97贵：所看中的是。⑥98绝恶于未萌：在罪恶尚未萌芽时就把它消除掉。⑥99起教于微眇：从人很小的时候就开始对他进行教育。⑦00日迁善远罪：一天天地远离罪恶、趋向良善。⑦01不自知：自己还不知不觉。⑦02听讼三句：三句见《论语·颜渊》。意思是，审理案件我同别人差不多，我所做的是让一个国家没有案件。⑦03为人主计：作为一个帝王考虑问题。⑦04莫如先审取舍：最重要的是先考虑好该做什么与不该做什么。审，弄清楚。⑦05取舍之极：取舍的结果好不好。极，终极，结果对还是错。⑦06安危之萌：国家太平还是危险的苗头。⑦07应于外：从国家政治、社会风俗上反映出来。⑦08弗失：国家政权没有丢掉。⑦09十余岁：秦始皇于公元前二二一年统一全国，建立秦王朝，于公元前二〇七年被刘邦所灭，首尾共存在十五年。⑦10审：精确；仔细。⑦11大器：也称“神器”，指国家政权。⑦12置器：把一件器物放在什么地方。⑦13天下之情二句：治理一个国家的情形，就和安放一件物体的道理没什么不同。⑦14祸几及身：秦始皇去世的第二年就爆发了全国大起义。几，差点儿。⑮是非其明效大验邪：这岂不是最明显的证据吗。是，这。非，岂不是。效、验，都是证明、证据的意思。⑯听言之道：听取别人进言的窍门。⑰必以其事观之：一定要用相关的事实来检验它。⑱礼谊：同“礼义”，儒家的治国学说。⑲教化：教育；教导。⑳胡不：何不。㉑堂：殿堂；正房之中屋。㉒陛：台阶。㉓陛九级上：台阶在九磴以上。㉔廉远地：堂基平台的边缘离着平地远。廉，堂基平台的边缘。㉕卑：低矮。㉖易陵：易遭践踏。㉗制为等列：划分出许多等级。㉘内：指朝廷内。㉙公、卿、大夫、士：春秋以前的古官名。㉚外：古代天子的王畿以外。㉛公、侯、伯、子、男：古代诸侯的封爵名。㉜官师：低级官吏名，地位相当于中士、下士。㉝天子加焉：天子在诸侯百官之上。㉞故其尊不可及也：言天子之位至高无上。〖按〗以上强调礼治的作用，强调封建等级制。㉟里谚：犹言“俗话”。㊱欲投鼠而忌器：想打死老鼠又怕因此损坏了别的东西，通常比喻想除恶人而怕连带伤及好人。㊲惮：怕。㊳近主：挨近皇帝。㊴廉耻节礼以治君子：在惩治有身份的人的时候，要保护他们的人格尊严。廉耻节礼，这里即指人格尊严。治，惩办。君子，有身份的人，这里指朝廷大臣。㊵有赐死而无戮辱：宁可将他们赐死，而不能侮辱他们。有，宁可。无，不能。戮辱，“戮”在这里也是“辱”的意思。㊶黥、劓：在脸上刺字与削鼻子的两种刑法。㊷不及大夫：对中级官吏也不使用。㊸礼：古礼规定。㊹不敢齿君之路马：不能随便议论路马的年龄。路马，给皇帝拉车的马。㊺蹴其刍：踩了喂路马的草。蹴，这里指踩。刍，喂马的草。㊻豫远不敬：预防群臣对君主的不礼貌行为。豫远，豫先令其远离，意即“豫防”。豫，同“预”。不敬，指不敬天子之罪。㊼三公：指丞相、太尉、御史大夫。㊽改容而礼之：换一副郑重恭敬的态度以礼相待。㊾伯父、伯舅：古代天子称呼同姓诸侯曰“伯父”，称呼异姓诸侯曰“伯舅”“舅氏”。见《左传》。㊿髡、刖、笞：皆古代刑法名，髡指剃去犯人头发，刖指剁掉犯人的小腿。笞指用棍棒打。751然则堂不无陛乎：这一来岂不是盖殿堂没有台阶，不同身份的人都在一个平地上了吗。752被戮辱者：指受责罚的大臣。753泰迫：太挨近皇帝。泰，同“太”。迫，挨近。754廉耻不行二句：二句的文字不顺，大意是如果不讲廉耻，不给受责罚的大臣留面子，那么那些握有重权的大臣、大官岂不是和那些奴隶囚徒一样没有廉耻之心了吗？755望夷之事：指秦二世在望夷宫被赵高所指使的阎乐杀害事。详情见《史记·秦始皇本纪》。756见当以重法：被处以极刑，即被杀。见，被。当，判罪。757习：惯；屡屡如此，形成自然。平常二世肆意杀戮大臣，今也反过来被人所杀。758不加于枕：不放在枕头上。759苴履：垫鞋，这里指踩在脚下。760废之：罢他的官。761退之：降他的级。762系绁：与“束缚”意思相近，以绳捆绑。763输之司寇：送交管理犯人的机关。有人以为“司寇”应是“司空”之误，汉有都司空令、左右司空令，都是管理犯人的官。764编之徒官：编入苦役犯的行列。徒官，管理苦役犯人的官。765司寇小吏：司寇衙门的小吏。〖按〗“司寇”仍应作“司空”。766詈骂：“詈”也是骂的意思。767榜笞：古代刑法名，用棍子或竹板打。榜，通

“搒”。⑱殆非所以令众庶见：这些都是不该让平民看到的。⑲一旦：有朝一日忽然犯罪。⑳吾亦乃可以加此：我也可以居他之上。㉑非所以尊尊、贵贵之化也：这不利于“对尊者应尊，对贵者应贵”的风俗的形成。㉒坐不廉：因贪污而犯罪。坐，因……犯罪。㉓簠簋：古代盛东西的两种竹器。㉔帷薄：卧房里的帐幔。㉕罢软：软弱无能。罢，通“疲”。㉖下官不职：下属吏员办事不力。㉗定有其罪：定罪判刑。㉘犹未斥然正以呼之：还不公然正面地宣布他的罪行。㉙迁就：为之留有余地。㉚大谴、大何：严厉的谴责、怒斥，指犯有小罪的人。何，通“呵”，怒斥。㉛闻谴、何：听到帝王的谴责、怒斥后。㉜白冠牦缨：头戴白色帽子，上插牦牛尾的缨饰。㉝盘水加剑：与上文“白冠牦缨”都是古代大臣请罪的一种姿态。㉞造请室：自己主动到请室去。造，到。请室，请罪之室，即指监狱。㉟执缚系引：指对犯人的拘捕捆绑押解而言。㊱自弛：自毁仪容，如蓬头垢面跣足等，表示认罪。㊲颈盭而加：把刑具戴到罪臣的脖子上。㊳自裁：自杀。㊴捽抑：按着脑袋将其处死。捽，揪住。㊵子大夫：古时对官僚的敬称。㊶遇：对待。㊷自憙：自重；自爱。㊸婴以廉耻：鼓励他的廉耻之心。婴，提高、加重。㊹人矜节行：每个人都看重自己的气节操行。矜，以……为荣。㊺化成俗定：这些做法一旦成了习惯风俗。㊻顾行：重视自己的品德修养。㊼伏义：谨守大义；为谨守大义而死。㊽托不御之权：把难以驾驭的大权托付给他。㊾寄六尺之孤：把未成年的小君主托付给他辅佐。寄，委托。六尺之孤，未成年的孤儿。汉时的六尺不到今天的一点四米。㊿厉廉耻：鼓励人们讲究廉耻。厉，通“励”，鼓励。(801)主上何丧：这样做对于皇帝您又有什么不好呢。丧，损失。(802)此：指以礼义廉耻对待大臣。(803)彼：指随意戮辱大臣。(804)故曰可为长太息者此也：以上讲应倡导廉耻、维护大臣的人格尊严，贾谊认为这也是当前应该重视的大问题。(805)逮系狱：被逮捕下狱。(806)卒无事：最后又没有查出任何问题。(807)养臣下有节：待臣下有礼。

【校记】

［4］至：原作“致”。据章钰校，甲十五行本、乙十一行本、孔天胤本皆作“至”。今从诸本及《史记·淮南衡山列传》《通鉴纪事本末》改。［5］智：原作“志”。据章钰校，甲十五行本、乙十一行本、孔天胤本皆作“智”。今从诸本及《汉书·贾谊传》《通鉴纪事本末》改。［6］伸：原作“胜”。据章钰校，甲十五行本、乙十一行本、孔天胤本皆作“伸”，张敦仁《通鉴刊本识误》、张瑛《通鉴校勘记》同。今从诸本及《通鉴纪事本末》改。〖按〗《汉书·贾谊传》《新书》并作“信”，颜师古注：“‘信’读曰‘伸’。”［7］体：原作“礼”。据章钰校，甲十五行本、乙十一行本、孔天胤本皆作“体”。今从诸本及《汉书·贾谊传》《新书》改。［8］榜：原作“搒”。据章钰校，甲十五行本、乙十一行本皆作“榜”。今从甲十五行本、乙十一行本及《汉书·贾谊传》《新书》改。

【原文】

七年（戊辰，公元前一七三年）

冬，十月，令列侯太夫人[808]、夫人[809]、诸侯王子[810]及吏二千石[811]无得擅征捕[812]。

夏，四月，赦天下。

六月癸酉[813]，未央宫[814]东阙罘罳灾[815]。

民有歌淮南王[816]者曰："一尺布，尚可缝；一斗粟，尚可舂。兄弟二人不兼容！"帝闻而病[817]之。

八年（己巳，公元前一七二年）

夏，封淮南厉王子安等四人为列侯[818]。贾谊知上必将复王[819]之也，上疏[820]谏曰："淮南王之悖逆无道，天下孰[821]不知其罪？陛下幸而赦迁[822]之，自疾而死[823]，天下孰以王死之不当[824]？今奉尊罪人之子[825]，适足以负谤于天下[826]耳。此人少壮[827]，岂能忘其父哉[828]！白公胜[829]所为父报仇者，大父与叔父也[830]。白公为乱，非欲取国代主[831]，发忿快志[832]，剡手以冲仇人之匈[833]，固为俱靡[834]而已。淮南[835]虽小，黥布尝用之[836]矣。汉存，特幸耳[837]。夫擅仇人足以危汉之资[838]，于策不便。予之众[839]，积之财[840]，此非有[841]子胥[842]、白公报于广都之中[843]，即疑有专诸[844]、荆轲[845]起于两柱之间[846]：所谓假贼兵[847]、为虎翼[848]者也。愿陛下少留计[849]！"上弗听。

有长星[850]出于东方。

九年（庚午，公元前一七一年）

春，大旱。

十年（辛未，公元前一七〇年）

冬，上行幸甘泉[851]。

将军薄昭[852]杀汉使者。帝不忍加诛，使公卿从之[853]饮酒，欲令自引分[854]，昭不肯。使群臣丧服往哭之，乃自杀。

臣光曰："李德裕[855]以为：'汉文帝诛薄昭，断则明矣，于义则

【语译】

七年（戊辰，公元前一七三年）

冬季，十月，下令对列侯的母亲、列侯的妻子、诸侯王的儿子以及俸禄在二千石的官员不得擅自征税捕人。

夏季，四月，大赦天下。

六月初二日癸酉，未央宫东阙上的罘罳失火。

民间有歌谣讲说淮南王刘长的事情，歌词是："一尺布，尚可缝；一斗粟，尚可舂。兄弟二人不兼容！"汉文帝听了心里感到很不安。

八年（己巳，公元前一七二年）

夏季，封淮南厉王刘长的四个儿子：刘安为阜陵侯，刘勃为安阳侯，刘赐为阳周侯，刘良为东城侯。贾谊知道文帝必定会将淮南王的儿子封为诸侯王，就上书给文帝说："淮南王刘长大逆不道，天下有谁不知他罪有应得？陛下已经赦免了他的死罪，将他放逐，是他自己害病而死，天下有哪一个认为他不应该死？现在却分封罪人的儿子为侯，这反而会招来天下对您的埋怨和指责。刘长的这些儿子正在少壮之年，他们怎么能够忘记他们的父亲是怎么死亡的呢！春秋时期，楚国的白公芈胜替父报仇，他报复的对象是他的祖父楚平王和亲叔叔楚昭王。楚国的白公芈胜作乱，并不是想要夺取王位，而是为了报仇雪恨，图个痛快，他亲手将利剑刺入仇人的胸膛，想的就是与仇人同归于尽。淮南国虽然很小，黥布曾经据此叛乱。汉朝能够存在，不过是一种侥幸。将足以对朝廷构成威胁的淮南一带交给仇人掌管，从决策方面看并不是很合适。让他们掌管民众，让他们积聚财富，其后果不是发生像伍子胥、白公芈胜那样公开地起兵进攻国家的都城的叛乱，恐怕也会有像专诸、荆轲那样的刺客突然出现在殿堂之上：这就是所说的借给盗贼兵器、为老虎添上翅膀的行为。希望陛下稍加考虑！"汉文帝没有听从贾谊的劝告。

有流星在东方天际出现。

九年（庚午，公元前一七一年）

春季，大旱。

十年（辛未，公元前一七〇年）

冬季，汉文帝前往甘泉宫。

汉文帝的舅父车骑将军薄昭擅自杀死了朝廷的使者，犯了死罪。汉文帝不忍明令处死自己的舅舅，便派遣大臣陪他一起饮酒，希望他能认罪自裁，薄昭不肯自裁。于是，汉文帝就派群臣穿着丧服到薄昭家去哭丧，薄昭迫不得已而自杀。

司马光说："唐朝宰相李德裕认为：'汉文帝诛杀舅舅薄昭，处罚公正廉明，

未安也。秦康送晋文⑯，兴如存之感⑰；况太后⑱尚存，唯一弟薄昭，断之不疑⑲，非所以慰母氏之心也。’臣愚以为法者天下之公器。惟善持法者，亲疏如一，无所不行⑳，则人莫敢有所恃㉑而犯之也。夫薄昭虽素称长者㉒，文帝不为置贤师傅㉓，而用之典兵㉔，骄而犯上，至于杀汉使者，非有恃而然乎！若又从而赦之，则与成、哀之世㉕何异哉？魏文帝㉖尝称汉文帝之美，而不取㉗其杀薄昭，曰：‘舅后之家㉘，但当养育以恩㉙，而不当假借以权㉚。既触罪法，又不得不害。’讥文帝之始不防闲㉛昭也。斯言得之矣。然则欲慰母心者，将慎之于始㉜乎！”

【段旨】

以上为第四段，写文帝七年（公元前一七三年）到十年间的全国大事。主要写了文帝为平息社会舆论而封淮南王刘长之四子为侯，并为下一步封四子为王做准备，贾谊上疏谏阻；与薄昭仗势杀汉使者，文帝执法令其自裁等事。

【注释】

⑻列侯太夫人：列侯之母。⑼夫人：列侯之妻。⑽诸侯王子：诸侯王的儿子。⑾吏二千石：二千石一级的官吏。诸郡郡守、诸侯国的太傅、丞相皆为二千石。⑿无得擅征捕：不准擅自征税、捕人，意即必须向朝廷请示。⒀六月癸酉：六月初二。⒁未央宫：皇帝居住与处理政务的宫殿，在当时长安城内的西南部。⒂东阙罘罳灾：未央宫东门上的罘罳失火。罘罳，屏风，也有说是楼阁。灾，失火。⒃歌淮南王：为淮南王刘长被文帝发配致死作歌讽刺。⒄病：为之感到难办、伤脑筋。⒅封淮南厉王子安等四人为列侯：封淮南厉王刘长的四个儿子，刘安为阜陵侯，刘勃为安阳侯，刘赐为阳周侯，刘良为东城侯。⒆复王：还要接着封他们为王，以平复社会对淮南王被发配致死的不满。⒇疏：即《贾长沙集》中的《谏立淮南诸子疏》。㉑孰：谁。㉒赦迁：宽大处理，予以发配。迁，勒令搬迁，意即发配。㉓自疾而死：此为文帝讳，也是当面讨好。淮南王刘长是因为无法忍受沿途官吏的虐待自杀而死。㉔天下孰以王死之不当：此亦当面撒谎，民歌的意思本来就是为淮南王鸣不平。㉕奉尊罪人之子：指封刘安兄弟四人为侯。㉖适足以负谤于天下：反而更会招来社会对您的埋怨，意思是说明您理亏。负谤，遭受埋怨。㉗此

但从道义上讲却未必妥当。秦康公送别舅父晋文公时，引起了生母犹存的感伤；况且汉文帝的母亲薄太后当时还健在，她唯一的弟弟就是薄昭，汉文帝断然处置而毫不犹豫，这不是能够安慰母亲的行为。'我以为法律应该是天下最公平的尺度。只有善于运用法律的人才能够做到不论关系亲疏，执法如一，不论在什么情况下都能够一样处置，这样才能使人不敢因为有恃无恐而犯罪。薄昭虽然一向被认为是忠厚长者，但汉文帝不知道为他选择贤明的师傅辅佐他，而任用他掌管军队，致使他因宠生骄，冒犯皇帝，甚至杀死朝廷使者，这难道不是因为有恃无恐才敢这样的吗！如果又顺从太后而赦免了他，那么与汉朝末年的成帝、哀帝时代又有什么区别呢？魏文帝曾经称赞汉文帝的美德，但对他诛杀薄昭之事却不认同，魏文帝说：'对于舅父之家，只应该用奉养的方法报答养育之恩，而不应当授予权柄。有了权力就容易触犯法律，既然触犯法律，就不得不进行处治。'这是在讥讽汉文帝不能对薄昭防患于未然，以致其犯法被诛。魏文帝的话算是说中要害了。这样看来，要安慰母亲之心，在开始的时候就应该行为谨慎吧！"

人少壮：这些人都正年轻。此人，这些人，指刘安四兄弟。㉘岂能忘其父哉：他们怎么会忘掉父亲是怎么死的呢。㉙白公胜：春秋时楚平王之孙，其父太子建被废后被郑国人杀害，白公胜发誓要为其父报仇。㉚大父与叔父也：白公胜是把报仇的矛头指向他的祖父楚平王和继平王之后的楚昭王。大父，祖父。叔父，即楚昭王，是白公胜之父太子建的小弟。㉛非欲取国代主：并非想夺取政权为楚王。㉜发忿快志：报仇雪恨，图个痛快。㉝剡手以冲仇人之匈：字句不顺，大意是要把利剑刺入仇人的胸膛。剡，锋利。冲，刺向。匈，通"胸"。㉞俱靡：与仇人同归于尽。靡，烂。〖按〗白公胜作乱时，楚昭王在位。白公胜要杀的是楚国令尹子西，因为他答应为白公胜报仇伐郑，而未实践。过程详见《史记·楚世家》。㉟淮南：淮南王刘长当年的封国，文帝准备封淮南王四子为王的地盘，即旧时淮南国的全部领地。故贾谊指"淮南"为说。㊱黥布尝用之：黥布是刘邦的开国功臣，最先被封为淮南王，国都六县。后来见韩信、彭越相继被刘邦所杀，于是起兵造反，被刘邦讨平。此后才改封刘长为淮南王，国都寿春，即今安徽寿县。㊲汉存二句：极言黥布造反的危险之大。㊳擅仇人足以危汉之资：将足以对汉王朝构成威胁的淮南一带交给仇人掌管。擅，专，这里指掌管。㊴予之众：让他们掌管了民众。㊵积之财：让他们积聚了钱财。㊶此非有：他们如果不是像……㊷子胥：伍子胥，原楚人，其父伍奢与其兄伍尚被楚平王所杀，于是伍子胥逃到吴国，引吴兵攻破楚国郢都，掘楚平王之墓而鞭其尸。事见《史记·伍子胥列传》。㊸报于广都之中：意即起兵进攻国家的都

城。⑧④④专诸：春秋末期的刺客，奉吴国公子光之命刺杀了吴王僚。事迹详见《史记·刺客列传》。⑧④⑤荆轲：战国末期的刺客，受燕太子丹之托，行刺秦王政未成而被杀。事迹详见《史记·刺客列传》。⑧④⑥两柱之间：指宫廷、庙堂的正殿。⑧④⑦假贼兵：给强盗提供武器。⑧④⑧为虎翼：为虎添翼。⑧④⑨少留计：稍加考虑。少，通“稍”，这里是委婉的说法。⑧⑤⓪长星：流星。⑧⑤①甘泉：山名，也是秦汉时期的离宫名，在今陕西淳化西北。⑧⑤②将军薄昭：文帝之舅，时为车骑将军。⑧⑤③从之：跟他一道。⑧⑤④自引分：自裁；自杀。⑧⑤⑤李德裕：字文饶，中唐时期的宰相，力主削弱藩镇，遭牛僧孺等打击，被贬而死，是唐代的名臣。⑧⑤⑥秦康送晋文：秦康公送别晋文公。秦康公是秦穆公之子，晋文公的姐姐所生，故晋文公是秦康公之舅。⑧⑤⑦兴如存之感：秦康公送别晋文公于渭水之阳，想起了自己的生母，他感到今日见到舅舅便有一种生母犹存的感觉。⑧⑤⑧太后：指薄太后，文帝之母，薄昭之姐。⑧⑤⑨断之不疑：断然将其处死。⑧⑥⓪无所不行：对任何人都不能枉法。⑧⑥①有所恃：有所仗恃；有后台。⑧⑥②长者：厚道人。⑧⑥③不为置贤师傅：不在他身边配备几个贤良的老人作为师友。因为薄昭当时被封为轵侯，故其身边也有类似太师、太傅一样的人员。⑧⑥④典兵：掌管军队。当时薄昭为车骑将军，在军中地位甚高。⑧⑥⑤成、哀之世：西汉末年的成帝（公元前三二至前七年）、哀帝（公元前六至前一年）时期，当时王姓外戚专权，皇帝等同傀儡。⑧⑥⑥魏文帝：曹丕，曹操之子，公元二二〇至二二六年在位。⑧⑥⑦不取：不赞成。⑧⑥⑧舅后之家：对于国舅、皇后家里的人。⑧⑥⑨但当养育以恩：可以赏赐他们以钱财，让他们生活过得好。⑧⑦⓪不当假借以权：不能让他们为官治民。假借，意思即“给”。⑧⑦①防闲：管教、约束，使其不致沦为罪犯。⑧⑦②将慎之于始：应从开头就注意。

【研析】

本卷写了文帝三年（公元前一七七年）至文帝十年共八年间的全国大事，其中有争议与值得认真思考的有以下几点。

第一，周勃是铲除诸吕、扶助刘恒登上皇帝宝座的头号功臣，按理说刘恒理应对周勃感恩才对，但事实上周勃的命运是很“悲惨”的。刘恒从代国急如星火地赶到长安，与周勃等一见面，就让周勃碰了两个大钉子。当周勃向刘恒提出“愿请间言”时，宋昌代替刘恒说：“所言公，公言之；所言私，王者不受私。”当周勃向刘恒跪上符玺时，刘恒说：“至代邸而议。”待至刘恒做了皇帝，周勃被任为右丞相时，文帝又故意用一些问题来考问他，让他当众难堪。没过多久，就干脆让他起带头作用离开朝廷，回到山西绛县的封地上去了。还不算完，随即又凭着一个莫须有的罪名将周勃逮入京城下了大狱，而在狱中令狱卒千方百计地整治他。最后因为实在找不到罪名只好让周勃放出时，周勃感慨地说：“吾尝将百万军，然安知狱卒之贵乎？”这里一方面写出了作为一国“大臣”的处境之难，同时也写出了司马迁、司马光个人的无限身世之感慨。清代郭嵩焘说：“史公于此，盖有深痛。”吴汝纶说：“语绝沉痛，

与条侯下狱事相影响，亦借以自寓感叹。”今人钱锺书说：“马迁尝下于理（狱），阱槛捶楚，目验身经，《报任少卿书》痛乎言之，所谓‘见狱吏则头抢地，视徒隶则心惕息’者。于此篇记周勃系狱事，仅曰‘史稍侵辱’；记周亚夫下吏事，仅曰‘侵之益急’；《韩长孺列传》亦只曰‘蒙狱吏田甲辱安国’，均未尝本己遭受稍事渲染，真节制之师也。将创巨痛深，欲言而有余怖耶？抑以狱吏之深刻残贼路人皆知，故不须敷说圆墙（监狱）况味乎？”

第二，本卷写张释之与汉文帝的对话分外详尽，几乎把《史记·张释之冯唐列传》中有关张释之的材料全部引进来了。看来张释之是司马迁笔下的理想人物，也是司马光笔下的理想人物。早在宋代的黄震就说：“张释之论长者及其守法不阿、冯唐之论将，皆质直有古大臣之风焉。”（《黄氏日钞》）明代王鏊说：“二传皆一时之言，见文帝君臣如家人父子。”（《史记评林》引）汤谐说：“一边写二君质直不阿，一边写孝文从谏如流，君明臣良意象，洋溢楮上。”（《史记半解》）近代李景星说：“张释之、冯唐俱以犯颜谏诤著名汉代，故以之合传。因二人生平以谏争胜，故篇中载其言论独详，而叙次处又极有变化。《张释之传》以历官叙行实：补谒者，叙其论秦汉事；为谒者仆射，叙其论啬夫事；为公交车令，叙其劾太子梁王事；为中郎将，叙其论石椁事；为廷尉，叙其论犯跸盗环事。节次明晰，章法一片。《冯唐传》只叙其论将一事，其余不一及。然记事虽少，层折却多，用笔纯以顿宕见长，一路点次处，与《释之传》遥遥相应。张、冯皆一代名臣，文帝又千载明主，读此一传，令人不复作后世之想。固是时会好，亦因摹绘入妙耳。”（《史记评议》）都说得相当精彩。

第三，关于张释之谏阻文帝超升虎圈啬夫的一段话，人们历来是有争议的。明代何孟春说：“孟子云：‘有官守者修其职。’文帝问上林禽兽簿，尉不能对，而啬夫代对甚悉，是尽职也。释之不能启文帝黜上林尉，而反不拜啬夫官，谓廷尉为‘天下之平’，得无愧乎？”凌约言说：“所谓‘利口’者，便佞捷给，颠倒是非，故放远之耳。若夫谙晓故事，敷奏详明，国之美才也。且言及之而言，又何有于从风而靡者？释之此言，恐塞人主使能之路，不可以为训。”而锺惺则说：“由啬夫说到吏治，由吏治说到不闻其过，则不用啬夫一事其失小矣，此大臣洞见本末、深识远虑之言，不当在一人一事看之也。”清代姚苎田说：“‘利口’者变乱是非之谓，虎圈啬夫以禽兽簿为职掌，奏对详明，洵为才吏，岂得以‘利口’斥之哉！周勃不能对刑名钱谷，犹谓别有主者，上林尉岂得借口丁彼辈耶？〖按〗张释之始进，即言‘秦所以失汉所以兴’者；以此当上意后，参乘徐行又问秦之弊，具以质言。盖其胸中独有一腔革薄从忠、矫枉过正之旨，故于不肯拜啬夫处借事发挥。痛言秦之弊，尚文无实，恻隐消亡，诚救时之笃论，而不惜以一夫之进退系天下之盛衰也。须深观其立意，不当泥其言辞。”〖按〗姚氏之说诚是，《史记·陈丞相世家》中陈平对文帝语亦大体如此，几乎是为不忠职守者做辩护，似亦应做深一步思考。

第四，本卷引入了贾谊的《谏铸钱疏》《谏立淮南诸子疏》，尤其重要的是引入了长篇的《陈政事疏》。对于贾谊的这些政论，历来都是评价很高的。汉代班固说：“刘向称贾谊‘言三代与秦治乱之意，其论甚美，通达国体，虽古伊、管未能过也。使时见用，功化必盛，为庸臣所害，甚可悼惜。’追观孝文玄默躬行，以移风俗，谊之所陈，略施行矣。”(《汉书·贾谊传》) 明代茅坤说：“《治安》诸疏，所区画汉得失，三代以下罕见者，于今千载之间，种种若几上事也。”(《史记钞》) 何良俊说：“谊所上政事书，先儒称其通达国体，以为终汉之世，其言皆见施用；又其所论积贮与铸钱诸事，皆大有关于政理，是何可以不传?”(《四友斋丛说》) 鲁迅说贾谊、晁错：“为文皆疏直激切，尽所欲言。司马迁亦云‘贾生、晁错明申商’。惟谊尤有文采，而沉实则稍逊，如其《治安策》《过秦论》，与晁错之《贤良对策》《言兵事疏》《守边劝农疏》，皆为西汉鸿文，沾溉后世，其泽甚远。”(《汉文学史纲要》)

卷第十五　汉纪七

起玄黓涒滩（壬申，公元前一六九年），尽柔兆阉茂（丙戌，公元前一五五年），凡十五年。

【题解】

本卷写了文帝前十一年（公元前一六九年）至景帝前二年（公元前一五五年）共十五年间的全国大事，而重点所写的是贾谊、晁错的继续上疏议论政事；写了文帝因受孝女缇萦的感动而下令废除肉刑，以及景帝对“废除肉刑”所产生的弊病进行的纠正；写了文帝、景帝两朝在大力减轻农民负担方面所做的贡献，这是后人称颂“文景盛世”的主要原因；写了文帝接受贾谊建议将两个大诸侯国化整为零的具体过程；写了匈奴进扰汉朝边境，汉王朝委曲求和，实行和亲政策，以及汉将守边、冯唐论将、周亚夫军细柳、文帝亲自劳军的生动情景；写了文帝之死，与其临终遗诏薄葬的一些细节；最后还写了申屠嘉为丞相的褊狭使气与梁孝王的怙宠骄奢；等等。

【原文】

太宗孝文皇帝下

前十一年（壬申，公元前一六九年）

冬，十一月，上行幸代[①]。春，正月，自代还。

夏，六月，梁怀王揖[②]薨，无子。贾谊复上疏曰：“陛下即不定制[③]，如今之势，不过一传再传[④]，诸侯犹且人恣而不制[⑤]，豪植而大强[⑥]，汉法不得行[⑦]矣。陛下所以为藩捍[⑧]，及皇太子之所恃[⑨]者，唯淮阳、代二国[⑩]耳。代北边[⑪]匈奴，与强敌为邻，能自完则足矣[⑫]。而淮阳之比大诸侯，廑如黑子之着面[⑬]，适足以饵大国[⑭]，而不足以有所禁御[⑮]。方今制[⑯]在陛下，制国而令子适足以为饵，岂可谓工[⑰]哉！臣之愚计，愿举淮南地[⑱]以益淮阳[⑲]，而为梁王立后[⑳]；割淮阳北边

【语译】

太宗孝文皇帝下

前十一年（壬申，公元前一六九年）

冬季，十一月，汉文帝前往代国巡视。春天，正月，从代国回到长安。

夏季，六月，梁怀王刘揖去世，没有儿子。贾谊再次上书给汉文帝说："陛下如果不赶紧订立有关封国的制度，如今的形势，诸侯国只承袭到第二代，多的也只到第三代，即使如此，诸侯王尚且是人人骄横跋扈而不服管制，等到这些人的亲信越来越多，势力越来越大，汉朝的法令在这些诸侯国就行不通了。在众多的诸侯王中，陛下能够仰仗起拱卫作用的，以及太子所能倚赖的，恐怕只有淮阳和代两个王国了。而代国靠近北边的匈奴，与强大的敌对国家为邻居，能够保全自己的地盘就不错了。淮阳国如果与齐、楚这样大的诸侯国相比，就如同是脸上长的一颗黑痣，恰好适合充当引诱大国前来吞食的诱饵，对大国丝毫不能起到威慑作用，也不能使之不敢图谋不轨。现在治理国家的大权掌握在陛下的手中，而使自己的儿子处在只能充当诱饵的角色，这怎么能认为是高明呢！我的想法是：希望把淮南地区全部划归淮阳王刘武管辖，而为已经去世的梁王刘揖确立一个继承人；把淮阳北边的二三个城和东

二三列城与东郡㉑以益梁㉒。不可者，可徙代王而都睢阳。梁起于新郪㉓以[1]北着之河㉔，淮阳包陈㉕以南揵之江㉖，则大诸侯之有异心者，破胆而不敢谋。梁足以捍齐、赵㉗，淮阳足以禁吴、楚㉘。陛下高枕，终无山东㉙之忧矣，此二世之利㉚也。当今恬然㉛，适㉜遇诸侯之皆少㉝；数岁之后，陛下且㉞见之矣。夫秦日夜苦心劳力以除六国之祸；今陛下力制天下，颐指如意㉟，高拱以成六国之祸㊱，难以言智。苟身无事㊲，畜乱宿祸㊳，孰视而不定㊴，万年之后㊵，传之老母弱子，将使不宁㊶，不可谓仁。”帝于是从谊计，徙淮阳王武为梁王，北界泰山㊷，西至高阳㊸，得大县四十余城。后岁余，贾谊亦死，死时年三十三矣。

徙城阳王喜㊹为淮南王。

匈奴寇狄道㊺。

时匈奴数为边患，太子家令㊻颍川㊼晁错㊽上言兵事㊾曰：“《兵法》曰：‘有必胜之将，无必胜之民。’繇此观之，安边境，立功名，在于良将，不可不择也。

“臣又闻：‘用兵临战，合刃㊿之急者三：一曰得地形，二曰卒服习(51)，三曰器用利(52)。’兵法，步兵、车骑、弓弩、长戟、矛铤(53)、剑楯(54)之地，各有所宜(55)；不得其宜者，或十不当一。士不选练(56)，卒不服习，起居不精(57)，动静不集(58)，趋利弗及(59)，避难不毕(60)，前击后解(61)，与金鼓之指相失(62)：此不习勒卒(63)之过也，百不当十。兵不完利(64)，与空手同；甲不坚密(65)，与袒裼(66)同；弩不可以及远，与短兵同；射不能中，与无矢同；中不能入(67)，与无镞(68)同：此将不省兵(69)之祸也，五不当一。故《兵法》曰：‘器械不利，以其卒予敌(70)也；卒

郡划归梁国，以扩充梁国的实力。如果认为不合适，还可以把代王调整到梁国的都城睢阳做梁王。梁国的边界南部从新郪开始北到黄河，淮阳围绕陈县而南接长江，这样一来，那些大的诸侯中如果有人心存异志，也会被这种形势吓破胆而不敢再有谋反的念头。如此的话，梁国就完全可以起到抗击齐国、赵国的作用，淮阳则完全可以震慑住吴国、楚国。陛下可以高枕无忧，再也没必要担心崤山以东广大地区的安全了，这可保证两代帝王的太平。现在国家太平无事，正好遇到诸侯王都年纪幼小；数年之后，诸侯王都长大了，陛下再看看天下形势会是什么样子呢。秦国日夜劳心费力，才铲除六国统一天下；现在陛下统治着天下，只要给出个暗示，意愿就可以得到满足，如果现在无所作为，必定会酿成新的六国之乱，很难说这是明智之举。即使陛下本人看不到灾祸的发生，但为子孙后代埋藏下了祸根；陛下已经看到了问题的存在而不动手解决，陛下辞世之后，将会把祸乱留给老母弱子，使他们不得安宁，很难说这是仁慈的行为。”于是汉文帝采纳了贾谊的建议，改封淮阳王刘武为梁王，其边界北到泰山，西至高阳县，所管辖的区域内有大县城四十余座。过了一年多，贾谊也死了，死时年仅三十三岁。

改封城阳王刘喜为淮南王。

匈奴进犯狄道县。

当时匈奴屡次进犯边境，担任太子家令的颍川人晁错给汉文帝上书，就当时的军事问题阐述了自己的主张，他说：“《兵法》说：‘有打仗必胜的将军，没有打仗必胜的百姓。’由此看来，要想使边境平安，建功立业，取决于将领是否优良，所以对将领不能不做认真的选择。

“我还听说：‘在战场上与敌人交锋有三件最重要的事情：一是占据有利地形，二是士兵训练有素、服从指挥，三是武器精良顺手。’按照战法，步兵、骑兵、战车、弓弩、长戟、矛铤、箭及盾牌必须安排、运用得法，才能发挥它们各自的长处；运用得不适当，就可能十个不抵一个。士卒没有经过严格的训练，没有养成服从命令的习惯，行动不神速，动作不整齐，该乘胜进攻的时候部队跟不上去，应该避开危险时却又不能及时隐蔽好；前方的将士正在与敌人激战，后面的军队却松散懈怠，士兵不能根据将领的指挥号令进攻或退却：这是将领没有对士兵进行严格训练的结果，这样的士兵打起仗来百不当十。士兵的武器残缺不全、不锋利，这和赤手空拳与全副武装的敌人进行搏斗效果是一样的；士兵穿的铠甲不坚固，跟袒胸露体是一样的；弓弩射程不远，与使用短兵器是一样的；射击而不能射中目标，与没有弓箭是一样的；虽然射中了目标，但射入得不够深，没有什么杀伤力，这与没有箭头是一样的：这是将领不懂得兵器的重要性所造成的灾祸，这样的军队打起仗来五个不当一个。所以，《兵法》说：‘武器装备不精良、不齐备，就等于把自己的士兵送给了敌人；士兵没有经过训练、不听指挥，就等于把自己的将领送给了敌人；将领不懂

不可用[71]，以其将予敌也；将不知兵[72]，以其主予敌也；君不择将，以其国予敌也。’四者，兵之至要[73]也。

“臣又闻：‘小大异形，强弱异势，险易异备[74]。’夫卑身以事强，小国之形[75]也；合小[76]以攻大，敌国[77]之形也；以蛮夷攻蛮夷，中国之形[78]也。今匈奴地形、技艺与中国异。上下山阪[79]，出入溪涧，中国之马弗与[80]也；险道倾仄[81]，且驰且射，中国之骑[82]弗与也；风雨罢劳[83]，饥渴不困，中国之人弗与也：此匈奴之长技也。若夫平原易地[84]，轻车[85]突骑[86]，则匈奴之众易桡乱[87]也；劲弩长戟，射疏[88]及远[89]，则匈奴之弓弗能格[90]也；坚甲利刃，长短相杂[91]，游弩往来[92]，什伍俱前[93]，则匈奴之兵弗能当也；材官[94]驺发[95]，矢道同的[96]，则匈奴之革笥[97]、木荐[98]弗能支也；下马地斗，剑戟相接，去就相薄[99]，则匈奴之足弗能给[100]也：此中国之长技也。以此观之，匈奴之长技三，中国之长技五。陛下又兴数十万之众，以诛数万之匈奴，众寡之计，以一击十之术也。

“虽然，兵凶器、战危事也，故以大为小，以强为弱[101]，在俯仰之间[102]耳。夫以人之死争胜，跌而不振[103]，则悔之无及也。帝王之道，出于万全。今降胡[104]、义渠[105]、蛮夷[106]之属来归谊者[107]，其众数千，饮食、长技与匈奴同。可[2]赐之坚甲、絮衣、劲弓、利矢，益以边郡之良骑[108]，令明将能知其习俗、和辑其心[109]者，以陛下之明约将之[110]。即有险阻[111]，以此当之；平地通道，则以轻车、材官制之。两军相为表里，各用其长技，衡加之以众[112]，此万全之术也[113]。”

帝嘉之，赐错书，宠答焉。

错又上言曰[114]：“臣闻秦起兵而攻胡、粤者，非以卫边地而救民死也，贪戾[115]而欲广大[116]也，故功未立而天下乱。且夫起兵而不知其

得兵法、不能指挥打仗，就等于把自己的统帅送给了敌人；国君选错了将领，就等于把自己的国家送给了敌人。’这四条，是军事上最重要的问题。

“我还听说：‘小国与大国在表现形式上是不同的，强国与弱国在力量的对比上是不同的，处于险要的地形与处于无险可守的平地所采取的对策是不同的。’委屈自己去侍奉强国，作为小国只能这么办；小国联合起来对抗大国，就会出现敌对双方势均力敌的局面；用蛮夷攻打蛮夷，是中原地区统治者经常采用的办法。现在匈奴的地形、技术与汉朝不同。上山下山，过河跃涧，汉朝的战马不如匈奴；险道崎岖难行，一边骑马奔驰一边射箭，汉朝的骑兵不如匈奴的骑兵；敢冒风雨不怕疲劳，饥饿口渴而不困乏，汉朝人不如匈奴人：这是匈奴的长处。假如是在平原，或是在平坦的大地，运用轻便快捷的战车、敢于冲锋陷阵的精锐的骑兵，那么匈奴的兵众很容易被冲乱打散；如果运用强弩、长戟，射击的范围既宽又远，那么匈奴的弓箭就抵挡不住；让士兵穿上坚固的铠甲、手执利刃，长兵器和短兵器互相配合，一些善射的弓弩手随时出现在不同的阵地上，士兵按编制、按队形在将军的统一指挥下向敌人展开大规模进攻，那么匈奴的士兵就抵挡不住；派力大善射的特种兵对准敌人射出锋利的箭，万箭齐发射向同一个目标，那么身穿皮甲、手执木制盾牌的匈奴士兵就招架不住；下马步战，剑戟相碰，动作灵活地与敌人近身搏斗，那么匈奴士兵的腿脚就跟不上：这些都是我们汉朝所擅长的。以此看来，匈奴的优势有三项，汉朝的优势有五项。陛下如果派遣数十万大军，去讨伐仅有数万军队的匈奴，从兵力的多少来比较，是以十个击一个的战术。

“虽然如此，但兵器毕竟是凶器、战争毕竟是危险的事，所以由大国变成小国，由强国变成弱国，胜败之事往往决定于瞬息之间。用牺牲士兵的生命去争取胜利，一旦失败就会使国家一蹶不振，到那时后悔也来不及了。帝王治国，一定要有万全之策。现在投降汉朝的匈奴人以及义渠、蛮夷来归顺汉朝的，总计有数千人之多，他们的生活习惯、所擅长的技能与匈奴一样。可以发给这些人坚固的铠甲、棉衣、强弓、利箭，将他们武装起来，再把北部沿边的优秀骑兵与他们编在一起，派遣一位有能力、熟悉他们生活习惯又能取得他们信任的将领，按照陛下的旨意统率这支部队。一旦遇到敌人从险峻的山地进攻我们，就派他们去攻击敌人；如果是从平原地区，或是道路通畅的地方进攻我们，我们就用轻便快捷的战车、派出力大善使强弩的特种部队去制服敌人。两种部队互相配合，发挥他们各自的长处，再加上大规模的正面部队，这是百战百胜、万无一失的策略。”

汉文帝为了嘉奖晁错，亲自给他写了回信，表示非常欣赏他的建议。

晁错又给汉文帝上书说：“我听说秦国发兵攻打胡人、粤人，并不是为了保卫边境、拯救人民，而是贪得无厌、想要扩大自己的地盘，所以功业还没有建立而天下已经大乱。出兵攻打对方却对敌方的形势一无所知，那么作战的则会被敌人所俘虏，

势[117]，战则为人禽[118]，屯[119]则卒积死[120]。夫胡、貉[121]之人，其性耐寒；杨粤[122]之人，其性耐暑。秦之戍卒不耐其水土，戍者死于边，输者偾[123]于道。秦民见行[124]，如往弃市[125]，因以谪发之[126]，名曰'谪戍'。先发吏有谪[127]及赘婿[128]、贾人[129]，后以尝有市籍[130]者，又后以大父母[131]、父母尝有市籍者，后入闾取其左[132]。发之不顺，行者愤怨，有万死之害，而亡铢两之报[133]。死事之后，不得一算之复[134]，天下明知祸烈及己[135]也。陈胜[136]行戍[137]，至于大泽[138]，为天下先倡[139]，天下从之如流水者，秦以威劫而行之[140]之敝也。

"胡人衣食之业，不着于地[141]，其势易以扰乱边境，往来转徙，时至时去[142]。此胡人之生业[143]，而中国之所以离南亩也[144]。今胡人数转牧[145]、行猎于塞下[146]，以候[147]备塞之卒，卒少则入[148]。陛下不救，则边民绝望，而有降敌之心。救之，少发则不足；多发，远县才至，则胡又已去。聚而不罢[149]，为费甚大；罢之，则胡复入。如此连年，则中国贫苦，而民不安矣。陛下幸忧边境，遣将吏发卒以治塞[150]，甚大惠也。然今[3]远方之卒守塞，一岁而更[151]，不知胡人之能[152]。不如选常居者[153]家室田作，且以备之[154]，以便为之高城深堑[155]。要害之处，通川之道[156]，调立城邑[157]，毋下千家。先为室屋，具田器，乃募民。免罪，拜爵[158]，复其家[159]，予冬夏衣、禀食[160]，能自给而止[161]。塞下之民，禄利[162]不厚，不可使久居危难之地。胡人入驱[163]而能止其所驱[164]者，以其半予之，县官为赎[165]。其民如是，则邑里相救助[166]，赴胡[167]不避死。非以德上[168]也，欲全亲戚[169]而利其财也。此与东方之戍卒[170]不习地势而心畏胡者

驻扎的则会尸骨堆积。匈奴人、貉人天生不怕寒冷；而杨粤人不惧酷暑。秦朝戍守的士兵因为不服水土，戍守边塞的就死在边塞，负责运输的就死在了运输途中。秦民认为送士兵去戍守边境，就如同送往刑场，所以秦朝政府只得将那些罪犯或者是被降职流放的人送到边塞去戍守，所以称之为‘谪戍’。最先派去的是因罪降职的官吏以及倒插门女婿、商人，后来又将曾经有过从商经历的人送往边塞守边，再后来就以祖父母、父母曾经有过从商经历的送去戍边，最后是征调住在里巷左边的人去守边。选派人的过程本来就不顺利，被派去的人怨声载道，因为对他们来说，有的只是必死的命运，却得不到丝毫补偿。戍边的人死了之后，家属连免除一个人头税的优待也得不到，天下人都预感到这种送死边疆、仆于道路的灾祸最终要降临到自己头上。陈胜前去戍边，走到大泽乡的时候，便揭竿而起，率众起义，天下响应和追随他的人就像流水一样，这就是秦朝凭借威权逼迫人们当兵服役的弊端啊。

“胡人谋生的手段是畜牧，他们是逐水草而居的游牧民族，没有固定的住所，这种形式使他们很容易侵扰汉朝边境；他们往来迁移，忽来忽去，飘忽不定。这是胡人谋生的特点，而对于我们中原人来说，就闹得我们不能生产、背井离乡了。现在，胡人辗转游牧、经常到汉朝的北部边境打猎，以窥伺守边的士卒，发现士卒少、有隙可乘，就侵入边境大肆掠夺。陛下若是不发兵救援，那么边民就会因绝望而萌发投降敌人的念头。如果派兵前去救援，派去的军队少了不够用；派去的多了，远处的军队经过一路奔波刚刚赶到，则胡人已经离去。如果将军队驻扎在边境，费用又很大；如果将救援的军队撤回，则胡人就会卷土重来。如果年年如此，那么国家将要因此而贫穷，人民也得不到安宁。皇帝担忧边境，派遣将吏率领士卒加强边境防守，这对边境的人民是很大的恩惠。然而，现在从远方派去守卫边塞的士兵，因为实行一年一轮换的制度，所以根本无法搞清胡人的生性习惯、能力及特长。所以不如选择一些人让他们在边塞定居，平时在田中耕种，有情况时用以防守，根据边塞的地理地形，为他们修筑起高大的城墙和挖下深沟。在险要之处、交通要道规划并建立城镇，安置不少于一千户的居民。首先为他们修建起房舍，准备好农具，再招募人们前来定居。有罪的可以因其搬迁到边境而免其罪，无罪的可以因其搬迁到边境而提高其爵位级别，并免除全家人的赋税和劳役，开始阶段由政府发给他们一年四季的衣服和口粮，一直到他们自己能够解决衣食为止。住在边塞的人，由于福利微薄，不能使他们长久地居住在这危险的环境里。胡人入境掠夺，不论是谁，只要是把胡人所掠夺的人丁、牲畜、财物等夺回来，就将其中的一半奖励给谁，由政府出资把这些被劫掠的人丁、牲畜、财物从立功者的手中赎出来交还给原主。如果能够如此，那么邻里之间就会相互救助，共同反击胡人而不畏惧生死。他们并不完全是为了感激皇帝的恩德，而是在保全亲戚的同时自己也得到了财物。利用这些人戍边与从遥远的东方征调来的既不熟悉胡人的地理形势又惧怕胡人的戍卒相比，功效

功[171]相万也。以陛下之时，徙民实边[172]，使远方无屯戍之事[173]。塞下之民，父子相保[174]，无系虏[175]之患。利施后世[176]，名称圣明[177]，其与秦之行怨民[178]相去远矣[179]。"

上从其言，募民徙[180]塞下。

错复言："陛下幸募民徙以实塞下，使屯戍之事益省，输将之费[181]益寡，甚大惠也。下吏[182]诚能称厚惠[183]，奉明法[184]，存恤[185]所徙之老弱，善遇[186]其壮士，和辑[187]其心，而勿侵刻[188]，使先至者安乐而不思故乡，则贫民相慕[189][4]而劝往[190]矣。臣闻古之徙民者，相其阴阳之和[191]，尝其水泉之味，然后营邑[192]立城[193]，制里[194]割宅[195]，先为筑室家[196]，置器物焉。民至有所居，作[197]有所用。此民所以轻去故乡[198]，而劝之新邑[199]也。为置医巫[200]以救疾病，以修祭祀。男女有昏[201]，生死相恤[202]，坟墓相从[203]，种树畜长[204]，室屋完安。此所以使民乐其处，而有长居之心也。

"臣又闻古之制边县以备敌也，使五家为伍，伍有长；十长一里，里有假士[205]；四里一连，连有假五百[206]；十连一邑，邑有假候[207]。皆择其邑之贤材有护[208]、习地形、知民心者，居[209]则习民于射法，出[210]则教民于应敌。故卒伍[211]成于内[212]，则军政[213]定于外[214]。服习以成[215]，勿令迁徙[216]。幼则同游，长则共事。夜战声相知[217]，则足以相救；昼战目相见，则足以相识。欢爱之心[218]，足以相死[219]。如此而劝以厚赏[220]，威以重罚[221]，则前死不还踵[222]矣。所徙之民，非壮有材[223]者，但费衣粮，不可用也。虽有材力，不得良吏[224]，犹亡功[225]也。

"陛下绝匈奴，不与和亲，臣窃意[226]其冬来南[227]也。壹大治[228]，则

要强过一万倍。趁着陛下健在，迁移百姓去充实边塞，使远离边塞之人不再受征调之苦。边塞的人民也能父子之间互相得到保全，从此不再有被掠去当俘虏的忧患。这项政策如果能够实行，那么子孙后代都会享受它的好处，人民必定会称赞陛下是英明的皇帝，这种做法与秦国强行征调满含怨恨之民去戍守边塞相比，两者的优劣差别简直是太大了。”

汉文帝采纳了晁错的意见，以招募的办法奖励人们自动向边塞地区迁徙。

晁错又向汉文帝建议说：“陛下招募人民向边塞地区迁徙以充实边塞，使屯兵守边的军事行动减少，同时也减少了运输的费用，这对国家来说好处实在是太大了。主管该项事务的官吏如果也能像陛下一样体察出这项措施带给国家和人民的巨大好处，认真执行法律规定的各项政策，体贴照顾好迁徙到边境的那些老弱人员，善待其中的青壮年，使那里的人民心平气和、心悦诚服，而不是侵削和克扣他们，使先期迁徙的人能够安居乐业而不再思念故乡，那么故乡的贫穷人家就会羡慕徙边者所得到的好处，踊跃前往边塞居住。我听说古时为了移民，政府先派人去查看、观测那里的阴阳二气是否调和，品尝那里的水是否适合饮用，然后设计规划城镇建设，建造城池，规划里巷，划分住宅区，预先为他们建造好房舍，安排好生产生活用品。使移民到了就有住处，想从事生产就有用具。这样人民才不把离开故乡当回事而踊跃前往边塞新城居住。政府还应该为他们聘请医生、巫师治疗疾病，主持祭祀鬼神祖先。男婚女嫁、婴儿出生、年老死亡，彼此都能互相关心照顾，坟墓按照顺序排列，人们能够从事农业生产、蓄养牲畜，居住的房屋坚固完好。这样才能使移民喜欢新居，而安心长久地在那里定居。

“我还听说，古代在边境修建城镇，目的是用来防备敌人的入侵，所以将居民都按军事单位进行编制：五家编为一伍，伍有伍长；十伍编为一里，里的长官叫作假士；四里为一连，连的长官叫作假五百；十连为一邑，邑的长官叫作假候。各级官吏都选择邑中那些有才能有勇力保护村民、熟悉当地地形、了解民心的人担任，平常无事的时候教习人们射箭练武，外出从事军事活动的时候则指挥人民怎样应敌。因为平时在家的时候就按照军事进行编制，战时就能收到正规军一样的功效。由于他们已经养成坚持军事训练的习惯，就不要让他们随便迁徙。这些人从小时候起就一起玩耍，长大后又共同做事。所以即使是在黑夜打仗也能互相熟悉声音，因此能够及时相互救助；白天作战眼睛看得见，互相认识。长期相处建立起来的感情，使他们宁可为对方牺牲。有了这样的基础，再加上丰厚的赏赐、严厉的惩罚，那么作起战来一定会前仆后继、勇往直前。但在招募移民的时候，如果不是身体强壮、有能力有才干的人，只会白白地耗费衣服粮食，一定不要用。另一方面，即使移民都很强壮很有能力，如果缺乏得力的官员去领导他们，也仍然不会取得成功。

“陛下拒绝匈奴，不同意与匈奴和亲，我估计匈奴冬季就会南来进犯。如果能够

终身创㉙矣。欲立威㉚者，始于折胶㉛；来而不能困㉜，使得气去㉝，后未易服也㉞。”

错为人陗直刻深㉟，以其辩㊱得幸太子㊲，太子家号曰“智囊”。

【段旨】

以上为第一段，写文帝前十一年（公元前一六九年）一年中的全国大事，主要引入了贾谊的《请封建子弟疏》与晁错的《言兵事疏》《守边劝农疏》《募民实塞疏》四篇文章，也附带交代了贾谊的死与晁错的习性。

【注释】

①代：诸侯国名，此时的代王刘参，是文帝之子，都晋阳（在今山西太原西南）。②梁怀王揖：刘揖，怀字是谥，文帝之子，都睢阳（今河南商丘城南）。③即不定制：如不赶紧制定有关诸侯王国的制度。即，如、如果。④不过一传再传：还都是第二代或第三代的诸侯王。如燕王刘嘉是刘泽之子，是第二代楚王；刘戊是刘交之孙，为第三代楚王。⑤人恣而不制：言人人放纵而不服管制。⑥豪植而大强：等到这些人的亲信越来越多，势力越来越大。豪植，即大量网罗亲信。⑦汉法不得行：汉朝的法令在这些诸侯行不通，即不再服从朝廷的管辖。⑧陛下所以为藩捍：您所能够仰仗起拱卫作用的。藩捍，屏障、拱卫。⑨所恃：所能够倚赖。⑩唯淮阳、代二国：因为当前的淮阳王刘武、代王刘参都是文帝的儿子，日后太子继位为帝则是他们的亲兄弟。所以贾谊认为“可恃”。⑪边：靠近；紧挨着。⑫能自完则足矣：能够保住自己的地盘就不错了，言其自顾不暇。自完，保持自己完好。⑬廑如黑子之着面：极言淮阳王的地盘之小，与齐、楚大国不成比例。黑子，黑痣。⑭饵大国：像是一块引诱大国前来吞食的鱼肉。饵，诱人的食物。⑮不足以有所禁御：不能对其他诸侯国起到震慑作用，也不能使之不敢图谋不轨。⑯制：发号施令，统治万邦。⑰工：巧妙；完善。⑱淮南地：指今河南东南部与安徽西北部的大片地区。⑲以益淮阳：以扩大淮阳王刘武的地盘。⑳为梁王立后：为已死的梁怀王刘揖立继承人，继续为梁王。㉑东郡：汉郡名，郡治濮阳（在今河南濮阳西南）。㉒以益梁：以扩大梁国的地盘。㉓新郪：汉县名，县治在今安徽太和北。㉔北着之河：向北一直到黄河边，即今之河南的濮阳、南乐一带。河，黄河。㉕包陈：围绕

狠狠地重创他们一次，就会使他们把失败的痛苦牢记一辈子。要给匈奴人一点颜色看看以树立汉朝的威严，就要抓住秋天匈奴来犯的这次机会；如果匈奴来犯，我们不能给他一个致命的打击，使他陷入困境、吃尽苦头，让他们的计划得逞，满意而去，以后再想把他们降服就困难了。”

晁错为人严峻刚直，行事酷刻，因为口才便捷善于分析事理而得到太子刘启的宠幸，太子的家人都把晁错称作“智囊”。

陈郡，郡治即今河南淮阳。㉖南揵之江：向南一直到长江边。揵，接。江，长江。㉗捍齐、赵：抗击齐、赵。捍，这里指抵抗、抗击。齐、赵，汉代诸侯国名，现任的齐王刘则，为高祖子刘肥之孙；现任的赵王刘遂，为高祖子刘恢之子。二国在梁国的北方与东北方。㉘禁吴、楚：抵御吴、楚。禁，震慑，使之不敢为非。吴、楚，汉代的诸侯国名，时任的吴王刘濞，是高祖兄刘仲之子；时任的楚王刘戊，是高祖弟刘交之孙。二国在淮阳国的东方与东南方。㉙山东：指崤山（在今河南灵宝东南）以东的广大地区。㉚二世之利：指可保文帝与日后太子为帝两代的太平。㉛恬然：安然；太平无事。㉜适：恰好；正巧。㉝皆少：全都年龄不大。㉞且：将。㉟颐指如意：指当前的皇帝英明而有权威，天下无人不听从。颐指，以面部表情指挥人。颐，面颊。㊱高拱以成六国之祸：意思是如果您今天不预先采取措施，日后一旦形成像往日战国时代的诸侯林立。高拱，两手高拱，清闲无事的样子，意即得过且过，无所作为。㊲苟身无事：即使在您这一辈子天下没起动乱。㊳畜乱宿祸：很多乱子、很多灾难都已经在潜伏、在酝酿。畜，同“蓄”，积累。宿，积压。㊴孰视而不定：眼看着问题存在而不动手解决。孰，通“熟”。㊵万年之后：“死”的委婉说法。㊶将使不宁：让问题到那时再爆发。以上引文即通常所称的《请封建子弟疏》。㊷北界泰山：梁国的北部边界直到泰山脚下。㊸高阳：乡邑名，在今河南杞县西南，当时属于陈留郡的圉县。㊹城阳王喜：刘喜，刘章之子、齐悼惠王刘肥之孙。㊺狄道：汉县名，县治即今甘肃临洮。㊻太子家令：官名，为太子主管家庭诸事。㊼颍川：汉郡名，郡治阳翟（今河南禹州）。㊽晁错：西汉初期的名臣。事迹详见《史记·袁盎晁错列传》。㊾上言兵事：以下所引即通常所称的《言兵事疏》。㊿合刃：交锋；交战。51卒服习：士兵服从指挥、训练有素。服，服从。习，训练有素。52器用利：武器精良顺手。53铤：短矛。54楯：通“盾”。55各有所宜：这句话的意思是说，什么地方使用步兵，什么地方使用车兵、骑兵，什么地方使用弓弩、长戟，什么地方使用短矛、剑盾，都是各有所宜的。56选练：选拔、操练。57起居不精：指生活散漫松懈。58动静不集：该动作、该休息时不能迅速进入状态。59趋利弗及：遇到有利地形、

有利时机不能及时占领、及时把握。⑥⓪避难不毕：应躲避的危险不能及时避开。⑥①前击后解：前锋已与敌军开战，后面的军队还处于松懈状态。解，通“懈”。⑥②与金鼓之指相失：谓士兵的行动与将军的金鼓号令不一致。古时作战，击鼓表示进攻，鸣金表示收兵。金，铜钲，一种有长柄的钟。⑥③不习勒卒：没有对士兵进行严格的操练。习勒，训练、操练。⑥④兵不完利：武器残缺不全或者是不锋利。兵，武器。⑥⑤坚密：坚固而防护得严。⑥⑥袒裼：光着背。⑥⑦中不能入：射中了目标，但没有穿透力。⑥⑧无镞：没有箭头。⑥⑨不省兵：不懂得兵器的重要。⑦⓪以其卒予敌：把自己的部队送给敌人。⑦①卒不可用：士兵没有训练，又不听指挥。⑦②不知兵：不懂兵法；不懂战争。⑦③至要：最重要的问题。⑦④险易异备：处于险要的地形与处于无险可守的平地，采取的对策是不同的。险，险阻。易，平坦。⑦⑤小国之形：作为一个小国只好这么办。形，形式、办法。⑦⑥合小：许多小国联合起来。⑦⑦敌国：势均力敌之国。⑦⑧中国之形：中原地区统治者经常采用的办法。形，办法之意。⑦⑨山阪：山岗与高坡。⑧⓪弗与：不如。⑧①倾仄：崎岖难行。仄，古“侧”字。⑧②骑：骑兵。⑧③罢劳：疲劳。罢，通“疲”。⑧④易地：平坦的大地。⑧⑤轻车：轻便快捷的战车。⑧⑥突骑：敢于冲破敌阵的精锐骑兵。⑧⑦易桡乱：容易被冲得七零八落。桡，通“挠”。⑧⑧射疏：可以射中左右两侧之敌。⑧⑨及远：可以射中远距离之敌。⑨⓪格：抵挡；拦阻。⑨①相杂：相互配合。⑨②游弩往来：一些善射的弓箭手，随时出现在不同的阵地上。⑨③什伍俱前：士兵按编制、按队形地大规模进攻。古代军队编制，五人为伍，二伍为什。⑨④材官：力大善射的特种兵。⑨⑤驺发：射出锋利的箭。驺，师古曰：“矢之善者。”⑨⑥矢道同的：众箭射向同一个目标。的，目标。⑨⑦革笥：皮制的铠甲。⑨⑧木荐：木制的盾牌。⑨⑨去就相薄：谓动作灵活地与敌搏斗。薄，迫。⑩⓪匈奴之足弗能给：匈奴人的腿脚跟不上。弗能给，达不到、跟不上。⑩①以大为小二句：由大国变成小国，由强大变成衰弱。⑩②俯仰之间：低头抬头的工夫，以喻时间之短暂。⑩③跌而不振：犹言一蹶不振，以喻失败后的危机局面。⑩④降胡：投降汉朝的匈奴人。⑩⑤义渠：秦时居住在今陕西西北部的一个少数民族，后来被秦国所灭。⑩⑥蛮夷：指今福建、广东、广西、云南、贵州以及四川南部、西部一带地区的少数民族。⑩⑦来归谊者：来归顺汉朝的人。谊，同“义”。⑩⑧益以边郡之良骑：意即将那些归顺汉朝的少数民族武装起来，再把一些北部沿边的优秀骑兵与他们编在一起。⑩⑨和辑其心：能使他们心平气和地接受统领。辑，同“集”。⑪⓪以陛下之明约将之：按照您的英明规定去统率他们。将，统领。⑪①即有险阻：一旦敌人从险峻的山地进攻我们。⑪②衡加之以众：衡，同“横”。众，似应作“纵”。意思是两种长处我们都有，横的竖的都会。⑪③此万全之术也：以上所引即通常所称的《言兵事疏》。⑪④错又上言曰：以下所引即通常所称的《守边劝农疏》。⑪⑤贪戾：贪婪横暴。戾，暴。⑪⑥欲广大：想要扩大地盘。⑪⑦势：此指敌方的形势，如生活习性、战斗特长等。⑪⑧为人禽：被敌人所俘获。禽，通“擒”。⑪⑨屯：驻扎。⑫⓪积死：尸骨堆积，极言死者之多。因不服水土，以及瘟疫所致。⑫①胡、貉：泛指北方的少数民族。

胡即匈奴，活动于今中国内蒙古与蒙古国一带。貉是生活在东北以及朝鲜地区的少数民族。⑫杨粤：泛指今福建、广东等地的少数民族，因其地属古之杨州（字或作“扬”），故称“杨粤”。⑬偾：跌倒，这里指死亡。⑭见行：被征调出行。⑮如往弃市：就像前去被杀。弃市，古称罪人被处死于市场，意即与市人共弃之也。⑯以谪发之：以政府命令征调罪犯入伍的方式进行派遣。谪，这里指有罪、罪犯。⑰吏有谪：有罪的官吏，理应受到惩罚的人。⑱赘婿：倒上门的女婿，秦汉时期这种人的地位甚低。⑲贾人：商人。秦汉时期打击私人工商业者，视之如罪犯。⑳尝有市籍：现在已经不是工商业者，但过去有过当工商业者的经历。市籍，工商业的登记簿。㉑大父母：祖父祖母。㉒入闾取其左：兵员日益枯竭，难以再立名目，于是下令凡是住在里巷左侧的一律应征。一说秦时贫者居左。㉓亡铢两之报：得不到一丝一毫的酬劳。亡，通“无”。铢两，古代重量单位，二十四铢为一两。此极喻其没有酬劳。㉔不得一算之复：死者的家庭连免除一个人头税的优待也得不到。汉律规定，每个成年人每年缴纳人头税一百二十钱，这叫“一算”。㉕祸烈及己：这种送死边疆、偾于道路的灾难终会轮到自己，谁也逃不过。㉖陈胜：秦末农民起义的领袖。事迹详见《史记·陈涉世家》。㉗行戍：被押往渔阳戍守边疆。㉘大泽：大泽乡（在今安徽宿州之东南部）。㉙为天下先倡：为普天下的反秦起义做倡导、起带头。〖按〗陈涉与吴广暗中策划并发动起义的过程，在秦二世元年（公元前二〇九年）七月，已见于本书“秦纪二”。详见《史记·陈涉世家》。㉚以威劫而行之：凭着权势逼着人们去当兵服役。㉛不着于地：不扎根在土地上，意即他们是逐水草而居的游牧民族。㉜时至时去：时而来攻，时而撤走。㉝胡人之生业：胡人的生性、职业就是如此。㉞中国之所以离南亩也：对于中原人来说，这就闹得我们不能生产、背井离乡了。离南亩，即离开农田。㉟转牧：辗转游牧。㊱塞下：指长城一线，亦即中国之北部边境。㊲候：窥测；探视。㊳入：入境抢劫杀戮。㊴聚而不罢：把军队驻扎在那里。㊵治塞：整治边塞，意即加强边境防卫。㊶一岁而更：依汉制，守边士卒每年轮换一次。㊷不知胡人之能：没待搞清敌人的生性习惯、能力特长就该轮换了。㊸常居者：边境上的常住居民。㊹家室田作二句：一方面在这里生产居住，一方面防备匈奴。㊺以便为之高城深堑：按着山川地形的便利条件为他们筑起高城，挖下深沟。㊻通川之道：有桥梁、有码头的咽喉之地。㊼调立城邑：规划并建立城镇。调，计划、规划。㊽免罪二句：有罪者可因搬迁到边境而免其罪，无罪者可因搬迁到边境而提高其爵级。㊾复其家：免除搬迁者全家的劳役与赋税。㊿禀食：开始阶段由政府供应他们粮食。禀，通“廪”，以官仓之粮相供给。(161)能自给而止：一直到他们在边境能够自给自足为止。(162)禄利：福利。禄，福。(163)入驱：入境后所掠夺并准备驱赶而走的人丁、牲畜、财物等。(164)止其所驱：阻止或夺回被敌人所掠夺的人丁、牲畜、财物。(165)县官为赎：意思是这些被劫掠的人丁、牲畜、财富的一半值多少钱，由国家出钱把他们从立功者的手中赎出来，归还给原主。县官，国家、公家。(166)邑里相救助：同邑同里的人彼此相互救援。(167)赴胡：冲上去与匈奴人拼命。(168)非以德上：并不是出于他们的道德水平有多高。[169] 全亲戚：保全自己的亲人。[170] 东方之戍卒：由东方各郡国征调来的戍守边境的人。[171] 功：功效；效果。[172] 徙民实边：搬迁内地的居民以充实边境地区。[173] 远方无屯戍之事：内地的居民用不着再到遥远的边疆当兵服役。[174] 相保：相互得到保全。[175] 无系虏：不再被入侵者所捆绑、所俘虏。[176] 利施后世：好处一直流传后代。[177] 名称圣明：您将由此获得“圣明”的美名。[178] 行怨民：将满怀怨恨的人们押去戍守边关。[179] 相去远矣：两者的优劣差别可就太大啦。以上所引即通常所称的《守边劝农疏》。[180] 募民徙：以招募的办法奖励人们自动向边境搬迁。[181] 输将之费：即运输之费。将，送。[182] 下吏：主管该项事务的官吏。[183] 称厚惠：也能像您一样体现出国家对黎民的恩情。称，相副。[184] 奉明法：认真施行您制定的这些法令。[185] 存恤：体贴；关心。[186] 善遇：善待；优待。[187] 和辑：使其心平气和、心悦诚服。[188] 侵刻：侵削、克扣。指国家对搬迁百姓的种种优待而言。[189] 相慕：羡慕徙边者所得的好处。[190] 劝往：踊跃前往。[191] 相其阴阳之和：观测那里的阴阳二气是否调和。相，观察。[192] 营邑：规划城镇建设。[193] 立城：修筑城池。[194] 制里：规划里巷。[195] 割宅：划分居民的住宅。[196] 先为筑室家：首先为他们盖好房子。[197] 作：劳作；从事各项生产活动。[198] 轻去故乡：把离开故乡不当一回事。轻，不难于。[199] 劝之新邑：鼓励他们去边塞新城。之，往。[200] 医巫：医生、巫师。医生为人治病，巫师为人占卜祈祷以及主持祭祀等事。[201] 昏：通“婚”，谓婚姻、匹配。[202] 生死相恤：谁家生了小孩，谁家死了老人，彼此都能关心照顾。[203] 相从：按顺序排列，有条不紊。[204] 种树畜长：种树，指种植农作物。畜长，犹言畜养，即豢养牲畜。[205] 假士：里中的军事长官，主管该里五十家军事活动。[206] 假五百：连里的军事长官，主管二百家的军事活动。[207] 假候：邑中的军事长官，主管两千家的军事活动。[208] 有护：有自卫能力，能保卫自身、救助别人的人。[209] 居：平常无事的时候。[210] 出：外出从事军事活动的时候。[211] 卒伍：军事编制。[212] 内：指平常在家的时候。[213] 军政：军中的法

【原文】

十二年（癸酉，公元前一六八年）

冬，十二月[238]，河决酸枣[239]，东溃金堤、东郡[240]，大兴卒[241]塞之。

春，三月，除关[242]，无用传[243]。

晁错言于上曰：“圣王在上，而民不冻饥者，非能耕而食之[244]，织而衣之[245]也，为开其资财之道[246]也。故尧有九年之水[247]，汤有七年之

律规章。㉔定于外：到出征作战的时候自然而成。定，成。㉕服习以成：习惯一旦形成。㉖勿令迁徙：不要让他们随意搬家。㉗声相知：一听就知道是谁。㉘欢爱之心：指彼此之间的友好情谊。㉙相死：互相之间可以为之而死。㉚劝以厚赏：以重赏相鼓励。劝，鼓励。㉛威以重罚：以重罚相威胁。威，威胁。㉜前死不还踵：一直冒死进攻，永不回头。还踵，掉转脚后跟，意即向回跑。㉝壮有材：强壮而有身材。有材，指身形魁梧。㉞不得良吏：没有好的军官来领导。㉟亡功：不会取得功效。亡，通“无”。㊱窃意：私下猜测。窃，谦辞。意，猜测。㊲其冬来南：明年冬天可能要南来进犯。㊳壹大治：指狠狠地给它来个迎头痛击。治，对付、惩治。㊴终身创：让他们把失败的痛苦牢记一辈子。创，伤痛。㊵立威：要给匈奴人一点颜色看看，让匈奴人惧怕我们的军威。㊶始于折胶：就看我们秋天的这一回。折胶，指秋天，因秋天始采取树胶，以制弓弩。匈奴人也常于此时出兵南犯。㊷困：使之陷入困境，让其吃够苦头。㊸使得气去：如果让他们的计划得逞，满意而去。得气，得意。㊹后未易服也：以后再想降服就困难了。以上引文即通常所称的《募民实塞疏》。㊺陗直刻深：严峻刚直，行事酷刻。陗，同“峭”。㊻辩：善说；善于分析事理。㊼太子：刘启，即日后的汉景帝。

【校记】

［1］以：原作“而”。据章钰校，甲十五行本、乙十一行本、孔天胤本皆作“以”。今从诸本及《汉书·贾谊传》《通鉴纪事本末》改。下句同。［2］可：原无此字。据章钰校，甲十五行本、乙十一行本、孔天胤本皆有此字，张敦仁《通鉴刊本识误》同。今从诸本及《汉书·袁盎晁错传》《通鉴纪事本末》补。［3］今：据章钰校，甲十五行本、孔天胤本皆作“令”。［4］慕：原作“募”。据章钰校，甲十五行本、乙十一行本、孔天胤本皆作“慕”。今从诸本及《通鉴纪事本末》改。

【语译】

十二年（癸酉，公元前一六八年）

冬季，十一月，黄河在酸枣县一带发生了决口，洪水向东冲垮了金堤、淹了东郡，朝廷派了大批士兵去堵塞决口。

春季，三月，撤销各郡、国之间的关卡，废除出入关卡的通行证。

晁错对汉文帝说：“英明的君王统治国家，使人民不挨饿不受冻，并不是要国君亲自耕种出粮食给他们吃，亲自织布做衣服给他们穿，而是为他们开辟出生财之道。所以尧时虽然遭遇了九年的洪涝灾害，商汤时遇到了七年大旱，而国内没有人因冻

旱[248]，而国亡捐瘠[249]者，以畜积[250]多而备先具[251]也。今海内为一，土地、人民之众不减汤、禹[252]，加以无天灾数年之水旱，而畜积未及[253]者，何也？地有遗利[254]，民有余力，生谷之土未尽垦[255]，山泽之利[256]未尽出，游食之民[257]未尽归农也。

“夫寒之于衣[258]，不待轻暖[259]；饥之于食，不待甘旨[260]。饥寒至身，不顾廉耻。人情，一日不再食[261]则饥，终岁不制衣[262]则寒。夫腹饥不得食，肤寒不得衣，虽慈母[5]不能保[263]其子，君安能以有[264]其民哉？明主知其然[265]也，故务民于农桑[266]，薄赋敛[267]，广畜积[268]，以实仓廪[269]、备水旱，故民可得而有也。民者，在上所以牧之[270]。民之趋利[271]，如水走下，四方无择[272]也。

“夫珠玉金银，饥不可食，寒不可衣；然则众贵之者，以上用[273]之故也。其为物轻微易藏，在于把握[274]，可以周海内[275]而无饥寒之患。此令臣轻背其主[276]，而民易去其乡[277]，盗贼有所劝[278]，亡逃者得轻资[279]也。粟米布帛，生于地，长于时[280]，聚于力[281]，非可一日成也。数石之重[282]，中人弗胜[283]，不为奸邪所利[284]，一日弗得而饥寒至，是故明君贵五谷而贱金玉[285]。

“今农夫五口之家，其服役[286]者，不下二人[287]；其能耕者，不过百亩。百亩之收，不过百石。春耕，夏耘[288]，秋获，冬藏，伐薪樵[289]，治官府[290]，给繇役[291]。春不得避风尘，夏不得避暑热，秋不得避阴雨，冬不得避寒冻：四时[292]之间无日休息。又私自[293]送往迎来[294]、吊死问疾、养孤长幼[295]在其中。勤苦如此，尚复被水旱之灾，急政暴赋，赋敛不时[296]，朝令而暮改[297]。有者半贾而卖[298]，无者取倍称之息[299]，于是有卖田宅，鬻[300]子孙[6]以偿责[301]者矣。而商贾大者积贮倍息[302]，小者坐列[303]贩卖，操其奇赢[304]，日游都市，乘上之急[305]，所卖必倍[306]。故其男

饿而死，是因为国家储备的物资充足，事先早有准备。现在国家统一，土地、人民的数量不比商汤、夏禹时少，又没有发生连年的水旱灾害，而国家的物资储备却赶不上商汤、夏禹的时候，是什么原因呢？这是因为土地还有潜力没有被全部开发出来，人民还有余力没有充分发挥出来，能生长农作物的土地没有全部开垦出来，山林湖泊中的物产没有全部利用起来，无业游民还没有全部从事农业生产造成的。

“天气非常寒冷的时候，不一定非要轻而暖的狐裘才穿；饥饿难忍的时候，就不会挑剔食物是否美味可口。饥寒交迫的时候，就顾不上讲究廉耻。对于人来说，一天如果吃不上两顿饭就会感到饥饿，一年到头不添置衣裳就会受冻。肚子饥饿而没有食物可吃，身上感到寒冷而没有衣服可穿，即使是慈爱的母亲也不能保有她的儿子，国君又怎么能保有他的民众呢？英明的君主懂得这个道理，所以鼓励人们努力从事农业生产，耕种五谷、种桑养蚕，减轻人民的赋税，加大对各种物资的储备，使国库充实、防备水旱灾害，如此的话皇帝才能保有他的人民。对于百姓，关键在于统治者如何去治理。人民求取利益，就像是水永远向低处流一样，哪里有利益就到哪里去，从来不管什么方向。

“珍珠、宝玉、金、银，饥饿时不能当食物吃，寒冷时不能当衣服穿；人们却认为它很贵重，是因为皇帝喜好的缘故。这些东西体积小容易收藏，握在手中就可以带走，有了它可以周游四海而没有饥寒之忧。这就使得臣属们很容易为得到它而叛国投敌，平民百姓为得到它而把背井离乡不当一回事，盗贼见了它而心动，犯罪的人携带它而走遍天下。谷子、稻米、布匹、绸缎，都是从土地中生产出来的，要经过几个季节才能够成熟，要进行辛勤的耕种劳作才能收获，而不可能在一天之内就可以得到。数石重的粮食、布匹，中等力气的人就挪不动它，所以奸邪之人不会轻易打它的主意，但是，如果一天没有粮食吃、没有衣服穿，人们马上就会遭受饥饿寒冷的痛苦，所以英明的君主全都重视发展农业生产而不看重那些金银宝玉。

“现在农民当中的一个五口之家，至少要有两个人给官府服徭役；他们能够用于耕种的土地，不超过一百亩。一百亩土地收获的粮食，不过一百石。春天播种，夏天耕耘，秋天收割晾晒，冬天造囤收藏，还要砍柴割草，给官府修治房子，为官府当差服劳役。他们春天不得躲避风尘，夏天不得躲避暑热，秋天不得躲避阴雨，冬天不得躲避严寒：一年四季没有休息的日子。再加上个人的送往迎来，吊唁死者、慰问病人、赡养老人、抚育子女。这样辛勤劳苦，还要遭受水旱之灾和官府的横征暴敛，官府不定时地向人民征收赋税，早晨发布的命令往往到了晚上就已经改变。有些积蓄的家庭被迫半价将粮食卖掉用来缴纳赋税，没有积蓄的人家只好以加倍的利息向有钱人借贷来缴纳赋税，最后因为无力还贷，只有出卖田地房屋、子孙后代来偿还债务。而那些商人财力雄厚地利用放高利贷谋取双倍的利润，小的商贾就地贩卖，利用囤积的紧缺物资大发横财，这些商人每天游荡于都市之中，趁着皇帝急需的时候，以加倍的价钱卖出去，获取高额利润。所以，他们男的不用耕田种地，

不耕耘，女不蚕织，衣必文采[307]，食必粱[308]肉。无农夫之苦，有仟佰之得[309]。因其富厚，交通王侯，力过吏势[310]，以利相倾[311]。千里游敖[312]，冠盖相望[313]，乘坚策肥[314]，履丝曳缟[315]。此商人所以兼并农人，农人所以流亡者也。

“方今之务，莫若使民务农而已矣。欲民务农，在于贵粟[316]；贵粟之道，在于使民[317]以粟为赏罚[318]。今募天下入粟县官[319]，得以拜爵[320]，得以除罪[321]。如此，富人有爵[322]，农民有钱[323]，粟有所渫[324]。夫能入粟以受爵，皆有余者也。取于有余以供上用，则贫民之赋可损[325]，所谓‘损有余[326]，补不足[327]’，令出而民利者也。今令[328]民有车骑马[329]一匹者，复卒三人[330]。车骑者，天下武备也，故为复卒[331]。神农之教[332]曰：‘有石城十仞[333]，汤池百步[334]，带甲百万[335]，而无粟，弗能守也。’以是观之，粟者，王者大用[336]，政之本务[337]。令[7]民入粟受爵至五大夫[338]以上，乃复一人[339]耳，此其与骑马之功[340]相去远矣[341]。爵者，上之所擅[342]，出于口而无穷[343]；粟者，民之所种，生于地而不乏[344]。夫得高爵与免罪，人之所甚欲也；使天下人入粟于边[345]以受爵、免罪，不过三岁，塞下之粟必多矣[346]。”

帝从之，令民入粟于边，拜爵各以多少级数为差[347]。

错复奏言：“陛下幸使天下入粟塞下以拜爵，甚大惠也。窃恐塞卒之食不足用，大渫[348]天下粟。边食足以支五岁[349]，可令入粟郡县[350]矣。郡县足支一岁以上[351]，可时赦，勿收农民租[352]。如此，德泽加于万民，民愈勤农[353]，大富乐矣。”

上复从其言，诏曰：“道[354]民之路，在于务本[355]。朕亲率天下农[356]，十年于今，而野不加辟[357]。岁一不登[358]，民有饥色，是从事焉尚寡[359]，而吏未加务[360]。吾诏书数下，岁劝民种树[361]，而功未兴[362]，是吏奉吾诏不

女的不用养蚕织布，而所穿的必须是华丽的绫罗绸缎，吃的必须是精米精肉。他们没有农民的艰辛劳苦，却有千倍、百倍于农夫的收获。因为他们富有，所以就以财物贿赂王侯、勾结官府，势力比官吏还要大，靠着有钱，与官吏相倾轧。他们千里遨游，一伙跟着一伙，乘坐着坚固的车子、赶着肥壮的骏马，脚上穿着丝制的鞋袜，身上穿着绫罗绸缎。这就是商人剥削农民，农民所以流离失所的原因。

"当今最重要的事，莫过于鼓励人们从事农业生产了。要使人们愿意从事农业生产，关键在于提高粮食的地位；提高粮食地位的方法，在于将粮食作为赏罚的工具。现在号召天下人把粮食交给官府，将粮食交给官府的就提高他们的爵位，犯罪的也可以通过向国家缴纳粮食而减免他们的罪过。这样，富人有了爵位，农民口袋里有了钱，粮食才能够流通起来而不会被囤积。能够向国家缴纳粮食而获得爵位的，都是粮食有富余的人家。从有富余的人家里取得多余的粮食供国家使用，那么穷人的赋税就可以减轻，这就是所谓的'损有余而补不足'，法令一旦实行，农民就会获得好处。现在实行的法令是让百姓为公家喂养供战车或骑兵所用的马，喂养一匹马就可以免除三个人的赋役。车辆马匹是战争工具，所以才免除赋役。神农氏教导过：'即使有十仞高的石头城墙，有百步宽的流淌着沸水的护城河，拥有百万全副武装的军队，然而没有粮食吃，也不能守住城池。'从这里来看，粮食是国家最有用的东西，是治理国家最根本的一条。让人民缴纳粮食授给五大夫以上爵位的，才免除一人的徭役，这与为国家喂养马匹而免除赋役的待遇相差甚远。爵位，由皇帝掌握，皇帝愿意封多少就封多少，没有限额；而粮食，是农民种植出来的，生长在田地里而不会缺乏。获得高的爵位与免除罪过，是人民所最希望的；使人民缴纳粮食给国家用于国防建设而获得爵位、免除罪过，这样用不了三年，边塞的粮食就会很多。"

汉文帝听从了晁错的建议，于是下令让人民将粮食运送到边境，按照缴纳粮食数量的多少授予不同级别的爵位。

晁错又向汉文帝建议说："陛下下诏让天下人运送粮食到边境而授给爵位，这对国家来说有很大的好处。我私下里担心边防军的粮食供给不足，才建议将粮食源源不断地输送到边境。现在边境的粮食足够食用五年了，可以让人们把粮食交到所属的郡县贮存起来。郡、县储存的粮食足够本地食用一年以上时，可临时发布赦令，免除农夫一年的赋税。这样，全国人民都感受到皇帝的恩德，人民就会更加勤劳耕种，国家富裕而人民也能安居乐业了。"

汉文帝又听从了晁错的建议，下令说："引导百姓，目的是促使人们从事农业生产。我亲自率领天下百姓从事耕种，至今已经十年了，但荒地并没有开垦多少。一旦年成不好，就有人要挨饿，这是从事农业生产的人数还很少，而有关官员对此事没有足够重视造成的。我已经屡次下诏，每年都在鼓励百姓种植，至今不见成效，这是官吏没有很好地执行我的命令，以及劝民从事农业的道理、办法说得不明确造

勤[363]，而劝民不明[364]也。且吾农民甚苦，而吏莫之省[365]，将何以劝焉！其赐农民今年租税之半[366]。”

十三年（甲戌，公元前一六七年）

春，二月甲寅[367]，诏曰：“朕亲率天下农耕，以供粢盛[368]；皇后亲桑[369]，以供祭服[370]。其具礼仪[371]！”

初，秦时祝官[372]有秘祝[373]，即[374]有灾祥[375]，辄移过于下[376]。夏，诏曰：“盖闻天道[377]，祸自怨起[378]，而福繇德兴[379]。百官之非[380]，宜由朕躬[381]。今秘祝之官移过于下，以彰吾之不德[382]，朕甚弗取。其除之[383]！”

齐太仓令[384]淳于意[385]有罪当刑[386]，诏狱[387]逮系长安[388]。其少女缇萦[389]上书曰：“妾父为吏，齐中[390]皆称其廉平[391]。今坐法当刑[392]。妾伤夫[393]死者不可复生，刑者不可复属[394]；虽后欲改过自新，其道无繇[395]也。妾愿没入为官婢，以赎父刑罪[396]，使得自新[397]。”

天子怜悲其意，五月，诏曰：“《诗》曰：‘恺弟君子，民之父母[398]。’今人有过，教未施而刑已加焉，或欲改行为善，而道无繇至，朕甚怜之！夫刑至断支体[399]、刻肌肤[400]，终身不息[401]，何其刑之痛而不德[402]也！岂为民父母之意哉！其除肉刑，有以易之[403]；及令罪人各以轻重[404]，不亡逃，有年而免[405]。具为令[406]！”

丞相张苍[407]、御史大夫冯敬[408]奏请定律[409]，曰：“诸当髡[410]者，为城旦、舂[411]，当黥[412]者，髡[8]钳为城旦、舂[413]；当劓[414]者，笞三百[415]；当斩左止[416]者，笞五百；当斩右止[417]，及杀人先自告[418]，及吏坐受赇[419]、枉法[420]、守县官财物而即盗之[421]、已论而复有笞罪[422]者，皆弃市[423]。罪人狱已决[424]为城旦、舂者，各有岁数以免[425]。”制曰：“可。”

是时，上既躬修玄默[426]，而将相皆旧功臣，少文多质[427]。惩恶[428]亡

成的。而且我们的农民生活很困苦而官吏又不体察，怎么能够使他们乐于务农呢！作为对从事农业生产的农民的奖励，特别免除农民今年租税的一半。”

十三年（甲戌，公元前一六七年）

春季，二月十六日甲寅，汉文帝颁布诏书说：“我亲自在御田耕种，为天下人做出表率，并用御田所收获的黍稷作为祭祀的祭品；皇后亲自种桑养蚕，用皇后亲自养的蚕、织出来的祭祀时所穿的丝绸礼服。有关大臣应制定出相关的礼仪！”

当初，秦朝专门设有祭祀时主管向鬼神祈祷的官员，一旦国家遇到大的灾难，秘祝总是把罪过推给下属，让下属代替皇帝接受上天的惩罚。夏天，汉文帝下诏说：“我听上天行事的原则，灾祸总是因为怨恨太多而引起，福分大多由广施恩泽而产生。百官的过错，理应由我负责。现在秘祝之官总是将罪过推给臣民，这其实是在彰显我的德行有亏，我非常不赞成这种做法。取消秘祝这种祭祀活动！”

齐国太仓令淳于意犯了罪，被判刑，有关部门奉皇帝诏令将其逮捕、押送到长安去。淳于意的小女儿缇萦给汉文帝上书说：“我父亲在齐国担任太仓令，齐国人都称赞他廉洁公平。如今犯法被判刑。我很悲痛，人死就不能复生，肢体被砍下来就不可能再接上，以后他就是想要改过自新也不可能了。我愿意去官府充当奴隶，替我父亲赎罪，使我父亲能够得到一个改过自新的机会。”

汉文帝对缇萦非常同情，五月，颁布诏令说：“《诗经》上说：‘宽宏和乐、有同情心的君子，可以做百姓的父母。’现在人有了过失，事先没有对他进行教化而刑罚就已经加到了他的身上，假如他想改过自新，却永远没有了机会，我非常怜悯他们！刑法有砍断肢体、在脸上刺字，终其一生也不能再复原，刑法是多么的残酷而不仁慈啊！难道这是父母官的本意吗！以后废除肉刑，用其他刑罚代替；今后按照罪行的轻重程度制定出服刑的年限，只要不畏罪逃跑，服刑期满即行释放。要把这个意思定为法律条文！”

丞相张苍、御史大夫冯敬向汉文帝奏报新修订的律法，说：“按照旧法应该判处剃光头发的，改判为男的服四年筑城劳役，女的服四年舂米劳役；按照旧法应当判处脸上刺字的改判为剃光头发、戴着刑具从事筑城或舂米劳役；按照旧法应该判处割掉鼻子的，改判为用鞭子抽打三百下；按照旧法应该判处砍掉左脚趾的改判为鞭打五百下；按照旧法应判处砍掉右脚趾的，以及杀人之后主动投案自首的、官吏收受贿赂贪赃枉法的、监守自盗的、已经被判过刑而又犯了该鞭打的罪的一律在闹市斩首，陈尸示众。凡是被判处服筑城和舂米苦役的犯人，服刑期满一律释放。”汉文帝下令说：“可行。”

在当时，汉文帝信奉黄老之学，追求清静无为，而所任用的将军、丞相都是过去跟随汉高帝刘邦打天下的旧勋功臣，这些人缺乏文化修养，文质彬彬的少，粗豪质朴的多。鉴于导致秦朝灭亡的种种教训，所以朝廷在执行法律、制定政策方面都

秦之政，论议务在宽厚，耻言人之过失。化行天下[429]，告讦之俗易[430]。吏安其官，民乐其业，畜积[431]岁增，户口浸息[432]。风流笃厚[433]，禁罔疏阔[434]，罪疑者予民[435]，是以刑罚大省[436]，至于断狱四百[437]，有刑错[438]之风焉。

六月，诏曰："农，天下之本，务莫大焉[439]。今勤身[440]从事，而有租税之赋，是为本末者无以异[441]也，其于劝农之道未备[442]。其除田之租税[443]！"

【段旨】

以上为第二段，写了文帝十二年（公元前一六八年）、十三年两年间的全国大事，主要写了黄河决口、晁错上《论贵粟疏》，汉文帝下诏免除全部农业税；以及孝女缇萦愿以自身赎父之罪，感动汉文帝废除肉刑的情节，并总体称道了文帝时代的社会面貌。

【注释】

㉓⑧冬二句：开头就说"冬，十二月"，因为汉代初年使用秦朝历法，以十月为岁首，而十月、十一月又无事可记故也。㉓⑨河决酸枣：黄河在酸枣县决口。酸枣，汉县名，县治在今河南延津西南，处于当时黄河的东南侧。㉔⓪东溃金堤、东郡：向东冲垮了金堤，淹了东郡。金堤，一名千里堤，西汉时指称今河南延津东北行经滑县、濮阳，直至山东德州一线的黄河大堤。此堤用石筑成，取名"金堤"，以言其固。东郡，汉郡名，郡治濮阳（今濮阳城西南），当时的酸枣县即属东郡。㉔①大兴卒：大规模地调动士兵。㉔②除关：撤除各郡、国之间的关卡。㉔③无用传：在汉朝国内往来不必再用通行证。传，也叫"繻""过所"，即今所谓通行证。㉔④耕而食之：种了粮食给他们吃。㉔⑤织而衣之：织布做衣给他们穿。㉔⑥资财之道：生财之道；谋生手段。资，生。㉔⑦尧有九年之水：相传尧时洪水泛滥，尧用鲧治水，九年未成云云。事见《史记·夏本纪》。㉔⑧汤有七年之旱：出自百家传说，《史记·殷本纪》不载。㉔⑨亡捐瘠：没有人冻饿而死。亡，通"无"。捐，遗弃。瘠，瘦弱。㉕⓪畜积：储存的物资。畜，通"蓄"。㉕①备先具：事先早有准备。㉕②不减汤、禹：

务求宽厚，以揭露别人的过失、隐私为耻辱。这种作风对全国产生了很大的影响，使过去那种喜好揭发别人隐私、对人恶语中伤的习气有了很大改变。各级官吏安于职守，人民安居乐业，国家与私人的物资储备一年比一年增加，人口越来越多。民风淳朴厚道，法禁宽松，对于罪有可疑可判可不判的一律不判，可重判可轻判的一律从轻，所以刑事案件大为减少，以至于一年之中全国犯罪判刑的不过四百个案件，有刑法被搁置不用的趋势。

六月，汉文帝下诏说："农业是国家的根本，再没有比农业更重要的事情了。如今，既引导人们从事农业生产，却又向农民征收赋税，如此的话，务农和经商还有什么区别呢，这不符合鼓励农耕的精神。免除全部的农业税！"

不比汤、禹时少。㉝畜积未及：储存的物资赶不上汤、禹的时代多。㉞地有遗利：土地还有潜力没能充分发掘。㉟未尽垦：未能全部开垦。㊱山泽之利：山林湖海中的各种出产。㊲游食之民：游手好闲，不务农业的人。法家有所谓"五蠹"，将纵横家、儒生、剑客、工商业者、逃避兵役者等都列为游民。晁错的概念也大体如此。㊳寒之于衣：寒者对于衣服的需求。㊴不待轻暖：不一定非要轻而且暖的狐裘。㊵不待甘旨：不一定非要多么甜美的食物。甘旨，甜美、香甜。㊶不再食：不吃两顿饭。㊷终岁不制衣：时至一年还不添件衣服。㊸保：保持；拥有。㊹有：占有；拥有。㊺知其然：明白这个道理。㊻务民于农桑：把全国百姓都引导到发展农桑的道路上来。务，致力于。㊼薄赋敛：减少对农民的各种税收。㊽广畜积：加大各种物资的储存量。㊾实仓廪：把各种仓库都装得满满的。实，装满。仓、廪，不同样式的仓库。㊿在上所以牧之：就在于统治者怎么管理了。牧，放牧，以放牧牛羊比喻统治管理黎民百姓。㉛趋利：求取利益。趋，奔向。㉜四方无择：不管东西南北，哪儿低就往哪儿流。㉝上用：统治者使用。㉞在于把握：一只手就能把它攥起来，极言其体积之小。㉟周海内：走遍全国。㊱轻背其主：很容易地叛国投敌，因为只要带着些钱就能走脱。轻，不难、不费劲。㊲易去其乡：很容易地离开故乡，也是因为只要有钱就能做到。㊳有所劝：由此受到鼓励。㊴轻资：便于携带而走遍天下。资，意思同"赍"，携带。㊵长于时：都得经过几个季节才能成熟。时，季节。㊶聚于力：都得花费很多力气才能把它们收割起来。㊷数石之重：有个几百斤的重量。石，重量单位，一百二十斤为一石。〖按〗汉时的一斤约当今之半市斤。㊸中人弗胜：一个中等气力的人就扛不起来。㊹不为奸邪所利：一般的小偷、土匪都不在这上头打主意。㊺贵五谷而贱金玉：分外重视发展农业。㊻服役：到边疆服兵役、劳

役。㉘㉗ 不下二人：不少于两个人。㉘㉘ 耘：除草。㉘㉙ 伐薪樵：割柴草。㉙⓪ 治官府：给当地的官衙盖房子。㉙① 给繇役：为当地的官府出民工。繇，同“徭”。㉙② 四时：指春、夏、秋、冬四季。㉙③ 私自：指自己家里。㉙④ 送往迎来：指亲友之间的相互往来做客。㉙⑤ 养孤长幼：抚养孤儿，培育幼童。㉙⑥ 不时：不按时；说不定什么时候就要。㉙⑦ 朝令而暮改：王念孙以为“改”字应作“得”。意思是早晨通知晚上就要交齐。㉙⑧ 有者半贾而卖：家里有粮食的，为了交钱只好半价拿粮食换钱。贾，通“价”。㉙⑨ 取倍称之息：只好借加倍的高利贷。倍称之息，日后需加倍还钱的利息。㉚⓪ 鬻：卖。㉚① 偿责：偿还债务。责，通“债”。㉚② 积贮倍息：储存货物，得翻倍的利润。㉚③ 坐列：看守摊位。列，市场上的行列次序，这里即指摊位、门脸。㉚④ 操其奇赢：意即赚取利润。奇赢，多出来的部分，即利润。㉚⑤ 乘上之急：趁着国家有急用。㉚⑥ 所卖必倍：出卖时把价钱提高一倍。㉚⑦ 衣必文采：穿的都是有纹彩的高档衣服。㉚⑧ 梁：黄小米，在当时属于好粮食。㉚⑨ 有仟佰之得：有千倍、百倍于农夫的获得。㉛⓪ 力过吏势：其势力比官吏还要大。㉛① 以利相倾：靠着有钱，与官吏相倾轧。㉛② 游敖：即遨游。敖，通“遨”。㉛③ 冠盖相望：后一伙跟着前一伙。冠盖，指帽子和车盖。㉛④ 乘坚策肥：乘着坚车，赶着好马。㉛⑤ 履丝曳缟：足穿丝袜，身披缟衣。曳，披、拖着。缟，白色丝织品。㉛⑥ 贵粟：提高粮食的地位。㉛⑦ 使民：二字衍文，应削。㉛⑧ 以粟为赏罚：按上交国家的粮食多少，以定赏罚额度。㉛⑨ 入粟县官：向国家缴纳粮食。㉜⓪ 得以拜爵：可以通过交粮食而提高爵位。㉜① 得以除罪：也可以通过交粮食而减免罪过。㉜② 富人有爵：粮食多的富人可以交粮食而获得高爵位。㉜③ 农民有钱：农民交粮得爵后，也可以卖爵换钱花。㉜④ 粟有所渫：这一来就使粮食流通起来了。渫，流通。㉜⑤ 可损：可以减少。㉜⑥ 损有余：指收富人的粮食以供国用。㉜⑦ 补不足：指减少对穷人的税收。㉜⑧ 今令：当今实行的法令。㉜⑨ 车骑马：让百姓为公家喂养供战车或骑兵用的马。㉝⓪ 复卒三人：两句意谓，凡是给公家喂养一匹战马，就免除三个人的徭役。㉝① 故为复卒：为那些替国防做了贡献的人免除徭役。㉝② 神农之教：神农氏教导我们说。神农是传说中教民种植的远古帝王。㉝③ 十仞：八丈高。一仞等于八尺。㉝④ 汤池百步：以沸水做的护城河其宽百步。㉝⑤ 带甲百万：装备精良的守兵百万。三句极言此城之易守难攻。㉝⑥ 大用：最有用的东西。㉝⑦ 政之本务：国家政务最根本的一条。㉝⑧ 入粟受爵至五大夫：交粮食换爵位要想换到五大夫一级。五大夫是二十级爵位中的第九级。㉝⑨ 乃复一人：根据当时规定，凡是在战场立功或是交粮食换爵位，能达到五大夫一级的，就享有免除一人徭役的特权。㉞⓪ 骑马之功：指国家为百姓喂养车骑马所付出的代价。㉞① 相去远矣：相差太大啦。指百姓养一匹车骑马，国家就得免三个徭役；而收粮食收到五大夫一级，才只需付出一个徭役。㉞② 上之所擅：皇帝所专管，说给谁几级就是几级。㉞③ 出于口而无穷：可以无限制地封下去。㉞④ 生于地而不乏：也是可以没尽头地多下去。㉞⑤ 使天下人入粟于边：假如能让普天下的人都能踊跃地向国家交粮食以换爵位与免罪。使，假如。㉞⑥ 塞下之粟必多矣：以上引文即通常所称的《论贵粟疏》。㉞⑦ 拜爵各以多少级数为差：根据缴纳粮食的多少，分别授以不同级别的爵位。差，等级。㊽渫：调动；流通。㊾边食足以支五岁：如今边境上的粮食已经多得够吃五年了。㊿可令入粟郡县：可以让百姓们把粮食缴纳给所属的各郡各县。㉛郡县足支一岁以上：如果各郡各县所收缴的粮食足够本郡本县的人再吃一年以上。352可时赦二句：可实时发布赦令，全部免收本年农夫的税收。353勤农：勤奋地从事农业活动。354道：通“导”，引导。355务本：指从事农业。356亲率天下农：亲自带头率领天下百姓从事农业。357野不加辟：荒地并没有更开垦多少。辟，开垦。358岁一不登：一旦有个荒年。登，丰收。359从事焉尚寡：指务农的人数还少。360吏未加务：有关官员没有更认真地做好此事。361岁劝民种树：每年都在鼓励百姓们搞好种植。种树，种植。362功未兴：看不到太好的效果。363不勤：不努力；不积极。364劝民不明：劝民从事农业的道理、办法说得不明确。365莫之省：对农民的困苦没有体察。省，察、明白。366其赐农民今年租税之半：免除农民今年租税的一半。其，表示命令的发语词。367二月甲寅：二月十六。368粢盛：祭品，指盛在祭器内的谷物。369亲桑：亲自采桑养蚕。370以供祭服：用皇后亲自养蚕织成的丝绸制作祭祀礼服。371其具礼仪：命令祠官制定有关的礼节仪式。其，表示命令的发语词。具，备办、制定。372祝官：也称“太祝”，祭祀时主管向鬼神祈祷的官。373秘祝：不使他人听到的秘密祈祷。374即：如果。375灾祥：预示将有凶险降临的征兆。376辄移过于下：总是把罪过推给下属的人员。辄，随即、总是。377天道：皇天行事的原则。378祸自怨起：一个人所以遇祸，是由于他被众人所怨恨。379福繇德兴：一个人所以享福，是由于他的德泽深厚。兴，生。380百官之非：百官群臣的过错。381宜由朕躬：应该由我负责。382以彰吾之不德：越发显示了我的德行差劲。彰，显。383其除之：应将这种“秘祝”的事情去掉。384齐太仓令：齐国掌管国家粮仓的长官。385淳于意：姓淳于，名意。事迹详见《史记·扁鹊仓公列传》。386当刑：被判刑。当，判罪。387诏狱：奉诏令而审判的案件，也指奉诏令关押犯人的监狱。388逮系长安：要把犯人逮捕、关押到长安去。389少女缇萦：小女儿名叫缇萦。390齐中：整个齐国国内。391廉平：廉洁公平。392坐法当刑：如今因犯法要被判受刑。393夫：表示指示的发语词，犹言“那”。394刑者不可复属：被斩断的肢体不能再接上。〖按〗因汉代有断足、斩趾等刑，故有此说。395其道无繇：无路可走；无法可想。396愿没入为官婢二句：汉代有将犯罪者或犯罪者的家属没入官府为奴婢的章程，今淳于意犯罪，其女欲赎其父，故自请入官为奴。没入，犹言“沦为”。397使得自新：使（我父亲）能够改过自新。398恺弟君子二句：二句见《诗经·泂酌》，意思是，一位宽宏和乐、有同情心的君子，就可以做百姓的父母了。恺弟，宽仁和善的样子。弟，通“悌”。君子，指当权者。399断支体：指当时的“宫刑”“膑刑”“斩左右趾”等。支，同“肢”。400刻肌肤：指在脸上刺字的黥刑。401终身不息：永远不能再长好。息，生。402痛而不德：残酷而不仁慈。403其除肉刑二句：废掉肉刑（指“宫刑”“刖刑”“斩左右趾”“黥刑”），而用其他办法来代替。〖按〗汉代刑法原分大辟（杀头）、宫刑、膑刑、黥刑、髡刑五类，大辟不改，髡刑未伤肢体，而对人身有残害的是宫刑、膑刑、黥刑，文帝诏书将此三种罪人一律改为鞭笞。对于此事，司马迁在《史记》中是作为文帝的“德政”之一来歌颂的，但事实未必如此，班固在《汉书·刑法志》中就说：“外有‘轻刑’之名，内实杀人”。因为不该死的人改成鞭笞，几百棍子反而被打死了。[404]各以轻重：各按其罪行大小定出服刑的年限。[405]不亡逃二句：只要认真服刑，不逃跑，那就等年满之后释放回家。免，谓免其罪过，还为庶人。[406]具为令：把这个意思定为法令条文。[407]张苍：刘邦的开国功臣，被封为北平侯，继灌婴为丞相。事迹详见《史记·张丞相列传》。[408]冯敬：西汉初期大臣，由典客迁任御史大夫。[409]定律：制定律法，实即规定不同的肉刑改用其他办法的处理方式。[410]髡：古代刑罚之一，即剃去头发。[411]为城旦、舂：改为城旦或者舂米。城旦指送到边境白天修长城，晚上打更放哨，通常为四年。舂，主要用于女性，为公家从事舂米劳动，也是四年为期。[412]黥：古代肉刑之一，即在脸上刺字。[413]髡钳为城旦、舂：剃去头发、戴着刑具从事修城或舂米的劳动。钳，是古代的一种刑具，即套在犯人脖子上的铁箍。[414]劓：古代肉刑之一，即割掉人的鼻子。[415]笞三百：抽三百鞭子或打三百棍子。笞，用皮鞭、木杖或竹板打人。[416]斩左止：古代肉刑之一，即斩去左脚的脚趾。止，同“趾”。[417]斩右止：古代肉刑之一，即斩去右脚的脚趾。[418]杀人先自告：杀人后投案自首。[419]及吏坐受赇：为官吏而接受贿赂。[420]枉法：为官吏而不秉公执法。枉，曲、不正直。[421]守县官财物而即盗之：为公家看管财物而乘便偷盗，即今所谓“监守自盗”。县官，公家、国家。[422]已论而复有笞罪：已经被判过别的刑，现在又犯了该鞭笞的罪。[423]弃市：在闹市处决，陈尸示众。[424]决：判决；判定。[425]各有岁数以免：各自按着所判劳役的年数，期满即行释放。[426]躬修玄默：信奉黄帝、老子学说，追求“清

【原文】

十四年（乙亥，公元前一六六年）

冬，匈奴老上单于[444]十四万骑入朝那[445]、萧关[446]，杀北地都尉卬[447]，虏人民畜产甚多。遂至彭阳[448]，使奇兵[449]入烧回中宫[450]，候骑[451]至雍[452]、甘泉[453]。帝以中尉[454]周舍、郎中令[455]张武为将军，发车千乘、骑卒十万军长安旁[456]，以备胡寇。而拜昌侯卢卿[457]为上郡将军[458]，宁侯魏遬[459]为北地将军，隆虑侯周灶[460]为陇西将军，屯三郡[461]。上亲劳军[462]，勒兵[463]，申教令[464]，赐吏卒，自欲征匈奴[465]。群臣谏，不听。皇太后固要[466]，上乃止[467]。

静无为”。㊼少文多质：缺少文化修养，大多粗野质朴。㊽惩恶：讨厌；厌恶；以……为教训。㊾化行天下：一种宽厚祥和风气遍及全国。㊿告讦之俗易：秦朝以来那种彼此监视、相互检举揭发的风气全改了。告讦，写匿名信告黑状。易，改变。431畜积：国家与私人的储存物资。432浸息：越来越多。息，生，此指人口增长。433风流笃厚：风俗淳朴厚道。434禁罔疏阔：法律条文宽松。禁罔，指各种法令。罔，通“网”。435罪疑者予民：意即可判可不判者一律不判，可轻判可重判者一律从轻。436刑罚大省：指社会上犯罪的人少。437断狱四百：一年内全国只判了四百个案件。438刑错：刑法搁置不用。错，通“措”，放置。439务莫大焉：在社会所从事的活动中没有比农业更重要的了。务，从事。440勤身：努力；尽力。441为本末者无以异：从事农业与从事工商业的人就没有区别了。意指都得交税。442于劝农之道未备：对于鼓励农业来说这样是不好的。未备，有疏漏。443除田之租税：免除全部的农业税。

【校记】

［5］母：原作“父”。据章钰校，乙十一行本、孔天胤本皆作“母”。今从乙十一行本及《汉书·食货志》改。［6］子孙：原作“妻子”。据章钰校，甲十五行本、乙十一行本皆作“子孙”，张瑛《通鉴校勘记》同。今从甲十五行本、乙十一行本及《汉书·食货志》改。［7］令：原作“今”。据章钰校，乙十一行本作“令”。今从乙十一行本及《汉书·食货志》改。［8］者，髡：原作“髡者”。据章钰校，乙十一行本二字互乙。今从乙十一行本及《汉书·刑法志》改。

【语译】

十四年（乙亥，公元前一六六年）

冬季，匈奴老上单于亲自率领十四万军队入侵朝那、萧关，杀死了北地郡的都尉孙卬，并抢掠了当地的许多居民、牲畜、财产。进而进犯彭阳，又派遣奇兵进入陕西凤翔，烧毁了回中宫，匈奴的骑兵侦探一直深入到雍县的甘泉。汉文帝任命中尉周舍、郎中令张武为将军，调集了千辆战车、十万名骑兵驻扎在长安周围，防备匈奴军队的侵犯。任命昌侯卢卿为上郡将军、宁侯魏遬为北地将军、隆虑侯周灶为陇西将军，分别率军驻扎在上郡、北地郡、陇西郡。汉文帝亲自到三个郡慰劳将士，检阅部队，申述军纪，赏赐官吏和士卒，还要亲率大军讨伐匈奴。群臣劝说不要亲征，文帝不听。皇太后也坚决阻止，文帝才同意不去亲征。

于是以东阳侯张相如[468]为大将军[469]，成侯董赤[470]、内史栾布[471]皆为将军，击匈奴。单于留塞内月余，乃去。汉逐[472]出塞即还，不能有所杀。

上辇[473]过郎署[474]，问郎署长[475]冯唐曰："父[476]家安[9]在？"对曰："臣大父赵人，父徙代[477]。"上曰："吾居代时[478]，吾尚食监[479]高祛数为我言赵将李齐[480]之贤，战于巨鹿下[481]。今吾每饭，意未尝不在巨鹿也[482]。父知之乎？"唐对曰："尚不如廉颇、李牧[483]之为将也。"上搏髀[484]曰："嗟乎，吾独[485]不得廉颇、李牧为将！吾岂忧匈奴哉[486]！"唐曰："陛下虽得廉颇、李牧，弗能用也[487]。"

上怒，起，入禁中[488]，良久，召唐让[489]曰："公奈何众辱我[490]，独无间处[491]乎？"唐谢[492]曰："鄙人不知忌讳。"上方以胡寇为意[493]，乃卒复问唐曰："公何以知吾不能用廉颇、李牧也？"唐对曰："臣闻上古王者之遣将[494]也，跪而推毂[495]，曰：'阃以内者，寡人制之；阃以外者，将军制之[496]。'军功爵赏皆决于外[497]，归而奏之[498]，此非虚言也。臣大父言李牧为赵将居边，军市之租[499]，皆自用飨士[500]，赏赐决于外，不从中复[501]也。委任而责成功[502]，故李牧乃得尽其智能；选车[503]千三百乘[504]，彀骑[505]万三千，百金之士[506]十万，是以北逐单于[507]，破东胡[508]，灭澹林[509]，西抑强秦[510]，南支韩、魏[511]。当是之时，赵几霸[512]。其后会赵王迁[513]立，用郭开谗，卒诛李牧，令颜聚代之[514]。是以兵破士北，为秦所禽灭[515]。今臣窃闻魏尚[516]为云中守[517]，其军市租尽以飨士卒，私养钱[518]五日一椎牛[519]，自飨[520]宾客、军吏、舍人[521]，是以匈奴远避，不近云中之塞。虏曾一入[522]，尚率车骑击之，所杀甚众。夫士卒尽家人子[523]，起田中从军，安知尺籍伍符[524]？终日力战，斩首捕虏，上功幕府[525]，一言不相应[526]，文吏[527]以法绳之。其赏不行，而吏奉法必用[528]。臣愚以为陛下赏太轻，罚太重。且云中守魏尚坐上功首虏差六级[529]，陛下下之吏[530]，

于是以东阳侯张相如为大将军，成侯董赤、内史栾布都被任命为将军，率军迎击匈奴。老上单于在汉朝边塞之内骚扰了一个多月才退去。汉军把匈奴逐出塞外便撤军而回，所以没能杀伤多少敌人。

汉文帝乘辇路过郎官的府署，他向郎署长冯唐询问说："你是什么地方人?"冯唐回答说："我爷爷是赵国人，我父亲时将家搬迁到了代郡。"文帝又问："我居住在代国时，为我负责膳食的尚食监高祛屡次跟我说起赵将李齐很贤能，参加了反抗秦将王离的巨鹿之战。现在我每次吃饭的时候，都会想起巨鹿打仗之事。你知道吗?"冯唐回答说："李齐为赵将比不上廉颇、李牧。"汉文帝拍着大腿说："唉，我就是缺少廉颇、李牧这样的将领！要是有廉颇、李牧这样的人率兵打仗，我难道还惧怕匈奴吗!"冯唐说："陛下即使得到廉颇、李牧那样的将领，恐怕也不会重用他们。"

汉文帝很生气，起身进入宫中，过了好长时间，又召见冯唐责备说："你怎么敢当着众人的面侮辱我，难道不能在无人之处说话吗?"冯唐谢罪说："我这个乡下人不懂得忌讳。"汉文帝当时正在筹划对付匈奴进犯之事，所以才又向冯唐询问说："你怎么知道我不会重用廉颇、李牧那样的人?"冯唐回答说："我听说上古的君主在派遣将领的时候，都要跪着为将军推动车轮，边推边说：'城门以内的事情归寡人管理；城门以外，军中一切都交由将军做主。'战斗有功人员的升迁奖赏都由将军说了算，回到朝廷之后再奏报给国君，这并非传言，而是事实。我爷爷说李牧为赵将的时候，率军驻守在边境之上，驻军所在地交易市场的税收，李牧全部用来犒赏将士，赏赐都由李牧将军自己决定，不必等候朝廷批复。委任将领只要求他的最后成功，所以李牧才得以发挥出他的全部智慧才能；他挑选了精良的战车一千三百辆，善于使用弓箭的骑兵一万三千人，临战勇武，曾经获得百金重赏的猛士十万人，凭借这些，所以才取得了向北驱逐了匈奴，向东打败东胡、消灭澹林，向西抑制了强大秦国的东进，向南顶住了韩国、魏国的进攻。在那个时候，赵国几乎可以称霸天下。后来遇上赵王迁继承王位，听信郭开的谗言，诛杀了李牧，任命颜聚接替李牧为将。所以赵国才被秦国打败，士兵溃散，赵王迁被迫投降了秦国，赵国也就灭亡了。现在我听说云中太守魏尚，他把驻军所在地交易市场的税收全部用来奖励士卒，并且用自己的私钱每五天买一头牛招待，军中诸将士、门客等军队都乐意为他拼命杀敌，所以匈奴都远远地避开他，不敢靠近云中边塞。匈奴也曾进犯过一次，魏尚亲自率领骑兵迎战匈奴，一战就消灭了很多敌人。那些士兵都是平民百姓家的子弟，农家出身，哪里懂得军法中的那些军规戒律?他们整天英勇作战，斩杀敌人抓获俘虏，等到向幕府呈报功绩时，上报的数目与实际斩获的稍微有点不一致，那些死守条文的刀笔吏就依法制裁。有斩获之功的将士也等不到奖赏，而那些舞文弄墨的小吏所查出来的'问题'则一定要受到严办。我认为陛下对有功人员的奖赏太轻，而对有过失的惩罚又太重。况且云中郡守魏尚只因为呈报战功时相差六个首级，陛下就将

削其爵，罚作之[531]。由此言之，陛下虽得廉颇、李牧，弗能用也！”上说。是日，令唐持节[532]赦魏尚，复以为云中守，而拜唐为车骑都尉[533]。

春，诏广增诸祀坛场珪币[534]，且曰：“吾闻祠官祝釐[535]，皆归福于朕躬[536]，不为百姓，朕甚愧之。夫以朕之不德，而专飨独美其福[537]，百姓不与[538]焉，是重吾不德[539]也。其令祠官致敬，无有所祈[540]！”

是岁，河间文王辟强[541]薨。

初，丞相张苍以为汉得水德[542]，鲁人公孙臣[543]以为汉当土德[544]，其应黄龙见[545]。苍以为非是[10]，罢之[546]。

十五年（丙子，公元前一六五年）

春，黄龙见成纪[547]。帝召公孙臣，拜为博士[548]，与诸生申明土德[549]，草改历、服色事[550]。张苍由此自绌[551]。

夏，四月，上始幸雍，郊见五帝[552]，赦天下。

九月，诏诸侯王、公卿、郡守举[553]贤良、能直言极谏[554]者，上亲策之[555]。太子家令晁错对策高第[556]，擢[557]为中大夫[558]。错又上言宜削诸侯[559]及法令可更定[560]者，书凡三十篇。上虽不尽听，然奇其材。

是岁，齐文王则[561]、河间哀王福[562]皆薨，无子，国除[563]。

赵人新垣平[564]以望气[565]见上，言长安东北有神气，成五采。于是作渭阳五帝庙[566]。

十六年（丁丑，公元前一六四年）

夏，四月，上郊祀[567]五帝于渭阳五帝庙。于是贵新垣平[568]至上大夫[569]，赐累千金[570]。而使博士、诸生刺《六经》中作《王制》[571]，谋议巡狩[572]、封禅[573]事。又于长门[574]道北立五帝坛[575]。

徙淮南王喜复为城阳王[576]。又分齐为六国[577]。丙寅[578]，立齐悼惠王[579]子在者六人：杨虚侯将闾为齐王[580]，安都侯志为济北王[581]，武城

他交付司法官处理，削去他的爵位，罚做一年苦役。从陛下对魏尚的处理上，我认为陛下即使得到廉颇、李牧那样的将领，也不会使用他们!”文帝听了很高兴。当天，文帝就派遣冯唐手持符节去赦免了魏尚，仍然让魏尚担任云中郡守，并任命冯唐为车骑都尉。

春天，汉文帝下诏命各祭祀坛场大量增加祭品中的珪币数量，并且说:“我听说祭祀官每年向天地鬼神祈祷祝福时，都希望降福于我一人身上，而不为百姓祈福，我感到很惭愧。我的品德修养不够，而独享上苍赐给的幸福，没有百姓的份，这不是更加重我的坏品行了吗。今后祭祀官再向上天致敬时，不要再为我祈祷什么!”

这一年，河间文王刘辟强去世。

当初，丞相张苍认为汉朝受命于五行中的水德而昌盛，而鲁人公孙臣认为汉朝应当是受命于五行中的土德，土德尚黄，他预言应该有黄龙出现。张苍认为公孙臣说得不对，于是就暂时将此事搁置起来。

十五年（丙子，公元前一六五年）

春天，成纪县果然有黄龙出现。公孙臣的预言得到验证，于是汉文帝召见公孙臣，拜他为博士，让他与众儒生一起大造汉朝受命于土德的舆论，着手起草“改正朔、易服色”等各项事宜。张苍由此觉得自己学识能力不如公孙臣。

夏季，四月，汉文帝首次临幸雍县，在雍县南郊祭祀白帝、赤帝、黄帝、青帝、黑帝，并大赦天下。

九月，汉文帝下诏命各诸侯王、公卿、郡守为朝廷推荐贤良、能言直谏之人，文帝亲自出题目考问他们有关治理国家的策略。太子刘启的家令晁错在应对策问中被评为高等，被文帝提拔为中大夫。晁错又给汉文帝上书，建议应该削减大国诸侯的封地以及其他应该更改的法令，先后共上书三十多篇。汉文帝虽然没有完全采纳他的建议，但非常赏识他的才能。

本年度，齐文王刘则、河间哀王刘福相继去世，因为他们都没有子嗣，所以文帝取消了他们王国的建制，改为郡。

赵人新垣平以善于观察云气，并根据云气变化占卜吉凶之术求见汉文帝，新垣平说长安东北有神人的云气，呈现五种色彩。于是在渭水以北建立供奉五帝的神庙。

十六年（丁丑，公元前一六四年）

夏季，四月，汉文帝在渭阳五帝庙祭祀五帝。于是提升新垣平为上大夫，前后赏赐给他的黄金累计有千斤之多。又命令博士、诸生搜集、摘取《六经》中的句子，拼成一篇文献，取名《王制》；这些博士、诸生经过谋划，建议文帝到全国各地视察，到泰山祭祀天地。又在长门道北建立五帝坛。

免去刘喜淮南王的封号，再次封他为城阳王。又把齐国分成六个小国。四月十六日丙寅，文帝分封齐悼惠王的六个儿子为王：杨虚侯刘将闾为齐王，安都侯刘

侯[11]贤为淄川王[582]，白石侯雄渠为胶东王[583]，平昌侯卬为胶西王[584]，扐侯辟光为济南王[585]。淮南厉王[586]子在者三人：阜陵侯安[587]为淮南王[588]，安阳侯勃[589]为衡山王[590]，阳周侯赐[591]为庐江王[592]。

秋，九月，新垣平使人持玉杯上书阙下[593]献之。平言上曰："阙下有宝玉气来者。"已，视之[594]，果有献玉杯者，刻曰"人主延寿"。平又言："臣候日再中[595]。"居顷之，日却，复中[596]。于是始更以十七年为元年[597]，令天下大酺[598]。平言曰："周鼎亡在泗水中[599]。今河决，通于泗[600]，臣望东北汾阴直[601]有金宝气，意周鼎其出乎[602]！兆见，不迎则不至[603]。"于是上使使治庙汾阴[604]，南临河[605]，欲祠出周鼎[606]。

后元年（戊寅，公元前一六三年）

冬，十月，人有上书告新垣平所言皆诈也，下吏治[607]，诛夷[608]平。是后，上亦怠于改正、服、鬼神之事[609]，而渭阳、长门五帝[610]，使祠官领[611]，以时致礼，不往焉[612]。

春，三月，孝惠皇后张氏薨[613]。

诏曰："间者[614]数年不登[615]，又有水旱、疾疫之灾，朕甚忧之。愚而不明，未达其咎[616]，意者[617]朕之政有所失而行有过与[618]？乃天道有不顺，地利或不得[619]，人事多失和[620]，鬼神废不享[621]与？何以致此[622]？将[623]百官之奉养或废[624]，无用之事或多[625]与？何其民食之寡乏也？夫度田非益寡[626]，而计民未加益[627]，以口量地[628]，其于古犹有余[629]，而食之甚不足者，其咎安在？无乃[630]百姓之从事于末[631]以害农者蕃[632]，为酒醪[633]以靡谷[634]者多，六畜之食[635]焉者众与？细大之义[636]，吾未得其中[637]，其与丞相、列侯、吏二千石、博士议之[638]，有可以佐百姓者[639]，率意远思[640]，无有所隐！"

【段旨】

以上为第三段，写文帝十四年（公元前一六六年）至后元年（公元前一六三年）共四年间的全国大事。其一是写了匈奴入侵西北边地，汉王朝穷于应付，由

志为济北王，武城侯刘贤为淄川王，白石侯刘雄渠为胶东王，平昌侯刘卬为胶西王，扐侯刘辟光为济南王。淮南厉王活在世上的三个儿子也被封为王：阜陵侯刘安为淮南王，安阳侯刘勃为衡山王，阳周侯刘赐为庐江王。

秋季，九月，新垣平派人捧着玉杯到皇宫门口上书给汉文帝。新垣平对汉文帝说："皇宫门外有一种宝玉之气。"稍过片刻，皇帝派人到宫门口一看，果然有人来献玉杯，玉杯上刻着"人主延寿"字样。新垣平又对汉文帝说："我预测出今天的太阳将连续两次出现在正午。"过了一会儿，太阳果然出现了过午之后又退回至正午的现象。文帝于是下诏改元：将"前元十七年"改称"后元元年"，准许全国的人欢聚畅饮。新垣平对文帝说："周鼎有一个沉落在泗水中。现在黄河决口，洪水注入泗水，我观察到东北方向正当汾阴的上空有金宝之气，我预测周鼎将在那里出现！征兆虽然已经出现，但没有人去迎，恐怕周鼎不会自来。"于是汉文帝派使者到汾阴修建庙宇，庙宇南临汾河，想通过祭祀，祈求周鼎出现。

后元年（戊寅，公元前一六三年）

冬季，十月份，有人上书给汉文帝揭发新垣平所言全是欺诈，文帝把新垣平交给司法官吏查办，最后将新垣平及其族人全部杀死。自此之后，汉文帝对改正朔、易服色以及祭祀鬼神之事兴趣索然，而渭阳的五帝庙、长门的五帝坛，文帝只是派祭祀官负责管理，按时祭祀，不再亲自前往祭祀了。

春季，三月份，孝惠帝刘盈的皇后张嫣去世。

汉文帝下诏说："近几年来庄稼连年歉收，水旱灾害相继出现、瘟疫疾病流行，我忧心忡忡。我愚而不明，不知道错误出在哪里，我想，莫非是我的为政措施有失误而行为有过失？还是天道有所不顺，地力没有充分利用；人际关系没有理顺，祭祀鬼神不周到？否则为什么出现这种情况呢？或者是官员的俸禄太少，没有用处的事情做得太多了？不然怎么会造成百姓的食物如此匮乏呢？考虑我们的农田并没有减少，而全国的人口也没有增加，按人均耕地面积计算，现在每人所占有的耕地比古代还多，而百姓的衣食却严重不足，问题究竟出在哪里呢？恐怕是百姓弃农经商的太多，酿酒靡费的粮食太多，饲养六畜过多地消耗了粮食？各种大大小小的原因，我把握不准究竟是哪一条，现在就与丞相、列侯、俸禄二千石的官吏以及博士们讨论讨论，只要对解决百姓疾苦有帮助的建议，就请放开思想，畅所欲言，不要有什么隐瞒！"

此引出冯唐向文帝畅论国家如何用将的问题；其二是写了文帝迷信鬼神，与其被公孙臣、新垣平等骗子所愚弄的事情；其三是写了文帝接受贾谊建议所采取的分齐国为七、分淮南为三的名为施恩德，实为削弱诸侯势力的措施。

【注释】

㊹老上单于：冒顿之子，继冒顿于公元前一七四至前一六一年为单于。㊺朝那：汉县名，县治在今宁夏固原东南。㊻萧关：关塞名，在今宁夏固原东南。㊼北地都尉印：北地郡的都尉孙卬。北地，汉郡名，郡治马领，在今甘肃庆阳西北。都尉，掌管该郡武事的长官。㊽彭阳：汉县名，县治在今甘肃镇原东南。㊾奇兵：轻装奔袭敌人的快速部队。㊿回中宫：秦汉时期的离宫名，在今陕西陇县西北。451候骑：骑兵侦探。452雍：汉县名，县治在今陕西凤翔城南。此地是秦朝的故都，秦汉时期的帝王常到这里祭天。453甘泉：秦汉时期的离宫名，在今陕西淳化西北之甘泉山上。454中尉：掌管首都治安的军事长官，后改称“执金吾”。455郎中令：掌管宫廷门户及统领帝王侍从的官员，“九卿”之一。〖按〗张武乃随文帝自代国进京的官员，原在代为郎中令；入朝后，又任朝廷之郎中令。456军长安旁：驻扎在长安周围。457昌侯卢卿：刘邦的开国功臣，曾为韩信的部将，以军功封昌侯。昌是汉县名，上属琅邪郡（郡治即今山东诸城）。458上郡将军：以驻扎之地称之。下文“北地将军”“陇西将军”同。而“上郡”“北地”“陇西”都是汉郡名。459宁侯魏遬：刘邦的开国功臣，以军功封宁远侯。460隆虑侯周灶：刘邦的开国功臣，封地为隆虑县。461屯三郡：分别驻扎在三个郡。462亲劳军：亲自到三个郡慰劳军队。463勒兵：检阅部队。勒，控制、统领。这里指检阅。464申教令：讲清纪律、条例。465自欲征匈奴：想自己统兵往讨匈奴。466固要：此处意为坚决阻止。要，要求。467上乃止：史珥《四史剿说》曰，“守文之君，此一段奋发亦不可少，虽不果行，已足作三军之气矣”。468东阳侯张相如：刘邦的开国功臣，以“长者”见称，又见于《史记·张释之冯唐列传》《史记·万石张叔列传》。469大将军：汉初时仅为荣誉称号，非正式官名，加此称号则可以统率其他诸将。470成侯董赤：刘邦功臣董渫之子，继其父爵为侯，封地在成。471内史栾布：栾布原是刘邦功臣彭越的部下，此时任内史之职。内史是首都长安城的行政长官，后来改称京兆尹。472逐：尾随；跟进。473上辇：文帝的车子。辇是帝王乘坐的轻便小车，或用人挽，或使人抬。474郎署：郎官的办事机构。郎官包括郎中、中郎、侍郎、议郎、骑郎等，都是帝王的侍从官员，上属郎中令统辖。475郎署长：官名，掌管郎署的事务。476父：对年长者的敬称。477徙代：由赵国迁到代郡。赵国的都城邯郸，代郡的首府即今河北蔚县东北的代王城。478吾居代时：文帝即位前，于公元前一九六至前一八〇年为代王，国都中都（今山西平遥西南）。代郡隶属于代国。479尚食监：为皇帝主管膳食的官吏，亦称“太官”，属少府。480赵将李齐：事迹不见于史。视前后文意，知其为秦末时人，所谓“赵将”即河北起义军赵王歇的部下。481战于巨鹿下：胡三省曰，“当是秦将王离围巨鹿时”。〖按〗秦将王离围巨鹿，项羽率兵救巨鹿事，在秦二世三年（公元前二〇七年）冬，见《史记·项羽本纪》。482今吾每饭二句：吴见思曰，“因尚食监之言，故见饭而念监，因监而念巨鹿也。遇事生心，真有如此”。483廉颇、李牧：战国后

期、末期的赵国名将；廉颇事赵惠文王、赵孝成王，李牧事赵悼襄王、赵王迁。事迹详见《史记·廉颇蔺相如列传》。㊹ 搏髀：拍大腿。听人说话而内心激动的样子。㊺ 独：犹今所谓“偏偏”。㊻ 吾岂忧匈奴哉：意思是（如果我手下有廉颇、李牧那样的将领）我难道还怕匈奴吗。这种应当重复出现而没有重复出现的句子形式，《史记》中多有。详见韩兆琦《史记笺证》。㊼ 陛下虽得廉颇、李牧二句：凌稚隆引扬雄曰，“彼将有激也，亲屈帝尊以信亚夫之军，至颇、牧曷不用哉?”㊽ 禁中：犹言“宫中”，因宫廷乃设有禁防之地。㊾ 让：责备。㊿ 奈何众辱我：为什么要当众侮辱我，让我下不了台。491 间处：无人之处；合适的空隙。指私下个别地交谈。锺惺曰：“君臣间对语如朋友。”492 谢：道歉。493 方以胡寇为意：正在筹划对付匈奴的问题。494 遣将：派将出征。495 跪而推毂：王者跪着为大将推动车轮，以示尊宠。毂，车轮中孔以承车轴的部位。496 阃以内者四句：阃，门槛，这里即指城门。四句是说，出兵以后，军中一切都交由大将做主，王者不从中干预。凌稚隆引茅坤曰：“古以来论将者无逾此言。”邵晋涵曰：“古今任将之略，尽此数言。”497 皆决于外：都由将军说了算。498 归而奏之：回来向君主禀明就行了。499 军市之租：驻军所在地的交易市场的税务收入。500 飨士：犒赏士兵。〖按〗《史记·廉颇蔺相如列传》写李牧“以便宜置吏，市租皆输入莫府，为士卒费”。可以参见。501 不从中复：不必等候朝廷的答复。意即不必请示。502 委任而责成功：只要求其最后完成任务，中间过程一概不问。责，求。503 选车：经过挑选的精良的战车，当时中原地区尚多用车战。〖按〗“选车”一词又见于《史记·廉颇蔺相如列传》，而《魏公子列传》中有“选兵”。504 千三百乘：一千三百辆。一车四马曰一乘。505 彀骑：使用弓箭的骑兵。胡三省曰：“弓弩引满为‘彀’，谓骑兵能射者。”师古曰：“彀，张弩也。”506 百金之士：盖谓临战勇武，曾获百金之赏的猛士。507 北逐单于：即指北逐匈奴，匈奴之君主曰单于，战国末时匈奴族活动在今中国内蒙古与蒙古国一带地区。508 东胡：当时活动于今辽宁西部、内蒙古东部一带的少数民族，大约与后来的乌桓、鲜卑同一族姓。509 澹林：也作“襜褴”，当时活动于代北一带的少数民族。〖按〗李牧逐匈奴、破林胡、灭澹林等事，参见《史记·廉颇蔺相如列传》。510 西抑强秦：向西扼制了秦国的东出。当时的秦国都于咸阳（今陕西咸阳东北）。511 南支韩、魏：向南顶住了韩、魏两国的北进。当时韩国的国都即今河南新郑，魏国的国都即今开封。512 赵几霸：赵国几乎可以称霸天下。有关李牧为赵国支撑残局，作战获胜的情形，详见《史记·廉颇蔺相如列传》，但此语亦夸张过甚，当时韩、赵、魏诸国仅未亡而已，何言“霸”? 513 赵王迁：赵国的临亡国君，公元前二三五至前二二八年在位。514 用郭开谗三句：赵王迁听用郭开谗言捕杀李牧，改用颜聚，终致身俘国灭事，见《史记·廉颇蔺相如列传》。郭开，赵王的宠臣，受秦国收买，前曾谗害廉颇，致使廉颇被废；此又谗害李牧，致使李牧被杀，赵国覆灭。冯唐这段话的用语，多与《史记·廉颇蔺相如列传》写李牧事的用语相同，盖史公于此感慨殊深。515 兵破士北二句：秦王嬴政十九年（公元前二二八年）破邯郸，虏赵王迁；赵迁之兄赵嘉逃至代，又支撑六年，至公元前二二二年遂被秦国彻底消灭。北，意思即“败”，或合称“败北”。北，通“背”，两军对战而示之以背，意即败逃。516 魏尚：其人仅此一见，其他事迹不详。517 云中守：云中郡的太守。云中郡治在今内蒙古托克托东北。518 私养钱：犹今所谓“工资”，个人的官俸。中井曰：“郡守自应得家口私养之钱，如后日月俸钱。”519 椎牛：杀牛，谓杀牛以飨士。椎，击杀。520 自飨：用自己私人的钱招待军中诸将士。521 舍人：一种半仆役半宾客性质的亲信人员。522 虏曾一入：敌人有一次进入了云中郡的边境。523 家人子：平民百姓家的孩子。524 安知尺籍伍符：哪里懂军法中的那些规定律法。《史记索隐》曰：“尺籍者，谓书其斩首之功于一尺之板。伍符者，命军人伍伍相保，不容奸诈。”525 上功幕府：向统帅部报告功绩。幕府，军队出征无常处，以帐幕为府舍，故曰“幕府”。这里指大将的办公机构。526 一言不相应：指上报的数目与实际斩获稍微有点不一致。527 文吏：死守条文的执法人员，也指那些深文巧诋、舞文弄法的刀笔吏。528 其赏不行二句：有斩获之功的将士不一定就能获得奖赏，而那些舞文弄法的小吏所查出来的“问题”则一定要受到严办。〖按〗此先言将士之委屈，为魏尚做地步。泷川引刘伯庄云：“家人子，不知军法，上其功与尺籍不相应，魏尚联署，故坐罪也。”529 坐上功首虏差六级：就因为上报的斩获敌人的首级数目与实际相差六个。上功，上报功绩。首虏，斩虏之首，即首级。530 下之吏：将其交由法吏查办。531 罚作之：罚做苦役。胡三省曰：“一岁刑为罚作。”532 持节：手执旌节。旌节是帝王使者出行所持的信物。胡三省曰：“汉之所谓节，盖古之旌节也。李贤曰：‘节者，所以为信，以竹为之，柄长八尺，以牦牛尾为之眊，三重。’此汉制也。”533 车骑都尉：《史记·李将军列传》有骁骑都尉、骑都尉诸名目，车骑都尉的官级应与之相近，骑都尉秩比二千石。534 广增诸祀坛场珪币：让各个祭祀场所都广为增加祭品中珪币的数量。坛，供祭祀用的高台。场，供祭祀用的清理整洁的地面。珪币，祭神的供品之一。珪，玉器。币，祭神之帛。535 祠官祝釐：祭祀的官员在向天地鬼神祈福祝祷的时候。祠官，此指太祝。祝釐，祝告求福。釐，通“僖”，福。536 皆归福于朕躬：都是祈祷降福于我一个人。537 专飨独美其福：有美好的福分都让我一个人独享。538 不与：得不到。539 重吾不德：更加重我的坏品行。540 无有所祈：不要再为我祈求什么。541 河间文王辟强：刘辟强，赵幽王刘恢之子，赵王刘遂之弟，公元前一七八至前一六六年在位。542 以为汉得水德：有些人不承认秦朝是一个朝代，认为汉朝是上接周朝的，周朝是“火德”，以五行相克说，能灭火的是水，所以汉朝是“水德”。543 鲁人公孙臣：鲁郡（郡治曲阜）的阴阳五行家，姓公孙，名臣。544 以为汉当土德：有些人承认秦朝是一个朝代，周朝是“火德”，而秦朝能够取代它，则秦朝必是“水德”；汉朝又能取代秦朝，能胜水的是土，所以汉朝应是“土德”。545 应黄龙见：“土德”的征兆，就是将有黄龙出现。应，效应、征兆。546 罢之：黜退了这种说法。罢，废去不用。547 黄龙见成纪：黄龙果然在成纪出现了，自然是公孙臣之流所制造的玩意。见，通“现”。成纪，汉县名，县治在今甘肃静宁西南。548 博士：官名，上属太常，在帝王身边掌议论。549 申明土德：大造汉王朝是“土德”的舆论。⑤⑤⓪草改历、服色事：着手起草“改正朔、易服色”等各种事情。改历，改变历法，也叫“改正朔”，即不同的王朝要用不同的月份作为一年的开头。如夏朝是以“正月”作为一年之始，秦朝是以“十月”为一年之始，等等。服色，指“易服色”，不同的王朝都选定一种颜色作为本朝最高贵、最隆重的颜色。这种颜色特别体现在举行典礼时的服饰、车马等的颜色上，如秦朝尚黑、汉朝尚黄等。⑤⑤①自绌：自己后退。绌，通“黜”。⑤⑤②郊见五帝：在雍县南郊，祭祀“五帝”。五帝，东、西、南、北、中五个方位的天帝，即白帝、赤帝、黄帝、青帝、黑帝。⑤⑤③举：向朝廷推荐。⑤⑤④贤良、能直言极谏：都是汉代选拔官吏的科目之一。“贤良”又称“贤良文学”。⑤⑤⑤上亲策之：文帝亲自出题目考问他们。策，帝王出的考题。这里用如动词。⑤⑤⑥对策高第：在回答文帝考题的时候，名列高等。第，等级。⑤⑤⑦擢：提拔；提升。⑤⑤⑧中大夫：官名，帝王的侍从，掌议论。⑤⑤⑨削诸侯：削减大国诸侯的封地。表现这种思想的作品见《论削藩疏》。⑤⑥⓪更定：改革。⑤⑥①齐文王则：刘则，齐悼惠王刘肥之孙，齐哀王刘襄之子，在位共十四年。文字是谥。⑤⑥②河间哀王福：刘福，河间文王刘辟强之子。在位只一年。⑤⑥③无子二句：因为没有继承人，故取消其王国的建制，改称为郡。⑤⑥④新垣平：姓新垣，名平，汉初方士。⑤⑥⑤望气：古代的迷信职业之一，通过观察云气以占测其下面的人事吉凶。⑤⑥⑥渭阳五帝庙：建立在渭水以北的供奉“五帝”的神庙。渭阳，渭水北岸。据《史记·封禅书》，此五帝庙为在同一个大屋下设有五个神殿，每一个神殿的前面都开有一个门口。⑤⑥⑦郊祀：原指帝王在都城的南郊祭天，这里指祭祀。⑤⑥⑧贵新垣平：尊宠新垣平。⑤⑥⑨上大夫：低于列卿，相当今之地、司级。⑤⑦⓪赐累千金：赏赐的金钱之多，达数千金。汉代称黄金一斤曰“一金”，“一金”约当铜钱一万枚。⑤⑦①刺“六经”中作《王制》：搜罗、摘取《六经》中的句子，拼成一篇文献，名叫《王制》。王鸣盛曰：“刘向《七录》云：‘文帝所造书有《本制》《兵制》《服制》篇’，即《封禅书》所谓《王制》也，非今《礼记》所有《王制》。”并谓文帝此《王制》“原为封禅作之，武帝亦以议封禅采之也”。⑤⑦②巡狩：指帝王到全国各地视察，以检查各地的“诸侯”为国守土的情形。⑤⑦③封禅：在泰山极顶筑台以祭天叫“封”，在泰山脚下的某地拓场以祭地叫“禅”。⑤⑦④长门：亭名，在浐水西岸，距浐水与霸水的汇口不远。《史记正义》引《括地志》谓“后馆陶公主‘长门园’，武帝以‘长门’名宫，即此”。⑤⑦⑤五帝坛：祭祀“五帝”的神坛。⑤⑦⑥徙淮南王喜复为城阳王：为了腾出原淮南国的领土以封老淮南王的诸子。淮南王喜，刘喜，城阳景王刘章之子，原继其父为城阳王。刘长谋反自杀后，被移封为淮南王，现让其回到原地重做城阳王。⑤⑦⑦分齐为六国：当时齐文王刘则死，因“无子国除”，齐地曾设为郡，今则又将该地分割为六个小王国，以封齐悼惠王的几个儿子。⑤⑦⑧丙寅：四月十六。⑤⑦⑨齐悼惠王：刘肥，刘邦的私生长子。⑤⑧⓪杨虚侯将闾为齐王：杨虚侯名将闾，刘肥之子，刘襄、刘章之弟。两年前被封为杨虚侯，此次乃封之为齐王，国土仅领齐郡，其他旧属齐国之郡尽以分封他人。杨虚侯，封地杨虚县，县治在今山东聊城市茌平区东北。⑤⑧①安都侯志为济北王：济北原是刘兴居的封国，因其造反被消灭，今以其地改封刘志，国都卢县（今山东济南市长清区西南）。刘志在此以前为安都侯，封地为安都县。582 武城侯贤为淄川王：刘贤原为武城侯，今封为淄川王，国都剧县，在今山东昌乐西北。583 白石侯雄渠为胶东王：刘雄渠原为白石侯，今封为胶东王，国都即墨，在今之山东青岛市即墨区西北、平度东南。584 平昌侯印为胶西王：刘印原为平昌侯，今封为胶西王，国都高密，今山东高密西南。585 扐侯辟光为济南王：刘辟光原为扐侯，今被封为济南王，领土为济南郡。济南郡曾被吕后割出以封吕台，并称之为"吕国"。诸吕被灭后，刘襄将其收回齐国。今文帝以之封刘辟光，国都东平陵，在今山东济南市章丘区东北。〖按〗到此时为止，刘肥的儿子，刘襄的弟弟们总共还有六个人，都被封王，而现时的城阳王是刘章的儿子刘喜。当初齐悼惠王的齐国至此分成了七个小国。586 淮南厉王：刘长，刘邦之子，前因谋反被流放，自杀于途中。587 阜陵侯安：刘安，前被封为阜陵侯。588 淮南王：都寿春，即今安徽寿县。589 安阳侯勃：刘勃，刘长之子，刘安之弟。590 衡山王：国都邾县，今湖北黄冈西北。591 阳周侯赐：刘赐，前此被封为阳侯。592 庐江王：国都舒县（今安徽庐江县西南）。〖按〗当初刘长的封国至此一分为三。文帝对齐国、楚国所实行的这种办法即采取贾谊"众建诸侯而少其力"的建议。593 阙下：宫廷的大门之下。因宫廷的大门两侧筑有双阙，故称。594 已二句：稍过片刻，进前仔细一看。已，已而、过后不久。595 候日再中：占测太阳的运行，将连续出现两次居于中天。即中午过后，太阳又一次回到中午。596 日却二句：果然出现了过午之后太阳又退回到正午的现象。〖按〗从科学上讲这是不可能的，不知骗子们在观测方法上玩弄了什么鬼把戏。《史记索隐》引晋灼曰："《淮南子》云：'鲁阳公与韩构战酣，日暮，援戈挥之，日为却三舍。'岂其然乎！"597 更以十七年为元年：改称"十七年"为"后元元年"。598 令天下大酺：让全国的人都可以相聚畅饮。秦汉时期有酒禁，非有命令，不得聚众饮酒。酺，聚饮。599 周鼎亡在泗水中：周国灭亡时其九鼎忽然不知去向，有人说飞到泗水中去了。泗水，河水名，源于今山东泗水县东，西流经曲阜城西，南流入淮水。600 今河决二句：如今黄河决口，河水与泗水通连。601 汾阴直：即汾阴的上空。汾阴，汉县名，在今山西万荣西南，汾水之入黄河口南侧。直，正对着。602 意周鼎其出乎：黄河已通泗水，汾水又是黄河支流，故新垣平可造说周鼎上至汾阴。中井曰："无端言有金气，可知平既做鼎而埋焉。"603 兆见二句：征兆虽已出现，但若无人往迎，周鼎还是不会自来的。604 治庙汾阴：在汾阴县城南建庙。605 南临河：庙门向着南方，下临黄河。606 欲祠出周鼎：想通过祭祀，祈求周鼎出现。607 下吏治：将新垣平交法官审问。治，整治、推问。608 诛夷：诛其本人，并灭其三族。夷，平、灭。609 上亦怠于改正、服、鬼神之事：从此文帝对于改正朔、易服色、祭祀鬼神这些玩意也就越来越不感兴趣了。⑩渭阳、长门五帝：指渭水南侧、长门道北的两座五帝庙。⑪使祠官领：让朝廷主管祭祀的官员管理起来。⑫不往焉：谓文帝本人便不再亲往祭祀了。徐孚远曰："新垣平，即文成、五利属也，然文帝本不求方，故平败而祷祀衰矣。"⑬孝惠皇后张氏薨：惠帝的皇后是张耳之子张敖与吕后之女鲁元公主的女儿。大臣诛灭诸吕后，徙居北宫。皇后之死例应称"崩"，今乃言"薨"，似有贬意。⑭间者：前些时候。⑮不登：农业歉收。登，丰收。⑯未达其咎：不明白问题出在哪里。达，明白。咎，罪过。⑰意者：莫非是，表示推测的语气。⑱与：同"欤"，与现代汉语的"吗"字意思相同。⑲地利或不得：土地的出产也许是没有得到应有的开发。⑳人事多失和：人际关系该理顺的没有理顺。㉑鬼神废不享：有该享受祭祀的鬼神而没有享受到祭祀。㉒何以致此：为什么会造成这种情况。指农业歉收，又有水旱、疫病之灾。㉓将：还是，再提出一种假设。㉔百官之奉养或废：百官群臣的薪俸该领到的没有领到。奉，通"俸"。㉕或多：也许过多。㉖度田非益寡：考虑我们的耕地并没有比以前更少。度，估计、考虑。㉗计民未加益：计算我国的人口也并未增加。㉘以口量地：按人口均摊我国的土地。㉙于古犹有余：比起古代还要更多一些。㉚无乃：莫非。㉛从事于末：从事手工业、商业活动。末，末业，指手工业、商业。㉜蕃：多。㉝为酒醪：这里泛指造酒。醪，浓酒。㉞靡谷：浪费粮食。㉟六畜之食：饲养动物的饲料。六畜，马、牛、羊、鸡、犬、豕。㊱细大之义：各种大大小小的原因。细，小。㊲未得其中：没有找准究竟是哪一条。㊳其与丞相、列侯、吏二千石、博士议之：现在和你们丞相、列侯、二千石的高官以及博士们一起讨论讨论。列侯，也称"彻侯""通侯"，封地多数为一个县，有的更大一些，也有的更小一些。吏二千石，二千石一级的官吏。如郡守、诸侯相都属这一级。博士，帝王的侍从官员，以学识渊博者为之，以备随时参谋顾问。㊴有可以佐百姓者：只要对解决百姓疾苦有好处的意见。佐，助。㊵率意远思：都尽量地好好想一想。率意，按着自己的思路。远思，深思。

【校记】

［9］安：原作"何"。据章钰校，甲十五行本、乙十一行本、孔天胤本皆作"安"。今从诸本及《史记·张释之冯唐列传》改。［10］是：原无此字。据章钰校，甲十五行本、乙十一行本、孔天胤本皆有此字。今从诸本及《史记·张丞相列传》补。［11］武城侯：原作"武成侯"。据章钰校，孔天胤本作"武城侯"，张敦仁《通鉴刊本识误》同。今从孔天胤本及《史记·惠景间侯者年表》改。

【原文】

二年（己卯，公元前一六二年）

夏，上行幸雍棫阳宫[641]。

六月，代孝王参[642]薨。

匈奴连岁入边，杀略[643]人民、畜产甚多，云中[644]、辽东[645]最甚，郡万余人[646]。上患之，乃使使遗[647]匈奴书。单于亦使当户[648]报谢[649]，复与匈奴和亲。

八月戊戌[650]，丞相张苍免。帝以皇后弟窦广国[651]贤、有行，欲相之[652]，曰[653]："恐天下以吾私[654]广国，久念不可。"而高帝时大臣，余见无可者[655]。御史大夫梁国申屠嘉[656]，故以材官蹶张[657]从高帝，封关内侯[658]。庚午，以嘉为丞相，封故安侯[659]。嘉为人廉直，门不受私谒[660]。

是时，太中大夫[661]邓通[662]方爱幸，赏赐累巨万[663]。帝尝燕饮[664]通家，其宠幸无比。嘉尝入朝，而通居上旁[665]，有怠慢之礼。嘉奏事毕，因言曰："陛下幸爱群臣，则富贵之[666]，至于朝廷之礼，不可以不肃。"上曰："君勿言，吾私之[667]。"罢朝，坐府中，嘉为檄召通诣丞相府[668]，不来，且斩通。通恐，入言上。上曰："汝第往[669]，吾令使人召若[670]。"通诣丞相府，免冠、徒跣[671]，顿首谢嘉[672]。嘉坐自如[673]，弗为礼[674]，责曰："夫朝廷者，高帝之朝廷也。通小臣，戏[675]殿上，大不敬，当斩。吏今行斩之[676]！"通顿首，首尽出血，不解[677]。上度丞相已困通[678]，使使持节[679]召通而谢[680]丞相："此吾弄臣[681]，君释之。"邓通既至，为上泣曰："丞相几杀臣[682]！"

三年（庚辰，公元前一六一年）

春，二月，上行幸代[683]。

是岁，匈奴老上单于死，子军臣单于[684]立。

四年（辛巳，公元前一六〇年）

夏，四月丙寅晦[685]，日有食之。

【语译】

二年（己卯，公元前一六二年）

夏天，汉文帝驾临雍县的棫阳宫。

六月，代孝王刘参逝世。

匈奴连年侵扰汉朝边境，杀戮掠夺了很多的边民和牲畜，云中郡、辽东郡损失最为惨重，每郡被杀被掠的都在一万人以上。文帝很是忧虑，于是派遣使者送国书给匈奴单于。匈奴单于也派遣当户到汉朝回书致意，于是又开始与匈奴和亲。

八月戊戌日，张苍被免去丞相职务。文帝认为皇后的弟弟窦广国很有才能，又品行端正，很想任命他为丞相，文帝暗中思忖："如果任命窦广国为丞相，恐怕天下人会说我对窦广国有私心，考虑了很久还是认为任窦广国为丞相不妥当。"汉文帝最终没有任命窦广国为丞相，而高帝时的大臣中又没有可以为相的合适人选。担任御史大夫的梁国人申屠嘉，早先因其体壮力强作战勇武能脚踏强弩，跟随高祖刘邦征战有功，被封为关内侯。初四日庚午，文帝任命申屠嘉为丞相，封他为故安侯。申屠嘉为人廉洁正直，在家中从不接待因私事而求见之人。

当时，太中大夫邓通正受到文帝的宠爱，赏赐给他的钱财累计有数万之多。汉文帝曾经到邓通家中宴饮，由此可见邓通受到的宠幸是无人可比的。有一次，申屠嘉入朝，看见邓通居然坐在皇帝旁边，在礼法上有怠慢的地方。申屠嘉向文帝奏报完毕，趁机说："陛下宠爱群臣，可以赏给他们财物使他们富贵，至于朝廷的礼仪，不能不严加整肃。"文帝说："你不要再说了，我私下里再告诫他吧。"申屠嘉退朝后回到丞相府中，立即派人下通知叫邓通到丞相府，并警告邓通，如若不来，就要将其斩首。邓通非常恐惧，赶紧入宫向文帝求救。文帝说："你只管去，我会派人去叫你回来。"邓通来到丞相府，他摘掉帽子，光着脚，趴在地上向申屠嘉磕头请罪。申屠嘉端坐自如，也不还礼，责备邓通说："朝廷，是高皇帝建立起来的朝廷。你邓通只是个小臣，竟敢在宫殿之上没有规矩，犯了大不敬之罪，应当斩首。你们立即把他拉出去斩了！"邓通磕头不止，头上都磕出了血，申屠嘉仍然不肯饶恕他。文帝估计此时丞相已经给了邓通足够的教训，便派使者秉持皇帝符节到丞相府召唤邓通并向丞相道歉说："邓通只不过是一个供皇帝戏弄取乐的人，请丞相放了他吧。"邓通被放回宫，他向文帝哭诉说："丞相差点杀了我！"

三年（庚辰，公元前一六一年）

春季，二月，汉文帝到代地巡视。

这一年，匈奴老上单于去世，他的儿子军臣单于继位。

四年（辛巳，公元前一六〇年）

夏季，四月丙寅晦，发生日食。

五月，赦天下。

上行幸雍。

五年（壬午，公元前一五九年）

春，正月，上行幸陇西[686]。三月，行幸雍。秋，七月，行幸代。

六年（癸未，公元前一五八年）

冬，匈奴三万骑入上郡[687]，三万骑入云中，所杀略甚众，烽火通于甘泉[688]、长安。以中大夫令免[689]为车骑将军[690]，屯飞狐[691]；故楚相[692]苏意为将军，屯句注[693]；将军张武屯北地[694]；河内[695]太守周亚夫[696]为将军，次细柳[697]；宗正刘礼[698]为将军，次霸上[699]；祝兹侯徐厉[700]为将军，次棘门[701]，以备胡。上自劳军，至霸上及棘门军，直驰入，将以下骑送迎[702]。已而之[703]细柳军，军士吏被甲，锐兵刃[704]，彀弓弩[705]持满[706]。天子先驱[707]至，不得入。先驱曰："天子且至！"军门都尉[708]曰："将军令曰：'军中闻将军令，不闻天子之诏[709]。'"居无何[710]，上至，又不得入。于是上乃使使持节诏将军[711]："吾欲入营劳军。"亚夫乃传言："开壁门[712]。"壁门士[713]请车骑[714]曰："将军约：军中不得驰驱[715][12]。"于是天子乃按辔[716]徐行。至营，将军亚夫持兵[717]揖曰："介胄之士不拜[718]，请以军礼见。"天子为动，改容，式车[719]，使人称谢[720]："皇帝敬劳将军。"成礼而去。既出军门，群臣皆惊。上曰："嗟乎，此真将军矣！曩者[721]霸上、棘门军若儿戏耳，其将固可袭而虏[722]也。至于亚夫，可得而犯耶！"称善者久之。月余，汉兵至边，匈奴亦远塞，汉兵亦罢。乃拜周亚夫为中尉[723]。

夏，四月，大旱，蝗。令诸侯无入贡[724]。弛山泽[725]，减诸服御[726]，损郎吏员[727]，发仓庾[728]以振[729]民，民得卖爵[730]。

五月，大赦天下。

汉文帝到雍地巡视。

五年（壬午，公元前一五九年）

春季，正月，汉文帝到陇西巡视。

三月，到雍地巡视。

秋季，七月，到代地巡视。

六年（癸未，公元前一五八年）

冬季，匈奴三万骑兵侵扰上郡，三万骑兵侵扰云中郡，所杀伤掳掠甚多，战争的消息通过烽火台一直传到甘泉、长安。文帝任命中大夫令免为车骑将军，驻扎在飞狐口；任命曾经担任楚元王刘交之相的苏意为将军，屯扎在句注山；将军张武屯扎在北地郡；河内太守周亚夫为将军，驻扎在细柳；宗正刘礼为将军，驻扎在霸上；祝兹侯徐厉为将军，驻扎在棘门，以防备匈奴的入侵。文帝亲自到各地军营慰劳将士，文帝到达霸上以及棘门的时候，都是骑着马直接驶入军营，将军以下全都下马迎来送往。后来，来到细柳周亚夫的驻地，只见军士全都身穿铠甲手执兵器，刀出鞘、箭上弦，一副整装待发的景象。文帝的先头骑兵部队到了营门口，守卫营门的武官不许他们进入军营。先头部队说："皇帝马上就到！"守卫营门的武官说："将军有令：'军中只执行将军的命令，不接受皇帝的诏令。'"过了不久，文帝来到军营门口，仍然不被允许进入军营。文帝只得派使者手持符节请守门军士传话给将军："我要到军营之内慰劳将士。"周亚夫于是传令："打开营门。"守卫营门的官员对皇帝的卫队说："周将军有令：军中不得骑马疾驰。"于是文帝只好勒着缰绳缓缓而行。到了军营，将军周亚夫携带兵器拱手向文帝行礼，说："甲胄在身不行跪拜之礼，请允许我行军礼。"文帝深受感动，表情也马上严肃起来，他俯下身将头伏在车前的横木上，派人向周亚夫表示敬意，说："皇帝慰劳将军。"慰问仪式结束后，汉文帝离开了周亚夫的军营。出了军营之后，随从的群臣都对周亚夫接待皇帝的方式感到震惊。汉文帝深有感触地说："唉，这才是真正的将军啊！先前在霸上、棘门所看到的军队，简直就像是在玩游戏，如有人假扮皇帝前来，他们的将军肯定会被突然掳掠。至于周亚夫，可能遭到侵犯吗！"文帝对周亚夫称赞了很久。一个多月之后，汉朝大军到达边境，匈奴也远远地离开了汉朝的边塞，汉军也随之撤兵。汉文帝任命周亚夫为中尉，主管京城的治安。

夏季，四月，天大旱，闹蝗灾。文帝下令诸侯不要向朝廷贡献地方特产。开放山林湖泽，允许百姓自由进行采伐捕捞，减少皇帝后妃所用的衣服、车马数量，减少皇帝身边的侍御与警卫人员数量，开仓救济灾民，允许富裕百姓将粮食卖给国家换取爵位。

七年（甲申，公元前一五七年）

夏，六月己亥[731]，帝崩于未央宫[732]。遗诏曰：“朕闻之：盖天下万物之萌生，靡不有死[733]。死者天地之理，万物之自然[734]，奚可[735]甚哀！当今之世，咸嘉生[736]而恶死，厚葬以破业，重服[737]以伤生[738]，吾甚不取。且朕既不德，无以佐百姓。今崩，又使重服久临[739]，以罹寒暑之数[740]，哀人父子，伤长老之志[741]，损其饮食[742]，绝鬼神之祭祀[743]，以重吾不德，谓天下何？朕获保宗庙[744]，以眇眇[745]之身，托于天下君王[746]之上，二十有余年[747]矣。赖天之灵，社稷之福，方内[748]安宁，靡有兵革[749]。朕既不敏[750]，常畏[13]过行[751]以羞先帝之遗德。惟年之久长[752]，惧于不终[753]。今乃幸以天年[754]，得复供养于高庙[755]，其奚哀念之有？其令天下吏民：令到，出临三日，皆释服[756]。毋禁取妇[757]、嫁女、祠祀、饮酒、食肉。自当给丧事服临者[758]，皆无跣[759]。绖带[760]毋过三寸，毋布车及兵器[761]，毋发民哭临宫殿中[762]。殿中当临者，皆以旦夕各十五举音[763]，礼毕罢。非旦夕临时，禁毋得擅哭临。已下棺[764]，服大功十五日[765]，小功十四日[766]，纤七日[767]，释服。他不在令中者，皆以此令比类[768]从事。布告天下，使明知朕意。霸陵山川因其故[769]，毋有所改。归夫人以下至少使[770]。”乙巳[771]，葬霸陵[772]。

帝即位二十三年，宫室、苑囿[773]、车骑、服御[774]，无所增益。有不便[775]，辄弛以利民[776]。尝欲作露台[777]，召匠计之，直百金[778]。上曰：“百金，中人[779]十家之产也。吾奉先帝宫室[780]，尝恐羞之[781]，何以台为[782]！”身衣弋绨[783]。所幸慎夫人[784]，衣不曳地[785]。帷帐无文绣，以示敦朴，为天下先[786]。治霸陵[787]，皆瓦器，不得以金银铜锡为饰[788]，因其山，不起坟[789]。吴王[790]诈病不朝[791]，赐以几杖[792]。群臣袁盎等谏说虽切[793]，常假借纳用[794]焉。张武[795]等受赂金钱，觉[796]，更加赏赐，以愧其心。专务以德

七年（甲申，公元前一五七年）

夏季，六月初一日己亥，汉文帝在未央宫驾崩。留下遗嘱："朕听说：天下万物之萌生，没有长生不死的。死亡，是天地间的自然现象，是万物的规律，何必太悲哀！当今世界，全都喜欢生存而厌恶死亡，死了以后还要进行厚葬，以至于破败家业，注重居丧守孝而伤害了身体，对此朕很不赞同。况且朕在世的时候道德修养就很不够，没有给百姓带来什么好处。如果死了之后，又让人穿重孝居丧很长时间，长久地进行哭吊，还要经历漫长的寒暑，使别人的父子陷于悲哀，全国的老人陷于痛苦之中，还要让他们减损饮食，使其他鬼神得不到祭祀，这等于加重了朕的不道德，怎么对得起天下的百姓呢？朕既被拥戴继位做了皇帝，以微末之身居于天下诸侯王之上，已经二十多年了。赖有上天的保佑，使国家享有福祉，政局稳定，没有大的战争。朕既不才，常常害怕因朕的错误行为而使先帝蒙受耻辱，又惧怕在位时间太久，不能做到善始善终。现在有幸得以尽享天年，死后自己的神主又能与高祖供奉在一起，还有什么可值得哀念的呢？命令天下的全体官民：遗诏颁布之后，官民哭吊、祭祀三日，三日以后全部除去丧服。不要禁止民间娶妻、嫁女、祭祀、饮酒、食肉。对于哭临的要发给丧服，不要让吊丧者光着脚前来吊丧。服丧时系于头上和腰间的麻孝带不要超过三寸宽，不要给车辆和兵器套上服丧的标志，不要动员百姓到宫里来助哭。应当到宫殿中哭吊的，按早晚各哭十五声，哭够数就停止。不是早晚应该哭吊的时间，禁止擅自前来哭吊。下葬完毕，按照以前的制度，应该穿九个月丧服的改为只穿十五日，应该穿五个月丧服的改为穿十四日，应该穿三个月丧服的改为穿七日，服满，就除去丧服。其他没有说到的，皆参照此令执行。张贴布告，使天下百姓明白我的意思。霸陵墓地一带的山川河流一切都要保持原来的样子，不要做任何改动。后宫妃嫔之中，凡是品级在夫人以下至于少使，都要遣送回家。"初七日乙巳，文帝被埋葬在霸陵。

文帝在位共二十三年，住的宫室、供游猎的园林、出行的车马以及服饰器物，全都没有任何增加。如果遇到天灾人祸时，总是开放皇家的苑囿山林湖海，让百姓耕种开发。文帝曾经想建造一个露台，找来工匠做了一下预算，需要花费百金才能建造起来。文帝说："百金，相当于中等生活水平的十户人家的财产。我继承先帝的宫室，还常常觉得自己不够资格而有辱于先帝，何必再修这个露台！"文帝只穿黑色粗丝的衣服。就连最宠爱的慎夫人，衣服长度也不拖到地上。所用的帷帐没有任何刺绣花纹，为崇尚淳朴，文帝亲自为天下做出榜样。为自己修建的霸陵墓，全都使用瓦器，不允许使用金、银、铜、锡作为装饰，借着山势，不再另外封土起坟。吴王刘濞谎称有病不来朝见，文帝就赐给他木几手杖，同意他不必来朝。群臣袁盎等进谏言辞恳切激烈，文帝常常参照用之。张武等受贿金钱，文帝发觉后，不仅不加责罚，反而多加赏赐，以使他产生羞愧之心。文帝总是以恩德

化民[797]。是以海内安宁，家给人足，后世鲜能及之[798]。

丁未[799]，太子[800]即皇帝位。尊皇太后薄氏[801]曰太皇太后，皇后[802]曰皇太后。

九月，有星孛[803]于西方。

是岁，长沙王吴著[804]薨，无子，国除[805]。

初，高祖贤文王芮[806]，制诏御史[807]："长沙王忠[808]，其定着令[809]。"至孝惠、高后时，封芮庶子二人为列侯，传国数世绝。

【段旨】

以上为第四段，写文帝后元二年（公元前一六二年）至其后元七年共六年间的全国大事。主要写了匈奴入侵汉边，汉又重与匈奴和亲；而匈奴仍然入侵，汉王朝紧急调兵备战的情景；写了周亚夫军细柳，文帝到细柳劳军的动人故事；写了申屠嘉为丞相，整治文帝宠幸邓通的情节；写了文帝逝世，死前遗诏实行薄葬的种种细情，以及史官对文帝政治的高度评价。

【注释】

⑥④①棫阳宫：秦汉时期的行宫名，在今陕西扶风东北。⑥④②代孝王参：刘参，文帝子。文帝前二年被封为太原王，三年改封代王，都城晋阳，在今山西太原西南。⑥④③杀略：杀戮掠夺。略，在这里意思同"掠"。⑥④④云中：汉郡名，郡治在今内蒙古托克托东北。⑥④⑤辽东：汉郡名，郡治襄平，在今辽宁辽阳。⑥④⑥郡万余人：每个郡都被杀、被掠万余人。⑥④⑦遗：给；致。⑥④⑧当户：匈奴的下级军官名。⑥④⑨报谢：回书致意。⑥⑤⓪八月戊戌：此疑有误，本年的八月无"戊戌"日，或是"戊辰"之误，因本月的"庚午"（初四）申屠嘉已经继任丞相。本月的"戊辰"是八月初二。⑥⑤①窦广国：文帝窦皇后之弟，贫苦出身。事迹详见《史记·外戚世家》。⑥⑤②欲相之：欲任以为相。⑥⑤③曰：自己暗中思忖。⑥⑤④私：偏爱；偏向。⑥⑤⑤余见无可者：其他现存的旧功臣中又没有合适的人选。见，同"现"。⑥⑤⑥梁国申屠嘉：梁国人姓申屠名嘉。梁国，文帝子梁王刘武的封国，约当今之河南东北部和与之相邻的山东西部地区。都城睢阳（今河南商丘城南）。⑥⑤⑦材官蹶张：指体大力强的特种兵。蹶张，能用脚蹬开硬弓。⑥⑤⑧关内侯：有封号而无封地的侯爵，因其食邑在关中，故称关内侯，比列侯低一级。⑥⑤⑨封故安侯：在其原有的"关内侯"的基础上再提高一点遂封为故安侯，封地故安县，县治在今河北易县东南。王先谦引齐召南曰："汉初丞相，俱以功

感化人，所以四海安宁，家家自给、人人富足，后世很少有哪个皇帝能比得上他。

六月初九日丁未，太子刘启即皇帝位。尊称皇太后薄氏为太皇太后，文帝皇后窦氏为皇太后。

九月，光芒四射的彗星出现在西方的夜空。

这一年，长沙王吴著逝世，因为他没有儿子继承王位，所以封国被撤销。

当初，汉高帝刘邦认为长沙文王吴芮贤能，特下令给御史大夫："长沙王吴芮忠心于刘氏，所以特别将其写入文告。"在孝惠帝、高皇后执政期间，又封吴芮姬妾所生的两个儿子为列侯。长沙王国一直传了数代，因无子而国除。

臣已封列侯者为之，嘉本功臣，而由关内侯为相，则破格之事也。后因丞相封侯，遂起于此。"⑥⑥⓪不受私谒：不接待任何私下求见，意即拒绝一切人情、行贿等。谒，求见、拜会。⑥⑥①太中大夫：郎中令的属官，在帝王身边掌议论。⑥⑥②邓通：因被文帝梦见后遂访得，成为文帝的男宠，文帝赐其铜山使其可自铸钱，因豪富一时，已见于前文。⑥⑥③累巨万：其钱多达数亿。巨万，万万。⑥⑥④燕饮：没有礼法约束的安闲畅饮。燕，安。⑥⑥⑤通居上旁：邓通坐在皇帝身边。居，坐。⑥⑥⑥则富贵之：意思是可以赏赐给他们钱财。⑥⑥⑦吾私之：师古曰，"言欲私戒教之"。意即我到下面去教育他。也有说，私，即"宠爱"。⑥⑥⑧为檄召通诣丞相府：下通知叫邓通到丞相府来。檄，二尺长的木板，书事于其上，令人持以宣告之。诣，到、前来。⑥⑥⑨汝第往：你尽管前去。第，但、尽管。⑥⑦⓪吾令使人召若：我会让人唤你回来。若，你。⑥⑦①免冠、徒跣：摘下帽子、光着脚，这是古人认罪、请罪的样子。⑥⑦②谢嘉：向申屠嘉请罪求情。谢，道歉。⑥⑦③自如：依然如故，旁若无人的样子。⑥⑦④弗为礼：不为之还礼。⑥⑦⑤戏：戏耍，这里指没有规矩。⑥⑦⑥吏今行斩之：你们立刻就拉出去杀了他。《史记集解》引如淳曰："嘉语其吏曰：'今便行斩之。'"〖按〗"吏"者，呼吏之语。⑥⑦⑦不解：申屠嘉的怒气不消，亦即不饶他。⑥⑦⑧度丞相已困通：估计着丞相已经把邓通折腾得差不多了。度，忖度、估计。困，整治、使之吃苦头。⑥⑦⑨持节：秉持着皇帝的符节。节，以竹为之，上有旄饰，使者持以为信。⑥⑧⓪谢：道歉；说情。⑥⑧①弄臣：供帝王戏弄取乐的人。⑥⑧②丞相几杀臣：丞相差点就把我杀了。杨维桢曰："嘉蹶张武卒耳，非有夙望著名也，而坐抑邓通之事凛然有大臣风节。本其为人廉直，不受私谒，故所立如此，否则驭近习人亦难哉，孔光、张禹辈视此可以愧矣。"吴见思曰："一边极其迂执，一边极其窘急，而文帝从中玩弄。弄邓通，即弄申屠嘉也。入情入事，如观扮剧，妙甚。"⑥⑧③代：此时在位代王是文帝之孙刘登，刘参之子。⑥⑧④军臣单于：老上单于之子，公元前一六一至前一二六年在位。⑥⑧⑤四月丙寅晦：四月的最后一天是丙寅日。〖按〗此语似有误，本年的四月无"丙寅"，或者应是"丙辰"。晦，每月的最后一天。⑥⑧⑥陇西：汉郡名，郡治

狄道，即今甘肃临洮。⑹87 上郡：汉郡名，郡治肤施，在今陕西榆林市横山区东北。⑹88 甘泉：山名，在今陕西淳化西北，其地有秦汉时期的离宫。⑹89 中大夫令免：中大夫令，其名曰“免”，史失其姓。中大夫令也称“卫尉”，九卿之一，统领护卫宫廷的军队，秩中二千石。⑹90 车骑将军：此时尚非固定官名，即统率车兵、骑兵的将军。⑹91 飞狐：飞狐口，关塞名，在今河北蔚县东南。⑹92 故楚相：曾为楚元王刘交之相。⑹93 句注：句注山，在今山西代县西北。⑹94 北地：汉郡名，郡治马领，在今甘肃庆阳西北。⑹95 河内：汉郡名，郡治怀县，在今河南武陟西南。⑹96 周亚夫：绛侯周勃之子，被封为条侯。事迹详见《史记·绛侯周勃世家》。⑹97 次细柳：次，驻扎。细柳，地名，在当时的长安城西，今西安西北。⑹98 宗正刘礼：楚元王刘交之子，原任宗正之职。宗正，官名，九卿之一，掌管刘氏皇族的事务。⑹99 霸上：军事要地名，在当时的长安城东南，今西安东。⑺00 祝兹侯徐厉：梁玉绳以为“祝兹侯”应作“松兹侯”，此与《史记》之《汉兴以来将相名臣年表》《绛侯周勃世家》皆误作“祝兹”，《汉书》亦误。⑺01 棘门：军事要地名，在当时长安城北的渭水之北。⑺02 将以下骑送迎：此处“下”字疑当重出，作“将以下下骑送迎”，始可与下文“其将固可袭而虏也”相应。若果“骑送迎”，此对皇帝尚成何礼？亦何可“袭而虏”耶？⑺03 之：往；到。⑺04 锐兵刃：即指刀出鞘。⑺05 彀弓弩：即所谓弓上弦。彀，张、拉开。⑺06 持满：把弓拉圆。⑺07 先驱：师古曰，“导驾者也，若今之‘武侯队’矣”。即今所谓“先遣队”。⑺08 军门都尉：把守营门的都尉。都尉的级别相当于校尉。⑺09 军中闻将军令二句：王先谦引沈钦韩曰：“《六韬·立将篇》：‘军中之事，不闻君命，皆由将出。’《白虎通》曰：‘大夫将兵，但闻将军令，不闻君命也。’”〖按〗《史记·司马穰苴列传》有所谓“将在军，君令有所不受”，其意亦与此相同。⑺10 居无何：没有过多久。⑺11 诏将军：意思是请守门军士传话给将军。⑺12 壁门：即营门。壁，壁垒、营垒。⑺13 壁门士：把守营门的军士。⑺14 车骑：此指文帝率领的车马。⑺15 驰驱：骑兵或马车奔跑。⑺16 按辔：勒着缰绳，使车马徐行。⑺17 持兵：手持兵器。⑺18 介胄之士不拜：《史记集解》引应劭曰：“礼，介者不拜。”介，甲、铠甲。胄，头盔。⑺19 式车：把头伏在车前的横木（轼）上，这是古人在车上为向某人某事表示敬意而做出的一种姿态。式，通“轼”。⑺20 称谢：向周亚夫表示敬意。⑺21 曩者：昔；前者。⑺22 其将固可袭而虏：意思是说，如果有人假扮皇帝前来，他们那里的将军完全可以被突然逮捕。⑺23 中尉：主管京城治安的武官，后来改称“执金吾”。杨树达曰：“时亚夫见张释之为廷尉持议平，结为亲友，见《释之传》。”⑺24 无入贡：不要向朝廷贡献方物。⑺25 弛山泽：开放山林湖海，让百姓自由进行采伐捕捞。当时朝廷规定，山林湖海属国家所有，私人不得开发。⑺26 服御：指帝王与后妃所用的衣服、车马等。⑺27 损郎吏员：减少皇帝身边侍应与警卫人员的人数。员，数额。⑺28 仓庾：即指仓库。凡仓无屋称庾。⑺29 振：同“赈”，救济。⑺30 卖爵：出卖爵位。秦汉时期的官吏与平民都有爵，这种爵可以在战场立功获得，也可以通过向国家缴纳粮食而换得。有了爵，就可以用以赎罪，也可以卖钱花。⑺31 六月己亥：六月初一。⑺32 崩于未央宫：是年文帝四十六岁。

未央宫，当时皇帝所居之宫，在长安城的西南部，今西安市未央区。⑬靡不有死：没有长生不死的。⑭死者天地之理二句：观此数语，文帝果从理论上宗于道家。⑮奚可：岂可。⑯嘉生：喜欢活着。⑰重服：服重孝，指守丧的时间长，且礼数多。⑱伤生：害及活着的人。⑲久临：长时间地哭丧。临，哭丧。⑳罹寒暑之数：经过漫长的寒暑。寒暑，这里指暑，当时正值夏天。㉑伤长老之志：让全国的老人都跟着伤心。㉒损其饮食：吏民为皇帝守丧，饮食皆不得奢华，不许饮酒吃肉。㉓绝鬼神之祭祀：由于给皇帝办丧事，致使其他祭祀活动均告停止。㉔获保宗庙：指得以继承皇帝之位。保宗庙，即得祭祀宗庙。㉕眇眇：谦言自己之微末。㉖天下君王：指各诸侯国的国王。㉗二十有余年：文帝在位共二十三年。㉘方内：国内；四境之内。㉙兵革：兵器和盔甲的总称，引申为战争。㉚不敏：不才。自谦之辞。㉛过行：做错事。㉜惟年之久长：自念即位以来已多有年数。惟，思虑。㉝惧于不终：害怕不得善终。㉞幸以天年：指病死，以区别于其他不得好死。㉟供养于高庙：指自己的神主将被人们与高祖供奉在一起。㊱出临三日二句：哭三天丧就算完事。释服，脱去孝服。黄震曰："文帝遗诏短丧，议礼者讥焉。然观文帝恻隐，为民惟恐妨之，至死弥笃，在帝不失其为厚。"㊲取妇：即娶妇。取，通"娶"。㊳自当给丧事服临者：指皇室家属与经办丧事的人们。给，从事。㊴无跣：不要光脚，以表示哀戚。古代哭丧、请罪常有光脚的做法。㊵绖带：守丧者头上所缠和腰里所系的白布带子。㊶毋布车及兵器：不必把车驾与兵器都用白布包起来。㊷毋发民哭临宫殿中：不要征调其他百姓进宫助哭。㊸以旦夕各十五举音：早晨、晚上每个人只哭十五声。王先谦引王先慎曰："后汉悉沿此制，详见续志。"㊹已下棺：棺木下葬以后。㊺服大功十五日：应服九个月丧服的亲属，现在从简，改服十五日。大功，也作"大红"，九个月的丧服。㊻小功十四日：该服五个月丧服的亲属，现在改服十四日。㊼纤七日：应服三十六日丧服的亲属，现在只服七日。㊽比类：比照；依照这里的尺度。㊾霸陵山川因其故：文帝陵墓所在的霸陵一带，山丘河流一切都保持原来的样子。㊿归夫人以下至少使：除皇后以外，其他宫里的女人都遣送回家。《史记集解》引应劭曰："夫人以下有美人、良人、八子、七子、长使、少使，凡七辈，皆遣归家，重绝人类也。"(771)乙巳：六月初七。(772)葬霸陵：霸陵在今西安市灞桥区之毛窑院村，位于灞河西岸白鹿原北坡形似方锥的凤凰嘴。因其山，斩原为冢，凿洞为玄宫，就其水名为陵号。(773)苑囿：有花木禽兽的园林风景区，这里指帝王贵族的猎场。(774)服御：穿戴的服饰与使用的器具。(775)不便：指当遇到天灾人祸时。(776)辄弛以利民：总是打开皇家的园囿与山林湖海，让百姓耕种、开发。辄，就、总是。弛，放开、打开。(777)露台：没有屋顶的平台。(778)直百金：大约要花费百斤金。汉称黄金一斤曰"一金"，"一金"可抵铜钱一万枚。(779)中人：中等水平的家庭。(780)奉先帝宫室：指继承皇位。奉，禀承、继续享用。(781)尝恐羞之：总是害怕自己干得不好，为祖先带来耻辱。(782)何以台为：何必非得修个台子。凌稚隆引王懋曰："汉金一斤万钱，露台之资才千缗耳，于恭俭之德未有损也，帝直以中人十家之产而未敢妄费，其爱惜天下之财如此!”⑬身衣弋绨：自己身穿丝绵混织的粗劣织品。绨，丝绵混织的粗劣织品。⑭慎夫人：文帝的宠妃。其事又见于《史记·张释之冯唐列传》。⑮曳地：在地上拖着。陈仁锡曰："载诸琐屑，以著文帝细行纯备，写出一玄默恭俭之图。”⑯为天下先：为天下百姓起带头作用。⑰治霸陵：指文帝为自己预造陵墓。汉代皇帝的惯例是从即位开始便给自己预修陵墓。⑱不得以金银铜锡为饰：此语恐多夸饰，梁玉绳曰："《晋书·愍帝纪》：'建兴三年，盗发霸、杜二陵，金玉采帛不可胜计。敕收其余，以实内府。'又《晋书·索琳传》：'盗发霸、杜陵，多获珍宝。帝问汉陵中物何多耶？琳对以汉天子即位一年而为陵，天下贡赋三分之一充山陵，武帝享年久长，比崩，而茂陵不复容物。赤眉取陵中物不能减半，于今犹有朽帛委积，金玉未尽。此二陵是俭者耳。'然则文帝之葬特差少于诸陵，而非真薄也。岂景帝不从遗诏之故乎?”⑲因其山二句：就着原有的山坡挖洞，不在平地另起丘陵。⑳吴王：刘濞，刘邦之兄刘仲之子，在刘邦生前被封为吴王，都城广陵（今江苏扬州）。㉑诈病不朝：文帝时，刘濞之子入朝，与皇太子因下棋发生争执，被皇太子打死，刘濞因此恼怒不朝。㉒赐以几杖：派人将几杖送至吴国，表示对其年长的尊敬与慰问。刘濞与朝廷的矛盾事，详见《史记·吴王濞列传》。㉓袁盎等谏说虽切：文帝时对时政“称说甚切”的人有贾谊、晁错、张释之、袁盎等，所针对的主要有匈奴进扰问题、国内诸侯王割据问题以及一些体制、礼法上的问题等。袁盎所涉及的主要是后者，有的不免于谄。袁盎，字丝，一个比较阴险的官僚。事迹详见《史记·袁盎晁错列传》。切，恳切、激烈。㉔假借纳用：犹言参照用之，意即可用则用，不可用也不正面驳回。王先谦引《风俗通·正失》曰："文帝礼言事者，不伤其意，群臣无大小，至便从容言，上止辇听之。其言可者称善，不可者喜笑而已。”㉕张武：文帝为代王时期的旧臣，在文帝入朝继位为帝时也起有一定作用。㉖觉：文帝发现后。㉗以德化民：以道德恩情感化人。㉘鲜能及之：很少有哪个皇帝赶得上。鲜，少有。吴见思曰："撮其大略总叙一

【原文】

孝景皇帝上

元年（乙酉，公元前一五六年）

冬，十月，丞相嘉[810]等奏："功莫大于高皇帝，德莫盛于孝文皇帝。高皇帝庙，宜为帝者太祖[811]之庙；孝文皇帝庙，宜为帝者太宗[812]之庙。天子宜世世献祖、宗之庙[813]，郡国诸侯[814]宜各为孝文皇帝立太宗之庙。”制曰："可。”[815]

段在编年之后、遗诏之前，如一小纪，虽略写大意，而精神气度无不逼露，是大手笔。”梁玉绳曰：“此段总叙文帝诸善政，后世作史皆效此总叙法。”⑲丁未：六月初九。⑳太子：指刘启，即日后的汉景帝。㉑薄氏：刘邦之妃，文帝之生母。㉒皇后：此皇后指文帝之皇后窦氏，景帝与梁孝王刘武之生母。㉓星孛：古代指彗星出现。孛，光芒四射的样子。古人常以彗星出现预示将有灾难发生，故例皆书之于史。㉔长沙王吴著：吴芮的第四代孙。吴著，《汉书》作“吴差”。㉕无子二句：由于没有继承人，长沙国的建制被取消，改为长沙郡。㉖文王芮：吴芮，刘邦的开国功臣，原为秦朝的番阳县令，因随诸侯反秦被项羽封为衡山王；后又帮着刘邦反项羽，被刘邦封为长沙王，都城临湘（今湖南长沙）。死后谥曰文。㉗制诏御史：皇帝下命令给御史大夫。〖按〗汉代发布命令的程序是，先由皇帝把要说的意思告诉御史大夫，由御史大夫形成文件，转发给丞相。由丞相组织讨论后再形成文件上报皇帝，经皇帝批准后，由丞相颁发到全国。㉘忠：指忠于刘氏皇室。㉙其定着令：把刘邦肯定、赞扬吴芮的这个意思写入汉朝的文告。着令，写入文告、法令。〖按〗刘邦称帝之前与称帝之初，非刘氏而封王者有韩信、彭越、黥布、卢绾、韩王信、吴芮等数人，但很快刘邦就把吴芮以外的韩信等人全部除掉了，使异姓人被封王的就只剩下了吴芮一个。由于吴芮的势力很小，对刘邦没有反心，故而刘邦独独地夸奖他，让长沙国一直传了四代。

【校记】

［12］驰驱：据章钰校，乙十一行本、孔天胤本二字皆互乙。［13］畏：原作“惧”。据章钰校，甲十五行本、乙十一行本、孔天胤本皆作“畏”。今从诸本及《史记·孝文本纪》改。

【语译】

孝景皇帝上

元年（乙酉，公元前一五六年）

冬季，十月，丞相申屠嘉等上奏：“功劳没有大过高皇帝的，道德修养没有超过孝文皇帝的。建议将高皇帝庙尊奉为太祖庙，孝文皇帝庙尊奉为太宗庙。后世的皇帝既要亲自祭祀太祖、进献祭品，也要亲自祭祀太宗、进献祭品，郡国、诸侯应该在自己的封国内为孝文皇帝建立太宗庙。”汉景帝批示：“可以。”

夏，四月乙卯[816]，赦天下[817]。

遣御史大夫青[818]至代下[819]，与匈奴和亲。

五月，复收民田半租[820]，三十而税一[821]。

初，文帝除肉刑[822]，外有轻刑之名，内实杀人。斩右止者又当死[823]；斩左止者笞五百，当劓者笞三百，率多死[824]。是岁，下诏曰："加笞与重罪无异[825]，幸而不死，不可为人[826]。其定律[827]：笞五百曰三百[828]，笞三百曰二百。"

以太中大夫周仁[829]为郎中令[830]，张欧[831]为廷尉[832]，楚元王子平陆侯礼[833]为宗正[834]，中大夫[835]晁错为左内史[836]。仁始为太子舍人[837]，以廉谨得幸。张欧亦事帝于太子宫[838]，虽治刑名家[839]，为人长者[840]，帝由是重之，用为九卿[841]。欧为吏[842]，未尝言按人[843]，专以诚长者处官[844]。官属以为长者，亦不敢大欺[845]。

二年（丙戌，公元前一五五年）

冬，十二月，有星孛[846]于西南。

令天下男子年二十始傅[847]。

春，三月甲寅[848]，立皇子德[849]为河间王[850]，阏[851]为临江王[852]，余[853]为淮阳王[854]，非[855]为汝南王[856]，彭祖[857]为广川王[858]，发[859]为长沙王[860]。

夏，四月壬午[861]，太皇太后薄氏[862]崩。

六月，丞相申屠嘉薨。时内史晁错数请间言事[863]，辄听[864]，宠幸倾[865]九卿，法令多所更定[866]。丞相嘉自绌所言不用[867]，疾错[868]。错为内史，东出不便[869]，更穿一门南出[870]。南出者，太上皇庙堧垣也[871]。嘉闻错穿宗庙垣，为奏，请诛错。客有语错[872]，错恐，夜入宫上谒[873]，自归上[874]。至朝[875]，嘉请诛内史错。上曰："错所穿非真庙垣，乃外堧垣，故

夏季，四月二十二日乙卯，大赦天下。

派遣御史大夫陶青到代郡城下，与匈奴谋求和亲。

五月，恢复征收赋税制度，但只是收取赋税的一半，税率是实际收成的三十分之一。

当初，汉文帝执政期间曾经废除肉刑，表面上看刑罚是减轻了，但实际上还是在杀人。犯人有被砍了右脚趾而身亡的，等于还是判了死刑；应该判处砍掉左脚趾的被用棍子或鞭子打五百下，应当被削去鼻子的被判处用棍子或鞭子打三百下，许多人承受不了这么重的刑而死亡。这一年，汉景帝颁布诏令说："增加棍鞭打的数量与判处死刑没有什么本质的区别，即使侥幸不被打死，也成了残废而无法独立生存。现在重新做出规定：将应该棍鞭打五百的改为打三百，将应该打三百的改为打二百。"

任命太中大夫周仁为郎中令，任命张欧为廷尉，任命楚元王的儿子平陆侯刘礼为宗正，任命中大夫晁错为左内史。在景帝还是太子的时候，周仁曾经担任太子舍人，因为办事廉洁谨慎而得到汉景帝的重用。张欧也是在景帝做太子的时候在太子宫中侍奉景帝，虽然研究的是法家的学问，却是一个为人宽和厚道的长者，景帝因此很敬重他，所以提升他做了九卿之一的廷尉。张欧虽然担任的是主管刑狱的廷尉，却从来没有说过要惩处哪个人，任职期间一向以诚挚宽大为原则。他的属下也因为他是一个忠厚的长者，而不敢对他有太大的欺瞒。

二年（丙戌，公元前一五五年）

冬季，十二月，有彗星出现在西南方的夜空。

朝廷颁布政令：天下所有的男子，凡是年满二十岁的就要将姓名登记在为国家服役的名册上。

春天，三月二十六日甲寅，景帝封皇子刘德为河间王，刘阏为临江王，刘余为淮阳王，刘非为汝南王，刘彭祖为广川王，刘发为长沙王。

夏季，四月二十五日壬午，太皇太后薄氏去世。

六月，丞相申屠嘉去世。当时，担任左内史的晁错曾经多次请求汉景帝单独召见，而每次都能得到汉景帝的应允，景帝对晁错的宠幸超过了九卿中的任何人，晁错对法令做了许多修改。而担任丞相的申屠嘉很为自己的意见不被采用而感到失落，因此申屠嘉非常嫉恨晁错。晁错担任左内史，感到内史府的大门向东开出入很不方便，于是就另外开辟了一个门向南走。为开辟这个南门而动了太上皇祭庙外面的小矮墙。申屠嘉听到晁错打穿太上皇祭庙围墙的消息后，赶紧上奏汉景帝，请求将晁错斩首。而他的一个宾客将此消息透露给了晁错，晁错非常害怕，就连夜入宫求见汉景帝，向景帝投案请罪。第二天上早朝的时候，申屠嘉奏请景帝诛杀晁错。景帝说："晁错所打穿的并不是祭庙的真正围墙，而是庙外空地的围墙，所以才使一些没

冗官居其中[876]。且又我使为之，错无罪。”丞相嘉谢[877]。罢朝，嘉谓长史[878]曰：“吾悔不先斩错，乃请之[879]，为错所卖[880]。”至舍，因欧血而死[881]。错以此愈贵。

秋，与匈奴和亲。

八月丁未[882]，以御史大夫开封侯陶青为丞相。丁巳[883]，以内史晁错为御史大夫。

彗星出东北。

秋，衡山[884]雨雹，大者五寸，深者二尺。

荧惑逆行[885]守北辰[886]，月出北辰间。岁星[887]逆行天廷[888]中。

梁孝王[889]以窦太后少子故，有宠，王四十余城，居天下膏腴地[890]。赏赐不可胜道[891]，府库金钱且百巨[14]万[892]，珠玉宝器多于京师[893]。筑东苑[894]，方三百余里[895]。广睢阳城七十里[896]，大治宫室，为复道[897]，自宫连属于平台[898]三十余里。招延[899]四方豪俊之士，如吴人枚乘、严忌[900]，齐人羊胜、公孙诡、邹阳[901]，蜀人司马相如[902]之属，皆从之游。每入朝，上使使持节[903]，以乘舆驷马[904]迎梁王于关下[905]。既至，宠幸无比。入[906]则侍上同辇[907]，出则同车射猎上林[908]中。因上疏请留[909]，且半岁[910]。梁侍中、郎、谒者[911]着籍引[912]出入天子殿门，与汉宦官无异[913]。

【段旨】

以上为第五段，写景帝元年（公元前一五六年）、二年两年间的全国大事。主要写了景帝对文帝废除肉刑所产生的一些偏颇的纠正；写了景帝任用周仁、张欧等一批平庸官僚；写了丞相申屠嘉的褊狭使气，以及梁孝王的怙宠骄奢；等等。

【注释】

[810]丞相嘉：即申屠嘉，于文帝后元二年开始为丞相，至景帝二年死。[811]太祖：最伟大的祖先。[812]太宗：永为后世帝王之所宗仰者。[813]天子宜世世献祖、宗之庙：后世的皇帝既要亲自祭祀“太祖”，也要亲自祭祀“太宗”。献，进献祭品。[814]郡国诸侯：各郡郡

有实际职务的小官吏住在那里。而且是我允许他这样做的，晁错没有什么过错。”丞相申屠嘉只好承认自己无理，向皇帝谢罪。散朝以后，申屠嘉对长史说：“我真后悔当初没有先将晁错斩首，然后再向皇帝请示，结果反而中了晁错的圈套。”回到自己的家中，由于气恼伤身，吐血而死。晁错从此越加显贵。

秋季，与匈奴和亲。

八月丁未日，汉景帝任命御史大夫开封侯陶青为丞相。初二日丁巳，任命内史晁错为御史大夫。

彗星出现在东北天际。

秋天，衡山下了冰雹，大的冰雹直径有五寸，堆积了有二尺深。

荧惑星朝相反的方向运行到北极星附近，月亮出现在北极星周围。岁星也朝相反的方向运行，进入天庭星座。

梁孝王刘武因为是窦太后最小的儿子，所以最受宠幸，他的封国之内有四十多个县城，而且是全国最富庶的地方。他所得到的赏赐多得数不清，府库中的金钱多达上百亿，珠玉宝器比国家府库中的还多。他所修建的东苑方圆三百里。扩大首府睢阳城的城圈至方圆七十里，大建宫室，所修筑的上下两层通道，从王宫一直连接到平台，全长三十多里。他大肆延揽四方的英雄豪杰，如吴地的枚乘、严忌，齐国的羊胜、公孙诡、邹阳，蜀国人司马相如之类的，都成为他的座上宾。每次梁孝王入朝，汉景帝都要派使者手持符节，带着皇帝御用的车马到函谷关去迎接。到了都城以后，受到的宠幸更是无人能比。入宫的时候，陪同景帝乘坐同一辆辇车，出宫到上林苑中打猎，又与皇帝乘坐同一辆车子。他上疏给汉景帝，请求继续留在京城，一住就达半年之久。梁国的侍中、郎官、谒者等都登记在门卫室的出入名册上，可以随意进出皇宫，与内廷宦官没有什么两样。

治、各王国都城、各列侯的封邑。⑮ 制曰二句：这是皇帝在大臣呈报的文件上所做的批语。制，皇帝的命令。⑯ 四月乙卯：四月二十二。⑰ 赦天下：每逢老帝王去世、新帝王接替登基之际，往往颁布这种大赦令以收买民心，稳定社会秩序。⑱ 御史大夫青：陶青，刘邦开国功臣陶舍之子，继父爵为开封侯。此时任御史大夫之职。⑲ 代下：代郡城下。代郡的郡治即今河北蔚县东北的代王城。⑳ 复收民田半租：文帝十二年赐民田租之半，次年尽除田租；今又改为收半租。(821) 三十而税一：税率是实际收成的三十分之一。(822) 文帝除肉刑：指将劓刑、斩趾等改为用棍棒或鞭子打，事在文帝十三年。(823) 斩右止者又当死：犯人断去右趾后身亡，等于判了死刑。〖按〗自此以下三句，是文帝十三年改肉刑为

用棍棒或鞭子打时的规定。右止，右脚趾。止，通“趾”。当死，等于判死刑。⑧24率多死：大概都是打不满数目就被打死了。率，大致、一般。⑧25加笞与重罪无异：把不该死的轻罪犯人打死了，那就和犯死罪的人没了区别。重罪，指死罪。⑧26不可为人：指严重残废，不再是正常人。⑧27其定律：现在重新做出规定。⑧28笞五百曰三百：原来该打五百棍子的现在改为打三百棍鞭。曰，这里的意思是改为、减为。⑧29太中大夫周仁：一个以“阴重不泄”著称的平庸官僚，文帝时为太中大夫。事迹见《史记·万石张叔列传》。太中大夫，帝王的侍从官员，掌议论。⑧30郎中令：九卿之一，守卫宫殿门户，统领帝王的文武侍从。⑧31张欧：一个以“长者”著称的平庸官僚。事迹见《史记·万石张叔列传》。⑧32廷尉：九卿之一，掌全国刑狱。⑧33平陆侯礼：刘礼，楚元王刘交之子，被封为平陆侯。事迹见《史记·楚元王世家》。⑧34宗正：九卿之一，掌管皇族事务。⑧35中大夫：帝王的侍从官员，掌议论，地位在太中大夫之下。⑧36左内史：内史是首都与其郊区的行政长官，后来改称京兆尹。景帝时分设左、右内史，分别执掌首都地区的行政。⑧37太子舍人：太子属下的侍从官员。⑧38事帝于太子宫：早在景帝为太子时，就在太子宫中侍候刘启了。⑧39虽治刑名家：虽然研究的是一套法家学问。刑名，也写作“形名”，即通常所说的“名家”，讲究名实相副，循名责实，与法家的学说相通，故也通称“法家”叫刑名家。⑧40长者：宽和厚道的人。这里指谨厚者。⑧41九卿：朝官名，指奉常（太常）、郎中令（光禄勋）、卫尉、太仆、廷尉、典客（大鸿胪）、宗正、治粟内史（大司农）、少府等九种官职，都是中二千石。⑧42为吏：此指为主管刑狱的法官。⑧43未尝言按人：没有说过要“惩办”“查处”哪个人。按，查办、惩治。⑧44处官：居官；任职。⑧45官属以为长者二句：其下属也因为他的善良而不好意思太过分地瞒着他干坏事。⑧46星孛：流星。孛，火光四射的样子。⑧47年二十始傅：年龄二十岁开始登入给国家服役的名册。傅，傅籍、登记在册。古代“傅籍”的年龄各代不一，有的在十八岁，有的在二十二岁。⑧48三月甲寅：三月二十六。⑧49皇子德：刘德，景帝之子，栗姬所生。事迹见《史记·五宗世家》。⑧50河间王：都城乐成，在今河北献县东南。⑧51阏：《史记·五宗世家》作“阏于”，景帝之子，栗姬所生。⑧52临江王：都城江陵，在今湖北江陵西北之纪南城。⑧53余：刘余，景帝之子，程姬所生。事迹详见《史记·五宗世家》。⑧54淮阳王：都城即今河南周口市淮阳区。⑧55非：刘非，景帝之子，程姬所生。事迹详见《史记·五宗世家》。⑧56汝南王：都城平舆，在今河南平舆北。⑧57彭祖：刘彭祖，景帝之子，贾夫人所生。事迹详见《史记·五宗世家》。⑧58广川王：都城信都，即今河北衡水市冀州区。⑧59发：刘发，景帝之子，唐姬所生。事迹详见《史记·五宗世家》。⑧60长沙王：都城临湘，即今湖南长沙。⑧61四月壬午：四月二十五。⑧62太皇太后薄氏：刘邦之妃嫔，文帝之母，景帝之祖母。事迹详见《史记·外戚世家》。⑧63请间言事：请求皇帝单独接见，听取进言。⑧64辄听：一听就采纳。⑧65倾：压倒；超过。⑧66更定：改变；重新制定。⑧67自绌所言不用：为自己的意见不被采纳而感到失落。绌，通“黜”。⑧68疾错：嫉恨晁错。⑧69错为内史二句：晁错感到

内史府的大门向东开，出入不方便。〖按〗《史记·张丞相列传》叙此事作“错为内史门东出不便”，是也，《资治通鉴》删去“门”字于理不当。⑧⑩更穿一门南出：于是便另开了一个门向南走。⑧⑪南出者二句：意思是为开这个向南走的门，而动了太上皇庙的堧垣。太上皇庙，刘邦父亲刘太公的庙。堧垣，帝王陵庙正式围墙外面的圈着闲散弃地的小矮墙。小墙里边的这些闲弃地就叫作“堧”。⑧⑫客有语错：申屠嘉的宾客中有人将申屠嘉的这种思想、活动告诉了晁错。⑧⑬上谒：递进名片求见。⑧⑭自归上：自己向景帝投案请罪。⑧⑮至朝：到了上朝的时候。⑧⑯故冗官居其中：所以有一些闲散的官员住在里面。⑧⑰丞相嘉谢：申屠嘉只好向景帝道歉，承认自己无理。⑧⑱长史：丞相属下的诸史之长。当时的丞相、大将军属下均有长史。⑧⑲乃请之：竟然先去向皇帝请示。⑧⑳为错所卖：结果栽在了晁错手里。卖，哄骗、捉弄。⑧㉑欧血而死：欧血，同“呕血”，吐血。⑧㉒八月丁未：八月丙辰朔，无丁未日，此处记事疑有误。⑧㉓丁巳：八月初二。⑧㉔衡山：诸侯国名，此时在位的衡山王为刘长之子刘勃。⑧㉕荧惑逆行：火星向后倒退。荧惑，即今之所称火星。⑧㉖守北辰：退到了北极星的附近。北辰，即今之北极星。⑧㉗岁星：即今之所称木星。⑧㉘天廷：也称“太微”，中有五帝座。⑧㉙梁孝王：刘武，文帝之子，景帝的胞弟，孝字是其死后的谥。事迹详见《史记·梁孝王世家》。梁国的都城睢阳，在今河南商丘城南。⑧㉚膏腴地：极言其土地之肥沃，如脂如膏。⑧㉛不可胜道：极言所受赏赐之多，多得没法说。⑧㉜且百巨万：几乎多达上百亿。巨万，万万，即今所谓亿。⑧㉝多于京师：比国家仓库里的珠宝还要多。⑧㉞东苑：也称“兔园”，因其位置在梁国都城睢阳以东，故以“东园”称之，“兔”在十二生肖中也是代表东方。⑧㉟方三百余里：《史记索隐》曰：“盖言其奢，非实词。”〖按〗杜牧说秦之阿房宫亦“覆压三百余里”。《史记正义》引《西京杂记》云：“梁孝王苑中有落猿岩、栖龙岫、雁池、鹤洲、凫岛。诸宫观相连，奇果佳树，瑰禽异兽，靡不毕备。”岑参诗有所谓“梁园日暮乱飞鸦，极目萧条三两家。庭树不知人去尽，春来还发旧时花”。盖即谓此，似唐时已所存无几。⑧㊱广睢阳城七十里：扩大睢阳城的城圈至方圆七十里。《史记索隐》引《太康地理记》曰：“城方十三里，梁孝王筑之。”⑧㊲复道：空中通道。⑧㊳自宫连属于平台：从城里的宫廷直通城东的平台。师古曰：“今其城东二十里所，有故台基，其处宽博，土俗云‘平台’也。”《史记索隐》引如淳曰：“今城东二十里临新河，有故台址，不甚高，俗云‘平台’，又一名‘修竹苑’。”王先谦引任昉《述异记》云：“梁孝王平台，至今存有蒹葭洲、凫藻洲、梳洗潭。”又引《商丘县志》云：“县东北十七里有平台集，接虞城界。”⑧㊴招延：招纳、延揽。⑨⑩枚乘、严忌：都是当时著名的辞赋家，枚乘作有《七发》；严忌也写作“庄忌”。⑨⑪羊胜、公孙诡、邹阳：前二人为煽动梁王图谋不轨的奸邪之徒；后者为文章之士，作有《狱中上梁王书》。⑨⑫司马相如：当时最杰出的辞赋家，著有《子虚赋》《上林赋》等多篇。⑨⑬使使持节：派使者手执旌节。旌节是帝王使者外出所持的信物。⑨⑭乘舆驷马：皇帝乘坐的车马。⑨⑮关下：函谷关的关前。函谷关在今河南灵宝东北，是从东方进入关中地区的第一大门。⑨⑯入：

指进入宫廷。⑳ 侍上同辇：陪着皇帝同乘一辆车。辇，帝王乘坐的小车，或用马拉，或由人挽，或让人抬。⑳ 上林：即上林苑，秦汉时期的皇家猎场，在当时咸阳、长安的西南方，方圆有数县之广。⑳ 上疏请留：给皇帝上书请求继续留住在京城。疏，奏章，因内容为条列疏陈理由，故称作“疏”。⑳ 且半岁：一住就住个快半年。且，将。〖按〗据汉法规定，当时诸侯王入朝，在京城不能超过二十天。见《史记·梁孝王世家》之褚少孙所增补。⑳ 梁侍中、郎、谒者：泛指梁孝王身边的侍从官员。侍中，在宫廷侍奉帝王的官员。郎，又有“侍郎”“郎中”与“中郎”的不同级别的称呼，负责陪侍与警卫王者。谒者，掌管收发、传达以及赞礼等事。⑳ 着籍引：《史记·外戚世家》作“着引籍”，意思相同，即将某个人的姓名登入门卫室的出入名簿，允许其自由出入。⑳ 与汉宦官无异：意即与汉王朝内廷的宦官没有区别。

【校记】

［14］巨：据章钰校，甲十五行本、乙十一行本、孔天胤本皆作“巨”。今从诸本及《史记·梁孝王世家》《通鉴纪事本末》改。

【研析】

本卷记载了文帝前元十一年（公元前一六九年）至景帝前元二年（公元前一五五年）共十五年间的全国大事，其中值得讨论的有以下几点。

其一是关于贾谊、晁错的上疏议论时事。贾谊的上疏主要载于上一卷，我们已经进行了评论，本卷则又载入了他的《请封建子弟疏》。贾谊在其《陈政事疏》中曾尖锐地提出国内众多诸侯王割据的危害，已见于上卷，这是正确的。在本卷他又针对旧有的诸侯王割据而请文帝赶紧再分封自己的几个儿子为王，而且要把他们的势力培植得大大的，以此来对抗其他血缘疏远的诸侯王，这就显然荒谬了。即使这些新封的诸侯能“拱卫”汉文帝，等几十年后他们不也就变成与朝廷血缘疏远的割据诸侯了吗？倒是晁错的《论贵粟疏》《言兵事疏》《守边劝农疏》《募民实塞疏》等文章说理透彻、切实可行。明代李贽在其《藏书》中曾说：“人皆以贾生通达国体，今观贾生之策，其迂远不通者犹十而一二，岂如晁之凿凿可行者哉？”鲁迅在其《汉文学史纲要》中也说贾谊的文章“尤有文采，而沉实则少逊”。又说“以二人之论匈奴者相较，则可见贾生之言乃较疏略，不能与晁错之深识为伦比矣”。当然，晁错作为一个法家人物，常表现出一种视黎民百姓为“群盲”的观点，也是显而易见的。

其二是关于汉文帝的“德政”究竟应该如何分析。司马迁写《史记》评价汉王朝的几个皇帝，只有对汉文帝的评价较高。司马迁认为汉文帝的“德政”大概包括对匈奴忍让和亲，不采取大张挞伐；对国内割据势力采取以柔克刚，不动用过激措施；对农民减轻租税，对世人加强教育、减轻刑法，以至于牢狱空虚，“几致刑措”；

文帝个人生活俭朴，临终又遗令薄葬等。对此我们只能理解为是相对而言，司马迁这样写在很大程度上是为了借以对比、批判汉武帝；如果认真检验汉文帝的许多实际问题，还是大有可以商量的。例如，文帝在其居位的二十多年里，多次与匈奴“和亲”，但始终未能换得匈奴不再犯边，最紧急的时候甚至连长安周围都得调集多路重兵防守，这“和亲”政策又成功在哪里呢？又如，文帝自己生活俭朴，要求他的妃嫔也较严格，这都是好的；但为了宠爱邓通，怕邓通受穷，竟赐给他一座铜山，让他自己铸造钱币，使得“邓通钱，遍天下”，这样的行为还能算是有节制吗？司马迁歌颂汉文帝的废除肉刑，“肉刑”是没有了，但“肉刑”中的重罪犯人原本不该死的还是死了；“肉刑”中的轻罪犯人改成了“笞五百”“笞三百”，结果没等笞满数目也都给打死了。班固早就说文帝的“废肉刑”是“名曰宽大，实多杀人”。这还能算作“德政”？文帝临终遗诏薄葬，听起来是好事，但究竟实行得如何呢？清代梁玉绳说：“《晋书·愍帝纪》：‘建兴三年，盗发霸、杜二陵，金玉采帛不可胜计。敕收其余，以实内府。’又《晋书·索綝传》：‘盗发霸、杜陵，多获珍宝。帝问汉陵中物何多耶？綝对以汉天子即位一年而为陵，天下贡赋三分之一充山陵，武帝享年久长，比崩，而茂陵不复容物。赤眉取陵中物不能减半，于今犹有朽帛委积，金玉未尽。此二陵是俭者耳。’然则文帝之葬特差少于诸陵，而非真薄也。岂景帝不从遗诏之故乎？”此外，文帝迷信鬼神，听信新垣平、公孙臣等骗子的妖言，大建庙坛、大搞祭祀活动，这在汉代前期的几个皇帝中只能算是比武帝好，别的皇帝都没有这么愚蠢；更应该指出的是，文帝是靠着大臣诛灭吕氏趁机捞得帝位的，而在诛灭吕氏的过程中功劳最大的是朱虚侯刘章与齐王刘襄。由于周勃与陈平别有图谋地暗中立了文帝后，文帝不但不感激刘章、刘襄，反而一再地打击、压制刘章三兄弟，以致使刘襄、刘章都很快地气愤、抑郁而死；刘兴居更铤而走险地走上了叛乱的道路，这都是由于文帝气量狭窄，处理问题不公之所致。

其三是作品详细地描写了文帝虚心听取张释之、冯唐两人的意见，能及时纠正自己缺点错误的情景，《史记·张释之冯唐列传》的内容几乎全部被移植了过来。宋代黄震在《黄氏日钞》中曾称道这几段文字说：“张释之论长者及其守法不阿；冯唐之论将，皆质直有古大臣之风焉。”明代茅坤在《史记钞》中评论这几段文字说：“张释之学问作用，大略从黄老中来。”“冯唐无他卓显处，特以其论将帅一段为绝古今，遂为立传。”凌稚隆在《史记评林》中引王鏊的话说这几段文字：“二传皆一时之言，见文帝君臣如家人父子。”汤谐在《史记半解》中说这几段文字：“一边写二君质直不阿，一边写孝文从谏如流，君明臣良意象，洋溢楮上。盖《张冯传》之兼写孝文，犹《酷吏》诸传之兼写孝武也。叙张语凡数节，皆简直；冯语止一节，颇详。然皆苍劲不作态，所谓言各如人。且二君独有古名臣风度，故史公文格亦进周秦而上之耳。虽对面旁面间出风神以动荡其文境，然终以质劲胜矣。”《资治通鉴》引用这些文字来表现封建社会中一位难得的“明君”，的确是很生动、很感染人的。

《史记》里描写文帝的动人故事还有周亚夫军细柳，文帝到细柳营劳军一节，《资治通鉴》在本卷里也详细地移植了过来。这段文字的精神是很好的，但民间传说的色彩太强，司马迁的描写过于夸张，以至于有的地方不合情理。如作品说：“上自劳军，至霸上及棘门军，直驰入，将以下骑送迎。已而之细柳军，军士吏被甲，锐兵刃，彀弓弩持满，天子先驱至，不得入。”清代姚苎田在《史记菁华录》指责周亚夫说：“作临阵之态，岂非着意装点，现才于人主乎?”王先谦在《汉书补注》中引刘奉世批评这段文字说：“言‘彀弓弩’是也；敌未至，何遽‘持满’? 何时已乎? 此二字疑衍。”都是因司马迁好奇，文章夸饰过甚，司马光移录亦未加处理而起。

卷第十六　汉纪八

起强圉大渊献（丁亥，公元前一五四年），尽上章困敦（庚子，公元前一四一年），凡十四年。

【题解】

本卷写了景帝前元三年（公元前一五四年）至景帝后元三年（公元前一四一年）共十四年间的全国大事。主要写了吴、楚七国发动叛乱，朝廷派周亚夫等率兵平叛，在周亚夫与梁孝王的共同抗击下，吴、楚七国被打败的大体过程，展现了汉王朝与吴、楚七国、梁孝王以及朝廷内部的种种矛盾，很有认识价值；写了王皇后与长公主相互勾结，谗害栗姬、栗太子至死而夺得皇后与太子位的后宫政变；写了梁孝王因恃母宠而骄纵无法、谋夺皇位继承权、刺杀朝廷命官，被黜抑后郁闷而死的情景；写了周亚夫因反对废栗太子、反对封外戚王信与匈奴降王为侯，而被景帝免官并被折磨而死的悲惨情景；写了李广为边郡太守临敌不惊的名将风范；写了汉景帝为发展农业、节省开支所采取的若干措施；写了汉景帝死，与汉代史官司马迁、班固对“文景之治”的一些赞美评价。

【原文】

孝景皇帝下

前三年（丁亥，公元前一五四年）

冬，十月，梁王来朝。时上未置太子，与梁王宴饮[①]，从容[②]言曰：“千秋万岁后[③]，传于王[④]。”王辞谢，虽知非至言[⑤]，然心内喜；太后[⑥]亦然。詹事窦婴[⑦]引卮酒进上[⑧]曰：“天下者，高祖之天下，父子相传，汉之约也，上何以得传梁王[⑨]！”太后由此憎婴。婴因病免[⑩]，太后除婴门籍[⑪]，不得朝请[⑫]。梁王以此益骄。

春，正月乙巳[⑬]，赦。

长星[⑭]出西方。

【语译】

孝景皇帝下

前三年（丁亥，公元前一五四年）

冬季，十月，梁孝王刘武到京师来朝见汉景帝。当时汉景帝刘启还没有确立为太子，他在与梁王饮酒时，很不经意地说："等将来我死了之后，就将皇位传给你。"梁王赶紧婉言谢绝，他虽然知道这并不是景帝经过深思熟虑后发自内心的话，但心里仍然感到很高兴；窦太后也很高兴。负责掌管皇后与太子家务事的詹事官窦婴却举着酒杯向景帝一边敬酒一边劝阻说："汉朝的天下，是高皇帝开创的，皇位父子相传，这是汉朝的国法所规定的，陛下怎么能违背国法随意传给梁王呢！"窦太后因此事而憎恨窦婴。窦婴借口身体有病而辞去了他的职务，窦太后就将出入宫门登记簿上窦婴的名字取消，从此不准窦婴随时入宫拜见皇帝。梁王刘武因为景帝说把皇位传给自己而更加骄横。

春季，正月二十二日乙巳，汉景帝下诏大赦天下。

流星出现在西方天际。

洛阳东宫灾[15]。

初，孝文时，吴太子[16]入见[17]，得侍[18]皇太子[19]饮博[20]。吴太子博争道[21]，不恭[22]，皇太子引博局[23]提[24]吴太子，杀之[25]。遣其丧归葬[26]。至吴[27]，吴王愠[28]曰："天下同宗[29]，死长安即葬长安，何必来葬为[30]！"复遣丧之长安葬。吴王由此稍[31]失藩臣之礼[32]，称疾不朝。京师知其以子故，系治验问[33]吴使者。吴王恐，始有反谋。后使人为秋请[34]，文帝复问之[35]，使者对曰："王实不病，汉系治使者数辈[36]，吴王恐，以故遂称病。夫'察见渊中鱼，不祥[37]'，唯上弃前过[38]，与之更始[39]。"于是文帝乃赦吴使者，归之，而赐吴王几杖[40]，老，不朝[41]。吴得释其罪，谋亦益解[42]。然其居国以铜盐，故百姓无赋[43]，卒践更辄予平贾[44]，岁时[45]存问茂材[46]，赏赐闾里[47]。他郡国吏[48]欲来捕亡人[49]者，公共禁弗予[50]。如此者四十余年[51]。

晁错数上书言吴过可削[52]，文帝宽不忍罚，以此吴日益横。及帝即位[53]，错说上曰："昔高帝初定天下，昆弟[54]少，诸子弱，大封同姓[55]。齐七十余城[56]，楚[57]四十余城，吴[58]五十余城，封三庶孽，分天下半[59]。今吴王前有太子之郤[60]，诈称病不朝，于古法当诛。文帝弗忍，因赐几杖，德至厚，当改过自新，反益骄溢，即山铸钱[61]，煮海水为盐，诱天下亡人谋作乱。今削之亦反，不削亦反。削之，其反亟[62]，祸小；不削，反迟，祸大[63]。"上令公卿、列侯、宗室杂议[64]，莫敢难[65]。

洛阳东宫发生火灾。

当初，孝文帝在世的时候，吴王刘濞的太子刘贤入京拜见文帝，并到宫中侍奉当时的皇太子刘启，陪刘启饮酒、下棋。当时刘贤因为和刘启下棋时发生争执，被指责对太子不恭敬，当时皇太子刘启随手拿起棋盘就向刘贤打去，刘贤当场被打死。朝廷派人将刘贤的尸体送回吴国安葬。当刘贤的尸体运抵吴国的时候，吴王刘濞愤怒地说："天下姓刘的都是一个祖宗，死在长安就应该埋葬在长安，何必送回吴国安葬呢!"就又派人将刘贤的尸体运回长安。吴王刘濞由此逐渐不再对朝廷遵守藩臣的礼节，常常称病不肯入京朝见汉文帝。朝廷也知道吴王是因为他儿子刘贤被杀的原因不来朝拜，于是就逮捕了吴王的使者，并对使者进行按验审讯。吴王对此也感到很害怕，于是开始萌发反叛的念头。秋季，吴王刘濞又派使臣入朝拜见汉文帝，文帝问起吴王的病情，使者说："吴王确实无病，只是因为朝廷逮捕法办了吴王的几批使者，吴王害怕，所以才称病不敢来朝见。俗话说'用法太苛细，不吉祥'，希望陛下赦免吴王已往的过失，和他开始一种新的关系。"于是文帝赦免了吴国的使者，在使者回去的时候，顺便让他带去赏赐给吴王的几杖，表示体谅叔父年高，可以不必像其他诸侯王那样按时来京师朝见皇帝。吴王因为没有遭受谴责，于是也就渐渐地打消了谋反的念头。然而，吴国因为出产铜、盐，有铸钱、煮盐的便利，国家很富有，百姓不仅不用向国家缴纳赋税，而且每当轮到吴国的百姓为国家服役时，吴国政府就拿出钱来替百姓免除徭役；还每年拿出大量钱物慰问封国内那些有学问、有操守的人，就连普通的平民百姓也能得到吴王的赏赐。其他郡国的官吏要是来逮捕逃亡到吴国的罪犯时，吴国的有关人员按照吴王刘濞的旨意总是公开地加以保护，始终不肯交出逃犯。这种情形持续了有四十年之久。

晁错屡次向汉文帝检举吴王的过错，并建议削减吴王的封地，汉文帝为人宽厚，不忍心对吴王加以处罚，吴王却一天比一天骄横。等到汉景帝刘启即位以后，晁错就向景帝进言说："当初高祖刚刚平定天下的时候，因为兄弟少，皇子们都还年纪幼小，所以才把大量的土地分封给同姓诸侯为王。齐国占有七十余城，楚国有四十余城，吴国有五十余城，还封了三个庶子，总共分去了全国一半的土地。吴王因为当初他的太子刘贤和陛下博弈被杀而心存不满，就谎称有病不肯入朝拜见皇帝，这种事情如果按照古代的法律就应该被诛杀。文帝不忍心加罪，反而赏赐给他几杖，文帝对吴王的恩德真是太深厚了，吴王按理应当感恩并且改过自新，然而恰恰相反，文帝的宽容反而使他更加骄横，他利用封国内的有利条件，开矿山炼铜铸钱，煮海水制盐以营利，引诱、窝藏天下逃亡的罪犯阴谋作乱。现在削减他的封地他要谋反，不削减他的封地他也要谋反。削减他的封地，会促使他尽快谋反，对国家的危害小；不削减他的封地，他反叛的时间也就越迟缓，准备也就越充分，对国家的祸害也就越大。"汉景帝让公卿、列侯、皇室人员共同讨论晁错的建议，没有人敢反驳晁错的意见。

独窦婴争[66]之，由此与错有郤。

及楚王戊[67]来朝，错因言："戊往年为薄太后服，私奸服舍[68]，请诛之。"诏赦，削东海郡[69]。及前年赵王有罪[70]，削其常山郡[71]；胶西王卬[72]以卖爵事有奸[73]，削其六县[74]。

廷臣方议削吴[75]，吴王恐削地无已，因发谋举事[76]。念诸侯无足与计者，闻胶西王勇，好兵[77]，诸侯皆畏惮之，于是使中大夫应高[78]口说[79]胶西王曰："今者，主上任用邪臣，听信谗贼，侵削诸侯，诛罚良重[80]，日以益甚。语[81]有之曰：'狧糠及米[82]。'吴与胶西，知名诸侯[83]也，一时见察[84]，不得安肆[85]矣。吴王身有内疾，不能朝请二十余年，常患见疑[86]，无以自白，胁肩累足[87]，犹惧不见释[88]。窃闻大王以爵事有过[89]。所闻诸侯削地，罪不至此[90]，此恐不止削地而已[91]！"王曰："有之。子将奈何?"高曰："吴王自以为与大王同忧[92]，愿因时循理[93]，弃躯以除患于天下[94]，意亦可乎[95]?"胶西王瞿然[96]骇曰："寡人何敢如是！主上虽急[97]，固有死耳[98]，安得不事[99]！"高曰："御史大夫晁错，营惑[100]天子，侵夺诸侯，朝廷疾怨[1]，诸侯皆有背叛之意，人事极矣[101]。彗星出，蝗虫起[102]，此万世一时[103]。而愁劳，圣人所以起也[104]。吴王内以晁错为诛[105]，外从大王后车[106]，方洋天下[107]，所向者降，所指者下，莫敢不服。大王诚幸而许之一言[108]，则吴王率楚王略函谷关[109]，守荥阳、敖仓之粟[110]，距[111]汉兵，治次舍[112]，须大王[113]。大王幸而临之，则天下可并，两主分割[114]，不亦可乎！"王曰："善。"[115]

归报吴王，吴王犹恐其不果[116]，乃身自为使者，至胶西面约之。胶西群臣或闻王谋，谏曰："诸侯地不能当汉十二[117]，为叛逆以忧太后[118]，

唯独窦婴与晁错进行了争辩，从此窦婴与晁错产生了矛盾。

等到楚王刘戊入朝拜见皇帝时，晁错又趁机向景帝进谗言说："往年刘戊在为薄太后服丧期间，曾经在服丧居所里奸淫了宫廷里的女子，犯下了大不敬之罪，这次应该趁他来朝的机会杀掉他。"汉景帝虽然下令赦免了楚王刘戊的死罪，却趁机削掉了楚国的东海郡。又下令追查赵王刘遂前年所犯的过失，顺势削去了赵国的常山郡；胶西王刘卬因为出卖官爵时有营私舞弊行为，也被削减了六个县的领土。

就在朝中大臣们纷纷议论削减吴国势力的时候，吴王刘濞也担心朝廷从此对诸侯会削减个没完没了，因此兴心发兵谋反。只是忧虑诸侯当中没有人可以共同商议此事的，所以当听说胶西王刘卬不仅勇敢而且很有谋略，又喜欢军事，诸侯都因此而惧怕他时，就立即派遣中大夫应高前去游说胶西王，应高对胶西王刘卬说："现在皇帝所重用的都是奸佞之臣，他听信奸佞的谗言，已经开始寻找各种借口侵夺削减诸侯的土地，处罚得实在太重，而且一日重似一日。俗话说：'舔完糠就要吃米。'吴国和胶西国，都是有名望的诸侯，一旦遭到朝廷的查办，就再也没有安然自由的日子了。吴王因为自己身体有病，不能亲自到京师拜见皇帝已经有二十多年了，常常担心自己被皇帝所猜疑，又没有办法向皇帝表明自己的心迹，平时行事总是小心翼翼，就连走路都是缩敛着肩膀，不仅不敢挺胸抬头，就连脚步也不敢迈得很大，即使这样恐怕也不被放过。我听说大王因为卖官爵时的一点过错就被削减了六个县的土地。这么小的过错，按说还不至于受到削减土地的处罚，从这件事来看恐怕还不只是削减土地就能完得了吧！"胶西王刘卬说："事情确实如此。你说我们现在该怎么办呢？"应高说："吴王与大王有同样的忧虑，所以准备顺应天理，舍身冒死为天下除去祸害，大王您敢参与吗？"胶西王听了以后惶恐万状地说："我怎么敢这样做！皇帝虽然逼迫我很厉害，也只有一死而已，我怎么敢背叛皇帝！"应高说："御史大夫晁错，蛊惑天子，侵夺诸侯的封地，朝廷大臣怨恨，诸侯都有背叛之意，现在诸侯与朝廷的矛盾已发展到了一触即发的程度。目前彗星出现、蝗虫成灾，这是上天在告警，是万世难逢的机会。怨愁劳苦的情势，正是圣贤振奋兴起的机遇。吴王对内以诛杀晁错为号召，在外率军跟随在大王的战车之后，纵横驰骋于天下，大军所向无不投降，大军所指攻无不克，到那时谁敢不服从！大王您如果答应的话，就请给一个承诺，吴王将会率领吴国的军队和楚王一同攻打函谷关，占领荥阳、夺取敖仓的粮食，抵抗朝廷的军队，给您收拾好住处，等待大王您的到来。大王有幸光临，那么天下很快就可以平定，吴王将和大王平分天下，岂不是很好的事情吗！"胶西王刘卬答应说："好。"

应高回到吴国，把游说胶西王刘卬的结果汇报给吴王刘濞，吴王刘濞还是有些放心不下，恐怕胶西王刘卬下不了决心，于是亲自出马，来到胶西和胶西王刘卬当面订立盟约。胶西王手下的臣僚听说吴王与胶西王密谋起兵的风声，就劝阻胶西王说："诸侯的地盘，加起来也不如朝廷地盘的十分之二，如果做叛逆之事，将会使您

非计也。今承一帝[119]，尚云不易；假令事成，两主分争，患乃益生[120]。”王不听，遂发使约齐、淄川、胶东、济南[121]，皆许诺。

初，楚元王好书，与鲁申公、穆生、白生[122]俱受诗[123]于浮丘伯[124]。及王楚[125]，以三人为中大夫[126]。穆生不耆酒[127]，元王每置酒，常为穆生设醴[128]。及子夷王[129]、孙王戊[130]即位，常设，后乃忘设焉。穆生退曰：“可以逝[131]矣！醴酒不设，王之意怠。不去，楚人[132]将钳我于市[133]。”遂称疾卧。申公、白生强起之[134]，曰：“独[135]不念先王之德[136]与？今王一旦失小礼，何足至此！”穆生曰：“易称：‘知几其神乎[137]！几者，动之微[138]，吉凶之先见[139]者也。君子见几而作[140]，不俟终日[141]。’先王之所以礼吾三人[142]者，为道存[143]也。今而忽之，是忘道也。忘道之人，胡可与久处[144]？岂为区区之礼哉！”遂谢病[145]去。申公、白生独留。

王戊稍[146]淫暴，太傅[147]韦孟作诗讽谏[148]，不听，亦去，居于邹[149]。戊因坐削地事，遂与吴通谋。申公、白生谏戊，戊胥靡[150]之，衣之赭衣[151]，使雅舂[152]于市。休侯富[153]使人谏王，王曰：“季父[154]不吾与[155]，我起[156]，先取季父矣！”休侯惧，乃与母太夫人[157]奔京师。

及削吴会稽、豫章郡书至[158]，吴王遂先起兵，诛汉吏二千石以下[159]。胶西、胶东、淄川、济南、楚、赵亦皆反。楚相张尚、太傅赵夷吾[160]谏王戊，戊杀尚、夷吾。赵相建德、内史王悍[161]谏王遂[162]，遂烧杀建德、悍。齐王后悔，背约城守[163]。济北王城坏未完[164]，其郎中令[165]劫守，王不得发兵[166]。胶西王、胶东王为渠率[167]，与淄川、济南共

的母亲为您而提心吊胆，这不是高明的计策。现在接受一个皇帝的统治还觉得不容易；假设谋反的事情成功了，再发生两主争夺天下的事情，新的麻烦将会更多。”胶西王不仅不听，还派出使者去约齐王刘将闾、淄川王刘贤、胶东王刘雄渠、济南王刘辟光，四国都答应起兵谋反。

当初，楚元王刘交爱好读书，与鲁国人申公、穆生、白生一起跟随浮丘伯学习《诗经》。等到刘交被封为楚王，就任用申公、穆生、白生三人为中大夫。穆生不喜好饮酒，楚元王每次置酒设宴时，都要为穆生准备甜酒。楚元王刘交死后，他的儿子楚夷王刘郢客时仍是如此；后来他的孙子刘戊继承王位以后，最初也还是如此，后来的一次宴会，刘戊忘记为穆生设置甜酒。穆生从宴会上退出来对人说："我该走了！不设甜酒，说明国王对我已经怠慢。再不走的话，恐怕楚国人就要给我戴上刑具在市场上示众了。"从此称病卧床不起。申公、白生执意要他起来，并且说："你难道不忆念先王对我们的恩德吗？现在楚王一旦小礼有失，你哪里就至于这样呢！"穆生说："《易经》上说：'能够从先兆中预见到即将发生的事变，那就算是很聪明的人了吧！所谓征兆，就是大变故发生之前的一种迹象，通过这种迹象能够使人预测到事情的吉凶。君子一旦发现大事将变的迹象，就要赶紧采取措施，一天也不能拖延。'先王之所以敬重我们三人，是因为在我们三个人的身上体现着一种仁义之道。今天楚王突然怠慢我，是因为他忘记了仁义之道。忘记了仁义之道的人，怎么能再与他长久相处？我难道只是因为一点小小的失礼吗！"于是称病离去。申公、白生仍然留下来辅佐楚王刘戊。

楚王刘戊日益淫乱残暴起来，担任太傅的韦孟作诗对楚王刘戊进行劝谏，楚王不听，韦孟也离开了，他到邹县定居下来。刘戊因为自己违法被削减土地一事而对朝廷心怀不满，于是就与吴王刘濞共同商议谋反。申公、白生极力劝阻他不要谋反，刘戊就把他们抓起来，在他们的脖子上套上枷锁，给他们穿上赭色的囚衣，派人牵到街市上，强迫他们执杵舂米。休侯刘富派人规劝楚王刘戊，楚王刘戊说："叔父现在不帮助我，我起兵以后就先取叔父的脑袋！"休侯刘富一听这话，担心大祸临头，于是连夜带着母亲逃奔京师去了。

等到汉景帝削减吴国的会稽、豫郭郡的诏书送达吴国之后，吴王刘濞便最早起兵谋反，他将朝廷所委派的俸禄在二千石以下的官员全部杀死。胶西王刘卬、胶东王刘雄渠、淄川王刘贤、济南王刘辟光、楚王刘戊、赵王刘遂也都起兵谋反。楚国国相张尚、太傅赵夷吾劝谏楚王刘戊不要谋反，刘戊就将张尚、赵夷吾杀死。赵国丞相建德、内史王悍劝谏赵王刘遂不要谋反，刘遂竟然将建德、王悍残忍地烧死。只有齐王刘将闾后悔自己开始时参与了吴楚的造反联盟，于是他违背盟约，坚守城池。济北王因为当时城墙毁坏还没有修缮完毕，他的郎中令趁机劫持、看守住济北王，使济北王无法发兵参与吴楚诸国之乱。胶西王刘卬、胶东王刘雄渠是齐地诸叛

攻齐，围临淄。赵王遂发兵住其西界[168]，欲待吴、楚俱进。北使匈奴，与连兵[169]。

吴王悉其士卒[170]，下令国中曰："寡人年六十二，身自将[171]。少子年十四，亦为士卒先[172]。诸年上与寡人同，下与少子等[173]，皆发[174]。"凡二十余万人。南使闽、东越[175]，闽、东越亦发兵从[176]。吴王起兵于广陵[177]，西涉淮[178]，因并楚兵[179]，发使遗诸侯书[180]，罪状晁错[181]，欲合兵诛之。吴、楚共攻梁[182]，破棘壁[183]，杀数万人，乘胜而前，锐甚[184]。梁孝王遣将军击之，又败梁两军，士卒皆还走。梁王城守睢阳[185]。

初，文帝且崩，戒[186]太子曰："即有缓急[187]，周亚夫[188]真可任将兵[189]。"及七国反书闻[190]，上乃拜中尉周亚夫为太尉[191]，将三十六将军，往击吴、楚，遣曲周侯郦寄[192]击赵，将军栾布[193]击齐。复召窦婴[194]，拜为大将军[195]，使屯荥阳监齐、赵兵[196]。

初，晁错所更令三十章[197]，诸侯讙哗[198]。错父闻之，从颍川[199]来，谓错曰："上初即位，公为政用事[200]，侵削诸侯，疏人骨肉[201]，口语多怨公[202]，何为也？"错曰："固也[203]，不如此，天子不尊，宗庙不安。"父曰："刘氏安矣而晁氏危，吾去公[204]归矣！"遂饮药死，曰："吾不忍见祸逮身[205]！"后十余日，吴、楚七国俱反，以诛错为名[206]。

上与错议出军事，错欲令上自将兵，而身居守[207]，又言："徐、僮[208]之旁[209]，吴所未下者[210]，可以予吴[211]。"错素与吴相袁盎[212]不善，错所居坐，盎辄避[213]；盎所居坐，错亦避，两人未尝同堂语[214]。及错为御史大夫[215]，使吏按[216]盎受吴王财物[217]，抵罪[218]。诏赦以为庶人[219]。吴、楚反，错谓丞、史[220]曰："袁盎多受吴王金钱，专为蔽匿[221]，言不反[222]。今

国的首领，他们率领淄川王刘贤、济南王刘辟光共同攻打齐国，围困了齐国的都城临淄。赵王刘遂派兵驻扎在赵国的西部边界，想等待吴国、楚国的军队到来后一同进发。同时还向北方的匈奴派出使者，联络匈奴举兵攻打长安。

吴王刘濞把国内凡可征调的军队通通征调起来，他向吴国发布动员令说："我今年虽然已经六十二岁，但我要亲自带兵出征。我最小的儿子只有十四岁，也要身先士卒。所以，凡是六十二岁以下、十四岁以上的吴国男人全部征调入伍。"总计征调了二十多万人。同时派出使者去联络南方的闽越国和东越国，闽越国、东越国也发兵跟随吴国谋反。吴王刘濞从广陵起兵，向西渡过淮河，将楚国的军队合在一处归自己指挥，然后派使者分头给各诸侯王送信，列举晁错的罪状，号召各诸侯联合起兵诛杀晁错。吴、楚两国合兵之后就开始合力攻打梁国，他们攻破了梁国的棘壁县，杀死了数万人，然后乘胜前进，其势锐不可当。梁孝王刘武派遣将领率军迎击叛军，结果连续打了两次败仗之后，士兵全部逃散。梁王刘武只得死死守住都城睢阳等待援兵。

当初，汉文帝临死时，告诫太子刘启说："如果国家有了危难，可以任命周亚夫为大将。"当七国叛乱的消息传到长安后，汉景帝刘启立即任命中尉周亚夫为太尉，率领三十六位将领，前去迎击吴、楚叛军，派遣曲周侯郦寄率军反击赵国叛军，将军栾布率军反击齐国叛军。又召回窦婴，任命他为大将军，派他去驻守荥阳，负责监督、节制讨伐齐国、赵国两个方向的军队。

当初，晁错更定、修改了三十章法令的时候，就立即在诸侯间引起轩然大波。晁错的父亲听到消息后，急忙从颍川赶到长安，他对晁错说："皇帝刚刚即位，你执掌大权主持政务，却主张削减诸侯的国土，离间人家骨肉之间的关系，现在众人都在怨你、骂你，你为什么要这样做呢？"晁错说："必须得这样做，不然的话，皇帝就没有尊严，刘氏政权就不能稳固。"晁错父亲说："刘氏政权稳固了，而我们晁氏家族可就危险了，我还是离开你赶紧回家去吧！"他回到家中就喝毒药自杀了，临死的时候他说："我不忍心看到大祸临头！"过了十多天，吴、楚七国就发动叛乱，都以诛杀晁错为借口。

汉景帝与晁错商议出兵平定七国叛乱的事情，晁错建议汉景帝亲自率兵，前去讨伐叛军而自己留下来守卫京师，他还建议说："徐、僮两县靠近吴国，目前吴国还没有将这两县攻下来，可以把这两县送给吴国。"晁错一向与吴国丞相袁盎不和，不论晁错走到哪里，袁盎总是躲开他；而袁盎走到哪里，晁错也避开，两人从来没有在同一场所讲过话。等到晁错当了御史大夫，立即派人去调查袁盎收受吴王贿赂的罪证，并判他有罪。汉景帝对袁盎从轻发落，只是下诏将袁盎削职为民。吴、楚反叛后，晁错对手下的属官丞、御史说："袁盎接受了吴王刘濞的很多钱财，所以一直为吴王刘濞隐瞒罪行，还说吴王不会谋反。现在吴王真的谋反了，我要请求皇上治

果反，欲请治盎，宜知其计谋[223]。”丞、史曰：“事未发，治之有绝[224]；今兵西向，治之何益？且盎不宜有谋[225]。”错犹与[226]未决。人有告盎，盎恐，夜见窦婴，为言吴所以反[227]，愿至前口对状[228]。婴入言，上乃召盎。

盎入见，上方与错调兵食[229]。上问盎：“今吴、楚反，于公意何如[230]？”对曰：“不足忧也！”上曰：“吴王即山铸钱，煮海为盐，诱天下豪杰。白头举事[231]，此其计不百全，岂发乎！何以言其无能为[232]也？”对曰：“吴铜盐之利则有之，安得豪杰而诱之[233]！诚令吴得豪杰，亦且辅而为谊[234]，不反矣。吴所诱，皆无赖子弟、亡命、铸钱奸人，故相诱[235]以乱。”错曰：“盎策[236]之善。”上曰：“计安出[237]？”盎对曰：“愿屏左右[238]。”上屏人，独错在。盎曰：“臣所言，人臣不得知。”乃屏错。错趋避东厢[239]，甚恨。上卒问盎，对曰：“吴、楚相遗书言[240]：‘高皇帝王子弟各有分地，今贼臣晁错擅适诸侯[241]，削夺之地[242]，以故反，欲西共诛错，复故地而罢[243]。’方今计独有斩错，发使赦吴、楚七国[244]，复其故地，则兵可毋血刃而俱罢。”于是上默然良久，曰：“顾诚何如[245]？吾不爱一人[246]以谢天下。”盎曰：“愚计出此，唯上孰计之[247]。”乃拜盎为太常[248]，密装治行[249]。后十余日，上令丞相青、中尉嘉、廷尉欧[250]劾奏错[251]：“不称主上德信[252]，欲疏群臣百姓[253]，又欲以城邑予吴，无臣子礼，大逆无道。错当要[254]斩，父母妻子同产[255]无少长皆弃市[256]。”制曰：“可。”[257]错殊不知。壬子[258]，上使中尉召错，绐载行市[259]，错衣朝衣斩东市。上乃使袁盎与吴王弟子宗正德侯通[260]使吴。

谒者仆射邓公为校尉[261]，上书言军事，见上，上问曰：“道军所

袁盎的罪，袁盎应该知道吴王刘濞的阴谋。”丞和御史说：“事情没有发生之前，惩治袁盎可以断绝吴王谋反的念头；现在吴王已经发兵西进，惩治袁盎还有什么用呢？再说袁盎应该不会参与他们的阴谋。”晁错因此而犹豫未决。有人把此事告诉了袁盎，袁盎很恐惧，就连夜去见窦婴，将吴王刘濞所以要叛乱的原因告诉窦婴，并希望亲自到皇帝面前说明原委。窦婴入宫将袁盎的意思奏报给汉景帝，汉景帝于是召见袁盎。

袁盎进见汉景帝时，汉景帝正在与晁错商量为出征的军队调拨粮饷的事情。汉景帝问袁盎说：“现在吴、楚造反，你怎么看待这件事情？”袁盎回答说：“陛下不值得为此事担忧！”景帝说：“吴王开矿冶铜铸钱，煮海水制盐牟利，利用雄厚的财力招引天下的豪杰。等到头发花白的时候发兵造反，他如果没有百分之百的把握，敢造反吗！你怎么还说他们不会成什么气候呢？”袁盎回答说：“吴国利用开矿冶铜铸钱、煮盐谋利之事确实是有的，哪里会有真正的豪杰被他们引诱去呢！即使吴国真的引诱到了豪杰，那些豪杰也一定会辅佐吴王做符合仁义的好事，那样的话吴国就不会谋反了。其实吴国所引诱的，都是些无赖子弟、亡命之徒和那些私自铸钱牟利的奸诈之人，所以他们才互相煽动作乱。”晁错说：“袁盎的分析很正确。”景帝问：“如今该怎么办才好？”袁盎说：“请屏退您的近侍之人。”景帝于是让身边的人都离开，只留下晁错在旁。袁盎说：“我要对陛下说的，臣子不应该知道。”于是景帝也让晁错退下。晁错躲到东边的厢房里，对袁盎特别怨恨。景帝追问袁盎，袁盎回答说：“吴、楚相互传递书信，说：‘高皇帝分封子弟为王时各王都分得了土地，现在贼臣晁错随便地处罚诸侯，削夺诸侯的土地，所以诸侯才起兵造反，目的就是要来京师诛杀晁错，只要收回他们原有的土地他们就罢兵。’现在只有杀了晁错，派使者赦免吴、楚七国造反的罪名，恢复他们原有的土地，军队就可以不用流血而使七国全部罢兵。”汉景帝沉思了好一会儿，说：“但不知他们是不是果真如此？如果是的话，我不会吝惜杀掉一个晁错而得罪天下所有的人。”袁盎说：“我只能献此计策，希望陛下认真思考一下。”于是汉景帝任命袁盎为太常，让他暗中整治行装准备去与吴、楚谈判。过了十多天，景帝暗示丞相陶青、中尉嘉、廷尉张欧上书弹劾晁错说：“晁错辜负了皇帝对他的厚爱和信任，想要皇帝疏远群臣、百官，又要皇帝把城邑拱手送给吴国，他的所作所为不符合做臣子的礼节，属于大逆不道。按罪应当将晁错腰斩，他的父母、妻子、同胞兄弟姐妹，无论大小一律斩首、陈尸示众。”景帝批复说：“照此执行。”此时，晁错还毫不知情。正月二十九日壬子，汉景帝派中尉召见晁错，骗晁错上了车，然后拉到闹市中的刑场，晁错竟然穿着上朝的衣服被斩于东市。景帝杀了晁错之后，立即派袁盎与吴王刘濞弟弟的儿子、担任宗正的德侯刘通前往吴国。

兼任谒者仆射的邓公此时正担任校尉，他向汉景帝奏报军情的时候，景帝问他

来[262]，闻晁错死，吴、楚罢不[263]？”邓公曰：“吴为反[264]数十岁矣，发怒削地，以诛错为名，其意不在错[265]也。且臣恐天下之士拑口[266]不敢复言矣。”上曰：“何哉？”邓公曰：“夫晁错患诸侯强大不可制，故请削之以尊京师[267]，万世之利也。计划始行，卒[268]受大戮。内杜[269]忠臣之口，外为诸侯报仇。臣窃为陛下不取也。”于是帝喟然长息[270]曰：“公言善，吾亦恨之[271]。”

袁盎、刘通至吴，吴、楚兵已攻梁壁[272]矣。宗正以亲故[273]，先入见，谕吴王，令拜受诏[274]。吴王闻袁盎来，知其欲说[275]，笑而应曰：“我已为东帝，尚谁拜[276]？”不肯见盎，而留军中，欲劫使将[277]，盎不肯。使人围守，且[278]杀之。盎得间[279]，脱亡归报[280]。

太尉亚夫言于上曰：“楚兵剽轻[281]，难与争锋[282]，愿以梁委之[283]，绝其食道[284]，乃可制也。”上许之[285]。亚夫乘六乘传[286]，将会兵荥阳[287]。发至霸上[288]，赵涉[289]遮说[290]亚夫曰：“吴王素富，怀辑[291]死士[292]久矣。此知将军且行[293]，必置间人[294]于淆渑阸狭[295]之间。且兵事尚〔2〕神密[296]，将军何不从此右去[297]，走蓝田[298]，出武关[299]，抵洛阳！间不过差一二日[300]。直入武库，击鸣鼓[301]，诸侯闻之，以为将军从天而下也。”太尉如其计，至洛阳，喜曰：“七国反，吾乘传至此，不自意全[302]。今吾据荥阳，荥阳以东[303]无足忧者。”使吏搜淆渑间，果得[304]吴伏兵[305]。乃请赵涉为护军[306]。

太尉引兵东北走昌邑[307]。吴攻梁急，梁数使使条侯[308]求救，条侯不许。又使使诉条侯于上[309]，上使告条侯救梁，亚夫不奉诏，坚壁不出[310]。而使弓高侯[311]等将轻骑兵出淮泗口[312]，绝吴、楚兵后[313]，塞其饷

说："你从前线回来，听到晁错被处死的消息后，吴、楚自动罢兵了没有？"邓公说："吴王蓄谋造反已经几十年了，他借朝廷削减诸侯的土地而发作，以诛杀晁错为借口，他的目的根本不在晁错。晁错落得如此下场，我真担心天下的谋士从此以后会闭上他们的嘴不敢再向陛下提任何建议了。"景帝问："这是为什么呢？"邓公说："晁错担心诸侯过于强大而使皇帝无法控制他们，所以才建议削弱诸侯，使权力归于京师，这是对千秋万代都有利的事。不料计划才开始实行，就突然遭受杀戮。这等于是对内堵塞了忠臣良将的嘴，对外替诸侯报了仇。我认为陛下的做法实在是不可取。"景帝伤心地叹息了一声说："你说得很对，我也悔恨杀了晁错。"

袁盎、刘通来到吴王那里，此时吴、楚的军队已经开始向梁国军队的营垒发起进攻。刘通因为是吴王刘濞亲属的缘故，所以得以进见吴王，刘通劝说吴王刘濞，让他拜受皇帝的诏书。吴王刘濞听说袁盎也来了，知道他是来为皇帝游说自己，就笑着回答说："我已经做了东部的皇帝，还向谁下拜？"因此不肯接见袁盎，而是把他扣留在军中，想胁迫他为自己统兵，袁盎不肯答应，吴王刘濞就派人把袁盎软禁起来，严加看管，并准备杀死他。袁盎抓住机会逃回了京师，将吴王刘濞的情况报告给汉景帝。

太尉周亚夫对汉景帝说："楚兵凶悍矫健，现在不能和他们进行正面硬拼，希望先把梁国扔给他们攻打，然后派兵绕到他们的后方切断他们的运输补给线，那时才能控制他们。"景帝同意了周亚夫的建议。周亚夫乘坐着驾有六匹马的传车，准备到荥阳去与各路讨伐叛军的大军相会。当他来到霸上的时候，赵涉拦住他说："吴王刘濞一向就很富足，他笼络、收买那些敢死之徒已经很久了。如果他们知道将军就要到荥阳去，必然会在崤山、渑池的峡谷中埋伏下刺客。再说，军事行动讲求行动诡秘、出人意料，将军为何不从此地向右绕道而去，穿过蓝田，经过武关，然后抵达洛阳！先后只不过相差一两天的时间。到了那里以后可以径直进入洛阳的武器库，突然敲起战鼓集合部队，诸侯听到消息，必定以为将军是从天而降。"太尉周亚夫听从了他的计策，当他顺利抵达洛阳的时候，高兴地说："七国造反，我竟然能够乘坐传车顺利到达此地，这连我自己也没有料到会如此安全。现在我据守荥阳这个军事要地，荥阳以东的大片国土可以高枕无忧了。"周亚夫派人搜索崤山、渑池一带，果然抓住了吴国埋伏在那里准备刺杀他的狙击手。于是周亚夫聘请赵涉为自己担任主管监察、纠察、维护秩序的护军。

太尉周亚夫率军向东北的昌邑进发。吴军攻打梁国甚急，梁王刘武数次派使者向条侯周亚夫求救，周亚夫始终不肯出兵。梁王刘武又派使者向景帝告状，说周亚夫对梁国见死不救。景帝派使者命令周亚夫发兵援救梁国，周亚夫不肯接受景帝的诏书，仍然坚持既定方针，深沟高垒据以坚守不肯出击敌人。他派遣弓高侯韩颓当等将领率领轻骑兵绕道吴、楚后方，占了淮河与泗水的汇口，既阻断了吴、楚军队

道[314]。梁使中大夫韩安国[315]及楚相张尚弟羽[316]为将军。羽力战[317]，安国持重[318]，乃得颇败吴兵[319]。吴兵欲西[320]，梁城守，不敢西[321]。即走[322]条侯军，会下邑[323]。欲战，条侯坚壁不肯战。吴粮绝卒饥，数挑战，终不出[324]。条侯军中夜惊，内相攻击，扰乱至帐下[325]，亚夫坚卧不起[326]。顷之，复定。吴奔壁东南陬[327]，亚夫使备西北。已而其精兵果奔西北，不得入。吴、楚士卒多饥死叛散，乃引[328]而去。二月，亚夫出精兵追击，大破之[329]。吴王濞弃其军，与壮士数千人夜亡走，楚王戊自杀[330]。

吴王之初发也，吴臣田禄伯为大将军。田禄伯曰："兵屯聚而西[331]，无他奇道[332]，难以立功。臣愿得五万人，别循江、淮而上[333]，收淮南、长沙[334]，入武关，与大王会[335]，此亦一奇也。"吴王太子谏曰："王以反为名，此兵难以借人[336]，人亦且反王[337]，奈何？且擅兵而别，多他利害[338]，徒自损[339]耳！"吴王即不许田禄伯。

吴少将桓将军[340]说王曰："吴多步兵，步兵利险[341]。汉多车骑[342]，车骑利平地[343]。愿大王所过城不下[344]，直去[345]，疾西据洛阳武库[346]，食敖仓粟[347]，阻山河之险[348]，以令诸侯。虽无入关[349]，天下固已定矣。大王徐行留下城邑[350]，汉军车骑至，驰入梁、楚之郊[351]，事败矣。"吴王问诸老将，老将曰："此年少椎锋[352]可耳，安知大虑[353]！"于是王不用桓将军计。

王专并将兵[354]。兵未度淮[355]，诸宾客[356]皆得为将、校尉、候、司马[357]，独周丘不用。周丘者，下邳[358]人，亡命吴[359]，酤酒[360]无行，王薄之，不任[361]。周丘乃上谒[362]说王曰："臣以无能，不得待罪行间[363]。臣非敢求有所将[364]也，愿请王一汉节[365]，必有以报。"王乃予之。周丘得节，夜驰入下邳。下邳时闻吴反，皆城守。至传舍[366]，召令入户[367]，使

的退路，又阻断了吴、楚军队运送粮食的通道。梁王刘武派中大夫韩安国和楚国丞相张尚的弟弟张羽为将。张羽奋力作战，韩安国做事谨慎稳重，这才稍稍给了吴军一些打击。吴军想要西下攻打长安，因为有梁军坚守城池，吴军不敢绕过梁国西进。于是转而攻打周亚夫，两军在下邑相遇。吴军想要尽快展开决战，而条侯周亚夫依然深沟高垒不肯出兵决战。吴军粮草断绝，士兵饥饿，屡次向周亚夫的军队挑战，周亚夫始终不出兵应战。一次，周亚夫军中夜惊，军士自相攻击，一直闹到周亚夫的中军帐下，周亚夫安睡不起。过了一会儿，军中就又安静下来。吴军攻打周亚夫军营的东南角，周亚夫马上派人去防守西北角。一会儿，吴军果然组织精锐部队来攻打军营的西北角，由于防守严密，无法攻入。吴、楚士兵大多因为饥饿，或死亡、或反叛、或逃逸，吴王刘濞只得引兵退去。二月，周亚夫组织精兵追击，大败吴军。吴王刘濞扔下军队，与数千名精壮士兵连夜逃跑，楚王刘戊兵败自杀。

吴王刘濞开始谋反时，吴国的大臣田禄伯担任大将军。田禄伯对吴王刘濞说："军队集结向西进兵，没有特别出奇制胜的谋略，难以获得成功。我愿意率领五万人，从另外一条路沿着长江、淮河逆流而上，收取淮南、长沙，然后进入武关，与大王在长安会师，这也是一支奇兵啊。"吴王太子刘驹劝阻吴王说："父王以造反为名，这兵权是不能交给别人的，如果把兵权交给别人，别人也会用此兵来背叛父王，那时怎么办？况且握有兵权的统帅一旦分兵而出，其危险也是很大的，白白地削弱了自己！"吴王于是没有答应田禄伯的请求。

吴国的少将桓将军劝说吴王说："吴国大多是步兵，步兵有利于在崎岖险要的地方作战。朝廷的军队大多是战车，战车适宜在平地作战。希望大王所经过的城邑，若一时攻打不下，就直接绕过去，长驱西进迅速占领洛阳的武器库，再占据敖仓，则从此粮食不会匮乏，再凭借着有利的山川形势，以号令天下诸侯。即使还没有进入函谷关、占领京师，但天下大势已成定局。如果大王行进缓慢，不时地停留下来攻取城邑，那么朝廷的战车骑兵赶到，飞快地占领梁、楚之间，失败就不可避免了。"吴王征求各位老将的意见，老将们都说："此人年少，凭血气之勇，冲锋陷阵还可以，哪里会有深谋远虑呢！"于是，吴王刘濞没有采用桓将军的计策。

吴王刘濞亲自担任统一指挥。军队还没有渡过淮河，他的那些宾客就都被任命为将军、校尉、候、司马，却唯独不用周丘。周丘是下邳人，因逃亡来到吴国，靠卖酒为生，品行不端，吴王一向看不起他，所以不肯任用他。周丘于是进见吴王刘濞，他对吴王刘濞说："我因为没有才能，所以不能侍奉在大王的左右。我不敢请求您拨给我多少人马，只希望您把朝廷当年赐给您的旌节给我一个，我一定对您有所回报。"吴王便将一个汉节给了他。周丘得到汉节，连夜进入下邳。下邳人当时听说吴王刘濞造反，都在坚守城池。周丘进入驿站的客房，就传下邳县令前来进见，然后命令自己的随从宣布县令的罪行杀死了县令，随后将自己的在家弟兄及所友好的

从者以罪斩令，遂召昆弟所善豪吏[368]告曰："吴反，兵且至，屠下邳不过食顷[369]。今先下[370]，家室必完[371]，能者封侯[372]矣！"出，乃相告，下邳皆下[373]。周丘一夜得三万人，使人报吴王，遂将其兵北略城邑[374]。比至阳城[375]，兵十余万，破阳城中尉[376]军。闻吴王败走，自度无与共成功[377]，即引兵归下邳，未至[378]，疽发背死[379]。

壬午晦[380]，日有食之[381]。

吴王之弃军亡也，军遂溃，往往稍降[382]太尉条侯及梁军。吴王度淮[383]，走丹徒[384]，保东越[385]，兵可万余人，收聚亡卒[386]。汉使人以利啖东越[387]，东越即绐[388]吴王出劳军，使人鏦杀[389]吴王，盛其头，驰传以闻[390]。吴太子驹[391]亡走闽越[392]。吴、楚反凡三月，皆破灭[393]。于是诸将乃以太尉谋为是，然梁王由此与太尉有隙[394]。

三王之围临淄[395]也，齐王使路中大夫[396]告于天子。天子复令路中大夫还报，告齐王坚守："汉兵今破吴楚矣[397]。"路中大夫至，三国兵围临淄数重，无从入[398]。三国将与路中大夫盟[399]曰："若反言[400]：'汉已破矣，齐趣下三国[401]，不且见屠[402]。'"路中大夫既许，至城下，望见齐王曰："汉已发兵百万，使太尉亚夫击破吴、楚，方[403]引兵救齐，齐必坚守无下[404]！"三国将[405]诛路中大夫。齐初围急[406]，阴与三国通谋[407]。约未定，会路中大夫从汉来，其大臣乃复劝王无下三国。会汉将栾布[408]、平阳侯[409]等兵至齐，击破三国兵。解围已[410]，后闻齐初与三国有谋，将欲移兵伐齐。齐孝王惧，饮药自杀[411]。

胶西、胶东、淄川王各引兵归国[412]。胶西王徒跣、席藁、饮水[413]谢

县中大吏召集起来，告诉他们说："吴王造反，大军随后就到，屠杀下邳不过一顿饭的工夫。现在先投降，还可以保全家室，有能力的还可以封侯呢！"这些人出去之后，便相互转告，于是下邳全部向吴王刘濞投降。周丘一夜之间就得到三万人，他一面派人报告吴王，自己则率领着这支三万人的军队向北攻城略地。当他到达阳城的时候，手下的兵士已达十万多人，很快便攻破守卫阳城的中尉军。后来他听说吴王军败的消息，自料没有人能与自己共成大事，于是就准备率军回到下邳，走到途中，因为背上长疮，病发而死。

二月最后一天壬午日，发生日食。

由于吴王刘濞弃军而逃，吴国的军队于是溃不成军，渐渐地有人投降了太尉周亚夫，有人投降了梁国。吴王刘濞渡过淮河，向丹徒方向逃走，准备投奔东越国，当时他身边还有一万多人，一路上，边走边招集逃散的吴国士兵。朝廷派人用重金收买了东越王，东越王于是诱骗吴王刘濞亲自出来慰劳军队，就在刘濞劳军时，东越王派刺客用矛戟将刘濞刺死，并将他的首级割下来放在匣子里，用驿站的传车飞快地上报汉景帝。吴太子刘驹逃亡到了闽越。吴、楚造反，前后不过三个月就彻底失败了。于是诸将都认为周亚夫决策正确，梁王刘武却因为太尉周亚夫坐视梁国被围攻而不派兵救援，对周亚夫产生了深深的怨恨。

在胶西王刘卬、胶东王刘雄渠与淄川王刘贤等的军队共同围攻齐国首都临淄的时候，齐王派路中大夫赴京师向景帝报告被围困的情况。汉景帝让路中大夫转告齐王，要齐国坚守城池，说："朝廷的军队即将打败吴、楚的军队。"当路中大夫返回齐国来到临淄城郊外的时候，胶西、胶东、淄川三国的军队早已把临淄城围得里三层外三层，路中大夫根本无法进入城内。三国的将领捉住了路中大夫，强行与他订立盟约说："你改向城内喊话说：'汉军已经被吴、楚的军队打败，齐国赶快向围城的三国投降，不投降，就要被屠城了。'"路中大夫假装答应了三国将领的要求，来到临淄城下，路中大夫远远地望见齐王，他向齐王大声喊话说："朝廷已经调动一百万军队，派太尉周亚夫率军，已经打败了吴、楚联军，现在正在率领大军前来解救齐国，齐国一定要坚守城邑，等待援兵，坚决不要投降！"三国将领立即杀死了路中大夫。齐国当初被围形势紧急的时候，曾经暗地里派人与三国讲和，只是盟约还没有最终签订，此时恰逢路中大夫从京师返回，齐国的大臣听到路中大夫所传达的信息，就又都劝齐王不要向三国投降。正在此时，汉将栾布、平阳侯曹奇等人率领大军到达齐国，于是与齐国里外夹攻，打败了三国联军。临淄解围之后，朝廷听到齐国最初曾经与三国有过造反的密谋消息，就准备发兵讨伐齐国。齐孝王刘将闾听说后惊恐不安，便服毒自杀了。

胶西王刘卬、胶东王刘雄渠、淄川王刘贤各自带领着残兵败将回到自己的封国。胶西王刘卬赤着脚，坐在草席上，一边喝冷水惩罚自己，一边向王太后谢罪。胶西

太后[414]。王太子德[415]曰："汉兵还[416]，臣观之已罢[417]，可袭，愿收王余兵击之[418]。不胜而逃入海，未晚也。"王曰："吾士卒皆已坏，不可用。"弓高侯韩颓当遗胶西王书曰："奉诏诛不义，降者赦除其罪，复故[419]；不降者灭之。王何处[420]？须以从事[421]。"王肉袒[422]叩头，诣汉军壁，谒[423]曰："臣卬奉法不谨[424]，惊骇百姓，乃苦将军远道至于穷国，敢请菹醢[425]之罪。"弓高侯执金鼓见之[426]曰："王苦军事[427]，愿闻王发兵状[428]。"王顿首膝行，对曰："今者晁错，天子用事[429]臣，变更高皇帝法令，侵夺诸侯地。卬等以为不义，恐其败乱天下，七国发兵且诛错[430]。今闻错已诛，卬等谨已罢兵归。"将军[431]曰："王苟[432]以错为不善，何不以闻[433]？及未有诏、虎符[434]，擅发兵击义国[435]？以此观之，意非徒欲诛错[436]也！"乃出诏书为王读之[437]，曰："王其自图[438]！"王曰："如卬等死有余辜！"遂自杀。太后、太子皆死。胶东王、淄川王、济南王皆伏诛。

郦将军[439]兵至赵，赵王引兵还邯郸城守。郦寄攻之，七月不能下。匈奴闻吴、楚败，亦不肯入边。栾布破齐还，并兵[440]引水灌赵城，城坏，王遂[441]自杀。

帝以齐首善[442]，以迫劫有谋[443]，非其罪也。召立齐孝王太子寿[444]，是为懿王。

济北王亦欲自杀[445]，幸全其妻子[446]。齐人公孙獲[447]谓济北王曰："臣请试为大王明说梁王，通意天子[448]；说而不用，死未晚也。"公孙獲遂见梁王曰："夫济北之地，东接强齐，南牵吴、越[449]，北胁燕、赵[450]。此四分五裂之国[451]，权[452]不足以自守，劲[453]不足以捍[3]寇[454]，又非有奇怪，云以待难[455]也。虽坠言于吴[456]，非其正计[457]也。乡使[458]济北见情实[459]，示不从之端[460]，则吴必先历齐，毕济北[461]，招燕、赵而总之[462]，如

王太子刘德对胶西王刘印说："朝廷的军队已经退去，依我看来汉军将士已经疲惫不堪，可以趁此机会去袭击他们，我愿意召集大王残余的将士亲自率领着去袭击汉军。如果不能取胜就逃入海中，也不算晚。"胶西王刘卬说："我的士兵都已经被打败，现在已经毫无斗志，没办法再打仗了。"弓高侯韩颓当送信给胶西王说："我奉皇帝之命来诛杀不义之人：凡投降的就赦免他的罪过，恢复他原来的爵位；不投降的就要被消灭。大王何去何从？我现在就等您做出回答以确定我的行动。"胶西王刘卬脱掉衣袖露出臂膀磕着头，到汉军军营来谒见弓高侯，说："我刘卬违犯了国家的法律，惊扰了国内的百姓，又劳动将军远道来到我这穷乡僻壤，就请将军把我剁成肉酱吧。"弓高侯在金鼓敲击的军乐声中接见了胶西王刘卬，对胶西王刘卬说："大王发兵以来一路劳苦了，我希望听听您发兵的缘故。"胶西王刘卬一边磕头一边用膝盖向前行走着回答说："现在，晁错是皇帝的执政大臣，他怂恿皇帝变更高皇帝时期制定的法令，侵夺诸侯的封地。我等认为他的做法实属不忠不义，恐怕他败坏扰乱了天下，七国发兵的目的就是要诛杀晁错。现在听说晁错已被皇帝诛杀，所以我等立即撤兵回国。"弓高侯说："大王如果认为晁错行为不端，为什么不把情况报告给皇帝？您既没有皇帝给您的诏书，又没有皇帝给您调动军队的凭证，为什么擅自发兵攻打效忠朝廷的齐国？由此看来，您的本意不仅仅是要诛杀晁错，恐怕另有所图吧！"于是弓高侯拿出皇帝的诏书，当面宣读，说："该怎么办，大王您自己决定吧！"刘卬说："像我刘卬这样的人真是死有余辜！"于是自杀。刘卬的母亲、太子都死了。胶东王刘雄渠、淄川王刘贤、济南王刘辟光按照刑法全都被处以死刑。

郦寄率军到达赵国，赵王刘遂领兵回到国都邯郸坚守城池。郦寄下令攻打，连续攻打七个月都没能攻下邯郸。匈奴听到吴国、楚国兵败的消息，也没敢进入汉朝的边境。栾布率兵平定了齐国之后回师路过邯郸，便与郦寄合兵一处，引漳河水灌入邯郸城内，城墙被水浸泡塌毁，赵王刘遂自杀。

景帝因为齐国最初的用心是好的，是因为受了胁迫才参与了谋反，这并非齐国的罪过，于是下诏册立齐孝王刘将闾的太子刘寿为齐懿王。

济北王刘志也要自杀，但又希望能保全自己妻子儿女的性命。齐国人公孙玃对济北王刘志说："请允许我尝试着去说服梁王刘武，请他在皇帝面前为大王求情；梁王若不同意为大王说情，大王再死也不晚。"公孙玃于是去见梁王刘武，他诚恳地对梁王说："济北国所处的地理位置，东边与强大的齐国接壤，南边受到吴国、越国的牵制，北边受到燕国、赵国的威胁，这是一个随时都有可能被四分五裂的国家，权谋、威势不足以自守，兵力不足以抵御强寇的入侵，又没有神灵鬼怪一类的力量，可以抗击灾难的降临。虽然答应吴国参加叛乱，也是受吴国的威胁而并非出自他的真心实意。假使济北王当时表露出他反对谋反的真实倾向，显露出对吴国不顺从的苗头，那么吴国肯定会先越过齐国，将济北灭掉，然后再进一步将燕国、赵国连成

此，则山东之从结而无隙[463]矣。今吴王连诸侯之兵，驱白徒之众[464]，西与天子争衡[465]。济北独底节不下[466]，使吴失与[467]而无助，跬步独进[468]，瓦解土崩，破败而不救者，未必非济北之力也。夫以区区[469]之济北，而与诸侯[470]争强，是以羔犊之弱而捍[471]虎狼之敌也。守职不桡[472]，可谓诚一[473]矣。功义如此，尚见疑于上，胁肩低首，累足抚衿[474]，使有自悔不前[475]之心，非社稷之利也。臣恐藩臣守职者[476]疑之。臣窃料[477]之，能历西山[478]，径长乐[479]，抵未央[480]，攘袂而正议[481]者，独大王耳。上有全亡[482]之功，下有安百姓[483]之名，德沦于骨髓[484]，恩加于无穷[485]，愿大王留意详惟[486]之!"孝王大说，使人驰以闻[487]。济北王得不坐[488]，徙封于淄川[489]。

河间王太傅卫绾[490]击吴、楚有功，拜为中尉[491]。绾以中郎将事文帝[492]，醇谨无他[493]。上[494]为太子时，召文帝左右饮[495]，而绾称病不行。文帝且崩，属上曰[496]:"绾长者[497]，善遇之[498]!"故上亦宠任焉。

夏，六月乙亥[499]，诏:"吏民[500]为吴王濞等所诖误[501]当坐[502]及逋逃亡军[503]者，皆赦之。"

帝欲以吴王弟德哀侯广之子[504]续吴[505]，以楚元王子礼[506]续楚[507]。窦太后[508]曰:"吴王，老人也[509]，宜为宗室顺善[510]。今乃首率七国纷乱天下，奈何续其后[511]!"不许吴[512]，许立楚后[513]。乙亥[514]，徙淮阳王余[515]为鲁王[516]；汝南王非[517]为江都王，王故吴地[518]；立宗正礼[519]为楚王；立皇子端[520]为胶西王[521]，胜[522]为中山王[523]。

【段旨】

以上为第一段，写景帝三年（公元前一五四年）一年间的全国大事。主要写了吴、楚七国发动叛乱，汉景帝在袁盎、窦婴等人的挑动下，杀晁错，向吴、楚

一片，这样的话，山东各国的反汉联盟必将像一块铁板，坚固而没有缝隙了。现在吴王连络各诸侯国，驱赶着一群乌合之众，向西进兵，想与皇帝一争高下。济北国虽然势孤力单却始终坚守臣节，不向吴国屈服，使吴国失去同盟者而得不到帮助，独自缓慢西进，终于土崩瓦解，失败而得不到救援，这未必不是济北国的作用啊。以小小的济北国，而与几个参加叛乱的诸侯大国一争高下，无异于用弱小的羊羔牛犊去抵抗虎狼一样的强敌。济北国恪尽职守，不肯屈服，可以说对皇帝的忠诚是始终如一的。这样的功劳和诚意，如果还要被皇帝所怀疑，使他今后缩肩低头，诚惶诚恐，连走路都得小心翼翼，恐怕他会后悔不如当初跟从吴国造反了，这对国家来说没有什么好处。我担心从今以后那些恪尽职守的藩臣将会心生疑虑。我私下里思量，能够穿越崤山与华山，直接进入太后居住的长乐宫，直达皇帝起居的未央宫，慷慨激昂地仗义执言的，只有大王您一个人可以做到。这对济北国王来说，您有保全他免遭灭亡的功劳，对济北国的百姓来说，您有使百姓免受惊恐的名声，您的美德济北王将刻骨铭心，您的恩惠济北国的百姓将永世不忘，希望大王认真思考！”梁孝王刘武听后非常高兴，立即派人飞马前去把济北王的情况报告给汉景帝。济北王刘志因此而未被定罪，汉景帝把济北王刘志改封为淄川王。

河间王太傅卫绾在平定吴、楚叛乱时立有战功，被提升为中尉。卫绾曾经以中郎将的身份侍奉过汉文帝，他除了为人敦厚谨慎之外，没有其他长处。景帝为太子的时候，曾经宴请文帝身边的侍臣，而卫绾称病没有赴宴。文帝临死的时候，嘱咐景帝说：“卫绾是一位忠厚的长者，你要好好对待他！”景帝因此而很宠信、重用卫绾。

夏季，六月二十四日乙亥，景帝下诏：“不论官吏百姓，凡是因吴王刘濞等作乱而受到牵连应该判罪以及在吴、楚等叛乱国家当兵而逃亡后被捕的人，全部赦其无罪。”

汉景帝想封吴王刘濞的弟弟哀侯刘广的儿子为吴王，封楚元王刘交的儿子刘礼为楚王。窦太后对景帝说：“吴王，是刘氏家族里的老人，本应该为宗室做出好的榜样。但带头率领七国背叛朝廷、扰乱天下，为什么还要让刘濞的后代延续！”太后不同意立吴王的后代，只准许立楚王的后代。六月二十四日乙亥，改封淮阳王刘余为鲁王；汝南王刘非为江都王，管辖原来吴国的土地；封宗正刘礼为楚王；封皇子刘端为胶西王，刘胜为中山王。

等国求和，结果七国照反不误，发兵西进，景帝只好派周亚夫等率兵平叛，在周亚夫与梁孝王的共同抗击下，吴、楚七国被打败的大体过程；同时也展现了汉王朝朝廷与吴、楚叛军两方面内部的种种矛盾，很有认识价值。

【注释】

①宴饮：也写作“燕饮”，安闲而不拘礼节的欢饮。宴，安、安闲。②从容：不经心；不在意。③千秋万岁后：婉言死后。千秋万岁，这里代指死。④传于王：传帝位于梁王你。⑤至言：发自内心的话。至，到家、到位。⑥太后：窦氏，文帝的皇后，景帝与梁王的生母。⑦詹事窦婴：窦婴字王孙，窦太后之侄，景帝与梁王的表兄弟，时任詹事之职。詹事是朝官名，为皇后与太子掌管家庭事务。⑧引卮酒进上：意即提醒景帝说了不应说的话，应该受罚。胡三省《通鉴注》曰：“引酒进上，盖罚爵（酒杯）也。”⑨上何以得传梁王：倪思《班马异同》曰，“婴不顾窦太后，引谊别微，真忠臣也”。⑩因病免：推托有病，辞官不干了。《史记·魏其武安侯列传》作“窦婴亦薄其官，因病免”。⑪除婴门籍：除，注销。门籍，胡三省曰：“出入宫殿门之籍也。”即宫门守卫处所持有的允许出入宫门的花名册。⑫不得朝请：不能随时进宫拜见皇帝。古时诸侯春朝天子曰“朝”，秋朝天子曰“请”，此处即指朝见。⑬正月乙巳：正月二十二。⑭长星：流星。⑮灾：失火。⑯吴太子：吴王刘濞的嫡长子。汉初时，皇帝的嫡长子与诸侯王的嫡长子，都称“太子”。《史记索隐》引《楚汉春秋》称此吴太子名贤，字德明。⑰入见：入朝拜见皇帝。⑱侍：侍奉，这里意即陪同。⑲皇太子：名启，即日后的汉景帝。⑳饮博：饮酒、下棋。博，也称“六博”，古代的一种棋戏。㉑争道：为下棋子于何方，引起争执。㉒不恭：对皇太子不礼貌。㉓引博局：扯起棋盘。引，扯起、拉过。㉔提：投击；抡打。㉕杀之：史官如此直书，皆透出对景帝之憎恶，应合《史记》之《袁盎晁错列传》《绛侯周勃世家》《五宗世家》等合观之。㉖遣其丧归葬：将吴太子的尸体送回吴国安葬。㉗至吴：吴国的都城即今江苏扬州。㉘愠：恼怒。㉙天下同宗：犹言“大家都是一家子”，此引用当初刘邦所说的话，来对文帝撒气。当初刘邦封刘濞为吴王时曾说：“天下同姓为一家也，慎无反。”㉚何必来葬为：何必非得送回吴国安葬。㉛稍：渐；渐渐地。㉜失藩臣之礼：不像诸侯对待天子的礼节。封建时代称诸侯为中央天子的屏障藩篱，诸侯有按规定向朝廷进贡，并按时入朝天子的义务。杨树达曰：“时邹阳、枚乘皆谏王，王不纳，见《汉书》阳、乘传。”㉝系治验问：将吴国来的使臣关押起来进行拷问。系，指关押。验，审查、追问。㉞使人为秋请：派人代表自己进京朝见皇帝。秋请，《史记集解》引孟康曰：“律，春曰朝，秋曰请，如古诸侯朝聘也。”㉟复问之：又向吴国使臣追问吴王的真实情况。㊱数辈：多批。㊲察见渊中鱼二句：古代俗语，《列子·说符》中有所谓“察见渊中鱼者不祥，智料隐匿者有殃”；《韩非子·说林上》有所谓“知渊中之鱼者不祥”。《史记集解》引张晏曰：“喻人君不当见尽下之私。”意即不要把下面的什么事情都查得一清二楚，有些可以留着让他自己去觉悟、改正。陈沂曰：“吴使者之言虽为吴王曲解，而所谓‘察见渊中鱼不祥’者，实乃人君至戒也。”㊳弃前过：宽恕他以前的那些过失。㊴与之更始：和他重新开始一种新的关系。陈子龙曰：“使者言，黄老术也，与文

帝所见略同，故其说得行。”㊵几杖：都是对老者的特定恩赐。几，坐时可凭之以休息。杖，行时可拄。㊶老二句：体谅他年高，可以不必像其他诸侯一样按时进京朝见皇帝。〖按〗以上皇太子提杀吴太子，与文帝赐吴王几杖事，究竟在何年，《史记》《汉书》皆无明载。文帝去世时，吴王濞已年近六十。㊷谋亦益解：造反的念头也就渐渐打消了。益，逐渐。㊸然其居国以铜盐二句：由于吴国可以自己铸钱、晒盐，所以不必向百姓征收赋税。㊹卒践更辄予平贾：汉朝的兵役叫作“更”，凡亲自前去服役的叫“践更”；有些自己不愿去的可以花钱找人代替；于是家里穷而愿意出去服役的就可以获得一份钱。现在吴王规定，谁要是前去服役，这笔钱由吴王按照市价发给。这就使想去的人可以得到钱，不想去的人也不用花钱，于是大大地收买了人心。平贾，按照当时市场雇工的价钱。中井曰：“犹时价也。”贾，通“价”。㊺岁时：按年关按季节，意即每逢过年过节。㊻存问茂材：慰问有学问、有操守的人。存，慰问。茂材，有美材之人。㊼赏赐闾里：意即连普通的平民百姓也能得到吴王的赏赐。闾里，犹言里巷，这里即指平民。㊽他郡国吏：其他各郡、各诸侯国的官吏。㊾亡人：这里指其他郡国逃到吴国来避难的犯罪者。㊿公共禁弗予：都公开地加以保护，不予交出。(51)四十余年：《史记正义》曰，“言‘四十余年’者，太史公尽言吴王一代行事也；《汉书》作‘三十余年’，由班固见其语在孝文之代，乃减十年”。梁玉绳曰：“当依《汉书》‘三十余年’为是，下文濞亦自言‘三十余年’也。”(52)吴过可削：吴王有罪，可削减其领地。〖按〗贾谊劝文帝削诸侯之言，见于《治安策》，晁错劝文帝削诸侯语今已不存。(53)及帝即位：景帝即位在文帝后元七年（公元前一五七年）。孝景元年为公元前一五六年。(54)昆弟：兄弟。昆，兄也。刘邦称帝时，其亲兄弟只有刘仲、刘交二人。(55)大封同姓：刘邦称帝时，同姓受封为王者只有刘贾一人，至吕后时才又封了刘泽，此云“大封同姓”与事实不合。其下面提出的齐、楚、吴三国，都是刘邦的至亲，并非一般“同姓”。(56)齐七十余城：齐是刘邦的私生子刘肥的封国，辖有七十余城，都城临淄，是各封国中的最大者。(57)楚：刘邦之同父异母弟刘交的封国，辖有三个郡，国都彭城。(58)吴：刘邦之侄、刘仲之子刘濞的封国，辖有四个郡。(59)封三庶孽二句：光是封刘肥、刘交、刘濞三人就用了刘邦国土的一半。三庶孽，指刘肥、刘交、刘濞，因为他们都不是刘邦的嫡子或同胞兄弟。〖按〗说三国之地占刘邦国土之半，过于夸大，当时所有诸侯国的领土之和，略超过整个汉帝国领土的一半。(60)太子之郤：即前文所写的杀子之仇。郤，隔阂、仇怨。(61)即山铸钱：就着境内的铜山，采铜铸钱。即，就。(62)亟：意思同“急”，即来得早、来得快。(63)不削三句：以上议论即通常所说的《论削藩疏》，然《史记》《汉书》之《吴王濞传》与本文皆作晁错说景帝语。(64)杂议：一起讨论。(65)莫敢难：无人敢对晁错的意见提出反驳。(66)争：反对；与之意见不同。(67)楚王戊：楚元王刘交之孙刘戊，继其父刘郢客为第三任楚王。(68)为薄太后服二句：景帝二年（公元前一五五年）四月，文帝的母亲薄太后死，各地诸侯进京参加丧事，刘戊在守丧的庐棚（服舍）里奸淫了宫廷里的女子。服舍，古时守丧者所住的在院子里搭成的小

棚子。⑲ 削东海郡：将楚国所辖的东海郡削归朝廷所有。东海郡的郡治郯县（在今山东郯城西北）。⑳ 赵王有罪：具体罪过史无明载。赵王名遂，刘邦的儿子刘友之子，赵都即今河北邯郸。㉑ 削其常山郡：将赵国所属的常山郡削归朝廷所有。常山郡的郡治元氏，在今河北元氏西北。㉒ 胶西王卬：齐悼惠王刘肥之子刘卬，于文帝十六年（公元前一六四年）被立为胶西王，国都高密（今山东高密西南）。㉓ 卖爵事有奸：在卖爵问题上有非法行为，具体情节不详。汉代的爵位可以买卖，见晁错《论贵粟疏》。㉔ 削其六县：冯班曰，"当时处心积虑而反者，只一吴耳，诸侯王无与也。宜先施恩慰安之，使人人自保，则吴人无党，欲反不能独举，吴乃可灭。吴亡，则七国在掌握矣。先削楚、赵、胶西何也？是动天下之兵也"。〖按〗此即俗之所谓"为之不以渐"。㉕ 方议削吴：正研究削减吴国之地。方，将；正准备。㉖ 发谋举事：兴心造反。㉗ 好兵：好军事；好战。㉘ 中大夫应高：吴国的中大夫姓应名高。中大夫，帝王身边的侍从官员，上属郎中令。㉙ 口说：当面劝说。㉚ 良重：甚重。良，甚。㉛ 语：俚语；俗话。㉜ 狧糠及米：对表皮舔来舔去，慢慢也就舔到实心了，以比喻受侵削得越来越厉害。狧，舔。糠，谷物的外皮。《史记索隐》曰："言狧糠尽则及米，谓削土尽则灭国也。"㉝ 知名诸侯：有名望的诸侯王。㉞ 一时见察：一旦被朝廷所查办。一时，一旦。㉟ 安肆：安然；随意。㊱ 常患见疑：常怕被朝廷所怀疑。㊲ 胁肩累足：缩紧双肩，收拢两足，极言其小心谨慎之状。师古曰："胁，翕也，谓敛之也。累足，重足也。"㊳ 不见释：不被放过。㊴ 以爵事有过：在卖爵的事情上有过失。㊵ 所闻诸侯削地二句：听说其他遭到削地的诸侯，罪过都没有你这么大。㊶ 此恐不止削地而已：您的罪过恐怕不是光削些地就能过去的。〖按〗此处真可谓善于挑拨。㊷ 同忧：担心、忧虑同样的问题。㊸ 因时循理：趁着有利时机，顺着天理。㊹ 弃躯以除患于天下：豁出命去为天下除害，意即推翻朝廷。㊺ 意亦可乎：想来该是可以的吧。意，推度之词，犹言想来、大概。㊻ 瞿然：吃惊张目的样子。㊼ 虽急：即使逼得我无路可走。虽，即使。急，逼迫。㊽ 固有死耳：顶多不过一死而已。㊾ 安得不事：我们怎么能不拥戴他呢。事，侍奉、拥戴。《史记·吴王濞列传》作"安得不戴"。〖按〗此处刘卬的表现，恰似胡亥之对答赵高，盖本非欲谋反者。㊿ 营惑：迷惑。《史记·孔子世家》有所谓"匹夫而营惑诸侯者，罪当诛"，即此语。(101) 人事极矣：人心向背的表现已经到了极点。(102) 彗星出二句：这些都被阴阳五行家说成是"灾异"，是上帝讨厌这个世道、讨厌现时在位的这个统治者的表现。(103) 万世一时：万年不遇的好时机。古称三十年为"一世"。(104) 愁劳二句：黎民有苦难，正是圣人起事夺天下的大好时机。《史记索隐》曰："所谓'殷忧以启明圣'也。"(105) 内以晁错为诛：以讨伐晁错为对朝廷用兵的借口。诛，讨伐。(106) 从大王后车：跟在大王您的车后。谦辞，意即和您一起行动。(107) 方洋天下：横行天下。师古曰："方洋，犹翱翔也。"即今之所谓横行。(108) 幸而许之一言：意即答应吴王一道造反。(109) 略函谷关：发兵直取函谷关。略，夺取。函谷关，在今河南灵宝东北，是古时东方进入关中的门户。(110) 守荥阳、敖仓之粟：占领荥阳，夺得敖仓的粮食。当时的荥阳即今河南荥阳东北的古荥镇。敖仓是秦汉时期国家的大粮仓，在当时荥阳北面的黄河边上。因黄河长期冲刷南岸，今其地已落在河道中流。⑪ 距：通“拒”，抵抗。⑫ 治次舍：给您收拾好住处。治，收拾、整顿。次，止、住宿。⑬ 须大王：等待大王您的西来。须，等待。⑭ 两主分割：谓刘濞与刘卬两人分割天下。〖按〗说客之当面蛊惑，儿童且不可欺，别人不说，但问应高欲置刘戊于何地？刘卬的实力能与刘戊相比？⑮ 王曰二句：以上应高之劝说胶西王卬造反，路数、过程确与赵高之劝说胡亥为乱相同，读者不可不加以比较。赵高劝胡亥为乱，见《史记·李斯列传》。⑯ 不果：不坚定；不能说话算话。⑰ 不能当汉十二：不能相当汉王朝直属郡县的十分之二。〖按〗为了劝胶西王勿反，这里又把当时诸侯国的地盘说得过小了。⑱ 以忧太后：《史记集解》引文颖曰，“谓王之太后也”。意即让您母亲为您的行为担心。当时胶西王的母亲尚在，与其子同住在胶西都城。⑲ 承一帝：接受一个皇帝的统治。承，奉、接受。⑳ 患乃益生：新的麻烦将会更多。㉑ 约齐、淄川、胶东、济南：即约齐孝王刘将闾（齐国的都城临淄）、淄川王刘贤（淄川国的都城剧县，今山东昌乐西北）、胶东王刘雄渠（胶东国的都城即墨，今山东平度东南）、济南王刘辟光（济南国的都城东平陵，今山东济南市章丘区西北）。〖按〗齐国此时虽答应同反，然旋即反悔，不与合流，故史之所谓“吴、楚七国之乱”者不包括齐国。㉒ 鲁申公、穆生、白生：鲁国的申培、穆先生、白先生。申培，以学《诗》闻名的儒生，事迹见《史记·儒林列传》。穆生、白生，其名不详。生，即今所谓“先生”，对学者的敬称。㉓ 受诗：学习《诗经》。㉔ 浮丘伯：姓浮丘，名伯，汉初以讲授《诗经》闻名的儒生。㉕ 王楚：被刘邦封为楚王，事在高祖六年（公元前二〇一年）。㉖ 中大夫：帝王的侍从官员，在帝王身边备参谋顾问之用。此指为楚元王的中大夫。㉗ 不耆酒：不喜欢喝酒。耆，通“嗜”，爱好。㉘ 醴：甜酒。㉙ 夷王：刘郢客，元王刘交之子。夷字是谥。㉚ 王戊：元王刘交之孙，夷王刘郢客之子，名戊，因其参与吴楚之乱失败自杀，没有谥号，故称“王戊”。㉛ 逝：去；辞职引退。㉜ 楚人：即指楚王戊。㉝ 钳我于市：给我戴上刑具在市场示众。钳，古刑具名，套在犯人脖子上的铁箍。㉞ 强起之：一定要拉着他起来前往到任。起，起来任职。㉟ 独：难道。㊱ 先王之德：老王爷当年对我们的好处。㊲ 知几其神乎：如果能从先兆预见即将发生的事变，那就算是神明了吧。几，事变发生之前的先兆。㊳ 动之微：大变动的苗头。㊴ 先见：事变发生之前的表现。见，通“现”。㊵ 见几而作：一旦发现大事将变的苗头就要立即采取预防措施。作，行动。㊶ 不俟终日：一刻也不能停留。俟，等待。〖按〗以上引文见《易·系辞下》。㊷ 礼吾三人：对我等三人以礼相待。㊸ 为道存：因为在我们三个人的身上体现着一种仁义之道。㊹ 胡可与久处：还怎能与之长期共处。胡，何、怎。㊺ 谢病：推说有病。㊻ 稍：逐渐；日益。㊼ 太傅：帝王或太子的辅导官，负责管理帝王或太子的生活、学习以及品德修养等，这里是指楚王戊的太傅。㊽ 韦孟作诗讽谏：韦孟是西汉初期的鲁国儒生，所作即通常之所谓“讽谏诗”。诗中批评王戊有所谓“邦事是废，逸游是娱，犬马繇繇，是放是驱”；

“所弘非德，所亲非俊，唯囿是恢，唯谀是信”云云。详见《汉书·韦贤传》。⑭⑨邹：汉县名，县治即今山东邹城。⑮⓪胥靡：身披刑具从事苦役劳动。⑮①赭衣：土黄色的衣服，当时囚犯之所穿。⑮②雅舂：手捧木杵舂米，当时苦役犯从事的劳动之一。⑮③休侯富：刘富，楚元王刘交之子，楚王戊之叔，被封为休侯。⑮④季父：小叔父。⑮⑤不吾与：不和我一条心。与，相合、相助。⑮⑥我起：我起兵之后。⑮⑦母太夫人：休侯之母，元王刘交之妻，楚王戊的祖母。⑮⑧及削吴会稽、豫章郡书至："豫章郡”应作“鄣郡”，郡治故鄣；会稽郡的郡治吴县，即今之苏州。所谓“书至”，即朝廷削吴二郡的通知到达。⑮⑨诛汉吏二千石以下：谓吴王起兵后遂诛杀朝廷派到吴国任职的主要官吏，如丞相、太傅、内史、中尉等，以上诸官皆为二千石一级。⑯⓪楚相张尚、太傅赵夷吾：皆朝廷派到楚国任职，而对朝廷负责的主要官员。⑯①赵相建德、内史王悍：皆朝廷派到赵国任职，而对朝廷负责的主要官员。赵相建德，史失其姓。内史王悍，《史记·惠景间侯者年表》作“王慎”。内史是诸侯国掌管民政的官。⑯②王遂：赵王刘遂，故赵王刘友之子。⑯③齐王后悔二句：齐王刘将闾开始也参加了吴、楚的造反联盟，但很快后悔不肯造反了。胶西、胶东、淄川三国发兵围攻齐国都城临淄，齐王坚守不下。后朝廷派栾布率军救齐，齐围始解。⑯④未完：尚未修好。⑯⑤其郎中令：济北国的郎中令，负责守卫宫廷门户，兼统王者身边侍从，也是由朝廷派到诸侯国，对朝廷负责的官员。⑯⑥劫守二句：劫持、看守济北王，令其不得参加吴、楚诸国之反。〖按〗据此文，可知济北王刘志自始即参与叛乱，其所以未能行动，乃被其郎中令所制止了。而《史记·齐悼惠王世家》则说“吴楚反时，志坚守，不与诸侯合谋”，与事实相差甚远。⑯⑦渠率：头领，此谓胶西、胶东二王是齐地诸叛国的头领，是他俩率领淄川、济南共围齐国的临淄。⑯⑧住其西界：谓屯兵于赵国的西部边界。⑯⑨北使匈奴二句：派人勾结匈奴，招匈奴人一道进兵攻长安。⑰⓪悉其士卒：将其国内可征调的兵员通通征调起来，与前文之“以故能使其众”相呼应。⑰①身自将：亲自统领军队。将，统领。⑰②为士卒先：编于行伍之中，作战时身先士卒。⑰③诸年上与寡人同二句：凡是六十二岁以下、十四岁以上的吴国男人。⑰④皆发：全部征调入伍。⑰⑤闽、东越：闽越、东越，都是当时东南沿海的少数民族小国名，闽越的都城东冶，旧说即今福州，近年在武夷山市发现古城遗址，考古学家认为这才是真正的东冶。参见韩兆琦《史记笺证·东越列传》注。东越的都城东瓯，即今浙江温州。有关闽越、东越的事情详见《史记·东越列传》。⑰⑥闽、东越亦发兵从：为后文东越受汉购诱杀吴王濞张本。⑰⑦广陵：即今扬州，当时吴国的都城。⑰⑧西涉淮：向西渡过淮水。⑰⑨并楚兵：将楚王刘戊的军队并归自己统领。⑱⓪遗诸侯书：给各诸侯王发出檄文。遗，给、致。〖按〗吴王刘濞发给各诸侯国的檄文，开头声讨晁错的罪过，号召大家造反；中间叙述吴、楚诸反国人多势大的兵威；末段开出破敌受赏与号召朝廷官兵投诚的优待条例。全文见《史记·吴王濞列传》。⑱①罪状晁错：声讨晁错的罪状。“罪状”二字这里用如动词。⑱②吴、楚共攻梁：梁国地处今之河南东部，吴、楚联军从南方的扬州、东方的徐州杀向长安，梁国是必经之地；而当时的梁孝王刘武，是汉景帝的同胞兄弟，与朝廷的血缘关系最近；而且又是在为保卫自己的领土而战，所以梁孝王抵抗吴楚特别坚决。事情详见《史记·梁孝王世家》。⑱③棘壁：梁邑名，在今河南永城西北。⑱④锐甚：犹今所谓“锐不可当”。⑱⑤城守睢阳：在睢阳据城坚守。睢阳是梁国的都城，在今河南商丘城南。⑱⑥戒：通“诫”，嘱咐。⑱⑦即有缓急：倘有紧急情况发生。即，若。缓急，偏义复词，此处即指急，紧急。⑱⑧周亚夫：刘邦的开国功臣绛侯周勃之子，此前任中尉之职。事迹详见于《史记·绛侯周勃世家》。其长于统兵的事迹已见于本书卷十五的文帝劳军一节。⑱⑨可任将兵：可任为大将，统领士兵。⑲⓪闻：消息上传到朝廷。⑲①拜中尉周亚夫为太尉：中尉是维持首都治安的军事长官，秩二千石，位在九卿之下；太尉是掌管全国军事的长官，为三公之一。由中尉升为太尉，中间跳过好几级。⑲②曲周侯郦寄：刘邦的开国功臣郦商之子，继其父爵为曲周侯。⑲③栾布：西汉初期的将领，曾受知于彭越，以气节闻名。事见《史记·季布栾布列传》。⑲④窦婴：字王孙，文帝窦皇后的堂侄。事迹详见《史记·魏其武安侯列传》。⑲⑤大将军：此时尚非固定官名，只是加此称让其统领诸将之意。⑲⑥监齐、赵兵：监督、节制讨伐齐、赵两个方向的军队。⑲⑦晁错所更令三十章：晁错所更改、修订的法令共有三十种。⑲⑧谨哗：众声反对的样子。谨，通“喧”。《汉书评林》引刘贲曰：“错为汉画削诸侯之策，非不知祸之将至矣，忠臣之心，壮夫之节，苟利社稷，死无悔焉。”⑲⑨颍川：汉郡名，郡治阳翟，即今河南禹州。颍川郡是晁错的故乡。⑳⓪公为政用事：“公”原是用以尊称对方，这里父亲对儿子称“公”，是故意挖苦的口吻。为政，执政。用事，主事。当时陶青为丞相，晁错只是个御史大夫，但由于晁错特别受皇帝宠信，所以他才是不折不扣的“执政”人物。⑳①疏人骨肉：离间人家的亲缘关系。因为当时的诸侯王，清一色都是刘姓的子孙，晁错要打击他们，所以错父说他“疏人骨肉”。疏，使之疏远。⑳②口语多怨公：现在人家都恨你、骂你。⑳③固也：本来就是如此嘛。⑳④去公：离开你。⑳⑤逮身：及身，犹今所谓“临头”。⑳⑥以诛错为名：据《史记·吴王濞列传》，吴王告诸侯书云：“汉有贼臣，无功天下，侵夺诸侯地，使吏劾系讯治，以戮辱之为故，不以诸侯人君礼遇刘氏骨肉。绝先帝功臣，进任奸宄，诖乱天下，欲危社稷。陛下多病志失，不能省察，欲举兵诛之。”⑳⑦欲令上自将兵二句：晁错想让皇帝亲自率兵出讨，而他自己在朝留守后方。⑳⑧徐、僮：朝廷所属临淮郡的二县名，徐县在今江苏泗洪南，僮县在泗洪西北。二县临近吴国。⑳⑨旁：同“傍”，靠近。㉑⓪所未下者：还没有被吴国军队所占领的地区。㉑①可以予吴：可以抛给吴国不要。㉑②吴相袁盎：袁盎字丝，文帝、景帝时期的一个邪佞官僚，曾在吴国为相。事迹详见《史记·袁盎晁错列传》。㉑③辄避：总是躲开他。㉑④同堂语：在同一间屋子里说话。㉑⑤御史大夫：当时的“三公”之一，职同副丞相，主管监察。㉑⑥按：查办；审理。㉑⑦受吴王财物：在此以前袁盎一直为吴王相，是否受吴王财物，史无明文。《汉书评林》引茅坤曰：“此一着恐错不免挟私而诬之。”㉑⑧抵罪：判罪；治之以罪。㉑⑨诏赦以为庶人：景帝从宽发落，只是将其削职为民。㉒⓪丞、史：丞和御史，都是晁错手下的属官。师古引如淳曰："《百官表》御史大夫有两丞。丞史，丞及史也。"《史记正义佚存》曰："按《百官表》，御史大夫有两丞及御史员十五人，两丞无史，盖史是御史。"㉑专为蔽匿：专门掩护吴王。㉒言不反：说吴王不会造反。㉓欲请治盎二句：二句似应颠倒读之，意思盖谓"晁错谓丞史曰：'夫袁盎多受吴王金钱，专为蔽匿，言不反，今果反，宜知计谋。'欲请治盎。"宜知计谋，谓袁盎知道吴王造反的阴谋。治，查办。㉔事未发二句：师古引如淳曰，"事未发之时治之，乃有所绝也"。《史记索隐》曰："谓有绝吴反心也。"王叔岷曰："'有'犹'可'也。此谓事未发时治之，可绝吴反心也。《鲁世家》'夫政不简不易，民不有近'；《孟子荀卿列传》'淳于髡久与处，时有得善言'，两'有'字并与'可'同义。"㉕且盎不宜有谋：而且袁盎应该不会参与他们的阴谋。㉖犹与：同"犹豫"。何焯曰："是时不直错者必已多矣，及反闻既至，错不亟筹兵食、进贤者，乃先事私仇，此固举国所切齿也。太史公曰：'诸侯发难，不急匡救，欲报私仇，反以亡躯。'可谓切而中矣。"陈子龙曰："盎有内援，又故大臣也，吴楚事急，错恐其建议相危，欲治之，不幸为盎所先。"㉗为言吴所以反：向窦婴讲了吴国造反的原因。㉘愿至前口对状：希望能面见皇上把情况当面说清。㉙上方与错调兵食：景帝正在与晁错筹调军粮的问题。㉚于公意何如：你的想法是怎样的。㉛白头举事：老年造反，言其定是胸有成竹，老谋深算。据上文刘濞自言，其年已六十二岁。㉜无能为：成不了什么气候；没有什么了不起。㉝安得豪杰而诱之：哪里会有真正的豪杰能被他们诱骗去。㉞亦且辅而为谊：也必然会帮着他做符合仁义的好事。谊，通"义"。㉟相诱：相互鼓励、相互煽动。㊱策：分析；推测。㊲计安出：对此应该怎么办呢。㊳屏左右：让左右的人离开。屏，通"摒"，令其离开。㊴趋避东厢：趋，小步疾行，这是臣子在君父跟前走路的一种特定姿势。东厢，东侧室。㊵相遗书言：彼此往来的书信上说。㊶擅适诸侯：随随便便地惩罚诸侯王。适，通"谪"，即打击、惩罚。㊷削夺之地：侵削他们的领地。之，其。㊸复故地而罢：收回了原有的领地就罢兵。㊹赦吴、楚七国：赦免他们"造反"的罪名。㊺顾诚何如：关键是效果究竟会怎么样。㊻不爱一人：不吝惜杀掉一个人。爱，吝惜、舍不得。㊼唯上孰计之：请您认真思考。唯，表示祈请。孰计，仔细思量。孰，通"熟"。㊽太常：也叫"奉常"，九卿之一，掌管宗庙祭祀。㊾密装治行：暗暗收拾行装准备去吴楚军中谈判。㊿丞相青、中尉嘉、廷尉欧：丞相陶青、廷尉张欧，中尉嘉史失其姓。中尉是掌管首都治安的长官，廷尉是国家的最高司法长官。(251)劾奏错：上书弹劾晁错。(252)不称主上德信：辜负了皇帝的恩德信任。不称，不相副，意即辜负。(253)百姓：这里即指百官。(254)要：通"腰"。(255)同产：同胞的兄弟姐妹。(256)弃市：处决犯人于市场，以示与世人共弃之。(257)制曰二句：皇帝在大臣的请示文件上批复曰"照办"。(258)壬子：正月二十九。(259)绐载行市：欺骗晁错，把晁错拉到了长安城的东市场。当时的长安城有东西二市，都在长安城的北部。(260)吴王弟子宗正德侯通：刘通，其人是吴王刘濞之弟的儿子，被封为德侯，任宗正之职。宗正是朝官名，九卿之一，掌管刘姓皇族的事务。㉖谒者仆射邓公为校尉：邓公以谒者仆射的身份出任校尉。邓公，史失其名。谒者仆射，皇帝的侍从官名，主管宾赞受事，秩比千石，统领诸谒者，上属郎中令。校尉，中级军官名，盖随周亚夫出征者。㉖道军所来：你是从前线回来。道，由、从。军所，大军所处之地，这里即指前线。㉖吴、楚罢不：吴、楚军听到朝廷杀晁错的消息，自动罢兵了吗。不，通“否”。㉖为反：企图造反，准备造反。㉖不在错：根本不是为了晁错。㉖拑口：闭口。㉖尊京师：提高中央政权的权威。㉖卒：通“猝”，突然。或曰此处“卒”意为“结果”，二者皆通。㉖杜：堵塞。㉗喟然长息：伤心地长叹。㉗吾亦恨之：我也很后悔。恨，憾、后悔。茅坤曰：“景帝闻邓公言，固已恨袁盎辈所为诡杀晁错矣，而不闻其下诛盎，岂帝忌过而特匿之哉？”㉗已攻梁壁：已经开始攻击梁国的防线。壁，壁垒、防御工事。㉗宗正以亲故：宗正刘通是吴王刘濞的亲侄子。㉗令拜受诏：让吴王拜接皇帝的诏书。㉗欲说：想说服自己退兵。㉗尚谁拜：尚拜谁，向谁行礼。㉗欲劫使将：欲劫持之，使其为吴、楚统兵。㉗且：将；准备。㉗间：空隙；机会。㉘脱亡归报：袁盎在其旧部属的帮助下，醉倒看守人员，步行逃出吴军，经由梁军返回朝廷的过程，详见《史记·袁盎晁错列传》。㉘楚兵剽轻：剽轻，勇猛迅捷。〖按〗《史记·留侯世家》云：“上自将兵而东（征黥布），留侯见上曰：‘楚人剽疾，愿上无与楚人争锋。’”盖当时对楚人的看法一般如此。王先谦曰：“楚兵，总谓吴、楚之兵。”㉘难与争锋：不能和他们正面硬拼。㉘以梁委之：先把梁国扔给吴、楚，让他们打。梁是景帝之胞弟刘武的封国，吴、楚叛军杀向长安，梁国首当其冲。乘破吴、楚之机以削弱梁国，乃景帝与亚夫之所预定。㉘绝其食道：派兵绕到吴楚军的后方，切断其粮食供应。据《史记·吴王濞列传》，亚夫受命后，东至淮阳，向其父绛侯故客邓都尉问策。邓曰：“吴兵锐甚，难与争锋。楚兵轻，不能久。方今为将军计，莫若引兵东北壁昌邑，以梁委吴，吴必尽锐攻之。将军深沟高垒，使轻兵绝淮泗口，塞吴饷道。彼吴、梁相敝而粮食竭，乃以全强制其罢极，破吴必矣。”梁玉绳曰：“《吴王传》‘剽轻’数语出邓都尉，此云亚夫自请于上。《汉书》两传亦仍《史》异，师古以为未知孰是。”㉘上许之：其实此乃汉景帝与周亚夫所商定的一石击二鸟之策。㉘六乘传：六匹马拉的驿车。传，驿车。汉代的驿车有二乘传、四乘传、六乘传等，用马的多少，既表示乘车人的品级，也表示事情紧急的程度。㉘会兵荥阳：与各路讨叛大军在荥阳相会。荥阳，当时的军事要地名，即今河南荥阳东北的古荥镇。㉘发至霸上：出发时经过霸上。霸上，古地名，在今陕西西安东北。㉘赵涉：当时的谋略之士，事迹不详。《史记》不载，《汉书》亦仅此一见。㉙遮说：拦着马头进言。㉙怀辑：笼络收买，使其归心于己。㉙死上：为其效力，不计生死。㉙此知将军且行：他们知道您就要到荥阳去了。㉙间人：间谍；刺客。㉙淆渑阸狭：崤山、渑池这些崎岖狭窄的地方。崤山在今河南灵宝东南；渑池在今河南渑池县西，都是出关中到荥阳要经由的险难之地。㉙尚神密：讲究行动诡秘，出人意料。㉙右去：从右侧绕道而去。㉙蓝田：汉县名，县治在今陕西蓝田西。㉙武关：关塞名，在今陕西丹凤东南，是由陕西东南部进入河南西南部的交通要道。㉚⓪间不过差一二日：从整个的时间上说顶多也差不了一两天。㉚①直入武库二句：您可以径直地进入洛阳武库，突然击鼓集合部众。武库，洛阳城里的汉朝国家的武器仓库。㉚②不自意全：没有想到会如此安全。㉚③荥阳以东：指包括各诸侯国在内的大片东方国土。㉚④得：发现。㉚⑤吴伏兵：其实指吴国的狙击手，不可能是正规军队。㉚⑥护军：在军中主管监察、纠察，维持秩序的长官。㉚⑦昌邑：汉县名，县治在今山东金乡西北，当时为山阳郡的郡治所在地，处于睢阳东北方的二百里之外。㉚⑧条侯：即太尉周亚夫，在文帝时已被封为条侯。㉚⑨诉条侯于上：向景帝告状，说太尉对梁国见死不救。诉，告状。㉛⓪亚夫不奉诏二句：坚壁，深沟高垒地据以固守，而不出击敌人。〖按〗周亚夫与汉景帝这里是在演双簧，在贯彻他们一石击二鸟预定方针。王夫之曰："周亚夫请以梁委吴，断其粮道，景帝许之。梁求救而亚夫不听；上诏亚夫救梁，而亚夫不奉诏，于是亚夫之情可见，景帝之情亦可见矣。委梁于吴以敝吴，而即亦敝梁……而今日之梁即他日之吴楚？……亚夫以是获景帝之心，不奉诏而不疑；景帝之使救也，亦聊以谢梁而缓太后之责也。"㉛①弓高侯：韩颓当，刘邦功臣韩王信之子。韩王信于高祖七年（公元前二〇〇年）反汉失败后，死于匈奴。其子韩颓当于文帝十四年（公元前一六六年）又率众归降于汉，被封为弓高侯。事见《史记·韩信卢绾列传》。㉛②出淮泗口：意即到达吴楚后方的淮河与泗水的汇口。西汉时的淮泗口在今江苏淮安市淮阴区北。㉛③绝吴、楚兵后：断绝了吴楚军的退路。㉛④塞其饷道：断绝了吴楚军的粮饷供应线。塞，截断。茅坤曰："专以绝粮道困吴楚，此一着亚夫大略处。"㉛⑤中大夫韩安国：韩安国字长孺，在梁国为中大夫。中大夫是帝王的侍从官员，在帝王身边备参谋顾问之用，上属郎中令。事迹详见《史记·韩长孺列传》。㉛⑥楚相张尚弟羽：楚相，楚王戊之相。张羽，楚相张尚之弟。㉛⑦力战：能打硬仗，敢打敢拼。㉛⑧持重：谨慎；稳重。㉛⑨颇败吴兵：稍稍给了吴兵一些打击。颇，略，表示不多。㉜⓪欲西：想要过境西下进攻长安。㉜①不敢西：不敢绕过梁国西下。㉜②走：趋，意即转攻。㉜③会下邑：与周亚夫军对峙于下邑。下邑，梁县名，县治在今安徽砀山县东。㉜④终不出：谓周亚夫始终不出兵应战。㉜⑤帐下：大将周亚夫的军帐之外。㉜⑥亚夫坚卧不起：此写周亚夫之镇静老练，能持重。凌稚隆引何孟春曰："亚夫军中夜惊，其与吴汉平原夜惊何异哉？二子坚卧不起，以安众心，即秦兵压境而谢安围棋，虏临澶渊而寇准歌谑同一谋也。"〖按〗《三国演义》有"张辽平戈定夜惊"事，盖即效此者。㉜⑦奔壁东南陬：奔袭周亚夫军营的东南角。奔，奔袭、攻击。陬，隅、角落。㉜⑧引：撤退。㉜⑨出精兵追击二句：据本文，吴楚军与周亚夫军"会下邑"，吴之初攻东南，周亚夫使备西北者，皆下邑事也，与《史记·吴王濞列传》所述相同。而《史记·绛侯周勃世家》则但曰"太尉引兵东北走昌邑，深壁而守"，接着便说"吴奔壁东南陬，太尉使备西北"云云，《史记》之两篇殊失连络。㉝⓪楚王戊自杀：今徐州市区之东南部有狮子山楚王陵，发掘者开始认为即楚王刘戊之墓，后来又改认为是刘戊之父刘郢客之墓。疑仍以前说为是。这是一座最后未完成的地下宫殿，是近些年发掘的最重要的汉代诸侯墓之一，比河北满城汉墓、长沙马王堆汉墓、广州象岗山汉墓规模都要大得多。㉛屯聚而西：汇聚一起，向西推进。㉜无他奇道：没有别的出人意料的谋略。㉝别循江、淮而上：另分一路沿着长江、淮河逆流西上。㉞收淮南、长沙：攻取淮南、长沙二国。淮南国的国王刘安，都城寿春，即今安徽寿县。长沙国的国王刘发，为景帝之子，都城即今长沙。㉟与大王会：意即吴王濞经洛阳入函谷关，田禄伯经河南、湖北交界入武关，两路会师于长安。凌稚隆引王维桢曰："田禄伯虽逆谋，然计却为上策。"㊱此兵难以借人：不能交给别人统领。借，交给。㊲人亦且反王：意思是您如把兵权交给别人，则别人也将用此兵来反您。㊳擅兵而别二句：握有兵权的统帅一旦分兵而出，其危险甚多。擅兵，专兵、掌握兵权。别，谓分兵，派将率兵别出。多他利害，意即害处很多。"利害"这里是偏义复词，即指害。㊴徒自损：白白地削弱自己。㊵吴少将桓将军：吴国的一员少将姓桓，史失其名。〖按〗《史记·樊郦滕灌列传》中又有"小将"，大约"少将"略高于"小将"，"小将"又高于"裨将"耳。㊶利险：有利于在崎岖险要之地作战。㊷车骑：车兵与骑兵。㊸利平地：有利于在广阔的平原上周回驰骋。㊹不下：指一时攻不下来。㊺直去：指放弃不管，径直率兵西进。㊻西据洛阳武库：意思是一旦占据这个兵器仓库，我们的装备将立刻精良起来，而朝廷一方则将闻风丧气。㊼食敖仓粟：一旦占据敖仓，则从此将粮草不乏。敖仓，秦汉时期的国家大粮仓，在当时荥阳城北黄河南侧的敖山上。㊽阻山河之险：凭借着有利的山川形势。阻，凭借、依托。㊾虽无入关：即使还没有打进函谷关。㊿留下城邑：停下来攻打城池。(351)驰入梁、楚之郊：占据梁楚之间，即今河南东部、安徽北部、江苏西北部与山东西部一带的军事要地。郊，要冲。刘辰翁曰："少将名言，天下大计也。一传三奇，田禄伯奇，周丘奇，然皆不能及此。"(352)年少椎锋：犹今之所谓"凭血气之勇，敢打敢冲"。(353)大虑：深远的谋略。(354)王专并将兵：语意不顺，意即所有将士全归吴王一人直接统领，与前田禄伯的建议完全相反。(355)兵未度淮：在未渡淮水攻入梁国之前。(356)诸宾客：依附于吴王濞身边的幕僚、清客、食客等。(357)将、校尉、候、司马：皆古代军官名，当时一个将军麾下设五个部，各部的长官曰校尉；校尉属下又分若干曲，曲的长官曰军候。各部又有司马，主管军中司法。(358)下邳：汉县名，县治在今江苏邳州西南，当时属于东海郡。(359)亡命吴：因在本县犯罪而逃亡到吴国。(360)酤酒：卖酒。(361)不任：不任用；不分配官职。(362)上谒：递进名帖请求接见。谒，作动词用，即拜见、求见；作名词用，即类似今之名片。(363)不得待罪行间：没有被您任以军职。待罪，任职的客气说法。行间，行伍之间。(364)非敢求有所将：不敢说让您拨给我多少人马。(365)愿请王一汉节：只求把朝廷当年发给您的旌节给我一件。汉节，朝廷发给使者外出办事的凭证，使者凭此可以对有关部门下令，甚至可以调兵。(366)传舍：犹如今之宾馆、招待所。(367)召令入户：传下邳县令来见。(368)昆弟所善豪吏：其在家弟兄所友好的县中的大吏。昆弟，兄弟。(369)屠下邳不过食顷：杀光下邳县人用不了吃一顿饭的工夫。(370)先下：带头投降吴国。(371)家室必完：家族必能完好无伤。(372)能者封侯：有本事的还能封侯。㊲㊲ 皆下：全部投降吴楚军。

㊲㊴ 北略城邑：向北攻城略地。略，开拓，带兵巡行而招之使降。㊲㊵ 比至阳城：等周丘到达阳城国都城。比，及、当。阳城，原是齐国的一个郡，文帝二年（公元前一七八年）割阳城郡以封齐王刘襄之弟朱虚侯刘章为阳城王，国都即今山东莒县。现时在位的阳城王为刘章之子刘喜。阳城国的都城在下邳东北，距下邳不远。㊲㊶ 阳城中尉：阳城国的中尉，主管该国军事。㊲㊷ 无与共成功：没有人可以呼应合作，共成大事。㊲㊸ 未至：还没有到达下邳。㊲㊹ 疽发背死：疽也称“痈”，一种恶疮，生于颈部、背部者有生命危险。〖按〗以上三段故事，全文移录《史记》。史公写吴王濞，未见其能；写田禄伯、桓将军，渐入佳境；至写周丘，乃全副感情。唯所事非人，故仅如昙花之一现，“疽发背死”，诚可惜也。㊳⓪ 壬午晦：二月的最后一天是壬午日。晦，每个月的最后一天。㊳① 日有食之：这一天日食。㊳② 稍降：渐渐投降。㊳③ 度淮：向东渡回淮水。㊳④ 丹徒：汉县名，县治在今江苏镇江东南，当时跟从吴王反汉的东越王驻兵于此。㊳⑤ 保东越：投靠东越人。保，往依、投靠。㊳⑥ 收聚亡卒：招集逃散的吴国军队。此句的主语为吴王濞。㊳⑦ 以利啖东越：以利益引诱东越王。啖，喂，这里是使动用法，意即引诱、收买。㊳⑧ 绐：欺骗。㊳⑨ 鏦杀：以矛投刺死。鏦，短矛。㊴⓪ 驰传以闻：乘传车飞快地上报皇帝。㊴① 吴太子驹：刘驹，吴王濞的太子。㊴② 闽越：西汉初期东南沿海的越族小国名，都城东冶，即今福建武夷山市的城村古城。〖按〗此子为报东越杀其父之仇，后曾鼓动闽越伐东越，事见《史记·东越列传》。㊴③ 凡三月二句：吴、楚七国于景帝三年一月开始造反，至三月全部平定，首尾共三个月。㊴④ 与太尉有隙：因其坐视梁国被攻而不救故也。㊴⑤ 三王之围临淄：“三王”应作“四王”，即参加吴、楚叛乱处于原齐地的胶东、胶西、济南、淄川四王。下文诸“三”字皆误。王叔岷曰：“疑‘三国’本作‘四国’，‘四’误为‘三’，后人遂或略济南、或略胶西、或略胶东，以实‘三国’之数矣。古书作‘三’‘四’，或皆积画，字相似，由此误也。”临淄，齐国都城。因齐王退出造反盟约，故四反国联兵伐齐。㊴⑥ 路中大夫：齐国的中大夫，姓路，史失其名。《史记索隐》引《路氏谱》谓此路中大夫名“印”，可备一说。中大夫，是帝王者身边的侍从官员，掌议论。㊴⑦ 汉兵今破吴楚矣：汉兵很快就将打败吴楚军队。今，将、很快。㊴⑧ 无从入：无法入城报告。㊴⑨ 盟：逼着路中大夫盟誓改口。㊵⓪ 若反言：你要改说。若，你。㊵① 齐趣下三国：齐国要赶快向围城的四国投降。趣下，赶紧投降。趣，通“促”，疾速。㊵② 不且见屠：否则将被四国屠城。屠，杀光。㊵③ 方：将；正要。㊵④ 齐必坚守无下：茅坤曰，“路中大夫有古烈士风”。〖按〗路中大夫的行为可歌可泣，与春秋时期代表晋国向正被楚军包围的郑国传达命令的解扬完全相同。事见《左传》宣公十五年与《史记·郑世家》。㊵⑤ 三国将：几个叛国的围城将领。㊵⑥ 齐初围急：齐国当初被围形势危急的时候。㊵⑦ 阴与三国通谋：盖谓其迫于压力曾一度有所动摇。㊵⑧ 栾布：汉初名将，曾为燕国之相，因此次以将军参与平定七国之乱有功，被封为俞侯。事迹详见《史记·季布栾布列传》。㊵⑨ 平阳侯：此指曹奇，刘邦的开国功臣曹参之孙，文帝后元四年（公元前一六〇年）袭其祖父爵为平

阳侯。事迹见《史记·曹相国世家》。⑩ 解围已：临淄解围之后。已，终、完成。⑪ 齐孝王惧二句：齐孝王名将闾，齐悼惠王刘肥之子，孝字是谥。梁玉绳曰：“《吴濞传》云：‘齐王悔约自杀’，在吴举兵未败之先，与《汉书·枚乘传》言‘齐王杀身以灭其迹’政合。枚叔当时人，且谏书不应虚说，则此叙孝王自杀事在乱平之后，误也。”王叔岷曰：“《吴王濞列传》‘齐王后悔，饮药自杀畔约’；《汉书·吴濞传》改作‘齐王后悔，背约城守’，《通鉴》从之，盖不信齐王自杀在吴举兵未败之先也。世家叙齐王自杀在乱平之后，《汉书·高五王传》所记与此同。”〖按〗今人讲文学史，多以枚乘谏书为后人伪造。⑫ 各引兵归国：梁玉绳曰，“齐围之解，汉击破之，非自引兵归也”。⑬ 徒跣、席藁、饮水：都是古人认罪、请罪的情态。徒跣，光着膀子光着脚。席藁，卧在草席上。藁，植物的秸秆，这里指用秸秆所编的席。⑭ 谢太后：向其母请罪，因其自身的行为连累了母亲一同犯罪。⑮ 王太子德：胶西王刘卬的太子刘德。⑯ 汉兵还：“还”字不合情理，《史记》作“汉兵远”，较此语意明畅。⑰ 已罢：已经疲惫。罢，通“疲”。⑱ 愿收王余兵击之：请让我收合您的残部予以痛击之。⑲ 复故：恢复其故位、故职。⑳ 王何处：您究竟打算怎么办。何处，何以自处。㉑ 须以从事：我要等着您的回答来确定我的行动。须，待、等候。邓以瓒曰：“叙战阵中问答，绝似左氏。”㉒ 肉袒：脱掉衣袖，光着膀子，古人请罪的情态。㉓ 诣汉军壁二句：到汉军的军营求见。诣，到。壁，军营。谒，求见。㉔ 奉法不谨：“犯法”的婉转说法。㉕ 菹醢：剁成肉酱，代指最大的罪过。陈子龙曰：“王不用太子策，冀得谢罪不诛也。”㉖ 执金鼓见之：对战败求和者做出的姿态，意即不允许讨价还价，随时可擂鼓进兵。《国语·越语下》写吴国向越国求和，“范蠡乃左提鼓，右援桴以应使者曰：‘君王已委制于执事之人矣，子往矣，无使执事之人得罪于子！’”㉗ 王苦军事：您这一阵子忙于军事，辛苦了。讽刺语。㉘ 愿闻王发兵状：想听听您的造反过程。㉙ 用事：主事；掌权。㉚ 且诛错：就是为了讨伐晁错。诛，讨、讨伐。㉛ 将军：指弓高侯韩颓当。㉜ 苟：果；如果真是。㉝ 何不以闻：为何不上书对皇帝讲。㉞ 及未有诏、虎符：“及”应作“乃”。意谓你们竟然在没有皇帝的诏书，也没有调兵虎符的情况下。杨树达曰：“《文帝纪》‘与郡守为铜虎符’，然有铜虎符者实不止郡守，此文颓当责卬未有虎符而擅发兵，知诸侯王明有虎符也。吴大澂《恒轩吉金录》载‘泗水王虎符’尤足为证。”㉟ 击义国：指围攻齐国。王先谦曰：“谓齐国，言守义不从反也。”㊱ 非徒欲诛错：不光是为了讨伐晁错。㊲ 乃出诏书为王读之：景帝所下讨伐叛乱的诏书全文载于《史记·吴王濞列传》。其文有“击反虏者，深入多杀为功，斩首捕虏比三百石以上者皆杀之，无有所置；敢有议诏及不如诏者皆要斩”云云，盖十分严厉。㊳ 王其自图：大王您自己看着办吧。暗示吴王自裁。㊴ 郦将军：郦寄，刘邦的开国功臣郦商之子。㊵ 并兵：谓栾布与郦寄合兵。㊶ 王遂：赵王刘遂。㊷ 首善：最初的用心是好的。㊸ 以迫劫有谋：被逼迫无奈才有些别的考虑。㊹ 齐孝王太子寿：刘寿，齐孝王刘将闾的太子。㊺ 济北王亦欲自杀：因其开始也想造反，只因手下的大臣将其拘禁，故未反成。济北王，刘志，齐悼惠王刘肥之子，文帝十六年被封为济北王。㊻ 幸全其妻子：希望能保全其妻子儿女的性命。幸，希望。全，保全。㊹公孙玃：姓公孙，名玃。㊺通意天子：请梁王代为向皇帝进说。㊻南牵吴、越：南受吴、越的牵制。㊼北胁燕、赵：北受燕、赵的威胁。㊽四分五裂之国：言其四面受敌，谁都可以进攻它。㊾权：权威；势力。㊿劲：力；兵力。⑤捍寇：抵御强盗入侵。⑤非有奇怪二句：没有神灵鬼怪一类的力量可以抗击灾难的降临。奇怪云，神灵鬼怪一类的力量。待难，抗拒灾难。⑤坠言于吴：指答应吴国参加叛乱。坠言，失言。⑤非其正计：不是我们的真心。⑤乡使：假如当初。乡，通"向"。⑤见情实：表现出我们的真实倾向。见，通"现"，表现。⑥示不从之端：显露出对它们不顺从的苗头。示，显露。端，苗头。⑥先历齐二句：先跨越齐国而将济北灭掉。历，跨越。毕，灭亡；占据。⑥招燕、赵而总之：并进一步将燕国、赵国招纳起来连成一片。总，统一、连成一片。⑥山东之从结而无隙：东方各国的反汉联盟就将成为铁板一块、天衣无缝了。从，联盟。结而无隙，组合得不留缝隙。⑥驱白徒之众：驱赶着一群乌合之众。白徒，不习军事的百姓。⑥争衡：争胜；争高低。⑥底节不下：坚守操节，不顺从吴国。底，通"砥"，磨炼，这里即坚守。⑥失与：失掉同盟者。与，交好、联合。⑥跬步独进：既孤立无援，又进展缓慢。跬，半步，这里即指进展缓慢。⑥区区：极言其小弱的样子。⑦诸侯：此指举行叛乱的大国。⑦捍：抵抗。⑦守职不桡：坚守汉臣的职分，临强敌而不屈。桡，弯曲。⑦诚一：真诚；专一。⑦胁肩低首二句：因害怕而手足无措的样子。胁肩，缩着肩膀。累足，并足。抚衿，抚弄衣襟。⑦自悔不前：自悔还不如当初从吴而反，以至于今天遭汉怀疑不敢归汉。⑦藩臣守职者：指忠于朝廷的诸侯王。藩臣，诸侯王，诸侯为朝廷的藩屏。守职，谨守臣职，忠于朝廷。⑦窃料：私下猜想。窃，谦辞。⑦历西山：跨越西山到达京城。西山，指崤山与华山，东方诸侯进京的必经之地。⑦径长乐：进入长乐宫。径，直、直入。长乐，长乐宫，也称"东宫"，在长安城内的东部，是景帝与梁孝王母所居住的地方。⑧抵未央：到达未央宫。未央宫在长安城内的西部，是皇帝居住与办公的地方。⑧攘袂而正议：激昂慷慨地仗义执言。攘袂，捋起袖子，情绪激昂的表现。正议，按义理而直言。⑧全亡：保全将死者使之免于死亡，指济北王。⑧安百姓：使济北国的百姓免于惊恐。⑧德沦于骨髓：使济北王深深地铭记您的厚恩。德，恩情。沦，深入、刻入。⑧无穷：以言济北王家族的感恩将永世不忘。⑧详惟：细致思考。惟，思考。⑧驰以闻：飞马或飞车上报皇帝。⑧不坐：未被治罪。坐，因牵连被治罪。〖按〗济北王志初欲自杀，公孙玃为说于梁孝王，孝王闻之于朝，济北王故得不诛事，《史记》诸篇皆不载，详见《汉书·邹阳传》。⑧徙封于淄川：时淄川王刘贤因谋反兵败自杀，故改封刘志为淄川王。淄川国的都城剧县，在今山东昌乐西北。⑨河间王太傅卫绾：卫绾是一个以"老好人"著称的庸俗官僚，时为河间王刘德的太傅。事迹详见《史记·万石张叔列传》。河间王刘德是景帝之子，景帝二年被封为河间王，都城即今河北献县。⑨中尉：此指为汉王朝朝廷的中尉。中尉是掌管京城治安的长官。⑨以中郎将事文帝：意即在汉文帝手下为中郎将。中郎将是帝王属下的侍从武官，统率诸郎，上属郎中令。㊽③醇谨无他：除醇谨外没有任何别的长处。醇谨，小心谨慎。㊽④上：称本朝皇帝，即汉景帝。㊽⑤召文帝左右饮：宴请其父身边的工作人员。㊽⑥属上曰：嘱咐其子景帝说。属，通“嘱”，嘱咐。㊽⑦长者：厚道人。㊽⑧善遇之：好好地对待他。㊽⑨六月乙亥：六月二十四。500吏民：指吴、楚等国的吏民。501诖误：被裹胁犯罪。诖，蒙骗、裹胁。502当坐：因犯法当治罪。503逋逃亡军：在吴、楚等反叛国家因犯罪而逃到了别国别郡，与在吴、楚等叛乱国家当兵而开了小差的人。504德哀侯广之子：即刘通。刘通是德哀侯刘广之子，吴王刘濞之侄，袭其父刘广之爵为德侯。哀字是刘广死后的谥号。德哀侯刘广是刘邦兄刘仲之子，吴王刘濞的亲兄弟。505续吴：接续刘濞在吴国称王，意思是还保留吴国的建制不取消。506楚元王子礼：刘礼，楚元王刘交之子，刘郢客之弟，楚王戊之叔，当时被封为平陆侯。刘礼从文帝时起即在朝任宗正，又统兵与周亚夫等共卫长安。事见《史记·绛侯周勃世家》。507续楚：接替楚王戊为楚王，仍保留楚国的建制。508窦太后：文帝之皇后，景帝与梁孝王之母，其戏剧性的身世经历见《史记·外戚世家》。509吴王二句：刘氏家族里的老人。按辈分说，汉景帝要向刘濞称叔，且其年龄在六十以上，故窦太后如此说。510顺善：做榜样；带头做好事。511奈何续其后：为什么还要让刘濞的后代延续。因为既为吴国续后，那就是仍承认刘濞是吴国的开国之王。512不许吴：不同意立吴王的后代，从此吴国的建制被撤销。513许立楚后：只准许立楚王的后代。514乙亥：六月二十四。〖按〗上文已出现“乙亥”，此处重复，应削。515淮阳王余：刘余，景帝之子，景帝二年（公元前一五五年）被封为淮阳王，都城即今河南淮阳。516鲁王：都城即今山东曲阜。517汝南王非：刘非，景帝之子，景帝二年被封为汝南王，都城平舆，在今河南汝南县东北。518为江都王二句：废去吴国之名，改建江都国，国都仍为广陵（今江苏扬州）。江都，汉县名，县治在广陵城之西南方。519宗正礼：刘礼，刘交之子，刘戊之叔。〖按〗刘礼早在文帝时为宗正，至吴楚起兵作乱时，景帝为向吴国讨好，向吴国谈判，已改任吴王濞之侄刘通为宗正，前文未言更换，今又称刘礼为宗正，文笔似有疏漏。520皇子端：刘端，景帝之子，程姬所生。事迹详见《史记·五宗世家》。521胶西王：都城高密，今山东高密西。522胜：刘胜，景帝之子，贾夫人所生。事迹详见《史记·五宗世家》。523中山王：都城卢奴，即今河北定州。

【校记】

［1］朝廷疾怨：原无此四字。据章钰校，甲十五行本、乙十一行本皆有此四字，张敦仁《通鉴刊本识误》、张瑛《通鉴校勘记》同。今从诸本及《通鉴纪事本末》《史记·吴王濞列传》补。［2］尚：据章钰校，甲十五行本、乙十一行本皆作“上”。［3］捍：据章钰校，甲十五行本、乙十一行本、孔天胤本皆作“捍”。

【原文】

四年（戊子，公元前一五三年）

春，复置关[524]，用传出入[525]。

夏，四月己巳[526]，立子荣[527]为皇太子，彻[528]为胶东王[529]。

六月，赦天下。

秋，七月，临江王阏[530]薨。

冬，十月戊戌晦[531]，日有食之。

初，吴、楚七国反，吴使者至淮南[532]，淮南王欲发兵应之。其相曰："王必欲应吴，臣愿为将。"王乃属之[533]。相已将兵，因城守[534]，不听王而为汉[535]，汉亦使曲城侯[536]将兵救淮南，以故得完[537]。

吴使者至庐江[538]，庐江王不应，而往来使越[539]。至衡山[540]，衡山王坚守无二心。及吴、楚已破，衡山王入朝，上以为贞信，劳苦[541]之曰："南方卑湿。"徙王王于济北[542]以褒之。庐江王以边越[543]，数使使相交，徙为衡山王，王江北[544]。

五年（己丑，公元前一五二年）

春，正月，作阳陵邑[545]。夏，募民徙阳陵[546]，赐钱二十万[547]。

遣公主嫁匈奴单于[548]。

徙广川王彭祖[549]为赵王[550]。

济北贞王勃[551]薨。

六年（庚寅，公元前一五一年）

冬，十二月，雷[552]，霖雨[553]。

初，上为太子，薄太后[554]以薄氏女为妃[555]。及即位，为皇后，无宠。秋，九月，皇后薄氏废[556]。

楚文王礼[557]薨。

初，燕王臧荼[558]有孙女曰臧儿，嫁为槐里[559]王仲妻，生男信[560]与两女[561]而仲死。更嫁长陵田氏[562]，生男蚡、胜[563]。文帝时，臧儿长女[564]为金

【语译】

四年（戊子，公元前一五三年）

春季，在全国各地的交通要道重新设置关卡，以盘查过往行人。

夏季，四月二十三日己巳，册立皇子刘荣为皇太子，封皇子刘彻为胶东王。

六月，大赦天下。

秋季，七月，临江王刘阏去世。

冬季，十月戊戌晦，发生了日食。

当初，吴、楚七国谋反时，吴国派使者出使淮南，淮南王刘安也想发兵响应吴王。他的丞相说："大王如果一定要响应吴王起兵，我愿意为将领。"淮南王于是委任他为将，负责统领淮南国的军队。丞相掌握了军权之后，却下令军队坚守城池，不再听从淮南王谋反的命令而效忠于汉朝廷，汉景帝也派出曲城侯虫捷率兵援救淮南，因此淮南国才得以保全。

吴国所派的使者来到庐江，庐江王刘赐拒绝起兵，却与东越、闽越、南越等国互相往来。吴国的使者到达衡山，衡山王刘勃也坚守城池对朝廷毫无二心。等到吴、楚兵败，衡山王入朝拜见汉景帝，汉景帝认为衡山王坚贞有信，对他大加慰劳说："南方地势低洼，气候潮湿。"于是改封衡山王刘勃为济北王以示褒奖。庐江王因为自己的封国和越国接壤，屡次互派使者往来，于是改封庐江王刘赐为衡山王，辖区在长江以北。

五年（己丑，公元前一五二年）

春季，正月，设置阳陵邑。夏季，招募百姓迁居阳陵，对愿意迁居的每户赏赐二十万钱。

派遣公主到匈奴嫁给匈奴的军臣单于。

改封广川王刘彭祖为赵王。

济北贞王刘勃去世。

六年（庚寅，公元前一五一年）

冬季，十二月，打雷，并下起了连绵的阴雨。

当初，景帝刘启为太子的时候，薄太后挑选薄家的女子为太子妃。等到太子刘启即位以后，太子妃虽然顺理成章地成了皇后，但得不到景帝的宠爱。这年的秋季，九月，汉景帝废掉了薄皇后。

楚文王刘礼去世。

当初，燕王臧荼有一个孙女叫臧儿，嫁给槐里的王仲为妻，臧儿为王仲生了一个男孩和两个女孩，男孩叫王信。后来王仲去世，臧儿改嫁到长陵的田家，又生了田蚡、田胜两个男孩。汉文帝的时候，臧儿的长女王娡嫁给金王孙，生了一个女儿

王孙[565]妇，生女俗[566]。臧儿卜筮之[567]，曰："两女皆当贵。"臧儿乃夺金氏妇[568]，金氏怒，不肯予决[569]。内之太子宫[570]，生男彻[571]。彻方在身[572]时，王夫人梦日入其怀[573]。

及帝即位，长男荣为太子。其母栗姬，齐人[574]也。长公主嫖[575]欲以女嫁太子[576]，栗姬以后宫诸美人[577]皆因长公主见帝[578]，故怒而不许[579]。长公主欲与王夫人男彻，王夫人许之。由是长公主日谗栗姬[580]而誉王夫人男[4]之美，帝亦自贤之，又有曩者[581]所梦日符[582]，计未有所定。王夫人知帝嗛[583]栗姬，因怒未解，阴[584]使人趣大行[585]请立栗姬为皇后[586]。帝怒曰："是而所宜言邪[587]！"遂按诛[588]大行。

七年（辛卯，公元前一五〇年）

冬，十一月己酉[589]，废太子荣为临江王[590]。太子太傅[591]窦婴[592]力争[593]不能得，乃谢病免。栗姬恚恨[594]而死。

庚寅晦[595]，日有食之。

二月，丞相陶青[596]免。乙巳[597]，太尉周亚夫为丞相。罢太尉官[598]。

夏，四月乙巳[599]，立皇后王氏[600]。

丁巳[601]，立胶东王彻为皇太子。

是岁，以太仆刘舍[602]为御史大夫[603]，济南太守[604]郅都[605]为中尉[606]。

始，都为中郎将[607]，敢直谏。尝从入上林[608]，贾姬[609]如厕，野彘[610]卒[611]来入厕。上目都[612]，都不行。上欲自持兵救贾姬，都伏上前曰："亡一姬[613]，复一姬进，天下所少，宁贾姬等乎[614]！陛下纵自轻[615]，奈宗庙、太后何[616]？"上乃还，彘亦去。太后闻之，赐都金百斤，由此重都。都为人勇悍[617]公廉[618]，不发私书[619]，问遗[620]无所受，请谒[621]无所听。及为中尉，先严酷[622]，行法不避贵戚。列侯[623]、宗室见都，侧目而视[624]，号曰"苍鹰"。

名叫金俗。臧儿为两个女儿算命，算命先生说:“你的两个女儿都将富贵。”臧儿于是便把已经嫁人的长女王娡从婆家金氏的手中夺了回来，金氏大怒，不肯断绝这门亲事。臧儿便将长女王娡送入太子刘启的宫中，王娡进宫后为景帝生了男孩刘彻。王夫人在怀刘彻时，梦见红日入怀。

等到刘启做了皇帝，立长子刘荣为太子。刘荣的母亲栗姬，是齐国人。长公主刘嫖想将自己的女儿阿娇嫁给太子刘荣为妻，栗姬因为后宫的诸多美人都是通过长公主才能被景帝召幸，因此对长公主刘嫖早就心怀不满，所以坚决不同意这门亲事。长公主于是提出把女儿嫁给刘彻，刘彻的母亲王夫人欣然同意。从此，长公主便每天在景帝面前说栗姬的坏话而赞誉王夫人的儿子有美德，景帝本来就认为王夫人贤惠，又有先前王夫人怀孕时梦日入怀的瑞兆，所以心中也早有废掉刘荣而立刘彻为太子的想法，只是还没有拿定主意。王夫人窥测到景帝正在衔恨栗姬，便趁着景帝余怒未消的时候，暗地里派人催促负责接待宾客的大行出面请求景帝册立栗姬为皇后，以此来激怒景帝。景帝果然大怒，对大行说:“这是你应该管的事情吗!”于是便派人治罪处死了大行。

七年（辛卯，公元前一五〇年）

冬季，十一月己酉日，废太子刘荣，将刘荣改封为临江王。太子的师傅窦婴虽然极力劝阻，但也无力回天，于是称病辞职。栗姬也因恼怒、怨恨，郁郁而死。

十一月最后一天三十日庚寅，发生日食。

二月，免去陶青的丞相职务。十六日乙巳，任命太尉周亚夫为丞相。撤销太尉一职。

夏季，四月十七日乙巳，册封王夫人王娡为皇后。

四月二十九日丁巳，立胶东王刘彻为皇太子。

这一年，任命太仆刘舍为御史大夫，任命济南太守郅都为中尉。

早先，郅都在担任中郎将的时候，就以敢于直言面谏皇帝而闻名。他曾经跟随景帝进入上林苑游猎，景帝的宠妃贾姬去厕所时，野猪突然进入厕所。景帝以目示意郅都前去救助，郅都不动。景帝于是拿起兵器准备亲自去救贾姬，郅都跪在景帝面前阻拦说:“失去一个女人，还会得到一个女人，天下所缺少的，难道是贾姬这样的女人吗！陛下纵然把自己看得很轻，但万一有什么闪失，那将如何向列祖列宗以及太后交代呢?”景帝只得回来，野猪也离开了。太后听说了这事以后，赏赐给郅都黄金一百斤，从此对郅都另眼相看。郅都为人不畏权贵、公正廉洁，从不拆阅私人请托的来信，对于送礼行贿一概不接受，找他走后门的也一律拒绝。等他做了中尉，从一上任就严厉执法，执行法律不避皇亲贵戚。列侯、宗室看见郅都，都不敢正眼相看，给他起的外号叫“苍鹰”。

中元年（壬辰，公元前一四九年）

夏，四月乙巳[625]，赦天下。

地震。衡山原都[626]雨雹，大者尺八寸。

二年（癸巳，公元前一四八年）

春，二月，匈奴入燕[627]。

三月，临江王荣坐侵太宗庙壖垣[628]为宫，征诣[629]中尉府[630]对簿[631]。临江王欲得刀笔[632]为书谢上[633]，而中尉郅都禁吏不予[634]。魏其侯使人间与[635]临江王。临江王既为书谢上，因[636]自杀。窦太后闻之，怒，后竟以危法[637]中都[638]而杀之。

夏，四月，有星孛[639]于西北。

立皇子越[640]为广川王，寄[641]为胶东王。

秋，九月甲戌晦[642]，日有食之。

初，梁孝王以至亲有功[643]，得赐[644]天子旌旗，从千乘万骑[645]，出跸入警[646]。王宠信羊胜、公孙诡[647]，以诡为中尉[648]。胜、诡多奇邪计，欲使王求为汉嗣[649]。栗太子之废[650]也，太后[651]意欲以梁王为嗣[652]，尝因置酒谓帝曰："安车大驾[653]，用梁王为寄[654]。"帝跪席举身[655]曰："诺。"罢酒，帝以访诸大臣[656]。大臣袁盎等曰："不可。昔宋宣公[657]不立子而立弟，以生祸乱，五世不绝[658]。小不忍[659]，害大义[660]，故《春秋》[661]大居正[662]。"由是太后议格[663]，遂不复言。王又尝上书："愿赐容车之地[664]，径至长乐宫[665]，自使梁国士众筑作甬道[666]，朝太后。"袁盎等皆建以为不可[667]。

梁王由此怨袁盎及议臣，乃与羊胜、公孙诡谋，阴使人刺杀袁盎及他议臣十余人[668]。贼未得也，于是天子意梁[669]。逐贼[670]，果梁所为[671]。上遣田叔[672]、吕季主[673]往按[674]梁事，捕公孙诡、羊胜。诡、胜匿王后宫。使者十余辈[675]至梁，责二千石急[676]。梁相轩丘豹[677]及内史韩安国[678]以下举国大索[679]，月余弗得。

中元年（壬辰，公元前一四九年）

夏季，四月二十三日乙巳，赦免天下罪犯。

发生地震，衡山国的原都地区下了冰雹，冰雹大的直径约有一尺八寸大小。

二年（癸巳，公元前一四八年）

春季，二月，匈奴侵扰燕国边境。

三月，临江王刘荣因为修建宫室而侵占了在临江国都城所建的太宗庙外小墙之内的空地而触犯了刑律，被传讯到中尉府接受审讯，回答质询。临江王请求给一些书写工具，想亲自写信向父皇认罪，中尉郅都不准狱吏给他书写工具。魏其侯窦婴派人悄悄地给临江王送去了纸笔。临江王向景帝写信请罪后，就自杀了。窦太后得知后非常恼怒，后来就用险恶而耸人听闻的罪名强加给郅都而将他处死。

夏季，四月，彗星在西北方向出现。

封皇子刘越为广川王，刘寄为胶东王。

秋季，九月最后一天三十日甲戌，发生日食。

当初，梁孝王刘武因为是景帝的亲弟弟，又在平定吴、楚之乱时立了大功，所以，景帝特别准许他出行时可以使用皇帝的旌旗，侍从的数量可以千乘万骑，出行时清道戒严。梁孝王刘武一向宠信羊胜、公孙诡，他任命公孙诡为中尉。羊胜、公孙诡二人诡计多端，净是些歪门邪道，他们妄图使梁孝王成为皇位的继承人。太子刘荣被废后，窦太后也想要让梁王成为皇位继承人，她曾经在酒宴上对景帝说："等我百年之后，我把梁王托付给你。"景帝便在坐垫上跪起来，挺直身子说："行。"酒宴过后，景帝就此事询问诸位大臣。大臣袁盎等人劝阻说："不可以那样做。过去宋宣公不立自己的儿子为继承人而立自己的弟弟，所以留下祸根，你争我夺，一连纷乱了五世，使国家不得安宁。小事情上不肯忍耐，就会有害于国家的长治久安，所以《春秋》非常重视王位传承之事。"于是，窦太后的建议被搁置起来，不再被提起。梁孝王刘武又给景帝写信："希望赐给自己一条仅能容纳一辆车子的小道，使自己能从梁国经此小路直达太后居住的长乐宫，由自己派梁国的人员负责修筑这条两侧有夹墙的通道，以便于拜见母后。"袁盎等都建议皇帝，认为不可以答应梁王的非分要求。

梁孝王由此怨恨袁盎以及参与议论的大臣，于是便与羊胜、公孙诡阴谋策划，暗中派人刺杀了袁盎以及其他参与议论的大臣十多人。而刺客却一个也没有被抓住，景帝猜测是梁王所为。于是追查刺客的踪迹，果然是梁国人干的。景帝派遣田叔、吕季主负责查究梁国派人刺杀袁盎等人之事，并逮捕公孙诡、羊胜。公孙诡、羊胜被梁孝王藏匿到后宫中。景帝先后派到梁国去的使者有十多批，严厉地逼迫梁国的大臣尽快将杀人凶手追捕归案。于是，梁国的丞相轩丘豹、内史韩安国及以下官吏在全梁国范围内展开大搜捕，但追查了一个多月都没有搜捕到公孙诡、羊胜。

安国闻诡、胜匿王所，乃入见王而泣曰："主辱者臣死[680]。大王无良臣，故纷纷[681]至此。今胜、诡不得，请辞赐死[682]。"王曰："何至此[683]！"安国泣数行下，曰："大王自度于皇帝[684]，孰与临江王亲[685]？"王曰："弗如也。"安国曰："临江王适长太子[686]，以一言过，废王临江[687]。用宫垣事[688]，卒自杀中尉府。何者？治天下终不用私乱公[689]。今大王列在诸侯，訹邪臣浮说[690]，犯上禁，桡明法[691]。天子以太后故，不忍致法[692]于大王。太后日夜涕泣，幸大王自改[693]。大王终不觉寤，有如太后宫车即晏驾[694]，大王尚谁攀[695]乎？"语未卒，王泣数行而下，谢安国曰："吾今出胜、诡[696]。"王乃令胜、诡皆自杀，出之[697]。上由此怨望[698]梁王。

梁王恐，使邹阳[699]入长安，见皇后兄王信[700]说[701]曰："长君弟[702]得幸于上，后宫莫及，而长君行迹[703]多不循道理[704]者。今袁盎事[705]即穷竟[706]，梁王伏诛，太后无所发怒[707]，切齿侧目于贵臣[708]，窃为足下忧之[709]。"长君曰："为之奈何？"阳曰："长君诚能精为上言之[710]，得毋竟梁事[711]，长君必固自结于太后[712]。太后厚德[713]长君入于骨髓[714]，而长君之弟幸于两宫[715]，金城之固[716]也。昔者舜之弟象，日以杀舜为事[717]，及舜立为天子，封之于有卑[718]。夫仁人之于兄弟[719]，无藏怒[720]，无宿怨[721]，厚亲爱而已，是以后世称之。以是说天子[722]，徼幸梁事不奏[723]。"长君曰："诺。"乘间[724]入言之，帝怒稍解。

是时，太后忧梁事[725]不食，日夜泣不止，帝亦患[726]之。会田叔等按梁事来还，至霸昌厩[727]，取火悉烧梁之狱辞[728]，空手来见帝。帝曰："梁有之乎[729]？"叔对曰："死罪[730]！有之[731]。"上曰："其事[732]安在？"田叔曰："上毋以梁事为问[733]也！"上曰："何也？"曰："今梁王不伏诛，是汉法不行也；伏法而太后食不甘味[734]，卧不安席[735]，此忧在陛下

韩安国听说公孙诡、羊胜藏匿在梁王宫中后，便进宫拜见梁王，他哭着对梁王说："国主蒙受羞辱，臣下就应该去死。大王因为没有贤能的大臣辅佐，所以才慌乱成这个样子。如果仍然找不到羊胜、公孙诡，就请大王允许我辞去官职，将我处死吧。"梁王说："何至于如此！"韩安国泪流满面地说："大王您掂量一下，您与皇帝的关系，跟临江王刘荣与皇帝的关系比起来，谁更亲密？"梁王说："我们是兄弟关系，当然不如他们父子关系亲密。"韩安国说："临江王是嫡亲长子为太子，就因为一句话的过错，便被废为临江王。后来又因为建筑宫室侵占太宗陵寝墙外的空地，而落得在中尉府里畏罪自杀的下场。这是什么原因呢？治理天下终究不能因为私情而损害了国家的利益。现在大王位列诸侯，被奸邪之臣的胡言乱语所诱惑，违犯了皇帝的禁令，破坏了朝廷的法令。皇帝因为太后的缘故，不忍心对大王进行惩罚。太后正在为大王的事情而日夜啼哭，希望大王能够自觉悔改。而大王始终执迷不悟，假如太后去世，大王还有谁可以依靠呢？"话未说完，梁王刘武已是泣不成声，泪流满面，他向韩安国道歉说："我现在就把羊胜、公孙诡交出来。"梁王命令羊胜、公孙诡自杀后，将二人的尸体交出来。景帝由此对梁王产生怨恨的情绪。

梁孝王内心恐惧，于是派遣邹阳到长安去见王皇后的兄长王信，邹阳对王信说："您的妹妹王皇后很受皇帝的宠爱，后宫的美人没有人能赶得上她的，而长君您的行为表现却有许多不遵守规矩的地方。现在行刺袁盎的事件已经是一查到底，一旦梁王被诛杀，那么太后的怨气无处发泄，就会咬牙切齿地怨恨你们这些权贵，我私下里真为您感到忧虑啊。"长君说："那我该怎么办呢？"邹阳说："长君若能够竭尽全力地劝说皇帝，使皇帝不再追究梁王派人行刺袁盎的事件，那么您就必然会讨得太后的欢心。从而加深您与太后的关系，太后必然会对您感恩戴德，刻骨铭心，而您的妹妹王皇后将会受到皇帝、太后两宫的双重宠爱，皇后的地位必将像用黄金修建的城墙一样不可动摇。过去舜的弟弟象，日夜琢磨着要杀死舜，等到舜成为天子以后，舜不仅没有报复象，还把有卑封给象。有仁爱之心的人对于亲兄弟的愤怒是不会藏在心里的，也没有隔夜的怨恨，心中只有亲爱和友情，所以后代称颂不绝。您就用这件事去说服皇帝，或许能够使皇帝对梁国行刺之事不再穷究。"长君说："好吧。"长君于是寻找机会入宫劝说景帝，景帝对梁王的恼恨也因此而稍有化解。

当时，窦太后为梁王的事情忧愁得吃不下饭，睡不着觉，日夜哭泣不止，景帝也很为母亲担心。碰巧田叔等也办理完梁国刺杀袁盎的事情，他们在回京城的路上，到了霸昌厩就停下来，把梁国谋杀朝廷大臣的一切口供全部烧毁后，这才空着两手来见景帝。景帝问："梁国有没有密谋刺杀袁盎等人的事啊？"田叔答道："我们实在该死！梁国确有此事。"景帝问："查办此事的案卷在哪里？"田叔答："请陛下不要再过问梁国的事情了！"景帝说："为什么呢？"田叔说："现在如果不诛杀梁王，是汉朝的法律得不到贯彻执行；诛杀梁王就会使太后食不甘味，卧不安席，而这正是陛下

也。”上大然之，使叔等谒⑦太后，且曰⑦：“梁王不知也。造为之者，独在幸臣羊胜、公孙诡之属为之耳⑦，谨已伏诛死⑦，梁王无恙也⑦。”太后闻之，立起坐餐⑦，气平复⑦。

梁王因上书请朝⑦。既至关⑦，茅兰⑦说王，使乘布车，从两骑⑦入，匿于长公主园⑦。汉使使迎王，王已入关，车骑尽居外⑦，不知王处。太后泣曰：“帝果杀吾子！”帝忧恐。于是⑦梁王伏斧质于阙下谢罪⑦。太后、帝大喜，相泣，复如故⑦，悉召王从官入关。然帝益疏⑦王，不与同车辇⑦矣。帝以田叔为贤，擢为鲁相⑦。

【段旨】

以上为第二段，写景帝前四年（公元前一五三年）至中二年（公元前一四八年）共六年间的全国大事。主要写了王皇后之母臧儿所生二女三子在景帝时期的炙手权势；写了王皇后与长公主相互勾结，谗害栗姬、栗太子至死而夺得皇后与太子位的后宫政变；写了梁孝王因恃母宠而骄纵无法、谋夺皇位继承权，在阴谋不能实现时竟刺杀朝廷命官，大逆不道，以及韩安国、邹阳、田叔等人为之百般弥缝，使其幸免于难的过程；写了淮南王、庐江王在吴、楚七国谋反时的不轨迹象，为其日后又阴谋叛乱做了伏笔；写了酷吏郅都虽酷烈但尚公正，只因卷入后宫矛盾而无端遭到惨杀的结局等事，文中表现了最高统治集团内部矛盾的尖锐性与复杂性。

【注释】

㉔复置关：在全国各地的交通要道重新设置关卡，以盘查过往行人。〖按〗文帝十三年，因国家太平曾宣布废除国内各地的关卡，今因七国造反，形势紧张，故又重新设置起来。㉕用传出入：传也称“繻”“过所”，即今之所谓“通行证”。〖按〗景帝时以“十月”为岁首，今乃开头先书“春”，乃随《汉书·景帝纪》之错误。《史记》书此事于此年之“后九月”，应改从《史记》。㉖四月己巳：四月二十三。㉗子荣：刘荣，景帝之子，栗姬所生。事迹详见《史记》之《外戚世家》与《五宗世家》。㉘彻：刘彻，景帝之子，王夫人所生，即日后的汉武帝。㉙胶东王：胶东国的都城即墨，在今山东平度东南。㉚临江王阏：刘阏，《史记·五宗世家》作“刘阏于”，景帝之子，程姬所生，于景

所担忧的啊。”景帝很同意他的看法，于是派田叔等去拜见太后，对太后说：“梁王不知道行刺这件事。制造这场罪案的人，是梁王的宠臣羊胜、公孙诡，现在这两个首恶已经伏法，梁王平安无事了。”窦太后听后，立即坐起身来开始吃饭，心气也恢复了正常。

梁王向景帝写信要求进京朝见，景帝表示同意。当梁王刘武到达函谷关时，茅兰劝说梁王，让他改乘布车，只带两名骑士，进京后先悄悄地躲藏到长公主刘嫖的花园内。景帝像往常一样派使者到函谷关迎接梁王，梁王当时已经进入函谷关，他的车骑大多数都留在了函谷关外，使者找不到梁王。太后得知消息后哭着说：“皇帝果然杀死了我的儿子!”景帝也为此而感到忧愁恐惧。在这时，梁王背着斧子、案板来到宫门之下请罪。窦太后、汉景帝全都喜出望外，相对哭泣，亲密的兄弟之情又像当初一样了，景帝又派人将跟随梁王前来的官员全部迎入关内。然而景帝逐渐疏远了梁王，不再与梁王同乘一辆车辇。景帝认为田叔很贤能，就提拔田叔做了鲁国的丞相。

帝二年被封为临江王。临江国的都城郢，即今湖北江陵西北之纪南城。(531)十月戊戌晦：十月的最末一天是戊戌日。晦，每个月的最末一天。〖按〗景帝时以“十月”为岁首。此“十月”应书于五年的开头。但景帝五年十月的最末一天是“壬寅”，不是“戊戌”。(532)淮南：当时的诸侯国名，都城寿春，即今安徽的寿县。此时的淮南王为刘邦之孙，老淮南王刘长之子刘安。(533)属之：将兵权交给了他。属，委任、交给。(534)城守：据城而守，指不从吴国作乱，且做好抵抗吴国来攻的准备。(535)为汉：忠于汉王朝朝廷。(536)曲城侯：刘邦功臣虫达之子虫捷。虫达其人见《史记·高祖功臣侯者年表》。(537)完：保全。(538)庐江：诸侯国名，都城舒县，在今安徽庐江县西南。此时的庐江王为刘安之弟刘赐。(539)往来使越：而与东越、闽越、南越等国相互往来。(540)衡山：诸侯国名，都城邾县，今湖北黄冈北。此时衡山王为刘安之弟刘勃。(541)劳苦：慰劳。(542)济北：原是刘志的封国，前刘志已改封淄川，今移刘勃到济北。济北国的都城卢县，在今山东济南市长清区西南。(543)边越：靠近越国。(544)王江北：衡山国的都城邾县，地处长江以北。(545)作阳陵邑：在景帝为自己预作陵墓的地区设县。因景帝的陵墓叫阳陵，故而此县称作“阳陵邑”。在今陕西咸阳东北。(546)徙阳陵：向阳陵邑搬迁，因统治者希望让他陵墓所在的地方迅速繁华起来。(547)赐钱二十万：每个向阳陵搬迁的人家国家赐钱二十万。(548)匈奴单于：此时匈奴在位的叫军臣单于，公元前一六一至前一二七年在位。(549)广川王彭祖：刘彭祖，景帝之子，贾夫人所生。事迹详见《史记·五宗世家》。广川国的都城在今河北枣强东北。(550)为赵王：原赵王刘遂因参加吴楚造反失败自杀，故移刘彭祖为赵王。(551)济北贞王勃：刘勃，贞字是

谥，因其始终未参与七国之乱，故谥曰贞。552雷：十二月打雷是反常现象，古人以为不祥，故书之于史。553霖雨：小雨连绵不断。554薄太后：文帝之母，景帝的祖母。555为妃：为太子之妃。556皇后薄氏废：因薄太后已于景帝二年死，故景帝废薄皇后。557楚文王礼：刘礼，楚元王的少子，楚王戊因造反失败自杀，朝廷立刘礼继为楚王，死后谥曰文。558燕王臧荼：陈涉起义时期的燕国将领，因随项羽入关，被项羽封为燕王。楚汉战争时迫于韩信大军的威逼投降刘邦，刘邦称帝后因谋反被刘邦讨平。559槐里：汉县名，县治在今陕西兴平东南，即秦时之所谓废丘，章邯为雍王之都城。560男信：王信，武安侯田蚡的同母异父兄，被封为盖侯。561两女：即日后的王皇后与王儿姁。562长陵田氏：长陵邑的田氏某人，史失其名。长陵，这里指刘邦陵墓所在的邑名，在今陕西咸阳东北。563蚡、胜：田蚡、田胜，有关田蚡、田胜的事情，参见《史记·魏其武安侯列传》。564臧儿长女：即日后之王皇后。565金王孙：姓金，名王孙，汉景帝王皇后的前夫。566生女俗：姓金名俗，即日后的修成君。567卜筮之：为两个女儿算卦，占卜未来的命运。用龟甲占卜曰"占"，用蓍草占卜曰"筮"。568乃夺金氏妇：因为臧儿听说自己的女儿都日后当贵，故而想把她们都及早地献给贵人，故而把已经嫁了人的大女儿也从其婆家夺了回来。569不肯予决：不肯与之离婚。570内之太子宫：此句的主语为"臧儿"。意谓臧儿遂将日后的王皇后，夺回来送给了当时还在当太子的汉景帝。内，通"纳"，送进。571男彻：儿子刘彻，即日后的汉武帝。572在身：指怀孕。573梦日入其怀：当时迷信的说法，称梦日入怀则生子为皇帝；梦月入怀则生女为皇后。〖按〗都是日后编造的欺人之谈。宫里的女人编造这类话向统治者邀宠，可谓用心良苦。574齐人：齐国人。齐国的国都临淄（今山东淄博之临淄西北），当时在位的齐王为刘肥的后代齐懿王。575长公主嫖：文帝之女，窦太后所生，景帝与梁孝王的胞姐。皇帝之女称公主，皇帝之姐妹称长公主，皇帝之姑称大长公主。576欲以女嫁太子：此女名阿娇，姓陈，即日后嫁给武帝的陈皇后。577诸美人：指景帝的各个嫔妃。美人，汉宫嫔妃的位号名，皇后以下有"美人""良人""八子""七子""长使""少使"等，见《汉书·外戚传》。578因长公主见帝：通过长公主的介绍得以受皇帝亲幸。579不许：不答应长公主的为其女求婚。580谗栗姬：在景帝跟前说栗姬的坏话。581曩者：昔日；前者。曩，昔、前。582所梦日符：即上文所说的王夫人"梦日入怀"事。符，验、征兆。583嗛：不满；心中忌恨。584阴：暗中。585趣大行：催促大行向皇帝进言。趣，意思同"促"，催促。大行，朝官名，原称典客，"九卿"之一，主管少数民族事务及接待宾客等。此"大行"史失其名。586请立栗姬为皇后：王夫人可谓阴险之极。茅坤曰："即骊姬请晋献公之无易太子申生意，语所谓'倒跌'也。"陈仁锡曰："武帝母也，极其丑诋，直笔，亦谤书。"587是而所宜言邪：这话是你所应该说的吗。而，尔、汝。588按诛：治罪处死。589十一月己酉：十一月是辛酉，此月无"己酉"日，当是记载有误。590临江王：临江原是景帝子刘阏于的封国，都城即今湖北江陵西北之纪南城。不久前，刘阏于死，故刘荣被废后贬为临江王。591太子太傅：太子的辅导官，辅导太子的生活与学习。592 窦婴：景帝母窦太后之侄，景帝的表兄弟，被封为魏其侯。593 力争：尽力劝阻。594 恚恨：恼怒；怨恨。595 庚寅晦：十一月的三十日是庚寅。晦，每个月的最后一天。596 陶青：刘邦的开国功臣陶舍之子，继其父爵为开封侯，自景帝二年为丞相。597 乙巳：二月十六。598 罢太尉官：害怕太尉的权力太大，故战时一过随即撤销此职。太尉与丞相并列，执掌全国军事。599 四月乙巳：四月十七。600 王氏：名娡，武帝刘彻之母，原嫁与金氏，后被其母臧儿从金家夺回嫁与时为太子的汉景帝。601 丁巳：四月二十九。602 太仆刘舍：刘邦的开国功臣刘襄之子，时任太仆之职。太仆是九卿之一，职务是为帝王赶车，并兼管宫内的车马事务。〖按〗刘襄原本姓项，因在楚汉战争时背叛项羽暗中帮着刘邦，故被刘邦赐姓刘，并封之为桃侯。603 御史大夫：三公之一，主管监察，位同副丞相。丞相有缺，通常即由御史大夫增补。604 济南太守：济南郡的行政长官。济南地区有时为郡，有时为诸侯国，其郡治为东平陵，在今山东济南市章丘区西北。605 郅都：一个严酷但正直的官吏，号称“苍鹰”。事迹详见《史记·酷吏列传》。606 中尉：维持首都治安的长官，秩二千石。607 中郎将：帝王的侍从武官，上属郎中令。《汉书·百官公卿表》云：“中郎有五官、左、右三将，秩皆比二千石。”608 从入上林：跟着皇帝到上林苑游猎。上林苑是秦汉时期的皇家猎场，旧址在今西安西南及周至、西安市鄠邑区一带，范围广达数县。609 贾姬：景帝的宠妃，赵王刘彭祖与中山王刘胜之母。参见《史记·五宗世家》。610 野彘：野猪。611 卒：同“猝”，突然。612 目都：给郅都使眼色，令其入救。613 亡一姬：失去一个女人。亡，失。614 天下所少二句：以天下之大，难道还缺少贾姬这种人吗。宁，岂、难道。615 自轻：不贵重自己；不顾个人安危。616 奈宗庙、太后何：您本人倘有什么闪失，那将如何向列祖列宗以及宫里的窦太后交代呢。617 勇悍：意即不畏权贵。618 公廉：公正廉洁。619 不发私书：不拆看私人请托的来信。发，启、拆开。620 问遗：这里即指送礼、行贿。问，问候、慰劳。遗，给人东西。621 请谒：请托，指有人找郅都走后门。622 先严酷：从一上任就严格执法。623 列侯：也称“彻侯”“通侯”，异姓功臣所能获得的最高勋阶，如“留侯”“绛侯”等。624 侧目而视：不敢正眼相看。625 四月乙巳：四月二十三。626 衡山原都：衡山国的原都县。原都县的方位今不详。627 入燕：入侵燕国。燕是西汉的诸侯国名，都城蓟县（今北京）。此时在位的燕王为刘定国，刘邦功臣刘泽之孙。628 侵太宗庙壖垣：侵占了临江国都城所建的文帝庙外小墙之内的闲置地。太宗庙，祭祀文帝刘恒的庙宇。壖垣，小矮墙。这里指庙宇四周大墙之外、小墙之内的闲散地。629 征诣：被叫到。征，召、调。诣，到、往。630 中尉府：首都治安长官的公署。当时的中尉常与廷尉协同审理全国性的大案、要案。631 对簿：接受审讯，回答质询。632 刀笔：当时书写用的工具，用笔蘸漆写在竹简或木片上，出现错误则用刀刮掉重写。633 谢上：有话要对皇帝讲。谢，告。634 禁吏不予：不准狱吏给临江王提供刀笔。635 间与：偷偷给予。636 因：随后；随即。637 危法：险恶而耸人听闻的法律名目。638 中都：陷害郅都。639 孛：火光四射，这里指彗星。640 皇子越：刘越，景帝之子，王夫人所生。〖按〗王夫人名儿姁，是武帝之母王皇后的胞妹。⑥④① 寄：刘寄，景帝之子，刘越的胞弟。⑥④② 九月甲戌晦：九月是大月，这个月的三十是甲戌。⑥④③ 以至亲有功：因为是皇帝最近的亲属，而且又在削平吴、楚叛乱中有大功。⑥④④ 得赐：被赏赐。⑥④⑤ 从千乘万骑：可以跟从大批的车辆骑兵。千乘，千辆兵车。万骑，上万的骑兵。⑥④⑥ 出跸入警：每次外出以及回家的时候都要清道戒严。跸，清道。警，警戒。这里是互文见义。⑥④⑦ 羊胜、公孙诡：梁孝王身边的两个奸邪小人。⑥④⑧ 中尉：诸侯国的中尉主管该国的军事。⑥④⑨ 求为汉嗣：希求当汉朝皇帝的继承人，想来个“兄终弟继”。⑥⑤⓪ 栗太子之废：太子刘荣与其母栗姬被武帝之母王夫人与长公主勾结进谗搞垮事，见本书前文之景帝六年、七年。⑥⑤① 太后：指窦太后，景帝与梁孝王之生母。⑥⑤② 为嗣：为景帝的接班人，即“兄终弟继”。⑥⑤③ 安车大驾：平平安安的车驾一旦起行。驾，起驾远行，隐指日后自己之死。〖按〗“安车大驾”四字稍嫌生涩，有人以为应作“大车晏驾”。可供参考。⑥⑤④ 用梁王为寄：我把梁王托付给你。用，以。寄，托付，意即让梁王作为你的继承人。⑥⑤⑤ 跪席举身：在坐垫上跪起来，挺直身子，这是一种表示恭敬的姿态。⑥⑤⑥ 帝以访诸大臣：景帝以窦太后想让梁王做接班人的主张向大臣们征求意见。⑥⑤⑦ 宋宣公：春秋初期的宋国国君，公元前七四七至前七二九年在位。⑥⑤⑧ 五世不绝：据《史记·宋微子世家》，宣公在位十九年，死后传于其弟穆公。穆公在位九年，临死又回传与宣公之子殇公。殇公在位十年，国内政变，弑殇公，另立穆公之子庄公。庄公十九年卒，传于其子愍公。愍公立十一年，被其权臣所杀，权臣改立愍公之弟公子游。不久又有人将公子游杀死，改立了愍公的另一个弟弟御说，是为桓公。此后宋国的政局始定。⑥⑤⑨ 小不忍：指对窦太后的主张不忍拒绝。⑥⑥⓪ 害大义：有害于国家的长治久安。义，宜、正。⑥⑥①《春秋》：儒家的经典之一，据说是孔子所作。这里实际是指《春秋公羊传》。⑥⑥② 大居正：重视确立接班人。大，看重、重视。《春秋公羊传》隐公三年有所谓“君子大居正，宋之祸，宣公为之也”。⑥⑥③ 太后议格：太后的主张遂被搁置。格，搁置、不再提起。⑥⑥④ 容车之地：有一辆车子之宽的小路。⑥⑥⑤ 径至长乐宫：从梁国经此“容车之地”一直通到长乐宫。长乐宫，也称“东宫”，是皇太后居住的地方，以利于梁孝王随时经由此道入长安省母。⑥⑥⑥ 甬道：两侧筑有夹墙的通道，即前所谓“容车之地”。⑥⑥⑦ 皆建以为不可：建，建言；提出意见。〖按〗梁孝王以随时省母为名，要修筑一条自梁国经由许多郡县以达长安的通道，涉及领土主权，当然为朝廷诸臣所不允。⑥⑥⑧ 刺杀袁盎及他议臣十余人：据《史记·袁盎晁错列传》，梁王派的第一批刺客至关中后，听人多称赞袁盎，故未忍下手，且告其为备；后来梁王又派第二批刺客，遂狙杀袁盎于安陵门外。⑥⑥⑨ 意梁：猜想是梁王所为。意，疑、猜想。⑥⑦⓪ 逐贼：追查刺客的踪迹。逐，追查。⑥⑦① 果梁所为：据《史记·袁盎晁错列传》，刺客杀袁盎后，将凶器留在了袁盎身上。汉人追查凶器的来源，遂发现是梁人所为。⑥⑦② 田叔：汉初名臣，先曾在赵王张敖处为吏，后入汉为汉中守，处理梁事后，又曾为鲁相。事见《史记·田叔列传》。⑥⑦③ 吕季主：事迹不详，仅此一见。⑥⑦④ 按：审查；查办。⑥⑦⑤ 十余辈：十多批；十多起。⑥⑦⑥ 责二千石急：严厉地逼着梁国的大臣们交出凶手。当时诸侯国的执政大臣如丞相、内史、中尉等都是二千石或比二千石一级，这些人都是朝廷所派，对朝廷负责。677 轩丘豹：姓轩丘，名豹。678 内史韩安国：诸侯国的内史是管理民政的长官。韩安国，原是梁国官吏，后被朝廷信任，任命其为梁国内史。679 举国大索：上起丞相下至平民的全国彻底搜查。680 主辱者臣死：当君主受到耻辱时，做臣子的就该被杀了，这里是韩安国向梁王表示歉意，说自己过去没有尽到做臣子的责任。《国语·越语》有所谓"为人臣者，君忧臣劳，君辱臣死"；《史记·越王勾践世家》范蠡有所谓"主辱臣死"；《范雎蔡泽列传》有所谓"主辱臣死"，盖古语。681 纷纷：惶恐、慌乱的样子。682 今胜、诡不得二句：其意为，如果一定捉不到羊胜、公孙诡，那就请允许我向您辞行，干脆把我杀了。今，如果。"辞"字似衍文，应削。683 何至此：怎么会到这一步。684 自度于皇帝：您自己估量您与皇帝的关系。685 孰与临江王亲：意思是您和皇帝的关系，与旧太子刘荣与皇帝的关系比起来哪个更亲密。686 适长太子：已经定为了接班人的嫡系大儿子。适，通"嫡"。687 以一言过二句：就因为说错了一句话，就被废掉接班资格，贬为临江王。〖按〗太子无任何过失，有过者乃其母栗姬。景帝尝属诸姬子于栗姬，栗姬出言不逊，由是太子被废，栗姬忧死。事情已见于前文，过程详见《史记·外戚世家》。688 用宫垣事：即前文所谓"侵太宗庙壖垣"。用，因。689 终不用私乱公：绝不会因为亲情而改变他的政治态度。690 訹邪臣浮说：被奸邪之徒的花言巧语所迷惑。訹，诱惑。691 桡明法：破坏了朝廷的法律。桡，通"挠"，曲，这里指破坏。692 致法：施法；加罪。693 幸大王自改：希望您能自觉悔改。694 有如太后宫车即晏驾：意思是如果有一天太后不在了。宫车晏驾，宫车不能按时出宫，婉言帝王之死。即，若。695 尚谁攀：还指望谁来搭救。锺惺曰："前段之弥缝，此段之匡正，缺一不可。两'泣曰'，非唯至诚，抑亦当机。"凌稚隆引康海曰："此与左师触龙说质长安君相类。"696 吾今出胜、诡：我现在就把羊胜、公孙诡交出去。697 出之：将他们的尸体交了出来。698 怨望：怨恨。望，也是"怨"的意思。699 邹阳：原齐人，梁孝王的宾客，当时的游说之士。事迹见《史记·鲁仲连邹阳列传》。700 王信：景帝王皇后之兄，因亲属关系被封为盖侯。701 说：游说；劝说。702 长君弟：犹言"您的妹妹"。长君，王信之字。弟，女弟，指王皇后。703 长君行迹：犹言"您的行为表现"。704 不循道理：不守规矩。705 袁盎事：袁盎被刺身死事。706 即穷竟：倘若彻底查办。即，若。穷竟，追查到底。707 无所发怒：无处撒气。708 切齿侧目于贵臣：必然会迁怒于身边的贵戚大臣。切齿侧目，发怒寻泄的样子。709 窃为足下忧之：意思是我担心要向您找茬儿，把这股气撒在您身上。710 精为上言之：好好地对皇上讲一讲。精，仔细。711 毋竟梁事：不要穷追猛打地查办梁国的事情。毋竟，不要彻底追查。712 长君必固自结于太后：那么您就必然讨得了太后的欢心，加深了与窦太后的关系。713 厚德：感恩。714 入于骨髓：极言其感恩之深，即今所谓"刻骨铭心"。715 幸于两宫：谓同时讨得太后与皇帝两方面的喜欢。两宫，长乐宫与未央宫，这里即指太后与皇帝。因太后居于长乐宫，皇帝居于未央宫。[716]金城之固：以比喻皇后的受宠将无比牢固持久。[717]舜之弟象二句：舜的同父异母弟名象，在舜受尧禅之前，曾多次设谋欲杀舜。事情详见《史记·五帝本纪》。[718]封之于有卑：谓舜不计前愆，仍封象于有卑之地为君。有卑，传说中的地名。[719]之于兄弟：对于兄弟之间的一些磕磕碰碰。[720]无藏怒：不会暗恨于心。[721]无宿怨：不会怨恨不忘。[722]以是说天子：您就本着这种精神劝说皇帝。是，此，指舜待象的故事。[723]徼幸梁事不奏：希望梁国刺杀袁盎的事情不被公开弹劾。徼幸，同"侥幸"，这里意即希望、但愿。奏，指大臣上书弹劾，那就得动用国法。[724]乘间：找机会。间，隙。[725]忧梁事：担心景帝不会饶过梁王。[726]患：挠头；伤脑筋。[727]霸昌厩：驿站名，在今陕西西安市临潼区东北，离长安已经很近。[728]悉烧梁之狱辞：把梁国谋杀朝廷命官的口供通通烧掉。[729]梁有之乎：梁国有没有刺杀袁盎的事情。[730]死罪：意谓"我们实在该死"，犹今所谓"对不起"，即果有其事的前置语。[731]有之：梁国果有其事。[732]其事：指有关查办此事的口供、案卷。[733]毋以梁事为问：不要过问梁国的事情。[734]食不甘味：吃东西不香，以言其心有忧伤，对一切都麻木不觉。[735]卧不安席：翻来覆去地睡不着觉。[736]谒：进见；拜见。[737]且曰：并且故意地说。[738]造为之者二句：词语繁复，应削去开头的"造为之者"四字，或削去后面的"为之"二字，两者不能同时保留。造为之者，制造这场罪案的人。[739]谨已伏诛死：意谓这两个首恶已经伏诛。[740]梁王无恙也：梁王没有任何

【原文】

三年（甲午，公元前一四七年）

冬，十一月，罢诸侯御史大夫官[755]。

夏，四月，地震。

旱，禁酤酒[756]。

三月丁巳[757]，立皇子乘[758]为清河王[759]。

秋，九月，蝗。

有星孛于西北。

戊戌晦，日有食之。

初，上废栗太子，周亚夫固争之[760]，不得[761]，上由此疏之。而梁孝王每朝，常与太后言条侯之短[762]。窦太后曰："皇后兄王信[763]可侯[764]也。"帝让[765]曰："始南皮、章武[766]，先帝不侯，及臣即位乃侯之[767]，信未得封也[768]。"窦太后曰："人生各以时行[769]耳。自窦长君在时，竟不得侯死，

问题，还是好好的。㊶立起坐餐：立刻坐起来，开始吃饭了，言外之意是在此之前窦太后一直躺着不吃饭。㊷气平复：心气顺了过来，不像以前那么憋闷了。㊸请朝：请求进京朝见太后、皇帝。㊹关：指函谷关，在今河南灵宝东北，是由东边进入关中的必经之路。㊺茅兰：梁孝王的宾客，事迹不详。㊻乘布车二句：化装成一个低级官吏的姿态。从两骑，跟随着两个骑士做警卫。㊼长公主园：长公主刘嫖的私家园林。长公主刘嫖是景帝与梁孝王胞姐，都是窦太后所生。㊽尽居外：都留在了函谷关外。㊾于是：在这时。㊿伏斧质于阙下谢罪：背着斧子案板跪在宫门外请罪。斧质，古时杀人用的斧头与案板。阙下，宫门之外。古时的宫门之外有双阙，故称宫门曰阙下。谢罪，请罪。⑤①复如故：亲密的兄弟之情还和过去一样。⑤②益疏：渐渐疏远。益，渐。⑤③不与同车辇：不再与梁王同乘一辆车子。辇，帝王乘坐的一种轻便小车，或用马拉，或用人挽，或让人抬。⑤④鲁相：鲁国之相。当时的鲁王为景帝子鲁共王刘余。鲁国的都城即今山东曲阜。

【校记】

［4］男：原无此字。据章钰校，甲十五行本、乙十一行本、孔天胤本皆有此字。今从诸本及《史记·外戚世家》补。

【语译】

三年（甲午，公元前一四七年）

冬季，十一月，撤销了诸侯王国中“御史大夫”这个官职的建制。

夏季，四月，发生地震。

天气大旱，禁止私人卖酒。

三月丁巳日，封皇子刘乘为清河王。

秋季，九月，发生蝗灾。

彗星出现在西北方向的夜空中。

九月最后一天三十日戊戌，发生日食。

当初，景帝废掉刘荣太子时，周亚夫极力反对，但没有成功，景帝因此而疏远了周亚夫。而梁孝王每次入朝，又常常在窦太后面前说周亚夫的坏话。窦太后说：“皇后的哥哥王信应该封侯。”景帝推辞说：“当初，南皮侯窦彭祖、章武侯窦广国，先帝在世时都没有封他们为侯，等到我即位之后，才封他们为侯，现在王信也不能封侯。”窦太后说：“人生在世要根据自己的情况行事。窦长君活着的时候，到死也没有封侯，

后其子彭祖顾[70]得侯，吾甚恨之[71]。帝趣侯信也[72]。”帝曰：“请得与丞相议之。”上与丞相议，亚夫曰：“高皇帝约：‘非刘氏不得王，非有功不得侯[73]。’今信虽皇后兄，无功侯之，非约也[74]。”帝默然而止。其后匈奴王徐卢等六人降[75]，帝欲侯之以劝后[76]。丞相亚夫曰：“彼背主降陛下，陛下侯之，则何以责[77]人臣不守节[78]者乎？”帝曰：“丞相议不可用。”乃悉封徐卢等为列侯[79]。亚夫因谢病[80]。九月戊戌[81]，亚夫免[82]，以御史大夫桃侯刘舍为丞相。

四年（乙未，公元前一四六年）

夏，蝗[83]。

冬，十月戊午[84]，日有食之。

五年（丙申，公元前一四五年）

夏，立皇子舜[85]为常山王[86]。

六月丁巳[87]，赦天下。

大水。

秋，八月己酉[88]，未央宫东阙灾[89]。

九月，诏：“诸狱疑[90]，若虽文致于法[91]，而于人心不厌[92]者，辄谳之[93]。”

地震。

六年（丁酉，公元前一四四年）

冬，十月，梁王来朝，上疏欲留[94]，上弗许。王归国，意忽忽[95]不乐。

十一月[5]，改诸廷尉、将作等官名[96]。

春，二月乙卯[97]，上行幸雍[98]，郊五畤[99]。

三月，雨雪[100]。

夏，四月，梁孝王薨[101]。窦太后闻之，哭极哀，不食，曰：“帝果杀吾子！”帝哀惧，不知所为[102]。与长公主计之[103]，乃分梁为五国，尽立孝王男五人为王：买为梁王[104]，明为济川王[105]，彭离为济东王[106]，定为山阳王[107]，不识为济阴王[108]。女五人皆食汤沐邑[109]。奏之太后，太后乃

后来他的儿子窦彭祖反而被封为侯，我对此一直感到很遗憾。希望皇帝赶快封王信为侯吧。”景帝说：“让我与丞相周亚夫商量一下。”景帝于是与担任丞相的周亚夫商议，周亚夫说：“高皇帝曾经立下约定：‘非刘氏不得封王，非有功劳不得封侯。’现在王信虽然是皇后的哥哥，却没有立功，若封他为侯，不符合高皇帝的规定。”景帝没有说什么，采纳了周亚夫的意见没有封王信为侯。此后，匈奴王徐卢等六人来投降汉朝，景帝想封他们为侯以鼓励其他的匈奴人前来归附。丞相周亚夫又说：“他们背叛自己的君主来投降陛下，陛下封他们为侯，那么还用什么来谴责那些不守节操的臣子呢？”景帝说：“丞相的建议我不能接受。”于是景帝把徐卢等六人全都封为列侯。周亚夫因此称病不再入朝。九月三十日戊戌，景帝免去了周亚夫的丞相职务，任用御史大夫桃侯刘舍为丞相。

四年（乙未，公元前一四六年）

夏季，闹蝗灾。

冬季，十月二十日戊午，发生日食。

五年（丙申，公元前一四五年）

夏季，封皇子刘舜为常山王。

六月二十九日丁巳，赦免天下罪犯。

闹水灾。

秋季，八月二十一日己酉，未央宫门外的东侧高台被大火烧毁。

九月，景帝下诏说：“对于各种证据不足的案件，如果强行按法律条文给以定罪，但却不能使人家心服的，要一律重新会审定案。”

发生地震。

六年（丁酉，公元前一四四年）

冬季，十月，梁王刘武来京师朝见皇帝，并给皇帝上疏请求在京师多停留一段时间，景帝没有答应他的要求。梁王只得按时返回封国，从此便精神恍惚、郁闷不乐。

十一月，修改各廷尉、将作等官职的名称。

春季，二月初一日乙卯，汉景帝到雍地巡视，在郊外五帝畤祭祀。

三月，下雪。

夏季，四月，梁孝王刘武去世。窦太后听说后，哭得极其悲痛，饮食不进，说：“皇帝最终还是杀死了我的儿子！”景帝既悲哀又恐惧，不知如何是好。便与姐姐长公主刘嫖商议此事，于是把梁国分为五国，把梁孝王的五个儿子全部封王：刘买为梁王，刘明为济川王，刘彭离为济东王，刘定为山阳王，刘不识为济阴王。梁王的五个女儿，景帝也都赐予她们封邑。景帝把这个决定奏报给窦太后，窦太后这才高

说，为帝加一餐⑩。孝王未死时，财以巨万计⑪，及死，藏府⑫余黄金尚四十余万斤⑬，他物称是⑭。

上既减笞法⑮，笞者犹不全⑯。乃更减笞三百曰二百，笞二百曰一百。又定棰令⑰：棰长五尺，其本大一寸⑱竹也。末薄半寸⑲，皆平其节⑳。当笞者笞臀㉑，毕一罪，乃更人㉒。自是笞者得全㉓。然死刑既重㉔，而生刑又轻㉕，民易犯之㉖。

六月，匈奴入雁门㉗，至武泉㉘，入上郡㉙，取苑㉚马，吏卒战死者二千人。陇西李广㉛为上郡太守，尝从㉜百骑出，卒[6]遇匈奴数千骑。见广，以为诱骑㉝，皆惊，上山陈㉞。广之百骑皆大恐，欲驰还走。广曰："吾去㉟大军数十里，今如此以百骑走㊱，匈奴追射我立尽。今我留，匈奴必以我为大军之诱㊲，必不敢击我。"广令诸骑曰："前！"未到匈奴阵二里所㊳，止，令曰："皆下马解鞍！"其骑曰："虏多且近，即有急，奈何㊴？"广曰："彼虏以我为走㊵，今皆解鞍以示不走，用坚其意㊶。"于是胡骑遂不敢击。有白马将出，护其兵㊷，李广上马，与十余骑奔，射杀白马将，而复还至其骑中解鞍，令士皆纵马卧㊸。是时会暮，胡兵终怪之，不敢击。夜半时，胡兵亦以为汉有伏军于旁，欲夜取之，胡皆引兵而去。平旦㊹，李广乃归其大军。

秋，七月辛亥晦㊺，日有食之。

自郅都之死，长安左右宗室㊻多暴㊼犯法，上乃召济南都尉㊽南阳宁成㊾为中尉㊿。其治51效郅都52，其廉53弗如。然宗室、豪杰皆人人惴恐54。

城阳共王喜55薨。

后元年（戊戌，公元前一四三年）

春，正月，诏曰："狱56，重事也。人有智愚，官有上下。狱疑者

兴起来，当着景帝的面勉强吃了一点东西。梁孝王刘武未死时，聚敛的钱财多达数十万，死后，仓库内还有剩余的黄金四十多万斤，其他财物估计价值大体与此相当。

汉景帝虽然已经减轻了笞法，但受鞭笞的人仍然无法保全性命。于是又将本该鞭笞三百的改为鞭笞二百，该鞭笞二百的改为鞭笞一百。又重新规定棰打的法令：棰棍长五尺，手握着的部分直径为一寸，用竹片制成。末端接触人体的部位，直径减小为半寸，竹节必须削刮平滑。鞭笞的部位也由鞭笞背部改为鞭笞臀部，行刑的人必须打完一个罪人，才能更换。从此以后，受笞刑的人才得以保全性命。然而，由于被判死刑的还是很多，而没有判死刑的则因为受刑变得很轻，人们还是很容易触犯刑法。

六月，匈奴侵入雁门郡，到达武泉，进入上郡，掠走了国家养马苑内饲养的战马，官兵战死的多达两千多人。陇西李广担任上郡太守，一次，他率领一百多名骑兵出巡，突然遇到匈奴的数千名骑兵。匈奴骑兵看见李广兵少，以为是汉军故意前来引诱他们深入，所以也很害怕，赶紧上山布阵以待。跟随李广的一百名骑兵此时已经吓得战战兢兢，都想赶紧策马跑回自己的营垒。李广制止他们说："我们距离大军数十里，如今就凭我们这一百名骑兵想要跑回去是不可能的，匈奴追射我们，我们很快就会被他们一个一个地射死。如果我们留下来，匈奴必然认为我们是诱敌的骑兵，肯定不敢贸然攻击我们。"于是李广对这一百名骑兵下令说："前进！"于是前进到距离匈奴阵地仅有二里远的地方停下来，李广又下令说："全都下马，解下马鞍！"他的骑兵说："敌人人数又多，离我们又这么近，一旦有了紧急情况，该怎么办呢？"李广说："敌人原以为我们会逃走，如今我们却下了马并解下马鞍，这是向他们表示我们不走，目的是要稳住敌人，使他们确信我们是前来诱敌的部队。"果然，匈奴的骑兵不敢向他们发起攻击。匈奴队伍中有一个骑白马的将军跑出阵前组织他的士兵，李广上马，率领十余个骑兵飞马跑出阵前，射死了那个骑白马的将军，然后返回到自己的队伍中下马、解鞍，并命令士兵放开马匹躺下休息。这时适值黄昏时分，敌人始终琢磨不出李广这支部队的意图，所以不敢贸然攻击。到半夜的时候，敌人更加认定汉军有大部队在附近埋伏，准备趁黑夜袭击他们，于是便连夜遁走了。天明时分，李广率领着这一百名骑兵平安地返回大本营。

秋季，七月最后一天二十九日辛亥，发生日食。

自从中尉郅都被杀之后，长安附近的皇亲国戚中有越来越多的人横暴不法，景帝于是任命济南都尉南阳人宁成为中尉。宁成治理长安的办法仿效郅都，但他不如郅都廉洁。然而那些宗室、豪强却因此而心怀畏惧，不敢再像先前那样为所欲为。

城阳共王刘喜去世。

后元年（戊戌，公元前一四三年）

春季，正月，景帝下诏说："审理案件是非常重要的事情。人有聪明愚笨的差

谳有司[857]；有司所不能决[858]，移廷尉[859]。谳而后不当[860]，谳者不为失[861]。欲令治狱者务先宽[862]。”

三月，赦天下。

夏，大酺[863]五日，民得酤酒[864]。

五月丙戌[865]，地震。上庸[866]地震二十二日，坏城垣。

秋，七月丙午[867]，丞相舍免[868]。

乙巳晦[869]，日有食之。

八月壬辰[870]，以御史大夫卫绾[871]为丞相，卫尉南阳直不疑[872]为御史大夫。初，不疑为郎[873]，同舍有告归[874]，误持其同舍郎金去。已而同舍郎觉亡[875]，意不疑[876]。不疑谢有之[877]，买金偿[878]。后告归者至而归金[879]，亡金郎大惭，以此称为长者[880]。稍迁[881]至中大夫[882]。人或廷毁[883]不疑，以为盗嫂[884]。不疑闻，曰：“我乃无兄[885]。”然终不自明也。

帝居禁中[886]，召周亚夫赐食，独置大胾[887]，无切肉，又不置箸[888]。亚夫心不平，顾谓尚席取箸[889]。上视而笑曰：“此非不足君所乎[890]？”亚夫免冠谢[891]上，上曰：“起。”亚夫因趋出[892]。上目送之曰：“此鞅鞅，非少主臣也[893]。”

居无何[894]，亚夫子[895]为父买工官尚方甲楯[896]五百被[897]可以葬者[898]，取庸苦之[899]，不与钱[900]。庸知其盗买县官器[901]，怨而上变告子[902]，事连污[903]亚夫。书既闻，上下吏[904]。吏簿责[905]亚夫，亚夫不对[906]。上骂之曰：“吾不用也[907]！”召诣廷尉[908]。廷尉责问曰：“君侯欲反何[909]？”亚夫曰：“臣所买器，乃葬器也，何谓反乎？”吏曰：“君纵不欲反地上，即欲反地下耳[910]！”吏侵之益急[911]。初，吏捕亚夫，亚夫欲自杀，其夫人止之，以故不得死，遂入廷尉。因不食五日，欧血而死[912]。

别，官职有大小的不同。遇有疑难的案件而不能定案的，应该交给主管部门进行复审；各地主管部门不能裁决的，就应该移送到主管全国司法的廷尉那里去审理；经过复审，被指出原来的结论不妥当，不算是原审者的失职。目的就是要执法人员处理诉讼案件务必本着从宽的原则。”

三月，大赦天下。

夏季，允许民间聚会畅饮五天，允许民间私人卖酒。

五月初九日丙戌，发生地震。上庸地震持续了二十二天，城墙全部崩塌损毁。

秋季，七月三十日丙午，罢免刘舍的丞相之职。

七月最后一天乙巳日，发生日食。

八月壬辰日，任命御史大夫卫绾为丞相，担任卫尉的南阳人直不疑为御史大夫。当初，直不疑为郎官的时候，同舍居住的一个郎官请假回家，临走时误拿了同舍另一个郎官的金子。他走了之后，那个同舍郎官发觉自己的金钱丢失了，便猜疑是直不疑拿走了。直不疑承认有这事，并向他赔礼道歉，还买来金子如数给了他。后来，告假回家的郎官回来之后将错拿的金子归还给丢钱的郎官，丢失金子的郎官非常惭愧，由此人们称赞直不疑是个忠厚的人。后来，直不疑逐渐升迁为中大夫。有人在朝廷上诋毁直不疑，说他与自己的嫂子有私情。直不疑听到后说：“我根本就没有哥哥。”然而，始终不为自己辩解。

景帝居住在宫中，召周亚夫进宫，赏赐食物给他吃，赏赐的食物是一大块肉，既没有切开，又没有放置筷子。周亚夫心中不平，便回头向主管筵席的人索要筷子。景帝看着他笑着说：“难道你对此不满意吗？”周亚夫赶紧摘下官帽向景帝磕头谢罪，景帝说：“起来吧。”周亚夫站起身来迈着碎步退出。景帝目送着周亚夫退出皇宫，说：“看他这副心怀不满的样子，肯定不会是将来幼主的顺臣。”

过了不久，周亚夫的儿子为父亲从主管制造皇家兵器的尚方工那里购买了铠甲和盾牌共五百件，准备将来父亲去世后为父亲做陪葬之用，但在雇人搬运这些器物的时候对佣工进行虐待，又不给工钱。佣工知道周亚夫的儿子是非法购买皇家御用的器物，因为怨恨而上书告发，虽然告发的是周亚夫之子，事情连带殃及周亚夫。景帝看到告发的书信后，就下令将案件交付有关部门进行审理，有关部门便派官吏持簿到周亚夫家中验问，周亚夫不予回答。景帝责骂周亚夫说：“用不着让他对簿，可以直接把他交付廷尉审理！”于是命令周亚夫到廷尉衙门接受审理。廷尉责问周亚夫说：“你为什么要谋反？”周亚夫说：“我所买的器物，是准备将来用来随葬的，怎么能说是企图谋反呢？”旁边的一个官吏说：“你纵然活着的时候不谋反，那就是想在死后到地下去谋反！”那些官吏对他严刑逼供。当初，官吏逮捕周亚夫的时候，周亚夫就要自杀，是他的夫人阻止了他，所以没有死成，这才来到廷尉衙门接受审讯。周亚夫连续绝食五天，最后吐血而死。

是岁，济阴哀王不识[913]薨。

二年（己亥，公元前一四二年）

春，正月，地一日三动。

三月，匈奴入雁门，太守冯敬与战，死。发车骑、材官[914]屯雁门。

春，以岁不登[915]，禁内郡[916]食马粟[917]，没入之[918]。

夏，四月，诏曰："雕文刻镂[919]，伤农事者也；锦绣纂组[920]，害女工[921]者也。农事伤，则饥之本[922]；女工害，则寒之原[923]也。夫饥寒并至，而能亡为非[924]者，寡矣。朕亲耕[925]，后亲桑[926]，以奉宗庙粢盛祭服[927]，为天下先[928]。不受献[929]，减太官[930]，省繇赋[931]，欲天下务农蚕[932]，素有蓄积，以备灾害。强毋攘弱[933]，众毋暴寡[934]。老耆[935]以寿终，幼孤得遂长[936]。今岁或不登，民食颇寡[937]，其咎安在[938]？或诈伪为吏[939]，以货赂为市[940]，渔夺[941]百姓，侵牟[942]万民。县丞，长吏也[943]，奸法[944]与盗盗[945]，甚无谓[946]也！其令二千石[947]各修其职[948]。不事官职[949]、耗乱[950]者，丞相以闻[951]，请其罪[952]。布告天下，使明知朕意。"

五月，诏赀算[7]四得官[953]。

秋，大旱。

三年（庚子，公元前一四一年）

冬，十月，日月皆食[954]，赤五日[955]。

十二月晦[956]，雷，日如紫，五星[957]逆行守太微[958]，月贯天廷中[959]。

春，正月，诏曰："农，天下之本也。黄金珠玉，饥不可食，寒不可衣，以为币用[960]，不识其终始[961]。间岁[962]或不登，意为[963]末者众[964]，农民寡也。其令郡国[965]务劝农桑，益种树[966]，可得衣食物[967]。吏发民[968]若取庸[969]采黄金、珠、玉者，坐赃为盗[970]。二千石听者[971]，与同罪。"

这一年，济阴哀王刘不识去世。

二年（己亥，公元前一四二年）

春季，正月，一天之中连续发生了三次地震。

三月，匈奴侵入雁门关，太守冯敬与匈奴人作战而死。朝廷又选派战车、骑兵以及勇猛而善射的特种兵去驻守雁门关。

春季，因为粮食歉收，下令内地的郡县禁止用粮食喂马；凡是敢用粮食喂马的，就将其马匹没收入官。

夏季，四月，景帝下诏："雕刻彩饰，费时耗工而损害了农业生产；织锦刺绣、编织彩色绶带等工艺品妨碍正常的纺纱织布。损害了农业生产，是造成饥饿的根本原因；妨碍女人纺纱织布，是造成挨冻的根源。饥寒交迫，却不为非作歹的人，恐怕就很少了。我亲自到田里耕种，皇后亲手采桑养蚕，用所收获的黍稷作为祭品祭祀宗庙，用所收获的蚕丝织成丝绸制成祭祀时穿的礼服，为天下做出表率。不接受臣民贡献的财物，降低饮食费用，减轻人民的徭役负担，目的是让天下人都重视男耕女织，平常有了足够的积蓄，才能防备灾荒。强大的不能欺凌弱小的，人多的不能欺凌人少的。使年老之人能够寿终正寝，幼者孤者能够顺利长大。现在偶尔有一年粮食歉收，人民吃的东西就很缺乏，错误在哪里呢？是因为有些奸诈之人混入官场，他们拿着钱财做买卖，进行钱权交易，掠夺百姓，侵暴万民。县丞是县令的助手，违法乱纪与盗贼共同为盗，简直是坏得没法说！命令俸禄在两千石以上的地方最高官员，都要恪尽职守。凡是不尽职、昏聩不明的官员，丞相要将他们的资料尽快向我奏报，要提出应该给那些人以什么样的惩罚。要布告天下，让百姓全都明白我的意思。"

五月，景帝诏令：家财达到四万钱就有资格当官。

秋季，大旱。

三年（庚子，公元前一四一年）

冬季，十月，发生日食和月食，一连五天天空都呈现出赤红色。

十二月的最后一天，打雷，太阳呈现出紫色，水星、金星、火星、木星、土星逆向运行到了太微垣的位置，月亮从天庭星垣正中穿过。

春季，正月，景帝下诏说："农业，是天下的根本。黄金、珠玉，饿了不能当饭吃，冷了不能当衣穿，却被作为货币使用，不知道是从什么时候开始的，也不知道什么时候结束。近几年来经常粮食歉收，我想可能是从事商业的人太多，而从事农业的人太少的缘故。命令各郡各国的行政官员务必劝说人们大力从事农业生产、种植各种作物，这样才能得到足够的衣服和食物。官吏如果调用黎民百姓或雇人从事开采黄金、珠玉的，就是犯了贪赃为盗之罪。俸禄两千石的官吏听之任之而不加管束，与他们同罪。"

甲寅[972]，皇太子冠[973]。

甲子[974]，帝崩于未央宫[975]。太子即皇帝位，年十六。尊皇太后为太皇太后[976]，皇后[977]为皇太后。

二月癸酉[978]，葬孝景皇帝于阳陵[979]。

三月，封皇太后同母弟[980]田蚡为武安侯[981]，胜[982]为周阳侯[983]。

班固赞[984]曰："孔子称：'斯民[985]也，三代之所以直道而行也[986]。'信哉[987]！周、秦之敝[988]，罔密文峻，而奸轨不胜[989]。汉兴，扫除烦苛[990]，与民休息[991]。至于孝文，加之以恭俭[992]。孝景遵业[993]，五六十载之间[994]，至于移风易俗[995]，黎民醇厚[996]。周云成、康[997]，汉言文、景[998]，美矣！"

汉兴，接秦之弊[999]，作业剧而财匮[1000]。自天子不能具钧驷[1001]，而将相或乘牛车，齐民[1002]无藏盖[1003]。天下已平[1004]，高祖乃令贾人不得衣丝、乘车[1005]，重租税以困辱之。孝惠[1006]、高后[1007]时，为天下初定，复弛商贾之律[1008]，然市井之子孙[1009]亦不得仕宦为吏。量吏禄[1010]、度官用[1011]，以赋[1012]于民。而山川、园池、市井租税[1013]之入，自天子以至于封君汤沐邑[1014]，皆各为私奉养[1015]焉，不领于天下[8]之经费[1016]。漕转山东粟以给中都官[1017]，岁不过数十万石[1018]。继以孝文、孝景，清净[1019]恭俭，安养天下。七十余年[1020]之间，国家无事，非遇水旱之灾，民则人给家足[1021]。都鄙廪庾[1022]皆满，而府库[1023]余货财[1024]。京师之钱累巨万[1025]，贯朽而不可校[1026]。太仓[1027]之粟陈陈相因[1028]，充溢露积[1029]于外，至腐败不可食。众庶[1030]街巷有马，而阡陌[1031]之间成群，乘字牝[1032]者摈而不得聚会[1033]。守闾阎者[1034]食粱肉[1035]，为吏者长

正月十七日甲寅，为皇太子刘彻行加冠礼。

正月二十七日甲子，汉景帝在未央宫驾崩。太子刘彻即皇帝位，当时刘彻年仅十六岁。尊窦太后为太皇太后，尊王皇后为皇太后。

二月初六日癸酉，将孝景皇帝安葬于阳陵。

三月，汉武帝封皇太后的同母异父兄弟田蚡为武安侯，封田胜为周阳侯。

班固在《汉书·景帝纪》的赞语中说："孔子说过，'这些黎民百姓，如果是在夏、商、周三代的鼎盛时期都是可以直道而行的'。确实是这样的啊！周末与秦王朝的政治衰败，在于法网严密、刑法残酷，而为非作歹的人数不胜数。汉朝建立以来，废除了秦朝的严刑苛法，使百姓得到休养生息。到孝文帝时，加上皇帝谨慎谦虚，生活节俭。孝景帝继承了文帝的优良传统，所以在这五六十年的时间里，就使社会风气和习俗得到了很大改变，百姓淳朴敦厚。周朝八百年间受人称道的是'成康之治'，汉朝四百年间受人称道的是'文景之治'。这是多么美好的时代啊！"

汉朝是在秦王朝政治衰败的基础上建立起来的国家，要做的事情很多、很繁杂，而物资又极度匮乏。即使是贵为天子，在当时也很难凑够同一种颜色的四匹马，而将相们有人只能乘坐牛车，平民百姓的家中就更是毫无积蓄可言。天下平定以后，汉高祖就下令商人不得穿丝绸衣服、不得乘坐车子，并加重征收商人的赋税，使他们感到经商是件很困难、耻辱的事情。到了孝惠帝、吕后统治时期，因为国家刚刚安定下来，对商贾进行限制的各种法律逐渐放宽，但工商业者的子孙仍然不许做官。朝廷根据政府发给官吏的俸禄，根据国家兴办各种事业的费用，来确定向人民征收赋税的数额。而从山川、园林的开发者与市场工商业者所征收来的各种赋税全部纳入国库，从天子到诸侯、公主都有自己的汤沐邑作为自己的固定收入，不再依靠国家拨发经费。通过水陆运输将山东各郡、各封国生产的粮食调运到京师以供给京师各政府部门的需要，每年所需不过数十万石。汉文帝、汉景帝相继即位，他们提倡清静无为、谦恭节俭，使人民得到休养生息。经过七十多年的时间，国家太平无事，如果不是遇到水旱等自然灾害，每个人、每个家庭都能自给自足。不论是京都还是边远地区的大小仓库，全都装满了粮食，府库里也堆积着用不完的钱财货物。在京师的国库中的钱更是积累了千千万万，因为穿铜钱的绳索都已腐朽，以至于无法统计数目。京都的大粮仓里储存的粮食陈粮加陈粮，层层堆积，仓内盛不下，只能露天堆放，以至于粮食都腐烂得不能食用。平民百姓居住的街巷里有马，而田间小路上更是牛马成群，如果有人乘坐母马或小马，就会被人看不起而受到排斥不得参与聚会。就连守卫里巷的小人物都吃着精美的食物；因为国家太平无事，官吏不

子孙[1036]，居官者以为姓号[1037]。故人人自爱而重犯法[1038]，先行义而后诎辱[1039]焉。当此之时，罔疏[1040]而民富，役财骄溢[1041]，或至[1042]兼并豪党之徒以武断于乡曲[1043]。宗室有土[1044]，公、卿、大夫[1045]以下，争于奢侈，室庐、舆服[1046]僭于上[1047]，无限度[1048]。物盛而衰，固其变也[1049]。自是之后，孝武内穷侈靡[1050]，外攘夷狄[1051]，天下萧然[1052]，财力耗[1053]矣！

【段旨】

以上为第三段，写景帝中三年（公元前一四七年）至后三年（公元前一四一年）共七年间的全国大事。主要写了梁孝王因骄横犯法被黜抑后的郁闷而死；写了周亚夫因反对废栗太子、反对封外戚王信为侯、反对封匈奴降王为侯，而被景帝免官并被折磨而死的悲惨情景；写了李广为边郡太守临敌不惊的名将风度；写了汉景帝为发展农业、节省开支所采取的若干措施；写了汉景帝死，与汉代史官班固对“文景之治”的一些赞美评价。

【注释】

⑺55 罢诸侯御史大夫官：撤销诸侯王国“御史大夫”这个官职的建制。〖按〗刘邦建国以来各诸侯王国的政府官员建制与汉王朝朝廷完全一样，文帝以来，特别是吴、楚七国之乱以后，朝廷为削减诸侯国的势力而相继采取了许多措施，此撤销诸侯国的“御史大夫”建制，也是拉大诸侯国与朝廷距离，以达到尊天子、卑诸侯的措施之一。御史大夫是负责监察的长官，职同副丞相，国家的“三公”之一。⑺56 禁酤酒：禁止私人卖酒。〖按〗秦汉时期国家为禁止铺张奢华、节约粮食，常有禁止聚会饮酒的法令，今更禁止卖酒。⑺57 三月丁巳：景帝之中元三年（公元前一四七年）三月无丁巳日，此处记载有误。⑺58 皇子乘：刘乘，景帝之子，王皇后之妹王夫人所生。⑺59 清河王：清河国的都城在今河北清河县东南。⑺60 固争之：坚决反对景帝的做法。⑺61 不得：不为景帝所采纳。⑺62 言条侯之短：因吴楚叛军攻梁时条侯周亚夫不积极救助。⑺63 王信：汉景帝王皇后之兄，武安侯田蚡的异父同母兄。⑺64 可侯：可以封侯；应该封侯。⑺65 让：推辞。老太太提出要封儿媳妇的哥哥，做儿子的理应“推辞”一番。⑺66 南皮、章武：南皮侯为窦彭祖，窦太后兄窦长君之子，因其父早死，故封其子为南皮侯。章武侯为窦广国，窦太后之弟。事迹见《史记·外戚世家》。〖按〗刘邦最初曾规定“非有军功者不得封侯”，自吕后大封诸吕为侯、为王始，后之诸帝遂依例封外戚为侯；至武帝时又封丞相为侯。⑺67 先帝不侯二句：先帝，指文帝，文帝在世时并未封其妻之兄弟为侯，乃景帝于文帝去世后的第十七天遂封窦彭祖为南皮侯，封窦广国为章

轻易调动，在任职期间就连子孙都长大了，那些当官的有人干脆就把官名作为了姓氏。所以当时人人自爱而不轻易触犯法律，以行义为先而避免遭受屈辱。在那个时期，法网宽松而人民富足，于是有人开始凭借充足的财富骄横恣肆，有的甚至兼并土地，那些豪强恶霸相互勾结，横行于乡里。宗室有自己的封地，其富有自不必说，就是那些公、卿、大夫等大小官员，也都竞相奢侈，他们居住的房屋、乘坐的车辆、穿的衣服，奢侈排场的程度都超过了规定，和他们的上级差不多，而不受任何限制。事物兴盛到极致以后必然走向衰落，这是自然的变化规律。从此以后，到了汉武帝时期，对内穷奢极欲、铺张浪费，在国外对四周的少数民族用兵，终于导致国家经济萧条，财力枯竭！

武侯。(768)信未得封也：王信这时候还不能封侯。(769)各以时行：做帝王的应根据自己的情况行事，不必一一相同。(770)顾：反而；反倒。(771)吾甚恨之：我很为这件事情后悔。恨，遗憾；后悔。(772)帝趣侯信也：您还是要赶紧封王信为侯。趣，通“促”，急。(773)非刘氏不得王二句：刘邦此约又见于《史记·吕太后本纪》中王陵语。(774)非约也：不符合高皇帝的规定。郭嵩焘曰：“是时薄氏、窦氏皆已前侯，亚夫犹以高帝之约为词，亦稍犯当时之忌讳矣。”(775)匈奴王徐卢等六人降：徐卢，《史记》作“唯徐卢”。六人，应作“七人”。(776)劝后：鼓励其余的匈奴人（继续来降）。劝，鼓励。(777)责：责备；要求。(778)不守节：不守臣子之节，此指背主叛降他国。(779)悉封徐卢等为列侯：据《汉书·景武昭宣元成功臣表》，此次受封者徐卢为容城侯，仆阳为易侯，范代为范阳侯，邯郸为翕侯，某赐为桓侯，共五人。(780)因谢病：推说有病而提出辞职。凌稚隆引董份曰：“细柳营，亚夫为真将军；不侯外戚，亚夫为真宰相。”王维桢曰：“不封王信，不封降奴，见条侯伉直不回，而景帝发怒所自。”姚苎田曰：“在亚夫固为守正，然不得谓非文帝时一番刚倨之用有以驯致之。故吾谓细柳一节，亚夫以此见长，亦以此贻祸。”(781)九月戊戌：九月三十。(782)亚夫免：周亚夫被免去丞相职务。(783)夏二句：景帝时仍行秦历，以“十月”为岁首，“夏，蝗”二字不应出在“冬，十月戊午”之前。(784)十月戊午：十月二十。(785)皇子舜：刘舜，景帝之子，王皇后之妹王夫人所生。(786)常山王：常山国的都城元氏，在今河北元氏西北。(787)六月丁巳：六月二十九。(788)八月己酉：八月二十[illegible]。(709)木央宫东阙灾：木央宫门外的东侧高台被大火烧掉。阙，也叫“象魏”，今故宫午门两侧的五凤楼即古时双阙的遗制。(790)诸狱疑：凡是有疑问的案件。(791)虽文致于法：虽然也都按照法律条文给人家勉强定案。(792)于人心不厌：但仍让人家心里不服。厌，满意、心服。(793)辄谳之：都一律重新审理。谳，重新审理。(794)欲留：请求在京城多停留一段时间。(795)忽忽：郁闷恍惚的样子。(796)改诸廷尉、将作等官名：当时改廷尉称大理，

改将作少府称将作大匠，改奉常称太常，改典客称大行令，改长信詹事称长信少府，改将行称大长秋，改主爵中尉称主爵都尉。⑰二月乙卯：二月初一。⑱上行幸雍：景帝出行到达雍县。雍县在今陕西宝鸡市凤翔区南，是春秋、战国时代的秦国都城，其地有秦、汉统治者祭祀天地鬼神的坛台，故秦汉时期的统治者常到雍县祭祀。⑲郊五畤：祭祀五座供奉天神的坛台。郊，在都城的郊外祭天。五畤，指雍县的五座供奉天神的坛台，即密畤、鄜畤、吴阳上畤、吴阳下畤、北畤。⑳雨雪：下雪。雨，用为动词。㉑梁孝王薨：梁孝王墓在今河南永城。据《芒砀山西汉梁王墓地》云："芒砀山是西汉梁国王陵的集中分布区，西汉梁国历经八代九王皆择葬于芒砀山的各个山头，王和王后并列而葬，排列有序。保安山一号墓即梁孝王墓，位于保安山南山头。墓的顶端有高大的封土堆，呈上平下圆的圆台状。现存封土约高十米，圆台面上有建筑基址及散存的唐宋时期的石碑、柱石、碎砖瓦块、绿色琉璃瓦、汉代板瓦、筒瓦。推测墓顶可能原建有祠，唐代以后改为寺庙，为佛教所用。"㉒不知所为：不知该如何是好。㉓与长公主计之：与其胞姐长公主刘嫖一起商量。㉔买为梁王：长子刘买继其父位，为梁国之正统，都城睢阳，今河南商丘城南。㉕明为济川王：刘明为济川王，都城济阳，在今河南兰考东北。㉖彭离为济东王：刘彭离为济东王，都城无盐，在今山东东平东。㉗定为山阳王：刘定为山阳王，都城昌邑，在今山东金乡西北。㉘不识为济阴王：刘不识为济阴王，都城定陶，在今山东菏泽市定陶区西北。陈子龙曰："既以悦太后，又以分梁国也。"〖按〗此即贾谊早已建议的"众建诸侯而少其力"。㉙皆食汤沐邑：都有自己的一份领地。汤沐邑，原指诸侯朝见天子，天子在京城附近划给诸侯一小块领地，以其出产作为诸侯在京期间生活日用的开销。后来遂引申为划给皇后、公主等人的一份领地。㉚为帝加一餐：勉强吃了一点东西。㉛财以巨万计：家财多得以"亿"计算。巨万，即今所谓"亿"，单位是铜钱。㉜藏府：仓库。㉝黄金尚四十余万斤：也可称"四十余万金"，汉时称黄金一斤曰"一金"，"一金"可抵铜钱一万枚。㉞他物称是：其他东西、物品的价值与此相称。称是，与此相称。㉟减笞法：即本书卷七景帝元年下诏所定的"笞五百曰三百，笞三百曰二百"。当初文帝有所谓废除"肉刑"，即将一些劓刑、斩趾的罪犯改为鞭笞，结果死人更多，故景帝规定减刑。㊱笞者犹不全：受鞭笞的人仍不能获得保全，或者被打死，或被打成残废。㊲棰令：用竹片打的法令。棰，竹片。㊳本大一寸：竹片的手握部位宽一寸。㊴末薄半寸：其尖端为半寸宽。㊵平其节：将竹节突出的部分刮平。㊶笞臀：打屁股，改变以往笞背的办法。㊷毕一罪二句：每个掌刑者只打一个人，打第二个犯人时便另换一个掌刑者。㊸笞者得全：受笞刑的人得以保全生命且不致残废。㊹死刑既重：被判死刑的还是很多，因为宫刑等不该死的犯人也都被判了死刑。㊺生刑又轻：没判死刑的则因连续减笞而受刑变轻。㊻民易犯之：人们不太在乎犯小罪。易，轻视、不在乎。㊼雁门：汉郡名，郡治善无（在今山西右玉南）。㊽武泉：汉县名，县治在今内蒙古呼和浩特东北，当时属于云中郡。㊾上郡：汉郡名，郡治肤施，在今陕西榆林东南。㊿苑：汉王朝国家所办的养马场，大都设在西北边地。此指上郡境内的养马场。㊿陇西李广：李广是陇西郡成纪县（今甘肃秦安北）人，西汉名将。事迹详见《史记·李将军列传》。⑧③②从：使之跟从，率领。⑧③③诱骑：引诱敌兵追赶，从而使之上当的骑兵。⑧③④上山陈：躲到山上，列好阵式。陈，通“阵”。⑧③⑤去：距离。⑧③⑥以百骑走：凭着这百来人向回逃。走，逃跑。⑧③⑦必以我为大军之诱：即上文之所谓“诱骑”，以小股部队引诱敌人入我大军之埋伏。⑧③⑧未到匈奴阵二里所：离着匈奴人的阵地差不多还有二里。二里所，犹言“二里许”，二里来地。⑧③⑨即有急二句：倘若敌人突然向我们杀过来，我们怎么办。即，倘若。⑧④⓪以我为走：认为我们必然会逃跑。⑧④①用坚其意：以此强化他们的（错误）判断。王先谦曰：“坚彼以我为‘诱骑’之意，所谓使之不疑也。”凌稚隆引徐中行曰：“赵云遇曹瞒而开壁，李广值匈奴则反前，皆不足而虚示之有余者也。卒以疑敌人之心，一因以破虏，一因以全师，盖胆略过人哉！”⑧④②护其兵：到前面来整理其士兵的部伍阵式。护，这里指安排、整顿。⑧④③纵马卧：战士下得马来，放开马，自己躺在地上休息。⑧④④平旦：天亮时。⑧④⑤七月辛亥晦：七月的最末一天是二十九日，为辛亥日。⑧④⑥宗室：刘氏贵族与他姓外戚。⑧④⑦暴：横暴。⑧④⑧济南都尉：济南地区的都尉，相当于郡里的郡卫，主管这一地区的军事。都尉是一种单设的军事建制。⑧④⑨南阳宁成：南阳郡人姓宁名成，原任济南都尉。宁成是景帝、武帝时期的著名酷吏。事迹详见《史记·酷吏列传》。⑧⑤⓪中尉：首都地区的治安长官，经常会同廷尉办理全国性的大案、要案。⑧⑤①治：治理社会的办法。⑧⑤②效郅都：学习郅都的手段严厉。效，模仿、学习。⑧⑤③廉：兼指不贪钱财与品格方正。廉，为人有棱角。⑧⑤④惴恐：恐惧。惴，恐。⑧⑤⑤城阳共王喜：刘喜。刘章之子，共（同“恭”）字是谥。城阳国的都城即今山东莒县。⑧⑤⑥狱：审理案件。⑧⑤⑦狱疑者谳有司：凡是疑难的案件一定要经过主管人员的复审。有司，主管该项事务的官吏。⑧⑤⑧有司所不能决：各地主管人员没有把握的案件。不能决，没有把握决定。⑧⑤⑨移廷尉：上交到主管全国司法的廷尉审理。廷尉，九卿之一，国家的最高司法官。⑧⑥⓪谳而后不当：复审时发现原审做的结论不恰当。⑧⑥①谳者不为失：不算是原审者的失误。⑧⑥②务先宽：意即宁可失之过宽，不可失之过严。⑧⑥③大酺：欢聚痛饮。秦汉时期禁止酗酒，非有国家特准，民间不许聚会畅饮。⑧⑥④民得酤酒：景帝中三年有令禁止民间卖酒，今则取消此禁。酤酒，卖酒。⑧⑥⑤五月丙戌：五月初九。⑧⑥⑥上庸：汉县名，县治在今湖北竹山县西南。⑧⑥⑦七月丙午：七月三十。⑧⑥⑧丞相舍免：丞相刘舍被免官。⑧⑥⑨乙巳晦：七月二十九日是这个月的最后一天，为乙巳日。〖按〗这个月的最末一天是“丙午”，不是“乙巳”。此“乙巳”应与上文“丙午”互倒。⑧⑦⓪八月壬辰：八月无“壬辰”日，此记事有误。⑧⑦①卫绾：一个以“老好人”著称的庸俗官僚。事迹见《史记·万石张叔列传》。⑧⑦②卫尉南阳直不疑：南阳人姓直，名不疑，原任卫尉之职。卫尉是九卿之一，职务是率兵守卫宫廷，当时有未央宫卫尉、长乐宫卫尉二人。⑧⑦③郎：帝王身边的侍从人员，有中郎、议郎、郎中诸名目，上属郎中令。⑧⑦④告归：请假回家。⑧⑦⑤觉亡：发觉丢了东西。⑧⑦⑥意不疑：怀疑是直不疑偷了。意，猜疑、怀疑。⑧⑦⑦谢有之：道歉说确有其事。⑧⑦⑧买金偿：花铜钱买来金锭给了他。汉时黄金一斤曰“一金”，“一金”值铜钱一万枚。⑧⑦⑨归金：将错拿的金子归还失主。⑻以此称为长者：主语为直不疑。长者，忠厚人。凌约言曰："不疑买金偿亡，固不失为厚德，然幸而见获，吾诬遂明，苟或不获，安可置而不辨哉？事惟其实而已。"⑻稍迁：逐步升迁。稍，渐。⑻中大夫：皇帝身边的侍从官员，掌议论。上属郎中令，秩比千石。⑻廷毁：当众诽谤。⑻盗嫂：与其嫂私通。盗，师古曰："谓私之。"⑻我乃无兄：我根本没有哥哥。此归家后自语，非当场辩驳，故下文云"终不自明"。⑻禁中：即宫中，以其门阁有禁，非侍御之臣不得入内，故云。⑻大胾：大块的肉。⑻箸：筷子。⑻顾谓尚席取箸：回头让主管筵席的人员拿筷子来。顾，回头。尚席，为皇帝主管酒席的官员。尚，主管。陈直曰："省中有五尚，即尚省、尚冠、尚衣、尚帐、尚席。"⑻此非不足君所乎：意即"这难道还不能使你满意吗"。杨树达曰："'所'犹'意'也。"⑻免冠谢：摘下帽子赔礼请罪。⑻趋出：小步疾行而出。趋，小步疾行，这是臣子在君父面前行走的一种特殊步态。⑻此鞅鞅二句：这个心怀不满的家伙，不是日后侍奉幼主的材料。意即绝不能再留着他。鞅鞅，犹言"悻悻"，内心不平、不满的样子。⑻居无何：没过多久。⑻亚夫子：〖按〗诸史皆未云亚夫子究竟为谁。⑻工官尚方甲楯：尚方工官所制造的铠甲盾牌。工官尚方，主管为皇家制造器物的部门，其长官曰上方令。楯，同"盾"。⑻五百被：犹言"五百套"。被，套，计数单位。⑻可以葬者：可做殉葬之用的东西。⑻取庸苦之：在雇人搬运这些器物的过程中对被雇者有所虐待。庸，通"佣"，雇工。⑼不与钱：不付给人家工钱。⑼庸知其盗买县官器：这些被欺压的雇工知道周家非法购买了皇家御用的器物。县官，指皇帝，亦用为"国家"之意。⑼上变告子：上书告发周亚夫的儿子。变，也叫"变事"，告发谋反事件的文书。⑼连污：连带殃及。⑼上下吏：景帝将告发周亚夫的"变事"批给有关部门查处。⑼簿责：师古曰，"书之于簿，一一责问之也"。〖按〗此时尚未逮治，乃派吏持簿至其家验问之。⑼不对：不回答；不理睬。⑼吾不用也：郭嵩焘曰，"不更责其对簿也"。茅坤曰："言不须用对簿，自可令廷尉治耳。"中井积德曰："下吏簿责，不直付廷尉，是帝犹有优意，而欲有所宥赦也。然而亚夫恚不对，帝乃怒其不承当优意也。"⑼召诣廷尉：命令周亚夫到廷尉衙门受审。⑼君侯欲反何：您为何要造反。君侯，周亚夫既当过丞相，又是列侯，故以此连称。当时众官员称丞相曰"相君"，也单称"君"。⑼君纵不欲反地上二句：李贽《藏书》曰，"甚矣，居功之难也。使时无条侯，七国之兵岂易当哉？不三月而吴、楚破灭，虽十世宥之可也。景帝非人主矣"。何孟春曰："吏之谓'反地下'之言，是以人命悦上意，而置无罪有功之臣于死地。廷尉不足道矣，景帝之朝岂无人能为解之者？亦由帝之不复可与言故也。"⑼侵之益急：侵，折辱；使之受苦。〖按〗司马迁每言及此种事，感慨万分，试参看《报任安书》《史记·韩长孺列传》以及《史记·绛侯周勃世家》之写周勃下狱事。⑼欧血而死：周亚夫呕血死的时间，史公未明载，《通鉴》系之于景帝后元年八月。然据下文"绝一岁，景帝乃更封绛侯勃他子坚为平曲侯"，而《高祖功臣侯者年表》谓勃子坚续封平曲侯在景帝后元元年，则亚夫之死似当在景帝中元六年（公元前一四四年）。〖按〗一九六五年冬在长陵陪葬墓中出土了驰名中外的三

千个彩绘兵马俑。在陪葬墓区发现东西两排、两两相对的十一个土坑，土坑内是排列有序的一千八百个步兵俑、五百多个骑兵俑，还有许多陶盾牌、兵器和车马饰。兵俑中不是真人原大，但个个威武十足。他们身披各式用绚丽的红、白色描绘出甲片的黑色铠甲，右手执戈或盾，左手握拳下垂。骑兵俑葬于六个坑内，他们身着红、白、绿、紫等颜色的服装，上面还彩绘图案，大多也披着黑色的铠甲。所骑的陶马形象逼真，有的俯首帖耳，似安然待命；有的昂首嘶鸣，似急欲出征。这批兵马俑显然是殉葬用的。墓内还发现玉片银丝，死者当穿银缕玉衣。考古学者参照《水经注》的记载，认为这是周勃与其子周亚夫的两座墓。⑬济阴哀王不识：刘不识，梁孝王之子，哀字是其死后的谥。济阴国的都城定陶（在今山东菏泽市定陶区西北）。⑭材官：力大而善射的特种兵。⑮不登：没有收成。登，成熟、丰收。⑯内郡：内地之郡，与边郡相对而言。⑰食马粟：用粮食喂马。⑱没入之：上句“食马粟”三字当重出，意思是凡有“食马粟者，没收其马入官”。此行文字乃用《史记·孝景本纪》原文，《史记》中多有这种词语当重出而未重出的句式，读书者应为之补出理解。详见韩兆琦《史记笺证》所附之《〈史记〉中的特殊修辞与畸形句例》。⑲雕文刻镂：指用于建筑、装饰等方面的工艺制作，这里指男人从事该种劳动。文，通“纹”，花纹。⑳锦绣纂组：指在丝织、衣料等方面的工艺刺绣与用丝线、丝绳所制的工艺品，这里指女人从事该种劳动。㉑害女工：妨碍正常的纺纱织布。工，通“功”。㉒饥之本：造成饥饿的根本原因。㉓寒之原：造成挨冻的根源。原，通“源”。㉔亡为非：不做坏事。为非，指偷盗、抢劫、造反等。㉕朕亲耕：帝王亲耕即所谓耕种“藉田”，通过这种表演以显示其重农之意。㉖后亲桑：皇后亲自采桑养蚕。㉗以奉宗庙粢盛祭服：将皇帝耕作收获的粮食用于祭祀祖先的供品，将皇后养蚕所得的衣料制作祭祀所穿的礼服。粢盛，盛在祭器里的谷物。祭服，祭祀所穿的礼服。㉘为天下先：为全国百姓起带头作用。㉙不受献：不接受臣民进贡的财物。献，进贡。㉚减太官：降低皇帝的膳食标准。太官，掌管皇帝膳食的官员。㉛省繇赋：减少百姓的徭役赋税。繇，通“徭”。㉜务农蚕：即所谓“男耕女织”。㉝强毋攘弱：强者不得掠夺弱者。攘，抢夺。㉞众毋暴寡：人多的不能欺侮人少的。暴，残害、欺凌。㉟老耆：也称“耆老”，年老的人。㊱遂长：顺利成长。遂，自然、顺利。㊲今岁或不登二句：如今的情况是年景一有不好，百姓们就有人吃不上饭。岁，年景。不登，歉收。登，谷物成熟。颇，略有。㊳其咎安在：其毛病出在哪里。咎，毛病、罪过。㊴或诈伪为吏：有些奸诈坏人混入官场。㊵以货赂为市：拿着钱财做买卖，即行贿受贿，权钱交易。㊶渔夺：掠夺。㊷侵牟：掠取。㊸县丞二句：县丞，县令的助手。长吏，大吏，职位高的吏。㊹奸法：亵渎王法，即指贪赃枉法。奸，犯。㊺与盗盗：与强盗共同为盗。㊻甚无谓：没法说；坏透了。㊼二千石：指各郡、各诸侯国的最高地方长官。㊽各修其职：都要尽职尽责。㊾不事官职：做官不办事，不尽职。㊿秏乱：昏聩不明。秏，同“眊”，糊涂。(951)丞相以闻：丞相要把他们的资料报上来。(952)请其罪：要提出应给那些人以什么惩罚。(953)訾算四得官：汉初规定，家资“十算”以上才能进入官场。景帝降低门槛，诏令家资四算即可征聘为官。訾算，同“资算”，家财总共之所值。当时统治者认为只有富人为官才不会贪污，所以订出这种奇怪的章程。计算家资数目是每一万铜钱为一算，十算即铜钱十万。景帝现降为四万。954 日月皆食：月初闹了日食，月中又闹月食。955 赤五日：日食时天空红了五天。956 十二月晦：十二月的最后一天。957 五星：指水星、金星、火星、木星、土星。958 逆行守太微：意谓五星都倒着走，退到了太微垣的位置。太微，星座名。位于北斗七星之南，在紫微垣的东北角，古人认为它是象征天子之所居。〖按〗此处的说法失真，五星不可能“逆行”。959 月贯天廷中：月亮横穿过天庭星垣的区域。天廷，也写作“天庭”，天子的庭院。〖按〗汉朝人讲究“天人感应”，认为天上星宿的变化都与人间的祸福相关。景帝三年自十月开始就发生一连串的重大自然变故，如“日月皆食”“赤五日”、冬天打雷、五星倒退、月贯天庭等，这意味着人间将有重大灾难降临。这些都是为下个月的景帝死做铺垫。960 以为币用：作为货币使用。961 不识其终始：不知道是从什么时候开始的，也不知道到什么时候就不再使用。962 间岁：近几年来。963 意为：莫非是。964 末者众：从事手工业、商业的人太多。末，指手工业、商业。965 郡国：指各郡、各诸侯国的行政官员。966 益种树：多多地种植各种作物。种树，树也是种的意思。967 衣食物：穿的和吃的东西。968 发民：调用黎民百姓。969 若取庸：或者是雇人。若，或。庸，雇工。970 坐赃为盗：判以贪赃或为盗的罪名。971 二千石听者：各郡、各诸侯国的行政长官如有听任其下属为此事者。972 甲寅：正月十七。973 皇太子冠：皇太子刘彻行加冠礼。古时给青年人加冠，表示他已是成年人。古人行加冠礼通常是在二十岁，也有的是在二十二岁，今刘彻的加冠乃在十六岁，因其父将死，提前加冠便于继位行政。974 甲子：正月二十七。975 帝崩于未央宫：时景帝四十八岁。976 太皇太后：指窦太后，景帝之母，武帝之祖母。977 皇后：指景帝之妻、武帝之母王娡。978 二月癸酉：二月初六。979 阳陵：阳陵在今咸阳渭城区之张家湾村，由陵园、陵邑、陪葬区三部分合成。刘启墓在陵园中央，王皇后墓在刘启墓东北四百五十米，封土都呈覆斗形。陵邑在陵园之东，陪葬墓也大都在陵东，今其地建有阳陵博物馆。980 同母弟：同母异父之弟，乃其母臧儿改嫁田氏后所生。981 武安侯：封地武安县，在今河北武安西南。田蚡的事迹见《史记·魏其武安侯列传》。982 胜：田蚡之弟，事迹也参见于《史记·魏其武安侯列传》。983 周阳侯：封地周阳乡，在今山西绛县西南，当时的绛县东南。984 班固赞：班固《汉书·景帝纪》的“赞语”。所谓“赞”是作者在传记文章篇末对所写人物所发的议论。985 斯民：这些黎民百姓。986 三代之所以直道而行也：如果在夏、商、周三代的鼎盛时期他们都是可以按直道而行事的。三代，夏代、商代、周代。以上孔子的两句话见《论语·卫灵公》。意思是同样的黎民百姓，在三代就能正道直行，在今天就不行了，这都是由于现时的政治不好所致。987 信哉：的确如此啊。988 周、秦之敝：周末与秦王朝的政治衰败。这段时间通常指从春秋末期历战国直至汉代建国。989 罔密文峻二句：法律严厉残酷，但治不了坏人的为非作歹。罔，法网。文，法令条文。峻，酷刻。奸轨，也写作“奸宄”，为非作歹的人。不胜，不能制服。990 扫除烦苛：废除秦朝的严刑酷法，如刘邦有所谓“约法三章”云云。⑨⑨①与民休息：指实行一种“清静无为”，休养生息的政策。⑨⑨②恭俭：谨慎谦虚，生活俭朴。⑨⑨③遵业：遵行先辈治国的路线。⑨⑨④五六十载之间：自刘邦建汉（公元前二〇六年）至景帝死（公元前一四一年），其间共历六十五年。⑨⑨⑤移风易俗：言社会风气为之一变。⑨⑨⑥醇厚：淳朴、厚道。⑨⑨⑦周云成、康：周朝八百年间受人称道的是成王、康王时期，即通常所说的“成康之治”。⑨⑨⑧汉言文、景：汉朝四百年间受人称道的是文帝、景帝时期，即通常所说的“文景之治”。⑨⑨⑨汉兴二句：汉王朝是接续着秦王朝的政治衰败而建立起国家的。⑩⑩⑩作业剧而财匮：国家要做的事情很多、很繁杂，但又偏偏没有钱。剧，繁多、难办。匮，空乏。⑩⑩①具钧驷：凑够同一种颜色的四匹马。钧，同“均”，相同。驷，一车四马。⑩⑩②齐民：平民。⑩⑩③藏盖：须在“藏盖”的东西，即今所谓“积蓄”。⑩⑩④天下已平：高祖五年（公元前二〇二年）十二月，刘邦破杀项羽；二月，刘邦即皇帝位（当时以十月为岁首）。⑩⑩⑤贾人不得衣丝、乘车：歧视、打击工商业者，以保障“重农抑商”政策的推行。⑩⑩⑥孝惠：名盈，刘邦之子，吕后所生，公元前一九四至前一八八年在位。⑩⑩⑦高后：即吕后，名雉。其子刘盈死后，虽然刘盈之子被立在位，但政权实由吕后把持，故史公即据实书此为“吕后在位”，其年为公元前一八七至前一八〇年。⑩⑩⑧弛商贾之律：放松了对商贾的种种限制。⑩⑩⑨市井之子孙：指工商业者的子弟。市井，即市场。《史记正义》曰：“古人无有市，若朝聚井汲水，便将货物于井边货卖，故言市井也。”泷川引《留青札记》云：“盖市井之道，四达如‘井’，故曰‘市井’。”亦可备一说。⑩①⑩量吏禄：根据政府发放给官吏的俸禄。⑩①①度官用：根据国家兴办各种事业的开销。⑩①②赋：向百姓征收捐税。⑩①③山川、园池、市井租税：指从山川、园林的开发者与市井工商业者所征收来的钱财。汉代对于山林川泽的开发，或由官营，或承包于私商。⑩①④汤沐邑：古代诸侯往朝天子，天子在其畿内划出一小块土地给诸侯，以供给其“斋戒洗沐”的费用，这块土地称作“汤沐邑”。后来遂用为皇后、公主以及其他有土封君的作为补助生活费用的领地。⑩①⑤私奉养：私人生活的费用，犹如后世之所谓“俸禄”“薪金”。⑩①⑥天下之经费：国家兴办各项事业的正常开销。经，常。〖按〗以上四句的文意不显豁，大意是说，天子用全国山川、池泽和市场的收入为生活费用，各有土封君用他们自己封地内的赋税收入为生活费用，都不向主管国家经费的大司农要钱。⑩①⑦漕转山东粟以给中都官：调运东方郡、国的粮食以供应首都长安政府部门的需要。漕转，意即运输。船运曰漕，车运曰转。山东，崤山以东，泛指东方各郡、国。以给中都官，以供应首都长安各官府的需要。⑩①⑧岁不过数十万石：一年用不了几十万石。极言汉初国家的各种机构之简，首都吃公粮的人员之少。董份曰：“汤沐奉养不领于天下之经费，而转漕又少，可见汉兴寡事而富饶，以为后广漕兴利之应。”⑩①⑨清净：意即“清静”，指休养生息，不搞劳民伤财的活动。⑩②⑩七十余年：前文已说自刘邦于公元前二〇六年建国，至景帝去世（公元前一四一年），其间六十五年。⑩②①人给家足：每个人、每个家庭都吃穿不愁。⑩②②都鄙廪庾：每个都城、每个边镇的大小仓库。鄙，边邑。有屋之仓曰廪，露积之仓曰庾，这里即泛指仓库。⑩㉓府库：仓库。府，这里也是“库”的意思。⑩㉔余货财：货财多得无处放。⑩㉕累巨万：多达好多个亿。累，重、多个。巨万，也称“大万”，万万，即今所谓“亿”。⑩㉖贯朽而不可校：极言其多，又长年不动，故至于贯朽不可数。贯，穿铜钱的绳子。校，点数。⑩㉗太仓：京城里的国家仓库。⑩㉘陈陈相因：一批陈的接着一批陈的。因，连续。⑩㉙露积：堆放在露天里。⑩㉚众庶：黎民百姓。⑩㉛阡陌：原指田间小道，这里即指农村的道路。⑩㉜字牝：同“牸牝”，雌畜，这里指母马。牸，乳、母畜之乳子者。⑩㉝摈而不得聚会：受排斥不能参加集会。摈，排斥。⑩㉞守闾阎者：看守里巷大门的人，指最低级的吏役。闾，里门。阎，里中之门。⑩㉟粱肉：主食为黄粱（小米），菜中有肉，这在当时算是很好的饭食。⑩㊱为吏者长子孙：由于太平无事，为官吏的人孩子都很大了，自己的官位还得不到升迁。陈直曰：“高惠时任职最久者有滕公，官太仆三十五年；武帝时有郭广意，官光禄大夫至六十一年之久。”⑩㊲居官者以为姓号：居官年久，遂以其官职为其姓氏，如仓氏、庾氏、司马氏等。⑩㊳重犯法：不敢轻于犯法。重，看重、不轻于。⑩㊴先行义而后诎辱：意谓人人讲礼义，而不屑干那些不光彩的事。先，看重、讲究。后，放弃不取。诎辱，遭受折辱。⑩㊵罔疏：法律宽松。⑩㊶役财骄溢：占有财富的人骄奢放纵。役，支配；占有。⑩㊷或至：有的；甚至。⑩㊸以武断于乡曲：靠着势力横行于乡里。武断，靠着势力专断专行。乡曲，犹言“乡里”。古代居民的编制单位，二十五家为一里，十里为一乡。⑩㊹宗室有土：皇帝的宗亲外戚，与占有领地的封君。有土，有封地的人，大者曰王，中者曰侯，小者曰君。⑩㊺公、卿、大夫：泛指政府的各种高级官僚。公，三公。卿，九卿。⑩㊻室庐、舆服：居住的房子与乘坐的车子、身穿的衣服。⑩㊼僭于上：奢侈排场的程度都超过了规定，和他的上级差不多。僭，越分。⑩㊽无限度：没有约束；没有止境。⑩㊾物盛而衰二句：事物发展到顶点就要腐败衰落，变化的规律本来就是如此。⑩㊿内穷侈靡：在国内的奢侈豪华无所不用其极。穷，极、到顶。侈靡，铺张、豪华。⑩⑤①外攘夷狄：在国外对四方的少数民族用兵。⑩⑤②萧然：纷纭、骚乱的样子。⑩⑤③耗：枯竭；耗尽。〖按〗以上大段议论文字节自《史记·平准书》。

【校记】

［5］十一月：据章钰校，乙十一行本、孔天胤本皆作“十二月”。［6］卒：原无此字。据章钰校，甲十五行本、乙十一行本皆有此字，张敦仁《通鉴刊本识误》同。今从诸本及《通鉴纪事本末》补。［7］赀算：原作“算赀”。据章钰校，甲十五行本、乙十一行本二字皆互乙。今从诸本及《汉书·景帝纪》改。［8］天下：原作“天子”。据章钰校，甲十五行本、乙十一行本皆作“天下”。今从诸本及《史记·平准书》改。

【研析】

本卷写了景帝前元三年（公元前一五四年）至景帝后元三年（公元前一四一年）共十四年间的全国大事，其中可议论的主要有以下几点。

第一，景帝时代的大事，最严重的莫过于吴、楚七国之乱，本卷则写了吴、楚七国之乱的起因与景帝平定七国之乱的过程。

说到诸侯叛乱，一定会追究到分封制度，诸侯众多，势力又大，造反叛乱、不服中央是必然会有的事，这些不必讨论；吴王濞桀骜不驯，且国大富极，文帝在世他不会有动作，但文帝死后，大概也就没有别的人让他心服了，造反恐怕也是势在必然，这也不用讨论。应该提出的一点是，景帝为太子时，骄纵蛮横，因为下棋发生争执时，居然可以扯起棋盘打死吴王濞的太子，而事后又不见文帝对此有任何补救的说法，这不仅让吴王濞火冒三丈，从此与汉景帝结下不共戴天之仇，即使让两千多年以来的读者说，大概也没有什么人会原谅汉景帝的行为，同时还会讨厌汉文帝的护犊。因为即使你是皇帝、是太子，可你也得讲理呀。

当吴、楚七国发起叛乱时，汉景帝先是发生动摇，出卖原则，听从袁盎的煽动，把对自己忠心耿耿的晁错推出去当了替罪羊。后来发现上当了，却又不对煽动他杀晁错的袁盎进行任何处置，这是一个皇帝应有的态度吗？当妥协无效只好派兵讨伐时，他又与周亚夫首先制定了抛出梁国让吴楚军打，以期趁机削弱梁国的一石二鸟之策。这些行为都让人感到汉景帝极端自私。

吴、楚七国的头子除刘濞是汉景帝的叔叔外，其他几个都是汉景帝的堂兄弟。刘家贵族窝里内讧，大动刀兵，为此付出牺牲的绝大多数是平民百姓和一些下层官吏与无辜士兵。但汉景帝对他派出的军队是怎么要求的呢？他说："击反虏者，深入多杀为功，斩首捕虏比三百石以上者皆杀之，无有所置。敢有议诏及不如诏者，皆要斩。"（《史记·吴王濞列传》）攻入敌国，穷追猛打，杀人越多功劳就越大。结果被杀的都是些什么人呢？好端端的一座扬州城（当时叫广陵）就这样被夷为了平地。几百年后，刘宋的孝武帝攻打他的同父异母兄弟刘诞，扬州又被第二次夷为平地；又过了一千年，清兵入关，于是扬州又第三次全城被杀光。可怜的扬州啊！

吴王濞是骄横而又昏聩无能的，其他六个反叛头子也不见有任何的聪明才智。但在叛军中有三个普通人物却闪现了相当的光彩。一个是田禄伯，自告奋勇愿率军沿长江西进，溯汉水，入武关，与吴王会师于关中。另有一位桓将军，建议吴王不要在沿路攻城上花费时间，要快速突进，占领荥阳、洛阳，以号令天下。凌稚隆《史记评林》引王维桢曰："田禄伯虽逆谋，然计却为上策。"刘辰翁《班马异同》评桓将军之策曰："少将名言，天下大计也。"第三位是周丘。他单身一人只向吴王濞讨了一支汉节，持此节驰入下邳，说服下邳降吴。"周丘一夜得三万人，使人报吴王，遂将其兵北略城邑。比至阳城，兵十余万，破阳城中尉军。闻吴王败走，自度无与共成功，即引兵归下邳，未至，疽发背死。”如此奇才，可惜生错了时代，若生在陈胜起义时，称王称侯何足道哉！司马迁在《史记》中首先描写了这三个人；而后班固写《汉书》时又将这三段文字全文移录；司马光写《通鉴》又将这三段文字全文录入。他们到底想表现什么呢？我看至少表现了一种英雄生不逢时的深深遗憾。

第二，本卷写了名将周亚夫之死。周亚夫是平定吴、楚七国之乱的元勋，后来只因为反对汉景帝废栗太子、反对汉景帝封国舅王信为侯、反对汉景帝封匈奴的降王为侯，于是就被汉景帝罢去丞相，并进一步刁难，将其下狱，而后诬蔑他造反，并说“君纵不欲反地上，即欲反地下耳”，气得周亚夫绝食自杀。李贽《藏书》对此评论说：“甚矣，居功之难也。使时无条侯，七国之兵岂易当哉？不三月而吴、楚破灭，虽十世宥之可也。景帝非人主矣。”何孟春曰：“吏之谓‘反地下’之言，是以人命悦上意，而置无罪有功之臣于死地，廷尉不足道矣，景帝之朝岂无人能为解之者？亦由帝之不复可与言故也。”都对汉景帝提出了尖锐的批评。其实周亚夫的招人忌恨是由来已久的。当文帝在世，他到别的地方劳军，都是“直驰入，将以下骑送迎”。偏偏到细柳营时，这里的景象却是“军士吏被甲，锐兵刃，彀弓弩持满。天子先驱至，不得入。先驱曰：‘天子且至！’军门都尉曰：‘将军令曰：“军中闻将军令，不闻天子之诏。”’居无何，上至，又不得入。于是上乃使使持节诏将军：‘吾欲入营劳军。’亚夫乃传言：‘开壁门。’壁门士请车骑曰：‘将军约：军中不得驰驱。’于是天子乃按辔徐行。至营，将军亚夫持兵揖曰：‘介胄之士不拜，请以军礼见。’”这一套过于做作的表演，谁能接受得了？当然，这段描写本身就是民间传说，不可深信，但其基本事实应该还是有的。其最主要的问题大约是表现了一种“在军营内一切都应该听我的”这样一种思想，换成《孙子兵法》的语言就是“将在外，君命有所不受”。这句话说起来容易，真正做起来是哪个最高统治者也不会允许的。汉文帝谦恭谨慎，而且周亚夫当时的权位还很低，忍让一点，还能博得一个流传千古的美名，文帝何乐而不为？但到景帝就不同了，汉景帝为人忌刻，没事的时候还会找茬儿，更何况这个周亚夫到这时已经是功盖天下，又先为太尉、后为丞相之职，别说周亚夫生性直正，说话不计后果；即使他能像张良那样善于装病装傻，他也难逃一死。“将在外，君命有所不受”，可以在书本上讲，小军官讲讲也无妨，越是身为大将越是不能讲。明代于谦算是做得很好了，到头来还是死路一条。

第三是栗太子的问题。栗太子没有任何过错，有过错的是他的母亲栗姬。栗姬好妒忌，得罪了周围许多嫔妃，尤其严重的是她得罪了汉景帝的姐姐长公主。于是长公主转身与汉武帝的母亲王夫人联合起来，发起了一场倒栗的后宫政变。结果是栗姬被气死，栗太子先被废为临江王，接着又进一步强加罪名被迫自杀。司马迁满含深情地在《史记·五宗世家》中对此补充写道：当汉景帝唤刘荣进京时，“荣行，

祖于江陵北门。既已上车，轴折车废。江陵父老流涕窃言曰：'吾王不反矣！'荣至，诣中尉府簿。中尉郅都责讯王，王恐，自杀。葬蓝田，燕数万衔土置冢上，百姓怜之。"清代徐克范《读汉兴以来诸侯年表补》说："太子荣不闻失德，（景帝）徒以嗛栗姬故，听长公主之谮，轻易国本。夫堧垣，庙境外之虚边也，罪亦细矣，何遽使中尉簿责蹙令自杀耶？方太子之被征也，祖江陵北门，江陵父老俱流涕，是必有以感人者。帝奈何立之而废之、而杀之？史称帝'苛薄'，信哉！"朱翌《猗觉寮杂记》说："景帝杀临江闵王，燕数万衔土置冢上；王莽掘丁姬冢，燕数千衔土投穿中。史书如此，非志怪也，以言禽兽哀怜之，人不如也。"人同此心，事有公论。

卷第十七　汉纪九

起重光赤奋若（辛丑，公元前一四〇年），尽强圉协洽（丁未，公元前一三四年），凡七年。

【题解】

本卷写了武帝建元元年（公元前一四〇年）至元光元年（公元前一三四年）共七年间的全国大事。主要写了汉武帝上台后以尊儒名义向窦太后夺权，结果失败；至窦太后死，武帝重新夺回权力，终于"尊儒"成功的反复较量过程；写了董仲舒上书对策，建言"罢黜百家，独尊儒术"，实则是熔儒、法、阴阳之学为一炉，为汉王朝的"杂霸而治"提供理论的情况；写了东瓯部落为躲避闽越侵扰而迁入内地，写了闽越部落为反汉而被汉王朝讨平，以及淮南王刘安上书《谏伐闽越》的情景；写了汉武帝招纳文学之士与司马相如上书邀宠、东方朔勇批逆鳞的不同境界；写了万石君石奋其人、汲黯其人的一些活动，以见汉武帝日益专制独裁，朝臣日趋谄媚巧佞，而敢言敢争之臣绝无仅有的可怜处境；写了李广出世，为下卷的大举讨伐匈奴做了伏笔。总之，这是武帝"多欲政治"，或者说是"大有作为"政治蓬勃展开前的序幕。

【原文】

世宗孝武皇帝①上之上

建元②元年（辛丑，公元前一四〇年）

冬，十月，诏举③贤良方正直言极谏④之士，上亲策问⑤以古今治道⑥，对者⑦百余人。广川董仲舒⑧对曰："道者，所繇适于治之路⑨也，仁义礼乐皆其具⑩也。故圣王⑪已没，而子孙长久安宁数百岁，此皆礼乐教化⑫之功也。夫人君莫不欲安存，而政乱国危者甚众，所任者非其人，而所繇者非其道，是以政日以仆灭⑬也。夫周道⑭衰于幽、厉⑮，非道亡也⑯，幽、厉不繇⑰也。至于宣王⑱，思昔先王之

【语译】

世宗孝武皇帝上之上

建元元年（辛丑，公元前一四〇年）

冬季，十月，汉武帝下诏全国各地向朝廷举荐“贤良方正”“极言敢谏”的人才，汉武帝亲自以“古今治道”为题测试对策者，参加对策的有一百多人。广川人董仲舒在对策中说：“这里所说的道，是指能使国家得到治理的必经之路，而仁、义、礼、乐是它的具体内容。所以古代能以仁、义、礼、乐治国的圣明君主即使已经去世，而他们的子孙后代仍然能够长久地统治着国家，仍能使国家维持数百年的安宁与稳定，这都是实行礼、乐教化的功效。作为国君，没有哪一个不希望自己的国家安定、国祚永存，但是国家政局混乱、政权不稳的有很多；究其原因，就是所任用的官员不是合适的人选，所采用的治国方法不恰当，所以才使得国家一天天地走向灭亡。周朝的衰落是从周幽王、周厉王时期开始的，并不是当时没有好的道路可走，而是周幽王、周厉王不走正道造成的。等到周宣王执政的时候，他思念先王的恩德，对前人该做而没有做的就努力去做，对前人的失误就努力地进行补救，终于使周文

德，兴滞补敝[19]，明[20]文、武之功业[21]，周道粲然复兴，此夙夜不懈[22]行善之所致也。

“孔子曰：‘人能弘道，非道弘人[23]。’故治乱废兴在于己[24]，非天降命不可得反[25]，其所操持悖谬[26]，失其统[27]也。为人君者，正心以正朝廷[28]，正朝廷以正百官[29]，正百官以正万民，正万民以正四方[30]。四方正，远近莫敢不壹于正[31]，而亡有[32]邪气奸其间[33]者。是以阴阳调而风雨时[34]，群生和[35]而万民殖[36]。诸福之物[37]，可致之祥[38]，莫不毕至[39]，而王道终[40]矣。

“孔子曰：‘凤鸟不至[41]，河不出图[42]，吾已矣夫[43]！’自悲可致此物[44]，而身卑贱不得致也[45]。今陛下贵为天子，富有四海，居得致之位[46]，操可致之势[47]，又有能致之资[48]。行高而恩厚[49]，知明而意美[50]，爱民而好士，可谓谊主[51]矣。然而天地未应[52]，而美祥莫至者，何也？凡以[53]教化不立，而万民不正[54]也。夫万民之从利[55]也，如水之走下，不以教化堤防[56]之，不能止也。古之王者明于此，故南面而治天下，莫不以教化为大务。立太学以教于国[57]，设庠序[58]以化于邑[59]，渐民以仁，摩民以谊[60]，节民以礼[61]，故其刑罚甚轻，而禁不犯[62]者，教化行[63]而习俗美也。

“圣王之继乱世[64]也，扫除其迹而悉去之[65]，复修教化而崇起之[66]。教化已明，习俗已成，子孙循之[67]，行五六百岁尚未败[68]也。秦灭先圣之道[69]，为苟且之治[70]，故立十四年而亡[71]。其遗毒余烈[72]，至今未灭，使习俗薄恶，人民嚚顽[73]，抵冒殊捍[74]，熟烂[75]如此之甚者也。窃譬之[76]：琴瑟不调[77]，甚者必解而更张之[78]，乃可鼓也；为政而不行[79]，甚

王、周武王建立起来的勋业发扬光大，使周朝的政治局面得以复兴，这都是由于周宣王从早到晚毫不懈怠地推行善政的功效啊。

“孔子说：‘人能够把道发扬光大，而不是道能使人自然变好。’所以国家是稳定还是混乱、是兴盛还是灭亡完全掌握在国君自己的手里，并不是由上天做出安排，不能把它全都归结为天命，如果采取的措施荒谬，就会丢掉传统、离开正确的道路。所以作为国君首先应该端正自己的思想，然后才能使朝廷端正，朝廷端正了再去使百官端正，百官端正了才能使万民端正，国内的万民都端正了才能使周边的少数民族端正。周边的少数民族也端正了，那么不论远近就没有人不端正，也就不会再有奸邪之气掺杂在其中了。所以阴阳二气调和、风雨应时而至，自然万物欣欣向荣而人口得以繁衍。各种象征幸福的事物、受美好政治感动而出现的各种吉祥之物，就都会一齐降临，这就是王道政治达到了顶点。

“孔子说：‘现在没有凤凰飞来，黄河中也没有龙马驮着图画出现，看来我的政治理想是无法实现了！’孔子认为自己的主张如果能够实现，本来可以使这些祥瑞出现，但由于自己地位卑微、政治主张无法推行而祥瑞没有出现，所以才发出如此的哀叹。如今陛下身为尊贵的天子，富有四海，具有招引这些祥瑞出现的条件，掌握着招致祥瑞出现的办法和权势，又有能够招致祥瑞出现的基础。品行既高尚而对百姓的恩德又厚重，才智既英明，用意又善良，既爱护百姓又敬重人才，可以称得上是一位有道德的君主。虽然如此，天地神灵却没有做出相应的回应，而祥瑞也没有出现，原因是什么呢？主要是因为对人民的教化做得还不到位，万民还没有全部归于端正。万民追求财利的意识，就如同水往下流一样，如果不能用教化去约束他们，就不能进行阻止。古代的圣明君主深明这个道理，所以凡是坐在国王宝座上治理国家的，没有哪一个不把推行教化作为首要的任务。他们在都城设立太学用以教化全国的人民，在地方设立庠、序用来教化乡镇的人民，又用仁爱来感化人民，用道义来勉励人民，用礼仪来约束人民，所以虽然运用的刑罚很轻，而人民却很少触犯刑法，这就是教化得到推行而使风俗纯美的结果。

“圣明的君主即使继承的是一个政治混乱的国家，他也会把乱世遗留下来的一切坏风气、坏规章、坏制度全部扫除干净，重新建立起一套教育制度来提高万民。一旦教化收到明显的成效，纯美的风俗已经形成，后代子孙遵循先辈的办法去做而不改变，就是再经过五六百年，这种政治影响也不会消亡。秦王朝抛弃了古代圣王的治国之道，而采用不正当的、只顾眼前利益的严刑酷法来治理国家，所以建国仅十四年就灭亡了。然而秦朝遗留下来的余毒和影响，到现在还没有被彻底清除，以至于天下的民风浇薄险恶，人民顽劣狡诈，轻易地触犯刑法、抗拒制裁，腐朽败坏到了如此严重的程度。我私下里打个比喻：如果琴瑟弹出的音调不和谐，就要把旧琴弦卸下来更换一根新琴弦，才能弹奏出美好的音乐；治理国家也是如此，如果治

者必变而更化之[80]，乃可理[81]也。故汉得天下以来，常欲治而至今不可善治[82]者，失之于当更化而不更化也。

“臣闻圣王之治天下也，少则习之学[83]，长则材诸位[84]，爵禄以养其德[85]，刑罚以威其恶[86]，故民晓于礼谊而耻犯[87]其上。武王[88]行大谊，平残贼[89]，周公[90]作礼乐以文之[91]，至于成、康之隆[92]，囹圄空虚[93]四十余年。此亦教化之渐[94]，而仁谊之流[95]，非独伤肌肤[96]之效也。至秦则不然。师[97]申、商[98]之法，行韩非之说[99]，憎帝王之道[100]，以贪狼为俗。诛名而不察实[101]，为善者不必免[102]，而犯恶者未必刑[103]也。是以百官皆饰虚辞[104]而不顾实，外[105]有事君之礼，内有背上[106]之心，造伪饰诈[107]，趋利无耻。是以刑者[108]甚众，死者相望[109]，而奸不息[110]，俗化使然[111]也。

“今陛下并有天下，莫不率服[112]，而功不加于百姓[113]者，殆王心未加[114]焉。曾子[115]曰：‘尊其所闻[116]，则高明[117]矣；行其所知[118]，则光大[119]矣。高明光大，不在于他，在乎加之意[120]而已。’愿陛下因用所闻[121]，设诚于内而致行之[122]，则三王何异[123]哉！

“夫不素[124]养士而欲求贤，譬犹不琢玉[125]而求文采[126]也。故养士之大者，莫大乎太学[127]。太学者，贤士之所关[128]也，教化之本原[129]也。今以一郡一国之众，对亡应书者[130]，是王道往往而绝[131]也。臣愿陛下兴太学，置明师，以养天下之士，数考问[132]以尽其材[133]，则英俊宜可得矣。今之郡守、县令，民之师帅[134]，所使[135]承流而宣化[136]也。故师帅不贤，则主德[137]不宣，恩泽不流[138]。今吏既亡教训于下[139]，或不承用主上

理国家的方法不能收到预期的效果，甚至给国家造成一定程度的破坏，就应该考虑革新政治，重新建立一套新的办法，国家才能够治理好。所以从汉朝建立以来，虽然一直都想把国家治理好，却一直没能治理好，其原因就在于应当改革的没有进行改革。

“我听说圣明的君主治理国家，在人的年纪还很小的时候就让他学习知识以增长他们的才智，到了成年之后，就要根据他们的不同才能而授予不同的职位，给他们一定的爵位和俸禄来培养他们的品德，用刑罚来制止他们的恶劣行为，所以人民全都通晓礼仪而把冒犯尊长看作是耻辱。周武王姬发奉行大义，消灭了残害人民的残忍凶暴的商纣王，周公姬旦制定礼乐来美化时政，对人民进行教化，到了周成王、周康王之世，由于没有人犯罪，监狱一直空置了四十多年。这就是教育感化的逐渐深入，人心和仁义思想逐渐浸润的结果，而不是靠残害人体的酷刑所能奏效的。到了秦朝就不是这样了。秦朝尊崇申不害、商鞅的理论，奉行韩非的学说，憎恶五帝三王的治国之道，认为贪婪狠毒像豺狼一样的习俗是正常现象。一味地追求虚名而不注重实际，做善事的不一定能幸免于灾难，而作恶多端的人也不一定受到惩处。所以上下大小官吏全是空话连篇，只管做表面文章而不管内容是否符合实际，外表对君主恭敬有礼，内心却怀着背叛君主的想法，弄虚作假，奸诈欺骗，追逐利益不择手段、寡廉鲜耻。所以尽管被严厉惩处的人很多，被处死的人一个接着一个，而奸淫邪恶并没有因此而止息，这是当时的风俗教化造成的这种局面。

“如今陛下拥有天下，天下之人无不相率归服，陛下的恩德却没有施加到百姓的身上，恐怕是陛下还没有把心思放在百姓身上。曾子说：‘对于自己的所见所闻能够引起高度的重视，就会变得很高明了；对于已经知道什么是应该做的就马上去做，自己的功业就会越来越光辉伟大。要达到高明伟大，没有别的办法，只在于特别留意罢了。’希望陛下将自己的所见所闻都运用起来，把应该做的事情诚心诚意地去做好，那么陛下跟夏禹、商汤、周文王、周武王比起来没有什么不同了！

“平时不注重培养知识分子，却又想要得到贤能的人才，这就如同是对玉石不加琢磨就想要它呈现出美丽的文采一样，是根本不可能的。所以说，培养知识型人才的关键，是要办好太学。太学，是培养贤能人才的场所，是推行教化的基地。而现在每一个郡、每一个封国都有那么多的人口，对于皇帝举荐贤良文学的诏命却遴选不出一个人才，这说明古代圣贤明君治理国家的方法已经面临着失传的危险。所以我希望陛下兴办太学，聘请有真才实学的老师，为国家培养有用的人才，经常提些问题让他们回答，使他们有机会充分展示他们的才华，这样的话就可以从中物色到真正的英才了。现在的郡守、县令，应该是人民的表率，他们的职责是秉承皇帝的旨意对万民进行宣传教育的。所以，起表率作用的郡守、县令如果品格低下，那么国君的德音就得不到广泛的宣传，国君的恩泽就不能广泛地流布。如今的官吏不仅

之法[140]，暴虐百姓，与奸为市[141]。贫穷孤弱，冤苦失职[142]，甚不称[143]陛下之意。是以阴阳错缪[144]，氛气充塞[145]，群生寡遂[146]，黎民未济[147]，皆长吏不明，使至于此也。

“夫长吏多出于郎中、中郎[148]、吏二千石子弟[149]，选郎吏又以富訾[150]，未必贤也。且古所谓功[151]者，以任官称职为差[152]，非谓积日累久[153]也。故小材虽累日，不离于小官；贤材虽未久，不害为辅佐[154]，是以有司[155]竭力尽知[156]，务治其业而以赴功[157]。今则不然。累日以取贵[158]，积久以致官[159]，是以廉耻贸乱[160]，贤不肖浑淆[161]，未得其真[162]。臣愚以为使诸列侯[163]、郡守、二千石各择其吏民之贤者，岁贡各二人以给宿卫[164]，且以观大臣之能[165]。所贡贤者，有赏；所贡不肖者，有罚。夫如是，诸吏二千石皆尽心于求贤，天下之士可得而官使[166]也。遍得天下之贤人，则三王[167]之盛易为[168]，而尧、舜之名可及[169]也。毋以日月为功[170]，实试贤能[171]为上，量材而授官[172]，录德而定位[173]，则廉耻殊路[174]，贤不肖异处[175]矣。

“臣闻众少成多[176]，积小致巨[177]，故圣人莫不以暗致明[178]，以微致显[179]。是以尧发于诸侯[180]，舜兴乎深山[181]，非一日而显也，盖有渐以致之[182]矣。言出于己，不可塞[183]也；行发于身，不可掩[184]也，言行，治之大者[185]，君子之所以动天地也[186]。故尽小者大[187]，慎微者著[188]。积善在身[189]，犹长日加益[190]，而人不知[191]也；积恶在身，犹火销膏[192]，而人不见[193]也。此唐、虞之所以得令名[194]，而桀、纣之可为悼惧[195]者也。

不能教化百姓，有的甚至不贯彻执行朝廷的法律章程，他们残酷地虐待百姓，与坏人相互勾结、进行权钱交易。人民贫苦孤弱，受尽冤屈痛苦，失业流离，这完全违背了陛下爱民的本意。所以才会出现阴阳失调，乌烟瘴气充满天空，自然万物都不能正常生长，百姓得不到救济，都是由于郡守、县令等地方官吏昏庸、腐败所造成的惨象。

“那些长吏大多出身于郎中、中郎以及俸禄在二千石以上官员的子弟，再加上选拔郎吏又必须以拥有相当数量的家产做基础，所以这些人未必是才德兼备。再说，古人所说的‘功劳’，是根据他能不能胜任职务以及能力的大小来区分高低，而不是靠他的任职年限长。所以如果才能低下，即使是干了很长时间，也依然当他的小官；而有能力的人虽然任职时间很短，也不妨碍他担任皇帝的辅弼大臣，所以负责某项任务的官吏全都竭尽自己的能力和才智，以求做好工作迎接上级的考核。现在却不是这样。当官的靠着积累时日就能得到富贵，靠干的时间久就能得到提升，所以清廉的与无耻的混淆在一起，贤能的和庸碌的没有区别，看不出谁是真正的贤才、谁在滥竽充数。我以为应该让那些诸侯、郡守以及俸禄在二千石以上的官员每年从他们属下的吏民中推荐两个人送到皇宫充当警卫，以此来考察大臣的能力。如果选送的人确实贤能，就给以奖赏；如果选送的人没有才德，就要给予处罚。这样的话，那些俸禄在两千石以上的官员就会竭尽全力地去寻求贤才，那些真正有才能的人就会聚集到陛下这里来了，陛下任用他们，授予他们官职。天下所有的人才都能为陛下所用，那么要建立像古代三王那样的太平盛世就很容易，而获得像尧、舜那样美好的名声也不是可望而不可即的了。不要把做官时间的长短作为选拔的标准，而要认真地考核他们的实际才能，根据才能的大小而授予不同的官职，根据品行的高低来确定他的爵位，那么廉洁的与无耻的自然分道扬镳，贤能的与不贤的自然不会混在一起。

“我听说集少能够成多，积小可以成大，所以圣人中没有哪一个不是从开始时的不英明变成后来的英明，从最初的低微变成后来的显贵。尧是从一个诸侯升为天子，舜从一个在深山耕作的平民上升为帝王，他们都不是在一天之内突然显贵起来的，都是逐渐积德累行取得的结果。话从口里说出去，就无法再把它追回来；只要把事情做出来，就没法使人不知道，君主的一言一行，对于治理国家都会产生重要的影响，君主的一言一行都会引起天地神灵的关注。所以能够积众小之功就可以成就伟大的事业，能够在细小的事情上保持谨慎，他的德行就能显耀于世界。一个人如果能不断地积累善行，就像是身体的生长发育，每天都在长高长大，而自己却毫无察觉；一个人如果经常做坏事，就像是灯火在不断地消耗灯油，却一时看不出灯油的减少。这就是唐尧和虞舜得到了美名，夏桀、商纣却落个可悲可怕的下场的原因啊。

“夫乐而不乱[196]，复而不厌[197]者，谓之道[198]。道者万世亡敝[199]，敝者道之失也[200]。先王之道，必有[201]偏而不起[202]之处，故政有眊而不行[203]，举其偏者以补其敝[204]而已矣。三王之道，所祖不同[205]，非其相反[206]，将以救溢扶衰[207]，所遭之变然也[208]。故孔子曰：‘无为而治者，其舜乎[209]！’改正朔[210]，易服色[211]，以顺天命而已，其余尽循尧道[212]，何更为[213]哉？故王者有改制之名，亡变道之实。然夏上忠[214]，殷上敬[215]，周上文[216][1]者，所继之救[217]，当用此也。孔子曰：‘殷因于夏礼[218]，所损益可知也[219]。周因于殷礼，所损益可知也。其或继周者[220]，虽百世可知也[221]。’此言百王之用，以此三者[222]矣。夏因于虞，而独不言所损益者，其道一而所上同[223]也。道之大，原出于天，天不变，道亦不变。是以禹继舜，舜继尧，三圣相受[224]而守一道[225]，亡救敝之政[226]也，故不言其所损益[227]也。繇是观之，继治世[228]者其道同[229]，继乱世者其道变。今汉继大乱之后，若宜少损周之文致[230]，用夏之忠[231]者。

“夫古之天下，亦今之天下。共是天下[232]，以古准今[233]，壹何不相逮之远也[234]？安所缪盭而陵夷若是[235]？意者[236]有所失于古之道与！有所诡[237]于天之理与！

“夫[238]天亦有所分予[239]，予之齿者去其角[240]，傅其翼者两其足[241]，是所受大者不得取小[242]也。古之所予禄者[243]，不食于力[244]，不动于末[245]，是亦受大者不得取小，与天同意[246]者也。夫已受大，又取小，

“能够使人感到快乐而不致放纵，能够让人反复学习而不感到厌倦，这就是通常所说的道。遵循了这个道，就会永世长存而不败坏，如果国家的政治败坏，那一定是没有依道而行。对于先王所采用的治国之道，执政者在推行的时候一定有被忽略的地方，所以政治上才会出现昏乱而政令得不到执行，只要将忽略的地方加以补救，就能将弊端纠正过来。古代的夏禹、商汤、周文王、周武王所运用的治国之道虽然不尽相同，但相互之间并不矛盾，他们的工作只是把过头的地方纠正过来、把不够的地方予以加强就是了，这是因为他们所处的时代不同，遭遇的形势不同所决定的。所以孔子说：‘能够一切遵循先王之道、运用无为的方式治理国家的大概只有舜吧！’舜时虽然也改用了一套新历法，改换了一种新的车驾与礼服的颜色，但也只是为了顺从天命而已，其余的全都遵循尧的方法治理国家，何须再改变什么呢？所以说，圣明的君主虽然有改朝换代的名义，实际上却没有什么实质的改变。然而，夏朝提倡朴实正直，殷朝崇尚虔敬鬼神，周朝崇尚规章制度，这是针对前朝的缺失而采取的补救办法。孔子说：‘殷朝的礼是在夏朝礼制的基础上发展起来的，它所增加的是什么，削减的是什么，我都可以考证清楚。周朝的礼仪也是在殷朝礼仪制度的基础上发展起来的，它所做的更改也是可以考证清楚的。后世如何继承周朝的制度，即使再经历几百个朝代，我也可以预测出个大概。’这就是说，后世的百代帝王治理国家的方法，都离不开忠、敬、文这三个方面。夏朝继承了虞舜，而孔子唯独没有指出是否有所增减，是因为夏朝的治国方略与虞舜完全相同的缘故。治理国家的方法，是从效仿自然的规律得来的，自然规律不改变，治理国家的方略也不会改变。所以夏禹继承虞舜，虞舜继承唐尧，三位圣明的君主递相继承，遵循的是同一的治国之道，由于没有需要纠正的弊政，所以孔子不讲他们在制度上有什么增加和减少。从这里可以看出，如果继承的是太平国家，那么治国的方法就不会有什么变化，如果继承的是一个政治混乱的国家，那就应该改变乱世时的治国方法。现在汉朝是在天下大乱之后建立起来的，似乎应该稍微改变一下周朝过分强调礼仪的做法，而应该采取夏朝的以朴实正直来治理国家的方略。

“古代的天下，也就是今世的天下。状况相同的一个天下，以古代的盛世来衡量今世，为何相差会这么遥远呢？是什么地方出现了毛病而使得今世衰落成这个样子？我想恐怕是现在的人丢失了古人治理国家的方法吧！或者是违背了大自然的规律吧！

“上天对待自然界的万物是有一定原则的，赐予它锐利的牙齿，就不再赐予它锐利的犄角，长有翅膀的鸟类就只给予它两只脚，所以接受了大的就不能再要小的。古代那些享受国家俸禄的人，就不能同时再去从事体力劳动挣钱，不能再去从事工商业赚钱，也是只准许接受大的好处而不能再占小的便宜，国家对官吏的这些限制与上天对待自然万物的限制是同一个道理。如果已经接受了大的好处，又去要求小的好处，

天不能足[247]，而况人乎！此民之所以嚣嚣[248]苦不足也。身宠而载高位[249]，家温而食厚禄，因乘富贵之资力，以与民争利[250]于下，民安能如之哉[251]？民日削月朘[252]，浸以大穷[253]。富者奢侈羡溢[254]，贫者穷急愁苦，民不乐生，安能避罪[255]！此刑罚之所以蕃[256]而奸邪不可胜[257]者也。

"天子、大夫[258]者，下民之所视效[259]，远方之所四面而内望[260]也。近者视而放[261]之，远者望而效之，岂可以居贤人之位，而为庶人行[262]哉！夫皇皇[263]求财利，常恐乏匮[264]者，庶人之意也；皇皇求仁义，常恐不能化民[265]者，大夫之意也。《易》曰：'负且乘，致寇至[266]。'乘车者，君子之位也；负担者，小人之事也，此言居君子之位而为庶人之行者，患祸必至也。若居君子之位，当君子之行，则舍[267]公仪休之相鲁[268]，无可为者矣。

"《春秋》大一统[269]者，天地之常经[270]，古今之通谊[271]也。今师异道[272]，人异论[273]，百家殊方[274]，指意不同[275]，是以上[276]无以持一统[277]，法制数变，下[278]不知所守[279]。臣愚以为诸不在"六艺"之科[280]、孔子之术[281]者，皆绝其道[282]，勿使并进[283]。邪辟之说[284]灭息[285]，然后统纪[286]可一而法度可明，民知所从矣[287]！"

天子善其对，以仲舒为江都相[288]。会稽庄助[289]亦以贤良对策，天子擢[290]为中大夫[291]。丞相卫绾[292]奏："所举贤良[293]，或治申、韩、苏、张之言[294]、乱国政者，请皆罢[295]。"奏可[296]。董仲舒少治《春秋》[297]，孝景时为博士[298]，进退容止[299]，非礼不行，学者皆师尊之[300]。及为江都相，事易王[301]。易王，帝兄，素骄，好勇[302]。仲舒以礼匡正[303]，王敬重焉。

春，二月，赦。

行三铢钱[304]。

夏，六月，丞相卫绾免。丙寅[305]，以魏其侯窦婴[306]为丞相，武安

就是上天都不能满足他，更何况是人呢！这正是百姓怨声载道、抗议生活困苦难熬的原因。身受朝廷宠幸而登上很高的官位，家庭温饱，又享受着优厚的俸禄，如果再凭借雄厚的财力与民争利，百姓怎么能竞争得过他们呢？百姓因为时时受到剥削，渐渐地陷于极端的贫困。而有钱的人越加有钱，过着穷奢极欲的生活，贫穷的更加贫穷，过着悲惨的生活，人民已经感受不到生的乐趣而宁愿去死，还怕什么犯罪！这就是刑法虽然越定越多，而违法乱纪的人仍然多得不可胜数的原因。

“皇帝与各级官吏应该是人民所效法的榜样，是被四面八方举国之人所围着看的人。近处的看见了就要效仿他，远处的看到了也要效仿他，所以那些身居高位的人怎么可以像一个平民那样去做事情呢！每天匆匆忙忙地去追逐财利，还担心赚得少、赚得不够，这是平民的心理；每天诚惶诚恐地追求仁义，常担心不能教化黎民，这是士大夫的心理。《易经》上说：‘身上背着的，车上拉着的都是货物，就会招致盗贼的抢劫。’乘车的，指的是君子的官位；挑担的，是小民所从事的事业。这句话的意思是说，身居官位却又从事小民百姓所从事的事情，就必然要灾难临头了。处在君子的位置，就应该有君子的行为，就像前代鲁国的宰相公仪休，他除去宰相的工作以外，什么事情也不去干。

“《春秋》非常推崇天下大一统的思想，天下一统是天地间永无改变的原则，是古往今来永不变化的道理。如今却是：每个教师都讲一套自己的主张，每个学者都有他自己的一套理论，诸子百家都有自己的一套治国办法，各家学说的中心、要点又不相同，所以执政者无法维持国家各方面的统一，从而导致了法令的屡次变更，使全国的臣民无所适从。我认为，凡是不包括在“六艺”科目之内、不符合孔子学术思想范畴的，都要加以禁止，不准许它们与儒家学说同时并存、并行发展。那些异端邪说被杜绝以后，道德纲纪才会统一，法令才能够确立，人民才能够有所遵从！”

汉武帝认为董仲舒的对策答得很好，就任命他为江都易王刘非的丞相。会稽人庄助也因为贤良对策考试优秀，被汉武帝提升为中大夫。丞相卫绾向武帝奏报说：“这些被举荐上来的贤良、敢谏之士，有人专门研究申不害的学说，有人专门研究韩非的学说，有人专门研究苏秦、张仪的学说、扰乱国政的，请将这些人全部罢免。”汉武帝表示同意。董仲舒从小就学习研究《春秋》，在汉景帝时期担任博士，他的仪容举止，都循规蹈矩、严守礼法，学者们就像尊敬老师一样尊敬他。他被任命为江都国之相，辅佐的是易王刘非。易王刘非，是汉武帝的兄长，一向骄横，好战。董仲舒就用礼法来暗示、纠正他不合礼法的行为，易王刘非对董仲舒很敬重。

春天，二月，大赦天下。

开始使用每文重三铢的铜钱。

夏季，六月，丞相卫绾被免去丞相职务。初七日丙寅，任命魏其侯窦婴为丞相，

侯田蚡[307]为太尉[308]。上雅向[309]儒术，婴、蚡俱好儒，推毂[310]代赵绾[311]为御史大夫[312]，兰陵王臧[313]为郎中令[314]。绾请立明堂[315]，以朝诸侯[316]，且荐其师申公[317]。秋，天子使使束帛加璧[318]、安车[319]驷马[320]以迎申公。

既至，见天子。天子问治乱之事，申公年八十余，对曰："为治者[321]不至多言[322]，顾力行何如耳[323]！"是时，天子方好文词[324]，见申公对，默然[325]。然已招致，则以为太中大夫[326]，舍鲁邸[327]，议明堂[328]、巡狩[329]、改历[330]、服色[331]事。

是岁，内史宁成[332]抵罪髡钳[333]。

【段旨】

以上为第一段，写武帝建元元年（公元前一四〇年）的全国大事。主要写了汉武帝下诏书让各郡、各诸侯国推举"贤良方正"之士进京应对，以及董仲舒上书应对"天人三策"的详情。董仲舒的原文共三篇，见《汉魏六朝百三名家集》之《董胶西集》，篇前附有汉武帝所试问的原题。司马光在这里是按次序摘取了三篇文章中的一些段落，串联成为一篇。这篇文字代表了董仲舒的主要思想主张与其散文风格。也写了汉武帝为在全国范围内推行尊儒活动所做的一些组织方面的准备，如撤换国家的主要执政官员，调集有影响力的儒生进京等。

【注释】

①世宗孝武皇帝：名彻，景帝之子，王皇后所生，公元前一四〇至前八七年在位。谥曰武，庙号"世宗"。事迹详见《汉书·武帝纪》。②建元：武帝的第一个年号，公元前一四〇至前一三五年。③举：向朝廷推荐。④贤良方正直言极谏：既有较好的人品，又能大胆提出意见的人，后来遂成为汉代选拔官吏的科目之一。"贤良方正"也可以简称"贤良"。⑤亲策问：亲自出题目让应诏前来的人们回答。策问，因为所问的题目是写在竹简上，故称"策"，后来就成了文体名称，专指帝王用以考试应试者的题目。⑥古今治道：古往今来治国平天下的道理。⑦对者：对策者，即各郡国应诏推荐前来参加对问的"贤良方正直言极谏"之士。⑧广川董仲舒：董仲舒是广川县（县治即今河北景县西南之广川镇）人，以研究《公羊春秋》闻名。事迹详见《史记·儒林列传》与《汉书·董

武安侯田蚡为太尉。武帝一向喜欢儒家学派的理论，而窦婴、田蚡也同样喜好儒家学说，于是共同推举代郡的赵绾为御史大夫，任命兰陵人王臧为郎中令。御史大夫赵绾请求兴建明堂，作为皇帝接受各国诸侯朝拜的场所，又向汉武帝举荐了自己的老师申公培。当年秋季，汉武帝派遣使臣携带着丝绸玉璧、带着四匹马拉着的安稳舒适的车子去迎接申公培。

申生被接到京师以后，拜见了汉武帝。汉武帝向他询问如何治理国家的事情，申生当时已经八十多岁了，他回答说："治理国家天下的人，不在于您说了多少话，关键是看您的实际行动如何！"当时，汉武帝正对文学辞赋感兴趣，听见申公这样回答，便沉默不语。然而已经将他请到京师，就任命他为太中大夫，让他住在鲁国在京师的办事处，参与讨论如何修建明堂、有关皇帝到全国各地巡回视察的事情、修改历法以及变更车驾礼服颜色等事情。

这一年，担任内史的宁成因为触犯刑律而被判处受髡、钳之刑。

仲舒传》。⑨所繇适于治之路：使国家得到治理的必经之路。繇，经。适于治，达到治理。⑩具：办法；内容。⑪圣王：能以"仁、义、礼、乐"治国的帝王。⑫教化：教导、化育。⑬仆灭：颠仆、灭亡。⑭周道：周王朝的政治。⑮衰于幽、厉：从周幽王、周厉王开始衰败。周厉王名胡，公元前八七七至前八四一年在位，因残暴无道，被国人驱逐，流亡而死。周幽王名宫涅，周厉王之孙，周宣王之子，公元前七八一至前七七一年在位，因荒淫无道，被故太子一党勾结犬戎所杀。幽王、厉王被后人称作荒淫残暴之君的代表。⑯非道亡也：当时并不是没有好的道路可走。亡，无、没有。⑰幽、厉不繇：是周幽王、周厉王不走正道。⑱宣王：周宣王，厉王之子，公元前八二七至前七八二年在位，被称为西周中兴之主。⑲兴滞补敝：犹今所谓改革弊政，"破旧立新"。⑳明：犹今所谓"光大""弘扬"。㉑文、武之功业：周文王、周武王所开创的基业。㉒夙夜不懈：犹今所谓昼夜不停。夙，早，这里即指白天。㉓人能弘道二句：道要靠着人去弘扬，而不是道能使人自然变好。以上两句见《论语·卫灵公》。㉔己：指统治国家的帝王。㉕非天降命句：并不是老天爷降下圣旨，一切都不能改变了。㉖操持悖谬：所采取的办法措施荒谬。㉗失其统：丢掉了传统；离开了正道。㉘正心以正朝廷：先端正自己的思想，而后端正朝廷。正心，端正自己的思想。㉙正朝廷以正百官：朝廷端正了再端正下面各级官吏。㉚正万民以正四方：国内的万民都端正了，再去端正周边的少数民族。㉛壹于正：一切都归于正道。㉜亡有：无有。亡，同"无"。㉝奸其间：掺杂于其中。奸，犯、掺入。㉞阴阳调而风雨时：阴阳二气调和，风雨应时而至。㉟群生和：自然万物都长得好，和谐共处。㊱万民殖：人口增加。殖，繁衍。㊲诸福之物：各种象征幸福的事物，如甘

露、祥云等。㊳可致之祥：受美好政治感动而出现的吉祥之物，如凤凰、麒麟等。㊴莫不毕至：没有一样不出现。毕，尽、完全。㊵王道终：王道达到了顶点。〖按〗汉朝人迷信天人感应，以为人间的政治好，天地自然的反应也就好，如文中所述；人间的政治不好，天地自然就要发生灾变，如日食、彗星、地震、冰雹、干旱、蝗灾等等。㊶凤鸟不至：时代政治良好，可以感动凤凰降临；现在凤凰不至，表明社会政治有问题。㊷河不出图：相传伏羲时代政治良好，感动得黄河中有龙马驮着图画出现，于是伏羲参照此图画了八卦。现在没有河图出现，说明社会政治不好。㊸吾已矣夫：看来我这辈子算是完啦。以上三句见《论语·子罕》。是孔子感叹自己生不逢时。㊹可致此物：如果自己的主张能够实现，本来也是可以招致这种事物出现的。㊺而身卑贱不得致也：但由于自己不在其位，不能行道，所以那种异物也就没法招来了。㊻居得致之位：言身为皇帝，具备招引这些异物出现的条件。㊼操可致之势：掌握着招致这种祥瑞出现的办法与权势。㊽能致之资：能够招致祥瑞出现的基础。资，基础、条件。㊾行高而恩厚：品行既崇高，对百姓施恩又深厚。㊿知明而意美：才智既英明，用意又善良。知，通“智”。51谊主：仁德之君。谊，通“义”。52未应：未做出反应。53凡以：主要是因为。凡，总。54万民不正：委婉之言，意思实指现今的由上而下都不正。55从利：追求财利。56堤防：堤岸，这里用如动词，意即约束、限制。57国：都城。58庠序：古代学校名。59邑：乡邑；乡镇。60渐民以仁二句：用仁、义慢慢地教育感化民众。渐，像水一样慢慢渗透。摩，像铁杵磨针一样逐渐形成。61节民以礼：用礼来节制人们的行为举止。62禁不犯：不犯禁，不违背法律规章。63教化行：教育工作普遍推行，人们都受到了足够的教育。64继乱世：接过乱世进行治理。65扫除其迹而悉去之：将旧有的一切坏风气、坏规章、坏制度通通废除。66复修教化而崇起之：重新建立一套教育制度来提高他们。崇起，提高。67子孙循之：后辈都按着先辈的样子做。循，遵照。68行五六百岁尚未败：指周朝的政治影响自西周建国直到春秋中期尚未消解。69先圣之道：文王、武王、周公、孔子所倡导的治国之道。70苟且之治：指商鞅、韩非所倡导的残暴统治。苟且，凑合、临时对付。儒家认为法家的理论是一种治标不治本的办法，只能打击犯罪，而不能消除犯罪的根源。71十四年而亡：指从秦始皇统一六国（公元前二二一年）到秦二世被杀秦国灭亡（公元前二〇七年），共十四年。72余烈：余业；残留的章程办法。73嚚顽：《左传》僖公二十四年云：“口不道忠信之言为嚚，心不则德义之经为顽。”这里即指奸诈、恶劣。74抵冒殊捍：谓触犯法律，顽强抗拒。抵，抵触。冒，冒犯。殊，绝。捍，拒。75熟烂：腐朽败坏。76窃譬之：我曾对这种状况打过比喻。窃，谦辞。77琴瑟不调：琴瑟弹出的声音不和谐。78必解而更张之：要把琴弦卸下来另换上一根。79不行：行不通；不能解决问题。80必变而更化之：一定要改变政治重新建立一套新的办法。更化，改用新的治理办法。81可理：可用以治理国家。理，治。82不可善治：未能治理成功。83少则习之学：少年人要让他们学习知识、增长学问。84长则材诸位：到了成年就要量才而授之以职位。长，成年。㊑爵禄以养其德：给他们以一定的爵位俸禄，以激励、提高他们的品德。㊒刑罚以威其恶：要让他们知道刑罚的厉害，以警告他们不能作恶。㊓耻犯：不好意思侵犯，认为侵犯别人是可耻的。㊔武王：周武王。㊕行大谊二句：指讨伐并灭掉殷纣。残贼，残忍凶暴的意思，这里用如名词。㊖周公：姬旦，文王之子，武王之弟。㊗文之：美化他，美化、歌颂文王、武王的政治、功业。㊘成、康之隆：到周成王、周康王时，功业、政治兴盛到了顶点，即历史上所说的“成康之治”。㊙囹圄空虚：由于没有犯罪而监狱里没有犯人。囹圄，牢狱。㊚教化之渐：道德教育的逐步深入人心。㊛仁谊之流：仁义思想的广泛流布。㊜伤肌肤：指用刑法残害人的形体，如宫刑、劓刑、刖刑等。㊝师：以……为师，意即崇尚。㊞申、商：申不害、商鞅，都是战国时代法家的代表人物，商鞅协助秦孝公实行变法，使秦国得以富强。事见《史记·商君列传》。申不害协助韩昭侯实行法制，使韩国得到稳定。㊟韩非之说：韩非是战国末期韩国人，法家学派的集大成者，著有《韩非子》。事迹详见《史记·老子韩非列传》。韩非为秦始皇的统一六国、建立秦王朝提供了理论基础。⑩⓪帝王之道：五帝、三王治理天下的办法，即儒家所鼓吹的仁义学说。⑩①诛名而不察实：只图虚名而不察实际。诛，贪求。⑩②不必免：不一定能幸免于灾难。⑩③未必刑：不一定受到惩罚。⑩④饰虚辞：用花言巧语打扮自己。⑩⑤外：表面上。⑩⑥背上：背叛主子；背叛皇帝。⑩⑦造伪饰诈：弄虚作假。⑩⑧刑者：受过刑的人。⑩⑨相望：从这一个就能望到另一个，极言其多其密。⑪⓪不息：一起接一起。⑪①俗化使然：是秦朝的风俗教化造成了这种局面。⑪②率服：相率归服。⑪③功不加于百姓：百姓们没有获得实际好处。⑪④殆王心未加：看来是您的心思没有用在他们身上。殆，恐怕、看来是。未加，没有注意。⑪⑤曾子：名参，字子舆，春秋末期鲁国人，孔子的弟子。事迹见《史记·仲尼弟子列传》。⑪⑥尊其所闻：对于自己听到的情况，要充分注意。尊，重视。⑪⑦高明：伟大英明。⑪⑧行其所知：凡是自己已经知道该做的事情就要努力去做。⑪⑨光大：自己的功业就会越来越光辉伟大。⑫⓪加之意：即今所谓注意，全神贯注。〖按〗以上数句见《大戴礼·曾子疾病》。⑫①因用所闻：把您听到的情况都运用起来。⑫②设诚于内而致行之：要诚心诚意地把它们付之实际行动。⑫③三王何异：那么您就和夏禹、商汤、周文王、周武王没有什么不同了。⑫④素：平素；平常。⑫⑤不琢玉：不雕琢玉石。⑫⑥文采：这里指玉制的工艺品、装饰品。⑫⑦太学：国家在京城举办的最高学府。⑫⑧贤士之所关：许多贤士都是太学培养出来的。⑫⑨教化之本原：意即太学是国家的教育工作首先发起、首先开始的地方。本原，根基。⑬⓪今以一郡一国之众二句：现在一个郡、一个诸侯国有那么多人口，居然没有一个人能响应皇上的诏书前来应对。亡，通“无”。书，指让各郡国派遣贤良文学进京应对的诏书。⑬①王道往往而绝：有些郡、国看来是根本没人懂得儒家学说。往往，有的、有些。⑬②数考问：时常提出些问题让他们回答。数，时常、屡屡。⑬③以尽其材：让他们充分展现他们的才学。⑬④师帅：即师表。帅，通“率”，表率。⑬⑤所使：是被皇帝派出。⑬⑥承流而宣化：是秉承皇帝的意旨对天下万民进行宣传教育的。承流，接受上头的意旨。宣化，宣传皇帝的思想主张。⑬⑦主德：皇上的隆恩、德音。⑬⑧不流：不能广泛流布。⑬⑨亡教训于下：对黎民百姓不进行教育、感化。⑭⓪不承用主上之法：不贯彻、不执行朝廷的法律章程。⑭①与奸为市：与坏人相勾结，权钱交易。⑭②冤苦失职：含冤受苦，流离失所。失职，失所、失业。⑭③不称：不相称；不符合。⑭④阴阳错缪：犹言"阴阳失调"，如该热不热，该冷不冷；冬天开花，夏天降雪等。⑭⑤氛气充塞：乌烟瘴气充满天空。氛气，妖邪之气。⑭⑥群生寡遂：各种有生命的动物、植物都不能得到顺利生长。⑭⑦未济：不能得到救助。济，救。⑭⑧郎中、中郎：都是帝王身边的侍从人员，郎中的官秩为三百石，中郎的官秩为六百石，上属郎中令统辖。郎中、中郎的地位虽不高，但因在帝王身边，职位荣耀，且又容易被派出任较高的官职。⑭⑨吏二千石子弟：汉代二千石高官有保任其子弟为郎、为吏的特权。二千石指地方官的郡守、诸侯相与朝官的中尉、主爵都尉等。⑮⓪选郎吏又以富訾：汉朝规定，家资达到"十算"，也就是有十万铜钱（后改为四万铜钱）的富贵家庭，可以进入官场为吏，或到帝王身边为郎，如张释之、司马相如等人就是这样进入官场的。汉代之所以制定这种政策，是他们认为家庭富有的人做官后就不会贪污受贿。訾，通"资"。⑮①功：居官任职的情况。⑮②以任官称职为差：是根据任职完成任务的程度定出高下。差，等级。⑮③非谓积日累久：不是靠在官场混的日子长。⑮④不害为辅佐：不妨碍超任大官。不害，不妨碍。辅佐，帝王的左膀右臂，指丞相之职。⑮⑤有司：负责某种任务的官吏。⑮⑥竭力尽知：花出全部的力量与才智，犹今所谓"尽心竭力"。知，通"智"。⑮⑦务治其业而以赴功：追求的是做好自己的工作以迎接上级的考核。赴功，迎接考核。⑮⑧累日以取贵：靠着日子长就能得到富贵。⑮⑨积久以致官：干的时间长了就能高升。⑯⓪廉耻贸乱：清廉的与无耻的混杂在一起。贸乱，混杂。⑯①贤不肖浑淆：有才干的与没出息的混淆在一起。不肖，没出息、不成才。⑯②未得其真：看不出谁是贤才、谁是滥竽充数。⑯③诸列侯：此处"列"似应削，"诸侯"即指各诸侯王。"列侯"只食一个县，似不能与"郡守"并列而称。⑯④岁贡各二人以给宿卫：各诸侯国、各郡守、各个二千石以上的其他高官，每年都向朝廷推荐两个人为郎官。岁贡，每年选送。给，充当。宿卫，在宫中值宿警卫，即充任郎官之职。⑯⑤观大臣之能：由这种向朝廷选送人才来观察他们的办事能力。⑯⑥官使："任使""任用"。⑯⑦三王：夏、商、周三代的开国之王，夏禹、商汤、周文王与周武王。⑯⑧易为：容易做到。⑯⑨可及：可以与之并美。⑰⓪毋以日月为功：不要看他做官的时间长短，关键在于看他的水平、能力。⑰①实试贤能：要认真考核他们的实际才能。⑰②量材而授官：根据才能大小而授予不同的官职。量，衡量。⑰③录德而定位：根据品行高低而确定不同的爵位。录，收、采，这里也是根据的意思。⑰④廉耻殊路：廉洁者与无耻者就有了区别。⑰⑤异处：不再混杂在一起。⑰⑥众少成多：把很多的"少"汇聚起来，就会成"多"。众，这里用如动词，意即"汇聚"。⑰⑦积小致巨：把很多的"小"集合起来，就会成"大"。⑰⑧以暗致明：由不英明变为英明。⑰⑨以微致显：由低微变为显贵。⑱⓪尧发于诸侯：

尧从一个唐国诸侯上升为天子。⑱舜兴乎深山：舜由一个在历山耕种的平民上升为帝王。⑱有渐以致之：是逐渐取得的结果。渐，逐渐，如水之浸润。⑱不可塞：不能堵住众人的耳朵，意即错话一旦说出，便不能追回。⑱不可掩：无法掩盖，意即错事一旦做了，就没法让人不知道。⑱言行二句：君主的一言一行，对于治理国家都有重要影响。⑱君子之所以动天地也：君主的一言一行都会引起天地神灵的关注，而为之做出反应。〖按〗这就是董仲舒所说"天人感应"。⑱尽小者大：能把一切小事都做好，这就成了伟大功业。⑱慎微者著：能把一切不显眼的问题都解决好，那就解决了大问题。⑱积善在身：指每天不停地做好事。⑲长日加益：自己的身体一天天地长高。⑲人不知：自己感觉不到。⑲犹火销膏：如同灯火不断消耗灯油。⑲人不见：人一时看不出灯油的减少。⑲令名：美名。⑲可为悼惧：其结局可悲可怕。⑲乐而不乱：能让人感到快乐而不致放纵。⑲复而不厌：能让人反复学习而不致厌倦。⑲谓之道：这就是通常所说的"道"。〖按〗"道"是儒家、道家所惯用的名词，大体即"原则""规律"的意思。⑲万世亡敝：万古不变、永世长存。亡，通"无"。敝，败坏。⑳敝者道之失也：如果一个国家的政治败坏，那就是因为它没有依道而行。⑳必有：执政者在推行先王之道时难免产生。⑳偏而不起：只取用了其中的某个方面，而对其他方面有所忽略。⑳眊而不行：所以政治才出现昏乱，社会出现问题。眊，不明、昏乱。⑳举其偏者以补其敝：只要对那些偏颇的地方加以纠正，对产生的弊病加以补救就行了。⑳所祖不同：刚建国时所面对的社会问题不同。祖，出发点。⑳非其相反：并不是在大道的总体上有什么不一样。⑳救溢扶衰：他们的工作只是把过头的地方改一改、把不够的地方予以加强就是了。溢，过分。衰，做得不够。⑳所遭之变然也：所遇到的问题就是这样的。⑳无为而治者二句：能一切都谨遵先王之道，不做任何变动的，大概也就是舜了吧。孔子此语见《论语·卫灵公》。㉑改正朔：指改用一套新历法。正朔，每年正月的第一天。古代每个新王朝开始，总要改用另一个月作为新年开始的第一个月。如夏朝是用一月为开始，商朝是用十二月为开始，周朝是用十一月为开始，秦朝是用十月为开始等等。㉑易服色：改用一种新的车驾与礼服的颜色。如秦朝用黑、汉朝用黄等等。㉑循尧道：一切都遵循尧的章程制度而行。㉑何更为：何必更改一套新的呢。㉑夏上忠：夏朝崇尚"朴直"以治天下。上，通"尚"，崇尚。忠，指朴实正直。㉑殷上敬：殷朝崇尚"虔敬"以治天下。敬，指虔敬鬼神。㉑周上文：周朝崇尚"文采"以治天下。文，指规章制度。㉑所继之救：针对前一个王朝遗留的既定问题而采取的救治办法。㉑殷因于夏礼：殷朝的礼是继承夏朝的礼制发展而来。㉑所损益可知也：它所增加的是什么，削减的是什么，这些我都可以考证清楚。㉒其或继周者：继周之后的新王朝又将会怎么变化。㉒虽百世可知也：即使再过几百个朝代，我也能大概估计到，反正是万变不离其宗。世，古指三十年为一世，但这里即指朝代。以上数句见《论语·为政》。㉒三者：即指"忠""敬""文"三种治国方略。《史记·高祖本纪》有所谓"夏之政忠。忠之敝，小人以野，故殷人承之以敬。敬之敝，小人以鬼，故周人承之以文。文之敝，小人以僿，故救僿莫若以忠。三王之道若循环，终而复始。”董仲舒此语即依司马迁说。㉓所上同：意即夏朝所崇尚的治国方略与舜相同，故可丝毫不改。上，意思同“尚”。㉔相受：相互传授，指尧传位于舜、舜传位于禹。㉕守一道：坚守同样的治国原则。㉖亡救敝之政：因为前一个朝代没有弊政，所以后一个朝代也没有纠正弊病的措施。㉗故不言其所损益：孔子所说的“损益”云云是指“礼”，董仲舒引来说治国方略，有些偷换概念。㉘治世：太平时代；太平国家。㉙其道同：治国的方略相同。㉚宜少损周之文致：应把周朝以“文采”治国的方略稍微做些变化。〖按〗汉乃灭秦而建国，董仲舒不说应如何改变秦朝的弊病，而说宜“损周之文致”，此乃因汉朝建国以来有些人不把秦朝看成一个朝代，大唱汉朝乃是上继周朝的缘故。少，意思同“稍”。㉛用夏之忠：采取夏朝以“朴实正直”治国的方略。㉜共是天下：都是状况相同的天下。㉝以古准今：以古代的圣世来比较今世。准，衡量、比较。㉞壹何不相逮之远也：为什么今世与古代圣世差得那么远呢。壹何，多么。不相逮，比不上。也，同“耶”，反问语气词。㉟安所缪盭而陵夷若是：究竟是什么地方出了毛病而跌落到了今天这种样子。缪盭，这里即指毛病、差错。陵夷，衰落。若是，如此。㊱意者：莫非是，表示推测的语气词。㊲诡：违背。㊳夫：句首发语词。㊴天亦有所分予：天对万物的给予是有区别的。分予，分别给予。㊵予之齿者去其角：凡是长了好牙的就不让它再长犄角。㊶傅其翼者两其足：凡是长了翅膀的就让它只长两只脚。傅，给。㊷所受大者不得取小：享受了大好处的就不能再占小便宜。㊸所予禄者：享受了国家俸禄的官吏。禄，薪俸。㊹不食于力：不能再去从事体力劳动挣钱。㊺不动于末：不能从事工业、商业活动赚钱。末，指工商业活动。古人称农业为本业，称工商为末业。㊻与天同意：谓国家对官吏的这些限制与天对万物的限制意思是相同的。㊼天不能足：连老天爷也无法再让贫困者得到满足。㊽嚣嚣：众声怨怒的样子。㊾载高位：居于高级官位。载，登、居。㊿争利：指官吏同时从事商业与工农业活动。(251)民安能如之哉：百姓怎能竞争过他们呢。(252)日削月朘：意即长年累月地受剥削。朘，剥削。(253)浸以大穷：渐渐成为赤贫。(254)美溢：富得流油、富得冒尖。美，多余。(255)民不乐生二句：如果百姓们都不想活啦，那他们还怕犯罪吗。(256)蕃：多。(257)不可胜：无法制止。(258)天子、大夫：指国家的各级官吏。(259)视效：观瞻、效法，视为榜样。(260)四面而内望：被四面八方举国所围着看的人。(261)放：同“仿”，效法。(262)庶人行：做起事来完全是一个平民的样子。(263)皇皇：同“遑遑”，匆忙奔走的样子。(264)常恐乏匮：只怕赚不到；只嫌赚得少。(265)化民：以仁义教化、感化黎民。(266)负且乘二句：意思是身上背的、车上拉的都是货物，这样的人就要招致土匪强盗来劫夺。负，背。乘，车载。以上两句见《易经·解卦·爻辞》。(267)舍：除；除……之外。(268)公仪休之相鲁：公仪休为春秋时鲁国之相。他的妻子善于织布，他认为这是与织布女工争利，于是将其妻子休弃；他家园子里的蔬菜长得好，他认为这又成了与农民争利，于是将园子里的蔬菜拔起来扔掉了。事见《史记·循吏列传》。(269)《春秋》大一统：《春秋》相传是孔子编写的一部史书，为儒家教学用的六种经典之一。董仲舒认为这部书特别强调天下一统这件事。大，推崇、强调。一统，即天下只服从一个皇帝，一切规章制度、思想学说都出自一种声音。㉗⓪天地之常经：天下一统是开天辟地以来永无改变的原则。㉗①古今之通谊：是古往今来永不变化的道理。谊，同“义”，道理。㉗②师异道：每个教师讲他自己的一种主张。㉗③人异论：每个学者讲他自己的一种理论。㉗④百家殊方：各家各派都讲自己的一套治国办法。㉗⑤指意不同：各家学说的中心、要点互不相同。指，同“旨”。㉗⑥上：指国家的执政者。㉗⑦无以持一统：无法维持国家各方面的统一。㉗⑧下：指全国的臣民百姓。㉗⑨不知所守：不知该听从哪一条。㉘⓪“六艺”之科：“六艺”也称“六经”，即《诗》《书》《易》《礼》《乐》《春秋》六种儒家经典。科，条、范围。㉘①孔子之术：孔子的思想、学术。㉘②皆绝其道：都把它们禁锢，不准流传。㉘③勿使并进：不能让它们与儒家学说并行发展。㉘④邪辟之说：儒家以外的各种异端邪说。辟，也是“邪”的意思。㉘⑤灭息：熄灭。息，同“熄”。㉘⑥统纪：指有关国家大政方针的规章制度等。㉘⑦民知所从矣：以上最后四行是整篇文章的总结，即建议汉武帝“罢黜百家，独尊儒术”。㉘⑧江都相：江都国之相。当时的江都王为景帝之子刘非，武帝的同父异母兄。相在诸侯国掌管该国行政，级别如同郡守，是该国的实际掌权者。㉘⑨会稽庄助：会稽郡的庄助。会稽是汉郡名，郡治吴县（今江苏苏州）。庄助到东汉时为避明帝讳，被人改称“严助”。㉙⓪擢：选拔。㉙①中大夫：皇帝的侍从官名，掌议论，上属郎中令。㉙②卫绾：武帝时代的平庸官僚，景帝后期开始任丞相之职。㉙③所举贤良：指各郡、各诸侯国应诏向朝廷推荐的学者。贤良，当时向朝廷推荐人才的科目名。㉙④或治申、韩、苏、张之言：有的人所学习、研究的是申不害、韩非、苏秦、张仪等人的学问。申不害、韩非是战国时代法家学派的学者，苏秦、张仪是战国时代最有名的纵横家。事迹详见《史记》的《老子韩非列传》《苏秦列传》《张仪列传》。㉙⑤罢：黜免；不录用。㉙⑥奏可：卫绾给武帝的上书，被武帝认可，批准施行。亦即开始“罢黜百家，独尊儒术”。㉙⑦少治《春秋》：从小学习研究《春秋公羊传》。㉙⑧博士：此指帝王的侍从官名，以博学多闻在帝王身边以备顾问之用。㉙⑨容止：仪容举止。㉚⓪师尊之：尊之若师。㉚①事易王：在江都易王刘非驾前任职为相。易字是刘非的谥。㉚②好勇：好战；以从军作战为乐事。吴、楚七国谋反时，刘非曾从军作战；武帝时，又上书要求击匈奴。事见《史记·五宗世家》。㉚③以礼匡正：用礼来暗示、纠正江都王不合礼法的活动。匡，扶之使正。㉚④行三铢钱：汉帝国使用每文重三铢的铜钱。铢，一两的二十分之一。㉚⑤丙寅：六月初七。㉚⑥魏其侯窦婴：景帝母窦太后之侄，景帝的表兄弟，武帝的舅辈，被封为魏其侯。事迹详见《史记·魏其武安侯列传》。㉚⑦武安侯田蚡：武帝母王太后的同母异父弟，武帝之舅，被封为武安侯。事迹详见《史记·魏其武安侯列传》。㉚⑧太尉：国家的三公之一，主管全国军事的最高长官。㉚⑨雅向：素来喜欢。向，喜爱。㉛⓪推毂：推动车轮，这里即“推举”“推荐”的意思。毂，车轮中央承穿车轴的部位，这里即指车轮。㉛①代赵绾：代郡的赵绾。代，汉郡名，郡治即今河北蔚县东北的代王城。㉛②御史大夫：国家的三公之一，主管监察纠弹，职同副丞相。㉝13兰陵王臧：兰陵是汉县名，县治在今山东枣庄东南。㉝14郎中令：国家的九卿之一，掌守宫殿门户，统领皇帝的侍卫官员。㉝15明堂：儒生相传的古代天子宣明政教、接受诸侯朝见的场所。但其样子是什么样，汉代人已经一无所知。建立明堂是大搞尊儒的典型活动之一。㉝16朝诸侯：接受诸侯朝拜。㉝17申公：名培，汉初著名的儒生。事迹详见《史记·儒林列传》。㉝18束帛加璧：一捆丝帛再加一块玉璧，是古代聘请人或求见人所用的比较贵重的礼品。㉝19安车：为便于老人乘坐，将车轮用蒲棉缠裹，使其不太颠簸的车子。㉝20驷马：四匹马共拉一辆车，是古代比较华贵的车辆。㉝21为治者：治理天下的人，这里即指皇帝。㉝22不至多言：用不着多说话。㉝23顾力行何如耳：关键是你的实际行动如何。顾，看，犹今所谓"关键""重要的是"。力行，实践、实际行动。㉝24好文词：喜爱文辞华丽的文章。也包括"喜爱夸夸其谈"。㉝25默然：心里不高兴，但未公然发作。㉝26太中大夫：皇帝的侍从官名，掌议论，上属郎中令。㉝27舍鲁邸：让他在鲁国诸侯的驻京办事处里住下来。舍，住宿。鲁邸，鲁国诸侯的驻京公馆。㉝28议明堂：这里指讨论如何建造明堂。㉝29巡狩：有关皇帝到全国各

【原文】

二年（壬寅，公元前一三九年）

冬，十月，淮南王安[334]来朝。上以安属为诸父[335]而材高[336]，甚尊重之，每宴见谈语，昏暮然后罢[337]。

安雅善[338]武安侯田蚡，其入朝，武安侯迎之霸上[339]，与语曰："上[340]无太子，王亲高皇帝孙，行仁义，天下莫不闻。宫车一日晏驾[341]，非王尚谁立[342]者！"安大喜，厚遗[343]蚡金钱财物。

太皇窦太后[344]好黄、老言[345]，不悦儒术[346]。赵绾请毋奏事东宫[347]。窦太后大怒曰："此欲复为新垣平邪[348]！"阴求得赵绾、王臧奸利事[349]，以让[350]上。上因废明堂事[351]，诸所兴为[352]皆废。下绾、臧吏[353]，皆自杀。丞相婴、太尉蚡免[354]，申公亦以疾免归[355]。

初，景帝以太子太傅石奋[356]及四子皆二千石[357]，乃集其门[358]，号

地巡回视察的事情。儒家有古代天子五年一巡狩之说。巡狩，义同“巡守”，意即视察各地诸侯与相应的封疆大吏为天子守土治民的情况。㉚改历：改用新历法，即前文所说的“改正朔”。㉛服色：即前文所说的“易服色”。㉜内史宁成：国家首都地区的行政长官姓宁名成，是当时有名的酷吏之一。事迹详见《史记·酷吏列传》。内史，行政区域名，指国家京城与其四周郊区，编制相当于其他地方的郡；也是该地区行政长官的官名，级别相当于郡守，但比郡守显要。㉝抵罪髡钳：因犯罪而受髡刑。髡，剃去男犯的头发。钳，以铁箍套着犯人的脖子。

【校记】

［1］夏上忠，殷上敬，周上文：原作“夏尚忠，殷尚敬，周尚文”。据章钰校，乙十一行本作“夏上忠，殷上敬，周上文”，傅增湘校北宋本同。今从乙十一行本及《汉书·董仲舒传》改。

【语译】

二年（壬寅，公元前一三九年）

冬季，十月，淮南王刘安到京师长安来朝见汉武帝。汉武帝因为淮南王刘安是自己的叔父辈，而且又很有才学，所以很敬重他，每当闲暇时就与淮南王一起谈论，每次都是从白天一直谈论到天黑以后才结束。

淮南王刘安平素与武安侯田蚡交好，这次他入朝的时候，武安侯田蚡亲自到霸上迎接，并悄悄地告诉他说：“皇帝至今还没有儿子，大王您是高皇帝刘邦的亲孙子，又多行仁义，天下无人不知。一旦皇帝驾崩，不立大王为皇帝，还能立哪一个呢！”刘安听了这番话，不禁大喜过望，于是送给田蚡许多金银财物。

太皇太后窦氏喜好黄帝、老子的学说，不喜欢儒家学说。御史大夫赵绾请求汉武帝以后不要将国家大事向住在东宫的窦太后请示。窦太后知道后大发雷霆，她说：“这个人难道也想做新垣平来祸乱朝政吗！”于是暗中派人搜集有关赵绾、王臧违法乱纪和以权谋私的事实，然后去责备汉武帝。汉武帝因此而停止讨论、建造明堂的事情，就连各种新开办的事业、新制定的各项措施也全部废止。将赵绾、王臧交付司法部门审理，这两人全在狱中自杀而死。丞相窦婴、太尉田蚡也被免职，就连申公培也以年老多病为由被罢官遣送回鲁国。

当初，汉景帝因为太子太傅石奋和他的四个儿子都官至二千石，将他们家五个

奋为“万石君”。万石君无文学[359]，而恭谨无与比。子孙为小吏，来归谒[360]，万石君必朝服见之，不名[361]。子孙有过失，不责让[362]，为便坐[363]，对案不食[364]。然后诸子相责[365]，因长老[366]肉袒谢罪[367]，改之，乃许。子孙胜冠[368]者在侧，虽燕居必冠[369]。其执丧[370]，哀戚甚悼[371]。子孙遵教，皆以孝谨闻乎郡国[372]。及赵绾、王臧以文学获罪[373]，窦太后以为儒者文多质少[374]，今万石君家不言而躬行[375]，乃以其长子建为郎中令[376]、少子庆为内史[377]。建在上侧，事有可言[378]，屏人[379]恣言极切[380]；至廷见[381]，如不能言者[382]。上以是亲之。庆尝为太仆[383]御出[384]，上问车中几马，庆以策[385]数马毕，举手曰[386]：“六马。”庆于诸子中最为简易[387]矣。

窦婴、田蚡既免，以侯家居[388]。蚡虽不任职，以王太后故[389]亲幸，数言事多效[390]。士吏趋势利者，皆去婴而归蚡[391]，蚡日益横[392]。

春，二月丙戌朔[393]，日有食之[394]。

三月乙未[395]，以太常[396]柏至侯许昌[397]为丞相。

初，堂邑侯陈午[398]尚帝姑馆陶公主嫖[399]。帝之为太子，公主有力焉[400]，以其女为太子妃，及即位，妃为皇后。窦太主[401]恃功，求请无厌[402]，上患[403]之。皇后骄妒擅宠[404]而无子，与医钱凡[405]九千万，欲以求子，然卒无之。后宠浸衰[406]。皇太后谓上曰：“汝新即位，大臣未服，先为明堂，太皇太后已怒。今又忤[407]长主[408]，必重得罪[409]。妇人性易悦[410]耳，宜深慎[411]之。”上乃于长主、皇后复稍加恩礼[412]。

上祓霸上[413]，还过上姊平阳公主[414]，悦讴者卫子夫[415]。子夫母卫媪[416]，平阳公主家僮[417]也。主[418]因奉送子夫入宫[419]，恩宠日隆。陈皇后

人的俸禄加起来等于一万石，所以称石奋为“万石君”。万石君没有什么文学修养，但在为人处世方面他的谦虚恭谨没有人能比得上。他的子孙晚辈回来探望他，哪怕只是担任一个小官吏，石奋也一定要穿着官服接待他，而且只称呼他们的官名，而不称呼他们的名字。子孙有了过错，从来不申斥、不责备，只是自己一个人找个地方坐下来，对着桌子上摆放的饮食，不吃也不动。然后儿孙们就开始互相批评、自己认错，再请来上年纪的人说情，子孙们光着膀子向他请罪，表示以后一定改过，石奋这才原谅他们。子孙们凡是已经成年可以加冠的，只要有人在他的旁边，即使是平时闲居无事的时候，他也要一本正经地戴着帽子。在主持丧理期间，他的悲哀痛哭之情超过常人。子孙们遵从他的教诲，全都以孝顺恭谨闻名于郡国。等到赵绾、王臧以推行儒术而获罪之后，窦太后认为儒家学派的人虽然说得好听，但能够付诸实践的很少，而万石君的家人说得虽然很少，但身体力行，于是就任命石奋的长子石建为郎中令、小儿子石庆为内史。石建在武帝身边侍奉的时候，如果有所建议，总是在没有旁人在场的时候才无所顾忌、情辞恳切地劝说；而在朝廷上见到皇帝，就表现出一副不善言辞的样子。汉武帝因此而十分亲信他。石庆曾经担任过为皇帝掌管乘舆车马的太仆，一次为武帝驾车外出，武帝问他正在驾车的是几匹马，石庆就用鞭子指点着数了一遍，然后才举着手回答说：“六匹马。”石庆在石奋的几个儿子当中，是最坦率和易、不拘泥于礼法的。

窦婴、田蚡被罢官以后，各以侯爵的身份在家中闲居。田蚡虽然没有官职，但因为是王太后的弟弟、汉武帝舅舅的缘故，依然受到武帝的亲近和信任，几次提出建议都被武帝采纳。于是士人、官吏当中那些趋炎附势之徒全都离开窦婴而投靠在田蚡的门下，田蚡遂一天比一天骄横起来。

春季，二月初一日丙戌，发生日食。

三月乙未日，任命太常柏至侯许昌为丞相。

当初，堂邑侯陈午娶了汉武帝的姑姑馆陶公主刘嫖为妻。刘彻被立为太子，馆陶公主出了很大的力。刘彻娶馆陶公主之女陈阿娇为妃，等到刘彻做了皇帝，阿娇就成了皇后。窦太主仗着自己有功于武帝，所以要这要那没个完，武帝对此感到很伤脑筋。皇后阿娇又生性骄横妒忌，虽然很受武帝的宠爱，却没有为武帝生个儿子，她先后赏赐给医生的钱总计达九千万，就是想治好病生个儿子，但始终没能如愿。后来武帝对她逐渐冷淡下来。王太后对武帝说：“您刚刚当上皇帝，大臣们还没有完全服从您，先前为您兴建明堂的事情，太皇太后就已经很生气了。现在您又冒犯长公主，必定加重得罪太皇太后。对于女人来说是很容易哄她高兴起来的，您应该多加谨慎才是。”自此以后，武帝对姑姑馆陶公主和皇后阿娇稍加施恩并以礼相待。

汉武帝刘彻亲自到霸水边上祭祀，返回途中，武帝顺路拐到平阳公主家中看望姐姐，并喜欢上了姐姐家的歌女卫子夫。卫子夫的母亲卫媪是平阳公主家的奴仆。平阳公主便趁机将卫子夫送入宫中，武帝刘彻对卫子夫的宠爱一天比一天增加。陈

闻之恚[420]，几死者数矣[421]。上愈怒。

子夫同母弟卫青[422]，其父郑季，本平阳县吏[423]，给事侯家[424]，与卫媪私通而生青，冒姓卫氏。青长，为侯家骑奴[425]。大长公主执囚青[426]，欲杀之。其友骑郎公孙敖[427]与壮士篡取[428]之。上闻，乃召青为建章监[429]、侍中[430]，赏赐数日间累千金[431]。既而以子夫为夫人[432]，青为太中大夫[433]。

夏，四月，有星如日，夜出[434]。

初置茂陵邑[435]。

时大臣议者多冤晁错之策[436]，务摧抑诸侯王[437]，数奏暴其过恶[438]，吹毛求疵[439]，笞服其臣，使证其君[440]，诸侯王莫不悲怨。

三年（癸卯，公元前一三八年）

冬，十月，代王登[441]、长沙王发[442]、中山王胜[443]、济川王明[444]来朝。上置酒，胜闻乐声而泣。上问其故，对曰："悲者不可为累欷[445]，思[446]者不可为叹息。今臣心结[447]日久，每闻幼眇之声[448]，不知[449]涕泣之横集[450]也。臣得蒙肺附为东藩[451]，属又称兄[452]。今群臣非有葭莩[453]之亲、鸿毛之重，群居党议，朋友相为[454]，使夫宗室摈却[455]，骨肉冰释[456]，臣窃伤之！"具以吏所侵闻[457]。于是上乃厚诸侯之礼[458]，省[459]有司所奏诸侯事[460]，加亲亲之恩[461]焉。

河水[462]溢于平原[463]。

大饥，人相食。

秋，七月，有星孛[464]于西北。

济川王明坐杀中傅[465]，废迁房陵[466]。

七国之败[467]也，吴王子驹[468]亡走闽越[469]。怨东瓯杀其父[470]，常劝闽越击东瓯。闽越从之，发兵围东瓯，东瓯使人告急天子。天子问田蚡[471]，蚡对曰："越人相攻击，固其常[472]。又数反复[473]，自秦时弃不属[474]，

皇后阿娇知道后非常恼怒，好几次差点因此而死。武帝刘彻对皇后阿娇更加恼恨。

卫子夫的同母异父弟弟叫卫青，卫青的父亲叫郑季，郑季本来在平阳县令手下供职，因为给平阳侯家做事，得以与卫子夫的母亲私通而生下卫青；卫青本来应该姓郑，却冒充姓卫。卫青长大以后，在平阳侯家充当骑兵侍卫的家奴。馆陶公主因为嫉恨卫子夫夺了阿娇的宠，就派人把卫青抓住囚禁起来，想要杀死他。卫青的朋友、当时担任骑郎的公孙敖联络了一批好汉把卫青救了出来。汉武帝知道消息后，立即召见卫青，并任命他为建章监、侍中，几天之内赏赐给他的黄金累计起来有上千斤。不久，汉武帝封卫子夫为夫人，封卫青为太中大夫。

夏季，四月的夜晚，天际出现了一颗像太阳一样亮的星星。

设置茂陵邑。

当时，朝中很多大臣议论起来，都认为晁错当年因为向汉景帝建议削藩而被杀是冤枉的，于是，他们极力打击和压制诸侯王，多次向武帝弹劾诸侯王们的过失和劣迹，简直就像是鸡蛋里头挑骨头似的找他们的毛病，甚至拷打他们的臣子，让他们证实他们君主的过恶。对此，各诸侯王无不感到悲愤和怨望。

三年（癸卯，公元前一三八年）

冬季，十月，代王刘登、长沙王刘发、中山王刘胜、济川王刘明到长安来朝见汉武帝。汉武帝摆设酒宴招待他们，中山王刘胜听到音乐声就忍不住哭泣起来了。武帝问他为什么哭泣，刘胜回答说："悲伤的人不应该屡次地唏嘘流涕，哀痛的人也不应该总是长吁短叹。但我实在是将悲哀积压在胸中太久了，每当我听到一点婉转动听的音乐，就忍不住涕泪横流。我因为是皇帝的至亲而被封为东方的诸侯王，按照辈分，我还是陛下的兄长。而现在朝中的大臣与陛下既没有一点血缘关系，也没有承担什么重任，但皇帝却把他们视为朋友，整天聚集在一起议论谋划，而把皇室宗亲扔到一边，骨肉之间的亲情如同冰雪消融一样逐渐消失了，我对此感到万分忧伤！"把平日被属下群吏所欺凌的事情详细地说给汉武帝听。于是，汉武帝对诸侯的待遇有所提高、加厚，取消了有关部门针对诸侯王所制定的种种限制，对宗室亲属施与了应得的恩惠。

黄河水暴涨，在平原郡溢出了堤坝。

全国大范围发生饥荒，人民饿极了，竟然发生人吃人的事情。

秋季，七月，有彗星出现在西北天际。

济川王刘明因为杀死了手下的中傅官而获罪，被废掉王位，流放到房陵县。

七国叛乱被讨平之后，吴王刘濞的儿子刘驹逃到了闽越。他怨恨东瓯人杀死了他的父亲刘濞，就经常鼓动闽越人攻打东瓯。闽越王听从了刘驹的意见，发兵围攻东瓯，东瓯派人向汉武帝求救。汉武帝就此事征求田蚡的意见，田蚡回答说："越人之间互相攻击，这本来是一件很平常的事。他们与朝廷的关系也是反复无常，在秦

不足以烦中国[475]往救也。”庄助[476]曰：“特患[477]力不能救，德不能覆[478]；诚能[479]，何故弃之！且秦举咸阳而弃之[480]，何但越也[481]？今小国以穷困来告急，天子不救，尚安所诉[482]，又何以子万国[483]乎！”上曰：“太尉不足与计[484]。吾新即位，不欲出虎符发兵郡国[485]。”乃遣助以节发兵会稽[486]。会稽守欲距法不为发[487]，助乃斩一司马[488]，谕意指[489]，遂发兵，浮海[490]救东瓯。未至，闽越引兵罢。东瓯请举国内徙[491]，乃悉举其众来[492]，处于江、淮之间[493]。

九月丙子晦[494]，日有食之。

上自初即位，招选天下文学材智之士，待以不次之位[495]。四方士多上书言得失[496]，自眩鬻[497]者以千数，上简拔[498]其俊异者宠用之。庄助最先进，后又得吴人朱买臣[499]、赵人吾丘寿王[500]、蜀人司马相如[501]、平原东方朔[502]、吴人枚皋[503]、济南终军[504]等，并在左右[505]。每令与大臣辨论，中外相应[506]以义理之文，大臣数屈[507]焉。然相如特以辞赋得幸。朔、皋不根持论[508]，好诙谐，上以俳优畜之[509]，虽数赏赐，终不任以事[510]也。朔亦观上颜色，时时直谏，有所补益。

是岁，上始为微行[511]，北至池阳[512]，西至黄山[513]，南猎长杨[514]，东游宜春[515]。与左右能骑射者期诸殿门[516]，常以夜出，自称平阳侯[517]。旦明[518]，入南山[519]下，射鹿豕狐兔，驰骛[520]禾稼之地，民皆号呼骂詈[521]。鄠、杜令[522]欲执[523]之，示以乘舆物[524]，乃得免。又尝夜至柏谷[525]，投逆旅宿[526]，就逆旅主人求浆[527]，主人翁[528]曰：“无浆，正有溺耳[529]！”且疑上为奸盗，聚少年欲攻之。主人妪[530]睹上状貌而异之，止其翁曰：

朝的时候就将那里放弃不要了，不值得为他们之间的争斗而兴师动众前去救援。”庄助说：“现在只是担忧朝廷有没有能力去救，朝廷的恩德能不能覆盖它；如果有这个能力，为什么要放弃不管呢！再说，秦朝最后连都城咸阳都保不住，又何止是丢弃越国呢？现在东瓯这个小国因为走投无路才来向朝廷求救，如果连天子都不肯去救援，那么小国还能到哪里去诉求呢，皇帝又怎么能以万国为子民呢！”汉武帝说：“太尉这个人，不值得与他商量国家大事。但我刚刚继位，不想在这个时候动用虎符来征调郡国的军队。”于是派遣庄助手持符节前往会稽郡调动军队。会稽郡守想依照常法不给他调派军队，庄助立即斩杀了一名司马，他向郡守传达了皇帝的旨意，并解释不用虎符征调军队的原因，会稽郡守这才不敢违抗，立即调动军队，乘船渡海去救援东瓯。军队还没有到达，闽越国已经听到汉朝出兵的消息，早已领兵撤退了。东瓯王请求将整个东瓯国的人都迁居到汉朝境内，得到允许后，东瓯王就率领着全国之人内迁，被安置在长江、淮河流域定居。

九月最后一天丙子日，发生日食。

汉武帝从即位之初，就下诏从全国选拔那些擅长文学、有才智之士，并不拘常规地予以越级提拔。所以四方之士有许多人上疏给朝廷，阐述他们对国家大政得失的看法，借此机会自我吹嘘、卖弄才华的多达千人以上。武帝从中选拔了一些特别优秀的人才加以重用。庄助是最先受到重用的一个，后来又有吴国人朱买臣、赵国人吾丘寿王、蜀国人司马相如、平原人东方朔、吴国人枚皋、济南人终军等，都被安置在武帝身边任侍从官。武帝经常让他们参与大臣们的辩论，这些人为中方，朝廷大臣为外方，双方围绕义理互相辩难，朝廷大臣屡次被这些人所驳倒。司马相如是以善于辞赋而特别得到武帝的宠爱。东方朔、枚皋的议论虽然往往不以事实为根据，但口才便捷，言语诙谐幽默，汉武帝就把他们当作艺人看待，虽然也多次地赏赐他们，但始终没有把重要的政务交给他们去做。东方朔对汉武帝也会察言观色，经常用诙谐幽默的言辞对武帝进行劝谏，对政治也有一些裨益。

这一年，汉武帝开始微服私访，他向北到达池阳，向西到达黄山，向南打猎到过长杨，向东到过宜春。汉武帝与身边那些善于骑马射箭的侍从约定好时间在宫殿门口集合，曾经在夜间外出，对外自称平阳侯。天明的时候，已经到达南山之下，开始射杀鹿、野猪、狐狸、野兔等，他们骑着马在农田里往来驰骋，践踏了不少的庄稼，农民对着他们又喊又骂。鄠县令和杜县令不知道是皇帝在此打猎，就想派人将他们捉起来。武帝的侍从将武帝在此打猎的事情告诉了两个县令，可是他们不相信；侍从只好将武帝的御用之物拿给他们看，这才避免了一场被抓的尴尬。汉武帝还曾经在夜间闯入柏谷的旅店要求住宿，向旅店主人求取饮料，旅店老板说：“我这里没有饮料，只有尿！”旅店主人怀疑武帝及其随从是一伙盗贼，于是暗中召集了一批少年准备攻打他们。多亏老板的妻子看出武帝长相与众不同，就上前阻止她丈夫

“客非常人[531]也，且又有备，不可图[532]也。”翁不听，妪饮翁以酒，醉而缚之。少年皆散走，妪乃杀鸡为食以谢客[533]。明日，上归，召妪，赐金千斤，拜其夫为羽林郎[534]。后乃私置更衣[535]，从宣曲[536]以南十二所，夜投宿长杨、五柞[537]等诸宫。

上以道远劳苦[538]，又为百姓所患，乃使太中大夫[539]吾丘寿王举籍[540]阿城[541]以南，盩厔[542]以东，宜春以西，提封顷亩[543]，及其贾直[544]，欲除以为上林苑[545]，属之南山[546]。又诏中尉[547]、左右内史[548]表属县草田[549]，欲以偿鄠、杜之民[550]。寿王奏事[551]，上大说[552]称善。

时东方朔在傍[553]，进谏曰:“夫南山，天下之阻[554]也。汉兴，去三河之地[555]，止霸、浐以西[556]，都泾、渭之南[557]，此所谓天下陆海之地[558]，秦之所以虏西戎[559]、兼山东[560]者也。其山[561]出玉、石、金、银、铜、铁、良材[562]。百工所取给[563]，万民所印足[564]也。又有粳、稻、梨、栗、桑、麻、竹箭之饶，土宜姜、芋，水多蛙、鱼。贫者得以人给家足，无饥寒之忧。故酆、镐[565]之间，号为土膏[566]，其贾亩一金[567]。今规以为苑[568]，绝[569]陂池水泽之利[570]，而取民膏腴之地，上乏国家之用，下夺农桑之业，是其不可一也。盛[571]荆棘之林，广狐兔之苑，大虎狼之虚[572]，坏人冢墓，发[573]人室庐。令幼弱怀土[574]而思，耆老[575]泣涕而悲，是其不可二也。斥而营之[576]，垣而囿之[577]，骑[578]驰东西，车骛[579]南北，有深沟大渠。夫一日之乐[580]，不[2]足[581]以危无堤之舆[582]，是其不可三也。夫殷[583]作九市之宫[584]而诸侯畔[585]，灵王[586]起章华之台[587]而楚民散，秦兴阿房之殿[588]而天下乱。粪土愚臣，逆盛意[589]，罪当万死!”上乃拜朔为太中大夫、给事中[590]，赐黄金百斤。然遂起[591]上林苑，如寿王所奏。

说:“这伙客人不像一般的人，再说他们也有所准备，你千万不要动手。”老板不肯听。老板妻子就千方百计地劝他饮酒，一直到把他灌醉，又叫人把他绑起来。那些少年见老板喝醉了酒，也就各自散去。老板的妻子亲自杀鸡做饭招待客人，并替她丈夫向客人赔礼道歉。第二天，汉武帝回到皇宫，便派人把老板的妻子找来，赏赐给她一千斤黄金，并任命她的丈夫为羽林郎。后来，汉武帝又秘密地设置了一些可供白天休息的地方，从宣曲往南共建了十二处，有时夜间就到长杨宫、五柞宫等行宫中去住。

汉武帝因为出去打猎路途既遥远又辛苦，还引起老百姓的不满，于是就派遣太中大夫吾丘寿王将阿城以南、盩厔以东、宜春以西这片土地登记造册，统计出这个区域的耕地面积，按照市价将它买下来，准备把这片土地划入上林苑中，使其与南山相连。又让中尉、左右内史将他们属县之内未经开垦的荒地数量奏报上来，想以此来偿还鄠县和杜县的百姓。吾丘寿王将他调查的情况向武帝奏报，武帝听了以后很高兴，对吾丘寿王的办事能力大加赞赏。

当时东方朔正好在武帝身旁，于是向汉武帝进谏说:“南山是天下最险要的地方。汉朝建国以来，不以河内、河南、河东之间的洛阳为都城，而是在霸水、浐水之西停下来，建都城于泾水、渭水以南。因为这里是最富饶的高原沃土，秦王朝正是利用了这里的有利地理形势，向西吞并了西戎，向东兼并了崤山以东的所有国家啊。南山盛产的玉、石、金、银、铜、铁以及各种优质木材，为各种工匠提供了丰富的原料，百姓靠着它丰衣足食。这里的粳米、稻谷、梨、栗、桑、麻、竹的产量丰富，这里的土质还适宜种植姜、芋头，水产品有蛙、鱼等。在这里，就连贫穷的人家也能温饱，不用担忧忍饥受寒。所以酆邑、镐邑之间，是世人公认的膏腴之地，它的价格是每亩地值一万钱。如果把这片土地划归上林苑，就等于断绝了百姓从山坡、池沼之间获取利益的权利，又夺走了百姓最肥沃的土地，如此的话，对上造成国家财用的匮乏，对下抢夺了百姓赖以生存的农桑之业，这是第一点不可取的。扩大了供荆棘生长的园林，拓展了供狐狸、野兔生活的区域，加大了老虎、野狼的巢穴，毁坏了百姓祖先的坟墓，拆毁了人民的房舍。让幼小孤弱之人常常怀念故土，使耄耋老人因背井离乡而痛哭流涕，这是第二个不可取。国家花费巨资来修建它，还要在四周建起高大的围墙，围猎的人骑着马在里面往来驰骋，打猎的人乘着车子在里面四处奔驰，而其中却遍布深沟大壑。为了一天的欢乐，不值得让皇帝的万金之躯去冒失足翻车的危险，这是不可以的第三个理由。殷纣王建造了设有许多交易市场的宫殿而导致诸侯对他的背叛，楚灵王修筑章华台而使楚国人对他众叛亲离，秦始皇修建阿房宫从而引发天下大乱。我这个低贱得如同粪土一样的小臣，违背了陛下意愿，犯下了该死一万次的罪过!”汉武帝为了表扬东方朔的直言敢谏，就任命东方朔为太中大夫、给事中，还赏赐他一百斤黄金。但仍然按照吾丘寿王奏报的方案坚持扩建上林苑。

上又好自击熊豕[592]，驰逐野兽。司马相如上疏谏曰："臣闻物有同类而殊能[593]者，故力称乌获[594]，捷言庆忌[595]，勇期贲、育[596]。臣之愚，窃以为人诚有之[597]，兽亦宜然[598]。今陛下好陵阻险[599]，射猛兽，卒然[600]遇逸材之兽[601]，骇不存之地[602]，犯属车之清尘[603]。舆不及还辕[604]，人不暇施巧[605]，虽有乌获、逢蒙之技[606]不得用，枯木朽株尽为难矣[607]。是胡、越起于毂下[608]，而羌、夷接轸[609]也，岂不殆[610]哉！虽[611]万全而无患，然本非天子之所宜近[612]也。

"且夫清道[613]而后行，中路而驰[614]，犹时有衔橛之变[615]。况乎涉丰草[616]，骋丘虚[617][3]，前有利兽[618]之乐，而内无存变[619]之意，其为害也不难矣。夫轻万乘之重[620]，不以为安[621]，乐出万有一危之涂以为娱，臣窃为陛下不取[622]。盖明者远见于未萌[623]，而知者避危于无形[624]，祸固多藏于隐微而发于人之所忽[625]者也。故鄙谚[626]曰：'家累千金[627]，坐不垂堂[628]。'此言虽小，可以谕大。"上善之。

【段旨】

以上为第二段，写武帝建元二年（公元前一三九年）、三年两年间的全国大事。主要写了窦太后罢丞相、太尉，杀御史大夫、郎中令，扑灭了汉武帝的第一次尊儒活动，以及汉武帝疏斥陈皇后、宠幸卫子夫；微服游猎扰民，圈地占田、扩大上林苑；招纳庄助、朱买臣、东方朔、司马相如等文学之士，和东方朔、司马相如上书谏猎的情景。

汉武帝又喜欢亲自追击、猎取熊、野猪等猛兽。司马相如上疏劝谏说："我听说同一物种而本领却各不相同，所以论起力气大来要数战国时期秦国的勇士乌获；说起动作敏捷，应该首推春秋末年吴王僚的儿子庆忌；若论勇敢，当数战国时期的孟贲和夏育。我虽然生性愚钝，但我认为，人是如此，野兽也应是如此。如今陛下喜欢翻越高山、闯入险阻去追杀猛兽，如果突然遭遇本领超群、性情凶猛的野兽，陛下猝不及防而又无处躲避的时候，野兽向着乘舆猛扑过来。车子来不及掉头躲避，人也来不及考虑应变的办法，即使有乌获那样的勇力、有逄蒙那样高超的射箭技术，恐怕也用不上，到那个时候，就是一棵朽木、一段枯枝，也能磕磕绊绊地给陛下造成灾难了。就像是与汉朝为敌的北方匈奴、南方的越人突然从陛下的车子底下冒了出来，西方的羌人、东方的夷人也突然靠近了您的车子，这难道不是非常危险吗！即使是万无一失，但这种境地也不是天子应该接近的。

"通常天子外出，都要事先清除道路、实行戒严，然后天子才出行，车子在大路中间奔驰，还常有马匹受惊而无法驾驭的事故发生。何况是穿越茂密的荒草，在高低不平的丘陵上奔驰，向前有捕获野兽的乐趣，而内心对突发事件又没有防范，在这种情况下，野兽对陛下造成伤害是很容易的。将万乘之尊看得很轻而不注意安全，乐于去冒哪怕是一万次才可能有的危险，以此作为娱乐，我觉得陛下是不应该这样去做的。聪明的人能够预见到隐藏着的灾祸苗头，有智慧的人能够躲避开尚未出现的危险，灾祸往往是隐藏在微小隐秘的地方，而发生于人们对它有所忽略的时候。所以民间流传着这样的谚语：'家中积累了千金的财产，就不要坐在屋檐底下，以免被落下的屋瓦砸伤。'这虽然只是民间的一句谚语，但可以以小喻大。"汉武帝认为司马相如说得对。

【注释】

㉞淮南王安：刘安，刘邦之孙，淮南厉王刘长之子。文帝时刘长因谋反被发配，自杀于途中，淮南国曾一度被撤除。后，文帝又续封刘长之子刘安为淮南王，国都寿春（今安徽寿县）。详情见《史记·淮南衡山列传》。㉟属为诸父：按亲缘辈分说刘安是武帝的叔父一辈。㊱材高：指读书、写文章的能力强。当时刘安曾在淮南国招纳了许多文章与学术之士，编撰《淮南子》与创作诗赋等。刘安自己也善于写文章，详见后文。㊲昏暮然后罢：谓从白天一直叙谈至夜晚，极言双方的兴致之高与谈论的时间之长。㊳雅善：素来关系好。善，友好、亲密。㊴霸上：古地名，在今陕西西安城东，当时长安城东南的霸水西岸，是由东进京必须经过的地方。㊵上：当今皇帝，指汉武帝。㊶宫车一日晏驾：如果当今皇帝

有一天死了。皇帝死婉称“宫车晏驾”，晏是“晚”的意思，该临朝的时候而宫车出不来。㉞② 非王尚谁立：不是您出来做皇帝还能有谁。〖按〗田蚡此话可疑。清代何焯曰：“蚡为太尉，多受诸侯王金，私与交通，其罪大矣。然安之入朝在建元二年，武帝即位之初，虽未有太子，尚春秋鼎盛（年仅十八岁），康强无疾；身又外戚（田蚡为武帝之舅），‘非王谁立’之言，狂惑所不应有，疑恶蚡者从而加之。”㉞③ 遗：赠送。㉞④ 太皇窦太后：即景帝之母、武帝之祖母窦氏。凡皇帝之正妻称皇后，皇帝之母称太后，皇帝之祖母称太皇太后。㉞⑤ 好黄、老言：爱好黄帝、老子的学说。“黄老学说”是战国中期兴起的道家学派的一个分支，其特征是将老子学说推衍成一种赤裸裸的权术学问，他们高唱“清静无为”，而要达到的是“无所不为”；他们讲究的是“欲取之，先与之；欲歙之，先张之；欲弱之，先强之”云云一套权谋手段。其标志性人物就是《国语·越语》所写的范蠡与《史记》所写的张良。汉代建国以来一直遵用这种思想治理国家。㉞⑥ 不悦儒术：不喜欢武帝与田蚡等人所搞的这一套尊儒活动，实际是不愿新贵们撼动窦太后本人的既定权势。㉞⑦ 请毋奏事东宫：窦氏早在景帝临朝时就干预朝政，宠爱梁孝王。武帝即位时年仅十六岁，许多大事必须请示窦太后才能施行。这些不仅使武帝感到不快，武帝之母王太后更加不快。因为“垂帘听政”历来是由母亲来做，而轮不到奶奶。这里边的权力之争是很尖锐的。现在御史大夫赵绾公开提出“毋奏事东宫”，即有事不要再向住在东宫的窦太皇太后去请示了，意思就是向窦太后夺权，要结束窦太后干政的局面。㉞⑧ 此欲复为新垣平邪：这不是又出了一个祸乱朝廷的新垣平吗。新垣平，文帝时代的妖人，蛊惑文帝做了不少愚蠢的事情，后被文帝所杀。事见本书文帝十六年。㉞⑨ 奸利事：非法的事情；犯罪的事情。㉟⓪ 让：谴责。㉟① 因废明堂事：因而停止了讨论、建造明堂的事情。㉟② 诸所兴为：各种新开办的事业、新制定的措施。㉟③ 下绾、臧吏：将赵绾、王臧交给法官审讯。㉟④ 免：指窦婴、田蚡被罢免丞相与太尉的职务。㉟⑤ 申公亦以疾免归：以上赵绾、王臧被逼自杀，窦婴、田蚡被罢职，一切尊儒活动被废止，这是武帝刚上台的一项重大举措被窦太后扼制，也是王太后、汉武帝向窦太后夺权的一场政变被镇压。㉟⑥ 太子太傅石奋：任太子太傅的官僚名叫石奋。太子太傅是朝官名，官阶为二千石，职务是辅导太子，帮着太子修德进业。石奋，当时一个以“谨慎”闻名的庸俗官僚。事迹详见《史记·万石张叔列传》。㉟⑦ 二千石：汉代的官阶名，比九卿略低，朝官中的太子太傅、詹事、大长秋、典属国以及地方官的郡守、诸侯相都属于这一级。“二千石”只表示级别，不是指实际俸禄。㉟⑧ 集其门：将他们家五个人的级别加起来。㉟⑨ 无文学：没有多少文化修养。文学，汉代通常用以指学术，这里即指书本知识、文化修养。㊱⓪ 来归谒：回家后拜见父亲。谒，觐见。㊱① 不名：不直呼儿子的名字，因为儿子在皇帝驾前称臣，石奋要尊敬皇帝的缘故。㊱② 不责让：不申斥；不责备。让，也是责备的意思。㊱③ 为便坐：离开自己原来的座位，找个地方坐下来。㊱④ 对案不食：对着饭桌不吃饭。案，端饭用的托盘，这里指饭桌。㊱⑤ 诸子相责：儿子们见惹得父亲如此生气，于是自己先相互批评，自己认错。㊱⑥ 因长老：请来上年纪的人，让老人代为说情。㊱⑦ 肉袒谢罪：光着膀子向父亲表示认错、服罪。肉袒，古代向人认错、认罪经常做出的姿态。(368)胜冠：够戴帽子的年龄，古人年二十而行加冠礼。(369)虽燕居必冠：即使是闲暇无事的时候，自己也要一本正经地戴着帽子，以表示严肃。(370)执丧：守丧；服丧。(371)哀戚甚悼：悲哀痛苦得过度。《论语·学而》有所谓“丧与其易也，宁戚”，意思是对于丧事宁可哀悼得过分一些，不能做得不够，此即石奋表演之所本。锺惺曰：“史称石奋‘无文学，恭谨无与比’，然其‘过宫门阙万石君必下车，见路马必式焉；子孙为小吏，来归谒，必朝服见之’，动止步趋，又是学问知礼人所为，似熟读《礼记·曲礼》中许多曲折周旋。”(372)闻乎郡国：不仅传遍朝廷的直辖区，也传遍全国的各郡各诸侯国。(373)以文学获罪：即以推行尊儒被窦太后所杀。文学，这里指儒家经典。(374)文多质少：光会耍嘴，而没有什么实际的本事。质，实。(375)不言而躬行：光做不说。躬行，身体力行。(376)郎中令：九卿之一，主管宫廷门户，并统领皇帝的侍卫。(377)内史：如同后来的京兆尹，首都及其郊区的行政长官。(378)事有可言：估计能够说动皇上的事。(379)屏人：支开别人，与皇帝私下交谈。屏，通“摒”，支开。(380)恣言极切：无所顾忌地恳切劝说。〖按〗估计有可能说动时才说，而且还要找皇帝私下交谈，为皇帝保全体面，这就是石氏一门的所谓“谨慎”。张邦奇曰：“帝时游宴，奢欲神仙，聚敛征伐之事，纷纷交举，使尝有言以及此耶，宜乎帝之‘多欲’亦少损矣；此而无言，其所‘屏人而恣言’者，抑何事耶？”王先谦曰：“灌夫传‘分别言田窦事’，盖其一端。”灌夫、窦婴即死于石建的为帝“分别言之”，事见《史记·魏其武安侯列传》。(381)廷见：在朝廷见皇上。(382)如不能言者：就像不会说话似的。〖按〗这是佞幸者惯用的伎俩之一，大庭广众充好人，背后再尽情地敞着口说。(383)太仆：九卿之一，为皇帝管理车马，皇帝出门时为皇帝赶车。(384)御出：为皇帝赶车而出。御，通“驭”，赶车。(385)策：赶马的竹片，后世指马鞭。(386)举手曰：极言其紧张、郑重之状。“举手”一词又见于《史记·魏公子列传》《后汉书·班超传》，《史记·孔子世家》有“举袂”，意思大体相同。(387)简易：随便，指不太拘泥礼法。(388)以侯家居：以列侯的身份在家赋闲。(389)以王太后故：由于田蚡是王太后的同母异父弟。(390)数言事多效：多次向皇帝提出建议都能生效。杨树达曰：“《严助传》，建元三年，东瓯告急于汉，帝以问蚡，蚡欲不救，亦见《两粤传》，正蚡不任职而言事之证也。”(391)士吏趋势利者二句：〖按〗于此可见汉代上流社会之世态炎凉，司马迁曾深有感于此，司马光也深有感于此。(392)蚡日益横：田蚡遂日益骄横起来。为以后杀窦婴等事张本。横，专横、为所欲为。(393)二月丙戌朔：二月初一是丙戌日。朔，阴历每个月的初一。(394)日有食之：这一天发生日食。古人认为日食是重大天变，是上帝要惩罚人类的先兆。(395)三月乙未：三月丙辰朔，无“乙未”，疑是“己未”之误。己未是三月初四。(396)太常：九卿之一，也称“奉常”，主管朝廷礼仪与考试选拔之事。(397)柏至侯许昌：高祖功臣许盎之孙，继其父祖之爵为柏至侯。(398)堂邑侯陈午：高祖功臣陈婴之孙，继其父祖之爵为堂邑。有关陈婴的事迹见《史记·项羽本纪》。(399)尚帝姑馆陶公主嫖：娶武帝的姑姑馆陶公主刘嫖为妻。尚，高攀。娶帝王之女的敬称。刘嫖是文帝的长女，景帝的大姐，被封为馆陶公主。(400)帝之为太子二句：景帝原来的太子是刘荣，馆陶公主想把她的女儿阿娇嫁与太子为妃，刘荣之母栗姬不同意；于是馆陶公主遂转身找刘彻之母王夫人，两人合谋搞垮了栗姬，废掉了太子刘荣，王夫人当了皇后，刘彻当了皇太子，刘彻遂娶馆陶公主之女阿娇为妃。事见《史记·外戚世家》与本书景帝前七年。㊵窦太主：馆陶公主是文帝窦皇后所生，为区分其所自出故称之“窦太主”。“太主”即“太长公主”的简称，凡皇帝之女称“公主”，皇帝之姐妹称“长公主”，皇帝之姑称“大长公主”。“大”字同“太”。㊵求请无厌：要这要那没个完。厌，满足。㊵患：犹今所谓“伤脑筋”。㊵擅宠：专宠，把着男人不准他接近别的女人。㊵凡：总计。㊵浸衰：越来越受冷淡。㊵忤：得罪；冒犯。㊵长主：“长公主”的简称，即馆陶公主刘嫖。㊵重得罪：倒大……霉，指要被太皇太后窦氏所惩治。㊵性易悦：容易让她高兴起来。㊵深慎：多加谨慎。㊵稍加恩礼：稍加施恩并以礼相待。㊵祓霸上：到霸水边上去祭祀。当时的霸水自蓝田流来，经长安城东，北流入渭水。祓，即禊，三月上巳日的临水而祭，以求去除不祥。《史记集解》引徐广曰：“三月上巳临水祓除谓之禊。……盖与‘游’字相似。”《史记索隐》引苏林曰：“游水自洁，故曰祓除。”㊵过上姊平阳公主：顺路拐到了平阳公主家。平阳公主是武帝的亲大姐。㊵讴者卫子夫：平阳公主家的歌女姓卫名子夫。㊵卫媪：卫家的一位老年妇女。卫是其夫家之姓。媪，年老的妇女。㊵僮：奴仆。㊵主：指平阳公主。㊵奉送子夫入宫：平阳公主家的歌女卫子夫在偶然的机会下受到武帝亲幸，得以入宫事，详见《史记·外戚世家》。㊵恚：恼怒。㊵几死者数矣：好多次都差点儿因此而死。几，几乎。数，多次。㊵同母弟卫青：卫子夫的同母异父之弟卫青。卫青的事迹详见《史记·卫将军骠骑列传》。㊵平阳县吏：平阳是汉县名，即平阳侯家的领地，县治在今山西临汾南。根据汉王朝的规定，汉代诸侯王的领地多数为一个郡，列侯的领地多数为一个县，该郡、该县的行政、军事、治安、经济诸大权都由朝廷所派的官员管理，直接对朝廷负责，所谓诸侯王、列侯只是一名坐吃该地区赋税的清闲地主。卫青的生父郑季就是在平阳县令的属下供职。㊵给事侯家：为平阳侯家做事，从表面的关系看，整个平阳县衙都是为平阳侯家服务。侯，指平阳侯，平阳公主的丈夫名叫曹时，是刘邦功臣曹参的后代。㊵骑奴：充当骑兵侍卫的家奴。㊵执囚青：大长公主因嫉恨卫子夫受宠，使其女阿娇更受冷淡，故而迁怒于卫青，将其逮捕囚禁。㊵骑郎公孙敖：汉武帝的骑兵侍从姓公孙名敖。骑郎，帝王的骑兵侍从，上属郎中令。㊵篡取：劫夺；夺取。㊵建章监：建章宫的警卫官员。建章是宫殿名。《史记索隐》引晋灼曰：“上林中宫名也。”〖按〗上林苑是秦代以来的皇家猎场，在今西安西南，广达数县。如晋灼之言不错，则此建章宫乃秦朝的宫殿名。汉代亦有建章宫，建于长安城的西墙外，与城里的未央宫隔墙相对。汉代的建章宫乃建于武帝太初年间（公元前一〇四至前一〇一年）。而卫青此时之任“建章监”乃在建元年间（公元前一四〇至前一三五年），早于汉代建章宫的开建三十多年。故卫青所“监”之建章宫只能是秦朝的旧宫殿，不然便是“建章”二字有误。㊵侍中：在宫中侍候皇帝，后来也用为官名。㊵累千金：多达数千金。汉代称黄金一斤曰“一金”，一金相当铜钱一万枚。㊷ 夫人：后妃的封号名，据《汉书·外戚传》，西汉初期“嫡称皇后，妾皆称夫人”。㊸ 太中大夫：皇帝的侍从官员，秩千石，掌议论，上属郎中令。㊹ 有星如日二句：因自然现象反常，古人以为不祥，故书于史。㊺ 初置茂陵邑：开始设置了茂陵邑。茂陵是武帝为自己预建的陵墓，秦汉以来历代皇帝都是在即位不久就开始为自己修建陵墓，同时在该陵墓所在地设立一个县，叫作“陵邑”，并下令向该地移民，以求使其迅速成为发达地区。茂陵在今陕西兴平城东、咸阳西南。㊻ 多冤晁错之策：多认为当年晁错因建议削藩而被杀是冤枉的。㊼ 务摧抑诸侯王：极力打击诸侯王。事见本书景帝前三年。摧抑，摧残、打压。㊽ 数奏暴其过恶：多次地弹劾、揭露诸侯王们的过失。奏，检举、弹劾。暴，揭发、暴露。过恶，过失、罪恶。㊾ 吹毛求疵：鸡蛋里头挑骨头，故意找毛病。㊿ 笞服其臣二句：将诸侯国的臣子屈打成招，再让这些臣子来“证实”该国诸侯的过错。笞，用竹板或鞭子打。证，做证、证实。㊶ 代王登：刘登，代王刘参之子，文帝之孙。当时代国的都城晋阳在今山西太原西南。㊷ 长沙王发：刘发，景帝之子，当时长沙国的都城临湘（今湖南长沙）。㊸ 中山王胜：刘胜，景帝之子。中山国的都城即今河北定州。㊹ 济川王明：刘明，梁孝王刘武之子。济川国的都城博县，在今山东泰安东南。㊺ 累欷：屡屡呜咽。欷，呜咽、悲泣声。㊻ 思：这里指哀思、伤心。㊼ 心结：心中有苦说不出。㊽ 幼眇之声：婉转动听的音乐。幼眇，同“窈眇”，形容婉转的乐声或柔曼的舞态。㊾ 不知：不知不觉。㊿ 涕泣之横集：犹今所谓泪流满面。横集，横流。㊶ 蒙肺附为东藩：由于是皇帝的至亲，得以被封为东方的诸侯王。肺附，犹今所谓骨肉至亲。东藩，东方的诸侯国。古时诸侯自称是天子的“藩屏”。㊷ 属又称兄：从亲缘关系上说，刘胜是武帝刘彻之同父异母兄。㊸ 葭莩：芦苇茎中的薄膜，以喻关系之疏远。㊹ 群居党议二句：意谓皇帝把那些八竿子打不着的群臣视为朋友，整天在一起商量谋划。㊺ 摈却：斥退；扔在一边。㊻ 冰释：消融；涣散。㊼ 具以吏所侵闻：把平日被属下群吏（即中山国的官员）所欺凌的事情，一一报告了皇帝。具，一一地、详尽地。侵，欺凌。闻，报告、对上言讲。㊽ 厚诸侯之礼：对诸侯王的待遇有所提高、加厚。㊾ 省：取消。㊿ 有司所奏诸侯事：指专门人员向朝廷所做的有关诸侯王们的秘密报告。㊶ 加亲亲之恩：对宗室施与其亲属应得的恩惠。㊷ 河水：黄河。㊸ 溢于平原：在平原郡溢出了堤岸。平原郡的郡治在今山东平原县南。㊹ 孛：火光四射的样子，这里指彗星。㊺ 坐杀中傅：因为杀了属下的中傅官而获罪。中傅，诸侯王的辅导官，其地位低于太傅。㊻ 废迁房陵：王位被废，并被发配到房陵。房陵是汉县名，县治即今湖北房县，秦汉时期是犯人常被发配去的地方。㊼ 七国之败：指景帝前三年（公元前一五四年）的吴、楚七国叛乱被削平之后。㊽ 吴王子驹：吴王刘濞的儿子刘驹。㊾ 亡走闽越：逃到了闽越小国。闽越是南方百越族的一支，当时居住在今福建沿海一带，都城在今武夷山市的古城村。㊿ 怨东瓯杀其父：东瓯也是越族之一支，当时居住今浙江东部的沿海一带，都城即今温州。吴、楚七国叛乱时，东瓯曾跟随吴王濞参加了叛乱，吴楚军失败后，吴王濞逃到了东瓯军中，东瓯王接受汉朝的收买，将吴王濞骗杀，故刘驹怨恨东瓯。事情详见《史记·吴王濞列传》。⑰田蚡：曾为太尉之职，因帮着武帝尊儒被窦太后扼制，此时正在家赋闲。⑫常：常态；常情，生性如此。⑬数反复：对中原地区的王朝总是叛服不定。⑭弃不属：放弃不要。属，联系、统治。〖按〗秦时在今江苏、浙江一带设会稽郡，在今福建一带设闽中郡，对其地域非“弃不属”，只是对退居山区林海的少数民族未进行更严厉的清剿而已。⑮中国：此指中原地区的中央政权。⑯庄助：东汉人因避明帝（刘庄）讳，称之为“严助”，以文章、辞令著名，此时在武帝身边任中大夫之职。⑰特患：所怕的只是。特，唯、只。⑱德不能覆：汉王朝的仁德不能覆盖它，此处即指不能管辖、不能统治。⑲诚能：如果真有这种仁德与武力。⑳举咸阳而弃之：连其都城都保不住，指亡国降敌。咸阳，秦国的都城，在今陕西咸阳东北。㉑何但越也：何止远在万里的越族呢。㉒尚安所诉：他们还能去哭告谁呢。㉓子万国：视万国如子。子，在这里即“统治”“享有”的意思。凌稚隆引罗洪先曰：“庄助言词剀切，天子竟遣助发兵，得御夷之体。”㉔太尉不足与计：太尉不配帮我们出主意。以故官相称，表示客气。㉕不欲出虎符发兵郡国：意谓不想向其他郡县与诸侯国调集兵员。出虎符，动用虎符。虎符是古代天子派人调兵所持的信物。《汉书补注·严助传》王先谦引沈钦韩曰：“以铜为符，铸虎为饰，中分之，颁其右而藏其左，起军旅时，则出以合中外之契。”㉖以节发兵会稽：只就近向会稽郡征调一些兵力就行了。节，旌节，皇帝使者出行时所持的信物。陈直曰：“汉节分铜、竹两种，见于袁盎、苏武传者则为竹节，出土者只有铜节，两种性质现不易区别。”会稽，汉郡名，西汉时的郡治即今江苏苏州，东瓯（今温州）在其辖区内。㉗欲距法不为发：想依据常法不给他发兵。距，通“据”，根据。㉘司马：指会稽军中的执法官。㉙谕意指：向地方官讲清了所以要这么做的原因。㉚浮海：由海上乘船前往。㉛请举国内徙：请求率其全族一道搬迁到内地。㉜乃悉举其众来：《史记集解》引徐广曰：“年表云‘东瓯王广武侯望，率其众四万余人来降’。”㉝处于江、淮之间：《史记集解》引徐广曰，“家庐江郡”。〖按〗庐江郡的郡治舒县，在今安徽庐江县西南。泷川引丁谦曰：“江淮间，盖扬州、淮安等地。”依丁谦说，则在今江苏境内的长江以北，淮河以南。㉞九月丙子晦：九月的最末一天是丙子日。晦，阴历每个月的最后一天。㉟不次之位：不拘常格、不按资历地予以提拔。不次，不按次序。㊱言得失：评论国家大政之得失。㊲眩鬻：自我吹嘘、卖弄。鬻，卖、卖弄。㊳简拔：选拔；选。㊴朱买臣：会稽郡的吴县（今江苏苏州）人。㊵吾丘寿王：姓吾丘名寿王。㊶司马相如：字长卿，蜀郡成都人，汉代最有名的辞赋家。事见《史记·司马相如列传》。㊷东方朔：字曼倩，汉代著名的散文家。事见《汉书·东方朔传》。㊸枚皋：汉代大辞赋家枚乘之庶子。㊹终军：姓终名军，字子云，以少年有志闻名。㊺并在左右：都在皇帝身边任侍从官。㊻中外相应：中指皇帝周围的侍从官如严助、朱买臣等，外指朝廷大臣如三公九卿等。相应，指相互应对、相互问答。㊼大臣数屈：言执政大臣被武帝身边的这些文人多次说得无言以对。㊽不根持论：说话不根据事实，强词夺理地诡辩。㊾以俳优畜之：将他们当作歌儿舞女一样的玩物养着。此指司马相如、东方朔、枚皋等人。㊿不任以事：不委任以重要政务。511 微行：化装便服出行。512 池阳：汉县名，县治在今陕西泾阳西。513 黄山：离宫名，在今陕西兴平南。514 长杨：离宫名，在今陕西周至境内，因宫中有长杨树而得名。515 宜春：即宜春苑，秦汉时期的皇家园林，在今陕西西安东南的曲江池一带。516 期诸殿门：约定时间在殿门外集合。517 平阳侯：指曹寿，也作“曹时”，刘邦功臣曹参的后代，武帝姐平阳公主的丈夫。518 旦明：平明，也称“平旦”，天刚蒙蒙亮。519 南山：即终南山，在当时的长安城南，著名的游览区。520 驰骛：放纵车马奔跑。521 骂詈：詈也是骂的意思。522 鄠、杜令：鄠、杜二县的县令。鄠县和杜县的县治皆在今陕西西安西。523 执：逮捕。524 示以乘舆物：拿出皇帝的东西给他们看。示，出示。乘舆，原指皇帝的车驾，这里指皇帝。525 柏谷：山谷名，在今河南灵宝西。526 投逆旅宿：找旅店住宿。逆旅，客店。逆是“迎”的意思。527 求浆：讨水喝。528 主人翁：店家的老汉。529 正有溺耳：能让你们喝的只有尿啦。正，只。溺，同“尿”。530 主人妪：店家的老太太。531 非常人：不是普通的人。532 图：图谋，意即危害。533 以谢客：指以酒食招待这群不速之客。534 羽林郎：皇家的禁卫军。535 私置更衣：秘密设置了一些可供白天休息的住所。更衣，这里隐指休息的地方。536 宣曲：离宫名，在当时的昆明池以西。陈直以为是地名，与牛首山相近。537 五柞：离宫名，在长杨宫的东北方。538 道远劳苦：指由未央宫出行到南山打猎，道远劳苦。539 太中大夫：皇帝的侍从官名，上属郎中令，在皇帝身边备参谋顾问之用。540 举籍：全部登记入册，这里是“划入”“划归”的意思。541 阿城：师古曰：“本秦阿房宫也，以其墙壁崇广，故俗呼为阿城。”542 盩厔：汉县名，县治所在今陕西周至东。543 提封顷亩：总计其整个区域的耕地面积。师古曰：“提封，提举四封之内，总计其数也。”544 及其贾直：按市价给钱将其买过来。及，同“给”。花钱。贾直，同“价值”。545 除以为上林苑：将其划为上林苑的一部分。上林苑是秦汉时期的皇家猎场，在当时长安城的西南部，广达数县。546 属之南山：意即从京城到南山都是皇家猎场，再没有平民的耕地。属，连接。547 中尉：维护首都治安的长官，秩中二千石。548 左右内史：分掌首都及其郊区的两个行政长官。左内史掌首都的东部地区，右内史掌首都的西部地区，皆秩二千石。后来左内史又改称左冯翊，右内史汉武帝太初元年更名京兆尹。549 表属县草田：将其所管县内的荒地划分出来。表，立标志，划分出。550 欲以偿鄠、杜之民：将首都郊区的荒地拨给那些因扩大上林苑而被占去了耕地的农民使用。551 奏事：禀奏其上述圈地、偿地的事宜。552 说：通“悦”。553 傍：同“旁”。554 天下之阻：整个国家社会的依靠，极言其关系重大，不能被某一个人所占有。阻，依据、屏障。555 去三河之地：指不在洛阳建都。去，离开。三河，指黄河、伊水、洛水，是洛阳附近的三条大河。556 止霸、浐以西：在霸、浐二水西侧停下来。霸、浐是当时长安东南方的两条河，皆源于南山向北流。浐水汇于霸水，霸水北流入渭水。止，即指建都。“霸”字也写作“灞”。557 都泾、渭之南：建都于泾、渭二水的南侧。泾、渭是当时长安北侧的两条大河，渭水自西方流来，东入黄河。泾水自西北流来，汇入渭水。558 天下陆海之地：全国最富饶的高原沃土。师古曰：“高平曰陆，关中地高故称耳。海者，万物所出，言关中山川物产饶富，是以谓之陆海也。”㊼虏西戎：打败西戎。秦国是与西戎相互争夺中建立的国家，至秦襄公破西戎、受周封，始通于东方诸侯。西戎，西周后期活动于今陕西境内的少数民族，最强时曾灭掉了西周王朝，后来逐渐被秦国征服。㊽兼山东：指秦之吞并东方六国。山东，指崤山或华山以东的广大地区。〖按〗以上两句的意思是，秦国就是靠着关中地区，向西灭了西戎，向东灭了六国，统一了天下。㊾其山：指南山。㊿良材：优良的木材。563百工所取给：各种工匠所用的原料都出在这里。百工，各种工匠。564卬足：靠着它丰衣足食。565酆、镐：二水名，酆水源于南山，北流与镐水合，入渭水。也可以说是二京名，周文王都于酆京，周武王都于镐京，二邑皆在汉代长安西南侧的酆水、镐水流域。566土膏：像是油脂一般的肥沃土地。567其贾亩一金：一亩地价值一万枚铜钱。贾，通“价”。汉代称黄金一斤曰“一金”，一金抵铜钱一万枚。568规以为苑：将其划入上林苑范围。规，划分。苑，指上林苑。569绝：断；荒废。570陂池水泽之利：指蓄水灌田以及行驶舟船的种种方便。陂，堤堰。571盛：使之茂盛。572虚：通“墟”，场地。573发：掘；毁坏。574怀土：怀念故土。575耆老：老人。耆，也是老的意思。576斥而营之：指扩展土地建造园林。斥，开拓。营，建造。577垣而囿之：四周筑起围墙，中间成为园囿。垣，围墙，这里用为动词。囿，养动物的园子，这里用为动词。578骑：这里指马。579骛：师古曰，“乱驰曰骛”。580一日之乐：指短暂的快乐。581不足：不值得。582危无堤之舆：指给皇帝造成危险伤害。师古引张晏曰：“一日之乐，谓田猎也。无堤之舆，谓天子富贵无限也。”以上两句的意思是，不值得为了短暂的快乐，而让皇帝的万金之躯去冒失足翻车的危险。583殷：商代，这里指殷纣王。584九市之宫：设有许多交易市场的宫殿，极言殷纣王的为所欲为，不务正业。585畔：通“叛”。586灵王：楚灵王，春秋后期楚国一位骄奢淫逸的君主。587章华之台：即章华台，楚灵王修章华台，招降纳叛，致使众叛亲离，死于干溪。详情见《史记·楚世家》。588阿房之殿：即阿房宫。589逆盛意：和您的想法唱了对台戏。盛，此处的意思同“圣”。以上即东方朔之《谏起上林苑疏》，此节取其大意。590给事中：在宫廷侍候皇帝，后来也成了官名。591遂起：仍然扩建不误。592自击熊豕：猎取猛兽。豕，野猪。593同类而殊能：同是一种动物而本领不同。594力称乌获：力气大的要说战国时秦国的勇士乌获。595捷言庆忌：动作敏捷的要说春秋末吴王僚的儿子庆忌。庆忌的事迹详见《吴越春秋》。596勇

【原文】

四年（甲辰，公元前一三七年）

夏，有风赤如血。

六月，旱。

期贲、育：以勇敢闻名的要说战国时期的孟贲、夏育。597 人诚有之：人类中既然有人有这种特殊才能。598 兽亦宜然：那么野兽必然也是如此。599 陵阻险：跨越险峻之地。600 卒然：突然。601 逸材之兽：本领超群的野兽。602 骇不存之地：在意想不到的地方跳出来使您受到惊吓。骇，惊吓。不存，没想到。603 属车之清尘：皇帝的副车所扬起的尘埃，这里隐指皇帝本人。604 还辕：回车躲避。605 不暇施巧：来不及施展技巧对其格斗、擒拿。606 乌获、逢蒙之技：像乌获、逢蒙那样的本领。乌获、逢蒙都是古代的力大与善射者。607 枯木朽株尽为难矣：即使是一些枯木朽株也能磕磕绊绊地给您造成灾难。608 胡、越起于毂下：这就如同南越北胡的敌人从您的车下冒出。毂，车轮中间承接车轴穿入的圆木，此处指皇帝的车子。609 羌、夷接轸：这就如同西羌东夷的敌人靠近了您的车子。轸，车后横木，此处指皇帝的车子。610 殆：危险。611 虽：即使。612 所宜近：所应该接近、应该从事的活动。613 清道：戒严；禁止行人往来。614 中路而驰：天子行驰道之正中以保安全。615 衔橛之变：指马的缰绳嚼子出问题，造成突然灾祸。衔、橛，都是嚼子，形状不同。616 涉丰草：穿过丰茂的草原。617 骋丘虚：在丘陵坑谷中驰骋。618 利兽：获兽之利。619 存变：提防意外之变。620 轻万乘之重：不顾及万乘之尊的贵重。轻，不看重、不顾及。621 不以为安：语略不顺，意即不顾安危。622 窃为陛下不取：我不赞成您这样做。窃，谦辞。623 远见于未萌：在事物尚未萌芽就已经看清楚了。624 避危于无形：在危难尚未出现时就已经预先避开了。625 忽：忽略；轻视。626 鄙谚：俗话。627 家累千金：有数千金家产的富人。累，多个。628 坐不垂堂：不坐在屋檐下，以防被偶然脱落的檐瓦打伤。垂堂，这里指屋檐下。《史记·袁盎晁错列传》中袁盎曰："臣闻千金之子坐不垂堂，百金之子不骑衡，圣主不乘危而侥幸。"林云铭《古文析义》曰："此全为'陵阻险、射猛兽'而发，说得悚然可畏，绝不提出纵兽荒禽，废事失德腐语。对英主言，自当如此。"

【校记】

［2］不：胡三省注云："贡父曰：'不足以危'，'不'字当作'亦'。"据章钰校，孔天胤本作"亦"。［3］虚：原作"墟"。胡三省注云："'虚'读作'墟'。"据章钰校，乙十一行本作"虚"。今从乙十一行本及《汉书·司马相如传》改。

【语译】

四年（甲辰，公元前一三七年）

夏天，有一次刮大风，扬起的沙尘颜色红得像血一样。

六月，大旱。

秋，九月，有星孛[629]于东北。

是岁，南越王佗[630]死，其孙文王胡[631]立。

五年（乙巳，公元前一三六年）

春，罢三铢钱[632]，行半两钱。

置五经博士[633]。

夏，五月，大蝗[634]。

秋，八月，广川惠王越[635]、清河哀王乘[636]皆薨，无后，国除[637]。

六年（丙午，公元前一三五年）

春，二月乙未[638]，辽东高庙灾[639]。

夏，四月壬子[640]，高园便殿火[641]，上素服五日[642]。

五月丁亥[643]，太皇太后[644]崩。

六月癸巳[645]，丞相昌免[646]，武安侯田蚡为丞相。蚡骄侈，治宅甲诸第[647]，田园极膏腴[648]。市买郡县物[649]，相属于道[650]。多受四方赂遗[651]。其家金玉、妇女、狗马、声乐、玩好，不可胜数。每入[652]奏事，坐语移日[653]，所言皆听。荐人或起家至二千石[654]，权移主上[655]。上乃曰："君除吏已尽未[656]？吾亦欲除吏[657]。"尝请考工地益宅[658]，上怒曰："君何不遂取武库[659]！"是后乃稍退[660]。

秋，八月，有星孛于东方，长竟天[661]。

闽越王郢兴兵击南越边邑，南越王[662]守天子约[663]，不敢擅兴兵，使人上书告天子。于是天子多南越义[664]，大为发兵。遣大行王恢[665]出豫章[666]，大农令韩安国[667]出会稽[668]，击闽越。

淮南王安[669]上书谏曰："陛下临天下，布德施惠，天下摄然[670]。人安其生[671]，自以[672]没身不见兵革[673]，今闻有司[674]举兵将以诛[675]越，臣安窃为陛下重[676]之。

"越，方外[677]之地，剪发文身[678]之民也，不可以冠带之国法度[679]

秋季，九月，有彗星出现在东北的夜空。

这一年，南越王赵佗去世，他的孙子赵胡即位，就是南越文王。

五年（乙巳，公元前一三六年）

春季，停止使用三铢钱，半两重的铜钱开始进入流通领域。

设置“五经”博士。

夏季，五月，发生蝗灾。

秋季，八月，广川惠王刘越、清河哀王刘乘都去世了，两个诸侯王都没有子嗣，封国被撤销。

六年（丙午，公元前一三五年）

春季，二月初三日乙未，辽东郡的汉高祖庙发生火灾。

夏季，四月二十一日壬子，汉高祖陵园的便殿被大火焚毁，汉武帝穿了五天的素服。

五月二十六日丁亥，太皇太后窦氏去世。

六月初三日癸巳，丞相许昌被免职，武安侯田蚡被任命为丞相。田蚡骄横奢侈，所修建的住宅比任何大臣的住宅都高级，所置办的田园都是最肥沃的土地。他派到各郡县采买物品的使者，络绎不绝于道路。他大肆收受四方的贿赂和馈赠。他家中的金银、珠宝、美女、狗马、声乐以及各种娱乐的东西，简直多得数不过来。他每次入宫向汉武帝奏报事情，都是坐着和武帝说话，一说就说到红日西斜，他提的建议都被汉武帝所采纳。他向武帝举荐的人有的一下就被提拔到俸禄在两千石的高位，武帝手中的权力差不多全都转移到了他的手里。汉武帝终于有一天对田蚡说：“你任命完了官吏没有？我也想任命几个。”一次，田蚡又请求汉武帝将考工衙门的土地划拨给自己做宅基地，武帝生气地说：“你何不把国家的武器仓库要去做你的宅基地！”从这以后，田蚡才稍微收敛了一些。

秋季，八月，有彗星出现在东方的夜空，耀眼的流光划破了整个夜空。

闽越王骆郢发兵攻打南越国的边境城邑，南越王赵胡遵守与汉天子的约定，不敢擅自发兵进行抵抗，于是派使者到长安来向汉武帝请示。汉武帝对南越王的做法很是赞赏，便派出两路人马前去支援南越。派大行令王恢率军从豫章出发，派大农令韩安国率军从会稽郡出发，分头去攻打闽越国。

淮南王刘安上疏劝阻汉武帝出兵闽越，他说：“陛下君临天下以来，推行德政、广施恩惠，国家政局稳定。百姓安居乐业，都以为这一辈子也不会再看到有战争发生了，现在我听说有关部门正在调动军队去讨伐闽越国，臣刘安劝陛下在出兵这件事情上应该保持慎重。

“南越国原本不属于中国管辖，习俗也与中国大不相同，他们剪短头发，在身上刺满花纹，对待他们不能用我们中原地区的法度去治理。即使是在夏、商、周三个

理[680]也。自三代之盛[681]，胡、越不与受正朔[682]，非强弗[4]能服[683]、威弗能制[684]也。以为不居之地[685]，不牧之民[686]，不足以烦中国[687]也。自汉初定以来七十二年[688]，越人相攻击者，不可胜数，然天子未尝举兵而入其地也。臣闻越非有城郭邑里[689]也，处溪谷[690]之间、篁竹[691]之中，习于水斗[692]，便于用舟，地深昧[693]而多水险。中国之人不知其势阻[694]而入其地，虽百不当其一[695]。得其地，不可郡县[696]也；攻之，不可暴取[697]也。以地图察其山川要塞，相去[698]不过寸数[699]，而间独[700]数百千里[701]，阻险[5]、林丛弗能尽着[702]。视之若易，行之甚难。天下赖宗庙之灵[703]，方内[704]大宁。戴白之老[705]，不见兵革，民得夫妇相守，父子相保[706]，陛下之德也。越人名为藩臣[707]，贡酎之奉[708]，不输大内[709]；一卒之用[6]，不给上事[710]。自相攻击，而陛下发兵救之，是反以中国而劳蛮夷[711]也。且越人愚戆轻薄[712]，负约反复[713]，其不用天子之法度，非一日之积[714]也。壹不奉诏[715]，举兵诛之，臣恐后兵革无时得息[716]也。

"间者[717]，数年岁比不登[718]，民待卖爵[719]、赘子[720]，以接衣食。赖陛下德泽振救[721]之，得毋转死沟壑[722]。四年[723]不登，五年[724]复蝗，民生未复[725]。今发兵行数千里，资[726]衣粮，入越地。舆轿[727]而隃领[728]，拖舟[729]而入水。行数百千里，夹[730]以深林丛竹，水道上下击石[731]，林中多蝮蛇猛兽。夏月暑时，欧泄[732]霍乱之病相随属[733]也。曾未施兵接刃[734]，死伤者必众矣。前时南海王[735]反，陛下先臣[736]使将军简忌[737][7]将兵击之，以其军降[738]，处之上淦[739]。后复反，会[740]天暑多雨，楼船卒水居击棹[741]，未战而疾死者过半。亲老[742]涕泣，孤子啼号，破家散业，迎尸千里之外，裹骸骨而归。悲哀之气，数年不息，长老至今以为记。曾未入其地[743]，而祸已至此矣。陛下德配[744]天地，明象日月，恩至禽兽，泽及草木。

朝代最鼎盛的时候，北方的胡人和南方的越人也没有奉行中原的历法，不遵守中原王朝的管辖，并不是当时不够强大不能征服他们，也不是中原王朝的权威无法控制他们。而是认为那个地方不适合中原人居住，那里的民众是不可教化、管理的，不值得为他们来麻烦中国。从汉朝平定天下以来到现在已经七十二年，越人之间互相攻击的事情多得数不过来，而历代皇帝都没有派兵进入他们的境内。我还听说，越国没有城镇乡邑的建制，人民都分散居住在山间、溪谷和茂密的竹林中，习惯于在水上作战，善于驾驭船只，地理环境复杂、山恶水险。中国人不熟悉那里的险要地势，如果深入其地，就是用一百个人也敌不过他们一个人。即使得到那片土地，也不能把它设置为郡县；攻打它，又不可能在短时间内把它征服。从地图上察看那里的山川要塞，相距不过几寸远，实际距离却要相差数百、上千里，其中的险阻、丛林中的险恶环境也不能在地图上一一标示出来。看起来好像很容易，而深入其中才知道它的艰难。汉朝的天下托赖先祖在天之灵的保佑，四境之内太平无事。满头白发的老人没有见过战争，老百姓夫妇得以长相厮守，父亲儿子尽享天年，这都是陛下的恩德啊。越国人名义上是中国的属国，而他们所进贡的土产方物、献纳的酬金，都没有资格进入国家的宝库；他们的国民，没有一个给皇帝做过事。他们之间互相攻伐，陛下却要发兵去救，这是使中国人去为蛮夷效劳。况且，越国人既愚蠢、轻浮，又见识浅薄、违背誓约、反复无常，他们拒绝实行中国的法度也不是一天两天了。如果他们一不接受皇帝的命令，就派兵去征讨，我担心以后与他们的战争将永远不会休止。

“最近几年来，国家连年粮食歉收，百姓有的要靠出卖他们的爵位、将自己的儿子送到别人家去做上门女婿，以换取衣食。全靠陛下广施恩德，对灾民给以赈济，才使他们没有四处逃荒而饿死在沟壑之中。建元四年，全国粮食歉收；建元五年，又发生蝗灾，时至今日百姓的正常生活还没有得到恢复。现在又要发兵到几千里远的地方去帮助南越国攻打闽越，携带、运送粮食衣物深入越地。翻山越岭全靠人抬肩扛，过河时还得士兵在岸上拉纤，船只才能向前。这样行军几百里或者上千里，加上两岸长满深林茂竹，船只在水中不时地与乱石相碰撞，丛林中还隐藏着许多毒蛇猛兽。夏季里，不仅酷暑难耐，而且水土不服，呕吐腹泻、霍乱等疾病也会接踵而至。还没等与越人接战，就必定死伤很多了。以前南海王谋反，陛下以前的老臣淮南王刘长派遣简忌将军率领一支军队前去平叛，因为南海王率军投降，被安置在上淦。后来他们再次谋反，当时正遇上盛夏，天气酷热，大雨下个不停，即使是在高大的楼船上，士卒也是泡在水中划桨，结果仗还没打，士兵已经损伤大半。年老的双亲哭泣，孤儿哀号，倾家荡产，到千里之外去收取亲人的尸体，最后只带回了一包亲人的骸骨。那种凄惨悲哀的气氛，几年都不能平息，上了年纪的人到现在还记忆犹新。还没有进入蛮夷的领地，而灾难就已经是这个样子了。陛下的仁德如同天高地厚，英明如同日月高悬，您的恩惠及于禽兽，您的爱心推及草木。

一人有饥寒，不终其天年而死[745]者，为之凄怆[746]于心。今方内无狗吠之警[747]，而使陛下甲卒死亡，暴露中原[748]，沾渍[749]山谷。边境之民为之早闭晏开[750]，朝不及夕[751]，臣安窃为陛下重之。

“不习南方地形者，多以越为人众兵强，能难边城[752]。淮南全国之时[753]，多为边吏[754]，臣窃闻之，与中国异[755]。限[756]以高山，人迹绝。车道不通，天地所以隔外内[757]也。其入中国，必下领水[758]，领水之山峭峻，漂石[759]破舟，不可以大船载食粮下也。越人欲为变，必先田余干界中[760]，积食粮，乃入伐材治船[761]。边城守候[762]诚谨，越人有入伐材[763]者，辄[764]收捕，焚其积聚[765]。虽百越[766]，奈边城何！且越人绵力薄材[767]，不能陆战，又无车骑、弓弩之用。然而不可入[768]者，以保地险[769]，而中国之人不耐[770]其水土也。臣闻越甲卒不下数十万，所以入之[771]，五倍乃足[772]，挽车奉饷[773]者，不在其中。南方暑湿，近夏瘅热[774]，暴露水居，蝮蛇蠚[775]生，疾疢[776]多作。兵未血刃[777]，而病死者什二三[778]。虽举越国而虏之[779]，不足以偿所亡[780]。

“臣闻道路言[781]：闽越王弟甲[782]弑而杀之[783]，甲以诛死[784]，其民未有所属[785]。陛下若欲来[786]，内处之中国[787]，使重臣临存[788]，施德垂赏以招致[789]之，此必携幼扶老以归圣德[790]。若陛下无所用之，则继其绝世，存其亡国[791]，建其王侯[792]，以为畜越[793]，此必委质[794]为藩臣[795]，世共贡职[796]。陛下以方寸之印[797]，丈二之组[798]，填抚方外[799]。不劳一卒，不顿[800]一戟，而威德并行。今以兵入其地，此[801]必震恐，以[802]有司[803]为欲屠灭之也，必雉兔[804]逃入山林险阻。背而去之[805]，则复相群聚；留而守之[806]，历岁

如果有一个人因饥寒而死，没能终其天年，陛下都会因此而伤心痛苦。如今四境之内尽享太平，就连狗叫的报警声也没有，在这种情况下，使陛下的武装士卒去遭受死亡，将尸体暴露在荒野之中，让他们的鲜血沾满山谷。使边城之民因此而将城门早闭晚开，整日提心吊胆，唯恐朝不保夕，我认为陛下应该慎重决策。

“对南方地理形势不熟悉的人，大多都认为越国人口众多，兵力强盛，能够给汉朝的边城带来威胁。早年，淮南王国还没有被分为淮南、衡山、庐江三个王国的时候，淮南国在与南越接壤的地区设置了很多官吏，所以我对那里情况的了解与中原地区的人不一样。越国境内遍布高山峻岭，人烟稀少。车辆不能通行，这是上天有意要将中国与南越分隔开。那里的人要想进入中国，只有一条水路可通，那就是沿领水而下，而领水两岸悬崖峭壁地势险峻，水势湍急，顺水滚动的巨大石头能够将过往的船只摧毁，所以不能用大船载运粮食。越人如果想要叛乱，就必须先在余干境内开荒种田，储备粮食，还需要进入汉朝的边境采伐树木打造船只。而汉朝的边境城邑又戒备森严，发现越人进山砍伐树木就立即将他们抓起来，并烧掉他们积蓄的物资。如此看来，就是有一百个闽越国，对边城也无可奈何！再说闽越人力气不大，身体矮小，不能在陆地上作战，又没有战车、骑兵和弓弩等作战工具。然而之所以不能深入其国境内，是因为闽越人所居住的地区有险要的地形可以防守，而中原人不服那里的水土。我还了解到越国的军队有几十万，中国要想战胜他们，必须有五倍于他们的军队才够用，而那些为军队运送粮饷的，还不包括在内。南方气候酷热潮湿，接近夏季的时候就更加的酷热难耐，人们经常浸泡在水中以躲避热浪的袭击，那里有许多毒蛇出没于杂草丛中，由于中国的士兵不习惯那里的水土气候而导致疾病频发。还没等与越人交战，因病而死的就已经是十分之二三。即使是把全闽越的国民都俘虏过来，也不足以补偿所遭受的损失。

“我听过往的人们传说：闽越王的弟弟某某已经杀死了闽越王，而闽越王的弟弟某某又被闽越人所杀，目前闽越的百姓还无所归属。陛下如果想将闽越人招降过来，将他们安置在中原内地，只要派一名重要官员前去抚慰，用恩德和奖赏去招抚他们，闽越的百姓必定会扶老携幼前来归附于圣明的陛下。陛下如果觉得招抚他们到中国来也没有什么用处，那么为了保留闽越国的建制，让它继续留存下来，可以为他们设立一位君主，让他管理闽越国，那么他必定死心塌地地归顺汉朝，愿意做中国的藩臣属国，世世代代地履行向汉朝贡献方物的职责。陛下只需用一寸见方的金印和一条一丈二尺长的绶带，就可以镇抚住化外的闽越国。而不必辛劳一兵一卒、不必损坏一件兵器，而陛下的威严与恩德就同时施加于闽越之民了。如果率兵进入闽越国境内，必定引起那里人们的惊惧和恐慌，以为要将他们全部屠杀消灭掉，因此就会像山鸡、野兔遇到猎人一样四处逃散，进入深山和丛林。一旦中国的军队离开，他们就又聚集起来；如果派部队留守，那么经年累月，士卒疲惫不堪，粮饷匮乏，

经年，则士卒罢倦，食粮乏绝，民苦兵事，盗贼必起。臣闻长老言：秦之时，尝使尉屠睢[807]击越，又使监禄[808]凿渠通道[809]，越人逃入深山林丛，不可得攻。留军屯守空地，旷日引久，士卒劳倦，越出击之，秦兵大破[8]，乃发适戍[810]以备之。当此之时，外内骚动，皆不聊生。亡逃相从，群为盗贼，于是山东之难[811]始兴。兵者凶事[812]，一方有急，四面皆耸[813]。臣恐变故之生，奸邪之作，由此始也。

“臣闻天子之兵有征而无战，言莫敢校[814]也。如使越人蒙徼幸以逆执事之颜行[815]，厮舆之卒有一不备而归[816]者，虽得越王之首，臣犹窃为大汉羞之。陛下以四海为境[817]。生民之属[818]，皆为臣妾[819]。垂德惠以覆露之[820]，使安生乐业，则泽被万世，传之子孙，施之无穷。天下之安，犹泰山而四维之[821]也。夷狄之地，何足以为一日之闲[822]，而烦汗马[823]之劳乎！诗云[824]：‘王犹允塞，徐方既来[825]。’言王道甚大，而远方怀[826]之也。臣安窃恐将吏之以十万之师，为一使之任[827]也！”

是时，汉兵遂出，未隃领[828]，闽越王郢发兵距险。其弟余善乃与相[829]、宗族谋曰：“王以擅发兵击南越不请[830]，故天子兵来诛。汉兵众强，即幸胜之，后来益多，终灭国而止。今杀王以谢天子，天子听罢兵[831]，固国完[832]；不听，乃力战[833]，不胜，即亡入海[834]。”皆曰：“善。”即鏦[835]杀[9]王，使使奉其头致大行[836]。大行曰：“所为来者，诛王。今王头至谢罪，不战而殒[837]，利莫大焉。”乃以便宜案兵[838]，告大农军[839]，而使使奉王头驰报天子。

诏罢两将兵[840]，曰：“郢等首恶，独无诸孙繇君丑[841]不与谋[842]焉。”

百姓被战争所苦，必定引起社会动荡，盗贼趁机蜂拥而起。我听年长的人说：秦朝的时候，就曾经派遣尉官屠睢率领军队攻打百越，又派一个名叫禄的监郡官督促百姓开凿灵渠，沟通湘江和漓江，结果越人全部逃入深山老林，想攻击却根本找不到目标。只好留下军队驻守在旷野之中，旷日持久，士卒疲劳倦怠，越人组织反击，秦军被打得大败，最后不得已将罪犯遣送到边境担任守卫。在那个时候，秦国内外骚动，民不聊生。军队中也是逃亡不断，这些人聚集起来变成了盗贼，于是引起山东六国纷纷起兵反抗秦朝。军事行动是一种凶险的事情，一方有了战事，四面八方都会引起震动。我担心一旦出兵闽越，将引起国内政局不稳，奸邪之人趁机谋乱。

“我听说，天子的军队有讨伐而没有征战，意思是说天子的军队讨伐罪恶、抚慰人民，没有人敢进行抵抗。假如闽越之人抱着一种侥幸获胜的心理而冒险迎战朝廷的军队，哪怕是只有一个打柴、赶车的军中奴隶被杀不能回国，即使得到闽越王的首级，我认为那也是大汉王朝的耻辱。陛下把四海作为汉朝的国境。国境之内所有的人，都是陛下的臣属和姬妾。陛下对人民广施恩德，像天一样覆盖着他们、像雨露一样滋润着他们，使他们能够生活稳定、安居乐业，则千秋万代都能感受到您的恩德，您的功业必将留传给子孙后代，永无穷尽。国家的稳固就会像泰山那样不可动摇而四周又有所加固。夷狄之人所占领的那点地方，又哪里值得陛下花费一天的闲暇时间，去忧虑并劳烦陛下的战马奔走千里流血流汗呢！《诗经》上说：‘国君的恩德确实令人满意，所以徐方的民族前来归附了。’说的就是王道特别伟大，远方各民族都非常仰慕它。我所担心的是那些将吏率领十万大军，只完成了一个和平使者的作用！”

当时，汉朝已经派出大军向闽越进发，但还没有越过武夷山，闽越王骆郢已经派兵把守住关隘险要。他的弟弟骆余善与闽越国的丞相和宗室商议说：“大王没有向汉朝天子请示就擅自发兵攻打南越，所以汉天子才派兵前来征讨。汉朝的军队人数众多势力强盛，即使我们能侥幸战胜他们，他们还会调集更多的兵力前来讨伐，不把我们彻底消灭是不会停止的。现在如果我们把国王杀掉，然后向汉朝天子请罪，汉天子如果接受我们的做法就会罢兵而回，我们的国家自然得以保全；如果汉天子不听从，我们就跟他们拼死一战，如果不能取胜，就逃到海上去。”大家都说：“对。”于是骆余善就用矛将闽越王刺死，然后派使者捧着闽越王的人头送到汉朝大行令王恢处。大行令王恢说：“我们来此的目的就是要诛灭闽越王。如今闽越人已经将闽越王的人头送来汉朝谢罪，不用作战，就使闽越王的人头落地，从国家的利益来看，没有比这更好的了。”于是下令就地按兵不动，一面将情况通报给大农令韩安国，一面派人捧着闽越王的人头，骑马飞报汉武帝。

汉武帝下诏令大行令王恢、大农令韩安国两位将军撤军，说：“闽越王骆郢等是罪魁祸首，只有老闽越王无诸的孙子、现在繇地为君的骆丑没有参与阴谋。”

乃使中郎将[843]立丑为越繇王[844]，奉闽越先祭祀[845]。余善已杀郢，威行于国，国民多属，窃自立为王，繇王不能制。上闻之，为余善不足复兴师，曰："余善数与郢谋乱，而后首诛郢[846]，师得不劳[847]。"因立余善为东越王[848]，与繇王并处[849]。

上使庄助谕意南越[850]。南越王胡[851]顿首曰："天子乃为臣兴兵讨闽越，死无以报德！"遣太子婴齐入宿卫[852]，谓助曰："国新被寇[853]，使者行矣[854]，胡方日夜装，入见天子[855]。"助还，过淮南[856]，上又使助谕淮南王安以讨越事，嘉答其意[857]。安谢不及[858]。助既去南越[859]，南越大臣皆谏其王曰："汉兴兵诛郢[860]，亦行以惊动南越[861]。且先王昔言：'事天子，期无失礼[862]。'要之[863]不可以说好语[864]。入见，则不得复归，亡国之势也。"于是胡称病，竟[865]不入见。

是岁，韩安国为御史大夫[866]。

东海太守濮阳汲黯[867]为主爵都尉[868]。始，黯为谒者[869]，以严见惮[870]。东越相攻[871]，上使黯往视之。不至[872]，至吴[873]而还报曰："越人相攻，固其俗然[874]，不足以辱天子之使[875]。"河内[876]失火，延烧[877]千余家，上使黯往视之。还报曰："家人[878]失火，屋比延烧[879]，不足忧也。臣过河南[880]，河南贫人伤水旱万余家，或父子相食，臣谨以便宜[881]，持节[882]发河南仓粟[883]以振[884]贫民。臣请归节[885]，伏矫制之罪[886]。"上贤而释之。其在东海，治官理民，好清静[887]。择丞史任之[888]，责大指[889]而已，不苛小[890]。黯多病，卧闺阁[891]内不出。岁余，东海大治，称之。上闻，召为主爵都尉，列于九卿[892]。其治务在无为[893]，引大体[894]，不拘文法[895]。

于是派中郎将到闽越国封骆丑为越繇王，让他主持对闽越祖先的祭祀。骆余善杀死闽越王骆郢之后，威势震动了闽越国，闽越国的国民大都归附于他，骆余善自立为闽越王，而汉朝所封的越繇王骆丑却没有能力阻止。汉武帝得知消息后，认为为了骆余善一个人不值得再兴师动众，就说："骆余善屡次参与了骆郢的谋乱，但后来他带头诛杀了骆郢，使汉朝的军队免除了征战之苦。"于是封骆余善为东越王，与越繇王骆丑并立为王。

汉武帝派遣庄助去知会南越王。南越王赵胡趴在地上磕头说："汉朝天子竟然为我们南越出兵讨伐闽越，我就是死也无法报答汉朝天子的大恩大德！"于是南越王派太子赵婴齐到汉朝的宫廷充当侍卫，南越王对庄助说："南越刚刚遭受过闽越的侵扰，请您先回去，我赵胡正在日夜准备行装，随后就去京城拜见大汉天子。"庄助在回朝途中经过淮南，汉武帝又让庄助顺便将讨伐闽越的情况告诉淮南王刘安知道，并肯定他上书劝阻讨伐闽越的好意。淮南王刘安赶紧承认自己见识短浅，赶不上皇帝的远见而致歉意。庄助离开了南越后，南越国的大臣全都劝阻南越王赵胡赴京，说："汉朝出兵诛灭了闽越王骆郢，也是借此警告我们南越。再说，先王过去曾经说过：'侍奉汉天子，只要大致上过得去就行了。'重要的是，不要因为听了汉朝使者的几句好话就亲自到汉朝去晋见汉天子。去了如果回不来，我们南越恐怕就要亡国了。"南越王赵胡听从了大臣的意见，于是称说有病，到底也没有到汉朝京师朝见汉天子。

这一年，韩安国被任命为御史大夫。

东海太守濮阳人汲黯被任命为主爵都尉。开始时，汲黯担任掌管收发、传达以及赞礼等事的谒者，因为态度严肃而被他人所敬畏。东越与南越互相攻击的时候，汉武帝派汲黯前去视察。汲黯没有到达目的地，只到了吴地就回来报告说："越人之间互相攻击，这对他们来说本来是常有的事情，不值得委屈汉朝的使者前往。"河内郡发生火灾，火势蔓延，烧毁了一千多户人家，汉武帝又派汲黯前去视察。汲黯回来以后向武帝汇报说："是百姓家里失火，因为房屋毗邻，所以火势蔓延成灾，陛下不值得为此而担忧。我在经过河南的时候，看到河南郡的穷苦百姓由于水旱之灾，有一万多户人家陷入绝境，有的已经是父子相食了，我未经请示，就手持符节以皇帝钦差的名义打开了河南郡的粮仓，把仓库里的粮食救济了当地的灾民。我现在奉还此次出使所持的符节，请求陛下处置我假传圣旨的罪过。"汉武帝认为汲黯很有见识，就赦免了他。汲黯在东海郡担任太守的时候，处理政务、治理百姓，一切都以清静无为为准则，亲自选择下属官吏，把郡里的事情都交给他们去办理，只要求在大的方面不出错即可，而不在鸡毛蒜皮这样的小事情上进行苛求。汲黯体弱多病，曾经有一年多时间卧病在床不能出门处理政事，而东海郡依然太平无事，以此而受到人们的称赞。汉武帝得知后，就把他调到京师担任主爵都尉，地位相当于九卿。他处理政务的原则就是能不干的事情就不干、能小干的事情就绝不大干，只抓大的方面，而不拘泥于法令条文。

黯为人性倨[896]少礼，面折[897]不能容人之过。时天子方招文学儒者[898]，上曰“吾欲”云云[899]，黯对曰：“陛下内多欲[900]而外施仁义[901]，奈何[902]欲效唐、虞之治[903]乎！”上默然，怒，变色而罢朝，公卿[904]皆为黯惧。上退，谓左右曰：“甚矣汲黯之戆[905]也！”群臣或数黯[906]，黯曰：“天子置公卿辅弼[907]之臣，宁令[908]从谀承意[909]，陷主于不义乎？且已在其位，纵爱身，奈辱朝廷何[910]？”黯多病，病且满三月，上常赐告者数[911]，终不愈。最后病，庄助为请告[912]。上曰：“汲黯何如人哉？”助曰：“使黯任职居官[913]，无以逾人。然至其辅少主，守城深坚[914]，招之不来，麾之不去[915]。虽自谓贲、育[916]，亦不能夺[917]之矣！”上曰：“然。古有社稷之臣[918]，至如黯，近之矣！”

匈奴来请和亲[919]，天子下其议[920]。大行王恢，燕[921]人也，习胡事[922]，议曰：“汉与匈奴和亲，率不过数岁[923]，即复倍约[924]。不如勿许，兴兵击之。”韩安国曰：“匈奴迁徙鸟举[925]，难得而制，自上古不属为人[926]。今汉行数千里与之争利，则人马罢乏[927]，虏以全制其敝[928]，此危道也。不如和亲[929]。”群臣议者多附安国，于是上许和亲。

元光元年（丁未，公元前一三四年）

冬，十一月，初令郡国举孝廉[930]各一人，从董仲舒之言[931]也。

卫尉李广[932]为骁骑将军[933]，屯云中[934]。中尉程不识[935]为车骑将军[936]，屯雁门[937]。六月，罢[938]。广与不识[10]俱以边太守将兵[939]，有名当时。广行无部伍行陈[940]，就善水草舍止[941]。人人自便，不击刁斗[942]以自卫。莫府[943]省约文书[944]，然亦远斥候[945]，未尝遇害。程不识正部曲行伍营陈[946]，

汲黯为人高傲而不屈礼于人，敢于当面驳回人家的主张，不能宽容别人的过错。当时汉武帝正在招揽读儒家之书的学者，武帝刚说“我想……”，下文还没有说出口，汲黯就批驳说：“陛下内心有许多欲望而只是表面上高唱仁义，这样的话怎么能效法尧舜、将国家治理成太平盛世呢！”武帝虽然沉默不语，实际上非常恼怒，立即变了脸色宣布退朝，朝廷大臣都为汲黯捏把汗。汉武帝回到宫中，对身边的侍从说：“汲黯的愚直太过分了！”朝廷的大臣中有人责备汲黯，汲黯说：“皇帝设立三公九卿等辅弼大臣，难道是让他们阿谀奉承、一切顺从皇帝的旨意，最终陷皇帝于不仁不义吗？再说，既然身居其位，纵然珍爱自己的生命，但由于未尽责而给朝廷带来耻辱，那又怎么办呢？”汲黯体弱多病，病休了将近三个月，武帝曾经多次赐予他假期让他在家养病，但始终不见痊愈。最后，庄助代他向汉武帝请假。汉武帝问庄助说：“依你看汲黯是怎样的一个人呢？”庄助回答说：“让汲黯像普通官员那样任职、照章办事，他没有什么超过别人的地方。但是，如果让他辅佐幼主、维护老皇帝的既定国策方面，他肯定会立场坚定，利诱和威吓都不能使他改变立场。就是自称有孟贲、夏育那样勇力的人，也不能使他改变主意！”汉武帝说：“确实如此。古代有能与国家同患难共存亡的大臣，至于汲黯，就相当接近了啊！”

匈奴派使者前来请求和亲，汉武帝将此事交付朝廷大臣们商议。担任大行令的王恢是燕国人，对匈奴的内情很熟悉，他建议说：“每次汉朝与匈奴和亲，两国间的和平至多也就维持几年的时间，匈奴就背叛了约定。不如不答应他们和亲，派兵去攻打他们。”韩安国说：“匈奴人的生活习性是追逐水草、迁移不定，就像鸟儿一样来去无常，很难把他们制服，从远古的时候起就不把他们当作隶属之民看待。如果汉朝派军队远行几千里与匈奴争胜负，汉朝的军队肯定会人困马乏，而匈奴以自己之全制汉军之弊，那我军就危险了。不如答应与他们和亲。”朝臣中的大多数人也都附和韩安国，于是，汉武帝答应与匈奴和亲。

元光元年（丁未，公元前一三四年）

冬季，十一月，开始下令各郡、国的官员各自在自己的辖区内选择在孝敬父母、清正廉洁方面最为突出的一名举荐给朝廷，这是采纳董仲舒的建议后做出的决定。

卫尉李广担任骁骑将军，率军驻扎在云中郡。中尉程不识担任车骑将军，率军驻扎在雁门郡。六月，将这两处的驻军撤掉。李广和程不识全都以边郡太守的身份统领军队，在当时都享有盛名。李广行军打仗不讲究行列阵势，总是选择水草方便的地方驻扎。对士兵没有任何约束，人人可以自便，夜间不安排人敲着刁斗打更巡逻。幕府中，各种公文案牍之类一律从简，但注重侦察工作，总是将哨探的骑兵派到很远的地方进行侦察，所以从来没有因为敌人的突然袭击使自己的部队受到损失。而程不识恰好相反，他对军队的编制、行列次序、行军布阵等都有严格的要求，军队宿营扎寨后，派人击着刁斗在军营四处巡视，幕府中的官吏们按照规章处理军务一直

击刁斗，士吏治军簿至明[947]，军不得休息，然亦未尝遇害。不识曰："李广军极简易[948]，然虏卒犯之[949]，无以禁也[950]。而其士卒亦佚乐[951]，咸乐为之死[952]。我军虽烦扰，然虏亦不得犯我。"然匈奴畏李广之略，士卒亦多乐从李广而苦程不识[953]。

臣光曰[954]："《易》曰[955]：'师出以律，否臧凶[956]。'言治众而不用法[957]，无不凶也。李广之将[958]，使人人自便。以广之材，如此焉，可也；然不可以为法[959]。何则？其继者难也[960]，况与之并时[961]而为将乎！夫小人[962]之情，乐于安肆[963]而昧于近祸[964]，彼既以程不识为烦扰，而乐于从广，且将仇其上[965]而不服。然则简易之害，非徒广军无以禁虏之仓卒而已也。故曰'兵事以严终[966]'，为将者，亦严而已[967]矣。然则效程不识，虽无功，犹不败；效李广，鲜不覆亡[968]哉！"

夏，四月，赦天下。

五月，诏举贤良文学[969]，上亲策[970]之。

秋，七月癸未[971]，日有食之。

【段旨】

以上为第三段，写武帝建元四年（公元前一三七年）至元光元年（公元前一三四年）四年间的全国大事。主要写了窦太后死，汉武帝罢免窦派的丞相许昌，起用舅氏田蚡为相，重新发动尊儒；以及汉王朝派兵征讨闽越，淮南王刘安上书谏阻，汉兵仍是重新安排了闽越国的秩序，并同时耸动南越，为日后的讨伐南越埋下伏笔；此外还写了汲黯、韩安国、李广的一些事迹，为以后相继展开描写汉王朝的对外战争与描写汉王朝的内部矛盾埋下了伏笔。

忙到天亮，军队从来不能安心休息，由于治军严格，所以也从来没有使部队遭受过严重的损失。程不识说：“李广治军极其简便易行，如果突然遇到敌人进犯，就会无法抵挡。然而李广军中人人安闲快乐，作战时能人人奋勇，不怕牺牲，都乐意为李广去拼死。我所率领的军队虽然烦扰琐碎，但敌人也不敢轻易地来冒犯我。”然而，匈奴人还是畏惧李广的风度才情，士卒也都愿意跟随李广而不愿意跟随程不识。

司马光说：“《周易》上说：‘军队出动必须有严格的纪律做保证，如果军队纪律不好，就会很危险。’就是说，统领众多的军队而没有法度、纪律进行约束，就无往而不凶险。李广统军，使人人自便。凭借李广的才能，这样做是可以的；然而不能用作常规。为什么呢？后来的人这样做难以取得好效果，更何况是与他同时为将的人呢！小人物的常情是喜欢安逸自由，对近在眼前的危险、灾祸却感觉不到，他们既然认为程不识治军烦扰辛苦，因此乐意跟随李广，如此必将导致仇视上级而不服从命令。从此可以看出治军简易的危害，还不只是使李广的军队无法应付敌人的突然进犯这么简单。所以说‘军事上，必须始终严格要求’，身为军事统帅，也只有对军队严格要求而没有别的。效法程不识，即使没有建立功劳，但至少可以不溃败；如果效法李广，就很少有不全军覆没的了！”

夏季，四月，大赦天下。

五月，汉武帝下诏举荐贤良和文学之士，武帝亲自主持选拔考试。

秋季，七月二十九日癸未，发生日食。

【注释】

㉙ 孛：火光四射的样子，这里指彗星。㉚ 南越王佗：赵佗，真定（今河北正定）人。秦时为南海郡龙川县令，后行南海尉事。秦亡后，自立为南越王。刘邦建国后，归顺汉王朝。事见《史记·南越列传》。㉛ 文王胡：赵胡，文字是谥。据广州象冈山汉墓出土南越王金印证明，南越文王名叫“赵眛”，不叫“赵胡”，此乃沿用《史记》之误。㉜ 罢三铢钱：停止使用三铢钱。三铢钱自建元元年开始使用，每文重三铢。一铢是一两的二十分之一。㉝ 置五经博士：在太学里开设《诗》《书》《易》《礼》《春秋》五门课，分别由五位老师讲授，此开课老师称为博士。受学者称博士弟子。㉞ 大蝗：蝗虫泛滥成灾。㉟ 广川惠王越：刘越，景帝之子，王皇后之妹王夫人所生，被封为广川王，惠字是其死后的

谥。广川国的都城在今河北枣强东北。⑯清河哀王乘：刘乘，景帝之子，王皇后之妹王夫人所生，被封为清河王，哀字是其死后的谥。清河国的都城清阳，在今河北清河县东南。⑰无后二句："无后，国除"的是清河王刘乘；广川王刘越并非无后，此时亦未国除。事见《史记·外戚世家》。⑱二月乙未：二月初三。⑲辽东高庙灾：辽东郡的高祖庙发生火灾。辽东，汉郡名，郡治襄平，即今辽宁辽阳。当时各郡、各诸侯国都建有高祖庙。⑳四月壬子：四月二十一。㉑高园便殿火：高祖陵园的便殿被大火所烧。高祖陵园在今陕西咸阳东北，即所谓"长陵"。园是陵墓前面的庙宇，庙宇的前一部分叫庙，是安放神主，以供祭祀的地方；后面部分称作寝，是安放生时衣冠之所在，其中的殿即所谓便殿。㉒素服五日：皇帝素服是表示思过请罪的意思，高祖的陵寝失火，古人认为这是上天对皇帝的谴责与警告，故皇帝素服思过。㉓五月丁亥：五月二十六。㉔太皇太后：文帝之皇后窦氏，武帝之祖母。㉕六月癸巳：六月初三。㉖丞相昌免：许昌，建元二年窦太后扑灭汉武帝的尊儒、罢免丞相窦婴后，任许昌为丞相；今窦太后一死，五日后即被免职。㉗治宅甲诸第：在所有贵族的房子里，他家的房子居甲，指自己家的房子盖得比任何贵族之家都好。㉘极膏腴：是最肥沃的土地。㉙市买郡县物：到各郡县去采买。㊿相属于道：在道路上络绎不绝，极言其外出采买东西的人员之多。属，连。(651)赂遗：贿赂、馈赠。(652)入：指入宫。(653)坐语移日：坐着对皇帝说话，一说就说到红日西斜。移日，日影移位，以言其奏事的时间之长，以见田蚡权势之专。(654)或起家至二千石：有的由家居无职一下子提拔为二千石的官吏。起家，由家居提拔起。二千石，相当于郡守和诸侯相一级。(655)权移主上：把皇帝的权力都倾夺了过来。(656)君除吏已尽未：你任命官吏任命完了没有。除吏，任命官吏。师古曰："凡言'除'者，除去故官，就新官。"(657)吾亦欲除吏：我也想任命几个。(658)尝请考工地益宅：曾经向皇帝讨要考工署的地盘扩大自家的住宅。考工地，考工署所领有的地盘。考工是官署名，上属少府，主管为国家制造器械，其长官曰考工令。益宅，扩大住宅。(659)君何不遂取武库：你何不把国家的武器仓库也要了过去。武库，国家储藏兵器的仓库，其长官曰武库令，上属中尉（主管京师治安的长官）。汉代京城的武库在当时长安城内的未央宫与长乐宫之间，其遗址在今西安北郊大刘寨村北。此段言田蚡凭借着王太后，势力日益骄横，以致与皇帝的矛盾都尖锐起来。(660)是后乃稍退：这以后才稍稍收敛了点。退，收敛。王先谦曰："谓后稍敛退也。"(661)长竟天：言彗星之长从天空的这头到那头。(662)南越王：即南越文王赵昧，赵佗之孙。〖按〗《史记》原文作"赵胡"，据广州象冈山汉墓出土金印，应作"赵眜"。(663)守天子约：遵守汉王朝的规定，不与邻国进行战争。(664)多南越义：肯定南越王郢的守规矩。多，赞扬、肯定。(665)大行王恢：官居大行令的王恢。大行令是朝官名，秦时称"典客"，后来又改称"大鸿胪"，九卿之一，掌管少数民族事务。(666)出豫章：由豫章郡出兵南下。豫章郡的郡治南昌（今江西南昌）。(667)大农令韩安国：官居大农令的韩安国。大农令后来改称"大司农"，九卿之一，掌管全国的税收与国家财政收支。韩安国的详情见《史记·韩长孺列传》。⑥⑥⑧出会稽：由会稽郡出兵南下。会稽郡的郡治吴县（今江苏苏州）。⑥⑥⑨淮南王安：刘安，刘邦之孙，淮南厉王刘长之子。淮南国的都城寿春（今安徽寿县）。⑥⑦⓪摄然：宁静、服帖的样子。摄，收敛。⑥⑦①人安其生：每个人都对自己的生活很满意。⑥⑦②自以：自己认为；原本估计。⑥⑦③没身不见兵革：到死不会见到战争。没身，终身、到死。兵革，战备、战争。⑥⑦④有司：有关此事的官员，指王恢、韩安国等。⑥⑦⑤诛：讨；讨伐。⑥⑦⑥重：难；忧虑。⑥⑦⑦方外：境外；国家的管辖之外。⑥⑦⑧剪发文身：南方少数民族的生活习俗，不留长发，且在身上刺画各种图案、花纹。⑥⑦⑨冠带之国法度：指中原地区的法度。冠带，戴冠系带，中原人士的打扮。⑥⑧⓪理：治；治理。⑥⑧①三代之盛：夏、商、周三朝的鼎盛时期。⑥⑧②不与受正朔：不奉行中原地区的历法，即不遵守中原王朝的管辖。正朔，正月初一，这里代指历法。⑥⑧③非强弗能服：并不是中原王朝的强大不能将其征服。⑥⑧④威弗能制：也不是中原王朝的兵威不能将其挟制。⑥⑧⑤不居之地：不能让中原人居住的地方。⑥⑧⑥不牧之民：不可教化、管理的民众。牧，以放牧牛羊喻指治民。⑥⑧⑦不足以烦中国：不值得让中原王朝派兵去征讨。烦，劳烦、生事，指动用刀兵。⑥⑧⑧七十二年：自刘邦建国（公元前二〇六年）至武帝建元六年（公元前一三五年）共七十一年；从刘邦灭项羽统一天下（公元前二〇二年）至建元六年共六十七年。⑥⑧⑨城郭邑里：内城曰城，外城曰郭；大的村镇叫邑，居民所住的巷子叫里。⑥⑨⓪溪谷：山谷。⑥⑨①篁竹：竹丛；竹林。篁，竹田。⑥⑨②习于水斗：擅长水仗。⑥⑨③深昧：幽深黑暗。⑥⑨④势阻：形势险要。⑥⑨⑤虽百不当其一：即使一百个也抵不上他们一个。虽，即使。⑥⑨⑥不可郡县：不能在那里设立郡县，实施管辖。⑥⑨⑦暴取：突然取胜，意即要旷日持久。暴，突然、短时间。⑥⑨⑧相去：相距；相隔。⑥⑨⑨寸数：一寸来的。⑦⓪⓪间独：实际却有。⑦⓪①数百千里：数百里，甚至上千里。《史记·项羽本纪》有所谓“数十百人”，即数十个，乃至上百个。与此用法相同。⑦⓪②弗能尽着：不能在地图上一一地全标出来、全载于地图。⑦⓪③赖宗庙之灵：靠祖宗、先帝的保佑。⑦⓪④方内：四境之内，即国内。⑦⓪⑤戴白之老：满头白发的老人。戴，顶着。⑦⓪⑥相保：相互依存。⑦⓪⑦藩臣：为朝廷作藩屏的大臣，即诸侯。⑦⓪⑧贡酎之奉：指进贡方物与献纳酎金。据汉朝规定，各诸侯王要向朝廷进贡其地所出之物，并向朝廷进献祭祀宗庙的份子钱。酎金，诸侯向朝廷献纳的购买祭祀用酒的份子钱。酎，祭祀用的浓酒。⑦⓪⑨大内：建立在京城的贮存财宝的国库。⑦①⓪一卒之用二句：意思是没有给国家出过一个民工的劳役。卒，役夫。给上事，为皇帝做事。⑦①①以中国而劳蛮夷：让中原地区的人去为边方的少数民族服务。⑦①②愚戆轻薄：指不懂礼貌、不守信用。⑦①③负约反复：背叛条约，时反时降。⑦①④非一日之积：意即不是一天这样，而是由来如此。积，久。⑦①⑤壹不奉诏：意即他们今天又不遵守条约了。⑦①⑥无时得息：永远再没有休止之时。⑦①⑦间者：前不久；近年来。⑦①⑧岁比不登：收成连年不好。岁，农业收成。比，连年。不登，歉收。⑦①⑨卖爵：秦汉时期的普通百姓亦有爵级，这些爵级是靠战场立功、交纳粮食取得的，也有时是皇帝下命赐给百姓的。有这种级别就可以享有不同程度的权利，可用以赎罪，还可以卖钱。⑦②⓪赘子：将自家的男孩送到别家去做上门女婿。当时这种做上门女婿的人等同奴隶。㉑振救：救济。振，同“赈”。㉒转死沟壑：以言穷困者之死，平时转徙流离，死后抛于沟壑。㉓四年：指建元四年（公元前一三七年）。㉔五年：指建元五年。㉕民生未复：百姓的正常生活尚未恢复。㉖资：携带；运送。㉗舆轿：车拉、人抬。二字皆用为动词。㉘隃领：翻越南岭。领，通“岭”，指南岭。㉙拖舟：即指舟船。㉚夹：夹路；两侧。㉛击石：撞上石头。㉜欧泄：呕吐腹泻。欧，通“呕”。㉝随属：随之而来。属，连带。㉞施兵接刃：指进行战斗。㉟南海王：名职，南越国北部的一个少数民族头领，未被南越国征服，而接受过刘邦的封号。㊱陛下先臣：您当年的臣子，谦指自己的父亲淮南厉王刘长。㊲简忌：淮南国的旧臣。㊳以其军降：带着他的军队投降了淮南国，主语是南海王。㊴处之上淦：将这个部落安置在上淦居住。上淦在今江西境内，应离新干县不远。㊵会：正逢。㊶水居击棹：生活在船上，摇桨而行。㊷亲老：年老的双亲。㊸曾未入其地：还没有进入南越、闽越的地区。上淦还是在淮南国的豫章郡内。㊹配：相比；相对应。㊺不终其天年而死：没有活到该死的年头，指战死。天年，应有的寿数。㊻凄怆：伤心、痛苦。㊼狗吠之警：指毛贼引起的动静。㊽暴露中原：指尸体横陈原野，任风吹日晒。㊾沾渍：浸湿、血染。㊿早闭晏开：因兵荒马乱，人心惶惶而闭门早、开门晚。晏，晚。751朝不及夕：即通常所谓“朝不保夕”。752能难边城：能给我们边疆城镇造成危害。753淮南全国之时：指先前淮南王刘长的时代，当时淮南国辖有三个郡，尚未分为淮南、衡山、庐江三个国。754多为边吏：指当时有许多与越国相邻的边境上的地方官。755与中国异：与中原地区各郡县之间的情况不同。756限：隔断。757隔外内：分隔开中国与蛮夷。758下领水：沿着发源于南岭的河流乘船而下。领水，即今江西境内的赣水，北流入鄱阳湖。759漂石：顺水滚动的巨石。760田余干界中：在余干境内种田积粮。余干，汉县名，县治即今江西余干。761伐材治船：砍伐木材打造船只。762边城守候：南方边城的守军。763有入伐材：有人进山砍伐树木。764辄：随即。765积聚：贮存待用的物资，如粮食、木材等。766虽百越：即使有一百个闽越国。虽，即使。767绵力薄材：言其力气不大，身躯矮小。绵力，力如绵。材，身躯。768不可入：指中原人不能进入越地。769以保地险：言越人所居的地区有险要的地形可供防守。保，依据、防守。770不耐：不能适应。771所以入之：如果我们要去进攻。772五倍乃足：意谓光战斗部队就得五倍的人才能够用。773奉饷：运送粮饷。774瘅热：又有毒气又闷热。瘅，毒气。775蠚：毒。776疾疢：疾病。疢，病。777兵未血刃：尚未交战。778什二三：十分之二三。779举越国而虏之：把闽越人全部俘获而来。举，全部。780亡：损失。781道路言：来往的人们传说。782弟甲：犹言“弟某”。淮南王刘安上书时不知其名，故谓之“甲”，实名余善。783弑而杀之：已将闽越王郢杀死。〖按〗余善杀闽越王郢的详情见《史记·东越列传》。784甲以诛死：杀闽越王郢的其弟某人，已被其国人所杀。以，通“已”。〖按〗此言非实。余善并未被国人所杀，后来被汉王朝封为东越王。事见《史记·东越列传》。785其民未有所属：闽越国内眼下正没有君主。⑯来：招纳，使之前来。⑰内处之中国：也把他们安置在中原内地。⑱临存：前去加以安抚。存，慰问、安抚。⑲招致：招募。⑳归圣德：犹言“投明君”，归顺汉朝。㉑继其绝世二句：保留这个小国的建制，让其继续留存下去。〖按〗“兴亡国，继绝世”是孔子盛赞的美德，语见《论语·尧曰》。㉒建其王侯：再在那里设立一个君主。㉓以为畜越：让他管理越国。畜，养。㉔委质：委身，即今所谓“委身投靠”，死心塌地地归顺汉王朝。㉕为藩臣：为汉王朝起屏障藩篱作用的属下之国。旧称诸侯为天子之藩屏。㉖世共贡职：世世代代地向汉王朝进贡。共，通“供”，进贡。贡职，贡品。职，也是贡的意思。㉗方寸之印：赐给他一块一寸见方的小印章。㉘丈二之组：一条长长的绶带。组，丝绦，这里即指绶带，系印的带子。㉙填抚方外：软硬两手兼施地对付境外民族。填，通“镇”。㉚顿：同“钝”，在战争中坏损。㉛此：这些人，指闽越之民。㉜以：以为。㉝有司：主管此事的人，指带兵前往者。㉞必雉兔：像山鸡、野兔一样。㉟背而去之：等我们的军队离开那里。㊱留而守之：如果让我们的军队长期驻守在那里。㊲尉屠睢：秦朝的都尉姓屠名睢，秦始皇派出进攻岭南地区的带兵将领。㊳监禄：秦朝某郡的监郡其名曰禄，史失其姓。监郡与郡守、郡尉同为该郡的主要长官，由朝廷派御史出任，直接对朝廷负责。㊴凿渠通道：开凿灵渠，修建由湖南通往广西的通道。灵渠是秦朝开凿沟通湘江与漓江二水源头的重要渠道，在今广西兴安北，从此大大发展了南北的交通运输。㊵适戍：抽调罪人从军守边。适，通“谪”。秦时发兵，首先是征调罪犯，其次是征调工商业者，再次是征调赘婿。㊶山东之难：指陈涉、吴广带头发动农民起义，事在秦二世元年（公元前二〇九年）。详见《史记·陈涉世家》。㊷兵者凶事：因为战争要死人，要给国家民族、黎民百姓带来灾难，故自古有“兵者凶事”这种说法。㊸伞：惶恐。㊹莫敢校：没有人敢抵抗，这是古礼的规定。校，较量、对抗。㊺蒙徼幸以逆执事之颜行：豁着冒险和您派去的军队打一仗。蒙徼幸，冒险以求侥幸。徼幸，即侥幸。逆，迎、迎战。执事之颜行，您派出的将领所统率的军队。执事，主事人，指王恢、韩安国等。颜行，师古引文颖曰：“犹‘雁行’；在前行，故曰‘颜’也。”雁行，军队行进的样子，这里即指军队。㊻厮舆之卒有一不备而归：婉指被越人打败，被杀被俘。厮舆之卒，打柴、赶车的军中奴隶。有一不备而归，回来得不齐全，意即被俘被杀。㊼以四海为境：古人以为中国四周都有大海围着。㊽生民之属：意即所有生民、所有人类。属，类。㊾臣妾：奴婢，男为奴、女为婢。㊿覆露之：像天一样地覆盖着他们、像雨露一样地滋润着他们。(821)犹泰山而四维之：犹如泰山之安而四周又有所加固。四维之，从四周用绳索捆绑加固。维，捆绑。(822)何足以为一日之闲：师古引如淳曰：“得其地不足为一日闲暇之娱也。”〖按〗或可理解为“不值得花出一天的时间去经营它”。(823)汗马：让战马出汗。(824)诗云：下引二句见《诗经·常武》。(825)王犹允塞二句：意思是“天子的仁恩的确令人满意，所以徐方的民族前来归顺了”。允塞，确实令人满意。徐方，周初东部的少数民族名，活动在今江苏泗洪南。(826)怀：仰慕；向往。(827)为一使之任：只完成了一个和平使者的作用，意思是派兵征讨远不如派和平使者前去招纳。以上即刘安的《上书谏伐闽越》。⑧28 未隃领：此岭应指今江西东部与福建西北部之间相隔的大山，即武夷山。⑧29 相：谓闽越王郢之相。⑧30 不请：未向汉王朝请示。⑧31 听罢兵：接受我们的做法而撤兵回去。⑧32 固国完：我们的国家自然就得以保全。⑧33 不听二句：如果他们不听，我们就与他们以死相拼。⑧34 亡入海：逃到大海上去。亡，逃。⑧35 鏦：撞；以兵器投刺。⑧36 奉其头致大行：将闽越王郢的人头捧送到汉将王恢处。奉，捧。致，送交。⑧37 不战而殒：尚未开战而敌酋已死。陨，落，谓其王的人头已落。⑧38 以便宜案兵：根据现有情况遂按兵不再前进。"以便宜"即按照具体情况而临时改变朝廷成命。案，通"按"。⑧39 告大农军：将此事通知给大农令韩安国的军队。⑧40 罢两将兵：命令二将所率之军停止前进。罢，停止。⑧41 无诸孙繇君丑：老闽越王无诸的孙子，现在繇地为封君者名丑。繇，闽越地名，方位不详，自然是在今福建境内。〖按〗此处但言繇君丑为无诸之孙，其父何人，史文无明确交代。⑧42 不与谋：未参与闽越王郢的叛乱阴谋。⑧43 中郎将：皇帝的侍卫官员，上属郎中令，统领诸中郎。此人史未书名。⑧44 立丑为越繇王：徐孚远曰，"是时不立余善而更立丑者，欲其内相斗，因乱而取之也"。⑧45 奉闽越先祭祀：意即承认他是闽越王的真正继承人，因为只有继承人才有资格主持对先祖、先王的祭祀。⑧46 首诛郢：带头杀掉了闽越王郢。首，首事、首发。⑧47 师得不劳：省去了汉兵征讨的辛劳。⑧48 因立余善为东越王：因，于是。东越王，其都城在何处，史文无明确交代。⑧49 并处：并立为王。⑧50 谕意南越：向南越说明了讨平闽越的情况，实则是向他示意让他对汉王朝采取更加亲密的行动。⑧51 南越王胡：应作"南越王眜"，即南越文帝，名眜。⑧52 入宿卫：入朝为皇帝充当警卫，实则是令其太子入汉作为人质。⑧53 新被寇：指刚刚受过闽越的攻击。⑧54 使者行矣：意即请使者先回去。⑧55 胡方日夜装二句：我也将日夜不停地收拾行装，准备入朝拜见皇帝。方，将。装，用如动词，即收拾行装。⑧56 过淮南：路经淮南国的都城寿春。⑧57 嘉答其意：对刘安上书劝阻讨伐闽越的事情，也肯定其好意。⑧58 安谢不及：淮南王安则表示自己没有天子的远见而致歉意。⑧59 既去南越：离开南越后。⑧60 诛郢：讨伐闽越王郢。⑧61 亦行以惊动南越：也是顺便向南越提出警告。⑧62 期无失礼：只求大致上过得去就行了。⑧63 要之：重要的是。⑧64 不可以说好语：不能听信他们的几句好话。说，通"悦"。⑧65 竟：到底。⑧66 御史大夫：三公之一，掌管监察弹劾，位同副丞相。⑧67 东海太守濮阳汲黯：现任东海太守的濮阳人汲黯。东海是汉郡名，郡治郯县，在今山东郯城西北。汲黯，字长孺，濮阳（今河南濮阳西南）人，好黄老之学，反对酷吏与尊儒。事迹详见《史记·汲郑列传》。⑧68 主爵都尉：朝官名，秩二千石，管理列侯的封爵事务。⑧69 谒者：皇帝的侍从官员，掌管收发传达以及赞礼等事，上属郎中令。⑧70 以严见惮：由于态度过于严肃，被他人所敬畏。严，庄重、严肃。惮，畏、敬畏。⑧71 东越相攻：事在武帝建元三年（公元前一三八年）。建都在东瓯（今浙江温州）的东海王和建都在东冶（今福建武夷山市）的闽越王两个部落相互攻击。起因是吴、楚七国造反时，东海王（名摇）曾举兵跟从吴王刘濞；吴楚军败，东海王接受汉王朝的指令诱杀了吴王濞，使自己获免。刘濞之子逃入闽越，恨东海王袭杀其父，于建元三年，劝闽越出兵围东瓯。详情见《史记·东越列传》。⑫不至：没有到达东越地区。⑬吴：汉县名，县治即今江苏苏州，当时也是会稽郡的郡治所在地。⑭固其俗然：意谓“打打杀杀，本来就是这些生番化外者的常有之事”。⑮不足以辱天子之使：不值得让天子的使臣去跑这一趟。辱，这里指辛苦、烦劳。锺惺曰：“‘越人相攻，固其俗，不足以辱天子之使’，数语暗暗斩断武帝开边之根。”⑯河内：汉郡名，郡治怀县（今河南武陟西南），因其地处黄河以北，故称“河内”。当时人们称今河南境内的黄河以南曰“河外”。⑰延烧：蔓延被烧。延，蔓延。⑱家人：指平民百姓。师古曰：“犹言庶人家也。”⑲屋比延烧：房屋挨近，蔓延被烧。比，并、挨近。⑳河南：汉郡名，郡治洛阳（今河南洛阳东北部）。881以便宜：指事先未经请示而及时采取措施。882持节：秉持着皇帝所授的旌节，即以皇帝钦差的名义。883发河南仓粟：调拨河南郡内国家粮库的粮食。884振：通“赈”，救济。885归节：奉还此次出使所持之节。886伏矫制之罪：情愿接受犯了假传圣旨之罪的惩罚。矫制，假传圣旨。制，皇帝的命令。王念孙曰：“盖河内失火，武帝使黯往视，道经河南，见贫民伤水旱，因发仓粟振之。黯未至河内，先至河南，故曰‘臣过河南’。”锺惺曰：“河内失火，奉使往视，不问；而以便宜发仓粟振贫民。民维邦本，易动则危，老成长虑，人知黯之守正，而不知其能达权也。所谓‘社稷臣’，‘招之不来，麾之不去’，武帝看黯正于此处得之。”887好清静：清心寡欲、清静无为，是当时黄老之学的基本特征。此学派形成于战国中期，盛行于秦汉之际，其代表学说为《黄帝四经》与司马谈的《六家要旨》。888择丞史任之：选好几个下属，把郡里的事情都交给他们去办。丞史，指郡丞和郡中的其他曹吏。郡丞是太守的助理，史指掌管文书的吏员，这里指除郡丞以外的其他属吏。889大指：大体；大的方面。指，同“旨”。890不苛小：不管鸡毛蒜皮的事情。891闺阁：指内室。闺，内室小门。阁，旁门，后世始用以专指青年女子的卧房。892列于九卿：胡三省《通鉴注》曰：“汉太常、郎中令、中大夫令（卫尉）、太仆、大理（廷尉）、大行令（典客）、宗正、大司农、少府为正九卿；中尉、主爵都尉、内史列于九卿。”列于九卿，意即“准九卿”，享受“九卿待遇”。893无为：能不干的事情一律不干，能小干的事情绝不大干。894引大体：即上之所谓“责大指”，只抓大的方面。895不拘文法：不拘泥于规章条文。896倨：高傲，不屈礼于人。897面折：当面驳回人家的主张、见解，或当面指出人家的缺点、错误。折，断、驳回，通常指用于平级或下对上。898方招文学儒者：即通常所说的“尊儒”。招，延纳、进用。文学儒者，念儒学之书的书生。文学，当时指学术，这里指儒家所讲的那一套。899上曰“吾欲”云云：意谓武帝刚说“我想……”（想要兴办什么儒家提倡的事业），下文尚未出口，就被汲黯迎头打断了。荀悦《汉纪》云：“帝问汲黯曰，‘吾欲兴治，法尧舜，如何’?”900内多欲：内心里欲壑难平。901外施仁义：表面上高唱仁义的一套。902奈何：怎么能够。903唐、虞之治：唐尧、虞舜治理下的盛世局面。904公卿：三公九卿，泛指朝廷大臣。905戆：愚直。⑯数黯：责备汲黯。数，责、责备。⑰辅弼：辅佐。弼，佐助。⑱宁令：难道是让你们……。宁，难道、莫非。⑲从谀承意：阿谀、顺承。从谀，顺从阿谀。承意，顺承皇帝的意旨。⑩纵爱身二句：意谓即使自己害怕犯罪，但如果由于自己未尽职责而给朝廷带来耻辱（指坏事公行），那又怎么办呢。陈仁锡曰:“忠臣心事，与沽名者不同。”⑪病且满三月二句：且，将。赐告，赐给假期、延长其假期。泷川引中井曰:“告，休假也。汉法：病免三月当免官，赐告则不免官而养病。”数，一再、多次。⑫最后病二句:《汉书》无“病”字，二句作一句读，疑《汉书》是。请告，请假。⑬任职居官：指一般情况下的居官任职、照章办事。⑭守城深坚：李笠《史记订补》曰，“城，当依《汉书》作‘成’，此涉下文‘深坚’而误为‘城’也。深坚，即‘招之不来，麾之不去’之谓，非谓城之深坚也”。守成，指坚守老皇帝的既定方针。⑮招之不来二句：指一心拥护少主，任何力量也不能动摇。如肥义之护持赵惠文王、荀息之遵献公命拥立卓子。见《史记》之《赵世家》《晋世家》。⑯自谓贲、育：像孟贲、夏育那样勇猛的人。孟贲、夏育都是战国时的著名勇士。据说孟贲能生拔牛角，夏育能力举千钧，生拔牛尾。⑰夺：夺志；使之改变主意。⑱社稷之臣：能与国家共存亡的大臣。《史记·袁盎晁错列传》云:“社稷臣，主在与在，主亡与亡。”⑲匈奴来请和亲：匈奴是战国后期以来活动于今中国内蒙古与蒙古国一带的少数民族，秦汉时期成为主要的北部边患。刘邦建国初期对匈奴实行和亲政策，其后历吕后、文帝、景帝一直如此。但匈奴不守和约，时常进扰汉朝的北部边境。事情详见《史记·匈奴列传》。⑳下其议：将此事交给群臣讨论。㉑燕：汉初以来的诸侯国名，都城蓟县（今北京）。此时的在位之君是刘邦功臣刘泽之孙刘定国。㉒习胡事：熟悉有关匈奴人内情。胡，当时用以称匈奴人。㉓率不过数岁：一般都维持不了几年。率，大概、大致。㉔倍约：背叛条约。㉕迁徙鸟举：像飞鸟一样来去无常。㉖自上古不属为人:《史记索隐》曰，“不内属于汉为人”。李笠曰:“‘人’字宜作‘民’，疑小司马避太宗讳改史文也。”〖按〗《史记·平津侯主父列传》主父偃亦有所谓“上及虞夏殷周，固弗程督，禽兽畜之，不属为人”之语。泷川曰:“‘不属为人’，不隶属为民也。”㉗罢乏：同“疲乏”。罢，通“疲”，疲惫。㉘以全制其敝:以己之全，制敌之敝。敝，疲惫。㉙不如和亲：钱锺书曰:“《史记》于此记王、韩两造各抒己见；明年元光元年王恢请攻匈奴，《史记》未载有持异议者，《汉书·窦田灌韩传》则详著恢又与安国廷辩之词。恢以为击之便，安国以为勿击便，皆持之有故，回环往复者三。前乎此者唯《赵策三》秦索六城，赵王与楼缓、虞卿计，一言予，一言勿予，亦往复者三。《楚策一》齐索东地，楚襄王谘之朝臣，子良曰‘不可不予’；昭常曰‘不可予’，而慎子劝王‘合采二子之计’，正反相成，古书所载集思综断之佳例，此为朔矣。”㉚孝廉：汉代选拔人才的科目之一，主要取其道德质量方面的既孝且廉。㉛董仲舒之言：董仲舒的建言在其《贤良对策》中，见本书武帝建元元年。㉜李广：陇西成纪（今甘肃秦安北）人，西汉名将。事迹详见《史记·李将军列传》。⑬骁骑将军：杂号将军名，以勇敢善骑射命名。⑭云中：汉郡名，郡治在今内蒙古托克托东北。⑮中尉程不识：现任中尉之职的将军程不识。中尉，维持首都治安的长官，官秩二千石。事迹杂见于《史记·李将军列传》。⑯车骑将军：统领车兵与骑兵，地位在骁骑将军之上。⑰雁门：汉郡名，郡治善无，在今山西右玉南。⑱罢：驻军撤掉。⑲以边太守将兵：以边郡太守的身份统领军队。将，统领、率领。⑳广行无部伍行陈：李广部队的行军，士卒皆任意而行，不按编制，不成行列。行，行军。部伍，犹言“部曲”。《续汉书·百官志》：“大将军营五部。部，校尉一人。部下有曲，曲有军候一人。”师古曰：“广尚于简易，故行道之中不立部曲也。”行陈，行列次序。㉑就善水草舍止：挨着有好水好草的地方安营下寨。就，接近、靠近。㉒不击刁斗：不安排打更巡逻。刁斗，铜制的军用饭锅，白天用以煮饭，夜间用以敲击巡逻。㉓莫府：同“幕府”，指将军的办事机构。师古曰：“莫府者，以军幕为义。军旅无常居止，故以帐幕言之。”㉔省约文书：指各种公文案牍之类一律从简。㉕远斥候：将哨探人员放出去很远，有敌情可以及早得知。斥候，侦察敌情的人员。㉖正部曲行伍营陈：部队编制、行列次序一切都要求得很严格。正，整理、整顿。㉗治军簿至明：按规章条文管理士兵极其严格。㉘简易：宽松自由，不讲烦琐的规章制度。㉙卒犯之：敌人突然进犯。卒，通“猝”，突然。㉚无以禁也：没法抵抗。㉛佚乐：指平时生活得安闲快乐。㉜咸乐为之死：到战斗时能人人奋勇，不怕牺牲。㉝匈奴畏李广之略二句：略，才略，为人做事的风度才情。凌稚隆《史记评林》引董份曰：“载不识言，以见军法之正；载‘匈奴畏李广之略’二句，以明广之能。载事必如此，然后义备，而笔端鼓舞。”姚苎田曰：“广惟有勇略，又能爱人，于兵法‘仁’‘信’‘智’‘勇’‘严’者，实有其四，惟少一‘严’耳。然其远斥候以防患，法亦未尝不密也。但说到‘无部伍行阵’‘省文书籍事’，此大乱之道，恐不能一日聚处，疑亦言之过甚。愚谓要是文字生色耳，未必简易至此极也。”〖按〗姚氏可谓善读《史记》。㉞臣光曰：如同《史记》中的“太史公曰”，是写史者要对他所写的历史人物、历史事件发表评论时的前置语。㉟《易》曰：《周易》上说。下引二句是《周易·师卦》的爻辞。㊱师出以律二句：意谓军队要有纪律，如果军纪不好就会有危险。否臧，不善，指军纪不好。㊲治众而不用法：管理很多人而没有法度。法，法度、法令、规章措施。㊳将：统兵；治众。㊴不可以为法：不能用做常规。㊵其继者难也：后来人再这么做难以取得好的效果。㊶并时：同时。㊷小人：指一般士兵、一般民众。㊸安肆：闲散自由。肆，放纵、随心。㊹昧于近祸：看不到就在身边的危险。昧，看不见。㊺仇其上：仇视其上级。㊻兵事以严终：治军必须一严到底。㊼亦严而已：也是必须严格，没有别的。㊽鲜不覆亡：很少不彻底失败。鲜，稀少。㊾贤良文学：汉代选拔人才的科目名，其条件是质量优秀的儒生。文学，诵读儒学经典的士子。㊿亲策：亲自出题考问。策，考试题目，因其写在简策上，故曰“策”。○971七月癸未：七月二十九。

【校记】

［4］弗：原作“勿”。据章钰校，乙十一行本作“弗”。今从乙十一行本及《通鉴纪事本末》《汉书·严朱吾丘主父徐严终王贾传上》改。［5］阻险：原作“险阻”。据章钰校，乙十一行本二字互乙。今从乙十一行本及《汉书·严朱吾丘主父徐严终王贾传上》改。［6］用：原作“奉”。据章钰校，乙十一行本、孔天胤本皆作“用”。今从诸本及《通鉴纪事本末》《汉书·严朱吾丘主父徐严终王贾传》改。［7］简忌：原作“间忌”。胡三省注云：“师古曰，‘《淮南王传》作“简忌”。此本作“间”，传写字误省耳’。”据章钰校，孔天胤本作“简忌”，张敦仁《通鉴刊本识误》同，今从改。［8］破：原作“败”。据章钰校，乙十一行本作“破”，傅增湘校北宋本同。今从乙十一行本及《通鉴纪事本末》《汉书·严朱吾丘主父徐严终王贾传》改。［9］杀：“杀”下原空一格。据章钰校，乙十一行本不空格，孔天胤本空格作“郢”字。今从乙十一行本及《通鉴纪事本末》《史记·东越列传》删空格。［10］不识：原作“程不识”。据章钰校，乙十一行本无“程”字，傅增湘校北宋本同，今据删。

【研析】

本卷写了武帝建元元年（公元前一四〇年）至元光元年（公元前一三四年）共七年间的全国大事，其中最值得注意的事情有以下几点。

第一，关于汉武帝第一次发动尊儒被窦太后扑灭的问题。汉武帝上台的第一年年仅十六岁，照理说在幕后垂帘的应该是武帝的母亲王太后，但实则不然，干预朝政的是老祖母窦太后。窦太后是文帝的皇后，景帝的母亲。早在景帝在位时，窦太后就干预朝政，杀了身居中尉之职的郅都，并纵容小儿子梁孝王，差点酿成一场共叔段向郑庄公夺权的宫廷政变。汉景帝死后，老奶奶仍不甘寂寞，还要给孙子汉武帝垂帘。这是王太后所不能答应的，于是在建元元年她就与儿子汉武帝、弟弟田蚡联合起来向老太太发难，其口号就是“尊儒”。他们先是搞什么建立“明堂”等不着边际的一套，由于事情不关大体，所以窦太后冷眼旁观，不露声色。待至建元二年，御史大夫赵绾请求武帝从此“毋奏事东宫”，有事不要再向窦老太后请示时，窦太后突然出击，一举罢免了汉武帝所立的丞相、太尉，杀掉了汉武帝所立的御史大夫、郎中令，让汉武帝费劲从全国招致而来的著名儒生一个个从哪儿来的就回到哪儿去。请注意，这不是震惊天下的政变是什么？和两千多年后的“戊戌政变”几乎一模一样。奇怪的是两千年来的所有历史书都不把这件事情称作“政变”，都只是在讲经学史的时候轻轻讲一讲，不知到底为什么。这桩历史公案完完整整地写在《史记·魏其武安侯列传》里。直到建元六年，窦太后病死，这块巨大的绊脚石自动离开了历史舞台后，汉武帝才得以扫荡了窦太后的执政班底，召回了其舅氏田蚡等，重新开张了他的“尊儒”宏业。说来也令人可笑，分明是一场尖锐而残酷的夺权与反夺权的宫廷政变，双方却都披挂了一种“尊儒”或是“尊黄老”的学术斗争。

第二，关于董仲舒的贤良对策与后代官方史学对董仲舒其人、其文的评价问题。首先，董仲舒的上书对策到底是在哪一年。《史记》语焉不详，《汉书·董仲舒传》含糊其词，《资治通鉴》将其系于建元元年，而《汉书·武帝纪》则分明说“元光元年五月诏贤良曰”云云，“于是董仲舒、公孙弘等出焉”。究竟哪个为是，后代学者多以为应在元光元年，不赞成《资治通鉴》本篇的写法。其次是董仲舒的评价，司马迁对之评价并不高，只在《史记·儒林列传》里有短短的几行字，而且说话带着嘲弄。说董仲舒“以《春秋》灾异之变推阴阳所以错行”所著的灾异之书，汉武帝将其“糊名”让一群儒生讨论时，竟被董仲舒自己的弟子吕步舒认为是“下愚”之作。以至于使董仲舒被下狱，差点被杀，吓得他从此闭口再也不谈“灾异”问题。对董仲舒大肆吹捧的是西汉末年的刘向，他说“董仲舒有王佐之材，虽伊吕亡以加；管晏之属，伯者之佐，殆不及也”。刘向的儿子刘歆对其父亲的话不以为然，他认为董仲舒的地位还赶不上孔子的弟子子游、子夏。《汉书·董仲舒传》的作者班固评价也大致如此。董仲舒的文章鼓吹“天命”，大讲“阴阳灾异”，奇谈怪论，累牍连篇，使人感到可厌。这种一方面引经据典，一方面鼓吹天命；一方面谆谆告诫，一方面又虚声恫吓的既迂腐、又离奇的文章，以后我们还要在刘向、谷永等人的作品中读到。

第三，关于东方朔、司马相如等文学之士的评价问题。本卷在建元三年有一段文字说：“上自初即位，招选天下文学材智之士，待以不次之位。四方士多上书言得失，自眩鬻者以千数，上简拔其俊异者宠用之。庄助最先进，后又得吴人朱买臣、赵人吾丘寿王、蜀人司马相如、平原东方朔、吴人枚皋、济南终军等，并在左右。每令与大臣辨论，中外相应以义理之文，大臣数屈焉。然相如特以辞赋得幸。朔、皋不根持论，好诙谐，上以俳优畜之，虽数赏赐，终不任以事也。朔亦观上颜色，时时直谏，有所补益。”这段话提到名字不少，但人们最熟悉的是司马相如与东方朔。而这两个人都是被汉武帝“俳优畜之”，也就是被视作只供插科打诨、起开心解闷之用的。这两个人在文学史上都是有巨大贡献的文学家，司马相如作品的思想性可以说是很差，是一种御用文学。其《子虚赋》《上林赋》极力铺叙皇家的种种生活排场，以一种夸张、颂扬的口吻描写他们的吃喝玩乐。对于这种文章扬雄曾入木三分地评论说：“靡丽之赋，劝百风一，犹骋郑卫之音，曲终而奏雅。”即以本卷所引的《上疏谏猎》而言，统治者沉靡于游猎，荒废政事不说，单以扰民而言，其害大矣，但司马相如竟专从不利于皇帝的龙体安康进言，谄媚之态可掬。但如果抛开思想，单从艺术、审美、文学发展上讲，司马相如还是有贡献的。鲁迅在《从帮忙到扯淡》里说：“中国的雄主是把‘帮忙’与‘帮闲’分开来的，前者参与国家大事，作为重臣；后者却不过叫他献诗作赋，'俳优畜之'，只在弄臣之列……司马相如在文学史上也还是很重要的作家，为什么呢？就因为他究竟有文采。”但要说到东方朔，就应该换一种眼光了。东方朔也是重要的文学家，他的《解嘲》《答客难》从文体而论，都很有开创性；若说到他的《谏起上林苑疏》，则东方朔不仅是一位杰出的文学家，而且是一位很有良心、很有责任感，而且是一位能见义勇为的人。本篇写了一段汉武帝化装游猎，践踏民田，惹得民怨沸腾；又要大肆圈地，扩展园林，以满足其个人游荡的情节，对此，三公九卿哪个上过谏章？只有东方朔冒死上了这篇书疏。但《通鉴》文章居然说“朔、皋不根持论，好诙谐，上以俳优畜之”。东方朔好诙谐不假，但《谏起上林苑疏》是“不根持论”吗？明代林希元称赞此文：“义理甚正畅，利害甚明快，辞气昌大，美丽典则，如黄钟大吕，可茂郊庙；如黼黻冕弁，可表冠裳。虽枚乘、邹阳辈以文章名，或未能过也。”徐中行也说：“朔谏止上林苑一疏，较相如《谏猎》《长杨》更宏赡古雅，乃西京谏书第一。”

第四，关于淮南王刘安《谏伐闽越》一文的思想与史料价值。刘安《谏伐闽越》一文，司马迁在《史记·淮南衡山列传》中没有提及，而在《韩长孺列传》《平津侯主父列传》中都提到了韩安国与主父偃的“谏伐匈奴”与公孙弘的“谏通西南夷”。其思想都是一样的，都代表了司马迁批评汉武帝的主要观点，即所谓“贪欲无度”“劳民伤财”等。本卷还写了汲黯其人的一些活动，汲黯可以说是司马迁在这个方面的重要代言人。刘安的这篇文章有重要的史料价值，首先是他提到了秦始皇统一全国后的讨伐岭南地区，他提到了“尉屠睢”与“监禄”两位领军人物，这是很珍贵的，《史记·秦始皇本纪》与其他有关篇章都没有说到这些人，而且在《河渠书》中竟然根本没有提到开凿灵渠的事情。其次是这篇文章还提到了淮南王刘长派兵打败南海王，将其部众迁居上淦；后来这些人又反，刘长付出了重大牺牲才将其讨平的故事。“南海王”的事情只在《史记》与《汉书》的《淮南王列传》和《汉书·高帝纪》中共提到三次，但都语焉不详，只有刘安这篇文章对之叙述得比较清晰。而刘安这篇文章《史记》《汉书》都不载，而被司马光收入《通鉴》，可谓独具只眼。

卷第十八　汉纪十

起著雍涒滩（戊申，公元前一三三年），尽柔兆执徐（丙辰，公元前一二五年），凡九年。

【题解】

本卷写了武帝元光二年（公元前一三三年）至元朔四年（公元前一二五年）共九年间的全国大事，其中最重要的是写了汉武帝于元光二年设谋引诱欲袭击匈奴于马邑，结果因走漏消息而一无所获，并由此引发汉、匈双方进入战争状态，以及此后以卫青为主要统帅对匈奴人大张挞伐的关市之战、雁门之战，以及收复河南、设立朔方郡等，这些胜利都是前所未有的。朔方郡的设立，标志着汉王朝北部边防的空前巩固，并为此后对匈奴的大举进攻奠定了基础。其次是写了唐蒙、司马相如怂恿汉武帝通西南夷，以及张骞通西域，为此后劳民伤财通西南夷与讨伐大宛做了伏笔。此外还写了武帝上台初期田蚡的专权跋扈，杀害窦婴、灌夫；写了公孙弘因念《公羊春秋》而平步青云，封侯拜相；写了主父偃建言实行"推恩法"，以便将诸侯国化整为零，逐步削弱；写了张汤、赵禹以严酷执法而受武帝信用，以及汉武帝因希求长生不死而被李少君、谬忌等骗子所愚弄等。本卷收入的文章甚多，一类是徐乐、严安、主父偃的谏伐匈奴，这些文章在当时虽然不合时宜，但受到司马迁、司马光等历史家的喜爱，故而连篇载录；另一类则是班固、荀悦由西汉游侠郭解被杀所引发的对游侠问题的尖锐批评。在这些地方表现了班固与司马迁立场、观点的巨大差异。

【原文】

世宗孝武皇帝上之下

元光二年（戊申，公元前一三三年）

冬，十月，上行幸雍①，祠五畤②。

李少君③以祠灶④却老方⑤见上，上尊之。少君者，故深泽侯舍人⑥，匿其年及其生长⑦，其游以方遍诸侯⑧，无妻子。人闻其能使物⑨及不死，更馈遗之⑩。常余金钱、衣食，人皆以为不治生业⑪而饶给⑫。又不知其何所人⑬，愈信，争事之⑭。少君善为巧发奇中⑮。尝从武安侯饮⑯，坐中有九十余老人，少君乃言与其大父⑰游射处。老

【语译】

世宗孝武皇帝上之下

元光二年（戊申，公元前一三三年）

冬季，十月，汉武帝到雍县巡视，在五座祭天的坛台祭天。

方士李少君以祭祀灶神能得到长生不老药方求见汉武帝，汉武帝对他十分敬重。李少君，是已故的深泽侯的家臣，他隐瞒了自己的年龄、籍贯及个人经历，利用“长生不老药方”游遍了各个诸侯国。他没有妻子儿女。人们听说他能够驱使鬼神、使人长生不老，就轮番地馈赠给他财物。因此，他总是有用不完的金钱和衣食，人们看到他虽然不从事任何谋生的事业却用度富足。又不知道他究竟是什么人，对他说的话就越加相信，都争相侍奉他。李少君善于察言观色，总能摸透人的心理，说到人的心坎上。他曾经跟武安侯田蚡在一起饮酒，在座的有一位九十多岁的老人，李少君竟然说出与那位老人的祖父在一起游玩射箭的地方。那位老人小时候经常跟

人为儿时，从其大父，识其处⑱，一坐尽惊。少君言上曰："祠灶则致物⑲，致物而丹沙可化为黄金，寿可益⑳。蓬莱㉑仙者可见，见之，以封禅㉒则不死，黄帝是也㉓。臣尝游海上，见安期生㉔。食臣枣，大如瓜㉕。安期生，仙者，通蓬莱中㉖，合㉗则见人，不合则隐。"于是天子始亲祠灶，遣方士入海求蓬莱安期生之属，而事化丹沙诸药齐为黄金矣㉘。居久之，李少君病死，天子以为化去，不死。而海上燕、齐㉙怪迂之方士多更来言神事矣㉚。

亳人谬忌㉛奏祠太一㉜。方曰㉝："天神贵者太一，太一佐㉞曰五帝㉟。"于是天子立其祠㊱长安东南郊。

雁门马邑豪聂壹㊲，因大行王恢言㊳："匈奴初和亲㊴，亲信边㊵，可诱以利致之㊶，伏兵袭击，必破之道也。"上召问公卿。王恢曰："臣闻全代之时㊷，北有强胡㊸之敌，内连中国之兵㊹。然尚得养老长幼㊺，种树以时㊻，仓廪常实㊼，匈奴不轻侵㊽也。今以陛下之威，海内为一，然匈奴侵盗不已者，无他，以不恐㊾之故耳。臣窃以为击之便㊿。"

韩安国曰："臣闻高皇帝尝围于平城[51]，七日不食。及解围反位[52]，而无忿怒之心[53]。夫圣人以天下为度[54]者也，不以己私怒伤天下之公[55]。故遣刘敬[56]结和亲，至今为五世利[57]。臣窃以为勿击便。"

恢曰："不然。高帝身被坚执锐[58]，行几十年[59]，所以不报平城之怨者，非力不能，所以休天下之心[60]也。今边境数惊[61]，士卒伤死，中国槥车相望[62]，此仁人之所隐[63]也。故曰击之便。"

安国曰："不然。臣闻用兵者以饱待饥[64]，正治以待其乱[65]，定舍以待其劳[66]，故接兵覆众[67]，伐国堕城[68]，常坐而役敌国[69]，此圣人之

着祖父游玩，还记得那个地方，当时在座的人都感到很震惊。李少君对汉武帝说："祭祀灶神能招致精灵，这些精灵能把丹砂炼成黄金，服食这样的黄金可以使人延年益寿。还能看见漂浮在大海中的蓬莱仙山以及山上的神仙，看见神仙以后，再去泰山封禅就可以长生不老，古代轩辕黄帝就是这样升仙的。我曾经在大海上遨游，看见了仙人安期生。安期生拿枣给我吃，那个枣大得就像西瓜一样。安期生，是一个仙人，他与蓬莱仙山的人相往来，遇见道术与他相合的他就出来与之相见，如果是与他道术不合的他就隐身不见。"于是汉武帝开始亲自祭祀灶神，又派遣方士入海寻求蓬莱仙山和安期生这类的神仙，并开始从事冶炼丹砂及各种药材，想使丹砂变成黄金。过了很久，李少君病死，汉武帝认为他是升仙而去，而不是死。于是靠近海边的燕国、齐国中那些行为怪异言语荒诞的方士也纷纷来到京师向汉武帝讲述有关神仙之事。

亳县人谬忌奏请汉武帝祭祀天神太一。有关太一之神的仙方上说："天神中最尊贵的是太一神，辅佐太一神的是青帝、白帝、黄帝、赤帝、黑帝。"于是汉武帝在长安东南郊为太一神建立祭祀的庙宇。

雁门郡马邑县的富豪聂壹，通过大行令王恢向汉武帝建议说："匈奴刚刚与汉朝和亲，因此相信我们的边郡不会向他们发起进攻，可以用利益引诱他们前来，设好埋伏，等他们一来就袭击他们，这是把他们打败的最好办法。"汉武帝召集公卿大臣商议此事。大行令王恢说："我听说当初代国作为一个独立国家而存在的时候，北边有强大的敌人匈奴，南边受到中原国家的威胁。然而代国之人仍然能够安居乐业，使人老有所养，抚育儿童成长，人们按时种植庄稼，仓库里的粮食总是很充足，匈奴不敢轻易前来侵扰。现在，凭借陛下的威严，四海归于统一，匈奴却不断地前来侵扰，没有别的，就是因为他们不惧怕我们。我认为还是抓住机会给他们点教训为好。"

韩安国说："我听说高皇帝刘邦曾经被匈奴围困在平城，整整七天都没能吃上饭。等到解围之后返回京师，却没有因愤怒而去寻机报复。这是圣人以天下人普遍受益为尺度，不以一己私愤而使天下人的公共利益受损。所以派遣刘敬去匈奴和亲，至今已经使五代皇帝都得到了和亲的好处。我认为还是不要袭击匈奴为好。"

王恢说："你说得不对。高皇帝亲自披坚执锐，东征西讨了将近十年，之所以没有报平城被围之仇，不是力量不够，而是一心想让天下人得到休养生息。现在边境一日数惊，士卒伤亡不断，中国运送战死者尸体的棺车相望于道，这是具有仁爱之心的人心中的隐痛。所以还是应该攻打他们为好。"

韩安国说："你说得不对。我听说会用兵的人以己之饱以待敌之饥，以己国之治等待敌国之乱，安排好自己的居住条件，以己之逸待敌之劳，所以只要一和敌人交战，就能彻底消灭敌人，只要讨伐敌国，就一定能够摧毁他的城池，自己端坐不动

兵也。今将卷甲轻举[70]，深入长驱，难以为功。从行则迫胁[71]，衡行则中绝[72]。疾[73]则粮乏，徐则后利[74]。不至千里，人马乏食。《兵法》曰'遗人获也'[75]。臣故曰勿击便。"

恢曰："不然。臣今言击之者，固非发而深入也。将顺因单于之欲[76]，诱而致之边[77]，吾选枭骑[78]壮士，阴伏而处[79]以为之备，审遮险阻[80]以为其戒[81]。吾势已定，或营[82]其左，或营其右，或当其前，或绝其后，单于可禽[83]，百全必取[84]。"上从恢议。

夏，六月，以御史大夫韩安国为护军将军[85]，卫尉李广[86]为骁骑将军[87]，太仆公孙贺[88]为轻车将军[89]，大行王恢为将屯将军[90]，太中大夫李息[91]为材官将军[92]。将车骑、材官三十余万匿马邑旁谷中[93]，约[94]单于入马邑纵兵[95]。阴使聂壹为间[96]，亡入匈奴[97]，谓单于曰："吾能斩马邑令、丞[98]，以城降，财物可尽得。"单于爱信[99]，以为然而许之。聂壹乃诈斩死罪囚，县[100]其头马邑城下，示单于使者为信[101]，曰："马邑长吏已死，可急来！"于是单于穿塞[102]，将十万骑入武州塞[103]。未至马邑百余里[104]，见畜[105]布野而无人牧者，怪之。乃攻亭[106]，得雁门尉史[107]，欲杀之。尉史乃告单于汉兵所居。单于大惊曰："吾固疑之。"乃引兵还，出曰："吾得尉史，天也！"以尉史为天王[108]。塞下传言单于已去，汉兵追至塞[109]，度弗及[110]，乃皆罢兵。王恢主[111]别从代出击胡辎重[112]，闻单于还，兵多，亦不敢出。

上怒恢。恢曰："始，约为入马邑城，兵与单于接，而臣击其辎重，可得利。今单于不至而还[113]，臣以三万人众不敌，只取辱[114]。固知还而斩，然完[115]陛下士三万人。"于是下恢廷尉[116]。廷尉当恢逗桡[117]，当斩。恢行千金丞相蚡[118]，蚡不敢言上，而言于太后曰："王恢首为[119]马邑事，

而能支使得敌方团团转，这就是圣人的用兵之道。如果现在派轻装部队去奔袭敌人，深入敌境、长驱直入，很难取得成功。如果纵向行进，则担心正面受到敌人的迎击，兵分数路并排推进，则后边无法接应。疾速前进，则给养供应不上，缓慢前进，又无法抓住战机。还没等行进上千里路，就已经是士兵缺少粮食，战马缺乏草料。如《兵法》上说的‘把自己的军队送过去，使之成为敌方的俘虏’。所以，我认为还是不要袭击他们为好。”

王恢说：“你说得不对。我现在所说的袭击他们，并不是要发动军队深入敌境。而是利用匈奴单于的贪欲，引诱他们进入我国边境，我们挑选骁勇的骑兵与壮士，悄悄地在隐蔽处埋伏好，做好迎敌的准备，利用一切有利地形做好警戒。我们的军队完成部署后，或进攻敌人的左侧，或进攻敌人的右侧，或正面进攻，或断绝敌人的后路，匈奴单于可以被擒获，百无一失，必定大获全胜。”汉武帝于是决定听取王恢的意见。

夏季，六月，汉武帝任命御史大夫韩安国为负责节制、协调各路兵马的护军将军，任命卫尉李广为骁骑将军，太仆公孙贺为轻车将军，大行王恢为将屯将军，太中大夫李息为材官将军。五位将军率领战车、骑兵、特种兵等总计三十余万埋伏在马邑旁边的山谷中，只等匈奴单于率领人马来到马邑，然后一起出兵将其擒获。暗地里又派聂壹为间谍，逃到匈奴去，对单于说：“我能杀死马邑的县令、县丞，使全城的人都投降匈奴，马邑的全部财物就归匈奴所有了。”匈奴单于很喜欢、信任聂壹，认为聂壹的计划可行，就同意按照聂壹的计划行事。聂壹回到马邑以后，先杀死了两名死囚犯，诈称是斩杀了县令、县丞，并把他们的人头悬挂在马邑城门上，指给单于的使者作为凭证，并大声说：“马邑的县令、县丞已经被我杀死了，请匈奴单于赶紧来！”于是单于穿过边塞，率领十万骑兵进入武州边塞。在距离马邑还有一百余里的地方，单于看见牲畜漫山遍野而无人放牧，感到很奇怪。便去攻打边境上用以眺望敌情与传递消息的碉堡，俘虏了雁门郡郡尉手下的一尉史，并准备把尉史杀死。尉史害怕被杀，就将汉朝军队埋伏的地点全部告诉了匈奴单于。匈奴单于大惊说：“我本来就怀疑汉军有埋伏。”于是立即撤兵，当退出雁门关外后说：“我得到尉史，真是天意啊！”于是封尉史为天王。塞下传来消息说单于已经退去，汉兵追到边塞，估计已经追赶不上，于是罢兵而回。王恢负责率领另外一支军队从代郡出兵袭击匈奴运送辎重的部队，但听说单于已经退兵，兵力众多，也没敢出兵拦截。

汉武帝非常恼恨王恢。王恢辩解说：“当初约定等匈奴单于进入马邑城，两军交战之后，我再率军袭击匈奴的辎重，可以获得胜利。现在匈奴单于没有到达马邑就退出塞外，我如果以三万人对付匈奴的十万人，不仅不能取胜，反而自取其辱。我本来知道不战而回罪当斩首，然而我为陛下保全了三万人马。”于是将王恢交给廷尉审理。廷尉判王恢为畏敌观望、停滞不前，罪当斩首。王恢用千金贿赂丞相田蚡，

今不成而诛恢，是为匈奴报仇也⑳。”上朝太后，太后以蚡言告上。上曰：“首为马邑事者恢，故发天下兵数十万，从其言为此。且纵㉑单于不可得，恢所部击其辎重，犹颇㉒可得，以尉㉓士大夫㉔心。今不诛恢，无以谢天下㉕。”于是恢闻，乃自杀。自是之后，匈奴绝和亲，攻当路塞㉖，往往㉗入盗于汉边，不可胜数。然尚贪乐关市㉘，嗜汉财物。汉亦关市不绝以中㉙其意。

三年（己酉，公元前一三二年）

春，河水徙㉚，从顿丘东南流㉛。夏，五月丙子㉜，复决濮阳瓠子㉝，注钜野㉞，通淮、泗㉟，泛郡十六㊱。天子使汲黯、郑当时㊲发卒十万塞之，辄复坏㊳。是时，田蚡奉邑食鄃㊴。鄃居河北，河决而南，则鄃无水灾，邑收多。蚡言于上曰：“江、河之决，皆天事，未易以人力强塞㊵，塞之未必应天㊶。”而望气㊷用数㊸者，亦以为然。于是天子久之不复事塞㊹也。

初，孝景时，魏其侯窦婴㊺为大将军㊻。武安侯田蚡乃为诸郎㊼，侍酒㊽，跪起如子侄。已而蚡日益贵幸㊾，为丞相。魏其失势㊿，宾客益衰(151)，独故燕相颍阴灌夫(152)不去。婴乃厚遇(153)夫，相为引重(154)，其游如父子然(155)。夫为人刚直使酒(156)，诸有势，在己之右(157)者，必陵(158)之。数因醉[1]，忤丞相(159)。丞相乃奏案(160)：“灌夫家属横颍川(161)，民苦之(162)。”收系(163)夫及支属(164)，皆得弃市(165)罪。

魏其上书论救(166)灌夫，上令与武安东朝廷辨(167)之，魏其、武安因互相诋讦(168)。上问朝臣：“两人孰是(169)？”唯汲黯是魏其(170)，韩安国两以为是(171)，郑当时是魏其，后不敢坚(172)。上怒当时(173)曰：“吾并斩若属(174)矣！”即罢(175)。起，入(176)，上食太后(177)，太后怒不食(178)，曰：“今我在

田蚡不敢直接为王恢向皇帝求情，就向王太后求情说："马邑事件是王恢首先发起，现在因为没有成功就要诛杀王恢，这是在为匈奴报仇啊。"在汉武帝拜见王太后的时候，王太后将田蚡的话告诉了汉武帝。汉武帝说："首先提议在马邑设置埋伏俘获匈奴单于的是王恢，所以我调动了全国的数十万大军，按照王恢的计谋行事。当时即使不能俘获单于，如果王恢的部队能够出兵袭击匈奴军队的辎重，还可以使全军将士的心理得到些许安慰。现在不诛杀王恢，没法向天下人交代。"王恢知道这个消息后，就绝望地自杀了。从此之后，匈奴拒绝和亲，不断派兵攻击汉朝的交通要塞，常常入侵汉朝边境进行抢劫，次数多得不可胜数。然而，匈奴还是贪图与汉朝在边境的交易市场上做买卖，特别喜欢汉朝的财物。汉朝为了迎合匈奴的需要也没有关闭边境上的交易市场。

三年（己酉，公元前一三二年）

春季，黄河发生决口，河水离开故道，穿过顿丘县境向东南方向流去。夏季，五月初三日丙子，黄河水又冲毁了濮阳县的瓠子大堤，汹涌的洪水灌入巨野泽后与淮河、泗水连通起来，大水淹了十六个郡。汉武帝派遣汲黯、郑当时带领十万名士兵前去堵塞决口，决口被堵上之后，很快又被冲垮。当时，田蚡的封地在鄃县。鄃县在黄河之北，如果黄河在南岸决口，鄃县就能避免水灾而获得丰收。田蚡对汉武帝说："江、河决口，乃是上天的旨意，靠人力强行将其堵塞是很不容易的事，堵塞决口未必符合天意。"那些以占测云气来比附人世吉凶的和讲究各种迷信的人，也都认为是这样。于是汉武帝很长时间没有派人去堵塞黄河决口了。

当初，孝景帝的时候，魏其侯窦婴为大将军。武安侯田蚡只不过是个郎官，那时，田蚡在窦婴面前陪侍宴饮，跪拜起居就像子侄一样。后来，田蚡日益受到武帝的宠爱，地位也越加尊贵，直到做了丞相。魏其侯窦婴却失去权势，原来的宾客也逐渐地离开他而去投靠了田蚡，只有曾经担任过燕国丞相的颍阴人灌夫没有离开他。窦婴于是厚待灌夫，两人互相借助，来往密切得俨然父子一样。灌夫为人刚强正直，酒后逞强使气，那些有权有势、地位比自己高贵的，他就一定想尽办法去凌辱。屡次因为酒醉而冒犯丞相田蚡。田蚡于是奏请皇帝惩处灌夫，说："灌夫的家属在颍川横行霸道，人民受尽了他们的苦。"于是，汉武帝下令拘捕灌夫及其族属，都被判成死罪，在市场上斩首示众。

魏其侯窦婴给汉武帝写信为灌夫辩解，汉武帝命令窦婴和武安侯田蚡在长乐宫的朝堂进行辩论，窦婴和田蚡互相诋毁、互相揭发对方的隐私。武帝向朝中大臣发问说："窦婴和田蚡谁的话是事实？"只有汲黯一个人支持窦婴，韩安国认为两人各有各的理，郑当时开始也认为魏其侯窦婴有理，后来又不敢再坚持。汉武帝很生气地对郑当时说："我就该把你们这些人一块斩首！"廷辩结束。汉武帝起身走入后宫，侍奉王太后吃饭，王太后生气不肯吃，说："现在我还活着，你们这些人就都敢践踏我

也，而人皆藉[179]吾弟；令我百岁[180]后，皆鱼肉之乎[181]！”上不得已，遂族[182]灌夫。使有司[183]案治[184]魏其，得弃市罪。

四年（庚戌，公元前一三一年）

冬，十二月晦[185]，论杀[186]魏其于渭城[187]。春，三月乙卯[188]，武安侯蚡亦薨[189]。及淮南王安败[190]，上闻蚡受安金，有不顺语[191]，曰："使武安侯在者，族矣[192]！"

夏，四月，陨霜杀草[193]。

御史大夫安国行丞相事[194]，引，堕车蹇[195]。五月丁巳[196]，以平棘侯薛泽[197]为丞相，安国病免。

地震，赦天下[198]。

九月，以中尉[199]张欧为御史大夫。韩安国疾愈，复为中尉[200]。

河间王德[201]，修学好古，实事求是，以金帛招求四方善书[202]，得书多与汉朝等[203]。是时，淮南王安亦好书，所招致[204]，率多浮辩[205]。献王所得书，皆古文先秦旧书[206]。采礼乐古事，稍稍[207]增辑[208]至五百余篇[209]，被服造次必于儒者[210]，山东[211]诸儒多从之游[212]。

【段旨】

以上为第一段，写武帝元光二年（公元前一三三年）至元光四年共三年间的全国大事。本段主要写了汉武帝为希求长生不死而被李少君、谬忌等人所蛊惑而沉迷的情景；写了王恢怂恿武帝设谋想在马邑袭击匈奴，因走漏消息而一事无成，从此开始与匈奴征战；写了武安侯田蚡因裙带关系而专权怙势，杀害灌夫、窦婴，自己也惶恐而死的贵族内讧；此外也写了韩安国、刘德等的一些事迹，为后文做铺垫。

【注释】

①上行幸雍：武帝到雍县祭祀五畤。雍，汉县名，县治在今陕西宝鸡市凤翔区南，其地有秦汉时期统治者祭天的坛台，故历代皇帝屡屡前往。②祠五畤：祭祀五座祭天的坛台。五畤，指密畤、鄜畤、吴阳上畤、吴阳下畤、北畤。③李少君：当时有名的方

的弟弟；如果我死了，你们还不把我弟弟当鱼肉一样宰割了！”汉武帝迫于母亲王太后的压力，只好将灌夫全族人杀掉。又使主管官吏查办窦婴，窦婴也被判处斩首罪。

四年（庚戌，公元前一三一年）

冬季，十二月最后一天，魏其侯窦婴在渭城被杀。春季，三月十七日乙卯，武安侯田蚡也去世了。等到淮南王刘安谋反失败后，汉武帝听说田蚡曾经接受刘安的贿赂，并跟刘安说了叛逆的话，于是恨恨地说：“假使武安侯田蚡还活着，这些事就可以叫他灭族！”

夏季，四月，下霜冻死了野草。

御史大夫韩安国代行丞相事，一次在奉命为汉武帝出行做前导时，不慎从车上跌落下来摔断了腿，成了瘸子。五月二十日丁巳，汉武帝任命平棘侯薛泽为丞相，韩安国因病被免职。

发生地震，武帝下诏大赦天下。

九月，任命中尉张欧为御史大夫。韩安国病愈，复职后担任中尉。

河间王刘德，研习学业，喜好古书，实事求是，用金钱丝帛到四面八方购买善本书，所购求的书籍多得与朝廷的藏书数量差不多。当时，淮南王刘安也爱好古书，但所购求的，大多是些浮浅无用的书。河间王刘德所购买的书籍，全部都是秦朝统一以前用东方各国文字所写的古本书籍。刘德从这些古籍中采集摘录有关礼乐的古事，进行补充、编订，逐渐累积了五百多篇，他的衣着装束、言谈举止都要求必须符合儒家的标准，崤山以东的儒家学者都喜欢投奔他、与他交往。

士，以长生不死之术招摇撞骗。事迹详见《史记·封禅书》。④祠灶：祭祀灶神。⑤却老方：免除衰老的办法。⑥深泽侯舍人：深泽侯家的用人。深泽侯的始封者为刘邦的开国功臣赵将夜，景帝时袭其祖封者为赵胡。舍人，依附于贵族门下寄衣食并为之充当役使者，也可以理解为亲信用人。⑦匿其年及其生长：隐瞒起自己的年龄与籍贯。及其生长，《汉书·郊祀志》作“及所生长”，较此为顺。师古曰：“生长，谓其郡县所属及居止处。”⑧其游以方遍诸侯：意即到处兜售他的长生不老之方，游遍了各个诸侯国。⑨使物：支使精灵魔怪。物，汉时指鬼神之外的一种精灵魔怪。⑩更馈遗之：争相给他送东西。更，交互、交相。⑪不治生业：不从事任何谋生的事业。⑫饶给：用度富裕。⑬何所人：究竟是什么人。⑭争事之：争相侍候他、供奉他。⑮善为巧发奇中：善于按照人的心理，说到人的心坎上。⑯尝从武安侯饮：有一次跟田蚡一道喝酒。武安侯，田蚡，武帝之舅，王太后的同母异父弟，以佐立武帝之功，封武安侯。事迹见《史记·魏

其武安侯列传》。⑰大父：祖父。⑱识其处：记得那个地方。识，同“志”，记。⑲致物：招来精灵。⑳益：延长。㉑蓬莱：传说中的海上仙山名。㉒封禅：到泰山顶筑台祭天叫封，到泰山下的某处拓场祭地叫禅。㉓黄帝是也：黄帝当年就是这样升仙的。茅坤曰：“至是始以封禅为不死之术。”钱锺书曰：“茅言是也，秦始皇封禅，而不死之方术则别求之海上三山；汉武乃二而一之，故下文公孙卿曰：‘封禅七十二王，唯黄帝得上泰山封；申公曰：汉主亦当上封，上封则能登天矣。’又丁公曰：‘封禅者，合不死之名也。’是泰岱之效，不减蓬瀛，东封即可，无须浮海。”㉔安期生：楚汉时一个有神秘色彩的人物，据《史记·乐毅列传》：“河上丈人教安期生，……教盖公，盖公教于齐高密、胶西，为曹相国师”，则为战国末期人；而《田儋列传》则谓“安期生尝干项羽，项羽不能用其策”，则又楚汉间人也。后世遂传以为神仙。㉕食臣枣二句：他给了我一颗大枣吃，枣大得像瓜一样。㉖通蓬莱中：与蓬莱仙山的人们相往来。㉗合：合得来。师古曰：“谓道相合。”㉘而事化丹沙诸药齐为黄金矣：郭嵩焘曰“此着武帝信用方士之始”。诸药齐，各种药材。齐，通“剂”。㉙燕、齐：当时的两个诸侯国名，燕国的都城蓟县（今北京）；齐国都城临淄，在今山东淄博市临淄区西北。㉚更来言神事矣：郭嵩焘曰，“此着方士言神鬼之始，皆李少君倡之”。㉛亳人谬忌：亳，也作“薄”，在今山东曹县东南。谬忌，姓谬，名忌，因其居薄，故也称之为“薄忌”。㉜太一：也写作“泰一”，最高的天神。㉝方曰：有关太一之神的仙方上说。㉞太一佐：辅佐太一神的群僚。㉟五帝：五方之帝，即东方之神青帝、西方之神白帝、南方之神赤帝、北方之神黑帝、中央之神黄帝。与《史记·五帝本纪》所云之“五帝”非一事。㊱其祠：祭祀太一神的庙宇。㊲雁门马邑豪聂壹：雁门郡马邑县的富豪，姓聂名壹。雁门郡的郡治善无（在今山西左云西），马邑城（今山西朔州）。㊳因大行王恢言：通过大行令王恢向朝廷提出建议。因，通过。㊴初和亲：刚与汉王朝实行和亲。匈奴与汉王朝最近议定的和亲是在武帝建元六年（公元前一三五年）。㊵亲信边：相信我们的边郡不会向他们发动进攻。㊶可诱以利致之：可用利益骗他们前来。致，使之前来。㊷全代之时：当初代国作为一个独立国家存在的时候。胡三省曰：“战国之初，代自为一国，故曰‘全代’。其后为赵襄子所灭，代始属赵。”㊸强胡：即指匈奴。㊹内连中国之兵：指南方、东方与赵国、燕国作战。中国，中原国家，此指战国初期接近北部边境的燕、赵、中山诸国。㊺养老长幼：指生活照旧、生计不愁。长幼，抚育幼儿成长。㊻种树以时：按时种植庄稼。㊼仓廪常实：仓库里的粮食总是满的。㊽不轻侵：不敢贸然进犯。㊾不恐：不怕我们。㊿击之便：还是要给它点教训为好，意即要让它怕我们。(51)尝围于平城：曾被匈奴人围困于平城。事在高祖七年十月，见前文及《史记》之《匈奴列传》《陈丞相世家》。平城，汉县名，在今山西大同东北。(52)解围反位：指接受条约、返回朝廷之后。反，同“返”。(53)无忿怒之心：没有对匈奴发火动怒报仇的意思。(54)以天下为度：以使天下人普遍受利为尺度。度，标准；原则。(55)伤天下之公：使天下人的公共利益受损。(56)刘敬：原叫“娄敬”，因建议刘邦迁都关中而受刘邦宠爱，被赐姓刘，是对匈奴实行和亲政策的鼓吹者，事迹详见《史记·刘敬叔孙通列传》。㊼为五世利：使以后的五代皇帝都得到了和亲的好处。五世，指惠帝、高后、文帝、景帝、武帝。㊽被坚执锐：披坚甲、执利兵，指长期从事战争。被，通“披”。㊾行几十年：差不多打了十年。几，近、差不多。刘邦反秦用了两年多，灭项用了三年多，建国初期不断平乱又打了五六年。㊿休天下之心：让普天下的人能得到休息。61数惊：屡屡受到惊吓，意即匈奴屡屡进攻汉王朝。62椟车相望：运送战死者的丧车相望于道路。椟，小而薄的棺材，以殓战死者的尸体。63隐：内心痛苦。64以饱待饥：以己之饱待敌之饥。65正治以待其乱：以己之治待敌之乱。正治，整顿自己的行阵使之有条不紊。66定舍以待其劳：搞好居住条件，以己之逸待敌之劳。定舍，安顿住宿。67接兵覆众：只要一交火就能消灭敌人。接兵，犹言交火。覆众，消灭敌军。68伐国堕城：只要讨伐敌国就能毁灭其城。堕，同“毁”。69坐而役敌国：自己安坐不动而能支使得敌方团团转。70卷甲轻举：意即“卷甲而驱”，轻装地奔袭敌人。卷甲，将铠甲脱下来背着前进。轻举，轻快地奔驰。71从行则迫胁：王先谦引王文彬曰，“军鱼贯，则虑其迎击，而前受迫胁”。从，同“纵”。排成纵队而行。72衡行则中绝：王文彬曰，“并进则防其钞截，而中路断绝”。衡，通“横”，横行，兵分数道并排推进。中绝，被敌方所冲断、分割。73疾：指前进的速度太快。74后利：错过有利时机。75《兵法》曰遗人获也：这就是《兵法》上所说的把自己的军队送过去让敌方俘虏。76顺因单于之欲：顺着匈奴首脑的愿望。顺因，二字意思相同。单于，匈奴的最高君长，此时在位的是军臣单于。77诱而致之边：把他们引诱到我们的边境上来。78枭骑：勇猛的骑兵。79阴伏而处：埋伏起来等着。80审遮险阻：仔细地占据一切险要地形。审，仔细。遮，拦截，这里即指占据。81以为其戒：同上“以为之备”。戒，也是“准备”的意思。82营：屯兵；出兵。83禽：通“擒”。84百全必取：百无一失必定大获全胜。85护军将军：负责节制、协调各路兵马。护，监督、节制。86卫尉李广：卫尉是九卿之一，统兵护卫宫廷。当时有未央宫卫尉、长乐宫卫尉，李广时为未央宫卫尉。87骁骑将军：杂号将军名，所统以骑兵为主。骁，勇也。88太仆公孙贺：太仆为九卿之一，主管为皇帝赶车。公孙贺，武帝皇后卫子夫的妹夫，《汉书》有传。89轻车将军：杂号将军名，所统以车兵为主。90将屯将军：杂号将军名，统领屯驻沿边各地的守兵。屯，驻守。91太中大夫李息：太中大夫是皇帝的侍从官员，上属郎中令，秩千石，掌议论。李息的事迹参见《史记·卫将军骠骑列传》。92材官将军：杂号将军名，统领力大善射的特种兵。93将车骑、材官三十余万匿马邑旁谷中：此句与以上数句的关系不清。此战役的总指挥是韩安国，诸将皆受韩安国节制。而率众三十余万骑埋伏于马邑旁山谷中的是韩安国与公孙贺，其他诸将李广、王恢、李息都不在马邑，乃是在代郡伺机攻击匈奴的辎重。事情详见《史记·韩长孺列传》。车骑，车兵与骑兵。材官，一种力大善射的特种兵。94约：与各路兵马约定。95单于入马邑纵兵：见单于进入马邑的埋伏圈内后各路一齐出兵攻打。纵兵，出击。96阴使聂壹为间：暗中派聂壹去做间谍。⑰ 亡入匈奴：假装叛汉逃入匈奴。亡，逃。⑱ 马邑令、丞：马邑县的县令、县丞。县丞是县令的助手。⑲ 爱信：爱而信之。⑳ 县：通"悬"。㉑ 信：证据。㉒ 穿塞：越过边境线。塞，边境上的界墙与防御工事。㉓ 入武州塞：进入了武州境内。武州，汉县名，县治即今山西左云。当时汉代的长城在今内蒙古的集宁、清水河一线，武州在长城以内，在当时的马邑东北约八十公里。㉔ 未至马邑百余里：离着马邑城还有一百来里。㉕ 畜：牲畜，家养的各种兽类。㉖ 亭：边境上用以眺望敌情与传递消息的碉堡。㉗ 得雁门尉史：捕获了雁门郡郡尉手下的小吏。㉘ 以尉史为天王：将这个尉史当作天王供奉起来。㉙ 追至塞：向北追至边境线上的长城。㉚ 度弗及：估计追不上了。度，估计。㉛ 主：主管；负责。㉜ 别从代出击胡辎重：另率一支军队从代郡出兵攻击匈奴的后勤运输部队。代郡的郡治即今河北蔚县东北的代王城。辎重，支应前方军队需要的后勤物资。㉝ 不至而还：未至马邑而半道撤回。㉞ 只取辱：意即如果还坚持出击就只能自取失败。㉟ 完：保全。㊱ 下恢廷尉：将王恢交由廷尉审判。廷尉，九卿之一，全国最高的司法官。㊲ 当恢逗桡：判处王恢停滞不前。当，判定。逗桡，停滞不前。凌稚隆引王维桢曰："王恢不击辎重，是量敌保军，可以情宥；然令朝廷背约，自开边衅，则当死也。"㊳ 恢行千金丞相蚡：此处着田蚡之贪，盖其受贿乃常事也。㊴ 首为：首先发起。㊵ 是为匈奴报仇也：田蚡此说情语甚工，盖用《左传》楚成王因城濮之败杀子玉，重耳闻之而喜为例。㊶ 纵：即使。㊷ 颇：略微；多少可以。㊸ 尉：同"慰"。安慰；搪塞。㊹ 士大夫：指全军将士。㊺ 谢天下：向天下人请罪。㊻ 当路塞：进攻汉王朝所要经过的关塞。㊼ 往往：接连不断。㊽ 贪乐关市：贪心喜欢与汉王朝做买卖。关市，边界上的交易市场。㊾ 中：投合。㊿ 河水徙：黄河改道。(131) 从顿丘东南流：顿丘是汉县名，县治在今河南清丰西南，濮阳城北。〖按〗在此以前的黄河是自顿丘向东北流，经今山东德州、河北沧州，至黄骅入海；现在则自顿丘决口向东南流去。(132) 五月丙子：五月初三。(133) 濮阳瓠子：黄河流经濮阳县北时的南侧大堤名，汉时的濮阳县治在今河南濮阳西南。汉时的瓠子大堤在当时的濮阳县城北，现在的濮阳西南角，北距顿丘不远，在顿丘的上游。(134) 注钜野：流入钜野泽。钜野泽是当时水泽名，在今山东巨野北、郓城南。(135) 通淮、泗：与泗水、淮水连通起来。泗水从今安徽泗县流来，经今江苏沛县、徐州，东南汇入淮水。淮水西自河南桐柏山流来，东经安徽蚌埠、江苏淮阴，东北流入海。(136) 泛郡十六：大水淹了十六个郡。泛，泛滥、到处横流。(137) 汲黯、郑当时：当时两个比较正直的官员，汲黯事已见于前文。郑当时字庄，此时任大司农。事迹见《史记·汲郑列传》。(138) 辄复坏：总是刚堵好，又冲开。辄，往往、总是。(139) 田蚡奉邑食鄃：田蚡的领地在鄃县。奉邑，领地。因为有领地贵族坐吃领地的赋税，故称领地曰奉邑。鄃县的县治在今山东平原县西南，上属清河郡，地处当时决口黄河的另一侧。梁玉绳曰："田蚡封于魏郡武安（今河北邯郸武安西南），何以食邑在清河郡之鄃县？盖因为丞相别食奉邑，如张安世国在陈留，别邑在魏之比。"(140) 强塞：勉强地堵塞，不应塞而塞。(141) 应天：

合乎上天的意愿。锺惺曰："人臣以国事自便其私，从古如此。"⑭望气：以占测云气比附人世吉凶的迷信。《史记·天官书》中有占测云气一节。⑭用数：讲究各种迷信的技术、法术。数，数术，此指那些杂有大量荒诞、迷信的技术行当。李笠以为此"望气用数者"五字应作"望气者王朔"，可备一说，"王朔"又见于《史记·封禅书》与《李将军列传》。徐孚远曰："望气者言，亦揣度丞相指为依建耳。"⑭久之不复事塞：一放就是二十多年。⑭魏其侯窦婴：窦婴是文帝窦皇后之侄，景帝时封魏其侯，平定七国之乱时为大将军，武帝即位初官至丞相，后被窦太后罢职。事迹详见《史记·魏其武安侯列传》。⑭大将军：此时尚非固定官名，只表明在诸将中地位崇高，统领诸将。⑭诸郎：一般郎官，指中郎、侍郎、郎中等，都是皇帝的侍从人员。⑭侍酒：陪侍宴饮。⑭蚡日益贵幸：指武帝建元六年，窦太后死，武帝罢掉窦太后所任诸官，重新任命田蚡为丞相，从此炙手可热。⑮魏其失势：窦婴从建元二年被罢相失势，以后遂一蹶不振。⑮宾客益衰：家里的食客幕僚越来越少。⑮燕相颍阴灌夫：曾经任过燕国相的颍阴（今河南许昌）人姓灌名夫，一个具有某种侠义精神的地方豪绅。事迹见《史记·魏其武安侯列传》。燕相，燕王刘定国之相。⑮厚遇：厚待；优待。⑮相为引重：王先谦曰，"两相援引藉重也"。窦婴在上层社会有影响、有根基；灌夫有钱，又在黑道上有势力，二人彼此借助，优势互补。⑮其游如父子然：言二人年龄相差大，但交情深厚。凌稚隆引张之象曰："两人俱失势，困厄中意气慷慨，故易相结耳。"茅坤曰："摹写两人相结而相死处，悲情呜咽。"⑮使酒：酒后逞强使气。师古曰："因酒而使气也。"⑮在己之右：犹言在己之上。汉时以"右"为上，可参看《史记·陈丞相世家》陈平之为右丞相事。⑮陵：侵犯；欺侮。⑮忤丞相：得罪田蚡。忤，违逆、得罪。⑯奏案：奏请惩治灌夫。案，惩治。⑯横颍川：在颍川郡横行霸道。⑯民苦之：据说当时有民歌称："颍水清，灌氏宁；颍水浊，灌氏族。"⑯收系：逮捕关押。⑯支属：家属。⑯弃市：处死于市场。长安有东西二市，商贾云集，亦杀人之场所。⑯论救：为其分辨是非曲直以救之。⑯东朝廷辨：在长乐宫的朝堂辩论田蚡与灌夫谁对谁错。东朝，东宫（即长乐宫）的朝堂。廷辨，在朝廷公开辩论。〖按〗对于田蚡与窦婴、灌夫的这场矛盾，汉武帝本来是同情窦婴而讨厌田蚡的，因为田蚡倚仗着其姐王太后的势力自任丞相以来盛气凌人，使得汉武帝也无法容忍，但是他自己不好得罪王太后，故而想借着群臣的公论把田蚡弹压一下，所以他把这场辩论特意地安排到王太后所住的长乐宫。⑯互相诋讦：互相诋毁；互相揭发阴私。⑯孰是：谁的话是事实。⑰是魏其：以为魏其侯窦婴是对的。是，肯定。⑰两以为是：两人都有对有错。⑰后不敢坚：意思是开始肯定窦婴，但后来又不敢坚持。坚，坚持己见。⑰怒当时：汉武帝本想多听到有人肯定窦婴，而郑当时表态了但又不敢坚持，故而武帝为之恼火。⑰吾并斩若属：我把你们全都杀了。若属，你们。⑰即罢：宣布廷辨结束。⑰起二句：起身入后宫。⑰上食太后：侍候其母亲吃饭。上食，进献食物。⑰怒不食：也看出了武帝的立场不在田蚡一边。⑰藉：践踏。⑱百岁：婉称人死。⑱皆鱼肉之乎：还不把他当成鱼肉宰割了吗。⑱族：灭族；杀光全族。⑱有司：主管该项事务的官吏。⑱④ 案治：审问、查办。⑱⑤ 十二月晦：十二月的最后一天。开首即说“冬十二月”事，而后说“春三月”云云，是因为当时尚沿用秦历，以十月为岁首。⑱⑥ 论杀：判罪处死，这里就指杀。⑱⑦ 渭城：汉县名，县治即旧日的秦都咸阳，在今陕西咸阳东北。⑱⑧ 三月乙卯：三月十七。⑱⑨ 武安侯蚡亦薨：所以用“亦”字，是说元光四年十月，灌夫被族；十二月末，窦婴弃市；至三月乙卯，田蚡死。被害与害人者都死在同一年。据《史记》《汉书》，都说田蚡死得很奇怪，说是巫师“见魏其、灌夫共守，欲杀之”，而田蚡则“呼服谢罪”云云。凌稚隆引钱福曰：“武安倚势陷杀二人，二人卒为厉鬼，事未必真，特以此为天下后世擅权者之戒。”茅坤曰：“此必当时人不厌魏其、灌夫之死，故为流言云云。”⑲⓪ 淮南王安败：指淮南王刘安因谋反事泄被迫自杀，事在武帝元狩元年（公元前一二二年）。详情见《史记·淮南衡山列传》。⑲① 不顺语：叛逆的语言。指武帝建元二年淮南王入朝，田蚡到霸上迎接淮南王时所说的“上未有太子，大王最贤，高祖孙，即宫车晏驾，非大王立当谁哉”。论史者皆以此为不可信。⑲② 使武安侯在者二句：如果武安侯没死，这些事就可以叫他灭族。此写史者借武帝语以表明自己的爱憎。吴见思曰：“作快语结，所以深恶武安也。”⑲③ 陨霜杀草：四月而下霜冻死野草，自然现象反常，故书于史。⑲④ 行丞相事：时田蚡死，丞相职缺，故由御史大夫韩安国代理其事。行，代理。〖按〗御史大夫职同副丞相，丞相有缺，多由御史大夫递补。⑲⑤ 引二句：给皇帝出行做前导，从车上掉下来摔瘸了腿。引，《史记》《汉书》皆作“奉引”，意思相同，即给皇帝做前导。胡三省《通鉴注》注曰：“据汉制，大

【原文】

五年（辛亥，公元前一三〇年）

冬，十月，河间王来朝，献雅乐[213]，对三雍宫[214]及诏策[215]所问三十余事。其对[216]，推道术[217]而言，得事之中[218]，文约指明[219]。天子下太乐官[220]常存肄[221]河间王所献雅声，岁时以备数[222]，然不常御[223]也。春，正月，河间王薨，中尉常丽[224]以闻[225]，曰：“王身端行治[226]，温仁恭俭，笃敬[227]爱下，明知[228]深察，惠于鳏寡[229]。”大行令奏：“《谥法》[230]：‘聪明睿知[231]曰献’，谥曰献王。”

班固赞[232]曰：“昔鲁哀公[233]有言：‘寡人生于深宫之中，长于妇人之手，未尝知忧，未尝知惧[234]。’信哉[235]斯言也，虽欲不危亡，

驾则公卿奉引，安国盖因奉引而堕车也。”蹇，跛、瘸。⑯ 五月丁巳：五月二十。⑰ 平棘侯薛泽：刘邦功臣平棘侯薛欧之孙，袭其先辈之爵为侯，附见于《史记·张丞相列传》，是被司马迁视为“娖娖廉谨”而“无所能发明功名有著于当世”的“丞相备员”之一。⑱ 地震二句：当时讲究“天人感应”，以为地震是上天对人世政治不满的一种表示，故以“赦天下”的行动回应上天。⑲ 中尉：朝官名，掌管京师治安。⑳ 复为中尉：复职当了中尉，御史大夫是三公之一，中尉尚不在九卿之内，极言韩安国之倒霉不逢时。㉑ 河间王德：刘德，景帝之子，栗姬所生。景帝前二年受封河间王。河间国的都城乐成（今河北献县）。㉒ 善书：好书。㉓ 与汉朝等：与汉王朝的国家藏书相等。㉔ 招致：意即得到。㉕ 多浮辩：大多是浮浅、耍嘴的书。㉖ 古文先秦旧书：秦朝统一以前用东方各国文字所写的古本图书。古文，指秦朝统一前东方诸国所使用的文字，即大篆。㉗ 稍稍：渐渐。㉘ 增辑：补充、编订。㉙ 五百余篇：指单是有关古代礼、乐方面的儒家书籍。㉚ 被服造次必于儒者：意即服装打扮、一举一动都必须符合儒家的规范。被服，指穿戴。造次，指一举一动。王先谦曰：“造当训行，次当训止。被服造次必于儒者，则谓不服奇服，不苟行止也。”㉛ 山东：崤山以东，泛指关中以东的全国各地。㉜ 多从之游：多喜欢投奔他，与之交游。

【校记】

［1］醉：原作“酒”。据章钰校，乙十一行本作“醉”，今据改。

【语译】

五年（辛亥，公元前一三〇年）

冬季，十月，河间王刘德入朝拜见汉武帝，向汉武帝进献适于在庙堂、宫廷演奏的音乐，并回答了有关三雍宫的典章制度以及武帝亲自提问的三十多个问题。他在汉武帝所提问题的上书中，引证、阐发了儒家的思想观点，能抓住问题的要害，文章简短，说理透彻。汉武帝下令太乐官对刘德所进献的雅乐要永久保存、经常演习，以备在庆典、节令祭祀祖先的时候选用，但实际上并不常用。春季，正月，河间王刘德逝世，为河间王刘德担任中尉的常丽向朝廷奏报说：“河间王品行端正，行为严格守礼，谦恭仁爱，生活节俭，为人虔敬，爱护下属，明智睿达，体察民情，孤寡老人都得到他的恩惠。”大行令向汉武帝奏报说：“根据《谥法》：‘聪明睿智称作献’，河间王的谥号应该称为献王。”

班固评论说：“春秋末期鲁国的鲁哀公曾经说过：‘我出生在深宫之中，在妇人关爱的环境下长大，从来不知道什么叫作忧愁，什么叫作恐惧。’这话说得多

不可得已[236]！是故古人以宴安为鸩毒[237]，无德而富贵谓之不幸[238]。汉兴，至于孝平[239]，诸侯王以百数[240]，率[241]多骄淫失道。何则？沈溺放恣[242]之中，居势[243]使然[244]也。自凡人犹系于习俗[245]，而况哀公之伦[246]乎！'夫唯大雅，卓尔不群[247]'，河间献王近之[248]矣。"

初，王恢之讨东越[249]也，使番阳令[250]唐蒙风晓南越[251]。南越食蒙以蜀枸酱[252]，蒙问所从来[253]。曰："道[254]西北牂柯江[255]。牂柯江广数里，出番禺城下[256]。"蒙归至长安，问蜀贾人。贾人曰："独蜀出枸酱，多持窃出市夜郎[257]。夜郎者，临牂柯江，江广百余步，足以行船。南越以财物役属[258]夜郎，西至桐师[259]，然亦不能臣使[260]也。"蒙乃上书说上曰："南越王黄屋左纛[261]，地东西万余里，名为外臣，实一州主[262]也。今以[263]长沙、豫章[264]往，水道多绝，难行。窃闻夜郎所有精兵可得十余万，浮船牂柯江[265]，出其不意，此制越[266]一奇也。诚以汉之强，巴、蜀[267]之饶，通夜郎道[268]，为置吏[269]，甚易。"上许之。

乃拜蒙为中郎将[270]，将千人，食重万余人[271]，从巴蜀筰关[272]入，遂见夜郎侯多同[273]。蒙厚赐，喻以威德，约为置吏，使其子为令[274]。夜郎旁小邑皆贪汉缯帛[275]，以为汉道险，终不能有[276]也，乃且[277]听蒙约。还报[278]，上以为犍为郡[279]。发巴、蜀卒治道[280]，自僰道指牂柯江[281]，作者数万人。士卒多物故[282]，有逃亡者，用军兴法[283]诛其渠率[284]，巴、蜀民大惊恐。上闻之，使司马相如[285]责唐蒙等[286]，因谕告[287]巴、蜀民以非上意[288]。相如还报[289]。

是时，邛、筰之君长[290]闻南夷[291]与汉通，得赏赐多，多欲愿为内

么可信啊，虽然极力想使国家不危亡，那也是办不到的！所以古人把安逸生活看作是用鸩鸟羽毛浸泡出来的毒酒，没有德行却享受富贵的家族必将大祸临头。从汉朝建立，到汉孝平帝的时候，诸侯王有上百个，这些诸侯王大多是骄奢淫逸，不走正道。为什么呢？因为他们始终沉溺在放纵的生活习惯里，这是他们固有的地位和形势使他们这样啊。一般人还会受风俗习惯的影响，更何况像鲁哀公这类的王公贵族呢！‘只有那种能登大雅之堂的贤人，才有如此出类拔萃的表现’，河间献王可以说是受之无愧了！”

当初，王恢讨伐东越的时候，曾经派遣番阳县令唐蒙去知会南越王。南越王在招待唐蒙的时候，请他吃蜀国出产的枸子酱，唐蒙问从哪里得来的枸子酱。南越王回答说：“枸子酱来自西北的牂柯江。牂柯江宽数里，从番禺城下流过。”唐蒙回到长安以后，就向蜀国的商人询问此事。蜀国的商人说：“只有蜀国出产枸子酱，有许多人偷偷地将枸子酱带出去到夜郎国贩卖。夜郎国紧挨着牂柯江，牂柯江江面宽一百多步，完全可以行船。南越用财物收买夜郎为自己服务，并希望夜郎归属自己，以使自己的势力、影响一直到达西部的桐师，然而始终不能彻底征服夜郎，使其成为自己的属国。”唐蒙于是给汉武帝上书说：“南越王出行时所乘坐的车辇，车盖用的是黄色的绸缎，左衡上竖着用牦牛尾做装饰的大旗，俨然就是一副大国皇帝的派头；南越王所管辖的地方东西长万余里，名义上臣属于中国，实际上却是一个大国的诸侯。现在经由长沙、豫章郡前往南越，水路大多不通，很难通行。我私下打听到夜郎国所有的兵力加起来约有十万，如果乘船沿牂柯江顺流而下，出其不意攻打南越，这是制服南越国的一个奇计。凭借汉朝的强盛，巴郡、蜀郡的富饶，打通由蜀郡经由夜郎通往番禺的道路，在夜郎一带设置郡县、委派官吏，应该是件很容易的事情。”汉武帝表示赞同。

于是任命唐蒙为中郎将，率领一千人，运送食物及各种物资的有上万人，从巴蜀笮关进入夜郎，会见了夜郎侯多同。唐蒙赏赐给多同很多的财物，向他宣传汉朝是如何强大、汉朝皇帝是多么仁德，与夜郎王约定在那里设置官吏，并任命他的儿子为夜郎县令。夜郎周边的小部落都贪图汉朝的丝织品，认为夜郎通往汉朝的道路艰险，汉朝终究不可能占有夜郎，于是，就暂时听从了唐蒙的约定。唐蒙回来后把情况向汉武帝作了汇报，汉武帝把夜郎及其邻近的地区设置为汉朝的犍为郡。又征调巴、蜀两郡的士兵修筑道路，从僰道一直修到牂柯江，仅修路的人就有好几万。这些修路的士卒有许多人死亡，也有不少人逃亡，唐蒙根据紧急军事动员令诛杀了他们的大首领，为此，巴、蜀之人非常惊恐不安。汉武帝听到这种情况后，就派司马相如前去责备唐蒙等人假借名义扰民生事，并向巴、蜀人民解释，说这只是唐蒙的个人行为而不是皇帝的本意。司马相如完成使命后回京向汉武帝作了汇报。

当时，邛、笮一带的少数民族首领听说西南各少数民族与汉朝往来，得到很多赏

臣妾[292]，请吏[293]比南夷[294]。天子问相如，相如曰："邛、筰、冉駹[295]者，近蜀，道亦易通。秦时尝通，为郡县[296]，至汉兴而罢。今诚复通，为置郡县，愈于南夷。"天子以为然，乃拜相如为中郎将，建节[297]往使，及副使王然于等乘传[298]，因巴、蜀吏币物[299]以赂西夷。邛、筰、冉駹、斯榆[300]之君皆请为内臣。除边关[301]，关益斥[302]，西至沫、若水[303]，南至牂柯[304]为徼[305]，通零关道[306]，桥孙水[307]以通邛都[308]，为置一都尉[309]、十余县，属蜀[310]。天子大说。

诏发卒万人治雁门阻险[311]。

秋，七月，大风拔木。

女巫楚服[312]等教陈皇后祠祭厌胜[313][314]，挟妇人媚道[315]。事觉，上使御史张汤[316]穷治[317]之。汤深竟党与[318]，相连及诛者三百余人，楚服枭首于市[319]。乙巳[320]，赐皇后册[321]，收其玺绶[322]，罢退[323]，居长门宫[324]。窦太主[325]惭惧，稽颡[326]谢上。上曰："皇后所为，不轨[327]于大义，不得不废。主[328]当信道[329]以自慰，勿受妄言[330]以生嫌惧[331]。后虽废，供奉如法[332]，长门无异上宫[333]也。"

初，上尝置酒窦太主家，主见[334]所幸[335]卖珠儿董偃。上赐之衣冠，尊而不名[336]，称为"主人翁[337]"，使之侍饮[338]。由是董君贵宠，天下莫不闻。常从[339]游戏北宫[340]，驰逐平乐观[341]，鸡、鞠[342]之会，角狗马之足[343]，上大欢乐之。上为窦太主置酒宣室[344]，使谒者[345]引内董君[346]。是时，中郎[347]东方朔[348]陛戟殿下[349]，辟戟而前[350]曰："董偃有斩罪三，安得入[351]乎！"上曰："何谓[352]也？"朔曰："偃以人臣私侍[353]公主，其罪一也。败男女之化[354]，而乱婚姻之礼，伤王制[355]，其罪二也。陛下富于春秋[356]，方积思于"六经"[357]，偃不遵经劝学[358]，反以靡丽为右[359]，奢侈为务，尽

赐，就有许多部落的首领表示愿意归附汉朝，希望汉朝在他们那里设置郡县并从汉朝委派官吏，请求汉朝像对待南夷一样对待他们。汉武帝征询司马相如的意见，司马相如说;“邛、筰、冉駹各部落都靠近蜀国，道路也很容易修通。秦朝的时候曾经有路相通，也曾经在那里设置过郡县，到汉朝建立之后才被废除。现在如果能够恢复与那里的交通，设置郡县，要胜过南夷许多。”汉武帝也认为是这样，于是任命司马相如为中郎将，手持汉朝符节出使邛、筰，司马相如与副使王然于等人乘坐驿车，就近用巴、蜀官员提供的钱物贿赂西南各部落首领。于是邛、筰、冉駹、斯榆等部落首领都请求做汉朝的属臣。于是撤去旧时设置的边关，将边关向外推到了更远处，疆界向西扩展到沫水、若水，向南以牂柯江为界，修通了零关道，还在孙水上架起桥梁直通邛都，为那里设置了一个都尉，将其地划分为十多个县，全部隶属于蜀郡。汉武帝非常高兴。

汉武帝下诏征调万余名士兵修建雁门郡内险要的关塞。

秋季，七月，大风把大树连根拔起。

一个名叫楚服的女巫教唆已经失宠的陈皇后祭祀鬼神、用咒语诅咒仇人，还教陈皇后祈求鬼神为自己扫除进幸的道路。事情暴露后，汉武帝派遣御史张汤负责审理此事，要他务必深究严惩。张汤将女巫楚服及其同伙全部查出，因受株连而被杀死的有三百多人，女巫楚服在闹市被斩首示众。七月十四日乙巳，汉武帝给陈皇后阿娇下诏书，收回她的皇后印信及绶带，废掉了她的皇后名号，将她送入长门宫。陈皇后的母亲窦太主刘嫖对此深感惭愧和恐惧，她向汉武帝不停地磕头请罪。汉武帝说:“皇后的所作所为太过分，做了她所不该做的事情，不能不废掉她。公主应当相信道义，自己宽慰自己，不要听信别人的传言而心生疑虑和恐惧。皇后虽然被废掉，但对她的供养还是依照规定享受过去的待遇，居住在长门宫跟居住在正宫没有什么区别。”

当初，汉武帝曾经在窦太主刘嫖家里设宴，窦太主叫她所宠幸的珠宝商人董偃拜见汉武帝。汉武帝赏赐给董偃衣服帽子，对他很尊重，不直接称呼他的名字，而是称他为“主人家的先生”，让他在旁边侍奉饮酒。董偃因得到汉武帝的青睐而逐渐显贵起来，这件事情天下没有人不知道。董偃曾经跟随窦太主刘嫖到北宫游戏，到平乐观骑马奔驰，参与斗鸡、踢球活动，观看狗、马赛跑，汉武帝非常喜欢董偃。汉武帝在未央宫的宣室宴请窦太主刘嫖，并派谒者领着董偃进入宣室。这时候，担任中郎的东方朔正执戟立于宫殿的台基之下，他放下手中所执的戟走到武帝面前说:“董偃犯有三条死罪，怎么能让他进入宣室呢!”汉武帝问他:“董偃犯了哪三条死罪?”东方朔说:“董偃以臣属的身份暗中侍寝公主，这是一条罪。破坏了男女之间的规矩，扰乱了正常的婚姻礼法，损害了皇家的制度，这是第二条罪。陛下年轻有为，正在潜心钻研儒家经典《六经》，董偃不按照儒家经典的思路劝导皇上上进，反而以靡丽奢华的生活作为追求的目标，处处以奢侈为务，享尽玩狗、走马的乐趣，极

狗马之乐，极耳目之欲，是乃国家之大贼，人主之大蜮360，其罪三也。”上默然不应，良久361曰：“吾业已设饮，后而自改。”朔曰：“不可[2]。夫宣室者，先帝之正处362也，非法度之政363，不得入焉。故淫乱之渐364，其变为篡365。是以竖貂为淫而易牙作患366，庆父死而鲁国全367。”上曰：“善。”有诏止368，更置酒北宫，引董君从东司马门369入。赐朔黄金三十斤。董君之宠由是日衰。是后，公主、贵人多逾礼制370矣。

上以张汤为太中大夫371，与赵禹372共定诸律令373，务在深文374。拘守职之吏375，作见知法376，吏传相监司377。用法益刻378自此始。

八月，螟379。

是岁，征380吏民有明当世之务、习先圣之术381者，县次续食382，令与计偕383。

菑川384人公孙弘385对策386曰：“臣闻上古尧、舜之时，不贵爵赏387而民劝善388，不重刑罚而民不犯，躬率以正389，而遇民信390也。末世贵爵厚赏而民不劝391，深刑重罚而奸不止，其上不正，遇民不信也。夫厚赏重刑，未足以劝善而禁非，必信而已矣392。是故393因能任官，则分职治394；去无用之言，则事情得395；不作无用之器，则赋敛省396；不夺397民时，不妨民力，则百姓富；有德者进，无德者退，则朝廷尊398；有功者上，无功者下，则群臣逡399；罚当罪400，则奸邪止；赏当贤401，则臣下劝402。凡此八者，治403之本也。故民者，业之404则不争，理得405则不怨，有礼406则不暴，爱之407则亲上：此有天下408之急者也。礼义者，

尽耳目的欲望，这是国家的大祸患，是危害国君的害人虫，这是他的第三条罪状。”汉武帝听了默然不语，过了好久才说：“我已经设宴，以后改过就是了。”东方朔说：“不行。宣室，是先帝重要居住的地方，不是有关国家军国大事的，不得入内。所以淫乱逐渐发展，就会转变为篡夺政权。所以在齐桓公的时候，竖貂自阉为宦官，易牙烹其子以侍奉齐桓公，这两人就是以此来获取齐桓公对他们的宠信，最后二人作乱害死了齐桓公，而鲁国也是直等庆父死了之后国家才获得安宁。”汉武帝说：“你说得对。”于是下诏停止在宣室摆酒设宴，而将宴席改在北宫，派人领着董偃从东司马门进入。赏赐东方朔黄金三十斤。从此，董偃逐渐失宠。此后，公主、贵人却有很多人在衣食住行等方面有超越礼法规定的行为。

汉武帝任命张汤为太中大夫，让他与赵禹一起制定各种律令，务必使法律条文细密周备。为了约束、控制主管各项事务的各级官吏，特别制定了见知不告的“见知法”，即看见有人犯法而不举报就是故意放纵人犯，使官吏之间互相监督。汉朝应用严刑苛法就从这时开始。

八月，螟虫成灾。

这一年，从官吏、民众之中征召那些深明当世之政务、熟习孔子的治国治民方法的人前往京师，沿途所经过的郡县负责供给这些人的饮食，让这些应征之人与当地所派到朝廷呈献计簿的官吏一同进京。

菑川人公孙弘回答汉武帝的策问说：“我听说上古时期尧、舜治理天下的时候，用不着以爵位赏赐来吸引人而人民全能相互勉励往好处走，不重用刑罚而人民不轻易犯法，君主能以正确的言行为人民作出表率，对待百姓讲求诚信、说话算话。到了末世，虽然注重用高官厚禄进行奖赏而人民却无动于衷、根本不听那一套，虽然加重刑罚和惩罚的力度，违法乱纪却得不到禁止，这是因为高高在上的君主本身不正派，对待人民不讲诚信所造成的呀。厚重的赏赐和严厉的刑罚，并不足以劝人向善和禁止人为非作歹，只有讲求信用才是最有效的治国方法。所以要根据人的实际才能来委任官职，这样的官员才能尽职尽责地把分担的任务做好；去掉华而不实的言论，事情的真相才能看得清；不制作那些无用的器物，就会减少向百姓征收赋税；不在农忙季节强迫农民去服各种徭役，不耽误民力，那么百姓就能生活富足；德才兼备的人受到朝廷重用，无才无德的人被贬黜出朝廷，那么朝廷的威信就会很高；有功劳的就提拔，无功劳的就斥退，那么群臣自然明白什么样的该退、什么样的该进的道理；给人的惩罚与其所犯的罪过恰如其分，那么奸邪之人就不敢违法乱纪、为非作歹；受到的奖赏与其好的作为恰如其分，那么臣下就会受到鼓励，从而更加努力上进。凡此八件事，是治理国家、做好一切事情的根本。所以作为百姓，使他们各有各的职业，就不会发生争执，使他们觉得合理就不会产生怨恨，受到尊重、使之有礼就不会有暴力产生，上级对下级有爱心，下级就会亲近他们的上级：这是享有天下的皇帝治理国家、维护统治最紧迫的任务。礼义，是人民

民之所服[409]也，而赏罚顺之[410]，则民不犯禁矣。

“臣闻之：‘气同则从[411]，声比则应[412]。’今人主和德[413]于上，百姓和合[414]于下，故心和则气和，气和则形[415]和，形和则声和[416]，声和则天地之和应[417]矣。故阴阳和[418]，风雨时，甘露降，五谷登[419]，六畜蕃[420]，嘉禾[421]兴，朱草[422]生，山不童[423]，泽不涸[424]：此和之至[425]也。”

时对者百余人，太常[426]奏弘第居下[427]。策奏[428]，天子擢[429]弘对[430]为第一，拜[431]为博士[432]，待诏金马门[433]。

齐人辕固[434]，年九十余，亦以贤良征。公孙弘仄目而视固[435]，固曰：“公孙子[436]，务正学以言[437]，无曲学以阿世[438]！”诸儒多疾毁[439]固者，固遂以老罢归。

是时，巴、蜀四郡[440]凿山通西南夷[441]，千余里戍转相饷[442]。数岁，道不通。士罢饿[443]，离暑湿[444]，死者甚众。西南夷又数反，发兵兴击[445]，费以巨[3]万计[446]而无功。上患之，诏使公孙弘视[447]焉。还奏事，盛毁[448]西南夷无所用[449]，上不听。弘每朝会议[450][4]，开陈其端[451]，使人主自择，不肯面折廷争[452]。于是上察其行慎厚，辩论有余，习文法吏事[453]，缘饰以儒术[454]，大说之，一岁中迁至左内史[455]。

弘奏事，有不可[456]，不廷辨[457]。常与汲黯[458]请间[459]，黯先发[460]之，弘推其后[461]，天子常说[462]，所言皆听，以此日益亲贵。弘尝与公卿约议[463]，至上前，皆倍其约[464]以顺上旨[465]。汲黯廷诘[466]弘曰：“齐人多诈而无情实[467]，始与臣等建此议[468]，今皆倍之，不忠！”上问弘，弘谢[469]曰：“夫知臣者以臣为忠，不知臣者以臣为不忠[470]。”上然[471]弘言。左右幸臣每毁弘[472]，上益厚遇之。

都愿意遵守、服从的，如果做到该赏的赏、该罚的罚，百姓就不去违法乱纪了。

“我听说：‘呼吸相同者就会互相跟从，声音相同者就会相互呼应。’如今皇帝以宽和为德，百姓必定以温和与执政者相应和，所以心情平和则呼吸平和，呼吸平和则形体平和，形体平和则声音平和，声音平和则必然感动天地二气也为之和谐了。所以就表现出阴阳平衡，风调雨顺，天降甘露，五谷丰登，六畜繁衍，庄稼茂盛，瑞草生长，山顶草木葱茏，河泽不再干涸。这就是‘和’所达到的最佳状态啊。”

当时参加对策的有一百多人，负责评判的太常在上报考生成绩的时候将公孙弘的名次排在后头。这些考卷被呈送到汉武帝手里，汉武帝将公孙弘的名次擢升为第一，并任命他为博士，让他在金马门值勤，随时听候招呼。

齐国人辕固，当时已经九十多岁，也被地方遴选为贤良而送到京师。公孙弘对辕固从不敢用正眼相看，辕固规劝公孙弘说：“公孙先生，要老老实实地搞学问、说真话，不要以歪曲圣人的学说来迎合世俗！”许多儒生因为嫉妒而不断诋毁辕固，汉武帝就以辕固年老为由将他罢免回家。

当时，巴、蜀四郡的人民凿山铺道，修筑通往西南夷的道路，千余里之内都要为修路人戍守、为修路人运送物资、粮食。几年过去了，道路仍然没有修通。而士兵疲劳饥饿、再加上饱受暑热潮湿，死亡的人很多。西南各少数民族又屡次反叛，汉朝发兵平息叛乱，花费巨大却劳而无功。汉武帝对此很发愁，下诏派公孙弘前去视察、了解情况。公孙弘回来后奏报汉武帝，极力诋毁通西南夷之事，说通西南夷对国家没有任何好处，汉武帝没有听从他的意见。公孙弘每次在朝廷参与朝议，都是先把解决该问题的几种方案摆出来，让皇帝自己做出选择，他从来不当面对皇帝的意见表示不同意或当众与皇帝争论。于是，武帝觉得公孙弘行事谨慎为人厚道，辩论起来口才好，又熟悉法令规章、善于处理行政事务，还能从儒家的经典中找出理论依据作为修饰，所以非常喜欢他，一年之内就将他提升为左内史。

公孙弘奏报事情，若有不同的意见，也从不在朝廷上当众与人争辩。他经常与汲黯一起请求武帝在闲暇时避开众人单独召见，而且每次都是汲黯首先发言，公孙弘再接着加以申述，而每次谈话武帝都显得很高兴，两人所说的意见也都能被采纳，因此越来越得到汉武帝的信任，地位也一天比一天尊贵起来。公孙弘曾经和公卿大臣事先约定好，大家都向皇帝提出某种相同的建议，但到了武帝面前，公孙弘全都违背了原来与公卿大臣的约定而顺从了皇帝的意见。汲黯在朝廷上就责备公孙弘说：“齐国人奸诈狡猾而做事不诚实，你当初与我等商量好了要提这些建议，现在你却全部推翻，你这是对皇帝的不忠！”汉武帝询问公孙弘是怎么回事，公孙弘谢罪说：“了解我的人，认为我忠于皇帝；不了解我的人，认为我不忠于皇帝。”汉武帝同意公孙弘的说法。武帝身边那些受宠的人虽然经常诋毁公孙弘，而武帝却越发厚待公孙弘。

【段旨】

以上为第二段，写武帝元光五年（公元前一三〇年）一年间的全国大事，主要写了唐蒙、司马相如怂恿汉武帝通西南夷，致使劳民伤财；写了公孙弘以读儒书、善迎合而飞黄腾达的情景；此外还写了汉武帝进用张汤、赵禹，罢黜陈皇后，与东方朔守正直言怒斥佞幸董偃的故事。

【注释】

㉑③雅乐：庙堂、宫廷使用的音乐，与民乐、俗乐相对而言。㉑④对三雍宫：回答皇帝所问的有关“三雍宫”的典章制度问题。三雍宫，指明堂、辟雍、灵台三座古代讲礼的场所。㉑⑤诏策：皇帝所提的问题。㉑⑥对：回答皇帝所提问题的上书。㉑⑦推道术：引证、阐发儒家的思想观点。道术，指儒家思想。㉑⑧得事之中：能抓住问题的要害。中，中心、要害。㉑⑨文约指明：文章简短，说理透彻。约，少。指，通“旨”，思想、道理。㉒⓪下太乐官：下命令给太乐官。太乐官是掌管朝廷与宗庙音乐的长官，上属太常。㉒①常存肄：永久保存，经常演习。肄，练习。㉒②岁时以备数：每到年关或每个季度祭祀祖先的时候以备选用。㉒③不常御：不常用。御，进用。㉒④中尉常丽：河间国的中尉姓常名丽。诸侯国的中尉在该国主管军事。㉒⑤闻：向朝廷报告。㉒⑥身端行治：意即品行端正、行动严格守礼。㉒⑦笃敬：虔敬。笃，厚。㉒⑧明知：明智。知，同“智”。㉒⑨惠于鳏寡：施恩于鳏寡。古称无妻曰鳏，无夫曰寡。㉓⓪《谥法》：古代流传的一部讲“谥法”的书，相传是周公所作。㉓①睿知：同“睿智”，聪明而有智慧。㉓②班固赞:《汉书·景十三王传》末尾的“赞曰”。㉓③鲁哀公：春秋末期的鲁国国君，公元前四九四至前四六六年在位。是孔子写作《春秋》用以纪年的最后一位君主。㉓④未尝知惧：以上四句见《荀子·哀公》。㉓⑤信哉：的确如此啊。㉓⑥已：通“矣”，句末语气词。㉓⑦以宴安为鸩毒：把安逸生活视为毒药。宴安，安逸。鸩毒，毒酒、毒药。《左传》管仲有云:“晏安鸩毒，不可怀也。”㉓⑧无德而富贵谓之不幸：以为这样的家族必将有大祸临门。㉓⑨汉兴二句：自刘邦建国至西汉灭亡。孝平，西汉的末代皇帝，名衎，公元一至五年在位，其后被王莽篡位。㉔⓪诸侯王以百数：此指各诸侯国历代诸侯王的总和。㉔①率：大都是。㉔②沈溺放恣：习惯于为所欲为。沈溺，沉靡、随波逐流、不思进取。放恣，放纵、为所欲为。㉔③居势：固有的地位与形势。㉔④使然：使其如此。㉔⑤系于习俗：受习俗影响而沉溺不能自拔。㉔⑥之伦：之流；之辈。㉔⑦夫唯大雅二句：只有那种登大雅之堂的贤者，才能有如此出类拔萃的表现。㉔⑧近之：可以说就是这种人。㉔⑨王恢之讨东越：事见本书卷十七建元六年及《史记·东越列传》。㉕⓪番阳令：番阳县的县令。番阳，汉县名，县治在今江西鄱阳东北。㉕①风晓南越：意即向南越吹风示意，使南越知道汉王朝的厉害。〖按〗据《史记·南越列传》，有朝廷派庄助“往谕”南越王，无王

恢派唐蒙“风晓南越”事。㉒南越食蒙以蜀枸酱：南越王招待唐蒙吃蜀地出产的枸酱。〖按〗此时的南越王为赵佗之孙赵眜。事迹见《史记·南越列传》。枸，果树名，果实味酸，可以为酱。㉓所从来：从何地而来。㉔道：由。㉕牂柯江：河水名，即今之北盘江，流经贵州西南部，入广西为红水河，入广东为西江，至广州为珠江。㉖出番禺城下：向下流经番禺城下。番禺即今广州，当时南越国的都城。㉗窃出市夜郎：偷着带到夜郎去卖。夜郎，是当时的少数民族部落名，在今贵州之西南部。㉘以财物役属：用财物收买令其听从使唤。㉙西至桐师：谓南越王的势力、影响，向西一直达到桐师（今云南保山市、龙陵一带）。㉚臣使：像臣民一样听使唤。㉛黄屋左纛：俨然是大国皇帝的派头。黄屋，以黄绫做车驾的篷顶，是汉代皇帝的车驾。左纛，在车驾左骖马的头上插有牦牛尾制的饰物，也是皇帝车驾所特有。㉜一州主：一个大国的诸侯。当时中国号有九州，一州之君略当于春秋时代的霸主。㉝以：从；经由。㉞长沙、豫章：汉代的二郡名，长沙郡的郡治即今湖南长沙，豫章郡的郡治即今江西南昌。㉟浮船牂柯江：沿牂柯江乘船顺流而下。㊱制越：制服南越。㊲巴、蜀：汉之二郡名，巴郡的首府江安，在今重庆市西北。蜀郡的首府即今成都。㊳通夜郎道：打通由蜀郡经由夜郎前往番禺的道路。㊴为置吏：在夜郎一带设立郡县，委派官吏。㊵中郎将：皇帝的侍从武官，上属郎中令，秩比二千石。㊶食重万余人：意即运送食物及各种物资的有上万人。《史记索隐》曰：“食重，食货辎重车也。”〖按〗物多人众，物用以收买，人用以示威。㊷巴蜀筰关：应依王念孙《读书杂志》说作“巴符关”。㊸夜郎侯多同：夜郎侯名多同。㊹使其子为令：任多同的儿子为夜郎县的县令。㊺缯帛：皆丝织品。缯，丝织品的总称。㊻不能有：不可能实际占有、管理他们。㊼且：姑且；暂时。㊽还报：应增“唐蒙”二字读。㊾上以为犍为郡：在夜郎及其邻近的北部地区设犍为郡，事在建元六年（公元前一三五年）。犍为郡初治鳖县（今四川泸州合江），其后改治僰道（在今四川宜宾西南）。㊿治道：修筑道路。(281)自僰道指牂柯江：从今宜宾直通夜郎。〖按〗《水经·道水注》云：“唐蒙凿石开阁以通南中，迄于建宁二千余里，山道广丈许，深二三丈，其錾凿之迹犹存。”(282)物故：死亡。(283)军兴法：即紧急军事动员令。汉制，朝廷征集财物以供军用，谓之“军兴”。违者，以犯法论。(284)渠率：大头领。(285)司马相如：司马相如原在武帝身边为郎，此时以中郎将的身份出使西南夷地区。(286)责唐蒙等：责备他们假借名义，生事扰民。(287)因谕告：顺便向巴蜀的百姓们做一些说明、解释。(288)以非上意：说（唐蒙等所为）不是天子的意思。〖按〗司马相如为此写了一篇《谕巴蜀檄》，全文见《史记·司马相如列传》。(289)还报：完事后回京报告天子。(290)邛、筰之君长：邛、筰一带的少数民族头领。邛在今四川乐山市西，筰在今四川乐山西南。(291)南夷：指夜郎与其周边的少数民族。(292)内臣妾：即内臣，中国国内的臣僚。(293)请吏：请朝廷在其地设郡县并委派相应官吏。(294)比南夷：与南夷的情况相同。比，等同。(295)冉駹：当时的少数民族部落名，都在今四川松潘以南。(296)为郡县：曾在其地设过郡县。(297)建节：手执旌节。旌节是皇帝使者所持的信物，以竹杖为之，上有三道牦牛尾的装饰。㉙⑧乘传：乘驿车。传，驿车，驿站为过往官员提供使用的车马。㉙⑨因巴、蜀吏币物：就近用巴、蜀官吏提供的钱物。㉚⓪斯榆：当时的少数民族部落名，在今四川西昌一带。㉚①除边关：拆掉过去在巴、蜀与这些少数民族之间所修筑的边界关卡。㉚②关益斥：将边关向外推到了更远的地方。斥，推、开拓。㉚③沫、若水：沫水即今之大金川，若水即今之雅砻江，都在今四川南部。㉚④牂柯：即前述之牂柯江，今贵州境内之北盘江。㉚⑤徼：边界。㉚⑥零关道：在今四川峨边南。㉚⑦桥孙水：在孙水上架桥。孙水，即今安宁河，源于今四川凉山州冕宁，注入雅砻江。㉚⑧邛都：在今四川西昌东南。㉚⑨都尉：军官名，级别相同于校尉与郡尉，通常设于新开发地区或军事要地，为当地的军政长官。㉛⓪属蜀：上属于蜀郡。㉛①治雁门阻险：修筑雁门郡内险要的关塞，以防备匈奴的入侵。㉛②女巫楚服：女巫姓楚名服。巫是用于祭祀的神职人员，此处则是以装神弄鬼帮人求福或害人的骗子。㉛③陈皇后：汉武帝的第一任皇后，大长公主刘嫖之女，名阿娇，时因卫子夫进幸，阿娇被冷落。㉛④祠祭厌胜：古时骗人的巫术，妄言能通过祭祀诅咒以达到害人或其他目的。㉛⑤挟妇人媚道：《史记·外戚世家》写陈皇后之母诬陷栗姬时说栗姬"与诸贵夫人幸姬会，常使侍者祝唾其背"云云，盖即求神鬼害人以为自己扫除进幸之路。"妇人媚道"或即此类伎俩。㉛⑥张汤：当时著名的酷吏，此时任御史（御史大夫的属员）之职。事迹详见《史记·酷吏列传》。㉛⑦穷治：寻根究底地拷问。㉛⑧深竟党与：将有关人员彻底查出。党与，同"党羽"。㉛⑨枭首于市：将其人头悬挂于市场示众。㉜⓪乙巳：七月十四。㉜①赐皇后册：给陈皇后下诏书。册，此处指诏书。㉜②收其玺绶：收回她的皇后印与绶带。绶，系印的丝绦。㉜③罢退：意即被废。㉜④长门宫：在当时长安城的东南部。〖按〗司马相如《长门赋》有所谓："陈皇后别在长门宫，愁闷悲思，奉黄金百斤为相如取酒，乃为作颂以奏，皇后复亲幸。"崔适《史记探源》以为此"复幸"之说，乃文人寓言，不足取信。㉜⑤窦太主：即阿娇之母大长公主刘嫖。所以称"窦太主"，是因为刘嫖乃窦太后所生。㉜⑥稽颡：最庄重的跪拜之礼，以额触地。㉜⑦不轨：出格；违法。㉜⑧主："大长公主"的简称，以称刘嫖。㉜⑨信道：相信道义。㉝⓪妄言：传言；别人的瞎说。㉝①嫌惧：疑心、恐惧。㉝②供奉如法：还是按规定享受过去的待遇。㉝③上宫：皇后所住的宫殿。㉝④见：叫出来让武帝看。㉝⑤所幸：所宠养的相公。㉝⑥不名：不直呼其名，表示尊敬。㉝⑦主人翁：主人家的先生。㉝⑧使之侍饮：意即让他陪着一道喝酒。侍饮，陪着尊长喝酒。㉝⑨从：跟随；跟随窦太主。㉞⓪北宫：宫室名，在当时未央宫内的北部。㉞①平乐观：上林苑中的一所殿堂，周围十五里。㉞②鸡、鞠：斗鸡与踢球。㉞③角狗马之足：进行赛狗赛马。角，比赛。㉞④宣室：未央宫前殿的正室，是宣布政教的地方。㉞⑤谒者：皇帝的侍从官员，主管收发传达与赞礼等。㉞⑥引内董君：领着董偃进入宣室。内，通"纳"。㉞⑦中郎：皇帝的侍从、警卫人员，由中郎将统管。㉞⑧东方朔：汉代的著名文学家，以滑稽著称，事迹详见《汉书·东方朔传》。㉞⑨陛戟殿下：执戟在殿下夹阶而立。陛，台阶。㊿辟戟而前：放下长戟，走到武帝跟前。辟，放下。351安得入：有什么资格进入宣室。352何谓：此话指何而言。353私侍：暗中陪着。侍，侍寝。354男女之化：男女之间的规矩。355伤王制：破坏了皇家的制度。356富于春秋：正当年轻有为。357方积思于"六经"：正在潜心钻研儒家经典。方，刚、正在。积思，潜心思考。358遵经劝学：按着儒学经典的思路劝导皇帝上进。359以靡丽为右：以华丽的生活为追求目标。右，上。360蜮：传说中的一种害人魔怪，据说能含沙射影，这里泛指害人虫。361良久：好久。362正处：重要居处。文帝当年祭祀后曾在宣室休息受禧，并接见贾谊。363法度之政：符合法度的大事。364淫乱之渐：淫乱活动慢慢发展。渐，如同水逐渐浸润。365篡：夺；夺权夺位。366竖貂为淫而易牙作患：竖貂、易牙都是春秋时期齐桓公身边的小人，竖貂为了侍候齐桓公而自宫为宦者，易牙为了让齐桓公尝到异味而杀了自己的儿子。管仲临死劝齐桓公远此二人，齐桓公不听，结果二人作乱，齐桓公被活活饿死。事见《左传》与《史记·齐太公世家》。"为淫"二字不知所谓。367庆父死而鲁国全：庆父是春秋时鲁桓公之子，庄公之弟。庄公死，庆父杀庄公之子闵公而作乱，鲁国多年不宁，后来庆父之弟季友设谋杀了庆父，鲁国始获安定。当时有所谓"庆父不死，鲁难未已"之语，这里是以庆父比董偃。368有诏止：下诏停止在宣室摆酒。369东司马门：未央宫东门内的司马门。370逾礼制：即所谓"僭越"，指衣食住行各方面的超越名分的行为。371太中大夫：皇帝的侍从官员，出入于皇帝周围，掌议论，秩千石，上属郎中令。372赵禹：当时著名的酷吏之一。事迹详见《史记·酷吏列传》。373诸律令：各种法律条文。374深文：指条文订得细密，而惩治犯禁者的章程又严。375拘守职之吏：为把主管该项事务的各级官吏都严加控制起来。拘，控制。376作见知法：制定了惩办见知不告的条例。见知，知情而不举报。377吏传相监司：何焯曰，"谓互相监察也"。传，相互。司，暗中监视。378益刻：越来越严酷。益，渐、越来越……。379螟：谓螟虫成灾。螟，一种蛀食秧苗的害虫。380征：招募；征求。381先圣之术：孔子的治国治民方法。382县次续食：在其进京的路上走到哪里，哪里的地方官就负责供应伙食。次，依次、按顺序。续食，接续供应伙食。383令与计偕：让应诏者与上计的官吏一道进京。计，也称"计吏"，各郡国委派进京向朝廷缴纳钱粮的官吏。384菑川：诸侯国名，都城剧县，在今山东昌乐西北。武帝前期的菑川王是齐悼惠王刘肥之子刘志。385公孙弘：姓公孙名弘，一个以读《春秋公羊传》起家的儒生，后来成为丞相，封平津侯。是《史记》中司马迁最反感的人物之一，事迹详见《史记·平津侯主父列传》。386对策：回答皇帝所问的题目。因为皇帝所问的题目是写在竹简上，故称作"策"。387不贵爵赏：用不着以爵位赏赐吸引人。贵，抬高、用以吸引人。388劝善：自动积极地向好处走。劝，奋勉。389躬率以正：以正确的言行给人们亲自做出榜样。躬率，亲自带头。390遇民信：对待百姓说话算话。391不劝：无动于衷，不听他那一套。392必信而已矣：只有讲信义才能解决问题。393是故：因此。394则分职治：他所分担的任务才能做好。㊗395 则事情得：事物的真相才能看清楚。情，真实情况。396 赋敛省：少向百姓巧取豪夺。397 夺：耽误。398 尊：威望高；有威信。399 逡：退，意即有退让之心。400 罚当罪：给人的惩罚与其所犯的罪过恰如其分。401 赏当贤：给人的奖赏与其好的作为恰如其分。402 劝：受到鼓励，鼓舞人们上进。403 治：治理一切；做好一切事情。404 业之：各有自己的岗位；各得其所。405 理得：感到合理。406 有礼：意即受到尊重，使之以礼。407 爱之：指上对下有爱心。408 有天下：意即治理国家、维持统治。409 服：讲究；习惯。410 赏罚顺之：意即该赏则赏，该罚则罚。411 气同则从：呼吸相同者则彼此跟从。气，这里指呼吸。412 声比则应：声音相同者就彼此呼应。比，挨近，这里也是相同的意思。《周易·文言》有所谓"同声相应，同气相求"，意思是指物以类聚。413 和德：以宽和为德。414 和合：以温和与执政者相应合。415 形：形体、行动。416 声和：皇帝与万民的声音彼此和谐。417 天地之和应：汉人鼓吹天人感应，人间的上下和谐，必然要感动天地二气也为之和谐。418 阴阳和：阴阳二气彼此调和。419 登：丰收。420 蕃：繁殖得多。421 嘉禾：表现祥瑞征兆的禾苗，如一禾生出多穗等。422 朱草：表现祥瑞的红色草。423 山不童：山顶没有不长草木的地方。童，秃顶。424 涸：干枯。425 和之至：人间上下相和，天地为之感应生和，一切都达到和的顶点。至，到顶。426 太常：九卿之一，主管朝廷礼仪与考试选拔等事。427 奏弘第居下：在上报考生成绩名次的时候，将公孙弘排在下头。428 策奏：考试成绩呈报皇帝。429 擢：拔出。430 弘对：公孙弘的对策文章。431 拜：任命、授官的敬称。432 博士：皇帝的侍从官名，以知识渊博备皇帝顾问之用。433 待诏金马门：在金马门值勤，听候招呼。金马门，西汉未央宫里的一个官署名。《三辅黄图》曰：汉武帝得大宛马，乃铸铜马于宦者署之门，因称此门曰"金马门"。东方朔、主父偃、徐乐、严安等都曾在此处等候过武帝的召见。434 辕固：姓辕名固，一个正直敢言的儒生，以治《诗》为博士。事迹详见《史记·儒林列传》。435 仄目而视固：斜着眼睛看辕固，不敢正眼相看。仄，通"侧"。《通鉴》"视"字误作"事"，今据《史记》改。436 公孙子：犹言"公孙先生"。"子"字是古代对男子的敬称，这里含挖苦之意。437 务正学以言：要老老实实地搞学问、说真话。438 无曲学以阿世：不要歪曲圣人的学说以违心地迎合世俗。阿世，讨好、迎合世俗。439 疾毁：嫉恨、诽谤。疾，通"嫉"。440 巴、蜀四郡：指巴郡、蜀郡、广汉郡、犍为郡。441 通西南夷：打通由巴、蜀进入云南、贵州的道路。442 戍转相饷：又要派兵驻守，又要运送物资、供应前方粮食。443 罢饿：又疲劳又挨饿。罢，同"疲"。444 离暑湿：遭受酷热潮湿之苦。离，通"罹"。遭受。445 发兵兴击：以"军事动员"的名义征兵攻打。446 以巨万计：以亿计算，指花费的铜钱。巨万，万万，即"亿"。447 视：视察、了解情况。448 盛毁：大说有关此事的坏话。449 无所用：谓通西南夷之举，除劳民伤财外，对国家无任何好处。〖按〗公孙弘能与武帝持不同态度，并公开坚持反对意见，前后盖仅此通西南夷一事。㊺⓪ 每朝会议：每次在朝廷上讨论问题。㊺① 开陈其端：把解决该问题的几种方案都列出来。㊺② 不肯面折廷争：从不当面对皇帝的意见表示不同意或当众与皇帝争论。㊺③ 习文法吏事：熟悉法令规章，善于处理行政事务。何焯曰："弘号以儒进，然所以当上意者，习文法吏事，乃少为狱吏力也。"㊺④ 缘饰以儒术：不论办什么事情，都要从儒家的经典中找出说法，以文饰之。《史记索隐》曰："以儒术饰文法，如衣服之有领缘以为饰也。"〖按〗此处"缘饰"二字，可见汉代尊儒的实质，亦可见写史者对汉儒的反感。㊺⑤ 左内史：也称"左冯翊"，当时首都及其东部郊区的行政长官，与右扶风、京兆尹合称"三辅"。㊺⑥ 有不可：凡遇自己与别人的意见不同。㊺⑦ 不廷辨：不当众与之争辩。㊺⑧ 汲黯：武帝时期的直臣，时为主爵都尉。事迹见《史记·汲郑列传》。㊺⑨ 请间：请求皇帝避开众人单独接见他们。间，缝隙。㊻⓪ 先发：公孙弘总是让汲黯先说。㊻① 弘推其后：而后公孙弘再接着加以申说。〖按〗此其用心是，倘武帝听汲黯言时意有不悦，则公孙弘可以立即转舵，视下文可知。何焯曰："他人先发而推其后，则先以他人试上之喜怒也。"㊻② 说：通"悦"。㊻③ 约议：与其他朝臣事先约定好大家都提某种相同的建议。㊻④ 倍其约：违背事先的约定。倍，通"背"。违背。㊻⑤ 以顺上旨：以迎合皇帝的想法。黄震曰："《辕固传》，'弘与固同征，弘反目视固。固曰：公孙子，无曲学以阿世'！然则弘之阿谀，虽未委质，固已知之矣。"㊻⑥ 廷诘：当众质问。诘，问。㊻⑦ 齐人多诈而无情实：公孙弘这个家伙奸诈狡猾没有真情实意。㊻⑧ 始与臣等建此议：本来是他在下面与我们商量好共同提这个建议的。㊻⑨ 谢：道歉；请罪。㊼⓪ 知臣者以臣为忠二句：《史记·魏其武安侯列传》写田蚡与窦婴当庭争辩曲直，韩安国劝田蚡曰："君何不自喜？夫魏其毁君，君当免冠解印绶归，曰：'臣以肺腑幸得待罪，固非其任，魏其言皆是。'如此，上必多君有让，不废君；魏其必内愧，杜门啃舌自杀。今人毁君，君亦毁人，譬如贾竖女子争，何其无大体也！"公孙弘此处可谓深谙其术。㊼① 然：肯定；以之为正确。㊼② 毁弘：说公孙弘的坏话。

【校记】

［2］不可：原无此二字。据章钰校，乙十一行本、孔天胤本皆有此二字，张瑛《通鉴校勘记》同。今从乙十一行本及《汉书·东方朔传》补。［3］巨：原作"巨"。据章钰校，乙十一行本作"巨"。今从乙十一行本及《通鉴纪事本末》改。［4］议：原无此字。据章钰校，乙十一行本、孔天胤本皆有此字，张瑛《通鉴校勘记》同。今从诸本及《汉书·公孙弘卜式兒宽传》补。

【原文】

六年（壬子，公元前一二九年）

冬，初算商车[473]。

大司农郑当时言："穿渭为渠，下至河[474]，漕关东粟[475]，径易[476]，又可以溉渠下[477]民田万余顷。"春，诏发卒数万人穿渠，如当时策[478]。三岁而通[479]，人以为便。

匈奴入上谷[480]，杀略[481]吏民。遣车骑将军[482]卫青出上谷[483]，骑将军[484]公孙敖出代[485]，轻车将军[486]公孙贺出云中[487]，骁骑将军[488]李广出雁门[489]，各万骑，击胡关市下[490]。卫青至龙城[491]，得胡首虏七百人[492]。公孙贺无所得。公孙敖为胡所败，亡[493]七千骑。李广亦为胡所败。胡生得广，置两马间，络而盛卧[494]，行十余里。广佯死[495]，暂腾[496]而上胡儿马上，夺其弓，鞭马南驰，遂得脱归[497]。汉下敖、广吏[498]，当斩[499]，赎为庶人[500]。唯青赐爵关内侯[501]。青虽出于奴虏[502]，然善骑射，材力[503]绝人，遇[504]士大夫[505]以礼，与士卒有恩，众乐为用[506]，有将帅材，故每出辄[507]有功。天下由此服上之知人[508]。

夏，大旱，蝗。

六月，上行幸雍。

秋，匈奴数盗边[509]，渔阳尤甚。以卫尉韩安国为材官将军，屯渔阳[510]。

元朔元年（癸丑，公元前一二八年）

冬，十一月，诏曰："朕深诏执事[511]，兴廉举孝[512]，庶几成风[513]，绍休圣绪[514]。夫十室之邑，必有忠信[515]；三人并行，厥有我师[516]。今或至阖郡[517]而不荐[518]一人，是化不下究[519]，而积行之君子[520]雍于上闻[521]也。且进贤受上赏，蔽贤蒙显戮[522]，古之道[523]也。其议二千石不举者罪[524]！"

【语译】

六年（壬子，公元前一二九年）

冬季，开始向商人征收车税。

大司农郑当时说："开凿一条由长安引渭河水直通黄河的渠道，把函谷关以东地区生产的粮食，由黄河经由渭水渠运送到长安，道路顺直而且方便，还可以利用渠水灌溉周围的万顷良田。"春季，汉武帝下诏征调数万名士卒，按照郑当时的设计开挖渠道。三年后挖通，人民得到了很大的好处。

匈奴侵入上谷郡，杀害劫掠官民。朝廷派遣车骑将军卫青从上谷郡出兵，骑将军公孙敖从代郡出兵，轻车将军公孙贺从云中郡出兵，骁骑将军李广从雁门郡出兵，各率领骑兵一万，到汉与匈奴举行贸易的边关交易市场对匈奴人发起进攻。卫青在龙城与匈奴军交战，斩敌之首与俘获的敌人总计七百多名。公孙贺没有什么战果。公孙敖被匈奴的军队打败，损失了七千名骑兵。李广也被匈奴人打败。匈奴人将李广活捉，匈奴人在两马之间用绳索做成一副网状的担架，让受伤的李广躺在里面，走出了有十多里。李广假装已死，一直没有动弹，看到匈奴人逐渐放松了警惕便突然一跃而起，跨上了一名匈奴军的马背，同时夺取了敌人的弓箭，鞭打着战马向南飞奔，终于摆脱了匈奴的追杀逃回汉朝。汉武帝把公孙敖、李广交给军法吏审理，按照法律应当斩首，两人分别交纳了赎金才免于一死，被贬为平民。只有卫青因功被封为关内侯。卫青虽然出身奴隶，然而擅长骑马射箭，才智气力过人，对待部下的各级官吏谦恭有礼，对待士卒十分爱护，所以众人都乐意为他出力，卫青又具备将帅的气质和才能，所以每次出征都能获得成功。天下之人由此而佩服汉武帝知人善任。

夏季，大旱，蝗虫成灾。

六月，汉武帝巡视雍县。

秋天，匈奴多次攻击掠夺汉朝的北部边境，渔阳郡受害尤其严重。于是汉武帝任命卫尉韩安国为材官将军，率军驻扎在渔阳。

元朔元年（癸丑，公元前一二八年）

冬季，十一月，汉武帝下诏："我屡次下诏严厉督促各级地方官员，要他们为国家选拔、举荐品行廉洁、孝敬尊长的人，希望以此而形成良好的社会风气，继续发扬孔子的美好思想。即使仅有十户的小乡镇，也必定有忠诚守信的人；三个同行的人中，也会有值得我学习的老师。现今有的整个郡里都举荐不出一个人，这是朝廷的教育没有得到深入贯彻执行，而使那些经常做好事、有好品行的君子被压制而不能上达于朝廷。而且举荐贤人的人可以受到最高等的奖赏，埋没贤才的人就要受到公开的、严厉的惩罚，古代人就是这样做的。有关部门立即制定出不向朝廷推举贤

有司[525]奏："不举孝，不奉诏[526]，当以不敬[527]论。不察廉[528]，不胜任也，当免[529]。"奏可[530]。

十二月，江都易王非[531]薨。

皇子据[532]生，卫夫人[533]之子也。三月甲子[534]，立卫夫人为皇后，赦天下[535]。

秋，匈奴二万骑入汉，杀辽西太守[536]，略二千余人，围韩安国壁[537]。又入渔阳、雁门，各杀略千余人。安国益东徙[538]，屯北平[539]，数月，病死[540]。天子乃复召李广[541]，拜为右北平太守[542]。匈奴号曰"汉之飞将军"，避之数岁，不敢入右北平。

车骑将军卫青将三万骑出雁门，将军李息出代，青斩首虏数千人[543]。

东夷薉君南闾[544]等共[5]二十八万人降[545]，为苍海郡[546]。人徒之费[547]，拟于南夷[548]，燕、齐[549]之间，靡然[550]骚动。

是岁，鲁共王余[551]、长沙定王发[552]皆薨。

临淄[553]人主父偃[554]、严安[555]，无终[556]人徐乐[557]，皆上书言事。

始，偃游齐、燕、赵[558]，皆莫能厚遇，诸生相与排摈[559]不容。家贫，假贷[560]无所得，乃西入关[561]，上书阙下[562]。朝奏，暮召入。所言九事，其八事为律令[563]，一事谏伐匈奴[564]，其辞曰："《司马法》[565]曰：'国虽大，好战必亡；天下虽平，忘战必危[566]。'夫怒者逆德[567]也，兵者凶器[568]也，争者末节[569]也。夫务战胜[570]，穷武事[571]者，未有不悔者也。

"昔秦皇帝并吞战国[572]，务胜不休，欲攻匈奴。李斯[573]谏曰：'不可。夫匈奴，无城郭之居，委积[574]之守，迁徙鸟举[575]，难得而制也。轻兵深入，粮食必绝[576]；踵粮[577]以行，重不及事[578]。得其地，不足以为利也；得其民，不可调而守[579]也。胜必杀之[580]，非民父母也[581]。靡敝[582]中

才的郡守该如何治罪的条款!”主管监察该项事务的官员随后向武帝奏告说:“对于不肯向朝廷推举有孝行的孝子,就等于不执行皇帝的诏命,当以不尊敬皇帝、故意对抗的罪名论处。不审察属下官吏哪个廉洁、哪个贪墨,就是不胜任职责,应当免职。”武帝批示同意。

十二月,江都易王刘非逝世。

皇子刘据出生,刘据是卫夫人子夫为汉武帝所生的儿子。三月十三日甲子,汉武帝册封卫夫人为皇后,大赦天下。

秋季,匈奴的两万名骑兵侵入汉朝边境,杀死了辽西郡太守,掳掠了两千多人,将韩安国围困在营垒中。随后又侵入渔阳郡、雁门郡,分别杀死、掳掠了一千多人。韩安国更进一步向东移动,屯驻在北平;数月后,韩安国病死。汉武帝于是重新起用李广,任命李广为右北平太守。匈奴称李广为“汉朝的飞将军”,远远地避开他,好几年的时间匈奴不敢入侵右北平。

车骑将军卫青率领三万名骑兵从雁门关出发,将军李息从代郡出发,卫青斩杀、俘虏了敌人数千人。

东方的少数民族薉貊的君主南闾等率领所属的二十八万人投降汉朝,汉朝将薉貊故地设置为苍海郡。汉朝派人戍守与运输所花费的费用巨大,与打通巴蜀与夜郎的交通并在那里设置郡县所花的费用不相上下,从而引发了燕、齐一带动荡不安。

这一年,鲁共王刘余、长沙定王刘发相继去世。

临淄县人主父偃、严安,无终县人徐乐,都先后上书给汉武帝谈论如何治理国家的事情。

开始时,主父偃游历齐国、燕国、赵国等地,那些诸侯王都没有给他足够的重视,那里的专家学者反而勾结起来排斥他。主父偃家里很贫穷,四处借贷都没有人肯借钱给他,于是他就向西进入函谷关来到京师长安,到皇宫门前给皇帝上书。他的奏章早晨递上去,晚上汉武帝就召见了他。他所陈述的九件事当中,有八件事是有关律令的,其中一件是劝谏武帝讨伐匈奴的,他说:“《司马法》中写道:‘国家虽然强大,如果爱好战争必然导致国家灭亡;天下虽然太平,如果忘记战争必然使国家处于危险的境地。’发怒是一种不好的品性,兵器是不吉利的东西,争执是微不足道的小事情。追求务必打败对方,极端讲究武力的,最后没有不后悔的。

“过去秦始皇并吞六国,不取得最后胜利决不罢休,他还想要攻打匈奴。李斯劝谏说:‘不能这样做。匈奴是游牧民族,居住的地方没有城郭,也没有储备粮食的府库,迁徙游动就像鸟飞起来一样容易,很难将他制服。如果军队轻装深入其境,必定造成粮草短缺;如果后面跟着运送粮草的大部队,必定因为负担繁重造成进军缓慢而无法取得胜利。即使得到匈奴的土地,也不会给中国带来什么利益;得到匈奴的人口,也无法对他们进行调教和管理。所以打了胜仗必定要将俘虏全部杀死,这

国，快心匈奴[583]，非长策也[584]。’秦皇帝不听，遂使蒙恬[585]将兵攻胡[586]，辟[587]地千里，以河为境[588]。地固沮泽咸卤，不生五谷[589]。然后发天下丁男[590]以守北河[591]，暴兵露师[592]十有余年。死者不可胜数，终不能逾河而北[593]。是岂人众不足，兵革不备哉？其势不可也。又使天下蜚刍挽粟[594]，起于东腄[595]、琅邪[596]负海[597]之郡，转输北河[598]，率[599]三十钟而致一石[600]。男子疾耕，不足于粮饷[601]；女子纺绩，不足于帷幕[602]。百姓靡敝，孤寡老弱不能相养，道路死者相望，盖[603]天下始畔秦[604]也。

“及至高皇帝定天下[605]，略地于边[606]，闻匈奴聚于代谷[607]之外而欲击之。御史成进谏曰[608]：‘不可。夫匈奴之性，兽聚而鸟散[609]，从之如搏影[610]。今以陛下盛德攻匈奴[611]，臣窃危之。’高帝不听，遂北至于代谷，果有平城之围[612]。高皇帝盖悔之甚，乃使刘敬[613]往结和亲之约，然后天下忘干戈之事[614]。

“夫匈奴难得而制，非一世也。行盗侵驱[615]，所以为业也，天性固然。上及虞、夏、殷、周，固弗程督[616]，禽兽畜之，不属为人[617]。夫上不观虞、夏、殷、周之统[618]，而下循[619]近世之失[620]，此臣之所大忧，百姓之所疾苦[621]也。”

严安上书曰：“今天下人民，用财侈靡[622]，车马、衣裘、宫室，皆竞修饰[623]。调五声使有节族[624]，杂五色使有文章[625]，重五味方丈于前[626]，以观欲天下[627]。彼民之情，见美则愿之，是教民以侈也。侈而无节，则不可赡[628]，民离本而徼末[629]矣。末不可徒得[630]，故搢绅者[631]不惮为诈[632]，带剑者[633]夸杀人以矫夺[634]，而世不知愧，是以犯法者众。臣愿为民制度[635]，以防其淫[636]。使贫富不相耀[637]，以和其心。心志定，则盗贼消，刑罚少，阴阳和，万物蕃[638]也。

不是仁德之君为民父母的做法。消耗掉中国大量的人力物力，为贪图一时的痛快而打败匈奴，这不是治理国家的好办法。’秦始皇没有听从李斯的劝告，还是派遣蒙恬率兵攻打匈奴，开拓了千里疆土，占领了河套一带，把黄河作为秦国与匈奴的边界。但那里不是沼泽地就是盐碱地，五谷不生。然后又征发天下的壮年男子去防守河套地区，使军队露宿野外被风吹日晒达十多年之久。死亡的人不计其数，却始终不能跨过黄河以北。这难道是他的人力不足、军队装备不好吗？是军事形势与地理条件不允许罢了。秦始皇又征调天下大量的人力为前线运输粮草，从东方靠近海边的腄县、琅邪郡，辗转运输粮草到河套一带，大体上从始发地运输三十钟粮食，等到达目的地时就只剩下大约一石粮食。男人即使拼命地耕种，种出来的粮食也不足以供应军队的粮饷；女子就是再加紧纺丝绩麻，也难以供应军队缝制帷幕。百姓疲敝不堪，民生凋敝，孤寡老弱无人奉养，饿殍相望于道，于是天下之人开始纷纷起来反抗秦朝了。

“等到高皇帝刘邦平定天下之后，也想开拓疆土，当听说匈奴的军队集结在代谷之外的消息后，就想去袭击匈奴。当时的御史成劝谏高皇帝说：‘不可以这样做。匈奴的性情，就像鸟兽一样聚散迅速，追逐他们就像与影子搏斗一样。现在以陛下的盛德攻击匈奴，我觉得这是很危险的。’高皇帝没有听从御史成的意见，他亲自率领大军到北边的代谷攻打匈奴，结果在平城被匈奴围困了七天。高皇帝非常后悔，这才派刘敬去和匈奴缔结和亲之约，然后天下才获得多年的太平，人们几乎忘掉了与匈奴之间的战争。

“匈奴难以被制服，并不是一代的事情。他们就像盗贼一样把侵入边境抢掠人、畜当作赖以生存的手段，他们的习性就是如此。往上推及虞、夏、殷、周的时代，就从来没有对这些北方的敌人采取过严厉的措施，把他们当作禽兽一样畜养，而不把他们与中原人同等看待。现在不往上借鉴虞、夏、殷、周的传统做法，反而要沿袭近世的错误做法，这是我最担忧的了，因为这会给百姓带来深重的灾难。”

严安上书给汉武帝说：“现在全国之人，在财用方面都很奢侈浪费，无论是车马、衣裘，还是宫室，都相互攀比着追求豪华。调整五音的高低成为有节奏的音乐，把各种颜色搭配好以成为美丽图案，把许多珍贵好吃的东西都摆到餐桌上，向天下人展现自己的欲望之满足。人的本性本来就是看见好的东西自己就想拥有，这实际上是在教育人民追求奢侈。奢侈而没有节制，财用就会不足，百姓就要舍本求末放弃农业生产而去从事工商了。而工商也不那么容易做，所以一些官僚士大夫不惜一切手段弄虚作假，勇武之士凭借武力劫夺财物而不惜杀人，而在世人面前丝毫不感到愧疚，所以犯法的日益增多。我希望国家能够为百姓制定出相关的法律制度，以阻止这种奢侈浪费的现象蔓延。使富人不再炫耀自己的财富，使穷人心理得到平衡。人民情绪稳定，盗贼就会减少甚至消失；违法乱纪的少了，动用的刑罚自然减少；阴阳和谐，万物才会得到生殖繁衍。

“昔秦王[639]意广心逸[640]，欲威海外，使蒙恬将兵以北攻胡，又使尉屠睢[641]将楼船之士以攻越。当是时，秦祸[642]北构[643]于胡，南挂[644]于越。宿兵[645]于无用之地，进而不得退。行十余年[646]，丁男被甲，丁女转输[647]，苦不聊生[648]，自经[649]于道树，死者相望。及秦皇帝崩[650]，天下大畔，灭世绝祀[651]，穷兵[652]之祸也。故周失之弱，秦失之强[653]，不变[654]之患也。今徇南夷[655][6]，朝夜郎[656]，降羌、僰[657]，略薉州，建城邑[658]，深入匈奴，燔其龙城[659]，议者美之[660]。此人臣之利，非天下之长策也[661]。”

徐乐上书曰：“臣闻天下之患，在于土崩，不在瓦解，古今一也。

“何谓土崩？秦之末世是也。陈涉无千乘之尊[662]、尺土之地[663]；身非王公大人名族之后，乡曲之誉[664]；非有孔、曾、墨子[665]之贤，陶朱、猗顿[666]之富也。然起穷巷，奋棘矜[667]，偏袒[668]大呼，天下从风[669]。此其故何也？由民困而主不恤[670]，下怨而上不知，俗已乱而政不修。此三者，陈涉之所以为资[671]也，此之谓土崩。故曰天下之患在乎土崩。

“何谓瓦解？吴、楚、齐、赵之兵[672]是也。七国谋为大逆，号皆称万乘之君[673]，带甲数十万，威足以严[674]其境内，财足以劝[675]其士民。然不能西攘[676]尺寸之地而身为禽于中原[677]者，此其故何也？非权轻于匹夫[678]，而兵弱于陈涉也。当是之时，先帝之德[679]未衰，而安土乐俗之民众[680]，故诸侯无竟外之助[681]，此之谓瓦解。故曰天下之患不在瓦解。

“此二体[682]者，安危之明要[683]，贤主之所宜留意而深察也。

“间者[684]，关东[685]五谷数不登，年岁未复[686]，民多穷困。重之[687]以边境之事[688]，推数循理[689]而观之，民宜有不安其处[690]者矣。不安，故易动[691]；易动者，土崩之势也。故贤主独观万化之原[692]，明于安危之机[693]，

“过去秦始皇欲望越来越大、心气越来越高，想要扬威于四海之外，所以派蒙恬率兵向北去攻打匈奴，又派都尉屠睢带领士兵乘坐着大船去攻打南越。在那个时候，秦王朝的战争灾难：在北边和胡人争雄，在南边和南越较量。将军队驻扎在毫无用处的地方，只能进不得退。进行了十余年的战争，成年男子披甲执锐，成年女子运输粮草，人民痛苦得无法生存，有的便在道路旁边的树上自缢身亡，道路上的死人一个挨着一个。等到秦始皇去世不久，天下便群起而叛之，最终导致秦朝灭亡，祭祀断绝，这是穷兵黩武所带来的灾祸啊。所以，周朝的失败是由于力量弱小，秦朝的失败则是由于国力的强大，这是由于不懂得形势变化了就必须采取变通的政策惹下的祸患。现在招抚南夷前来归顺，使夜郎王前来朝见，使羌人、僰人归降，攻占了薉州，建立了城邑，深入匈奴，烧毁了匈奴的龙城，谈论的人全都对此赞不绝口。这对参与其事的大臣有利，却不是国家的长治久安之策啊。”

徐乐上书说：“我听说天下的祸患，在于土崩，不在于瓦解，从古到今都是如此。

“什么叫土崩？秦朝末世就是土崩。陈涉没有诸侯王的尊贵地位，没有尺寸的封地；出身既不是王公、大臣，又不是名望贵族的后代，在乡里也没有什么好声望；既没有孔子、曾子、墨子那样的贤能，更没有陶朱公、猗顿那样的富有。然而在穷乡僻壤之间揭竿而起，袒露臂膀大声一呼，天下群起而响应。这是什么原因呢？是因为人民困苦不堪到了极点而君主和官吏不知道怜悯体恤，人民对在上位的已经充满了怨恨而在上位的却全然不知，社会风气已经败坏而政令却丝毫没有改进。这三个方面，就是陈涉揭竿而起的资本，这就叫作土崩。所以说天下最大的祸患在于土崩。

“什么叫瓦解？吴、楚、齐、赵发兵造反就叫瓦解。七国谋反企图篡夺帝位，这些诸侯都是拥有万乘兵车的一国之君，披坚执锐的武装部队有几十万，他们的威严足以治理好他们的封国，他们的财力足以收买他们的人民为其效力。然而在他们谋反以后，不仅没能向西夺取到朝廷一尺一寸的土地反而被朝廷所打败，自身也被朝廷所擒获，这是什么原因呢？并不是他们的权势比一介平民的陈涉轻，兵力比陈涉弱。在那个时候，先帝的遗泽还没有衰退，而希望安居乐业、静享清福的人多，所以七国诸侯得不到其他国家的帮助和响应而以失败告终，这就叫瓦解。所以说天下之患不在于瓦解。

“土崩与瓦解这两种不同的形势，是国家有危险还是无危险的鲜明而重要的标志，是贤明的君主所应随时留意与深刻体察的。

“近来，函谷关以东的广大地区粮食连年歉收，至今尚未获得好收成，百姓大多生活在贫穷困苦之中。又加上边境上与匈奴的战争，按照规律、情理来推断，恐怕有人将不安于他们的处境了。民心不稳，就容易产生骚动；容易产生骚动，就是土崩之势的前兆。所以贤明的君主能够观察到各种事物发展变化的苗头，明白什么

修之庙堂之上[694]，而销未形之患[695]也。其要期[696]使天下无土崩之势而已矣。”

书奏，天子召见三人[697]，谓曰：“公等皆安在，何相见之晚也！”皆拜为郎中[698]。主父偃尤亲幸，一岁中凡四迁[699]，为中大夫[700]。大臣畏其口，赂遗[701]累千金[702]。或谓偃曰：“太横矣！”偃曰：“吾生不五鼎食[703]，死即五鼎烹[704]耳！”

【段旨】

以上为第三段，写元光六年（公元前一二九年）至元朔元年（公元前一二八年）两年间的全国大事，主要写了卫青的为人与其击匈奴于龙城（关市之战）、雁门北（雁门之战）；写了主父偃、徐乐、严安三人上书谏伐匈奴，虽蒙武帝升赏，而实则置若罔闻；此外还提到了东置苍海郡与李广在右北平防守匈奴的情形。

【注释】

⑷⑺⑶初算商车：初次向商人征收车税。⑷⑺⑷穿渭为渠二句：开凿一条由长安引渭河水直通黄河的渠道。渭河从甘肃流来，经当时的长安城北，东流入黄河，此渠为另一条直通黄河的水道。⑷⑺⑸漕关东粟：把函谷关以东的粮食由黄河经由渠道运进长安。⑷⑺⑹径易：路近而方便。⑷⑺⑺渠下：渠道经由的地区。⑷⑺⑻如当时策：依照郑当时的主意。⑷⑺⑼通：指渠道修成。⑷⑻⓪上谷：汉郡名，郡治沮阳（在今河北怀来东南）。⑷⑻①杀略：杀害与劫掳。略，此处同“掳”“掠”。⑷⑻②车骑将军：高级武官名，其地位仅次于大将军。⑷⑻③出上谷：由上谷郡率军北出。⑷⑻④骑将军：杂号将军名，统领骑兵。时公孙敖以太中大夫的身份临时任骑将军。⑷⑻⑤代：汉郡名，郡治在今河北蔚县东北之代王城。⑷⑻⑥轻车将军：杂号将军名，以统领车兵为主。盖公孙贺以太仆的身份临时为轻车将军。⑷⑻⑦云中：汉郡名，郡治在今内蒙古托克托东北。⑷⑻⑧骁骑将军：杂号将军名，地位在骠骑将军之下。时李广为未央宫卫尉，乃以卫尉的身份充任骁骑将军。⑷⑻⑨雁门：汉郡名，郡治善无（在今山西左云西）。⑷⑼⓪击胡关市下：在汉与匈奴举行贸易的地方对匈奴人发起了攻击。关市，边境贸易市场。〖按〗此次卫青等所攻击匈奴的“关市”地址，史无明载。就四将出兵的方向估计，似乎应在今内蒙古的集宁一带地区。此时的匈奴首领为军臣单于（公元前

是国家安危的关键，在朝廷上及时调整应对的策略，将祸患消除在无形当中。总之，务必不要使天下形成土崩的形势罢了。”

汉武帝看了这些奏疏之后，立即召见主父偃、严安、徐乐三人，武帝对他们说：“你们先前都在哪里呢，怎么到现在才使我见到你们！”于是武帝将他们三人全都任命为郎中。主父偃最受武帝的信任和宠幸，一年之中他的职位就被连续提升了四次，做到了中大夫。大臣们恐怕主父偃在皇帝面前说自己的坏话，都纷纷地拿财物贿赂他，主父偃收受的黄金有数千斤。有人指责主父偃说：“你未免太专横了吧！”主父偃听后不以为然地说：“我如果活着的时候不能享受五鼎而食的豪华生活，那我宁愿死时是被五鼎烹杀！”

一六一至前一二七年在位）。㊾龙城：也作“茏城”，匈奴的大本营，在今蒙古国鄂尔浑河西侧的和硕柴达木湖附近。㊾得胡首虏七百人：首虏，斩敌之首与俘获敌兵。〖按〗此卫青第一次打败匈奴人，胜虽不大，但是一个良好的开端。㊾亡：损失。㊾置两马间二句：在两匹马之间做成一副网状的担架，让伤病的李广睡在上面。络，结网。㊾佯死：假装已死。㊾暂腾：突然一跃而起。㊾脱归：逃回。㊾汉下敖、广吏：朝廷把公孙敖、李广交给军法吏处置。㊾当斩：判为死罪。当，判处。500赎为庶人：花钱赎其死罪，免以为平民。庶人，平民百姓。501赐爵关内侯：封以关内侯之爵位。关内侯比列侯低一级，列侯有封地，多数为一个县；关内侯没有封地，只在皇帝直辖的关中地区划给他一块“食邑”，吃其租税。列侯为秦爵二十级的最高级，关内侯为第十九级。502奴虏：奴隶；奴仆。卫青原为平阳公主家的骑奴。503材力：材质、气力。504遇：对待。505士大夫：指部下的各级军官。506乐为用：乐于为他出力。507辄：总是。508服上之知人：佩服皇帝的知人善任。509数盗边：多次攻击掠夺汉帝国北部边境。510屯渔阳：驻守渔阳。渔阳是汉郡名，郡治在今北京市密云区西南。511深诏执事：严格督促各级官吏。执事，各部门、各级的管事人员。512兴廉举孝：鼓励、选拔清廉与尽孝的人士。513庶几成风：希望能够形成社会风气。514绍休圣绪：继承发扬孔子的美好思想。绍，继承。休，美。515十室之邑二句：意即凡有人群的地方，必定会有忠诚而守信义的好人。十室之邑，十户居民的小村落。以上二句见《论语·公冶长》，原文作“十室之邑，必有忠信如丘者，不如丘之好学也。”516三人并行二句：三个人一起走路，其中必有可以成为我老师的人。厥，其、其中。以上二句见《论语·述而》，原文作“三人行，必有我师焉。”517阖郡：整个郡里。518不荐：推举不出。519化不下究：朝廷的教育不能贯彻到基层。520积行之君子：屡屡做好事、有好质量的君子。521壅于上闻：被压

制而朝廷不知道。㉒显戮：公开的、严厉的惩罚。㉓古之道：古人就是这样做的。㉔其议二千石不举者罪：你们要讨论一下那些不向朝廷推举贤才的二千石官吏们该治什么罪。二千石，指各郡的郡守与各诸侯国的相，是当时最高的地方行政长官。㉕有司：主管监察该项事务的官吏。㉖不举孝二句：不向上推举在家尽孝的孝子，就等于不执行皇帝的诏令。㉗不敬：对皇帝不尊重，故意对抗。㉘不察廉：不审察属下官吏哪个清廉、哪个贪墨。㉙免：就地免官。㉚奏可：有司将此处治办法上奏皇帝，皇帝同意照办。㉛江都易王非：刘非，景帝之子，程姬所生，在位二十六年，易字是其死后的谥。江都国的都城即今江苏扬州。㉜据：刘据，即戾太子，因是卫子夫所生，也称"卫太子"。事变详见《汉书·武五子传》。㉝卫夫人：名子夫，原是平阳公主家的歌女，因偶然得宠而进宫。详情见《史记·外戚世家》。㉞甲子：三月十三。㉟赦天下：因皇后生子是大喜事，故赦天下以示同庆。㊱辽西太守：辽西郡的太守。辽西是汉郡名，郡治阳乐（在今辽宁义县西南）。㊲壁：营垒。㊳益东徙：更进一步地向东移动。㊴屯北平：〖按〗据《史记》《汉书》之《韩安国传》当作"右北平"。右北平，汉郡名，郡治平刚（在今辽宁凌源西南）。㊵数月二句：乃气愤、郁闷呕血而死。㊶复召李广：时李广正以庶人身份在家闲居。详情见《史记·李将军列传》。㊷拜为右北平太守：右北平与匈奴接壤，原是韩安国率军屯于此郡，因韩安国死，驻军无人统领，故起用李广为右北平太守，也兼统该郡之驻军。㊸青斩首虏数千人：这就是通常所说的"雁门战役"，是卫青第二次打败匈奴人，武国卿《中国战争史》称之为武帝与匈奴作战以来的"首次较大的胜利"，并说"这一胜利稳定了汉王朝在北部边境的态势，坚定了汉王朝对匈奴主动进击的战略决心"。㊹东夷薉君南闾：东方的少数民族薉貊的君主名叫南闾。东夷，古指东部沿海地区或是东部海岛的少数民族部落名。薉，也称"薉貊"。"貊"，当时居住在今朝鲜半岛东部地区的少数民族名。㊺共二十八万人降：《史记·平准书》有所谓"彭吴贾灭朝鲜，置苍海之郡"，语虽混乱模糊，可知此事与"彭吴贾"其人有关，或者接受此二十八万人投降的汉朝官吏即彭吴贾。㊻苍海郡：也作"沧海郡"，汉郡名，即古薉貊国之地，在今朝鲜半岛临津江与北汉江的上游地区。㊼人徒之费：派劳力戍守与运输等事的耗费。人徒，被朝廷调发的百姓与囚徒。㊽拟于南夷：和打通巴蜀与夜郎的交通，并在那里设郡县所花的费用不相上下。拟，相比、不相上下。㊾燕、齐：当时的诸侯国名，燕国的都城即今北京市，辖今河北东北部与辽宁西部地区。齐国的都城临淄，辖今山东之东北部一带地区。㊿靡然：野草随风披靡的样子，以喻百姓东倒西歪无所适从。(551)鲁共王余：景帝子，程姬所生，共字是其死后的谥。鲁国的都城即今山东曲阜。(552)长沙定王发：景帝子，唐姬所生，定字是其死后的谥。长沙国的都城即今湖南长沙。(553)临淄：当时齐国的都城，在今山东淄博市临淄区西北。菑，同"淄"。(554)主父偃：姓主父名偃，一个报复心理极强、用心险恶的投机分子。事迹见《史记·平津侯主父列传》。(555)严安：当时一个带纵横色彩的文人。事迹附见《史记·平津侯主父列传》。556 无终：汉县名，县治即今天津市蓟州区。557 徐乐：当时一个带纵横色彩的文人。事迹附见《史记·平津侯主父列传》。558 赵：当时的诸侯国名，都城即今河北邯郸。此时在位的赵王是刘彭祖，景帝子，武帝的同父异母兄。559 相与排摈：勾结起来排挤主父偃。560 假贷：借债。假，借。561 西入关：西入函谷关，指西上长安。562 上书阙下：到宫门前给皇帝上书。帝王的宫门左右立有双阙，故称宫门之前曰“阙下”。563 八事为律令：上书共提及九件事，其中八件是有关国家规章制度的。564 一事谏伐匈奴：司马迁、司马光对汉武帝的伐匈奴都持批评态度，故凡遇反对伐匈奴的文章必然载入。565《司马法》：古代的一部兵书名，作者不详。司马是古代的主兵之官。也有说即指《司马穰苴兵法》。《史记·司马穰苴列传》云：“齐威王使大夫追论古者《司马兵法》而附穰苴于其中，因号曰《司马穰苴兵法》。”566 国虽大四句：四句见今本《司马法·仁本篇》。凌稚隆曰：“此书虽以‘好战’‘忘战’并起，然偃意专为谏伐匈奴，故所重却在‘好战必亡’上。”567 怒者逆德：发怒是一种不好的品性。逆德，与“仁德”相对而言。568 凶器：不吉利的东西。凶，不祥。569 末节：小节。〖按〗以上六句见《国语·越语》：“范蠡曰：‘勇者，逆德也；兵者，凶器也；争者，事之末也。’”《尉缭子·兵议》：“兵者，凶器也；争者，逆德也。”文字略有出入，意思相同。570 务战胜：追求一定打败对手。571 穷武事：极端讲究武力。572 并吞战国：吞并东方诸国。573 李斯：协助秦始皇统一六国的重要人物之一，后为秦国丞相。事迹详见《史记·李斯列传》。574 委积：仓库所储存的各种物资。575 迁徙鸟举：要想搬家，像鸟似的一张翅膀就飞走了。举，飞起。576 粮食必绝：必然要断绝粮食供应，因为运送粮草的队伍不可能像突袭部队那样快速前进。577 踵粮：后面跟着运粮大队。踵，接续。578 重不及事：指行动迟缓，不可能抓住敌人。579 调而守：加以调教，予以管理。〖按〗《汉书》于此作“调而使”，较此为顺。580 胜必杀之：为恐敌人重新集聚，故将所降敌兵尽数杀掉，如白起坑赵卒四十万于长平。581 非民父母也：这不是仁德之君为民父母的做法。582 靡敝：耗费；损耗。583 快心匈奴：以满足打败匈奴的一时痛快。584 非长策也：这不是治理国家的好方法。泷川引吕祖谦曰：“李斯方助始皇为虐，必无此谏。”徐孚远曰：“李斯谏伐胡，本传不载，非实事也。意者为欲沮蒙恬之功，故为正言耶？”585 蒙恬：秦朝名将，曾打败匈奴，夺回被匈奴所占的今内蒙古河套一带地区，并为秦朝修筑长城。事迹见《史记·蒙恬列传》。586 胡：古代用以称北部地区的少数民族，这里指匈奴。587 辟：开辟；拓展。588 以河为境：以黄河为秦与匈奴的边界，这里指今内蒙古河套一带的那段黄河。589 地固沮泽咸卤二句：沮泽咸卤，沼泽地与盐碱地。〖按〗匈奴地区多沙漠，亦多戈壁、盐碱，但谓河套地区“地固沮泽咸卤，不生五谷”则非，古语有所谓“黄河百害，唯富一套”，即指蒙恬所攻取的这些地方。590 丁男：成年的男人。591 北河：即上述内蒙古河套一带的黄河，因其在关中地区的北方，故称“北河”。592 暴兵露师：使军队被太阳晒着，被风雨吹着淋着。暴，日晒。593 终不能逾河而北：梁玉绳曰，“《秦始皇本纪》《蒙恬》《匈奴列传》皆云：'逐戎……筑长城，……起临洮至辽东万余里，于是渡河至阳山。'乃偃书言'辟地千里，终不能逾河而北'，未详其故。《通典》以恬传为实，则偃未考耳"。〖按〗主父偃为反对伐匈奴，故极力贬低秦对匈奴之胜，一则称所得之河套地区"地固沮泽咸卤，不生五谷"；再则曰"终不能逾河而北"，当初赵国的长城，以及蒙恬后来所筑的长城都在黄河北侧，主父偃根本不明白河套地区的地形。594 蜚刍挽粟：即运输粮草。蜚，通"飞"。师古曰："运载刍草，令其疾至，故云'蜚刍'也。挽，谓引车船也。"595 东腄：东方的腄县，县治即今烟台西南的福山县，在山东半岛的东北沿海，当时属东莱郡。596 琅邪：汉郡名，地处山东半岛的东南部海边，郡治即今山东诸城。597 负海：靠近海边。负，背靠。598 转输北河：辗转运送粮草到河套一带。599 率：大概；大体上。600 三十钟而致一石：从始发点运送一石粮食到前线，运输者在路上的吃用要达到三十钟。一石等于十斗，一钟等于六石四斗。也就是说，运到的粮食，相当于路上消耗的一百九十二分之一。〖按〗此话过于夸张，危言耸听，不着边际。601 粮饷：供应前线的粮食。602 帷幕：此指军队使用的帐篷。〖按〗《史记》之《淮南衡山列传》云："男子疾耕，不足于糟糠；女子纺绩，不足以盖形"；《平准书》云："海内之士力耕，不足粮饷；女子纺绩，不足衣服"，盖《史记》中之屡用语。603 盖：因；于是。604 始畔秦：陈胜起义反秦，在秦二世元年（公元前二〇九年）七月。畔，通"叛"。605 高皇帝定天下：刘邦称汉王，在公元前二〇六年；灭掉项羽做皇帝在公元前二〇二年。606 略地于边：略地，拓展地盘。高祖六年（公元前二〇一年），韩王信投降匈奴。高祖七年，刘邦北征韩王信，大破之，遂欲北击屯驻于今山西北部的匈奴军。事见《史记·韩信卢绾列传》。607 代谷：具体方位不详，有说在今河北张家口蔚县附近，有说在今山西忻州代县附近，有说在今山西大同附近。608 御史成进谏曰：旧注皆曰为御史者姓成名进。御史，御史大夫的属官，主管监察。成进，事迹不详。也有说"御史名成，进谏者，进纳谏言也"，其说亦通。徐孚远曰："成进之谏，与奉春君（即娄敬）同，而其说不显，仅见于此。"609 兽聚而鸟散：互文见义，盖言如鸟兽之聚散。聚也快，散也快。610 从之如搏影：与这样的敌人作战简直就如同与影子作战一样，根本抓不住人。从，进击。胡三省注："影，随物而生者也，存灭不常，难得而搏之。"沈钦韩曰："《管子·兵法篇》：'善者之为兵，使敌若据虚，若搏影。'"师古曰："搏，击也。搏人之阴影，言不可得也。"611 以陛下盛德攻匈奴：凭着您如此淳美的道德威望，居然想去进攻匈奴人。612 平城之围：事在高祖七年（公元前二〇〇年）冬。刘邦率军进至平城（今山西大同东北）东北之白登，被匈奴所包围，七日不得出。后通过陈平施反间计，始脱困境。详情参见《史记》之《高祖本纪》《陈丞相世家》。613 刘敬：原名娄敬，因劝刘邦由洛阳改都关中，而被刘邦喜爱赐姓刘，是最早提倡与匈奴实行和亲政策的人。事迹见《史记·刘敬叔孙通列传》。614 忘干戈之事：指与匈奴之间长时间没有爆发大规模的战争，但小规模的入侵几乎没有断过。615 行盗侵驱：往来不定，侵盗边疆，驱掠人畜。⑯固弗程督：从来没对这些北方敌人采取严厉的措施。程，规范管理。督，严厉惩治。⑰不属为人：不把他们与中原人同等要求。王叔岷曰："为，犹'于'也。"⑱统：传统，这里指传统的做法。⑲循：仿效；奉行。⑳近世之失：指秦时与刘邦时对匈奴问题的错误处置。㉑百姓之所疾苦：被百姓视为深重的灾难。以上即所谓《谏伐匈奴》，原文见于《史记·平津侯主父列传》，此处所引有删节。㉒用财侈靡：不怕花钱。㉓皆竞修饰：相互攀高斗富。㉔调五声使有节族：调整五音的高低成为有节奏的音乐。这里即指每个人都在追求好听的音乐。五声，也叫"五音"，古乐的五个音阶名，即宫、商、角、徵、羽。节族，即"节奏"。㉕杂五色使有文章：把各种颜色搭配好以成为美丽的图画。这里指每个人都在追求好看的东西。杂，搭配。五色，青、赤、黄、白、黑。文章，指图画、图案等。㉖重五味方丈于前：把许多珍贵好吃的东西都摆到饭桌上。重，重重叠叠，极言其多。五味，酸、甜、苦、辣、咸。方丈，一丈见方，指饭桌。㉗观欲天下：向天下人显摆自己的欲望之满足。观，显摆、让人看。㉘不可赡：无法使之满足。赡，足。㉙民离本而徼末：意谓从事本业的人一旦感到欲望不能满足，就会弃农经商。本，指务农。徼，要求、追求。末，指手工业、商业。㉚不可徒得：不是不花力气就能获得钱财。徒，空、白白地。㉛搢绅者：插笏板于大带的人，指官僚士大夫。搢，插。绅，古时男人系于腰间的大带。㉜不惮为诈：不惜一切手段地弄虚作假。惮，怕、顾忌。㉝带剑者：指侠客之流。㉞夸杀人以矫夺：为了劫夺财物而不惜肆意杀人。夸，竞相、肆意。矫夺，变相劫夺。㉟制度：制定规章法则。㊱淫：任意胡来，如水之溢。㊲不相耀：不相互炫耀。㊳蕃：丰盛、繁多。㊴秦王：即秦始皇。㊵意广心逸：欲望越来越大，心气越来越高。逸，放纵。㊶尉屠睢：都尉姓屠名睢，秦伐南越的军事统领。其事见《淮南子·人间训》。㊷秦祸：秦王朝的战争灾难。㊸构：连；交兵、开战。㊹挂：与"构"的意思相同。王念孙曰："读为'絓'，结也，言祸结于越也。"㊺宿兵：驻兵；派兵驻守。师古曰："宿，留也。"㊻行十余年：就这样一连过了十来年。〖按〗自秦始皇统一天下，到秦始皇死，首尾共十二年。㊼丁男被甲二句：全部成年男子都被征去当兵，全部成年女子都被征去运粮。转输，拉着车子运送粮草。㊽苦不聊生：痛苦得无法赖以为生。㊾自经：自缢；上吊。㊿秦皇帝崩：事在秦始皇三十七年（公元前二一〇年）七月。651灭世绝祀：灭掉了帝位的传承与宗庙的祭祀。652穷兵：无休止地黩武好战。凌约言曰："此言穷兵之祸极为详悉，于治道有关。其言华采中有质实，质实中有华采。"653周失之弱二句：周因弱而亡，秦因强而亡。654不变：不知形势变化了就必须采取变通的政策。贾谊之《过秦论上篇》亦结论于此。655徇南夷：招纳南夷归顺。徇，招、招抚。656朝夜郎：使夜郎王进京朝见。夜郎，当时南夷中一个较大的小国名，其地约当今贵州之西部地区。657降羌、僰：使羌族、僰族归降。羌、僰都是当时的少数民族名，僰族约在今四川宜宾西南，羌族约在今川、陕、甘三省交界地带。〖按〗以上三句即通常所说的"通西南夷”。㊱658略薉州二句：即前文之所谓“东夷薉君南闾等共二十八万人降，为苍海郡。”659燔其龙城：即前文所记之元光六年（公元前一二九年）卫青等伐匈奴至龙城事。燔，烧。660议者美之：谈到这件事情的群臣都说这是好事。661此人臣之利二句：司马光等反对北宋与辽国开战，故对于汉臣之反对武帝经略四夷者亦表同情。杨慎曰：“此论极尽事情，宋富弼与契丹议意祖此。然安之论本出韩非，《韩非子·备内》曰：‘苦民以富贵人，起势以藉人臣，非天下之长利也。’”陈仁子曰：“严安上书与主父偃不同，主父偃皆随其末而救之，严安则探其本而救之，本正则末自正矣。至于‘用兵乃人臣之利，非天下之长策’二语，可以关要功生事者之口，噫！‘一将功成万骨枯’，其言概本诸安。”662陈涉无千乘之尊：指陈涉由一个被发配戍守北方边地的人，因遇雨失期而揭竿起义，事在秦二世元年（公元前二〇九年）七月，详情见《史记·陈涉世家》。千乘，具有千辆兵车的大国诸侯。663尺土之地：极言为王为侯者所享有封地之少。664乡曲之誉：在故乡有好评、有名望。司马迁《报任安书》有云：“少负不羁之行，长无乡曲之誉”，与此意思相同。乡曲，犹言乡里，平民百姓居住的基层单位。665孔、曾、墨子：都是春秋末、战国初时的贤人。孔丘，字仲尼，春秋末期人，儒家学派的祖师。事迹见《史记·孔子世家》。曾子，名参，孔子的弟子，以孝闻名。事迹见《史记·仲尼弟子列传》。墨翟是墨家学派的祖师，战国初期人。事迹略见于《史记·孟子荀卿列传》。666陶朱、猗顿：都是古代著名的大商人。陶朱即范蠡，协助勾践灭吴后，辞官做商人，发了大财，人称陶朱公。事见《史记·越王勾践世家》。猗顿是战国时期的大盐商，事见《史记·货殖列传》。667棘矜：师古曰，“棘，戟也。矜，戟之把也。时秦销兵器，故但有戟之把耳”。贾谊《过秦论》有所谓“锄櫌棘矜”，王念孙以为“棘矜”即“伐棘以为杖”。668偏袒：袒露出一只胳膊，古人宣誓或表决心时常做这种姿态，如《史记·廉颇蔺相如列传》有所谓“肉袒”，《吕太后本纪》有所谓“左袒”，意思皆同。泷川曰：“此一节，分明袭贾生《过秦论》。”669从风：意即紧密跟从，以草之从风而偃喻之。670不恤：不关心；不体恤。671为资：为其发动起义的资本。资，资本、借口。672吴、楚、齐、赵之兵：即指吴、楚七国之乱。事在景帝三年（公元前一五四年），以吴王刘濞为首，其余六国为楚、赵、胶东、胶西、菑川、济北（因后面的四国都在故齐地，故统而称齐），后被周亚夫武力讨平。详见《史记》之《吴王濞列传》《绛侯周勃世家》《袁盎晁错列传》等篇。673万乘之君：具有万辆兵车的一国之君。674严：威胁；控制。675劝：鼓励、收买之以为其效力。〖按〗《史记·吴王濞列传》中载有吴王告诸反国书，其中开有鼓励叛军攻汉城杀汉将，及号召汉臣汉将率众投诚的赏格。676西攘：指向西夺取汉王朝中央所辖的地盘。攘，夺。677身为禽于中原：吴王濞在当时的梁国（今河南商丘一带）地面被朝廷军打败后，逃至江南之丹徒（今江苏镇江城东），投奔驻扎在那里的东越人，结果被东越人所杀，献其头于朝廷。禽，通“擒”。678匹夫：古时指平民百姓，这里即指陈涉。陈涉原为居于“闾左”的平民，后又被调发谪戍渔阳，中途因遇雨失期而发动起义。⑥⑦⑨先帝之德：指高祖、文帝等人的遗泽。⑥⑧⓪安土乐俗之民众：愿做老实百姓以安乐享福的人多。⑥⑧①无竟外之助：没有其他国家对他们的响应与援助。〖按〗当时东越曾随从吴王刘濞，匈奴也与赵王刘遂有所串通，但后来七国很快失败，东越与匈奴遂未再卷入。竟，通“境”。⑥⑧②二体：指“土崩”与“瓦解”两种不同的形势。⑥⑧③安危之明要：是有危险与无危险的鲜明而重要的标志。〖按〗硬说“土崩”与“瓦解”有何不同，似乎像是文字游戏。⑥⑧④间者：前者；前些时候。⑥⑧⑤关东：函谷关以东，指今河南以及河北南部、江苏、安徽北部、山东西部等大片地区。⑥⑧⑥年岁未复：至今尚未获得好的收成。年岁，指农业收成而言。⑥⑧⑦重之：再加上。⑥⑧⑧边境之事：指与匈奴的战争。⑥⑧⑨推数循理：按照规律、道理推断。数，这里指规律、法则。⑥⑨⓪不安其处：指无法再在原地生活下去。⑥⑨①易动：容易受波动、被推动。⑥⑨②独观万化之原：注意观察社会上各种事物变化的苗头。原，根源、苗头。⑥⑨③明于安危之机：看清楚哪些是属于“土崩”性质的，哪些是属于“瓦解”性质的。⑥⑨④修之庙堂之上：指及早制定好的方针政策。庙堂，宗庙与朝堂，都是决定国家方针大计的地方。⑥⑨⑤销未形之患：在祸患尚未形成之前就将其消解。⑥⑨⑥其要期：最主要的就是做到。期，希望、达到。⑥⑨⑦召见三人：就此文而论，似三人乃同时被召见，则时间只能在元光末或元朔初，但与严安上书所提及的内容不合。如理解为不一定同时召见，则矛盾容易说通。⑥⑨⑧郎中：皇帝身边的侍从官员，官秩比三百石，上属郎中令。凌稚隆引刘子翚曰：“主父偃等谏甚切，帝叹相见之晚，悉拜为郎，然征伐竟不已；又为上林苑，东方朔陈三不可，帝拜朔为太中大夫，赐以黄金，然遂起苑。盖武帝知受谏为人君之美，故不吝爵禄以旌宠之也。”⑥⑨⑨四迁：四次提升。⑦⓪⓪中大夫：皇帝身边的顾问人员，掌议论，秩比八百石。⑦⓪①赂遗：贿赂、送礼。⑦⓪②累千金：意即数千金。汉代称黄金一斤曰“一金”，“一金”可抵铜钱一万枚。⑦⓪③五鼎食：极言生活的排场，古代贵族之家有所谓“列鼎而食”。张晏曰：“五鼎食，牛、羊、豕、鱼、麋也。诸侯五，卿大夫三。”沈钦韩曰：“《聘礼》注：‘少牢鼎五，羊、豕、肠胃、鱼、腊。’”《通鉴》胡注引孔颖达曰：“少牢陈五鼎，羊一、豕二、肤三、鱼四、腊五，亦不言牛。”泷川曰：“五鼎，犹言盛馔，不必论其品目。”〖按〗“生不五鼎食，死即五鼎烹”，盖犹今之所谓“拼他一场，拼不上个‘流芳百世’，也要拼他个‘遗臭万年’。”⑦⓪④五鼎烹：指用大锅将人烹死的酷刑。

【校记】

［5］共：据章钰校，乙十一行本、孔天胤本皆作“□”，熊罗宿《胡刻资治通鉴校字记》同。［6］南夷：原作“西夷”。据章钰校，乙十一行本、孔天胤本皆作“南夷”，张瑛《通鉴校勘记》同。今从诸本及《史记·平津侯主父列传》改。

【原文】

二年（甲寅，公元前一二七年）

冬，赐淮南王几杖[705]，毋朝[706]。

主父偃说上曰："古者诸侯不过百里[707]，强弱之形易制。今诸侯或连城数十，地方千里。缓[708]则骄奢，易为淫乱；急[709]则阻其强[710]而合从[711]以逆[712]京师。以法割削之[713]，则逆节萌起[714]，前日晁错是也[715]。今诸侯子弟或十数[716]，而适嗣代立[717]，余虽骨肉，无尺地之封，则仁孝之道不宣[718]。愿陛下令诸侯得推恩分子弟[719]，以地侯之[720]，彼人人喜得所愿。上以德施[721]，实分其国，不削而稍弱矣[722]。"上从之。春，正月，诏曰："诸侯王或欲[723]推私恩分子弟邑[724]者，令各条上[725]，朕且临定其号名[726]。"于是藩国始分[727]，而子弟毕侯[728]矣。

匈奴入上谷、渔阳[729]，杀略吏民千余人。遣卫青、李息出云中以西[730]至陇西[731]，击胡之楼烦、白羊王于河南[732]，得胡首虏[733]数千、牛羊百余万，走[734]白羊、楼烦王，遂取河南地。诏封青为长平侯[735]。青校尉苏建[736]、张次公[737]皆有功，封建为平陵侯[738]，次公为岸头侯[739]。

主父偃言："河南地肥饶，外阻河[740]，蒙恬城之[741]以逐匈奴。内省转输戍漕[742]，广中国，灭胡之本也。"上下公卿议[743]，皆言不便。上竟用[744]偃计，立朔方郡[745]，使苏建兴十余万人筑朔方城[746]。复缮[747]故秦时蒙恬所为塞[748]，因河为固[749]。转漕[750]甚远，自山东咸被其劳[751]，费数十百巨万[752]，府库并虚[753]。汉亦弃上谷之斗辟县造阳地[754]以予胡。

三月乙亥晦[755]，日有食之。

夏，募民徙朔方[756]十万口。

【语译】

二年（甲寅，公元前一二七年）

冬季，汉武帝赏赐给他的叔叔淮南王刘安几案和手杖，准许他不用到京师来朝见皇帝。

主父偃对汉武帝说："古时候诸侯的土地方圆不超过百里，不论他是强大还是弱小都容易控制。现在的诸侯有的拥有数十座城池，有方圆上千里的土地。如果对他们不加控制则骄奢淫逸，为非作歹；如果控制得紧了，他们就会依仗自己的强大，互相联合起来对抗朝廷。按照法律对他们的封地加以削减，他们就立即萌生造反的念头，以前晁错建议削藩引起七国叛乱就是例证。如今诸侯的子弟多的有几十个，却只有嫡长子能继承其父为王，其他的兄弟虽然都是至亲骨肉，却没有尺土之封，那么国家所提倡的仁爱与孝友的美德就体现不出来。希望陛下令诸侯推广恩德，把封国的土地分给所有的儿子，使其他所有子弟都能封为列侯，这样的话，那些诸侯子弟人人称心如愿必定非常高兴。从皇帝这方面来看，是对所有诸侯子弟普施了恩典，而实际上是将这些诸侯国化整为零，朝廷没有削减他们的土地，而其实他们的势力已经变得弱小了。"武帝听从了主父偃的建议。春季，正月，汉武帝下诏说："诸侯王如果有人愿意推广恩德把土地分给自己所有的子弟，可以写成条陈，呈报朝廷，朕要亲自决定这些诸侯的名号。"于是，各诸侯国开始将封国化整为零，所有诸侯王的子弟全部被封为列侯。

匈奴侵入上谷郡和渔阳郡，杀死、劫掠的官民有一千多人。武帝派遣卫青、李息率军从云中郡往西直到陇西，攻打位于河套以南的楼烦王、白羊王，杀伤俘虏了数千人，缴获了牛羊一百多万头，赶跑了白羊王、楼烦王，全部占有了河套以南地区。武帝下诏封卫青为长平侯。卫青属下的校尉苏建、张次公都建立了战功，所以封苏建为平陵侯，张次公为岸头侯。

主父偃说："河套以南的土地肥沃富饶，北部靠近黄河，蒙恬在那里修筑长城以抵御匈奴的入侵。如果在那里屯兵种田，就可以节省从内地向这一带用车用船运输粮草的费用，扩大中国的疆土，这是消灭匈奴的根本大计。"武帝把主父偃的建议交给大臣们议论，大臣们都认为不妥当。但武帝最后还是采纳了主父偃的建议，将河套地区设置为朔方郡，派苏建带领十余万人前去修筑朔方城。把秦朝时期蒙恬所修筑的长城重新加以修整，依托黄河作为屏障。由于从内地通过水路陆路往朔方郡运输粮饷路途遥远，崤山以东地区的人民全都身负其劳，耗费的资财数以百亿计，就连国家的府库也都消耗空了。汉朝最终还是放弃了上谷郡辖区之内边境线上向北突出的县分造阳县而送给了匈奴。

三月最后一天乙亥日，发生日食。

夏季，以优惠条件招募到十万名百姓搬迁到朔方郡居住。

主父偃说上曰："茂陵初立[757]，天下豪杰[758]、并兼[759]之家、乱众之民，皆可徙[760]茂陵。内实京师[761]，外销奸猾[762]，此所谓不诛而害除。"上从之[763]，徙郡国豪杰及訾三百万以上[764]于茂陵。

轵[765]人郭解[766]，关东大侠也，亦在徙中[767]。卫将军[768]为言[769]："郭解家贫，不中徙[770]。"上曰："解，布衣，权至使将军为言，此其家不贫。"卒徙解家[771]。解平生[772]睚眦杀人[773]甚众，上闻之，下吏捕治解[774]，所杀皆在赦前[775]。轵有儒生侍使者坐[776]，客誉郭解[777]，生[778]曰："解专以奸犯公法[779]，何谓贤！"解客[780]闻，杀此生，断其舌。吏以此责解[781]，解实不知杀者。杀者亦竟[7]绝[782]，莫知为谁。吏奏解无罪，公孙弘[783]议曰："解，布衣，为任侠行权[784]，以睚眦杀人。解虽弗知，此罪甚于解杀之[785]，当大逆无道[786]。"遂族郭解[787]。

班固[788]曰："古者天子建国，诸侯立家[789]，自卿大夫以至于庶人，各有等差[790]，是以民服事[791]其上，而下无觊觎[792]。周室既微[793]，礼乐征伐自诸侯出[794]。桓、文[795]之后，大夫世权[796]，陪臣执命[797]。陵夷[798]至于战国，合从连衡[799]。繇是列国公子，魏有信陵[800]，赵有平原[801]，齐有孟尝[802]，楚有春申[803]，皆藉王公之势，竞为游侠[804]。鸡鸣狗盗[805]，无不宾礼[806]。而赵相虞卿[807]，弃国捐君[808]，以周穷交魏齐之厄[809]。信陵无忌，窃符矫命[810]，戮将专师[811]，以赴平原之急[812]。皆以取重诸侯[813]，显名天下。扼腕而游谈者[814]，以四豪为称首[815]。于是背公死党之议成[816]，守职奉上之义废[817]矣。

主父偃对汉武帝说："茂陵刚刚开始修建，散布在天下各地的那些有权势、有号召力的人物、吞并别人资产的有钱人家以及无业游民，都可以勒令他们搬迁到茂陵居住。一方面可以充实京师的人口，使长安地区的经济繁荣起来；另一方面可使东方各郡、各诸侯国减少鼓动是非、影响社会治安的危险分子，这就叫作不诛杀他们而祸害已经消除。"武帝听从了主父偃的建议，把各郡、各诸侯国内的豪杰以及资产在三百万以上的人家全都强迫搬迁到茂陵。

轵县人郭解是函谷关以东有名的大侠，也在被勒令搬迁的名单当中。卫青将军为他向汉武帝请求说："郭解的家里很贫穷，不够勒令搬迁的条件。"汉武帝说："郭解只是一个平常百姓，却能使卫将军前来为他讲情，这说明他家里不穷。"最后还是强制郭解将家搬迁到了茂陵。郭解有生以来经常因为一点很小的过节就动手杀人，因此杀了很多人，汉武帝知道后，就下令主管官吏逮捕郭解进行审问，将他治罪。经过调查取证，郭解所杀的人都是在皇帝颁布大赦令以前而没有任何现行罪过的。轵县有一个儒生陪同来轵县访查郭解的朝廷使者闲坐，有人当着使者的面称赞郭解行侠仗义，是个贤能的人，那个儒生反驳说："郭解专门作奸犯科，哪里配称贤人呢！"郭解的门客听到之后，就杀死了那个儒生，割断了他的舌头。官吏以此事责令郭解交出杀人凶手，而郭解确实不知道杀人凶手是谁。杀人凶手最后也已逃得不知去向，因此没有人知道是谁杀死了儒生。审问的官吏向汉武帝奏报说郭解无罪，公孙弘评论说："郭解只是一个平民，却专好打抱不平、作威作福，行使不该由他行使的权力，动不动就杀人。郭解虽然不知道儒生被谁所杀，但他的罪过比亲手杀死儒生还严重，应当按照大逆不道之罪判他死刑。"遂将郭解满门抄斩。

班固说："古时候天子所建为国，诸侯所建为家，从卿大夫到平民百姓，各有各的等级次序，所以人民服从他们的上级，为他们的上级效力，而没有非分之想。周朝王室的势力衰微之后，国家的一切大事都由诸侯说了算。齐桓公、晋文公之后，大夫在诸侯国内世代掌权，由大夫在该诸侯国发号施令。这种衰落的趋势一直延续到战国时期，有人主张合纵有人主张连横。于是在诸侯国中出现了几个有名的公子：魏国有信陵君魏无忌，赵国有平原君赵胜，齐国有孟尝君田文，楚国有春申君黄歇，他们都是凭借着王公的势力，竞相为游侠之举。就连鸡鸣狗盗之徒，也都以宾客之礼相接待。而赵国的丞相虞卿，竟然丢开国家与君主不顾，去搭救走投无路、处在灾难之中的朋友魏齐。信陵君魏无忌，偷窃兵符，假传魏侯的命令，锤杀了魏国大将晋鄙，夺取了晋鄙的军权，以回应赵国平原君的紧急求救。他们都以此获取了各国诸侯的尊重，扬名于天下。当时的人们慷慨激昂地谈论起来，都把四公子当成首先谈论、称赞的对象。于是违背国家利益而为私党不怕牺牲的风气开始形成，为君主尽心尽职、死而后已的责任感不再被人看重。

“及至汉兴，禁网疏阔[818]，未知匡改[819]也。是故代相陈豨[820]从车千乘，而吴濞、淮南[821]皆招宾客以千数[822]。外戚大臣魏其、武安[823]之属竞逐[824]于京师，布衣游侠[825]剧孟、郭解[826]之徒驰骛于闾阎[827]。权行州域[828]，力折[829]公侯。众庶荣其名迹[830]，觊而慕之[831]，虽其陷于刑辟[832]，自与杀身成名[833]，若季路、仇牧[834]，死而不悔。故曾子[835]曰：‘上失其道，民散久矣[836]。’非明主在上，示之以好恶[837]，齐之以礼法[838]，民曷由[839]知禁而反正[840]乎？古之正法：五伯，三王之罪人[841]也；而六国，五伯之罪人[842]也；夫四豪者，又六国之罪人[843]也。况于郭解之伦[844]，以匹夫之细[845]，窃杀生之权[846]，其罪已不容于诛[847]矣。观其温良泛爱[848]，振穷周急[849]，谦退不伐[850]，亦皆有绝异之姿[851]。惜乎不入于道德，苟放纵于末流[852]。杀身亡宗[853]，非不幸也。”

荀悦[854]论曰：“世有三游，德之贼[855]也：一曰游侠，二曰游说[856]，三曰游行[857]。立气势[858]，作威福[859]，结私交以立强于世[860]者，谓之游侠；饰辩辞[861]，设诈谋[862]，驰逐[863]于天下以要时势[864]者，谓之游说；色取仁[865]以合时好[866]，连党类[867]，立虚誉[868]以为权利[869]者，谓之游行。此三者，乱之所由生也。伤道害德，败法惑世，先王之所慎也。国有四民[870]，各修其业。不由[871]四民之业者，谓之奸民。奸民不生，王道乃成。

“凡此三游之作[872]，生于季世[873]，周、秦之末尤甚焉。上不明，下不正，制度不立，纲纪[874]弛废。以毁誉为荣辱[875]，不核[876]其真；以爱憎为利害[877]，不论其实；以喜怒为赏罚，不察其理[878]。上下相冒[879]，

“等到汉朝建国之后，由于法律宽松，没有对这种风气进行扭转和纠正。所以代国国相陈豨反汉时后面跟随的车子有上千辆，而吴王刘濞、淮南王刘安都豢养着成千的宾客。就连外戚大臣魏其侯窦婴、武安侯田蚡这样的人也都以宾客众多而角逐于京师，平民出身的游侠剧孟、郭解之流则争雄于民间。他们的影响遍布州城府县，其势力足以挫败公侯。人们反而仰慕他们的美名，效法他们的行事，希望也能像他们那样。即使因此而被捕入狱、受到刑罚的惩治，仍然以‘杀身成名’者自居，像季路、仇牧，到死都不后悔。所以曾子说：‘由于在上位的迷失了正道，所以人民离心离德已经很久了。’除非是英明的君主在上，告诉百姓应该尊崇什么，憎恶什么，用礼仪法律约束他们，百姓们怎么能够知道什么是不应该去做的而加以改正呢？按照古代的礼法：春秋时期五个霸主的行为，如果放到夏、商、周开国三王的时代，他们就是三王的罪人；而战国时期的齐、楚、燕、赵、韩、魏六国诸侯如果放在春秋时期，他们就又是五霸的罪人；至于信陵君、平原君、孟尝君、春申君这四个豪强如果与战国时的诸侯相比，他们又是六国诸侯的罪人。何况是郭解这类，他们以一介小民的身份，竟敢凭借自己的主观意志随便杀人、救人，其罪行简直就是死有余辜。但是，看他们的温顺、善良，对许多受害者充满爱心，拯救处于绝境、走投无路的人，谦逊退让、从不自我夸耀，也都有表现不同凡响的地方。可惜的是，他们的行为不符合道德规范，只是在令人不齿的事情上逞能、充好汉。终于导致杀身灭族，正是罪有应得啊。”

荀悦评论说：“世上有三种行为是道德的敌人：第一个叫作游侠，第二个叫作游说，第三个叫作游行。靠着讲义气而形成自己的势力，在社会上作威作福，以私利互相勾结，在社会上形成黑帮团伙的，叫作游侠；卖弄花言巧语，帮人出一些险恶诡诈的主意，在天下到处奔走，谋求操纵时局的，叫作游说；表面上装出一种仁者的样子以迎合权贵者的心理，拉帮结派，建立起一种虚假的名声，从而形成一种能以权势、利益影响社会的力量的，叫作游行。这三种行为，是产生动乱的根源。伤害道德，败坏法律，惑乱民众，历代君主对这些人都非常慎重的。国家有士、农、工、商四种人，各自从事各自的职业。不从事上述这四种职业的，就是奸民。没有奸民产生，用仁义礼乐治理国家才能成为可能。

“这三种游民的兴起，往往都出现在一个朝代的晚期，周朝、秦朝的末世最为严重。统治者昏聩不明，在下位的行为不端，好的制度建立不起来，国家的正常秩序被破坏。以世俗的诋毁为耻辱，以世俗的赞誉为光荣，而不考虑其真实程度有多少；对自己所爱的就给他好处，对自己所憎恶的就无情打击，而不论真实情况怎样；以自己的喜怒哀乐作为赏罚的标准，高兴快乐的时候就奖赏，发怒、悲哀的时候就处罚，而不考察是不是符合情理。上下互相抵牾，

万事乖错[880]；是以言论者[881]计薄厚[882]而吐辞，选举者[883]度亲疏[884]而举笔。善恶谬于众声[885]，功罪乱于王法[886]。然则[887]利不可以义求[888]，害不可以道避[889]也。是以君子犯礼[890]，小人犯法[891]，奔走驰骋，越职僭度[892]，饰华废实[893]，竞趣时利[894]。简父兄之尊[895]，而崇宾客之礼[896]；薄骨肉之恩[897]，而笃朋友之爱[898]；忘修身之道，而求众人之誉，割衣食之业[899]，以供飨宴之好[900]。苞苴[901]盈于门庭，聘问[902]交于道路[903]，书记繁于公文[904]，私务众于官事：于是流俗成[905]而正道坏矣。

“是以圣王在上，经国序民[906]，正[907]其制度。善恶要于功罪[908]，而不淫于毁誉[909]。听其言而责其事[910]，举其名而指其实[911]。故实不应其声[912]者谓之虚，情不覆其貌[913]者谓之伪，毁誉失其真[914]者谓之诬，言事失其类[915]者谓之罔。虚伪之行不得设[916]，诬罔之辞不得行[917]。有罪恶者无侥幸[918]，无罪过者不忧惧；请谒[919]无所行[920]，货赂[921]无所用；息华文[922]，去浮辞[923]，禁伪辩[924]，绝淫智[925]；放百家之纷乱[926]，壹圣人之至道[927]；养之以仁惠[928]，文之以礼乐[929]：则风俗定而大化[930]成矣。”

燕王定国[931]与父康王姬[932]奸，夺弟妻为姬。杀肥如令郢人[933]，郢人兄弟上书[934]告之。主父偃从中发其事[935]，公卿请诛定国，上许之。定国自杀，国除[936]。

齐厉王次昌[937]亦与其姊纪翁主通[938]。主父偃欲纳其女于齐王[939]，齐纪太后[940]不许。偃因言于上曰：“齐临淄[941]十万户，市租千金[942]，人众殷富[943]，巨于长安[944]。非天子亲弟爱子，不得王此[945]。今齐王于亲属益疏[946]，又闻与其姊乱[947]，请治之。”于是帝拜偃为齐相，且正其事[948]。

矛盾百出，社会混乱；给朝廷上书进言的人往往根据与自己的人情厚薄而发表不同意见，向朝廷举荐人才的人首先衡量被举荐的人与自己的关系是亲近还是疏远而后决定。好人与坏人的实情都被世俗的舆论弄得善恶颠倒，有功还是有罪也被执法者搞得一塌糊涂。这样一来就形成了做好事的人得不到奖赏，谨慎行道的人到头来还是躲避不了受害。所以在位的君子不再守礼，平民百姓违犯法律，各种人都在奔走驰骋，干着超越自己本分的事情，他们只追求表面的好看而不讲一点实际，都在争先恐后地追求眼前的利益。他们对自己的父兄简慢无礼，相反倒是在朋友面前大搞排场；看轻骨肉之间的恩情，而重视朋友之间的友好；忘记自身的道德修养，而去追求众人的赞誉，把发展自家农桑的本钱用在邀请好友大吃大喝。行贿送礼的门庭若市，奔走私门的相望于道路，私交书信多于官府公文，私人事务多于官府公事：于是黑暗腐败的社会之风形成，而良好的道德习俗被破坏。

"所以圣明的君主治国治民，要使民众长幼有序，要完善法律制度。根据实际的功过善恶确定赏罚，而不以人们的诋毁和赞美作为赏罚的依据。听其言论更要观察他的具体行事，依据他的名望而要求他的实际与名声相符合。所以实际与声望不符的就是虚有其名，外在表现和心里想的不一致就是虚伪，诋毁和赞誉没有事实做依据就是欺骗，说的事情与实际情况相差太远叫作欺罔。要使虚伪的行为失去存在的基础，诬罔的言辞没有流行的市场，有罪恶的无法幸免，无罪过的不再忧愁恐惧；托人情走关系的行不通，以财物行贿的失去作用；废止华丽的文字，取缔空洞的言辞，禁止虚假的诡辩，杜绝用于歪门邪道的才智；罢黜众说纷纭的诸子百家学说，用圣人的道德标准统一人们的思想；用仁义恩德来教化全国上下，用礼仪音乐来陶冶人的情操：那么，良好的社会风气就会形成，而教化大业也就完成了。"

燕王刘定国与他的父亲康王刘嘉的爱姬通奸，抢夺了弟弟的妻子作为自己的姬妾。刘定国又杀死了肥如县的县令郢人，郢人的弟弟向朝廷写信告发燕王刘定国。主父偃也从宫廷内起来揭发，公卿大臣都请求皇帝诛杀刘定国，汉武帝表示同意。于是刘定国自杀，燕王国的编制被撤销。

齐厉王刘次昌也与姐姐纪翁主通奸。主父偃曾经想把自己的女儿送进齐国王宫，但齐国纪翁主的母亲纪太后不同意。主父偃便趁机报复，他向汉武帝进言说："齐国的都城临淄有十万户居民，仅交易租税就有千金之多，人口众多，物产丰富，临淄城之大超过了京师长安。如果不是皇帝的亲弟弟、亲儿子，就不要封到那里为王。现在的齐王刘次昌与皇帝的血缘关系已经很疏远，又听说刘次昌与他的姐姐通奸乱伦，请皇帝惩治他。"于是汉武帝任命主父偃为齐国的国相，同时负责查办这件事。

偃至齐，急治[949]王后宫宦者[950]，辞及王[951]。王惧，饮药自杀。

偃少时游齐及燕、赵[952]，及贵，连败燕、齐[953]。赵王彭祖[954]惧，上书告主父偃受诸侯金，以故诸侯子弟多以得封[955]者。及齐王自杀，上闻，大怒，以为偃劫[956]其王令自杀，乃征下吏治[957][8]。偃服受诸侯金，实不劫王令自杀。上欲勿诛，公孙弘曰："齐王自杀，无后，国除为郡入汉，主父偃本首恶[958]。陛下不诛偃，无以谢天下[959]。"乃遂族主父偃[960]。

张欧免[961]，上欲以蓼侯孔臧[962]为御史大夫。臧辞曰："臣世以经学为业，乞为太常[963]，典臣家业[964]，与从弟侍中[965]安国[966]纲纪古训[967]，使永垂来嗣[968]。"上乃以臧为太常，其礼赐如三公[969]。

三年（乙卯，公元前一二六年）

冬，匈奴军臣单于[970]死，其弟左谷蠡王伊稚斜[971]自立为单于，攻破军臣单于太子於单，於单亡降汉[972]。

以公孙弘为御史大夫。是时，方通西南夷[973]，东置苍海[974]，北筑朔方之郡[975]。公孙弘数谏[976]，以为罢敝[977]中国[978]以奉[979]无用之地，愿罢之。天子使朱买臣[980]等难以置朔方之便[981]，发十策[982]，弘不得一[983]。弘乃谢[984]曰："山东[985]鄙人，不知其便[986]若是，愿罢西南夷、苍海而专奉朔方[987]。"上乃许之[988]。春[989]，罢苍海郡。

弘为布被[990]，食不重肉[991]。汲黯[992]曰："弘位在三公[993]，奉禄[994]甚多，然为布被，此诈也[995]。"上问弘，弘谢曰："有之[996]。夫九卿[997]与臣善者，无过黯，然今日廷诘弘[998]，诚中[999]弘之病。夫以三公为布被，与小吏无差[1000]，诚饰诈[1001]，欲以钓名，如汲黯言[1002]。且无汲黯忠[1003]，陛下安得闻此言？"天子以为谦让，愈益尊之[1004]。

三月，赦天下。

夏，四月丙子[1005]，封匈奴太子於单为涉安侯[1006]，数月而卒。

主父偃到达齐国后，立即风风火火地对齐王后宫的宦者及姬妾进行调查取证，供词牵连到齐王刘次昌。刘次昌畏罪，服毒自杀。

主父偃年少的时候曾经游历过齐国、燕国及赵国，等到他地位显赫、掌握大权后，一下子搞垮燕国、齐国两个国家。赵王刘彭祖也感到很恐惧，就给汉武帝写信告发主父偃接受诸侯王的贿赂，所以诸侯王的子弟才有很多得到了侯的封号和封地。等到齐王自杀的消息传到京师，汉武帝非常恼怒，认为是主父偃劫持齐王、逼迫齐王自杀的，于是将主父偃召回京师移交给执法官审理。主父偃供认曾经接受过诸侯王的贿赂，但不承认威胁齐王令其自杀。武帝本不想诛杀主父偃，公孙弘劝谏汉武帝说："齐王刘次昌自杀，又没有后代，导致齐国被撤销而成为汉朝的一个郡，这都是主父偃的罪过。陛下不杀掉主父偃，没法向天下人交代。"于是主父偃被灭族。

汉武帝免去张欧御史大夫的职务，准备任命蓼侯孔臧为御史大夫。孔臧推辞说："我一生以研习儒家经典为职业，就请任命我为太常，顺便管理我们孔家祖传的事业，与担任侍中的堂弟孔安国一起整理先人的遗训，使其能永远地流芳后世。"于是汉武帝任命孔臧为太常，对他的礼遇和赏赐与三公相同。

三年（乙卯，公元前一二六年）

冬季，匈奴军臣单于去世，他的弟弟左谷蠡王伊稚斜自封为匈奴单于，他率军打败了军臣单于的太子於单，於单逃亡归降了汉朝。

汉武帝任命公孙弘为御史大夫。当时，汉朝正在从事通西南夷的活动，在东边设置苍海郡，在北边为朔方郡修建朔方城。公孙弘屡次进谏，认为这是将国家的资财、人力耗费到毫无用处的地方，并请求撤销朔方郡。武帝让朱买臣等人以设置朔方郡的诸多好处责难公孙弘，朱买臣连续提出了十条，公孙弘连一条也答不上来。公孙弘向武帝谢罪说："我不过是山东一个见识浅薄的人，不知道修筑朔方城对国家有这么多的好处，希望停止通西南夷、设置苍海郡等活动而全力以赴经营朔方郡。"汉武帝于是批准公孙弘的建议。春天，撤销苍海郡。

公孙弘所盖的是布做的被子，每顿饭只有一个肉菜。汲黯抨击他说："公孙弘位列三公，俸禄丰厚，然而却盖布被子，说明他虚伪狡诈。"武帝转问公孙弘，公孙弘谢罪说："有这回事。九卿中与我最要好的，莫过于汲黯，然而今天，汲黯在朝廷上当面责问我的话，正中我的要害。我以三公的身份而用布被，这与小官吏没有差别，确实有伪诈的嫌疑，说是想以此沽名钓誉一点也不为过，就像汲黯说的那样。而且，如果不是汲黯对陛下的忠心，陛下怎么能够听到这样的话？"汉武帝认为公孙弘谦让，对他更加敬重。

三月，大赦天下。

夏季，四月初七日丙子，汉武帝封匈奴军臣单于的太子於单为涉安侯，几个月之后，涉安侯於单去世。

初，匈奴降者言：“月氏[1007]故居敦煌[1008]、祁连[1009]间，为强国，匈奴冒顿[1010]攻破之。老上单于[1011]杀月氏王，以其头为饮器[1012]。余众遁逃远去，怨匈奴，无与共击之[1013]。”上募[1014]能通使月氏者。汉中张骞[1015]以郎应募[1016]，出陇西[1017]，径匈奴中[1018]，单于得之，留骞十余岁。骞得间亡乡月氏[1019]，西走数十日，至大宛[1020]。大宛闻汉之饶财[1021]，欲通不得，见骞，喜，为发导译[1022]抵康居[1023]，传致[1024]大月氏。大月氏太子为王[1025]，既击大夏[1026]，分其地而居之。地肥饶，少寇，殊无报胡[1027]之心。骞留岁余，竟不能得月氏要领[1028]，乃还。并南山[1029]，欲从羌中归[1030]。复为匈奴所得，留岁余。会伊稚斜逐於单，匈奴国内乱，骞乃与堂邑氏奴甘父[1031]逃归。上拜骞为太中大夫[1032]，甘父为奉使君[1033]。骞初行时百余人，去十三岁，唯二人得还[1034]。

匈奴数万骑入塞，杀代郡太守恭[1035]，及略[1036]千余人。

六月庚午[1037]，皇太后[1038]崩。

秋，罢西夷[1039]，独置南夷夜郎两县、一都尉[1040]，稍令犍为自葆就[1041]，专力城朔方。

匈奴又入雁门，杀略千余人。

是岁，中大夫张汤为廷尉[1042]。汤为人多诈，舞智以御人[1043]。时上方乡文学[1044]，汤阳浮慕[1045]，事[1046]董仲舒、公孙弘等。以千乘兒宽[1047]为奏谳掾[1048]，以古法义决疑狱[1049]。所治即上意所欲罪，与监史深祸者[1050]；即上意所欲释，与监史轻平者[1051]。上由是悦之。汤于故人子弟调护[1052]之尤厚，其造请诸公[1053]，不避寒暑，是以汤虽文深意忌、不专平[1054]，然得此声誉[1055]。

汲黯数质责[1056]汤于上前曰：“公为正卿[1057]，上不能褒[1058]先帝之功业，下不能抑天下之邪心，安国富民，使囹圄[1059]空虚，何空取高皇帝约束[1060]纷更[1061]之为？而公以此无种[1062]矣！”黯时[1063]与汤论议，汤辩常在文深小苛[1064]，黯伉厉守高[1065]，不能屈[1066]，忿发[1067]，骂曰：

当初，匈奴投降的人说：“月氏国在敦煌、祁连山之间，是一个很强大的国家，但被匈奴冒顿单于打败。老上单于杀死了月氏王以后，还把月氏王的人头骨当作饮酒的器皿。其他的月氏人都逃向了很远的地方，他们心里仇恨匈奴，只是没有人能帮助他们来共同袭击匈奴。”汉武帝于是招募能够出使月氏的使者。汉中人张骞以郎官的身份应募前往，他走出陇西，在经过匈奴境内的时候，被匈奴单于捉住，张骞在匈奴被扣留了十多年。后来张骞终于找个机会逃跑了，他继续向西边的月氏方向进发，走了几十天，到达大宛国。大宛国听说汉朝是一个非常富饶的国家，想与汉朝通商却一直没有办法，看见张骞到来，非常高兴，为他派遣了向导和翻译人员，陪同他抵达康居国，再乘传车到达大月氏。当时是大月氏太子为国王，他击败了大夏国，占领了大夏国的部分国土而后定居下来。这里的土地肥沃，很少有敌人入侵，因此他们已经没有一点向匈奴报仇的意愿。张骞在这里逗留了一年多，始终得不到月氏的肯定答复，只好返回汉朝。他途中沿着喀喇昆仑山，想要穿过羌族占领的地区返回汉朝。不料又被匈奴擒获，拘留了一年有余。碰巧赶上伊稚斜正在驱逐於单，匈奴国发生内乱，张骞才得以与堂邑氏家的奴隶甘父逃回汉朝。武帝封张骞为太中大夫，封甘父为奉使君。当初张骞出使时带去的有一百多人，十三年后返回汉朝时，只有张骞和甘父两个人。

匈奴数万名骑兵侵入边塞，杀死了代郡太守恭，并掠走了一千多人。

六月初二日庚午，汉武帝的母亲王太后去世。

秋季，停止经营西夷的活动，只设置南夷、夜郎两个县，任命一个都尉统领，后来又让犍为郡凭借当地的力量自力更生谋求发展，朝廷则集中力量修筑朔方城。

匈奴又侵入雁门郡，杀死和掠走了一千多人。

这一年，中大夫张汤担任廷尉。张汤为人狡诈多端，靠耍手段制驭群僚。当时汉武帝正对儒学产生浓厚兴趣，张汤表面上装出一副对儒家学说很感兴趣的样子，尊称董仲舒、公孙弘等为自己的老师。任用千乘县人兒宽为掌管申诉和审定案件的奏谳掾，在审理、判决重大案件时，总要引用一些古代的经典条文作为判案的依据。张汤所审理的案子，如果是汉武帝想要严办的，张汤就派手下那些酷苛的僚属用苛刻的法律条文置之于死地；如果是汉武帝想要释放的人，那么张汤就派宽和的僚属按照皇帝的意图从轻发落。武帝由此而非常喜欢张汤。张汤对于亲戚朋友的子弟格外关照，倍加保护，他登门拜访朝野的名公宿望，不避寒暑，所以张汤执法既严酷狠毒又不公平，却享有很高的声誉。

汲黯屡次在汉武帝面前指责质问张汤说：“你身为国家重臣，位列九卿，对上不能发扬光大先帝的功业，对下不能抑制天下人的邪恶之心，使国家安定、人民富裕，使案件减少、监狱空虚，为什么平白无故把高皇帝制定的法律胡乱修改？而你将会因此而满门灭绝了！”汲黯经常与张汤辩论，张汤的辩词常常在一些琐碎的具体条文上纠缠，而汲黯刚直严厉，总是在大的问题上坚持原则，却不能使张汤屈服，气得无法，

“天下谓刀笔吏[1068]不可以为公卿，果然。必汤也，令天下重足而立，侧目而视矣[1069]！”

四年（丙辰，公元前一二五年）

冬，上行幸甘泉[1070]。

夏，匈奴入代郡、定襄[1071]、上郡[1072]各三万骑，杀略数千人。

【段旨】

以上为第四段，写元朔二年（公元前一二七年）至元朔四年共三年间的全国大事，主要写了主父偃建言实行“推恩法”，将诸侯国化整为零；又建言向朔方郡、向茂陵移民，以充实边郡、充实关中；写了卫青伐匈奴，取河南地，置朔方郡；写了张骞通西域的艰难经历，表彰了其坚忍不拔的奋斗精神；写了张汤为廷尉，严酷执法，与汲黯批评张汤、公孙弘的言论；写了游侠郭解被汉武帝、公孙弘等强加罪名杀害，以及班固、荀悦站在统治立场攻击游侠，死心为封建皇权卫道的面目。

【注释】

⑺⑸赐淮南王几杖：淮南王刘安是刘邦之孙，老淮南王刘长之子，武帝之叔。几杖，古代老人可凭可倚的几案和手杖，赠送老人几杖以表示尊敬慰问。⑺⑹毋朝：不必进京朝见皇帝。⑺⑺百里：谓土地方圆百里。⑺⑻缓：平常无事的时候。⑺⑼急：指战争状态。⑺⑽阻其强：仗恃着其国力强大。阻，凭借、仗恃。⑺⑾合从：指诸侯王的相互联合，如吴、楚七国之作为。⑺⑿逆：迎；对抗。⑺⒀以法割削之：依照法律对其领土加以削减。⑺⒁逆节萌起：立刻萌生造反的念头。⑺⒂前日晁错是也：前些年晁错实行削藩政策，诸侯们就是这样对抗朝廷的。晁错，景帝时为御史大夫，因力主削弱诸侯王，引发了吴、楚七国之乱，被景帝当作替罪羊杀害。事在景帝三年（公元前一五四年），详见《史记·袁盎晁错列传》与本书景帝三年。⑺⒃诸侯子弟或十数：每个诸侯都会有兄弟、儿子十来个以至几十个。⑺⒄适嗣代立：只有嫡长子继承其父为王。适，通“嫡”。⑺⒅仁孝之道不宣：不能体现国家倡导的仁爱与孝友。不宣，不显、不彰。⑺⒆推恩分子弟：推广恩情把自己的领地分封给所有的儿子。⑺⒇以地侯之：将本国之地分成若干份，除嫡长子继任为王外，其他所有子弟一律都封为列侯。⑺㉑上以德施：从皇帝来说，这是对所有诸侯的子弟普施了恩典。⑺㉒实分其国二句：实际上是将这些诸侯国化整为零，不用再像晁错那样由朝廷削减

就大骂他说："天下人都说刀笔小吏不能让他做公卿，今天看来果然如此。如果让张汤这个人掌了大权，将使天下人重足而立不敢举步，侧目偷觑而不敢正眼相看了！"

四年（丙辰，公元前一二五年）

冬季，汉武帝到甘泉巡视。

夏季，匈奴分别以三万名骑兵侵入代郡、定襄郡、上郡，杀死、掠走了几千人。

他们的领土，其结果就是越分越小、越分越弱了。稍，逐渐。王先谦引钱大昭曰："《中山王胜传》云：'其后更用主父偃谋，令诸侯以私恩自裂地分其子弟，而汉为定制封号，辄别属汉郡。'此偃削弱之计也。"〖按〗贾谊虽早在其《陈政事疏》中就向文帝提出过"众建诸侯而少其力"，亦即"化整为零"的主张，但具体做法与主父偃不同。主父偃这一着争得了大量诸侯王子弟的拥护，使诸侯王明知结局如此，但无法反对这一主张。㉓或欲：如果有人想。㉔分子弟邑：划分土地立诸子为侯。邑，乡镇，这里即指领地。㉕令各条上：写成条陈，呈报皇帝。㉖临定其号名：由皇帝亲自确定这些诸侯的名号、称呼。㉗藩国始分：诸侯王国开始化整为零。藩国，诸侯王国。古称诸侯是中央天子的藩篱屏障。㉘子弟毕侯：所有诸侯王的子弟全部被封为列侯。毕，全都。㉙上谷、渔阳：汉之二郡名，上谷郡的郡治沮阳（在今河北怀来东南）。渔阳郡的郡治在今北京市密云区西南。㉚出云中以西：从云中郡出发西行。云中郡的郡治在今内蒙古呼和浩特西南。㉛陇西：汉郡名，郡治狄道（今甘肃临洮）。何焯曰："出云中，则若向单于庭者，忽西至陇西，攻其无备，所以遂取河南也。"㉜击胡之楼烦、白羊王于河南：楼烦、白羊都是匈奴的别支，当时占据在今内蒙古巴彦淖尔市临河区、杭锦旗一带地区。河南，即今内蒙古巴彦淖尔市临河区、东胜一带地区，因其地处黄河之南，故称。这一带在秦朝属于九原郡（郡治九原，在今包头西），秦末中原大乱后，这一带被匈奴人占据，至此又被卫青等收回。〖按〗此即通常所说的"河南朔方之战"，武国卿、慕中岳称之为"汉武帝驱逐匈奴的重大战役，也是西汉王朝统一我国西北地区迈出的重要一步"，并说它"加速了我国西北地区的统一，解除了匈奴贵族从西北方对京都长安的威胁，建立了向匈奴进一步出击的战略基地。"说它"实际上是西汉王朝向匈奴贵族发动一系列战略进攻的奠基之战"。㉝首虏：斩敌之首与俘虏敌兵。㉞走：赶走。㉟长平侯：封地长平，在今河南西华东北。㊱校尉苏建：苏建是苏武之父。事迹除见于《史记·卫将军骠骑列传》外，《汉书》有《李广苏建传》。校尉是军官名，将军属下设若干部（约当今之师团），部的长官即校尉。㊲张次公：卫青的部将。事迹参见《史记·卫将军骠骑列传》。㊳平陵侯：封

地平陵，在今湖北十堰北。⑦³⁹岸头侯：封地岸头，在今山西河津，当时属皮氏县。⑦⁴⁰外阻河：北靠黄河。阻，依之以为险阻。⑦⁴¹蒙恬城之：当年蒙恬沿着黄河修筑的长城。蒙恬沿着黄河筑城事，见《史记·蒙恬列传》。⑦⁴²内省转输戍漕：意即如果能在黄河以南地区屯兵种田，就可以不再用车用船从内地向这一带运送粮食。⑦⁴³上下公卿议：皇帝把主父偃的意见交给朝臣讨论。下，下达、交付。⑦⁴⁴竟用：最后还是采用。⑦⁴⁵朔方郡：汉郡名，郡治在今内蒙古乌拉特前旗东南。⑦⁴⁶筑朔方城：为朔方郡修筑城池。〖按〗此举表明汉代已稳定占领河套地区，并准备以此为依托继续西征、北伐。⑦⁴⁷缮：修整。⑦⁴⁸故秦时蒙恬所为塞：即秦始皇时代的长城。其西段自今甘肃兰州西南筑起，沿黄河东北行，经甘肃靖远入宁夏，至贺兰山一带，再北行穿乌兰布和沙漠进入内蒙古；中段大体即旧日之赵长城，它西起乌兰布和沙漠，东北行至高阙（内蒙古巴彦淖尔市杭锦后旗），沿黄河后套东行，再经由内蒙古固阳北、呼和浩特市城北，复东北行，至今内蒙古集宁以东；其东段大体即旧时之燕长城的一部分，自今内蒙古化德东行，经河北之围场、内蒙古之赤峰，东行入辽宁，经新民至沈阳之东北，复东南折，入朝鲜境内，至平壤北之涓水（今清川江）北岸。就记载看，蒙恬连缀、修葺旧长城的工作似乎主要是在西段与中段，因这一带地区是华夏与匈奴作战的主要战场。⑦⁴⁹因河为固：依托黄河进行防守。⑦⁵⁰转漕：指用车船运送粮食。⑦⁵¹自山东咸被其劳：意谓为了经营北方的黄河前线，不仅临近地区吃尽了苦头，连遥远的东方各地也为之不得安生。自，连带。⑦⁵²费数十百巨万：耗费了几十亿乃至上百亿。数十百，八九十乃至上百。巨万，也称“大万”，即今所谓“亿”，单位指铜钱。⑦⁵³府库并虚：国家粮库与钱库全都用光了。⑦⁵⁴上谷之斗辟县造阳地：在东北边界上向北突出县分的造阳一带。斗辟，意指突出、伸进。“斗”字盖与“陡”意思相近。造阳，古地名，约当今河北之独石口一带地区，汉时𢊁入匈奴地。〖按〗《盐铁论·地广篇》有所谓“割斗辟之县，弃造阳之地以与胡”之语，与此正同。⑦⁵⁵三月乙亥晦：三月的最末一天是乙亥日。晦，每个月的最后一天。⑦⁵⁶募民徙朔方：以优惠条件招募百姓搬迁到朔方郡居住。⑦⁵⁷茂陵初立：茂陵是汉武帝的陵墓，从建元二年开始修建，在今陕西兴平城东十五公里。汉代皇帝的惯例是，自其继位为帝的第二年起，便着手为自己预建陵墓。并在其陵墓所在地置县，名曰“陵邑”，强制各地区的富户、豪绅向这些地区搬迁，以图使其很快繁荣起来。⑦⁵⁸天下豪杰：散布在天下各地区的有势力、有号召力的人物。⑦⁵⁹并兼：指吞并别家、别族的资产。⑦⁶⁰徙：勒令搬迁。茅坤曰：“此即刘敬故智。”〖按〗刘敬建议刘邦将各地大姓迁往关中事，见《史记·刘敬叔孙通列传》。⑦⁶¹内实京师：一方面可使长安地区的经济状况好起来，人口多起来。实，充实。⑦⁶²外销奸猾：另一方面又可使东方各郡、各诸侯国减少鼓动是非、影响社会安定的危险分子。⑦⁶³上从之：武帝下令各郡国向茂陵移民，前后共两次。一次在建元二年（公元前一三九年），《汉书·武帝纪》但云“初置茂陵邑”，未明言移民，其实开始移民是必然的。另一次在元朔二年（公元前一二七年），《汉书·武帝纪》云：“徙郡国豪杰及訾三百万以上于茂陵。”即用主父偃之建议,《史记·游侠列传》所写之郭解被强制搬迁即在此第二次。《中国战争史》曰:“主父偃二策一经实施,于是削弱诸侯之政策乃告彻底成功,京师根本亦益固。此时武帝正用武于匈奴,故主父偃此二策对汉帝国之贡献益显其得要。”⑯764徙郡国豪杰及訾三百万以上:被徙的人有两种,一种是地方豪杰,这种人家产不一定多;另一种是家产在三百万钱以上的富人,有经济实力。訾,资产。⑯765轵:汉县名,县治在今河南济源南。⑯766郭解:字翁伯,以任侠闻名。事迹详见《史记·游侠列传》。⑯767亦在徙中:也在被勒令搬迁的名单之内。⑯768卫将军:即卫青,以伐匈奴功被封为大将军之职。⑯769为言:为郭解向武帝说情。⑯770不中徙:不够搬迁的标准。⑯771卒徙解家:最后还是强制郭解家搬迁了。⑯772平生:有生以来,这里即指从前。⑯773睚眦杀人:因为一点很小的过节就动手杀人。睚眦,瞪眼怒视。⑯774下吏捕治解:下令主管官吏逮捕郭解进行审问。治,审问。⑯775所杀皆在赦前:意即无任何现行罪过。⑯776侍使者坐:陪同来轵县访查郭解的朝廷使者闲坐。⑯777客誉郭解:有人当着使者的面赞赏郭解。⑯778生:即“侍使者坐”的儒生。⑯779奸犯公法:触犯国家的法律。奸,冒犯。⑯780解客:敬佩郭解的宾客。⑯781吏以此责解:法吏以儒生被杀的事情指责郭解,要郭解对此负责。⑯782杀者亦竟绝:杀人者最后也逃得无影无踪。⑯783公孙弘:一个以读《公羊春秋》出名,在汉武帝尊儒过程中平步青云的人物,此时任左内史。事迹详见《史记·平津侯主父列传》,是司马迁最反感的人物之一。⑯784任侠行权:意即打抱不平,作威作福。行权,行使他所不该行使的权力。⑯785解虽弗知二句:史珥《四史剿说》曰:“平津之议,即从武帝‘其家不贫’语推出,平津逆推上旨而杀之也。”泷川引中井曰:“弗知之罪,甚于亲杀,是老吏弄文处。”〖按〗史公极写时人之敬慕郭解;而忌恨之、必欲杀之者,乃前一儒生,后一公孙弘。于此见司马迁对汉世儒生之反感、气愤。⑯786当大逆无道:判处为“大逆不道”。当,判;定罪。⑯787遂族郭解:遂将郭解满门抄斩。族,灭族。⑯788班固:字孟坚,汉代的大史学家与辞赋家,《汉书》的作者。事迹详见《汉书·叙传》与《后汉书·班彪传》。⑯789天子建国二句:此是古说,司马迁《史记》将春秋诸侯列入“世家”即其遗意。但春秋、战国的事实一直是诸侯受天子之封而建“国”,大夫受诸侯之命而立“家”。《孟子·梁惠王》亦有所谓“王曰‘何以利吾国’,大夫曰‘何以立吾家’……”《左传》中之鲁三桓、晋六卿、齐管晏亦皆称“家”,未见有诸侯自称“家”者。⑯790等差:等级。⑯791服事:服从而为之效力。⑯792觊觎:对其上级的地位、权力有非分之想、有取而代之之心。⑯793周室既微:指西周灭亡、东周迁都以来。微,指权威削弱。⑯794礼乐征伐自诸侯出:意即国家的一切大事都是诸侯说了算。礼乐代表文事,征伐代表武事。《论语》中有所谓“国有道,礼乐征伐自天子出;国无道,礼乐征伐自诸侯出”。⑯795桓、文:齐桓公、晋文公,皆春秋时代的霸主。齐桓公名小白,公元前六八五至前六四三年在位。晋文公名重耳,公元前六三六至前六二八年在位。⑯796大夫世权:大夫在诸侯国内世代掌权,如晋之六卿、鲁之三桓、齐之田氏。⑯797陪臣执命:大夫掌管该诸侯国的号令,与“大夫世权”意思相同。诸侯国的大夫,对周天子自称“陪臣”。执命，掌权。⑻ 陵夷：衰败；越来越不行。指整个国家的道德水平。⑼ 合从连衡：指合纵、连横两种不同策略、不同目的学说。合从，同“合纵”。指倡导东方诸国联合共同抗秦的学说。连衡，同“连横”，指倡导秦与东方某国单独联合，以分化瓦解东方联盟，实行各个击破斗争学说。⑽ 信陵：信陵君无忌，魏安釐王之弟，以养士闻名。事迹详见《史记·魏公子列传》。⑾ 平原：平原君赵胜，赵惠文王之弟，以养士闻名。事迹详见《史记·平原君虞卿列传》。⑿ 孟尝：孟尝君田文，齐威王之孙，齐湣王的堂兄弟，以养士闻名。事迹详见《史记·孟尝君列传》。⒀ 春申：春申君黄歇，楚顷襄王之弟，以养士闻名。事迹详见《史记·春申君列传》。关于春申君身世的考订，见韩兆琦《史记笺证》。⒁ 竞为游侠：竞相为游侠之举，指招贤纳士、扶困救危，被司马迁称为“贵族之侠”。⒂ 鸡鸣狗盗：孟尝君所养宾客中的两个，在孟尝君遇到危难时，鸡鸣、狗盗帮助孟尝君脱离了险境。事见《史记·孟尝君列传》。⒃ 宾礼：以宾礼相接待。⒄ 虞卿：战国时的纵横家，为赵孝成王之相。事迹详见《史记·平原君虞卿列传》。⒅ 弃国捐君：丢开国家与君主不顾。⒆ 以周穷交魏齐之厄：魏齐是魏国丞相，因迫害过秦国丞相范雎，范雎通过秦王要魏王交出魏齐。魏齐不得已逃到赵国，赵王畏秦不敢收留，虞卿出于友情与正义，舍去丞相之位，陪同魏齐一道离开了赵国。过程详见《史记·范雎蔡泽列传》。周，救解、顺从。穷交，走投无路的朋友。厄，困。⒇ 窃符矫命：盗窃兵符，假传魏王之命。⑪ 戮将专师：杀死晋鄙，夺得晋鄙兵权。⑫ 以赴平原之急：以回应平原君的紧急求救。当时赵国先被秦兵大破于长平，接着秦兵东进包围了赵国的都城邯郸，赵国危在旦夕。平原君时为赵相，向魏公子紧急求救，魏公子遂窃兵符假传王命，椎杀晋鄙，夺兵权以救赵国，大破秦军。事情详见《史记·魏公子列传》。⑬ 取重诸侯：受到各国诸侯的尊重。⑭ 扼腕而游谈者：指当时敬佩、称赞四公子与虞卿等行为的人们。扼腕，慷慨而谈的激昂情态。⑮ 以四豪为称首：把四公子当成首先被称道的人物。⑯ 背公死党之议成：为私党不怕牺牲，而不顾国家利益的舆论形成。背公，背叛国家。死党，为私党而死。议，舆论。⑰ 守职奉上之义废：为君主尽心尽职、死而后已的责任感不再被人看重。奉上，侍奉君主。义，宜、应尽的职责。⑱ 禁网疏阔：意即法律宽松，主要指对游侠之士采取宽容放纵的政策。⑲ 匡改：纠正。⑳ 代相陈豨：陈豨是刘邦的开国功臣，建国后任之为代相，监代、赵边兵。为人喜宾客，回京路过赵都时，随车上千辆，因而被赵相周昌进谗举告。事迹详见《史记·韩信卢绾列传》。㉑ 吴濞、淮南：都是汉初的诸侯王名，吴濞指吴王刘濞，刘邦次兄刘仲之子，被刘邦封为吴王，都广陵（今江苏扬州）。事迹详见《史记·吴王濞列传》。淮南指淮南王刘安，刘长之子，刘邦之孙，都城寿春（今安徽寿县）。事迹详见《史记·淮南衡山列传》。㉒ 皆招宾客以千数：淮南王刘安的确是招纳文学之士，而吴王濞则是为图谋造反而招降纳叛，集聚天下亡命奸人。㉓ 魏其、武安：魏其侯窦婴、武安侯田蚡，论辈分都是武帝之舅。前者是窦太后之侄，后者是王太后之弟。二人相互倾轧，皆广招天下宾客。事迹详见《史记·魏其武安侯列传》。㉔ 竞逐：竞争、角逐。㉕布衣游侠：亦即所谓平民之侠。㉖剧孟、郭解：皆西汉前期的著名游侠，深受司马迁赞赏。事迹详见《史记·游侠列传》。㉗驰骛于闾阎：犹言争雄于民间。驰骛，车马奔跑，这里也是竞赛、称雄的意思。闾阎，里巷。㉘州域：泛指各地区、各郡县。古称中国曰“九州”，也称作“九域”。㉙折：摧折；挫败。㉚荣其名迹：称道他们的名字、事迹。㉛觊而慕之：敬慕而欲效法之。觊，希望也能像他那样。㉜陷于刑辟：受到了刑法的惩治。㉝自与杀身成名：自己以“杀身成名”者自居。自与，自许。㉞季路、仇牧：古代两个为救其主而不惜牺牲生命的人。季路，即孔子的学生子路，是卫国贵族孔悝的家臣。卫国的逃亡者蒯聩劫持孔悝图谋篡位，子路为救助卫君与孔悝而战死。此事《史记》记载混乱，请参看韩兆琦《史记笺证·仲尼弟子列传》注。仇牧是春秋时宋国大夫，宋臣南宫万作乱杀宋闵公，仇牧为救宋闵公与南宫万战，被南宫万所杀。事见《左传》与《史记·宋微子世家》。㉟曾子：名参，孔子的学生。事迹见《史记·仲尼弟子列传》。㊱上失其道二句：二句见《论语·子张》。散，指人心涣散，对统治者离心离德。㊲示之以好恶：告诉人们什么事物应该爱，什么事物应该恨。示，告。好，爱。恶，憎恨。㊳齐之以礼法：以礼法约束他们。齐，整齐、约束。㊴曷由：何从；从何处。㊵知禁而反正：知道哪些事情是不该做的，而回到正确的路子上来。㊶五伯二句：春秋五霸的行为如果放到三王的时代，他们就是三王的罪人。五伯，同“五霸”。指春秋时的五个霸主，即齐桓公、晋文公、楚庄王、吴王阖闾、越王勾践。三王，指夏禹、商汤、周文王、周武王，夏、商、周三朝的开国之君，被儒家视为以仁德治天下的代表人物。㊷六国二句：战国时代的六国诸侯如果放到春秋时代，他们又会成为五霸的罪人。六国，指齐、楚、燕、赵、韩、魏六国之君。战国时代还有秦国，为何不说“七国”？因为秦国在班固、司马光等儒家分子看来比东方六国还要野蛮残暴，不值一数。㊸四豪者二句：如果把四公子与战国的各国诸侯相比，则四公子又是战国诸侯的罪人。因为他们“弃国捐君”“背公死党”。四豪，即前文所说的信陵君、平原君、孟尝君、春申君。㊹之伦：犹言“之流”“之类”。㊺以匹夫之细：以一个小民的微不足道。匹夫，指平民百姓。细，微小。㊻窃杀生之权：指凭着自己的主观意志随便杀人救人。㊼不容于诛：意即“死有余辜”，杀了还不解恨。㊽泛爱：对许多受害者充满爱心。㊾振穷周急：拯救处于绝境、走投无路的人。振、周，都是“救济”“拯救”的意思。㊿不伐：不炫耀；不自夸。(851)绝异之姿：出类拔萃的姿态。(852)放纵于末流：在令人不齿的事情上逞能、充好汉。(853)亡宗：灭族。〖按〗以上班固的议论，见《汉书·游侠传》序。(854)荀悦：东汉时期的历史家，字仲豫，著有《汉纪》《申鉴》等书。事迹见《后汉书·荀韩钟陈传》。(855)德之贼：都是有害于道德的人。贼，害。(856)游说：到处游说当权者，为之出谋划策，如战国时代的纵横家。(857)游行：到处游动，投靠于权贵之门，为之奔走效力，如贵族门下的食客。(858)立气势：靠着讲义气，形成势力。(859)作威福：作威作福，能使人受害、能使人享福。(860)立强于世：在社会上形成一股势力，如后世之所谓不良帮派。(861)饰辩辞：卖弄花言巧语。(862)设诈谋：帮人出一些险恶诡诈的主意。⑧⑥③驰逐：这里指奔走。⑧⑥④要时势：抓住时机，控制局势。要，把握、控制。⑧⑥⑤色取仁：表面上装出一种仁者的样子。色，颜色、表面。⑧⑥⑥以合时好：以投合权贵者的心理。合，投合、迎合。⑧⑥⑦连党类：拉帮结派。⑧⑥⑧立虚誉：建立起一种虚假的名声。⑧⑥⑨以为权利：从而形成一种能以权势、利益影响社会的力量。⑧⑦⓪四民：四种百姓，即士、农、工、商。⑧⑦①由：行；从事。⑧⑦②作：产生；兴起。⑧⑦③季世：末世；一个朝代的晚期。⑧⑦④纲纪：维持国家、社会秩序的根本大法，如封建社会之所谓"三纲""五常"云云。⑧⑦⑤以毁誉为荣辱：一个人的光荣、耻辱全凭世俗的赞扬与诽谤来定。毁，诽谤。⑧⑦⑥核：核对；考察。⑧⑦⑦以爱憎为利害：一个人的得利与受害全凭当权者的爱憎来定。⑧⑦⑧理：实情。⑧⑦⑨相冒：相互矛盾、彼此争持不下。冒，顶。⑧⑧⓪乖错：紊乱。乖，也是"错乱"的意思。⑧⑧①言论者：给朝廷上书进言的人。⑧⑧②计薄厚：对自己的利益大还是不大。⑧⑧③选举者：向朝廷推荐人才的人。⑧⑧④度亲疏：根据被推荐者与自己的关系亲近还是疏远。度，考量、根据。⑧⑧⑤善恶谬于众声：好人与恶人的实情都被世俗的舆论弄颠倒了。谬，是非颠倒。⑧⑧⑥功罪乱于王法：有功还是有罪都被执法者弄乱了套。⑧⑧⑦然则：这样一来就形成了。⑧⑧⑧利不可以义求：做好事的人得不到奖赏。义，宜，指做好事。⑧⑧⑨害不可以道避：谨慎行道的人到头来还是倒霉受害。⑧⑨⓪君子犯礼：在位的君子原应守礼，现因是非颠倒也不再守礼了。⑧⑨①小人犯法：平民百姓原应守法，现因社会黑暗也不再守法了。⑧⑨②越职僭度：都在干着超越自己本分的事情。⑧⑨③饰华废实：追求表面好看而不讲一点实际。⑧⑨④竞趣时利：都在争先恐后地追求眼前利益。趣，通"趋"。追求。⑧⑨⑤简父兄之尊：对自己的父兄简慢无礼。简，怠慢。⑧⑨⑥崇宾客之礼：在宾客面前大搞排场。崇，提高。⑧⑨⑦薄骨肉之恩：对自己的骨肉至亲关系冷漠。薄，寡、淡。⑧⑨⑧笃朋友之爱：对于一些朋友感情深厚。笃，深厚。⑧⑨⑨割衣食之业：把发展农桑本业的钱财移来。割，移取。⑨⓪⓪供飨宴之好：都用在请客的大摆筵席上。⑨⓪①苞苴：原意是装鱼肉用的草袋，后来用以指行贿送礼的包裹，这里指行贿送礼的人。⑨⓪②聘问：原指诸侯间的礼节性往来，这里即指送礼拜谒，奔走权门。⑨⓪③交于道路：在道路上彼此交错，络绎不绝，极言此类人员之多。⑨⓪④书记繁于公文：相互请托、买官卖官的私人书信比官府处理公家事务的文书要多得多。⑨⓪⑤流俗成：黑暗腐败的风气习惯形成。⑨⓪⑥经国序民：意即治国治民。序，治之使其有序。⑨⓪⑦正：端正；严格执行。⑨⓪⑧善恶要于功罪：确定一个人的好坏要根据他到底有功还是有罪。要，根据。⑨⓪⑨不淫于毁誉：不随着无根据的诽谤或吹捧而变换。淫，水之乱流，以喻行动的无目标、无准则。⑨①⓪责其事：要求具体行事与其言论相副。责，要求。⑨①①指其实：要求其实际与其名声相副。指，有事实可指证。⑨①②实不应其声：实际行动与其声明不相合。应，对应、相合。⑨①③情不覆其貌：真实感情与其脸色表现不一致。覆，符合、一致。⑨①④毁誉失其真：对人对事的诋毁与赞扬与实际情况不合。⑨①⑤言事失其类：叙述某件事情说得离谱。失其类，不是原有的样子。⑨①⑥不得设：不能让它成立。⑨①⑦不得行：让它行不通。⑨①⑧无侥幸：无法幸免。⑨①⑨请谒：请托，即今所谓"托人情""走后门”。谒，求见。⑳ 无所行：行不通。㉑ 货赂：以财物行贿。㉒ 息华文：废止华丽的文字。㉓ 去浮辞：罢斥空洞的言辞。㉔ 伪辩：虚假的雄辩。㉕ 淫智：用于邪门歪道的才智。㉖ 放百家之纷乱：废黜儒家以外诸子百家的七嘴八舌。放，废除。纷乱，七嘴八舌争论不休的样子。㉗ 壹圣人之至道：使孔子的思想学说成为全国唯一的行动准则。壹，统一。至道，最高准则。㉘ 养之以仁惠：用仁义恩惠教养全国上下。㉙ 文之以礼乐：还要用礼乐把人们都包装起来。文，文饰、包装。㉚ 大化：整个国家接受教育的理想境界。〖按〗以上荀悦的言论见《汉纪》。㉛ 燕王定国：刘定国，刘邦功臣刘泽之孙，燕康王刘嘉之子。袭其父祖之位为燕王，公元前一五一至前一二八年在位，即《史记·汉兴以来诸侯王年表》所列之燕定王。㉜ 父康王姬：其父康王之妾。㉝ 杀肥如令郢人：杀了一个名叫“郢人”的肥如县县令。肥如，汉县名，县治在今河北卢龙北，当时属燕。郢人，史失其姓。㉞ 上书：指给朝廷上书。㉟ 主父偃从中发其事：主父偃早年曾游学于燕国，燕人对之无礼，后来因上书受武帝宠幸，为太中大夫，在武帝身边，故当郢人之兄弟上书告发刘定国时，主父偃也进言证成其事。从中发，从宫廷内起来揭发。㊱ 定国自杀二句：刘定国自杀后，朝廷遂将燕国的建制撤销，改设为郡，属汉王朝中央管辖，刘泽的封爵由此被灭除。㊲ 齐厉王次昌：刘次昌，刘邦子刘肥的后代，齐懿王刘寿之子，公元前一三一至前一二七年在位。〖按〗据《史记·齐悼惠王世家》，“刘次昌”应作“刘次景”。说见韩兆琦《史记笺证》。㊳ 与其姊纪翁主通：与其胞姐纪翁主私通。当时称皇帝的女儿叫“公主”，称诸侯的女儿叫“翁主”，因为皇帝的女儿出嫁时由国家的三公做主；诸侯的女儿出嫁时是由该女的父亲（翁）做主。纪翁主，纪太后所生的女儿，刘次昌的同胞姐姐。此称呼与前文称武帝之姑太长公主刘嫖曰“窦太主”意思相同。㊴ 欲纳其女于齐王：想把自己的女儿送进齐国王宫。〖按〗事情的过程相当曲折，详情见《史记·齐悼惠王世家》。㊵ 齐纪太后：刘次昌的母亲纪氏，齐懿王的王后。㊶ 临淄：齐国的都城，在今山东淄博临淄西北。㊷ 市租千金：每天从市场所收之税，即可多达千金。汉时称黄金一斤曰“一金”，“一金”可抵铜钱一万枚。㊸ 人众殷富：人口众多，家产雄厚。㊹ 巨于长安：言临淄城比汉都长安还要大。〖按〗为了挑拨是非，竟夸张到这种地步。㊺ 非天子亲弟爱子二句：意思是换个亲缘关系稍远的人，就很容易据其地图谋叛乱。据《史记·高祖本纪》，刘邦听人传说韩信谋反，于是用陈平之计袭捕韩信后，有说客名田肯者立即向刘邦进言，以为齐国国大兵强，“非亲子弟，莫可使王齐矣”。主父偃语与之相同。㊻ 于亲属益疏：意谓现时的齐王和现时皇帝的亲缘关系已相当疏远。㊼ 乱：意即通奸。㊽ 且正其事：同时查办这件事情。正，纠察、查办。㊾ 急治：风风火火地查办。㊿ 王后宫宦者：齐王后宫的姬妾与宦者。(951) 辞及王：这些被查问的口供里都涉及了齐王。〖按〗《史记·齐悼惠王世家》于此作“令其辞证皆引王”，则主父偃的报复、诱供目的更加明显。史珥曰：“观偃所为，已是江充先趋。”(952) 少时游齐及燕、赵：《史记·平津侯主父列传》谓：“游齐诸生间，莫能厚遇也。齐诸儒生相与排摈，不容于齐。家贫，无所假贷，乃北游燕、赵、中山，皆莫能厚遇，为客甚困。”953连败燕、齐：一下子搞垮了燕、齐两个国家。败，搞垮。954赵王彭祖：刘彭祖，景帝之子，景帝五年由广川移封到赵国。此人的性行奸诈狡猾，详见《史记·五宗世家》。杨树达曰：“时彭祖太子丹与其姊妹奸，彭祖之惧盖以此。”955以故诸侯子弟多以得封：武帝接受主父偃的建议实行“推恩法”，分封各自的所有子弟为王，目的是将诸侯国化整为零，今赵王乃称诸侯贿赂主父偃始得子弟受封，事实究竟如何？956劫：劫持；威逼。957乃征下吏治：将其调到京城交有关部门查办。958首恶：犹言“元凶”，是造成齐王身死，又因齐王无后因而齐国建制被撤销的“罪魁祸首”。959不诛偃二句：齐王自杀，国除为郡，这不是正符合武帝打击诸侯王的意图吗？但当舆论哗然，诸国纷纷不满时，朝廷也就只有拿主父偃当替罪羊了。文帝流放淮南王刘长，刘长途中愤而自杀，天下哗然，于是袁盎提出“杀丞相以谢天下”，主父偃离丞相还远得很呢，杀之何足惜！杨树达曰：“诛首恶乃《春秋》义，见僖公二年虞师、晋师灭夏阳《公羊传》。弘本学《春秋》，此弘传所谓‘缘饰儒术’者也。”960乃遂族主父偃：主父偃被族在元朔三年（公元前一二六年），《通鉴》系之于元朔二年者误。杨树达曰：“偃之狱咸宣所治，见宣传。”961张欧免：张欧被免去御史大夫之职。张欧是一个平庸圆滑的官僚。事迹见《史记·万石张叔列传》。962蓼侯孔臧：刘邦功臣孔聚之子，袭其父位为蓼侯。963太常：九卿之一，掌宗庙礼仪，兼掌选举考试之事。964典臣家业：管理我们家族祖传的事业。孔臧自称是孔子的后裔，孔子向来鼓吹礼乐治国，讲究祭祀等等，而太常正是掌管这些事务的官。但御史大夫的职位远非太常所可比，孔臧于此可谓实事求是，不图虚名。典，掌管。965侍中：皇帝的侍从人员，级别不甚高，但地位清显。966安国：孔安国，当时著名的经学家，曾为《尚书》《诗经》《论语》等多种古书作过注。967纲纪古训：整理古代的注释。纲纪，这里即“整理”的意思。968永垂来嗣：犹言“永传后世”。969礼赐如三公：对他的礼遇和给他的赏赐仍与三公相同。970军臣单于：冒顿之孙，老上单于之子，公元前一六一至前一二六年在位。971左谷蠡王伊稚斜：左谷蠡王名叫伊稚斜。匈奴的官制是单于之下有左、右贤王二人，等同于单于的左膀右臂。再往下是左、右谷蠡王二人。972亡降汉：逃出匈奴投降了汉王朝。〖按〗单于太子於单降汉后被封为涉安侯。见《史记·建元以来侯者年表》。973方通西南夷：正在从事通西南夷的活动。事从建元六年开始，至此已近十年，仍无结果。974东置苍海：指在今朝鲜东部的江原道一带设置苍海郡，事在元朔元年（公元前一二八年）。苍海，也作“沧海”。975北筑朔方之郡：指在朔方郡的郡治（在今内蒙古乌拉特前旗东南）筑城，主管此事者为苏武之父苏建。〖按〗汉对匈奴的战争，自元光二年（公元前一三三年）开始。元朔二年（公元前一二七年），汉将卫青等大破匈奴，收复了今内蒙古的河套一带地区，并在这一带新设置了朔方郡与五原郡。976弘数谏：公孙弘认为这些通西南夷、置苍海郡，以及驱逐匈奴，设置朔方郡、五原郡的事情通通是多余，都应该停止。977罢敝：通“疲敝”。劳民伤财，耗损人力物力。978中国：指中原地区，以与下文所谓四周的“无用之地”相对而言。979奉：供应；用于。(980)朱买臣：武帝时的辩士，以读儒书进身，此时在武帝身边任中大夫；后曾为会稽太守、丞相长史，《史记·酷吏列传》中夹带叙及了他的一些事情，《汉书》中有传。(981)难以置朔方之便：称说在朔方置郡筑城的好处，以驳斥公孙弘“罢敝中国以奉无用之地”的说法。难，责问。(982)发十策：朱买臣一连提了十个理由。策，写在竹简上的问题、理由。(983)弘不得一：公孙弘连一个也回答不上来。师古曰：“言其利害十条，弘无以应。”《史记集解》引韦昭曰：“以弘之才，非不能得一也，以为不可，不敢逆上耳。”(984)谢：表示歉意。(985)山东：崤山以东，泛指东方郡国，以与皇帝脚下的关中地区相对而言。崤山在今河南灵宝东南，战国、秦汉时期通常以此为关中与东方的分界线。公孙弘是齐地菑川国人，故自称“山东鄙人”。(986)其便：指朱买臣所盛夸的设立朔方郡、五原郡的巨大好处。(987)专奉朔方：意即集中力量，专门对付匈奴。《史记会注考证》引中井曰：“弘不敢置对，似阿世者，然因此罢西南夷、沧海，则大有裨益，立朝统职者不能无是臭味，宜算其损益多少而褒贬之。”(988)上乃许之：据《汉书·武帝纪》，元朔三年，“罢苍海郡”。《史记·西南夷列传》云：“上罢西南夷，独置南夷夜郎两县一都尉，稍令犍为自葆就。”〖按〗公孙弘此议保证了全国集中力量对付匈奴，大大有裨于时政，不能因其人品而并废其谋略。(989)春：先叙“冬”天的事情，而后才叙到“春”，这是因为此时汉朝仍用秦朝的历法，以“十月”为岁首。(990)为布被：盖着一条布制的被子。布与丝绸相对而言。(991)食不重肉：饭桌上没有第二种肉菜。(992)汲黯：武帝时的直臣，一向与公孙弘、张汤等人的意见相对。事迹详见《史记·汲郑列传》。(993)三公：指丞相、太尉、御史大夫。(994)奉禄：同“俸禄”。(995)然为布被二句：汲黯此议，可以说是鸡蛋里面挑骨头。《史记·酷吏列传》说周阳由“与汲黯俱为忮”，人常责史公用词欠妥，今见汲黯以公孙弘之“布被”为说，似亦“恶则洗垢索瘢”之类。(996)有之：意谓“确实如此”。(997)九卿：指太常、郎中令、卫尉、太仆、廷尉、大鸿胪、宗正、大司农、少府。汲黯当时为主爵都尉，原不属于九卿，但《汉书·百官公卿表》称中尉、主爵都尉等数官为“列于九卿”，故公孙弘宽泛称之曰“九卿”中人。(998)廷诘弘：在朝廷上当着大家的面对我提出质问。诘，问、质问。(999)中：击中；说准。(1000)无差：没有差别。(1001)诚饰诈：的确是装假。(1002)如汲黯言：正像汲黯所说。凌稚隆引余有丁曰：“实自美也，而言似逊，韩大夫教武安不当与魏其争，即此智。”(1003)且无汲黯忠：再说您如果没有汲黯这样的忠臣。(1004)愈益尊之：两年后，公孙弘升任为丞相，封平津侯。(1005)四月丙子：四月初七。(1006)涉安侯：梁玉绳以为是“名号侯”，没有封地。(1007)月氏：西域国名，最初活动在今甘肃的武威、张掖、敦煌一带，南倚祁连山；后被匈奴击败，西迁至今新疆的伊犁河流域；后又被匈奴、乌孙所驱逐，遂西迁至今阿富汗北部的喷赤河流域，在当时的大宛西南。(1008)敦煌：汉县名，县治在今甘肃敦煌西。(1009)祁连：山名，在今甘肃走廊与青海的交界线。(1010)冒顿：秦汉之际的匈奴头领，是使匈奴强大起来的关键人物，公元前二〇九至前一七五年在位。事迹详见《史记·匈奴列传》。(1011)老上单于：冒顿之子，公元前一七四至前一六二年在

位。(1012)饮器：一说指饮酒、饮水之具；一说指“虎子”，即溺器。王先谦引沈钦韩曰：“《赵策》‘以知伯头为饮器’，《吕览》云：‘断其头以为觞’，则云‘虎子’者非也。元僧杨琏真伽截理宗顶骨为饮器，胡俗同然。”〖按〗《史记正义》引《汉书·匈奴传》曰：“元帝遣车骑都尉韩昌、光禄大夫张猛与匈奴盟，以老上单于所破月氏王头为饮器者，共饮立盟。”显然是指饮水、饮酒之具。(1013)无与共击之：找不到可以联合共击匈奴的人。与，联合。(1014)募：招募。(1015)汉中张骞：张骞是汉中郡的成固县（今陕西城固东北）人。汉中是汉郡名，郡治西城（今陕西安康西北）。(1016)以郎应募：以郎官的身份应募。郎是皇帝的侍从人员，有议郎、中郎、郎中、侍郎之别，官级在比三百石至比六百石之间，上属郎中令。(1017)陇西：汉郡名，郡治狄道（今甘肃临洮）。(1018)径匈奴中：路上要经过匈奴管辖的地面。径，穿过、经过。(1019)得间亡乡月氏：抓住空隙向着月氏的方向逃去。间，空隙。乡，通“向”。(1020)大宛：西域国名，其地在今新疆西部境外的哈萨克斯坦境内，首都贵山城（今卡赛散）。(1021)饶财：广有钱财，意即国家富足。(1022)导译：向导与翻译人员。(1023)康居：西域国名，其地约当今哈萨克斯坦的南部，在当时的大宛西北，大月氏之北，国都卑阗（或说即今塔什干）。(1024)传致：转送，意即将张骞等转送到大月氏。(1025)大月氏太子为王：即前文所说匈奴人杀月氏王以其头为饮器，月氏人遂立其太子为王。(1026)大夏：西域国名，在当时的月氏以南，今之阿富汗北部，国都蓝氏城（今巴里黑）。(1027)报胡：找匈奴人报杀父之仇。(1028)不能得月氏要领：意即捉摸不透月氏人是怎么想的。师古曰：“要，衣要也；领，衣领也。凡持衣者，执要与领。言骞不能得月氏意趣。”(1029)并南山：傍着南山东行。南山，指今新疆塔里木盆地南侧的昆仑山，再东行即阿尔金山，再东行就是甘肃南侧的祁连山。(1030)欲从羌中归：羌中，羌人居住的地区，此处主要指今新疆东南部的阿尔金山与其西面“南山”北麓居住的羌族部落。白寿彝《中国通史》叙当时的西域交通说：“自玉门、阳关出西域有两道：南道即敦煌出阳关向西，经罗布泊至楼兰，再依阿尔金山、昆仑山北麓向西，沿塔克拉玛干沙漠南侧西行，经且末、精绝、扜弥、渠勒、于阗、莎车、疏勒等地，越过葱岭再向西南至罽宾、身毒（今印度），或向西到大月氏、安息（今伊朗）、条支（今伊拉克）至于犁轩（今土耳其境内）；另一条自敦煌向西出玉门关至车师前王庭（今吐鲁番），傍天山南麓，经塔克拉玛干沙漠北侧向西，经危须、焉耆、尉犁、乌垒、龟兹（今新疆库车）、姑墨、温宿、尉头、疏勒等，与南道相合。张骞东归即行经南路。”(1031)堂邑氏奴甘父：堂邑氏家的奴隶名叫甘父。此人一开始就跟随张骞一道出使，现又跟着张骞一道逃回汉王朝。(1032)太中大夫：皇帝身边的侍从官员，掌议论，秩比千石，上属郎中令。(1033)奉使君：但有封号，享有一定俸禄，但不掌实事。(1034)去十三岁二句：此次一道逃回的除张骞与堂邑氏奴甘父外，还有张骞在匈奴居留期间所娶的匈奴妻子。吴见思曰：“一人再逃奇矣，乃又挈妇逃，堂邑父亦逃，极写张骞谋勇。”又，《汉书·苏武传》写苏武被拘于匈奴，返回时有所谓：“单于召会武官属，前已降及物故，凡随武还者九人。武留匈奴凡十九岁，始以强壮出，及还，须发皆白。”韵味与此相同。⑩㉟代郡太守恭：代郡太守名恭，史失其姓。⑩㊱略：意思同“掠”，劫掠。⑩㊲六月庚午：六月初二。⑩㊳皇太后：武帝之母，景帝的王皇后。⑩㊴罢西夷：即停止司马相如所建议的对“西夷”邛、筰地区的经营活动，撤销已经设立的“一都尉，十余县”。⑩㊵独置南夷夜郎两县、一都尉：单独保留在南夷地区设立的两个县，令一个都尉统领之。都尉相当于郡尉，兼掌该地区的军政大权。两县，一为夜郎县，另一失考。郭嵩焘认为“南夷”是县名，即“且兰”，恐非。夜郎都尉的驻地即今贵州关岭布依族苗族自治县。⑩㊶稍令犍为自葆就：让犍为郡自力更生地逐步谋求生存与发展。稍，逐渐。自葆就，自力更生地谋求生存与发展。王念孙曰：“葆就，犹保聚也。”⑩㊷廷尉：九卿之一，国家的最高司法官员。⑩㊸舞智以御人：耍手段以驾驭群僚。⑩㊹方乡文学：正喜欢发展儒学事业。乡，通“向”，倾慕、提倡。文学，儒学、儒术。⑩㊺阳浮慕：表面上也假装喜欢。阳，通“佯”，假装。浮慕，假装仰慕。⑩㊻事：服务；效力。这里指“讨好”。⑩㊼千乘兒宽：千乘郡（郡治在今山东博兴西北）人姓兒名宽，当时一个念儒书出身的平庸官吏。⑩㊽奏谳掾：专门起草进呈皇帝裁断的疑难案件的吏员。谳，平议、复审。⑩㊾以古法义决疑狱：词语不顺，意谓在审理、判处重大案件时，要引用古代经典的条文，以之作为根据。〖按〗汉代编有《春秋决狱》，以之作为判案的准则，盖即此类。⑩㊿所治即上意所欲罪二句：所审理的案子如果是皇帝想严办的，张汤就派酷苛的僚属去审理。即，若、假如。与，派。深祸，指狠毒酷苛。1051即上意所欲释二句：如果是皇帝想要释放的，张汤就派宽和的僚属去审理。与，通“予”，委派。轻平，指宽厚慈和。1052调护：关照；爱护。1053造请诸公：登门拜望朝野的名公宿望。1054文深意忌、不专平：执法既严酷狠毒又不公平。文深，指执法严格。意忌，用意刻毒。不专平，不公平。1055然得此声誉：但被人们所称赞。1056质责：意同“指责”。1057正卿：时张汤任廷尉，是九卿之一。1058褒：奖，这里指发扬、光大。1059囹圄：牢狱。1060高皇帝约束：当年刘邦制定的法令，如约法三章之所谓“杀人者死，伤人及盗抵罪”云云即其一项。1061纷更：胡乱修改。1062公以此无种：你将要因此而满门灭绝。无种，灭门、绝后。1063时：时常；经常。1064文深小苛：意即常在一些琐碎的具体条文上苛求。1065伉厉守高：意即常在一些大的问题上坚持原则。1066不能屈：意即说不倒张汤。1067忿发：发怒；发脾气。1068刀笔吏：原意即指小吏。刀笔是古代的书写工具，用笔写在竹简或木牍上，有错误则以刀刮去重写。管文牍的小吏要随身带着刀笔以备应用，故人称“刀笔吏”。但后人多以“刀笔吏”称司法部门的小吏，而不再指其他行业。1069必汤也三句：与《史记·匈奴列传》之中行说云“必我行也，为汉患者”句式相同。意即如果一定让张汤掌了大权，那天下的百姓就将整天惶恐不可终日了。“必”字提前，构成一种假定语气。重足而立，侧目而视，都是形容人们的畏惧之甚。1070甘泉：山名，也是秦汉时期的离宫名，在今陕西淳化西北。1071定襄：汉郡名，郡治成乐，在今内蒙古和林格尔西北。1072上郡：汉郡名，郡治肤施（在今陕西榆林东南）。

【校记】

［7］竟：原无此字。据章钰校，乙十一行本、孔天胤本皆有此字。今从诸本及《史记·游侠列传》补。［8］治：原无此字。据章钰校，乙十一行本、孔天胤本皆有此字，张敦仁《通鉴刊本识误》同。今从诸本及《史记·平津侯主父列传》补。

【研析】

本卷写了武帝元光二年（公元前一三三年）至元朔四年（公元前一二五年）共九年间的全国大事，其中可议论的主要有以下几方面。

第一，汉武帝上台前后，汉王朝与匈奴的矛盾原不十分尖锐，首先挑起双方战争的是汉武帝盲目听信王恢的建议，贸然兴兵，理应受到历史的谴责；但汉王朝与匈奴的战争是不可避免的，只是一个时间问题。汉与匈奴的战争展开后，汉将卫青的表现是卓越的。关于首次进行的关市之战，台湾地区三军大学《中国历代战争史》评论说："卫青所以能独胜者，青之智勇或较他将为优，但实为当时情况所使然。因青所击之地，正当匈奴本部与其左贤王两地区之接界处；且敖与广已将匈奴本部之主力吸住，此实青致胜之主要缘由也。"陈梧桐等《中国军事通史》说："关市诱敌奇袭战的总体战果并不理想。汉军投入作战的兵力不多而又分散作战，彼此难以相互支援，胜少败多，势在必然。从作战规模来推测，汉军此战似乎带有试探的性质，目的主要是为了侦察敌情，积累作战经验。其中卫青的小胜，虽然含有侥幸的成分，但意义非同一般。龙城乃是匈奴单于大会诸国、祭祀天地、祖先的神圣之地，汉军将它一举攻破，对匈奴的精神打击远比军事打击要沉重得多，汉军也因此而深受鼓舞，士气大为高涨。还应该看到，关市诱敌奇袭战是汉军第一次把战场摆到了匈奴的境内，而卫青率轻骑奔袭成功，则为汉军提供了远途奔袭作战的最初范例。"关于收复河南的一战，亦即军事史所说的"河西朔方战役"，武国卿《中国战争史》称之为"汉武帝驱逐匈奴的重大战役，也是西汉王朝统一我国西北地区迈出的重要一步"，并说它"加速了我国西北地区的统一，解除了匈奴贵族从西北方对京都长安的威胁，建立了向匈奴进一步出击的战略基地"，说它"实际上是西汉王朝向匈奴贵族发动一系列战略进攻的奠基之战"。此举表明汉代已稳定占领河套地区，并准备以此为依托继续西征、北伐。又，汉武帝之所以决心在此设郡并筑城，颇与主父偃之进言有关，因为主父偃曾盛言"河南地肥饶，外阻河，蒙恬城之以逐匈奴，内省转输戍漕，广中国，灭胡之本也"。

第二，关于张骞的历史评价。梁启超曰："博望通西域之役，其功在汉种者有三：一曰杀匈奴猾夏之势，自文、景以来，匈奴役属西域、结党南羌，地广势强，蒸蒸南下，候骑每至甘泉，屯防及于细柳。非有以挫之，则小之为刘渊、石勒之横行河朔，大之为金源、蒙古之蹂躏神州，左衽之痛岂俟数百年千年之后哉？其时汉欲制匈奴，则伐谋伐交之策，远交近攻之形，不可不注意西域。张博望首倡通月氏、结乌孙之议，卒以断匈奴右臂，隔绝南羌，斩其羽翼；及孝武末世，遂至匈奴远遁，幕南无王庭。元成以后，卒俯首帖耳，称藩属于我大国。而发之成之者，实自张博望。二曰开亚欧交通之机。秦汉之间，东西民族皆已成熟涨进，务伸权力于域外。罗马帝国将兴，而亚力安族文明将驰骤于地中海之东西岸，顾不能逾葱岭，以求通于我国。而沟而通之者，实始博望。三曰完中国一统之业。当时滇黔诸国，皆未内属，汉武初虽尝从事西南夷，然以费多罢之。其后感博望蜀布邛杖之言，卒再兴作，使王然于、柏始昌、吕越人等十余辈往求身毒国，遂开滇道、达交趾，卒使数千年为国屏藩。虽其事不专成于博望，而创始之功实博望尸之，博望之有造于汉种者何如也?”(《饮冰室文集·张博望班定远合传》)〖按〗首先载录张骞通西域事迹的是《史记·大宛列传》，但由于司马迁是把张骞视为与鼓动汉武帝设谋马邑以挑起与匈奴战争的王恢、怂恿武帝劳民伤财以通西南夷的唐蒙、司马相如为同一类人物，是引发日后讨伐大宛战争的罪魁祸首，是鼓动汉武“生事”的分子，所以司马迁不喜欢他。其实张骞的通西域与汉武帝的讨伐、扩张并无必然联系。张骞是我国最早的大探险家，其勇敢坚毅，忠于国家、忠于探险事业的精神，是令人敬佩的。就其实际质量与其历史贡献而言，应该是远远地高出于单纯以气节著称的苏武之上。司马迁尽管从总的情绪上不喜欢张骞，但他仍是把张骞那种非常人所能及的意志品格充分表现出来了。张骞无疑是汉代最杰出的为人类做出过重大贡献的少有人物之一。

第三，郭解是司马迁笔下最生动、最富有感情色彩的人物之一，详情见《史记·游侠列传》。郭解是被汉武帝亲自干预，被汉代儒生跃居丞相之位的公孙弘亲定罪名杀害的。司马迁敢于和当朝天子、当朝丞相唱对台戏，敢于无保留地歌颂郭解并为之树碑立传，就凭这一条就足足可以判他一个“宫刑”之罪了。《游侠列传》是《史记》中最富民主性、批判性的篇章之一。但是话又说回来，只要是一个有章法、有法律的社会，哪个统治者能允许破坏法制的游侠存在呢？只有那些敌视现行政权、现实统治的人才希望天下越乱越好，所以是否肯定游侠、是否肯定“黑道”人物，完全是一个立场、观点问题。司马迁有较强烈的民主思想；又联系社会下层，与受压迫的劳动人民联系较紧；又自身惨遭封建王朝的迫害，活得生不如死，因此他的许多思想与正统文人，尤其与那些御用文人针锋相对就不会让人觉得奇怪了。班固尖锐地批评司马迁“论大道则先“黄老”而后“六经”，序游侠则退处士而进奸雄，述货殖则崇势力而羞贱贫”。其言甚壮，但细读他的“古者天子建国、诸侯立家，自卿大夫以至于庶人各有等差，是以民服事其上而下无觊觎”云云，岂不太封建、太奴性化了吗？